Kritisches Denken fördern können
– Entwicklung eines didaktischen Designs zur Qualifizierung pädagogischer Professionals –

Dirk Jahn

Texte zur Wirtschaftspädagogik und Personalentwicklung

Herausgegeben von Karl Wilbers

Band 7

FRIEDRICH-ALEXANDER
UNIVERSITÄT
ERLANGEN-NÜRNBERG

Bibliografische Information der Deutschen Bibliothek
Die Deutsche Bibliothek verzeichnet diese Publikation in der Deutschen Nationalbibliografie;
detaillierte bibliografische Daten sind im Internet unter http://dnb.ddb.de abrufbar.

Eine digitale Version dieses Werkes steht unter http://www.opus.ub.uni-erlangen.de/opus/
im Adobe Portable Dokument Format (PDF) zum kostenfreien Download bereit.

Texte zur Wirtschaftspädagogik und Personalentwicklung
Band 7

Autor des Band 7:
Dirk Jahn, Dr. rer. pol., Diplom-Handelslehrer
Wissenschaftlicher Mitarbeiter am Lehrstuhl für Wirtschaftspädagogik und Personalentwicklung
der Universität Erlangen-Nürnberg (Prof. Dr. Karl Wilbers)

Texte zur Wirtschaftspädagogik und Personalentwicklung
Hrsg. von Prof. Dr. Karl Wilbers
Lehrstuhl für Wirtschaftspädagogik und Personalentwicklung
Fachbereich Wirtschaftswissenschaften
Rechts- und Wirtschaftswissenschaftliche Fakultät
Friedrich-Alexander-Universität Erlangen-Nürnberg
Lange Gasse 20
D-90403 Nürnberg
www.wirtschaftspaedagogik.de

Information zu weiteren Bänden der Reihe:
www.wirtschaftspaedagogik.de/texte/

ISBN: 978-3-8440-0770-1
ISSN: 1867–1365

Layout und Satz:
Werner Henning
E-Mail: wernerhenning1@gmail.com

Copyright Shaker Verlag 2012
Alle Rechte, auch das des auszugsweisen Nachdruckes, der auszugsweisen oder vollständigen
Wiedergabe, der Speicherung in Datenverarbeitungsanlagen und der Übersetzung vorbehalten.

Printed in Germany

Shaker Verlag GmbH | Postfach 101818 | 52018 Aachen
Telefon: 02407 / 95 96 – 0 | Telefax: 02407 / 95 96 – 9
Internet: www.shaker.de | E-Mail: info@shaker.de

Zum Geleit

Kritisches Denken ist eine ureigene akademische Angelegenheit, ja vielleicht gar der Kern akademischen Denkens. Trotzdem oder gerade deswegen ist immer wieder zu hören, dass das kritische Denken heute in Hörsälen der Universitäten oder in den Klassenzimmern der Schulen auf dem Rückzug sei. Diese Behauptung lässt sich meines Wissens nicht empirisch untermauern. Und selbst wenn das so wäre, fragt man sich, welche Konsequenzen daraus zu ziehen wären. Zurücklehnen und klagen oder den Versuch zu unternehmen, die ‚Verhältnisse' eben zu verändern? Für die letzte Alternative hat sich der Autor dieses Buches entschieden. Er startet das passionierte Unternehmen, pädagogische Professionals zu unterstützen, andere Personen bei der Entwicklung des kritischen Denkens zu unterstützen.

Kritisches Denken ist ein Topos, bei dem verzweigte, stellenweise unübersichtliche und verschlungene Forschungslinien ineinander fließen. Gesellschaftskritische Ansätze stehen neben weitgehend unpolitischen Ansätzen der Logik – um nur zwei Linien zu nennen. Dirk Jahn gelingt es in seiner Arbeit nach einer Analyse dieser breiten Felder ein eigenes Modell, ein eigenes Verständnis kritischen Denkens aufzubauen, das zur Grundlage der weiteren Arbeiten wird. Nach einer weiteren Auseinandersetzung mit verschiedenen didaktischen Ansätzen zur Förderung kritischen Denkens legt der Autor eine eigene Didaktik kritischen Denkens vor. Diese wird in verschiedenartigen Feldern erprobt und evaluiert.

Dirk Jahn erarbeitet sich in dieser Veröffentlichung Design Based Research (DBR) als methodisch-paradigmatische Grundlage seiner Arbeiten. Er positioniert sich– in Anlehnung an Überlegungen von Feyerabend – gegen eine Methodenrigidität und führt die Argumentation zur DBR weiter. Dieses moderne Paradigma wird dargestellt, abgegrenzt und im weiteren Verlauf umgesetzt. Besonders hervorzuheben ist, dass der Autor auch die Einschränkungen und Probleme von DBR überdenkt.

Die Arbeit führt zu interessanten Ergebnissen, die mit Gewinn in verschiedenen Feldern eingebracht werden können. Zu nennen sind vor allem die Hochschuldidaktik sowie die Berufsbildung. Pädagogische Professionals erhalten eine Fülle von Anregungen für die eigene Praxis. Hier sind vor allem die Hilfen zur Bewertung bzw. zum Assessment kritischen Denkens, die Prinzipien zur Gestaltung eigener didaktischer Konzepte sowie beispielhafte Seminarplanungen, Aufträge und Materialien zu nennen. Diese praxisnahen Elemente stehen in einem fruchtbaren komplementären Zusammenhang mit den philosophisch-abstrakten Auseinandersetzungen um kritisches Denken in diesem facettenreichen Buch.

Karl Wilbers, Februar 2012

Vorwort

> „Ich sage euch: man muss noch Chaos in sich haben, um einen tanzenden Stern gebären zu können. Ich sage euch: ihr habt noch Chaos in euch."
>
> Also Sprach Zarathustra.

Die vorliegende Dissertation ist für mich viel mehr als lediglich eine wissenschaftliche Qualifizierungsarbeit. Sie wurde primär nicht aus Karriere-Motiven heraus verfasst, auch nicht um Anerkennung zu ernten oder andere narzisstische Verlangen zu stillen. Ihre Niederschrift wurde für mich zum Selbstzweck, zu einer Art Lebensaufgabe, ja gar einer Passion, die mit Fleiß, Disziplin, Leidenschaft, Niederlagen, aber auch Hochgefühlen in einem Zeitraum von mehr als zwei Jahren bestritten wurde. Die Arbeit wurde in den frühen Morgenstunden meines geistigen Bewusstwerdens verfasst. Die Sonne am Firmament der Erkenntnis war gerade dabei sich zu erheben, um Licht und Schatten in den weiteren Tag hinein zu werfen. Die inhaltliche Ausgestaltung der Dissertation war zeitgleich auch die innerliche Ausformung der geistigen Konturen meines erwachten Bewusstseins.

Den Prozess des Verfassens der Dissertation hätte ich nicht ohne die Unterstützung von wichtigen Menschen durchlaufen können. Ganz herzlichen Dank möchte ich deshalb meinem Doktorvater Karl Wilbers aussprechen, der stets ein offenes Ohr für meine Belange hatte, mir große Freiheit bei der inhaltlichen Arbeit gab, empirische Erprobungsfelder unter der Inkaufnahme von Risiken eröffnete, mich im wissenschaftlichen Arbeiten „aufgebohrt" und befähigt hat, als konstruktiver Kritiker auf den Plan trat oder im Menschlichen stets ein Vorbild war. Ich danke des Weiteren ganz herzlich Stephen Brookfield, Chet Meyers, Gottfried Petri, Josef Aff, Hartmut Gareis, Ulrich Seidl und Horst Steinmann für ihre Expertise, ihre konstruktive Kritik, ihre Ideen, ihre Ratschläge, für die vielen Gespräche, dafür, dass sie mir in vielerlei Hinsicht die Augen geöffnet haben oder nachsichtig mit einem Plagegeist wie mir waren. Insbesondere gebührt dieser Dank meinem Freund Michael Cursio. Weiterhin danke ich Elke Hümmer, Cäcilia Gaberszik und Isabella Fuchs für ihre Anregungen zu Sprache und Stil, für die Rechtschreibkorrekturen und auch für ihre gezeigte Geduld. Danke auch an Thilo Leykauf, Manuela Motzer und Susi Simmerlein für ihre unterstützende Arbeit als wissenschaftliche Hilfskräfte. Weiterhin gilt der Dank all jenen, die mich in meinem alltäglichen Leben unterstützt und aufgebaut haben. Meine Familie, meine Freundin, meine Freunde – ich danke euch. Schöne und geheimnisvolle Natur – ich danke dir. Musik, Kunst und Bewegung – ein Hoch auf euch!

Ich widme die Arbeit Joe Kincheloe, der mich gerne unterstützt hätte, dann aber seiner Krankheit erlag. Für Dich, Joe! Ich hoffe, sie ist in deinem Sinne.

…Sternenstaub…

Dirk Jahn, Februar 2012

Inhaltsverzeichnis

Zum Geleit 1

Vorwort 2

Inhaltsverzeichnis 3

Abbildungsverzeichnis 16

**I. Übersicht zur Problemstellung
und Struktur der Arbeit** 21

1. Zur Notwendigkeit kritischen Denkens 21

2. Eine Annäherung an die Begrifflichkeit „kritisches Denken" 24

3. Vorwegnahme des Arbeitsverständnisses kritischen Denkens 26

4. Zielsetzung der Dissertation 27

5. Wissenschaftliches Vorgehen 30

6. Zum Aufbau der Arbeit 31

II. Darstellung des Forschungsvorhabens und des methodischen Vorgehens 34

1. Entwicklung eines wirksamen didaktischen Designs zur Qualifizierung für die Förderung kritischen Denkens 34
   1.1 Begriffsbestimmung „Didaktisches Design" 34
   1.2 Forschungsschwerpunkte bei der Entwicklung des didaktischen Designs 37

2. (Kein) Methodischer Zugang: Der Design-Based-Research-Ansatz 39
   2.1 „Anything goes" & Design-Based-Research in der Lehr-Lernforschung 40
   2.2 Charakteristikum des Design-Based-Research-Ansatzes 41
   2.3 Ablauf des Design-Based-Forschungsprozesses 43

2.4 Methodischer Standpunkt des Design-Based-Research-Ansatzes 44

2.5 Zusammenfassung zu Standards der Design-Based-Forschung 47

2.6 Schwächen und Probleme der Design-Based-Forschung 49

2.7 Begründung der Wahl des empirischen Zugangs: Warum Design-Based? 51

2.8 Darstellung des Forschungsablaufes 52

2.9 Methodische Verortung und Gütekriterien der Arbeit 55

III. Konzeption des theoretischen Rahmens des didaktischen Designs 58

1. Bausteine für ein Konzept kritischen Denkens 58

1.1 Analyse von Traditionen kritischen Denkens und deren Maßstäbe 58

1.1.1 Zu der Auswahl zu untersuchender Traditionen kritischen Denkens 58

1.1.2 Kritisches Denken in der Logik: Analyse von Argumenten 59

1.1.2.1 Historischer Hintergrund 59

1.1.2.2 Verständnis kritischen Denken im Kontext der Logik 60

1.1.2.3 Denkstandards in der Logik 61

1.1.2.3.1 Argumente und Evidenz 61

1.1.2.3.2 Das Konzept der Annahmen 62

1.1.2.3.3 Denkstandards in der formellen Logik 62

1.1.2.3.4 Denkstandards in der informellen Logik 64

1.1.2.4 Hemmnisse kritischen Denkens im Lichte der Logik 65

1.1.2.4.1 Fallazien bei deduktiven und induktiven Argumenten 65

1.1.2.4.2 Sophistisch kritisches Denken 66

1.1.2.5 Kritik an dem Verständnis kritischen Denkens in der Logik 67

1.1.3 Kritisches Denken in der Psychologie: (Meta-)kognitive Denkprozesse 68

1.1.3.1 Historischer Hintergrund 68

1.1.3.2 Verständnis kritischen Denkens im Kontext der Psychologie 69

1.1.3.2.1 Das APA-Konzept kritischen Denkens (Facione, 1990) 71

1.1.3.2.2 Ein Konzept kritischen Denkens nach Ennis (1987) 74

1.1.3.3 Denkstandards in der Psychologie 76

1.1.3.3.1 Maßstäbe der Logik und Wissenschaft 76

1.1.3.3.2 Das Konzept der Multiperspektivität 77

1.1.3.3.3 Das Konzept der Annahmen in der Psychologie 77

1.1.3.4 Hemmnisse kritischen Denkens im Lichte der Psychologie 79

1.1.3.4.1 Die epistemische Entwicklung von Menschen 80

1.1.3.4.2 Präkonzepte, Schemata und der Einfluss von Emotionen 82

1.1.3.4.3 Theorie der kognitiven Dissonanz (Festinger, 1957) 84

1.1.3.4.4 Gruppendenken 85

1.1.3.5 Kritik am Verständnis kritischen Denkens in der kognitiven Psychologie 86

1.1.4 Kritisches Denken in der Kritischen Theorie: Analyse von Herrschaftsverhältnissen 88

1.1.4.1 Historischer Hintergrund 89

1.1.4.2 Verständnis kritischen Denkens im Kontext der kritischen Theorie 90

1.1.4.3 Denkstandards in der der Kritischen Theorie 90

1.1.4.3.1 Ideologiekritik und immanente Kritik 91

1.1.4.3.2 Kommunikatives Handeln 93

1.1.4.4 Hemmnisse kritischen Denkens im Lichte der Kritischen Theorie 95

1.1.4.4.1 Macht, Herrschaft und Hegemonie 96

1.1.4.4.2 Instrumentelle Vernunft 99

1.1.4.4.3 Repressive Toleranz 100

1.1.4.4.4 Strategisches Handeln und Kolonialisierung der Lebenswelt 102

1.1.4.5 Kritik an dem Verständnis kritischen Denkens in der Kritischen Theorie 104

1.1.5 Kritisches Denken innerhalb der Pädagogik: Förderung des Denkens 105

    1.1.5.1 Historischer Hintergrund 105

    1.1.5.2 Verständnis kritischen Denkens im Kontext der Pädagogik 106

        1.1.5.2.1 Einfluss der Logik & Psychologie auf die Pädagogik kritischen Denkens............. 106

            1.1.5.2.1.1 Das Modell kritisch-reflexiven Denkens nach John Dewey (1910)...................107

            1.1.5.2.1.2 Eine Lerntaxonomie kritischen Denkens nach Bloom (1956) 108

        1.1.5.2.2 Einfluss der Kritischen Theorie auf die Pädagogik kritischen Denkens 110

            1.1.5.2.2.1 Klafkis Kritisch-Konstruktive Didaktik.. 112

            1.1.5.2.2.2 Kritische Wirtschaftspädagogik 113

    1.1.5.3 Denkstandards in der Pädagogik 115

    1.1.5.4 Hemmnisse kritischen Denkens im Lichte der Pädagogik............................115

    1.1.5.5 Kritik am Verständnis kritischen Denkens in der Pädagogik 117

1.2 Zusammenfassung aus der Analyse der Traditionen kritischen Denkens 118

1.3 Kritisch denken über das Konzept „kritisches Denken" 123

2. Bausteine für eine Didaktik kritischen Denkens **124**

2.1 Zur Förderung kritischen Denkens..124

2.2 Eine Systematisierung zur Implementierung der Denkschulung nach Ennis (1989) 126

    2.2.1 Der allgemeine Ansatz: Kritisches Denken als eigenständiges Fach....................127

        2.2.1.1 Ein Beispiel: Der FRISCO-Ansatz nach Ennis (1996) 129

        2.2.1.2 Empirische Belege zur Beurteilung der Wirksamkeit................................. 132

2.2.2 Der integrativ-direkte Implementierungsansatz: Direkte Förderung kritischen Denkens im Fachunterricht 134

2.2.2.1 Der Ansatz zur Förderung von kritischem Denken nach Swartz (2003) 135

2.2.2.2 Empirische Belege zur Beurteilung der Wirksamkeit 136

2.2.3 Der integrativ-indirekte Förderansatz: Indirekte Förderung kritischen Denkens im Fachunterricht 138

2.2.3.1 Didaktische Richtlinien zur Denkschulung im integrativ-indirekten Ansatz 140

2.2.3.1.1 Pädagogisches Wirken der Lehrkraft 141

2.2.3.1.1.1 Modellierung kritischen Denkens 141

2.2.3.1.1.2 Fragetechniken: Sokratisches Fragen 143

2.2.3.1.1.3 Initiation eines kognitiven Ungleichgewichts und Begleitung der Lerner 146

2.2.3.1.2 Methoden zur indirekten Förderung von kritischem Denken 146

2.2.3.1.2.1 Methoden des kooperativen Lernens 146

2.2.3.1.2.2 Schriftliche Methoden 148

2.2.3.2 Empirische Belege zur Beurteilung der Wirksamkeit 149

2.2.4 Der kombinierende Förderansatz 150

2.2.4.1 Die Förderung kritischen Denkens nach Petri (1998) 150

2.2.4.2 Empirische Belege zur Beurteilung der Wirksamkeit 153

2.3 Zusammenfassung zu didaktischen Richtlinien der Förderung kritischen Denkens 154

2.3.1 Eine Sammlung traditionsübergreifender didaktischer Richtlinien 155

2.3.1.1 Ambiguitätserfahrungen durch Induktion von Emotionen ermöglichen 157

2.3.1.2 Lernklima des Vertrauens und Selbstvertrauens schaffen 160

2.3.1.3 Wechsel zwischen Phasen der sozialen Interaktion und Reflexion 161

2.3.1.4 Lernumgebungen des selbstgesteuerten Lernens gestalten 163

2.3.1.5 Kritisches Denken modellieren und den Prozess bei den Lernern begleiten 164

2.4 Die Förderung von kritischem Denken im Kontext E-Learning 165

2.4.1 E-Learning als Schwerpunkt der Forschung zur Förderung kritischen Denkens 166

2.4.2 Kurze Klärung des Begriffes „E-Learning" 167

2.4.3 Ein selektiver Überblick zu Formen des E-Learnings 168

2.4.3.1 Methoden des individuellen E-Learnings 169

2.4.3.2 Methoden des kooperativen E-Learnings 171

2.4.3.3 Hybridformen des computergestützten Lernens: Blended- und Flexible Learning 176

2.4.4 Ein Überblick zur Förderung kritischen Denkens im Kontext E-Learning 177

2.4.4.1 Die Förderung kritischen Denkens im Kontext des individuellen E-Learnings 178

2.4.4.1.1 Logiksoftware 178

2.4.4.1.2 Web-based-Trainings und Simulationen zur Denkschulung 178

2.4.4.1.3 Initiierung von Dissonanz durch individuelles E-Learning 180

2.4.4.2 Die Förderung kritischen Denkens im Kontext des kooperativen E-Learnings 180

2.4.4.2.1 Asynchrone Diskussionsforen 180

2.4.4.2.2 Online-Conferencing und virtuelle Klassenzimmern 183

2.4.4.2.3 Weblogs und E-Portfolios 186

2.4.4.2.4 WebQuests 189

2.4.5 Fazit zur Förderung kritischen Denkens im Kontext E-Learning 190

3. Zusammenfassung und Fazit zu der Analyse der „Bausteine" für einen theoretischen Rahmen 193

4. Konzeption des theoretischen Rahmens: Empirische Fundierungen 195

4.1 Das Vorverständnis und die Tradition des Designers 195

4.2 Methodisches Vorgehen bei der Konzeption des theoretischen Rahmens 196

    4.2.1 Das leitfadengestützte Experteninterview 196

        4.2.1.1 Beschreibung der Auswahl, Rekrutierung und Befragung der Experten 197

        4.2.1.2 Erstellung der Interviewleitfäden 198

        4.2.1.3 Durchführung der Interviews 200

        4.2.1.4 Transkription der Interviews 203

        4.2.1.5 Auswertung der Transkripte 204

            4.2.1.5.1 Konstruktive Paper & Pen-Analyse 206

            4.2.1.5.2 Computergestützte Inhaltsanalyse mit Atlas.ti & Überprüfung 207

    4.2.2 Informelle Reflexionsgespräche 208

5. Darstellung und Diskussion des theoretischen Rahmens des didaktischen Designs 209

    5.1 Ein Konzept kritischen Denkens 209

        5.1.1 Das konzeptionelle Verständnis kritischen Denkens 209

        5.1.2 Das „4-Phasenmodell" kritischen Denkens 217

            5.1.2.1 Die Initialphase im kritischen Denken 220

            5.1.2.2 Phase der Urteilsbildung 222

            5.1.2.3 Phase der Entwicklung von Alternativen 227

            5.1.2.4 Integrationsphase 231

    5.2 Die Didaktik kritischen Denkens 234

        5.2.1 Didaktik der Initialphase 234

        5.2.2 Didaktik der Phase der Urteilsbildung 240

        5.2.3 Didaktik der Phase der Entwicklung von Alternativen 247

        5.2.4 Didaktik der Integrationsphase 254

    5.3 Zusammenfassung und Würdigung des theoretischen Rahmens 259

IV. Konstruktion des Qualifizierungskonzeptes zur Befähigung für die Förderung kritischen Denkens 265

1. Bausteine für ein Qualifizierungskonzept kritischen Denkens 266

   1.1 Zur Qualifikation von Lehrkräften für die Förderung kritischen Denkens in Österreich und Deutschland 266

   1.2 Zur Qualifizierung pädagogischer Professionals für die Förderung von kritischem Denken in den USA 269

   1.3 Analyse ausgewählter Schulungsansätze zur Qualifizierung (angehender) pädagogischer Professionals für die Förderung kritischen Denkens 274

   1.3.1 Ein Kursangebot für Lehr- und Führungskräfte der Foundation for Critical Thinking 274

   1.3.1.1 Rahmenbedingungen 274

   1.3.1.2 Inhalte und methodisches Vorgehen 274

   1.3.1.3 Ergebnisse der Analyse 275

   1.3.2 Ein Workshop für Lehrkräfte von Jenny Moon (2007) 275

   1.3.2.1 Rahmenbedingungen 275

   1.3.2.2 Inhalte und methodisches Vorgehen 276

   1.3.2.3 Ergebnisse der Analyse 277

   1.3.3 Ein Workshop für Pädagogikstudenten von Stephen Brookfield (2008) 277

   1.3.3.1 Rahmenbedingungen 277

   1.3.3.2 Inhalte und methodisches Vorgehen 278

   1.3.3.3 Ergebnisse der Analyse 280

   1.3.4 Ein Workshop für Universitätsdozenten nach Meyers (1986) 281

   1.3.4.1 Rahmenbedingungen 281

   1.3.4.2 Inhalte und methodisches Vorgehen 281

   1.3.4.3 Ergebnisse der Analyse 283

   1.4 Zusammenfassung und Schlussfolgerungen für die Konstruktion eines Qualifizierungskonzeptes 283

2. Bausteine für ein Diagnoseinstrument: Assessment kritischen Denkens **287**

2.1 Zu den Zielen und Bedingungen des Assessments kritischen Denkens 288

2.2 Eine Übersicht und Würdigung zu standardisierten etablierten Assessmentverfahren 289

    2.2.1 Etablierte, standardisierte, fächerunabhängige, schriftliche Assessmentverfahren der Befragung 294

        2.2.1.1 Mehrfachwahlaufgaben: California Critical Thinking Skills Test (1990) 294

        2.2.1.2 Essay-Assessment: Ennis-Weir Critical Thing Essay-Assessment (1985) 295

        2.2.1.3 Diagnose der Dispositionen kritischen Denkens: Critical Thinking Dispositions Inventory (1992) 297

    2.2.2 Etablierte, standardisierte, fächerspezifische, schriftliche Assessmentverfahren der Befragung: MAPP (2006) 297

    2.2.3 Würdigung der etablierten, standardisierten, schriftlichen Assessmentverfahren der Befragung 298

    2.2.4 Etablierte, standardisierte Diagnoseinstrumente der Beobachtung und Dokumentenanalyse 302

        2.2.4.1 Ein Kodiersystem für schriftliche Diskussion: Die Newman Methode (1995) 303

        2.2.4.2 Performanzbeobachtung: Holistic Critical Thinking Scoring Rubric (1994) 305

    2.2.5 Würdigung der etablierten, standardisierten Diagnoseinstrumente der Beobachtung und Dokumentenanalyse 307

2.3 Konstruktion individueller Diagnoseinstrumente 309

    2.3.1 Zur Vorgehensweise bei der Konstruktion eines Diagnoseinstrumentes 309

    2.3.2 Konstruktion eines Diagnoseinstrumentes innerhalb des Forschungsvorhabens 311

3. Zusammenfassung zu der Analyse der Bausteine für die Erstellung eines Qualifizierungskonzeptes **312**

4. Konstruktion des Qualifizierungskonzeptes: Empirische Fundierungen 313
4.1 Methodisches Vorgehen bei der Konstruktion des Qualifizierungskonzeptes 313

    4.1.1 Qualitative Experteninterviews 313

    4.1.2 Dokumentenanalyse 313

4.2 Rahmenbedingungen der Entwicklung und Erprobung des Qualifizierungskonzeptes 315

5. Darstellung der Umsetzung des Qualifizierungskonzeptes 320
5.1 Anforderungen an eine Qualifizierung zur Förderung kritischen Denkens 320

    5.1.1 Konzeptuelles Verständnis für kritisches Denken ausprägen 321

    5.1.2 Kritisches Denken anwenden und den Prozess selbst erfahren 321

    5.1.3 Kritisches Denken fördern können 322

5.2 Kontextsensitive Gestaltungsempfehlungen 322

5.3 Das Qualifizierungskonzept im Überblick 326

5.4 Zur praktischen Umsetzung des Qualifizierungskonzeptes 331

V. Erprobung, Analyse und Modifikation des didaktischen Designs 334

1. Erprobung des Qualifizierungskonzeptes im Kontext einer Weiterbildung für pädagogische Professionals 334
1.1 Methodisches Vorgehen bei der Erprobung, Analyse und Evaluation der Wirkweisen des didaktischen Designs 335

    1.1.1 Forschungstagebuch 335

    1.1.2 Teilnehmende, verdeckte Beobachtungen 337

    1.1.3 Dokumentenanalyse anhand eines Bewertungsbogens für kritisches Denken 339

    1.1.4 Onlinebefragung und Einsatz eines Fragebogens 341

    1.1.5 Qualitative Einzel-Interviews und Gruppendiskussion 343

1.2 Profil der pädagogischen Professionals 345

1.3 Multiperspektivische Analyse der Erprobung der Elemente des Qualifizierungskonzeptes 348

1.3.1 Eigene Rolle kritisch reflektieren 349

1.3.2 Reflexionsauftrag „heimlicher Lehrplan" 353

1.3.3 Flexible Learning Basismodul – "Eine Einführung in kritisches Denken als Elaborationsstrategie" 357

1.3.4 E-Portfolio-Reflexionsauftrag "Bewertung der Reflexion zu den Rollenbildern" 359

1.3.5 Lehrgespräch „Kritisches Denken mit E-Learning fördern" und Gruppenarbeit „Erarbeitung eines gemeinsamen Verständnisses zur Förderung kritischen Denkens" 360

1.3.6 „E-Learningmodul "Kooperatives flexibles Lernen begleiten" und Lehrvortrag „Diskussionen anleiten und begleiten" 368

1.3.7 Rollenspiel "Protokoll der kritischen Konversation" 369

1.3.8 E-Portfolio-Reflexionsauftrag "Reflexion zu einem kritischen Ereignis aus dem beruflichen Alltag" 370

1.3.9 Integration der Förderung kritischen Denkens in das zu erstellende Lernszenario 371

1.4 Einschätzungen zur Funktionalität des Designs 375

1.4.1 Beurteilung der Funktionalität des Designs anhand der verfolgten Ziele 375

1.4.1.1 Verständnis für kritisches Denken ausprägen 375

1.4.1.2 Kritisches Denken anwenden und Prozess selbst erfahren 376

1.4.1.3 Kritisches Denken fördern können 377

1.4.2 Wirkweisen auf kognitiver und persönlicher Ebene 378

1.4.3 Wirkweisen auf interpersoneller und Gruppenebene 379

1.4.4 Subjektiv wahrgenommener Nutzen und Nachhaltigkeit 383

1.5 Lessons learned: Erkenntnisse aus der Erprobung und deren Implikationen für Theorie und Praxis der Förderung kritischen Denkens 384

1.6 Vorschläge zur Modifikation des Qualifizierungskonzeptes 389

2. Erprobung des Qualifizierungskonzeptes im Kontext der universitären Ausbildung pädagogischer Professionals im Studium der Wirtschafts- und Berufspädagogik 391

2.1 Beschreibung des Erprobungskontextes 391

2.2 Eine Übersicht zur Modifikation und Adaption des didaktischen Designs 392

    2.2.1 Zur Adaption und Modifikation des Qualifizierungskonzeptes 392

    2.2.2 Das modifizierte Qualifizierungskonzept im Überblick 393

2.3 Methodisches Vorgehen bei der Untersuchung der Wirkweisen des didaktischen Designs 400

    2.3.1 Forschungstagebuch 401

    2.3.2 Teilnehmende, verdeckte Beobachtungen 401

    2.3.3 Dokumentenanalyse 401

    2.3.4 Onlinebefragung 402

    2.3.5 Qualitative Interviews und Gruppendiskussion 403

2.4 Rahmenbedingungen der Erprobungen 404

    2.4.1 Erprobung zwei: Zusatzangebot zur einer Lehrveranstaltung 404

    2.4.2 Erprobung drei: Transferseminar "kritisches Denken" 405

2.5 Profil der studentischen Teilnehmer 406

2.6 Multiperspektivische Analyse der Erprobung der Elemente des Qualifizierungskonzeptes 409

    2.6.1 Einführung in kritisches Denken 409

    2.6.2 Gruppenarbeit: Szenarioanalyse 410

    2.6.3 E-Learning Modul: „Eigene Rolle kritisch reflektieren" 412

    2.6.4 Reflexionsauftrag: „Heimlicher Lehrplan" 415

    2.6.5 Kritisch denken als Student der Wirtschafts- und Berufspädagogik 419

    2.6.6 E-Learningmodul „Kritisches Denken im Unterricht anleiten" 420

    2.6.7 Reflexionsauftrag „Reflexion zu einem kritischen Ereignis" und Rollenspiel „Protokoll der kritischen Konversation" 421

2.6.8 Lehrgespräch zur Vertiefung der Förderung kritischen Denkens und Filmsequenzanalyse "Baraka" 424

2.6.9 Erstellung eines Lernszenarios zur Förderung kritischen Denkens 425

2.7 Einschätzungen zur Funktionalität des Designs 429

2.7.1 Beurteilung der Funktionalität des Designs anhand der verfolgten Ziele 429

2.7.1.1 Verständnis für kritisches Denken ausprägen 429

2.7.1.2 Kritisches Denken anwenden und Prozess selbst erfahren 432

2.7.1.3 Kritisches Denken fördern können 433

2.7.2 Wirkweisen auf kognitiver und persönlicher Ebene 434

2.7.3 Wirkweisen auf interpersoneller und Gruppenebene 439

2.7.4 Subjektiv wahrgenommener Nutzen und Nachhaltigkeit 442

2.8 Lessons learned: Erkenntnisse aus der Erprobung und deren Implikationen für Theorie und Praxis der Förderung kritischen Denkens 444

2.9 Modifikation des Qualifizierungskonzeptes 447

3. Vergleich der Ergebnisse aus den beiden Erprobungskontexten 449

4. Zusammenfassung und Würdigung der Forschungsergebnisse 456
4.1 Zusammenfassung der Forschungsergebnisse .:.. 456

4.2 Würdigung der Forschungsergebnisse 478

5. Ausblick 480

VI. Literaturverzeichnis 482

VII. Verzeichnis zum Anhang 498

VIII. Anhang 500

Abbildungsverzeichnis

Abbildung 1: Assoziationen zu dem Wort „kritisch" nach Moon (2008, S. 27) 24

Abbildung 2: Richtlinien zur Durchführung der Design-Based-Forschung, angelehnt an Collins et al. (2004, S. 49) 48

Abbildung 3: Forschungsablauf und methodisches Vorgehen 52

Abbildung 4: Charakteristik des kritischen Denkens nach Petri (1998, S. 105–106) 61

Abbildung 5: Beispiel für ein deduktives Argument 63

Abbildung 6: Eigenschaften von deduktiven Argumenten, angelehnt an Astleitner (1998, S. 56–60) und Soentgen (2007, S. 135–136) 64

Abbildung 7: Formale Trugschlüsse bei deduktiven Argumenten 66

Abbildung 8: Ausgewählte Arten von Trugschlüssen (angelehnt an Becker, 2004; Astleitner, 1998; Labossiere, 2008) 66

Abbildung 9: Dispositionen für kritisches Denken (Ennis, 1987, S. 12) 76

Abbildung 10: Eigenschaften von Annahmen, angelehnt an Keeley und Browne (1986, S. 53) 79

Abbildung 11: Kernannahmen der Kritischen Theorie (angelehnt an Brookfield, 2005, S. viii) 90

Abbildung 12: Merkmale von Ideologien, angelehnt an Löscher (2002, S. 21 ff.) 91

Abbildung 13: Strukturgitter für die kaufmännisch-ökonomische Grundbildung nach Kutscha (2008) 114

Abbildung 14: Klassifizierung der Förderansätze kritischen Denkens, angelehnt an Ennis (1989)...127

Abbildung 15: Der FRISCO-Ansatz, angelehnt an Ennis (1996) 130

Abbildung 16: Aufbau von Unterrichtseinheiten zur integrativ-direkten Förderung von kritischem Denken, angelehnt an Swartz (2003, S. 242–247) 135

Abbildung 17: Prinzipien zur Modellierung kritischer Denkaktivitäten, angelehnt an Brookfield, 1987; Meyers, 1986 142

Abbildung 18: Empfehlungen für sokratisches Fragen, angelehnt an Weil (2004b, S. 415–416) 144

Abbildung 19: Fragenkatalog für sokratisches Fragen, angelehnt an Paul (1993, S. 426–427) und Wilbers (2009c) 145

Abbildung 20: Fünf Richtlinien zur Gestaltung der Rahmenbedingungen für die Förderung kritischen Denkens (angelehnt an Meyers, 1986, S. 61–68) 155

Abbildung 21: Richtlinien zur Förderung von kritischem Denken an Schulen, angelehnt an Costa (2003, S. 58–59) 155

Abbildung 22: Richtlinien zur Förderung von kritischem Denken nach Adams und Ham (1990) 156

Abbildung 23: Prozess der Datenanalyse, vereinfachte Darstellung, angelehnt an Altrichter & Posch (2007, S. 185) 205

Abbildung 24: Informelle Reflexionsgespräche zum Modell kritischen Denkens 208

Abbildung 25: 4-Phasenmodell kritischen Denkens 219

Abbildung 26: Initialphase im kritischen Denken 220

Abbildung 27: Phase der Urteilsbildung 222

Abbildung 28: Teilphasen der Urteilsbildung 225

Abbildung 29: Phase der Entwicklung von Alternativen 227

Abbildung 30: Entwicklung von Alternativen 229

Abbildung 31: Integrationsphase des kritischen Denkens 231

Abbildung 32: Diskussionsrichtlinien nach Neißer, zitiert nach Reese-Schäfer (1990, S. 133) 239

Abbildung 33: Critical-Practice-Audit (Brookfield, 2008, S.70) 242

Abbildung 34: Scenario Analysis Exercise (Kursmaterial # D, 2008, S. 21) 244

Abbildung 35: Ergebnisse der Studie zur Beurteilung kritischen Denkens bei Lehrern und Schülern (Astleitner et al., 2002, S. 56) 268

Abbildung 36: Übersicht zu einigen etablierten, standardisierten Assessmentverfahren kritischer Denkaktivitäten 292

Abbildung 37: The Moorburg Letter: Ennis-Weir-Critical Thinking Essay Assessment (Ennis und Weir, 1985, S. 13) 296

Abbildung 38: Indikatoren zur Beurteilung kritischen Denkens in Diskussionen nach Newman, 1995 (Landis, Swain, Friehe und Coufal, 2007, S.137) 304

Abbildung 39: Holistic Critical Thinking Rubric nach Facione und Facione (1994) 306

Abbildungsverzeichnis

Abbildung 40: Liste der ausgewerteten Dokumente 314

Abbildung 41: Ziele des Qualifizierungskonzeptes für die Förderung flexiblen Lernens 316

Abbildung 42: Architektur des Flexible-Learning-Qualifizierungskonzeptes (Jahn, Wilbers & Trager, 2008b) 317

Abbildung 43: Anforderungen an Qualifizierung pädagogischer Professionals 320

Abbildung 44: Tätigkeitsprofil der pädagogischen Professionals 347

Abbildung 45: Kategorisierung der pädagogischen Professionals nach Bedürfnislage 348

Abbildung 46: Einschätzungen zu Modul „Eigene Rolle kritisch reflektieren" (Onlineumfrage, 2009) 349

Abbildung 47: Einschätzungen zur Wirkung der Aufgabe „Heimlicher Lehrplan" (Onlineumfrage, 2009) 354

Abbildung 48: Bewertung der Rollenbilder-Reflexionen anhand der Kriterien kritischen Denkens (Auszug aus Blogposting im E-Portfolio von Teilnehmer #2, 2009) 359

Abbildung 49: Konzept der Förderung kritischen Denkens am Lernort Betrieb (Foto von erstelltem Flipchart, 2009) 363

Abbildung 50: Konzept der Förderung kritischen Denkens am Lernort Berufsschule und überbetriebliche Einrichtung (Foto von erstelltem Flipchart, 2009) 365

Abbildung 51: Kritisches Forumsposting zu Ergebnis der Gruppenarbeit „Betrieb" (PP #8, 2009). 366

Abbildung 52: Auszug aus WebQuest zur Beschaffung und Logistik – Handelsfachwirt (PP #3, Projektarbeit, 2009) 373

Abbildung 53: Plakat aus Gruppenarbeit zur Szenarioanalyse (Erprobung drei, 2010 411

Abbildung 54: Auszug aus den Onlineumfragen zum Modul „Eigene Rolle kritisch reflektieren" (Erprobung zwei und drei, 2009/2010) 413

Abbildung 55: Fragen zur Stimulierung der Rollenbilder-Diskussion (Beitrag in Online-Forum, Erprobung drei, 09.05.2010) 414

Abbildung 56: Aussagen zur Wirkweise der Übung „Heimlicher Lehrplan" (Onlineumfrage, Erprobung zwei und drei, 2009/2010) 415

Abbildung 57: Einschätzung zu E-Learning-Modul „Kritisches Denken im Unterricht anleiten" (Onlineumfrage, Erprobung zwei und drei, 2009/2010) 420

Abbildung 58: Einschätzungen zur Aufgabe „Reflexion eines kritischen Ereignisses" (Onlineumfrage, Erprobung zwei und drei, 2009/2010) 422

Abbildung 59: Exemplarische Beurteilungsnotiz zu Seminararbeiten (Erprobung drei, 2010) 427

Abbildung 60: Einschätzungen zu der Erstellung der Seminararbeit (Onlineumfrage, Erprobung zwei und drei, 2009/2010) 428

Abbildung 61: Einschätzungen zur Ausprägung eine konzeptuellen Verständnisses kritischen Denkens (Onlineumfrage, Erprobung zwei und drei, 2009/2010) 430

Abbildung 62: Einschätzungen zur Bewusstseinsbildung kritischen Denkens (Auszug aus den Onlineumfragen, Erprobung zwei, 2009; Erprobung drei, 2010) 431

Abbildung 63: Einschätzungen zur Förderung kritischen Denkens (Onlineumfrage, Erprobung zwei, 2009; Erprobung drei, 2010) 433

Abbildung 64: Wahrgenommener Nutzen der Denkschulung (Onlineumfrage, Erprobung zwei 2009; Onlineumfrage, Erprobung drei, 2010) 442

Abbildung 65: 4-Phasenmodell kritischen Denkens 458

Abbildung 66: „Der Didaktor" Horst P. Macher (E-Learning-Modul „Eigene Rolle kritisch reflektieren") 525

Abbildung 67: Horst Machers Konzept der Unterrichtsplanung, (E-Learning-Modul „Eigene Rolle kritisch reflektieren") 526

Abbildung 68: Annahmen zum Lehren und Lernen von Bildungsprofi Horst Macher 526

Abbildung 69: Der Ausbilder Maik Dreyer (E-Learning-Modul „Eigene Rolle kritisch reflektieren") 527

Abbildung 70: Annahmen zum Lehren und Lernen von Bildungsprofi Mike Dreyer (E-Learning-Modul „Eigene Rolle kritisch reflektieren") 528

Abbildung 71: Frau Dr. Nicole Kowalzky (E-Learning-Modul „Eigene Rolle kritisch reflektieren")... 529

Abbildung 72: Lernziele von Frau Kowalzky zum Thema „JiT" (Modul „Eigene Rolle kritisch reflektieren") 529

Abbildung 73: Frau Dr. Kowalzkys Annahmen zum Lehren und Lernen (E-Learning-Modul „Eigene Rolle kritisch reflektieren") 530

Abbildung 74: Reflexion der Rollenbilder (E-Learning-Modul „Eigene Rolle kritisch reflektieren") . 531

Abbildung 75: Führende Reflexionsfragen zum Text „Heimlicher Lehrplan" (E-Learning-Modul „Eigene Rolle kritisch reflektieren") ... 533

Abbildung 76: Aufgabe zu den Standards kritischen Denkens (FL-Basismodul) ... 538

Abbildung 77: Diskussion der Wichtigkeit kritischen Denkens im Einzelhandel (Powerpoint-Folie) 539

Abbildung 78: Screenshot aus „Sie Leben" (Carpenter, 1988) ... 539

Abbildung 79: Gruppenarbeit: Erarbeitung eines Konzeptes zur Förderung kritischen Denkens (Powerpoint-Folie) ... 540

Abbildung 80: Reflexionsaufgabe: Analyse eines kritischen Ereignisses ... 545

Abbildung 81: Arbeitsauftrag zur Entwicklung und Erprobung eines kooperativen Lernszenarios (E-Learning-Modul „Kooperatives flexibles Lernen anleiten") ... 547

Abbildung 82: Auszug aus Aufgabe zur Einführung in kritisches Denken – analytische Ebene (Powerpoint-Folie) ... 549

Abbildung 83: Schlafe, gehorche, konsumiere (Screenshot aus Carpenters "Sie Leben" (1988)) ... 550

Abbildung 84: Szenarioanalyse: Dirk, der fleißige Student ... 552

Abbildung 85: Überarbeitete Fragen zu Reflexionsauftrag „Rollenbilder" (E-Learning-Modul „Eigene Rolle kritisch reflektieren) ... 553

Abbildung 86: Überarbeitete Leitfragen zur Übung „heimlicher Lehrplan" ... 554

Abbildung 87: Ein Modell für kritisches Denken als pädagogischer Professional (Powerpoint-Folie).557

Abbildung 88: Screenshots aus den Film „Baraka" (1992) ... 560

Abbildung 89: Arbeitsauftrag zur Entwicklung eines Lernszenarios kritischen Denkens (E-Learning-Modul „Kritisches Denken anleiten") ... 561

I. Übersicht zur Problemstellung und Struktur der Arbeit

"Eine neue Art des Denkens ist notwendig, wenn die Menschheit überleben will." (Albert Einstein)

1. Zur Notwendigkeit kritischen Denkens

New York im Jahr 2022. Die Stadt hat etwa 40 Millionen Einwohner, die meisten ohne Arbeit. Die Menschen sind gezeichnet von Depression, Gewalt, Hunger, Entfremdung. Ihre Nahrung besteht aus einer grünen Masse, von der niemand genau weiß, woraus sie besteht oder wo sie herkommt. Das permanent umworbene Produkt ist notgedrungen das Hauptnahrungsmittel der Menschen geworden, da aufgrund von massivem Raubbau an der Umwelt, Naturkatastrophen und Seuchen die Tier- und Pflanzenwelt fast ausgestorben ist und natürliche Lebensmittelproduktion nicht mehr stattfinden kann. Das Gefälle zwischen Reich und Arm in dieser Gesellschaft der nahen Zukunft ist riesig: Die wenigen Reichen – Firmeninhaber[1] und Manager des monopolistischen Lebensmittelherstellers – können einen luxuriösen Lebensstandard aufrechterhalten. Der Rest der Bevölkerung lebt in bitterer Armut und viele ziehen es vor, den Freitod zu wählen, der von darauf spezialisierten Unternehmen angeboten wird.

So oder so ähnlich lässt sich die Rahmensituation des Filmes „Soylent Green" beschreiben, den Richard Fleischer 1973 als düstere Zukunftsvision mit Charlton Heston in der Hauptrolle in die Kinos brachte. Die durch den Film ausgesprochene Warnung hat nichts an Gehalt verloren. Sie ist vielmehr zum Menetekel, zur Flaschenpost für die heutige und kommende Generationen geworden: Dem Living Planet Report 2008[2] des *World Wide Fund For Nature*, einer der international bedeutendsten Studien über den allgemeinen Zustand der Erde, ist neben anderen bedrohlichen Fakten beispielsweise zu entnehmen, dass unter Fortführung des bisherigen Ressourcenverbrauchs die Erde im Jahr 2035 bereits zweimal existieren müsste, um unseren Hunger nach Energie, Nahrung und Flächen versorgen zu können. Der technische Fortschritt und die Art und der Umfang des menschlichen Wirtschaftens in einem globalen kapitalistischen System sind für viele der heutigen und künftigen Missstände und Probleme Hauptursachen (Dürr, 2007). Durch instrumentelles Denken und Handeln sind Systeme und Mechanismen entstanden, die zwar für einen Teil der Weltbevölkerung enormen Wohlstand, teilweise auch unvorstellbaren Luxus, generieren, insgesamt aber einen großen Anteil der Weltprobleme bedingen oder verschärfen. Ein gesellschaftlicher Wandel zur Verbesserung der

---

[1] Es sei darauf hingewiesen, dass in der Arbeit auf die weibliche Form aus praktischen Gründen verzichtet wird. Der Verzicht soll lediglich einen angenehmen Lesefluss gewährleisten und überflüssige grammatikalische Verkomplizierungen vermeiden. Bei allen Aspekten sind aber Frauen immer in die Betrachtung mit einzubeziehen.

[2] Online abrufbar unter URL: http://assets.panda.org/downloads/living_planet_report_2008.pdf [01.11.2009].

Situation lässt sich in bestimmten Bereichen zwar feststellen, jedoch setzt der Wettbewerb als Motor des Fortschritts viele Menschen immer stärker unter Druck, sei es beruflich oder auch privat. Wirtschaftliche Sorgen sind des Deutschen größte Angst geworden[3]. Er fürchtet sich davor weitaus mehr als vor schwerer Erkrankung oder Umweltkatastrophen. Diese Angst aber lähmt kritisches Denken über das Bestehende, vereitelt eine konstruktive Auseinandersetzung mit einer „vernunftbasierten" Ausgestaltung des Lebens und raubt Utopien und Ideale eines menschengerechten Seins aller im Einklang mit der Natur. Jene kritische Auseinandersetzung mit den Problemen der Welt, die mit dem Leben des Einzelnen verwurzelt sind, kann aber erst gesellschaftliche Bewusstseinsformen hervorbringen, die in Konsequenz zu maßgebendem Wandel und Verbesserung der Bedingungen führen könnten. Der kanadische Professor für kritische Pädagogik, Joe Kincheloe, sieht, wie viele andere Bildungsexperten auch, im kritischen Denken des Einzelnen den Ursprung für einen möglichen Gesinnungswandel, der gesellschaftliche Veränderung in Aussicht stellt: *„Thinking in new ways always necessitates personal transformation, and if enough people think in new ways, social transformation is inevitable"* (Kincheloe, 2004, S. 17). Ein weiterer Vertreter dieser These ist der österreichische Bildungsforscher Gottfried Petri. Er vertritt die Ansicht, dass eine ganzheitliche Ausrichtung des schulischen Unterrichts auf die Förderung von kritischem Denken zu einem gesellschaftlichen Wertewandel führen kann, der beispielsweise einseitig denkenden, fanatischen oder ideologischen Bewegungen das Wasser abgräbt und zur Demokratisierung der Gesellschaft beiträgt (Petri, 2003, S. 259).

Die Kernprozesse kritischen Denkens liegen in der Bewusstmachung und Bewertung von Annahmen, auf denen das tägliche Handeln und Urteilen fußt, sei es im Beruf, in zwischenmenschlichen Beziehungen oder als Zivilbürger in einer Demokratie. Kritisches Denken versucht, unter Rückgriff auf bestimmte Denkstandards, inhärente oder übernommene Annahmen bewusst zu machen, zu veranschaulichen, zu ergänzen, Perspektiven zu erweitern, zu hinterfragen und zu bewerten, um so bewusster und wohlbegründet urteilen und handeln zu können. Kritisches Denken hat zum einen als Ziel, das eigene (professionelle) Handeln zu verbessern, ein differenzierteres Bewusstsein dafür zu erlangen oder Vorurteile abzubauen, um somit *„in Ausbildung und Beruf erfolgreich zu sein und zum anderen unerwarteten Änderungen der Lebensanforderungen begegnen zu können"* (Mertens, 1974; zitiert nach Merz, 2001, S. 43). Dabei führt kritisches Denken laut Kincheloe zu einem vom Egozentrismus abgewandten Bewusstsein und bringt neue Formen der Verbundenheit und Nächstenliebe mit sich. Kritisches Denken ist ein erster Schritt, um die soziale Transformation zum Abbau der Weltprobleme und der globalen Ungerechtigkeit voranzubringen (Kincheloe, 2004, S. 24). Ohne diese Zielsetzung ist kritisches Denken nutzlos. Kritisches Denken kann auf der Ebene des Individuums dazu beitragen, „Gifte" des menschlichen Geistes, also gesellschaftlich problematische Wesenszüge und Eigenschaften wie Hass, Neid oder Gier, durch Erkenntnis abzubauen. Obwohl es selbstbezogen

---

3   In einer breit angelegten Langzeitstudie der R & V Versicherung, in der 2500 Bürger befragt wurden, zeigte sich für das Jahr 2009 deutlich, dass wirtschaftliche Sorgen wie die schlechte Wirtschaftslage (66%), höhere Arbeitslosigkeit (65 %) oder steigende Lebenshaltungskosten (63 %) weiterhin die dominanten Ängste der Deutschen waren, weit verbreiteter als Angst vor schwerer Erkrankung (49 %) oder Krieg (31 %). Die Studie ist einzusehen unter http://www.ruv.de/de/presse/download/pdf/aengste-der-deutschen-2009/20090903-aengste-der-deutschen-2009-grafik.pdf [04.11.2010].

in seiner Denkrichtung ist, kann kritisches Denken zu mehr Selbstlosigkeit führen und den Menschen zu emanzipatorischem, couragiertem und altruistischem Handeln anspornen. Bildungseinrichtungen wie Schulen oder Universitäten sind jene Orte der Sozialisation, wo Menschen zum eigenständigen und vernünftigen Denken erzogen werden können. Bildung kann einen Beitrag dazu leisten, durch Förderung des Denkens der Lernenden einen Wertewandel aufgrund von individueller Erkenntnis herbeizuführen. Jedoch hebt das Ideal der Bildung zusehends auf ökonomische Verwertbarkeit ab. Lernende sollen mit den notwenigen Kompetenzen für den Arbeitsmarkt ausgestattet werden, am besten schon ab Kindergartenalter, um im Wettbewerb bestehen zu können, um dann keine Angst vor Arbeitslosigkeit haben zu müssen. Liessmann zeigt in seiner Theorie der Unbildung, dass *„die zahlreichen Reformen des Bildungswesens auf eine Industrialisierung und Ökonomisierung des Wissens abzielen, womit die klassischen Bildungstheorien geradezu in ihr Gegenteil verkehrt werden* (Liessmann, 2006, S. 7). Diese *„Kapitalisierung des Geistes"* (ebd., 2006, S. 10) kann es nicht leisten, die Individuen im selbstständigen und mündigen Denken zu stärken. Sie bewirkt das Gegenteil, erzieht erst zur Angst vor wirtschaftlicher Repression und stattet die Menschen mit zweckfunktionalem Einwegwissen aus. Jenem Wissen fehlt aber *„jede synthetisierende Kraft"* (Liessmann, 2006, S. 8). Es lässt sich rasch herstellen, aneignen und schnell wieder vergessen, so schnell, wie sich das dynamische Umfeld eben ändert (ebd., 2006, S. 8). Einige Bildungsforscher wie Kraak sehen deshalb die Förderung von kritischem Denken als eine der wichtigsten Bildungsaufgaben der Gegenwart (Kraak, 2000; zitiert nach Astleitner, 2002a). Bailin und Siegel stellen fest, dass kritisches Denken ein fundamentales Ziel und Ideal von Bildung ist (Bailin und Siegel, 2003; zitiert nach Abrami, Bernard, Borokhovski, Wade, Surkes, Tamim und Zhang, 2008, S. 1102) und nach Sheffler sollte die Förderung von kritischem Denken Primärziel bei der Konzeption und Organisation von Bildungsaktivitäten sein (1973; zitiert nach Abrami et al., 2008, S. 1102). Jedoch sind es nicht nur Experten aus dem Feld der Bildung, sondern auch aus dem Bereich der Wirtschaft, die gemeinsam in einer von Mandl und Reinmann-Rothmeier durchgeführten Delphi-Studie (1998) zu dem Ergebnis gelangten, dass kritisches Denken als primäre Teilkompetenz für das benötigte Informations- und Wissensmanagement eingestuft werden muss. Hier sei auf den Tiefenlern-Effekt bei der Anwendung kritischen Denkens hingewiesen, der besagt, dass kritisches Denken eine Schlüsselkompetenz und Voraussetzung für das Tiefenlernen ist (Merz, 2001, S. 46). Die Anwendung von kritischem Denken beim Lernen ermöglicht eine hohe Verarbeitungstiefe im Gedächtnis und führt auch zu einer langfristigen Speicherung und besseren Abrufbarkeit des entstehenden Wissensnetzes (Merz, 2001, S. 44–45). Laut Newman et al. ist Tiefenlernen ein Lernprozess, bei dem vom Lerner versucht wird, ein kritisches Verständnis des angebotenen Lernstoffs auszuprägen und das Gelernte in sein vorhandenes Wissen zu integrieren (Newman et al., 1997; zitiert nach Merz, 2001, S. 45). Durch diese reflexive Hinterfragung, Strukturierung und Personalisierung des Lernstoffs werden Erkenntnisse tiefer gehend verarbeitet und wirksamer gespeichert. Kritisches Denken wird sowohl als Grundlage für wohlbegründete und mündige Entscheidungen als auch für nachhaltige Lernprozesse benötigt. Wenn kritisches Denken ein wichtiges und allgemeines Bildungsziel ist (Astleitner, 1998, S. 19), so muss dessen Förderung auch verstärkt Einzug in den Unterricht, aber auch in die Lehrerausbildung halten, um Pädagogen systematisch dafür zu befähigen. In der vorliegenden Dissertation soll hierzu ein Beitrag geleistet werden.

2. Eine Annäherung an die Begrifflichkeit „kritisches Denken"

In der Umgangssprache wird Kritik häufig als etwas Herablassendes, Besserwisserisches und Demütigendes verstanden. Kritisches Denken umfasst jedoch viel mehr als nur die reine Kritik an einem bestehenden Sachverhalt. „Kritik" ist laut Duden eine Beurteilung, Begutachtung, Besprechung, Beanstandung oder ein Tadel (Duden. Das Fremdwörterbuch, 2001, S. 552). „Kritisch" bedeutet dabei „nach präzisen Maßstäben prüfend", „beurteilend", „genau abwägend" oder „wissenschaftlich erläuternd", aber eben auch „missbilligend" (Duden, 2001, S. 554). Jenny Moon, eine britische Expertin im Bereich der Förderung kritischen Denkens, misst dem Wort „kritisch" folgende weitere Assoziationen bei:

Appraisal	Review
Analysis	Interpretation
Evaluation	Appreciation
Management	Awareness
Care	Understanding
Being	Reflection
Action	Practice

Abbildung 1: Assoziationen zu dem Wort „kritisch" nach Moon (2008, S. 27)

„Kritisch" bedeutet also weitaus mehr als eine rein missbilligende Eigenschaft und beinhaltet viele weitere Aspekte, wie etwa die Analyse oder Evaluation von Sachverhalten. Ursprünglich bedeutet kritisieren im Griechischen scheiden, trennen, urteilen, richten, entscheiden etc. (abgleitet von den Wörtern *Krinein* und *Krisis*). Gemeint ist damit die Kunst der Beurteilung, das Auseinanderhalten von Annahmen und Fakten oder das Infragestellen von Argumenten und Interpretationen von Sachverhalten (Wohlrapp, 2008, S. 213). Kritik hat also nichts mit dem Herabwürdigen von Personen, Quellen etc. zu tun, sondern – im Gegenteil – kritisches Denken ist die Bedingung der Möglichkeit von eigenen Einsichten und Erkenntnissen. Kritik, so Wohlrapp, *„insistiert auf der Unterscheidung des Unterschiedenen. Sie ist getragen von der tiefsitzenden Vermutung, dass die These des Proponenten, mag sie noch so interessant und differenziert sein, nicht die ganze Wahrheit ist, dass sie begrenzt ist und bedingt, dass sie endlich ist"* (Wohlrapp, 2008, S. 214). Kritik knüpft an bereits bestehende Sachverhalte an und produziert dabei herausfordernde Fragen, die die Richtigkeit und Wahrheit von eben diesen Dingen hinterfragen und dessen Bedingungen prüfen. Durch diese Konfrontation mit dem Bestehenden, bereits Gedachten und Verstandenen, können durch Prüfung neue Sicht- und Handlungsweisen entdeckt werden. Wohlrapp nennt dies die *„Mobilisierung der grundsätzlichen Unterschiede in Einsichten und Sichtweisen"* (Wohlrapp, 2008, S. 213) Dafür braucht es beispielsweise Wertschätzung, Reflexion oder Aktion, wie von Moon (2008, S. 27) gefordert.

Auch dem Denken widerfährt je nach vorliegender wissenschaftlicher Disziplin – wie etwa der Biologie, Philosophie, Psychologie oder Ethnologie und hier in den jeweiligen Zweigen – eine andere

Deutung und Auslegung. In der Psychologie wird je nach Tradition Denken als Problemlösen oder wortlose Sprache gedeutet (Deutsche Enzyklopädie, o. D.). Die Deutsche Enzyklopädie bietet übergreifend folgende Definition an: „Unter Denken werden alle Vorgänge zusammengefasst, die aus einer aktiven inneren Beschäftigung mit Vorstellungen, Erinnerungen und Begriffen eine Erkenntnis zu formen suchen" (Deutsche Enzyklopädie, o. D.).

Ob nun Denken eher eine Fusion verschiedener kognitiver Funktionen[4] oder ein Selbstgespräch mit dem eigenen Ich ist oder eher als die Bildung geistiger Modelle und deren geistige In-Beziehung-Setzung (Sponsel, 2008) zu verstehen ist, spielt im Zusammenhang mit kritischem Denken dahingehend eine Rolle, dass Denken ein aktiver und steuerbarer Vorgang der Erkenntnisgewinnung ist. Denken bezieht sich also immer auf die externe Welt, um diese zu interpretieren und ihr Sinn zu verleihen. Gordon beschreibt diesen Zusammenhang wie folgt:

"When one thinks as a thinker, the person detaches herself or himself from the world of appearances, enters the realm of inner dialogue, ideas, or pure concepts, as various philosophers have called this realm, and hopes to return to the world of appearances with a broader understanding and a more perspective vision" (Gordon, 1988, S. 52; zitiert nach Garrison, 2000, S. 65).

Kritisches Denken führt zu wohlbegründeten Urteilen und Entscheidungen. Kritisch zu denken ist eine der wichtigsten Kompetenzen, um in der sich rasant verändernden Welt bestehen zu können. Es kann aber auch der Motor für die Bewusstmachung des globalen Einwirkpotenziales jedes einzelnen Menschen sein und somit als Antrieb für gesellschaftlichen Wandel stehen. Kritisches Denken führt den Menschen in eine emanzipatorische Richtung und schafft einen allgegenwärtigen Sinn für die eigene Selbsterkenntnis (Kincheloe, 2000, S. 27). Kritischem Denken, einem theoretischen Konstrukt mit einer Vielzahl an Modellen und Denkschulen, wird eine zentrale Rolle bei dem adäquaten Umgang mit Komplexität und deren Bewältigung beigemessen. Es wird deshalb sogar als lebensnotwendige Überlebenskompetenz für die Bewältigung der Zukunft angesehen (Ernst, 2000, S. 14–16; Paul, 1993, S. v-xiii).

Weitere Termini im Zusammenhang mit kritischem Denken, die oftmals synonym oder in ähnlichem Zusammenhang gebraucht werden, sind beispielsweise kritische Reflexion (Mezirow, 1997), problemlösendes Denken (Crowley, 2003), reflective thinking (Dewey, 2010), reflective judgement (King & Kitchener, 1994), creative thinking (Paul & Elder, 2005), critical awareness (Johnson & Freedman, 2005), high-order thinking (Williams, 2003), thinking socratically (Schwarz & Lape, 2000) oder auch reflective decision making (Truglio-Londrigan & Lewenson, 2008), complex critical thinking (Kincheloe, 2004) usw. Je nach vorliegender Forschungsdisziplin und abhängig von den jeweiligen sprachlichen Vorlieben der Autoren wird kritisches Denken also mit verschiedenen Ausdrücken umschrieben und/oder definiert, wobei verschiedene Elemente des Denkens (Logik, Kreativität usw.) in den jeweiligen Konzepten besonders betont werden. Dabei widersprechen sich einige der Konzepte in ihren Definitionen. So sehen einige Autoren kreatives und kritisches Denken als eine Einheit (Paul und Elder, 2005). Andere hingegen trennen die beiden Begrifflichkeiten klar voneinander ab

---

4 Eine umfassende Beschreibung des Denkens anhand kognitiver Konzepte findet sich in Peters (2008, S. 15).

(Harris, 2001). Resch und Fasko sind der Meinung, dass es genauso viele Definitionen zu kritischem Denken gibt wie sich Autoren an dem wissenschaftlichen Diskurs dazu beteiligen (Resch, 2008, S. 27; Fasko, 2003, S. 6–7). McBurney weist darauf hin, dass kritisches Denken zahlreiche Fähigkeiten und Einstellungen beinhaltet, die Pädagogen aus verschiedensten Bereichen bei ihren Schülern fördern möchten (McBurney, 1996; zitiert nach Fasko, 2003, S. 7).

Je nach wissenschaftlicher Tradition oder den Präferenzen der Autoren werden also unterschiedliche Aspekte des kritischen Denkens stärker betont. Somit wird es auch keine einheitliche Definition von kritischem Denken geben können, obwohl eine Vielzahl davon existieren. Dennoch gibt es auch Autoren wie Astleitner (2002b, S. 52), die behaupten, es liege mittlerweile ein allgemein anerkanntes Verständnis von kritischem Denken vor. Diese Auffassung vertreten aber nicht alle Autoren innerhalb des Diskurses zu kritischem Denken. Halonen hebt genau das Gegenteil zu Astleitner hervor, nämlich dass es zu kritischem Denken keine einzige Definition gibt, die allgemein anerkannt wäre (Halonen, 1995, S. 75; zitiert nach Lawrence, Serdikoff, Zinn & Baker, 2008, S. 23.). Kincheloe (2004, S. 8) macht sogar deutlich, dass es niemals eine einheitliche Definition geben wird und geben darf. Appleby (2005) betont aber, dass trotz der Unstimmigkeiten hinsichtlich des Verständnisses und der Definition sich die Akteure der verschiedenen Lager dennoch einig seien, dass kritisches Denken eine essenzielle, förderwürdige Fähigkeit sei (zitiert nach Saville, Zinn, Lawrence, Barron und Andre, 2008, S. 150).

3. Vorwegnahme des Arbeitsverständnisses kritischen Denkens

Im Folgenden wird das erarbeitete Begriffsverständnis vorweggenommen, um den Leser Orientierung zu stiften, was im Rahmen dieser Arbeit unter kritischem Denken zu verstehen ist. Das Verständnis ist zentraler Dreh- und Angelpunkt für alle weiteren Forschungsbemühungen der Förderung kritischen Denkens.[5] Es macht außerdem indirekt deutlich, in welcher Tradition kritisches Denken in dieser Arbeit steht, also welche normative Ausrichtung dem Konzept beigemessen wird:

Kritisches Denken ist ein emanzipierender Prozess analytischer, ideologiekritischer, multiperspektivischer und konstruktiver Reflexion und sozialer Interaktion, in dem Annahmen und deren Wirkweisen offengelegt, analysiert und bewertet werden, um unabhängiger und bewusster urteilen, entscheiden und handeln zu können.

Kritisches Denken zielt darauf ab, unabhängige und eigenständige Erkenntnisse bezüglich bestimmter Sachverhalte zu erlangen, auf deren Grundlage wohlbegründete Urteile gefällt und Entscheidungen getroffen werden. Kritisches Denken ist demnach emanzipierend. Es führt zum unabhängigen und selbstermächtigenden Handeln. Der Prozess der Erkenntnisgewinnung und der Einflechtung dieser errungenen Einsichten in das eigene Handeln und Denken verläuft wechselnd in Phasen der Reflexion und in Phasen der sozialen Interaktion, also in Kontemplation über die in Erfahrung gebrachten

---

5   Eine ausführliche Beschreibung des erarbeiteten Konzeptes kritischen Denkens findet sich unter Kapitel III – 5.1.

Perspektiven zu einem zu beleuchtenden Sachverhalt einerseits und im aktiven (kommunikativen) Austausch mit der relevanten Umwelt andererseits. Soziale Interaktion meint die aktive Erschließung eines Sachverhaltes durch qualitative, quantitative und weitere, „nicht-wissenschaftliche" Vorgehensweisen. Die mit der sozialen Interaktion verzahnte Reflexion, also das zielgerichtete Nachdenken über die in Erfahrung gebrachten Dinge und über das eigene Denken, vollzieht sich in vier miteinander verbundenen Dimensionen, die jeweils bestimmte Denkstandards als intellektuelle „Werkzeuge" des Denkens bereitstellen. Denkstandards umfassen Kriterien, Verfahrensweisen oder Konzepte, an denen das Denken ausgerichtet bzw. die beim Denken angewendet werden sollen. Sie dienen als Urteils- und Entscheidungsmaßstäbe. Denkdimensionen hingegen geben den normativen Rahmen und die Zielsetzung bei der Ausrichtung des Denkens an.

Zur epistemisch-analytischen Dimension kritischen Denkens zählen Kriterien wie Richtigkeit, Klarheit, Exaktheit, Logik usw., die zur Beurteilung der Gültigkeit und Aussagekraft von Annahmen herangezogen werden können.

In der Dimension des ideologiekritischen Denkens werden Annahmen mit dem Fokus auf verdeckte und offene Machtmechanismen und Herrschaftsstrukturen und deren Auswirkungen auf die unbelebte und belebte Natur analysiert.

Kritisches Denken bedeutet in der Dimension der Multiperspektivität, verschiedene voneinander abweichende Perspektiven auf einen Sachverhalt, der Gegenstand des Denkens ist, einzunehmen, sich in die jeweiligen Sichtweisen einzufühlen und diese zu verstehen.

In der Dimension der Konstruktivität geht es darum, für erkannte Probleme Lösungsansätze zu entwickeln und deren Eignung zu beurteilen. Außerdem meint konstruktives Denken auch, nach Wegen zu suchen, um nicht-geprüfte Annahmen zu überprüfen.

Die aufgeführten Dimensionen kritischen Denkens stehen in Interdependenz und bedingen sich gegenseitig bei der Beurteilung von Annahmen. Die Identifikation und Analyse von Annahmen ist ein Kernprozess kritischen Denkens innerhalb dieser Dimensionen.

4. Zielsetzung der Dissertation

Die systematische Förderung kritischen Denkens im Schulunterricht, als auch die Qualifizierung von pädagogischen Professionals zur Befähigung dafür, scheinen im deutschsprachigen Raum keine wichtige Rolle zu spielen. Zumindest gibt es einige empirische Belege und Expertenmeinungen, die dies zum Ausdruck bringen (Astleitner, 1998, S. 33–35; Dubs, 1992, S. 52–53).[6] In Studien konnte außerdem gezeigt werden, dass Lehrkräfte selbst enorme Schwächen im kritischen Denken aufwiesen und kaum besser als ihre Schüler abschnitten (siehe beispielsweise die Studie von Astleitner, Brünken & Zander, (2002)). Es liegt auch nur sehr wenig deutschsprachige Literatur vor, in der sich wissenschaftlich mit der Förderung, geschweige denn mit der Qualifizierung von Lehrpersonal für

---

6   Eine Sammlung an Belegen zur Untermauerung dieser These findet sich bei Grübel (2010, S. 8–12).

die Förderung kritischen Denkens auseinandergesetzt wird (zu nennen sind hier etwa die Werke von Astleitner (1998) und Petri (2000) aus Österreich). Diese Ausgangssituation verdeutlicht, dass ein Bedarf an der Verbesserung der Praxis der Förderung kritischen Denkens besteht.

In der vorliegenden Arbeit wird der Frage nachgegangen, wie angehende und erfahrene pädagogische Professionals[7] für die Förderung kritischen Denkens qualifiziert werden sollten. Ziel ist es, ein wirksames, nachhaltiges, innovatives, nützliches und erprobtes didaktisches Design in Form eines Qualifizierungskonzeptes für pädagogische Professionals für die Förderung kritischen Denkens zu entwickeln, welches einerseits eine konkrete Lösung für die pädagogische Praxis in einem bestimmten Kontext bietet, aber andererseits auch einen Beitrag zur Theorie der Förderung kritischen Denkens leistet. Innerhalb der Pädagogik wird der Begriff „Design" im Zusammenhang mit der Entwicklung von curricularen Produkten, Lernsituationen, Interventionen, E-Learninganwendungen usw. besprochen (Middleton, Gorard, Taylor und Bannan-Ritland, 2006, S. 1). Ein didaktisches Design beinhaltet die Entwicklung, Implementierung und Evaluation von Lernsituationen und Lernmaterial (Ballstaedt, 1997, S. 12) und berücksichtigt vielfältige Variablen, wie etwa methodisch-didaktische Überlegungen, die Gestaltung von Medien, pädagogisches (Sprech-)Handeln, Assessment von beabsichtigten Fördergrößen usw.

Die kontextsensitive Entwicklung eines funktionalen und wirksamen Designs geht in einem ersten Schritt damit einher, einen theoretischen Rahmen als „Gestaltungsplan" für das Qualifizierungskonzept zu entwickeln. Didaktisches Design bezeichnet auf theoretischer Ebene in der Dissertation ein Konzept kritischen Denkens, welches als Grundlage zur Ausgestaltung des Qualifizierungskonzeptes dienen soll. Das Konzept besteht zum einen aus dem bereits kurz vorgestellten Begriffsverständnis, also aus einer Definition kritischen Denkens und deren Elaboration. Zum anderen beinhaltet es ein sich auf das Verständnis beziehende Phasenmodell kritischen Denkens, welches den Verlauf kritischen Denkens charakterisiert und für pädagogische Belange veranschaulicht. Die Unterscheidung des skizzierten Denkvorgangs in Phasen ermöglicht eine strukturierte und gezielte Zuordnung von didaktischen Richtlinien und dementsprechenden Methoden und Techniken der Förderung kritischen Denkens, die es zu entwerfen gilt. Jene werden unter dem Begriff der Didaktik kritischen Denkens gefasst, die neben dem Konzept weiterer Bestandteil des theoretischen Rahmens zur Ausgestaltung des Qualifizierungskonzeptes sind. Die Notwendigkeit der Entwicklung eines eigenen Konzeptes kritischen Denkens ergab sich aus mehreren Gründen: Zum einen zeigten eine umfassende Literaturrecherche (siehe Kapitel III – Bausteine für ein Konzept kritischen Denkens) und auch die Untersuchungen anderer Autoren, dass viele der bestehenden Konzepte sich auf ein zu limitiertes Verständnis kritischen Denkens stützen, das eine Überbetonung auf die Problemlösefähigkeiten von Lernern beinhaltet und Aspekte der Normenreflexion vernachlässigt (Kincheloe, 2004, S. 20; Brookfield, 2005, S. viii). Kritisches Denken ist demnach mehr oder weniger die Fähigkeit, effizient und rational Probleme durch formelle und informelle Logik zu lösen oder ein elaboriertes Fachwissen auszuprägen. Joe Kincheloe spricht in diesem Zusammenhang

---

7 Der Begriff „Pädagogische Professionals" bezeichnet eine große und heterogene Gruppe von Bildungspersonal aus allen Bereichen der beruflichen Aus- und Weiterbildung sowie Führungskräfte mit Personalverantwortung, die in der Ausübung ihrer beruflichen Tätigkeit Lernende mittelbar und/oder unmittelbar unterrichten, fördern und unterweisen, also durch das Ausüben ihrer formalen beruflichen Tätigkeit die Kompetenzen von Lernenden wie Schülern, Auszubildenden oder Studenten direkt oder indirekt stärken (Jahn, Trager & Wilbers, 2008, S. 3).

von „unkritisch-kritisch denken" (2000, S. 13), da ethische und politische Dimensionen des kritischen Denkens hier nicht berücksichtigt werden. Zudem wird häufig in der Literatur davon ausgegangen, dass die verwendeten Modelle kritischen Denkens auf sämtliche Disziplinen übertragen werden könnten. Meyers hingegen vertritt die Ansicht, dass kritisches Denken je nach Themengebiet verschiedene Anforderungen, Schwerpunkte und zu betrachtende Perspektiven mit sich bringt und ermutigt dazu, für die jeweiligen Disziplinen eigene Referenzrahmen kritischen Denkens fächerspezifisch zu entwickeln (Meyers, 1986, S. 6). Trifft seine Annahme zu, so sollte für pädagogische Professionals im Bereich der Wirtschaftspädagogik ein eigenes Verständnis kritischen Denkens und ein speziell für diese Zielgruppe zugeschnittenes Qualifizierungskonzept entwickelt werden.

Neben der Erarbeitung des Konzeptes und der dazu stimmigen Didaktik kritischen Denkens musste des Weiteren auch geklärt werden, welche konkreten Lernziele es bei der Qualifizierung pädagogischer Professionals für die Förderung kritischen Denkens überhaupt zu verfolgen gilt, um tatsächlich eine nachhaltige Befähigung für die Förderung gewährleisten zu können. Außerdem verlangte die Gestaltung eines didaktischen Designs nach einer Berücksichtigung des Implementierungskontextes. Deshalb wurden Gestaltungsempfehlungen für die kontextsensitive Umsetzung des Qualifizierungskonzeptes von Experten zur Förderung kritischen Denkens zu Rate gezogen, die in ähnlichen Kontexten bereits Erfahrungen sammeln konnten.

Die bisher genannten Forschungs-„Artefakte", also der theoretische Rahmen in Form eines Konzeptes und einer Didaktik kritischen Denkens, als auch die Aufstellung von allgemeinen Anforderungen an eine Qualifizierung für die Förderung kritischen Denkens und die Sammlung von kontextsensitiven Gestaltungsempfehlungen für die Implementierung lieferten den Ausgangspunkt zur Konstruktion eines Blended-Learning-Qualifizierungskonzeptes. Jene Artefakte waren sozusagen „Konstruktionsplan" für die praktische Umsetzung des didaktischen Designs.

Das didaktische Design besitzt einerseits eine theoretische Komponente in Form des theoretischen Rahmens zur Förderung kritischen Denkens. Andererseits zeigt es sich auch als materiell manifestierte Theorie in Form des erstellten Qualifizierungskonzeptes und in den ergriffenen Maßnahmen bei der Qualifizierung der pädagogischen Professionals.

Das Qualifizierungskonzept wurde erstmals innerhalb einer Weiterbildungsmaßnahme zum selbstgesteuerten, kooperativen flexiblen Lernen integrativ erprobt. In dieser Blended-Learning-Maßnahme sollten im Rahmen eines Forschungsprojektes pädagogische Professionals für die Betreuung der Lerner zur Förderung flexiblen Lernens ausgebildet werden. Unter flexiblem Lernen ist ein umfassendes Konzept selbstgesteuerten Lernens zu verstehen, das durch entsprechende Lernumgebungen, durch institutionelle sowie institutionsübergreifende Bedingungen und unter Einbezug von E-Learning unterstützt werden soll (Jahn, Trager & Wilbers, 2008a, S. 2). Flexibles Lernen kann in Lernszenarien stattfinden, in denen einzelne Lerner alleine für sich computerunterstützt lernen. Es findet aber auch unter Nutzung von E-Learning in Gruppen statt. Die Befähigung zur Förderung kritischen Denkens bei kooperativem flexiblem Lernen wurde hierbei als untergeordnetes Teillernziel der Gesamtmaßnahme neben anderen Zielen, wie etwa der Förderung von Selbstregulation beim Lernen im Einzelhandel, mit aufgenommen.

Außerdem wurde das Qualifizierungskonzept bei angehenden pädagogischen Professionals, nämlich bei Studenten der Wirtschaftspädagogik, erprobt. Dafür wurde es adaptiert, modifiziert und so ein reines Blended-Learning-Seminar zur Qualifizierung für die Förderung kritischen Denkens geschaffen. Hierfür konnten zwei Zyklen der Erprobung, Evaluation und Modifikation ermöglicht werden: Einmal wurde das Qualifizierungskonzept bei Bachelorstudenten als freiwilliges Zusatzangebot offeriert und einmal als reguläres Seminar des Lehrbetriebes angeboten.

Die bei den drei Erprobungen gemachten Erfahrungen trugen dazu bei, das entwickelte Qualifizierungskonzept schrittweise zu verbessern und Rückschlüsse für die zielgruppengerechte Gestaltung abzuleiten. Es wurde angestrebt, ein möglichst umfassendes Bild anhand von empirischen Daten zu skizzieren, wie und warum die Teilnahme an dem Qualifizierungskonzept auf die Teilnehmer gewirkt hat, indem über vielfältige Quellen und Kanäle Belege zur Einschätzung der Wirksamkeit erhoben wurden. Die Ergebnisse der Erprobungen dienten neben der sukzessiven Verbesserung des Qualifizierungskonzeptes vor allem dazu, den theoretischen Rahmen auszudifferenzieren, sei es im Hinblick auf das Verständnis kritischen Denkens, das Phasenmodell oder auch in Bezug auf die Didaktik. Um kritische Denkaktivitäten bei den Erprobungen tiefergehend untersuchen zu können, wurde dazu unter anderem auch ein eigenes Diagnoseinstrument gemäß dem Arbeitsverständnis kritischen Denkens konstruiert und eingesetzt.

Die Forschungsarbeit soll einen theoretischen als auch praktischen Beitrag für die Förderung kritischen Denkens leisten. Sie soll des Weiteren fruchtbare Anregungen für weitere Projekte und Bildungsvorhaben liefern, bei denen die Förderung kritischen Denkens eine Rolle spielt.

5. Wissenschaftliches Vorgehen

Das wissenschaftliche Vorgehen in der Arbeit ist den Idealen und Zielen der Design-Based-Forschung verschrieben. Neben der iterativen Verbesserung eines konkreten Artefaktes wie einer Lernumgebung, einer Methode oder eines Curriculums, um ein bestimmtes Problem in einem bestimmten pädagogischen Kontext zu lösen und diese Praxis zu verbessern, strebt Design-Based-Forschung auch nach theoretischen Erkenntnissen, die für weitere Kontexte fruchtbar gemacht werden können und den theoretischen Wissensbestand bereichern (Collins, Joseph und Bielaczyc, 2004, S. 8–9). Die primären Gütekriterien im Sinne der Design-Forschung, die in der Tradition des Pragmatismus steht, sind *Neuheit, Nützlichkeit und nachhaltige Innovation* (Reinmann, 2005, S. 63). Die Forschungsergebnisse sollen an diesen Kriterien gemessen werden. Für diese Zielsetzungen des Forschungshandelns wurde deshalb ein vorwiegend qualitativer Zugang im Kontext der pädagogischen Design-Based-Forschung gewählt, da es darum ging, komplexe didaktische Situationen verstehen zu lernen und kritische Erfolgsvariablen und deren Interdependenz beschreiben zu können.

Das Vorgehen der Arbeit bei der Entwicklung, Erprobung und Modifikation eines didaktischen Designs zur Qualifizierung pädagogischer Professionals im kritischen Denken kann in zwei Phasen eingeteilt werden. Im Zeitraum von Oktober 2007 bis Oktober 2009 wurde sowohl der theoretische Rahmen kritischen Denkens als auch darauf aufbauend der Prototyp des Qualifizierungskonzeptes entwickelt (Phase I.). Dann folgten Zyklen der Erprobung, der Evaluation und der Analyse der empirischen Ergebnisse, die zu Modifikationen des Qualifizierungskonzeptes in den zwei verschiedenen Kontexten führten. Die hier gewonnenen Ergebnisse und Ideen gaben wiederum auch Impulse für die Ausdifferenzierung des theoretischen Rahmens (Phase II.)

Sowohl die Erstellung des theoretischen Rahmens als auch die Ausgestaltung des Qualifizierungskonzeptes erfolgten auf der Grundlage von Literaturrecherche (siehe Analyse der „Bausteine" innerhalb der Arbeit), Experteninterviews, Dokumentenanalyse, Reflexionsgesprächen und unter Einsatz eines Forschungstagebuches. Einzelne Elemente des Qualifizierungskonzeptes wie etwa ein Rollenspiel wurden vor der Ersterprobung im Hinblick auf ihre Funktionalität getestet. Zur multiperspektivischen Analyse der Erprobung des Designs wurden verschiedene, eher qualitative Methoden eingesetzt. Zu nennen sind hier Online-Umfragen, leitfadengestützte Interviews, Feldnotizen in einem Online-Forschungstagebuch, ein Abschlussinterview in der Gruppe, der Einsatz eines Fragebogens und der verdeckten, teilnehmenden Beobachtung sowie die Analyse von schriftlichen Dokumenten der Teilnehmer, wie etwa ausformulierte Arbeitsaufträge oder Online-Forumbeiträge. Zur Beurteilung schriftlicher, kritischer Denkaktivitäten der jeweiligen Teilnehmer wurde ein Beurteilungsbogen für schriftliche Aufgaben anhand des Konzeptes kritisches Denken entwickelt, um so zielgerichtet die Güte kritischer Denkaktivitäten auch quantitativ einschätzen zu können.

6. Zum Aufbau der Arbeit

Kapitel II beginnt mit der paradigmatischen und methodischen Verortung der Arbeit, die das Forschungshandeln, die Forschungsperspektive, angelegte Gütekriterien und den Aufbau der Arbeit klar legt und das weitere Vorgehen legitimiert. Die Arbeit steht in der Tradition des Pragmatismus. Der gewählte Zugang zur Beantwortung der Forschungsfragen ist der Design-Based-Forschung zuzurechnen.

In **Kapitel III** wird das Fundament für den theoretischen Rahmen des Designs gelegt. Schrittweise werden die theoretischen Grundlagen zur Erarbeitung der einzelnen Forschungsartefakte des theoretischen Rahmens gelegt bzw. die Notwendigkeit der Konstruktion derer verdeutlicht. Im Anschluss daran werden die gewonnenen Ergebnisse durch eigene empirische Forschung weiter fundiert und konkretisiert. Die Sichtung von Fachliteratur ist zu verstehen als Gewinnung von Bausteinen und Grundlagen für den zu erstellenden theoretischen Rahmen. So werden beispielsweise relevante Traditionen kritischen Denkens als „Bausteine" für die Erarbeitung eines eigenen, traditionsübergreifenden Konzeptes kritischen Denkens untersucht. Zu nennen sind hier vor allem Strömungen in der Logik, der Psychologie, der Kritischen Theorie und der Pädagogik als Bezugswissenschaft. Die in der jeweiligen Tradition gebrauchten Konzepte, Verfahrensweisen, Kriterien oder Begriffe werden für das eigene Konzept fruchtbar gemacht. Des Weiteren werden Bausteine für die Entwicklung des Phasenmodells und der Didaktik beleuchtet. Dazu wird auch die Förderung kritischen Denkens in den Fokus genommen. Es werden didaktische Förderansätze systematisiert und auf ihre Wirksamkeit untersucht. Dafür wird auf das Unterscheidungsraster möglicher Ansätze der Denkschulung von Ennis (1989, S. 13–16) zurückgegriffen. Zu den einzelnen möglichen Vorgehensweisen werden Ergebnisse relevanter Studien zu der Wirksamkeit des jeweiligen Ansatzes diskutiert. Übergreifend werden in einem weiteren Abschnitt gefundene didaktische Richtlinien zur Förderung kritischen Denkens zusammengefasst, die für die Erstellung der Didaktik genutzt werden. In einem weiteren Schritt wird die Förderung kritischen Denkens im Kontext E-Learning anhand aktueller und relevanter empirischer Studien beleuchtet. Dafür wird auch eine kurze Einführung und Systematisierung benötigt, was unter E-Learning zu verstehen ist. In den letzten Jahren wurden verstärkt die Möglichkeiten der computergestützten Denkschulung, sei es im individuellen oder auch im kooperativen E-Learning, empirisch untersucht, teilweise mit vielversprechenden, aber auch widersprüchlichen Ergebnissen. Diese Ergebnisse werden dann für die Ausgestaltung des Qualifizierungskonzeptes angewandt, da die Erprobung anhand einer Lernplattform und weiterer Medien wie eines E-Portfolios erfolgt und diese vorhandene Infrastruktur didaktisch sinnvoll genutzt werden kann. Nach der Analyse dieser Bausteine und der Zusammenfassung der gewonnenen Ergebnisse wird das methodische Vorgehen zur empirischen Fundierung dieser Ergebnisse vorgestellt. Dann folgt die Darstellung und Diskussion des entwickelten Konzeptes und der damit verschränkten Didaktik kritischen Denkens

Kapitel IV weist von der Struktur her einen ähnlichen Aufbau wie das vorangegangene Kapitel auf. Es bietet eine theoretische Analyse von Bausteinen zur Entwicklung des Qualifizierungskonzeptes für pädagogische Professionals zur Befähigung für die Förderung kritischen Denkens anhand einer Literaturrecherche und einer Dokumentenanalyse. Es wird hier untersucht, wie Bildungspersonal für die Denkschulung in den Vereinigten Staaten und in England vorbereitet wird. Hierbei werden bestehende Maßnahmen aus der Lehreraus- und -weiterbildung untersucht. Ziel dieser Betrachtung ist es, wichtige Gemeinsamkeiten in Form von Lernzielen bzw. Erfolgsfaktoren bei der Aus- und Weiterbildung von Bildungspersonal zu identifizieren und für das eigene Forschungsvorhaben transparent zu machen. Des Weiteren wird das Assessment von kritischem Denken diskutiert. Dies ist unter anderem auch deswegen notwendig, um bei der Erprobung des Qualifizierungskonzeptes kritische Denkaktivitäten beurteilen und ein für den eigenen Kontext benötigtes Diagnoseinstrument entwickeln zu können. Die so gewonnenen Ergebnisse werden wieder durch eigene empirische Untersuchungen fundiert. Dazu wird auch wieder das methodische Vorgehen beschrieben. Das Kapitel endet wieder mit der Vorstellung und Diskussion der erarbeiteten Forschungsartefakte, nämlich einer Aufstellung von allgemeinen Anforderungen an eine Qualifizierung von pädagogischen Professionals für die Förderung kritischen Denkens, einer Sammlung an konkreten Gestaltungsempfehlungen für die Umsetzung des Qualifizierungskonzeptes in dem Kontext der Erstimplementierung, einem Diagnoseinstrument zur Beurteilung kritischer Denkaktivitäten gemäß des vorliegenden Verständnisses und dem konzipierten Qualifizierungskonzeptes selbst. Die einzelnen Elemente des Qualifizierungskonzeptes werden des Weiteren kurz beschrieben.

Die Erprobung, Evaluation und Modifikation des didaktischen Designs ist Gegenstand des anschließenden Kapitels (**Kapitel V**). Einleitend wird dazu der Erprobungskontext als auch das methodische Vorgehen skizziert. Anschließend werden die Ergebnisse aus Erprobungszyklen in den beiden Kontexten sukzessive analysiert und diskutiert. Dabei werden Erfolgsfaktoren beschrieben und die vielfältigen Wirkweisen des Designs auf die Teilnehmer multiperspektivisch dargestellt. Ein Vergleich der jeweiligen Erkenntnisse aus den beiden Kontexten und daraus zu ziehende Rückschlüsse folgen im Anschluss. Die Arbeit schließt mit einer Zusammenfassung und einer kritischen Würdigung des Forschungshandelns sowie der daraus resultierenden Ergebnisse und mit einem Ausblick in die Zukunft der Schulung kritischen Denkens bei pädagogischen Professionals.

II. Darstellung des Forschungsvorhabens und des methodischen Vorgehens

1. Entwicklung eines wirksamen didaktischen Designs zur Qualifizierung für die Förderung kritischen Denkens

In der vorliegenden Arbeit wird der Versuch unternommen, ein Qualifizierungskonzept für pädagogische Professionals zu konstruieren, das dazu befähigen soll, kritisches Denken effektiv fördern zu können. Es soll auf empirischer Grundlage ein Beitrag zu der Frage geleistet werden, wie pädagogische Professionals zur Förderung von kritischem Denken befähigt werden sollten. Dafür muss im Folgenden ein Theorierahmen als Referenz für die Ausgestaltungdes didaktischen Designs entwickelt werden. Theorien sind komprimierte, vereinfachte Abbilder und Erklärungen von Wirklichkeit und gleichzeitig beeinflussen sie das Verstehen und Handeln von Menschen. Dadurch wirken sie auf die Wirklichkeit zurück, wobei durch dieses Zurückwirken neue Einsichten für die Modifikation der Theorie entspringen können, beispielsweise wenn die Reaktion der Umwelt nicht mit der Prognose der Theorie im Einklang steht. Theorien enthalten neben einer deskriptiven auch eine kausale Komponente. Theorien sind somit sowohl beschreibend als auch erklärend und ermöglichen deshalb im pädagogischen Kontext auch Handlungs- und Gestaltungsempfehlungen für die Praxis.

Ziel dieser Arbeit ist es, einen theoretischen Rahmen zu entwickeln, welcher bisherige theoretische Überlegungen zum konzeptuellen Verständnis von kritischem Denken und dessen Schulung ganzheitlich vereint und anhand von Empirie ergänzt. Die so gefundene Theorie und die damit verbundenen Handlungs- und Gestaltungsempfehlungen sollen genutzt werden, um ein exemplarisches Qualifizierungskonzept für einen bestimmten Kontext zur Förderung kritischen Denkens zu entwickeln. Die iterative Erprobung des Qualifizierungskonzeptes wiederum kann dann genutzt werden, um den aufgestellten Theorierahmen in seinen deskriptiven und kausalen Aussagen zu ergänzen, zu korrigieren, zu spezifizieren, zu justieren usw. Am Ende des Forschungsprozesses entsteht neben dem Qualifizierungskonzept im Idealfall ein kontextübergreifender Theorierahmen, welcher zur Denkschulung und Qualifizierung in anderen Settings genutzt werden kann. Middleton et al. sprechen in diesem Zusammenhang von der „Transportation" eines Designs: „*Transportation, as we are defining it, relates to the physical or applicational movement of a thing, a design, to a new applicational context (even if the details have to be altered somewhat to fit the parameters of the new context.)*" (2005, S. 4).

1.1 Begriffsbestimmung „Didaktisches Design"

Der Begriff „Design" wird in vielen Forschungstraditionen benutzt, angefangen bei Kunst bis hin zu den Ingenieurwissenschaften. Ein Design ist nach Payr (1999) dadurch gekennzeichnet, dass es ein planerisches, entwickelndes und entwerfendes Element beinhaltet, Form und Inhalt auf harmonische

Weise unter Berücksichtigung des Gestaltungsspielraumes verbindet, wobei Form stets am Inhalt ausgerichtet werden muss (zitiert nach Reinmann, 2005, S. 59). Ein Design konstituiert die theoretische Lösung zu einem bestimmten Problem, die die entsprechende Form von gestaltetem Material durchdringt und arrangiert. Das Design beinhaltet den Gestaltungsplan für die Form und manifestiert sich in ausgestalteter Form, durch dessen Anwendung eine bestimmte Funktion erfüllt werden soll, wie etwa ein bestimmtes Verhalten von Individuen in der Interaktion mit der Form. Das „Designen" ist somit ein komplexer und iterativer Gestaltungsprozess zwischen Gestalter, kontextuell vorherrschenden Restriktionen und einer angestrebten Form eines Artefaktes, das bei Anwendung in der Praxis eine ganz bestimmte Funktion zur Lösung eines Problems erfüllen soll.[8] Ein Design wird für einen bestimmten Kontext entworfen und in diesem erprobt. Die dabei gemachten Erfahrungen und gewonnenen Theorien sind aber auf gewisse Weise und unter genauer Beachtung der jeweiligen Variablen kontextübergreifend, wie beispielsweise Gestaltungsempfehlungen oder Handlungsanweisungen, die in einem ähnlichen Kontext berücksichtigt und adaptiert werden können.

In der Pädagogik wird der Begriff „Design" im Zusammenhang mit der Entwicklung von curricularen Produkten, Lernsituationen, Interventionen, E-Learning-Anwendungen usw. besprochen (Middleton, Gorard, Taylor und Bannan-Ritland, 2006, S. 1). Ein didaktisches Design beinhaltet die Entwicklung, Implementierung und Evaluation von Lernsituationen und Lernmaterial (Ballstaedt, 1997, S. 12) und berücksichtigt vielfältige Variablen, wie etwa methodisch-didaktische Überlegungen, Gestaltung von Medien, pädagogisches Handeln, Assessment von beabsichtigten Fördergrößen usw. Ein didaktisches Design wird entworfen, um bestimmte Lehr-Lern-Ziele zu verfolgen. Der Begriff „didaktisches Design" wird in der deutschen Fachliteratur auf Flechsig zurückgeführt, der ihn in den 1960er-Jahren aus der amerikanischen Diskussion zu „Instructional Designs" adaptiert hat (Heidenreich, 2009, S. 100). Flechsig differenziert bei seinem Konzept des didaktischen Designs zwischen dem Produkt- und Prozessaspekt. Im Prozess-Blickwinkel wird die Entwicklung von anregenden und komplexen Lernsituationen betrachtet. "Didaktische Designer" wie Lehrkräfte und/oder Medienentwickler sind dabei als Architekten von qualitativ wirksamen Lernsituationen zu verstehen. Der Produkt-Aspekt hingegen bringt zum Ausdruck, dass die zu entwickelnden Lernsituationen wie methodisch-didaktische Arrangements, Medien oder gar ganze Kurse *„aufgrund ihrer Komplexität und ihrer unvollständigen Determinierbarkeit Lernende in vielschichtiger Weise herausfordern, Lernen aber nicht herstellen"* (Heidenreich, 2009, S. 100). Durch das didaktische Design sollen also Lernsituationen entwickelt werden, die mannigfaltige Anregungen zum Lernen und Unterstützung beim Lernen selbst bieten. Jedoch ist dadurch nicht gesichert, dass und was durch die Interaktion in der Lernumgebung letztendlich gelernt wird, da aufgrund der Komplexität des Lernens Ergebnisse offen bleiben. Diese konstruktivistische Sichtweise schließt die Lernenden als mündige Gestalter von Lernprozessen mit ein. Lernen braucht neben qualitativ hochwertigen Lernumgebungen auch Verantwortung und Motivation seitens der Lernenden, damit das didaktische Design seine Wirkung entfalten kann (Heidenreich, 2009, S. 100). Didaktisches Design beschäftigt sich also mit der Beeinflussung einer Vielzahl von

---

8 Man stelle sich beispielsweise eine gewünschte Sonnenbrille vor, die beim Tragen nicht nur den Lichteinfall hemmen, sondern auch den Coolness-Faktor des Trägers erhöhen soll. Die kontextuellen Restriktionen wären hier beispielsweise gegeben durch das zur Verfügung stehende Material, die subjektive Wahrnehmung und Präferenzen der Zielgruppe, ökonomische Ressourcen, die Fertigkeiten des Designers und der Hersteller der Brille usw.

Variablen innerhalb von Lernsituationen, um bestimmte Ziele dabei zu verfolgen. Lernsituationen bestehen aus einem komplexen Zusammenspiel von Variablen, die sich grob bestimmten Ebenen zuordnen lassen können. Didaktisches Design im Hinblick auf den Prozess-Aspekt umfasst bei der Gestaltung von Lernsituationen die Ebenen

- der Lernenden,
- des pädagogischen Handelns,
- der Lerninhalte,
- der Lernaufgaben,
- der Lernmedien und
- der Lernumgebungen als Überbau (im Sinne eines Zusammenspiels von räumlichen, technischen und zeitlichen Gegebenheiten, Medien, Lerninhalten, Lernaufgaben und pädagogischem Handeln).

Zu jeder Ebene ließe sich eine Unzahl möglicher Variablen finden. In jeder dieser Ebenen gibt es folglich auch eine Vielzahl an Gestaltungsmöglichkeiten, um Lernaktivitäten anzuregen und zu unterstützen. Dabei liegt ein sehr komplexes Geflecht innerhalb dieser Variablen vor, da sie sich gegenseitig beeinflussen. Gleichzeitig kann der didaktische Designer längst nicht alle Variablen antizipieren, kontrollieren oder darauf einwirken. Beispielsweise kann ein didaktisches Design nur bedingt Einfluss auf die Lernmotivation von Schülern nehmen oder deren Sympathie oder Antipathie gegenüber Lehrkräften erklären oder steuern. Der didaktische Designer kennt somit auch nicht das genaue Zusammenspiel der einzelnen Variablen und kann nur durch wachsame, iterative Erprobungen des Designs annähernde Aussagen dazu treffen.

Ziel der vorliegenden Arbeit ist es, ein didaktisches Design für pädagogische Professionals in Form eines Qualifizierungskonzeptes zu entwickeln, welches die Teilnehmenden, die Nutzer des „Designs", dazu befähigen soll, kritisches Denken in ihrer jeweiligen Praxis fördern zu können. Mehr noch, die Teilnehmer sollen dazu motiviert werden, dies auch wirklich tun zu wollen. Da die Entwicklung eines Designs dem jeweiligen Kontext angepasst werden muss und bei der jeweiligen Implementierung kontextabhängige Ergebnisse erzielt werden, sollen kontextübergreifende Gestaltungsempfehlungen anhand verschiedener Erprobungen des Designs in variierenden Kontexten unter Beschreibung von relevanten Faktoren aufgestellt werden. Aufgrund dieser Gestaltungsempfehlungen sollen andere „Designer" von Kursen zur Förderung kritischen Denkens befähigt werden, eigene Fördermaßnahmen zu konstruieren. Dennoch können die gefundenen Resultate nicht als ultimative Antworten verstanden werden, sondern lediglich als Hilfestellung für die Entwicklung eigener, dem jeweiligen Kontext entsprechende Ansätze. Damit ein Design als Bauplan für ein tatsächliches Artefakt wie ein Curriculum, einen Kurs, ein CBT etc. genutzt werden kann, ist eine theoretische Grundlage als Ausgangsbasis erforderlich. Weiterhin muss es verschiedene Phasen der Modellierung und Überprüfung durchlaufen, in denen das auf Basis der Theorie geschaffene Artefakt selbst und der theoretische Rahmen des Designs anhand empirischer Antworten, die eine zirkuläre Erprobung mit sich bringt, sukzessive weiterentwickelt werden. Die Phasen der Erprobung und Modifikation des Designs sollten so lange andauern, bis das durch das Design zu lösende Problem innerhalb eines bestimmten Kontextes solide gelöst wurde. Das Design ist dann zufriedenstellend, wenn es eine intendierte Funktion bei der Anwendung an einer Form des Artefaktes erfüllt, was sich in einem Vergleich zwischen intendiertem Verhalten der Individuen mit dem tatsächlichen überprüfen lässt, welches aus der vorliegenden Funktion bei der Anwendung entspringt: „*Design activity consists of a subtle but complex interaction between the designer and contextual constraints and is accomplished by proposing the form of an artifact, system oder process, which in turn drives its behaviour, which in turn can be compared with its desired function*" (Middleton et al., 2005, S. 2). Das zu entwickelnde Design in Form eines Qualifizierungskonzeptes für die Förderung kritischen Denkens ist dann als zufriedenstellend zu bewerten, wenn die Interaktion zwischen Form und Anwender das angestrebte Verhalten mit sich zieht, wenn also Lernsituationen so gestaltet werden, dass Lernende zum kritischen Denken angeregt und dabei unterstützt werden.

1.2 Forschungsschwerpunkte bei der Entwicklung des didaktischen Designs

Das Forschungsanliegen und damit einhergehende Schwerpunkte waren am Anfang des Forschungsprozesses nur vage ausgeprägt. Erst durch den Forschungsprozess selbst klärten sich die genaue Fragestellung und das damit verbundene Vorgehen bzw. die zu entwickelnden Forschungsartefakte. Folgende Forschungsschwerpunkte und –fragen bzw. geplante Forschungsartefakte ergaben sich letztendlich für die Entwicklung eines didaktischen Designs zur Qualifizierung pädagogischer Professionals zur Förderung kritischen Denkens:

Entwicklung eines theoretischen Rahmens als gestalterische Grundlage des didaktischen Designs	
Forschungsfragen	Forschungsartefakte und -ergebnisse

• Welches Konzept und welche Didaktik kritischen Denkens sollte der Entwicklung eines Qualifizierungskonzeptes für die Förderung kritischen Denkens zugrunde gelegt werden?
  o Welche Maßstäbe weist ein ganzheitliches Verständnis kritischen Denkens auf?
  o Wie gestaltet sich demnach der idealtypische Prozess kritischen Denkens theoretisch?
  o Welche Didaktik zur Förderung kritischen Denkens eignet sich für das Konzept kritischen Denkens?
	• Konzept kritischen Denkens, inklusive Begriffsverständnis und Phasenmodell kritischen Denkens
	• Auf das Konzept abgestimmte Didaktik kritischen Denkens in Form von didaktischen Richtlinien und dazugehörigen Methoden & Techniken

Entwicklung, Erprobung und Modifikation eines exemplarischen Qualifizierungskonzeptes im Blended-Learning zur Befähigung pädagogischer Professionals für die Förderung kritischen Denkens	
Forschungsschwerpunkte und -fragen	Forschungsartefakte und -ergebnisse

• Welche Ziele sollten in dem Qualifizierungskonzept zur Förderung kritischen Denkens angestrebt werden?
• Wie können die Ziele didaktisch, unter kontextsensitiver Anwendung des entwickelten theoretischen Rahmens, in einem exemplarischen Blended-Learning-Qualifizierungs-konzept umgesetzt werden?
   o Welche kritischen Elemente bestimmen den Erfolg/Misserfolg des Förderansatzes in dem jeweiligen Kontext?
   o Welche Erkenntnisse lassen sich aus den Erprobungen für die Verbesserung und Spezifizierung des didaktischen Designs ableiten?
   o Wie sind die Wirksamkeit, der Nutzen und die Nachhaltigkeit des Designs in dem jeweiligen Kontext zu beurteilen?
	• Aufstellung von allgemeinen Anforderungen an eine Qualifizierung zur Förderung kritischen Denkens
	• Erhebung von kontextspezifischen Gestaltungsempfehlungen
	• Exemplarische Entwicklung eines „Prototypen" des Qualifizierungskonzeptes für einen bestimmten Kontext
	• Entwicklung eines Diagnoseinstrumentes zur Evaluation kritischer Denkaktivitäten gemäß dem erarbeiteten Konzept.
	• Präzisierungen des didaktischen Designs durch Ergebnisse aus Phasen der Erprobung und Modifikation des Qualifizierungskonzeptes in zwei verschiedenen Kontexten
	• Empirische Beurteilung des didaktischen Designs

Tabelle 1: Forschungsschwerpunkte und -fragen

Anhand der Beantwortung dieser Fragen sollte gezeigt werden, wie ein erfolgreiches Design zur Qualifizierung pädagogischer Professionals in der Förderung des kritischen Denkens, welches in unterschiedlichen Kontexten getestet und sukzessive verbessert wurde, sich exemplarisch gestaltet und welche Elemente sich erfolgskritisch dabei zeigen. „Didaktisches Design" meint zum einen den theoretischen Rahmen kritischen Denkens, der als Grundlage zur Ausgestaltung des Qualifizierungskonzeptes diente. Dazu zählen ein Konzept und eine damit einhergehende Didaktik kritischen Denkens.

Das Konzept setzt sich zusammen aus einem ganzheitlichen Begriffsverständnis und einen darauf aufbauendem Phasenmodell kritischen Denkens, welches das Verständnis plastisch veranschaulicht und den Boden für gezielte Föderansätze bereitet.

Zugeschnitten auf das Phasenmodell wird eine Didaktik kritischen Denkens in Form von didaktischen Richtlinien und dazugehörigen Methoden bzw. Techniken entworfen. Zum anderen beinhaltet das didaktische Design auch das anhand des theoretischen Rahmens entwickelte Qualifizierungskonzept, welches gezielt für den Erprobungskontext konzipiert wurde. Dafür wurden auch allgemeine Anforderungen an die Qualifizierung pädagogischer Professional identifiziert und kontextsensitive Gestaltungsempfehlungen für die Umsetzung erhoben.

Die Entwicklung des „didaktisches Design" meint im Kontext der Arbeit also die Erarbeitung eines Rahmenmodells des kritischen Denkens sowie – darauf fußend – die Erstellung eines Qualifizierungskonzeptes zur Befähigung zur Förderung kritischen Denkens.

Ziel der Arbeit war es, Wissen darüber zu sammeln und zu systematisieren, was eine wirksame Schulung von Bildungspersonal im kritischen Denken ausmacht. Die dabei erworbenen Kenntnisse sind jedoch nicht einfach generell auf weitere Kontexte unverändert zu übertragen. Sowohl der theoretische Rahmen als auch die konkret gestalteten Artefakte mögen bei ähnlichen Ausgangslagen wie bei der Erprobung des Designs fruchtbar sein. Es wurde dem Anspruch Rechnung getragen, eine möglichst hohe Transportabilität der Ergebnisse durch genaue Darlegung der Untersuchung zu ermöglichen. Je unterschiedlicher der Kontext zur Implementierung sich jedoch gestaltet, umso höher ist die Wahrscheinlichkeit, dass die Passung des Designs nicht mehr gewährleistet ist. Laut Feyerabend gibt es keine Erkenntnis, *„die eine Einheit hinter verwirrenden Details erfaßt, keine Wahrheit, die sich auf eine solche Einheit bezieht, aber es gibt Kenntnisse, auf vielfache Weise errungen und geltend in den diesen Weisen entsprechenden Bereichen"* (Feyerabend, 1994, S. 142). So sind die in dieser Arbeit auf bestimmte Weise „errungenen" Kenntnisse zur Theorie kritischen Denkens und dessen Förderung bei pädagogischen Professionals auch nur für einen jeweils entsprechenden Bereich zutreffend. Mit diesem sind ganz bestimmte Denktraditionen bezeichnet, nämlich angehende und erfahrene pädagogische Professionals einer westlichen, kapitalistischen Demokratie. Andere Traditionen, wie etwa die asiatische, können aufgrund der Verschiedenheit der Werte, Prinzipien, gesellschaftlichen Normen usw. deshalb nicht oder nur bedingt als Bezugsrahmen für die Anwendung der Ergebnisse eingestuft werden. Selbst aber innerhalb des beschriebenen Bereiches sind klare Grenzen der Verallgemeinerung der Kenntnisse vorhanden. Die Kenntnisse können adaptiv nur unter genauer Prüfung und Berücksichtigung der jeweiligen Bedingungen, die durch den Kontext determiniert werden, übertragen werden. In der Arbeit sollte durch die Erprobung des Designs in zwei verschiedenen Kontexten herausgearbeitet werden, inwieweit die Adaption eines Qualifizierungskonzeptes zur Förderung kritischen Denkens für zwei sich sehr ähnelnde Kontexte innerhalb einer Tradition möglich ist und welche Probleme bereits dabei auftreten können. Dadurch sollte auch der Geltungsbereich der in dem theoretischen Rahmen getroffenen Annahmen untersucht werden.

2. (Kein) Methodischer Zugang: Der Design-Based-Research-Ansatz

„Ein Wissenschaftler, ein Künstler, ein freier Bürger ist kein Kind, das Papa Methodologie und Mama Rationalität braucht, um es in dieser Welt zu etwas zu bringen, er kann schon für sich selbst sorgen, denn er erfindet nicht nur Gesetze, Theorien, Bilder, Stücke, Staatsauffassungen, Ansichten über die Welt, Mensch und Gott, er erfindet auch ganze Lebensformen mit allen ihren Regeln und Maßstäben" (Feyerabend, 1980, S. 94).

2.1 „Anything goes" & Design-Based-Research in der Lehr-Lernforschung

Jede Forschungsdogmatik hat neben Vorteilen auch klare Grenzen in ihrer Funktion, Wahrheitsformen zu erklären und verstehen zu können. Der Wissenschaftstheoretiker Paul Feyerabend sprach sich deshalb in seinen Schriften gegen Methodenzwänge und starre Forschungsdogmatiken aus. Feyerabend lotet die Grenzen von Wissenschaft, wissenschaftlichem Erkennen und den damit verbundenen methodischen Überlegungen aus (1980). Er kommt zu dem Ergebnis, dass Maßstäbe beim wissenschaftlichen Denken und Arbeiten sinnvoll sind, aber mit diesen in bestimmten Fällen gebrochen werden sollte. Vielmehr sollten diese gegebenenfalls durch neue ersetzt werden: „*Das ist übrigens auch die Weise, in der intelligente Menschen bei der Lösung von Alltagsproblemen vorgehen – sie beginnen mit gewissen Regeln und Bedeutungen und sie enden bei ganz anderen Regeln und Bedeutungen. Es ist kein Wunder, dass die meisten Revolutionäre in den Wissenschaften eine ungewöhnliche Entwicklung hatten und sich als Dilettanten, nicht als Fachleute sahen*" (Feyerabend, 1980, S. 98). Bekannt wurde Feyerabend durch die Kritik an der Dogmatik wissenschaftlicher Traditionen und der konstruktiven Empfehlung des „*Anything goes*" an die wissenschaftliche Gemeinde. Er zeigte deutlich, dass „*alle Methodologien, auch die einleuchtendsten, ihre Grenzen haben*" (1980, S. 80) und wissenschaftliches Forschen unter Berücksichtigung eines pragmatischen Opportunismus und Eklektizismus bessere Ergebnisse erzielen kann als unter der festen Befolgung vordefinierter Spielregeln innerhalb einer Methodologie. Die Maßstäbe und Spielregeln der Wissenschaft sind dazu da, wenn nötig gebrochen und umgangen zu werden. Das bedeutet, dass die Untersuchung eines bestimmten Sachverhaltes nicht durch die gewählte Methodik determiniert wird, sondern der Forscher je nach Kontext Verfahren verwirft, umgestaltet, ergänzt, revidiert und dabei auch die jeweiligen Maßstäbe durchaus verletzt, wenn sie der Erkenntnisgewinnung im Wege stehen. Erkenntnisgewinnung gehorcht nicht der reinen Anwendung vorgegebener methodologischer Spielregeln. Wissenschaft und deren Maßstäbe sind, wie bereits erwähnt, nur eine unter weiteren, gleichberechtigten Denktraditionen in den Augen einiger, weniger Theoretiker. Deshalb rät Feyerabend, auch „unwissenschaftliche", den Maßstäben der „Rationalität" widerstrebende Vorgehensweisen zu nutzen. *Anything goes* darf aber nicht als Aufruf zur Willkür und Beliebigkeit beim wissenschaftlichen Arbeiten verstanden werden. Vielmehr sieht Feyerabend methodische Maßstäbe und Regeln innerhalb der Wissenschaft für bedingt nützlich an, wenngleich diese zu verwerfen sind, wenn sie den Erkenntnisgewinn hemmen. Die Designbasierte Forschung beherzigt Feyerabends Rat auf konstruktive Weise: Verschiedene Ansätze aus der qualitativen und quantitativen Forschung vereinen sich darin zu einem flexiblen, undogmatischen und pragmatischen Konzept der Lehr-Lernforschung, welches sich starren methodischen Zwängen entzieht (siehe beispielsweise Messmann und Mulder, 2009, S. 349). Die sonst in der Wissenschaft sehr streng beachteten Gütekriterien spielen beim Design-Based-Ansatz eine eher sekundäre Rolle, da Design-Based-Research stark praxis- und kontextbezogen ist und einen eher bescheidenen Anspruch verfolgt: Nicht uneingeschränkt übertragbare Ergebnisse, sondern stetige Verbesserung einer bestimmten, kontextabhängigen Praxis und der dazugehörigen Theorie sind das primäre Ziel der Forschungsbemühungen. Die Vereinigung qualitativer und quantitativer Methoden innerhalb dieses Ansatzes resultiert aus der großen Diskrepanz zwischen Lehr-Lernforschung und der vorliegenden Praxis. Viele Bildungspraktiker interessieren sich nicht für die Ergebnisse der Forschung, da sie als irrelevant und praxisfern wahrgenommen werden (Collins, 1999, S. 289). Die quantitative Ausrichtung der Lehr-Lernforschung sowohl im Bereich der experimentellen als auch der Korrelationsforschung, die beide bis in die 1990er-Jahre hinein die dominante Forschungsdogmatik repräsentierten, hat kaum innovative Resultate hervorgebracht (Reinmann, 2005, S. 57; Bereiter, 2002, S. 326). Zurückzuführen ist dies auf das methodologische Denken und das damit verbundene Vorgehen: Komplexe Lehr-Lernsituationen aus der realen Welt wurden zu einem Konstrukt aus Variablen reduziert. Untersucht wird bei beiden Säulen dieser Forschungslogik das exakte Zusammenspiel von Variablen, also wie sich die Veränderung von bestimmten isolierten Variablen (wie beispielsweise die Lerndauer) auf andere, abhängige Variablen (wie z. B. der IQ der Schüler) messtechnisch auswirkt. Mehrere Gründe sprechen gegen ein rein quantitatives Vorgehen in der Lehr-Lernforschung. Beispielsweise können in Lehr-Lernsituationen nicht einmal annähernd alle Variablen erfasst und/oder kontrolliert werden. Auch die unmittelbare quantitative Überprüfung der Auswirkungen von Interventionen, die isolierte, kontrollierte Variablen als Einflussgrößen methodisch nutzen, greift zu kurz, da sich z. B. Lernerfolge oder Veränderungen im Denken erst nach längerer Zeit einstellen, zu diesem Zeitpunkt aber keine Messungen mehr stattfinden (Reinmann, 2005, S. 57). Durch die genannten Gründe und noch etliche weitere Punkte, die sich hätten aufführen lassen, werden wichtige Zusammenhänge durch die quantitative Lehr-Lernforschung nicht erkannt oder als falsch oder unzulänglich interpretiert (siehe dazu Reinmann, 2005; Berenstein, 2002; Collins, 1999). Außerdem ist der Anspruch, universelle Prinzipien zu entdecken, gerade bei der Komplexität von Lehren und Lernen kritisch zu bewerten.

Auch rein qualitative Studien haben infolge ihrer reichhaltigen Beschreibungen für die professionelle Lebenswelt pädagogischer Professionals häufig nicht viel zu bieten, da sie zu kontextgebunden sind und sich zu weit weg von der jeweiligen Praxis bewegen. Der Design-Based-Research-Ansatz soll genau diese Nachteile ausräumen, indem er es ermöglichen soll, einen exemplarischen Beitrag zur Lösung eines pädagogischen Problems zu leisten und dadurch „praktische" Theorien hervorzubringen, die zwar kontextsensitiv, dabei aber für die Praxis brauchbar sind und gleichzeitig den Stand der wissenschaftlichen Erkenntnisse des Lernens und Lehrens differenzieren, erhöhen und modifizieren (Reinmann, 2005, S. 62).

2.2 Charakteristikum des Design-Based-Research-Ansatzes

Design-Based-Research definiert sich, wie bereits dargelegt, nicht über einen spezifischen, methodischen Zugang. Alle möglichen wissenschaftlichen Methoden und Vorgehensweisen sind erlaubt. Ziel des Design-Based-Research ist die nachhaltige, innovative und theoriegenerierende Entwicklung von Artefakten wie etwa Lernumgebungen oder Lernmedien, die in der Praxis in einem bestimmten Kontext bewiesen haben, dass sie bestimmte Funktionen erfolgreich erfüllen (Berenstein, 2002, S. 325). Des Weiteren ist im Design-Based-Research von Interesse, welche Reaktionen bestimmte Artefakte in unterschiedlichen Kontexten erzielen, um etwa die Reichweiten und Grenzen des Designs in seiner Funktionalität einschätzen zu können oder um den theoretischen Rahmen des Designs in Form von Modellen und den damit verbundenen Leitsätzen über das Lehren und Lernen zu erweitern. So kann ein didaktisches Design in einem ganz bestimmten Setting höchst effektiv sein, jedoch in einem anderen Kontext, beispielsweise mit einer anderen Zielgruppe von Lernern, nicht die angedachte Funktion erfüllen und somit versagen. Die Wirksamkeit des Designs in einem

Setting kann nicht auf weitere Kontexte generell übertragen werden. Dennoch zielt Design-Based-Research neben der Lösung von Problemen in einem ganz bestimmten Kontext der Praxis darauf ab, Theorien zu generieren, die sich als fruchtbar bei dem Entwurf eines didaktischen Designs für andere Architekten von Lernsituationen sowie für deren Belange und deren Kontext zeigen. Somit soll Design-Based-Research es ermöglichen, durch das Kriterium der *Transportation* das Design für Artefakte übertragbar auf andere Kontexte zu machen (Middleton et al., 2006, S. 4). Design-Based-Research führt zu einem theoretischen Überbau von Gestaltungs- und Handlungsempfehlungen, die so herausgearbeitet werden müssen, dass andere dadurch kontextsensitive Impulse bekommen, eigene Artefakte anhand dieser Leitlinien und Modelle zu gestalten und zu adaptieren.

Der Design-Based-Research-Ansatz ist durch seine hohe Kontextorientierung in natürlichen Bedingungen charakterisiert und zeigt so eine hohe Praxisausrichtung, ohne dabei die abstrakte Ebene der Theorie als verdichtete Praxis zu vernachlässigen. Design-Based-Research erforscht die Wirkweisen eines konkreten Artefaktes, wie etwa eines Kurses zur Denkschulung, in der „unkontrollierten" Praxis. Design-Based-Research hat es als Anliegen, Probleme in einem ganz konkreten Kontext des Lehrens und Lernens zu lösen, indem sukzessive und inkrementell Lösungen gesucht und permanent anhand der Erprobung und Evaluation in authentischen Situationen der Lehr-Lernpraxis verfeinert werden, bis das Problem erfolgreich gelöst ist. Das dabei gefundene theoretische Regelwerk für das Design und das Design in Form der Artefakte selbst wird jedoch nicht als „ultimative Antwort" auf das zu lösende Problem gesehen (Middleton et al., 2006, S. 8). Bewertungskriterien bei der Designforschung sind somit nicht in erster Linie die durch Methoden und Forschungsparadigmen geforderten Maßstäbe wie Objektivität, Reliabilität oder Validität, obgleich diese beim Forschungsprozess beachtet werden. Durch den bescheidenen und gleichzeitig vernünftigen Anspruch kann davon abgesehen werden. Ergebnisse des Design-Based-Research werden anhand ihrer Funktionalität und Erklärungskraft bewertet. Reinmann nennt als Gütekriterien des Design-Based-Research „*Neuheit, Nützlichkeit und nachhaltige Innovation*" (2005, S. 63) – eine pragmatische und sinnvolle Ausrichtung.

Design-Based-Forschung ist durch den vielfältigen Einsatz qualitativer und quantitativer Forschungsmethoden gekennzeichnet. Da sie darauf abzielt, die Wirkweisen eines Designs zu beschreiben und zu verstehen, wird in mehreren Erhebungszyklen eine enorme Menge an Daten durch verschiedenste Verfahren erhoben und ausgewertet. Dieser multiperspektivische methodische Zugang wird in der Wissenschaftstheorie unter dem Begriff der *Triangulation* diskutiert (Flick, 2005, S. 309). Triangulation meint „*die Betrachtung eines Forschungsgegenstandes von mindestens zwei Punkten*" (Flick, 2005, S. 309). Die Betrachtungspunkte beziehen sich auf methodische Perspektiven innerhalb der Wissenschaft und deren Maßstäben. Triangulation soll durch den perspektivischen Abgleich zu einem tieferem Verständnis bei der Analyse eines Sachverhaltes verhelfen. Da jede Methode durch den befragten Gegenstand auf bestimmte Weise beantwortet wird, also den Erkenntnishorizont zu dem untersuchenden Gegenstand konstituiert, kann durch eine Methode immer auch nur eine bestimmte, beschränkte Wahrheitsform gefunden werden. Werden hingegen mehrere und sich unterscheidende Methoden eingesetzt, so antwortet der befragte Gegenstand auch vielfältiger und so können auch breiter elaborierte Wahrheitsformen, resultierend in einem tieferen und breiteren Verständnis, gefunden werden. Gleichwohl ist aber auch diese Wahrheitsform nur eine von vielen möglichen, die keinen Geltungsanspruch auf Vollständigkeit oder Universalität einlösen kann.

Triangulation kann in verschiedene Teilbereiche mit unterschiedlichen Schwerpunkten eingeteilt werden. Zum einen gilt es, die *Datentriangulation* zu nennen, in der Daten, die aus verschiedenen Quellen stammen, miteinander kombiniert und verglichen werden. Zum anderen ist die *Investigator-Triangulation* aufzuführen, die besagt, dass Interpretationen von Forschungsdaten durch verschiedene Personen vorgenommen werden sollten, um so auch verschiedene Perspektiven zu gewinnen. Weitere Formen der Triangulation sind die *Within-Method-Triangulation*, bei der innerhalb einer Methodenart wie etwa „qualitative Interviews" auf verschiedene Ansätze aus Interviewformen zurückgegriffen wird (z. B. Kombination von Elementen des narrativen und des leitfadengestützten Interviews innerhalb einer Interviewsituation). Weiterhin wird in der Literatur die *Between-Method-Kombination* genannt. Sie bezeichnet die Verbindung unterschiedlicher quantitativer und qualitativer Methoden innerhalb eines Forschungsdesigns, schließt aber auch weitere Differenzierungen, wie etwa die Kombination von reaktiven und nichtreaktiven Erhebungsverfahren mit ein (Flick, 2005, S. 313). Dadurch können unterschiedliche Bereiche des untersuchten Gegenstandes beleuchtet werden, wie etwa Dispositionen und Fertigkeiten kritischen Denkens. Als letzte Variation der Triangulation nennt Flick die „*Theorien-Triangulation*". Hierbei werden in der konkreten Triangulationssituation die „*zum Teil nicht kompatiblen erkenntnistheoretischen Grundannahmen über den untersuchten Gegenstand bzw. über (qualitative) Forschung über die Methoden transportiert*" (Flick, 2009, S. 315). Dieses Vorgehen dient der Forschungsarbeit im Hinblick auf epistemische Reflexion.

Design-Based-Research erlaubt durch sein hohes Maß an Offenheit verschiedene Formen der Triangulation. Nützt der Forscher diese Offenheit, so können verschiedene Formen der Triangulation angestellt werden, um ein umfassenderes, multiperspektivisches Verständnis über den erforschten Sachverhalt zu erlangen, wenngleich dieses Verständnis jedoch durch die Grenzen der eigenen Denktradition limitiert wird.

2.3 Ablauf des Design-Based-Forschungsprozesses

Design-Based-Research ist gekennzeichnet durch zyklische Phasen der Analyse, Entwicklung und Gestaltung, Erprobung, Analyse, Revision und Modifizierung. In der Literatur finden sich einige Zyklusmodelle und beschriebene Vorgehensweisen, die neben einigen Differenzen jedoch alle die gleichen Elemente, wenn auch in verschiedenen Ausprägungen, beinhalten (Reinmann, 2005; Middleton et al., 2006; Collins, Joseph und Bielaczyc, 2004). Die genannten Autoren sind sich einig, dass Design-Forschung mit der Sichtung und Analyse von Forschungsarbeiten beginnt, die sich bereits mit der zu verbessernden Praxis oder einem zu lösenden Problem, wie etwa der Förderung von kritischem Denken bei pädagogischen Professionals, beschäftigt haben. Methodisch betrachtet zählen zu dieser Phase unter anderem systematische und gezielte Recherchen zur Fachliteratur, die Reflexion bisheriger Erfahrungen zu dem behandelten Sachverhalt, Experteninterviews (Middleton et al., 2006, S. 9) oder gar unter Laborbedingungen durchgeführte Experimente (Collins et al., 2004, S. 16). Ziel ist es, theoretische Modelle und damit verbundene Prinzipien des Lehrens und Lernens zu rezipieren und für die Entwicklung des eigenen Designs zu nutzen, welches auf die konkrete Verbesserung der Lehr-Lernpraxis in einem bestimmten Kontext ausgerichtet ist. Ziel ist es auch, das pädagogische Verständnis des Forschers im Hinblick auf die jeweilig zu verbessernde Praxis zu schärfen. Hat der Designer/Forscher seinen theoretischen Referenzrahmen in Form von Modellen und Lehr- und Lernprinzipien herausgearbeitet, entwirft er einen ersten „Prototypen", der auf Basis der gefundenen theoretischen Prinzipien entwickelt wird (Collins et al., 2004, S. 8). Das Design wird so auf bestimmte Artefakte übertragen, wie z. B. bei der Gestaltung eines Qualifizierungskonzeptes und dessen Komponenten. Es ist dabei formgestaltend.

Im Anschluss wird das Design unter natürlichen Bedingungen des Lehrens und Lernens progressiv verbessert, indem es wieder und wieder in der Praxis erprobt, dabei analysiert und auf Basis der gewonnenen Daten modifiziert wird. Dies geschieht so lange, bis alle festgestellten Schwierigkeiten beseitigt und die gewünschte Funktion erfolgreich erreicht wurde. Diese progressive Verfeinerung resultiert einerseits in der Modifikation konkreter Artefakte des Designs, bis diese ihre angestrebte Funktion in dem dazugehörigen Kontext erfolgreich unter Beweis gestellt haben. Neben den konkreten „Design-Artefakten" aber wird andererseits durch die stetige Anpassung und Feinjustierung auch der theoretische Rahmen des Designs ausdifferenziert, z. B. bei der Konkretisierung von Lehr-Lern-Prinzipien. Somit tragen die Ergebnisse der Design-Forschung dazu bei, die theoretischen Erkenntnisse innerhalb des Forschungskontextes zu differenzieren, zu sättigen und zu hinterfragen, und können so als Ausgangsbasis für weitere Designaktivitäten ihren Nutzen stiften. Um sowohl theoretisch als auch praktisch nützlich zu sein, müssen die Ergebnisse so aufbereitet werden, dass Praktiker die relevanten, kritischen Elemente des Designs erkennen können, ein Verständnis für deren Zusammenspiel erhalten und daraus konkrete Handlungs- und Gestaltungsempfehlungen für Adaptionen des Designs abgleitet werden können.

2.4 Methodischer Standpunkt des Design-Based-Research-Ansatzes

Um den aufgezeigten Prämissen, nämlich der progressiven Verfeinerung von Theorie und Praxis des Lehrens und Lernens, zu genügen, bedarf es in der Design-basierten Forschung eines klugen und vielseitigen methodischen Vorgehens. Da die Erprobung des Designs in authentischen, komplexen Situationen der pädagogischen Praxis geschieht, hat der Forschende, der gleichzeitig auch Architekt, ausführender Akteur oder Anwender der Artefakte des Designs sein kann, es mit einer Vielzahl von Variablen zu tun, die er nur bedingt identifizieren und kaum kontrollieren kann. Deshalb wird der Versuch der Variablenkontrolle aufgegeben. Vielmehr hat Design-Based-Research den Anspruch, jene kritischen Variablen oder Eigenschaften von Situationen herauszufinden, die das Design in seiner Wirkweise auf gewünschte Weise beeinflussen (Collins et al., 2004, S. 11). Die Erprobung der Artefakte des Designs sollte aus verschiedensten Perspektiven beleuchtet werden, um eine umfangreiche Darstellung der Funktionsweise des Designs und hierzu wichtiger Variablen und deren Wirkweisen zu erhalten. Je nach bestehendem Untersuchungsgegenstand und den damit verbundenen Restriktionen wählt der Design-Forscher jene Methoden, die die Wirkweisen des Designs facettenreich beschreiben, um so die Zusammenhänge einzelner Variablen und deren Zusammenspiel im Hinblick auf die Erfüllung der Funktion des Designs verstehen zu lernen. Der Designer möchte verstehen, warum sein Design funktioniert oder warum nicht. Zielgröße ist dabei der Grad der realisierten Umsetzung der im Vorfeld angestrebten Funktion des Designs in der Praxis, also inwieweit es seinen Zweck erfüllt. Der Forschende ist außerdem interessiert an Schlüsselelementen, wie diese sich gegenseitig beeinflussen und warum sie für den Erfolg bzw. Misserfolg des Designs ausschlaggebend sind. Das Scheitern von Artefakten des Designs in ihrer intendierten Funktion ist von großem Interesse. Durch die systematische Dokumentation und Erforschung von Problemen bei der Erprobung, wie beispielsweise unvorhergesehenen Nebeneffekten, können Theorien erweitert, neue Theorien generiert und gleichzeitig Artefakte, die sich auf Lernen und Lehren nützlich auswirken, weiterentwickelt werden. Jeder Zyklus der Erprobung und Revision des Designs muss in einem Profil beschrieben werden und zwar so, dass daraus deutlich wird, welche die Schlüsselelemente des Designs waren, wie diese implementiert worden sind, welche Funktionen dadurch erfüllt und welche Ergebnisse dadurch erzielt werden konnten. Dabei müssen Ziel und Komponenten des Designs genau beschrieben werden, das jeweilige Setting der Implementierung dargestellt, das Vorgehen bei jeder einzelnen Phase beleuchtet, die erzielten Ergebnisse dargelegt und die dabei gefundenen Einsichten systematisiert und mit dem theoretischen Rahmen abgeglichen werden (Collins et. al, 2004, S. 38–39).

Bei den Anforderungen innerhalb des Reportings wird deutlich, dass eine vielschichtige und überlegte Datenerhebung in jedem Zyklus der Erprobung des Designs eine sehr wichtige Rolle spielt. Design-Based-Research weist somit eine qualitative und quantitative Komponente je nach Fragestellung auf und erschöpft sich nicht in einem festen Kanon von Methoden. Die Wahl der Methode hängt mit den zu untersuchenden Dimensionen des Lehrens und Lernens zusammen. Analysten von Lernsituationen innerhalb eines didaktischen Designs sollten laut Rogoff (1995) mindestens drei kritischen Dimensionen bei der Entwicklung und Erprobung des Designs Beachtung schenken: (1.) Der Erfahrung der Individuen, (2) der sozialen Interaktion der Individuen und (3.) der Ebene der weiteren Gemeinschaft (zitiert nach Collins et al., 2004, S. 32). Eine weitere Dimension ist die der Interaktion der Lernenden mit den Elementen der Lernumgebung, die an dem Design ausgerichtet wurde.

Collins et al. erachten für die multiperspektivische Design-Analyse folgende Ebene als relevant:

- **Kognitive Ebene:** Von Interesse bei der Design-Based-Forschung ist das Lehren und Lernen. Deshalb stellen sich beispielsweise Fragen, wie sich das Design bei der Anwendung auf das Denken und Handeln der Lernenden auswirkt, welches Vorwissen sie hatten oder welche Erfahrungen sie durch die Anwendung der Artefakte des Designs gemacht haben.

- **Interpersonelle Ebene:** Die soziale Interaktion sowohl der Lernenden untereinander als auch zwischen Lehrenden und Lernenden ist ein weiterer wichtiger Erklärungsansatz, der für den Erfolg bzw. Misserfolg des Designs herangezogen werden kann. Beispielsweise ist von Interesse, welche persönliche Beziehung zwischen Lehrenden und Lernenden besteht, welche Rolle die Beziehung bei der Implementierung des Designs spielt und wie sie durch die Erprobung des Designs beeinflusst wird.

- **Gruppen- oder Klassenebene:** Ist die interpersonelle Ebene auf den Umgang und das Verhältnis der Akteure ausgerichtet, so ist es auf Gruppen- oder Klassenebene von Wichtigkeit herauszufinden, welche Gruppenzusammensetzung vorliegt. Es gilt zu eruieren, welche

Machtstrukturen innerhalb der Gruppe, welche Gruppenidentität, welcher Zusammenhalt und welches Einbringen durch die Gruppenmitglieder vorliegt, wie sich diese Situation auf die Implementierung des Designs auswirkt und wie aber auch das Design bei seiner Anwendung auf diese Größen Einfluss nimmt.

- **Ressourcen-Ebene:** Hilfestellungen beim Lernen sind zentral für den Lernerfolg. Deshalb sollte genau analysiert werden, welche Hilfestellungen innerhalb der Implementierung des Designs für dessen Wirksamkeit nötig sind, wie diese genützt und angenommen werden und wie sie in die verschiedenen Aufgaben eingebettet werden.

- **Institutionale und Schulebene:** Neben dem unmittelbaren Kontext der Implementierung des Designs gibt es im Umfeld weitere, wichtige Informationen, die über die Nützlichkeit des Designs Auskunft geben können. Außerdem können hier auch die Implementierung hemmende Faktoren erkannt und berücksichtigt werden (Collins et al., 2004, S. 32–33).

Innerhalb dieser verschiedenen Dimensionen empfehlen Collins et al., mindestens drei verschiedene Gruppen von abhängigen Variablen zu untersuchen und zu beschreiben. Genannt werden (1) **Lernvariablen,** wie etwa Fertigkeiten, Dispositionen, Wissenszuwachs, metakognitive Strategien oder Lernstrategien, (2) **Klimavariablen,** wie beispielsweise das Engagement der Lernenden, Kooperation, die Übernahme von Risiken oder das Selbstwertgefühl der Lernenden; außerdem spricht er von (3) **systemischen Variablen,** wie etwa Nachhaltigkeit, Aufwand für Adaption, Kosten oder die weitere Umsetzbarkeit des Designs (Collins et. al, 2004, S. 40). Lernvariablen können durch quantitative Tests überprüft werden. Gängige Verfahren sind hierbei Quasi-Experimente mit Pre- und Posttests vor bzw. nach der didaktischen Intervention. Natürlich sind auch qualitative Methoden denkbar, in denen die Lernenden über ihre angestellten Lern- oder Denkaktivitäten sprechen und gezielt Wirkweisen des Designs auf kognitiver Ebene beschreiben.

Die Erforschung von Klimavariablen kann vor allem durch Beobachtungsmethoden geschehen in Form von Feldnotizen, der Führung eines Forschungstagebuches oder Videomitschnitten. So können der Grad des Engagements der Lernenden, das Niveau der Kooperation unter den Lernenden und deren Lernbemühungen untersucht werden.

Systemische Variablen sollten laut Collins et al. durch Umfragen und Interviews abgedeckt werden (2004, S. 35), können aber auch durch Desk-Research statistisch kalkuliert werden, wenn es beispielsweise um Kosten der möglichen Verbreitung der Maßnahme geht.

Neben den abhängigen Variablen spielt aber auch die detaillierte Evaluation der unabhängigen Variablen innerhalb des Designs eine wichtige Rolle, da diese den jeweiligen Kontext präzisieren und determinieren. Viele der unabhängigen Variablen werden theoriegeleitet im Design bewusst gestaltet und stellen die Stellhebel des Designs dar, wobei dies nicht mit der kontrollierten und isolierten Betrachtung von Variablen gleichgesetzt werden kann. Es gibt aber auch eine Form der unabhängigen Variablen, auf die der Designer nur bedingt Einfluss nehmen kann. Diese werden unter den Begriff der kontextualen Variablen geführt. Zu nennen sind hier unter anderem:

- **Der Erprobungskontext**, in welchem die Lernumgebung gestaltet werden soll. Dazu zählen beispielsweise die technische Infrastruktur, die Räumlichkeiten, soziale Stimmungen und Probleme innerhalb einer Gemeinschaft usw.
- **die Charakteristika der Lernenden,** wie etwa epistemische Entwicklung, Alter, sozioökonomischer Status, Einstellung usw.
- **Benötigte Ressourcen und Unterstützung bei der Implementierung.** Hierzu lassen sich technischer oder personaler Support, zur Verfügung stehende Zeit usw. subsumieren. Dritte sollen auch erkennen können, welche Hilfestellungen wie etwa Feedbackgespräche usw. den Lernenden gegeben werden sollten.
- **Professionelle Entwicklung.** Oftmals ist es nötig, verschiedene an dem Design beteiligte Akteure wie Lehrkräfte zu schulen, um sie zur gewünschten Implementierung des Designs zu befähigen. Schulungen dieser Art können Workshops, Sichtung von Fachliteratur, Design-Besprechungen usw. umschließen. Wichtig ist, dass Dritte erkennen können, welche Fertigkeiten und Fähigkeiten Lehrkräfte benötigen, um das Design wirkungsvoll in deren Praxis implementieren zu können
- **Pfad der Implementierung.** Darunter sind jenen Variablen zu verstehen, die beeinflussen, wie die Implementierung des Designs durchgeführt wurde, die Zeit, die dafür aufgebracht worden ist, die Nachhaltigkeit des Designs in seiner Funktion usw. (Colins et al., 2004, S. 36–37).

Zwischen den abhängigen, unabhängigen und kausalen Variablen besteht ein verästeltes und komplexes, schwer zu analysierendes Netz von Verknüpfungen und Zusammenhängen. Die Änderung einer unabhängigen Variablen kann zu verschiedenen Wirkweisen auf andere abhängige Variablen führen, wobei bestimmte kausale Variablen als Mittler fungieren können. Design-basierte Forschung ist somit nicht in der Lage, sämtliche Interdependenzen umfassend zu analysieren, sondern kann bestenfalls kritische Elemente des Designs herauskristallisieren oder Wirkweisen von Kombinationen der Variablen in ihrem Resultat beschreiben. Dennoch können durch den Methodenmix tiefer gehende Aussagen zu kritischen Variablen getroffen werden, die unter kontrollierten Laborbedingungen nicht zu erfassen wären, weil Lernen und Lehren in einem authentischen Kontext erfasst und beschrieben wird.

2.5 Zusammenfassung zu Standards der Design-Based-Forschung

Da bei der Design-Based-Forschung kein Methodenzwang vorherrscht, entsteht auch nicht das in der Wissenschaft oft anzutreffende Problem der Diskrepanz zwischen Entstehungs- und Rechtfertigungsprozess von Erkenntnissen. Unsicherheit, willkürliche Konstruktionen, schwankende Fragestellungen, chaotische Datenlage, Vorahnungen, Werte, Ideen, Bauchgefühle des Forschenden – all diese sonst der „objektiven" Wissenschaft abträglichen, widerspenstigen Gegebenheiten müssen nicht ausgemerzt, nicht begradigt und auch nicht geleugnet und vertuscht werden, da die Zielsetzung des Ansatzes pragmatisch und im Vergleich zur quantitativen Forschung bescheiden ist. Trotz der vorherrschenden Offenheit in der Design-Forschung muss das Vorgehen bestimmten Standards genügen, um dem Anspruch, die bestehende Praxis des Lehrens und Lernens verbessern zu wollen, genügen zu können. Collins et al. schlagen deshalb die folgenden Richtlinien (siehe Abbildung 2) für die Durchführung der Design-Forschung vor, die noch einmal die bisherigen Ausführungen zum Vorgehen zusammenfassen (2004, S. 49). Werden diese beschriebenen Standards und Maßstäbe beachtet, können die so erzielten und wiedergegebenen Ergebnisse eine Bereicherung zur Lösung von Problemen sowohl in der pädagogischen Praxis des Lehrens und Lernens als auch im Hinblick auf die Erweiterung des Erkenntnishorizontes innerhalb der Disziplin sein.

Implementierung des Designs
- Identifikation der kritischen Elemente des Designs und deren Interaktion
- Beschreibung, wie jedes dieser Elemente im Design umgesetzt worden ist

Modifikation des Designs
- Modifikation des Designs, wenn es nicht seine Funktion erfüllt
- Darlegung der Gründe für die Modifikation
- Jede Modifikation ist Beginn einer neuen Erprobungsphase
- Charakterisierung der kritischen Elemente in jeder Phase

Multiperspektivische Analyse des Designs
- Kognitive Ebene (Vorwissen, Wissenszuwachs, Dispositionsveränderung usw.)
- Ressourcen (vorhandenes Unterstützungssystem für das Lernen, Integration dieser Unterstützung ins Design etc.)
- Interpersonelle Ebene (Interaktion zwischen Lehrkräften und Lerner, Lernern untereinander)
- Gruppe oder Klasse (Gruppenidentität, Beziehungen untereinander, Machtstrukturen, Zusammenhalt etc.)
- Schule oder Institution (Reaktion weiterer Akteure wie Eltern, andere Lehrkräfte usw. auf das Design etc.)

Beschreibung von abhängigen Variablen
- Klimavariablen wie Kooperation, Engagement, Übernahme von Risiken
- Lernvariablen: Dispositionen, Fertigkeiten etc.
- Systemische Variablen wie Nachhaltigkeit, Kosten usw.

Beschreibung von unabhängigen Variablen
- Erprobungskontext
- Wesen der Lernenden
- Technische und finanzielle Unterstützung
- Professionelle Entwicklung, die zur Funktionalität des Designs benötigt wird
- Pfad der Implementierung, wie z. B. Art der Einführung des Designs, dafür benötigte Zeit usw.

Berichterstattung in der Design-Based-Forschung
- Ziele und Elemente des Designs
- Settings der Erprobungen
- Ablauf der einzelnen Phasen
- Gefundene Ergebnisse
- Gewonnene Einsichten

Abbildung 2: Richtlinien zur Durchführung der Design-Based-Forschung, angelehnt an Collins et al. (2004, S. 49)

Die dargelegten Richtlinien dienen als Referenzrahmen für das eigene Forschungshandeln bzw. zur Ausgestaltung dieser Arbeit. Jedoch sind die hier berichteten Anforderungen enorm hoch und nur schwer von einzelnen Forschern zu bewerkstelligen. Dies wird unter anderem deutlich an der multiperspektivischen Analyse des Designs. Die hier beschriebenen Standpunkte für Betrachtungen sind sehr komplex und miteinander verzahnt. Für eine wirklich seriöse Analyse bräuchte es Lehrkräfte, Psychologen, Anthropologen, Mediengestalter und weitere Experten, um klare, umfassende und zuverlässige Aussagen treffen zu können. Aber auch die große Menge an Daten, die im Design-Based-Ansatz gesammelt werden, stellt neben der genannten Interpretation schon in der Organisation und Auswertung hohe Anforderungen. Collins et al. kommen deshalb zu folgendem Schluss: „*Our approach to design research requires much more effort than any one human being can carry out*" (2004, S. 30). Design-Based-Forschung braucht daher diverse Helfer bei der Umsetzung, die gemeinsam den hohen Anforderungen und dem enorm hohen Aufwand Rechnung tragen können. Sind diese Helfer nicht als feste, sich unterstützende Gemeinschaft in die Forschung integriert, kann es zu Unzulänglichkeiten kommen, die, neben etlichen weiteren Schwachstellen, im nächsten Abschnitt besprochen werden sollen.

2.6 Schwächen und Probleme der Design-Based-Forschung

Neben den vielen Vorteilen des Forschungsansatzes, die in der vorliegenden Arbeit bereits eingehend erörtert worden sind, müssen jedoch auch die Schwachstellen und Unzulänglichkeiten diskutiert werden, um die Reichweiten und Grenzen sowie die Stolpersteine des Ansatzes kennenzulernen und konstruktiv damit im weiteren Forschungsprozess dieser Arbeit umgehen zu können. Problematisch ist beispielsweise der bisweilen schon aufgeführte personelle, zeitliche und organisatorische Aufwand bei der Entwicklung und Erprobung eines Designs. Durch die verschiedenen am Forschungsprozess beteiligten Akteure wie Lehrer, Mediengestalter, technischer Support usw. können auch verschiedene Schwierigkeiten bei der Umsetzung des Designs auftauchen, die schädliche Auswirkungen auf die Realisation in der Praxis haben können und dadurch Ergebnisse verzerren, Ideen beschneiden oder zu falschen Annahmen führen können. Dies hängt sowohl mit dem Informationsfluss zwischen Designer und den Umsetzern und Anwendern des Designs als auch mit den gegebenen Restriktionen auf materieller, finanzieller oder personeller Ebene bei der Umsetzung und Erprobung des Designs zusammen (Middleton et al., 2006, S. 6). So kann es beispielsweise der Fall sein, dass die vom Designer kommunizierten Informationen, wie das Design konkret in Artefakten wie Lernmedien usw. umzusetzen sei, nicht hinreichend oder falsch von den mit der Umsetzung beauftragten Personen umgesetzt werden. Aber auch in entgegengesetzter Richtung des Informationsflusses, also von den Umsetzern des Designs wie etwa Lehrern, können falsche Kontext- und Verlaufsinformationen gegeben werden, die den Designer zu nicht optimalen Planungsschritten anregen.

Neben dem Informationsfluss und Informationsdefiziten kann auch ein Mangel an Fähigkeiten bzw. Wissen des Designers sich stark limitierend auf die Forschungsergebnisse auswirken. Verfügt der Designer nicht über ausreichend Wissen und Erfahrungen bei der Erstellung des Designs, so kann er Potenziale nicht ausschöpfen und gelangt in Konsequenz zu einer suboptimalen Lösung und damit zu möglicherweise verkürzten Rückschlüssen bei der Erprobung. Ist der Designer gleichzeitig auch das ausführende Organ bei der Erprobung ist die Wahrscheinlichkeit für solche Fertigkeits- und Wissenslücken groß. Deshalb ist es wichtig, dass jene Lücken identifiziert und durch professionelle Hilfe behoben werden.

Ein weiteres Problem bzw. eine Schwäche kann vor dem Hintergrund von Effizienzüberlegungen erkannt werden. Designbasierte Forschung verfolgt den Weg des *Kaizen*, der langsamen, aber steten Veränderung zum Besseren. Nach und nach wird ein bestehender Ansatz verfeinert und veredelt, bis er sein Ziel, seine Funktion, gut erfüllt. Die hierbei gefundene Lösung erfüllt ihren Zweck und hat sowohl auf theoretischer und praktischer Ebene Ergebnisse vorzuweisen. Sie ist jedoch nicht als beste Lösung für ein Problem einzustufen. Vielmehr könnte es sein, dass ein anderer Design-Ansatz viel bessere Ergebnisse geliefert, dabei weniger Erprobungs- und Modifikationsschritte benötigt und weniger Ressourcen verausgabt hätte, um eine bestimmte Lösung für ein Problem herbeizuführen.

Weiterhin betonen etliche Autoren, die für den Ansatz einstehen, bescheiden, man könne nur über einen bestimmten Kontext und auch hier nur begrenzt Aussagen treffen. Gleichzeitig wird durch den Ansatz das Ziel verfolgt, theoretische und praktische Aussagen zu finden, die weit über den bestimmten Kontext hinausgehen und von anderen „Architekten" von Lehr- und Lernartefakten aufgegriffen und adaptiert werden sollen. Wie aber soll erkannt werden, welche Ergebnisse als Axiome und welche als kontextspezifische Ergebnisse zu werten sind? Können überhaupt Axiome, also Aussagen mit höchster Allgemeinheit, in spezifischen Kontexten des Lehrens und Lernens gefunden werden? Es stellt sich die Frage, wie allgemein dann diese allgemeinen Aussagen überhaupt sein können. Deutlich wird dabei, dass die beiden Zielsetzungen der Designbasierten Forschung unter bestimmten Bedingungen im Widerspruch zueinander stehen, dann beispielsweise, wenn das Design in einem Kontext entsteht, der von der Tradition her sich von einem anderen Kontext, in dem das Design adaptiert werden soll, völlig unterscheidet und diesem diametral entgegensteht. Dies zeigt sich beispielsweise im Bereich der Förderung von kritischem Denken bei Lernern aus dem asiatischen Kontext. Aufgrund einer anderen Denk- und Handlungstradition zeigen die Förderbemühungen hier oftmals nur wenig Erfolg, obwohl diese sich im westlichen Kontext bewährt haben (siehe Vandermensbrugghe, 2004). Dies hat nichts damit zu tun, dass asiatische Lerner nicht kritisch denken könnten. Es sind sowohl die Normen und Werte als auch die Lern- und Lehrkultur, die den Bemühungen der klassischen Denkschulung einen Strich durch die Rechnung machen. Beispielsweise gehören zur japanischen Kultur des Lehrens und Lernens die kritiklose Verehrung des Lehrers und die damit einhergehende Unterordnung des Schülers unter seine Autorität. Der Lehrer hat dadurch eine enorm hohe Verantwortung gegenüber dem Schüler und schlägt traditionell deshalb andere Wege der Unterweisung als in der westlichen Welt ein (siehe dazu Herrigel, 2009, S. 41). Kritisches Denken hingegen verlangt, Autorität öffentlich zu hinterfragen und herauszufordern. Pädagogische Rezepte lassen sich in diesem Kontext nur schwer adaptieren. Vielmehr müssten neue Ansätze entwickelt und erprobt werden. Die bestehenden Lösungen greifen hier nicht.

Ein letzter Punkt noch, der innerhalb des wissenschaftstheoretischen Diskurses zur Design-Based-Forschung kritisch betrachtet werden sollte: Design-Based-Research hat seine Stärke in der pragmatischen, dem Nutzen und der Relevanz verschriebenen Ausrichtung und in seiner Offenheit in Fragen des methodischen Vorgehens. Dadurch kann der Ansatz je nach Forschungsvorhaben in einem ganz bestimmten Kontext pragmatisch adaptiert und erkenntnistheoretisch fruchtbar gemacht werden. Gerade aber diese Offenheit – oder in anderen Worten der pragmatisch-praktische, methodische Opportunismus beim wissenschaftlichen Vorgehen – geht durch allzu formalisierte und dogmatisierte Richtlinien, wie Design-Based-Forschung nun im Einzelnen abzulaufen habe, verloren. In der Tat ist diese Offenheit derzeit durch den von Theoretikern und/oder Praktikern geführten wissenschaftstheoretischen Diskurs gefährdet, da einige Autoren danach trachten, generell zu definieren, nach welchen Richtlinien und Schritten Design-Based-Forschung genau abzulaufen habe und wie diese Abläufe gestaltet werden müssen, um als „wissenschaftlich" zu gelten (z. B. Middleton et al., 2006). Es lässt sich nichts gegen Gestaltungsempfehlungen im Allgemeinen sagen. Jedoch sind dogmatische und hochformalisierte, methodisch durchgeplante Ablaufpläne, die heimlich in Anspruch nehmen, die amtlich gültige und richtige Vorgehensweise für Design-Forschung auszuweisen, ein Angriff auf die Idee und die Stärke des Ansatzes, da er primär sich eben nicht über einen methodischen Zugang definiert.

2.7 Begründung der Wahl des empirischen Zugangs: Warum Design-Based?

Um dem Ziel der Verbesserung einer bestimmten Praxis des Lehrens und Lernens zu genügen, muss eine verlässliche und funktionale Lösung gefunden werden. Dafür spricht eine progressive Verbesserung und Vervollkommnung eines wirksamen Lösungsansatzes, wie es in der Tradition der Design-Based-Forschung der Fall ist. Neben diesem praktischen Anliegen gibt es aber eine weitere Dimension, nämlich die des Verstehenwollens. Es ist von großem Interesse herauszufinden, wie und warum sich ein Ansatz als wirksam oder unwirksam erweist, wie er sich auf das Denken, Fühlen und Handeln der Beteiligten auswirkt, welches Spektrum an Wirkweisen innerhalb eines Kontextes dadurch abgedeckt wird, welche negativen oder positiven erwarteten und unerwarteten Effekte damit verbunden sind, welche Effekte in anderen Kontexten entstehen usw. Diese Dimension des Verständnisses geht weit über das praktische Kalkül hinaus. Dieses Erkenntnisbedürfnis mündet in ein Streben nach einem umfassenden theoretischen Verständnis in Form von Lehr- und Lernprinzipien, die die Wirkweisen eines didaktischen Designs in einem bestimmten Kontext konstituieren. Diese Überlegungen implizieren die Bedingungen für die Wahl des Design-Based-Ansatzes, da das Forschungsinteresse genau darauf gerichtet ist, eine progressive Verbesserung oder Bereicherung der (konkreten) Praxis und der Theorie des Lehrens und Lernens im Kontext des kritischen Denkens zu verfolgen. Es gilt, ein didaktisches Design zur Qualifizierung von pädagogischen Professionals zu entwerfen, das sich unter natürlichen Bedingungen des Lehrens und Lernens in verschiedenen Kontexten der Erprobung durch gezielte und schrittweise Verbesserung bewährt, das also *nützlich*, *nachhaltig* und *innovativ* ist (Reinmann, 2005, S. 63) und auch auf theoretischer Ebene einen Beitrag zu dem bestehenden Forschungsstand zur Förderung kritischen Denkens leistet. Um diese beiden Ziele verfolgen zu können, müssen die vielfältigen Wirkweisen und kritischen Erfolgsfaktoren eines didaktischen Designs in Form eines Kurses zur Förderung von kritischem Denken bei pädagogischen Professionals verschiedenartig, unter natürlichen Bedingungen, erkundet werden. Die Idee der nachhaltigen Entwicklung einer nützlichen Lösung für die Praxis anhand dieser Praxis selbst kann durch Design-Based–Forschung sinnvoll umgesetzt werden (Reinmann, 2005). Design-Based-Forschung bietet sowohl den Freiraum für den Einsatz mehrerer verschiedener Methoden, ohne dabei die Maßstäbe der Wissenschaft aus den Augen zu lassen, als auch die paradigmatische Ausrichtung, um den beiden genannten Zielebenen gerecht zu werden. Nicht zuletzt bietet sich Design-Based-Forschung auch deshalb an, weil eben jene forschungsbezogenen Voraussetzungen zur Umsetzung und Erprobung des Designs in Form von Ressourcen wie technischer Infrastruktur, Zugang zu verschiedenen Erprobungskontexten usw. vorliegen, um es wirklich unter natürlichen Bedingungen, nämlich in der konkreten Praxis, zu konzipieren und zu erforschen.

2.8 Darstellung des Forschungsablaufes

Das Vorgehen bei der Entwicklung, Erprobung und Modifikation eines didaktischen Designs zur Qualifizierung pädagogischer Professionals im kritischen Denken kann anhand verschiedener Schritte beschrieben werden, die gleichzeitig wiederum durch verschiedene methodische Vorgehensweisen gekennzeichnet waren. Die folgende schematische Darstellung gibt einen Überblick zu den einzelnen Schritten und den jeweiligen methodischen Vorgehensweisen.

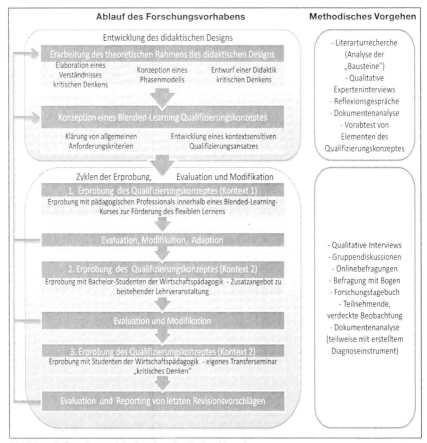

Abbildung 3: Forschungsablauf und methodisches Vorgehen

Der Forschungsablauf kann in zwei Abschnitte unterteilt werden, nämlich in die Phase der Entwicklung und in Zyklen der Erprobung, Evaluation und Modifikation des didaktischen Designs, wobei das Forschungshandeln im zweiten Abschnitt durch die hier gewonnenen Ergebnisse auf Teile der Forschungsergebnisse aus dem ersten Abschnitt zurückwirkte.

Die Phase der Entwicklung des didaktischen Designs (Phase I.) lässt sich in zwei Schritte mit jeweiligen Unterschritten einteilen. Zum einen wurde der theoretische Rahmen als gestalterischer Ausgangspunkt für das didaktische Design erarbeitet. Dieser zeichnet sich durch ein ganzheitliches, traditionsübergreifendes Konzept kritischen Denkens aus. Das Konzept beinhaltet eine elaboriertes Begriffsverständnis kritischen Denkens und ein darauf aufbauendes didaktisches 4-Phasenmodell, welches den Prozess kritischen Denkens transparent beschreibt. Zu diesem Konzept wurde des Weiteren eine darauf abgestimmte Didaktik der Förderung kritischen Denkens konzipiert.

Zum anderen wurde anhand dieses theoretischen Rahmens ein konkretes, kontextsensitives Qualifizierungskonzept für pädagogische Professionals im Blended-Learning entwickelt. Dafür mussten auch Anforderungen im Sinne von Lernzielen an solch einen Ansatz geklärt und kontextsensitive Gestaltungsempfehlungen zur Entwicklung erhoben werden. Die genannten „Artefakte" zusammen ergeben das didaktische Design.

Für die Entwicklung des didaktischen Designs wurde durch eine intensive Sichtung von Fachliteratur ein solides, inhaltliches Vorverständnis für die Konzeption des jeweiligen Forschungsartefaktes gelegt. Durch die Auseinandersetzung mit der Theorie zu kritischem Denken wurde der jeweilige Bedarf der Entwicklung von Forschungsartefakten erst deutlich, da die gesichteten Konzepte jeweils nur teilweise und nicht vollständig für das eigene Forschungsvorhaben geeignet schienen. Diese Ergebnisse der Sichtung von Fachliteratur und die daraus gezogenen Konsequenzen finden sich in den Analysen von „Bausteinen" aufgearbeitet, die in den einzelnen Kapiteln zur Entwicklung des Designs vorangestellt werden. „Bausteine" deshalb, weil durch die Literaturrecherche das theoretische Fundament für die Konzeption der einzelnen Artefakte gelegt wurde, welches jedoch durch weitere empirische methodische Vorgehensweisen vertieft wurde. So wurden im Zeitraum von Mitte Mai 2008 bis Mai 2009 dreizehn ausgesuchte „Experten" für die Förderung kritischen Denkens qualitativ in Form von Leitfadeninterviews befragt. Die Interviews dienten sowohl zur Entwicklung des theoretischen Rahmens als auch zur konkreten Umsetzung des Designs in Form eines Qualifizierungskonzeptes für den ersten Erprobungskontext. Je nach Expertise-Gebiet wurden die gestellten Fragen entsprechend angepasst und fokussiert. Alle Interviews hatten jedoch die Gemeinsamkeit, dass aufgrund des Erkenntnisinteresses immer Fragen (1.) zu dem jeweils vertretenen Verständnis von kritischem Denken, (2.) zur Förderung kritischen Denkens und (3.) zu Anforderungen an bzw. die Qualifizierung von pädagogischen Professionals zur Förderung von kritischem Denken gestellt wurden. Die Experten wurden so ausgewählt, dass möglichst divergierende, vom Verständnis her voneinander abweichende Stimmen zu kritischem Denken zu Wort kamen, um so eine inklusives, Traditionen übergreifendes Konzept entwickeln zu können. Außerdem wurden die Gesprächspartner so gewählt, dass neben bekannten Theoretikern auch Praktiker zu Wort kamen. Neben der Literaturrecherche und den Experteninterviews konnten durch die gewonnenen Kontakte auch Kurs-Unterlagen zu bestehenden Förderansätzen bezogen werden, deren Auswertung ebenfalls einerseits in den theoretischen Rahmen zur Förderung, andererseits aber auch in das konkrete didaktische Design für die Entwicklung des Prototypen des Qualifizierungskonzeptes aufgenommen wurde. Für die Entwicklung des Designs waren auch sogenannte Reflexionsgespräche zu dem Modell und zu der Förderung kritischen Denkens sehr bereichernd. Mit einigen Experten, die aus unterschiedlichen disziplinären Bereichen stammen, wurde die Entwicklung des Designs in verschiedenen Entwicklungsstufen kritisch diskutiert. Zu den einzelnen, informellen Gesprächen wurden kurze Feldnotizen verfasst, um die erhaltenen Impulse nicht zu vergessen.

Nach der Phase der Entwicklung des didaktischen Designs folgten mehrere zyklische Schritte der Erprobung des Qualifizierungskonzeptes und der Analyse der dadurch gewonnenen Daten (Phase II). Die dabei gewonnenen Ergebnisse führten zu mehrfachen Präzisierungen und Modifikationen des didaktischen Designs, sowohl auf der Ebene des theoretischen Rahmens als auch im Hinblick auf das Qualifizierungskonzept selbst.

Die erste Erprobung des Qualifizierungskonzeptes in Kontext 1 erfolgte im Zeitraum vom 04.09.2009 bis 07.11.2009 innerhalb der Durchführung eines Qualifizierungskonzeptes zur Befähigung von pädagogischen Professionals für die Förderung von flexiblem Lernen. Ziel der Maßnahme war es, Bildungspersonal des Einzelhandels aus unterschiedlichen Lernorten wie Betrieben, Berufsschulen, Hochschulen oder überbetrieblichen Einrichtungen des Handels zur Förderung des flexiblen Lernens zu befähigen. Flexibles Lernen basiert auf einer weitgehenden Selbststeuerung der Lerner unter Einbezug von E-Learning. Flexibles Lernen heißt, dem Lerner und/oder dem Unternehmen eine flexibel handhabbare Auswahl an Qualifizierungsmöglichkeiten anzubieten, die der Lernende selbstorganisiert auswählen und nutzen kann. In dem inhaltlich umfangreichen Projekt wurde auch eine Vielzahl an handlungsorientierten Computer-Based-Trainings (CBTs) für Lernende im Einzelhandel entwickelt, angefangen bei der Berufsvorbereitung bis hin zur Bachelorebene an Fachhochschulen des Handels. Der kreative Einsatz dieser Module war ein weiterer Grundpfeiler, für den die pädagogischen Professionals qualifiziert werden sollten. Die Förderung kritischen Denkens nahm in dem umfangreichen Qualifizierungskonzept daher nur eine marginale Rolle ein. Das Design musste folglich an einen restriktiven Kontext angepasst werden, wobei dies etliche Schwierigkeiten mit sich brachte. Die Förderung im kritischen Denken fand sowohl über drei erstellte Web-Based-Trainings (WBTs), verknüpft mit dem Einsatz eines E-Portfolios, als auch in zwei Präsenztreffen statt. Je nach Vorgehen bei der Denkschulung kamen verschiedene methodische Verfahren zur Analyse der Wirksamkeit des Ansatzes zum Einsatz. Zu nennen ist hier eine qualitative und quantitative Online-Umfrage, leitfadengestützte Interviews, Feldnotizen in einem Online-Forschungstagebuch, ein Abschlussinterview in der Gruppe, der Einsatz eines Fragebogens, der verdeckten, teilnehmenden Beobachtung sowie die Analyse von schriftlichen Dokumenten der Teilnehmer, wie etwa ausformulierte Arbeitsaufträge oder Forumsbeiträge. Hierfür wurde ein eigenständiges Diagnoseinstrument in Form eines Beurteilungsbogens für schriftliche Aufgaben auf der Grundlage der Überlegungen aus dem „Bausteine"-Kapitel (Kapitel IV – 2.) zum Assessment kritischen Denkens entwickelt. Die eingesetzten Methoden zielten darauf ab, möglichst über verschiedene Kanäle ein umfassendes Bild von den Wirkweisen der einzelnen Elemente des Designs zu gewinnen und kritische Elemente dadurch zu identifizieren.

Die erste Erprobung des adaptierten und modifizierten Qualifizierungskonzeptes in Kontext 2 geschah im Zeitraum von Anfang Dezember 2009 bis Ende Januar 2010 im Rahmen einer Zusatzveranstaltung zu einer Einführungsveranstaltung in die Wirtschaftspädagogik und Personalentwicklung für Bachelor-Studenten im dritten Semester. Dieser Kontext unterscheidet sich stark von dem ersten Erprobungskontext. In Kontext 1 richtete sich die Qualifizierungsmaßnahme an eine sehr heterogene Gruppe pädagogischer Professionals aus dem universitären, schulischen, betrieblichen und überbetrieblichen Bereich. In Kontext 2 kann von einer eher homogenen Zielgruppe, nämlich Studenten der

Wirtschafts- und Berufspädagogik, gesprochen werden, die sich in sehr vielen Faktoren wie Vorwissen, Interesse und Erwartungen an den Kurs, epistemische Entwicklung, Rahmenbedingungen usw. viel näher stehen als es bei der heterogenen Gruppe der pädagogischen Professionals der Fall war.

Neben zwei Online-Modulen zur Förderung kritischen Denkens und der Nutzung einer Lernplattform wurden die freiwillig Teilnehmenden in drei mehrstündigen Blockpräsenzterminen gemäß dem didaktischen Design gefördert. Zur Evaluation wurden eine qualitative und teilweise quantitative Online-Umfrage durchgeführt, Feldnotizen im Online-Forschungstagebuch festgehalten und leitfadengestützte Interviews durchgeführt. Einer der Teilnehmer, der bereits als Hilfskraft bei der Erprobung im E-Learning-Kontext teilgenommen hatte, wurde als teilnehmend verdeckter Beobachter gewonnen. Außerdem konnten weitere Daten durch die Mitarbeit von Kollegen gewonnen werden, die den Hauptkurs zum Zusatzangebot durchführten.

Nach einer weiteren Phase der kleineren Modifikationen des Designs wurde das somit überarbeitete Qualifizierungskonzept als Seminar für Studenten der Wirtschaftspädagogik im Bachelor-Studiengang als Wahlveranstaltung in der Zeit von April bis Mitte Juli 2010 angeboten und durchgeführt. Auch in dieser Phase wurden durch Feldnotizen, leitfadengestützte Interviews und einer Online-Umfrage gezielt letzte Daten zu noch bestehenden Problemen und zu den Wirkweisen des Designs gesammelt und ausgewertet.

2.9 Methodische Verortung und Gütekriterien der Arbeit

Design-Based-Research als Tradition hat eigene Maßstäbe der Beurteilung, die in Kriterien wie *Nützlichkeit, Nachhaltigkeit und Neuheit* zu finden sind (Reinmann, 2005, S. 63). Theoretisches Erkenntnisinteresse bezüglich des Lehrens und Lernens steht dabei auf einer Augenhöhe mit der Verbesserung der konkreten Praxis innerhalb eines bestimmten Kontextes. Beide Ziele verschmelzen während des Forschungsprozesses miteinander, bedingen und befruchten sich. Die genannten Kriterien und Ziele dienen als Hauptmaßstab für die Beurteilung des didaktischen Designs im kritischen Denken. Neben der konkreten praktischen Entwicklung eines wirksamen, innovativen Föderansatzes galt es, einen elaborierten Theorierahmen zu entwickeln, der in verschiedenen Kontexten hilfreich für die Entwicklung von Konzepten sein soll. Die Erreichung dieser Ziele geht auch einher mit der Beachtung methodischer Standards beim wissenschaftlichen Arbeiten, um die Verlässlichkeit der Forschungsergebnisse zu untermauern. So kann beispielsweise der Fördererfolg (oder -misserfolg) verlässlich beurteilt werden, was wiederum Voraussetzung ist, um dem Kriterium der Nützlichkeit oder Nachhaltigkeit genügen zu können.

Die im Forschungsprozess eingesetzten Methoden wie Interviews, Beobachtungen, Feldnotizen und Umfragen sind größtenteils der qualitativen Forschung zuzuordnen. Sie sind der Fragestellung geschuldet, die darauf abhebt, die Wirkweisen der Denkförderung zu verstehen und von subjektiven Sichtweisen ausgehend zu durchdringen. Einige Autoren wie Rey (2009, S. 149) vertreten jedoch die Ansicht, dass Lernende gar keine qualitativ zuverlässige Aussage über ihre Lernerfolge machen können und insofern Lernerfolg „objektiv" durch genaue Messungen in Tests festgestellt werden muss.

Andere Autoren hingegen wie Heidenrich sehen Lernende als „Experten für ihr individuelles Lernhandeln" (2009, S. 180), die am besten über ihr Denken, Lernen und Handeln Auskunft geben können. In der vorliegenden Arbeit liegt der Schwerpunkt auf der Ebene des subjektiven Verstehens und Denkens der Individuen, da nur sie darüber berichten können, ob und wie sich ihre Dispositionen und Fertigkeiten im kritischen Denken geändert haben. Ein Test würde nur die Fertigkeiten in einem ganz bestimmten Kontext abprüfen und keine allgemeineren Aussagen zulassen, während die Erkundung subjektiver Welten des Denkens über das Verhalten im Alltag, die eigene Einstellung, Denkaktivitäten usw. viel mehr Einblicke gewähren kann, obgleich der beschriebene innere Mikrokosmos nicht tatsächlich auch mit der äußeren, beobachtbaren Konstellation deckungsgleich sein muss. Um eben nicht zu gravierenden Fehlschlüssen zu gelangen, wurden deshalb auch die Arbeiten der Lernenden anhand des entwickelten Beobachtungsbogens untersucht. Dadurch konnten genauere Aussagen über die Ausprägung kritischer Denkaktivitäten der Lernenden im Hinblick auf ihre Kohärenz angestellt werden. Dieses Vorgehen des Herausarbeitens von Unterschieden und Gemeinsamkeiten in qualitativen und quantitativen Daten ist auch im Sinne der Triangulation zu befürworten.

Da die Arbeit primär qualitativen Methoden verschrieben ist, sollten auch noch kurz die Maßstäbe der qualitativen Forschung als weiteres Kriterium für die Güte des Vorgehens herangezogen und beachtet werden. Jedoch besteht hier kein Konsens darüber, welche Kriterien tatsächlich ausschlaggebend sind. Einige Autoren schlagen vor, die qualitative Forschung an die quantitativen Maßstäbe anzulehnen, was aus meiner Sicht nicht im Geringsten zielführend sein kann, da die Maßstäbe ja selbst schon in der quantitativen Forschung zu großen Problemen führen können, sei es bei der Findung von Ideen, der Operationalisierung von Hypothesen usw. Dieser Sachverhalt kann an dieser Stelle nicht weiter vertieft werden und der Fokus wird nun vielmehr auf Kriterien gerichtet, die sich für die Tradition der qualitativen Forschung besser eignen. Steinke (2005) nennt hier beispielsweise die *intersubjektive Nachvollziehbarkeit* der Forschung. Gemeint sind damit jene Maßnahmen, die dazu verhelfen, den Forschungsprozess für Dritte klar und nachvollziehbar zu machen. Des Weiteren nennt sie das Kriterium der *Indikation des Forschungsprozesses*, das die genaue Begründung der gewählten Fragestellungen und den damit zusammenspielenden Methoden, Transkriptionsregeln usw. mit sich bringt. Darüber hinaus sieht Steinke das Kriterium der *empirischen Verankerung* der Forschung als wichtiges Gütekriterium an. Empirische Verankerung bedeutet, dass Theorien und Hypothesen empirisch geleitet entstehen und sich in empirischen Daten entsprechen. Ein Vorgehen hierbei wäre etwa die kommunikative Validierung, die bezeichnet, dass die entwickelten Theorien von den interviewten Subjekten auf ihre Richtigkeit überprüft werden. Als weiteres Kriterium nennt Steinke die *Limitation*, also das reflexive Ausloten des Forschungsprozesses auf die Grenzen seines erkenntnistheoretischen Geltungsbereiches. Gerade beim kontextsensitiven Design-Based-Ansatz ist dies wichtig, um nicht zu falschen Verallgemeinerungen zu gelangen. Als weitere Kriterien zählt Steinke die *Kohärenz* zwischen Theorien und empirischen Daten, die *Relevanz* der Forschung und die *reflektierte Subjektivität* auf (2005, S. 330–331).

Andere Vertreter der qualitativen Forschung, wie etwa in der Tradition der *Grounded-Theory*, haben auch eigene Regelwerke für Gütekriterien qualitativer Forschung entwickelt, die zum Teil den bisher beschriebenen Kriterien der designbasierten Forschung und den Ausführungen von Steinke entsprechen, aber auch weitere, eigene Kriterien aufzuweisen haben. Beispielsweise kann als Gradmesser der Güte qualitativer Forschung die Entwicklung von Begriffen aus dem Datenmaterial, die systematische Bezogenheit von Konzepten, die begriffliche Verknüpfung von Kategorien, die Variationsbreite der Theorie oder die Betrachtung weiterer Bedingungen, die auf untersuchte Phänomene Einfluss nehmen könnten, hier genannt werden (Straus und Corbin, 1996).

Des Weiteren gibt es Autoren, die sich mit guten Argumenten aus einer konstruktivistischen, relativistischen und pluralistischen Weltsicht heraus gegen Gütekriterien der qualitativen Forschung aussprechen (Shotter, zitiert nach Steinke, 2005, S. 321).

Einige der dargelegten Kriterien finden in allen drei Ansätzen, jedoch in jeweils etwas variierender Begrifflichkeit, Entsprechung. Relevanz bei Steinke ist gleich Bedeutsamkeit bei Straus und Corbin und kommt dem Nutzen-Kriterium im Design-Ansatz gleich. Die Betrachtung weiterer unmittelbarer und mittelbarer Bedingungen, die das zu untersuchende Phänomen beeinflussen können, findet sich hier beispielsweise in den verschiedenen zu betrachtenden Perspektiven. Auch die Beschreibung der Prozesshaftigkeit der Forschung findet in allen drei Maßstäben der Traditionen in verschiedener Sprache Niederschlag.

Die vorliegende Arbeit ist, wie bereits dargelegt, der Idee des Design-Based-Ansatzes und dessen Maßstäben verpflichtet, wobei beim methodischen Vorgehen der Schwerpunkt klar im Bereich der qualitativen Forschung gesetzt wurde. Daher sind auch die erörterten Maßstäbe der qualitativen Forschung, um Willkür und Beliebigkeit zu vermeiden und Transparenz zu gewährleisten, zu beachten. Jedoch wird hier nicht ein fester bestehender Gütekriterienkatalog als Zielgröße für das methodische Arbeiten herangezogen. Die dargelegte Selektion der Gütemaßstäbe sind Ergebnisse von Denktraditionen einer ganz bestimmten Ausrichtung der qualitativen Forschung und daher nicht auf alle Bezugssysteme exakt zu übertragen. Eine zu strikte Befolgung einzelner Kriterien könnte sich sogar einschränkend auf das Vorgehen innerhalb der Arbeit ausüben. Dies kann dann beispielsweise der Fall sein, wenn das Kriterium der empirischen Verankerung zu sehr Ideen bei der Generierung von Theorien limitiert, die nicht empirischen, sondern kreativen Ursprungs sind. Gleichzeitig kann die strikte Auslegung des Kriteriums dazu führen, dass eindimensionale, verkürzte Theorien entwickelt werden, weil beispielsweise das in dem Datenmaterial sich niedergeschlagene Denken eben diese Eindimensionalität aufweist usw. Deshalb sollen vielmehr die übergeordneten, zentralen Ideen der Kriterienkataloge der qualitativen Forschung das methodische Handeln leiten, die sich im Streben nach Transparenz, der Vermeidung von Willkür und Beliebigkeit und dem Anspruch, Sachverhalte umfassend zu beschreiben und zu erklären, zeigen.

III. Konzeption des theoretischen Rahmens des didaktischen Designs

In diesem Kapitel wird sukzessive die Entwicklung des theoretischen Rahmens zur Gestaltung des Qualifizierungskonzeptes dargestellt. Dabei wird in einem ersten Schritt die Auseinandersetzung mit der relevanten Fachliteratur dargelegt, die erste „Bausteine" für die Entwicklung der Forschungsartefakte bereithielt. Diese Analyse konkretisierte die Ausgangslage für das weitere empirische Vorgehen. Die durch die Literaturrecherche gewonnenen Ergebnisse wurden durch weitere empirische Forschung fundiert und für den eigenen Forschungskontext konkretisiert. Die Beschreibung dieses Schrittes folgt im Anschluss an die Analyse der „Bausteine". Abschließend werden die konkreten Forschungsartefakte dargestellt und diskutiert.

In dem Kapitel werden folgende Forschungsschwerpunkte und -fragen behandelt und die damit einhergehenden Forschungsartefakte vorgestellt und diskutiert:

Entwicklung eines theoretischen Rahmens als gestalterische Grundlage des didaktischen Designs	
Forschungsschwerpunkte und -fragen	Forschungsartefakte und -ergebnisse

• Welches Konzept und welche Didaktik kritischen Denkens sollte der Entwicklung eines Qualifizierungskonzeptes für die Förderung kritischen Denkens zugrunde gelegt werden?
  o Welche Maßstäbe weist ein ganzheitliches Verständnis kritischen Denkens auf?
  o Wie gestaltet sich demnach der idealtypische Prozess kritischen Denkens theoretisch?
  o Welche Didaktik zur Förderung kritischen Denkens eignet sich für das Konzept?
	• Konzept kritischen Denkens, inklusive Begriffsverständnis und Phasenmodell kritischen Denkens
	• Auf das Konzept abgestimmte Didaktik kritischen Denkens in Form von didaktischen Richtlinien und dazugehörigen Methoden & Techniken

1. Bausteine für ein Konzept kritischen Denkens

1.1 Analyse von Traditionen kritischen Denkens und deren Maßstäbe

1.1.1 Zu der Auswahl zu untersuchender Traditionen kritischen Denkens

In diesem Kapitel werden wichtige Traditionen kritischen Denkens in der Literaturanalyse beleuchtet. Der Begriff „Tradition" meint im Kontext der Arbeit eine historisch gewachsene, durch eine bestimmte geistige Haltung, Weltanschauung und Annahmen geprägte, durch bestimmtes Wissen, Techniken, Methoden oder Maßstäben charakterisierte Lehre und Praxis einer bestimmten Gruppe. Traditionen können auch als Strömungen oder Schulen umschrieben werden. Brookfield subsumiert darunter die Kritische Theorie, die Psychoanalyse bzw. Psychotherapie, die analytische Philosophie, den Pragmatismus und den Konstruktivismus (2008, S. 8). In den folgenden Abschnitten werden jene Traditionen kritischen Denkens untersucht, die elementare „Denkwerkzeuge" hervorgebracht (Logik), sich systematisch mit Normenreflexion beschäftigt (Kritische Theorie) und wichtige Beiträge zum konzeptuellen Verständnis (Psychologie) und zur Förderung kritischen Denkens (Pädagogik) geleistet haben. Auf diese Auswahl an Traditionen wird meist auch in der pädagogischen Fachliteratur der Fokus gelegt (siehe Fasko, 2003; Resch, 2008; Moon, 2008), da diese für den Kontext der Förderung kritischen Denkens übergreifend relevante Inhalte hervorgebracht haben. Dabei werden auch die Denkstandards herausgearbeitet, an denen kritisches Denken ausgerichtet wird. Außerdem werden Hemmnisse kritischen Denkens aus der Perspektive der jeweiligen Tradition betrachtet. Die Analyse der einzelnen Traditionen schließt mit einer kritischen Würdigung des jeweiligen Verständnisses kritischen Denkens.

Auf Grundlage der genannten Literaturrecherche und qualitativer Experteninterviews wurde das bereits kurz dargestellte, eigene und integrative Verständnis und das darauf fußende Phasenmodell kritischen Denkens entwickelt, das elementare Zugänge zu kritischem Denken vereinen und Einseitigkeiten einzelner Traditionen überwinden soll. Die Analyse der Traditionen kritischen Denkens war als erster Schritt in dem Forschungsdesign zu verstehen, um ein tiefgehendes Verständnis kritischen Denkens zu entwickeln, Dimensionen des Denkens ausfindig zu machen und relevante Denkstandards zu sammeln. Die Ergebnisse aus der Analyse der Traditionen machten deutlich, dass die Entwicklung eines eigenen Konzeptes kritischen Denkens notwendig wurde, da beispielsweise die vorgefundenen zu einseitig bzw. zu neutral in ihrer Ausrichtung waren.

1.1.2 Kritisches Denken in der Logik: Analyse von Argumenten

1.1.2.1 Historischer Hintergrund

Ursprünglich stammt der Begriff „Logik" aus dem Griechischen (*logos*) und bedeutet so viel wie „*vernünftige Rede*" (Soentgen, 2007, S. 125). Aristoteles war dabei einer der ersten großen Logiker, dessen Theorie der formalen Logik auch heute noch ihre Relevanz in etlichen wissenschaftlichen Disziplinen wie etwa in den Rechtswissenschaften hat. Aristoteles, inspiriert von mathematischen Gesetzen, hat diese Schlusstechniken auf die Analyse von Argumenten bereits circa 350 Jahre vor Jesus Geburt übertragen, um so eine allgemeine Theorie für das sprachliche Schlussfolgern aufzustellen. Sein Ziel war es dabei, ein Instrument zu erschaffen, das es ermöglicht, richtige von falschen Argumenten zu unterscheiden und somit die Qualität von Diskussionen zu erhöhen (Froese, 2007, S. 12). Sokrates entwickelte bereits vor über 2400 Jahren eine Frage-Methode, um Annahmen rational begründen zu lassen, dadurch logische Widersprüche aufzudecken und zu einem adäquateren wohlbegründeten Verständnis zu Sachverhalten zu gelangen (Paul, 1993, S. 39). Logik bezweckt demnach, zu neuen und sicheren Aussagen durch Schlussfolgerungen zu gelangen, die bereits durch die vorliegenden und als gegeben angenommenen bedingt werden (Soentgen, 2007, S. 126). An dieser Stelle muss darauf hingewiesen werden, dass „falsch" oder „wahr" sich auf den logischen Schluss innerhalb eines Argumentes bezieht, also Auskunft über die formale Richtigkeit der Schlussfolgerung gibt.

Logik ist laut Duden „*die Lehre vom folgerichtigen Denken, vom richtigen Schließen aufgrund gegebener Aussagen*" oder auch die „*Fähigkeit, folgerichtig zu denken*" („Duden – Das Fremdwörterbuch", 2002, S. 586). Logik lässt sich in die Teilbereiche der deduktiven und der induktiven Logik einteilen, aber auch als formelle und informelle Logik unterscheiden. Letztere Unterscheidung wird in der Didaktik und dem Lehren der Logik getroffen. Innerhalb der informellen Logik besteht der Anspruch, die Schlüssigkeit von Argumenten mit möglichst wenigen Formalismen zu prüfen. Dabei werden, im Gegensatz zur formalen Logik, nicht formalsprachlich aufbereitete, sondern tatsächlich in natürlicher Sprache geäußerte Argumente in deren faktischem Kontext untersucht. Formale oder klassische Logik hingegen hebt auf eine Vielzahl von Formalismen ab, die auf eine formalisierte Sprache angewandt werden. Alltagssprache muss dafür erst „formalisiert" werden. Deduktive Logik meint des Weiteren die Formalismen der Logik im engeren Sinne. Induktive Logik hingegen bezieht sich auf Theorien der Wahrscheinlichkeit und deren Bestätigung. Sowohl Elemente der induktiven als auch die deduktiven Logik sind zentraler Bestandteil des Konzeptes und der Förderung kritischen Denkens. Auch zur Zeit des Schreibens der Dissertation bieten noch Hunderte von Hochschulen (Colleges) in der ganzen Welt einsemestrige, einführende Kurse zur Förderung von kritischen Denken an, die unter Namen wie „Critical Thinking", „Informal Logic", „Introduction in Reasoning" etc. laufen und den Studenten das Rüstzeug im kritischen Denken für das erfolgreiche Lernen im Studium vermitteln sollen (Van Gelder, 2000, S. 1).

1.1.2.2 Verständnis kritischen Denken im Kontext der Logik

Kritisches Denken wird oftmals in Verbindung mit formaler und vor allem informaler Logik gebracht oder sogar teilweise damit gleichgesetzt (siehe hierzu die Arbeiten von Astleitner (1998) oder Ennis (1996)). Das heutige Verständnis kritischen Denkens wurde primär durch die Logik und später durch die analytische Philosophie beeinflusst, wenngleich auch die Psychologie, die Kritische Theorie und die Pädagogik das Verständnis unter Rückgriff auf Prinzipien der Logik jeweils erweiterte und individuell ausrichtete. Kritisches Denken bleibt dennoch untrennbar mit der Anwendung der Denkstandards der Logik verbunden. Robert Ennis, einer der führenden Autoren im Diskurs der Förderung kritischen Denkens, stellte in dem 1962 erschienenen Artikel „*A Concept of Critical Thinking*" folgende traditionstypische Definition von kritischem Denken vor: „*As a root notion of critical thinking it is taken to be the correct assessing of statements*" (Ennis, 1961; zitiert nach Resch, 2008, S. 32). Kritisches Denken bedeutet im Rahmen der Logik, Argumente anhand von Kriterien und Konzepten der Logik zu konstruieren oder auf formale Richtigkeit hin zu analysieren. Die Glaubwürdigkeit von Argumenten soll dadurch formal beurteilt werden. Dabei geht es unter anderem darum, logische Fehler in Schlüssen zu finden und zu analysieren. Petri schreibt kritischem Denken in der Tradition der Logik unter anderem folgende generelle Charakteristika zu (Petri, 1998, S. 105–106):

- Kritisches Denken bedeutet, wesentliche Probleme zu identifizieren und klare Fragen formulieren zu können.
- Kritisches Denken braucht die Fähigkeit, logische Schlussfolgerungen anstellen zu können.
- Kritisches Denken zeigt sich durch das Heranziehen von zutreffenden Prämissen oder begründeten Hypothesen in eigenen Argumentationen sowie durch das Prüfen von expliziten und impliziten Annahmen in vorliegenden Argumentationen.
- Kritisches Denken setzt voraus, dass Begriffe klar definiert und verwendet werden, und erkennt unzureichend oder falsch definierte Begriffe.
- Kritisches Denken bringt es mit sich, die Qualität von Evidenz, auf die sich die Prämissen von Argumenten stützen, etwa im Hinblick auf Glaubwürdigkeit, Zuverlässigkeit etc., zu analysieren.
- Kritisches Denken meint auch, Verallgemeinerungen und Analogieschlüsse und die Aussagekraft von Beispielen auf Gültigkeit zu prüfen.
- Kritisches Denken beinhaltet die Suche nach Evidenz und Gegenevidenz zur Prüfung von Hypothesen.
- Kritisches Denken vermeidet und enttarnt Trugschlüsse, unterscheidet zwischen Wesentlichem und Unwesentlichem, Fakten und Wertungen.

Abbildung 4: Charakteristik des kritischen Denkens nach Petri (1998, S. 105–106)

1.1.2.3 Denkstandards in der Logik

Im Folgenden werden elementare Denkstandards der Logik vorgestellt. Es sei darauf hingewiesen, dass die vorgestellte Auswahl nur einen kleinen Ausschnitt widerspiegelt und nur einen einführenden und rudimentären Einstieg in die Logik bietet.

1.1.2.3.1 Argumente und Evidenz

Ein Argument (lat. *argumentum*, „Beweisgrund") ist eine Aussage, die zur Bestätigung oder zur Widerlegung einer Behauptung herangezogen wird. Argumente bestehen aus einer Abfolge von bestimmten Aussagen, nämlich aus sogenannten Prämissen und Schlussfolgerungen, auch genannt Konklusionen. Prämissen unterstützen oder implizieren eine Schlussfolgerung, führen also Gründe oder Belege für deren Richtigkeit an (Astleitner, 1998, S. 53). Ein Argument ist deduktiv, wenn die Wahrheit seiner Prämissen die Wahrheit der Schlussfolgerung sicherstellt. Induktiv ist ein Argument, wenn die Wahrheit seiner Prämissen die Wahrheit der Konklusion wahrscheinlich macht (ebd., 1998, S. 56). Eine Argumentation, also eine Verkettung von Argumenten, besteht aus einer Behauptung (These bzw. Konklusion), einer Begründung (durch Argumente) und einer Folgerung, die wiederum die Behauptung aufgreift und bestätigt. Gute Argumente sind jene, die glaubwürdige und überzeugende Antworten auf Fragen liefern. Dabei gilt es, die Behauptung durch die Begründung mit aussagekräftigen Belegen bzw. einem logischen Beweis zu untermauern. Belege können Beispiele sein, die sich auf empirische Daten stützen, wie beispielsweise auf Aussagen von Autoritäten, wissenschaftlichen Studien, Pressemeldungen oder eigene Beobachtungen. Es gilt, durch die Belege Evidenz für die Richtigkeit der Begründung und somit der Behauptung zu schaffen. Evidenz (vom lateinischen *ex* „aus" und *videre* „sehen" – Anschaulichkeit) ist sozusagen als argumentatives

Gewicht von Aussagen bezüglich ihrer Bezweifelbarkeit zu verstehen. Evidenz ist das Rohmaterial eines Argumentes. Sie besteht aus Fakten, Meinungen und Objekten, die benutzt werden, um anhand einer Schlussfolgerung einen Beweis für die Richtigkeit des Argumentes zu erzeugen (Freeley und Steinberg, 2005, S. 94). Dabei können verschiedene Formen der Evidenz unterschieden werden (ebd., 2005, S. 95). Evident ist ein Sachverhalt dann, wenn die im Argument aufgestellte Behauptung durch Gewissheit bestätigt werden kann. Empirische Evidenz liegt somit dann vor, wenn bestimmte getroffene Aussagen durch in der Praxis gesammelte Daten bewiesen werden können. Evidenz kann auch über logische Beweise in der formellen Logik durch formal korrekte, deduktive Schlüsse erbracht werden.

1.1.2.3.2 Das Konzept der Annahmen

Annahmen sind umgangssprachlich Behauptungen, die mehr oder weniger fragwürdig sein können. In der Mathematik hingegen werden Annahmen in Form von Sätzen getroffen, die für das Funktionieren von Theorien Voraussetzung sind. In der Logik spielt das Konzept der Annahmen eine wichtige Rolle. Annahmen sind Ausgangspunkte von Argumenten in Form von Prämissen. Aber auch Schlussfolgerungen bei induktiven Argumenten können als Annahmen beschrieben werden.[9] Selbst bei der Anwendung der Gesetze der Logik werden je nach Kontext Annahmen vorausgesetzt, beispielsweise dass durch Logik zuverlässige Schlüsse gezogen werden können oder dass die Anwendung der Logik bessere Ergebnisse als die eigene Intuition liefert.

Sind die in einem Argument getroffenen Annahmen falsch, so ist die Richtigkeit der Schlussfolgerung nicht mehr gewährleistet, sogar dann, wenn die angeführten Gründe richtig und das Argument deduktiv valide ist (Ennis, 1996, S. 162). Annahmen sind daher als eine Art Nährboden einer jeden Argumentation zu verstehen. Die Analyse und Evaluation von Argumenten setzte immer die Analyse und Evaluation von Annahmen voraus. Beispielsweise müssen vor der Beurteilung der Richtigkeit eines Schlusses die Annahmen hinter den Prämissen überprüft und beurteilt werden.

In der Literatur wird zwischen *expliziten* und *impliziten* Annahmen unterschieden. *Explizite* Annahmen sind sprachlich evident. Sie gehen klar aus Aussagen hervor. *Implizite* Annahmen hingegen liegen in Aussagen versteckt und werden nicht sprachlich benannt. Durch hermeneutisches Denken können sie nichtsdestotrotz erschlossen und durch Denkwerkzeuge der Logik bewertet werden.

1.1.2.3.3 Denkstandards in der formellen Logik

Die aristotelische Logik beschäftigt sich mit vier Arten von Aussagen, die entweder einem partiellen oder universellen Satztyp zugeordnet werden können. Eine Aussage ist ein Satz, dessen Subjekt eine Bejahung oder eine Verneinung (durch das Prädikat) zugeschrieben, d. h. zu- oder abgesprochen wird. Subjekt und Prädikat bilden dabei im Zusammenspiel einen Geltungsanspruch. Aussagen sind also entweder Affirmationen oder Negationen, die sowohl universell als auch partikulär in ihrer Ausprägung sein können.

---

9 Ennis nennt folgendes Beispiel: *Weil du deinen Hut trägst, nehme ich an, dass du das Haus verlassen wirst* (1996, S. 161).

Es liegen insgesamt vier Arten von Aussagen vor, die hinsichtlich ihrer Geltungsansprüche wie folgt differenziert werden können (Soentgen, 2007, S. 127):

1. *Alle A sind B (universell bejahend)*
2. *Kein A ist B (universell verneinend)*
3. *Einige A sind B (partikulär bejahend)*
4. *Einige A sind nicht B (partikulär verneinend)*

Nimmt man nun einen weiteren Begriff „C" hinzu, lassen sich verschiedene Schlussfolgerungen anstellen. Man spricht in diesem Zusammenhang vom sogenannten Syllogismus (formallogischer Schluss, von griechisch *syllogistai* „zusammenrechnen") (Soentgen, 2007, S. 130). Ein Syllogismus ist ein deduktives Argument, also ein Argument, *„in welchem sich, wenn etwas gesetzt wurde, etwas anderes als das gesetzte mit Notwendigkeit durch das Gesetzte ergibt"* (Aristoteles, Topik I. 18–27; zitiert nach Schirren, 2009, S. 1451). Syllogismen („Argumente") sind nach folgendem Muster aufgebaut: Sie bestehen aus mindestens zwei Prämissen (Voraussetzungen), die wahr oder falsch sein können und ins Rennen geschickt werden, um eine Schlussfolgerung (entweder wahr oder falsch), die sogenannte Konklusion, dadurch abzuleiten. Argumente haben einen Mittelbegriff, der in beiden Prämissen vorkommt (A oder B). Die Prämissen sind anerkannte Grundsätze und dienen als Basis für die Richtigkeit der Konklusion. Die Logik untersucht generell die Stärke der Stützungsrelation zwischen den Prämissen und der Konklusion eines Argumentes. Dabei operiert die formale oder klassische Logik nur mit deduktiven Argumenten, also jenen Schlussfolgerungen, die von verallgemeinerten Annahmen über die Welt (z. B. allgemein anerkannte Grundsätze) abgeleitet werden und konkrete Ereignisse oder Sachverhalte bestimmen, erklären oder voraussagen. Ein Beispiel für ein deduktives Argument:

| Alle A sind B |
Einige C sind A
Einige C sind B
Alle Dackel sind Hunde (Prämisse 1 – universelle Prämisse)
Wolfi ist ein Dackel (Prämisse 2 – singuläre Prämisse)
Wolfi ist ein Hund (Konklusion)

Abbildung 5: Beispiel für ein deduktives Argument

Deduktive Argumente beruhen also immer auf verallgemeinerten Annahmen über die Welt, die zu vorläufig bewiesenem Weltwissen gehören. Von diesen verallgemeinerten Annahmen werden nun konkrete Aussagen deduziert, um konkrete Ereignisse oder Sachverhalte in Aussagen zu erklären. Dabei können aber keine neuen Wahrheiten entdeckt werden, da der Inhalt der Schlussfolgerung nicht über die Prämissen hinausgehen kann. Folgende Veranschaulichung nach Astleitner (1998, S. 56–60) und Soentgen (2007, S. 135–136) führt in die Gesetze der deduktiven Argumente und deren Eigenschaften ein.

> **Deduktive Argumente**
> - Ein Argument ist *deduktiv*, wenn die Wahrheit seiner Prämissen die Wahrheit der Konklusion sicherstellt.
> - Ein *deduktives* Argument ist *gültig*, wenn es logisch unmöglich ist, dass alle *Prämissen* wahr sind und die *Konklusion* dabei *unwahr* ist. Die Wahrheit der Prämissen sichert die Gültigkeit der Konklusion.
> - Ein *deduktives* Argument ist *ungültig*, wenn alle Prämissen unwahr und die *Konklusion* wahr ist. Gleiches gilt für die umgekehrte Relation.
> - Ein Argument ist *zuverlässig*, wenn es *gültig* ist und wenn alle Prämissen wahr sind.
> - Aus *zwei negativen* Prämissen kann man keine Schlussfolgerung ableiten.
> - Aus *zwei partikulären* Prämissen kann ebenfalls kein Schluss gezogen werden.
> - Wenn eine der zwei Prämissen *negativ* ist, so ist auch die Konklusion *negativ*.
> - Wenn eine der zwei Prämissen *partikulär* ist, so muss auch die Konklusion *partikulär* sein.

Abbildung 6: Eigenschaften von deduktiven Argumenten, angelehnt an Astleitner (1998, S. 56–60) und Soentgen (2007, S. 135–136)

Die bisher vorgestellte aristotelische Logik ist erst der Anfang eines sehr weiten und komplexen Feldes. Beschäftigt sich ein Argument mit mehr als zwei Begriffen, so benötigt man bereits andere, komplexere Regeln. Bereits einfache Wenn-Dann-Beziehungen übersteigen die aristotelische Syllogistik. Je komplexer Argumente sind, umso höher ist auch die Wahrscheinlichkeit, dass sich Fehlschlüsse bei den Schlussfolgerungen einschleichen.

1.1.2.3.4 Denkstandards in der informellen Logik

Ein weiterer Bereich der Logik ist die sogenannte „informelle Logik" oder auch „Alltagslogik", die manchmal in der Literatur als Alternative zur formalen Logik präsentiert wird und sehr häufig in Verbindung mit kritischem Denken gebracht wird (Scriven, 2003, S. 21–24). Einige Autoren wie McPeck (1981) sehen in informeller Logik sogar ein Äquivalent zu kritischem Denken. Andere Vertreter im wissenschaftlichen Diskurs wie Paul (1993) differenzieren kritisches Denken und informelle Logik, da bei der Förderung von kritischem Denken auch Dispositionen wie Offenheit usw. geschult werden müssen. Informelle Logik ist noch eine recht junge Disziplin, die in den 1960erJahren ihren Anfang nahm und aus einer damaligen Reformanstrengung der Pädagogik resultierte, die mehr Alltagsrelevanz von Bildung forderte. Diese Bewegung ist durch Zweifel an der Wirksamkeit und am Nutzen der Förderung formaler Logik im Schul- und Hochschulunterricht begründet, da diese anhand von klar definierten Argumenten veranschaulicht und eingeübt wird, die dazugehörigen Übungen jedoch nicht sehr viel mit der Alltagssprache gemeinsam haben. Charakteristisch an der Alltagssprache ist die Unschärfe und Verschwommenheit von Bedeutungen und Aussagen, die in der formalen Logik nicht berücksichtigt werden (Scriven, 2003, S. 32). Janich zeigt auf, dass in der deutschen Sprache dazu geneigt wird, aus Adjektiven und Verben, die beobachtbare Phänomene beschreiben, objektivierende Substantive zu bilden. „*Wenn etwas erst einmal groß ist, spricht man von seiner Größe, wo es ruhig zugeht, von Ruhe, und was beliebig ist, hat Beliebigkeit. Entsprechend hat, was sich bewegt, Bewegung und wer handelt, vollzieht Handlungen*" (Janich, 2000, S. 12). Dieser Sprachgebrauch kann aber zu Problemen bei Denkprozessen führen, suggeriert doch dieser Nominalstil, dass die Wörter auch tatsächliche Sachverhalte in der Welt beschreiben, die durch Eigenschaften prüfbar sind. Diese sprachliche Eigenheit kann zu sogenannten „Scheinproblemen" (Janich, 2000, S. 13) führen, die bei Gebrauch der Ursprungswörter nicht entstanden wären. Die sprachliche Verdinglichung kann zu falschen Interpretationen führen, da sich die neu geschaffenen Substantive nur unscharf charakterisieren lassen, weil sie ursprünglich aus Eigenschaften, Vorgängen, Zuständen etc. abgeleitet, verdichtet und verdinglicht wurden.

Bei der informellen Logik ist es auch das zentrale Anliegen, Argumente zu bewerten, jedoch wird dabei nach Instrumenten gesucht, die es ermöglichen, die eben besprochene Problematik durch die Alltagssprache besser analysieren und beheben zu können (Groarke, 1996). Ein starker Fokus liegt dabei auf der Verbesserung induktiver Denkmethoden, da jene im Alltag viel öfter benötigt werden als die der formalen Logik. McPeck ist der Ansicht, dass kritisches Denken ein induktiver Prozess ist, anhand dessen unter Berücksichtigung des gegebenen Kontextes und der Struktur der vorliegenden Disziplin auf generelle Aussagen geschlossen werden kann. Methoden kritischen Denkens und der informalen Logik (z. B. statistisches Schlussfolgern) befinden sich dabei im Wechselspiel (1981, S. 67).

Induktive Argumente müssen nicht den hohen Anforderungen der mathematisch orientierten formalen Logik genügen, da sie Schlussfolgerungen sind, die Annahmen unter der Bedingung von Risiko und Unsicherheit stützen (Astleitner, 1998, S. 91). Eine induktive Generalisierung ist ein Prozess, bei dem beobachtete Eigenschaften einer Stichprobe zur Bildung einer Konklusion herangezogen werden. Gute induktive Argumente müssen durch wahre Prämissen und den passenden Zusammenhang zwischen Konklusion und Prämisse fundiert und gestützt werden (d. h., durch die Wahrscheinlichkeit, dass die Konklusion stimmt, wenn die Prämissen wahr sind). Jedoch ist es -im Gegensatz zu deduktiven Argumenten- nicht zwingend notwendig, dass bei wahren Prämissen auch eine wahre Konklusion vorliegen muss. Selbst ein gutes induktives Argument kann nur mit einer gewissen Wahrscheinlichkeit die Richtigkeit der Konklusion legitimieren. Wie bereits dargelegt ist ein Argument induktiv, wenn die Wahrheit seiner Prämissen die Wahrheit der Konklusion wahrscheinlich macht – und nicht mehr. Problemstellungen des Alltags sind meist induktiver Natur.

Vor der Formulierung induktiver Argumente sollten demnach alle erdenklichen Informationen gesammelt und berücksichtigt werden. Vornehmlich geht es darum, ein Argument zu formulieren, das mit hoher Wahrscheinlichkeit nicht durch die vorhandenen Informationen widerlegt werden kann. Andere Konklusionen, die mit vorhandener Evidenz auch vorstellbar sind, müssen ebenso betrachtet werden. Eine Konklusion ist dann abzulehnen, wenn die stützenden Prämissen zu schwach sind (Astleitner, 1998, S. 91). Dennoch gibt es eine Unzahl von Fehlern, die sich bei diesem Prozess einschleichen können.

1.1.2.4 Hemmnisse kritischen Denkens im Lichte der Logik

1.1.2.4.1 Fallazien bei deduktiven und induktiven Argumenten

Kritisches Denken in der Logik ist komplex. Schnell schleichen sich beim Denken logische Fehler ein. In der Logik spricht man in diesem Zusammenhang von Fehl- oder Trugschlüssen oder auch „Fallazien". Trugschlüsse sind Schlussfolgerungen bei Argumenten, die formal fehlerhaft durchgeführt wurden. Diese Fehler sind auf etliche Ursachen beim logischen Schlussfolgern zurückzuführen, wie etwa auf unklare Sprache oder falsche Prämissen. Bereits bei der von Aristoteles geprägten, klassischen Logik, die sich mit nur vier Arten von Aussagen beschäftigt, gibt es 256 verschiedene Kombinationsmöglichkeiten zwischen Aussagen. Logische Aussagen darunter sind dann diejenigen, welche nicht durch ein Gegenbeispiel widerlegt werden können und immer gültig sind (Soentgen, 2007, S. 135).

Folgende Übersichten sollen Aufschluss über einige der bekanntesten Fehlschlüsse in der formellen und informellen Logik geben (angelehnt an Astleitner, 1998, S. 84–91; Hardmann & Harries, 2002; Labossiere, 2008). Bei den verschiedenen Arten der Fehler könnte man eine Zuordnung erstellen, warum und aus welchen Motiven heraus sie entstanden sind, was an dieser Stelle aber nicht geleistet werden kann.

Abbildung 7 zeigt einige populäre Trugschlüssen aus dem Bereich der formellen Logik.

Appeal to Probability	Viele Hacker machen das Internet unsicher. Firewalls schützen vor Hackern. *Wenn Du keine Firewall nützt, wirst du es früher oder später mit Hackern zu tun bekommen.*
Argument from Fallacy	Alle Katzen sind Tiere. Kasper ist ein Tier. *Kasper ist eine Katze.*
Bare Assertion Fallacy	Auf Seite 7 steht, dass Igel fliegen können. Dort steht auch, dass es erwiesen ist. *Igel können fliegen!*
False Dilemma	Wer nicht mein Freund ist, ist mein Feind. Du bist nicht mein Freund. *Du bist mein Feind.*

Abbildung 7: Formale Trugschlüsse bei deduktiven Argumenten

Nachfolgend werden einige prominente Beispiele aus der informellen Logik aufgezeigt:

Autoritätsfehler	Der Rapper Bushido macht auf seiner CD klar, es sei gut, die Schule zu schwänzen. *Ich schwänze die Schule.*
Populismusfehler	Nasofix ist das beliebteste Schnupfenmittel. *Die Medizin wird dir helfen.*
Machtfehler	Wenn du nicht jede Woche betest, wird Gott dich bestrafen.
Relevanzfehler	Fischer kauft sich einen BMW und Trittin tritt von allen Ämtern zurück. *Trittin tritt wegen Fischers Autokauf zurück.*

Abbildung 8: Ausgewählte Arten von Trugschlüssen (angelehnt an Becker, 2004; Astleitner, 1998; Labossiere, 2008)

1.1.2.4.2 Sophistisch kritisches Denken

Die Denkstandards der Logik können für verschiedene Zwecke genutzt werden. Sie sind beispielsweise hilfreich, im Dialog die besten Argumente gemeinsam zu finden oder zu entwickeln. Genauso gut kann aber die Logik hilfreich sein, etwa vor Gericht eine Falschaussage richtig und logisch erscheinen zu lassen, um einer drohenden Strafe zu entgehen. Diese egoistische und strategische Ausrichtung kritischen Denkens bezeichnet Paul als „sophistisches kritisches Denken" (Paul, 1993, S. 137). „Sophistisch" kommt aus dem Griechischen und bedeutet spitzfindig, haarspalterisch oder wortklauberisch („Duden", 2002 S. 930). Bei dieser Art des Denkens macht der Mensch zwar Gebrauch von Elementen des kritischen Denkens, wie z. B. der Berücksichtigung von Gründen oder Belegen, jedoch nur, um eigene Ziele zu erreichen und sich durchzusetzen. Der Einsatz kritischen Denkens ist strategisch ausgerichtet und geschieht im Dienste der eigenen Interessen. Annahmen werden in diesem Denkstil nur hinterfragt und reflektiert, um daraus Argumente abzuleiten, die genutzt werden können, um besser zu widerlegen, zu überreden, zu manipulieren und um überzeugen und gewinnen zu können. Diese Art des Denkens und Argumentierens ist eristisch. Eristik ist die Kunst, in Debatten durch strategisches und geschicktes Argumentieren Recht zu behalten, ganz egal, ob man nun im Recht oder Unrecht ist (Schopenhauer, 2007, S. 9). Paul nennt diese Art des Denkens zwar „schwaches kritisches Denken" (1993, S. 137). Jedoch geht es bei diesem Denken nicht darum, zu durchdachten, begründeten und mündigen Urteilen und Entscheidungen zu gelangen. Vielmehr sollen bereits bestehende Urteile, Absichten und Entscheidungen zur Erreichung individueller Ziele strategisch legitimiert werden.

1.1.2.5 Kritik an dem Verständnis kritischen Denkens in der Logik

Abschließend kann festgestellt werden, dass kritisches Denken im Bereich der Logik bedeutet, Argumente anhand von bestimmten Denkstandards zu analysieren oder zu konstruieren. Dazu zählen unter anderem Kriterien wie Richtigkeit, Klarheit, Exaktheit, Relevanz usw. Die logische Richtigkeit der Argumente soll dadurch gewährleistet werden. Es sei angemerkt, dass die Richtigkeit der logischen Struktur eines Argumentes allein nicht ausreicht, um die Wahrheit von Sätzen, die die Wirklichkeit beschreiben, im empirischen Sinne zu garantieren, denn dies setzt eine tatsächliche inhaltliche Überprüfung der Sachverhalte in der Realität, z. B. durch Experimente, voraus. Die Geltung von logischen Sätzen ist nicht von empirischen Tatsachen abhängig. Funktion logischer Sätze ist es, den Zeichengebrauch zu regulieren. Der Eindruck, durch Logik werde etwas „ewig" Wahres gesagt, beruht auf einer Fehldeutung der Funktion logischer Sätze. Tatsächlich gilt Wittgensteins nüchterne Einsicht: *„Alle Sätze der Logik sagen dasselbe. Nämlich nichts"* (2003, S. 68). Logik fragt auch nicht nach den Gründen oder Intentionen, warum Individuen so und nicht anders argumentieren. Fragen des Manipulierens oder des Manipuliert-Seins spielen keine Rolle. Logik ist ethisch neutral und unterscheidet nur zwischen formal wahr oder falsch. Kritisches Denken ist in diesem Sinne in seiner Zielrichtung auch neutral. Es kann verwendet werden, eigene Ziele auf Kosten anderer zu verfolgen, indem strategisch überzeugt oder widerlegt wird. Gleichzeitig aber kann es auch helfen, logisch unwahre von wahren Argumenten zu trennen, um beispielsweise die besten Argumente zur Lösung eines gesellschaftlichen Problems zu finden. Kritisches Denken benötigt neben den reinen „Denkwerkzeugen", die die Logik stellt, auch eine der Vernunft verschriebene, normative Ausrichtung.

Die Gesetze der Logik sind ein unabdingbares Werkzeug für das Aufstellen von gültigen Schlussfolgerungen. Verletzungen dieser Gesetze beim Denken wiederum können zu (formal) ungültigen Schlüssen, zu Fehlschlüssen, führen, die weiteres unkritisches Denken und Handeln bewirken können.

1.1.3 Kritisches Denken in der Psychologie: (Meta-)kognitive Denkprozesse

1.1.3.1 Historischer Hintergrund

Ab den 1970er Jahren wurde kritisches Denken verstärkt mit der Verarbeitung von Informationen, dem Treffen von Entscheidungen, kreativem Denken und Problemlösen in Verbindung gebracht (Resch, 2008, S. 38–40). Presseisen sieht die Abwendung von der Logik hin zu einer erweiterten und auf kognitiven und metakognitiven Prozessen basierendem Konzept kritischen Denkens vor allem begründet durch theoretische Fortschritte in der Entwicklungs- und Kognitionspsychologie durch die Arbeiten von Jean Piaget, Lev Vygotsky, Howard Gardener, Edward DeBono und einiger anderer (Presseisen, 1986; zitiert nach Resch, 2008, S. 11). Das neue erlangte Verständnis rührte von der so genannten „kognitiven Wende" her, die ab den 1950er Jahren langsam das Menschenbild eines passiven Reiz-Reaktionssubjektes des Behaviorismus ablöste. Das Forschungsinteresse galt nun dem Inneren der „Black-Box", d. h. der Kognition, also dem Wissen, Denken oder Planen. Der Mensch wurde als aktiver, denkender, Ziele verfolgender und planender Akteur verstanden, der sich die Welt konstruktiv erschließt. Handlungen des Geistes sollten durch „kognitive" Variablen beschrieben, menschliches Verhalten dadurch erklär- und berechenbar gemacht werden. Bis heute wird an diesem Traum festgehalten. Der Computer wurde dabei zur *„Leitmetapher des Geistes"* (Cursio, 2006, S. 48). Denken bedeutete in diesem Sinne Informationsverarbeitung. Der Mensch wurde nunmehr als ein *„Informationsverarbeitendes System"* (Weizenbaum, 1978, S. 214) betrachtet, welches in verschiedenen kognitiven „Prozessen" „Informationen" „speichert", „abruft", „verarbeitet", „vernetzt" usw. Das simple mechanische Menschenbild des Behaviorismus wurde durch ein moderneres, komplexeres ersetzt (Groeben und Erb, 1997, S. 22).

Seit den 1980erJahren wurde kritisches Denken in Anknüpfung an diese Tradition oftmals mit dem Begriff „Thinking-Skills" gleichgesetzt, wobei hier verschiedene kognitive Prozesse wie etwa problemlösendes, logisches oder kreatives Denken und das Treffen von Entscheidungen in dem Begriff gebündelt wurden. Dieses Verständnis wird jedoch nicht von allen Autoren in der Literatur vertreten (Resch, 2008, S. 37–43). Seit dieser Zeit wurden über 200 Thinking-Skills-Programme entwickelt, die unterschiedliche Facetten des kritischen Denkens betonen (z. B. Problemlösekompetenz, Argumentation, Kreativität usw.) und ganz verschiedene Zielgruppen ansprechen. Thinking-Skills-Programme sind speziell entworfene Bildungseinheiten, die sozusagen als eigenständige Einheit fächerunabhängig unterrichtet werden können.[10] Die meisten dieser Programme wurden in der zweiten Hälfte der 1980erJahre und Anfang der 1990er entworfen, korrelierend mit dem Höhepunkt des Interesses an der Förderung von kritischem Denken (ebd., 2008, S. 258).

---

10 Eines der bekanntesten, erfolgreichsten und am stärksten verbreiteten Thinking-Skill-Programme ist Reuven Feuersteins „Instrumental Enrichment". Instrumental Enrichment, eine 400–500 seitige Paper-and-Pencil-Aufgabensammlung, verbunden mit einem pädagogischen Betreuungskonzept, wurde für die Integration von Jugendlichen, die eine nur mangelhafte Schulbildung genossen haben, entwickelt und verfolgt sechs Ziele: 1. Förderung von mangelhaft entwickelten kognitiven Funktionen (z. B. oberflächliches Wahrnehmen oder Begründen), 2. Hilfe beim Erwerb von Fähigkeiten zur Aufgabenbearbeitung im Schulungsprogramm, die sich auf anderen Lebensbereiche übertragen lassen (Wortschatz, Prüfungsstrategien etc.), 3. Förderung von intrinsischer Motivation zum Anwenden von Denkstrategien, 4. Einblicke in Wesen und Nutzen der Prozesse des Denkens, 5. Selbstbekräftigung in der Aufgabenbearbeitung durch dabei entstehende Lernmotivation, 6. Wandel vom Informationsempfänger hin zum aktiven Produzenten neuer Informationen (Petri, 1998, S. 132–137).

1.1.3.2 Verständnis kritischen Denkens im Kontext der Psychologie

Kritisches Denken wird innerhalb der Psychologie mit einer Vielzahl an kognitiven und metakognitiven Prozessen gleichgesetzt, die strategisch darauf abzielen, rational Probleme zu lösen oder Ziele umzusetzen. Eine typische Definition von kritischem Denken in dieser Tradition kommt von Halpern: „*Critical Thinking is the use of those cognitive skills or strategies that increase the probability of a desirable outcome. It is used to describe thinking that is purposeful, reasoned and goal directed – the kind of thinking involved in solving problems, formulating inferences, calculating likelihoods, and making decisions, when the thinker is using skills that are thoughtful and effective for the particular context and type of thinking task*" (Halpern, 2007, S. 6). Obwohl eine Vielzahl an unterschiedlichen Definitionen von Psychologen für kritisches Denken formuliert wurde, so gleichen sich diese doch in der verwendeten kategorischen Einteilung, nämlich in kognitive Fähigkeiten bzw. Fertigkeiten und in Dispositionen, die dazu nötig sind, dass die Fähigkeiten und Fertigkeiten auch bedacht und gewissenhaft angewendet werden (Halpern, 2007, S. 4). Die Fertigkeiten kritischen Denkens werden in der angelsächsischen Literatur meist unter der Bezeichnung „*high order cognitive skills*" gefasst (ebd, 2007, S. 6). Dazu zählen komplexe Fertigkeiten der Analyse, der Evaluation oder der Synthese. Halpern nannte hier beispielsweise Fertigkeiten, um das Denken zu steuern und zu regulieren, Wissen zu akquirieren, zu speichern und wieder abzurufen, um Gedanken in Sprache zu fassen, um deduktiv valide Schlussfolgerungen anzustellen, Argumente zu analysieren, Hypothesen zu testen, mit Wahrscheinlichkeit und Unsicherheit umzugehen, um Entscheidungen zu treffen, Probleme zu lösen oder kreativ zu denken (Halpern, 2007, S. 8–9). Diese Fertigkeiten sollen vor allem dabei helfen

- Probleme zu erkennen.
- einen Plan zu entwickeln, der die Bestandteile des Problems identifiziert, nach Dringlichkeit und Ernsthaftigkeit selektiert und Aufgaben priorisiert.
- Handlungsoptionen zu identifizieren, zu entwickeln und zu bewerten.
- neu erlangtes Wissen mit dem bestehenden zu vernetzen und abzugleichen
- Kohärente und überzeugende Argumente zu entwickeln
- Wissenschaftlich zu denken und zu arbeiten (Halpern, 2007, S. 6–7).

Lawrence et al. unterscheiden unter Rückgriff auf ein Modell von Halonen (1991) die Fertigkeiten in Basisfertigkeiten, Fertigkeiten höherer Ordnung und komplexen Fertigkeiten kritischen Denkens. Zu den Basisfertigkeiten zählen im Kontext der Praxis von Psychologen unter anderem die Fertigkeit Verhalten beschreiben und interpretieren zu können, Annahmen identifizieren oder Konzepte und Theorien in der Realität entdecken zu können. Die Fertigkeiten höherer Ordnung beinhalten beispielsweise das Aufstellen von Hypothesen oder die Anwendung von Konzepten und Theorien um Sachverhalte analysieren, einschätzen oder vergleichen zu können. Komplexe Fertigkeiten betreffen das Lösen von Problemen, die Entwicklung von Theorien oder das Treffen von Entscheidungen (2008, S. 25–31). Swartz unterscheidet des Weiteren zwischen Fähigkeiten, die sich auf elementare Informationsverarbeitung beziehen, die durch verschiedene Quellen gewonnen werden können. Gemeint sind unter anderem Fähigkeiten der Quellenkritik, wie z. B. Bestimmung der Exaktheit und Reliabilität von Informationen. Des Weiteren führt Swartz Fähigkeiten auf, die Individuen benötigen, um Schlussfolgerungen zu ziehen, die nicht unmittelbar durch die Evidenz der vorhandenen Informationen belegt werden können (Swartz, 1994; zitiert nach Kong, o. D.).

Neben kognitiven Fähigkeiten und Fertigkeiten betonen viele Autoren aus dem Bereich der Psychologie auch die Wichtigkeit von Metakognition, um kritische Denkaktivitäten zu überwachen, zu steuern und regulieren. Somit soll die Qualität kritischer Denkprozesse und –Produkte gewährleistet werden. Weiterhin identifizieren die Autoren weitere Komponenten, die kritisches Denken beeinflussen wie beispielsweise die Emotionen oder Dispositionen wie Skeptizismus, Unvoreingenommenheit oder Ambiguitätstoleranz. Auch die physiologische Verfassung bedingt kritische Denkaktivitäten (ebd., 2008, S. 25).

Der Prozess des kritischen Denkens wird in der Literatur oft in Phasenmodellen mit psychologischer Perspektive dargestellt (siehe beispielsweise Wolcott, Lynch und Huber, 1998; Ennis, 1989; Garrison, 2000). Die einzelnen aufgestellten Phasen geben darüber Auskunft, welche kognitiven und metakognitiven Prozesse durchlaufen werden müssen und welche Fähigkeiten hierbei jeweils zur Anwendung kommen. Eines der ersten Modelle überhaupt ist John Deweys Modell des reflexiven Denkens, konzipiert in der ersten Dekade des 20. Jahrhunderts (Dewey, 2010). Weitere bekannte Phasenmodelle stammen von Garrison und Archer (2000, S. 74 ff.) oder von Brookfield (1987, S.25 ff.). Des Weiteren sei auf das von Halonen vorgestellte Diskrepanz-basierte Modell kritischen Denkens des FIPSE-Networks hingewiesen (2008, S. 64) Die hier aufgegriffenen Modelle weisen eine vierstufige bis sechsstufige lineare Struktur auf, die sich wie folgt darstellt:

In der ersten Phase kommt es zu einem Diskrepanz-Empfinden, welches durch ein bestimmtes relevantes Problem bzw. Ereignis verursacht wird. Dabei werden sowohl negative als auch positive Emotionen ausgelöst wie beispielsweise Neugierde, Angst, Orientierungslosigkeit, Perplexität, Verwunderung usw. In dieser Situation reicht das bestehende Wissen des Individuums nicht zur Lösung des Problems aus (Garrison und Archer, 2000, S. 75). Deshalb ist es Ziel, in der (den) folgenden Phase erst einmal das Problem genau zu definieren, indem beispielsweise Beobachtungen angestellt, Quellen analysiert oder Befragungen durchgeführt werden (siehe Garrison und Archer, 2000, S. 75; Dewey, 2002, S. 56 ff.). In (einer) weiteren Phase(n) wird nun das Problem, nachdem es hinreichend verstanden und expliziert wurde, exploriert, analysiert und bewertet. In den letzten Phasen werden Lösungsansätze bzw. Alternativen zunächst erkundet, gemäß ihrer Realisierbarkeit und Erfolgsaussichten bewertet und schließlich erprobt. Dabei ergänzen sich in den einzelnen Phasen Reflexion und Aktion gegenseitig, wobei sowohl deduktive als auch induktive Vorgehensweisen bei der Reflexion eine Rolle spielen (siehe Dewey, 2002, S. 62 ff.; Garrison und Archer, 2000, S. 80 ff.). Die Aktion ist gleichsam neben dem Testen von Hypothesen auch immer mit sozialer Interaktion verbunden, um beispielsweise so die Perspektiven zu erweitern, um ein umfassenderes Verständnis für einen Gegenstandsbereich zu erreichen.

Die meisten psychologischen Modelle beschrieben kritisches Denken als sowohl induktiven als auch deduktiven Problemlöse- bzw. Lernprozess, wobei innerhalb der einzelnen Phasen das Problem erkannt und durch den Einsatz kognitiver und metakognitiver Fertigkeiten kritischen Denkens gelöst wird. Die kognitive Diskrepanz wird dadurch überwunden.

Im Folgenden werden die angewandten Fähigkeiten bzw. Fertigkeiten und weitere Komponenten kritischen Denkens anhand von bekannten Systematiken veranschaulicht.

1.1.3.2.1 Das APA-Konzept kritischen Denkens (Facione, 1990)

Ein sehr prominentes Konzept kritischen Denkens wurde 1990 durch eine umfangreiche und aufwendige Delphi-Befragung für die American Psychological Association (APA) hergeleitet, das von einigen Autoren als verbindliche Begriffsklärung angesehen wird. Die aufgestellte Definition von kritischem Denken lautet folgendermaßen:

„*We understand critical thinking to be purposeful, self regulatory judgement which results in interpretation, analysis, evaluation, and inference, as well as explanation of the evidential, conceptual, methodological, criteriological, or contextual considerations upon which that judgement is based*" (Facione, 1990, S. 2).

Kritisches Denken bezieht sich nach diesem prominenten Verständnis also auf eine Vielzahl kognitiver Prozesse und Teilprozesse (Tabelle 2). Dabei werden auch etliche Konzepte und Kriterien der formellen und informelle Logik in den Prozessen der Analyse von Argumenten oder aber auch bei der Evaluation aufgegriffen, jedoch sind sie als Denkwerkzeuge oder Standards zu verstehen, die innerhalb der beschriebenen Denkprozesse verschiedenartig zur Anwendung kommen. Andere Prozesse kommen verstärkt aus dem Bereich der kognitiven Psychologie, wie beispielsweise die Selbstregulation oder die Interpretation von Informationen. Zu den jeweiligen Hauptfertigkeiten (linke Spalte) wurden noch weitere Subfertigkeiten identifiziert (rechte Spalte).

Kognitive Fähigkeiten	
Interpretation	Kategorisieren
	Signifikanz dekodieren
	Bedeutung klären
Analyse	Ideen untersuchen
	Argumente identifizieren
	Argumente analysieren
Evaluation	Behauptungen bewerten
	Argumente bewerten
Schlussfolgern	Evidenz herstellen
	Alternativen erschließen
	Schlussfolgerungen ziehen
Begründen	Resultate aufbereiten
	Vorgehen rechtfertigen
	Argumente präsentieren
Selbstregulation	Metakognitive Überwachung
	Metakognitive Korrektur

Tabelle 2: Kognitive Fertigkeiten für kritisches Denken in Anlehnung an Facione, (1990, S. 7)

Die kognitiven Aktivitäten der **Interpretation** zielen darauf ab, verschiedenartige Erfahrungen, Situationen, Daten, Ereignisse, Urteile, Konventionen, Glaubenssätze, Regeln usw. zu verstehen und ihre Bedeutung beschreiben zu können. Dabei gilt es, explizite und implizite Annahmen zu identifizieren. Die *Kategorisierung* trägt dazu bei, die mit den Sachverhalten in Verbindung stehenden Informationen mit Sinn zu versehen, sie einzuordnen, zu unterscheiden, voneinander abzugrenzen und zu charakterisieren. Probleme sollen dadurch beispielsweise erkannt und ihrer Beschaffenheit beschrieben, Informationen klassifiziert oder Beobachtungen differenziert und objektiv wiedergegeben werden. Bei der *Dekodierung der Signifikanz* werden die relevanten Informationen, Funktionen, Kriterien, Zwecke, Werte, Kriterien oder Perspektiven, die in Sprache, aber auch in gezeigtem Verhalten, Zeichnungen, Graphiken, Statistiken, Symbolen usw. verborgen liegen, expliziert. Dies kann dadurch geschehen, indem Personen befragt oder Statistiken anhand einer bestimmten Fragestellung ausgewertet werden. Die *Klärung der Bedeutung* geschieht durch Paraphrasierung oder Explikation anhand von Beschreibungen, Bildung von Analogien oder bildhaften Vergleichen, Widerspiegelung von Wörtern in Befragungen usw. (ebd., 1990, S. 7).

Die Fertigkeiten der **Analyse** werden benötigt, um gültige Zusammenhänge zwischen Aussagen, Fragen, Konzepten, Beschreibungen oder anderen Formen der Repräsentation, die Anlass dazu sind, Urteile, Erfahrungen, Glaubenssätze, Gründe, Informationen oder Meinungen auszudrücken, zu identifizieren. Dazu werden identifizierte *Ideen untersucht*, um herauszuarbeiten, welche Rolle verschiedene Aussagen im Kontext eines Argumentes, einer Schlussfolgerung oder dem Versuch zu überzeugen, spielen, um Begriffe zu definieren oder um Komponenten von Problemen und deren Zusammenspiel zu erkennen. Deshalb soll so z. B. erkannt werden, ob und wie eine bestimmte Phrase bei einem bestimmten Publikum Wirkung erzielt oder wie die Durchführung einer bestimmten Aufgabe in Teilschritte aufgebrochen werden kann. Vorliegende Argumente werden identifiziert, um herauszufinden, ob Behauptungen oder Meinungen dadurch gestützt werden können. Jene Argumente werden schließlich dahingehend *analysiert*, ob die vorliegenden Argumente die Behauptungen und Meinungen untermauern und mit der Hauptschlussfolgerung in Einklang stehen, welche expliziten und impliziten Annahmen bei der Argumentation getroffen werden, welche weiteren Informationen zum Hintergrund der Argumentation gefunden werden können usw. (ebd., 1990, S. 7–8).

Fertigkeiten der **Evaluation** dienen dazu, um wörtliche Aussagen oder andere Repräsentationen der Ergebnisse von Denkaktivitäten auf deren Gültigkeit einschätzen zu können. Jene Aussagen und Repräsentationen können sich auf die Wahrnehmung einer Person, Erfahrung, Situation, Urteile, Glaubenssätze oder Meinungen beziehen. Die Evaluation soll Rechnung darüber ablegen, ob und wie weit die Aussagen und/oder andere Repräsentationen von Geltungsansprüchen (z. B. Bilder oder Statistiken) logisch und glaubwürdig sind. Bei der *Bewertung von Behauptungen* werden unter anderem relevante Faktoren zur Bewertung der Glaubwürdigkeit identifiziert, die kontextuelle Relevanz von Fragen, Informationen, Regeln usw. analysiert, Wahrscheinlichkeiten im Hinblick auf Gültigkeit eingeschätzt usw. *Argumente* hingegen werden mit den Denkstandards der deduktiven und induktiven Logik *bewertet*. Fehlschlüsse sollen so entdeckt werden. Außerdem sollen Überlegungen angestellt werden, welche weiteren Informationen die Argumentation stärken oder schwächen könnte (ebd., 1990, S. 8–9).

Fertigkeiten der **Schlussfolgerung** werden des Weiteren vorausgesetzt, um Elemente zu identifizieren und sicherzustellen, die dazu benötigt werden, wohlbegründete Konklusionen aufzustellen, Hypothesen und Vermutungen zu entwickeln, relevante Informationen zu betrachten und die daraus sich ergebenden Konsequenzen zu antizipieren, die sich aus Daten, Aussagen, Prinzipien, Evidenz, Urteilen, Konzepten und dergleichen ableiten lassen. Dafür gilt es, *Evidenz zu sichern*. Es müssen jene Prämissen ausgemacht werden, welche Unterstützung durch Belege benötigen und Strategien abgeleitet werden, wie diese Unterstützung durch Informationssammlung gewährleistet werden könnte. Außerdem sollen allgemein jene Informationen bewertet werden, die als zentraler Gradmesser für die Akzeptanz der Plausibilität von Behauptungen etc. herangezogen werden. Für dieses Vorhaben müssen Maßnahmen entwickelt werden, diese Informationen empirisch zu untersuchen. Des Weiteren müssen multiple *Alternativen* zur Lösung eines Problems entwickelt werden, deren Auswirkungen bei Umsetzung eingeschätzt und bewertet werden. Weiterhin sollen *Schlussfolgerungen gezogen werden*, wie diese Alternativen einzuschätzen sind, indem die zu Grunde liegenden Hypothesen getestet werden, indem Theorien aufgestellt werden usw. (ebd., 1990, S. 9).

Fertigkeiten des **Begründens** zielen darauf ab, um die Ergebnisse eigener Denkaktivitäten darstellen und rechtfertigen zu können im Hinblick auf konzeptuelle, methodologische, evidenz-bezogene oder kontextbezogene Erwägungen, auf die sich die erzielten Ergebnisse der Denkaktivitäten beziehen. Die Ergebnisse sollen des Weiteren als schlüssige *Argumente* sowohl mündlich als auch schriftlich *vorgebracht werden* können. Die *Resultate* müssen also zielgruppen- und kontextgerecht *aufbereitet* werden. Die Prinzipien des wissenschaftlichen Arbeitens wie Nachvollziehbarkeit und Transparenz müssen dabei gewahrt werden. Wichtig ist es dabei auch, sämtliche Denk- und Handlungsschritte zu begründen und das *Vorgehen* damit zu *rechtfertigen* (ebd., 1990, S. 10).

Selbstregulation meint Fertigkeiten der Metakognition wie Selbstüberwachung -steuerung und -korrektur des Denkens. Selbstgewissenhaft sollen eigene kognitive Aktivitäten überwacht und überprüft werden unter der Anwendung von Fertigkeiten der Analyse und Evaluation bei eigenen Schlussfolgerungen und Urteilen. Jene sollen dadurch hinterfragt, bestätigt, validiert und bei Unstimmigkeiten korrigiert werden. Die metakognitive Überwachung dient dabei eher zur Reflexion der eigenen Schlussfolgerungen, sowohl im Hinblick auf die erzielten Resultate als auch auf die dabei angewandten kognitiven Fertigkeiten während des Prozesses der Schlussfolgerung. Dabei gilt es auch durch Selbstreflexion den Grad herauszufinden, durch welchen das eigene Denken durch Defizite beeinträchtigt wurde oder ob eigene Vorurteile und Stereotypen Einfluss auf den Denkprozess geltend gemacht haben. Dafür müssen auch eigene Motive, Werte, Einstellungen und Interessen beleuchtet werden, um sicherzustellen, ob angestrebt wurde objektiv, fair, gründlich, rational, unparteiisch zu denken. Stellt sich heraus, dass das Denken in diesem Sinne mit Fehler behaftet ist und sich diese auch auf die erzielten Ergebnisse auswirken, so ist es Ziel der metakognitiven Korrektur, Maßnahmen zu planen, um die Ursachen der Fehler und die Fehler selbst zu beseitigen. Beispielsweise kann dies bedeuten, wissenschaftliche Arbeiten zu überarbeiten, wenn methodische Fehler ausgemacht wurden. Es stellt sich auch die Frage, ob diese Revision weitere Maßnahmen mit sich zieht, weil dadurch Ergebnisse sich ändern und Interpretationen ihre Gültigkeit verlieren könnten (ebd., 1990, S. 11).

Neben den Fertigkeiten wurden folgende Dispositionen durch die Delphi-Befragung bestimmt:

„*The ideal critical thinker is habitually inquisitive, well-informed, trustful of reason, open-minded, flexible, fairminded in evaluation, honest in facing personal biases, prudent in making judgments, willing to reconsider, clear about issues, orderly in complex matters, diligent in seeking relevant information, reasonable in the selection of criteria, focused in inquiry, and persistent in seeking results which are as precise as the subject and the circumstances of inquiry permit*" (Facione, 1990, S. 2).

An diesem Verständnis zeigt sich wieder der Dreiklang zwischen kognitiven Fertigkeiten, der Rolle der Metakognition und den Dispositionen kritischen Denkens. In der Delphibefragung wurde auch die entsprechende Didaktik kritischen Denkens erhoben und dargestellt, die an den formulierten Fertigkeiten und -teilfertigkeiten anknüpft, um diese explizit anhand verschiedener Inhalte und in verschiedenen Kontexten zu fördern.

1.1.3.2.2 Ein Konzept kritischen Denkens nach Ennis (1987)

Um den enormen Einfluss der Kognitionswissenschaft auf die Konzeptualisierung kritischen Denkens zu verdeutlichen, wird an dieser Stelle ein Anforderungsprofil kritischen Denkens nach Ennis vorgestellt. Ennis, ein Vertreter des von der Logik beeinflussten Verständnisses kritischen Denkens, formulierte in den 1960er Jahren noch, dass kritisches Denken nichts weiter sei als die Analyse von Aussagen anhand der Denkstandards der Logik (Ennis, 1961; zitiert nach Resch, 2008, S. 32). Er präsentierte jedoch im Zuge der kognitiven Wende eine neue Definition: „*Critical Thinking is reasonable, reflective thinking that is focused on what to believe or do.*" (Ennis, 1985; zitiert nach Patrick, 1986). Ennis bleibt seiner Tradition der Argumentanalyse und Logik treu im ersten Teil der Definition, jedoch erfährt sein Konzept nun eine entscheidende Erweiterung, nämlich das Treffen von Entscheidungen, was eine Öffnung hin zu der Interpretation kritischen Denkens in der Psychologie bedeutet. Im Jahr 1987 stellte er jedoch ein modifiziertes und erweitertes Modell kritischen Denkens vor, das zwar einen klaren Schwerpunkt weiterhin bei Inhalten der Logik legt, aber stark von den Ergebnissen der Kognitionswissenschaft konzeptuel beeinflusst ist. Dies zeigt sich durch die Einteilung kritischen Denkens in Fähigkeiten und Dispositionen, der Betonung „metakognitiver" Fähigkeiten oder der Auflistung jener Fertigkeiten des wissenschaftlichen Arbeitens, wie z. B. Hypothesen formulieren und überprüfen können.

Sein Curriculum der Dispositionen und Fähigkeiten wurde entwickelt, um Tätigkeiten kritischen Denkens detailliert zu verdeutlichen. Auf dieser Grundlage, so seine Intention, können Mess- und Förderinstrumente konstruiert werden, da durch die exakte Beschreibung der Denktätigkeiten die einzelnen Kompetenzen beobachtbar werden. Vor allem strebt Ennis durch sein Konzept eine didaktische Grundlage für Kurse in Bildungseinrichtungen an, in denen jeweils die einzelnen Fähigkeiten durch das Üben von Fertigkeiten gefördert werden sollen.

Ennis setzt in seinem komplexen Kompetenzprofil für kritisches Denken einen klaren Schwerpunkt bei den Fähigkeiten als Fördergröße. Er führt mehrere Dutzend Fähigkeiten kritischen Denkens auf, die er in verschiedene Kategorien einteilt (Ennis, 2000):

Kritische Denker müssen gemäß Ennis Fähigkeiten für die Klärung von Annahmen zeigen können, was beispielsweise deren Analyse und das Stellen von klärenden und weiterführenden Fragen beinhaltet. Dazu müssen die Konzentration auf eine Fragestellung gelenkt, Argumente analysiert und ergründende Fragen gestellt werden. Ennis subsumiert diese Prozesse unter dem Begriff der „grundlegenden Klärung" („Elementary Clarification").

Außerdem benötigen kritische Denker nach Ennis Strategien, um basierend auf der Klärung der Annahmen logische Urteile bilden zu können („Basis for decision-making"). Hierbei seien die Fähigkeiten genannt, um Quellen anhand von wissenschaftlichen Kriterien im Hinblick auf ihre Glaubwürdigkeit beurteilen zu können. Eine weitere Fertigkeit kritischen Denkens, die als Basis für das Treffen von Entscheidungen benötigt wird, ist das Heranziehen weiterer Ressourcen zur Untermauerung oder Widerlegung von bestehenden Argumenten. Dazu zählt auch, Beobachtungen systematisch durchzuführen oder gemachte Beobachtungen zu beurteilen. Die Intention dieser beschriebenen Fertigkeiten liegt in der Prüfung der Glaubwürdigkeit von Informationen als Grundlage für zu treffende Entscheidungen.

In einem weiteren Schritt müssen Individuen beim kritischen Denken auf logische Folgerungsfähigkeiten zurückgreifen können, um eigene Urteile deduktiv abzuleiten oder deduktive Urteile auf die Wahrung der Form zu überprüfen (Stichwort „Fallazien") oder Behauptungen von Argumenten zu unterscheiden usw. Außerdem ist es eine weitere Fertigkeit kritischen Denkens, Hypothesen zu bilden und diese in geeigneten Untersuchungen zu überprüfen. Auch die Bewertung von Werturteilen oder auch die Fähigkeit, eigene Werturteile fundiert darlegen zu können, gehören bei Ennis zum Anforderungsprofil für einen kritischen Denker dazu. Diese Fähigkeiten subsumiert Ennis unter den Bereich der Schlussfolgerungsfähigkeiten („Inference").

Die Fähigkeiten der fortgeschrittenen Klärung beinhalten Handlungen wie etwa Definitionen von Begriffen zu beurteilen oder Annahmen aus einem Kontext heraus zu identifizieren („Advanced Clarification"). Dazu gehören auch noch viele weitere Fähigkeiten, wie das eigene voreilige Urteilen auszusetzen („suppositional thinking") oder eine Art Perspektivenerweiterung zu realisieren, bei der alle relevanten Annahmen und die damit verbundenen Paradigmen beleuchtet werden. Des Weiteren müssen kritische Denker in der Lage sein, ihre Handlungen zu planen und festzulegen und in Interaktion mit anderen zu treten, was Ennis in der Rubrik der Taktiken und Strategien veranschaulicht. All die bisher genannten Fähigkeiten, die in Handlungen beobachtbar werden, sieht er als unabdingbar für kritisches Denken.

Die bis hier aufgezeigten Beispiele gehören laut Ennis zu den Grundbereichen der Fähigkeiten für kritisches Denken, die er als Minimalanforderung definiert (1987, S. 16). Hinzu nimmt er noch weitere hilfreiche, aber nicht notwendige Fähigkeiten: sogenannte konstitutive Fähigkeiten, die metakognitive Fähigkeiten bei Problemlöseprozessen oder aber auch rhetorische Fähigkeiten beinhalten.

Neben den Fähigkeiten listet Ennis auch etliche Dispositionen in Form von Handlungsempfehlungen auf, die wiedergeben, welche Eigenschaften einen kritischen Denker auszeichnen (siehe Abbildung 9).

Dispositions
1. Seek a clear statement of the thesis or question
2. Seek reasons
3. Try to be well informed
4. Use and mention credible sources
5. Take into account the total situation
6. Try to remain relevant to the main point
7. Keep in mind the original and (or basic) concern
8. Look for alternatives
9. Be open-minded a) Consider seriously other points of view than one's own (dialogical thinking) b) Reason from premise with which one disagrees – without letting the disagreement interfere with one's own reasoning (suppositional thinking) c) Withhold judgment when the evidence and reasons are insufficient
10.Take a position (and a change position) when the evidence and reasons are sufficient to do so
11.Seek as much precision as the subject permits
12.Deal in an orderly manner with the parts of a complex whole
13.Use one's critical thinking abilities
14.Be sensitive to the feelings, level of knowledge, and a degree of sophistication of others

Abbildung 9: Dispositionen für kritisches Denken (Ennis, 1987, S. 12)

1.1.3.3 Denkstandards in der Psychologie

1.1.3.3.1 Maßstäbe der Logik und Wissenschaft

Ein Großteil der bestehenden Denkstandards der formellen und informellen Logik wurde in dem Konzept kritischen Denkens der Kognitionswissenschaft aufgegriffen und integriert. In den kognitiven Prozessen kritischen Denkens sollen beispielsweise anhand von rationalen Kriterien deduktive und induktive Argumente bewertet oder konstruiert werden, z. B. wenn Entscheidungen getroffen oder Urteile entwickelt werden sollen. Kritisches Denken im Kontext der Psychologie ist aber nicht nur „logisch", sondern auch „szientistisch". Neben Denkstandards der Logik wurden auch Methoden der Wissenschaft und deren Maßstäbe als Werkzeuge der Erkenntniserlangung in den Denkstil eingeflochten und damit einhergehende Prozesse beschrieben (siehe z. B. Clarke und Biddle, 1993; zitiert nach Astleitner, 1998, S. 24–25). Kritisches Denken ist demnach ein induktiver und deduktiver Prozess der Erkenntnisgewinnung bzw. Problemlösung, in dem Informationen über die Welt gesammelt und nach einer Datenanalyse zu Theorien verdichtet werden. Die hierbei gewonnenen abstrakten Aussagen über die Welt sind wiederum Ausgangslage für die Handlungen des Individuums, wobei sie empirisch an der Praxis überprüft, also angepasst bzw. bestätigt oder verworfen werden, je nachdem wie das Umfeld auf das Vorgehen des Individuums reagiert. Dies setzt eine erneute relevante Datengenerierung voraus. So bedeutet kritischen Denken beispielsweise auch, wohlbegründete Hypothesen zu formulieren, diese durch quantitative wissenschaftliche Methoden zu überprüfen, Informationen zu Sammeln und zu Ordnen, die gewonnenen Resultate im Lichte der Rationalität wissenschaftlicher und logischer Kriterien bezüglich ihrer Erkenntniskraft zu reflektieren, Theorien zu entwickeln usw. Probleme sollen wissenschaftlich und logisch gelöst, Konzepte und Theorien erkannt, evaluiert, angewendet oder wissenschaftlich entwickelt werden (Halonen, 2008, S. 65). Daher bedeutet kritisches Denken im Kontext der Psychologie vor allem auch, geeignete Forschungsdesigns entwickeln zu können und Ergebnisse anhand statistischer Analyse auswerten zu können. Dies setzt hohes Methodenwissen voraus. Weiterhin wird deutlich, dass das Konzept Implikationen nicht für das Denken allein, sondern auch für das Handeln aufweist. Kritisches Denken geht mit zielgerichteten Handlungen, wie z. B. die Sichtung von Literatur oder das Überprüfen von Hypothesen einher. Die hier angestellten Ergebnisse sind wiederum Gegenstand weiterer kritischer Denkaktivitäten.

1.1.3.3.2 Das Konzept der Multiperspektivität

Neben den Maßstäben der Logik und jenen der Wissenschaft wurde für den Kontext der Praxis der Psychologie das Konzept kritisches Denken durch eine weitere Dimension erweitert. Die Rede ist von der Perspektivenübernahme, also der Fähigkeit, sich empathisch in andere Personen wie z. B. einen Klienten hineinzuversetzen, einen Sachverhalt aus seiner Warte aus zu betrachten, seine Argumentation zu verinnerlichen, seine Sichtweise zu verstehen. Herausgelöst aus diesem psychologischen Kontext meint dies, einen Sachverhalt aus verschiedensten Perspektiven betrachten zu können, den eigenen Blick zu „verrücken" und sich auf die Anschauungen anderer einzulassen. Ennis nennt diese Dimension kritischen Denkens „dialogisches Denken" (Ennis, 1987, S. 12).[11] In der Psychologie werden hingegen dafür Begriffe wie „Multiple Perspectives" (Carroll, Keniston und Peden, 2008, S. 106) oder „Perspective Taking" (Halonen, 2008, S. 65) verwendet.

1.1.3.3.3 Das Konzept der Annahmen in der Psychologie

Generell lässt sich feststellen, dass Fertigkeiten der Identifikation, Analyse und Evaluation eine tragende Rolle in den Denkprozessen spielen. Bei deren Anwendung werden Annahmen aus verschiedenen Blickwinkeln analysiert und evaluiert. Wie bereits bei der Tradition der Logik dargelegt, werden sie auf ihre Richtigkeit hin untersucht. Im Kontext der Perspektivenübernahme dient das Konzept der Annahmen auch dazu, Beweggründe, Absichten, Anschauungen oder Werte anderer Personen ausfindig zu machen und die Denkmuster anderer Personen zu identifizieren. Annahmen werden auch innerhalb der wissenschaftlichen Dimension kritischen Denkens getroffen und anhand wissenschaftlicher Kriterien bewertet, sei es bei der Wahl der methodischen Vorgehensweise oder bei der Interpretation von Ergebnissen. Das Konzept der Annahmen wird in der Psychologie dahingehend betrachtet, wie sich getroffene Annahmen auf die Kognition, das Handeln als auch das Wahrnehmen auswirken. Unter einer psychologischen Perspektive sind Annahmen als von Individuen für gegeben erachtete Vorstellungen und Überzeugungen über die Welt und über den Denkenden als Teil der Welt zu verstehen, sozusagen scheinbare Selbstverständlichkeiten, die als erwiesen angesehen und deshalb oftmals nicht hinterfragt werden. Aufgrund von Annahmen treffen Individuen Entscheidungen, legen sich Erklärungen zurecht oder fällen Urteile, wobei sich Annahmen im Laufe des Lebens durch gemachte Erfahrungen ändern können (Miller und Babcock, 2000, S. 122). Danny Weil veranschaulicht diese Funktion von Annahmen durch eine Metapher:

---

11 Siehe hierzu unter den aufgeführten Dispositionen seines Modells Nummer 9 c – „Consider seriously other points of view than one's own" – Abbildung 9.

"Assumptions are the beliefs we have – the ideas we have taken for granted – about ourselves, people, and the world around us. Assumptions are those things we think we know, and so we rarely question them. (...) Just like a fish that may take the water they swim in for granted, we as humans often have difficulty seeing our own assumptions and how they operate to form our judgments on personal and social issues" (Weil, 2004a, S. 63).

In der psychologischen und pädagogischen Literatur zu kritischem Denken sind verschiedene Typologien von Annahmen zu finden. Die gängigste Unterscheidung wird in folgender Unterteilung vorgenommen (Browne & Keeley, 1986, S. 65–70):

Deskriptive Annahmen beschreiben unartikulierte Überzeugungen über die Welt, wie sie für den jeweiligen Menschen ist oder sein wird. Brookfield spricht in diesem Zusammenhang von *paradigmatischen Annahmen*. Diese sind am schwersten durch Reflexion zu erkennen, da sie Wahrheiten in sich selbst für den Menschen darstellen, also Grundsätze von allgemeiner Geltung sind, nach denen die Welt in fundamentale Kategorien eingeteilt wird (1995, S. 3). Da diese Annahmen als selbstverständlich und gegeben angenommen werden, ist es sehr schwer, diese zu identifizieren und zu analysieren. Paradigmatische Annahmen sind dem menschlichen Denken immanente, gleichwohl durch Sozialisation übernommene „Wahrheiten", durch die die bestehende Gesellschaftsordnung, wie etwa der Kapitalismus, gestaltet und reproduziert wird.

Wertebezogene (präskriptive) Annahmen geben vor, wie die Welt nach individueller Sicht normativ ausgerichtet sein sollte. Diese normativen Annahmen beinhalten zum Beispiel, wie Menschen sich betragen sollten, welche Erwartungen sie sich gegenüber haben oder wie sie miteinander umgehen sollten. Repräsentieren die deskriptiven Annahmen die Ist-Perspektive, so stellen die präskriptiven Annahmen die Sollen-Seite menschlichen Denkens dar. Brookfield weist darauf hin, dass die deskriptiven Annahmen eng mit den paradigmatischen Annahmen verwurzelt sind und auf diese aufbauen, da das Sollende aus dem Bild des Seienden erwächst. Präskriptive Annahmen sind sozusagen nur eine Art Erweiterung der paradigmatischen Perspektive (1995, S. 3). Beide Arten von Annahmen können durch Freuds Drei-Instanzen-Modell der Metapsychologie (1923) beschrieben werden, anhand des Über-Ichs, dem Teil menschlicher Identität, in dem verinnerlichte Wertvorstellungen und Normen der kulturellen Umgebung und der damit verbundenen Sozialisation des Menschen verankert sind. Beginnt ein Mensch zu denken, so geschieht dies immer unter Einfluss der Wertvorstellungen des Über-Ichs, die zwar durch die Sozialisation des Menschen bedingt sind, aber als eigene und private Wahrheit unreflektiert wahrgenommen werden.

Des Weiteren führt Brookfield *kausale Annahmen* auf. Diese helfen dem menschlichen Denken zu verstehen, wie die Welt durch Ursache-Wirkung-Beziehungen funktioniert. Sie spiegeln angenommene Kausalitäten wider, die für das Bestehen im täglichen Leben große Relevanz besitzen und gedanklich leichter erfasst und überprüft werden können. Aber auch jene kausalen Annahmen sind tief verwurzelt mit paradigmatischen Einstellungen: dem Verständnis, wie die Welt funktioniert.

Unter weiteren verbreiteten Kategorisierungen von Annahmen finden sich auch noch *definitorische* (Browne & Keeley, 1986, S. 65–70; Miller und Babcock, 2000, S. 124–125) und *kontextuelle* Annahmen

(Miller & Babcock, 2000, S. 124-25). *Definitorische Annahmen* sind eng mit dem jeweils verwendeten Sprachgebrauch der Individuen verwoben. Die Art und Weise, wie man ein Problem betrachtet oder darüber nachdenkt, hängt also auch stark von dem Verständnis der Schlüsselbegriffe ab, die mit der Problematik zusammenhängen. Kritische Denker hinterfragen und klären die Bedeutung von Begriffen, sind sich mehrerer Auslegungen bewusst und wissen, dass durch Sprache auch Ideologie transportiert wird. Durch einschränkende Definition von bestimmten Begriffen können beispielsweise deren transzendierende Ideen diffamiert und beraubt werden.

Kontextuelle Annahmen hingegen beziehen sich auf die jeweilig vorliegende Umgebung und die Gesamtsituation, von der ausgegangen wird (Miller & Babcock, 2000, S. 125). Sie hängen eng mit Brookfields Gruppe der kausalen Annahmen zusammen.

Annahmen bestimmen das Denken und Handeln von Individuen. Sie messen dem, was Individuen repräsentieren, Bedeutung bei. Brookfield ist der Meinung, dass das menschliche Bewusstsein auf Annahmen fußt und Menschen sozusagen „personifizierte" Annahmen sind:

„In many ways people are their assumptions. So much of one thinks, says, and does is based on assumptions about how the world should work, and what counts as appropriate, moral action within it "(Brookfield, 2003, S. 144).

Beschaffenheit und Wirkweisen von Annahmen können im Ergebnis wie folgt zusammengefasst werden:

Abbildung 10: Eigenschaften von Annahmen, angelehnt an Keeley und Browne (1986, S. 53)

Im nächsten Abschnitt wird gezeigt, wie Annahmen in Form von Alltagstheorien zu unkritischen Denk- und Handlungsweisen führen und kritisches Denken hemmen können.

1.1.3.4 Hemmnisse kritischen Denkens im Lichte der Psychologie

In der Psychologie lassen sich viele Theorien, Konzepte und Modelle ausfindig machen, die beschreiben und erklären, warum Menschen irrational denken und handeln und was diese Irrationalität bedingt. Im Folgenden werden einige der wichtigsten und populärsten Erklärungsansätze aufgeführt, die auch vielfältig von Autoren aus dem Bereich kritischen Denkens aufgegriffen werden. Vor allem werden Ansätze aus der Entwicklungs- und der Sozialpsychologie berücksichtigt.

1.1.3.4.1 Die epistemische Entwicklung von Menschen

Einige genetisch bedingte Eigenschaften, die der Mensch im Laufe der Evolution zum Überleben ausgeprägt hat, erschweren neben biologischen Faktoren, wie etwa kognitiven Restriktionen, kritisches Denken. Für viele Menschen ist es von alleine kaum möglich, sich egozentrische, affektiv beeinflusste Annahmen, die egozentrische Verwendung und Interpretation von Informationen, die Herkunft von egozentrischen Ideen und auch nicht die Konsequenzen dieser ichbezogenen Denkansätze bewusst zu machen (Paul und Elder, 2003, S. 5). Ein angeborener Egoismus, ein ausgeprägtes Forderungsdenken, inhärente Selbstrechtfertigung und Selbstsucht erschweren es in hohem Maße, das Denken an kritischen Normen auszurichten. Egozentrisches Denken ist stark ichbezogen, stützt sich auf Vermutungen, läuft oberflächlich unter Vernachlässigung des jeweiligen Kontextes oder weiterer Perspektiven ab und ist nicht darauf ausgerichtet, Annahmen zu hinterfragen und zu reflektieren (Paul, 1993, S. 136). Denkstandards kritischen Denkens werden entweder nicht berücksichtigt oder strategisch zur Erreichung eigener Interessen eingesetzt. Menschlicher Egozentrismus, so wurde im Kapitel zur Tradition der Logik gezeigt, kann zu irrationalen Denk- und Handlungsweisen führen und dabei kritisches Denken in Fesseln legen. Der menschliche Egozentrismus korreliert positiv mit der moralischen und epistemologischen Entwicklung von Menschen. Epistemologisch und moralisch unreife Individuen neigen verstärkt zu egozentrischem und eindimensionalem, absolutistischem Denken. Kritisches Denken hingegen kann erst dann stattfinden, wenn eine bestimmte kognitive und ethische Reife in der Entwicklung eines Menschen stattgefunden hat (Meyers, 1986, S. 95–99; Moon, 2008, S. 101–112). Meyers vertritt die Ansicht, dass kritisches Denken erst dann möglich wird, wenn der Mensch einen gewissen Grad an Relativismus und Pluralismus akzeptiert. Erst wenn der Mensch erkennt, dass Wissen über Sachverhalte bedingt ist, beispielsweise durch den jeweiligen Kontext oder durch die jeweilige Denktradition und deren Maßstäbe, wird der Boden für kritisches Denken bereitet. Genau an dieser Offenheit gegenüber der Beschaffenheit und Pluralität von Wissen mangelt es aber vielen Menschen, so Meyers (1986, S. 26).). Die epistemische Entwicklung hängt mit der intellektuellen und ethischen Entwicklung der Individuen zusammen, die wiederum mit dem Alter, den gemachten Erfahrungen, der Bildung der Personen usw. individuell zusammenspielt. Entwicklungen finden hier ganz unterschiedlich statt. Generell lässt sich sagen, dass gerade jüngere Menschen bis Anfang 20, also von der Adoleszenz bis weit in das frühe Erwachsenenalter hinein, besondere Barrieren gegenüber kritischem Denken aufweisen, da sie nicht über entsprechendes Wissen über Werte, gemachte Erfahrungen usw. verfügen und entwicklungsbedingt eine naive, egozentrische, eindimensionale, auf ihre individuellen Erfahrungen und Handlungen begründete Weltanschauung zeigen (Meyers, 1986, S. 26). Die epistemologische Überzeugung und kognitive Entwicklung von Menschen ist durch verschiedene Entwicklungsstufen gekennzeichnet, die mehrfach durch verschiedene empirische Modelle ähnlich beschrieben worden sind. Epistemologische Überzeugungen betreffen Annahmen über die Frage, was Wissen konstituiert, wie es zu bewerten ist, welche Erkenntnisprozesse dahinter stehen usw. Prominente Arbeiten zur epistemologischen Entwicklung stammen von Perry (1970) und Magolda (1992). Zu nennen ist hier auch das in der Literatur zu kritischem Denken häufig beachtete Stufenmodell von King und Kitchner (1994). Diese Modelle berufen sich auf empirische Erhebungen aus der höheren Schulbildung. Sie zeigen, dass Schüler verschiedene epistemologische Entwicklungsstufen korrelierend mit ihrem Alter durchlaufen und sich diese massiv auf das Lernen und die Weltanschauung der Lerner auswirken. Die erste Stufe ist in den meisten Modellen dadurch gekennzeichnet, dass Lerner sich in einem Zustand der kognitiven Simplizität befinden und Wissen als absolut betrachtet wird, welches durch direkte Beobachtung erhoben werden kann. Dadurch lässt sich die Welt sozusagen in Schwarz und Weiß, Richtig und Falsch oder Gut und Böse einteilen, wobei die Welt vollständig erklärt werden kann. Das Denken ist absolutistisch, dualistisch und egozentrisch gefärbt. In dieser Welt des Absoluten existiert für jede Frage die richtige Antwort (Wilbers, 2010a, S. 223). Die nächste Entwicklungsstufe ist durch blindes Vertrauen in Autoritäten gekennzeichnet. Hat der junge Mensch die Erkenntnis erlangt, nicht alle Fragen hinreichend selbst durch Beobachtung beantworten zu können, so glaubt er nun aber zumindest an Autoritäten wie Wissenschaftler oder Lehrkräfte, die diese Antworten eindeutig liefern können. Diese Antworten gilt es zu absorbieren, zu übernehmen, um die Welt vollständig erklären zu können.

In späteren Entwicklungsstufen haben Lerner erkannt, dass Wissen aus einem spezifischen Hintergrund heraus zu sehen ist, sozial ausgehandelt wird und kontextbedingt ist, wobei auch hier mehrere Teilstufen in der Entwicklung durchlaufen werden. Anfangs nehmen die Individuen die nun „bunt" gewordene Welt mit ihren Autoritäten und einer Vielzahl an Antworten auf eine Frage als beliebig war. Die Erkenntnis, dass es keine universellen Antworten gibt, mündet in dem Glauben an eine überhöhte Beliebigkeit von Wissen, in einem radikalen Relativismus. Wahrheit wird dabei als rein subjektiv empfunden. Empirisch valide Daten werden dabei als genauso beliebig in ihrer Aussagekraft wie die bloße Meinung von Laien gewertet. Petri (2003, S. 249) konnte beispielsweise in einer Befragung von 200 Jugendlichen im Alter von etwa 17 Jahren an höheren Schulen in Österreich zeigen, dass 33 % der befragten Schüler Wahrheit" als rein subjektiv und 22 % als etwas Veränderliches einstufen. Die Schüler waren des Weiteren überzeugt davon, dass kein Unterschied zwischen bloßer Meinung und Wahrheit besteht. Er schätzt diese Einstellung im gesellschaftlich-politischen Bereich als höchst gefährlich ein, weil Jugendliche beispielsweise durch die Verabsolutierung von subjektiven Meinungen anfällig für interessenbedingtes, den eigenen Vorteil suchendes und ideologisches Denken werden.

Im weiteren Entwicklungsverlauf erkennen Lernende aber, dass Fragestellungen und deren Antworten einen spezifischen Hintergrund haben, den es zu berücksichtigen gilt. Antworten auf Fragen stellen sich als nicht einfach nur falsch, wahr oder beliebig dar, sondern sind immer in ihrem spezifischen Kontext zu betrachten (Wilbers, 2010a, S. 223). Reichweite und Grenzen von Wissen und Erkenntnis werden dem Individuum nun klar. Der überhöhte Relativismus wird durch einen Pluralismus im Hinblick auf Wahrheit ersetzt. Rationalität gewinnt an Bedeutung für die Beurteilung von Fragen. Individuen untersuchen nun ihre eigenen Annahmen kritisch und stufen diese bei hinreichender Evidenz als nur vorläufig richtig ein. Dadurch kultivieren sie die Offenheit ihres eigenen Wissens, indem sie bestehende Annahmen bei gegebenem Anlass durch neue und bessere Argumente revidieren etc. (King und Kitchner, 1994, S. 44–74). Dabei können die Lerner zu verschiedenen Inhalten und Fächern auf verschiedenen Stufen stehen und auch innerhalb eines Faches zwischen den Stufen wechseln.

Ohne die beschriebene benötigte Haltung, die sich aus dem Wissen über das Wissen ergibt, ist kritisches Denken nicht möglich. Kritisches Denken braucht genau diese Offenheit für die Überwindung der eigenen, egozentrischen Einstellungen, eine selbstkritische Haltung gegenüber eigenen und fremden Annahmen, ein reifes Verständnis von Wissen und die Bereitschaft, eigene Annahmen gegebenenfalls wieder zu revidieren, wenn bessere Argumente gefunden werden.

1.1.3.4.2 Präkonzepte, Schemata und der Einfluss von Emotionen

Individuen können erst hinreichend kritisch denken, wenn sie in der Lage sind, von ihrer eigenen Welt mit ihren damit einhergehenden Überzeugungen, Glaubenssätzen und Emotionen zumindest temporär Abstand zu nehmen, um alternative Sichtweisen zu erkunden. Trotz einer gewissen epistemologischen und moralischen Reife stellen Individuen in bestimmten Bereichen Schlussfolgerungen an, ohne sich eine breite und solide Informationsgrundlage verschafft zu haben oder führen auf gleiche Weise Interpretationen durch, ohne deren epistemische Grenzen zu reflektieren. Ergebnisse der Denkaktivitäten sind dann verfälschte, eindimensionale, inadäquate Abbilder von betrachteten Realitätsausschnitten, die jedoch aufgrund des angestellten oberflächlichen Erkenntnisprozesses als erwiesen, logisch oder korrekt angesehen werden. Petri spricht in diesem Zusammenhang von „Pseudoevidenzen" (2003, S. 18). „Pseudoevidenzen" oder auch „Präkonzepte" stellen eine Form von nicht verifizierten Hypothesen (Annahmen als Alltagstheorien) dar, die vom Betroffenen nicht als Vermutung, sondern vielmehr als schlüssiges, erwiesenes und vermeintlich richtiges Konzept aufgefasst werden, ohne jemals von der Person tiefergehend überprüft worden zu sein.[12]

Alltagserfahrungen und Wahrnehmungen können zu subjektiven Schlussfolgerungen führen, die aber als „universelle Wahrheit" gedeutet werden. Innere Abbilder der Realität entstehen durch Interpretation des (bewusst) Wahrgenommenen. Diese Interpretationen wiederum wirken wie eine Art „Wahrnehmungsfilter". Subjektive Interpretationsmuster und Wahrnehmungsfilter sind bei fehlender Unvoreingenommenheit wie auch bei mangelnder Berücksichtigung von relevanten Einzelheiten und alternativen Perspektiven ein weiterer Grund dafür, warum kritisches Denken nicht stattfinden kann. Der verschwommene Blick durch diese Brille der im Gehirn gespeicherten „Schemata" kann zu Einseitigkeiten, zu Unvollständigkeiten, Verzerrungen der Realität und somit auch zu Stereotypen führen (Petri, 1998, S. 30). Schemata sind in keiner Weise Faksimiles der Realität, sondern eine Vereinfachung und Modifizierung derer, wobei sie durch die Aufmerksamkeit steuernde Interessen bedingt werden (Petri, 1998, S. 30). Der Psychologe Jürg Willi bezeichnet Schemata als „*Muster oder Schablonen, durch die wir unsere Welt wahrnehmen und ordnen*" (Willi, 2005, S. 73). Laut Aronson, Wilson und Akert sind Schemata „*mentale Strukturen, die unser Wissen über die soziale Welt ordnen*" (2008, S. 58). Informationen, die wir durch Sinnesorgane wahrnehmen, werden durch diese mentalen Strukturen bei der Aufnahme, Verarbeitung und Speicherung beeinflusst (ebd., S. 58). Schemata benötigt der Mensch als Gedächtnisstütze, als Orientierungshilfe, um in neuen Situationen handlungsfähig zu bleiben, um die Gedächtnisleistung für unvorhergesehene Dinge frei zu halten, als Informationsreduktionsmechanismus usw. Des Weiteren werden Schemata stark von der

---

[12] Ein Beispiel aus dem Physikunterricht: „*Viele Schüler sind der Ansicht, dass Energie ein Industrieprodukt ist, das erzeugt werden kann, oder das Energie Treibstoff ist. Ist der Tank des Autos leer, so wurde die gesamte Energie verbraucht, wohin sich diese verbrauchte Energie begibt, interessiert die Schüler nicht. Die Fehlvorstellung ist also, dass Energie in der Sicht des Schülers nicht von einer Energieform in die andere umgewandelt wird, sondern dass die Energie verbraucht wird*" (Thurn & Weber, 2005).

Sozialisation und Kultur, in der Menschen leben, geprägt. Dabei werden sie aufgrund von laufenden Ereignissen gebildet: Individuen erkennen nach und nach in erlebten Ereignissen bestimmte Wiederholungen, die sie im Laufe der Zeit zu Mustern abstrahieren. Diese in den Ereignissen als Wiederholungen wahrgenommenen Muster manifestieren sich für die Person ab einem bestimmten Zeitpunkt zum Gewohnten, zur unterbewussten und bewussten Wahrnehmungserwartung, die der Realität Ordnung und Struktur verleiht (Willi, 2005, S. 73). Das im Gehirn verankerte Schemata-Netzwerk dient als Erwartungs- und Interpretationssystem zu Ursache und Wirkungsbeziehungen, Rollenbildern, sozialen Aktionen, dem Selbst, Werten oder Verbindungen von Gefühlen und Handlungen (Mezirow, 1985, S. 22). Der Rückgriff des Gehirns darauf geschieht dabei unbewusst. Deshalb kann man bei der Anwendung von Schemata auch vom „automatischen Denken" sprechen (Aronson et al., 2008, S. 70). Einige der Schemata stehen menschlicher Wahrnehmung sehr nahe, wie beispielsweise materielle Objekte (Haus, Auto etc.). Andere sind komplexere schematische Abbilder der Realität (Begriffe, Prozesse oder Konzepte), wie etwa „Wirtschaftspädagogik" oder das Entstehen einer Rezession. Komplexe Sachverhalte und abstrakte Konzepte entziehen sich größtenteils der direkten Wahrnehmung, was zu einer stark unvollständigen oder verzerrten Verankerung dieser Abbilder der Realität im Bewusstsein führen kann. Die geprägten Schemata sind des Weiteren sehr änderungsresistent und unterliegen dem sogenannten Perseveranzeffekt. Dieser besagt, „dass Überzeugungen über sich selbst und über die soziale Welt fortbestehen, selbst wenn die Grundlagen für diese Annahmen widerlegt worden sind" (Aronson et al., 2008, S. 65).

Durch das Ausprägen von Schemata zu bestimmten Sachverhalten können folglich auch Vorurteile entstehen, die Denken und Handeln beeinflussen und zu irrationalen Entscheidungen oder Ansichten führen können. Beispiele für die schädlichen Wirkweisen von Schemata lassen sich in vielen Bereichen, auch in der pädagogischen Lehrpraxis finden. Aus der 2009 veröffentlichten „Kevin"-Studie geht hervor, dass 94 Prozent der befragten Grundschullehrer Vorurteile gegenüber Schülern aufgrund deren Vornamen haben. Namen wie Kevin stehen beispielsweise für Verhaltensauffälligkeit und Leistungsschwäche, Maximilian und Marie hingegen sind eher mit schulischen Tugenden in den Köpfen der Lehrer behaftet (Trenkamp, 2009). Dieser Zusammenhang könne zu bewusstem und auch unbewusstem unfairen Verhalten gegenüber den Schülern führen, da ihnen nicht viel zugetraut wird oder Verstöße gegen Regeln z. B. härter geahndet werden. Allein der Name eines Schülers kann also dazu beitragen, wie er von den Lehrkräften behandelt wird. Für ein weiteres und bekanntes Beispiel in diesem Zusammenhang sei hier auf den Rosenthal- oder Pygmalion-Effekt[13] verwiesen.

---

13 Der Rosenthal-Effekt bezeichnet das Resultat eines Versuchsleiter-Versuchspersonen-Verhältnisses, insbesondere des Lehrer-Schüler-Verhältnisses; man spricht hierbei auch vom Versuchsleitererwartungseffekt. Dem Effekt nach sollen positive Erwartungen, Einstellungen oder Überzeugungen des Versuchsleiters zu einer „selbsterfüllenden Prophezeiung" führen, da er Personen, abhängig von seinen Erwartungen, verschiedenartig behandelt, was ihm aber nicht bewusst wird. Der Effekt positiver Erwartungen konnte von Rosenthal erstmals in Experimenten zu Leistungen bei Intelligenz-Tests gezeigt werden. Durch die Rückmeldung der Forscher, bestimmte Schüler würden sich fabelhaft entwickeln, gingen Lehrkräfte unbewusst mit den Schülern anders um: Sie ließen die von den Forschern zufällig ausgewählten „Aufblüher" mehr persönliche Aufmerksamkeit zukommen, versorgten sie mit schwierigerem Lernmaterial, ließen sie verstärkt im Unterricht zu Wort kommen, räumten mehr Zeit für Antworten ein usw. Der Rosenthal-Effekt konnten in etlichen weiteren Studien im Bereich der Pädagogik belegt werden (Aronson et al., 2008, S. 68).

Darüber hinaus gilt es anzumerken, dass die menschliche Interpretation auch durch die bestehende emotionale Gefühlslage, in Bezug auf die zu untersuchende Wirklichkeit, beeinflusst wird. Dabei wird das eigene emotionale Empfinden gegenüber dem Sachverhalt zur Grundlage der Bewertung. Gefühle werden innerlich abgefragt, die dann das Fällen eines Urteils bedingen. Hänze (1998, S. 47) spricht in diesem Zusammenhang von „Gefühlsheuristiken". Kassner weist darauf hin, dass die Emotionen den kognitiven Funktionen dienen, *„indem sie beeinflussen, wen oder was wir von uns selbst und anderen wahrnehmen und wie die verschiedenen Merkmale von Lebenssituationen interpretiert werden"* (2008, S. 21). Emotionen können also dazu führen, dass in Denkprozessen das gründliche Sammeln und Prüfen von Evidenz durch Logik, Perspektivenübernahme etc. verhindert, verzerrt oder erschwert und dadurch weitere Nachforschungen verhindert werden (Hunter, 2009, S. 234). Emotionen stehen dem kritischem Denken im Weg, wenn sich Individuen zu sehr mit eigenen Annahmen und der Art und Weise, wie sie kritisch denken, identifizieren. Sie sind dann unter anderem nicht mehr in der Lage, in Diskussionen sachlich und (sich selbst gegenüber) kritisch zu bleiben, wenn ihre Annahmen kritisiert oder von ihrer Perspektive abweichende Interpretationen von Sachverhalten artikuliert werden.

1.1.3.4.3 Theorie der kognitiven Dissonanz (Festinger, 1957)

Kritische Denkaktivitäten werden meist durch als negativ erlebte Ambiguitätserfahrungen ausgelöst und dienen dazu, die Ambiguität rational zu durchdringen und aufzulösen, sei es durch die Entwicklung alternativer Sichtweisen auf Sachverhalte oder durch Überprüfung der Richtigkeit, soweit diese eindeutig überprüfbar ist. Dies wird in der pädagogischen Literatur zum kritischen Denken und in der pädagogischen Erforschung der Induktion von Emotionen (siehe Meyers, 1986, S. 44–48; Moon, 2008, S. 132; Brookfield, 2003, S. 147-148), aber auch in anderen Bereichen der Pädagogik, wie etwa der Förderung des Konzeptwandels bei Schülern, diskutiert (siehe Duit, Treagust und Widodo, 2008, S. 634–635). Die Auflösung der Ambiguitätserfahrung kann aber unter bestimmten Bedingungen auch zu irrationalem Denken und Handeln führen. Diese Zusammenhänge werden in Festingers Theorie der kognitiven Dissonanz beschrieben, die bis heute mehrfach überarbeitet und erweitert wurde (siehe beispielsweise Beckmann, 1984). Dissonant ist ein kognitiver Zustand dann, wenn zwei oder mehrere relevante Elemente von mindestens zwei Kognitionen nicht zusammenpassen, sich widersprechen oder ausschließen. Die kognitive Dissonanz wiederum erzeugt einen inneren Druck, einen negativen Gefühlszustand der Spannung, der das Bedürfnis der Vereinbarkeit der Kognitionen bei dem Individuum herbeiführt. Eine Kognition ist nach Festinger das Wissen und die Meinungen oder Überzeugungen sowohl über sich selbst oder über das eigene Verhalten als auch über seine Umwelt. Kognition bezeichnet auch das eigene Wissen über die Welt, z. B. wo sich etwas befindet, welche kausalen Zusammenhänge bestehen, welche Dinge schön oder schmerzvoll, wichtig und unwichtig sind (Festinger, 1957, S.3; ebd., S. 9). Dabei lässt sich zwischen der Veränderungsresistenz der Elemente der Kognitionen unterscheiden. Eines der beiden Elemente ist dabei gewöhnlich änderungsresistenter (Beckmann, 1984, S. 15), sei es durch den damit verbundenen Aufwand, es zu ändern, oder aber durch die psychische und physische Belastung, die eine Änderung mit sich bringen würde, da eine Änderung des Elementes zu weiteren Unvereinbarkeiten führen würde. Änderungsresistente Kognitionen sind jene, die dynamisch mit wahrnehmbaren Ereignissen in der Umwelt in Verbindung stehen, und solche, die responsiv zum eigenen Verhalten sind (Beckmann, 1984, S. 14). Eine Änderung würde entweder weitere Dissonanzen durch die Interaktion mit der Realität mit sich bringen oder weitere Dissonanzen im Selbstkonzept der Person entfalten. Die empfundene Stärke des Druckes, der durch die sich widersprechenden Kognitionen entsteht, ist abhängig von der Intensität der Dissonanz. Eine Dissonanz ist dann am stärksten und am meisten beunruhigend, wenn das Selbstbild des Menschen durch die Dissonanz bedroht wird. Die Intensität der Dissonanz wiederum ist abhängig von der Differenz des Anteils konsonanter und dissonanter Kognitionen (Beckmann, 1984, S. 12). Diese wird bemessen durch die Relevanz, die ein Individuum den Elementen innerhalb der Dissonanz beimisst, also die Wichtigkeit und Wertschätzung, die er mit der Vereinbarkeit der Kognitionen verbindet. Die maximale Dissonanz, die zwischen zwei kognitiven Elementen bestehen kann, ist jedoch nicht größer als der maximale Widerstand, das weniger resistente Element zu ändern (Festinger, 1957, S. 28). Das Streben nach Aufhebung der Dissonanz wird Dissonanzreduktion genannt. Bei dem Streben können sehr unterschiedliche Strategien verfolgt werden, um dieses Ziel zu erreichen. Einige davon sind rational und können dem kritischen Denken zugeordnet werden. Demgegenüber gibt es aber auch viele Strategien, die wiederum irrational sind, sei es durch Selbstschutz oder aus Angst. Jene hemmen kritisches Denken. Dissonanzen können durch die Veränderung von Verhalten aufgelöst werden, indem die Verhaltensweise mit der Einstellung der Person in Einklang gebracht wird. Sie lassen sich darüber hinaus durch Selbstbestätigung in anderen Bereichen, die nicht unmittelbar mit der Dissonanz in Verbindung stehen, reduzieren oder gar auflösen. Des Weiteren führen eine Vermeidung solcher Informationen, die die Dissonanz verstärken könnten, und die Vergegenwärtigung von Informationen, die die Dissonanz schwächen, zu einer Reduktion des verspürten Drucks. Der soziale Rückhalt durch Gleichgesinnte, die die gleiche Dissonanz beschäftigt, ist eine weitere Methode zur Reduktion des verspürten Unbehagens (Festinger, 1957, S. 193). Es kann also sowohl eine dissonante Kognition gemindert werden – beispielsweise durch Verharmlosung – oder aber eine konsonante Kognition in ihrer Wertigkeit erhöht werden, sodass die Dissonanz verblasst und nicht mehr ihre Intensität besitzt. Dissonanzreduktion kann folglich bedeuten, Sachverhalte zu beschönigen, zu leugnen, selektiv einseitig zu betrachten, zu verdrängen, zu verharmlosen usw. Dies steht in krassem Widerspruch zu kritischem Denken, zeigt sich aber als empirisch erwiesene Realität.

1.1.3.4.4 Gruppendenken

Menschliches Denken und Handeln in sozialen Gruppen führt unter bestimmten Bedingungen zu unkritischen Entscheidungen. Menschliches Miteinander findet in Primärgruppen (Menschen, mit denen wir in engem Kontakt stehen wie etwa Familienmitglieder, Freunde, Lehrer, Nachbarn, Kollegen usw.) und Sekundärgruppen (weitläufigeres soziales Umfeld mit formalem Verhältnis, z. B. Kollegen aus anderer Abteilung, Parteimitglieder, Vereinsmitglieder usw.) statt.

Primärgruppen haben unter bestimmten Bedingungen besonders starken Einfluss auf die vertretenen Annahmen. Janis entdeckte in diesem Zusammenhang das sogenannte „Group-Think"-Phänomen (1973): Hohe Kohäsion und Geschlossenheit sowie Isolation von Gruppen gegenüber Außenstehenden, das Fehlen von methodischen Vorgehensweisen für Nachforschung und Bewertung, eine direkte Führung der Gruppe, Stress und geringe Selbstwirksamkeit sowie ein dynamisches Umfeld können zu unkritischen Gruppenentscheidungen führen. Gruppendenken beschreibt also einen defizitären Gruppenentscheidungsprozess, der mit einer hohen Wahrscheinlichkeit zu einer mangelhaften Entscheidung mit zum Teil katastrophalen Konsequenzen führen kann. Die Symptome von „Groupthink" sind unter anderem das Gefühl der Allmächtigkeit, die Überzeugung von der Moralität des eigenen Handelns, die Beschönigung schlechter Entscheidungen oder aber auch ein extremer Konformitätsdruck, um nur einige Beispiele zu nennen („Groupthink", o. D.).

Dominante Gruppen sind maßgebend daran beteiligt, gesellschaftliche Normen und Konventionen zu setzen. Man spricht in diesem Zusammenhang von „Bezugsgruppen". Unter ihnen versteht man Gruppen, zu denen Individuen eine emotionale und/oder kognitive Beziehung unterhalten. Man vergleicht eigene Ressourcen, Fähigkeiten, Meinungen, Ziele usw. mit denen der wahrgenommen Gruppe und richtet sich bei hoher Übereinstimmung an deren Normen und Werten aus. Laut Hyman, der den Begriff 1942 erstmals definierte, ist eine Bezugsgruppe eine *„Gruppe, mit der man sich vergleicht, wenn man seinen eigenen Status klassifizieren will"* (Hyman, 1942; zitiert nach Lukesch, o. D.).

In einer Studie aus dem Jahre 1986 über Meinungsbildung und -veränderung von Individuen konnte gezeigt werden, dass der Einfluss durch Bezugsruppen (in diesem Falle politische Parteien), mit denen sich die Individuen identifizieren, einen Anpassungsdruck ausübt, der wesentlich als Ursache für unkritisches, konformes Verhalten zu werten ist und sogar zur Verwerfung der originären Einstellung des Individuums führen kann (Hall, Vacra & Fisher, 1986; zitiert nach Riegler, o. D.) Es wurde in dieser Studie gezeigt, dass Individuen ihre zuerst artikulierte Einstellung über Bord warfen, wenn den Probanden einflussnehmende konträre Ergebnisse von Meinungsumfragen innerhalb der jeweiligen Bezugsgruppe (Demokraten und Republikaner) präsentiert wurden. Interessant war dabei, dass die angeblichen Ergebnisse der Meinungsumfragen zu Einstellungen von Parteien nicht einmal der Realität entsprachen. Dennoch akzeptierten die Probanden diese ihnen vorgeführten Meinungen, änderten spontan ihre Ansichten und gingen damit im Sinne der Parteitreue konform.

Festgestellte Abweichungen von Gruppennormen verursachen laut Bierhoff Druck zur Uniformität (2002, o. D.). Das hat auch damit zu tun, dass diejenigen, die sich nicht an dominante Lebensentwürfe anpassen, durch die dominante Bezugsgruppe sanktioniert werden, etwa durch Ausgrenzung. Bierhoff weist aber auch darauf hin, dass diese Sichtweise zu einseitig ist, schließlich üben auch Minderheiten Einfluss auf Mehrheiten aus. Beide Gruppen stehen in einem System der Einflussnahme.

1.1.3.5 Kritik am Verständnis kritischen Denkens in der kognitiven Psychologie

Es ist bisher eine Unzahl verschiedener Modelle und Taxonomiestufen des kritischen Denkens entwickelt worden, die je nach Disziplin andere Schwerpunkte aufweisen, sich dabei jedoch die meisten begrifflich auf kognitive und metakognitive Prozesse beziehen, die anhand von psychologischer Fachsprache beschrieben werden. Insgesamt dominieren kognitive Modelle in Kombination mit Konzepten aus der Logik bzw. aus der Wissenschaftstheorie das Verständnis von kritischem Denken.[14] Dennoch gibt es einige Autoren anderer Denkschulen, die diese Auslegung von kritischem Denken stark kriti-

---

14 Dick (1991) ist beispielsweise nach einer Verdichtung von einer Vielzahl von Verständnissen (von 1950 bis 1990) zu kritischem Denken zu einer ähnlichen Identifikation von Prozessen und Fähigkeiten gestoßen, wie sie bisher beschrieben wurden, wobei aber Elemente der informellen Logik überwogen (Dick, 1991, S. 84; zitiert nach Astleitner, 2002 b, S.81).

sieren. Bailin und Siegel (2003), um ein Autorenpaar zu nennen, stellen klar, dass es nicht bestimmbar sei, welche konkreten mentalen Operationen mit bestimmten Fällen guten Denkens einhergehen. Außerdem sind sie der Ansicht, dass es keine mentalen Prozesse gebe, die weder notwendig noch hinreichend für kritisches Denken wären. Ein weiterer Kritikpunkt besteht darin, dass Begriffe, die oftmals in psychologischen Konzepten für kritisches Denken benutzt werden, wie „interpretieren", „reflektieren", oder „analysieren", sich nicht auf mentale Prozesse, sondern eher auf verschiedene Aufgaben, die Denkprozesse benötigen, beziehen (zitiert nach Abrami et al., 2008, S. 1104). Andere Kritiker hingegen werfen der Denkschulung innerhalb der Psychologie vor, dass die theoretischen Konzepte der Prozesse kritischen Denkens sich teilweise nicht mehr von ganz normalem Denken unterscheiden lassen und überspitzt formuliert alles Denken Teil des kritischen Denkens sei (Perkins, 1987; zitiert nach Resch, 2008, S. 35). Fundamentalere Kritik äußern Vertreter der kritischen Pädagogik zu dem psychologischen Konzept kritischen Denkens. Zum einen wird die Wertneutralität der Zielsetzung kritischen Denkens bemängelt, da es eben nicht primär darauf abzielt, eine den Menschen gerechtere Welt hervorzubringen und sozialen Wandel herbeizuführen, eben keine sozial emanzipatorische Komponente aufweist, sondern sich damit genügt, das Denken mit Rationalität auszustatten, damit Individuen besser Ziele verfolgen oder Probleme lösen können (Burbules und Berk, 1999, S. 53). Dieser Kritikpunkt wurde bereits schon bei der Tradition der Logik dargelegt, wird hier aber erneut aufgegriffen, da das Konzept der kognitiven Wissenschaft zum Großteil auch Maßstäbe der Logik inkludiert. Zum anderen wird die Ausrichtung des Denkens an rationalen, wissenschaftlichen Maßstäben und Methoden als eindimensional und ideologisch bewertet. Kritisches Denken sei demnach wissenschaftsgläubig, ohne die epistemischen Grenzen dieses „wissenschaftlichen" Denkstils zu reflektieren und zu antizipieren (Giroux, 1994, S. 200–201; zitiert nach Burbules und Berk, 1999, S. 53). Auch diese Kritik wurde bereits bei der Tradition der Logik implizit verankert. Weiterhin wird ein Gender- und Kulturvorwurf vorgetragen, dass nämlich kritisches Denken in diesem Verständnis ein maskuliner Denkansatz sei, der beispielsweise weibliche Formen des Denkens ausblende und andere Quellen der Evidenz, z. B. Intuition oder Kultur diskreditiere (Burbules und Berk, 1999, S. 56).

Weitere massive Kritik kommt von Philosophen, Gelehrten aus dem IT-Bereich aber auch von namenhaften Kognitionspsychologen selbst. Sie prangern die Eindimensionalität des Menschenbildes der Kognitionswissenschaft an und kritisieren, wie mit dem menschlichen Geist konzeptuell verfahren worden ist. Ihrer Ansicht nach kann durch die mechanische Betrachtung das Denken und damit der Mensch verdinglicht werden. Sie kritisieren, dass metaphysische Fragen und die Sinnseite menschlichen Denken und Handelns in dieser Betrachtung keine Rolle mehr spielen.[15] In Folge der kognitiven Wende wurde das Denken durch die Beschreibungen der Kognitionswissenschaften zwar exakter, differenzierter oder gar messbar gemacht, dadurch aber vielleicht auch ärmer und unlebendiger.

---

15 Rüdiger Safranski ist der Ansicht, dass der Geist der Metaphysik in Zeitalter der modernen Neurowissenschaft nicht mehr verstanden werden kann, „*wenn wir Denken auf ein gehirnphysiologisches Vorkommnis reduzieren, das uns in unsere Umwelt einpasst. Heute würden wir sagen: es gibt Geist, weil wir einen Kopf und ein Gehirn haben. Die alte Metaphysik würde sagen: es gibt einen Kopf und ein Gehirn, weil es Geist gibt. Das Gehirn denkt, sagen wir heute. Damals hätte man gesagt: Das Denken bedient sich des Gehirns. Das Denken gehört mir, es ist meines sagen wir heute. Ich gehöre dem Denken, das über mich hinausgeht – so hätte man wohl damals gesagt*" (2010, S. 88).

Der IT-Pionier Josef Weizenbaum deutete diese Unzulänglichkeiten der Betrachtung der „Innenwelten" bereits 1978 wie folgt an: *„Da eine Sicht des Menschen als eine Art der allgemeinen Gattung „informationsverarbeitendes System" unsere Aufmerksamkeit auf einen Aspekt des Menschen konzentriert, verleitet sie uns dazu, alle anderen Aspekte in die Dunkelheit hinter uns zu werfen, was von unserer Sicht erhellt wird. Die Frage ist berechtigt, was wir uns für diesen Preis einhandeln"* (Weizenbaum, 1978. S. 214). Der Philosoph Michael Cursio macht deutlich, dass die Übertragung von Maschinenmodellen und die dabei benutzte Terminologie auf den Menschen erhebliche begriffliche und erkenntnistheoretische Schwierigkeiten aufwerfen: *„Dass nämlich Begriffe wie „Wissen" oder „Ziel" nur über die Analogie zu Maschinenzuständen Eingang in die neue Wissenschaft vom Menschen fanden, wirft die Rückfrage auf, ob bei diesem Reinigungsprozess nicht doch mehr verloren gegangen ist, als die metaphysischen Schlacken einer mentalistischen oder dualistischen Tradition. Fraglich ist nämlich, ob es (...) durch ein Modell der „Innensteuerung" tatsächlich gelingt –wie von der kognitiven Wende ursprünglich intendiert -, die Person als handlungs- und reflexionsfähiges Subjekt zu erfassen (...)"* (2006, S. 49). Der Psychologe Jerome Bruner, Mitinitiator der „kognitiven Wende", knüpft an diese Kritik an und veranschaulicht, dass bestimmte subjektive Zustände des Geistes wie Wünschen, Glauben, Beabsichtigen oder Begreifen in dem rationalen und mechanistischen Bild des Geistes in der Kognitionswissenschaft ausgespart wurden:

„Die Kognitionswissenschaftler haben im allgemeinen keine Probleme mit der Vorstellung, dass Verhalten gerichtet, ja sogar auf Ziele gerichtet ist. Wird diese Gerichtetheit durch die Ergebnisse der Berechnung der Nützlichkeit unterschiedlicher Handlungsfolgen bestimmt, dann ist das vollkommen annehmbar, und genau das macht ja den Kern der rationalen Entscheidungstheorie aus. (...) Handlungen (...), die auf Überzeugungen, Wünschen und moralischen Verpflichtungen beruhen (...), werden inzwischen von rechtschaffenden Kognitionswissenschaftlern als unzulässig betrachtet. Es ist wie mit dem freien Willen der Deterministen" (Bruner, 1997, S. 28–29).

Kritischen Denken könnte in dieser mechanistischen, „rationalisierten" und dadurch verdinglichten Auffassung dazu führen, dass Individuen durch diesen internalisierten Denkstil eine eindimensionale, beschnittene Weltsicht entwickeln und das Denken in seiner Reichhaltigkeit verkommt. Einerseits deshalb, weil das kritische Denken zu konditionierten, schematischen Abläufen reduziert wird, die es einzuüben, zu internalisieren gilt. Andererseits deswegen, weil nur „Rationalität" im Sinne von Effizienz und Nutzenmaximierung als normative Ausrichtung in Anspruch genommen wird. Das „Lebendige" am Denken würde so verlorengehen, die Vernunft hätte ausgedient. Daher muss kritisches Denken seine eigenen Zwecke, seine eigene Tradition normativ reflektieren und darf außerdem nicht in starre Prozesse eingegossen werden.

1.1.4 Kritisches Denken in der Kritischen Theorie: Analyse von Herrschaftsverhältnissen

"Es gibt kein richtiges Leben im falschen." (THEODOR W. ADORNO)

1.1.4.1 Historischer Hintergrund

Die Kritische Theorie ist eine neomarxistische Tradition kritischen Denkens, die sich in Frankfurt nach dem Ersten Weltkrieg entwickelte. Die Bezeichnung „Kritische Theorie" geht auf einen Aufsatz von Max Horkheimer aus dem Jahre 1937 mit dem Titel *Traditionelle und Kritische Theorie* zurück. Kritische Theorie ist hier als Theorie über das Entstehen von Theorien zu begreifen. Sie analysiert und reflektiert Wissenschaft in ihrem gesellschaftlich-historischen Kontext. Sie versucht die Frage zu beantworten, warum Fortschritt neben Aufklärung und Befreiung zu Einengung, Entfremdung und Abhängigkeit des Menschen führt. Die Autoren der Kritischen Theorie beschäftigten sich dabei mit drei zentralen Themen, nämlich mit der kritischen Analyse der Ökonomie, der Kultur (Wissenschaft, Technik, Kulturindustrie) und der Entwicklung des Individuums, wobei sie Ansätze aus der Theorie von Marx mit den Lehren der Psychoanalyse Freuds kombinierten, um die gesellschaftlichen Missstände und das konforme Verhalten der Menschen zu erklären. Zu den wichtigsten Vertretern der Kritischen Theorie gehören Max Horkheimer, Theodor W. Adorno, Herbert Marcuse, Erich Fromm und später Jürgen Habermas.

Adorno schreibt zu der Zielrichtung der Kritischen Theorie: *„Die Kritische Theorie der Gesellschaft hat (...) die Menschen als die Produzenten ihrer gesamten historischen Lebensformen zum Gegenstand. Die Verhältnisse der Wirklichkeit, von denen die Wissenschaft ausgeht, erscheinen ihr nicht als Gegebenheiten, die bloß festzustellen und nach den Gesetzen der Wahrscheinlichkeit vorauszuberechnen wären. Was jeweils gegeben ist, hängt nicht allein von der Natur ab, sondern auch davon, was der Mensch über sie vermag"* (Adorno, 1970, S. 57).

Ursprünglich strebten die Autoren der kritischen Theorie danach, die Theorien von Marx aus ihrer Versteinerung zu heben, Unzulänglichkeiten auszubessern und an die gegebenen Umstände anzupassen, da beispielsweise die prophezeite Revolution des Proletariats nie stattgefunden hatte und sich der Arbeiter als anfällig für Ideologien und konformistisches Verhalten zeigte. Durch die Ereignisse des Nationalsozialismus, die die Autoren ins Exil nach Amerika trieb, wurden vor allem der Faschismus und Konformismus zum zentralen Forschungsthema. Wie konnte es sein, dass gerade der Arbeiter, der bei Marx als Antriebsfeder zur Transformation und Revolution der Gesellschaft gesehen wurde, sich so anfällig für Konformismus und Autorität zeigte? Wie konnte es zu Auschwitz kommen? Es folgten während des Krieges und in der Nachkriegszeit groß angelegte, interdisziplinäre Studien über Vorurteile, Ideologien und die Mechanismen von Macht und Autorität (z. B. „Studies in Prejudice" 1950: *The Authoritan Personality, Antisemitism and Emotional Disorder, Dynamics of Prejudice*). Ende der 1940er Jahre gingen Horkheimer und Adorno zurück nach Deutschland und wiedereröffneten das Institut für Sozialforschung in Frankfurt am Main. Die in jener Periode publizierten Schriften beschäftigten sich verstärkt mit der Frage, wie es trotz Aufklärung und Vernunft des Menschen zum Faschismus kommen konnte. In den 1960er Jahren erschienen verstärkt kapitalismus- und gesellschaftskritische Schriften. In den 1970er Jahren rundeten weitere wichtige Werke (insbesondere jene von Habermas) die kritische Theorie ab. Dabei werden Habermas Arbeiten oftmals als jüngere kritische Theorie betrachtet, der sich vor allem mit der Wirkung von Sprache und Kommunikation beschäftigte. Obwohl die Kritische Theorie vielfältige Diskurse in der Wissenschaft (der so genannte Positivismusstreit) oder Pädagogik angeregt hat, gerät sie gesellschaftlich immer weiter in Vergessenheit.

III. Konzeption des theoretischen Rahmens des didaktischen Designs

1.1.4.2 Verständnis kritischen Denkens im Kontext der kritischen Theorie

Kritisches Denken innerhalb der Kritischen Theorie bedeutet, die bürgerlich-kapitalistische Gesellschaft in all ihrer Breite auf offene und verdeckte Mechanismen der Machtausübung zu analysieren, die zu Repression und Verdinglichung des Menschen in Herrschaftsverhältnissen führen. Kritisches Denken ist dabei jedoch nicht nur beschreibend, sondern zielt auf gesellschaftliche Veränderung durch Bewusstseinsbildung ab, die aus der Reflexion des erkennenden Subjekts heraus entsteht. Veränderung der Gesellschaft ist das zentrale Anliegen des kritischen Denkens in der Kritischen Theorie: „*Die Interessen des kritischen Denkens sind allgemein, aber nicht allgemein anerkannt. Die Begriffe, die unter ihrem Einfluss entstehen, kritisieren die Gegenwart. Die Marxschen Kategorien Klasse, Ausbeutung, Mehrwert, Profit, Verelendung und Zusammenbruch sind Momente eines begrifflichen Ganzen, dessen Sinn nicht in der Reproduktion der gegenwärtigen Gesellschaft, sondern in ihrer Veränderung zum Richtigen zu suchen ist*" (Horkheimer, 1995, S. 235; zitiert nach Gürses, 2006).

Als gedankliches Fundament wird in der Kritischen Theorie von bestimmten Annahmen ausgegangen, auf denen die Ausrichtung der Theorien fußt. Abbildung 11 veranschaulicht diese Annahmen:

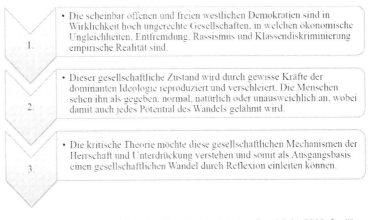

Abbildung 11: Kernannahmen der Kritischen Theorie (angelehnt an Brookfield, 2005, S. viii)

1.1.4.3 Denkstandards in der der Kritischen Theorie

Die Denker der Kritischen Theorie haben bei der Analyse der Gesellschaft einige Begriffe und Konzepte geschaffen, die die Wirkweisen der Herrschafts- und Unterdrückungsmechanismen beschreiben. Des Weiteren haben sie Denkstile geprägt, wie diese Mechanismen systematisch durchschaut werden können. Im Folgenden werden zwei zentrale Denkwerkzeuge bzw. Konzepte vorgestellt, die zum einen darauf abzielen, falsche Bewusstseinsformen zu entschleiern (Ideologiekritik) und zum anderen Möglichkeiten zeigen, wie diese aufgelöst werden können (kommunikatives Handeln). Weitere wichtige Konzepte, insbesondere das der instrumentellen Vernunft, finden sich in dem Kapitel zu den Hemmnissen kritischen Denkens.

1.1.4.3.1 Ideologiekritik und immanente Kritik

Kritisches Denken in der Tradition der Kritischen Theorie hat es als Ziel, repressive Herrschaftsverhältnisse und Unterdrückungsmechanismen in der bürgerlich-kapitalistischen Gesellschaft zu entdecken. Dafür wird als Denkstil die „Ideologiekritik" benutzt. Der Begriff „Ideologie" stammt aus dem Französischen, wurde Anfang des 19. Jahrhunderts geprägt und ist eng verbunden mit den Emanzipationsbestrebungen des europäischen Bürgertums (Kreisky, 2002). Der Begriff „Ideologie" basiert auf den griechischen Wörtern *idea*, Erscheinung, und *logos*, Wort. Ursprünglich als neutrale Bezeichnung sind Ideologien jedoch seit Marx' und Engels Auffassung ‚falsche' Bewusstseinsformen, die nicht der Realität entsprechen, die die Menschen in ihrem Bewusstsein und in ihren Lebensverhältnissen täuschen, ihren politischen Einfluss lähmen und somit die Macht der jeweils herrschenden Klassen stützen. Marx vertrat die Ansicht, dass der Mensch ein „Ensemble" der gesellschaftlichen Verhältnisse ist, geblendet und manipuliert durch die kapitalistische Realität (Hawel, 2008). Ideologiekritik auszuüben bedeutet nun vereinfacht, hinter die Kulissen zu sehen, den Blick für die wahren Verhältnisse frei zu machen sowie die wahren Zusammenhänge zu erkennen, anzuprangern und zu bekämpfen.

Löscher gibt für Ideologien ein weiterführendes Verständnis des Ideologiebegriffes an. Ideologien können beispielsweise Denksysteme oder Theorien sein, die den Anspruch haben, gesellschaftliche Realitäten zu erklären und zu gestalten. Beispielsweise führt Löscher den Marxismus als Ideologie an. Des Weiteren können auch politische Grundrichtungen oder Weltanschauungen oder auch politische Kampfbegriffe als Ideologien verstanden werden (Löscher, 2002, S. 21 ff.). Folgende Merkmale werden dem Ideologiebegriff nach Löscher zugeordnet:

Wahrheitskern

- Ideologien sind Vorstellungen und Beschreibungen der Wirklichkeit. Als solche beinhalten sie zumindest im Ansatz auch Wahrheit, wobei Ideologien schlüssig scheinen und suggestiv wirken. Sie sind dadurch auch stark orientierungsstiftend.

Rechtfertigungscharakter

- Ideologien dienen zur Rechtfertigung, Legitimierung und Durchsetzung von Herrschaftsansprüchen und -interessen, in dem sie sich auf Autoritäten berufen (z. B. Wissenschaftler, Experten usw.).

Verschleierungscharakter

- Da Ideologien immer nur einen Ausschnitt der Wirklichkeit erklären können, sich jedoch auf wissenschaftliche Erkenntnisse stützen und einen umfassenden Erklärungsanspruch hinsichtlich der Realität beinhalten, führen sie zu einer Verfälschung und Verschleierung der wahren Umstände. Ideologien sind Realitätsverschleierungen, die zu Täuschung und Selbsttäuschung führen.

Abbildung 12: Merkmale von Ideologien, angelehnt an Löscher (2002, S. 21 ff.)

Der Ideologiebegriff bei der Kritischen Theorie greift die Interpretation von Marx wieder auf und erweitert diese. Steht bei der Marxschen Ideologiekritik die Ökonomie, insbesondere das Kapital und die Arbeit im Blickpunkt der Kritik, so beleuchten die Akteure der Kritischen Theorie besonders auch ideologische Strukturen des Alltags wie beispielsweise Sprache, Massenkultur und Kulturindustrie, menschliche Beziehungen, Pädagogik oder Sozialisierung der Menschen in der Familie und weiteren Institutionen. Die Ideologiekritik der Kritischen Theorie ist subtiler und geht von anderen Prämissen als Marx aus. Die Idee der Projektion der gesellschaftlichen Verhältnisse als unausweichliche Kraft der Formung des Bewusstseins der Menschen wird in der Kritischen Theorie unter Berücksichtigung der Unzulänglichkeiten der Marxschen Theorie, der Arbeiten von Sigmund Freud und einer kritischen Analyse der Aufklärung weiterentwickelt. Ideologiekritik geht nicht von einer dominierenden Klasse oder einer herrschenden Gruppierung aus, vielmehr gibt es viele partikuläre Machtinteressen und -absichten, die jedoch subversiv verschleiert als Allgemeininteressen mit dem Ziel des Allgemeinwohls verpackt und interpretiert werden. Dominante Ideologien münden so in den Alltag der Menschen ein und werden unreflektiert als „normal" oder „gegeben" akzeptiert. Ideologiekritik möchte hier gesellschaftliche Irrationalitäten aufdecken, gesellschaftliche Widersprüche entschleiern und den Menschen zur Emanzipation helfen. Um die wirklichen Umstände in der Gesellschaft zu erkennen, in der der Einzelne im Kollektiv konformistisch und ohne die Möglichkeit echter, authentischer Erfahrungen lebt und dazu verführt wird, nicht mehr über das Bestehende hinaus zu denken, braucht es eine immanente Kritik des Bestehenden, die das Individuum wieder zur Reflexion anregen kann. Immanente Kritik bedeutet, den zu kritisierenden Sachverhalt an seinen eigenen Maßstäben zu messen und diese widerzuspiegeln, also die innewohnende Kraft des Kritisierten gegen das Kritisierte selbst zu nutzen. Immanente Kritik knüpft an dem Bestehenden, am zu Kritisierenden an und nimmt eben nicht einen Standpunkt außerhalb ein. Diese Art der Kritik ist systemimmanent, eine Interpretation des Vorgegebenen und Bestehenden (Gürses, 2006). Verborgene Ansichten, Bedürfnisse und Interessen hinter einer Ideologie werden in der immanenten Kritik freigelegt und an den selbst postulierten Ansprüchen gemessen. Der Wahrheitsgehalt einer Ideologie wird bezüglich seiner sozialen Bedeutung an der Realität reflektiert. Dabei gilt es, die Kritik an den vorgegebenen Zwecken auszurichten, da Ideologien gerade eine Mixtur aus Wahrheit und Manipulation durch unwahre Argumente sind. Die verschiedenen verdinglichten Perspektiven in den ideologischen Weltbildern werden durch immanente Kritik seziert, klar getrennt und neu benannt (Hawel, 2008). Dabei werden Widersprüche offengelegt zwischen dem, was die Ideologien vorgeben und den tatsächlich bestehenden Verhältnissen. Die Wirksamkeit der immanenten Kritik ist nun in der anhaltenden Bloßstellung durch Betonung dieser Diskontinuität zwischen Sein und Schein zu sehen (McDaniel, 2006, S. 19). Darin liegt ihr Potential zur Veränderung.

Ideologiekritik bedeutet auch, Technik-, Kultur-, Sprach-, Gesellschafts- und Wissenschaftskritik zu betreiben. Brookfield schreibt zur Ideologiekritik innerhalb von Denk- und Lernprozessen: „(...) *ideology critique describes the ways in which people learn to recognize how uncritically accepted and unjust dominant ideologies are embedded in everyday situations and practices*" (Brookfield, 2005, S. 13). Dafür müssen die hinter als „gegeben" angenommen, als „normal" akzeptierten Werten, Einstellungen, Traditionen, Sitten, Praktiken, Verfahrensweisen, Lebensentwürfen usw. liegenden Annahmen identifiziert und auf ihren Ideologiegehalt überprüft werden.

Für den Unterricht bedeutet Ideologiekritik daher, Lernenden dabei zu helfen, hinter die Fassade von alltäglichen Phänomenen wie etwa Arbeitsvorgängen und Praktiken innerhalb des Ausbildungsbetriebes zu blicken und die dort vorherrschenden Ideologien und deren Auswirkungen auf unser menschliches Miteinander und auf unser Sein zu entdecken oder zu enttarnen:

„As an educational activity, ideology critique focuses on helping people to come to an awareness of how capitalism shapes social relations and imposes – often without our knowledge – belief systems and assumptions (that is, ideologies) that justify and maintain economic and political inequity" (Brookfield, 2005, S. 13).

1.1.4.3.2 Kommunikatives Handeln

Wird Jürgen Habermas auch häufig mit der Frankfurter Schule in Verbindung gebracht, so steht er der ursprünglichen Kritischen Theorie im Sinne von Horkheimer und Adorno durchaus kritisch gegenüber. Habermas' Bild der Welt und der Möglichkeiten zur Änderung einer von verdeckten Herrschaftsstrukturen dominierten Realität ist positiver und offener durch die Vernunft der Menschen und die Fähigkeit, miteinander in Dialog zu treten. Sind bei Adorno die Menschen starr und automatenhaft, ohne Spontaneität und wirkliche Lebendigkeit, eingesperrt durch die Mechanismen der kapitalistischen Marktwirtschaft im industriellen Zeitalter („Der Bürger als Revolutionär", Dokumentation, 2003), so ist in Habermas' Weltanschauung wieder Wandel und ein Ausbruch aus diesem Zustand des menschlichen Daseins möglich, nämlich durch eine bestimmte Art des Handelns, die er *kommunikatives Handeln* nennt (Habermas, 1981).

Innerhalb einer funktionierenden Demokratie sieht Habermas die Chance auf eine Emanzipierung der Gesellschaft, indem die Menschen in der Öffentlichkeit miteinander diskutieren und gemeinsam Entscheidungen treffen. Kommunikation und Sprache sind in dieser Gesellschaftstheorie das Herzstück der Demokratie, die in der Öffentlichkeit kommunikativ von den Menschen gestaltet wird. Diese Art des Umgangs erfordert eine herrschaftsfreie Art und Weise der Kommunikation und des Handelns. Er ist überzeugt, dass Menschen durch den Gebrauch von Sprache im gemeinsamen Dialog und Diskurs vernunftorientiert denken und handeln können. Habermas bietet sozusagen die Lösung für eine solidarischere Gesellschaft an, die bis dahin in der Kritischen Theorie nicht gesehen wurde.

Kommunikatives Handeln ist genau die Art und Weise, wie Menschen miteinander kommunizieren und handeln sollen, wobei Handeln („*know how to*") für Habermas ein Können ist, das aber auch in Wissen („*know that*") transformiert werden kann (Hennig, o. D, S. 5). Handlungen und Äußerungen[16] sind beides Formen der Anwendung von Wissen, beides Arten des Wissensausdrucks. Wissen ist für Habermas also in Äußerungen und Handlungen zu finden, wobei nicht jedes Sprechen mit rationalem Wissen verbunden werden kann. Rationalität entsteht dann, wenn die Äußerung einen rechtmäßigen Anspruch zwischen dem Gesagten und einem Referenzobjekt in der Realität, also deren Relation, darstellt. Argumentation muss laut Habermas vier Geltungsansprüchen genügen, um wirklich ratio-

---

16 Sprechakte haben einen ähnlichen Charakter wie beobachtbare Handlungen, da auch sie soziale Konsequenzen mit sich ziehen, wie etwa beim Geben eines Versprechens (wird nicht Wort gehalten, kann es zu Handlungskonsequenzen führen). Für Habermas sind Sprechhandlungen auch Handlungen.

nal zu sein. Ein Geltungsanspruch ist dabei ein Äquivalent der Behauptung, wenn die Bedingungen für die Gültigkeit einer Äußerung erfüllt sind (Habermas, 1981, S. 65). Rationale Argumente sind gemäß Habermas (1981, S. 149; S. 416) jene, die den vier Geltungsansprüchen genügen[17]:

1. *Verständlichkeit* (die Gesprächspartner müssen sich verständlich ausdrücken);
2. *Wahrheitsanspruch* (Zustimmungsfähigkeit/Urteilskonsens – Gesprächspartner setzen die Existenz dessen, worüber sie sich beide unterhalten, jeweils voraus);
3. *Normative Richtigkeit* (Gesprächspartner erkennen Normen und Werte des Bezugssystems an und setzen diese beim Gegenüber voraus);
4. *Wahrhaftigkeit* (subjektive Aufrichtigkeit in Aussagen der Gesprächspartner).

Eine Behauptung ist wahr, wenn deren Inhalt einer Wirklichkeit der objektiven Welt entspricht und nicht vom Wunschdenken des erkennenden Subjekts abhängt. Das Gesagte muss vernünftig nachzuvollziehen sein. Normativ richtig/angemessen meint, dass das Gesagte unter Berücksichtigung der geltenden Normen der sozialen Welt unter den gegebenen Umständen auch (normativ) richtig ist. Dafür muss das Gesagte auch vom Sprecher begründbar und die damit verbundenen Normen müssen interpersonal anerkannt sein. Subjektiv wahrhaftig bedeutet, das Gesagte auch zu verkörpern, dafür gerade zu stehen, authentisch zu sein, also *„dass der sprachliche Ausdruck die gemeinte Intention wiedergibt"* (Schäfer, 2005, S. 48). Gleichzeitig bedeutet dies aber auch, die anderen Redner zu respektieren und verstehen zu wollen in ihren Anliegen (Schäfer, 2005, S. 48–49).

Rationale Argumente im Sinne der Geltungsansprüche ermöglichen erst kommunikatives Handeln. Im Dialog miteinander können nun die Sprechbeiträge auf ihre Geltungsansprüche hin überprüft werden. Es gilt, diese Geltungsansprüche in den Beiträgen zu diskutieren und der Kritik auszusetzen. Dabei werden die Argumente zu den Geltungsansprüchen diskutiert, indem Gründe genannt und bewertet werden. Der Diskurs setzt dann ein, wenn das Einverständnis über einen Sachverhalt nicht erzielt werden kann (die geäußerten Geltungsansprüche werden nicht eingelöst) und Verständigung durch Aushandlung gesucht werden muss. Der Diskurs ist nach Habermas die herrschaftsfreie Kommunikation mit dem Ziel der Verständigung zur Erreichung eines universalen Konsenses.

Kommunikation sollte nicht darauf abzielen, eine gewisse Wirkung zu erzielen. Die Inhalte müssen begründbar und kritisierbar sein und die Kommunikation muss den vier Geltungsansprüchen genügen. Echter Konsens kann nur in einer idealen Sprechsituation gefunden werden. Es handelt sich um eine Gesprächssituation, in der a) alle relevanten Stimmen gehört werden, b) die besten aller vorliegenden Argumente gemäß dem derzeitigen Wissen und Stand von allen akzeptiert werden und c) nur der zwanglose Zwang der besseren Argumente durch Rationalität die Zustimmung der Gesprächsteilnehmer bestimmt; die Teilnehmer verfolgen keine persönlichen Interessen wie beispielsweise in einer eristischen Argumentation – es liegt eine restriktionsfreie Kommunikation vor, in der die besten Argumente den Ausgang der Diskussion bestimmen (Habermas, 1992, S. 260; zitiert nach Brookfield und Preskill, 2005, S. 272; Habermas, 2001, S. 45). Werden diese Kriterien eingehalten, so liegt eine ideale Sprechsituation vor.

---

17 Mit den Geltungsansprüchen der Rede sind folgende Annahmen verbunden, die es als Voraussetzung dafür geben muss: Es gibt eine objektive Welt der Tatsachen, eine subjektive Welt der Erlebnisse und eine soziale Welt der Normen.

Kommunikatives oder auch verständigungsorientiertes Handeln ist durch die Wahrung der Geltungsansprüche und die Berücksichtigung der idealen Sprechsituation folglich darauf ausgelegt, den Mitmenschen ohne versteckte Hintergrundabsichten und manipulative Kalkulationen, d. h. ohne egozentrische Absichten, zu begegnen, und wirkliches, gemeinsames Verständnis zu erreichen und im Diskurs zu gemeinsamen Überzeugungen über Wahrheit und Richtigkeit zu gelangen (Habermas, 1985, S. 385). Kommunikatives Handeln bedeutet, sich auf den anderen einzulassen, den Versuch zu unternehmen, gedanklich in dessen Schuhen zu gehen, mit seinen Augen auf die Dinge zu sehen. Brookfield beschreibt dies wie folgt: „When we act communicatively we try to step out of our normal frames of references to see the world as someone else sees it" (Brookfield und Preskill, 2005, S. 266). Diese Art des Handelns ermöglicht es, durch echten Konsens und echte Kompromisse die gesellschaftliche Struktur am Allgemeinwohl auszurichten und die Ideale der Demokratie durchzusetzen. Kommunikatives Handeln ist demnach gesellschaftsformendes Handeln. Kritisches Denken im Sinne des kommunikativen Handelns bedeutet zum einen, sich in Denk- und Sprechakten auf die aufgestellten Anforderungen einzulassen, also die zu äußernden Geltungsansprüche anhand der vier aufgezeigten Kriterien zu reflektieren, damit am Ende von Denkaktivitäten rationale Argumente stehen, die in den Diskurs eingebracht werden können. Weiterhin bedeutet kritisches Denken, sich auf die Aussagen anderer Personen einzulassen und diese Sprechakte auf Grundlage der Theorie des kommunikativen Handelns zu analysieren, um irrationale, strategische Argumente zu enttarnen und die besten Argumente in Diskussionen herausarbeiten zu können.

1.1.4.4 Hemmnisse kritischen Denkens im Lichte der Kritischen Theorie

Offene und verdeckte Machtmechanismen und Herrschaftsverhältnisse hemmen oder vereiteln kritisches Denken im Sinne der Kritischen Theorie, also jenes Denken, das darauf abzielt, „falsche" Bewusstseinsformen zu entdecken und anzuprangern. Kritisches Denken versetzt den Menschen in die Lage eines Zweifelnden, eines Skeptikers. Diese Haltung kann zu einem Gefühl der Nichtigkeit und Unwürdigkeit führen, da der Mensch aufgrund seiner gesellschaftlich wahrgenommenen Position bzw. seines Status (z. B. als Student oder Arbeiter) und aus seiner Sozialisation heraus sich durch Selbstzweifel, dem Gefühl, als Hochstapler und Besserwisser aufzutreten, nicht autorisiert genug fühlt, kritische Überlegungen anzustreben und diese zu vertreten. Individuen mit derartigen Gefühlen und Gedanken fürchten sich durch den ihnen anerzogenen, auferlegten Konformismus davor, Experten, die sozial als überlegen und unangreifbar wahrgenommen werden, in deren Autorität und Fähigkeit infrage zu stellen. Das gesellschaftlich anerzogene und sich selbst reproduzierende Gewissen der Unterwürfigkeit vor Autorität und Wissenschaft verbietet kritische Gedanken oder gar Widerspruch.

In den folgenden Abschnitten werden wichtige Konzepte der Kritischen Theorie besprochen, die die Verblendung des Denkens erklären und zeigen, was zum falschen gesellschaftlichen Sein geführt, dieses stabilisiert und kritisches Denken somit unmöglich gemacht hat. Gleichzeitig aber können diese Konzepte als ideologiekritisches Werkzeug verstanden werden, denn wer sich diese Konzepte erschließt, kann durch Bewusstmachung dergleichen einen Ideologie-kritischen Blick auf die gesellschaftliche Realität werfen und dadurch das „falsche" Sein und dessen Ursachen erkennen.

1.1.4.4.1 Macht, Herrschaft und Hegemonie

Macht ist per se weder gut noch böse. Laut Max Webers Definition ist sie als „die Chance eines Menschen oder einer Mehrzahl solcher zu verstehen, den eigenen Willen in einem Gemeinschaftshandeln auch gegen den Widerstand anderer daran Beteiligter durchzusetzen, gleichviel worauf diese Chance beruht" (Max Weber, 1976, S. 531). Macht ist als Durchsetzungsmöglichkeit zu verstehen, ist eher ein Zustand als ein Prozess und hat meistens so viel Symbolkraft, dass die eigentliche Durchsetzung von Interessen durch Aktion häufig gar nicht nötig ist (Kessler, 2007, S. 72). Macht ist das erst einmal neutrale und organisierende Prinzip von Kräfteverhältnissen und Beziehungen unter Mitwirkung aller Individuen einer Gesellschaft. Somit gibt es auch kein zentrales Subjekt, das die Macht steuert, sondern es können nur einzelne Individuen in gewisse Stellungen gelangen, durch die sie ihre Macht ausüben können. Macht wirkt zunächst einmal auf lokaler Ebene durch die dort vorherrschenden Kräfteverhältnisse in Gruppen, Beziehungen usw. Dennoch können unter bestimmten Bedingungen Mechanismen geschaffen werden, die zur Festigung und anhaltenden Reproduktion von bestimmten Verhältnissen und Strukturen führen können, die die sonst stets sich verändernde Machtstruktur träge macht, in ihrer Dynamik und Ausgleichsfunktion lähmt und zur Entstehung eines Selbsterhaltungssystem führt (Foucault, 1978). Der Gebrauch von Macht geschieht darüber hinaus immer in einem sozialen Gefüge, in dem asymmetrische Beziehungen vorliegen. Dabei gibt es mindestens einen Machtinhaber bzw. -ausüber und gleichwohl mindestens eine Person, an der Macht ausgeübt wird, wobei beide Rollen gleichzeitig in einem erfüllt sein können, beispielsweise wenn nämlich der Mensch Macht gegen sich selber, gegen seine Wünsche und Bedürfnisse richtet, um sich zu disziplinieren und Triebe zu unterdrücken. Macht durchdringt alle Sphären des sozialen Gefüges, in der Arbeit, in der partnerschaftlichen Beziehung oder in der eigenen Familie. Durch die Etablierung und den Einsatz von Macht können Herrschaftsverhältnisse entstehen. Herrschaft bedeutet, für einen Befehl bestimmten Inhalts bei bestimmten adressierten Personen Gehorsam zu finden (Weber, 1976). Dafür bedarf es ein bestimmtes Maß an Kontinuität von Gehorsam der Beherrschten. Die Herrschaft ist eine institutionalisierte Art von Über- und Unterordnung, die jedoch keine formal hierarchischen Strukturen benötigt oder voraussetzt. Wurden Herrschaftsverhältnisse oftmals durch physische Gewalt und Abschreckung etabliert und aufrechterhalten, so ist heutzutage in vielen Bereichen die sogenannte disziplinäre Macht entstanden, die die unterdrückten Menschen dazu veranlasst, die bestehende Herrschaft durch ihr Handeln selbst zu stützen. Dies geschieht vor allem aus dem Gefühl heraus überwacht zu sein, was zu einer Selbst-Überwachung und zur eigenen Konditionierung führt, aus Angst vor sozialer Ächtung oder Verlust des Ansehens bei bestehender Normenverletzung. Focault beschreibt diesen Mechanismus wie folgt: „*There is no need for arms, physical violence, material constraints. Just a gaze. An inspecting gaze, a gaze which each individual under its weight will end by interiorizing to the point that he is his own overseer, each individual thus exercising this surveillance over and against, himself. A superb formula: power exercised continuously and for what turns out to be a minimal cost*" (Focault, 1980; zitiert nach Joyce, 2006, S. 1). Das Konzept der Hegemonie beschreibt diese Sonderform von indirekter und subversiver Machtausübung. Hegemonie bedeutet in erster Linie „*die Fähigkeit einer herrschenden Schicht, Klasse, ihre Dominanz über die Gesellschaft aufrechtzuerhalten, ohne auf direkte Formen der Repression oder Gewalt angewiesen zu sein*" (Schulze, 2005; zitiert nach Erdmann, 2005). Brookfield definiert Hegemonie als „*the process by which a social order convinces its members it is organized in their best interests so that people actively and enthusiastically embrace ideas and practices that are harming them*" (S. 3, o. D.). Der italienische Philosoph Gramsci, der den Begriff maßgeblich geprägt und konzeptualisiert hat, beschreibt Hegemonie als eine Art von Herrschaft, die im Wesentlichen auf der Fähigkeit basiert, eigene Interessen als gesellschaftliche Allgemeininteressen zu definieren und durchzusetzen (Gramsci, 1991; zitiert nach Günther, 2007, S. 30). Das Herrschaftsverhältnis ist also auf Konsens, ja auf Zustimmung durch die Beherrschten gegründet, ohne dies durch Zwang oder Gewalteinwirkung realisiert zu haben. Die unter Herrschaft Stehenden stützen dabei diese ungerechte Struktur durch ihr eigenes Verhalten unbewusst, indem sie die ihnen vorgegebene Ordnung akzeptieren und nach deren Regeln und Kodizes leben und handeln. Nur durch die Demonstration von repressiven, aber nicht als solchen erkannten Denk- und Verhaltensweisen, die gesellschaftlich akzeptiert sind, verbunden mit einer manipulativen Anreizstruktur für den Einzelnen wird das Herrschaftsverhältnis gestützt. Die Beherrschten sind dabei so beeinflusst, dass sie ihr Denken und ihr Handeln als nützlich für sie selbst und ihr Umfeld wahrnehmen, obwohl dadurch eine Begrenzung und Unterdrückung ihrer eigenen Individualität einhergeht. Eine ungerechte gesellschaftliche Ordnung wird somit legitimiert, ignoriert und aufrecht erhalten, da die Individuen die tatsächlichen Verhältnisse nicht mehr erkennen können. Die zentralen Annahmen und tatsächlichen Auswirkungen dieser Ordnung werden als den Menschen dienlich, unausweichlich, als gegeben gewertet. Da die Individuen von der bestehenden hegemonialen Gesellschaftsordnung überzeugt sind und diese als bestmögliche Option angesehen wird, findet kein Hinterfragen der Ordnung mehr statt. Vielmehr sind die Individuen damit beschäftigt, die hegemonialen Strukturen permanent zu reproduzieren und zu festigen. Brookfield schreibt hierzu: „*The dark irony, the cruelty of hegemony, is that adults take pride in learning and acting on the beliefs and assumptions that work to enslave them. (...) People become their own jailers*" (Brookfield, 2005, S. 44). Aufgrund der Wirkung der des Systems inhärenten, hegemonialen Kräfte können viele Individuen nicht mehr erkennen, dass sie ein entfremdetes und eindimensionales, dem Menschen nicht gemäßes Leben führen und dieses durch ihr Denken und Handeln weiter bestärken. Dabei hätte der Mensch aber das Vermögen, ein ihm gemäßes Leben führen zu können: „*Analysiert man den Menschen in der Lage, in der er sich in seinem Universum befindet, so scheint er bestimmte Vermögen und Kräfte zu besitzen, die ihn befähigen würden, ein "gutes" Leben zu führen, das heißt, ein Leben, das so weit als möglich frei ist von harter Arbeit, Abhängigkeit und Häßlichkeit*" (Marcuse, 2008, S. 142). Laut Focault wird Hegemonie durch Selbstdisziplin, Selbstzwang und Selbstüberwachung der beherrschten Individuen gestützt[18]. Individuen verhalten sich gemäß Foucault genau so, wie es unsichtbare gesellschaftliche und kulturelle Dogmen vorschreiben. Sie überwachen ihr

---

18 Ein anschauliches Beispiel für die aufgezeigten Mechanismen in Gramscis und Foucaults Theorien zu verdeckten Herrschaftsformen findet sich in dem Film „*Einer Flog über das Kuckucksnest*" von Milos Forman aus dem Jahr 1975: In einer geschlossenen psychiatrischen Anstalt führt Oberschwester Ratched ein für sie als vorbildlich empfundenes, gleichzeitig aber auch streng regulierendes und reglementierendes Regiment nach den intern bestehenden Vorschriften. Durch das strikte Ausführen und Befolgen der strengen Regeln der Station ist sie besonders stolz auf ihre Arbeit. Sie denkt von sich, nach bestem Wissen und Gewissen zu handeln, und arbeitet hart an sich, die ihr auferlegten Regeln und Routinen dementsprechend umzusetzen. Durch ihr konformistisches Denken und Handeln errichtet sie aber ein menschenverachtendes System auf ihrer Station, das die Patienten zu angepassten Verhaltensweisen zwingt, ihnen sämtliche individuelle Lebensweisen raubt und das konforme Leben zum selbstverständlichen Alltag werden lässt. Auch sie selbst ist durch ihr streng diszipliniertes Verhalten emotional abgestumpft und erkaltet.

Denken und Verhalten selbst, zensieren, regulieren und beurteilen es anhand des Referenzrahmens der dominanten Kultur und Ideologie, um nicht von der bestehenden Norm abzuweichen, die ihnen unbewusst auferlegt wurde (Foucault, 1980; zitiert nach Brookfield und Preskill., 2005, S. 252.).

Hegemonie muss nicht auf einem strategischen Kalkül beruhen und ist auch keine fest bestehende Form der Dominanz. Hegemonie ist eher als Prozess der Interaktion zwischen unterdrückten und dominanten Gruppierungen zu verstehen, der sich ständig erneuert, verändert, bekämpft, begrenzt, herausgefordert oder beschützt wird durch die verschiedenen Akteure, die daran beteiligt sind. Wo Hegemonie ist, zeigt sich auch immer Widerstand.

Macht kann also auf verschiedene Art und Weise repräsentiert und ausgeübt werden, z. B. durch Zwang, aber auch durch Überzeugung, Belohnung oder Identifikation. Sie hat verschiedene Grundlagen und kennt verschiedene Intentionen, die für die Gesellschaft sowohl nützlich als auch repressiv wirken können.

Die folgende Tabelle veranschaulicht die verschiedenen Machtbasen und deren Klassifizierungen.

Grundlagen der Macht	Klassifizierung	Bedingung
Legitimation	**Amtsautorität** (z.B. Vorgesetzten, Lehrer usw.) – Macht durch formal anerkannte hierarchische Überordnung	Machtbedingung eher positional
Sanktion	Macht durch **Bestrafung und Belohnung** (z. B. Lob für gute Leistungen, Noten, Disziplinarmacht – auch Selbstdisziplin usw.)	
Information	Macht durch **Kontrolle des Informationsflusses** (z. B. durch Inhaltsauswahl bei Unterrichtsgestaltung, Lehrplan usw.) **Expertenmacht** (Macht durch Sachkenntnis, Erfahrungen, Wissen z. B. als Lehrer, Professor, KFZ-Mechaniker usw.)	Machtbedingung eher personal
Identifikation	**Beziehungsmacht** (durch Vertrauen, Abhängigkeit usw.) Macht durch **Charisma** (persönliche Ausstrahlung, Ansehen usw.)	

Tabelle 3: Grundlagen der Macht (angelehnt an Kessler, 2007, S. 77)

Schulen und das dort vermittelte Wissen können also Instrument zur Aufrechterhaltung von Herrschaftsverhältnissen sein. Alle der hier beschriebenen Machtbasen finden sich in der Beschaffenheit von Bildungssystemen wieder, so etwa in der Sanktionsmacht durch Noten, in der Informationsmacht durch den Lehrplan und im Expertenwissen des Lehrers. Macht kann dort sowohl repressiv als auch emanzipierend eingesetzt werden, z. B. bei der demokratischen Erziehung oder der Förderung der

Moralkompetenz. In der Kritischen Theorie wird auch diese befreiende Komponente von Macht, zum Beispiel bei der Solidarität von Arbeitern, in revolutionären sozialen Bewegungen, der Macht der Konsumenten usw. diskutiert (Brookfield, 2005, S. 119).

1.1.4.4.2 Instrumentelle Vernunft

Laut Sokrates ist Vernunft ursprünglich die universelle Einsicht, die „*die Überzeugungen bestimmt und die Beziehungen zwischen Mensch und Mensch und zwischen Mensch und Natur regeln sollte*" (Sokrates, o. D., zitiert nach Gess, 2005). Somit hat die Vernunft einen aufklärerischen Charakter. Sie kann den Menschen helfen, sich die Natur auf förderliche Weise zunutze zu machen. Gleichzeitig ist sie Anlass menschlicher Reflexion, um das eigene Leben in Harmonie mit der Umwelt auszugestalten. *Objektive Vernunft*, so die Bezeichnung Horkheimers, beschäftige sich mit dem Sinn des Ganzen, der Bestimmung des Menschen, und soll dabei helfen, höchste humane Ziele zu verwirklichen (Horkheimer, 1967, S. 18).

In einem der Hauptwerke der Kritischen Theorie, der „Dialektik der Aufklärung" (Adorno und Horkheimer, 1969), machen die beiden Philosophen deutlich, dass die Aufklärung durch eine einseitige Ausrichtung der Vernunft von Beginn an zu Mechanismen der Herrschaft und Unterdrückung geführt hat. Dieser unreflektierte, selbstzerstörerische Aufklärungsprozess führte letztlich auch in den Totalitarismus. Das Streben nach der Beherrschung der Natur korrumpierte die Vernunft, legte sie als normatives Prinzipienvermögen in Fessel. Die Aufklärung als „Entzauberung der Welt" reduzierte sie auf eine technisch-praktische Perspektive. Sie ist im Zuge der Aufklärung zur „Zweckrationalität" (Weber, 1990) verkommen, so die Argumentation von Horkheimer und Adorno.

Durch den Fortschritt der Wissenschaft und damit einhergehend der Technik wurde eine verwaltete Welt geschaffen, in der der Mensch seiner echten Bedürfnisse und Erfahrungen beraubt und er selbst zu einem Vollzugsobjekt im Dienste eines von der Technik, Wissenschaft und Wirtschaft dominierten Systems der Naturbeherrschung wurde. Der Mensch erfährt sich in der modernen Welt als das „Ding", als das er in diesem System verwendet wird.[19] Die Macht, die der Mensch durch Wissenschaft und Technik über die Natur erlangt hatte, wendete sich so gegen seine eigene Natur. Sie verkehrte sich zur „Ohnmacht" der Vernunft (Weizenbaum, 1978, S. 337). Es ist also nicht nur die Natur, die von einer von instrumenteller Vernunft getriebenen Denk- und Handlungsweise ausgebeutet, beherrscht und zerstört wird, sondern auch der Mensch selbst schadet sich mit dieser zweckrationalen Ausrichtung der Vernunft. Er hat sich selbst in seinem Mensch-Sein „verdinglicht".

Instrumentelle Vernunft beschreibt also die einseitige Beherrschung und Vergegenständlichung der Welt, die einen Selbstzweck verfolgt, der nicht mehr durch normative Prinzipien überprüft, bewertet und korrigiert wird. Wissenschaft und Technik wurden zum Instrument der Herrschaft über die Natur und die Natur des Menschen.

---

19 Aus einer Studie zur Arbeitszufriedenheit: „*Ob sie im blauen oder im weißen Kittel arbeiten, bei allen kommt es auf dasselbe heraus: Ich bin ein Roboter*" (Terkel, 1974; zitiert nach Weizenbaum, 1978, S. 337).

„Rationales" Denken beschäftigt sich ausschließlich noch mit der Frage, wie bestimmte Ziele durch den Einsatz der effizientesten und effektivsten Mittel erreicht werden können. Ziele und Auswirkungen der Zielerreichung werden nicht mehr normativ reflektiert.[20] Deutlich wird die instrumentelle Vernunft auf dem Schauplatz einer kapitalistischen Marktwirtschaft. Der verdinglichte, entfremdete Mensch fristet ein Dasein als Automat[21]. Untermauert wird dieses Dasein durch eine Welt der vorgegaukelten Sachzwänge, die aber als real empfunden werden. Marcuse spricht in diesem Zusammenhang von „repressiven Bedürfnissen". Diese sind *„diejenigen Bedürfnisse, die harte Arbeit, Aggressivität, Elend und Ungerechtigkeit verewigen. Ihre Befriedigung mag für das Individuum höchst erfreulich sein. (...) Das Ergebnis ist dann Euphorie im Unglück. Die meisten der herrschenden Bedürfnisse, sich im Einklang mit der Reklame zu entspannen, zu vergnügen, zu benehmen und zu konsumieren, zu hassen und zu lieben, was andere hassen und lieben, gehören in diese Kategorie falscher Bedürfnisse"* (Marcuse, 2008, S. 25). Die instrumentelle Vernunft erschwert es den Individuen, über ihr eigenes Glück und dessen Bedeutung und Auswirkung auf die Gesellschaft nachdenken zu können. Stattdessen streben die Individuen nach vorgegebenen, konsumorientierten Vorstellungen von Glück, die sie instrumentell, also technisch-rational, beispielsweise durch ihren Arbeitseinsatz oder durch Aus- und Weiterbildung (bestmöglicher Mitteleinsatz), erreichen möchten. Jede menschliche Tätigkeit, jedes Werk ist ein Werkzeug, ein Mittel für die Bewerkstelligung für etwas anderes, die Erreichung eines nicht mehr durch moralische und pragmatische Vernunft hinterfragten Zieles (Gess, 2005).

Instrumentelle Vernunft zeigt sich auch in Liebesbeziehungen, in die Emotionen als Währung „investiert" und die wieder beendet werden, wenn sie es nicht „wert" waren. Kontakte sollten „vielversprechend" sein.

1.1.4.4.3 Repressive Toleranz

Toleranz geht einher mit Begriffen wie Duldsamkeit, Verständnis, Akzeptanz gegenüber einer von der eigenen Norm abweichenden Haltung und ermöglicht erst menschliches Miteinander (Langenscheidt Fremdwörterbuch Online, o. D.).

Laut Marcuse mündet Toleranz in der modernen industriellen Gesellschaft angesichts ihrer Neutralität gegenüber jeglichem geistigen Inhalt hingegen in einem instrumentellen Relativismus, der die Auswüchse des Fortschritts, wie etwa Kriegszüge im Namen des Friedens, Rüstungswettbewerbe, Raubbau an der Natur usw. als unschöne, aber unumgängliche Ereignisse verstehen lässt, die hingenommen werden müssen. Marcuse schreibt über diese Ausprägung von Toleranz: *„Toleranz wird auf politische Maßnahmen, Bedingungen und Verhaltensweisen ausgedehnt, die nicht toleriert werden sollten, weil sie die Chancen, ein Dasein ohne Furcht und Elend herbeizuführen, behindern, wo nicht zerstören. Diese Art von Toleranz stärkt die Tyrannei der Mehrheit (...). Die Nachsicht gegenüber der*

---

20 Die Forderung nach einer „wertefreien Wissenschaft" kann so auch über das Wirken instrumenteller Vernunft erklärt werden.
21 Charly Chaplin widmet sich in dem Film „Moderne Welten" auf amüsante Weises dem Phänomen der instrumentellen Vernunft innerhalb der kapitalistischen Massenproduktion, einhergehend mit der Verdinglichung des Menschen zu einer Art Automaten. Beispielsweise wird Chaplin, der hier einen Arbeiter in einer Produktionsstraße spielt, durch die monotonen Bewegungen so sehr „verdinglicht", dass er die körperlichen Bewegungen der einzelnen Arbeitsschritte selbst nach Feierabend nicht abstellen kann und sich weiter in dieser Monotonie bewegen muss.

systematischen Verdummung von Kindern wie von Erwachsenen durch Reklame und Propaganda, die Freisetzung von unmenschlicher zerstörender Gewalt in Vietnam, das Rekrutieren und die Ausbildung von Sonderverbänden, die ohnmächtige und wohlwollende Toleranz gegenüber unverblümtem Betrug beim Warenverkauf, gegenüber Verschwendung und geplantem Veralten von Gütern sind keine Verzerrungen und Abweichungen, sondern das Wesen eines Systems, das Toleranz befördert, als ein Mittel den Kampf ums Dasein zu verewigen und die Alternativen zu unterdrücken"* (Marcuse, 2005).

In dieser Art der ideologischen Toleranz werden evident irrationale Meinungen mit dem gleichen Respekt behandelt wie rationale Argumente. In der relativistischen Sichtweise der demokratischen Toleranz kann niemand wirklich sagen, was gut und schlecht, falsch und richtig ist (Brookfield und Preskill, 2005, S. 257). Dominante Ansichten werden jedoch stets als „richtiger", „angemessener" oder „ausgewogener" bestätigt, Alternativen hingegen marginalisiert. Cale konnte im schulischen Kontext beispielsweise empirisch beweisen, dass die Benennung von dominanten Ansichten und Annahmen bei seinen Schülern dazu führte, dass sie diese erst recht bestätigten und verteidigten, wenn alternative Perspektiven eingeführt wurden (Cale, 2001; Cale und Huber, 2001; zitiert nach Brookfield, 2005, S. 257–260).

Repressive Toleranz lässt den Menschen genau so viele Möglichkeiten, dass sie denken, sie lebten in einer wirklich offenen und toleranten Gesellschaft, in der verschiedenste Stimmen sprechen dürfen und gehört werden. Dieser Scheinglaube jedoch entkräftet die Menschen in ihren Bestrebungen nach gesellschaftlichem Wandel. Der Stillstand, die Reproduktion der dominanten Ideologie des Status quo, tritt ein. Eine offensichtliche Anerkennung von alternativen Ideen in einer Gesprächsrunde dient der Unterstützung und Legitimierung der Mainstream-Ideen. Diesen Mainstream-Ansichten wird von vornherein größeres Gehör geschenkt, sie werden auf subtile Art und Weise mehr geschätzt. Die Diskussion von Alternativen unterstützt nur die implizite Legitimität der dominierenden Ansichten und erweckt den Eindruck einer wirklich freien Gesellschaft, die über wirkliche Alternativen verfügt, sich aber bereits für die am meisten geeigneten Ansätze entschieden hat.[22]

Toleranz bedeutet in diesem Sinne Legitimation von verfestigten Ideen und Handlungen, die sowohl für den Menschen als auch für die Natur schlechte Auswirkungen haben. Des Weiteren mündet jene Art von Toleranz in einer relativistischen Haltung, in der keine Stellung bezogen wird, und die somit *„in Wirklichkeit die bereits etablierte Maschinerie der Diskriminierung"* schützt (Marcuse, 2005).

Als Ausweg sieht Marcuse eine bestimmte Art der Pädagogik: *„Wenn der Student nicht in entgegengesetzter Richtung zu denken lernt, wird er geneigt sein, die Tatsachen in den herrschenden Rahmen der Werte einzuordnen"* (Marcuse, 2005). Wenn Schüler also lernen, quer zu denken, familiäre und herrschende Ansichten dabei zu unterdrücken und alternative Sichtweisen in den Vordergrund ihrer Analyse zu stellen, kann wahre Vielfalt entstehen (Marcuse, 2005).

---

22 Als Vegetarier habe ich beispielsweise schon oft die Erfahrung in Gesprächen gemacht, dass meine Ansicht zwar als interessant bezeichnet, jedoch dann als exotisch oder sinnlos abgetan wurde. Die vielen für den Vegetarismus sprechenden Argumente wurden von den Gesprächspartnern jedoch nicht in einem dialektischen Sinne berücksichtigt.

1.1.4.4.4 Strategisches Handeln und Kolonialisierung der Lebenswelt

Gesellschaft ist für Habermas in zwei sich beeinflussende Ebenen aufgeteilt. Zum einen benennt Habermas die Lebenswelt, welche mit kommunikativem Handeln gleichzusetzen ist. Die Lebenswelt, ein Konzept, das an dieser Stelle aufgrund seiner Komplexität nur inhaltlich in sehr verkürzter Form dargestellt werden kann, ist laut Treibel „*ein Konglomerat unserer sozialen Herkunft, unserer früheren und gegenwärtigen Gruppenzugehörigkeiten – allgemein unseres früheren und jetzigen Umfeldes.(...) Aus dieser Lebenswelt entnehmen die Individuen bestimmte Ressourcen ihres Handelns, bestimmte Wissensbestände. (...) Lebenswelt ist der Ort, an dem sich die Selbstreproduktion und Selbstinterpretation einer sozialen Gruppe vollzieht*" (Treibel, 1993, S. 166–167). Sie besteht, so Mezirow, aus "*a vast inventory of unquestioned assumptions and shared cultural convictions, including codes, norms, roles, social practices, psychological patterns of dealing with others, and individual skills*" (Mezirow, 1991, S. 69). Brookfield definiert deshalb, ähnlich wie Mezirow, die Lebenswelt als „*all those assumptions that frame how we understand our experience of life and how we try to convey that experience to others. (...) I think of the lifeworld as the background rules, assumptions, and common sense understandings that structure how we perceive the world and how we communicate that perception to those around us*" (Brookfield, 2005, S. 238).

Die Reproduktion von Gesellschaft geschieht jedoch nicht nur durch kommunikatives Handeln, sondern es gibt auch eine weitere Seite der Gesellschaft, welche Habermas mit dem Konzept „System" darstellt. Das System ist der politisch-administrative Komplex einer Gesellschaft (Wirtschaft und Staat). Dieser ist entstanden, um das kommunikative Handeln zu institutionalisieren, sozusagen als Exekutive des kommunikativen Handelns. Das System entsteht bei der Ausdifferenzierung und Institutionalisierung der Gesellschaft, beispielsweise bei der Instrumentalisierung wichtiger gesellschaftlicher Funktionen und Bedingungen wie Erziehung, Wissenschaft oder Recht. Unter dem Aspekt des "Systems" diskutiert Habermas die Mechanismen der Steuerung einer Gesellschaft und analysiert Ereignisse und Zustände in Bezug auf die durch die funktionale Vernetzung von Handlungskonsequenzen erfolgende Systemintegration. Der Prozess der Ausdifferenzierung von System und Lebenswelt gilt ihm als das wesentliche Kennzeichen sozialen Fortschritts, denn er führt zu einer Komplexitätssteigerung der Systemstrukturen und damit zu einer Erweiterung ihrer Spielräume und zu einem Rationalitätszuwachs der Lebenswelt.

Das System ist durch strategisches Handeln gekennzeichnet. Strategisches Handeln ist zweckrational (instrumentell), nimmt Einwirkung auf die Umwelt und dient der materiellen Bestandssicherung der Gesellschaft. Strategisches Handeln ist erfolgsorientiert, wobei das Individuum bei dieser Form des Handelns seine Ziele unabhängig von dem Einverständnis der anderen an der Interaktion Beteiligten erreichen möchte, etwa unter Einsatz von Zwang oder externen Anreizen (offenes strategisches Handeln), aber auch durch nur scheinbar verständigungsorientiertes Handeln (verdeckt strategisches Handeln), in diesem Falle zwar im Namen des Allgemeinwohls, jedoch tatsächlich durch bewusste oder unbewusste Täuschung. Bei bewusster Täuschung wird willentlich vorgegaukelt, dass die erstrebte Entscheidung für alle die beste wäre. Bei der unbewussten verdeckten strategischen Handlung hingegen fällt die Manipulationsabsicht dem Individuum nicht selber auf, da Selbsttäuschung vorliegt.

Habermas' Ideologiekritik betrifft die Untersuchung der Systemintegration und -reproduktion (durch strategisches Handeln) und die Sozialintegration (kommunikatives Handeln), wobei das System auf die Lebenswelt Einfluss nimmt, diese zunehmend „kolonialisiert" und dadurch das Sein der Menschen instrumentell werden lässt. Habermas' Kritische Theorie beschäftigt sich also mit der Störung des zwischenmenschlichen Dialoges und somit des Handelns, die zu negativen Gesellschaftsformen führt, da auch der soziale, zwischenmenschliche Bereich der Lebenswelt durch die Zwänge des ökonomischen Systems beeinflusst wird. Die durch das System bedingte Lebensweise, die voll von ökonomischen Zwängen ist, wirkt sich auch auf das soziale Miteinander aus. So koordinieren Marktmechanismen beispielsweise menschliches Miteinander. Es kommt zur Monetarisierung und Bürokratisierung sozialer Beziehungen durch die Faktoren Geld und politische Macht. Dies führt somit zu Sinn- und Freiheitsverlust der Menschen:

„Die industriell fortgeschrittenen Gesellschaften scheinen sich dem Modell einer eher durch externe Reize gesteuerten als durch Normen geleiteten Verhaltenskontrolle anzunähern. Die indirekte Lenkung durch gesetzte Stimuli hat, vor allem in Bereichen scheinbar subjektiver Freiheit (Wahl-, Konsum-, Freizeitverhalten), zugenommen. Die sozialpsychologische Signatur des Zeitalters wird weniger durch die autoritäre Persönlichkeit als durch Ent-strukturierung des Über-Ich charakterisiert. Eine Zunahme des adaptiven Verhaltens ist aber nur die Kehrseite einer unter der Struktur zweckrationalen Handelns sich auflösenden Sphäre sprachlich vermittelter Interaktion" (Habermas, 1968, S. 83–84).

Durch die Infiltration der Lebenswelt, der Verdrängung von kommunikativem durch zweckrationales Handeln, gelenkt durch Macht und Geld, kommt es zu einer Verrohung (Verlust von sozialer Solidarität) und kulturellen Verarmung der Gesellschaft und zu einer instrumentellen Ausgestaltung von Wissenschaft und Erziehung. Alles Streben und Handeln wird durch die Kolonialisierung der Lebenswelt zweckrational: Wissenschaft, Beziehungen, Sprache[23], Politik usw. Dennoch kann durch die Ingangsetzung von Reflexionsprozessen über diese Prozesse und Einleitung von Gegenmaßnahmen durch kommunikatives Handeln das Verhältnis von Lebenswelt und System korrigiert und ausbalanciert werden. Jedoch wird dies in der modernen Informationsgesellschaft immer unwahrscheinlicher. Die Struktur der modernen kapitalistischen Gesellschaft und die Zunahme des Einflusses von Macht und Geld wirken sich auf die regulierenden Kräfte der Lebenswelt aus. Habermas beobachtet einen Rückgang der Öffentlichkeit innerhalb der Demokratie. Die Abnahme einer informellen und neutralen Struktur der Öffentlichkeit, in der die Menschen sich über ihre Belange durch kommunikatives Handeln austauschen und politische Meinungsbilder herleiten können, führt zu einer Form der Politik, die nur noch vorgibt, die Interessen der Gesellschaft zu repräsentieren, und deren eigene Ansichten als Meinung der Gesellschaft verkauft werden. Auch die ungleiche Verteilung von Bildung, Expertise und somit Zugang zu Informationen durch die Ökonomisierung der Bildung und das Prinzip der Arbeitsteilung erschwert es den Individuen, sich durch kommunikatives Handeln einzubringen.

---

23 Dominante Ideologien sind in Sprechakten versteckt, beispielsweise in Definitionen von Wörtern, die für uns völlig vernünftig und plausibel sind, jedoch bestimmte Machtinteressen und Manipulation in sich bergen (siehe beispielsweise Wörter wie *Humankapital, lebenslanges Lernen* etc., die zur unbewussten Hinnahme der legitimierten Verdinglichung des Menschen führen können).

Diese verordnete Passivität und der Einfluss des Systems in der Lebenswelt führen zu einer destruktiven Privatisierung und einer selbstbezogenen, instrumentellen Ausrichtung der Lebensweise. Dies führt entweder zu einem an Freizeit und Konsum orientierten Familienleben (familiäre Privatisierung) oder zu einer Orientierung an Karriere und Ausbau des sozialen Status, unterstützt und legitimiert durch die selbst auferlegten Denkweisen und Weisheiten der Leistungsgesellschaft, durch die Zunahme von demokratischen Eliten und der Effizienz des technokratischen Systems (Brookfield, 2005, S. 234). Kritisches Denken im Sinne des kommunikativen Handelns findet nicht mehr statt.

1.1.4.5 Kritik an dem Verständnis kritischen Denkens in der Kritischen Theorie

"Nutzlos ist die Lehre eines Philosophen, die für keine menschlichen Schmerzen Heilung bringt." (ORIGENES)

Auch wenn die Kritische Theorie seit spätestens den 1990er Jahren mehr und mehr in Vergessenheit geraten ist, wurde dennoch viel über ihre Lehren diskutiert, spekuliert und auch gestritten, weil sie eben sperrig, abstrakt, kompliziert, vernichtend in ihrem Geltungsanspruch, mehrdeutig und größtenteils nicht empirisch fundiert ist. Brookfield führt einige in der Gesellschaft weit verbreitete, auch durch Hörensagen geprägte Kritikpunkte auf, wie beispielsweise die „abgehobene" Sprache und damit einhergehende Unverständlichkeit oder die Ansicht, Kritische Theorie sei linke Verblendungsliteratur für Intellektuelle und ziele auf die Einführung des Sozialismus ab (Brookfield, 2005, S. x-xi). Diese Kritikpunkte dringen nicht zu den Inhalten und Annahmen der Kritischen Theorie vor, sind also keine immanente Kritik, die der Theorie etwas argumentativ substantiell entgegensetzen zu hätten. Inhaltlich fruchtbarere Kritik kam unter anderem aus der Wissenschaftstheorie (Albert, 1971) oder auch von dem Erneuerer der kritischen Theorie selbst. Habermas, jener Begründer der „neuen kritischen Theorie", fasst die maßgebenden Kritikpunkte wie folgt zusammen:

„Die kritische Theorie hat die in den Sozialwissenschaften und in der analytischen Philosophie entwickelten theoretischen Ansätze nicht ernst genommen, sie hat nicht, wie es ihren Intentionen eigentlich entsprochen hätte, systematisch angeknüpft" (Habermas, 1977, S. 483 f.; zitiert nach Reese-Schäfer, 2001, S. 147). Deswegen habe sie sich in der Kritik der instrumentellen Vernunft auf *„einer abstrakten Ebene eingeigelt"*, die kaum zu einer empirisch gehaltvollen Analyse einer „überkomplexen gesellschaftlichen Realität" beigetragen habe (ebd., 2001, S. 147). Systematisch wurde so die gesamte Vernunftsphäre der bürgerlichen Welt als ausweglos ideologisch erkannt. Die Dialektik der Aufklärung habe also dazu geführt, dass der gesamte Bereich menschlicher Vernunft unwiderruflich der Ideologie zum Opfer gefallen ist. Das Dilemma der Totalität der instrumentellen Vernunft erscheint so als unvermeidlich und ausweglos. Vernunft kann damit nicht mehr in Anspruch genommen werden. Adorno aber, so Habermas, nahm sie für sich selbst implizit in Anspruch, z. B. in seinen Gedanken, Schriften, in Diskussionen usw., die systematische Begründung eines Vernunftbegriffes jedoch leugnete er (Habermas, 1977, S. 48. f.; zitiert nach Reese-Schäfer, 2001, S. 147). Die totalisierende Vernunftkritik trägt folglich Widersprüche in sich. Reese-Schäfer beschreibt dies folgendermaßen: *„Der Standpunkt, von dem aus Kritik geübt wird, kann nicht mehr sicher angegeben*

werden; die Vernunftkritik läuft auf ihre Selbstaufhebung hinaus" (2001, S. 146). Eine totalisierende, rein negative Kritik lässt keine Position mehr deutlich werden, von der aus eigentlich Kritik geübt wird. Die Lehre der Kritischen Theorie wird dadurch verdächtig: Es ist nicht mehr bestimmbar, ob sie „wahr" oder nicht selbst schon Bestandteil des Verblendungszusammenhangs ist.

Für das Konzept kritischen Denkens in der Tradition der kritischen Theorie ergeben sich daraus mehrere Konsequenzen. Die Annahme einer omnipotenten und unauflösbaren instrumentellen Vernunft, die rationales Denken nihiliert, ist zu verwerfen, da kritisches Denken sonst gar nicht stattfinden könnte bzw. sinnlos wäre. Die angenommene Ausweglosigkeit kann auch zu einer Benommenheit, einer Befangenheit, einer Ohnmacht durch das Denken führen und letztendlich in der Resignation oder Depression des Denkenden enden. Sozialer Stillstand und Reproduktion des Bestehenden wird durch solch eine Haltung erst zementiert. Das Leben darf aber nicht unter dem Einfluss des Denkens zerbrechen und abstumpfen. Kritisches Denken sollte daher im Sinne von Habermas auch eine konstruktive Komponente besitzen, eine, die es ermöglicht, an der Idee der Verbesserung der Verhältnisse festzuhalten und Alternativen zu ermöglichen. Die durch eine alles durchdringende instrumentelle Vernunft hervorgerufene Verdammnis der Vernunft wollte Habermas nicht gelten lassen und entwickelte deshalb das Konzept des kommunikativen Handelns, das Auswege durch den rationalen Diskurs aufzeigt. Für ihn kann es wieder ein richtiges im falschen Leben geben. Die Zukunft wird so durch das Übereinkommen der Menschen in rationalen Sprechakten gestaltbar, wenngleich Habermas auch erhebliche Bedrohungen dieser Wandelfähigkeit ausmacht, wie z. B. durch die Kolonialisierung der Lebenswelt. Bei dieser konstruktiven Dimension sollte kritisches Denken ansetzen.

Ob tatsächlich repressive Machtmechanismen greifen und repressive Herrschaftsverhältnisse in einer bestimmten Realität vorliegen, sollte des Weiteren empirisch überprüft werden, wobei empirisch nicht nur mit wissenschaftlicher Überprüfung gleichzusetzen ist. Kritisches Denken sollte auch prüfen, inwieweit es nicht selbst ideologisch in seiner ideologiekritischen Ausrichtung eingefärbt ist.

Trotz der massiven Kritik hat die Kritische Theorie Denkwerkzeuge und Begriffe der Normenreflexion hervorgebracht, die es erst ermöglichen, grundlegend über die Auswirkungen der Ausgestaltung der Gesellschaft nachzudenken und blinde Flecken in dem als gegeben Angenommenen, nicht mehr Hinterfragten zu erkennen.

1.1.5 Kritisches Denken innerhalb der Pädagogik: Förderung des Denkens

1.1.5.1 Historischer Hintergrund

Der disziplinübergreifende, systematische wissenschaftliche Diskurs zur Förderung kritischen Denkens, mit all seinen Facetten, Widersprüchen und Gemeinsamkeiten begann trotz der wichtigen Arbeiten einiger Gelehrtern (z. B. John Locke) zur Förderung „kognitiver Prozesse" erst im 20. Jahrhundert in Amerika (Resch, 2008, S. 1). Die Schulung des rationalen Denkens durch formale Logik in Mathematik, klassische Sprachen wie Latein, Logik und Rhetorik spielte aber auch davor eine wichtige Rolle in Hochschulen und Universitäten in Amerika (ebd., 2008, S. 15–16). Rationales

Denken zu erlernen war bis ins 20. Jahrhundert hinein eine von vielen Bildungspraktikern und Gelehrten geschätztes und beabsichtigtes Bildungsziel (ebd., 2008, S. 16). Die Tradition der Logik und der Psychologie beeinflussten jedoch maßgebend die Pädagogik im Hinblick darauf, wie kritisches Denken zu verstehen und wie es zu schulen sei. Dadurch wurden aber auch viele eigenständige Konzepte kritischen Denkens hervorgebracht, da die verschiedenen Maßstäbe der Traditionen aufgegriffen und für die Schulung des Denkens fruchtbar gemacht wurden. Der erste maßgebende Einfluss auf die Pädagogik ging von der Tradition der Logik aus. Bereits Philosophen wie Sokrates fragten, wie logisches Denken geschult werden könnte und entwickelten dazu eigene Methoden wie das sokratische Fragen. Ab den 1970er Jahren wurde die Förderung kritischen Denkens in Form von Logikkursen in amerikanischen Colleges obligatorisch. Ab den 1980er Jahren in etwa erkannten mehr und mehr Pädagogen, dass die allgemeine Schulung in informeller und formeller Logik in extra dafür eingerichteten Kursen nicht ausreicht, die aufgestellten Bildungsziele kritischen Denkens realisieren zu können. Zudem gewannen die Theorien und Erkenntnisse der Kognitionswissenschaft immer mehr an Bedeutung. Die Förderung der Fähigkeiten bzw. Fertigkeiten und den Dispositionen kritischen Denkens wurde als feste Zielgröße curricular in das Schulsystem in den USA integriert. Die kognitive Wende mit der damit verbundenen Abkehr von Behaviorismus hin zum Kognitivismus ab den 1950er Jahren regte etliche Bildungsforscher innerhalb der Pädagogik, wie etwa Benjamin Bloom oder Joanne G. Kurfiss, zu eigenen Theorien und Konzepten zur Schulung kritischen Denkens an. Im so genannten „Thinking Skills Movement", der durch die Ergebnisse der kognitiven Psychologie inspiriert wurde, konnten Pädagogen wie Presseisen (1988) oder Costa (1988) differenzierte, profilierte und vielseitige theoretisch und praktische Konzepte zur Denkschulung in Schulen und Hochschulen darlegen, die sowohl Ansätze aus der Logik (Analyse von Argumenten) als auch der Psychologie (Lösen von Problemen und die dabei relevanten kognitiven Prozesse) aufgriffen, miteinander vereinten, erweiterten und didaktisch aufbereiteten. Fasko zeigt hierzu einige Beispiele, wie Definitionen und Konzepte durch Pädagogen kombiniert und erweitert wurden (Fasko, 2002, S. 8).

Innerhalb der Pädagogik gab es neben dem Rückgriff auf die beiden populären Traditionen kritischen Denkens (Psychologie und Logik) eine weitere Ausrichtung der Förderung kritischen Denkens, die ihre Impulse von der Kritischen Theorie bekommen hatte. Die Rede ist hierbei von der kritischen Pädagogik (Critical Pedagogy), auch unter dem Namen „kritisch emanzipatorische Erziehungswissenschaft" bekannt, einer pädagogischen Bewegung, die vor allem in den USA beheimatet ist.

1.1.5.2 Verständnis kritischen Denkens im Kontext der Pädagogik

1.1.5.2.1 Einfluss der Logik & Psychologie auf die Pädagogik kritischen Denkens

Robert J. Sternberg schreibt der Pädagogik als dritte Tradition des kritischen Denkens (neben der analytischen Philosophie und Psychologie) folgende Eigenschaften zu: „(...) *educational theories are often a mixture of the two* (Philosophie und Psychologie anm. Autor), *with the nature and proportions of the mix less clearly specified.*" (Sternberg, 1992; zitiert nach Weixlbaumer, 2007, S. 34). Theoretische Definitionen und Modelle aus der Logik und vor allem auch aus der kognitiven Psychologie wurden und werden von Pädagogen übernommen und modifiziert, um der Frage nachzugehen, wie man Lerner im kritischen Denken gemäß dem vorliegenden Verständnis fördern kann. Laut Moon wird innerhalb der pädagogischen Literatur deshalb eher ein Fokus darauf gerichtet, wie das Umfeld der Lerner zur Denkschulung gestaltet werden sollte, wie sich negative Einflüsse im Kontext des Unterrichts auf kritisches Denken der Lerner auswirken und wie kritisches Denken durch Lehrer geschult werden sollte (Moon, 2008, S. 46–47). Die Förderung kritischen Denkens setzt beim einzelnen Individuum an. Schüler oder Studenten sollen zur Mündigkeit und Selbstbestimmtheit erzogen werden, dass heisst, durch die Denkschulung unkritisches, irrationales, unlogisches und unreflektiertes Denken und Handeln erkennen können und gleichzeitig rational Denken und Handeln zu lernen (Burbules und Berk, 1999, S. 46). Kritisches Denken hebt darauf ab, Aussagen anhand von rationalen Kriterien bewerten und konstruieren zu können, um somit wohlbegründete Urteile zu fällen und Entscheidungen zu treffen, um selbstgesetzte Ziele zu erreichen und Probleme zu lösen. Befürworter dieser Tradition kritischen Denkens setzen implizit darauf, dass die Denkschulung auch einen allgemeinen humanisierenden Effekt mit sich bringt und zur Demokratieverwirklichung beitragen kann (ebd., 1999, S. 46). Weiterhin wird kritisches Denken als Strategie zur Förderung des Tiefenlernens angesehen (Merz, 2001).

1.1.5.2.1.1 Das Modell kritisch-reflexiven Denkens nach John Dewey (1910)

Der Philosoph und Pädagoge John Dewey Anfang des 20. Jahrhunderts setzte bei der Schulung des Denkens aus einer Tradition des Pragmatismus kommend darauf, dass kritisches Denken durch natürliche Lernerfahrungen gefördert werden könne und diese gemäß dem Pragmatismus zielorientiert und gemeinnützig sein solle (Resch 2008, S. 17). Die Konzepte der Logik spielen in diesem Ansatz eine untergeordnete Rolle. Lerner müssen also mit Problemen konfrontiert werden, deren Lösung von Bedeutung für sie ist und diese durch wissenschaftliches, experimentelles Denken und Erproben lösen. Dabei sollen diese Probleme keinem Selbstzweck dienen, sondern gesellschaftlich relevant sein. Dewey war der Ansicht, dass die Förderung des kritisch-reflexiven Denkens im Unterricht dazu beitragen würde, die Demokratie durch soziale Transformation zu stärken. Diese These der sozialen Emanzipation und Demokratieverbesserung durch die Förderung von kritischem Denken finden wir heute auch wieder in den Arbeiten einiger Autoren, wie beispielsweise bei Brookfield (1987) oder Kincheloe (2004). Dewey vertrat auch die Ansicht, dass Intelligenz sich durch Interaktion des Organismus mit der Umwelt ausprägt und somit gezielt gefördert werden kann. Aus dieser Anschauung leitete er didaktische Prinzipien des handlungsorientierten Unterrichts ab: Lerner müssen Wissen selbst durch forschende Tätigkeit konstruieren, erproben und ausprobieren können. Auch das Modell des kritisch-reflexiven Nachdenkens, das Dewey in dem Buch „How we think" 1910 darlegte, findet sich bis heute in vielen anderen Phasenmodellen kritischen Denkens in seiner Grundstruktur wieder. Dabei definierte Dewey sein Konzept des kritischen Denkens – *reflective thinking* – als *„active, persistent, and careful consideration of any belief or supposed form of knowledge in the light of the grounds that support it and the further conclusions to which it tends"* (Dewey, 1938; zitiert nach Fasko, 2003, S. 7). Kritisches Denken ist demnach ein forschungsorientierter Problemlöseprozess:

Phasen im Prozess des kritisch-reflexiven Denkens
1. Auftreten eines Problems oder beunruhigenden Phänomens
2. Beobachtung und Prüfung der Tatsachen zur Abgrenzung und Erklärung des Problems
3. Entstehung von Hypothesen oder möglichen Lösungen und ihre gedankliche Verarbeitung
4. Prüfung der entwickelten Ideen (neue Beobachtungen und Experimente)

Tabelle 4: Phasen der vollkommenen Denkhandlung (nach Dewey, 2002, S. 147)

Das zu dem Modell entworfene didaktische Konzept wurde auch mit dem Begriff „scientific method" umschrieben, welches Dewey ganz an dem Prozess der vollkommenen Denkhandlung ausrichtete und somit seine Lerner zu kleinen Forschern machte.

Der Ablauf der „scientific method" geht also schrittweise einher mit den Phasen des vollständigen Denkvorgangs und ist letztendlich nichts anderes als ein klassisches quantitatives Forschungsdesign: Die Methode beinhaltet zuerst das Aufwerfen von Fragen, dem Suchen nach relevanten Informationen, der Generierung und Überprüfung von Hypothesen in Experimenten, der Analyse des so gewonnenen Datenmaterials und Aufbereitung der Daten. Methoden und Materialien müssen dabei laut Dewey den Prozess des kritisch reflexiven Denkens unterstützen bzw. den Prozess einleiten, indem der Schüler kognitive Verunsicherung verspürt, an sein Vorwissen angeknüpft wird und Neugierde geweckt wird. Dewey weist des Weiteren darauf hin, dass die gewählten Unterrichtsinhalte für die Lerner relevant aufbereitet sein müssen, also als persönlich wichtig erlebt werden sollen. Es muss also Interesse an den aufgeworfenen Problemen bestehen (Dewey, 2002, S. 29). Er geht davon aus, dass Denken nicht gelehrt, sondern nur positiv beeinflusst werden kann, deshalb sind die den Denkprozess aktivierenden und begleitenden im Unterricht eingesetzten Materialien und die damit verbundene Interaktion der Lerner untereinander und mit dem zu lösendem Problem von enormer Wichtigkeit (Dewey, 2002, S.30). Lerner sollen eigene Erfahrungen durch eigene, auf wissenschaftlichen Kriterien fußende Forschung im Unterricht machen können, jedoch dabei immer die in den einzelnen Phasen zielgerichteten Reflexionen anstellen. Eine Unterrichtsform, die Deweys Konzept maßgebend prägte, ist deshalb beispielsweise der Projektunterricht: In dieser Unterrichtsform verbinden sich all die von Dewey postulierten Phasen des kritisch reflexiven Denkens (Winkler, 2003). Projektunterricht ist „erforschender Unterricht", der relevante gesellschaftliche, den Schülern nahegehende Probleme lösen zu sucht und den Austausch zwischen dem Ich der Lerner und der Umwelt ermöglicht. Bei dieser Form ist es für die Schüler auch möglich, Hypothesen zu überprüfen und dabei beispielsweise auch zu scheitern, um aufgrund der gemachten Erfahrungen wieder nach neuen Lösungswegen Ausschau zu halten.

1.1.5.2.1.2 Eine Lerntaxonomie kritischen Denkens nach Bloom (1956)

Die Pädagogik hat eine Vielzahl an Taxonomiestufen und Modellen kritischen Denkens hervorgebracht, wobei die Förderung im Zentrum der Überlegungen steht. Die auch heute noch oftmals eingesetzte sechsstufige Lernzieltaxonomie nach dem Lerntheoretiker Bloom (1956) ist beispielsweise ein wichtiger Beitrag, der zeigt, wie auch innerhalb der Pädagogik die neuen Einsichten innerhalb der

Lernpsychologie verarbeitet wurden. Bloom beschreibt in seinem Modell die verschiedenen hierarchischen Prozesse innerhalb der kognitiven Domäne des Lernens. Gerade Elemente der letzten zwei oder drei Stufen (Analyse, Synthese und Evaluation von Wissen) wurden innerhalb der Pädagogik immer wieder mit kritischem Denken gleichgesetzt (Bellis, o. D, Skinner, 1976; Astleitner 1998; Ennis, 1996, Lamb & Johnson, 2007) und es wurden ähnliche pädagogische Fähigkeitsraster daran anlehnend entwickelt (siehe Kratwohl et al., 1964; zitiert nach Astleitner, 1998, S. 20). Die folgende Tabelle veranschaulicht die einzelnen hierarchischen Stufen des Modells von Bloom im kognitiven Bereich. Sie zeigt die für kritisches Denken relevanten Kategorien im Bereich der Fähigkeiten, wobei in der Literatur Dissens darüber besteht, welche Kategorie und welche Fertigkeiten als kritisches Denken zu verstehen seien und welche nicht (Resch, 2008, S. 41). Die Komplexität der Denkaktivitäten nimmt mit der Abfolge der Kategorien zu, wobei Wissen die leichtesten und die Evaluation die schwersten Anforderungen für das Denken stellt.

Kategorie	Beinhaltete Fertigkeiten
Wissen	• Daten und Fakten wiedergeben können
Verstehen	• Ein Problem in eigenen Worten wiedergeben können • Bedeutung, Übersetzung, Interpolation und Interpretation von Aufträgen und Problemen verstehen können
Anwenden	• Konzepte in neuen Situationen anwenden können, unaufgefordert Abstraktionen herstellen können • Im Unterricht gelerntes Wissen in neuen Situationen anwenden können
Analyse	• Zentrale Perspektiven oder Vorurteile in historischen Dokumenten erkennen können • Die Konsistenz von Hypothesen anhand der gegebenen Informationen und Annahmen überprüfen können • Schlussfolgerungen bezüglich der Position des Autors vornehmen können, Ziele und Eigenschaften von Gefühlen und Gedanken wie sie in den Arbeiten der Autoren dargestellt werden erschließen können • Überzeugungsstrategien in persuasiven Material wie Werbung oder Propaganda erkennen können • Die zentralen Fakten oder Annahmen erkennen, auf die der Autor zur Legitimation seiner These oder seines Argumentes zurückgreift
Synthese	• Methoden und Wege zur Überprüfung von Hypothesen erschließen können • Ideen und Argumente wissenschaftlich und wohlorganisiert schriftlich darlegen können • Die Ergebnisse einer Untersuchung in einen effektiven Plan oder Lösung eines Problems einfließen lassen können • Geeignete Hypothesen generieren können, die auf einer Analyse der involvierten Faktoren beruht und weiterhin die Hypothese dementsprechend modifizieren können, wenn neue Evidenz/Daten/Überlegungen dies nahe legen
Evaluation	• Schlussfehler in Argumenten erkennen können • Überzeugungen kritisch evaluieren können

Tabelle 5: Bloom's Lernzielstufen des kognitiven Bereichs, angelehnt an Resch, 2008, S. 41

Starker Fokus bei diesem und ähnlichen Konzepten liegt generell bei den zu vermittelten Fähigkeiten bzw. Fertigkeiten. Dispositionen für kritisches Denken, also tiefgehende Charakterzüge, die das tatsächliche Anwenden eines kritischen Denkstils erst ermöglichen, spielen in diesen Konzepten keine große Rolle.

1.1.5.2.2 Einfluss der Kritischen Theorie auf die Pädagogik kritischen Denkens

Die Grundideen und Annahmen der Kritischen Theorie wurden in manchen Strömungen der Pädagogik förmlich aufgesogen und als Programmatik des Unterrichtens erklärt (Stanley, 1992; zitiert nach Burbules und Berk, 1999, S. 49). Der Einfluss der Kritischen Theorie zeigt sich vor allem bei der so genannten kritischen Pädagogik (Critical Pedagogy) oder synonym bei der „kritisch emanzipatorischen Erziehungswissenschaft", eine pädagogische Bewegung, die vor allem in den USA aber auch in abgewandelter Form in Deutschland beheimatet ist. Kritisches Denken im Sinne der kritisch-emanzipatorischen Erziehungswissenschaft ist politisch, gemeinschaftsbezogen, emanzipatorisch, selbstermächtigend und idealistisch in seiner Ausrichtung. Kritische Pädagogik ist eine radikale Pädagogik, die Werte wie Solidarität, soziale Verantwortung, Kreativität und das Handeln im Auftrag des Gemeinwohls als ihre Ziele betont (Wink, 2005, S. 24). In einfachen Worten, so Joe Kincheloe in einem Video-Interview, ist kritische Pädagogik „the study of oppression in education, the study of how issues of race, class, gender, sexuality and colonialism will shape the nature of what goes on in education and shape the purpose of education (Kincheloe, 2008b). Die Bewegung der kritischen Pädagogik befasst sich etwa seit den 1960er Jahren mit einer angestrebten gesellschaftlichen Transformation und individuellen Emanzipation der Lerner. Wichtige Autoren der didaktischen und konzeptionellen Theorien der kritischen Pädagogik sind Paulo Freire (1970; 1973) und später Henry Giroux (1981) oder Joe Kincheloe (2004, 2008a). Laut Paulo Freire, einem der wichtigsten Vertreter und Begründer der kritischen Pädagogik, möchte die kritische Pädagogik Repression und ihre Ursachen als Gegenstand des Unterrichts aufgreifen und zu Objekten der Reflexion der „Unterdrückten" machen (Freire, 1997; zitiert nach Monchinski, 2008, S. 2). Dazu sei angemerkt, dass die Urheber der kritischen Pädagogik wirklich mit „Unterdrückten" gearbeitet haben, mit Menschen, die politisch verfolgt, gesellschaftlich ausgestoßen oder stigmatisiert waren.

Der kritische Denker im Sinne der kritischen Pädagogik hinterfragt und interpretiert die Welt und den damit verbundenen Einfluss auf das Individuum ideologiekritisch und hat sozialen Wandel durch Handeln zum Ziel. Er strebt eine Veränderung der Gesellschaft überall da an, wo Repression und Macht, sei es verdeckt oder offen, Menschen verdinglichen, marginalisieren oder manipulieren. Weiterhin möchte er durch seine Einstellung und seine Fähigkeiten mehr soziale Gerechtigkeit und Emanzipation herbeiführen (Burbules und Berk, 1999; Kincheloe, 2004; Brookfield, 2003). Die kritische Pädagogik ist deshalb nicht nur kritisch im Sinne der Kritischen Theorie, sondern aus konstruktiv, da sie soziale Transformation des Bestehenden hin zu einer humaneren Welt herbeiführen möchte, also an das glaubt, was insbesondere Adorno nicht für möglich gehalten hatte. Es reicht nicht aus, nach Gründen und Wahrheit zu suchen, man muss auch gewillt und imstande sein, die Dinge anzugehen und zu ändern, so die Annahme der kritischen Pädagogik. Kritisches Denken im Mantel der kritischen Pädagogik strebt deshalb an, eine konsumorientierte Haltung des Individuums hinter sich zu lassen und gesellschaftliche Alternativen durch gemeinsames Handeln zu schaffen (Kaplan, 1994, S. 209). Es beschäftigt sich thematisch immer mit sozialer Ungerechtigkeit innerhalb von Macht- und Hegemoniestrukturen in der Gesellschaft, bedingt durch Kapitalismus, Technik oder Massenkultur (siehe beispielsweise Weil, 2004a; Kincheloe, 2001; Brookfield, 1987; Kerres, 1994.) Kritisches Denken ist hierbei vor allem Ideologiekritik, die die Schüler erkennen lässt, wie sich Macht in einem kapitalistischen System auf präskriptiven Annahmen, Lebenswelt und somit auf das Denken und Handeln der Individuen der Gesellschaft auswirkt und dadurch politische und ökonomische Ungleichheit durch diese unreflektierten Annahmen legitimiert und stabilisiert wird (Brookfiel, 2005, S. 13). Konzepte der Logik und der Psychologie, beispielsweise für Strategien der Überprüfung des Wahrheitsgehaltes von Argumenten, wurden auch für die Förderung kritischen Denken herangezogen, jedoch nur insoweit, um dadurch verdeckte Machtformen aufzudecken und deren Wirkung und Zusammenhang mit sozialen Zuständen verdeutlichen zu können. Wissenschaftliches Datenmaterial wird im Sinne der Wissenschaftskritik der Frankfurter Schule, selbst wenn die Daten augenscheinlich wissenschaftlich gültig sind, kritisch betrachtet, da Wissenschaft und deren Ergebnisse in dieser Sichtweise voreingenommen sein können. Es geht darum, herauszufinden, wer diese Ergebnisse gewonnen hat, wer davon profitieren könnte, wer die finanzielle Basis für die Studien geschaffen hat oder wer sich öffentlich mit diesen Ergebnissen brüstet (Burbules und Berk, 1999, S. 46–47). Kritisches Denken fragt danach, welche Motive, Intentionen und Motivation hinter verschiedenen Sichtweisen und hinter einem bestimmten Wissen stehen, welche Wirkung diese Ansichten und dieses Wissen auf die Gesellschaft hat und welche Verantwortung oder Vorteile demjenigen, der das Wissen besitzt, dadurch erwachsen (Burbules und Berk, 1999, S. 47; Kincheloe, 2004, S. 29). Kritische Denker besitzen nicht nur die Fähigkeit, problemlösend denken und handeln zu können, sondern fragen auch, warum bestimmte Probleme gelöst werden oder gelöst werden sollen und weshalb bestimmtes Wissen zur Verfügung gestellt wird.

Im Fokus des pädagogischen Interesses der kritischen Pädagogik stehen das Verhältnis der Lerner untereinander und das zum Lehrer, die Produktion von Wissen, die Rolle der institutionellen Struktur von Schulen, das Rollenbild des Lehrers sowie die sozialen und materiellen Beziehungen innerhalb der weiteren Gemeinschaft, Gesellschaft und Welt – mit dem Ziel eines menschengerechteren, freieren, solidarischeren, gerechteren und brüderlicheren Zusammenlebens, das durch Pädagogik verwirklicht werden soll. Burbules und Berk schreiben dem Lehrer innerhalb der kritischen Pädagogik folgende Aufgaben und Einstellung zu: „*Critical Pedagogues are specifically concerned with the influences of educational knowledge, and of cultural formations generally, that perpetuate or legitimate an unjust status quo; fostering a critical capacity in citizens is a way of enabling them to resist such power effects*" (Burbules und Berk; 1999, S. 45).

Jürgen Habermas' Theorie des kommunikativen Handelns ist einer der wichtigsten und für die Didaktik der kritischen Pädagogik. Habermas' Ansatzpunkt in der Tradition der Kritischen Theorie ist die Kommunikation und Interaktion der Menschen untereinander und die Annahme, dass dieses kommunikative Handeln ein realistischer Motor für sozialen Wandel, ein Instrument für mehr menschliche Solidarität sein kann. Deshalb ist kommunikatives Handeln ein primärer Ansatzpunkt innerhalb der Didaktik der kritischen Pädagogik (siehe die Werke von Freire (1970); Giroux (1981); Kincheloe,

(2008a)). Die Arbeiten von Habermas spiegeln sich wider in der Betonung bestimmter didaktischer Methoden innerhalb der kritischen Pädagogik, wie etwa in Formen von demokratischen Diskussionen (Brookfield und Preskill, 2005; Freire, 1970; Kincheloe, 2008a etc.) oder im Lesen der Welt durch den „Dialog" (Freire, 1970). Kritisches Denken geschieht durch und im demokratischen Diskurs, mit dem Ziel, durch ideale Sprechsituationen dominante Ideologien zu enttarnen und zu kritisieren, Vorurteile zu überwinden, Perspektiven der Lerner zu erweitern und letztlich aktiv demokratisches Verhalten für eine Transformation der Gesellschaft anzustoßen.

1.1.5.2.2.1 Klafkis Kritisch-Konstruktive Didaktik

In Deutschland geht das Aufkommen der kritisch-emanzipatorischen Erziehungswissenschaft einher mit der Studentenbewegung in den 1960erJahren, der Verbreitung und Etablierung der Kritischen Theorie und dem damaligen Aufgreifen von sozialwissenschaftlichen Ansätzen innerhalb der Pädagogik (Aufenanger, 2006). Sehr große Beachtung in der Literatur hat in diesem Zusammenhang die kritisch-konstruktiven Didaktik von Klafki gewonnen, obwohl es eine Vielzahl an Autoren in der kritisch-emanzipatorischen Tradition der Pädagogik gab (siehe beispielsweise im Bereich der Berufsbildung Lempert, 1975). An Klafkis Didaktik lässt sich das „Kritische" und das „Konstruktive" gut aufzeigen. Der Ansatz seiner Didaktik enthält zum einen Elemente der Kritischen Theorie, hier insbesondere die Ideologiekritik, die die Alltagsdidaktik berücksichtigen muss. Zum anderen sah Klafki auch die Notwendigkeit, von einer reinen Negativkritik, wie es in der Kritischen Theorie mehr oder weniger der Fall ist, abzukommen und neben dem kritischen Element (Hinterfragen von gesellschaftlich-geschichtlichen Realitäten) den Schülern vor allem eins zu geben: Ein konstruktives Element, das es Schülern ermöglichen soll, anhand von empirisch-analytischem Denken Vorschläge zur Verbesserung der entdeckten Herrschaftsstrukturen und Einflüsse von Ideologien zu entwickeln. Kurzum: Im Zentrum von Klafkis Didaktik steht als primäres Ziel die Mündigkeit und Emanzipation der Schüler für eine bessere und gerechtere Welt. Lerner sollen durch Bildung befähigt werden, frei zu denken, zu urteilen und zu handeln. Dabei sollen sie aktiv darin gefördert werden, Mitgestalter der gesellschaftlichen Lebenswelt als Zivilbürger zu werden, indem sie sich durch Bildung frei entfalten und entwickeln lernen und dabei auch zum solidarischen Handeln befähigt werden, um entsolidarisierte und gesellschaftlich-bedingt ungerechte und ungleiche Zustände anzugehen und umzugestalten.

Klafki differenziert in seiner Didaktik zwischen Zielen der Individual- und der Allgemein bildung. Individualbildung hat dabei zum Ziel, die Selbstbestimmung, Mitbestimmung und Solidaritätsfähigkeit der Schüler zu fördern, also jene Fähigkeiten, durch die Lerner *„in kritischer Distanz gegenüber allen Anpassungsforderungen und Sinndeutungen zum Selbstsein gelangen"*, um *„selbst die Regie über die Entfaltung der eigenen Person und die Gestaltung des eigenen Lebens zu führen – ohne jedoch Ansprüche zu verletzen, die im Interesse aller liegen"* (Traub, 2006, S. 47).

Allgemeinbildung soll dazu anregen, die Schüler mit gesellschaftlichen und menschlichen Schlüsselproblemen vertraut zu machen und zum Handeln anzuregen, indem sich die Schüler in der Auseinandersetzung mit diesen Problemen als Betroffene erfahren. Diese historisch bedingten und sich wandelnden Schlüsselprobleme, z. B. Umweltverschmutzung, Fremdenhass, Überbevölkerung, soziale Ungleichheit usw., stellen für den Unterricht eine verbindliche Vorgabe dar, um durch die

Beschäftigung damit die Lerner dazu anzuregen, die jeweilige Problematik selbst zu erkennen, zu beurteilen und Lösungen dafür zu entwickeln (Traub, 2006, S. 47–48). In der Auseinandersetzung mit den Schlüsselproblemen benötigen Lerner bestimmte Dispositionen und Fähigkeiten, die denen des kritischen Denkens sehr nahe stehen bzw. gleich sind. Klafki nennt hier in Auszügen

- Kritikbereitschaft und -fähigkeit, um Standpunkte aufnehmen und problematisieren zu können,
- Argumentationsbereitschaft und -fähigkeit, um eigene Auffassungen darstellen zu können,
- Empathiefähigkeit, um andere verstehen und sich in sie hineinversetzen zu können,
- Fähigkeiten zum vernetzten Denken, um Zusammenhänge zu erkennen,
- Konzentrationsfähigkeit, Anstrengungsbereitschaft, Rücksichtnahme usw. (Klafki, 1996; zitiert nach Traub, 2006, S. 48–49).

Klafki (2007) benutzt aber nicht den Begriff „kritisches Denken", sondern greift auf andere Termini wie „vernetztes Denken" oder „erschließendes Denken" zurück.

1.1.5.2.2.2 Kritische Wirtschaftspädagogik

Innerhalb der Tradition der Wirtschaftspädagogik in Deutschland waren es in den 1970er-Jahren Bildungstheoretiker wie Blankertz (1985) und später auch sein Schüler Kutscha, die die funktionale, zweckrationale, rein auf wirtschaftliche Nützlichkeit abzielende Ausrichtung der Berufsbildung anprangerten. Berufsbildung dient in deren Sinne nicht dazu, den Menschen als Agent, als Element und Instrument der Wirtschaft zu erziehen und dadurch das Wirtschaftssystem zu reproduzieren und aufrechtzuerhalten. Ökonomische Bildung ist nach Blankertz und Kutscha vielmehr von emanzipatorischem Interesse – mit dem Ziel der Freiheit und Selbstverwirklichung der Menschen, um dadurch Elend, Armut, Statusdenken, Aggression durch Wettbewerbsdenken, repressive Bedürfnisse usw. abzuschaffen.

Sie entwickelten als Ausweg aus der Eindimensionalität der Berufsbildung den Strukturgitteransatz. Dieser Ansatz, auch bekannt als „*das politisch-ökonomische Curriculum*" (Fischer, 2003, S. 93), ist ein Werkzeug für die Begründung und Rechtfertigung curricularer Entscheidungen für den ökonomischen Fachbereich. Das didaktische Strukturgitter für die ökonomische Grundbildung ist als eine Art Meta-Referenzrahmen für curriculare Entwicklungsstrategien zu verstehen, durch den darauf abgezielt wird, bei der Konstruktion von Curricula vorab eine Klärung und einen Konsens über die den Unterrichts- und Ausbildungszielen zugrundeliegenden Perspektiven in Bezug auf ökonomisches Handeln herzustellen. Das Gitter umfasst dabei folgende Komponenten (Kutscha, 2008):

- Parameter des ökonomischen Handlungssystems, auf die sich ökonomisch kompetentes Handeln bezieht,
- Kompetenzdimensionen ökonomischer Bildung,
- Kriterien bzw. Referenzpunkte ökonomischer Urteilsbildung.

Dieser Referenzrahmen zur Legitimierung curricularer Lernzielfindung und -begründung ist von emanzipatorischem Interesse geprägt, inspiriert durch die Ideen und Annahmen der Kritischen Theorie. Referenzpunkt bei der Betrachtung kompetenten ökonomischen Handelns ist neben dem technischen und dem praktischen Interesse (Handlungseffizienz und Handlungsorientierung) auch die immanente Handlungskritik, die das emanzipatorische Interesse ökonomischen Handelns wiedergibt. Diese Normenreflexion beinhaltet eine kritische Beurteilung güterwirtschaftlicher, monetärer und informationeller Transaktionen „unter Aspekten der Verursachung und Vermeidung von Armut, Ausbeutung und Entfremdung" (Fischer, 2003, S. 95). Auf der Ebene der Kompetenzentwicklung zielt ökonomischer Unterricht konsequent auf Kritik- und Urteilsfähigkeit im Kontext der Ökonomie ab. Abbildung 13 veranschaulicht ein Strukturgitternetz für die ökonomische Grundbildung:

Systemdimensionen Kompetenzdimensionen	Güter	Geld	Information
Orientierungs- und Problemverständnisfähigkeit	Referenzpunkte für die Verknüpfung von System- und Kompetenzdimensionen		
	Knappheit der Ressourcen	Unbestimmtheit der Austauschrelationen	Komplexität der Umweltereignisse
Problemlösungs- und Entscheidungsfähigkeit	Versorgung mit Gütern	Austausch von Leistungen	Reduktion von Ungewissheit
Kritik- und Differenzierungsfähigkeit	Reichtum / \ Armut	Rentabilität / \ Ausbeutung	Sicherheit / \ Risiko

Abbildung 13: Strukturgitter für die kaufmännisch-ökonomische Grundbildung nach Kutscha (2008)

Auf der Ebene der angestrebten Zielkompetenzen wird deutlich, dass ökonomischer Unterricht auf die Förderung von Mündigkeit abzielt. Kritikfähigkeit, Problemlösefähigkeit und Urteilsfähigkeit sind demnach zentrale Fördergrößen ökonomischen Unterrichts, die es durch eine sinnvolle Nutzung methodisch-didaktischer Möglichkeiten zu realisieren gilt. Die hier aufgezeigten Kompetenzdimensionen finden sich auch in Kompetenzbeschreibungen für kritisches Denken wieder, wenngleich diese im Strukturgitteransatz klar im ökonomischen Kontext verortet werden. Kritikfähigkeit ist im ökonomischen Kontext das reflexive Korrektiv für ökonomisches Handeln, das dialektische Widerspiegeln wirtschaftlicher Resultate, die durch Transaktionen realisiert werden können. Aufgrund des emanzipatorischen Interesses und des expliziten Bezuges zur Kritischen Theorie kann dieser bildungstheoretische Ansatz von Blankertz und Kutscha der Tradition der kritischen Pädagogik zugeordnet werden.

1.1.5.3 Denkstandards in der Pädagogik

Jenny Moon, die sich mit kritischem Denken innerhalb der Pädagogik beschäftigt hat, kommt zu dem Ergebnis, dass die meisten der Autoren einen weniger strukturierten konzeptionellen Zugang zu kritischem Denken verfolgen (Moon, 2008, S. 46–47). Vielmehr stellen sich Pädagogen die Frage, wie die Denkstandards der Logik und der kognitiven Psychologie bei den Lernenden nachhaltig gefördert werden können. Zur Förderung kritischen Denkens wurde eine umfassende Didaktik geschaffen, die je nach Einfluss, zu schulenden Denkstandards und Organisationsfragen verschiedenartig ausfällt (siehe dazu Kapitel III – 2.).

1.1.5.4 Hemmnisse kritischen Denkens im Lichte der Pädagogik

Bei der Diskussion der Hemmnisse kritischen Denkens im pädagogischen Kontext muss unterschieden werden, von welcher Position aus argumentiert wird. Autoren, die ein von der Kognitionswissenschaft und der Logik beeinflusste Verständnis kritischen Denkens ausgeprägt haben, beschäftigen sich auch mit den in diesen Traditionen ausgearbeiteten Hemmnissen wie Fallazien oder Präkonzepte, jedoch aus einer pädagogischen Perspektive. Sie gehen der Frage nach, wie diese im Kontext des Unterrichts abgebaut und vermieden werden können, wobei vor allem Hemmnisse aus Sicht der Psychologie in der pädagogischen Literatur diskutiert werden. Hemmnisse und deren Abbau spielen folglich auch bei der Förderung kritischen Denkens eine wichtige Rolle. In dem Konzept der Denkschulung nach Petri werden Schüler beispielsweise mit Hemmnissen wie Pseudoevidenz vertraut gemacht, damit durch diese bewusstseinsbildenden Maßnahmen unkritisches Denken bei den Schülern unwahrscheinlicher wird (Petri, 1998). Die Metakognition kritischen Denkens soll so gestärkt werden. Präkonzepten von Schülern hingegen wurde der Kampf in der pädagogischen Literatur zum Konzeptwandel angesagt (siehe beispielsweise Vosniadou, 2008).

Des Weiteren stellen sich Pädagogen die Frage, warum kritisches Denken nicht effektiv gefördert wird, welche Hemmnisse also die Schulung des Denkens selbst beeinflussen. Astleitner nennt hier als Faktoren unter anderem Arbeitsüberlastung der Lehrer, Effizienzgefährdung im Hinblick auf das Erreichen von vorgeschriebenen Lernzielen, Vorschriftswidrigkeit bedingt durch den Lehrplan, unzulässige Politisierung bzw. revolutionäre Unterwanderung, mangelnde Qualifikation der Lehrer, Messprobleme, Orientierung des Unterrichts an Lehrbüchern und dergleichen (Astleitner, 1998, S. 33–35). Innerhalb der kritischen Pädagogik wird die Frage aufgeworfen, inwieweit die Sozialisation, insbesondere in der Schule, das kritische Denken der Schüler verhindert oder hemmt. Sozialisation beschreibt dabei jene Prozesse, durch die Kinder und Jugendliche zu selbstständigen, arbeits- und lebensfähigen Personen heranwachsen. Annahmen, auf denen die vertretene Weltanschauung basiert und die zur Ausrichtung des Lebens beitragen, wurden und werden zum Großteil durch Institutionen wie Familie, Schule oder dem Arbeitsplatz geprägt, geformt und oftmals unreflektiert als „gegeben" übernommen. In Kontext Schule diskutieren kritische Pädagogen beispielsweise das Konzept des „heimlichen Lehrplans" als Ursache für Konformismus und Leistungsdenken der Schüler. Der „heimlichen Lehrplan" wird als eine subdidaktische Kraft gedeutet, die unterhalb des eigentlichen Lehrplans wirksam ist und zu Verhaltenskonformität und leistungsbezogener Konkurrenz führt (Weinz, 2000, S. 2). Er wird durch die Rahmenbedingungen der Institutionen und der

III. Konzeption des theoretischen Rahmens des didaktischen Designs

gewählten curricularen Inhalte vermittelt, wie z. B. durch Notengebung, Rituale des Schulalltages usw. Die Inhalte dieses Lehrplans sind bestimmte Werte, Ansichten, Normen oder Ideologien (Worsfold, o. D.) und führen „Einübung in die Mechanismen der Klassengesellschaft" (Meyer, 2007, S. 1). Bowles und Gintis sehen als zentralen Auftrag des „heimlichen Lehrplans" die Reproduktion von Arbeitskraft für den kapitalistischen Arbeitsmarkt (Bowles und Gintis, 1976; zitiert nach Worsford, o. D.). Soziale Beziehungen innerhalb der Schule und der Klasse geben im Groben die sozialen Verhältnisse am Arbeitsplatz wieder und führen in diese ein, damit zum einen das kapitalistische System legitimiert und zum anderen mit dem benötigten Gefüge an Arbeitern, Managern etc. versorgt wird (Giroux, 2001, S. 57). Es findet dabei eine Verdinglichung und Entmenschlichung statt, so die Annahme. Der junge Mensch wird zu Konformität und strategischem Wettbewerbsdenken erzogen. Seine freie Entfaltung und Mündigkeit wird ihm genommen, sein Denken und Handeln im Sinne der kapitalistischen Gesellschaft manipuliert. Umso wichtiger ist es für Pädagogen, durch die Förderung kritisches Denken die durch die institionelle und familiäre Sozialisation unkritisch übernommenen Annahmen zu verdeutlichen und die Schüler hinterfragen zu lassen.

Brookfield, der in seinen Arbeiten der Kritischen Theorie sehr nahe steht, beschäftigt sich mit negativen Effekten und Risiken, die die Förderung kritischen Denkens für Lehrkräfte und vor allem für die Lerner selbst mit sich bringen kann. Er hat auf Grundlage seiner Erfahrungen mit der Förderung kritischen Denkens eine Reihe von Effekten beschrieben, die zeigen, dass kritisches Denken zu persönlichen Schwierigkeiten führen kann, die durch Reaktionen des Umfeldes oder durch Ängste und Ideologien der Lerner selbst dabei bedingt werden (2003, S. 149–155). Kritisches Denken ist seiner Ansicht nach anstrengende Denkarbeit, die mit Selbstzweifeln, emotionaler Belastung, Rückschritten und Niederlagen einhergehen kann. Diese Nebenerscheinungen können zur Überforderung und zu Vermeidungstendenzen hinsichtlich weiterer kritischer Denkaktivitäten führen. Es ist sehr schwer, mühsam und emotional belastend, zu neuen Einsichten zu gelangen und sich daran zu orientieren. Die Bewusstmachung, Hinterfragung und Korrektur eigener Annahmen kann mit einer Vielzahl von negativ empfundenen Emotionen einhergehen, z. B. wenn sich langjährig verinnerlichte Glaubenssätze als Luftschlösser erweisen. Brookfield beschreibt dies wie folgt: "Asking critical questions about our previously accepted values, ideas, and behaviours is anxiety-producing. We may well feel fearful of the consequences that might arise from contemplating alternatives to our current ways of thinking and living; resistance, resentment, and confusion are evident at various stages in the critical thinking process" (Brookfield, 1987, S. 7). Laut Brookfields Erfahrungen fürchten es Menschen einerseits, aufgrund kritischer Denkaktivitäten als Besserwisser oder Intellektuelle abgetan und marginalisiert zu werden, und andererseits kann es durch veränderte Denk- und Handlungsweisen der Person auch zu wirklichen Konflikten in ihrem Umfeld kommen, wenn eine Verhaltensänderung eintritt, die von der bis dahin in der Gruppe gelebten Norm abweicht. Der kritische Denker wird als subversiv, revolutionär, überheblich und feindlich wahrgenommen, jemand also, der als Dissident und als Aufwiegler kategorisiert wird. Brookfield berichtet, dass viele seiner Lerner aufgrund ihrer Erfahrungen mit kritischem Denken darüber klagen, dass sie von Kollegen oder Freunden nun nicht mehr geschätzt werden, sie damit ihren Karrieren geschadet oder Bekannte verloren haben, ihren Lebensunterhalt gefährdet oder sich in ihrem Umfeld in institutionell Geächtete verwandelt haben (2003, S. 152). Weiterhin können sich die durch die Förderung hervorgebrachten negativen Emotionen der Lerner auch gegen die Lehrkraft richten. Die Dekonstruktion und Demontage von Annahmen, welche den Lernern Sicherheit und Halt gegeben haben, kann erst einmal zu einer Verteidigungshaltung führen, indem der Lehrkraft mit Ablehnung begegnet wird.

1.1.5.5 Kritik am Verständnis kritischen Denkens in der Pädagogik

Eine allgemeine Kritik an dem Verständnis kritischen Denkens in der Pädagogik lässt sich nicht formulieren, da eine große Vielfalt an Konzepten besteht, in denen die Annahmen und Maßstäbe der Traditionen in verschiedenen Gewichtungen vereint und weiterentwickelt wurden. Es lassen aber sich jeweils allgemein zu den beiden Strömungen, also der, deren Haupteinfluss von der Logik und der Kognitionswissenschaft stammt und der, die sich der Kritischen Theorie verpflichtet fühlt, kritische Anmerkungen treffen bzw. kritisieren die beiden Strömungen sich gegenseitig in ihrer Ausrichtung. Die Kritik wurde jeweils indirekt schon in der Diskussion der einzelnen Traditionen dargelegt. Sie wird nun indirekt wieder vorgetragen. So führen die Autoren der kritischen Pädagogik folgende Argumente auf: Fakt ist, dass die Förderung kritischen Denkens im Sinne der kritischen Pädagogik eine Randerscheinung innerhalb des Diskurses zur Schulung von kritischem Denken ist, sowohl in der Lehre und Forschung als auch in der Praxis (Brookfield, 2005, S. viii). Newman beschreibt diese Marginalisierung des auf der Kritischen Theorie basierenden kritischen Denkens wie folgt:

„There was a time when critical thinking derived from critical theory. (...) Critical thinking was not a neutral activity. Like the critical theory from which it sprang, critical thinking was associated with the pursuit of justice. But the term has been domesticated. (...) Now critical thinking was to be found as just one in a list of high order competencies (...)" (Newman, 2006, S. 9–10).

Führende Repräsentanten dieser Tradition kritischen Denkens bemängeln diese politische Neutralität des kritischen Denkens in den Auffassungen der Logik und Psychologie (Giroux, 1994, S. 200-2001; zitiert nach Burbules und Berk, 1999, S. 53). Auch Joe Kincheloe greift die Schulung kritischen Denkens im Sinne der Psychologie aufgrund der Werteneutralität scharf an und nennt diese Art des Denkens „unkritisches" kritisches Denken: *„Trapped with a modernist logic, uncritical critical thinking was hyperrationalized, reduced to a set of micrological skills that promote a form of procedural knowledge. In its reductionism this uncritical critical thinking removed the political and ethical dimension"* (Kincheloe, 2000, S. 26). Diese Art des kritischen Denkens, die Schulung verschiedener kognitiver Prozesse und Fähigkeiten zum Lösen von Problemen und der kontextunabhängigen Erschließung von Wissen, wie sie von Presseisen, Ennis und anderen vertreten wird, führe sogar dazu, dass Schüler abstumpfen und systematisch zur instrumentellen Vernunft erzogen werden. (Kincheloe, 2000, S. 25; Walters, 1994, S. 12).

Mehrere Pädagogen aus der Logik- und Psychologie-bezogenen Tradition kritischen Denkens sehen in der kritischen Pädagogik die Schwelle zwischen der Förderung kritischen Denkens und Indoktrination überschritten (Burbules und Berk, 1999, S. 54). Anstelle der Entwicklung einer eigenen Weltanschauung führe kritischen Denkens in diesem Verständnis selbst zur Ideologie und Manipulation. Für die kritischen Pädagogen hingegen liegt in allen Bereichen der Gesellschaft Indoktrination vor, die durch kritisches Denken entdeckt und bekämpft werden kann. Jede Tradition kritischen Denkens ist in ihrem Konzept nicht neutral, sondern selektiv, da bestimmte Annahmen getroffen werden, was kritisches Denken sei, welche Maßstäbe zu Grunde gelegt werden, welche Ziele es zu verfolgen habe oder wie es sich äußere. Die Argumente der beiden Strömungen haben ihre Berechtigung. Wenn Bildung jedoch dazu beitragen soll, die bestehenden Verhältnisse im Sinne der Gesellschaft zu bessern, so benötigt kritisches Denken eine klare normative Ausrichtung und keine Schein-„Neutralität", die bei näherer Betrachtung auch für bestimmte Werte und Normen steht. Gleichzeitig aber sollte die Wahrheitsfindung den Individuen überlassen werden und nicht eine Wahrheit durch die Denkschulung vorgegeben werden, die es zu übernehmen gilt. Die Vorstellung, dass Schüler durch die kritische Pädagogik das „wahre Sein" entdecken, aus ihren Zwängen und Verblendungen befreit und zur Selbstermächtigung im Kollektiv erzogen werden ist anmaßend und zu weit gegriffen. Anmaßend, da anscheinend die kritischen Pädagogen wissen, was das wahre und richtige Sein sei. Zu weit gegriffen, wenn die Lernenden dazu erzogen werden, die Idee der „richtigen" Gesellschaft im Kollektiv umsetzen sollen, ob sie damit übereinstimmen oder nicht. Kritisches Denken wäre dann wirklich nur unkritische Indoktrination. Dennoch Bedarf kritisches Denken konstruktive Normen und eine nicht egoistische oder rein zweckrationale Zielsetzung, gesetzt der Annahme, dass der Wille zum Leben, der nach Expansion, Selbsterhaltung, Macht, Haben, Lust usw. strebt, für viele der bestehenden Weltprobleme verantwortlich gemacht werden kann. Kritisches Denken sollt neben der Funktion der Erkenntnisgewinnung auch dazu führen, dass durch dessen Praxis Leid, egal in welcher Form, reduziert werden kann. Gleichzeitig muss die Förderung kritischen Denkens den Denkenden Denkräume, ja ganze Denkwelten eröffnen, damit eigene Wahrheiten wohlbegründet ge- und erfunden werden können.

1.2 Zusammenfassung aus der Analyse der Traditionen kritischen Denkens

In den Traditionen kritischen Denkens wurden verschiedenartige Ansätze und Maßstäbe für kritisches Denken ausgeprägt. Innerhalb der Logik ist kritisches Denken als Analyse von Argumenten nach bestimmten Denkstandards der deduktiven und induktiven Logik zu verstehen. Die Analyse von Argumenten geschieht anhand von Kriterien wie Richtigkeit, Klarheit, Exaktheit. Argumente werden dadurch in ihrer Struktur auf ihre formale Richtigkeit geprüft, um ihre Gültigkeit einschätzen zu können. Innerhalb der Psychologie ist kritisches Denken durch verschiedenartige, kognitive Aktivitäten und damit einhergehende Handlungen beschrieben, um Probleme effektiv und effizient zu lösen oder um bestimmte Ziele rational umzusetzen. Kritisches Denken ist als zielgerichteter Prozess zu verstehen, in dem verschiedene Denkaktivitäten und Handlungen konkret beschrieben werden. Bei den jeweiligen Denkaktivitäten kommen unter anderem die Konzepte und Kriterien der Logik zur Anwendung, z. B. bei Prozessen der Analyse oder der Synthese. In der Tradition der Kritischen Theorie dient kritisches Denken dazu, offene und verdeckte Herrschafts- und Unterdrückungsmechanismen in der bürgerlich-kapitalistischen Gesellschaft zu enttarnen und dadurch zu bekämpfen. Auch in dieser Tradition wurden bestimmte Begriffe, Konzepte und Verfahrensweisen entwickelt, die als Denkstandards genutzt werden können, um "falsche" Bewusstseinsformen zu entdecken. Innerhalb der Pädagogik wurden die genannten Traditionen und deren Maßstäbe kritischen Denkens unter dem Gesichtspunkt der Förderung aufgegriffen. Zu einzelnen Phasen kritischen Denkens und damit verbundenen Denkaktivitäten wurden konkrete Förderansätze entwickelt. Die Autoren der kritischen Pädagogik betonen dabei, dass die Förderung kritischen Denkens nicht funktional auf das Lösen von Problemen oder Umsetzen von Zielen ausgerichtet sein darf. Unter Berufung auf die Annahmen der Kritischen Theorie soll kritisches Denken zur Transformation der Gesellschaft eingesetzt werden, um soziale Missstände und Herrschaftssysteme zu durchbrechen und dem Menschen aus seinen Zwängen zu emanzipieren. Die Förderung kritischen Denkens soll zur Selbstermächtigung der Individuen führen und emanzipierendes Handeln mit sich bringen.

Der Kernprozess kritischen Denkens in den aufgeführten Traditionen liegt in der Bewusstmachung und Bewertung von Annahmen. Durch kritisches Denken wird versucht, unter Anwendung bestimmter Kriterien, Konzepte und Denkverfahren eigene oder fremde Annahmen bewusst zu machen, kritisch zu hinterfragen, zu erweitern und zu bewerten. Diese Denkmaßstäbe unterscheiden sich in den Traditionen. Die Analyse und Beurteilung von Annahmen geht einher mit verschiedenen (Denk-)Handlungen, unter Einsatz verschiedener Denkstandards, und zielt abhängig von der Tradition darauf ab, Probleme rational zu lösen, Ziele rational umzusetzen, Ideologien zu entschleiern und gesellschaftlich emanzipatorische Handlungen hervorzubringen.

Folgende Tabelle fasst die Ergebnisse der Analyse der Traditionen zusammen und soll dabei helfen, ein eigenständiges, integratives Konzept zu entwickeln.

Tradition kritischen Denkens/ Maßstäbe	Logik	Psychologie	Kritische Theorie	Pädagogik/kritische Pädagogik
Verständnis kritischen Denkens	Formale Konstruktion und/ oder Analyse bzw. Evaluation von Argumenten bzw. Aussagen.	Kognitiver Prozess bzw. Prozesse, bei dem (denen) bestimmte kognitive bzw. metakognitive Fähigkeiten/ Fertigkeiten gezielt zum Einsatz kommen, um rational Probleme zu lösen oder Ziele zu erreichen.	Analyse von offenen und verdeckten gesellschaftlichen Herrschaftsverhältnissen und Machtmechanismen, um falsche Bewusstseinsformen zu entschleiern. Die gesamte Vernunft der bürgerlichen Sphäre steht dabei unter Ideologieverdacht.	Mischformen aus den anderen drei Traditionen. Dominierend ist Einfluss aus der Tradition der Logik und der kognitiven Psychologie. Kritische Pädagogik repräsentiert die Tradition der Kritischen Theorie, wobei eine dem Menschen gerechtere Gesellschaft durch kollektives Handeln herbeigeführt werden soll. Schwerpunkt in der Pädagogik: Die Frage der Förderung kritischen Denkens in dem jeweiligen Verständnis.

III. Konzeption des theoretischen Rahmens des didaktischen Designs

Tradition kritischen Denkens/ Maßstäbe	Logik	Psychologie	Kritische Theorie	Pädagogik/kritische Pädagogik
Denkstandards	Denkstandards der formellen und informellen Logik: Konzepte wie deduktive/in-duktive Argumente, Prämissen, Schlussfolgerungen, Annahmen, Fallazien, Evidenz Kriterien wie Richtigkeit, Klarheit, Exaktheit, Logik	Denkstandards der formellen und insbesondere der informellen Logik, Kriterien und Verfahrensweisen des wissenschaftlichen Arbeitens (Objektivität, Reliabilität, Validität, Hypothesentest etc.) Rationalität im Sinne von Nutzenoptimierung, Multiperspektivität, Konstruktivität im Rahmen der Lösung von Problemen und dem Umsetzen von Zielen.	Verfahrensweisen wie Ideologie- und immanente Kritik Konzepte wie kommunikatives Handeln, Ideologie, Hegemonie, Instrumentelle Vernunft, Repressive Toleranz (...).	Förderung der Denkstandards aus den jeweiligen Traditionen Konstruktivität im Rahmen der kritischen Pädagogik. Ziel: Transformation der Gesellschaft.
Rolle des Konzeptes der Annahmen	Analyse von Argumenten setzt Analyse von Annahmen in Form von Prämissen oder induktiven Schlussfolgerungen voraus.	Siehe Logik & Analyse von Annahmen in ihrer psychologischen Auswirkung auf das Denken und Handeln (siehe Hemmnisse), Analyse im Hinblick auf rationale Problemlösung und Umsetzung von Zielen.	Aufdeckung von Ideologien in Annahmen, die hinter gesellschaftlichen Werten, Bräuchen, Praktiken, Denkweisen, Einstellungen usw. stehen.	Förderung der Fertigkeiten bzw. Fähigkeiten, um Annahmen anhand des Denkstandards der einzelnen Traditionen analysieren zu können.

Tradition kritischen Denkens/ Maßstäbe	Logik	Psychologie	Kritische Theorie	Pädagogik/kritische Pädagogik
Hemmnisse kritischen Denkens	Formale Denkfehler – Fallazien, eristische Argumentation.	Kognitive Muster, die zu unkritischen Denken führen wie Präkonzepte, Schemata, Dissonanz usw.	Ideologien, instrumentelle Vernunft, repressive Toleranz, Hegemonie, Kolonialisierung der Lebenswelt – Kurzum: Machtmechanismen und verdeckte Herrschaftsverhältnisse.	Verschiedene Schwerpunkte im Zusammenhang mit der Förderung kritischen Denkens, z. B: Faktoren im Kontext Schule wie Organisation, Lehrpraxis, Rituale, Zeit, mangelnde Qualifikation von Lehrkräften usw. Auswirkungen des Umfeldes auf (gelebtes) kritisches Denken z. B. durch Kollegen, Mitschülern usw. Negative Effekte des kritischen Nachdenkens auf Ebene des Lernenden.
Kritik am Verständnis	Wertneutralität Praxisferne (formelle Logik und deren formalisierte Sprache) Erkenntnistheoretische Grenzen der Logik werden nicht reflektiert.	Wertneutralität Zweckrationale Ausrichtung des Denkens Mechanistische Betrachtung des Denkens Verdinglichung des Denkens durch genormte Denkverfahren. Untergrabung der Vernunft.	Praxisferne, Vernachlässigung von theoretischen Ansätzen aus Sozialwissenschaften und analytischer Philosophie. Mangel an empirischer Fundierung. Widerspruch: Totalisierung der Vernunftkritik bei gleichzeitiger Anwendung der Vernunft. Indoktrination Ausweglosigkeit, Gefahr der Resignation, Depression	Wertneutralität; Ideologisierung durch die Förderung kritischen Denkens im Falle der Logik und Psychologiebeeinflussten Ansätze (Argumente kritische Pädagogik) Kritik an Konzepten der kritischen Pädagogik: Indoktrination, Manipulation

Tabelle 6: Zusammenfassung aus der Analyse der Bausteine für ein Konzept kritischen Denkens

Durch die Würdigung der Traditionen kritischen Denkens wurde deutlich, dass die verschiedenen Konzepte verschiedene Zielsetzungen aufweisen, die durch Anwendung verschiedener Denkstandards erreicht werden sollen. Die Logik stellt dabei elementare Denkwerkzeuge zur Verfügung, wobei deren Zweck keiner Normenreflexion unterliegt. Die Psychologie greift diese Werkzeuge auf und bringt sie mit verschiedenen kognitiven Prozessen und sozialer Interaktion in Verbindung. Kritisches Denken wird dadurch zu einem handlungsorientierten Prozess des wissenschaftlichen Problemlösens. Jedoch findet auch hier keine explizite normative Reflexion von Zwecken statt. Kritisches Denken bleibt zweckrational. In beiden Traditionen beinhaltet kritisches Denken außerdem nicht die Reflexion der erkenntnistheoretischen Grenzen und Unzulänglichkeiten. Die Kritische Theorie hingegen bietet Ansätze zur Normenreflexion, wobei jedoch gleichzeitig die Vernunft ausgehebelt wird. Die kritisch-emanzipatorische Erziehungswissenschaft möchte diese Ausweglosigkeit überwinden, läuft dabei aber Gefahr, selbst zu „indoktrinieren".

Dubs betont in diesem Zusammenhang, dass kritisches Denken sehr oft falsch und verkürzt verstanden und rein instrumentell genutzt wird. Er macht deutlich, dass kritisches Denken aber weitaus mehr ist als rationelles und problemlösendes Denken (1992, S. 44). Kritisch ist Denken erst dann, „*wenn auch über grundlegende Annahmen und Werte reflektiert und nicht nach zweckmäßigen, praktikablen oder machbaren Lösungen gesucht wird*" (Dubs, 1992, S. 44). Erst durch das Hinterfragen des als gegeben Angenommenen, des Selbstverständlichen, des augenscheinlich Evidenten, entfaltet kritisches Denken sein transformatives Potential. Die vorgebrachte Kritik soll bei dem zu erstellenden Konzept berücksichtigt werden, ohne jedoch auf die systematischen Ansätze aus der Tradition der Logik und der Psychologie verzichten zu müssen. Die jeweiligen Stärken und Schwächen der Tradition sollen deshalb in dem ganzheitlichen Konzept berücksichtigt werden. Die Logik bietet Instrumente zur formalen Bewertung von Aussagen, die Psychologie trägt mit der Systematisierung von Denkprozessen und deren Verknüpfung mit Handlungen zu einem besseren Verständnis kritischen Denkens bei, dass für die modellhafte Beschreibung kritischen Denkens fruchtbar gemacht werden kann. Außerdem sind Konzepte wie Multiperspektivität und Maßstäbe des wissenschaftlichen Arbeitens wichtig, um Sachverhalte nicht nur logisch, sondern auch empirisch erschließen und verstehen zu können. Die Denkstandards der Kritischen Theorie können als Instrument der Normenreflexion herangezogen werden, um dem emanzipatorischen Ideal kritischen Denkens, das auch immer wieder in Lehrplänen gefordert wird, zu entsprechen (Astleitner, 1998, S. 19-21). Diese Reflexion bezieht sich auch auf den Denkstil und dessen Ergebnisse selbst, um eindimensionale Betrachtungsweisen in Erkenntnisprozessen zu verringern.

Damit kritisches Denken nicht nur bei Kritik bleibt, sollte das Konzept auch konstruktiv sein, im Sinne der Denkstandards der kognitiven Psychologie und der kritischen Pädagogik. Weiterhin können die bestehenden Ansätze der Pädagogik genutzt werden, um gezielt eine Didaktik der Förderung kritischen Denkens auszuarbeiten.

Die Analyse der Traditionen kritischen Denkens als „Bausteine" für das Konzept soll dazu beitragen, einen ganzheitlichen Ansatz zu entwickeln, der die Kritik von Dubs beherzigt, relevante Denkstandards der verschiedenen Traditionen aufgreift, den Prozesscharakter berücksichtigt, für didaktische Überlegungen fruchtbar macht, der den Prozess selbst einer epistemischen Reflexion unterwirft und eine emanzipatorische Zielsetzung konstruktiv verfolgt, ohne in der Indoktrination zu münden.

1.3 Kritisch denken über das Konzept „kritisches Denken"

„*M*an ist meistens nur durch Nachdenken unglücklich." (JOSEPH JOUBERT)

„Unkritisches" Denken muss nicht zwangsläufig zu schlechten Entscheidungen führen. Es ist vielmehr für viele Bereiche des Lebens notwendig, da spontan agiert werden muss und in gewissen Situationen keine Zeit für reife Überlegungen bleibt. Je nach vorliegendem Kontext kann kritisches, also bewusstes Denken, das sich sorgfältig an ganz bestimmten Denkmaßstäben orientiert, sogar schädlich oder tödlich sein. Im dem historischen Buch „Hagakure", einer Anleitung zur richtigen Lebensweise des Samurai, heißt es, dass das Treffen von Entscheidungen nicht länger als sieben Atemzüge dauern sollte:

„*With an intense, fresh and undelaying spirit, one will make his judgements within the space of seven breaths. It is a matter of being determined and having the spirit to break through to the other side*" (Tsunetomo, 1979, S. 53).

In einem Umfeld wie bei den alten Samurai, in dem der drohende Tod der beste Berater ist, sind affektive und bewusst spontane, intuitive Handlungen dienlicher, ja sogar lebensnotwendig, als akribisch prüfende und zeitaufwendige Denkaktivitäten, die kritisches Denken kennzeichnen. Gerd Gigerenzer ist der Ansicht, dass Bauchentscheidungen – oder „Entscheidungen in sieben Atemzügen" – unter gewissen Umständen sogar im westlichen Kulturkreis zu besseren Resultaten führen können als aktive, bewusste, kritische Überlegungen. Hinter Bauchgefühlen, so Gigerenzer, steht eine unbewusste Intelligenz, die Menschen intuitiv nutzen. Bauchgefühle sind von einfachen Faustregeln geleitet, die sich unbemerkt evolvierte Fähigkeiten des Gehirns zunutze machen und sich über die Jahrtausende menschlichen Daseins bewährt haben. Gigerenzer demonstriert die Überlegenheit der „Bauchregeln" an verschiedenen Beispielen, z. B. auch im Bereich der Finanzwelt (Gigerenzer, 2008, S. 37–39). Mit einer Studie aus dem Jahre 2000 beweist er, dass Finanzlaien, und somit deren kollektive partielle Unwissenheit, unter gewissen Umständen Aktien besser bewerten können als ausgewiesene Experten. Gigerenzer vertritt die Ansicht, dass komplexes logisches Denken oftmals nicht zielführend ist und zu Problemen führen kann, wenn aufgrund dieses Denkens gehandelt wird. Er verdeutlicht dies beispielsweise an dem sensiblen Thema der Partnerwahl und kommt zu dem Entschluss, dass das Bauchgefühl besser in Sachen Liebe berät als rational getroffene Überlegungen (Gigerenzer, 2008, S. 12–15). Außerdem offenbart das gewählte Zitat aus dem Samurai-Buch auch, dass es andere, vom kritischen Denken völlig abweichende Denkstile oder -traditionen gibt, die in anderen Kulturen als überlegenes Denken bevorzugt werden. Das „(...) *break right through to the other side*" aus dem Hagakure-Zitat deutet an, dass der Geist unmittelbar auch in Bereiche des Unterbewusstseins vordringen kann, um dort intuitiv die Antworten auf Fragen zu finden. Beide Arten des Treffens von Entscheidungen, sei es durch kritisches Denken oder durch das Erforschen der Intuition, stehen gleichwertig nebeneinander. Beweise darüber, dass eine der beiden Formen der Erkenntnisgewinnung einer anderen überlegen sei, sind schwer zu erbringen und abhängig von Kultur und Kontext.

Kritisches Denken ist darauf ausgerichtet, Probleme zu lösen. Unter gewissen Umständen kann kritisches Denken aber auch erst zu Problemen führen, indem diese entdeckt und bewusst gemacht werden. Denkt der Mensch stets kritisch, ist es möglich, dass sich sein Weltbild verfinstert, da er unaufhörlich auf Abgründe in sich und der Welt stoßen wird. Er läuft Gefahr, das Leben und die Welt zu verneinen, da er vor lauter Skeptizismus nicht mehr vertrauen und lieben, nicht mehr Glück, Freude und Unbeschwertheit zulassen kann. Sein Gemüt verdunkelt sich durch nicht aufhörende Reflexion. Fraglich bleibt daher, ob kritisches Denken stets zu befürworten ist oder ob es nicht in bestimmten Fällen abgelehnt werden sollte, wenn dadurch beispielsweise die emotionale Stabilität des Individuums aufrecht erhalten werden kann, Krisen und Konflikte vermieden werden oder die Unbeschwertheit in manchen Bereichen des Lebens bewahrt wird.

Kritisches Denken ist ein Denkwerkzeug, das zu mehr Mündigkeit führen kann. Es erleuchtet aber nicht. Es versetzt auch nicht in die Lage, die Welt verlässlich zu verstehen und ausdeuten zu können. Die Idee, dass durch harte (Denk)-Arbeit immer richtige Lösungen für die jeweiligen Fragestellungen produziert werden, ist eine Illusion. Dies kann neben einem Gefühl der Emanzipation und Freiheit auch zu Traurigkeit führen. Der Mensch muss im kritischen Denken lernen, mit Widersprüchlichkeit zu leben. Er muss erkennen, dass existenzielle Fragen unbeantwortet bleiben werden. Die „Dinge an sich" bleiben dem Denken verborgen.

Diese aufgeführten kritischen Anmerkungen sollen in dem eigenen Konzept kritischen Denkens berücksichtigt werden. Kritisches Denken soll in seiner Anwendung dazu beitragen, dass es sich selbst auf den Prüfstand stellt und dabei seine Angemessenheit als auch seine Reichweiten und Grenzen reflektiert.

2. Bausteine für eine Didaktik kritischen Denkens

„Zu einem freien Leben gehört ein freier Blick; wer diesen nicht übt, wird jenes nicht führen, wer diesen nicht vorführt, wird zu jenem nicht verführen können." (MARTIN SEEL)

2.1 Zur Förderung kritischen Denkens

In der Literatur finden sich viele didaktische Ansätze zur Förderung kritischen Denkens, die aus dem jeweils vertretenen Verständnis kritischen Denkens in Form von zu fördernden Dispositionen und Fähigkeiten abgeleitet werden. Neben etlichen Übereinstimmungen in den Anforderungsprofilen gibt es aber Dissens bei der Frage der Gewichtungen zwischen einzelnen Fähigkeiten und Dispositionen und vor allem innerhalb dieser zwei Kategorien. Einige der Autoren wie etwa McPeck (1990) legen einen stärkeren Akzent auf die benötigten Fähigkeiten. Sie nennen unter anderem Kompetenzen innerhalb der Logik (z. B. Bewertung von deduktiven Argumenten) oder etwa metakognitive Fertigkeiten etc. als zentrale Fähigkeiten kritischen Denkens. Andere Autoren hingegen wie Dewey (2010) oder Paul (1993) sowie Siegel (1988) sehen eher die Dispositionen, also Haltungen und Einstellungen, als zentralen Ausgangspunkt für kritisches Denken. Eine Studie zum Beleg der Wichtigkeit der Dispositionen und deren Zusammenhang mit den Fähigkeiten stammt von dem österreichischen Forscher Gottfried Petri. Im Jahr 2000 ließ er 200 Schüler höherer Schulklassen (Durchschnittsalter circa 17 Jahre) zu Beginn einer Fördermaßnahme im kritischen Denken einen Selbsteinschätzungsbogen zur Messung der Ausprägung der Dispositionen für kritisches Denken ausfüllen, der z. B. Neigungen wie komplexe Sachverhalte möglichst vollständig erfassen zu wollen oder die Tendenz, eigene Meinungen immer wieder auf den Prüfstand bringen zu wollen, beinhaltete. Darüber hinaus unterzogen sich diese Schüler im Anschluss einem Essay-Assessment, bei dem subjektiv-tiefgründige Fragen zu verschiedenen Themen aus dem Humanbereich bearbeitet wurden, die kein bestimmtes Schulwissen abfragten, sondern zur Entfaltung des „Hausverstandsdenken" anregten. Jene Schüler, die besonders gut in der Selbsteinschätzung der Dispositionen für kritisches Denken abschnitten, konnten auch signifikant bessere Ergebnisse im Essay-Assessment zeigen als die Schüler, die sich selber als eher unkritisch in der Einstellung beschrieben hatten (Petri, 2000).

Dispositionen und Fertigkeiten kritischen Denkens gehen miteinander einher und bedingen sich gegenseitig, wobei den Dispositionen eine höhere Gewichtung zuzukommen scheint, da die Einstellung darüber entscheidet, ob das Individuum gewillt ist, kritisches Denken anzuwenden oder nicht. Natürlich benötigt die Anwendung wiederum bestimmte Fertigkeiten, die es zu erlernen und zu verbessern gilt. Lernerfolge bei der Anwendung der Fähigkeiten können dann wiederum positiv auf die Dispositionen wirken und das Individuum in seiner Neigung, kritisch denken zu wollen, anspornen und motivieren. Dennoch zielen viele Förderkonzepte rein auf die Ebene der Fertigkeiten ab. Strittig ist im Diskurs des kritischen Denkens auch, ob die Kompetenzen direkt, also losgelöst von Inhalten oder indirekt, jeweils mit den jeweiligen Inhalten verzahnt, vermittelt werden können (Meyers, 1986). Dies hat auch wieder mit der Frage der Tradition zu tun. Kritisches Denken im Bereich der Logik wird als generelle Fähigkeit verstanden, die in jedem Kontext angewandt werden kann. Folglich spielen bei der Denkschulung die aufgegriffenen Beispiele und Inhalte, an denen die Denkwerkzeuge der Logik verdeutlicht bzw. angewendet werden, eine untergeordnete Rolle.

Ein vorliegender Konsens im Diskurs zur Förderung kritischen Denkens ist darin zu sehen, dass fast alle Autoren, unabhängig von deren Auffassung von kritischem Denken, betonen, dass es anspruchsvoll ist und auf vielfältige Weise geübt werden muss, um ein hinreichendes Niveau zu erlangen (siehe z. B. Paul, 1993; Moon, 2008; Fisher & Scriven, 1997; Ennis, 1987). Van Gelder, ein Vertreter kritischen Denkens aus dem Logik-Bereich, beschreibt kritisches Denken als eine unnatürliche, beschwerliche und hochkomplexe Angelegenheit, die die meisten Menschen ohne Übung nicht meistern können. Er begründet dies damit, dass kritisches Denken neben einer benötigten Haltung und Einstellung vieler einzelner elementarer sowie anspruchsvoller Fähigkeiten und Fertigkeiten bedarf und diese alle zielgerichtet und kombiniert eingesetzt werden müssen, um den Prozess des kritischen Denkens durchlaufen zu können (Van Gelder, 2003).

Das vorliegende Kapitel soll nun Aufschluss über bestehende Förderansätze innerhalb der vorgestellten Traditionen kritischen Denkens geben. Des Weiteren sollen Aussagen zu der Wirksamkeit der Ansätze getroffen und kritisch diskutiert werden. Die Analyse der Förderansätze dient dazu, traditionsübergreifende Gemeinsamkeiten im Sinne von Lehr-Lern-Prinzipien kritischen Denkens ausfindig zu machen. Diese Schnittmenge dieser didaktischen Richtlinien, die sich in den Traditionen bewährt haben, soll für die Erstellung der eigenen Didaktik berücksichtigt werden. Außerdem wird untersucht, inwieweit E-Learning zur Förderung kritischen Denkens genutzt werden kann und welche Bedingungen dabei zu beachten sind. Die hier gewonnenen Einsichten werden auch für die Erstellung des eigenen Förderansatzes fruchtbar gemacht.

2.2 Eine Systematisierung zur Implementierung der Denkschulung nach Ennis (1989)

Um die verschiedenen Ansätze der Denkschulung differenzierter betrachten zu können, eignet sich besonders eine Typologie nach Ennis (1989, S. 13–16). Ennis unterscheidet bei der Implementierung der Förderung kritischen Denkens in Bildungseinrichtungen vier verschiedene Ansätze:

Im allgemeinen Ansatz wird kritisches Denken als eigenständiger Unterricht implementiert, der jedoch ohne Bezug zu anderen bestehenden Fächern und deren Inhalten auskommt. Dieser Ansatz stammt aus der Tradition der Logik, da die Denkschulung in der Logik ohne bestimmte fächerbezogene Inhalte auskommt.

Bei der integrativ-direkten Förderung kritischen Denkens werden die Methoden und Prinzipien kritischen Denkens im jeweiligen Fachunterricht besprochen und dort anhand von fachbezogenen Beispielen eingeübt. Diese Vorgehensweise wird von jenen Autoren verbunden, die ein von der Psychologie geprägtes Verständnis kritischen Denkens vertreten.

Die integrativ-indirekte Förderung von kritischem Denken im Fachunterricht geschieht hingegen ohne Explikation der Methoden und Prinzipien. Vielmehr wird der Unterricht so gestaltet und geplant, dass kritisches Denken sozusagen stillschweigend, durch entsprechende Lernumgebungen und Arbeitsaufträge zu den jeweiligen fachlichen Inhalten eingeübt werden kann, ohne Konzepte kritischen Denkens zu explizieren. Diese Tradition entspringt der Pädagogik bzw. der kritischen Pädagogik und ist auch durch Restriktionen durch die schulischen Rahmenbedingungen wie Curriculum-Vorgaben bedingt.

Die Kombination aus dem direkten Ansatz und der Integration bzw. indirekten Förderung erlaubt des Weiteren mehrere Möglichkeiten neben dem eigenständigen, allgemeinen Programm zur Förderung von kritischem Denken Brücken zu dem regulären Lehrangebot zu schlagen. Abbildung 14 veranschaulicht die vier Ansätze:

1. Allgemeiner Ansatz: Kritisches Denken als eigenständiger Unterricht; fachbezogene Inhalte spielen keine Rolle; Übungen werden mit fächerunabhängigen Beispielen gestaltet	2. Integrativ-direkter Ansatz: Direkte, fachbezogene Schulung kritischen Denkens innerhalb eines Unterrichtsfaches; die grundlegenden Prinzipien zur Förderung von kritischem Denken werden dabei offengelegt
4. Kombinierender Ansatz Kritisches Denken als eigenes Fach + Transfer durch direkte bzw. indirekte Förderung in den jeweiligen Unterrichtsfächern	3. Integrativ-indirekter Ansatz: Indirekte Schulung kritischen Denkens durch Gestaltung von Unterrichtsszenarien, die zur Förderung von kritischem Denken innerhalb eines Unterrichtsfaches beitragen; die zugrunde liegenden Prinzipien von kritischem Denken werden nicht expliziert

Implementierung der Förderung kritischen Denkens

Abbildung 14: Klassifizierung der Förderansätze kritischen Denkens, angelehnt an Ennis (1989)

Die folgenden Ausführungen sollen Aufschluss darüber geben, welche jeweiligen didaktischen Möglichkeiten die durch Traditionen kritischen Denkens beeinflussten Implementierungs- bzw. Förderansätze bieten und welche wissenschaftliche Rückschlüsse anhand von Studien zur Wirksamkeit der Förderansätze gezogen werden können. Dafür werden einige Fördermaßnahmen innerhalb der verschiedenen Förderansätze näher vorgestellt, um anhand des Konkreten auf das Allgemeine zu stoßen. Ziel ist es, anhand dieser Analyse allgemeine, traditionsübergreifende didaktische Richtlinien der Förderung kritischen Denkens herauszukristallisieren und dazu geeignete Methoden und Techniken ausfindig zu machen. Die gefundenen Ergebnisse dienen zur Entwicklung einer eigenen, für das vertretene Verständnis kritischen Denkens stimmiger Didaktik.

2.2.1 Der allgemeine Ansatz: Kritisches Denken als eigenständiges Fach

Einige Theoretiker und Praktiker innerhalb des Diskurses über die Förderung kritischen Denkens aus dem Bereich der Logik vertreten die Ansicht, dass sich kritisches Denken am besten innerhalb eines eigenen Kurses/Faches fördern ließe (siehe z. B. Ennis, Astleitner). Dies geht mit der Annahme einher, dass sich sowohl die hier erlernten Fähigkeiten als auch Dispositionen auf alle möglichen Sachverhalte übertragen lassen und dass der Transfer ohne weitere Hilfe stattfinden kann. Diese Annahme wird vor allem durch zwei Argumente gestützt: Zum einen wird davon ausgegangen, dass die Fähigkeiten und Dispositionen des kritischen Denkens je nach Auffassung allgemeinen Charakter haben. Dewey war bereits der Meinung, dass die verschiedenen Weisen des Denkens in ihren generellen Bestandteilen beschrieben werden können (Dewey, 1933; zitiert nach Norris, 1992, S. 3). Black vertritt beispielsweise die Ansicht, dass unlogisches Denken und logisches Denken unabhängig von der jeweiligen Thematik erkannt werden können, da es primär um die Qualität von Schlussfolgerungen geht, die ohne Beachtung des jeweiligen Sachverhaltes deutlich wird. Logisches Schlussfolgern ist also nicht an spezifische Inhalte gekoppelt und kann in jedem Terrain eingesetzt werden (Black, 1946; zitiert nach Norris, 1992, S. 3). Die Analyse von Argumenten lässt sich natürlich auf alle geschriebenen Textformen übertragen und ist deshalb nicht fächergebunden. Siegel stellt beispielsweise im selben Tenor klar, dass das Identifizieren von Fehlschlüssen beim logischen Schlussfolgern und die hierbei kategorisierten Fallazien in verschiedenen Kontexten aufzufinden sind. Kritisches Denken ist hier das Aufspüren von Fehlschlüssen, ungeachtet der jeweiligen fachlichen Materie, denn Fehler beim Schlussfolgern sind nicht auf Inhalte bezogen, sondern hängen mit der Wahrung von formalen Regeln zusammen (Siegel, 1988; zitiert nach Abrami, et al., 2008, S. 1105). Somit kommt die Förderung von kritischem Denken in der Tradition der Logik entweder mit unterrichtsfernen Inhalten oder auch ganz ohne Inhalte aus, jedenfalls ohne Bezug zu den bestehenden Fächern im jeweiligen schulischen Kontext. Beispielsweise können die Prinzipien der Logik hier rein mathematisch erläutert und auch in mathematischer Sprache geübt werden.

Diese Art der Denkschulung brachte eine Vielzahl an Kursen in formaler und informeller Logik in Schulen (Grundschulen, Sekundarschulen) und Hochschulen (Colleges, Akademien, Universitäten usw.) hervor, die teilweise aber auch als separater Teil des Curriculums innerhalb von Unterrichtsfächern eingeplant werden und wurden (McKown, 1997, S. 20; Norris, 1992, S. 22; Abrami et al., 2008, S. 1103). Jedes Jahr bieten Hunderte von Hochschulen (Colleges) in der ganzen Welt einsemestrige, einführende Kurse zur Förderung von kritischem Denken an, die unter Namen wie „Critical Thinking", „Informal Logic",„Introduction in Reasoning" etc. laufen und den Studenten das Rüstzeug im kritischen Denken für das erfolgreiche Lernen im Studium vermitteln sollen (Van Gelder, 2000, S. 1). Die meisten Kurse oder Materialien zum Selbststudium, die als Kursmaterial für Lernangebote genutzt werden können, sind hauptsächlich der programmierten Instruktion verpflichtet. Nach einer kleinschrittigen Darlegung der theoretischen Grundlagen, z. B. zu Bestandteilen und Aufbau von Argumenten folgen im Anschluss Übungsaufgaben, durch die deutlich wird, ob der Lerner die Konzepte verstanden hat. Die Autoren innerhalb des allgemeinen Ansatzes gehen davon aus, dass die Fähigkeiten und das Wissen zu kritischem Denken wie ein Gut von einer Person zur anderen weitergegeben werden können und – einmal erlernt – in verschiedensten Situationen zur Anwendung kommen können. Des Weiteren wird innerhalb des allgemeinen Ansatzes mit Check-Listen, Thinking-Maps und Fragenkatalogen gearbeitet, die den Lernenden dabei helfen sollen, ihr Denken an Konzepten und Kriterien der Logik auszurichten. Moon, die eine Vielzahl von Konzepten zur Förderung von kritischem Denken untersuchte, kommt bei den Ansätzen aus der formalen Logik zu dem Ergebnis, dass die Förderung meist dadurch gestaltet wurde, logische Probleme zu präsentieren, die mehr oder weniger durch eine richtige Antwort gelöst werden können, z. B. durch das Erkennen eines Fehlschlusses eines Argumentes (Moon, 2008, S. 38). Dafür muss ein theoretisches Fundament im Bereich der Logik bei den Lernern gelegt werden (Theorie zu Argumenten, Fehlschlüssen, notwendigen und hinreichenden Bedingungen bei Argumenten, induktiven und deduktiven Schlussfolgerungen, Fallazien usw.).

Im Folgenden wird ein bekannter Ansatz von Ennis (1996) exemplarisch verdeutlicht. Weitere Förderansätze in dieser Tradition finden sich beispielsweise in einem Handbuch von Biermann und Assali (1995), das hauptsächlich auf formelle Logik abhebt oder einem Buch zum Selbststudium von Fisher (2001), das den Fokus eher auf informelle Logik richtet. Neben den genannten Werken zur Förderung kritischen Denkens in der Tradition der Logik gibt es eine breite Palette an Publikationen, welche sich einerseits an Lehrer richten, andererseits für Lerner und Lehrer im Hochschulbereich gedacht sind (siehe beispielsweise Freeley & Steinberg, 2005; Bassham, Irwin, Nardone, Wallace, 2007).

2.2.1.1 Ein Beispiel: Der FRISCO-Ansatz nach Ennis (1996)

Ennis Standardwerk „Critical Thinking" aus dem Jahr 1996 wurde mehrmals als Quelle der Inspiration für andere Lehrbücher, Materialien für das Selbststudium und auch für Kurse herangezogen (siehe beispielsweise Fisher, 2001, S. 14). Das Werk ist mathematisch gehalten, mit einem starken Fokus auf Konzepte der formalen Logik. Inhaltlich gibt es zwölf Abschnitte, in denen Schwerpunkte der Tätigkeiten kritischen Denkens nach Ennis' Auffassung theoretisch abgehandelt werden, mit vielen Beispielen versehen und mit zahlreichen Übungen zur Anwendung und Sicherung des Wissens gepaart werden. Da es unter anderem an Studenten vor dem ersten akademischen Grad gerichtet ist, wird speziell auch wissenschaftlichem Arbeiten und Schreiben im Sinne des kritischen Denkens Aufmerksamkeit geschenkt.

Das Buch, das sowohl für das Selbststudium als auch als Grundlage für Kurse zur Denkschulung konzipiert wurde, beginnt mit einem einführenden Kapitel zu Sinn und Zweck von kritischem Denken, wobei die Betonung auf die Notwendigkeit, bessere Entscheidungen durch kritisches Denken zu treffen, abzielt. Dabei wird im ersten Kapitel auch gleich in die Materie der Argumente eingeführt, also aus welchen Komponenten Argumente bestehen, was sie von Behauptungen unterscheidet usw. Es folgen Kapitel zur Analyse von Argumenten (Identifizierung von Konklusionen und Gründen, grafische Darstellung von Argumenten usw.), zur Beurteilung der Glaubwürdigkeit von Quellen (anhand von Kriterien der Erfahrung und des Wissens des Verfassers, möglichen verfolgten Interessen, der Übereinstimmung von anderen, gleichwertigen Stimmen oder der Reputation des Verfassers etc.), zum Umgang mit Beobachtungen (mögliche Voreingenommenheit, Hörensagen, usw.), zur klassischen Logik (deduktive Validität, Fallazien, notwendige und hinreichende Bedingungen usw.), zur Identifikation von Annahmen und deren Reichweiten, Definitionen usw. Auch das Treffen von moralischen Urteilen ist Bestandteil des Buches, wobei hier speziell relativistische, absolutistische und persönliche Werturteile besprochen werden.

Das Buch wartet aber auch, wie bereits angedeutet, mit einigem Wissen und praktischen Übungsaufgaben zum wissenschaftlichen Arbeiten auf. Beispielsweise werden Themen wie das Durchführen von Experimenten und Quasi-Experimenten, die Beurteilung von Hypothesen, Erklärungen und kausalen Schlussfolgerungen, Verallgemeinerungen, Sampling oder die Bedeutung von Korrelationen behandelt. Ennis benutzt in seinem Werk durchgehend fächerunabhängige, hypothetische Übungsaufgaben und auch Beispiele. Wie in einigen anderen Büchern verdeutlicht er einen Großteil des theoretischen Wissens an einem Beispiel aus seiner Erfahrungswelt: als Juror in einem Mordprozess (siehe auch Ennis, 1987).

Methodisch setzt Ennis auf ein Leitfaden-Prinzip, das es den Lernern ermöglichen soll, all die verschiedenen Facetten kritischen Denkens besser handzuhaben und gezielt anzuwenden. Ennis entwickelte eine umfangreiche Checkliste mit den wichtigsten Konzepten kritischen Denkens, formuliert als Fragen für die einzelnen, jeweiligen Denkaktivitäten. FRISCO, so der Name des Ansatzes, beinhaltet die Essenz aller im Buch besprochener Schwerpunkte zum kritischen Denken in einer Art Leitfaden für das Denken. Abbildung 15 zeigt die einzelnen Komponenten des Ansatzes, die mehr oder weniger sukzessive durchlaufen werden sollen, wobei Rücksprünge vom Autor ausdrücklich als erwünscht und sinnvoll erachtet werden.

Fokus
- Was sind die wichtigsten Punkte/Themen/Fragen, die es zu bearbeiten/zu lösen gibt?

Reasons
- Welche Gründe werden in den Argumenten genannt? Sind die Gründe wahr? Welche Evidenz gibt es hierfür?

Inferences
- Validität des Schrittes von den Gründen zur Konklusion: Inwieweit unterstützen die genannten Gründe die Konklusion? Gibt es eine plausible Alternative für die genannte Konklusion?

Situation
- In welchem Kontext sind die Argumente entstanden? Welche Akteure sind innerhalb der Situation mit inbegriffen? Welche Interessen werden durch sie verfolgt?

Clarity
- Sind die Argumente/Begriffe klar, ohne Widersprüche und verständlich?

Overview
- Überwachung der fünf bisherigen Schritte - Monitoring des eignen Denkens: Sind die Bestandteile der Argumente wirklich schlüssig?

Abbildung 15: Der FRISCO-Ansatz, angelehnt an Ennis (1996)

Der erste gedankliche Schritt (**Fokus**) ist als Phase der Zustandsverortung und -bewertung zu verstehen, wobei hier eher ein Schwerpunkt auf der Analyse von Annahmen liegt und nicht beim Lösen eines Problems. Zentrale Aussagen, Probleme oder Fragen werden dabei erfasst anhand von Kriterien wie Relevanz, die der Lerner in seiner Untersuchung berücksichtigen sollte. Ennis merkt an, dass bei diesem Schritt vor allem die expliziten und impliziten Konklusionen eines Textes, einer Beobachtung usw. erkannt und verinnerlicht werden sollten (1996, S. 5).

Die Analyse und Fragen zu den Gründen (**Reasons**) eines Argumentes haben es als Ziel, erst einmal die genannten Gründe zu erkennen und dann deren Akzeptierbarkeit einzuschätzen. Außerdem sollen eigene Prämissen überprüft werden, wenn eigene Argumente formuliert und auf ihre Akzeptierbarkeit geprüft werden. Dies kann durch statistische Einschätzungen oder aber auch über Analogien geschehen. Auch die hinter Argumenten liegenden Annahmen sollen auf diese Weise erkannt und interpretiert werden. Des Weiteren können Argumente auch dann wahr sein, wenn Gründe/Prämissen falsch sind. Deshalb müssen auch nicht genannte Gründe untersucht und bewertet werden.

In dem Komplex der Schlussfolgerungen (Inferences) geht es darum, die Schlüssigkeit der Schlussfolgerungen zu beurteilen, also den Zusammenhalt von den genannten Gründen und den damit verbundenen Konklusionen. Selbst wenn Gründe nicht sehr annehmbar sind, so kann die damit verbundene Schlussfolgerung dennoch gut sein, was bedeutet, dass der Weg von den Gründen hin zur Konklusion logisch und gut durchdacht sein kann. Folglich muss neben einer Beurteilung der Gründe auch eine Würdigung der Schlussfolgerung vorgenommen werden. Ein Frage, die Ennis den Lernern hier anbietet, lautet etwa: „Gibt es eine plausible Alternative zu der vorliegenden Schlussfolgerung?" (1996, S. 6).

Mit "Situation" möchte Ennis seinen Lernern Hilfestellung bei der Analyse des involvierten Kontextes geben. Die Lerner sollen sich die Situation bewusst machen, in die der zu analysierende Text oder aber auch Beitrag eines Beobachters eingebettet ist. Diese Situation kann je nach vorliegendem Fall das soziale oder aber das physische Umfeld betreffen. So sollte man versuchen, die in die jeweilige Situation involvierten Personen und deren Absichten, Hintergründe, Emotionen, Allianzen mit anderen, Interessen usw. zu ergründen, um somit die Bedeutungswelten der einzelnen Akteure besser zu verstehen.

„Clarity" erinnert die Lerner daran, auf die Deutlichkeit und Verständlichkeit der eigenen Argumente, aber auch die der anderen Lerner zu achten. Beispielsweise sollten die benutzten Begriffe klar definiert sein, damit es zu keinen Missverständnissen und Fehlinterpretationen kommen kann. Bei Unklarheiten gilt es, diese zu bereinigen, etwa durch Rückfragen wie „Was meinst Du damit?" oder „Wird diese Aussage Leute, die diese Worte in einem anderen Kontext benutzen, verunsichern?" (1996, S. 8).

Den Begriff „Overview" benutzt Ennis für die metakognitive Vergegenwärtigung und Überwachung der einzelnen Schritte im FRISCO-Ansatz: Dabei stellt sich der Lerner Fragen, ob er wirklich alle Aspekte berücksichtigt hat, seine Interpretationen stimmig sind usw. Alle beantworteten Fragen werden noch einmal auf Richtigkeit und Vollständigkeit geprüft.

Ennis' Standardwerk wurde bereits als Basis für ganze Kurse zur Förderung kritischen Denkens herangezogen. Im Jahr 2001 gab es einen Kurs mit dem Titel „Logic and critical Thinking" am Quincy College im Bereich der Geisteswissenschaften, der curricular auf Ennis' Werk ausgerichtet war (Beukmann, 2001). Als Ziele standen im Vordergrund, die Ausdrucksfähigkeit der Lerner durch kritisches Denken zu verbessern, ihre Fähigkeit, logische Fehler erkennen und widerlegen zu können, zu stärken und durch kritisches Denken das Entwickeln und Präsentieren ihrer eigenen Ideen zu unterstützen. Lernziele waren des Weiteren, dass Lerner sich die Analyse von Argumenten mit FRISCO aneignen, diesen Ansatz auch auf logische Argumente in Medien wie Zeitungen etc. zu übertragen vermögen, zwischen deduktiven und induktiven Argumentationen zu unterscheiden lernen, sich mit der Glaubwürdigkeit von Quellen auseinandersetzen, zwischen Werturteilen und

Tatsachen unterscheiden können, eigene Argumente in schriftlicher und mündlicher Form entwickeln und in angemessener Form vortragen können usw. Inhaltlich richtete sich der Kurs an der Gliederung des Werkes von Ennis aus: Wie auch in seinem Buch begann der Kurs mit einer Veranstaltung zu Entscheidungen und Argumenten, gefolgt von einer Sitzung zur Identifizierung von Gründen und Konklusionen, der Glaubwürdigkeit von Quellen und Beobachtungen, deduktiver Logik usw., wobei erwähnt werden sollte, dass es zu jedem Treffen sukzessive das jeweilige Kapitel in Ennis' Buch als Vorbereitung zu bearbeiten galt.

Thematisch wurde auch hier gemäß dem allgemeinen Ansatz auf bestehende Bezüge zur Disziplin verzichtet und ein Schwerpunkt auf Situationen aus dem Alltag gerichtet. Dies gilt sowohl für die Erarbeitung der Theorie zu FRISCO als auch für alle eingesetzten Übungsbeispiele. Inhaltlich werden zur Analyse von Argumenten als Quellen wissenschaftliche und populäre Publikationen, Nachrichten in Zeitungen, Magazinen, Beiträge im Fernsehen usw. herangezogen. Methodisch-didaktisch entspricht das Vorgehen dabei in diesem Kurs der häufig genutzten Form der Instruktion, wobei in dem Kurs auch Gruppenarbeiten, wie z. B. in Diskussionen zu der Analyse von Argumenten, angedacht sind. Bewertet werden die Lerner jeweils in gleicher Gewichtung anhand ihrer Beiträge, eines zu führenden Arbeitsjournals (nach jeder Vorlesung ein einseitiger Eintrag als Reflexion zu dem Gelernten), einer Zwischen- und Abschlussklausur (geschlossene Aufgaben, zum Großteil Multiple-Choice- und Zuordnungsaufgaben) und mündlichen wie auch schriftlichen Präsentationen (hier werden nicht die Inhalte, sondern die Organisation und Qualität der Argumente bewertet).

Der eben hier erläuterte Kurs zu dem Werk von Ennis steht beispielhaft für eine ganze Schar von Kursen im Collegebereich, die alle einen ähnlichen Inhalt, aber auch didaktischen Aufbau aufweisen (Wrigley, 2003; Harris, 2001).

2.2.1.2 Empirische Belege zur Beurteilung der Wirksamkeit

In einem quasi-experimentellen Design konnten Riesenmy, Mitchell, Hudgins und Ebel 1991 innerhalb einer Studie zu kritischem Denken belegen, dass diese kontextunabhängige Art der Förderung von kritischem Denken erfolgreich sein kann. Die Autoren der Studie schulten 70 Schüler aus den vierten und fünften Klassen an der St. Louis Public School direkt im kritischen Denken, wobei hier vier verschiedene Teilaspekte berücksichtigt wurden: Die Schüler wurden dabei in vier verschiedenen Rollenbildern, die jeweils unterschiedliche theoretische Bezüge zu kritischem Denken aufwiesen, gefördert. Beispielsweise gab es das Rollenbild des „Analysten" von Aufgaben und Problemen oder aber auch das des „Beobachters" des Vorgehens etc. Die Hypothese der Autoren, dass diejenigen Schüler, die in den verschiedenen Denkansätzen geschult werden, besser Probleme lösen können, wurde durch die Ergebnisse der Studie bestätigt. In Problemlöseaufgaben, die sowohl einen vertikalen als auch lateralen Transfer zur Lösung der Aufgaben benötigten, schnitten die Lerner der Experimentalgruppe besser ab als die der Kontrollgruppe, die keine direkte Schulung im kritischen Denken bekommen hatte, wobei dieser Effekt selbst nach mehreren zeitlichen Messungen bestehen blieb (Riesenmy et al., 1991; zitiert nach Abrami et al., 2008, S. 1106; Riesenmy et al., 1991, zitiert nach McKown, 1997, S. 27). Allerdings bescheinigen Abrami et al. dem allgemeinen Ansatz nur moderaten Erfolg. Anhand einer Literaturrecherche, bei der sie 117 quantitative, heterogene Studien aus den Jahren 1960 bis 2005 zur Förderung von kritischem Denken auswerteten, die meist mit standardisierten und anerkannten Tests zur Erfassung von kritischem Denken durchgeführt wurden, konnten sie unter Berücksichtigung der Messung von Effekt-Größen zeigen, dass der allgemeine Schulungsansatz nur mäßige Früchte bei den Lernern zu tragen scheint (Abrami et al., 2008, S. 1121). Dieses Ergebnis geht einher mit den Argumenten der Kritiker des allgemeinen Ansatzes, wie etwa McPeck (1990) oder Meyers (1986), die das Außerachtlassen des jeweiligen Kontextes und die Annahme der Übertragbarkeit von Fähigkeiten des kritischen Denkens auf beliebige Kontexte vehement kritisieren und den Ansatz als fruchtlos einschätzen. Sie berufen sich dabei auf die Annahme, dass Denken und Wissen immer kontextgebunden seien. McPeck ist der Meinung, dass kritisches Denken von der jeweiligen epistemologischen und logischen Norm und dem vorliegenden Fach abhänge und daher die Prozesse kritischen Denkens jeweils andere seien (McPeck, zitiert nach McKown, 1997, S. 21). Auch in der Transferforschung zur Lernübertragung gibt es viele Belege dazu, dass sich domänenspezifisches Wissen und spezifische Fähigkeiten nicht ohne Weiteres auf andere Bereiche übertragen lassen (siehe etwa die Studien von Pressley, Snyder und Carigilia-Bull, 1987). Tim Van Gelder kommt in seiner Metaanalyse, in der er mehrere Metaanalysen aus den 1980er- und 1990er-Jahren, aber auch einzelne Studien zur allgemeinen Förderung von kritischem Denken an Hochschulen in einsemestrigen Kursen untersucht, die mit einem standardisierten Post-Pretest-Design gestaltet wurden, zu folgenden Ergebnissen (2000):

- Es lassen sich trotz der Tests nur sehr schwer generelle Aussagen zur direkten Förderung aus den Studien heraus treffen.
- Weiterhin lässt es sich bei genauer Analyse der Studien nicht belegen, dass die Kurse zur Förderung von kritischem Denken generell überhaupt einen substanziellen Vorteil für die Lerner bieten.
- Es gibt Studien, die einen Zuwachs an Kompetenzen im kritischen Denken belegen, und andere, die dies nicht nachweisen konnten.
- Kurse zur Förderung von kritischem Denken könnten sich sogar schädlich auf die Performanz der Lerner auswirken. Studenten erfahren in ihrer Entwicklung empirisch betrachtet große Zuwächse in ihren Fähigkeiten für kritisches Denken durch das Studium und ihre epistemische Reifung (Pascarella und Terenzi, 1991; zitiert nach Van Gelder, 2000, S. 10). Lassen sich in den Kursen zur Förderung keine Fortschritte belegen, so der Folgeschluss, können diese Kurse sogar eine Behinderung des Wachstums bewirken.
- Durch bestimmte Methoden in den jeweiligen Fächern kann kritisches Denken besser gefördert werden als in allgemeinen Denkschulungen.

Die eher moderaten Ergebnisse bezüglich des Lernerfolges sind zum Großteil also auch dem didaktischen Paradigma des allgemeinen Ansatzes geschuldet. Durch diesen eher behavioristischen und kognitivistischen didaktischen Ansatz der Vermittlung kritischen Denkens wird scheinbar träges Wissen[24] gefördert, d. h. Wissen, das zwar in einer Situation theoretisch gelernt wurde, jedoch in anderen Anwendungssituationen nicht genutzt werden kann. Perkins und Salmon konnten beispiels-

---

24 Der Begriff wurde erstmalig von dem englischen Philosophen und Mathematiker Alfred North Whitehead 1929 eingeführt (Whitehead, 1969).

weise empirische Hinweise liefern, die zeigen, dass die generelle Förderung von kritischem Denken außerhalb der behandelten Domäne nicht hilfreich ist (1989; zitiert nach Norris, 1992, S. 4). Andere Autoren innerhalb des Diskurses über kritisches Denken hingegen nehmen eine neutralere Position zu der Debatte ein. Zum Beispiel identifiziert Brell durchaus generelle Konzepte und Strategien des kritischen Denkens, die allgemein geschult werden können. Jedoch betont er auch, dass sich diese kontextbezogen verschiedenartig ausprägen (1990; zitiert nach McKnown, S. 24).

Der allgemeine Ansatz ist zum Zeitpunkt der Erstellung der Dissertation noch weit verbreitet und hat einige Befürworter auf seiner Seite, darunter auch sehr gewichtige Stimmen innerhalb des Diskurses zu kritischem Denken (siehe Norris, 1992).

2.2.2 Der integrativ-direkte Implementierungsansatz: Direkte Förderung kritischen Denkens im Fachunterricht

Der integrativ-direkte Implementierungsansatz der Denkschulung ist von der Tradition der kognitiven Psychologie geprägt, da davon ausgegangen wird, dass es allgemeine Denkprozesse gibt, die sich in verschiedenen Kontexten anwenden und folglich auch einüben lassen. Formalisierte Denkprozesse werden dabei zum einen Schritt für Schritt theoretisch vermittelt, zum anderen anhand fachspezifischer Inhalte von den Schülern eingeübt. Durch den integrativ-direkten Ansatz werden zwei Ziele verfolgt: Zum einen soll das kritische Denken der Lerner verbessert, zum anderen das inhaltliche Verständnis für den jeweiligen Sachverhalt vertieft werden. Deshalb findet die Förderung nicht in einem außenstehenden, extra dafür konzipierten Kurs statt, sondern wird in den normalen Unterricht innerhalb des regulären Curriculums integriert (Swartz, 2003, S. 220). Die Förderung der Fähigkeiten kritischen Denkens findet explizit wie im allgemeinen Ansatz statt, nur dass nun auch den fächerspezifischen Inhalten große Aufmerksamkeit geschenkt wird und die Förderung inhaltlich nicht in einem luftleeren Raum steht, sondern an konkreten fachlichen Inhalten didaktisch sinnvoll ausgerichtet wird (Prawat, 1990, S. 5). Didaktisch bedingt dies jene Methoden, die das Denken der Lerner in der jeweiligen Domäne anregen wie z. B. kooperatives Lernen, Visualisierungs- und Fragetechniken, Methoden des entdeckenden Lernens usw. (Swartz, 2003; Costa, 1985). Trotz dieser Methoden, die den Lerner zu einer vertieften Auseinandersetzung mit dem Stoff anregen, werden Methoden bzw. Prozesse des kritischen Denkens auch direkt durch Instruktion gefördert, damit die Lerner nicht nur die Inhalte vertieft aufnehmen können, sondern auch explizit erkennen, welche Denkstrategien dabei hilfreich sind. Hierzu werden in der Literatur verschiedene Verfahrensweisen genannt, wie dies am erfolgreichsten zu bewerkstelligen sei. Einige der Autoren sprechen sich dafür aus, erst den Lernern die Fähigkeiten des kritischen Denkens allgemein und ohne Fachbezug zu vermitteln und dann in einem nächsten Schritt die gelernten Methoden auf fachbezogene Aufgaben und Inhalte zu übertragen (Prawat, 1990, S. 4). Des Weiteren gibt es Befürworter, die die Ansicht vertreten, dass Lerner erst einmal mit fachlichen Problemstellungen konfrontiert werden sollten, die durch die jeweiligen Methoden kritischen Denkens zu bewerkstelligen sind. Angelangt an diesem Punkt, führt dann die Lehrkraft bzw. der pädagogische Professional die entsprechenden Konzepte bzw. Prozesse des kritischen Denkens ein und wendet diese dann zur Lösung des Problems an. Somit soll eine bessere Motivation der Schüler erzeugt werden, da der Nutzen von kritischem Denken plastisch werden sollte (Prawat, 1990, S. 4).

2.2.2.1 Der Ansatz zur Förderung von kritischem Denken nach Swartz (2003)

Swartz schlägt bei der integrativ-direkten Förderung kritischen Denkens folgende vier Strategien als essenziell für eine erfolgreiche Förderung und als Rahmenkonzept zur Gestaltung von Unterrichtseinheiten vor. Er nutzt dabei eine Mischform aus den beiden Richtungen der Förderung innerhalb des integrativen Ansatzes:

Abbildung 16: Aufbau von Unterrichtseinheiten zur integrativ-direkten Förderung von kritischem Denken, angelehnt an Swartz (2003, S. 242–247)

In einem ersten Schritt führt die Lehrkraft in das jeweilige Unterrichtsthema kurz ein und stellt dann die zu fördernde Fähigkeit des kritischen Denkens im Zusammenhang mit dem Thema dar. Dabei gilt es, die Relevanz der Fähigkeit, wie etwa das Identifizieren von Annahmen, zu verdeutlichen und so in Verbindung mit den bisherigen Erfahrungen der Lerner zu bringen, dass auch die persönliche Relevanz für den Lerner erkennbar wird. Anschließend führt die Lehrkraft in die jeweilige Theorie der Denkschulung ein. Dabei werden die zu vermittelnden Konzepte oder Techniken kritischen Denkens in Zusammenhang mit dem zu behandelnden Unterrichtsstoff gebracht und gezeigt, dass die Anwendung jener Konzepte und Techniken nützlich für die Lösung der Aufgabenstellung aus dem Fachunterricht sind. Nach diesem Input sollen nun die Lerner diese Fähigkeit konkret an Inhalten aus dem Unterrichtsfach anwenden. Die Lehrkraft unterstützt die Denkprozesse der Lerner dabei durch verbale Prompts und Visualisierungstechniken wie Mind-Maps, Brainstorming usw. Prompts sind dabei durch die Lehrkraft gesteuerte Maßnahmen, die den Lernenden während des Lernprozesses zur Ausführung kognitiver, metakognitiver und motivationaler Prozesse anregen, wie z. B. offene Fragen zu einem Text.

In einer nächsten Phase ist es nun wichtig, dass die Lerner sich gedanklich von den Inhalten wieder distanzieren und über ihre eigenen Denkaktivitäten nachdenken. Durch Selbstreflexion beschreiben die Lerner nun, welche Denkprozesse bei ihnen während der Bearbeitung der Aufgabe abgelaufen sind, was beispielsweise schwer oder einfach dabei zu bewerkstelligen war oder wie das Denken bezüglich der vermittelten Fähigkeit noch verbessert werden könnte. Die Anregung der Metakognition geschieht auch hier durch verbale Prompts und Diskussionen der Lerner über die gemachten Erfahrungen. Umfasst die Kognition alle mentalen Prozesse bei der Informationsverarbeitung und beim Denken, so bedeutet Metakognition das Denken über das eigene Denken. Mentale Aktivitäten werden dabei zum Objekt der Reflexion (Schreblowski und Hasselhorn, 2006, S. 152). Metakognition ist also eine Art innerer Dialog mit sich selbst, über das eigene Denken und Handeln, der Schlüssel zur Kontrolle, Regulation und Steuerung des eigenen Denkens und Handelns ist.

In einem letzten Schritt liegt es nun an der Lehrkraft, die vermittelte Fähigkeit kontinuierlich wieder in anderen Kontexten des Faches zu fördern und somit einen Transfer zu ermöglichen. Swartz weist darauf hin, dass die Einübung der Fähigkeit in einem anderen Kontext bald nach der initialen Stunde geschehen und eine mehrmalige Wiederholung im laufenden Jahr stattfinden sollte (2003, S. 244). Die Lerner sollten dabei selbstgesteuert die Fähigkeit anwenden, ohne dass die Lehrkraft direkt darauf verweist. Vielmehr sollte die Reflexion der Lerner angeregt werden, indem der Lehrer auf die Inhalte der Stunde zurückblickt, als die Fähigkeit erstmalig eingeübt wurde.[25]

2.2.2.2 Empirische Belege zur Beurteilung der Wirksamkeit

Zur empirischen Wirksamkeit der integrativ-direkten Förderung von kritischem Denken liegen laut Swartz vielseitige, wenn auch limitierte Belege durch Studien vor, die die Wirksamkeit des Förderansatzes bescheinigen (2003, S. 248). So führt Swartz zwei Studien von Sherry (1997) und Tohm (1994) an, die belegen konnten, dass die integrativ-direkte Förderung von kritischem Denken signifikant zur Verbesserung der Fähigkeiten kritischen Denkens beitragen kann (2003, S. 248). Die erste Studie wurde in über 20 *Middle Schools* in mehreren Großstadtbezirken (Alter der Schüler zwischen 10 und 14 Jahren), die zweite in einer ländlichen Gegend an mehreren *Elementary Schools* (vergleichbar mit der deutschen Grundschule) in den Vereinigten Staaten durchgeführt. Dabei wurde ein quasi-experimentelles Design gewählt, das Kontroll- und Experimentalgruppen berücksichtigte und einen Pre- und Posttest beinhaltete. Die Schüler mussten schriftliche Aufgaben bearbeiten, die gezielt

---

[25] Swartz verdeutlicht das geschilderte Vorgehen an einer Stunde aus dem Geschichtsunterricht einer amerikanischen Schulklasse (11. – 12. Grade, Secondary Education, Alter der Schüler zwischen 16 und 17 Jahren). Vor dem Hintergrund der zur Zeit des Zweiten Weltkrieges von Präsident Harry S. Truman getroffenen Entscheidung, die Atombombe als Mittel zur Beendigung des Krieges mit den Japanern einzusetzen, erarbeiten die Schüler eine generelle Checkliste, die als Strategiekarte für das Treffen von wohlbegründeten Entscheidungen genutzt werden kann. Ein derartiges Schema könnte so auch in einem allgemeinen Kurs zur Förderung kritischen Denkens eingesetzt werden, da es vollkommen themenunabhängig ist und generelle Denkfertigkeiten fördern soll (Swartz, 2003, S. 222–247).

bestimmte Fähigkeiten des kritischen Denkens beinhalteten. Die Förderung des kritischen Denkens zielte unter anderem darauf ab, die Fähigkeit zu schulen, mehrere und verschiedene Optionen zu einer Entscheidung gedanklich erkennen zu können und mögliche Konsequenzen zu antizipieren. Der Zeitpunkt des Tests nach der Förderung lag bei beiden Studien innerhalb von sechs Monaten. Da die meisten der standardisierten Tests zur Erfassung kritischer Denkvorgänge kontextunabhängig sind und die geförderten Fähigkeiten nur begrenzt abfragen, entwickelten die Lehrkräfte unabhängig voneinander jeweils ein eigenes Messinstrument, nämlich einen den Anforderungen genügenden Bewertungsbogen („*Scoring-Rubric*"). Diejenigen Schüler, die multiple Optionen analysierten und vielfältige Konsequenzen dabei erkannten, wurden anhand des Bewertungsbogens mit höheren Punkten eingestuft. Durch dieses Vorgehen konnte gezeigt werden, dass jene Schüler, die die Denkschulung im integrativ-direkten Ansatz erhalten hatten, im Durchschnitt signifikant besser abschnitten als jene in den Kontrollklassen (Sherry, 1997; Tohm 1994; zitiert nach Swartz, 2003, S. 248).

Swartz räumt aber dennoch ein, dass diese Studien sowohl in ihrer Aussagekraft als auch in ihrer Generalisierbarkeit beschränkt sind und derzeit keine umfassenden empirischen Studien vorhanden sind, die generelle und valide Aussagen zu dem integrativen Förderansatz erlauben würden.

Dennoch belegen weitere quantitative Studien die Effektivität des integrativ-direkten Ansatzes. So konnten Zohar, Weinberger und Tamir in einer experimentellen Studie mit einer Gesamtheit von 500 Schülern im Fach Biologie in der 7. Klasse in Israel zeigen, dass durch die integrative Denkschulung die Post-Tests bei den geschulten Lernern besser ausfielen als bei den Schülern, die keine Schulung erhalten hatten (Abrami et al, 2008, S. 1106). Im Rahmen des Biologieunterrichts wurden die Lerner im Erkennen von logischen Trugschlüssen, in der Identifizierung von impliziten und expliziten Annahmen, der Vermeidung von Tautologien, der Isolierung von Variablen, dem Testen von Hypothesen usw. geschult.

Etliche Autoren wie McKown (1997, S. 20), Costa (1985, S. 20–23) oder Swartz (2003, S. 248–249) sehen in diesem Ansatz die erfolgreichste Methode, um kritisches Denken nachhaltig und am effektivsten fördern zu können. Es gibt demgegenüber auch Untersuchungen, die belegen, dass die integrativ-direkte Förderung von kritischem Denken sogar hinderlich für Denkprozesse von Lernern sein könne: Palincsar, Stevens und Gavalek konnten 1989 in einer Studie zeigen, dass die direkte Förderung von Strategien zum Erfassen und Verstehen von Inhalten (Reciprocal Teaching) innerhalb eines Faches in manchen Klassen keine Erfolge bezüglich des Textverständnisses erzielen konnte. Bei einer genaueren Untersuchung des Phänomens stellte sich heraus, dass jene Schüler der Klassen, die keine Zuwächse an Textverstehen aufweisen konnten, das sture Ausführen der Methode als Lernziel selbst verstanden hatten und nicht als Mittel zum Zweck, als flexibles Werkzeug zur Verbesserung des Textverständnisses. Erfolgreiche Lernen in den anderen Klassen hingegen hatten verstanden, die Methode individuell und kreativ zu handhaben (Prawat, 1990, S. 9). Gelingt es der Lehrkraft nicht, kritisches Denken als sinnvolles, anwendbares und flexibles Instrument zum besseren Verstehen von Inhalten zu verankern, sondern wird eine Überbetonung der Methoden erreicht, so ist diese Art der Förderung nicht zweckdienlich. Abschließend lässt sich festhalten, dass Abrami et al. in ihrer Metaanalyse (117 quantitative Studien mit Pre- und Posttest zwischen 1960 und 2005) zu Fördermaßnahmen zu kritischem Denken zeigen konnten, dass der integrativ-direkte Ansatz im Durchschnitt moderat positive Ergebnisse liefert.

2.2.3 Der integrativ-indirekte Förderansatz: Indirekte Förderung kritischen Denkens im Fachunterricht

Die indirekte Förderung von kritischem Denken ist ein weiterer Ansatz zur Denkschulung, der häufig in der pädagogischen Praxis, bewusst wie auch unbewusst, zur Anwendung kommt. Hierbei wird kritisches Denken implizit im Fachunterricht gefördert, also ohne darauf sprachlich zu verweisen. Denkstandards kritischen Denken werden nicht expliziert. Kritisches Denken wird vielmehr implizit durch die Art und Weise wie Fachinhalte behandelt werden, gefördert. Dafür wird eine Didaktik der indirekten Förderung kritischen Denkens benötigt.

Die indirekte Förderung kritischen Denkens wird in den folgenden Abschnitten ausführlich behandelt. Dies ergibt sich aus zwei dem Forschungsvorhaben geschuldeten Gründen. Zum einen soll in dem zu konzipierenden Qualifizierungskonzept eine Didaktik kritischen Denkens vermittelt werden, die sich als alltagstauglich erweist. Da die pädagogischen Professionals wenig inhaltliche und zeitliche Gestaltungsfreiräume aufgrund curricularer Vorgaben in ihrer Praxis haben, eignet sich diese Didaktik besonders, da eben keine extra Lerneinheiten zu kritischem Denken nötig sind und gleichzeitig Fachinhalte tiefgehend behandelt werden können. Darüber hinaus soll die in der Arbeit zu erstellende Didaktik auch allgemein von Relevanz sein und einen theoretischen Beitrag in der Bildungspraxis leisten. Da allgemein auch hier eine explizite Denkschulung oder gar ein Fach „kritisches Denken" in den meisten Institutionen nicht möglich ist, muss sich die Didaktik kritischen Denkens aus pragmatischen Gründen in die „Alltagsdidaktik" einpassen können, wenn sie wirklich zur Anwendung in der Praxis kommen soll. Zum anderen sollen die pädagogischen Professionals während der Qualifizierung selbst im kritischen Denken gefördert werden. Dieses Ziel wird später noch deutlich gemacht. Da die Qualifizierung im kritischen Denken in eine Weiterbildung im Bereich E-Learning integriert wird und nur ein zeitlich sehr begrenzter Rahmen dafür bereitgehalten wird, scheint die indirekte Förderung als stimmigste Lösung.

Die indirekte Förderung kritischen Denkens wird von Vertretern der kritischen Pädagogik (siehe Weil, 2004; Kincheloe, 2004) angeregt, die sich gegen eine strategisch formalisierte Denkschulung aussprechen und kritisches Denken nicht in klar definierten kognitiven Prozessen auffassen. Außerdem wird diese Art der Förderung kritischen Denkens durch pragmatische Pädagogen vertreten, deren jeweiligen institutionellen Rahmenbedingungen, wie bereits verdeutlicht, keinen Spielraum für die explizite, direkte Förderung von Methoden und Techniken kritischen Denkens lassen. Außerdem wird dieser Ansatz von jenen Autoren befürwortet, die kritisches Denken als kontextspezifische Fähigkeit begreifen. Prominente Vertreter sind hierbei McPeck (1981) oder Meyers (1986). Sie vertreten die Annahme, dass kritisches Denken in jeder partikulären Disziplin spezifisch ausfällt, dass es also abhängig von dem jeweiligen Fachwissen in der entsprechenden Domäne ist. Kritisches Denken bei Wirtschaftspädagogen ist ein anderes als bei Nuklearphysikern. Selbst der noch so fähige Wirtschaftspädagoge, der sowohl alle Dispositionen als auch Fähigkeiten zum kritischen Denken mitbringt, wird auf solch einem für ihn fremden Feld seine Schwierigkeiten haben und vice versa. McPeck vertritt die Ansicht, dass erst innerhalb einer Disziplin ein tief gehendes Fachwissen vorhanden sein muss, um in dieser Disziplin kritisch denken zu können. Den allgemeinen Ansatz zur

Förderung kritischen Denkens lehnt er ab, da der Transfer genereller Fähigkeiten und Dispositionen auf verschiedene Disziplinen nicht funktionieren kann aufgrund der unterschiedlichen Ausprägungen der fachlichen Domänen und des dazu benötigten Wissens. Kritisches Denken ist demzufolge je nach Disziplin höchst unterschiedlich ausgerichtet. Man könnte sagen, kritisches Denken müsse also induktiv anhand der Inhalte und Beschaffenheit einer Disziplin jeweils erst bestimmt werden. Auch andere Autoren wie Moon (2008), Grant (1988) oder Adams und Hamm (1996) schließen sich dieser Auffassung an, dass kritisches Denken nicht in einem Vakuum geschieht, wenngleich in einer moderateren Auslegung als McPeck. Moderat ist dahingehend gemeint, dass diese Autoren durchaus generelle Prozesse kritischen Denkens und deren Förderung anerkennen, wenn entsprechendes fachliches Grundwissen in der jeweiligen Domäne vorhanden ist. Sowohl Meyers als auch Moon und McPeck plädieren für die Definition eines eigenen Bezugsrahmens für kritisches Denken in dem jeweiligen Fachgebiet, in dem genau beschrieben wird, was kritisches Denken und dessen Förderung bedeutet. Anschließend sollen die hierfür dargelegten Fähigkeiten und Prozesse konkret in der jeweiligen Materie eingeübt werden. Eine Bezugnahme auf generelle Inhalte zur Förderung von kritischem Denken, wie sie im allgemeinen und integrativ-direkten Ansatz nahegelegt werden, ist in diesem Vorgehen nicht nötig, da die Prozesse kritischen Denkens unmittelbar an den fachlichen Inhalten festgemacht werden und sich dadurch bedingen. Trotzdem gestehen Moon und Meyers ein, dass auch die allgemeine und integrativ-direkte Förderung von kritischem Denken sinnvoll sein kann, wohingegen McPeck dies ablehnt. Es gibt aber noch weitere Argumente, die für einen indirekten Ansatz der Förderung von kritischem Denken sprechen. Beispielsweise weist Brookfield darauf hin, dass die Förderung von kritischem Denken begrifflich zielgruppengerecht „verpackt" werden sollte (z. B. „Situational Leadership" bei Managern), um zum einen die Lernmotivation der Teilnehmer zu erhöhen, zum anderen aber auch, um Lerner durch die teilweise komplizierten Begrifflichkeiten aus der Theorie des kritischen Denkens nicht abzuschrecken (1987, S. 246). Oftmals, so Brookfield, ist der Begriff *kritisches Denken* im Verständnis der Menschen mit negativen Assoziationen belegt (kritisch als negatives „Runtermachen" einer Person etc.) oder der Zielgruppe einfach unbekannt. Daher werden der Begriff und die dahinter liegenden Konzepte als etwas nicht Greifbares, Vages oder gar Negatives wahrgenommen. Als Konsequenz muss die Förderung des kritischen Denkens in einer Sprache und mit Methoden geschehen, die für die Zielgruppe angemessen und akzeptiert sind. So bietet es sich bei bestimmten Zielgruppen wie etwa in der Aus- und Weiterbildung an, kritisches Denken implizit zu fördern, ohne darüber mit den Lernern zu sprechen. Dabei werden andere, aus dem beruflichen Kontext bekannte Termini benutzt, die die Lerner gewöhnt sind und die als positiv bewertet werden, wie beispielsweise erfolgreiche Entscheidungen treffen, lösungsorientiertes oder unternehmerisches Denken usw.

Prawat weist darauf hin, dass eine zu starke Aufmerksamkeitsrichtung beim Denken auf Strategien und Methoden des kritischen Denkens kontraproduktiv sei. Vielmehr soll sich die Ausrichtung des Denkens vollends auf die jeweiligen Inhalte richten, um Sachverhalte gedanklich zu durchdringen und ungestört zu neuen Ideen und Einsichten zu gelangen (1990, S. 10). Geht man bei der Schulung kritischen Denkens im allgemeinen und integrativ-direkten Ansatz eher von universellen kognitiven Prozessen wie dem Treffen von Entscheidungen oder der Analyse von Quellen aus, die einheitlich und direkt gefördert werden sollen, so zeichnet sich der indirekte Ansatz durch eine konstruktivistische

III. Konzeption des theoretischen Rahmens des didaktischen Designs

Anschauung aus: Anstatt von allgemeinen Prozessen der kognitiven Informationsverarbeitung gehen einige Autoren im indirekten Ansatz davon aus, dass Wissen individuell konstruiert wird und keine universellen kognitiven Verarbeitungsprozesse existieren, da jeder Mensch aufgrund seiner bestehenden kognitiven Schemata Informationen anders aufnimmt und interpretiert (Aronson et al., 2008, S. 60 ff.). Deshalb gilt es, entsprechende ressourcenstarke Lernumgebungen zu schaffen, die den Lerner intensiv zum Nachdenken über einen Sachverhalt anregen und die individuelle Konstruktion von Ideen und Einsichten ermöglichen (Prawat, 1990, S. 13). Dabei ist es besonders wichtig, starke und vielfältige Ideen zur Beschreibung von Sachverhalten zu offerieren. Außerdem benötigt die individuelle kritische Konstruktion von Wissen soziale Interaktion, um gemeinsames Wissen zu produzieren und wieder individuell zu modifizieren (Prawat, 1190, S. 17).

Ein kurzer Blick in die Literatur macht deutlich, dass es eine Unzahl Methoden und Verfahrensweisen zur Förderung kritischen Denkens im integrativ-indirekten Ansatz gibt, die je nach Disziplin, Lernzielen, der jeweiligen Zielgruppe und Eigenschaften und Vorlieben der Lehrkraft verschiedene Ausprägungen haben können (siehe hierzu die vier Fallstudien von Grant, 1988). Dennoch lassen sich allgemeine didaktische Richtlinien wie auch dazu passende Methoden und Techniken finden.

Im Folgenden sollen nun erst einmal wichtige didaktische Richtlinien zur indirekten Förderung kritischen Denkens aufgeführt werden. Weiterhin werden diese Prinzipien sowohl auf Methodenebene und auf Ebene der Techniken des pädagogischen Handelns erläutert und beispielhaft dargelegt. Es sei angemerkt, dass Elemente diese Didaktik nicht nur bei der indirekten Förderung, sondern auch in den anderen Ansätzen der Denkschulung verwendet werden.

2.2.3.1 Didaktische Richtlinien zur Denkschulung im integrativ-indirekten Ansatz

Meyers sieht als ein wichtiges Prinzip die Schulung des abstrakten Denkens der Lerner. Die indirekte Förderung von kritischem Denken sollte dabei von der individuell-konkreten Erfahrung der Lerner hin zum Prinzip der Abstraktheit führen (Meyers, 1986 S. 27 ff.). Somit sollen Lerner limitierte, egozentrische Weltsichten überwinden, indem sie mit der Komplexität von Sachverhalten konfrontiert werden, die durch die Bewegung vom Konkreten zum Abstrakten hin zunimmt. Meyers stützt sich in seiner Argumentation dabei auf die Arbeiten des Psychologen und Pädagogen Jean Piaget. Die Lerner sollen also erst einmal in ihrer Lebenswelt zum Nachdenken gebracht werden, konkrete Erfahrungen im Unterricht sammeln und darüber reflektieren, z. B. indem sie mit Materialien experimentieren können usw. Aus diesen Erfahrungen heraus werden dann inkrementell abstrakte Zusammenhänge, Konzepte oder Prinzipien erkannt. Dafür benötigen Lerner wie bereits angemerkt ein aktives, ressourcenstarkes Lernumfeld. Sie müssen die Gelegenheit haben, selbst Material zu erkunden, eigene Fragen aufzuwerfen, um dann ihre Hypothesen formulieren und testen zu können. Ein weiteres Prinzip zur indirekten Förderung von kritischem Denken ist die Ermöglichung eines Zuganges zu multiplen Perspektiven auf einen bestimmten Sachverhalt innerhalb eines Faches und die Schaffung von Möglichkeiten, über verschiedene Zugänge diese Perspektiven erkunden zu können (Adams und Hamm, 1996, S. 38.). Dazu braucht es soziale Interaktion, aber auch Phasen der individuellen Reflexion (Prawat, 1990, S. 19). Deshalb benötigt die Förderung von kritischem

Denken als wichtiges Element den Diskurs und die (Selbst-)Reflexion. Ein weiteres wichtiges Prinzip ist dabei der Faktor Zeit (Meyers, 1986, S. 65). Die Lerner benötigen Freiräume zum Denken, also genügend Zeit, um Gedanken reifen zu lassen. Dies bedeutet für den Lehrer, mit Stille umgehen zu können und den Lernern Zeit für Antworten zu geben bzw. Lernumgebungen, in denen die Schüler in sich gehen und Gedanken entwickeln können. Außerdem benötigt die Förderung kritischen Denkens als Ausgangspunkt einen Impuls, der einen Zustand der Verwunderung bei den Schülern bewirkt und ein kognitives Unbehagen erzeugt. Die Initiierung einer Ambiguitätserfahrung als Antrieb für kritisches Denken wird von einigen Autoren innerhalb des kritischen Denkens, aber auch in der Literatur zum Konzeptwandel befürwortet und es existieren bereits etliche empirische Untersuchungen hierzu (Brookfield, 1987, Meyers, 1986, Moon, 2008, Vosniadou, 2008, Bean, 2005). Meyers (1986, S. 44–48), Moon (2008, S. 132) und andere Autoren empfehlen beispielsweise durch den Einsatz von Ambiguität, Paradoxie, Provokation etc. das für kritisches Denken benötigte Unbehagen anzuregen. Diese Annahme lehnt sich an den Erkenntnissen aus der Entwicklungspsychologie an, wo die Konfrontation mit Widersprüchen als *„Motor der Entwicklung"* betrachtet wird (Willi, 2005, S. 90). Lerneinheiten sollten problemzentriert gestaltet sein, mit Materialien, die die Lerner verunsichern, schockieren, verwundern, provozieren, anregen und ihre Neugierde wecken, beispielsweise durch den Einsatz von Kunst, Medienberichten, Zitaten, Fallbeispielen, Rollenspielen etc. pp. (Meyers, 1986, S. 44, Brookfield, 1987, S. 74, Buskist und Irons, 2008, S. 56). Kritisches Denken benötigt deshalb eine herausfordernde, problemzentrierte, ressourcenstarke, aktivierende Lernumgebung, die durch eine vertrauensvolle, respektvolle und wertschätzende Lernatmosphäre gekennzeichnet ist, welche einen schützenden Raum bietet, beispielsweise wenn Lerner mit ihren Argumenten falsch liegen. Dieses Lernklima soll dazu beitragen, das Selbstvertrauen aufzubauen und zum kritischen Denken spielerisch zu ermutigen. Dennoch muss der Lehrer die Lerner beim Umgang mit dem Ungleichgewicht unterstützen, sie anspornen, emotional entlasten und in ihrer Suche nach neuen Denkweisen begleiten. Sobald das Interesse der Lerner geweckt wurde, ist es ihnen möglich, neue gedankliche Pfade zu beschreiten, Selbstvertrauen zu entwickeln, Probleme zu analysieren sowie Lösungsansätze zu generieren.

2.2.3.1.1 Pädagogisches Wirken der Lehrkraft

2.2.3.1.1.1 Modellierung kritischen Denkens

Die Lehrkraft muss ein Verhältnis der Offenheit und der Gleichberechtigung mit den Lernern eingehen und gleichzeitig eine Vorbildrolle einnehmen. Es gilt also die Dispositionen für kritisches Denken, den *„kritischen Geist"* (Siegel, 1997, S. 35), authentisch vorzuleben. Lehrkräfte sollten auch ihre kritischen Denkprozesse modellieren und zum Gegenstand von Kritik machen. Lernbegleiter sind dazu angehalten, den Lernern die Schritte ihres kritischen Denkens innerhalb eines Faches zu explizieren. Dies kann durch Visualisierungstechniken geschehen, wobei die Denkprozesse anhand des konkreten fachlichen Fokus ausgerichtet werden, ohne auf ein standardisiertes Denkschema zurückzugreifen. Weiterhin eignen sich hierfür auch Methoden wie beispielsweise „lautes" Denken, bei dem Argumente klar und exakt dargelegt werden, logische Schlussfolgerungen beschrieben werden usw. Außerdem ist es wichtig, auch die Komplexität von Sachverhalten abzubilden, indem beim lauten Denken verschiedene Perspektiven eingenommen werden, beispielsweise, indem die Lehrkraft mit verschiedenen stimmlichen Betonungen spricht und für jede Perspektive eine anderen Stelle in Klassenzimmer aufsucht, um die Verschiedenheit der Anschauungen zu unterstreichen (Brookfield und Preskill, 2005, S. 46). Außerdem eignet sich der Einsatz von Metaphern und Analogien besonders dazu, um fachinhaltliche Konzepte, aber auch Gedankenprozesse den Lernern verständlich zu machen. Die Annahme hinter dem Gedanken der Modellierung von Denkprozessen ist die Möglichkeit der Imitation, dem Lernen am Vorbild. Dafür benötigt es laut Brookfield (1987, S. 85–88) und Meyers (1986, S. 15–24) zusammenfassend:

- Klarheit in Handlungen und Aussagen
- Konsistentes Argumentieren und Handeln
- Offenheit/Ehrlichkeit
- Kommunikative Kompetenz: Haltung und Anschauung müssen durch Worte plastisch werden, Denkschritte und Implikationen (methodisches Vorgehen) müssen klar dargestellt werden.
- Die Darstellung von Denkprozessen muss für die Lerner zugänglich sein.
- Modellierung kritischen Denkens sollte Imitation ermöglichen.
- Wichtig ist es auch, den Umgang mit Unsicherheit und Widersprüchlichkeiten und die eigenen kognitiven und emotionalen Konflikte, die dabei entstehen, den Schülern zugänglich zu machen und zu offenbaren.

Abbildung 17: Prinzipien zur Modellierung kritischer Denkaktivitäten, angelehnt an Brookfield, 1987; Meyers, 1986

Meyers weist aber darauf hin, dass die Lerner durch das Expertenwissen und die komplexen Denkroutinen nicht überfordert werden sollten. Das bedeutet, die Lerner erst einmal mit dem Basiswissen eines Faches vertraut zu machen, auf welches inkrementell aufgebaut werden kann. Meyers weist darauf hin, dass die Lehrkraft dabei an das Vorwissen der Lerner anknüpfen soll. Erst wenn die Lerner das entsprechende Rüstzeug innerhalb eines Faches besitzen, fangen sie an, kritische Fragen zu stellen, Dinge zu verknüpfen usw. (Meyers, 1986, S, 16).

Die Modellierung kritischen Denkens innerhalb des indirekten Ansatzes bedeutet immer auch, verschiedene Standpunkte innerhalb der jeweiligen Disziplin zu einem Thema darzustellen, um das benötigte Ungleichgewicht für kritisches Denken herzuleiten oder auch die Komplexität der Zusammenhänge darzustellen. Somit wird auch die epistemische Entwicklung der Lerner gefördert, da so verdeutlicht werden kann, dass Wissen kontextbezogen ist. Dieser Ansatz zur Förderung findet sich indirekt in Lerntheorien wie der Kognitiven Flexibilitätstheorie von Spiro wieder, in der multiple Wissensrepräsentationen, eine herausfordernde Darstellung der Komplexität von Inhalten und die Betonung von Wechselbeziehungen von Lerninhalten für tief gehendes Lernen postuliert werden (Rey, 2009, S. 60–63). Die Kunst ist es auch hier, die Lerner zum einen zu fordern, aber zum anderen nicht zu überfordern mit der Verdeutlichung der Komplexität eines Themas.

2.2.3.1.1.2 Fragetechniken: Sokratisches Fragen

Neben der Modellierung von kritischem Denken hat die Lehrkraft auch durch bestimmte Fragetechniken die Möglichkeit, kritisches Denken innerhalb einer Disziplin anzuwenden. In der Literatur laufen diesen Methoden meist unter „sokratischem Fragen" (siehe beispielsweise Paul, 1993; Boghossian, 2004; Weil, 2004b, Copeland, 2005). Sokratisches Fragen ist laut Paul „a mode of questioning that deeply probe the meaning, justification, or logic strength of a claim, position, or line of reasoning. Socratic questioning can be carried out in a variety of ways and adapted to many levels of ability and understanding" (1993, S. 486). Trotz einer uneinheitlichen Vielzahl an Vorgehensweisen beim sokratischen Fragen (Boghossian, 2004, S. 35) geht es also im Kern darum, durch Fragen kritische Denkprozesse bei den Lernern anzustoßen, die darauf abzielen, Annahmen zu hinterfragen, Konzepte zu klären, logische Schlussfolgerungen zu würdigen etc. Dadurch kann auch Ambiguität erzeugt werden, die weiterführende Denkfolgen mit sich ziehen kann. Boghossian bezeichnet sokratisches Fragen als „truth-oriented method of understanding" (2004, S. 36). Durch die Methode können verschiedene Aspekte kritischen Denkens gefördert werden. Beispielsweise soll das multiperspektivische Denken der Lerner gefördert werden, metakognitives Denken angeregt und die epistemische Entwicklung der Lerner unterstützt werden (Weil, 2004b, S. 414).

Im engeren Verständnis, welches auf Sokrates zurückzuführen ist, ist sokratisches Fragen durch fünf Phasen gekennzeichnet (Boghossian, 2004, S. 35–38):

- Verwunderung: Durch eine Frage werden die Lerner aufgefordert, einen Sachverhalt zu erklären und zu definieren (z. B.: Was ist der Zweck von Werbung?).

- Hypothesenbildung: Die Lerner präsentieren ihre Annahmen bezüglich der Frage (z. B.: Werbung ist dazu da, um potenzielle Käufer über neue Produkte zu informieren.)

- Elenchus: Die Lehrkraft bietet Gegenbeispiele an, die die Antworten der Lerner infrage stellen und ihnen widersprechen (Was ist aber z. B. mit der Werbung XY. Sie bietet keine adäquaten Informationen zu einem Produkt.). Durch die Offenlegung der Inkonsistenz der Argumentation soll durch Erzeugung eines kognitiven Konflikts kritisches Denken angeregt werden.

- Bestätigung oder Ablehnung der Hypothese: Die Lerner diskutieren nun über das Gegenbeispiel und akzeptieren es oder lehnen es ab. Im ersten Fall beginnt wieder das Finden neuer Hypothesen. Wird das Gegenbeispiel aber nach der Auseinandersetzung damit abgelehnt, so wird das ursprüngliche Argument als „vorläufig wahr" akzeptiert. Die Lehrkraft ist dabei angehalten, neue widersprechende Gegenbeispiele zu finden, bis die Lerner sich auf eine gemeinsam akzeptierte Richtigkeit einigen konnten.

- Verhaltensanpassung: Nachdem etliche Ideen erkundet und evtl. neue Einsichten gefunden wurden, sind die Lerner nun aufgefordert, daran nun auch ihr Denken und Handeln auszurichten.

Sokratisches Fragen ist aber nur zielführend, wenn die Lerner sich auf einen Diskurs einlassen und bereit sind, eigene Ansichten auch zu revidieren, falls dies durch die Evidenz der Gegenbeispiele und der neu gefundenen Einsichten notwendig wird. Weil spricht in diesem Zusammenhang von dem benötigten „inner-Socratic Spirit" (2004b, S. 414), der beispielsweise Toleranz und Respekt gegenüber Mitschülern und deren Weltsichten, Offenheit etc. beinhaltet. Sokratisches Fragen lehnt sich an Habermas' kommunikatives Handeln und der idealen Sprechsituation an. Außerdem benötigen die Lerner kommunikative Kompetenzen etwa für aktives Zuhören oder die exakte sprachliche Formulierung von Ideen. Diese Anforderungen können durch Modellierung und die Einführung gemeinsamer Umgangs- und Diskussionsregeln verdeutlicht und eingeübt werden (Brookfield und Preskill, 2005; Weil, 2004b, S. 421).

Trotz der traditionellen Phasen des sokratischen Fragens erklärt Weil, dass es keine pädagogische Formel für das Vorgehen gibt. Er empfiehlt jedoch einige Grundstrategien, die sokratisches Fragen ermöglichen können, wie z. B.:

- Schüler erleben Fragen des Lehrers häufig als „Ausfragen" im Zusammenhang mit mündlichen Leistungen. Daher sollten Fragen empathisch und ohne Zwang gestellt werden.
- Fragen sollten so gestellt werden, dass Lerner Gründe aufführen und diese überprüfen anhand der jeweiligen vorhandenen Evidenz. Dabei sollen die Fragen es den Lernern ermöglichen, zwischen dem, was sie wissen, und dem, was sie glauben, unterscheiden zu können. Hierzu gehört auch, dass die Lerner Beispiele, Metaphern oder Analogien in eigenen Worten bilden.
- Die Fragen sollen Lerner dazu einladen, verschiedene Perspektiven auf einen Sachverhalt einzunehmen.
- Außerdem sollten die Fragen die Lerner dazu anregen, darüber nachzudenken, welche Informationen sie benötigen, um Annahmen zu überprüfen.
- Fragen sollen die Schüler dazu auffordern, Konzepte und Begriffe zu definieren, zu klären und in weiteren Kontexten anzuwenden.
- Sokratisches Fragen bedeutet auch, ein Risiko mit den Fragen einzugehen.
- Sokratisches Fragen braucht die Rolle des Teufels Advokaten, der versucht, durch Gegenbeispiele Argumentationen zu entkräften.
- Lehrer sollten die Antworten zusammenfassen und fragen, ob die Lerner sie richtig verstanden haben.
- Für Schülerantworten muss genug Zeit zum Nachdenken eingeräumt werden.

Abbildung 18: Empfehlungen für sokratisches Fragen, angelehnt an Weil (2004b, S. 415–416)

Die folgende Abbildung gibt einen Überblick, welche Art von Fragen gestellt werden könnten. Auf Fachspezifika wird dabei nicht eingegangen.

Fragen zur Klärung der Bedeutung	Fragen zur Analyse von Annahmen	Fragen zur Beurteilung der Glaubwürdigkeit	Fragen zu logischen Schlussfolgerungen	Fragen für Multiperspektivität	Ideologiekritische Fragen
- Was meinst du mit ...? - Was ist die Hauptaussage? - Wie hängt x mit y zusammen? - Kannst du es auch in anderen Worten erklären und ein Beispiel geben? - Kannst du es noch genauer ausdrücken? - Was versteht man unter dem Konzept/Wort xy? - Kannst du hierfür eine Analogie/Metapher usw. finden? - Kannst du dies auch visualisieren?	- Welche Annahmen liegen vor? - Welche Perspektiven sind zu diesem Sachverhalt denkbar? - Woher kommt eigentlich diese Idee/Schlussfolgerung usw.? - Warum vertrittst du diese Annahme? - Welche weiteren Annahmen sind denkbar? - Wie kannst du deine eigene Ansicht begründen?	- Welche Gründe liegen in der Argumentation vor? - Welche Beweise sprechen für oder gegen deine Annahmen? - Wie können wir beweisen, dass xy stimmt oder falsch ist? - Welche Gründe/Beweise lassen sich für diese Aussage finden? - Wie glaubhaft sind diese Gründe? - Kannst du hierfür empirische Belege liefern? - Welche Informationen benötigst du zur Stützung deiner Annahmen? Wie kannst du diese bekommen?	- Welcher Zusammenhang besteht zwischen der Hauptaussage und den angeführten Gründen? - Kann man diese Schlussfolgerung anhand der Gründe nachvollziehen? - Welche anderen Schlussfolgerungen lassen sich daraus ableiten? - Gibt es Widersprüche in dieser Argumentation? - Wie wahrscheinlich ist diese Schlussfolgerung? Wie kommst du darauf?	- Welche anderen Sichtweisen gibt es noch zu dieser? - Welche weiteren Informationen fehlen? - Welche Alternativen gibt es hierzu? - Was spricht für die Aussage und was dagegen? - Gibt es hierzu noch weitere Theorien, Konzepte oder Ähnliches?	- Wer übt Herrschaft aus? - Auf wen wird Zwang ausgeübt? - In welcher Form wird Herrschaft und Zwang ausgeübt? - Was steht der freien Selbstbestimmung entgegen? - Handelt es sich um ein offenes oder verdecktes Herrschaftsverhältnis? - Wie ist das Herrschaftsverhältnis entstanden? - Wer hilft dabei, dieses System der Ungerechtigkeit aufrechtzuerhalten? - Wie kann das bestehende repressive Ungleichgewicht der Macht aufgelöst werden? - Wie kann die Selbstreflexion der Beherrschten gefördert werden?

Abbildung 19: Fragenkatalog für sokratisches Fragen, angelehnt an Paul (1993, S. 426–427) und Wilbers (2009c)

Anhand des Kataloges für sokratisches Fragen wird deutlich, dass es sich hier um eine generelle Methode des kritischen Denkens handelt, die auf alle Domänen übertragen werden kann. Die Fragen sind angelehnt an ein Frageschema nach Paul (1993, S. 426–427) und beinhalten auch eine ideologiekritische Perspektive (nach Wilbers, 2009c, angelehnt an Lempert, 1975, S. 310 ff.). Diese letztgenannte Perspektive wird in Zusammenhang mit sokratischem Fragen nur sehr selten diskutiert, aber von Weil explizit betont (2004b, S. 419). Seiner Ansicht nach soll sokratisches Fragen auch dazu beitragen, dass Lernern dabei geholfen wird, Autorität und Dominanz zu demaskieren und auch eine selbstkritische Haltung einzunehmen. Die Abbildung gibt einige Anregungen zur Formulierung von Fragen preis, hat aber in keiner Weise Anspruch auf Vollständigkeit. Lehrkräfte sollten konkrete Fragen aufwerfen, um die Gruppe für die Diskussion zu stimulieren. Die Fragen sollen insgesamt darauf abzielen, dass Schüler ihre bisherigen Annahmen (Hypothesen, Konzepte etc.) zu einem fachlichen Inhalt offenbaren. Die Fragen sollten dabei offen sein und sich aus verschiedenen Gesichtspunkten beantworten lassen können (Prinzip der Multiperspektivität). Faktenwissen sollte auf keinen Fall abgefragt werden. Genauso gilt es Fragen zu vermeiden, auf die der Lehrer bereits eine klare Antwort erwartet. Am besten eignen sich Urteile und Argumente, die präsentiert werden, um Probleme und Widersprüche aufzuwerfen (Meyers, 1986, S. 31). Adams und Hamm weisen darauf hin, dass das

Aufwerfen von herausfordernden Fragen eines der zentralen Aspekte kritischen Denken darstellt: *"Critical thinking involves the ability to raise powerful questions about what's being read, viewed or listened to"* (Adams & Hamm, 1990, S. 39). Durch die Modellierung dieser Fragen durch die Lehrkraft können Lerner ein Gespür dafür bekommen, was derartige Fragen ausmacht.

2.2.3.1.1.3 Initiation eines kognitiven Ungleichgewichts und Begleitung der Lerner

Das Lehrerverhalten ist bei der Förderung kritischen Denkens gekennzeichnet durch eine Balance zwischen Respekt und hartnäckiger, hinterfragender Instruktion. Die Rolle des Lernbegleiters besteht auch darin, wie beschrieben, ein kognitives Ungleichgewicht zu initiieren und auszubauen, damit kritisches Denken angeregt wird, beispielsweise, indem die Lehrkraft die Grenzen der jeweiligen Disziplin veranschaulicht und aufzeigt, wie relativ wenig empirisch belegtes Wissen innerhalb der Disziplin vorhanden ist und welche Kontroversen und verschiedenen Paradigmen es in der Disziplin gibt. Je nach Disziplin und Thema eigen sich hier verschiedene Vorgehensweisen, beispielsweise durch den Einsatz von Medien, Kunst, Zitaten, historischen Dokumenten usw. Wichtig ist dabei, dass durch diese Medien oder durch Lehrerbeiträge die Lerner aus ihrer *"comfort zone of knowing"* gelockt werden, indem sie emotional berührt, verwundert, verunsichert, provoziert, aufgerüttelt usw. werden (Moon, 2008, S. 132). Meyers weist darauf hin, dass die Initiierung des kognitiven Ungleichgewichts bei den Lernern eine schwierige Angelegenheit ist und viel Erfahrung und Feingefühl benötigt. Eine zu starke Herbeiführung eines kognitiven Ungleichgewichts – einer Dissonanz – kann die Schüler überfordern, zur Ablehnung des Themas beitragen oder zu irrationalen Denkprozessen im Hinblick auf den Sachverhalt führen. Ist das herbeigeführte Ungleichgewicht zu schwach, so strengen sich die Lerner zu wenig an und durchdringen das Thema nicht mit kritischem Denken (Meyers, 1986, S. 15). Dabei reagieren Schüler ganz unterschiedlich auf die dargebotenen Impulse. Was den einen bereits massiv überfordert, reicht bei einem anderen nicht aus, um tiefer gehende, kritische Denkprozesse anzustoßen und ein Unbehagen zu erzeugen. Daher ist die Lehrkraft permanent damit beschäftigt, angemessene kognitive Herausforderungen zu schaffen, aber auch dabei emotionale Unterstützung, Beistand, Motivation und Sicherheit zu gewährleisten. Die Lehrkraft nimmt dabei die Rolle des „empathischen Provokateurs" ein, der die Lernenden mit Widersprüchen, z. B. zwischen dem, was sie glauben, und dem, wie sie handeln, konfrontiert, indem er auf sanfte Weise Dilemmas durch kritische Diskurse initiiert, an denen die Lernenden aktiv teilnehmen (Mezirow, 1990, S. 366).

2.2.3.1.2 Methoden zur indirekten Förderung von kritischem Denken

2.2.3.1.2.1 Methoden des kooperativen Lernens

Es liegt eine Vielzahl von Unterrichtsformen vor, in denen die Prinzipien zur Förderung kritischen Denkens gut umgesetzt werden können. Dabei ist an erster Stelle kooperatives Lernen zu nennen. Kooperatives Lernen ist eine spezielle Ausprägung der Gruppenarbeit und der Diskussionsform, eine Interaktionsform, bei der die beteiligten Personen im wechselseitigen Austausch (Lehren und Lernen) gemeinsam Kenntnisse und Fertigkeiten erwerben, wobei über den kritischen Wissenserwerb hinaus auch soziale, personale und moralische Kompetenzen gefördert werden können (Adams und Hamm, 1996, S. 3). Kooperative Lernszenarien sind dann geeignet, wenn kreative Denk- und

Problemlöseprozesse benötigt werden für offene Fragen, die keine eindeutigen Lösungen beinhalten, sondern bei denen der Austausch von Informationen und Meinungsbildern, die Sammlung von Informationen, das Treffen von Entscheidungen etc. entscheidend sind (Traub, 2004, S. 43). Unter Einsatz verschiedener Methoden und Arbeitsformen unterstützen sich die Lerner gegenseitig und erarbeiten gemeinsam Ergebnisse in Partner- oder Gruppenarbeit, wobei auch immer Einzellernphasen für Reflexionen zur Klärung eigener Gedanken wichtig sind. Charakteristisch dafür ist, dass mindestens zwei Personen zusammenarbeiten, mit dem Ziel, sowohl formell als auch informell etwas dabei zu lernen. Es besteht dabei eine positive Abhängigkeit zwischen den bevorzugt heterogenen Gruppenmitgliedern. Durch Heterogenität in der Gruppe kann die für kritisches Denken benötigte Multiperspektivität, also das Vorherrschen verschiedenster Ansichten zu einem bestimmten Thema, sich innerhalb von Diskussionen entfalten, wenn Schüler aus verschiedensten Blickwinkeln auf ein Thema ihre Meinungen austauschen. Dadurch kann auch das benötigte kognitive Ungleichgewicht bei den Lernern erzeugt werden (Meyers, 1986, S. 31). Die einzelnen Mitglieder füllen dabei bestimmte Rollen aus, die zugeschriebene Aufträge innerhalb einer Methode beinhalten. Gegenseitige Hilfe, selbstgesteuertes Lehren/Lernen und Feedback-Geben kennzeichnen dabei die Lernsituationen (Cobb, 2004, S. 400). Die Lehrkraft beobachtet und betreut dabei die Gruppen, analysiert die auftretenden Probleme und gibt jeder Gruppe Rückmeldung zu deren Lernprozess. Sie ist dabei eine Art Coach, eine Ressource bei Fragen und ein Advokat zur Förderung kritischen Denkens (ebd., 2004, S. 401, Prawat, 1990, S. 20–21). Während des kooperativen Lernens findet kein geplantes Eingreifen durch den Pädagogen statt. Lehrer beobachten hier in der Rolle des Lernbegleiters den Ablauf und geben nur dann Hilfestellung, wenn sie benötigt wird. Sind beispielsweise Gruppen zu homogen und/oder beleuchten sie nicht verschiedene Perspektiven zu einem Inhalt, so ist es Aufgabe des Lernbegleiters, durch kurze Inputs wie beispielsweise das Einbringen von kontroversem Arbeitsmaterial oder sokratischen Fragen dafür zu sorgen, Impulse für kritisches Denken zu geben.

Des Weiteren können auch verschiedene zusätzliche Rollen innerhalb der Gruppen vergeben werden, um kritisches Denken anzuregen. Dies gilt generell für alle Formen der Gruppenarbeit, insbesondere Gruppendiskussionen. Brookfield nennt hier beispielsweise den Detektiv (hält Ausschau nach Annahmen), den Klarsteller (fordert Diskussionspartner auf, Sachverhalte zu erklären, Beispiele zu geben etc.), des Teufels Advokat (bringt widersprechende Standpunkte ein) usw. (Brookfield und Preskill, 2005, S. 113–114).

Bekannte Formen des kooperativen Lernens sind beispielsweise das Gruppenpuzzle, die strukturierte Kontroverse oder das Partnerinterview (siehe dazu Traub, 2006). Der zentrale Antriebsmotor für kritisches Denken ist bei den Methoden des kooperativen Lernens der dialektische Diskurs. Lernende sollen miteinander interagieren, Argumente austauschen, widerlegen, Schlussfolgerungen ziehen, Urteile bilden, dabei verschiedene Rollen einnehmen usw. Dadurch sollen sowohl ihre kognitiven Fähigkeiten, die für kritisches Denken benötigten Dispositionen als auch die vertiefte Auseinandersetzung mit fachlichen Inhalten gefördert werden.

2.2.3.1.2.2 Schriftliche Methoden

Neben methodischen Formen der Diskussion gibt es etliche weitere Autoren wie Meyers (1986), Bean (2001) oder Stotsky (1991), die vor allem bestimmte schriftliche Formen der Einzelarbeit als ein wichtiges Instrument zur Förderung von kritischem Denken im Unterricht ansehen. Swartz (2003, S. 233) und andere Autoren wie Meyers (1986, S. 69 ff.) weisen darauf hin, dass Schreiben generell und die schriftliche Auseinandersetzung mit verschiedenen Weltsichten und den dahinter liegenden Annahmen hervorragende Anlässe zur Förderung von kritischem Denken bieten. Durch das Schreiben einer Reflexion können gesammelte Eindrücke, Argumente und Annahmen nochmals plastisch vor Augen geführt werden. Anders als in dynamischen Diskussionen, in denen der Faktor Zeit beim Denken knapp bemessen ist, besteht hier die Möglichkeit, Gedankenprozesse in aller Ruhe geschehen zu lassen und stärker an den Prozessen und Methoden kritischen Denkens auszurichten. Hierbei zeigt sich das Prinzip der wechselseitigen sozialen Interaktion und Reflexion. Schriftliche Aufträge sollen Lernern die Möglichkeit geben, zu reflektieren, zu bewerten, auszusortieren und verschiedene Perspektiven einzunehmen, um schließlich mit reifen Einsichten ein unabhängiges Urteil fällen zu können. Bean vertritt die Ansicht, dass durch intensive Schreibprozesse intensive Denkprozesse angeregt werden können, die es Lernenden ermöglichen, sich epistemologisch weiterzuentwickeln, da durch das Schreiben Dinge wirklich durchdacht und Zusammenhängen Sinn verliehen werden muss (Bean, 2005, S. 20) Lerner sollen sich erst mit einem Problem beschäftigen, dann erste Ideen dazu entwickeln, einen ersten Entwurf schreiben, diesen überarbeiten, dabei Ideen vertiefen und weitere Perspektiven erkunden, diese dann bei einer weiteren Überarbeitung klar herausarbeiten usw. (2005, S. 20). Während des Schreibens versucht der Lerner richtige Antworten für ein Problem zu finden, wobei er beim Beleuchten von verschiedenen Perspektiven einsehen muss, dass seine bisherigen Antworten erst einmal nur vorläufige und riskante Thesen sind, die sich auch wieder schnell als falsch herausstellen können. Durch das Schreiben in Zusammenhang mit den damit verbundenen Denkprozessen kann das für kritisches Denken benötigte Unbehagen erzeugt werden, wenn entsprechende dialektische Aufgaben gestellt werden (Bean, 2005, S. 19). Meyers plädiert aus seinen Erfahrungen heraus für viele kleinere schriftliche Arbeiten während eines Schuljahres/Kurses. Die Themenstellung sollte bei schriftlichen Arbeiten immer auf relevante Probleme und Themen innerhalb eines Faches abzielen. Es gilt schriftliche Arbeiten mit dem Konkreten, dem Lerner aus dem Alltag bekannten Sachverhalten, zu beginnen (siehe das Prinzip vom Konkreten zum Abstrakten). Das Thema sollte für alle Lerner von Relevanz sein und sie berühren. Die Aufgabenstellung muss klar und eindeutig formuliert sein.

Meyers schlägt fünf verschiedene Formen von schriftlichen Arbeiten vor, um kritisches Denken indirekt zu fördern (S. 75 ff.):

1. Kurze **Zusammenfassungen** für die Erlernung von Basiskompetenzen im kritischen Denken: sich über ein inhaltlich fremdes Terrain einen Überblick verschaffen, Erkennen der Relevanz der Inhalte bezüglich einer Fragestellung, Aufmerksamkeitsrichtung auf Hauptkonzepte etc.

2. Kurze **Analysen** eignen sich gut, um eigene Standpunkte/Urteile etc. herzuleiten, Argumente zu bewerten etc.

3. **Problemlösungsübungen unter Einsatz von populärem Medienmaterial (Filme, Zeitungsberichte etc.)** können es dem Lerner ermöglichen, abstrakte Konzepte zu verstehen, zu reflektieren und kritisch darauf einzugehen, einen gesunden Skeptizismus und eine medienkritische Haltung zu entwickeln usw.

4. **Kurze Projekte außerhalb der Lernumgebung** (Experteninterview etc.) bieten sich an, um in authentischen Situationen zu kritischem Denken angeregt zu werden. Dabei sind genaue schriftliche Fragestellungen vonnöten.

5. **Simulationen mit „Real-World"-Dilemmas** (eignen sich zur Förderung von Empathie, Perspektivenwechsel usw., jedoch wird viel Fachwissen und hohe Denkkompetenz benötigt, da sich die Lerner in verschiedene Positionen einfühlen und kausale Verhältnisse bedenken müssen.)

Swartz nennt Schreiben auch „*The hard copy of thinking*" (2003, S. 233). Denkprozesse können also durch Schreiben abgebildet werden, was Möglichkeiten zur Modellierung und Bewertung kritischen Denkens eröffnet.

2.2.3.2 Empirische Belege zur Beurteilung der Wirksamkeit

Abschließend lässt sich sagen, dass es schwer ist, den indirekten Ansatz in seiner Wirksamkeit zur Förderung von kritischem Denken zu beurteilen. Es gibt etliche Studien hierzu, die sich aber beispielsweise nur auf einzelne Methoden wie etwa die strukturierte Kontroverse beziehen. Beispielsweise haben Kamin, O`Sullivan und Deterding bewiesen, dass kritisches Denken durch die Präsentation eines Falles aus der Praxis (entweder per Video oder schriftlich) und anschließender Gruppendiskussion gefördert werden kann, wobei die Diskussion sowohl face-to-face oder online in einem Forum stattfand. Dabei stellte sich heraus, dass vor allem die Online-Diskussion kritisches Denken förderte, wobei bei der schriftlichen Bearbeitung bessere Ideen entwickelt werden konnten (2002; zitiert nach Abrami et al., 2008, S. 1106). Wilson, Memory und Bolinger konnten in Geschichtsstunden zum Vietnamkrieg verdeutlichen, wie der indirekte Ansatz effektiv eingesetzt werden kann. Die Ziele bei der Denkschulung waren dabei die Einnahme multipler Perspektiven, die Analyse von Texten anhand von Kriterien wie Objektivität, Relevanz, Reputation des Autors, usw. Dabei wurden Lerner mit sich widersprechenden und multiperspektivischen Texten konfrontiert, die sie schriftlich analysieren mussten. Danach tauschten sich die Lerner in Gruppendiskussionen zu den Texten aus, wobei die Lehrkraft bei Bedarf kritisches Denken weiter anregte durch sokratische Fragen. Die Autoren machten deutlich, dass für sie dieser indirekte Ansatz aufgrund ihrer Erfahrungen besser abschneidet als die anderen: „*The immersion approach is a more effective vehicle for developing students' higher-level critical thinking abilities than approaches that stress specific skills or operations without attention to knowledge and attitudes*" (2004; S. 210). In einer Studie von Brown und Palincsar konnte gezeigt werden, dass die Verknüpfung der direkten Förderung von Denkstrategien (Textverständnis) in Kombination mit aktivierendem Lernmaterial und kooperativen Lernformen bessere Ergebnisse erzielte als die reine Förderung der Denkstrategien (1989; zitiert nach Prawat, 1990, S. 21–23).

Neben weiteren Befürwortern wie Meyers (1986), Adams und Hamm (1996), Maynes (2007) oder Prawat (1990) gibt es jedoch auf empirischer Ebene umstrittene Ergebnisse. In der Metaanalyse von Abrami et al. beispielsweise schnitt der indirekte Ansatz am schlechtesten in Vergleich mit allen anderen Ansätzen ab (S. 1121). Jedoch fanden die Autoren auch heraus, dass der indirekte Ansatz vor allem dann schlechte Ergebnisse lieferte, wenn kritisches Denken nur als Nebeneffekt in verschiedenen Lernsituationen erzielt wurde, also als nicht beabsichtigte Größe gefördert wurde. Abrami et al. zeigen auch, dass es empirisch keinen Unterschied macht, ob kritisches Denken beiläufig direkt (integrativer Ansatz) oder indirekt gefördert wird. Beide Varianten schnitten schlecht ab. Gute Ergebnisse bei der Förderung wurden dann erzielt, wenn die Förderung von kritischem Denken als feste Zielgröße bei der Planung des Unterrichts in das Lerndesign aufgenommen wurde (S. 1121).

2.2.4 Der kombinierende Förderansatz

Der kombinierende Ansatz steht für eine mögliche Verbindung des allgemeinen Ansatzes mit den integrativen Vorgehensweisen zur Förderung von kritischem Denken (McKown, 1997, S. 20). Die Förderung der Fähigkeiten und Dispositionen kritischen Denkens findet sowohl allgemein als auch explizit an fachspezifischen Inhalten statt. Es findet eine allgemeine Schulung kritischen Denkens statt, die jedoch didaktisch sinnvoll mit einer fächerspezifischen Förderung verbunden wird (Cheak, Douglas und Erickson, 2001). Durch diese Vorgehensweise lässt sich der facettenreiche Bereich der Förderung kritischen Denkens didaktisch vielseitiger und vollständiger umsetzen. Die beispielsweise in der fächerunabhängigen Denkschulung eingeführten Konzepte wie die Identifizierung von Annahmen können so im Fachunterricht wiederholt und vertieft werden. Außerdem kann so ein besserer Transfer gewährleistet werden, argumentieren die Befürworter des kombinierenden Ansatzes wie beispielsweise Robert Ennis. Im Folgenden wird eine mögliche Ausgestaltung des kombinierenden Förderansatzes nach Petri (1998) vorgestellt.

2.2.4.1 Die Förderung kritischen Denkens nach Petri (1998)

Einer der wenigen deutschsprachigen Autoren, die sich intensiv sowohl theoretisch als auch empirisch mit der Förderung von kritischem Denken befasst haben, ist Gottfried Petri. Er kann als Befürworter des kombinierenden Ansatzes verstanden werden, da er sich für die Integration der Denkschulung in den Fächerunterricht ausspricht, jedoch dabei mehrere Vorschläge aufführt, die in Summe dem kombinierten Ansatz zugeordnet werden können. Je nach Bildungsumgebung schlägt Petri ein flexibles Konzept der Denkschulung vor, wobei er im berufsbildenden Kontext eine über fachliche Curricula hinausgehende Denkschulung begrüßt, da so neben berufsbildenden auch individuelle Fähigkeiten verstärkt gefördert werden, die zur Befähigung der aktiven Teilnahme und Gestaltung des gesellschaftlich-politisch-kulturellen Lebens auf individueller Ebene des Lernenden beitragen können. Das Konzept der Denkschulung nach Petri kann dem kombinierenden Ansatz zugeordnet werden, da zum einen eine theoretische Einführung in kritisches Denken erfolgen muss, die entweder direkt in einem Modul oder aber in verschiedenen Stunden des Fachunterrichts erfolgen kann und kontinuierlich, passend zum Stand der Lerner, fortgeführt wird. Zum anderen enthält Petris Ansatz Elemente des integrativ-indirekten (Gruppenarbeiten, Brainstorming etc.), aber auch des integrativ-direkten Ansatzes, wenn zum Beispiel bestimmte Verfahrensweisen kritischen Denkens den Lernern verdeutlicht werden. Petri ist der Überzeugung, dass die Förderung kritischen Denkens affektive und kognitive Lernziele verfolgen sollte (2003, S. 25): Auf der affektiven Ebene sollen vor allem die Dispositionen für kritisches Denken gefördert werden. Lerner sollen für kritisches Denken motiviert werden und dessen Nutzen erkennen. Gleichzeitig sollen sie ein starkes Interesse und eine ausgeprägte Neigung entwickeln, die Welt kritisch und selbstkritisch betrachten zu wollen (Petri, 1998, S. 54). Auf kognitiver Ebene nennt Petri im Hinblick auf die Lernziele eine verständnisbildende Einführung in kritisches Denken und ein gewohnheitsbildendes Einüben der Techniken (ebd., 1998, S. 54).

Für das Erreichen dieser Ziele wird eine theoretische Einführung in kritisches Denken benötigt, in der Lerner eine Einsicht in die Bedeutung und die gesellschaftliche Notwendigkeit von kritischem Denken erlangen. Es sollten unter anderem hier an verschiedenen relevanten Teilgebieten des menschlichen Lebens fächerübergreifend Beispiele unkritischen Denkens, deren Ursachen und deren schädliche gesellschaftliche Auswirkungen demonstriert werden. Außerdem sollte veranschaulicht werden, wie wichtig kritisches Denken als Pendant zu unkritischem Denken für die Gestaltung menschlicher Belange und der menschlichen Zukunft ist. Darüber hinaus sollen die Lernenden erfahren, welche Strategien und Methoden zum Abbau von unkritischem Denken existieren und wie diese zu erlernen und anzuwenden sind. Zusammenfassend soll diese theoretische Einführung also

1. Einsicht in die Bedeutung kritischen Denkens geben,
2. Wissen über Ursachen und Beschaffenheit unkritischen Denkens vermitteln,
3. einen Überblick über Wege der Einübung von kritischem Denken geben, wie
- unkritisches Denken abgebaut und
- Strategien kritischen Denkens erlernt werden können.

Im Gegensatz zu den Befürwortern des allgemeinen Ansatzes, die einen problemlosen Transfer der erlernten Fähigkeiten auf weitere Kontexte unterstellen, betont Petri, dass kritisches Denken neben der entsprechenden Denkfähigkeit auch ausreichende Sachkenntnis in den jeweiligen Themengebieten benötigt, in denen die Fähigkeiten zur Anwendung kommen sollen (Petri, 1998, S. 54). Er plädiert daher für eine weitgehende Integration der Förderung in den Normalunterricht des Humanbereiches (Philosophie, Wirtschaftskunde, Geschichte, Psychologie etc.) (2003, S. 27). Zentrales Ziel der Förderung kritischen Denkens ist es, dass die Lernenden „zwischen gut fundierten Aussagen über Dinge im Humanbereich einerseits und plausiblen, pseudoevidenten Aussagen andererseits" (ebd., 1998, S. 59) unterscheiden lernen. Die Einübung des kritischen Denkens kann durch die Bearbeitung von Problemen oder im Zusammenhang mit Stellungnahmen zu publizierten Denkergebnissen anderer erfolgen. Petri schlägt folgende Verfahrensweisen zur Einübung des kritischen Denkens vor:

Bei der **multiperspektivischen Sammlung von problemrelevanten Informationen** nennt Petri (1998, S. 59 ff.) als geeignete Methoden beispielsweise das Brainstorming, Formen der Gruppenarbeit, Interviews von Experten, Rollenspiele, die Heranziehung von schriftlichen Dokumenten. Auch hier wird deutlich, dass kritisches Denken aktivierende Lernumgebungen braucht, in denen auf eine Vielzahl verschiedener Quellen und Materialien zugegriffen und sich darüber ausgetauscht werden kann. Ein methodisches Grundprinzip, das Petri bei den Formen des kooperativen Lernens identifiziert, wird in der Literatur mit der Formel Think-Pair-Share bezeichnet (Cobb, 2004, S. 401). Nachdem die Lernenden eine Einführung in eine bestimmte Problemstellung erhalten haben, müssen sie anschließend selbstständig in Alleinarbeit über das Problem nachdenken (Think), dann mit ihrem Partner und in einer kleineren Gruppe kooperieren (Pair), dabei ein Handlungsprodukt wie ein Plakat etc. anfertigen und schließlich werden in der gesamten Gruppe die Ergebnisse besprochen und erweitert (Share).

Das zurückhaltende Aufnehmen und Prüfen von Ansichten und Gedankengebäuden beinhaltet die Identifikation verschiedener Blickwinkel auf einen Sachverhalt und die damit einhergehenden Implikationen. Auch die eigenen Annahmen werden dabei von den Lernenden expliziert. Um Informationen hinreichend beurteilen zu können, müssen sie mit den Kriterien des analytischen, wissenschaftlichen Denkens vertraut sein. Anhand von verschiedenen kritischen Fragen können die Inhalte nun auf Glaubwürdigkeit, Logik etc. geprüft werden. Moralische und interessenbezogene Wertungen sollten auch analysiert werden.

Beim **Strukturieren von umfangreicheren Informationsmengen**, einer weiteren Verfahrensweise, können die Lernenden hierzu Mind-Maps und andere Strukturierungsmethoden wie das Bilden von Kategorien, Einsatz von Ablaufdiagrammen, Matrizen, Essays, Begriffslandkarten und andere Mapping-Techniken nutzen. Wichtig ist dabei, dass die Lernenden die Annahmen und deren Wirkweisen auf das Handeln in den verschiedenen Perspektiven herausarbeiten.

Bei der **Beurteilung der Voraussetzungen und Gedankengänge, die fremden und eigenen Ansichten zugrunde liegen, hinsichtlich ihres Wahrheitsgehalts** werden neben der faktischen und logischen Richtigkeit auch die dahinter liegenden sozialen Normen kritisch von den Lernenden reflektiert. Dafür eigenen sich besonders Gruppendiskussionen, Rollenspiele, Pro-Kontra-Debatten etc.

Bei der **Darstellung und Reflexion der Denkaktivitäten und deren Ergebnissen** sollte der Prozess der Urteilsbildung plastisch dargelegt werden, um darauf fußend Schlussfolgerungen für das eigene Denken und Handeln ziehen zu können und gegebenenfalls gewisse Schritte des Prozesses neu zu durchlaufen.

Petri legt der Förderung von kritischem Denken wichtige Prinzipien auf der Makroebene einer schülerorientierten Didaktik und auf der Mikroebene der psychologischen Bedingungen für effektives Lernen zugrunde (1998, S. 72–101). Er weist darauf hin, dass die genannten Prinzipien der schülerorientierten Didaktik und des kognitiven Lernens nicht aber als Zweck an sich, sondern passend als Mittel zur Denkschulung eingesetzt werden sollen. Aufgrund von Ergebnissen aus empirischen Erhebungen stellt Petri beispielsweise differenziert dar, wann in welchen Schritten der Einübung kritischen Denkens welche Form des kooperativen Lernens geeignet ist. So leisten Gruppenarbeiten beispielsweise gute Arbeit, wenn es darum geht, umfangreiche Ideenmengen und verschiedene Perspektiven zu einem Sachverhalt ausfindig zu machen (Petri, 2000, S. 276). Jedoch konnte in Untersuchungen gezeigt werden, dass dabei eine tiefergehende Durchdringung dieser Ideen nicht gewährleistet werden kann, da beispielsweise die Gruppenmitglieder durcheinander sprechen usw. (1998, S. 85). Dafür eignen sich aber entsprechende Partnerarbeiten.

Bei der Förderung von kritischem Denken ist also eine passende Abstimmung und Nutzung der jeweiligen Vorteile der Didaktik, die ein Wissen über Reichweiten und Grenzen von Methoden bei den Pädagogen voraussetzt, essenziell für die zu erzielenden Lernerfolge im kritischen Denken. Deutlich wird, dass die Förderung von kritischem Denken mit selbstgesteuertem, aktivem Lernen zusammenhängt. Je stärker die Instruktion reduziert wird, umso wichtiger wird das vorhandene Ausmaß an Selbstkompetenz der Lerner, die beispielsweise die Verfügbarkeit von Arbeitstechniken und Lernmethoden, metakognitive und kognitive Fähigkeiten, Problemlösefähigkeiten, volitionale Fähigkeiten usw. umfasst (Horst, Schmitter, Tölle, 2007, S. 56). Petri betont aber auch wichtige Prinzipien einer lehrerzentrierten Didaktik wie z. B. das Anleiten von Einzelarbeiten oder das Lehrergespräch, die es nicht zu vernachlässigen gilt und die sinnvoll zur Denkschulung genutzt werden können und sollen (1998, S. 73).

2.2.4.2 Empirische Belege zur Beurteilung der Wirksamkeit

Petri hat die Wirksamkeit seiner vorgeschlagenen Verfahrensweise in Oberstufen in allgemeinbildenden höheren Schulen in Österreich in den Fächern Deutsch, Geschichte und Sozialkunde, Psychologie und Philosophie untersucht. Dabei wurden im Rahmen einer Projektwoche die Lernenden mit subjektiv-tiefgründigen Arbeitsthemen konfrontiert und durchliefen die verschiedenen Schritte der Denkschulung nach Petri. Außerdem erhielten sie eine Einführung in kritisches Denken anhand eines Handouts, welches die Schüler in die verschiedenen Arbeitsphasen einführte, die Wichtigkeit von kritischem Denken verdeutlichte und auch notwendiges theoretisches Wissen zu kritischem Denken enthielt (2000, S. 56). Zusätzlich erhielten die Lernenden eine Checkliste zur Analyse von Textentwürfen. Die Materialien wurden auch gemeinsam mit den Lehrkräften durchgesprochen. Lehrende erhielten eine Einführung in die Förderung von kritischem Denken. Petri konnte zeigen, dass das Think-Pair-Share-Prinzip (schriftliches Brainstorming in Alleinarbeit, dann erst Austausch mit weiteren Gruppenmitgliedern) in der Phase der Informationssammlung zu einer Vielzahl an Ideenzuwächsen führte. Gerade durch den Austausch in den Gruppen konnten die in Einzelarbeit ersonnenen Ideen maßgebend noch bereichert werden (2000, S. 239). Dieses Vorgehen scheint besonders gut geeignet, einen umfassenden Informationsbestand bei den Lernenden zu sichern, der verschiedene Perspektiven berücksichtigt. Beim Verfassen eines Textentwurfes, einer geordneten Liste oder einer selektiven Aufbereitung in der Phase der Strukturierung und Aufbereitung der Informationen und der Entwicklung alternativer Perspektiven hatten die Lernenden in Alleinarbeit keine Probleme. Sie waren in einem weiteren Schritt, in der Phase der Überarbeitung der eigenen Denkergebnisse jedoch nur bedingt in der Lage, die bereits bestehenden gedanklichen Gerüste in Partnerarbeit zu erweitern. Eine Überarbeitung der geschriebenen Texte konnte also die bereits erarbeitete „Ideenwelt" aus der Phase der Informationssammlung nicht übersteigen. Erst durch Klassengespräche, verbale Prompts, die weiterführende Fragen beinhalteten, kombiniert mit weiteren Partnerbrainstormings, konnte ein tiefer greifendes Auseinandersetzen mit den Problemen angeregt werden (2000, S. 241–244). Petri erkennt darin sowohl die Notwendigkeit, ausführlicheres Fachwissen zu vermitteln, als auch innerhalb eines Lehrgespräches weiterführende und anregende Fragen aufzuwerfen und weitere fachliche Vertiefungen als Einschub zum schülerorientierten Unterricht anzubieten (2000, S. 244). Außerdem konnte durch schriftliche Tests zum Verständnis von kritischem Denken und dessen Wichtigkeit gezeigt werden, dass die Lernenden zum Großteil das Konzept des kritischen Denkens verstanden hatten.

Eine umfangreiche Metaanalyse von Abrami et al., die quantitative Studien mit standardisierten Pre- und Posttests berücksichtigte, ergab, dass der kombinierende Ansatz die besten Ergebnisse bezüglich der Wirksamkeit in der Denkschulung zeigte. Die Ergebnisse bescheinigen eine Überlegenheit des kombinierenden im Vergleich mit den anderen Ansätzen, und zwar dann, wenn Fähigkeiten kritischen Denkens unabhängig geschult werden und in verschiedenen fachlichen Kontexten zur Anwendung kommen (Abrami et al., 2008, S. 1121).

2.3 Zusammenfassung zu didaktischen Richtlinien der Förderung kritischen Denkens

Eine eindeutige Beurteilung zur Wirksamkeit der verschiedenen Föderansätze kritischen Denkens gestaltet sich sehr schwierig, hängt doch der Erfolg einer einzelnen Fördermaßnahme von einer Vielzahl von Variablen ab, die mitunter methodisch keine Berücksichtigung finden. Beispielsweise sind hier Moderatorvariablen wie die Gestaltung von Lernmaterialien, die zur Verfügung stehende Zeit, Anstrengungsbereitschaft, epistemologische Entwicklung der Lerner, Verhalten und Ansehen der Lehrkraft, Vertrauen, offene und verdeckte Zwänge usw. zu nennen, die starke Auswirkungen auf das Ergebnis der Denkschulung haben können, und zwar unabhängig davon, ob nun eine allgemeine oder integrative Förderung kritischen Denkens stattgefunden hat. So können sich bei Untersuchungen zu Denkleistungen von Lernenden und deren pauschalem Vergleich leicht Verzerrungen bei der Erfassung der Wirksamkeit ergeben, da unbeachtete und ungewünschte Variablen sich auf die Ergebnisse auswirken, die jedoch durch die Messung (es handelt sich zumeist um standardisierte Tests) nicht richtig differenziert und berücksichtigt werden können. Man spricht in diesem Zusammenhang von einer „Konfundierung" oder auch Vermischung von Variablen (Rey, 2009, S. 24), die die interne Validität bei quantitativen Untersuchungen beeinträchtigen kann. Daher ist es problematisch, pauschale Vergleiche zur Wirksamkeit von Föderansätzen anzustellen. Außerdem ist es weiterhin fraglich, ob kritisches Denken vollständig gemessen werden kann. Lassen sich bestimmte Fähigkeiten noch durch dementsprechende Aufgaben überprüfen, so gestaltet sich die Einschätzung der Ausprägung von Dispositionen schon schwieriger. Oftmals werden bei standardisierten Tests Dispositionen wie geistige Offenheit und die Neigung, alternative Perspektiven einzunehmen, nicht abgefragt (Ennis, 2003, S. 296). In einem Großteil der standardisierten Tests zur Beurteilung der Performanz im kritischem Denken finden Dispositionen keine, eine unzureichende oder falsche Berücksichtigung (Norris, 2003, S. 319–328). Auf einige dieser Unzulänglichkeiten bei der generellen Einschätzung der Föderansätze weisen Autoren wie Abrami et al. in ihren Untersuchungen hin.

Des Weiteren haben die Autoren bei der Metaanalyse Faktoren identifiziert, die unabhängig davon, mit welchem Föderansatz operiert wurde, zu guten Ergebnissen bei der Denkschulung geführt haben. Daher ist die Frage des Föderansatzes eine sekundäre. Primär sollen übergreifend jene Erfolgsfaktoren der Förderung kritischen Denkens im Sinne von Lehr-Lern-Prinzipien in den Ansätzen identifiziert und diskutiert werden. Jene generellen Gestaltungsempfehlungen, die ansatzunabhängig befürwortet werden, sollen später als Grundlage für die Entwicklung eines eigenen Modells und Föderansatzes dienen. Sie werden unter dem Begriff der didaktischen Richtlinien gefasst.

2.3.1 Eine Sammlung traditionsübergreifender didaktischer Richtlinien

Betrachtet man die methodischen Verfahrensweisen innerhalb der verschiedenen Förderansätze, so fallen zentrale Gemeinsamkeiten auf. Einige Autoren wie Adams und Hamm (1990), Meyers (1986), Brookfield (1987), Moon (2008), Buskist und Irons (2008) oder Costa (2003) haben beispielsweise generelle Prinzipien und Gestaltungsempfehlungen zur Förderung von kritischem Denken zusammengestellt, die große Gemeinsamkeiten aufweisen, obwohl die Autoren teilweise aus verschiedenen Fördertraditionen kritischen Denkens stammen. Meyers (1986, S. 61–67) nennt zum Beispiel fünf Richtlinien für die Herstellung der Rahmenbedingungen zur Förderung von kritischem Denken in interaktiven Klassenzimmern:

1. Beginne jede Lerneinheit mit einer Kontroverse oder einem Problem.
2. Gewährleiste Ruhe, die die Lerner zur Reflexion ermutigt.
3. Gestalte eine Lernumgebung, die soziale Interaktion zulässt und fördert.
4. Räume ausreichend Zeit für die Bearbeitung der Probleme ein.
5. Gestalte ein offenes, respektvolles und anregendes Lernklima.

Abbildung 20: Fünf Richtlinien zur Gestaltung der Rahmenbedingungen für die Förderung kritischen Denkens (angelehnt an Meyers, 1986, S. 61–68)

Zu ganz ähnlichen Einsichten gelangt auch Costa (2003, S. 59–59). Er formuliert folgende didaktischen Richtlinien und weist darauf hin, dass diese Gestaltungsempfehlungen für sämtliche Strömungen und Auffassungen innerhalb des Diskurses zu kritischem Denken gelten:

1. Intellektuelle Herausforderung: Probleme aufwerfen, Fragen stellen und in Verbindung bringen mit nicht leicht lösbaren Dichotomien, Kontroversen, Dilemmas, Diskrepanzen usw., die die Vorstellungskraft und den Intellekt der Lernenden anregen.
2. Ermöglichung von kooperativer Interaktion der Lernenden in kleinen, mittleren und großen Gruppen zur kooperativen Bearbeitung der Probleme.
3. Ausrichtung des Umfeldes Schule für kritisches Denken: Herstellung von Wertschätzung des Denkens, Bereitstellung von denkförderlichem Material, Zeit zum Denken usw.
4. Lehrkräfte erlernen, praktizieren und modellieren kritisches Denken im Unterricht und darüber hinaus.
5. Lehrkräfte sorgen für ein positives und kreatives Lernklima, welches Vertrauen und Geborgenheit gibt und zum Experimentieren und Aufnehmen von Risiken einlädt. Dies bedeutet für den Lehrer, aktiv zuzuhören, Ideen der Lerner auf die Probe zu stellen, unparteiisch mit den Lernern umzugehen, reichhaltige Arbeitsmaterialien anzubieten etc.
6. Die Förderung von kritischem Denken wird explizit in das Curriculum und individuell für die jeweilige Zielgruppe in die Unterrichtsplanung aufgenommen.
7. Die Überprüfung der Performanz im kritischen Denken spiegelt sich in den Lernzielen der Denkschulung wider.

Abbildung 21: Richtlinien zur Förderung von kritischem Denken an Schulen, angelehnt an Costa (2003, S. 58–59)

Adams und Ham (1990, S. 43–45), die den integrativ-indirekten Ansatz befürworten und in ihrem Konzept besonders auf Formen des kooperativen Lernens setzen, sehen beispielsweise folgende generellen Maßnahmen als zielführend bei der Förderung von kritischem Denken an:

- Gestalte den Unterricht durch eine Vielzahl von herausfordernden Problemen, die kollaborativ gelöst werden.
- Konfrontiere Lerner mit Erfahrungen, die weit über das Lehrbuch hinausgehen.
- Ermögliche es den Lernern, verschiedene Sichtweisen und Positionen zu erkunden.
- Führe Diskussionen über kontroverse Themen durch. Lerner sollten dabei in Gruppen einzelne, sich widersprechende Standpunkte elaborieren und gegenüber den anderen Gruppen vertreten. Die Sichtweisen sollen anschließend getauscht werden.
- Simuliere geschichtliche Ereignisse oder aktuelle Geschehnisse, die aus feindlichen Standpunkten erwachsen sind, in Rollenspielen nach. Untersuche fragwürdige Medienbeiträge, deren Macht offensichtlich und deren Verbindung zur Realität unbedeutend scheint.
- Zeige Fernsehbeiträge, die sich gegenseitig zu einem Thema widersprechen.
- Veranlasse Lerner, Briefe an Medienanbieter zu schreiben, in denen sie ihre Sichtweise zu einem Thema darlegen und begründen müssen.
- Hilf Lernern dabei, die Informationen zu erklären und zu evaluieren, die auf sie einwirken.
- Rege zum freien und eigenständigen Denken an. Repetition und Memorisierung dürfen keine Rolle dabei spielen.
- Lerner müssen Entscheidungen treffen, beispielsweise Ziele definieren, Ideen elaborieren, Pläne aufstellen und ausführen.
- Lehre einfache Lern- und Denkstrategien zur Informationssammlung, Analyse, Zusammenfassung, Vorhersage, zum Schlussfolgern, zum Evaluieren.
- Schaffe ein angenehmes und respektvolles Lernklima und einen entsprechenden Umgang miteinander.
- Modelliere kritisches Denken für Lerner.

Abbildung 22: Richtlinien zur Förderung von kritischem Denken nach Adams und Ham (1990)

Ähnlich klingt auch eine aktuellere Handreichung mit Empfehlungen von Buskist und Irons (2008, S. 56):

- Für jedes zu behandelnde Thema sollten problembasierende Aufgaben gestellt werden, die die Lerner analysieren und lösen sollen.
- Lernern sollten Materialien zur Verfügung gestellt werden, die Methoden des kritischen Denkens darlegen und erörtern, die besonders wirksam für den Unterricht sind.
- Diese Methoden sollten anhand von vielfältigen Unterrichtsbeispielen durch die Lehrkraft modelliert werden.
- Wichtige und drastische Beispiele aus dem Alltag von kritischem oder unkritischem Denken und dessen Auswirkungen sollten den Lernern im Unterricht verdeutlicht werden.
- Lernende benötigen mannigfaltige Möglichkeiten zur Einübung von kritischem Denken.

Im Folgenden soll eine Verdichtung dieser gefundenen pädagogischen Gestaltungsempfehlungen der Denkschulung stattfinden, in der die einzelnen didaktischen Richtlinien und deren Interdependenz kategorisiert und diskutiert werden. Es sei darauf hingewiesen, dass einige der hier aufgeführten

Prinzipien heterogen sowohl im Hinblick auf Begrifflichkeiten als auch auf deren Bedeutung von den Autoren genutzt werden, wobei andere Begrifflichkeiten hingegen eher stringent Verwendung finden. Die Verdichtung der Förderprinzipien wird als Ausgangsbasis für die Erstellung eines eigenen Förderansatzes berücksichtigt.

2.3.1.1 Ambiguitätserfahrungen durch Induktion von Emotionen ermöglichen

„Wer die Wahrheit hören will, den sollte man vorher fragen, ob er sie ertragen kann." (ERNST R. HAUSCHKA)

Der Einsatz von Ambiguität als Impuls für kritische Denkprozesse kommt bei mehreren Autoren als zentrales Element verschiedenartig zum Ausdruck. Brookfield spricht hier von traumatischen oder beschwerlichen Ereignissen, von verwirrenden Dilemmata, kognitiver Dissonanz, der Wahrnehmung von Anomalien, Disjunktionen und Widersprüchen zwischen den Erwartungen bzw. Vorstellungen und der tatsächlich vorliegenden Wirklichkeit, die kritisches Denken in einem Individuum hervorbringen können (2003, S. 147). Dabei weist er darauf hin, dass die Auslöser für das Individuum nicht nur negativer Art sein müssen, sondern auch positiv empfundene Phänomene wie Selbstgewahrsein oder das plötzliche Erlangen von Ideen genannt werden können (1987, S. 31–34). Wie sich bei Brookfield zeigt, nutzt er mehrere Begrifflichkeiten für Schlüsselereignisse, die kritisches Denken bewirken können. Er ist auch der einzige Autor, der in der Recherche gefunden wurde, der von positiven Emotionen spricht, die kritisches Denken anspornen können. Andere Autoren wie Meyers sprechen beispielsweise von der Präsentation von Paradoxien, um ein benötigtes Ungleichgewicht bei den Lernern auszulösen, welches sie zum kritischen Nachdenken anregt und neue Denkweisen und Einsichten erst ermöglicht (1986, S. 44). Der Philosoph und Pädagoge John Dewey (2010, S. 72) war bereits Anfang des 20. Jahrhunderts der Ansicht, dass kritisches Denken mit einer „empfundenen Schwierigkeit" beginnt, die es in Lernsituationen herzustellen gilt. Weitere Autoren wie Johnson und Johnson (2009) sprechen von der Erzeugung eines kognitiven Konflikts als Impuls für kritisches Denken. Ein Konflikt besteht, wenn zwei oder mehrere inkompatible Reaktionen gleichzeitig in einem Organismus aktiviert werden (Berlyne, 1974, S. 29). Johnson und Johnson haben eine Reihe von Konflikten systematisiert, von denen sie einige für den Einsatz im Unterricht empfehlen (2009, S. 38). Sie befürworten zur Förderung von kritischem Denken den sogenannten „intellektuellen" oder auch „kognitiven Konflikt". Dieser liegt dann vor, wenn verschiedene Ideen, Informationen, Schlussfolgerungen, Theorien oder Ansichten eines Individuums miteinander inkompatibel sind. Er ist dadurch gekennzeichnet, dass zwei sich gegenseitig ausschließende kognitive Schemata gleichzeitig bei dem Individuum wirksam werden (z. B. Grenznutzen steigt vs. Grenznutzen sinkt).

Berlyne schlüsselt den kognitiven Konflikt noch in weitere Sub-Arten wie Perplexität, Widerspruch, gedankliche Inkongruenz, Verwirrung, Irrelevanz usw. als Ausprägungen aus (1974, S. 353–355). Johnson und Johnson vertreten wie alle anderen genannten Autoren die Annahme, dass Unsicherheit, ein konzeptueller Konflikt oder ein kognitiver Ungleichgewichtszustand die epistemologische Neugierde von Individuen motivieren. Dieser Sachverhalt wird vor allem durch die Kraft der Emotionen, die durch den Konflikt induziert werden, begründet (Berlyne, 1974, S. 53). Die durch Emotionen erzeugte intrinsische Motivation resultiert in einer aktiven Suche nach weiteren Informationen und neuen Erfahrungen und einem adäquateren und differenzierteren Denkprozess, in dem eine Auflösung des Konfliktes angestrebt wird (2009, S. 41). Dieses konstruktive Streben nach logischer Konsistenz findet sich auch in der Theorie der kognitiven Dissonanz wieder. Auch gibt es einige Autoren, die den Dissonanzbegriff im Zusammenhang mit der Förderung von kritischem Denken benutzen, wie etwa Bean (2001). Die Erzeugung von intrinsischer Motivation durch negativ und positiv empfundene Emotionen, die im Weiteren kritische Denkprozesse anregen, wird von Autoren sprachlich uneinheitlich verwendet, dennoch ist zum Großteil der gleiche Zusammenhang damit gemeint. Einigkeit herrscht in der Annahme, dass die Erzeugung von kognitiver Dissonanz dazu beiträgt, die epistemologische Entwicklung der Lernenden voranzutreiben und somit es den Lernenden zu ermöglichen, höhere Stufen der epistemologischen Entwicklung, zumindest in der jeweiligen fachlichen Domäne, erreichen zu können (Moon, 2008; Meyers, 1986). Nur wenige Autoren wie Moon (2008, S. 69–73) oder Brookfield (1987, S. 31–34) aber betonen dabei den Einfluss von Emotionen auf den Prozess des kritischen Denkens und die dadurch entstehenden Chancen und Risiken für kritisches Denken. Diese Autoren betrachten Emotionen als Basis und kontinuierliche Begleiterscheinung bei kritischem Denken: Emotionen werden als Impetus benötigt, um überhaupt (kritisches) Denken anzustoßen. Sie sind auch als feste Einflussgröße zu verstehen, die Denkaktivitäten in verschiedenen Facetten begleiten und beeinflussen. So kann Angst zu Fluchtgedanken führen, Interesse kann Anlass für eine Erkundung eines Sachverhaltes sein, Zufriedenheit kann ein Genießen mit sich bringen, Schuldgefühle treiben dazu an, eine Wiedergutmachung herbeizuführen, Wut kann Auslöser für einen verbalen oder körperlichen Angriff sein; Scham, Ekel oder Trauer sind oftmals Grund für den Rückzug einer Person usw. Diese kausalen Zusammenhänge zwischen Emotion und den darauf folgenden möglichen Denk- und Handlungsmustern ließen sich noch lange weiter fortführen. Sehr stark empfundene Emotionen hemmen das Reflexionsvermögen von Individuen. Emotionen wie Angst können beispielsweise dazu führen, dass Individuen aus Selbstschutz furchteinflößende Botschaften verdrängen, von Gefühlen vereinnahmt werden und in Folge Sachverhalte verleugnen und unfähig werden, klar nachzudenken (Aronson, Wilson und Akert, 2008, S. 208). Die Wirkweise der Emotionen auf den Menschen hängt dabei von der erlebten Intensität und Art der Emotion, von der Veranlagung des Individuums und von verinnerlichten gesellschaftlichen Normen ab. Es konnte in diesem Zusammenhang an einer Vielzahl von Studien belegt werden, dass das emotionale Befinden, also sozusagen die derzeitige Tagesstimmung, sich signifikant auf die Wahrnehmung und somit auf Denkprozesse des Individuums auswirkt. Beispielsweise konnte gezeigt werden, dass Menschen, die eine negative Stimmung durch einen Film induziert bekommen hatten, schwerer zu beeinflussen waren und Argumente intensiver durch Analyse prüften als Individuen mit „guter" Stimmung (Hänze, 1998, S. 64–69). Individuen mit bestimmten negativen Emotionen tendieren eher dazu, Botschaften zu analysieren und zu elaborieren, wohingegen Individuen mit guter Laune nicht so viel Energie in kognitive Prozesse lenken, da die Welt für sie in Ordnung scheint und keine „Gefahr" droht. Negative Gefühle wie Wut, Betroffenheit, Ärger, Trauer, Mitleid, Schuld, Angst oder Kummer fördern das analytische Denken. Gute Laune hingegen, die durch Emotionen wie Glück, Freude, Vergnügen, Zufriedenheit, Entschlossenheit, Neugierde, Interesse, Vertrauen wie auch Sympathie bedingt ist, führt zu besseren Leistungen bei kreativen Aufgaben, in denen Risiken aufgenommen werden müssen und intuitiv alternative Ansätze erdacht und exploriert werden (Hänze, 1998, S. 68; Kassner, 2008, S. 24).

Bei negativer Grundstimmung hingegen ist das intuitive und kreative Denken beeinträchtigt. Kritisch kann man jedoch bei diversen Studien anmerken, dass oftmals die Operationalisierung von Hypothesen fraglich scheint, etwa dann, wenn unterstellt wird, dass das Zeigen eines bestimmten Filmes zu guter oder schlechter Stimmung bei dem Rezipienten führt.

Pädagogische Professionals wirken bei der Herstellung der Ambiguitätserfahrung als „Demontage-Spezialisten", wie Sprengmeister, die sukzessive einzelne Teile von Bauten zum Einsturz bringen, ohne dabei die Umgebung zu beschädigen (Brookfield, 1987, S. 30). Demontage meint nicht willkürliche und vorsätzliche Zerstörung bestehender Denkweisen, sondern die Erschütterung jener Schemata, die für die Entfaltung der Person und im weiteren Sinne einer freien und demokratischen Gesellschaft hinderlich oder gar schädlich sind. Dies erfordert größte Sensibilität und Behutsamkeit durch die Lehrkraft. Außerdem darf das durch die Lehrkraft initiierte Ausmaß an Unbehagen nicht so stark sein, dass die Selbstwertschätzung der Lernenden ernsthaft beschädigt wird (Brookfield, 1987, S. 31.). Gleichzeitig muss es aber so viel Wirkung zeigen, dass die Lernenden zu kognitiven Prozessen und Diskussionen emotional angeregt werden. Dies ist dann geschehen, wenn die Lernenden spüren, dass ihre bestehenden Annahmen nicht mehr ausreichend adäquat zur Erklärung von Sachverhalten geeignet sind (Bendixen und Rule, 2004; zitiert nach Moon, 2008, S. 143). Lindt macht deutlich, dass es sich erst im Nachhinein manchmal sagen lässt, ob ein präsentiertes Dilemma zu stark oder schwach gewirkt hat (2003, S. 76). Umso wichtiger ist die Rolle der Lehrkraft, sensibel beim Einsatz von Ambiguität vorzugehen und bei Überforderung der Lerner entsprechende Maßnahmen zu ergreifen, wie z. B. mit anderen Inhalten fortzufahren usw. Dafür, so Lindt, benötigen Lehrkräfte viel Übung (2003, S. 76). Garrison und Archer betonen das benötigte Feingefühl des Lehrers: „As a facilitator of critical thinking one must know when to challenge student's thinking without damaging the critical spirit" (2000, S 89). Lindt, Brookfield und andere weisen darauf hin, dass den Lernenden viel Unterstützung beim Umgang mit der „Herausforderung" gegeben werden sollte, z. B. durch Loben, anschaulicher Erklärung von Inhalten, Modellierung von Offenheit, Lernbereitschaft, eigene Grenzen des Wissens usw. Hier wird deutlich, dass auch die Modellierung der Dispositionen kritischen Denkens eine wichtige Rolle spielt.

Brookfield rät einen inkrementellen Einsatz von Ambiguität, der sich mit wachsender Sicherheit der Lernenden und deren Selbstwertschätzung steigern sollte. Die für die Erzeugung von Ambiguitätserfahrung bzw. kognitiven Konflikten aufgeworfenen Problemstellungen, Fallbeispiele, Widersprüche etc. sollten dabei für die Lernenden von Relevanz sein und direkt oder indirekt mit deren Lebenswelt und Alltag in Beziehung stehen (Brookfield, 1987, S. 56 ff.; Meyers, 1986, S. 27 ff.).

Die Herstellung von Ambiguitätserfahrung – soweit sind sich die Autoren einig – geschieht über verschiedene Formen des verbalen und schriftlichen Diskurses wie sokratisches Fragen, bestimmte Methoden des kooperativen Lernens, durch den Einsatz von Kunst usw. (Meyers, 1986, Brookfield, 1987, Johnson und Johnson, 2009, Moon, 2008, Bean, 2001), wobei die verschiedenen Autoren verschiedene Empfehlungen dabei geben. Lindt, der sich mit der Förderung von moralischen Kompetenzen durch die Methode der Dilemmataanalyse beschäftigt, die auch zur Förderung von bestimmten Dimensionen der Dispositionen und Fähigkeiten für kritisches Denken angeführt wird

(siehe beispielsweise Adams und Hamm, 1996, S. 57), empfiehlt den Einsatz sogenannter „semirealer" Dilemmata zur Initiierung von Unbehagen. Diese Dilemma sind Situationsbeschreibungen, die die Lernenden zwar erlebt haben können, jedoch nicht direkt dadurch betroffen sind (Lindt, 2003, S. 76). Diese Empfehlung deckt sich mit Empfehlungen innerhalb der psychologischen Literatur, in der ein mittleres emotionales Erregungsniveau der Lernenden, welches sich zwischen den Polen Angst bzw. Sorge und Gleichgültigkeit bzw. Langeweile in gleichem Abstand befindet, als am lernförderlichsten beschrieben wird (Draschoff, 2000, S. 108; Berlyne, 1974, S. 44).

Des Weiteren setzen einige Autoren auf verschiedene Formen des kooperativen Lernens bei der Herbeiführung der Ambiguitätserfahrung. Johnson und Johnson empfehlen beispielsweise die konstruktive Kontroverse, durch die der konzeptuelle Konflikt am besten ausgelöst und für das Lernen am effektivsten genutzt werden kann (2009, S. 38).

2.3.1.2 Lernklima des Vertrauens und Selbstvertrauens schaffen

Kritisches Denken kann für Lernende belastend sein. Es verlangt danach, Risiken auf sich zu nehmen, wie beispielsweise den Umgang mit Ambiguität, das Begehen von Fehlern, das Überbordwerfen von vertretenen Ansichten. Lernende mit geringem Selbstwertgefühl, die sich selbst als nicht wirksam und als inkompetent erfahren, tendieren dazu, diese Risiken wie die Erfahrung kognitiver Konflikte zu meiden, da sie nicht über genügend Zuversicht verfügen, um mit diesen Risiken umgehen zu können. Sie haben Angst vor Bloßstellung und Spott in der Klasse, Überforderung, schlechten Noten usw. (Draschoff, 2000, S. 107).

Problematisch ist jedoch im Alltagsunterricht, dass das Lernklima meist durch Wettbewerbssituationen gekennzeichnet ist, beispielsweise durch Wettstreit um die besten Leistungen, Ansehen bei den Lehrkräften usw. Ein durch Wettbewerb gekennzeichnetes Lernklima aber, so konnten Johnson und Johnson (2009, S. 42 ff.) anhand einer Analyse von Studien belegen, führt beim Einsatz von Kontroversen sogar zu unerwünschten und dem kritischen Denken hinderlichen Ergebnissen, weil sich beispielsweise die Teilnehmer gegenseitig als voreingenommen wahrnehmen, Teilnehmer mit mehr Wissen einschüchternd und bedrohend auf andere wirken, Perspektiven nicht erweitert, sondern einzelne Standpunkte nur verteidigt werden usw.

Kritisches Denken kann erst dann überhaupt effektiv gefördert werden, wenn ein dafür unterstützendes Lernklima in der Lerngemeinschaft vorhanden ist (Garrison und Archer, 2000; Brookfield, 1987; Meyers, 1986; Moon, 2008). Der erste Schritt bei der Absicht, kritisches Denken zu fördern, besteht also in den Bemühungen, ein offenes, vertrauensvolles, respektierendes und freundliches Lernklima der Sicherheit und Geborgenheit gemeinsam mit den Schülern zu entwickeln. Das Lernklima soll es den Lernenden ermöglichen, das für kritisches Denken benötigte Selbstbewusstsein zu entwickeln, die nötige Selbstwertschätzung herzustellen. Die Förderung kritischen Denkens benötigt ein Lernklima, das durch ein kooperatives, respektvolles Gemeinschaftsgefühl gekennzeichnet ist. Es ist ein Lernklima des gegenseitigen Vertrauens der Lernenden untereinander wie auch zwischen ihnen und dem pädagogischen Professional. Durch dieses Vertrauen untereinander können sich auch das benötigte Selbstvertrauen und die Offenheit für kritisches Denken entwickeln.

Zur Schaffung eines unterstützenden Lernklimas, in dem Leistungs- und Zeitdruck minimiert werden müssen, um Gelassenheit, Neugierde und Selbstwertschätzung bei den Schülern zu wecken, wird eine Vielzahl von Maßnahmen in der Literatur genannt. Beispielsweise nennen sowohl Johnson und Johnson (2009, S. 42–43) als auch Brookfield und Preskill (2005, S. 52–56) als einen wichtigen Beitrag zum offenen und gemeinschaftlichen Umgang die Aufstellung von Umgangsregeln. Brookfield und Preskill empfehlen diese Regeln gemeinsam mit den Lernenden zu entwickeln. Sie werden vor allem dazu benötigt, dass ein Dialog stattfinden kann und Phänomene wie repressive Toleranz somit untergraben werden. Die Regeln von Johnson und Johnson (2009, S. 42–43) verfolgen im Kern der Verwirklichung von Habermas' idealer Sprechsituation. Beispielsweise sollen alle Stimmen zu Wort kommen und gehört werden, Versuche unternommen werden, andere Perspektiven verstehen zu wollen, oder es soll die Bereitschaft bekundet werden, Annahmen, die aufgrund der bestehenden Einsichten nicht mehr richtig sind, auch wirklich zu verwerfen und die eigene Meinung zu ändern. Es gilt also, Bedingungen zu etablieren, die kommunikatives Handeln ermöglichen und Umgangssituationen, die durch Wettbewerb und Herrschaftsverhältnisse gekennzeichnet sind, auszuschließen.

2.3.1.3 Wechsel zwischen Phasen der sozialen Interaktion und Reflexion

Garrison und Archer (2000), Brookfield und Preskill (2005) wie auch Autoren wie Meyers (1986) weisen darauf hin, dass neben dem Diskurs, der durch kooperative Lernmethoden gefördert werden kann, auch immer Phasen der (Selbst)-Reflexion für kritisches Denken notwendig sind. Bei Diskussionen werden Ideen gesammelt, verschiedene Perspektiven zu einem Sachverhalt antizipiert und kognitive Konflikte erzeugt. Phasen der Reflexion dienen hingegen dazu, eigene Annahmen kritisch zu untersuchen, die gewonnenen Einsichten in vorhandene Schemata zu integrieren und neue Denk- und Handlungsmuster zu entwickeln. Garrison und Archer betonen die Wichtigkeit der Wechselwirkung, des Ineinandergreifens von Phasen der Kooperation und der Selbstreflexion: „*It is important to emphasize again that both collaboration and self-reflection are essential aspects of the complete critical thinkig/learning cycle*" (Garrison und Archer, 2000, S. 88).

In der Literatur nennen die Autoren eine heterogene und umfangreiche Menge an Diskussionsmethoden für die Phasen der sozialen Interaktion. Johnson und Johnson sprechen sich beispielsweise für den Einsatz kooperativer Lernformen aus, die einen kognitiven Konflikt bei den Lernenden provozieren. Sie betonen, dass die Förderung von kritischem Denken durch einen kognitiven Konflikt nur in kooperativen Kontexten erfolgen darf. Dies gilt besonders für den Einsatz von Kontroversen. Nur in einem kooperativen Lernkontext werden verschiedene Sichtweisen und verschieden verteiltes Vorwissen zu einem Sachverhalt geschätzt und als komplementär und miteinander verflochten wahrgenommen. Nur in diesem Zusammenhang kann die Aufmerksamkeit der Teilnehmer vertieft auf das Verstehenwollen und Erkunden anderer Sichtweisen gerichtet werden. Außerdem trägt das Gemeinschaftsgefühl dazu bei, Dissonanz besser ertragen und bewältigen zu können, und es entstehen sogar Gefühle wie Freude, Akzeptanz usw. (Johnson und Johnson, 2009, S. 42). Kooperative Lernformen werden aber auch noch aus weiteren Gründen benötigt. Ein weiteres, zentrales Merkmal für kritisches Denken ist der Wechsel von Perspektiven, der durch diese Methoden erreicht werden kann. Denken und Handeln geschieht stets aus der eigenen Perspektive heraus, in der Situationen aufgrund eigener subjektiver Theorien wahrgenommen und auf der Grundlage eigener Erfahrungen interpretiert werden (Wahl, 2006, S 56). Durch das Einnehmen anderer Perspektiven ist es aber möglich, die eigene Sichtweise als Konstruktion zu erkennen und generell zu verstehen, dass verschiedene Sichtweisen aufgrund des Kontextes einer Person konstruiert werden. Etliche Autoren zur Förderung kritischen Denkens plädieren daher dafür, Möglichkeiten zu schaffen, die es Lernenden erlauben, mit „fremden Augen" einen Sachverhalt zu betrachten und ein Stück weit in die Schuhe eines anderen zu schlüpfen (Brookfield, 1987; Johnson und Johnson, 2009; Garrison und Archer, 2000). Dadurch können unhinterfragte und für richtig erachtete Annahmen aufgrund der Konfrontation mit anderen Interpretationen erkannt und – wenn nötig – korrigiert werden (Wahl, 2006, S. 57). Den Lernenden kann so bewusst werden, wie komplex die Realität sein kann, welche Kausalitäten und Interdependenzen dabei bestehen. Der Perspektivenwechsel regt also auch systemisches Denken und Verstehen an, das Teil des kritischen Denkens ist. Außerdem kann so die epistemologische Entwicklung gefördert werden, da Lernende erkennen, dass Wissen kontextgebunden konstruiert und/oder sozial ausgehandelt wird. Eine Folge des Einnehmens verschiedener Perspektiven kann auch wieder eine Ambiguitätserfahrung sein.

Es liegt eine Vielzahl an Methoden vor, die diese Aspekte kritischen Denkens und dessen Voraussetzungen durch soziale Interaktion fördern können, wie beispielsweise die Jigsaw-Methode, Dilemmataanalyse, Brainstorming usw. (siehe beispielsweise die Methodensammlung von Adams und Hamm, 1996, S. 55–57). Je nach Art und Einsatz der Methode werden jedoch unterschiedliche Akzente in der Denkschulung gesetzt.

Kritisches Denken soll zu wohlbegründeten Urteilen und Handlungsweisen führen (Hunter, 2009, S. 3). Es bringt es daher mit sich, über das eigene Selbst nachzudenken, eigene Annahmen und Handlungsweisen zu identifizieren und zu würdigen. Kritisches Denken und (Selbst-)Reflexion sind daher nicht voneinander zu trennen. Selbstreflexion ist vielmehr der Teil des kritischen Denkens, der auf das Selbst, auf das Denken über das eigene Denken und Handeln, gerichtet ist. Der Begriff Reflexion (lateinisch: *reflectere* – „zurückbiegen") steht für jene Erkenntnisbemühungen, die sich auf vorangegangene Einsichten oder Urteile richten, um diese noch einmal zu überdenken und zu prüfen. Reflexion stellt den Versuch dar *„ zu erkennen, ob eine vermeintliche Erkenntnis eine wahre oder wirkliche Erkenntnis ist, und „biegt" damit das Erkennen auf das Erkennen zurück"* (Janich, 2000, S. 138). Reflexion ist für den Prozess des kritischen Denkens elementar, um beispielsweise gesammelte Ideen oder bestehende Annahmen zu überprüfen und gegebenenfalls zu revidieren. (Selbst-)Reflexion ist der Schlüssel zum eigenständigen, autonomen Denken und Handeln. Vorläufig als richtig identifizierte Urteile müssen kontinuierlich wieder einer Reflexion unterzogen werden. Brookfield spricht in diesem Zusammenhang auch von der „kritischen Reflexion" (1995, S. 3). Jedoch, so Brookfield, sind nur bestimmte Reflexionen als „kritisch" einzustufen. Oftmals finden Reflexionen auf einer rein technisch-pragmatischen, zweckrationalen Ebene statt. Reflexion bedeutet hier, sich Fragen über Zweck-Mittel-Relationen zu stellen, wie also ein bestimmter Zweck (z. B. ein bestimmtes Lernziel) durch eine optimale Mittelauswahl und deren Einsatz erreicht werden kann (methodisch-didaktische Überlegungen). Diese Art der zweckrationalen Reflexion ist für den Alltag unerlässlich und praktisch. (Selbst-)Reflexion wird dann aber erst "kritisch", wenn neben der wichtigen instrumentellen Komponente auch grundlegende Annahmen hinterfragt und aus mehreren Perspektiven betrachtet werden.

Für Brookfield bedeutet dies, zwei verschiedene Zwecke durch (Selbst-)Reflexion zu verfolgen. Zum einen muss das Reflektieren darauf abzielen, die Wirkweisen von Macht zu analysieren. Gerade im Kontext der Bildung formen, verzerren und untermauern Machtansprüche viele erzieherische Prozesse und Interaktionen. Außerdem ist Reflexion dann kritisch, wenn sie Annahmen und die damit verbundenen Handlungsweisen auf hegemoniale Formen der Machtausübung untersucht. Kritische Selbstreflexion im Hinblick auf das eigene Handeln hinterfragt die angestrebten Zwecke und die dafür aufgebrachten Mittel grundlegend. Kritische Selbstreflexion untersucht bei eigenen Handlungsweisen die Zweck-Mittel-Relation auf das Vorhandensein von Ideologien und Repression. Dubs vertritt die Ansicht, dass kritisches Denken die Reflexion über Annahmen und Werte wie auch die Reflexion *„über die Konsistenz von Denken und Verhalten"* (1992, S. 43) beinhaltet. Annahmen und Werte wie auch vor allem die Überprüfung der Konsistenz von Denken und Verhalten sind sowohl mittelbar als auch unmittelbar mit dem eigenen Ich, dem Selbst, verbunden. Selbstreflexion im kritischen Denken ist die Fähigkeit der Selbstkritik, die unabdingbar für die Förderung von Mündigkeit ist und zum Wachstum der eigenen Persönlichkeit beiträgt. Kritisches Denken benötigt Selbstreflexion.

Durch die Schaffung von verschiedenartigen Anlässen zur (Selbst)-Reflexion, die vor allem durch schriftliche Arbeiten (siehe Meyers, 1986, S. 69 ff.) erfolgen kann, wird es den Lernenden ermöglicht, auch ideologiekritische Sachverhalte wie die Wirkung von Macht zu durchschauen, beispielsweise im Hinblick auf Konformität oder die Wirkung von Konsens, der oftmals als Legitimation für die Validität von Wissen herangezogen wird (Garrison und Archer, 2000, S. 88). Moon nennt beispielsweise als geeignete Methoden und Medien für Selbstreflexion Lerntagebücher und Lernjournale (2008, S. 146). Brookfield empfiehlt den Einsatz von Portfolios. Lerner sind aufgefordert, wöchentlich über ihre im Unterricht gemachten Erfahrungen anhand lenkender Fragen zu reflektieren. Die Fragen dienen dazu, um Annahmen zu identifizieren, zu prüfen, alternative Sichtweisen einzunehmen, konstruktive Vorschläge zu entwickeln usw. (Brookfield, 2008, S. 69). Im Anschluss werden diese Reflexionen wieder in einem Audit gemeinsam im Dialog diskutiert. Hier wird die Verzahnung von Diskussion und Reflexion deutlich. Erst durch den didaktisch sinnvollen Wechsel von sozialer Interaktion und autonomer (Selbst-)Reflexion können alternative Denkweisen gefunden und in bestehende Denk- und Handlungsmuster integriert werden.

2.3.1.4 Lernumgebungen des selbstgesteuerten Lernens gestalten

Kritisches Denken ist ein aktiver, höchst individueller Prozess, der nicht vermittelt, sondern nur durch das Individuum selbst bewerkstelligt werden kann (Moon, 2008, S. 131). Kritisches Denken setzt dabei ein hohes Maß an Selbstregulation des Lerners voraus. Beispielsweise ist der Lernende auf motivational-emotionaler Ebene herausgefordert, mit belastenden Emotionen durch das Erleben eines kognitiven Konfliktes umzugehen und des Weiteren die Motivation aufrechtzuerhalten, den Konflikt rational lösen zu wollen. Auf kognitiver und metakognitiver Ebene muss das Individuum dazu parallel geeignete Informationsverarbeitungsstrategien wählen und einsetzen, seine Denkprozesse dabei überwachen und steuern, um z. B. Annahmen zu identifizieren, zu analysieren und zu bewerten. Kritische Denker sind daher „selbstgesteuerte Lerner" (Garrison und Archer, 2000, S. 90). Selbstgesteuertes Lernen bezieht sich auf den Ablauf, die Kontrolle und die Anpassung von Lernprozessen (Heidemann, 2009, S. 86), wobei in der pädagogischen Literatur eine Vielzahl von verschiedenen Begriffen wie *self-regulated learning, selbstgesteuertes Lernen, selbstorganisiertes Lernen, selbstbestimmtes Lernen* usw. für diese Art des Lernens teilweise synonym, teilweise mit klarer Abgrenzung verwendet wird (Jahn, Trager & Wilbers, 2008a, S. 2). Kritisches Denken setzt also voraus, dass Lernende in der Lage sind, selbstgesteuert bzw. selbstorganisiert Lernprozesse zu gestalten: „*Critical thinkers are metacognitively aware and, thus, are selfdirected. Self direction and cognitive autonomy will depend upon this ability to learn how to learn*" (Garrison und Archer, 2000, S. 90). Lernende müssen also in der Lage sein, selbstständig und gemeinsam mit anderen Lernenden zyklische und reflexive Denk- und Handlungsschritte zu planen, durchzuführen, dabei zu regulieren und zu beurteilen. Pädagogische Settings und pädagogisches Handeln können, wie bereits betont, nur unterstützend wirken, aber niemals die Denkprozesse eines Lernenden steuern oder kontrollieren (Moon, 2008, S. 131).

Um den hohen Anforderungen im selbstregulierten Prozess des kritischen Denkens gerecht zu werden, benötigen die Lernenden jene Lernumgebungen[26], in denen sie selbstständig aus einer Vielzahl von Quellen Informationen sammeln können, Ideen entwickeln und ausprobieren, miteinander darüber diskutieren oder Rückzugsmöglichkeiten für Reflexionen nutzen können usw. (Meyers, 1986; Petri, 1998). In Interaktion mit dieser Lernumgebung können sie auch die benötigte Selbstlernkompetenz verbessern. Die Lernumgebung für kritisches Denken ist dadurch gekennzeichnet, aktives Lernen und Denken zu fördern, indem verschiedenartige, sinnvolle Möglichkeiten zum Diskutieren, Zuhören, Schreiben und Reflektieren über Lehrinhalte, Ideen usw. zur Verfügung gestellt werden und Lernende sich als autonom denkende und handelnde Individuen erfahren (Meyers und Jones, 1993, Meyers, 1986, Petri, 1998). Wichtig ist dabei, dass die Lernumgebungen zum selbstständigen Denken und Handeln einladen und somit Lerner die Möglichkeit haben, Ideen auszuprobieren und dabei auch Fehler machen zu können (Meyers, 1986, Moon, 2008). Diese Forderung geht einher mit der Bereitstellung von entsprechenden Informationsquellen wie Büchern, Computern mit Internetanschluss, Medien zur Visualisierung von Ideen wie Flipcharts und von entsprechenden Räumlichkeiten, die sowohl Gruppen-, Kleingruppen- und Einzelarbeit ermöglichen.

2.3.1.5 Kritisches Denken modellieren und den Prozess bei den Lernern begleiten

Pädagogische Professionals haben unterschiedliche und komplexe Aufgaben bei der Förderung kritischen Denkens wahrzunehmen. Dubs betont, dass Schülerselbsttätigkeit ohne steuernde Einflüsse bei der Bearbeitung offener und motivierender Aufgabenstellungen, in denen kritisches Denken ganzheitlich geschult werden soll, trotz des benötigten Lernklimas besonders bei schwächeren und unselbstständigen Lernern kaum Erfolge zeigen kann, da die Lernenden Strategien des kritischen Denkens nicht kennen und auch nicht anwenden werden (Dubs, 1992, S. 52). Erst durch Impulse wie Hinweise, Anregungen, Anstöße, Anleitung, Widerlegungen, Ideen usw. durch die Lehrkraft kann eine Denkschulung erfolgreich werden. Pädagogische Professionals sollen eigene kritische Denkaktivitäten auf vielfache Weise visuell oder auch auditiv modellieren. Sie sind neben der Demonstration der

---

26 Eine für kritisches Denken förderliche Lernumgebung ist ein Arrangement von verschiedenen Unterrichtsmethoden und -techniken, Medien und Lernmaterialien, die so aufeinander abgestimmt sind, dass sie zum kritischen Denken anregen können. Das Arrangement wird durch den jeweiligen Kontext in zeitlicher, räumlicher und sozialer Hinsicht beeinflusst (beispielsweise durch den Lernort, Lernziele, Lernkultur usw.).

Fertigkeiten kritischen Denkens auch aufgefordert, einen „kritischen Geist" vorzuleben, indem sie beispielsweise Dispositionen kritischen Denkens wie den konstruktiven Umgang mit Emotionen wie Betroffenheit vorleben, verbalisieren usw. (Moon, 2008, Meyers, 1986; Brookfield, 1987).

Der pädagogische Professional nimmt auch die Rolle eines Lernbegleiters ein, der schulängstliche und leistungsschwache Lerner unterstützt und dabei hilft, kognitive Konflikte konstruktiv und für die epistemologische Entwicklung förderlich zu lösen.

Diese emotionale und fachliche Unterstützung der Lernenden in deren Denkprozessen, die sich zwischen Instruktion, Betreuung, Beobachtung und dem Vorleben und Verdeutlichen der Fertigkeiten und vor allem der Dispositionen kritischen Denkens bewegt, kann durch pädagogisches Handeln der Lehrkraft realisiert werden. Lernende sollen die benötigte Hilfestellung bekommen, um eigene Ideen zu entwickeln und diese zu elaborieren (Meyers und Jones, 1993, S. 6).

Auf methodisch didaktischer Ebene werden für diese Aufgaben eine Vielzahl von Methoden und Techniken diskutiert. Zu nennen sind beispielsweise das Geben von Rückmeldungen zu Denkprozessen der Lernenden, wie etwa das Spiegeln von Annahmen, das Loben der Schüler für Denkleistungen, um das Selbstvertrauen der Lernenden zu fördern, oder auch aktives Zuhören, um Denkaktivitäten der Lernenden identifizieren zu können (Brookfield, 1987, Meyers, 1986, Moon, 2008). Zur Modellierung von kritischem Denken zählen auch Methoden der Visualisierung wie Mind- bzw. Concept-Maps.

Dubs beschreibt die Rolle der Lehrkraft als Modell für kritisches Denken wie folgt: Neben der Förderung des Selbstwertgefühls der Lernenden, dem aktiven Zuhören, dem Motivieren und Unterstützen kritischer Denkaktivitäten bringt die Modellrolle der Lehrkraft eine *„offene und ehrliche Kommunikation; Verhaltensweisen, welche von Lernenden übernommen werden können (...) Konsistenz im Denken, Handeln und Verhalten; Klarheit in der Argumentation und im Reflektieren sowie Offenheit und Ehrlichkeit"* (Dubbs, 1992, S. 52–53) mit sich, um authentisch kritisches Denken vorzuleben und zur Imitation einzuladen. Weiterhin ist es Aufgabe des pädagogischen Professionals, den Lernenden genügend Zeit zum kritischen Denken einzuräumen (Meyers, 1986, S. 65). Kritisches Denken bedarf der Kontemplation.

2.4 Die Förderung von kritischem Denken im Kontext E-Learning

In den angestellten Untersuchungen zur Schulung des Denkens wurde der Medieneinsatz nur beiläufig behandelt. In diesem Abschnitt wir die Förderung kritischen Denkens im Kontext E-Learning detailliert beleuchtet. Dieser inhaltliche Raum wird der Thematik deswegen gewährt, weil die Erprobung des zu entwickelnden Qualifizierungskonzeptes in eine Weiterbildungsmaßnahme im Bereich E-Learning stattfinden und auch größtenteils über E-Learning abgewickelt werden wird. Die dabei zur Verfügung stehenden Medien bzw. Infrastruktur des computergestützten Lernens, wie beispielsweise eine Lernplattform oder auch ein Authoring-Tool zur Erstellung von webbasierten Lerneinheiten, können und sollen, je nach Eignung, auch dazu verwendet werden, kritisches Denken bei den Teilnehmern anzuregen. Außerdem ist zu erwarten, dass die Teilnehmer gerade an den Methoden der Denkschulung im Kontext E-Learning Interesse zeigen werden, da sie ja wegen der Didaktik des computergestützten Lernens teilnehmen werden.

2.4.1 E-Learning als Schwerpunkt der Forschung zur Förderung kritischen Denkens

Ein Großteil wichtiger Erkenntnisse zur Förderung kritischen Denkens wurde bereits in den 1980erJahren durch Forschung gewonnen. Astleitner bestätigt beispielsweise, dass in traditionellen Lernumgebungen der positive Einfluss von kollaborativem Lernen auf kritisches Denken gut empirisch dokumentiert worden ist (Astleitner, 1998, S. 84). Aufgrund der rasanten technologischen Entwicklung und den damit verbundenen Möglichkeiten besteht seit einiger Zeit intensives Forschungsinteresse daran, wie E-Learning die tradierten Förderansätze bereichern oder ergänzen kann. Es liegt die empirisch zu prüfende Vermutung nahe, dass verschiedene Formen des E-Learnings einen wichtigen Beitrag zur Förderung kritischen Denkens leisten können, da durch die technischen Möglichkeiten alternative Kommunikations- und Interaktionsweisen geschaffen werden, die dienlich für das Anregen, Unterstützen, Begleiten und Beobachten kritischen Denkens sein können. Mandernach ist der Meinung, dass E-Learning aus zwei Gründen für die Förderung von kritischem Denken interessant und hilfreich sein kann. Zum einen kann durch E-Learning die stoffliche Auseinandersetzung mit Inhalten fernab von Präsenzveranstaltungen gestaltet werden. Die Präsenzveranstaltungen können durch diese gewonnene Zeit verstärkt dafür genützt werden, um Inhalte tiefer gehend und kritisch zu durchdringen. E-Learning wird aber zur Förderung kritischen Denkens selbst nicht benötigt, sondern schaufelt nur Zeit dafür frei. Mandernach sieht aber auch das didaktische Potenzial, welches durch E-Learning zur Verfügung steht: E-Learning ermöglicht die Umsetzung konstruktivistischer Lernansätze, die das traditionelle Lernen in Präsenzveranstaltungen durch individualisierte, tief gehende Interaktionen mit Lehrmaterialien ergänzt (Mandernach, 2006, S. 43). E-Learning kann unter bestimmten Bedingungen beispielsweise hilfreich sein, um kognitive Dissonanz zu initiieren, verschiedene Perspektiven zu einem Thema zu „modellieren" usw. Die Förderung kritischen Denkens kann sowohl im allgemeinen als auch im integrativen Ansatz durch den gezielten Einsatz von E-Learning unterstützt werden. Ein Blick, angestellt während des Verfassens der Dissertation, auf die Forschungsbemühungen zeigt anhand der erschienenen Studien, die beispielsweise bei der Datenbank Eric einzusehen sind, dass die Förderung kritischen Denkens via E-Learning zentral für das bestehende Forschungsinteresse ist. Es lässt sich eine Vielzahl von Studien finden, die sich vor allem mit der Förderung kritischen Denkens anhand asynchroner Kommunikationswerkzeuge im Kontext des kooperativen E-Learnings beschäftigen.[27] Auch aktuelle Anwendungen aus dem Web 2.0-Bereich werden vereinzelt hinsichtlich ihrer förderlichen Wirkung auf kritische Denkaktivitäten beleuchtet. Insgesamt werden bei den Forschungsarbeiten vor allem Kommunikationsabläufe in den

---

27 Online-Recherche vom 12.04.2012. Titel: "Critical" und "Thinking". http://www.eric.ed.gov/: In dem Zeitraum von 2000 bis 2011 wurden 4899 englischsprachige, internationale Veröffentlichen zum Thema „Critical Thinking" bei der Datenbank „Eric" verortet. Die aktuellsten davon behandelten Themen wie die Förderung kritischen Denkens durch Webquests, Mobile Learning und ähnlichen Schwerpunkten. Bei der Erweiterung der Suche um bestimmte Begriffe aus dem E-Learningkontext wurde deutlich, dass tatsächlich E-Learning und das Internet einen gewichtigen Anteil bei den inhaltlichen Schwerpunkten einnehmen. Beispielsweise wurden bei der Suche nach „Critical Thinking", verknüpft mit dem Begriff „Technology", 1029 Veröffentlichungen aufgeführt, bei denen dieses Thema eine Rolle spielt. Fast ein Viertel aller Veröffentlichungen zu dem Thema kritisches Denken behandeln also auch den Aspekt Technologie. Leider wurden von den Autoren viele Begriffe und Inhalte nicht einheitlich und eindeutig indexiert. So finden sich Studien zu dem Einsatz von WebQuests oder Mobile Learning zur Förderung kritischen Denkens, die aber nicht unter Schlagwörtern wie „E-Learning" verortet wurden. Außerdem wurden Begriffe wie E-Learning, Electronic Learning usw. uneinheitlich bei der Verschlagwortung verwendet, so dass hier keine aussagekräftige Suche stattfinden konnte.

Fokus genommen, da sich Denken in Sprache niederschlägt und beobachtbar wird. Beispielsweise können bei der Interaktion zwischen Lerner und Tutor, den Lernenden untereinander, dem Lerner und einem Lernprogramm als auch bei Mischformen aus den aufgezählten Interaktionsrelationen im E-Learning verschiedene Kommunikationsformen eingesetzt werden. Jedoch geschieht die Entwicklung neuer Anwendungen und der damit gegebenen Möglichkeiten für das Lehren und Lernen viel zu schnell, sodass die Forschung nicht in der Lage ist, diese Phänomene zeitnah empirisch auf ihre Lernförderlichkeit zu untersuchen. Zum Beispiel wird seit Mitte der 1990erJahre an dem Einsatz von Forumsdiskussionen für verschiedene Lernziele bis heute geforscht. Dabei ist aber die generelle technische Entwicklung im IT-Bereich so rasant, dass Foren in Anbetracht der entstandenen Möglichkeiten schon zur einer ins Alter gekommenen Kommunikationsform gehören, die zwar ihren festen Platz gefunden hat, jedoch um mannigfaltige weitere Möglichkeiten ergänzt wurde.

2.4.2 Kurze Klärung des Begriffes „E-Learning"

Bevor jedoch auf einzelne Formen des E-Learnings und deren Bedeutung für kritisches Denken eingegangen wird, ist aufgrund der konzeptuellen Unschärfe des Terms eine kurze Klärung und Strukturierung notwendig, auch wenn dies im Rahmen der Arbeit nicht trennscharf möglich ist. Ähnlich wie bei der Abgrenzung des Begriffes „kritisches Denken" gibt es auch für E-Learning ein breites Spektrum an Definitionen, die in Ausrichtung oder Exklusivität variieren. Heidenreich befasst sich in ihrer Dissertation über pädagogische Anforderungen an das Lehrhandeln im E-Learning mit einer Vielzahl von Definitionen und kommt zu dem Schluss, dass die vorliegenden definitorischen Auseinandersetzungen Bezug auf die didaktischen Einsatzformen nehmen oder aber den Fokus auf verwendete Technologien legen (2009, S. 163). E-Learning wird generell als eine Art des Lernens gedeutet, welches durch elektronische Medien und Dienste unterstützt wird und Informationstechnik benötigt. E-Learning hat im Verlauf der letzten zwanzig Jahre verschiedene definitorische Schwerpunkte erfahren, wie etwa *elektronisch unterstütztes, computerunterstütztes, softwareunterstütztes* Lernen und zuletzt, aufgrund der Fortschritte und Verbreitung der Internettechnologien, *netzbasiertes* Lernen (Heidenreich, 2009, S. 63–64). Netzbasiertes Lernen hat sich seit einigen Jahren stark verändert, vor allem durch Entwicklungen innerhalb der Internettechnologien und -anwendungen, resultierend im sogenannten Web 2.0. Dies ist der Begriff für die Weiterentwicklung des „alten" Internets, bei dem Anbieter von Informationen diese den Nutzern als Informationskonsumenten zur Verfügung stellten. Das Web 1.0 war das Netz der *„Einwegkommunikation"* (Murbach, 2008, S. 28), in dem Daten von einem Sender an einen Empfänger versandt wurden. Diese Trennung zwischen Produzent und Konsument, zwischen Sender und Empfänger von Daten wurde im „Mitmachnetz" (Web 2.0) aufgehoben: *„Web 2.0 ist die Produktion von Inhalten durch Nutzer für Nutzer auf Plattformen, die ihnen nicht gehören, mit technischen Mitteln, die sie nicht verstehen, und in einem organisatorischen Umfeld, das sie nicht durchschauen"* (Zeger, 2009, S. 17). In dieser Definition des Philosophen Zeger kommen alle wichtigen Elemente und Funktionen des Web 2.0 zur Sprache. Wichtige Elemente sind dabei die mehrdimensionalen Kommunikations- und Kooperationsmöglichkeiten der Teilnehmer, der Austausch, Remix und weitere Austausch von Contents und der Open-Source-Plattformgedanke, der die Nutzer im Netz zu aktiven Produzenten in Gemeinschaften werden lässt. So lassen sich beispielsweise mit bestimmten, frei verfügbaren Anwendungen Daten gemeinsam erstellen, überarbeiten, austauschen, annotieren, abonnieren usw. Durch diese Anwendungsmöglichkeiten im Web 2.0 haben sich sehr viele neue Impulse für E-Learning und somit auch für die Förderung von kritischem Denken ergeben.

2.4.3 Ein selektiver Überblick zu Formen des E-Learnings

Eine Systematisierung der derzeitigen technologischen Möglichkeiten aus der IT-Welt, die zur Unterstützung des Lernens genutzt werden, gestaltet sich in Anbetracht des genannten Fortschritts und der flexiblen Handhabbarkeit von Anwendungen als äußerst schwierig. Mit großer Sicherheit entstehen zeitgleich zur Abfassung dieser Dissertation neue technische Möglichkeiten, die für das E-Learning bald nutzbar werden. Während des Schreibens entsteht eine enorme Anzahl neuer Websites, neuer Anwendungen, bereits bestehende Seiten werden hingegen nicht mehr gepflegt oder gelöscht und Anwendungen werden ausrangiert. Dennoch wird im Folgenden versucht, eine selektive und unvollständige Momentaufnahme des Phänomens E-Learning zu präsentieren: Karl Wilbers (2009a) hat im Rahmen einer Präsentation in einer Lehrveranstaltung eine mögliche Zuordnung etlicher, derzeit diskutierter Felder des E-Learnings vorgenommen und zwischen zwei verschiedenen Lernformen, dem individuellen und dem kooperativen Lernen, auf methodischer Ebene unterschieden:

Methoden individuellen Lernens Rolle des Lehrenden – „E-Tutoring"	Methoden kooperativen Lernens Rolle des Lehrenden – „E-Moderation"
Computer Based Training (CBT)	WebQuests
Web Based Trainings (WBT)	Live-E-Learning mit virtuellen Klassenzimmern
Podcasts	Kooperatives Mindmapping
Gamebased Learning	Application Sharing
Simulation & Modellbildung	Asynchrone Kommunikationswerkzeuge: Chat,
Mobile-Learning	Online-Foren, Wikis
	Blogging & Microblogging
	E-Portfolios
	Lernen mit Second Life

Tabelle 7: Systematisierung zu Methoden des individuellen und kooperativen E-Learnings, angelehnt an Wilbers, 2009a

Individuelles E-Learning meint im Folgenden jene Formen des Lernens, in denen Lernende sich computerunterstützt alleine Lernstoff aneignen, und zwar in einer eher einseitigen Kommunikation zwischen Lerner und E-Medium (linke Spalte der Tabelle 7). Individuelles E-Learning ist computerunterstütztes, selbstgesteuertes, eigenständiges Lernen. Häufig ist es beim individuellen E-Learning so, dass alle relevanten Informationen bereits aufbereitet durch den Computer zur Verfügung gestellt werden. Diese Vermittlung von Wissen geschieht auf genau vorgeschriebenen, vordefinierten Lernwegen. Der Lernende hat kaum Möglichkeiten, die Wissensvermittlung zu beeinflussen. Seine „Selbststeuerung" besteht nur darin, aus vorgegebenen Lerninhalten auszuwählen, bestimmte Seiten und Medien wie Videos aufzurufen und entgegenzunehmen, bestimmte Tests zur Wissenssicherung auszufüllen usw. Lernen ist hier ein Reiz-Reaktionsmodell im Sinne der behavioristischen Lerntheorie. Breuer spricht in diesem Zusammenhang vom „*Gelenkten E-Learning*" (2006, S. 93). Individuelles E-Learning kann aber auch bedeuten, dass Lernende computerunterstützt zu bereitgestellten Problemstellungen eigenständig Informationen recherchieren und finden müssen, um geeignete Lösungswege zu erarbeiten. In diesem Setting sind Lernende in einer aktiven und gestaltenden Rolle. Wissen wird durch das eigene Handeln konstruiert. Lerntheoretisch ist der didaktische Rahmen dieser Lernform zwischen den beiden Polen Behaviourismus und Kognitivismus angesiedelt, wobei auch konstruktivistisches Lernen bei gewissen Formen des individuellen E-Learnings möglich ist. Individuelles E-Learning subsumiert auch die Betreuung der einzelnen Lerner durch einen „Online-," oder auch „Teletutor", der über bestimmte internet- oder intranetbasierte Kommunikationswerkzeuge inhaltliche oder organisatorische sowie technische Fragen beantwortet, die Lernenden motiviert, beim Lernen begleitet, Lernmaterialien ausgibt und dergleichen (Breuer, 2006, S. 91–94). Jedoch ist die tutorielle Begleitung durch eine Lehrkraft bei verschiedenen Formen des individuellen E-Learnings nicht zwingend notwendig, so beispielsweise beim Lernen mit Lernprogrammen.

Kooperatives E-Learning hingegen meint im Folgenden jene Lernformen, in denen Lernende sich gemeinsam Wissen selbstgesteuert aneignen und konstruieren, durch gemeinsames (Sprach-) Handeln (rechte Spalte von Tabelle 7). Wessner und Pfister beschreiben kooperatives E-Learning als *„eine Lernform, in der mehrere Personen (mindestens zwei) unter (nicht unbedingt ausschließlicher) Nutzung von Computer ein Lernziel verfolgen, indem sie über den Lerninhalt kommunizieren und neues Wissen kooperativ aufbauen"* (2001, S. 251; zitiert nach Räpple, 2008, S. 18–19). Räpple betont, dass durch die Zeit- und Ortsungebundenheit und durch erweiterte Möglichkeiten der Strukturierung von Lernprozessen bzw. der Interaktion der Lehrenden und Lernenden untereinander im Vergleich zu tradierten Lernformen didaktische Mehrwerte durch E-Learning geschaffen werden können (2008, S. 19). Fördert das individuelle E-Learning verstärkt Fachkompetenzen, so eignet sich das kooperative E-Learning neben der Förderung von Fachkompetenz vor allem dazu, Fertigkeiten und Dispositionen der Sozial- und Personalkompetenz auszuprägen und „trägem Wissen" vorzubeugen. Die Rolle des Lehrenden besteht beim Einsatz des kooperativen E-Learnings im Moderieren, Anregen, Reflektieren und Begleiten von Lernprozessen (Breuer, 2006, S. 95–97). Jedoch muss ähnlich wie beim rein individuellen E-Learning auch bei der kooperativen Variante nicht zwingend eine Lehrkraft, z. B. in Form eines E-Moderators, involviert sein. Gerade in Bereichen des informellen, aber auch beim formellen Lernen ist es denkbar, dass die Lernenden auch ohne pädagogische Unterstützung sich gemeinsam Wissen erschließen. Deutlich wird dies beispielsweise anhand von Learning-Communities, Forendiskussionen, der Blogosphäre usw. Kooperative E-Learning-Situationen, in denen keine Lernbegleiter zur Verfügung stehen, sollen im Folgenden als rein kooperatives E-Learning verstanden werden, wobei dies nicht bedeuten muss, dass es keine didaktische Instruktion und Lenkung in der Kooperation gibt. Es kann auch der Fall sein, dass, wie im Falle der WebQuest-Methode, genaue Arbeitsanweisungen vorliegen.

2.4.3.1 Methoden des individuellen E-Learnings

Innerhalb des Spektrums der Methoden des individuellen Lernens finden sich sowohl tradierte Formen des E-Learnings, wie CBTs beziehungsweise das Online-Pendant mit WBTs, als auch neue Formen, wie Mobile Learning, die mit der Verbreitung der mobilen Endgeräte aufgekommen sind (siehe hierzu Ernst, 2008). Auch noch heute spielt der Einsatz von Lernsoftware eine gewichtige Rolle beim E-Learning, sei es in der Qualifizierung der Belegschaft in Firmen, beim Erlernen von Sprachen oder zur Vorbereitung auf die Kfz-Führerscheinprüfung. Viele große, aber auch kleine und mittlere Unternehmen setzen massiv auf den Einsatz von CBTs/WBTs und die damit verbundene Verlagerung von präsenzbasierten Fort- und Weiterbildungsmaßnahmen in den Blended-Learning-Bereich Hauptgrund hierfür sind Ressourceneinsparungen wie Zeit, Geld, Personal usw. Die mobilen Endgeräte bieten auch die Möglichkeit, Trainings in Form von Podcasts oder auch MC-Tests zu integrieren. Das Lernen mit diesen Medien geschieht in einer Computer-Lerner-Interaktion. Es liegen dazu auch intelligente, adaptive Varianten von Lernsoftware vor, die sich Lernverhalten und -präferenzen des Lerners bis zu einem bestimmten Ausmaß anpassen können. Durch sogenannte Autoren-Systeme lassen sich CBTs bzw. WBTs ohne Kenntnisse über Programmiersprachen wie HTML oder Ähnliches leicht durch Bildungspersonal umsetzen. Natürlich sind die so erstellten Lernprogramme nicht mit professionell entwickelten Programmen zu vergleichen. Dennoch bietet diese Alternative eine Ergänzung vorhandener Lernszenarien an.[28]

Eine weitere, an Bedeutung gewinnende Form des individuellen Lernens ist das sogenannte *Game-Based Learning*. Weitere Bezeichnungen hierfür sind *serious games* (siehe Helm und Theis, 2009) oder *digitale Lernspiele* (siehe Rey, 2009). Digitale Lernspiele sind Computerspiele, bei denen ein ernsthafter Bildungsauftrag vorliegt und formelle Lernziele verfolgt werden. Dabei soll die hohe intrinsische Motivation, die das Spielen von Games mit sich bringt, für didaktische Zwecke nutzbar gemacht werden. Diese Spiele kommen schon heute in der Führungskräfteentwicklung oder zur Schulung von Entrepreneurkompetenzen in Form von digitalen Planspielen und Simulationen zum Einsatz (siehe Helm und Theis, 2009). Durch diese Spiele sollen beispielsweise analytische Fähigkeiten oder Problemlösefähigkeiten geschult werden. In diesem Kontext lassen sich auch Simulationen und Modellbildungen nennen, die anhand von digitalen Animationen komplexe Sachverhalte grafisch darstellen können und mit denen Lernende die Komplexität durch eigene Einflussnahme auf Variablen digital erkunden können.

Da sich das rein individuelle E-Learning ohne pädagogische Begleitung als nicht so effektiv wie erwartet herausgestellt hat, wurden neue Ansätze von Lernprogrammen in Form von webbasierten Varianten entwickelt und mit individueller, computerunterstützter Lernbegleitung durch Teletutoren kombiniert (Breuer, 2006, S 97). Auch empirisch konnte nachgewiesen werden, dass E-Learning ohne Betreuung sich als hinderlich für den Lernerfolg erweist und dass Lernbegleitung und -betreuung eine zentrale Rolle bei E-Learning-Arrangements zukommt (Breuer, 2006, S. 97–98).

Aus dieser Entwicklung heraus, in Kombination mit dem technischen Fortschritt, wurde die Rolle der Lernbetreuung und Lernbegleitung erkannt und in das computerunterstützte Lernen integriert. Es wurden auch sogenannte Lernplattformen entwickelt, Anwendungen, mit denen Lehrende E-Learning-Arrangements (und darüber hinaus auch Präsenzveranstaltungen) organisieren, erstellen, initiieren, durchführen, steuern, betreuen und evaluieren können (Kraemer, Sprenger und Scheer, 2009, S. 272). Diese Lernplattformen, oder genauer Lehr-Lernplattformen (Breuer, 2006, S. 25) sind geschlossene Online-Plattformen, durch die Lehrende individuelles und kooperatives E-Learning unterstützen und begleiten können. Lernplattformen wie Moodle oder Ilias halten sowohl für die Lehrenden als auch für die Lernenden eine Vielzahl von Funktionen im Bereich der Kommunikation, Kooperation oder Organisation der Lehrveranstaltung bereit.

---

28   Eine bekannte Open-Source Autorensoftware ist "Hot Potatoes": http://www.hotpotatoes.de/.

Den Lehrenden kommt sowohl beim individuellen als auch beim kooperativen E-Learning jeweils eine ganz bestimmte Rolle zu: Hauptaufgabe des sogenannten Tele- oder Onlinetutors ist es als Vermittler zwischen sozialem (die Lernenden) und technischem System (z. B. die Lernplattform mit all ihren technischen Möglichkeiten wie Chats, Wikis, Foren, virtuelle Klassenzimmer) zu fungieren (Boos, Müller und Cornelius, 2009). Durch das Wegfallen zeitlicher und räumlicher Restriktionen des Lernens und durch die verschiedenen technischen Möglichkeiten, die Lernplattformen bieten, bestehen vielfältige und neue Aufgaben für das Lehrpersonal. Beim individuellen, aber auch beim kooperativen E-Learning sind pädagogische Professionals als Experten, technische Unterstützung, als Coach, Teambildner, Moderatoren oder als Rollenmodelle gefragt, die Lernprozesse initiieren, koordinieren, lenken, betreuen usw. (Boos, Müller und Cornelius, 2009, S. 12). Teletutoren vereinbaren individuell mit den jeweiligen Lernenden Lernziele, unterstützen und beraten zur Erreichung dieser Ziele, stellen den Zugang zur jeweiligen Infrastruktur zum Lernen zur Verfügung, führen Lerndialoge mit den einzelnen Lernenden, geben Feedback usw. (ebd., 2009, S. 13). Dadurch füllen sie zum einen die Funktion des E-Tutorings aus (individuelles E-Learning), begleiten und lenken aber auch kooperatives E-Learning im Form der E-Moderation, z. B. bei OnlineDiskussionen in Foren, als Moderatoren im virtuellen Klassenzimmer usw. Dadurch können didaktische Unzulänglichkeiten beim rein individuellen Lernen mit Lernprogrammen zum Teil korrigiert und ausgeglichen werden. Rein individuelles E-Learning eignet sich, um vor allem Fachkompetenz zu fördern. Die Förderung kann dabei auf niederen Taxonomiestufen wie bei einfachen CBTs/WBTs bis hin zu anspruchsvollen Denkaktivitäten wie Evaluation oder Synthese, z. B. bei Game-based Learning oder bei Simulationen, stattfinden. Sowohl Sozialkompetenzen als auch Personalkompetenzen werden durch das rein individuelle E-Learning nicht ausgeprägt gefördert, da es an „echter" sozialer Interaktion mangelt. Jedoch können diese Kompetenzbereiche durch kooperatives E-Learning gefördert werden.

2.4.3.2 Methoden des kooperativen E-Learnings

Zum kooperativen E-Learning gehören vor allem einige Lernformen, die erst durch die Entwicklung innerhalb des Web 2.0 möglich geworden sind. Als Beispiel kann hier das Application Sharing genannt werden. Application Sharing bezeichnet jene Anwendungen, die es den Nutzern zeitgleich ermöglichen, von ihren Computern aus auf den Computer einer anderen Person oder auf auf Servern laufende Anwendungen zuzugreifen, um dort gemeinsam Funktionen auszuführen (Keller, 2009, S. 36). Als Beispiel kann hier etwa Google-Docs[29] genannt werden, eine browsergestützte Anwendung, die es den Nutzern erlaubt, synchron Textdokumente oder Präsentationen zu erstellen oder diese gar online vorzustellen. Eine weitere Unterart des Application Sharing ist das sogenannte Desktop-Sharing, welches es bestimmten Nutzern ermöglicht, ihre Desktop-Ansicht (z. B. eine Internetseite) mit anderen zu teilen, zu annotieren usw.[30] Neben dem bereits genannten Application Sharing gibt es des Weiteren auch browsergestützte Anwendungen, die kooperatives Mindmapping z. B. innerhalb eines Brainstormings unterstützen.[31]

---

29 https://www.docs.google.com/
30 Eine funktional vielseitige Desktop-Sharing-Anwendung ist „Mikogo": http://www.mikogo.com/
31 http://www.mindmeister.com/de/home

Weitere Anwendungen, die sich für die Unterstützung des kooperativen Lernens aus dem Web 2.0-Bereich eignen, sind Wikis. Wikis sind asynchrone Kommunikationsmedien, mit denen Lernende eigene Webseiten erzeugen, ergänzen, überarbeiten, mit anderen Inhalten verlinken usw. können (Abfalterer, 2008, S. 14–15). Asynchron steht für Kommunikationsformen, bei denen Informationsproduktion und -rezeption zeitlich merklich getrennt voneinander erfolgen (Merz, 2001, S. 17).

Eines der bekanntesten Wiki-Projekte ist Wikipedia.[32] Es findet sich im Internet eine Vielzahl komfortabler Open-Source-Wiki-Anwendungen, die für kooperatives Lernen genutzt werden können.[33] Neben Wikis zählen zu den relativ gut erforschten kooperativen Möglichkeiten des E-Learning Weblogs. Weblogs sind als „Webtagebücher" (Abfalterer, 2008, S. 14) zu verstehen, die neben dem einfachen Publizieren von Inhalten ihren Reiz für kooperatives Lernen durch weitere Funktionen erlangen. Zu nennen sind vor allem die Möglichkeiten, Inhalte zu kommentieren, zu verlinken oder mit der Track-Back-Funktion Spuren von fremden Blogs in eigene Inhalte zu integrieren. Dadurch werden interessante Formen des kooperativen, asynchronen Austausches der Lernenden möglich.[34] Eine besondere Form des Bloggings ist das sogenannte Micro-Blogging mit „Twitter"[35]. Twitter ist eine Kommunikationsplattform, die wie ein öffentliches Tagebuch funktioniert, welches weltweit von Anwendern per Computer oder Mobiltelefon unmittelbar gestaltet werden kann, um zum Beispiel Gedanken und Neuigkeiten auszutauschen, Fragen zu stellen, Themen zu diskutieren und sich zu vernetzen. Die Kommentare sind maximal 140 Zeichen lang und können sowohl durch mobile Endgeräte und Mobiltelefone als auch am Computer gesendet werden. Darin steckt auch ein gewisser didaktischer Vorteil, da Informationsproduzenten in sprachlicher Hinsicht in den Dimensionen Relevanz und Klarheit geschult werden. Die Popularität von Twitter nimmt derzeit massiv zu (O'Reilly und Milstein, 2010, S. 5). Gut erforschte Konzepte zur Integration von Twitter in kooperative Lernarrangements liegen derzeit kaum vor, jedoch könnte Microblogging an Bedeutung für das Lernen gewinnen, z. B. um Lernstoff gemeinsam, sogar während einer Veranstaltung, zu reflektieren, kooperative Brainstormings durchzuführen etc.

Weitere Anwendungen, die sich zur Förderung des kooperativen Lernens als nützlich erwiesen haben, sind Chats und Foren. Chats, die nahezu als synchrone Kommunikationswerkzeuge gesehen werden können, eignen sich als Instrument der gegenseitigen Beratung, zum Brainstorming, als Koordinationsinstrument usw. (Abfalterer, 2008). Synchrone Kommunikationsformen sind solche, in denen sowohl Informationsproduktion als auch -rezeption in etwa zeitgleich erfolgen (Merz, 2001, S. 17). Aber auch asynchrone Kommunikationswerkzeuge wie Foren eignen sich, um kooperatives Lernen zu unterstützen, um beispielsweise Inhalte zu vertiefen, kooperatives Lernen zu organisieren usw. (Abfalterer, 2008). Außerdem bestehen Kommunikationswerkzeuge, die verschiedene Werkzeuge der synchronen und der asynchronen Onlinekommunikation didaktisch sinnvoll verzahnen.

---

32 http://de.wikipedia.org/wiki/Wikipedia:Hauptseite

33 Eine Übersicht zu kostenfreien Wiki-Anwendungen findet sich unter http://www.wikiservice.at/gruender/wiki.cgi?GratisWiki.

34 Gute Open-Source-Varianten sind beispielsweise das eher anspruchsvolle Wordpress http://wordpress-deutschland.org/ oder das leicht zu handhabende Google-Blogs: https://www.blogger.com/start?hl=de.

35 http://twitter.com/

Die Rede ist hierbei von dem sogenannten Live-E-Learning. Live-E-Learning bezeichnet jene Formen des E-Learnings, in denen Kommunikationspartner nahezu zeitgleich kommunizieren und sich wechselseitig aufeinander beziehen können (Keller, 2009, S. 18–19). Zu den Anwendungen des Live-E-Learnings zählen beispielsweise virtuelle Klassenzimmer wie Dim-Dim[36] oder Webconferencing durch bekannte Anwendungen wie Skype.[37] Virtuelle Klassenzimmer sind Online-Anwendungen, die extra für den Lernkontext konzipiert wurden. Neben einem privaten und einem öffentlichen Chat, können die Teilnehmenden sich über Voice-Over-IP verständigen, Daten austauschen, Desktop-Sharing betreiben, gemeinsam Internetseiten erkunden usw. Außerdem können Umfragen gemacht werden, Kleingruppenarbeiten in Parallelräumen (Break-Out-Rooms) stattfinden oder gemeinsame Brainstormings am sogenannten Whiteboard durchgeführt werden. Neben der synchronen Kommunikation können sich die Teilnehmer auch über Web-Cams sehen, was zur Ausprägung einer virtuellen Identität und zur sozialen Verbundenheit beitragen kann. Im virtuellen Klassenzimmer stehen also vielfältige Möglichkeiten zur Verfügung, um kooperatives E-Learning zu unterstützen. Jedoch ist es auch denkbar, reinen „Frontalunterricht" im Sinne des individuellen E-Learnings abzuhalten, der durch Umfragen, Abstimmungen, Ideensammlungen und Lehrgespräche abgerundet wird.

Oftmals finden sich die genannten Kommunikationswerkzeuge wie Wikis, Chat, Blogs oder virtuelle Klassenzimmer neben weiteren Anwendungen des Informationsretrievals und darüber hinaus integriert unter einem Dach in den sogenannten Online-Communities. Online- Communities sind als digitale Marktplätze zu verstehen, auf denen sich Nutzer mit unterschiedlichen Interessen und Bedürfnissen treffen, um sich gemeinsam über ein Thema auszutauschen, gemeinsam ein Ziel zu verfolgen usw. Eine populäre Definition ist die von Rheingold: *„Virtual communities are social aggregations that emerge from the Net when enough people carry on those public discussions long enough, with sufficient human feeling, to form webs of personal relationships in cyberspace"* (1993, zitiert nach Seufert, 2009, S. 1533). Lernprozesse lassen sich durch die vielfältigen Möglichkeiten, die Community-Software bietet, auf unterschiedliche Weise unterstützen. Learning-Community-Plattformen schaffen für ihre Mitglieder eine gemeinsame Oberfläche und stellen vielfältige kommunikative Funktionalitäten bereit (Breuer, 2006, S. 25). Vor allem die soziale Komponente, die durch den gemeinsamen formellen wie auch informellen Austausch über Chat, Mail, Forum etc. sich entfalten kann, wirkt sich motivierend auf das Lernen aus. Mitglieder einer Lerncommunity können Lernende, Lehrende, Forscher, Experten usw. sein (Seufert, 2009, S. 1533). Panke weist aber darauf hin, dass der formalisierte und institutionalisierte Einsatz von Community-Anwendungen im Bildungskontext die *„charakteristische Spontaneität und Authentizität"* (Panke, 2010, S. 79) raubt und die intrinsische Motivation der Lernenden beeinträchtigt.

Neben den bisher aufgeführten Kommunikationsanwendungen trägt die Informationsfülle des Internets selbst auch dazu bei, bestehende Lernformen zu bereichern oder gar neue Formen des Lernens zu gestalten. Das Internet kann als expandierendes Paralleluniversum von Sichtweisen, Denkstilen, Fakten und physikalischen Eigenheiten im Zeit-Raum-Gefüge verstanden werden. Aufgrund der gebotenen Vielfalt und authentischen Quellen ist es für entdeckungs- und problemorientiertes

---

36 Open-Source VC-Anwendung Dim-Dim: http://www.dimdim.com/

37 http://www.skype.com/intl/de/home/

Lernen besonders reizvoll. Mit sogenannten „WebQuests", einer von Bernie Dodge entwickelten Methode, können diese Vorzüge in den handlungsorientierten Unterricht eingebracht werden (Murbach, 2008, S. 126). WebQuests sind konstruktivistische „Lernarrangements, die das selbständige Lernen und autonome Lernen fördern" (Murbach, 2008, S. 126). In einem mehrstufigen Aufbau werden die Lernenden am Computer, z. B. über das Intranet oder Internet, durch die verschiedenen Phasen des WebQuests geleitet. Herzstück des WebQuests ist eine unter bestimmten didaktischen Gesichtspunkten gepflegte Linkliste, deren Seiten die Basis für die Lösung der Aufgabenstellung sind. Einführend werden die Lernenden bei dem WebQuest mit einem bestimmten Thema vertraut gemacht. Dies kann sowohl online über HTML-Seiten oder offline, beispielsweise durch eine Powerpointfolie, geschehen. Dabei handelt es sich um eine authentische Situation, die die Schüler für die Relevanz des Themas und der Aufgabe sensibilisieren soll. Im Anschluss werden die Lernenden mit einer konkreten, handlungs- und produktorientierten Problemstellung konfrontiert. Zur Lösung der Aufgabe zu erstellende Handlungsprodukte können Plakate, Präsentationen, Checklisten usw. sein. Im Folgenden wird den Lernenden die Linkliste zur Verfügung gestellt, die sie in Einzel- oder in Gruppenarbeit erforschen können. WebQuests integrieren also sowohl Formen des individuellen als auch des kooperativen (E-)Lernens, denn die Lernenden sind nun aufgefordert, Informationen aus verschiedenen Internetseiten ausfindig zu machen, zu filtern, zu bewerten, zu kontrastieren, sich darüber auszutauschen, Handlungsprodukte wie Problemlösungen aufgrund der Informationen zu erstellen usw. Dies geschieht in selbstständiger Einzel- und Gruppenarbeit. Die Links zu den Seiten werden gezielt von Lehrenden ausgesucht. Dadurch können vor allem authentische Quellen verwendet werden, die sich widersprechen, verschiedene Perspektiven zu einem Thema parat halten oder verschiedene Lösungswege für ein bestimmtes Problem aufzeigen. Nachdem die Seiten durchkämmt worden sind, schließen sich Phasen des kooperativen Lernens an, in denen sich die Lernenden zu ihren Einschätzungen und Ergebnissen austauschen, um gemeinsam das jeweilige Handlungsprodukt zur Lösung der Aufgabe zu erstellen.

Innerhalb der WebQuest-Struktur erhalten die Lernende in dem Kapitel „Prozess" konkrete Vorschläge, wie sie bei der Bearbeitung der Aufgabe vorgehen könnten. Im Kapitel „Präsentation" wird des Weiteren festgelegt, wie die Arbeitsergebnisse für die anderen Lernenden anderer Gruppen dargestellt werden sollen. Schließlich klärt das Kapitel „Evaluation", nach welchen Kriterien das WebQuest sowohl von den Lernenden als auch von dem Lehrenden bewertet wird. Hierzu eigen sich Bewertungsschemata, die die Kriterien genau beschreiben und mehrere Performanzstufen erfassen (Murbach, 2008, S. 128–137).[38]

Das Internet bietet auch dreidimensionale virtuelle Welten, die für das Spielen im Freizeitbereich, aber auch für das kooperative Lernen entdeckt wurden. Die populärste virtuelle Welt ist „Second-Life". Second Life ist eine dreidimensionale, simulierte Welt, in der Nutzer eigene Charaktere, die sogenannten Avatare, schaffen und mit ihnen diese Welt erkunden können. Eigentlich als Spiel geplant, gibt es heute auch seriöse Bildungsangebote, also sozusagen „echte" virtuelle Schulen

---

[38] WebQuests lassen sich neben der Powerpoint-Variante auch ziemlich leicht durch so gennannte WebQuestgeneratoren designen. Zu empfehlende Open-Source-Anwendungen sind das schweizer easyWebQuests (http://easyWebQuest.ch/) oder 1-2-3-WebQuests (http://www.aula21.net/Wqfacil/webeng.htm).

im Second Life, mit einem Gebäude, virtuellen Lernbegleitern, Dozenten, Lernumgebungen, die zur Erkundung einladen usw. Es lassen sich einige Bildungsangebote finden, die hinsichtlich ihres methodisch-didaktischen Spektrums vom simulierten Frontalunterricht in einer simulierten Vorlesung bis hin zu Rollenspielen oder virtuellen Lernpfaden reichen. Sowohl Formen des kooperativen als auch des individuellen Lernens können im Second Life wahrgenommen werden, wobei vor allem kooperative Lernangebote genutzt werden (Ojstersek und Kerres, 2009, S. 1426). Die Rolle der Lernbetreuung und -begleitung ist auch in diesen virtuellen Welten wichtig. Beispielsweise müssen mediendidaktische Szenarien geplant und umgesetzt werden, Lernaktivitäten initiiert, Visualisierungen dargestellt, Umgangsregeln aufgestellt und kontrolliert werden etc.

Peters geht davon aus, dass, wenn die Technologie zur Simulation dreidimensionaler Welten weiter voranschreiten sollte, dreidimensionale, simulierte Welten in Bezug auf die Förderlichkeit von Lernprozessen der realen Welt überlegen sein könnten, da diese virtuellen Räume beliebig gestalt- und wandelbar sein können und bei bestimmter grafischer Auflösung der Realität in nichts nachstehen (Peters, 2009, S. 1413). Gerade im Hinblick auf die Initiierung kritischer Denkprozesse durch die Simulation bestimmter, Dissonanz anregender Situationen ist Second Life schon heute ein interessantes Forschungsfeld.

Eine weitere sowohl kooperative als auch individuelle Lernanwendung zur Unterstützung des reflexiven Lernens ist das sogenannte E-Portfolio. Portfolios sind ein gutes Instrument zur Förderung kritischen Denkens durch Schreiben und Reflektieren (Brookfield, 1987). Durch die technischen Gegebenheiten konnten die Möglichkeiten des tradierten Portfolios noch verbessert werden. E-Portfolios sind digitale Sammelmappen von Artefakten, die von Lernenden erstellt, gesammelt, verwaltet, reflektiert, kommentiert und für bestimmte Adressaten zur Verfügung gestellt werden können. Artefakte meinen bestimmte, von dem jeweiligen Lernenden erstellte, ausgewählte und in den jeweiligen Ansichten präsentierte Materialien wie Blog-einträge, Präsentationen, Videos, Grafiken, Bilder, Ergebnisse aus Arbeitsaufträgen usw., die Lernprozesse und erworbene Kompetenzen dokumentieren. Durch die verschiedenartigen Funktionen des E-Portfolios sind ganz unterschiedliche Anwendungsszenarien möglich: Es gibt sowohl Formen des reinen Präsentierens, wobei Errungenschaften und Ergebnisse bestimmten Zielgruppen wie potenziellen Arbeitgebern übermittelt werden können, als auch Formen, die dem kooperativen und reflexiven Lernen durch Feedback und Annotationen zu Lernresultaten und Lernprodukten gerecht werden (Stefani, Mason, Pegler, 2007, S. 8–12). E-Portfolios sind ähnlich wie Weblogs zu verstehen, können aber durch sogenannte Ansichten auf vielfältige Weise gestaltet und für verschiedene Zielgruppen aufbereitet werden. Lernende gestalten und kontrollieren ihr E-Portfolio dabei eigenständig. Neben dem Sammeln, Auswählen und Darstellen von „Artefakten" (z. B. eigene Texte, Präsentationen, Videos) spielt aber auch die Reflexion der mit der Erstellung dieser Artefakte initiierten Lernprozesse eine wichtige Rolle, der durch reflexives Schreiben in Blogs, ganz im Sinne eines Onlinetagebuches, Rechnung getragen werden kann (Jahn, Trager & Wilbers, 2010, S. 5–6). Selbstreflexion durch reflexives Schreiben innerhalb von Lernprozessen ist Teil des Herzstückes eines Portfolios. E-Portfolios entfalten ihre Akzeptanz bei den Lernenden und ihre lernförderliche Wirkung erst nach einiger Zeit, in der die Lernenden sich ihres Kompetenzzuwachses durch die Dokumentation im Portfolio bewusst werden und die Funktion von Reflexion und Feedback schätzen gelernt haben. E-Portfolios sind nicht nur Werkzeuge, um die persönliche Entwicklung bei Schülern und Studenten zu unterstützen. Auch für die Unterstützung der professionellen Entwicklung als pädagogischer Professional sind sie ein vielversprechendes Medium. In Amerika nutzen beispielsweise Lehrer E-Portfolios als Bewerbungsinstrument im Schulwesen, als „show-case" zur Darstellung eigener Leistungen oder als Tool zur Unterstützung von kollegialen Partnerschaften, Teamteaching oder auch zur Reflexion eigener Unterrichtserfahrungen (Stefani et al., 2007, S. 87–102).

2.4.3.3 Hybridformen des computergestützten Lernens: Blended- und Flexible Learning

Eine Hybridform des computerunterstützten Lernens, die sich sowohl an Hochschulen als auch in der betrieblichen Aus- und Weiterbildung etabliert und durchgesetzt hat, ist das sogenannte Blended Learning oder auch „vermischtes Lernen". Diese Mischform aus individuellem E-Learning, kombiniert mit Lernbegleitung und Präsenztreffen, soll die Vorteile der jeweiligen Lernwelten des kooperativen und individuellen E-Learnings und des Präsenzlernens vereinen. Blended Learning steht für Lehr-Lern-Konzepte, die eine methodisch-didaktisch sinnvolle Verflechtung von Präsenzveranstaltungen und E-Learning vorsehen. Durch Blended-Learning können durch didaktische Abwechslungsmöglichkeiten und Verzahnungen einige Vorteile entstehen, die immer mehr in der Bildungspraxis antizipiert und mehr oder weniger genutzt werden. Zu nennen sind beispielsweise:

- Individuelles, selbstgesteuertes E-Learning: Zeitpunkt, Intervalle, Tempo und Ort der Lernaktivitäten legen Lernende selbst fest.

- Kooperatives und individuelles live E-Learning: Durch synchrones E-Learning können Lernende in virtuellen Treffen zu einem festgesetzten Termin in Echtzeit Fragen an die Dozierenden richten oder sich mit anderen Kursteilnehmern, sowohl synchron als auch asynchron, austauschen.

- Kooperatives Lernen mit asynchronen Kommunikationswerkzeugen: In Forumsdiskussionen oder Chats können Lerninhalte schriftlich diskutiert und reflektiert werden.

- Traditionelle und mit digitalen Medien angereicherte Präsenzlehre: In Lehrveranstaltungen werden Lernaktivitäten aus Online-Phasen aufgegriffen, vertieft oder reflektiert. Etliche kooperative Methoden des E-Learning wie Web-Quests und Forumsdiskussionen können so sinnvoll unter der Nutzung der Vorteile von Präsenztreffen und Online-Phasen eingesetzt werden.

Blended-Learning geht oftmals einher mit der Nutzung von kommerziellen und vor allem Open-Source-Lernplattformen wie Ilias oder Moodle. Je nach genutzter Plattform ergibt sich eine Vielzahl von Möglichkeiten, wie Lernplattformen die Lehre unterstützen können. Standardmäßig verfügen diese Lernplattformen über Foren, Chat, Mailfunktionen, Wikis, Autorenwerkzeuge und Evaluationstools. Somit können Lehrende Lernmodule konzipieren, Lernmaterialien hochladen, virtuelle Fragestunden abhalten, Arbeitsaufträge aufgeben und über die Plattform verwalten etc. pp. Dadurch kann neben dem E-Learning auch die Präsenzlehre unterstützt und die Vorteile beider Lernformen können genutzt und gezielt didaktisch sinnvoll miteinander kombiniert werden.

Durch diese Funktionen der Plattform in Kombination mit der Präsenzlehre ist es aber auch möglich, dass sich unter dem Deckmantel Blended Learning eine *„Kombination zweier Auslaufmodelle – der* *klassischen seminaristischen Unterweisung und der behavioristischen Lernmaschine*" (Severing 2003, S. 72 f.; zitiert nach Reglin, 2009, S. 493) befinden. Durch eine zu starke Betonung des individuellen Lernens, unter Vernachlässigung des kooperativen (E-)Learnings, kann Blended-Learning nur eine Fortsetzung des klassischen und einseitigen Frontalunterrichts sein. Die Technik sorgt dann für die Auslagerung des mechanischen Frontalunterrichts in das digitale Format. Dadurch wird deutlich, dass viele E-Learning-Anwendungen je nach Einsatzkontext sowohl eher lehrerzentriert, lernerzentriert oder teamzentriert gestaltet werden können.

Ein weiterer, aktueller Begriff im Zusammenhang mit Blended-Learning, nur aus einer anderen Perspektive, ist das flexible Lernen. Flexibles Lernen integriert sowohl das kooperative und das individuelle E-Learning als auch traditionelle Unterrichtsformen unter Nutzung der Vorteile des jeweiligen Lernkontextes. Im Zentrum dieses Lernkonzeptes steht die Förderung des selbstgesteuerten Lernens und der Selbstlernkompetenzen der Lerner mit Rückgriff auf die hierfür geeigneten Potentiale von E-Learning. Flexibles Lernen ist ein umfassendes Konzept selbstgesteuerten Lernens, das durch entsprechende Lernumgebungen, durch institutionelle sowie institutionsübergreifende Bedingungen unter Berücksichtigung der Potenziale von E-Learning unterstützt werden soll (Jahn, Trager & Wilbers, 2008a, S. 2). Flexibles Lernen basiert also auf einer weitgehenden Selbststeuerung der Lerner unter Einbezug von E-Learning, wobei E-Learning als computerunterstütztes Lernen generell sowohl individuell als auch kooperativ verstanden werden kann.

2.4.4 Ein Überblick zur Förderung kritischen Denkens im Kontext E-Learning

Die im Folgenden dargestellten Studien decken einige zentrale Fragen im Hinblick auf die Förderung kritischen Denkens im Kontext E-Learning ab. Es kann jedoch zum einen im Rahmen dieser Dissertation nicht auf sämtliche Facetten des E-Learnings zur Förderung kritischen Denkens eingegangen werden; zum anderen sind manche Bereiche der Potentiale des E-Learnings zur Denkschulung gut untersucht, es gibt aber auch viele Teilgebiete, wie z. B. Game-Based-Learning, Live-E-Learning, Microblogging, Second Life usw., zu denen kaum bzw. gar keine Studien gefunden werden konnten. Begründet werden kann dies mit einer unzureichenden Suche meinerseits, aber auch dadurch, dass teilweise die Anwendungen erst vor Kurzem für das Lernen entdeckt wurden und somit schlichtweg keine Untersuchungen vorliegen. Deshalb werden nun jene Befunde dargestellt, die vor allem durch Datenbankrecherchen (Sagepub[39], Eric[40]) und weitere Recherchen in Suchmaschinen wie GoogleScholar gefunden werden konnte. Deutschsprachige Beiträge gibt es hierbei kaum, zumal kritisches Denken, wie bereits beschrieben, in der deutschsprachigen Forschung nicht aufgegriffen wird. Im englischsprachigen (vor allem in den Vereinigten Staaten), aber auch im asiatischen Raum lassen sich jedoch zahlreiche Studien finden. Dabei werden nun vor allem jene Befunde dargestellt, die für die spätere Erstellung des Lerndesigns, das über die Lernplattform Ilias abgebildet wird, von Relevanz sind.

---

39 SAGE: http://www.sagepub.com/home.nav
40 Eric: Education Resources Information Centre: http://www.eric.ed.gov/

2.4.4.1 Die Förderung kritischen Denkens im Kontext des individuellen E-Learnings

Die Förderung kritischen Denkens ist im Bereich des individuellen E-Learning vor allem im Kontext des Einsatzes von CBTs oder WBTs diskutiert worden. Es liegen einige, speziell für die direkte Förderung von kritischem Denken konzipierte Lernprogramme vor. Unter Lernprogrammen können begrifflich sowohl Computersimulationen und klassische Computer-Trainings als auch Mischformen aus beidem verstanden werden.

2.4.4.1.1 Logiksoftware

Eine Software zur Förderung kritischen Denkens mit dem Titel „Reason!Able" wurde von Van Gelder entwickelt, erprobt und evaluiert (Van Gelder, 2001). Die Software unterstützt Lernende dabei, Argumente zu entwickeln und diese anhand von logischen Kriterien zu beurteilen. Daher kann die Anwendung für viele Unterrichtsinhalte genutzt werden, in denen Argumente kritisch diskutiert werden sollen. Grundprinzip des Programms ist die Erstellung von Argumentationsbäumen durch die Lernenden. Im Zentrum des Argumentationsbaumes steht eine Behauptung, welche der Lerner schriftlich in ein Feld eingeben kann. Dieser These kann er nun verschiedene Gründe mithilfe von Farben zuordnen, die diese entweder stützen oder schwächen. Diese Gründe können im Evaluationsmodus anhand von Kriterien der Logik untersucht und gewertet werden. Ein virtueller Charakter in Gestalt des Sokrates gibt dabei dem Lerner Hilfestellung durch Prompts und fordert ihn auf, beispielsweise die Richtigkeit der Gründe anzuführen, die Logik zu überprüfen usw. Der fertige Argumentationsbaum ist wie ein Mindmap zu verstehen, das eine Vielzahl bewerteter Gründe für bzw. gegen das Argument visualisiert. Durch die Anwendung sollen Lernende darin unterstützt werden, Thesen argumentativ zu überprüfen und bewerten zu können. Kritisches Denken ist demnach im Van Gelders Verständnis, der einen philosophischen Hintergrund hat, als Konstruktion und Evaluation von Argumenten zu verstehen. In einem quantitativen Pre-Post-Testdesign untersuchte Van Gelder in zwei Studien im Rahmen eines Philosophiekurses, wie Studenten bevor und nachdem sie intensiv mit der Anwendung gearbeitet hatten, in einem standardisierten[41] und einem selbst erstellten Test zur Messung von kritischem Denken abschnitten. Van Gelder konnte drastische Zugewinne der Fertigkeiten kritischen Denkens durch die Verwendung des Programms bei den Studierenden belegen (2001, S. 7). Er kommt zu dem Schluss, dass der Einsatz des Programms in etwa dreimal so effektiv wie ein Standardkurs zur Förderung kritischen Denkens ist (2001, S. 7). Diese Einschätzung ist durchaus kritisch zu sehen, da der Autor der Studie gleichzeitig Autor des Programms ist, der von ihm angenommene Effekt für die direkte Förderung kritischen Denkens in einem Präsenzkurs strittig ist, keine Kontrollgruppe zeitgleich eingesetzt wurde usw. Dennoch scheint der Einsatz des Programms zu Konstruktion und Evaluation von Argumenten hilfreich in Teilgebieten des kritischen Denkens.

2.4.4.1.2 Web-based-Trainings und Simulationen zur Denkschulung

Ein weiteres, klassisches Instruktionslernprogramm, jedoch netzbasiert, namens Krit-Net wurde innerhalb eines Projektes von Astleitner und anderen entwickelt und 2002/2003 an der Universität

---

41 Zur Beschreibung und Würdigung standardisierter Tests für kritisches Denken siehe Kapitel IV – 2.2.

in Erfurt erprobt[42]. Krit-Net wurde für Lernende im Alter zwischen 14 und 18 Jahren entwickelt und zielt darauf ab, Lernende in ihren argumentativen Fähigkeiten zu stärken und ein kritisches Bewusstsein der Individuen gegenüber ihrer Umwelt anzuregen. Somit sollen sie Impulse dazu bekommen, menschliches Unrecht zu entdecken und dieses auch verringern lernen. Neben gelenkten Einführungen in verschiedene Bereiche kritischen Denkens, die klar der klassischen und informellen Logik zugeordnet werden können, wird dem Lerner eine jeweils zu den Inhalten passende Geschichte vorgestellt. In diesen Geschichten entdecken fiktive Jugendliche in Gesprächen ein bestimmtes Problem, das die Relevanz der jeweiligen Inhalte kritischen Denkens verdeutlicht. Nach der Wissensvermittlung folgen Multiple-Choice-Tests, die sich thematisch meist auf Alltagssituationen beziehen. Auf diese Art und Weise sollen das Definieren, das Rekonstruieren, Konstruieren und Bewerten von Argumenten, die Entdeckung von Fallazien usw. gelernt werden. Bei der qualitativen Evaluation des Selbstlernprogramms durch Pädagogikstudenten machten sich Probleme bei der Selbststeuerung der Lernenden bemerkbar (Astleitner, o. D., S. 212). Deshalb wurde ein Lernjournal eingerichtet, mit dem die Lerner ihre Lernaktivitäten besser planen können sollen. Leider wurde diese Maßnahme nicht weiterhin auf ihren Erfolg überprüft. Weitere Ergebnisse waren darin zu sehen, dass die Förderung kritischen Denkens mindestens über mehrere Wochen erfolgen sollte, da sonst der anvisierte Lernerfolg ausbleibt. Außerdem ist es sinnvoll, die Förderung kritischen Denkens auf niedrigem Niveau zu starten und sukzessive zu steigern. Fraglich bleibt, inwieweit das Lösen von Multiple-Choice-Aufgaben im Logikbereich, wie es bei Krit-Net gehalten wird, tatsächlich dazu führt, eine kritische Haltung und einen konstruktiven Skeptizismus bei Lernenden anzuregen, ja sogar Verhaltensänderungen und Aktionismus zur Beseitigung menschlichen Unrechts anzuspornen. Hier stellt sich wieder die Frage, inwieweit kritisches Denken kontextunabhängig gelernt und in beliebigen Kontexten angewendet werden kann.

Neben diesen beschriebenen Logikprogrammen gibt es auch computerunterstützte Simulationen, um kritisches Denken anzuregen. Generell, so konnten De Jong und van Joolingen (1998; zitiert nach Varaki, 2006, S. 186) in einer Metaanalyse herausarbeiten, eignen sich Simulationen zur Förderung von kritischem Denken, wenn bestimmte persönliche und situative Bedingungen erfüllt sind. Beispielsweise ist eine Voraussetzung, dass Lernende Unterstützung durch einen Tutor oder von dem System erlangen, wenn sie bestimmte Hypothesen testen. Außerdem benötigen die Lernenden gewisse Grundfertigkeiten im Testen von Hypothesen und dem Sammeln von relevanten Informationen. Das bedeutet auch, dass durch die Simulation eine an Informationen reichhaltige Lernumgebung angeboten wird, die der Lerner explorieren kann. Gokhale konnte zeigen, dass Simulationen im Fach Elektronik, unter Einsatz einer Vielzahl instruktionaler Komponenten, wichtige Teilfertigkeiten kritischen Denkens fördern können (1996; zitiert nach Astleitner, 2002b, S. 86). Kritisches Denken ist im Verständnis des Autors der Studie mit Blooms Lernzieltaxonomie gleichzusetzen. Fertigkeiten der Analyse, Synthese und Evaluation konnten durch die Lernumgebung gefördert werden, wobei die Lernenden in den ersten drei kognitiven Leistungsstufen (Wissen, Verstehen, Anwenden) nicht von der Simulation profitieren konnten.

---

42 Krit-Net frei zugänglich unter: http://www.sbg.ac.at/erz/kritnet4/kritnet.htm

2.4.4.1.3 Initiierung von Dissonanz durch individuelles E-Learning

Draschoff (2000) konnte zeigen, dass eine für kritisches Denken förderliche kognitive Dissonanz durch ein bestimmtes didaktisches Design von Lernprogrammen initiiert werden kann. Sie konzipierte ein CBT im Bereich Trigonometrie für Schüler am Gymnasium, in dem über mehrere Strategien kognitive Konflikte induziert wurden. Das Programm kann als vielseitige Lernumgebung eingestuft werden, in der offene Aufgaben präsentiert und durch Erkundung von vielfältigen Informationen gelöst werden können. Die Konfliktinduzierung beim Lernen erfolgte einerseits durch das Aufwerfen komplexer und herausfordernder Probleme, andererseits auch durch das Präsentieren von Lösungsansätzen, die von denen des Lerners abweichen. Des Weiteren wurden Teilaufgaben so gestellt, dass Antworten nach bestimmten Mustern erfolgten. Die Lernenden erkannten diese Muster und setzten die als erfolgreich angenommen Lösungsheuristiken bei den ersten Aufgaben erfolgreich ein. Dann aber wurde das Lösungsmuster geändert und Lernende machten aufgrund der nicht reflektierten und übernommenen Lösungsheuristik Fehler (2000, S. 132–133). 53 Schülerinnen und Schüler der 10. Klasse aus zwei Gymnasien lernten sowohl mit einem gängigen Trigonometrie-CBT, welches nach behavioristischen Annahmen zum Lernen konzipiert wurde, als auch mit der reichhaltigen, nach konstruktivistischen Gesichtspunkten gestalteten, konfliktinduzierenden Lernumgebung von Draschoff. Jene Lernenden, die über gute Stressbewältigungsstrategien verfügten, konnten signifikant bessere Lernleistungen in der Experimentalgruppe erzielen als jene Lerner in der Kontrollgruppe, die mit dem herkömmlichen Programm lernten. Jedoch waren davon nur männliche Jugendliche, Jugendliche mit günstiger Stressbewältigung, wenig mathematik- und prüfungsängstliche Probanden und leistungsschwache Jugendliche mit guter Stressbewältigung betroffen (Draschoff, 2000, S. 296). Für ängstliche Lerner und solche, die mit Stress schlecht umgehen konnten, wurden kaum bessere Ergebnisse durch die Konfliktinduzierung erreicht. Draschoff sieht hierfür als Ursache, dass die Lernenden mit schlechter Stressbewältigung durch negative Emotionen wie beispielsweise Selbstzweifel stark in ihrer kognitiven Leistungsfähigkeit beeinflusst werden und gleichzeitig auch mit körperlichen Erscheinungen wie Herzklopfen konfrontiert waren, die das Denken beeinträchtigen (2000, S. 299). Außerdem benötigen die Lernenden neben der Stressbewältigung ein bestimmtes Maß an Fertigkeiten kritischen Denkens, um solche offenen Aufgaben am Computer zu lösen.

2.4.4.2 Die Förderung kritischen Denkens im Kontext des kooperativen E-Learnings

Die Förderung kritischen Denkens im kooperativen E-Learning ist in manchen Bereichen relativ gut erforscht, in anderen, innovativen Gebieten wie beispielsweise Microblogging liegen kaum Studien vor. Zum Einsatz asynchroner Kommunikationswerkzeuge gibt es eine Vielzahl von Studien seit Mitte der 1990er-Jahre.

2.4.4.2.1 Asynchrone Diskussionsforen

In einer häufig zitierten Studie von Cochrane, Newman und Webb (1995) konnte in kontrollierten Experimenten gezeigt werden, dass sich kritisches Denken in Forumsdiskussionen anders ausprägt als in Face-to-face-Seminaren. Dazu wurde ein Kurs über die Informationsgesellschaft an der Queens University in Belfast als Blended-Learning-Seminar angeboten, wobei sowohl Diskussionen in Präsenzveranstaltungen als auch online initiiert wurden, um kritisches Denken über kontroverse Aspekte der Informationsgesellschaft anzuregen. Das Lehrpersonal nahm eine aktive Rolle innerhalb der Diskussionen ein, wobei es sowohl in Präsenz als auch, wenn es computergestützt auftrat, dazu angehalten war, das gleiche Verhalten zu zeigen und sich der Situation anzupassen. In dem kontrollierten Experiment wurden aus dem Seminar jeweils zu einem bestimmten Thema in wechselnden Gruppen Diskussionen sowohl in Präsenzveranstaltungen als auch online geführt. Die Gruppengröße variierte zwischen 10 und bis zu 20 Studenten. Für diese Studie wurde von den Autoren ein Beobachtungsbogen zur Einschätzung kritischer Denkaktivitäten entwickelt, die sogenannte und oft angewendete Newman-Methode[43]. Diese kann als Kodiersystem verstanden werden, das Indikatoren für kritisches Denken sowohl in negativer als auch positiver Ausprägung beinhaltet. Bei der Auswertung der verschriftlichten Tonaufnahmen aus den Präsenzdiskussionen und der gesammelten Forumsprotokolle stellte sich unter Anwendung der Newman-Methode und einer qualitativen Befragung heraus, dass in beiden Formaten sich kritisches Denken auf einem hohen Niveau zeigte, wobei bei einem Großteil der Indikatoren in beiden Settings ähnliche Ausprägungen gemessen wurden (ebd., 1995, S. 57). Durchschnittlich konnte eine leicht signifikante höhere Indikatorenausprägung in der Online-Variante gefunden werden, unabhängig von Gruppenunterschieden.

In Face-to-face-Seminaren wurden in Diskussionen mehr Ideen geboren. Die Präsenzsituation hatte somit eine kreativere und konstruktivere Komponente kritischen Denkens. Im Kontrast dazu wurden in der E-Learning-Situation jedoch Ideen besser und häufiger miteinander verknüpft, argumentativ gerechtfertigt oder als wichtig erachtet. Die Autoren führen dies darauf zurück, dass Studierende durch die Computerlernumgebung davon abgeschreckt werden, neue Ideen in Diskussionen einzubringen, wie dies bei einem Brainstorming der Fall ist. Dafür werden die abgegebenen Beiträge viel durchdachter argumentativ geäußert und gerechtfertigt: „a statement of opinion in a face-to-face discussion becomes an evidentally justified point in a computer conference message" (Cochrane, Webb und Newman, 1995, S. 71). Die Rechtfertigung und Verknüpfung von Ideen hängt, so eine Schlussfolgerung, damit zusammen, dass sämtliche Argumentationslinien dokumentiert und jederzeit einsehbar sind. In der asynchronen Kommunikation wurde insgesamt qualitativ weniger gesagt. Dafür enthielten die Beiträge mehr kritisches Denken als in der Präsenzsituation. In der Präsenzsituation zeigte sich auch unkritisches Denken häufiger pro Beitrag. Dies könnte mit dem Faktor Zeit zusammenhängen, da in asynchronen Kommunikationssituationen mehr Zeit zum Überlegen zur Verfügung stellt. Außerdem ist die Argumentationslinie jederzeit nachzulesen und zu rekapitulieren, während das gesprochene Wort „verhallt". Obwohl es bereits eine Vielzahl Untersuchungen zu der asynchronen Kommunikation im kooperativen Lernen gibt (z. B. Greenlaw und DeLoach, 2003; Yang, 2007), die meist auch zu ähnlichen Ergebnissen geführt haben, so wird auch derzeit noch an der Thematik geforscht. So zeigten Guiller, Durndell und Roos (2008), dass kritisches Denken im Verständnis nach Kuhn (1991) in der Online-Variante bei 55 Psychologiestudenten unter anderem in den Bereichen Rechtfertigung von Aussagen durch Evidenz, der Beurteilung von Evidenz stärker ausgeprägt ist. Die Studenten und Studentinnen diskutierten sowohl online als auch in Präsenzveranstaltungen anspruchsvolle Forschungsberichte. Aufgabe war es, die Ergebnisse der Studie sowohl zu elaborieren als sie auch epistemisch zu bewerten. Gerade die Äußerung und Bewertung von Evidenz

---
43 Siehe dazu Kapitel IV – 2.2.3.1.

zeigte sich in der Online-Kommunikation stärker ausgeprägt als in Präsenz. Die Studenten entwickelten auch mehr Ideen in der Präsenzsituation aufgrund der hier möglichen Spontaneität. Jedoch wurde die Online-Diskussion von den Lernenden auch als lernerträglicher als die Face-to-face-Variante eingeschätzt. Andere Studien wie die von Ockert und Yaverbaum (1999, zitiert nach Guiller, Durndell und Ross, 2008, S. 196) kommen zu ähnlichen Ergebnissen. Die Autoren der Studie bestätigen, dass asynchrone Online-Kommunikation zur Konstruktion von reflektierten, wohldurchdachten Aussagen führt, es jedoch an Spontaneität und Kreativität in diesem Kommunikationsformat im Gegensatz zur Präsenz mangelt (Guiller, Durndell und Ross, 2008, S. 196). Deshalb schlagen die Autoren vor, die Argumentationslinien der Online-Diskussion in Präsenzdiskussionen aufzugreifen und zu vertiefen. Dieser Ratschlag geht auch mit dem Ergebnis einher, dass sich in Präsenzdiskussionen besser ein Konsens unter den Lernenden finden lässt als in der asynchronen Online-Kommunikation. Außerdem empfehlen die Autoren der Studie, dass die Förderung kritischen Denkens durch asynchrone Online-Kommunikation im kooperativen E-Learning erst dann sinnvoll ist, wenn mindestens eine oder zwei initiale Präsenzveranstaltungen angeboten werden, in denen die Lernenden Ideen in Brainstormings finden und sammeln können sowie durch das Einlösen von Geltungsansprüchen Bedeutungen sozial aushandeln können (Guiller, 2008, S. 197). In der Online-Phase können diese Ideen dann reflektiert und evaluiert werden. Die Vorteile der asynchronen Kommunikation können so genutzt werden. Die Autoren kommen folglich zu dem Schluss, dass die Forschungsergebnisse gezeigt haben, dass es nicht darum geht, eine der beiden Diskussionsvarianten als didaktisch besser einzustufen, sondern zu erfahren, wie die Vorteile der beiden Formate optimal in einem Blended-Learning-Lernszenario genutzt werden können (Guiller et al., 2008, S. 198). Hopkins, Gibson, Savvides und Starkely (2008) untersuchten mehrere Studien zu den Vor- und Nachteilen von asynchronen Online-Diskussionen. Neben weiteren interessanten Ergebnissen, dass beispielsweise ängstliche und introvertierte Schüler sich in Forumsdiskussionen häufiger als in Präsenzdiskussionen einbringen, wird in der Review eins deutlich: Kritische Online-Diskussionen brauchen wie die Präsenzvariante eine bei Bedarf lenkende Instanz in Form eines Lernbegleiters, der in verschiedenen Rollen als Moderator und didaktischer Designer wirkt. Artonio (2008, S. 39 ff.) nennt innerhalb einer Review von Studien eine ganze Reihe Aufgaben, die E-Moderatoren umsetzen müssen, damit Diskussionen „kritisch" werden können. Dazu gehört das Modellieren von kritischem Denken, Fokuslenkung, Motivieren, Loben und Ermutigen der Lerner, Herausarbeiten von Übereinstimmungen und Uneinigkeiten, Suche nach Konsens, Aufforderung zur Klärung von Annahmen, Anregung zur Perspektivenerweiterung usw. Außerdem ist es Aufgabe des E-Moderators, genaue Kommunikationsregeln gemeinsam mit den Teilnehmern festzulegen, damit kritisches Denken sich entfalten kann. Dies kann mit dem Förderprinzip „Schaffung eines unterstützenden Lernklimas" erfasst werden. Zu den Regeln können beispielsweise gehören: Evidenz anzuführen, sich auf bestehende Beiträge zu beziehen, verschiedene Perspektiven einzunehmen usw. (siehe hierzu MacKnight, 2000; Preskill und Brookfield, 2005)[44]. Yang konnte in einer groß angelegten Studie mit 278 Hochschulstudenten zeigen, dass in asynchronen Diskussionen, in denen geschulte E-Moderatoren sokratisches Fragen anwenden, höhere Niveaustufen kritischen Denkens erreicht werden konnten als bei einer Vergleichs-

---

44 Ein ausführliches und für kritisches Denken förderliches Regelwerk aus der Praxis findet sich unter www.ethikwerkstatt.de/Diskussionsregeln.htm [14.10.2010].

gruppe, in der sokratisches Fragen nicht durch Moderatoren angewendet wurde. Die E-Moderatoren wurden ausgebildet, sokratisches Fragen nach Paul (1993, S. 426–427) anzuwenden. Auch unkritisches Denken wurde so im Vergleich zu einer Kontrollgruppe reduziert, wobei erwähnt werden muss, dass auch die Studenten im sokratischen Fragen eine Schulung erhalten hatten und der Effekt der Moderatoren so nicht genauer abschätzbar ist. Interessant an dieser Studie ist auch das beiläufige Ergebnis, dass die Beiträge umso kritischer werden, je länger Studierende an kritischen Online-Diskussionen teilnehmen. Kritische Online-Diskussionen wachsen mit der Zeit. Des Weiteren konnten Yang und Chou zeigen, dass die durch E-Moderatoren geleitete Schulung von Fertigkeiten kritischen Denkens im Bereich des sokratischen Fragens sowohl durch Modellierung als auch durch direkte Förderung im Kontext der asynchronen Online-Diskussion nicht nur positive Resultate bei den Fertigkeiten der Lerner erzielte, sondern auch deren Dispositionen, kritisch nachzudenken, dadurch nachweislich geschult wurden. Jedoch wurde auch die Schulung der Dispositionen, beispielsweise durch Diskussion wichtiger Eigenschaften kritischen Denkens mit den Lernern, in den Förderansatz auf unterschiedliche Weise integriert (Yang und Chou, 2008, S. 674). Methodisch kamen zwei anerkannte, standardisierte Test zur Einschätzung der Dispositionen wie auch der Fertigkeiten kritischen Denkens zum Einsatz, die sowohl vor als auch nach der Maßnahme (Schulung im kritischen Denken, Online-Diskussionen) eingesetzt wurden. Dabei stellte sich heraus, dass jene Studenten, die über ein hohes Maß an Fertigkeiten kritischen Denkens verfügten, aber eingangs nur ein mittleres Niveau im Dispositionsspektrum erzielten, besonders von der Förderung profitierten. Der Zuwachs an Fertigkeiten kritischen Denkens und den damit verbundenen Dispositionen korrelierte bei dieser Konstellation signifikant (Yang und Chou, 2008, S. 681). Lehrkräfte können also als Rollenmodell neben den Fertigkeiten auch die Dispositionen für kritisches Denken bei den Lernenden anregen.

Eine weitere Rolle der Lehrkraft ist es, als methodischer „Designer" von kritischen Diskussionen zu wirken. Beispielsweise gibt es bei asynchronen Diskussionen ähnliche Möglichkeiten im Hinblick auf den Einsatz verschiedener Methoden, Rollenzuweisungen usw., wie dies bereits bei den Förderprinzipien besprochen wurde. MacKnight nennt hier beispielsweise Buzz-Groups, Case-Study-Discussions, Online-Gruppenpuzzle, Online-Debatte usw. (2000, S. 40). Die hier aufgeführten Methoden wurden aus dem Präsenzkontext überführt und für die Online-Diskussion entsprechend angepasst.

2.4.4.2.2 Online-Conferencing und virtuelle Klassenzimmern

Auch zur Förderung kritischen Denkens im synchronen kooperativen E-Learning lassen sich vereinzelt Studien finden. 1995 untersuchten z. B. Garrison und Anderson, wie sich Audio-Telekonferenzen bei Fernstudiengängen zur Förderung von kritischem Denken eignen. Definitorischer Referenzrahmen für kritisches Denken war bei der Untersuchung das Modell von Garrison, nach der kritisches Denken ein rationaler und kreativer Problemlöseprozess ist (Garrison und Anderson, 1995, S. 187). In der breit angelegten Studie wurden 270 Studenten, die Sozial- und Geisteswissenschaften über Fernstudiengänge belegten, sowohl qualitativ als auch quantitativ zu ihren Erfahrungen beim kooperativen Distanzlernen befragt. Außerdem wurde die Studie durch 18 qualitative Telefoninterviews mit Studierenden aus der Stichprobe, die mit Telefonkonferenzen lernten, vertieft. Die Fragestellung innerhalb der Untersuchung war, ob kritisches Denken über Audiokonferenzen angeregt werden kann und welches didaktische Design dafür am besten geeignet ist. Dabei wurden zwei verschiedene Strategien verfolgt. Zum einen wurde der „*Independent Learner Support*" in seiner Wirksamkeit untersucht. Dieses Setting ist mit dem individuellen E-Learning gleichzusetzen, bei dem der Lernende vorgegebene Materialien alleine durcharbeitet und dann durch einen Tutor betreut wird, der zur Klärung von fachlichen Fragen usw. zur Verfügung steht. Als weiteres didaktisches Design wurde der „*Community of Learner*"-Ansatz untersucht, bei dem per Audiokonferenz die Lernenden sich gemeinsam mit einem E-Moderator über Inhalte austauschen und diese gemeinsam mit Bedeutung versehen können (ebd., 1995, S. 189). Studierende in beiden Kontexten wurden nun zu Selbsteinschätzungen ihres Lernverhaltens anhand der Tätigkeiten kritischen Denken aus dem Garrison-Modell befragt. Es stellte sich heraus, dass die Probanden das kooperative Konferenzszenario als für kritisches Denken wesentlich förderlicher als das individuelle Lernszenario einstuften. Die Autoren der Studie halten daher den angeleiteten Diskurs der Lernenden im kooperativen (E-)Lernen für unerlässlich bei der Förderung kritischem Denkens: „*It is the critical community of learners that can encourage questioning and scepticism*" (Anderson und Garrison, 1995, S. 197). Auch die Rolle der Lehrkraft als Unterstützer kritischer Denkaktivitäten wird als außerordentlich wichtig von den Autoren eingestuft. Der Einsatz des Medium alleine, ohne didaktisches Design und ohne Unterstützung durch Lehrpersonal, reicht nicht zwingend dazu aus, dass tatsächlich kritische Denkaktivitäten angestoßen werden. Es zeigt sich auch an dieser Studie, wie wichtig das pädagogische Wirken des Lernbegleiters in Form von Modellieren von kritischem Denken, Initiierung von Dissonanz usw. ist. Außerdem wird deutlich, dass kritische Denkaktivitäten immer auch Phasen der sozialen Interaktion benötigen, um den Förderansätzen kritischen Denkens gerecht zu werden. Durch Kooperation und Kommunikation mit anderen Lernenden können Perspektiven erweitert, Bedeutungen transzendiert, kognitive Dissonanzen initiiert und alternative Denk- und Handlungsweisen entwickelt werden.

Aktuellere Studien beleuchten den Einsatz von Live-E-Learning in einem technologisch ausgereifteren Zustand. Armstrong et al. untersuchten, wie eine Workshop von Stephen Brookfield und Stephen Preskill einerseits als Live-E-Learning-Variante in einem virtuellen Klassenzimmer und andererseits als Präsenzworkshop von den Lernenden im Hinblick auf kritisches Denken wahrgenommen wird. Der Workshop hatte den Einsatz von Diskussionen als Lehrmethode als Gegenstand. Die Pädagogikstudenten sollten dabei auch lernen, wie kritisches Denken durch verschiedene Diskussionsmethoden und pädagogisches Handeln gefördert werden kann. Der Kurs bot mehrere Anlässe für kritisches Denken, da die Studenten sowohl online als auch vor Ort einige der Methoden wie den Kreis der Stimmen[45] durch Selbsterfahrung in der Gruppe ausprobierten. Diese Elemente des kooperativen Lernens wurden sowohl in der Präsenzveranstaltung als auch zeitgleich online via virtuelles Klassenzimmer unter Nutzung mehrerer Online-Kommunikationswerkzeuge durchgeführt. Stephen Preskill übernahm als Moderator die Betreuung der Onlineteilnehmer des Kurses. Der gesamte Workshop wurde via Digicam in Echtzeit übertragen. Die Onlineteilnehmer konnten sich per Chat und unter

---

45 Nacheinander äußern sich Teilnehmer innerhalb eines Kreises zu einem bestimmten Thema. Jeder hat dabei drei Minuten Sprechzeit und darf ohne Unterbrechung seine Perspektive zu dem Thema darlegen. Bevor die Diskussionsrunde startet, hat jeder Teilnehmer fünf Minuten Zeit, um sich auf sein Einbringen von Geltungsansprüchen vorzubereiten. Der Kreis der Stimmen eignet sich besonders für schüchterne Lerner, um mehr Sicherheit in Diskussionen zu erlangen (Brookfield und Preskill, 2005, S. 78–79).

Nutzung des Whiteboards, per „Voice over IP" (VOIP) und über eine Umfragefunktion der Software in den Workshop einbringen. Nach dem Workshop wurden sowohl die Präsenz- als auch die Onlineteilnehmer mit einem qualitativen Fragebogen (Critical Incident Questionaire von Brookfield) befragt. Die Fragen zielten darauf ab, dass Lernende ihre Lernerfahrungen während des Kurses, sowohl im subjektiv positiv als auch im negativ wahrgenommen Bereich, beschreiben. Insgesamt wurden die Diskussionen im virtuellen Klassenzimmer per Chat und VOIP als dynamischer, interaktiver und kritischer als die zeitgleich in der Präsenzveranstaltung geführten von den Studenten eingeschätzt. Auch die Phasen des Frontalunterrichts wurden in der E-Learning-Variante von den Studenten mit höherem Lernerfolg und mit einem höheren Niveau an kritischer Reflexion gewertet, da während Brookfield die Inhalte präsentierte, die Onlinelerner sich via Chat über die Inhalte austauschten und Beiträge gegenseitig kommentieren konnten, während die Präsenzteilnehmer in der Veranstaltung nur zuhörten. Preskill regte außerdem die Diskussionen als Modell für kritisches Denken an. Die Online-Variante scheint hier einen Mehrwert für die Lernenden geschaffen zu haben, jedoch wird durch die Studie auch deutlich, dass dieses didaktische Design einen enormen technischen und personalen Aufwand mit sich bringt und in hohem Maße für technische Probleme anfällig ist. Beispielsweise hatten sowohl Preskill als auch Brookfield jeweils einen technischen Assistenten als Unterstützung während der Veranstaltung zur Hilfe, dennoch gab es am Anfang technische Probleme mit dem Ton, obwohl mehrere Testläufe stattgefunden hatten (Armstrong, Morris, Solomita und Bloom, 2007).

Auch Merz (2001) ging in ihrer Dissertation der Frage nach, wie kritisches Denken durch kooperatives Live-E-Learning gefördert werden kann und welche qualitativen Unterschiede zum kooperativen Lernen in einer Präsenzlernsituation bestehen. In einem Quasi-Experiment überprüfte sie unter anderem die Hypothese, dass beim kooperativen Lernen kritisches Denken bei den Lernpartnern in der computerunterstützten Kommunikation weniger ausgeprägt ist als bei kooperativ Lernenden in einer Präsenzlernsituation (2001, S. 135). Eine weitere zu überprüfende Hypothese in der Untersuchung war, dass beim geführten kooperativen Lernen kritisches Denken stärker ausgeprägt stattfinden wird als bei einer nicht geführten, kooperativen Lernsituation. Als Referenzrahmen für das Verständnis kritischen Denkens zog die Autorin auch die Definition und das Modell von Garrison (2000) heran. In dem Aufbau des Experiments waren jeweils ein Student (Proband) und ein instruierter Lernpartner, ein „Konfident", der genaue Anweisungen hatte, wie er sich dem Probanden gegenüber verhalten sollte, beteiligt. Der jeweilige Proband wusste aber nicht von der Rolle des Konfidenten. Dieser wurde als zufällig ausgewählter Lernpartner für den Probanden vorgestellt. Insgesamt nahmen 31 Probanden, Hörer einer BWL-Grundstudiumsvorlesung, an der Studie teil. Die so künstlich erzeugte „Lernpartnerschaft" wurde in zwei Szenarien mit jeweils zwei Varianten ausprobiert. Einmal bearbeiteten die Lernpartner an zwei Rechnern nebeneinander ein Computer-Based-Training, in dem es um die Lösung einer handlungsorientierten Aufgabe (Break-Even-Point-Analyse) ging. Dazu mussten die Lernenden in einem virtuellen Büro virtuelle Rechnungen und Statistiken durchkämmen, um die Aufgabe lösen zu können. Das gleiche CBT wurde auch im Live-E-Learning durchgeführt. Die Teilnehmer waren hier in zwei verschiedenen Räumen getrennt und kommunizierten über Headset mit Mikrofon. Auf Screensharing wurde verzichtet. Außerdem lieferte eine Kamera jeweils auch ein Bild der beiden Teilnehmer auf dem Bildschirm. Innerhalb des WBTs wurden die Teilnehmer durch sogenannte Prompts dazu aufgefordert, bestimmte Arbeits- und Denkschritte vorzunehmen. Die

Prompts waren so gestaltet, dass die Aufforderungen kritisches Denken im Sinne von Garrison anregen sollten. Beispielsweise sollten die Lerner sich gegenseitig Probleme definieren, das bisherige Vorgehen zusammenfassen usw. In einer der Erprobungsvarianten war der Konfident angehalten, auf die Ausführung der Prompts zu achten und seinen Lernpartner zur Ausführung dieser zu motivieren. In der anderen Variante unterließ er diese motivierende und aktivierende Rolle. Die Sitzungen wurden alle akustisch aufgezeichnet und anhand der Newman-Methode auf Dimensionen kritischen Denkens kodiert (Merz, 2001, S. 193). Insgesamt zeigten die geführten Präsenzlerner im Durchschnitt mehr kritisches Denken als die Lerner ohne Kooperationsanweisungen durch den Konfidenten. Beim Live-E-Learning hingegen konnte kritisches Denken eher bei der nicht-geführten Variante beobachtet werden. Insgesamt war kritisches Denken beim Live-E-Learning stärker vertreten als bei der E-Learning-Situation in Präsenz. Alle diese Ergebnisse sind jedoch statistisch nicht signifikant, sondern spiegeln nur leichte Tendenzen wider. Je mehr sich die Lernenden an die Prompts hielten, desto häufiger ließen sie sich auch zu unkritischen Äußerungen verleiten, obwohl kritisches Denken durch die Anweisungen eigentlich gefördert werden sollte. Gab es keine Anstöße zur Befolgung der Prompts durch den Konfidenten, ignorierten die Probanden die Anweisungen häufig, was in Konsequenz zu mehr unkritischem Denken führte. Die Autorin der Studie sieht für diesen Trend zwei Ursachen. Zum einen nimmt sie an, dass auch in der geführten Kooperation Impulse zum kritischen Denken durch Prompts aufgrund mangelnder Motivation schnell abgehakt wurden; zum anderen sieht sie nicht ausreichende Fertigkeiten kritischen Denkens als Grund (2001, S. 281–282).

Die Studie von Merz zeigt, dass klassisches individuelles E-Learning mit CBTs zur Förderung von kritischem Denken auch mit kooperativem E-Learning verknüpft werden kann, sei es in Präsenz- oder auch in virtuellen Settings. Interessant ist es zudem zu sehen, dass auch im Live-E-Learning kritisches Denken durch offene Aufgaben und gezielten Prompts gefördert werden kann und sogar hier die Ausprägung kritischen Denkens positiver ausfiel als in der Präsenzversion, was aber auch auf verschiedene andere Gründe zurückgeführt werden kann.

2.4.4.2.3 Weblogs und E-Portfolios

Woo und Wang zeigen, dass kritisches Denken auch durch den Einsatz von Weblogs gefördert werden kann. Sie gingen der Forschungsfrage nach, wie und in welchem Ausmaß die Arbeit mit Weblogs im kooperativen E-Learning sich auf kritische Denkaktivitäten von Lernenden auswirkt (Woo und Wang, 2009, S. 431). In der explorativen Studie arbeiteten 41 Lernende an einer Schule der Sekundärstufe (13–16 jährige Schüler) aufgeteilt in 10 Kleingruppen im Fach Geschichte mit Blogs, die sie mit Google-Blogger erstellten. Innerhalb von sechs Wochen mussten die Schüler ihren eigenen Blog führen und in jeder ungeraden Woche eine offene Aufgabe in ihrem Blog in Form eines Postings bearbeiten, die mit dem im Präsenzunterricht besprochenen Stoff in Verbindung stand. In den geraden Wochen waren die Schüler dazu angehalten, andere Blogeinträge kritisch zu kommentieren und empfangenes Feedback zu beantworten. Die offenen Aufgaben waren so gestaltet, dass sich die erste der drei Aufgaben relativ einfach mit dem im Unterricht ausgegebenen Geschichtsbuch beantworten ließ, wobei die hier zu findende Antwort nur eine von weiteren möglichen Perspektiven widerspiegelte. Die zweite Aufgabe hingegen war völlig vom Unterrichtskontext losgelöst und wurde somit auch nicht im Buch besprochen. Zu der dritten Aufgabe ließen sich einige Informationen im Buch ausfindig machen, jedoch reichten diese nicht aus, um eine elaborierte und schlüssige Argumentationslinie zu verfassen. Die Arbeit mit den Blogs war integraler Bestandteil der zu erbringenden Leistungen. Die Lernenden wurden durch die Lehrkraft auf die Arbeit mit den Blogs vorbereitet, jedoch fand keine vorausgehende Denkschulung statt. Nach den sechs Wochen wurden die Blogs mit der bereits öfter erwähnten Newman-Methode ausgewertet. Kritisches Denken ist demnach als das Lösen von Problemen zu verstehen, durch die Sammlung von Evidenz, durch Unterscheidung von Fakten und Hörensagen, die Analyse von Argumenten auf Schwachstellen, die Rechtfertigung von Aussagen und die Konstruktion und Bewertung von verschiedenen Sichtweisen Die Auswertung der Blogs mit dem Newman-Indikatorsystem ergab, dass die Lernenden, solange sie das Geschichtsbuch zur Beantwortung der Fragen nutzen konnten, sehr gute Ergebnisse im kritischen Denken zeigten, was auch daran lag, dass wenig unkritisches Denken zu beobachten war. Allerdings waren die Argumente im Durchschnitt dadurch einseitig, stützten sie sich doch auf die Ausführungen im Geschichtsbuch. Die Schüler schnitten also hinsichtlich der Perspektivenvielfalt als einer Dimension kritischen Denkens schlecht ab. Ansonsten waren die schriftlichen Denkaktivitäten der Lernenden nach den Maßstäben der Newman-Methode in hohem Maß positiv zu bewerten. Bei den beiden anderen Fragen aber stellte sich zudem ein viel höherer Prozentsatz unkritischen Denkens ein und der Indikator „unkritisches Akzeptieren anderer Standpunkte", der sich in der ersten Aufgabe nicht zeigte, wurde in den Aufgaben offenbar. Etwa 85 Prozent der Aussagen waren laut den Ratern als unkritisch und nur 15 Prozent als kritisch einzuschätzen (Woo und Wang, 2009, S. 438). Die Schüler akzeptierten andere Sichtweisen, ohne diese kritisch zu hinterfragen, und waren zum Großteil nicht in der Lage, weitere Quellen als Belege für ihre Aussagen mit in den Diskurs einzubringen. Die Autoren der Studie kommen zu dem Schluss, dass das Fehlen von Informationen zu einer höheren Wahrscheinlichkeit für unkritisches Denken bei dieser Altersgruppe führt. Eine kritische Haltung gegenüber von Aussagen anderer ist eng mit dem Vorhandensein von relevanten Informationen verknüpft. Entziehen sich die Aussagen dem Raum der vorhandenen Informationen, so waren die Lernenden nicht in der Lage, diese kritisch zu beurteilen, indem sie beispielsweise eigene Recherchen angestellt hätten usw. Dennoch kommen die Autoren zu der Schlussfolgerung, dass Weblogs sich zur Förderung von kritischem Denken eignen, wenn die Lernenden sich über eine längere Zeit an die Arbeit des reflexiven Schreibens und an das Diskutieren gewöhnen, selbst für ihren Blog verantwortlich sind und dieser auch von anderen gelesen und kommentiert wird. Fraglich bleibt, ob und wie lange Lernende durch das Medium dafür zu begeistern sind, kritische Reflexionen zu schreiben, zu veröffentlichen und zu diskutieren.

In einer Studie von Zhao, Woo und Wang (2007) wurde der Frage nachgegangen, ob kritisches Denken durch das Schreiben von Reflexionen, auf die andere Lerner zugreifen und die diese kommentieren können und auf die sie eine Note von einer Lehrkraft bekommen, gefördert werden kann. 17 Studenten, die durchschnittlich etwa 22 Jahre alt waren, waren aufgefordert, für die Dauer eines Semesters wöchentlich kritische Reflexionen in einem pädagogischen Seminar zu verfassen. Thema des Seminars war das Design von Lernmedien. Die Studenten beschäftigten sich unter anderem mit der Frage, wie Medien das Lernen beeinflussen können. In dem Blended-Learning-Seminar wurden neun Präsenztreffen und drei Online-Phasen abgehalten. Dabei lernten die Studierenden auch ein Authoring-Tool in Übungen anwenden. Nach den Übungen schrieben die Studenten jeweils Reflexionen in Form von Blogeinträgen. Danach folgten jeweils Online-Lernphasen zur Vertiefung, in denen auch asynchrone Forumsdiskussionen stattfanden. Beim Schreiben der Reflexionen wurden keine Prompts zur Anregung kritischen Denkens eingesetzt. Außerdem wurden die asynchronen Diskussionen ohne E-Moderation gestaltet. Sämtliche schriftlichen Protokolle wurden mit der Newman-Methode ausgewertet. Es zeigte sich, dass die Reflexionen in den Blogs, die die Lerner sich gegenseitig zur Verfügung stellten, nur teilweise zur Förderung von kritischem Denken beitragen konnten. In einem Großteil aller Blogeinträge konnte eine schriftliche Manifestation kritischer Denkprozesse nicht nachgewiesen werden. Vielmehr zählten die Studenten nur Lerninhalte aus der Präsenzveranstaltung auf oder beschrieben ihre Erfahrungen aus dem Umgang mit dem Authoringtool (Wang et al., 2007, S. 100). Etwa die Hälfte aller Studenten schrieb keine kritischen Blogeinträge. Das Verhältnis von kritischem zu unkritischem Denken, gemessen in kodierten Indikatoren, betrug etwa zwei zu drei. Obwohl in den asynchronen Diskussionen kritisches Denken besser ausgeprägt war, so waren auch diese Ergebnisse eher ernüchternd. Die Autoren sehen die Ergebnisse verschiedenen Gründen geschuldet. Bei den Blogeinträgen hatten die Studenten große Probleme, kritische Reflexionen zu schreiben, weil sie keine Instruktion oder Denkschulung für kritisches Schreiben erhielten, weil andere Lernende und die Lernbegleiter die Einträge lasen und sogar eine Note für alle Reflexionen vergaben. Bei den Online-Diskussionen stellte sich schnell der gemeinsame Konsens ein, dass Medien das Lernen unterschiedlich beeinflussen würden. Diese Annahme wurde von allen Studenten akzeptiert und im weiteren Diskussionsverlauf als gegeben angenommen. Deswegen konnten keine weiteren Perspektiven mehr diskutiert werden. Auch in dieser Studie wird deutlich, dass bei der Außerachtlassung bestimmter Förderprinzipien kritischen Denkens, wie der Initiierung von Dissonanz, dem Modellieren oder der Perspektivenerweiterung, kritisches Denken sich kaum entfalten kann. Notendruck und unklare Erwartungen bzw. fehlendes Feedback tragen ebenfalls dazu bei, dass Weblogs nicht effektiv zur Förderung kritischen Denkens genutzt werden können, wobei die Autoren dem Medium dennoch ein großes Förderpotenzial beimessen (Wang et al., 2007, S. 102). Ähnliche Ergebnisse lassen sich auch auf den Einsatz von E-Portfolios übertragen, da hier ein Kernstück der Einsatz von personalisierten Blogs ist. Mandernach kommt innerhalb einer Review von wissenschaftlichen Aufsätzen über die Integration von Online-Werkzeugen zur Förderung von kritischem Denken zu dem Ergebnis, dass sich Blogs und somit auch E-Portfolios sehr gut für die Denkschulung eignen (Mandernach, 2006, S. 50). E-Portfolios erlauben aufgrund der funktionalen Möglichkeiten die Nutzung eines breiten Methodenrepertoires, um kritisches Denken anzuregen oder einzuüben. Neben dem reflexiven Schreiben können innerhalb E-Portfolios je nach Software auch kooperative Arbeitsformen, asynchrone Diskussionen, Feedback durch Annotationen usw. für kritisches Denken förderlich umgesetzt werden. Laut Mandernach liegen die Stärken von Blogs bzw. E-Portfolios bei der Kultivierung eines kritischen Denkstils darin begründet, dass durch die Arbeit mit Blogs die Lernenden zur Selbstreflexion angespornt werden, sie ihre Lernprozesse mit Mitlernenden teilen und gegenseitig ihr Denken in schriftlicher Form begutachten können (ebd., 2006, S. 50). Beispielsweise können in Online-Lerntagebüchern kognitive Aktivitäten wie Problemlöseprozesse, Entwicklung von Ideen oder die Verarbeitung neuer Erfahrungen innerhalb eines bestimmten Zeitrahmens dokumentiert, konstruiert, reflektiert, evaluiert und verbessert werden (Stefani et al., 2007, S. 61). Interessant sind auch die Austauschmöglichkeiten der Lernenden und Lernbegleiter zu

Artefakten und (Selbst-)Reflexionen. So können die Lernenden durch die entsprechende Vergabe von Rechten anderen Lernenden und Lernbegleitern gezielt Einsicht in ihre Ansichten gewähren, damit diese Feedback dazu geben. Außerdem können Ansichten erzeugt werden, in denen Lernende kooperieren können, beispielsweise beim Schreiben von Reflexionen oder dem Sammeln, Auswählen und Darstellen von Artefakten (Stefani et al., 2007). Aus dieser verkürzten Darstellung der potentiellen Möglichkeiten wird deutlich, dass bestimmte Förderprinzipien im Bereich des kritischen Denkens sich gut durch entsprechende Aufgabenstellungen und die Vermittlung von „Portfoliokompetenz" realisieren lassen. Im Alverno Liberal Arts College wird zum Beispiel ein E-Portfoliosystem eingesetzt, um neben weiteren Schlüsselkompetenzen auch Fertigkeiten des kritischen Denkens und der Analyse zu fördern. Die Lernenden entwickeln ein konzeptuelles Verständnis von kritischem Denken anhand von definierten Kriterien. Mithilfe dieser Kriterien bewerten sie ihre eigenen Artefakte und geben Feedback zu Arbeiten von Kommilitonen. Dadurch soll kritisches Denken durch kritische (Selbst-)Reflexion im Bezug auf Lernprozesse und -ergebnisse gefördert werden (Stefani et al., 2007, S. 30–32).

2.4.4.2.4 WebQuests

Während der alleinige Zugang zum Internet bei einer bestimmten, offenen Aufgabenstellung nicht zur Förderung von kritischem Denken beiträgt (Varaki, 2006, S. 184), scheint sich der Einsatz von didaktisch aufbereiteten WebQuests unter bestimmten Bedingungen zu eignen. Ikpeze untersuchte Bedingungen, wie Aufgaben innerhalb von WebQuests gestaltet werden sollten, um kritische Denkaktivitäten anzuregen. Außerdem interessiert Ikpeze sich für die qualitative Dimension dieser Denkaktivitäten. Innerhalb eines Design-Based-Research-Ansatzes wurde der Einsatz von WebQuests in einer Elementary School in den USA untersucht. Sechs Schüler im Alter von elf Jahren nahmen freiwillig an der Studie teil. Die Schüler stammten aus der weißen Mittelklasse in einer Kleinstadt. Thema sämtlicher eingesetzter WebQuest-Formate war der Umweltschutz in der Kommune. Die Datenerhebung wurde über mehrere Kanäle realisiert. Beobachtungen, Feldnotizen, Dokumentenanalyse (Arbeiten der Schüler), aufgenommene Audiomitschnitte, Interviews usw. dienten zur Gewährleistung einer Triangulation innerhalb der Studie. Verschiedene WebQuest-Varianten wurden den Lernenden zur Verfügung gestellt. Sie konnten daraus frei auswählen. Zum Beispiel gab es ein WebQuest zur Evaluation von vorgegebenen Websites anhand von Fragen, zur Initiierung eines Rollenspiels, in dem verschiedene Perspektiven eingenommen werden mussten (Übernahme der Rolle des Bürgermeisters/eines Lehrers in der Stadt), zur gemeinsamen Anfertigung einer Powerpointpräsentation, zur Analyse und Produktion von Poesie usw. Die Lehrkraft unterstützte die Lernbemühungen im kritischen Denken durch verschiedene Strategien. Dazu zählten das Modellieren, Scaffolding, aktivierendes Fragen, grafische Organisationshilfen einsetzen usw.

Es stellte sich in der Erhebung heraus, dass das gedankliche Verknüpfen von Inhalten, das Sammeln, Zusammenfassen, Analysieren und Evaluieren von Informationen und auch verschiedene Ausprägungen von Medienkompetenz durch die unterschiedlichen Aufgaben insgesamt gefördert werden konnten. Jedoch nur, wenn die Aufgaben mit Sorgfalt ausgesucht, sequenziell organisiert und mit Bedacht vermittelt werden. Die Förderprinzipien für kritisches Denken müssen dabei beachtet werden. Die Aufgaben müssen beispielsweise so gestaltet werden, dass das Thema für die Lernenden relevant ist, verschiedene Perspektiven zu einem Sachverhalt durch die Gestaltung der Aufgabe eingenommen werden können etc. Dem Lernbegleiter kommt auch hier eine besonders wichtige Rolle zu, denn es zeigte sich zudem, dass ohne Unterstützung der Lehrkräfte die Lernenden durch Surfen sich von Arbeiten abhalten ließen und auch schnell ermüdeten bei der Bearbeitung. Ein weiteres Problem für die Lernenden dieser Altersgruppe war die Informationsüberfülle, die sich durch die ausgesuchten Webseiten einstellte.

2.4.5 Fazit zur Förderung kritischen Denkens im Kontext E-Learning

Astleitner kommt aufgrund einer Analyse einiger Studien im Kontext der Förderung kritischen Denkens mit E-Learning im Jahr 2002 zu dem Schluss, dass das rein individuelle E-Learning in Form von Logiksoftware und Simulationen die stärksten Effekte bei der Denkschulung erzielt (2002b, S. 88). Astleitner ist der Ansicht, dass die *„Förderung kritischen Denkens über neue Lernmedien, die kollaborative Lernformen unterstützen, nicht hinreichend beurteilt werden kann* (Astleitner, 2002b, S. 86). Er plädiert für „hochwertige" quantitative Studien, die unter kontrollierten Bedingungen in Quasiexperimenten und Experimenten hier „eindeutige" Belege liefern sollten. Außerdem sieht er den Aufwand beim Einsatz des kooperativen Lernens mit E-Learning in Schulen als zu hoch an, sodass die Förderung kritischen Denkens durch diese Form des E-Learnings nicht an Bedeutung gewinnen wird. Aufwand und Ertrag, so Astleitner, stünden in keinem Verhältnis. Dagegen sieht er aufgrund seiner Analyse von Studien die Förderung kritischen Denkens am ehesten und effektivsten durch das rein individuelle E-Learning verwirklicht, und zwar dann, wenn eine Lehrfunktion im kritischen Denken aktiv vom jeweiligen Medium übernommen wird, es sich auf die Bedürfnisse der Lernenden einstellt, gezielte Rückmeldungen durch das System generiert werden und selbstgesteuert mit dem Programm gelernt werden kann (Astleitner, 2002b, S. 88). Die von Astleitner ausgewählten und präsentierten Studien belegen diesen Schluss. Dabei präferiert Astleitner quantitative Studien und standardisierte Tests zur Bewertung kritischer Denkaktivitäten. Diese Präferenz ist aber auch nur eine Bewertungsperspektive. Natürlich kann man sämtliche Untersuchungen auf ihre „Wissenschaftlichkeit" und auf ihre universale Aussagekraft hin anhand von Maßstäben kritisch analysieren, wie Astleitner dies tut. Je nach verinnerlichter Forschungsdogmatik würde aber auch dies zu gänzlich anderen Einschätzungen führen. Astleitner ist der quantitativen Forschung und einem von der Logik durchdrungenen Verständnis kritischen Denkens verpflichtet. Er vertraut in standardisierte Erhebungsverfahren und glaubt an die kontextuell unabhängige, generelle Vermittlung von Fertigkeiten kritischen Denkens. Die standardisierten Erhebungsverfahren testen auch genau solch ein Verständnis kritischen Denkens kontextunabhängig und fragmentiert ab. Kritisches Denken wird dadurch stark reduziert und in seiner Reichhaltigkeit beschnitten. Astleitner bevorzugt in seinem Lehrbuch, aber auch bei dem WBT Kritnet eine behavioristische Didaktik. Er scheint davon überzeugt zu sein, dass kritisches Denken durch Drill & Practice am besten gefördert werden kann, indem kleine Häppchen Stoff angeboten und dann in vielen Teilsicherungen abgeprüft werden.

Anhand der Ergebnisse der in dieser Dissertation präsentierten Studien kann geschlussfolgert werden, dass durch das rein individuelle E-Learning zwar einige der relevanten Förderprinzipien kritischen Denkens umgesetzt werden können, jedoch dies nicht für eine effektive und nachhaltige Förderung ausreicht. Es bedarf einen pädagogischen Professional aus Fleisch und Blut der das Selbstvertrauen der Lernenden stärkt, indem er ein entsprechendes Lernklima anregt, kritisches Denken modelliert und vorlebt, individuelle einzelne Phasen und damit verbundene Probleme beim kritischen Denken bei den einzelnen Lernern beobachtet und entsprechend emotionale und beratende Hilfestellung gibt usw. Auch Varaki (2006, S. 188) und Jonassen (1996, zitiert nach Astleitner, 2002b, S. 83) gehen davon aus, dass rein individuelles E-Learning als Unterrichtsformat und als Methode zwar kritisches Denken fördern kann, aber dafür ein menschlicher Tutor zur Unterstützung des Prozesses kritischen Denkens unbedingt benötigt wird. Varaki kommt in einer Studie, in der er die Wirksamkeit des rein individuellen E-Learnings zur Förderung kritischen Denkens anhand einer Vielzahl von Forschungsergebnissen betrachtet, zu folgenden Schluss: „*The main idea in this review is that we need a synthesis back to teaching critical thinking that is a teaching method which combines traditional academic instruction with web services as it focuses on critical, reflective thinking and civic responsibility*" (Varaki, 2006, S. 188). Rein individuelles E-Learning mit CBTs/WBTs bzw. Simulationen kann somit nur ein Baustein innerhalb eines Förderkonzeptes sein, um die beschriebenen Prinzipien zur Förderung kritischen Denkens in der Lehrpraxis umsetzen zu können. Individuelles E-Learning verbunden mit E-Tutoring kann unter Beachtung der Prinzipien zur Förderung kritischen Denkens sicher einen guten Fördererfolg leisten, wenn der E-Tutor als Modell für kritisches Denken fungiert, indem er Lernende bei kritischen Denkaktivitäten unterstützt, sie in ihrem Selbstbewusstsein stärkt, sei es im Bereich der Initiierung von Dissonanz, bei der Stressbewältigung oder bei der Integration kritischen Denkens in alternative Handlungsweisen im (beruflichen) Alltag. Repräsentanten anderer Traditionen kritischen Denkens treffen völlig andere Aussagen zur Einschätzung der Wirksamkeit der computergestützten Denkschulung, die sich auch empirisch belegen lassen. Deswegen ist es sinnlos, verschiedene Formen des E-Learnings durch Belege aus Studien gegeneinander antreten zu lassen im Kampf um die bessere Methode und das bessere Medium, unter Rückgriff auf jeweils eine ganz bestimmte Vorstellung von kritischem Denken und unter Huldigung einer bestimmten Forschungsdogmatik.

Vielmehr sollte durch die bisher präsentierten Studien eines deutlich werden: Unter bestimmten Bedingungen kann kritisches Denken durch die Integration von E-Learning in Lernsituationen generell gefördert werden. Deutlich wird, dass der Einsatz von Medien und Technik alleine nicht den Erfolg einer Denkschulung determiniert. Deutlich wird auch, dass pauschale Vergleiche verschiedener Medien aufgrund der enormen Komplexität, die Lehrsituationen mit sich bringen, nicht exakt erbracht werden können, selbst wenn die Inhalte des Kurses gleich sind und es sich um denselben Dozent handelt (siehe Probleme der Konfundierung, Rey, 2009, S. 24). Neben der Wahl des geeigneten Mediums für das Fördervorhaben scheint die Verwirklichung von Förderprinzipien kritischen Denkens ausschlaggebend für den Erfolg zu sein, egal, ob es sich um einen allgemeinen, integrativ-indirekten, integrativ-direkten oder kombinierenden Förderansatz handelt. In der Tradition der bisherigen Ausführungen zur Förderung kritischen Denkens, in der bestimmte Förderprinzipien ausgemacht worden sind, kann E-Learning dann erfolgreich zur Denkschulung verwendet werden, wenn bei einer Integration jene Förderprinzipien so weit wie möglich beachtet und umgesetzt werden. Jedoch sind die spezifischen Vor- und Nachteile des jeweiligen E-Learning-Formats bei der didaktischen Planung im jeweiligen Förderkontext kritischen Denkens zu beachten und es ist darauf einzugehen. Je nach

Medium liegen verschiedene Handlungsoptionen und Kommunikationsformen vor, die dazu einladen können, die Förderprinzipien kritischen Denkens zu unterstützen. Teilweise widerstreben manche Formen des E-Learnings aber auch den Förderprinzipien. So hat sich bei der Diskussion der Online-Foren gezeigt, dass sich dieses Format besonders dazu eignet, Inhalte zu analysieren, Argumente zu konstruieren und zu widerlegen, jedoch kann die Konstruktion neuer Ideen und alternativer Sichtweisen zu kurz dabei kommen. CBTS/WBTs können dazu genutzt werden, um kognitive Konflikte zu initiieren. Gleichzeitig fällt beim individuellen E-Lernen die kooperative Komponente weg, die aber zur Förderung der Perspektivenvielfalt und für den Wechsel von Phasen der Reflexion und der sozialen Interaktion benötigt wird usw. Diese „Eigenheiten" der Medien sollten bei der didaktischen Ausgestaltung eines Fördervorhabens bedacht und, wenn nötig, durch weiterführende Maßnahmen kompensiert oder erweitert werden. Der Einsatz von E-Learning ist also bei Weitem nicht nur eine Frage des Mediums, sondern vor allem des Arrangements darum: „(...) *the focus should not be on the technology itself; rather the emphasis must be on the careful selection of appropriate online instructional strategies (...)*" (Mandernach, 2006, S. 47). Dieser Hinweis sollte meiner Ansicht nach aber um „not only" im Hauptsatz ergänzt werden, wenn es um die Frage der Technik geht, da sich gewisse Szenarien mit gewissen Medien schlecht bzw. sehr gut realisieren lassen. Beispielsweise sind Diskussionsbeiträge in Online-Foren übersichtlich dokumentiert und können gezielt zeitunabhängig rezipiert werden. In Präsenzdiskussionen hingegen verhallen Inhalte aus Redebeiträgen schnell bzw. können nicht einmal richtig kognitiv erfasst werden, da eine Reizüberflutung mit Informationen vorliegt. Außerdem können beispielsweise Online-Diskussionen dazu beitragen, dass auch eher introvertierte oder langsam denkende Schüler ihre wertvollen Beiträge leisten können. Auch dem Förderprinzip „Zeit" kommt dieses Diskussionsformat zugute etc. Im gleichen Atemzug lassen sich aber auch etliche Nachteile dieses Mediums für bestimmte Lernergruppen ausfindig machen. Dieser Grundsatz gilt für alle Medien und bezieht sich nicht nur auf E-Learning. Je nach Medium lassen sich so Vor- und Nachteile im Hinblick auf die Umsetzung der Förderprinzipien kritischen Denkens herausarbeiten, die unter Beachtung des jeweiligen Kontextes (Zielgruppe, Lernziele im kritischen Denken usw.) antizipiert und entsprechend bewertet werden sollten.

Die Förderung kritischen Denkens benötigt jedoch das menschliche Miteinander, sei es, um den Selbstwert der Lernenden zu fördern, um kritisches Denken zu modellieren, um in Diskussionen kognitive Konflikte anzuregen, um bei Belastungen durch kritisches Denkens füreinander da zu sein usw. Einige dieser sozialen Interaktionen mögen sich gut computerunterstützt gestalten lassen. Manche von diesen Interaktionen, gerade im Bereich der Herstellung eines vertrauensvollen und offenen Lernklimas des gegenseitigen Interesses, lassen sich nicht oder nur erschwert durch E-Learning herstellen. Die reine Förderung kritischen Denkens durch E-Learning, ohne „echten zwischenmenschlichen Kontakt" der Lerner untereinander und zwischen Lerner und Lehrkraft, ist somit nur im Notfall zu befürworten, wenn andere Szenarien nicht möglich sind. E-Learning kann aber immer auch wie andere „Medien" oder Interaktionen, beispielsweise echte Kontakte mit der Außenwelt, Einsatz von Filmen usw., ein fruchtbares Mittel zur Erreichung verschiedener Zwecke innerhalb der Denkschulung kritischen Denkens sein und sollte sinnvoll in Föderansätze integriert werden, wenn die zur Verfügung stehenden Medien für den bestehenden Kontext angemessen sind. Lassen sich die Förderprinzipien besser in Präsenzveranstaltungen verwirklichen, so sind diese zu befürworten.

3. Zusammenfassung und Fazit zu der Analyse der „Bausteine" für einen theoretischen Rahmen

Die Analyse von Bausteinen für die Konzeption eines theoretischen Rahmens hat gezeigt, dass je nach Tradition und damit einhergehender Auslegung des Konzeptes kritischen Denkens verschiedene Denkstandards und darauf aufbauend Förderansätze und Diagnoseinstrumente zur Diskussion stehen. Für etliche Autoren wie Astleitner (1998) ist es eine generelle Fähigkeit, die kontextunabhängig eingeübt und dann beliebig in verschiedenen Kontexten angewendet werden kann. Diese Annahme vertreten vor allem jene Autoren, die kritisches Denken im Sinne der Logik betrachten und als Analyse von Argumenten erachten. Generell besteht in der Literatur jedoch Dissens darüber, was kritisches Denken ausmacht, ob es als eine generelle oder eine kontextspezifische Fertigkeit einzuschätzen ist oder ob und wie sich beide Sichtweisen vereinen lassen. Vertreter aus dem psychologischen Bereich wie Garrison sehen im kritischen Denken beispielsweise eher einen Problemlöseprozess (2000), während Brookfield (1987) – eher aus einer Tradition der Kritischen Theorie kommend – argumentiert, kritisches Denken ziele darauf ab, offene und verdeckte Formen von Macht in Annahmen zu identifizieren und dementsprechend in der Lebenspraxis emanzipatorisch zu handeln. In allen der untersuchten Traditionen ist aber die Analyse von Annahmen ein zentrales Merkmal kritischen Denkens, jedoch jeweils unter verschiedenen Gesichtspunkten. Gerade in der normativen Ausrichtung differieren also die Konzepte kritischen Denkens. Das zu entwickelnde Konzept kritischen Denkens soll eine Brücke zwischen den Traditionen kritischen Denkens schlagen, den Kern der jeweiligen Ansätze berücksichtigen, relevante Denkstandards integrieren und jeweils diskutierte Schwachpunkte überwinden. Dabei soll auch ein Phasenmodell entwickelt werden, das den unterstellten Prozess kritischen Denkens transparent beschreibt. Dieses Modell soll außerdem eine gezielte Förderung kritischen Denkens ermöglichen.

Die Art und Weise der Förderung kritischen Denkens ist auch abhängig von dem dahinter stehendem Verständnis, obwohl viele methodische und didaktische Förderaspekte sich in den verschiedenen Ansätzen ähneln. Des Weiteren heben etliche Förderkonzepte ausschließlich auf die Vermittlung von Fertigkeiten kritischen Denkens ab, wobei andere Autoren in ihren Förderbemühungen eher eine kritische Haltung bei den Lernenden ausprägen wollen, im Sinne eines kritischen Skeptizismus. Jene Eigenschaften sind in der Literatur unter den Dispositionen kritischen Denkens zu finden. Es bestehen Ansätze, die beide Fördergrößen miteinander verbinden wollen. Aktuellere Forschungsergebnisse zeigen, dass sowohl die Förderung der Dispositionen als auch die Förderung kritischen Denkens aufeinander wirken und beide Förderrichtungen in einem effektiven Förderansatz notwendig sind (Ricketts, Irani und Jones, 2003). In der Literatur wird häufig der Frage nachgegangen, welcher dieser in der Arbeit besprochenen Ansätze die besten Resultate liefert. Je nach eingesetzten Testverfahren, Forschungsdesign und verinnerlichtem Verständnis kommen hier grundverschiedene Standpunkte zum Tragen. Einige Studien wie die von Abrami et al. (2008) sprechen dem integrativ-direkten Ansatz das höchste Förderpotenzial zu, wobei die hier angestellte Metaanalyse nur quantitative Studien betrachtete und vielfältige Variablen, die den Erfolg einer Denkschulung bedingen, nicht differenziert und näher untersucht. In der Metaanalyse wird aber beispielsweise nicht berücksichtigt, dass die Förderung kritischen Denkens erst lange nach der Fördermaßnahme Früchte tragen kann. Dennoch wird durch die Analyse der dargestellten Studien deutlich, dass die Förderung kritischen Denkens dann erfolgreich sein kann, wenn bestimmte Bedingungen, die in dieser Arbeit als allgemeine, traditionsübergreifende didaktische Richtlinien dargestellt wurden, beachtet werden. Richtlinien wie die Schaffung von Ambiguitätserfahrungen, die Förderung des Vertrauens und Selbstvertrauens der Lerner oder der Wechsel zwischen Phasen der Reflexion und der sozialen Interaktion scheinen unabhängig von der Förderansatzsystematisierung und von eingesetzten Medien eine wirksame Denkschulung zu charakterisieren. Die gefundenen didaktischen Richtlinien und damit einhergehende Methoden und Techniken sollen für die Entwicklung einer Didaktik aufgegriffen und integriert werden. Die Didaktik soll außerdem an dem Phasenmodell kritischen Denkens ausgerichtet werden, so dass eine gezielte Förderung kritischen Denkens ermöglicht wird.

Auch E-Learning, so hat die Diskussion im Rahmen der Arbeit gezeigt, kann unterstützend zur Denkschulung eingesetzt werden, wenn die allgemeinen Förderprinzipien bei dem Einsatz hinreichend beachtet werden. Eine ausschließlich durch E-Learning durchgeführte Denkschulung ohne soziale Interaktion in Präsenz ist nicht zu befürworten, da so einige wichtige Förderprinzipien von vornherein ausgeschlossen werden. Diese Erkenntnisse sollen bei der Entwicklung des didaktischen Designs zur Qualifizierung pädagogischer Professionals für die Denkschulung genutzt werden.

Trotz umfassender Forschungsbemühungen bleiben noch immer viele Fragen im Zusammenhang mit der Konzeption und Förderung kritischen Denkens weitestgehend unbeantwortet. Gerade der Einsatz von Ambiguität wird beispielsweise in der rezipierten Literatur zwar häufig diskutiert, jedoch liegen nur wenige und dabei mäßige Handlungsrichtlinien vor, wie dabei zu verfahren ist. Es gibt keine konkreten Konzepte, wie Lernende bei initiierten Dissonanzen betreut werden sollten, welche Grenzen bei der Dissonanzanregung bestehen, wie damit umgegangen werden sollte, wenn bestimmte Lernende sehr stark reagieren, mögliche Gefahren, die es zu beachten gilt usw. In diesem Kontext wäre es gerade für den Bereich der Wirtschaftspädagogik auch lohnenswert zu erforschen, wie Filme zur Förderung kritischen Denkens im Wirtschaftsunterricht eingesetzt werden können, da das Medium Film durch seine Beschaffenheit und Möglichkeiten sich besonders für die Anregung des Denkens eignen könnte.

Kritisches Denken soll zu durchdachten und wohlbegründeten Urteilen führen. Darauf zielt der Großteil der Förderkonzepte auch ab. Jedoch führen kritische Urteile alleine nicht zu Veränderungen, wenngleich Erkenntnis die Vorstufe zu konkreten Handlungen sein kann. Deshalb wäre es lohnenswert, Förderkonzepte zu erforschen, die auch eine konstruktive Komponente des kritischen Denkens verstärkt berücksichtigen. Der Fokus des Forschungsinteresses wäre hier die Frage, wie kritische Urteile in konkrete Handlungen der Individuen umgesetzt werden und wie Lehrkräfte ihre Lernenden bei diesen Prozessen der Verhaltensänderung bzw. -erweiterung unterstützen können. Ein weiteres Forschungsfeld, welchem in der gesichteten Literatur zu wenig Beachtung geschenkt wird, ist die Förderung der Dispositionen für kritisches Denken. Sowohl im Bereich der Förderung als auch der Bewertung der Fertigkeiten kritischen Denkens steht ein sehr breites Spektrum an Methoden und Werkzeugen zur Verfügung. Nur sehr wenige Förderkonzepte liegen jedoch im Hinblick auf die Kultivierung einer kritischen Haltung vor, durch die kritisches Denken im Alltag erst zur

Anwendung kommt. Petri (1998) ist einer der wenigen Autoren, der explizit bei der Denkschulung auf die Wichtigkeit kritischen Denkens hinweist und die Lernenden dafür sensibilisiert. Natürlich wird in einem gewissen Maße auch die Schulung der Fertigkeiten auf die Dispositionen kritischen Denkens positiven Einfluss nehmen. Die Frage ist dennoch, ob diese Maßnahmen ausreichend sind, um einem reflexiven Skeptizismus dauerhaft anzuregen, damit Lernende auch fernab des Unterrichts ihre Lebenspraxis und Umwelt kritisch hinterfragen. Weiterhin gibt es einige Bereiche im E-Learning, wie z. B. Game-Based-Learning oder Lernen im Second Life, die möglicherweise Vorzüge für die Schulung des kritischen Denkens bieten und deren Erforschung lohnenswert sein könnte.

4. Konzeption des theoretischen Rahmens: Empirische Fundierungen

4.1 Das Vorverständnis und die Tradition des Designers

Ein didaktisches Design reift mit der mit einem Thema verbrachten Zeit und der persönlichen und professionellen Entwicklung des Designers. Die Entwicklung des Designs wird von der Zielsetzung, dem Kontext sowie den Kompetenzen und der Persönlichkeit des Designers beeinflusst. Auf den ersten Blick lässt sich sagen, dass das Design-Resultat primär von den Fertigkeiten und Dispositionen des Entwicklers, der angestrebten Funktion des Designs oder dem damit verbundenen Kontext, in dem das Design seine Aufgabe erfüllen soll, abhängt. Gleichzeitig aber ist das erzielte Resultat ein subjektives Werk eines oder mehrerer Menschen, die bestimmte Vorlieben hegen, eine bestimmte Sozialisation in einer bestimmten Tradition genossen haben, mit ganz bestimmten Menschen zusammenarbeiten, sich mit bestimmten Experten über das Design unterhalten, bestimmte Literatur gelesen haben usw. Die These ist die, dass sowohl die Entwickler des Designs als somit auch mittelbar deren Entwicklung hochgradig durch deren Kontext, Präferenzen, Fähigkeiten oder Anschauungen beeinflusst werden. Folglich ist es wichtig, diesen Einfluss auch für Dritte kenntlich zu machen, um die Beschaffenheit des Designs in seiner Beliebigkeit einzugrenzen.

Entwickelt wurde der theoretische Rahmen kritischen Denkens, dem das didaktische Design zugrunde liegt, aus einer wirtschaftspädagogischen Perspektive, die der Kritischen Theorie sehr nahe steht. Gerade in Zeiten einer massiven globalen Wirtschafts-, Umwelt- und Sinnkrise der Menschen ist es wichtig, sich wieder auf alternative Denk- und Handlungsweisen zu besinnen. Wirtschaftspädagogik kann in ihrer gesellschaftlichen Funktion durch Qualifizierung von pädagogischen Professionals, die wiederum Lernende ausbilden, als Korrektiv mit Zeitversetzung gesellschaftlich wirken, um bestehende, unerwünschte Verhältnisse im Wirtschaftsbereich anzugehen. Technik, Wissenschaft, Kultur und Wirtschaft könnten es den Menschen ermöglichen, Gleichheit, Geschwisterlichkeit und Selbstverwirklichung der Menschen zu steigern und dadurch harte Arbeit, Elend, Armut, Statusdenken, Aggression durch Wettbewerbsdenken, repressive Bedürfnisse, Verschwendung von Lebenszeit und weitere Missstände abbauen. Dieser Glaube an eine dem Menschen gerechtere Gesellschaftsordnung ist sozusagen als eine Vorannahme innerhalb des Forschungsvorhabens zu verstehen, die sich sowohl auf die Konzeptbildung als auch auf die Umsetzung des didaktischen Designs ausgewirkt hat.

Da mir diese dominante Tendenz bewusst ist, habe ich zumindest versucht, auch die anderen Traditionen kritischen Denkens zu würdigen und in das zu entwickelnde Design einfließen zu lassen. Dennoch ist dies nur zum Teil gelungen. Es kann nicht geleugnet werden, dass sowohl bei der Erstellung des Designs als auch bei dessen Erprobung und Modifikation diese Nähe zu der gesellschaftsoppositionellen, wirtschafts-, kultur- und wissenschaftskritischen Tradition einen Einfluss auf das Design hatte. Dies ist sowohl bei der Auswahl von Experten für Experteninterviews, der rezipierten Literatur, der gewählten Forschungsmethoden usw. nicht von der Hand zu weisen. Gleichwohl aber wurde durch einem reflexiven, bewussten Umgang mit dieser Präferenz ein Design realisiert, welches auch weitere wichtige Traditionen des kritischen Denkens berücksichtigt, deren Ansätze in dem Konzept mit aufgenommen wurden.

4.2 Methodisches Vorgehen bei der Konzeption des theoretischen Rahmens

Die Entwicklung einer Erstversion des theoretischen Rahmens erfolgte im Zeitraum zwischen Oktober 2007 und August 2008. Zur Entwicklung des Konzeptes kritischen Denkens wurden neben der Literaturrecherche (siehe „Bausteine für ein Konzept kritischen Denkens" – Kapitel III) auch mehrere Experteninterviews mit Theoretikern und Praktikern aus den USA, England, Österreich und Deutschland geführt. Die Experteninterviews wurden so ausgewählt, dass verschiedene Vertreter verschiedener Traditionen kritischen Denkens zu Wort kamen. Durch diese Experteninterviews, reflexive Gespräche mit Experten, Sichtung bestehender Modelle und der Erforschung eigener Denkaktivitäten konnte so in mehreren Phasen der Überarbeitung auch ein 4-Phasenmodell entwickelt werden. Die dazugehörige Didaktik kritischen Denkens wurden zum einen theoretisch durch die Literaturanalyse der „Bausteine für ein Didaktik kritischen Denkens" erarbeitet, zum anderen aus den Ansätzen der Experten im den Interviews erhoben. In den folgenden Abschnitten werden nun die einzelnen methodischen Vorgehensweisen bei der Entwicklung des theoretischen Rahmens kritischen Denkens beschrieben. Es sei darauf hingewiesen, dass das methodische Vorgehen auch für die Entwicklung des Qualifizierungskonzeptes genutzt wurde. Deshalb beziehen sich spätere Ausführungen zum Forschungshandeln bei der Erstellung des Qualifizierungskonzeptes wieder auf die nun folgenden Abschnitte.

4.2.1 Das leitfadengestützte Experteninterview

Das Experteninterview wird in der Literatur von manchen Autoren als eigenständiges methodisches Verfahren, von anderen hingegen als nicht sauber abgrenzbare Anwendung der Leitfadeninterviews diskutiert. Leitfadengestützte Experteninterviews der qualitativen Sozialforschung dienen im Konkreten dazu, eine erste Orientierung in einem neuen oder unübersichtlichen Forschungsfeld herzustellen sowie das Problembewusstsein des Forschers zu schärfen, indem das Untersuchungsgebiet thematisch strukturiert wird und somit Hypothesen gebildet werden können. Durch Interviews kann gezielt das Denken, Fühlen und Handeln der Experten in deren authentischer Sprache geborgen und für die Verdichtung in Theorien produktiv genutzt werden. Interviews sollten eher offen durchgeführt werden, jedoch ist beispielsweise aufgrund der Komplexität, der Erzielung von relevanten Aussagen, aber auch aus Gründen der „demonstrativen Kompetenz" des Interviewers zumindest eine teilweise Strukturierung des Gespräches anhand eines Leitfadens angebracht (Lamnek, 2002, S. 176).

Im Unterschied zu anderen Leitfadeninterviews der qualitativen Sozialforschung steht bei dem Experteninterview der zu Befragende nicht als Subjekt im Fokus der Aufmerksamkeit, sondern seine professionelle Expertise und die damit verbundene Praxis in einem spezifischen Handlungsbereich. Experten können die eigentliche Forschungszielgruppe der Fragestellung sein, oder aber sie werden gezielt als Informationsquelle über eine andere Zielgruppe genutzt, zu der sie qualifizierte Aussagen beitragen können.

Experten verfügen, nach der Definition von Bogner und Menz, über „*technisches, Prozess- und Deutungswissen, das sich auf ein spezifisches professionelles oder berufliches Handlungsfeld bezieht. Insofern besteht das Expertenwissen nicht allein aus systematisiertem, reflexiv zugänglichen Fach- oder Sonderwissen, sondern weist zu großen Teilen den Charakter von Praxis- und Handlungswissen auf, in das verschiedene und durchaus disparate Handlungsmaximen und individuelle Entscheidungsregeln, kollektive Orientierungen und soziale Deutungsmuster einfließen*" (2005, S. 46).

Gerade dieses, wenngleich auch wieder kontextbezogene Handlungswissen ist für die Identifikation, Sammlung und Verdichtung von didaktischen Richtlinien zur Förderung von kritischem Denken sehr wichtig. Anders als in der Literatur können die Experten zu einem genauen Kontext ihr Wissen anwenden oder einen praktischen Transfer herstellen. Aufgrund der praktischen Tätigkeit des Experten, der dadurch entstandenen Nähe zu einem Handlungsfeld, seiner individuellen Anschauung zu dem Bezugsgegenstand und durch seinen Bildungswerdegang verfügt er über Informationen zu Handlungsabläufen, aktuellen Geschehnissen, über organisationsbezogene Daten, Fachwissen, Routinen, Stolpersteine usw., welches dem Forscher als implizites Wissen teilweise in der Literatur so verschlossen bleibt. Für die Entwicklung eines funktionalen didaktischen Designs ist aber genau jenes Detailwissen und jene kontextbezogene Sensibilität der Experten ausschlaggebend für eine kontextentsprechende Implementierung des Designs.

4.2.1.1 Beschreibung der Auswahl, Rekrutierung und Befragung der Experten

Im Sinne des Forschungsanliegens war es wichtig, verschiedene Perspektiven zu kritischem Denken und dessen Förderung zu verinnerlichen. So stellte ich Kontakt zu durch Publikationen ausgewiesenen Experten kritischen Denkens aus den USA, Kanada, Österreich, England und Deutschland her, wobei etwa zwei Drittel der Personen sich auf meine Anfrage einließen. Weitere Experten ließen sich zwar nicht auf ein Interview ein, stellten aber einige hilfreiche Materialien in Form von Literatur und Literaturempfehlungen zur Verfügung. Die Experten wurden dabei unter genauer Recherche ausgewählt, um neben der Tradition und der Arbeit der Experten auch Informationen über die Personen als Mensch zu erhalten. Die Kontaktaufnahme geschah jeweils via E-Mail, in der ich mich als Person kurz vorstellte, den Kontext für das zu entwerfende Design beschrieb und einige der Forschungsfragen im Vorfeld anklingen ließ. Mit einigen der Adressaten konnte so ein offenes und herzliches Miteinander hergestellt werden. Neben diesen ausgewiesenen Experten waren auch Praktiker von Interesse, die nicht im Kanon der Forschungsliteratur zu kritischem Denken erwähnt werden, aber dennoch in ihrer Praxis wichtige Beiträge dazu leisten, obwohl sie nicht über einen ähnlichen theoretischen Hintergrund wie die zuerst genannte Personengruppe verfügen. Es wurden auch zwei Experten, die nur indirekt mit der Förderung von kritischem Denken im pädagogischen Kontext in Verbindung gebracht werden können, interviewt. Einer der beiden ist ein österreichischer Filmregisseur, der durch seine ästhetischen und kritischen Dokumentationen und Spielfilme international bekannt ist. Der andere ist emeritierter Professor für Recht, der wegen seiner Kritik an dem bestehenden Wirtschafts- und Rechtssystem in Europa und den damit einhergehenden geführten Prozessen schon öfter in den Medien für Schlagzeilen gesorgt hat. Tabelle 8 gibt einen Überblick zu den befragten Personen.

Interviewnummer & -partner	Anmerkungen
1. Expertin für historische Entwicklung der Denkschulung kritischen Denkens in den USA	Telefoninterview am 14.05.08, Nürnberg – Salzburg
2. Assistenzprofessor für Logik	Telefoninterview am 23.05.08, Nürnberg – Salzburg
3. Schulleiterin einer Montessori Schule	Interview am 05.06.2008, Nürnberg
4. Experte für Förderung von kritischem Denken. Vertreter der Tradition der Kritischen Theorie	Telefoninterview am 12.06.2008, Nürnberg – Michigan, USA
5. Expertin für Förderung von kritischem Denken und reflexives Schreiben	Telefoninterview am 17.06.2008, Nürnberg – Bournemouth, UK
6. Experte für Förderung von kritischem Denken im schulischen Kontext	Telefoninterview am 03.07.2008, Nürnberg – Wien
7. Professor für Wirtschaftspädagogik. Vertreter der Tradition der Kritischen Theorie	Telefoninterview am 05.08.2008 Nürnberg – Wien
8. Experte für Förderung von kritischem Denken	Telefoninterview am 12.08.2008 Nürnberg – Minnesota, USA
9. Emeritierter Professor für Recht	Interview in Nürnberg am 26.08.2008
10. Berufsschullehrer	Interview in Nürnberg am 24.09.08
11. Experte für Förderung von kritischem Denken. Vertreter der Tradition der analytischen Philosophie	Telefoninterview am 09.10.2008 Nürnberg – Kalifornien
12. Schulleiter einer Berufsschule	Interview in Nürnberg am 13.11.2008
13. Filmregisseur	Telephoninterview am 19.05.2009 Nürnberg – Wien

Tabelle 8: Liste der Interviewpartner

4.2.1.2 Erstellung der Interviewleitfäden

Die Interviews hatten als Zielsetzung, in das Verständnis davon, was kritisches Denken in der jeweilig vertretenen Tradition konstituiert, vorzustoßen, diese Interpretation zu verstehen, Fördermöglichkeiten innerhalb dieser Tradition zu antizipieren und außerdem subjektive Gestaltungsempfehlungen für das eigene didaktische Design aus dieser Tradition herauszuarbeiten. Außerdem sollte das eigene Verständnis und Wissen darüber, was kritisches Denken ist und wie es gefördert werden kann, durch die Interviewgespräche erweitert und aufgebaut werden. Die Interviews dienten also zum einen der Erkenntnisgewinnung im Sinne der aufgestellten Forschungsabsichten, zum anderen aber auch der Vertiefung und Erweiterung des eigenen Wissens über kritisches Denken.

Um gezielte Fragen zu diesen Themengebieten stellen zu können, wurde ein von Interview zu Interview leicht variierender Leitfaden konzipiert. So konnte ausgeschlossen werden, dass im Gesprächsverlauf Themen vernachlässigt oder andere, die mit der eigentlichen Forschungsfrage nicht mehr viel zu tun haben, vertieft werden. Darüber hinaus konnte so ein kompetentes und sicheres Fragen garantiert werden, da einige der Fachvokabeln in die Fragen integriert wurden, die sonst bei der ohnehin bestehenden Aufregung eventuell nicht mehr präsent gewesen wären. Der Leitfaden trug also maßgeblich dazu bei, dass die Themen von Interesse in den Interviews fokussiert wurden, die Sicherheit des Interviewers bestärkt wurde und dadurch ein kompetenter Eindruck, nämlich der des vorbereiteten Laien, erzeugt werden konnte.

Die Leitfadenerstellung erfolgte unter Beachtung des sogenannten SPSS-Prinzips nach Helfferich (2005, S. 161–169). In einem ersten Schritt wurde eine Vielzahl möglicher Fragen unstrukturiert gesammelt (S für „Sammeln"). Einer genauen Prüfung auf Relevanz und Sprache wurde dabei nicht Rechnung getragen. In einem weiteren Schritt wurden nun unter Berücksichtigung der Kriterien Vorwissen, Offenheit und Relevanz die Fragen beurteilt und entsprechend aussortiert. Beispielsweise konnten einige Fragen bereits mithilfe des Vorwissens beantwortet werden (z. B. durch Literaturrecherche). Andere Fragen waren für ein qualitatives Interview nicht offen genug oder nicht sinnvoll im Hinblick auf das Forschungsinteresse (P für „Prüfen"). Des Weiteren wurden die verbliebenen Fragen zuerst nach Zugehörigkeit sortiert und dann verschiedenen Überkategorien zugeordnet, die es zu bilden galt (S wie „Sortieren" und „Subsumieren"). Dabei entstanden drei Kategorien, nämlich theoretisches Verständnis kritischen Denkens, Förderpraxis und schließlich Anforderungen an pädagogische Professionals, um kritisches Denken fördern können.

Die Abfolge der Fragen ist vom Abstrakten hin zum Konkreten geordnet, sowohl bezogen auf die Abfolge der Kategorien als auch innerhalb der einzelnen Frageblöcke. Diese Vorgehensweise wurde genutzt, um die generelle Tradition des jeweiligen Experten zu durchdringen, die durch die spezifischeren Fragen zunehmend konkreter werden sollte. Der eher abstrakte Einstieg ist auch dazu geeignet, erzählungsgenerierend zu wirken, da die Fragen offene und umfangreiche Beschreibungen zulassen, die sich nicht schnell erschöpfen.

Auf dem Leitfaden finden sich einleitend wichtige Begriffe aus dem ersten Erprobungskontext des zu erstellenden didaktischen Designs ins Englische übersetzt. Diese Stichwörter dienen dazu, dem jeweiligen Experten noch einmal vor dem Beginn des Interviews den genauen Kontext der Implementierung des didaktischen Designs zu beschreiben, um so im Verlauf des Gespräches gezielte Ratschläge für die Umsetzung der Denkschulung bekommen zu können. Außerdem bietet diese Sammlung Sicherheit in der Gesprächssituation, um bei Vokabellücken eine Unterstützungsmöglichkeit zu haben.

Trotz der Berücksichtigung von inhaltlichen Schwerpunkten in den jeweiligen Gesprächen wurde im Aufbau des Leitfadens stets folgender Aufbau zugrunde gelegt: Im ersten Fragenabschnitt steht allgemein das Verständnis kritischen Denkens im Zentrum der Aufmerksamkeit. Außerdem wurden hier bei machen Experten, die selbst theoretische Modelle zum Prozess kritischen Denkens entwickelt hatten, Fragen zu Abläufen und Charakteristika von Denkaktivitäten gestellt, um so verschiedene Perspektiven auf den Ablauf kritischen Denkens zu erlangen.

Im zweiten Fragenblock wurde individuell nach wirksamen Förderansätzen und Erfolgsprinzipien bei der Denkschulung aus Sicht der Experten gefragt, um so kritische Elemente der Denkschulung herauszukristallisieren und für den theoretischen Rahmen nützen zu können.

Der dritte und letzte Frageteil beinhaltete Fragen, die auf die Qualifizierung pädagogischer Professionals im kritischen Denken abheben. Mit der Darlegung des Kontextes für die erste Implementierung des zu erstellenden Designs wurde die Intention verfolgt, konkrete Gestaltungsempfehlungen zu erlangen. Eine Übersicht zur Grundstruktur des Leitfadens findet sich im Anhang unter A1.

Der anhand der SPSS-Methodik entstandene Fragebogen wurde vor dem ersten Einsatz in Interviews noch einmal gemeinsam mit einem Bekannten und einer Hilfskraft reflektiert. Die Gespräche dienten dazu, herauszufinden, ob die Fragen, vor allem in Englisch, verständlich sind.

Der letztendlich gefundene Aufbau ermöglichte es, vor allem im Bereich der konkreten Fragen verschiedene Schwerpunkte zu setzen, wobei die ersten, abstrakten Fragen bestehen blieben. Je nach Expertise und Schwerpunkt der Experten wurden hier andere, für den Implementierungskontext wichtige Akzente gesetzt oder Fragen zum jeweiligen Spezialgebiet des Experten gestellt (Fragen in „Klammern"). Beispielsweise wurden so Fragen für Interviewpartner #4, der kritisches Denken auch computerunterstützt fördert, konzipiert, die die Themen Förderung von kritischem Denken mit E-Portfolios und WBTs abdecken. Beide Werkzeuge waren für den ersten Implementierungskontext in Rahmen des Forschungsprojekts zur Weiterbildung im E-Learning-Bereich bereits als Rahmenbedingungen vorhanden. Interviewpartner #13 hingegen stellte ich Fragen im zweiten Fragenblock des Leitfadens zum Einsatz und zur Eignung von Filmen zur Förderung von kritischem Denken. Außerdem veränderten sich die Fragen im Verlauf des Forschungsprozesses wieder, da ich das Modell und dessen Kategorien immer weiter ausgearbeitet hatte und neue Fragen auftauchten.

Die gestellten Fragen in den Interviewsituationen verfolgten insgesamt folgende Absichten:

1. Ein eigenes Konzept kritischen Denkens zu entwickeln.
2. Die Förderung kritischen Denkens dabei umfassend auszuloten.
3. Konkrete Gestaltungsempfehlungen für die Umsetzung des Qualifizierungskonzeptes für den Kontext der pädagogischen Professionals in dem E-Learning-Projekt zu erhalten.

4.2.1.3 Durchführung der Interviews

Bei der Durchführung der Interviews orientierte ich mich an den „Regieanweisungen zur Interviewführung" nach Herrmanns als Referenzrahmen (2005, S. 367–368). Herrmanns gibt in einem

Fünf-Punkte-Drehbuch genaue Gestaltungsempfehlungen, welche kritischen Verhaltensweisen ein gutes und fruchtbares qualitatives Interview durch das Verhalten des Interviewers in Interaktion mit dem Befragten bedingen. In einem ersten Schritt, so Herrmanns, muss dem zu befragenden Experten der Rahmen der Sprechsituation, sowohl inhaltlich als auch organisatorisch, rechtzeitig erklärt werden. Weiterhin ist der Interviewende dafür verantwortlich, ein gutes Klima zu erzeugen. Drittens ist es wichtig, als Regisseur der Interviewsituation dem Darsteller Raum für die Darstellung zu ermöglichen, sodass er sich so weit wie möglich entfalten und über verschiedene Wege und Anlässe einbringen möge. Eine zu starre und intervenierende Regieführung kann hier eingrenzend wirken (Herrmanns, 2005, S. 368). Als letzte Regieanweisung für Interviewende appelliert Herrmanns, darauf zu achten, in der Sprechhandlung die Lebenswelt der Gesprächspartner gemeinsam nachzukonstruieren, sprachlich abzubilden, und nicht gleich theoretische Begriffe entdecken zu wollen. Dies setzt eine gewisse Naivität und Hartnäckigkeit im Frageverhalten voraus, um so Begriffe der Alltagssprache, die auf den ersten Blick klar scheinen, aber in verschiedenen Sprachspielen verschieden verwendet werden, genau im Kontext der interviewten Person zu verstehen. Es gilt also, die Regeln des Sprachspiels ein Stück weit zu erforschen, mit welchen der Interviewte seine Rolle sprachlich spielt. So erst kann die Bedeutung des Gesagten näher verstanden werden. Dieses hier verkürzt dargestellte Regelwerk diente als Meta-Regieanweisung für die von mir "inszenierten" Interviews. Da ich jedoch wie jedes Individuum ein eigenständiger Sprech-Regisseur mit eigenem Stil bin, dessen Möglichkeiten und Grenzen zur Erkenntnisgewinnung in Sprechsituationen durch eigene Stärken und Schwächen, Wahrnehmung und Vorverständnis, konditionale Verfassung, Vorlieben, Strategien, Spontaneität, Sympathie und Antisympathie usw. bedingt werden, konnten manche der Anweisungen mit konventionellen und auch unkonventionellen Mitteln umgesetzt werden, andere hingegen nur bedingt befriedigt werden.

Die Interviews fanden im Zeitraum von Mai 2008 bis Mai 2009 statt, wobei zwischen dem vorletzten und letzten Interview ein halbes Jahr verging, da Interviewpartner #13 aufgrund von Filmarbeiten lange keinen Gesprächstermin wahrnehmen konnte. Die Gespräche wurden schließlich an verschiedenen Orten durchgeführt, wobei neun der dreizehn Gespräche via Telefon geführt werden mussten, da die befragten Experten aus den USA, England oder Österreich stammten. Jede der aufgesuchten Räumlichkeiten und Sprechsituationen wirkte sich direkt oder indirekt hemmend oder bestärkend auf die Interviewsituation aus. Manche Gespräche mussten wegen der Zeitverschiebung spät am Abend, schlaff, nach getaner Arbeit telefonisch erledigt werden. Andere Gespräche hingegen fanden zu angemessener Zeit in vertrauten Räumlichkeiten und in entspannter Stimmung statt. In manchen Gesprächen war ich müde, krank, aufgeregt oder durch andere Einflüsse eher abgelenkt oder in der Konzentration heruntergesetzt. Dann gab es Gespräche, in denen ich achtsam, sprachlich und geistig agil und flexibel reagieren konnte usw. Gleiches gilt natürlich auch für die Gesprächspartner.

Eingangs wurde in allen Interviews noch einmal kurz das Implementierungsfeld unter Rückgriff auf die Hilfsvokabeln beschrieben. Außerdem gab es vor allem mit den ausländischen Experten zuvor meist einen heiteren Small-Talk über verschiedene Themen. Einige dieser Unterhaltungen konnten nur stattfinden, weil ich mich im Vorfeld genau über die Personen als Experten, aber auch als Privatpersonen eingehend informiert hatte, wobei natürlich dieses Wissen nicht strategisch erhoben, sondern beiläufig, aus Interesse an den Personen, angesammelt wurde. Diese für den Gegenstand der

Dissertation eher nicht relevanten Plaudereien führten aber dazu, dass gerade in diesen Gesprächen eine besonders herzliche, von gegenseitigem Respekt getragene, offene Gesprächsatmosphäre herrschte. Eingangs wies ich die Experten auch noch einmal auf die Aufnahme und die anonymisierte Auswertung der Daten hin, um somit Missverständnisse zu vermeiden. Gerade auf das Gelingen der ersten Minuten des Interviews wurde meinerseits große Kraft verwendet, da diese als entscheidend für den weiteren Verlauf zu werten sind.

Bei der eigentlichen Interviewsituation stellte ich mein Vorwissen größtenteils zurück und brachte es nur in die Sprechsituation ein, wenn mich die Experten nach bestimmten Theorien etc. befragten, ob diese mir geläufig sein usw. So sollte eine möglichst reichhaltige und tiefgründige Narration stimuliert werden, die nicht durch das Einbringen meines begrenzten Vorwissens verdünnt, abgebrochen oder verwässert werden sollte.

Außerdem versuchte ich in den Interviewsituationen, aktives Zuhören zu praktizieren, indem ich mich zum Beispiel als Sprecher auf ein Nötiges zurücknahm, Beiträge in Pausen inhaltlich wiederzugeben versuchte und mit dem Verständnis der Experten abglich (siehe dazu Helfferich, 2005, S. 78–83). Die Fragen wurden dabei nicht abgelesen, sondern im Sprachverlauf konstruiert. Manchmal führte dies jedoch dazu, dass nicht ganz der Kern der ursprünglichen Frage des Leitfadens getroffen wurde und erst durch sprachliche Nachjustierung zu der Bedeutung der intendierten Fragestellung vorgestoßen wurde. Gerade die Interviews in englischer Sprache liefen in sehr langsamer Sprechgeschwindigkeit und einem hohen Anteil an Pausen ab, was z. B. der Empathie der Interviewpartner, deren Fertigkeiten der Darstellung von Denkprozessen und der eigenen, sprachlichen Unsicherheit zu verdanken ist. Die durch ihre Praxis disziplinierten Interviewpartner stellten sich auf den Interviewenden ein.

Jedoch musste gelegentlich bei Fachausdrücken oder unbekannten Vokabeln zur Klärung nachgefragt werden, um dem jeweiligen Gesprächspartner folgen zu können. Während des Interviews in englischer Sprache nutzte ich auch ein Online-Lexikon[46], um Wörter direkt nachschlagen zu können, was sich jedoch hinsichtlich der Konzentration auf das Gesprochene nicht dienlich auswirkte. Um die Vollständigkeit der geäußerten Kommentare zu sichern, fragte ich manchmal nach, ob der Beitrag noch einer Ergänzung bedürfe oder ob er vollständig sei.

Neben den Fragen, die durch die Orientierung am konzipierten Leitfaden gestellt wurden, ging ich aber auch dazu über, spontane Fragen im Gesprächsverlauf aufzuwerfen, die nur indirekt mit dem verfolgten Erkenntnisinteresse gekoppelt waren und durch bestimmte Stichworte der Gesprächspartner ausgelöst wurden.

Obwohl alle Befragten eine sehr professionelle Haltung in den Interviewsituationen einnahmen und viele Interviews dieser Art häufiger führen, verliefen aus mehreren und komplexen Gründen nicht alle erkenntnisreich und zufriedenstellend. Die technische Verbindung im Gespräch mit Interviewpartnerin #5 beispielsweise war schlecht. Außerdem sprach sie sehr schnell und undeutlich, sodass es schwer war, gedanklich zu folgen.

Manche der Interviews waren eher intim, freundschaftlicher und symmetrischer Natur, andere hingegen eher asymmetrisch, was manchmal zu Monologen des Befragten führte. Jede Interviewsituation

---

46 Online Englisch-Deutsch-Wörterbuch: http://www.dict.cc/

stellte somit an den Interviewenden andere Anforderungen, denen teilweise gut, teilweise nur bedingt begegnet werden konnte. Wichtig war dabei stets die herzustellende Offenheit, Sensibilität und Spontaneität im Sprechhandeln, um die Lebenswelt und Praxis der Interviewten zu durchdringen und zu verstehen.

Jedes Interview endete mit der Frage, ob die Befragten abschließend noch etwas beitragen wollten, was sie im Verlauf des Gesprächs vergessen hatten oder sonst noch mir mitteilen wollten. Kurz nach jedem Interview reflektierte ich die Besonderheiten des Verlaufes und verfasste ein Memo zu jedem Gespräch, in dem ich

1. zentrale Eindrücke zu den Inhalten in meinen Worten zusammenfasste (Erkenntnisgewinn)
2. die Interviewsituation anhand der gemachten Erfahrung beurteilte (Klima, Probleme beim Ablauf, Wahrheitsgehalt usw.)
3. mein Interviewverhalten kritisch anhand Herrmanns Regie-Rahmen als Hintergrundfolie reflektierte.

Die so aus unmittelbarer Erfahrung gewonnenen Memos dienten vor allem auch zur sukzessiven Verbesserung des eigenen Interviewverhaltens. Dabei zeigte sich bei den ersten Interviews, dass mein Redeanteil zu hoch war, ich teilweise Beiträge unterbrach, manchmal nicht in der Lage war, weiterführende Fragen zu stellen usw. Mit Hilfe der Memos und der Transkriptionen wurde das Interviewhandeln jedoch über die zwei Jahre hinweg weiter verbessert.

4.2.1.4 Transkription der Interviews

Die Interviews wurden alle bis auf Interview #5 mit dem Transkriptionsprogramm „F 4" vollständig verschriftlicht (siehe Anlage 1–13). Interview #5 wurde aufgrund der schlechten Aufnahmequalität wegen einer gestörten Verbindung nur in Stichpunkten, die Kernaussagen betreffen, aufgezeichnet.

Alle Transkriptions-Regeln, die dazu dienen, die im Interview von den befragten Personen eingelösten Geltungsansprüche und weitere relevante Signale, die sich in Sprache, aber auch nichtsprachlich zeigen, in eine schriftliche, übersichtliche und dabei transparente und verständliche Form zu überführen, sind zu begrüßen und als Orientierung für das eigene Vorgehen zu nutzen. Als methodischer Referenzrahmen für Transkriptionsregeln wurde das Regelwerk in zehn Sätzen von Kuckartz, Dresing, Rädiker und Stefer (2008, S. 27–28) herangezogen und als flexible Basis für die eigenen Transkriptionen genutzt. In diesem Regelwerk finden sich sinnvolle und praktische Regeln, die bei Beachtung zu einer für die weitere Auswertung der Daten geeigneten Form des Materials verhelfen können. Es sei jedoch darauf hingewiesen, dass die Transkription einer Sprechsituation bereits schon ein Stück weit subjektive Interpretation der tatsächlichen Gegebenheiten sein kann, trotz Einhaltung der Regeln. Das Transkript kann als Quasi-Faksimile der Sprechsituation verstanden werden. Beim Übertragungsvorgang kann es jedoch zu falsch interpretierten Darstellungen kommen, die wiederum bei der Auswertung der Interviews zu fraglichen Interpretationen führen können. Gerade bei der Erfassung nonverbaler Kommunikation oder bei wahrgenommenen Besonderheiten beim Sprechverhalten ist bei der Transkription äußerste Achtsamkeit und Neutralität geboten.

Die Regeln wurde nicht alle strikt übernommen und wie empfohlen umgesetzt. Beispielsweise wurde teilweise die Glättung der Sprache nicht vollzogen, sondern der Charakter der gesprochenen Alltagssprache gewahrt (siehe Regel 2). Hauptkriterium der Transkription war die Verständlichkeit und die Qualität der Wiedergabe der Sprechsituation, aber nicht die Formschönheit für Zitationen.

Besonderheiten während der Interviewsituation wie längere Pausen, Störungen, veränderte Intonation, uneigentliches Sprechen, emotionale Regungen usw. wurden auch in Klammern erfasst. Anmerkungen zu den im Gespräch getätigten Aussagen der Interviewpartner, also z. B. Zusammenfassungen des Gesagten oder kurze Zwischenfragen, sind jeweils, wie von den genannten Autoren empfohlen, im Text in Klammern vermerkt. Auch die Anmerkungen der Interviewpartner während des Stellens einer Frage wurden auf diese Weise berücksichtigt (siehe Kuckartz et al., 2008, S. 28, Regel Nr. 7). Laute und Worte, die zu einem positiven Erzählfluss beitrugen, wie etwa" mmh, aha, ja" usw., wurden nicht explizit in der Verschriftlichung erfasst (Regel Nr. 6) usw.

Ein Großteil der Transkription der Interviews wurde von Assistenten unter Verdeutlichung der angeschnittenen Regeln durchgeführt, wobei das Oberprinzip des verständlichen und transparenten Transports der Interviewsituation in eine schriftliche Form verdeutlicht wurde. Jedoch transkribierte ich wegen möglicher Verständnisprobleme der Assistenten einige Interviews selbst und zwar jene, die in englischer Sprache abgehalten wurden. Dies gilt auch für Interviews, die mir von besonderer Bedeutung erschienen. Die Interviews wurden generell sehr zeitnah transkribiert, sodass der hinterlassene Eindruck hermeneutisch bei problematischen Stellen (Dialekt schwer verständlich, schlechte Tonqualität etc.) genutzt werden konnte.

Bei den in Englisch gehaltenen Interviews gibt es jedoch wenige Passagen, die aufgrund der Sprachgeschwindigkeit in Verbindung mit der Qualität der Aufnahme im Nachhinein nicht mehr sauber hermeneutisch erschlossen werden konnten. Jene Stellen sind mit Fragezeichen in Klammern versehen.

4.2.1.5 Auswertung der Transkripte

Das Verfahren der qualitativen Datenanalyse sollte auf das Forschungsinteresse abgestimmt werden, wobei einzelne Autoren dazu teilweise komplexe und auch starre Auswertungsschemata entwickelt haben, die sich als Bezugsrahmen für das eigene Vorgehen gut eignen (siehe beispielsweise Meuser & Nagel, 2005; Mayring, 2008). Das einzusetzende Datenanalyseverfahren musste somit dem Anspruch genügen, das Material gut zu strukturieren und Vergleiche zwischen den einzelnen Positionen zu ermöglichen. Da die emotionale und psychologische Ebene bei den Interviews keine größere Rolle spielte, bedurfte es keines komplexen, psychologischen Verfahrens.

Bei der Auswertung des Datenmaterials wurde sich im Vorgehen an Mayrings strukturierende qualitative Inhaltsanalyse angelehnt, die sich für eine systematische, theoriegeleitete Bearbeitung von Textmaterial besonders eignet (Mayring, 2008) und deshalb im Hinblick auf das Forschungsinteresse besonders infrage kam. Durch das Sammeln und Strukturieren des Expertenwissens innerhalb von gefundenen Kategorien lassen sich besonders gut die Übereinstimmungen, oder aber auch die

Widersprüche der Experten bezüglich ihrer Empfehlungen finden. Außerdem kann so festgestellt werden, zu welchem Themenbereich die Experten am meisten gesprochen haben bzw. welche Inhalte sie besonders betonten.

Mayring (2003) und Miles/Hubermann (1984) empfehlen bei der Sinngewinnung aus den Daten sechs Einzelschritte der Analyse (zitiert nach Altrichter & Posch, 2007, S. 185–187):

1. Daten lesen
2. Daten reduzieren
3. Daten explizieren
4. Daten strukturieren und kodieren
5. Zusammenhänge aufbauen
6. Überprüfung des Analyseprozesses und der Interpretation

Abbildung 23: Prozess der Datenanalyse, vereinfachte Darstellung, angelehnt an Altrichter & Posch (2007, S. 185)

„Daten lesen" (1.) meint das hermeneutische Lesen der Transkripte, den Versuch, unter Einbezug der Forschungsfragen, des eigenen Vorwissens, insbesondere auch jenes über die befragte Person (z. B. aus Publikationen), den vorliegenden Sprachgebrauch so gut wie möglich verstehen zu können. Der Schritt „Daten reduzieren" (2.)bezeichnet die Auswahl der relevanten Informationen, die Trennung des Wesentlichen vom Unwesentlichen im Lichte der Forschungsfragen. Die *Explikation der Daten* (3.) steht für die Vergegenwärtigung und Bewusstmachung der Bedeutungen der vorliegenden, reduzierten Informationen. Auch hier spielt wieder die Aktivierung des Vorwissens und der Rückgriff auf weitere Informationen innerhalb des Textes oder anhand weiterführender Literatur eine wichtige Rolle für das richtige Verstehen, wobei ein völlig identisches Verstehen nicht vorausgesetzt werden kann. Selbst bei exakter Sprache ist die Rekonstruktion von Bedeutung stets einem Stück weit Variationen in der Interpretation unterworfen, selbst bei Werken, die man selbst verfasst hat, wie beispielsweise die vorliegende Arbeit. Sie ist nur ein Surrogat des eigentlichen Denkens und Fühlens. Der Philosoph und Zen-Meister Hashi merkt dazu an, dass allein historisch begründet sich die Sprachspiele stetig ändern und dadurch auch die Auslegung von Sprache variiert. Er ist außerdem der Ansicht, dass keine einzige Interpretation zu einem Text sich identifizieren und als die gültige Auslegung bestätigen lassen kann (2009, S. 51). Ähnlich wie im Hinblick auf Wahrheitsformen gibt es auch beim Lesen von Texten verschiedene Interpretationsformen, die mehr oder weniger gültig nebeneinander bestehen können. Man denke hier beispielsweise auch an verschiedene Auslegungen der Bibel. Trotz Rückgriff auf verschiedene Hilfsmittel wie die Nutzung weiterer Schriften des Autors, Kohärenzanalysen usw. kann sich die eigene Interpretation einer Schrift der originalen Sehweise nur annähern.

Im vierten Schritt, „(4.) *Daten strukturieren und kodieren*", geht es darum, die Informationen zu ordnen und begrifflich zu fassen. Einzelne Informationen wie Interviewsinnabschnitte (Kodes) werden Kategorien zugeordnet und zu zusammengehörenden Einheiten zusammengefasst. Kategorien sind „*allgemeine Begriffe oder Aussagen, mit denen das jeweilige Datenmaterial (z. B. Interviewaussagen) geordnet und beschrieben werden kann*" (Altrichter und Posch, 2007, S. 186). Sie können entweder deduktiv oder induktiv, also bereits vor der Analyse oder während der Auswertung entwickelt werden. Eine Mischform zwischen beiden Formen scheint eine pragmatische Lösung zu sein, da so sowohl das Vorverständnis expliziert und genutzt, aber auch durch Offenheit weitere Verständnisdimensionen, die das Datenmaterial enthält, berücksichtigt werden können. Das dabei entstehende Kategoriensystem kann als Interpretationsstruktur des Textes verstanden werden und soll zum Erfassen und Verstehen der inhaltlichen Essenz von Interviews beitragen.

Im fünften Schritt (5.) werden zeitgleich oder im Anschluss *Zusammenhänge aufgebaut*. Es geht um die Formulierung von Annahmen darüber, wie die verschiedenen Sinneinheiten der Interviews in empirisch belegbarer Beziehung zueinander stehen. Die angenommene und empirisch augenscheinliche Kausalität der gefundenen Kodes und Kategorien wird dabei erschlossen und in Beziehung gesetzt. Das Resultat sind angenommene Hypothesen, die es weiter empirisch zu überprüfen gilt.

Die kritische Prüfung (6.) der gewählten Verfahrensweise wirft einen prüfenden Blick sowohl auf die einzelnen Analyseschritte als auch auf die damit verbundenen Interpretationen, die mit der Generierung von Theorien einhergehen. Modifikationen von Kategorien, das (zeitweilige) Verwerfen von Hypothesen bei der Theoriebildung als auch weitere Forschungsprozesse bei unzureichender theoretischer Sättigung können das Ergebnis dieser Prüfung sein.

Abschließend sei noch darauf hingewiesen, dass die einzelnen Phasen nicht sukzessive und linear, sondern in der Praxis zeitgleich und/oder sprunghaft durchlaufen werden, da die beschriebenen Vorgehensweisen künstlich in einzelne Schritte untergliedert wurden. Jedoch ist es wahrlich schwer, beim Lesen eines Textes das Bilden von Kategorien und das Interpretieren von Zusammenhängen oder gar ganzen Theorien zu unterlassen. Die ersten fünf Schritte werden in der Literatur übrigens als „konstruktiver Teil der Analyse" (Altrichter und Posch, 2007, S. 187) bezeichnet. Diese Terminologie soll im Weiteren verwendet werden.

Für die Datenanalyse innerhalb der Dissertation wurde der bisherige Prozess als Grundlage und Orientierungshilfe verwendet und in zwei zu unterscheidenden Schritten durchgeführt.

Als Erstes wurden die verschriftlichten Interviews in Papierform bearbeitet (konstruktive Paper & Pen-Analyse). In der zweiten Phase wurde die eigentliche Auswertung mit dem Datenanalyseprogramm Atlas.ti durchgeführt. Abschließend wurden die zentralen Ergebnisse noch einmal auf Papier einer kritischen Analyse unterzogen.

4.2.1.5.1 Konstruktive Paper & Pen-Analyse

In einem ersten Schritt wurden die Verschriftlichungen der Interviews in Papierform zwei Mal gelesen. Beim ersten Lesedurchgang wurden für die Forschungsfragen wichtige Stellen markiert und Kategorien für die Zitate entwickelt, die am Seitenrand des Textes vermerkt wurden. Durch das zweimalige Analysieren der Texte auf diese Weise wurde ein grobgliedriges Kategoriensystem geschaffen. Das Kategoriensystem wurde bereits durch die Konstruktion des Leitfadens im Ansatz inhaltlich vorgegeben, wie beispielsweise „*Verständnis kritischen Denkens*" oder „*Didaktik zur Förderung von KD*"[47]

---
47 „KD" steht für kritisches Denken.

Zu einigen der Kodierungen wurden außerdem am Seitenrand begriffliche Vorschläge für die gefundenen Codes aufgeführt. Etliche der so entstandenen Codes stehen im Einklang mit dem angeeigneten Vorwissen und spiegeln auf vielfältige Weise die in der Literatur aufgeführten Argumente aus den verschiedenen Traditionen wider.

Neben den bereits im Vorfeld antizipierten Kategorien entstand aber auch durch die geäußerten Inhalte ein breites Spektrum weiterer Kodierungen und Kategorien, welche von Nutzen für die Modellbildung und die Erstellung des didaktischen Designs waren. Beispielsweise wurde in den Interviews zufällig auch die Beurteilung kritischer Denkaktivitäten angeschnitten, was zu der Kategorie "*Messung von KD*" führte. Jene Kategorien und Kodierungen waren nicht von primärem Interesse bei der Befragung, stellten sich aber im weiteren Verlauf der Gestaltung des Designs als relevant heraus. Außerdem wurden auch jene Beiträge aufgenommen, die wider den gängigen Diskurs argumentierten.

Die Analyse der Transkripte ist deshalb sowohl deduktiv als auch induktiv geschehen. Deduktiv, da in Gedanken, durch das in Erfahrung gebrachte Vorwissen, bereits vorgegebene Kategorien bestanden, die als Maßstab an die Informationen angelegt wurden; induktiv, da Wissen geborgen wurde, welches sich nicht in bestehende Strukturen einfügen ließ, sondern für das erste eigene Kategorien oder Codes gefunden werden mussten.

Auf eine Gliederung der Kategorien und die präzise Vergabe von Kodes hingegen wurde verzichtet, da ab diesem Zeitpunkt mit dem Programm Atlas.ti weitergearbeitet wurde und damit die Strukturierung viel einfacher ausfiel als mit einer herkömmlichen Paper & Pen-Methode.

4.2.1.5.2 Computergestützte Inhaltsanalyse mit Atlas.ti & Überprüfung

Sowohl die konstruktive Analyse als auch die kritische Prüfung als Schritte der Datenanalyse wurden im Anschluss zuerst computergestützt mit dem Programm Atlas.ti durchlaufen. Atlas.ti ist eines der gängigen und etablierten Auswertungsprogramme für qualitative Inhaltsanalysen, das verschiedene Strukturierungsmöglichkeiten zulässt (siehe Meyring, 2008, S. 103–108). Das hierbei gewählte Verfahren ist der inhaltlichen Strukturierung zuzuordnen. Textstellen werden dabei extrahiert und einem Kode zugeordnet, der dementsprechend bezeichnet werden muss. Das dabei entstehende Kategoriensystem wird in einem extra Fenster angezeigt.

In einem ersten Schritt mussten nun alle relevanten Textstellen erneut gelesen und kodiert werden. Die Datenreduktion erfolgte weiterhin mit Verzicht auf Paraphrasieren der markierten Textstellen, da die Inhalte auch so gut zu greifen und durch passende Kodierungen zu generalisieren waren. Das bereits auf dem Papier begonnene Kategoriensystem wurde nun in das Programm beim erneuten Lesen der Texte am Bildschirm übertragen, indem die relevanten Stellen markiert und als Kodes in das System eingeordnet wurden. Dabei wurden exaktere Begriffe für die einzelnen Kodes gewählt, um das Kategoriensystem und die einzelnen Kategorien weiter zu elaborieren und in Beziehung zu setzen, wenn bestimmte Zusammenhänge evident wurden. Die Kategorie „*Verständnis KD*" wurde aufgrund der Komplexität und der vorgefundenen Vielfalt nicht weiter ausgearbeitet, sondern sämtliche Aussagen zum jeweiligen Verständnis hier unter die übergeordnete Kategorie subsumiert.

Außerdem wurde die Möglichkeit genutzt, zu manchen Kodierungen schriftliche Memos anzuhängen, in denen beispielsweise die kodierten Aussagen kurz erläutert, Literaturverweise gegeben oder besonders geeignete Begrifflichkeiten notiert wurden. Insgesamt konnten den 39 Kategorien 540 Kodes zugeordnet werden. Die meisten Kodierungen ließen sich dabei im Bereich der Methoden zur Förderung finden (beispielsweise Punkt 3: „Gestaltung von Unterricht/Methoden" 79 Kodierungen). Das gesamte Kategoriensystem kann im Anhang unter A2. eingesehen werden.

Bei der abschließenden Überprüfung des Auswertungsvorganges wurden bestimmte Kodierungen umbenannt oder miteinander fusioniert, wenn sie nicht trennscharf nebeneinander existieren konnten.

Abschließend druckte ich alle Kodes mit Zitaten aus und verfasste daraus ein Übersichtspapier, in welchem ich die zentralen Aussagen anhand der einzelnen Überkategorien handschriftlich und stichpunktartig in eigenen Worten zusammenfasste, um die Ergebnisse besser vergleichen und gedanklich durchdringen zu können.

4.2.2 Informelle Reflexionsgespräche

Nachdem die Entwicklung des theoretischen Rahmens für das didaktische Design fortgeschritten war, holte ich mir in mehreren Gesprächen kritisches Feedback zu den entstehenden Konzepten ein. Die Gesprächspartner, die ich aufsuchte, haben entweder einen philosophischen und/oder psychologischen und/oder pädagogischen Hintergrund. Die erfahrenen Praktiker und Theoretiker konnten aufgrund ihres profunden Wissens in philosophischen, pädagogischen und psychologischen Fragen, die bei der Konstruktion des Phasenmodells auftauchten, mit wichtigen, konstruktiven Ratschlägen maßgebend dazu beitragen, dass das Modell ausdifferenziert werden konnte. Die folgende Liste gibt einen Überblick zu den Gesprächspartnern und den dabei behandelten Themen.

Nummer, Gesprächspartner, Datum, Thema
I. Gespräch über konstitutive Elemente des kritischen Denkens mit einem Doktor der Philosophie. Nürnberg, 12.08.2008
II. Gespräch über das Phasenmodell kritischen Denkens mit einem Doktor der Philosophie. Nürnberg, 13.11.2008
III. Gespräch über das Phasenmodell kritischen Denkens mit einem Diplomhandelslehrer. Nürnberg, 15.11.2008, 21.11.2008
IV. Gespräch über das eigene Phasenmodell zu kritischem Denken mit einem Doktor der Philosophie. Nürnberg, 15.03.2009
V. Gespräch zur Rolle der Emotionen beim kritischen Denken mit einem Akademischen Rat, Lehrstuhl für Wirtschaftspädagogik – Friedrich-Alexander Universität Nürnberg,30.06.2009
VI. Gespräch mit einem Ethik- und Wirtschaftsprofessor zum Modell des kritischen Denkens und der Bedeutung von Argumentation und Diskursethik bezüglich kritischen Denkens, Friedrich Alexander Universität Nürnberg, 01.07.2009

Abbildung 24: Informelle Reflexionsgespräche zum Modell kritischen Denkens

Das erste Gespräch diente noch der Erarbeitung des Grundverständnisses von kritischem Denken. In späteren Gesprächen (ab II.) stellte ich den Gesprächspartnern in einer kurzen Präsentation den aktuellen Stand der Definition und des Phasenmodells kritischen Denkens vor und sie gaben im Anschluss spontane Anmerkungen dazu ab, stellten Verständnisfragen oder gaben konkrete Hinweise auf nicht beleuchtete Aspekte oder Widersprüche innerhalb des Modells. Diese informellen, kaum strukturierten Gespräche dauerten zwischen 25 und 60 Minuten und wurden nicht aufgezeichnet. Im Anschluss daran verfasste ich kurze Notizen zu kritischen Anmerkungen der Gesprächspartner, zu neuen Einsichten, die ich gewonnen hatte, oder zu weiteren Aspekten, die es auszuarbeiten galt.

5. Darstellung und Diskussion des theoretischen Rahmens des didaktischen Designs

5.1 Ein Konzept kritischen Denkens

5.1.1 Das konzeptionelle Verständnis kritischen Denkens

Auf Basis der in den Interviews dargestellten Anschauungen zu kritischem Denken[48] sowie der einschlägigen Literaturanalyse (siehe Kapitel III – 1.) konnte folgende Definition konstruiert werden, die die verschiedenen Auffassungen vereint:

Kritisches Denken ist ein emanzipierender Prozess analytischer, ideologiekritischer, multiperspektivischer und konstruktiver Reflexion und sozialer Interaktion, in dem Annahmen und deren Wirkweisen offengelegt, analysiert und bewertet werden, um unabhängiger und bewusster urteilen, entscheiden und handeln zu können.

Das Konzept kritischen Denkens beinhaltet vier ineinander verschränkte Dimensionen der Reflexion, nämlich eine epistemisch-analytische, eine multiperspektivische, eine konstruktive und eine Ideologiehinterfragende Dimension. Diese Dimensionen setzen den Rahmen für so genannte "Denkstandards", die beim kritischen Denken als Maßstäbe des Beurteilens und Entscheidens angewendet werden. Unter "Denkstandards" sind verschiedene Kriterien, Konzepte oder Verfahrensweisen des Denkens zu verstehen. Diese Standards sollen als Werkzeuge des Denkens benutzt, das Denken also durch sie ausgerichtet werden. Kritisches Denken ist demnach ein mehrdimensionaler Denkstil, der sich an bestimmten

---

48 In den Interviews wurde eine Vielzahl verschiedener Auffassungen und Ausprägungen zu kritischem Denken deutlich. Je nach wissenschaftlichem und/oder beruflichem Hintergrund der befragten Experten sowie deren Persönlichkeit wurden unterschiedliche Aspekte des kritischen Denkens betont. Die vertretenen Auffassungen können grob in drei Kategorien eingeteilt werden, in denen kritisches Denken jeweils als 1. logikbezogene Analyse von Argumenten und Annahmen, 2. ideologiekritische und konstruktive Analyse von Annahmen und 3. als Werkzeug zur Entscheidungsfindung als Basis für Handlungen verstanden wird, wobei in diesen Kategorien auch Überschneidungen vorliegen. Die gefundenen Kategorien umspannen einen umfassenden Verständnisbereich aus den Traditionen der Logik, der Psychologie, der Pädagogik und der Kritischen Theorie.

Denkstandards orientiert und zu bestimmten Handlungen innerhalb eines Prozesses führt. Aufgrund der Zielsetzung dieses Denkstils, nämlich zu bewussteren und unabhängigeren Urteilen, Entscheidungen und Handlungsweisen bezüglich eines Sachverhaltes zu gelangen, durchläuft das Individuum verschiedene Phasen der sozialen Interaktion und Reflexion, in denen spezifische Denkaktivitäten und damit verbundene Handlungen zur Erreichung dieser Ziele stattfinden. Die soziale Interaktion dient dazu, sich den Gegenstand kritischen Denkens über vielfältige Quellen und Kanäle induktiv als auch deduktiv zu erschließen. Innerhalb der Denkaktivitäten werden auf diese Weise relevante Annahmen und deren Auswirkungen von verschiedenen Perspektiven ausgehend identifiziert, anhand von Denkstandards analysiert und schließlich beurteilt. Auf Basis des Urteils können mögliche Handlungsalternativen abgeleitet und anschließend in einem weiteren Schritt in der jeweiligen Lebenspraxis verwirklicht werden, um so einen Beitrag zu deren Verbesserung zu leisten, die dem zu betrachtenden Gegenstand entspricht.

Im Folgenden werden nun die Dimensionen kritischen Denkens und deren Denkstandards erläutert als auch die verschiedenen Aktivitäten des Individuums während des Prozesses kritischen Denkens angesprochen.

Die „analytische" Dimension besagt, dass das Denken an der Erkenntnis verpflichteten, rationalen Maßstäben ausgerichtet werden sollte. Durch die Ausrichtung des Denkens an bestimmten Denkstandards sollen der Grad der Gültigkeit und die damit verbundene Aussagekraft von Aussagen beurteilt werden. Dies ist die Grundvoraussetzung dafür, um ein gesichertes Informationsfundament für weitere Denkaktivitäten zu erlangen. Interviewpartner #11 betonte die Notwendigkeit von analytischen Denkstandards wie folgt:

„(...) You have to have standards. Clarity, accuracy, relevance, solidity, consistency (...). You have to have these standards at forefront of your mind so that they actually are intellectual tools" (Interview #11, 2008).

In der Literatur bedienen sich viele Modelle kritischen Denkens einer Vielzahl von Bewertungskriterien für Inhaltsanalysen, wobei manche dieser Kriterien hierzu mathematisch und komplex (siehe Assali und Biermann, 1996), andere hingegen eher leichter zu verinnerlichen sind (siehe FRISCO-Ansatz nach Ennis, 1996). Für die Zielgruppe der pädagogischen Professionals und deren Schüler ist es wichtig, keine zu umfassenden und komplizierten, aber gleichwohl wirksame Standards für die Beurteilung von Annahmen an die Hand zu geben, die sich in der Literatur bewährt haben. Dies kristallisierte sich in den geführten Experteninterviews klar heraus. Die Kriterien sollten leicht zu veranschaulichen, zu verstehen, anzuwenden und dabei dennoch wirksam und relevant sein. Die meisten dieser in der Literatur diskutierten Kriterien stammen aus dem Bereich der analytischen Philosophie und setzen, wie bereits angedeutet, ein enormes Fachwissen und Übung voraus, beispielsweise im Bereich der induktiven und deduktiven Logik. Nur wenige Modelle wie das von Ennis (1996) oder von Richard Paul (1993) sind sozusagen „alltagstauglich" und verständlich, ohne erst extra einen Logikkurs absolvieren zu müssen. Deshalb orientieren sich die gewählten Kriterien besonders an dem verständlichen Ansatz von Richard Paul (Paul und Elder, 2003), wobei die hier postulierten Standards auch im Interview von Experte #11 aufgegriffen und erklärt wurden. Es handelt sich um folgende Kriterien:

	Denkstandards – Kriterien zur analytischen Ausrichtung des Denkens –
Klarheit	Klarheit bemisst den Grad, inwieweit Aussagen verständlich sind. Um die Klarheit zu erhöhen, sollten Beispiele, Analogien, Metaphern usw. gebildet und Gedanken verständlich veranschaulicht werden. Klarheit ist der Schlüssel zum Verstehen von Dingen.
Richtig-keit	Richtigkeit geht einher mit der empirischen Überprüfbarkeit von Annahmen. Annahmen sollten überprüfbar sein, indem Beweise bzw. Belege für die Richtigkeit der Aussage aufgeführt werden. Aussagen sollten evidenzbasiert sein, sich also auf empirische Belege und/oder auf logische Beweise stützen. Richtigkeit würdigt auch die Aussagekraft/Vertrauenswürdigkeit von Aussagen, indem die verwendeten Belege im Lichte der Gültigkeit des darin enthaltenen Wahrheitsanspruches betrachtet werden. Dafür müssen auch die den Belegen zugrunde liegenden Erkenntnisprozesse analysiert und beurteilt werden. Kritisches Denken lehnt universelle Wahrheit ab und erkennt an, dass verschiedene Wahrheitsformen und empirische Erkenntnisprozesse nebeneinander bestehen. Die Beweisbarkeit von Aussagen durch Richtigkeit ist ein wichtiger Gradmesser bei kritischem Denken.
Exaktheit	Exaktheit bedeutet, inwieweit Sachverhalte genau und konkret dargestellt werden, wie hoch der Spezifizierungsgrad einer Aussage, eines Gedankens ist. Stets sollte man sich bemühen, Gedanken mit weiteren Einzelheiten abzurunden und zu präzisieren.
Relevanz	Relevanz meint die Korrelation der Aussagen mit dem intendierten Fokus, dem Gradmesser der Aussagekraft von Aussagen zu einem bestimmten Sachverhalt. Dieses Kriterium bemisst den Zusammenhang des Ausgedrückten mit dem behandelten Sachverhalt. Relevante Gedanken bzw. Aussagen beschäftigen sich mit den zentralen Punkten eines intendierten Themas und besitzen bezüglich dessen hohe Bedeutsamkeit. Die Relevanz ist also ein Qualitätskriterium hinsichtlich des Informationsgehalts für einen bestimmten gedanklichen Fokus.
Elabo-riertheit	Elaboriertheit bezeichnet die vertiefte thematische Durchdringung einer Perspektive zu einem bestimmten Sachverhalt. Elaborierte Aussagen sind tiefgängig und ausgearbeitet, d. h. relevante Informationen werden in der eingenommenen Perspektive genannt und erörtert. Elaborierte Aussagen berücksichtigen alle Aspekte und Sachverhalte bezüglich der Perspektive.
Logik	Logik prüft die formelle Gültigkeit von Argumenten. Hierzu gilt es, die angestellten Schlussfolgerungen sowohl bei deduktiven als auch induktiven Argumenten auf ihre formelle Korrektheit hin zu überprüfen. Es gilt zu beurteilen, inwieweit die aufgeführten Prämissen die Konklusion stützen und wie der Zusammenhang zwischen den Prämissen und der darauf basierenden Konklusion zu beurteilen ist. Aussagen sollten logisch nachvollziehbar, begründet, evident, konsistent, kohärent und schlüssig sein. Kritisches Denken bedeutet auch, die Grenzen logischer Sätze im Hinblick auf ihre Aussagekraft über die Welt zu kennen.

Tabelle 9: Standards für epistemisch-analytisches Denken

Lerner wie auch pädagogische Professionals können ihr Denken an diesen Standards ausrichten, ohne sich erst lange mit den Konzepten der formalen und informellen Logik beschäftigen zu müssen. Dabei benötigt es sowohl eine Verinnerlichung der Kriterien als auch Übung, um diese Kriterien als Pfeiler des Denkens einzurichten.

Neben der Disziplinierung des Denkens durch die Orientierung an diesen Kriterien, also neben dem Beherrschen dieser instrumentellen Dimension, ist kritisches Denken auch ideologiekritisch, multiperspektivisch und konstruktiv.

Die **„multiperspektivische"** Dimension kritischen Denkens bringt es mit sich, weitere mögliche, von der eigenen Sichtweise abweichende Perspektiven gedanklich zu berücksichtigen und einzunehmen. Perspektivenübernahme in einer Definition nach Johnson (1975) ist als *„die Fähigkeit zu verstehen, wie eine Situation sich für eine andere Person darstellt und wie diese Person kognitiv und emotional darauf reagiert. Die Zielperson ist dabei meistens ein Interaktionspartner, dessen Perspektive es zu verstehen gilt, und Perspektivenübernahme findet mit dem Ziel statt, Kommunikation zu verbessern und soziale Konflikte zu lösen"* (zitiert nach Hartmann, Sauer & Hasselhorn, 2009, S. 323). Dazu werden Intentionen, Motivation und Emotionen in der jeweiligen Perspektive untersucht, um den anderen Menschen besser zu verstehen und sein Denken und Handeln besser erklären zu können (Hartmann et al., 2009, S. 324). Den eigenen Blickwinkel auf ein Thema gilt es zu „verrücken", um mit einer anderen Perspektive, die auch wiederum nur einen beschränkten Blick auf einen Sachverhalt zulässt, nun die vorliegende Situation zu beleuchten. Einer der interviewten Experten betonte, dass kritisches Denken die Auseinandersetzung mit den weitestmöglich von der eigenen Anschauung entfernten Perspektiven auf einen Sachverhalt beinhaltet. Kritisches Denken stellt den Versuch dar, diverse Perspektiven auf einen Sachverhalt einzunehmen und verstehen zu wollen, um sie analysieren und bewerten zu können (Interview #4, 2008). Die Perspektivität ist der gedankliche Blickwinkel auf Sachverhalte. Hohe Perspektivität bringt zum Ausdruck, dass viele verschiedene Perspektiven im Hinblick auf ein Thema aus der weitestmöglich entfernten Position identifiziert und gedanklich eingenommen werden (Interviews #4, #7). Dafür muss eine Kontextanalyse zur Erfassung aller Standpunkte durchgeführt werden. Multiperspektivisches Denken bedeutet, durch verschiedene Linsen auf eine Fragestellung zu blicken, beispielsweise auf das eigene innere Verständnis, dessen Ursprung, auf verschiedene Positionen innerhalb der verfügbaren Theorie usw. Dabei gilt es, von einem bestimmten Sachverhalt betroffene Akteure zu identifizieren und diesen mit deren Augen bzw. Denkstil zu betrachten. Dafür benötigt es sozialen Austausch mit anderen Menschen, die Nutzung weiterer Quellen wie das Internet, Interviews mit Experten usw. Für die Praxis pädagogischer Professionals sind etwa besonders die Perspektive der Schüler, die der Kollegen, die der Wissenschaft in Form von Theorien, die eigene Autobiografie oder institutionelle Rahmenbedingungen von Interesse (Brookfield, 1995, S. 29–39; ebd., 2006, S. 28.). Multiperspektivität im kritischen Denken bedeutet auch, offen gegenüber anderen Denkstilen zu bleiben, und zu versuchen, sich diese verständlich zu machen. Kritisches Denken benötigt des Weiteren eine Übernahme von Perspektiven, die nicht auf Personen beschränkt bleibt, sondern alles Seiende, die belebte und unbelebte Natur, berücksichtigt. Neben der empathischen Übernahme von menschlichen Sichtweisen bedeutet „multiperspektivisch" in der Perspektivenerweiterung also auch, sich in die Umwelt und in Tiere einzufühlen und die Interdependenzen zwischen Mensch und Natur zu erkennen.

Perspektivenerweiterung meint also, die eigene Sichtweise auf Sachverhalte zu ergründen, die eigenen Annahmen dabei für eine Analyse offenzulegen, weitere Aspekte zu dem behandelten Sachverhalt mit den Denkstilen von anderen Personen zu betrachten versuchen und auch die Natur als festen Gegenstand des Denkens mit zu berücksichtigen.

Sind die verschiedenen an einer Fragestellung beteiligten Perspektiven, inklusive der eigenen Anschauung, hinreichend unter Anwendung der Standards des analytischen Denkens herausgearbeitet, so kann in der Dimension des **ideologiekritischen Denkens** mit der Reflexion von Normen innerhalb der einzelnen Perspektiven begonnen werden. „Kritisch" steht hier ganz in der Tradition der Kritischen Theorie. Die Ausrichtung des Denkens an den Konzepten und Verfahrensweisen der Kritischen Theorie ist ein wichtiger Baustein des kritischen Denkens. Zu nennen sind hier beispielsweise die besprochenen Konzepte wie instrumentelle Vernunft, repressive Toleranz, Hegemonie usw. Aber auch auf Ebene der sozialen Interaktion hält die Kritische Theorie normative Konzepte bereit. So soll das kommunikative Handeln nach Habermas (1985) als Bezugsrahmen für die Umsetzung rationaler Sprechakte im Prozess des kritischen Denkens berücksichtigt werden. Als Verfahrensweise für die Reflexion kann die Ideologiekritik bzw. immanente Kritik genannt werden. Hierbei gilt es, die verschiedenen Perspektiven, inklusive des eigenen Blickwinkels, auf offene und verdeckte Herrschaftsverhältnisse und deren Auswirkungen zu untersuchen. Gesellschaftlich akzeptierte, dominante und als gegeben angenommene Normen, Bräuche, Handlungsmuster, Systeme, Gesetze, Praktiken und so fort werden dabei ideologiekritisch betrachtet, indem die dahinterliegenden Annahmen expliziert und anhand der Konzepte untersucht werden. Widersprüche zwischen dem, was behauptet und angenommen wird, und den tatsächlich vorliegenden Verhältnissen und Gegebenheiten werden konsequent untersucht und diese Unstetigkeit dialektisch herausgearbeitet und beurteilt. Es gilt herauszufinden, ob Entfremdung, Zwang oder Verdinglichung das Dasein von Mensch und Natur zeichnen, ob und welche repressiven Kausalzusammenhänge zwischen herrschenden und beherrschten Objekten/Subjekten bestehen und wer dabei Herrscher und Beherrschter ist.[49] Die in der Arbeit vorgestellten Konzepte der Kritischen Theorie sind dabei Anhaltspunkt bei der Analyse. Dabei hinterfragt dieses Denken auch, inwieweit der eigene Denkstil nicht selbst von Ideologien geleitet ist. Auch die eigene Beeinflussung durch und der eigene Gebrauch von Macht werden kritisch reflektiert. Beispiele aus dem pädagogischen Kontext sind für diese Denkaktivitäten die ideologiekritische Analyse der Funktion des zu vermittelnden Wissens, die Funktion des Lehrplans oder das Wirken von Macht in der Unterrichtspraxis. Die ideologiekritischen Begründungen und Urteile müssen auch an den analytischen Standards des Denkens ausgerichtet werden, um klare und nachvollziehbare Aussagen treffen zu können.

Ideologiekritisches Denken ist des Weiteren das reflexive Korrektiv des kritischen Denkens. Kritisches Denken ist ein Denkstil, der aus einer westlichen Kulturtradition entsprungen ist. Gewisse Maßstäbe dieses Denkens sind anderen Kulturen fremd. Ein Hopi-Indianer verwendet beispielsweise

---

49 Die Begriffe „Herrscher" und „Beherrschter" sind nicht an Personen gebunden. Sie lassen in ihrer Bedeutungsstruktur eine Vielfalt an Kategorien zu. Herrschaft kann beispielsweise von lebendigen oder dinglichen Herrschern ausgehen. Nicht nur Personen können beherrscht werden. Auch alle anderen Lebewesen können gewissermaßen in Herrschaftsverhältnissen den Menschen unterworfen werden usw.

Hopi-Maßstäbe beim gedanklichen Prüfen von Sachverhalten, ein Aborigine die seiner Tradition, ein Spiritualist spirituelle usw. All diese Denkstile produzieren Wahrheitsformen (Feyerabend, 1980, S. 12 ff.). Kritisches Denken mit seinen rationalen Maßstäben ist nicht von vorneherein überlegener oder „wahrhaftiger" als andere Denkstile, sondern weist eigene erkenntnisbezogene Grenzen auf. Nur innerhalb der westlichen Denktradition können die dem kritischen Denken innewohnenden Standards als Bewertungs- und Beurteilungsmaßstab für Urteile herangezogen werden. Innerhalb der verschiedenen Traditionen lassen sich Kriterien nur schwer vergleichen oder gar bewerten, da die Bewertung wieder der jeweiligen Tradition entspringt.

Kritisches Denken hat klare Grenzen und Unzulänglichkeiten, die einerseits durch die jeweiligen Standards des Denkstils bedingt sind. Beispielsweise sagen logische Sätze an sich nichts über die Welt aus, dennoch erschließt kritisches Denken diese durch Logik und nur teilweise durch empirische Überprüfung von Sachverhalten. Es sei darauf hingewiesen, dass aber selbst bei empirischer Überprüfung die Natur auf jede Art des methodischen Vorgehens mehr oder weniger respondiert und die so erlangten Ergebnisse im Raum der subjektiven, also der menschbezogenen Erkenntnis bleiben (Feyerabend; Fernsehinterview, 1993). Jene traditionsabhängigen Ergebnisse gelten ferner bestenfalls für die uns erscheinende Welt, die wir mit unseren Organen erschließen, nicht aber notwendigerweise für die Welt an sich. Denken ist durch biologische *shortcomings* in seiner Erkenntniskraft eingeschränkt.[50] Aufgrund dieser Vielzahl an Grenzen und Problemen gilt es, kritisches Denken selbst metakognitiv zu reflektieren, um nicht eindimensional oder überheblich im Urteilen zu werden. Diese Reflexion geschieht im Rahmen des Ideologie-kritischen Denkens.

Kritisches Denken kann aber nicht bei der Kritik stehen bleiben, wie etwa Interviewpartner 7 betonte (Interview #7, 2008). Nur zu kritisieren oder gar erkennen zu müssen, dass bestimmte Lebewesen durch das Denken und Handeln anderer in ihren Chancen beraubt, ausgegrenzt, manipuliert oder verdinglicht werden, ist nicht zufriedenstellend. Deshalb ist kritisches Denken auch ein Denken der Hoffnung, durch gezieltes Handeln die gesellschaftlichen Probleme und die bestehende Praxis verbessern zu können. Hoffen heißt auch, daran zu glauben, dass die Zukunft offen und gestaltbar ist und jeder Mensch einen Beitrag dazu leisten kann. Kritisches Denken benötigt eine **konstruktive Dimension**, um zu bewussterem Denken und Handeln und schließlich zu einer gesellschaftlichen Transformation führen zu können (Interview #7, 2008). Deshalb wird während der Kritik an den verschiedenen Perspektiven zeitgleich auch nach konstruktiven Anhaltspunkten gesucht, die sich oftmals in jeder Perspektive finden lassen und auch in Ideologien beheimatet sein können. Diese „good-intentions" werden von dem kritischen Denker aufgegriffen, um Lösungswege für die gefundenen Probleme abzuleiten. Das ideologiekritische Denken impliziert dabei Normen, die als erstrebenswert angenommen werden, wie beispielsweise Freiheit, Gleichheit, Geschwisterlichkeit oder Entfaltung der Individualität. Diese stellen den normativen Rahmen kritischen Denkens, werden

---

50 In einer mechanistischen Sichtweise zeigt sich dies beispielsweise an der Speicherdauer von Informationen im Arbeitsgedächtnis oder der möglichen Verarbeitungsmenge an Informationen (Rey, 2009, S. 37). Als weitere Stichwörter seien hier aus einer psychologischen Warte heraus Trugerinnerungen (false memories), Präkonzepte, Schemata usw. genannt (siehe Aronson et al., 2008, S. 60 ff.). Weiterhin bedient sich der Verstand zwangsläufig dem Kausalitätsprinzip, was gerade im Humanbereich äußerst problematisch sein kann.

aber verschiedenartig von Individuen betont, abhängig von den jeweils vertretenen Idealen. Kritische Denker brauchen folglich einen Utopiehorizont einer geschwisterlichen, gerechteren, freieren, dem Menschen gerechteren Gesellschaft, die durch jeden Einzelnen aktiv mitgestaltet werden kann.

Konstruktiv meint folglich, alternative Denk- und Handlungsweisen zur Lösung von Problemen in verschiedenen Kontexten zu finden und unter Berücksichtigung der jeweiligen Rahmenbedingungen geschickt und vernünftig umzusetzen. Alternativen und Lösungen zu erkannten Problemen werden dabei z. B. durch kommunikatives Handeln identifiziert und in ihrer Umsetzbarkeit anhand der Standards für kritisches Denken antizipiert. Dabei sucht konstruktiv-kritisches Denken nach konkreten Handlungsplänen, deren Umsetzung dazu beitragen kann, die Praxis zu verbessern und zu verändern. Die dabei bestehenden Rahmenbedingungen werden vernunftbetont bei der Ableitung von konkreten Handlungsplänen gewürdigt. Es besteht eine hohe Bereitschaft, diese Ansätze auch vernunftgeleitet in der Lebenspraxis umsetzen zu wollen.

Die konstruktive Dimension des kritischen Denkens zeigt sich aber auch an der Herangehensweise bei der Überprüfung von Annahmen. Der kritische Denker ist ein offener, interdisziplinärer, interkultureller und historisch bewusster Ideensammler und Ideenprüfer. Er ist sich dessen bewusst, dass, wenn eine Theorie zeitweise versagt hat, dies noch lange nicht bedeutet, dass an ihr nichts Wahres ist. Gerade problematische Auffassungen, so Feyerabend, enthalten für gewöhnlich etwas Wahres, das durch die Falsifikation dieser Ansichten jedoch verdrängt und vergessen wird (Feyerabend, 1981, S. 7). Der kritische Denker betrachtet also auch überholte und verrückt anmutende Ideen und Theorien und schließt diese nicht im Vorfeld bereits aus, nur weil diese Ideen bereits „falsifiziert" oder von der Wissenschaft diskreditiert worden sind. Er ist „unvernünftig" und opportunistisch (methodisch gemeint) bei der Überprüfung von Annahmen in seinen Untersuchungen im Alltag. Der kritische Denker ist daher kein blinder Wissenschaftsgläubiger, der sich ausschließlich zu einer bestimmten Schule oder einem bestimmten wissenschaftlichen Erhebungsverfahren bekennt. Vielmehr ist er ein methodischer Opportunist, der sich je nach Sachlage und Kontext verschiedenartigen Zugang zu einem Sachverhalt verschafft (induktiv, deduktiv, kreativ, spirituell, hermeneutisch etc.), sei es durch Wissenschaft, Kunst, der Weltsicht anderer Kulturen, Spiritualität usw. Er schließt im Vorfeld keinen Zugang, keine Perspektive auf einen Sachverhalt aus, nur weil diese beispielsweise nicht „rationalen" Kriterien genügt, in ihren Ergebnissen gegen den geregelten Ablauf einer Forschungsmethode verstößt oder aus einem völlig anderen, fremden und „exotischen" kulturellen Kontext herrührt. Er schenkt bei dem Prozess der Bildung eines Urteiles neben der Ausrichtung des Denkens an den Standards kritischen Denkens auch seinem Bauchgefühl und seinem Hausverstand, seinen Emotionen und seinem „Riecher" reflektierte Aufmerksamkeit.

Die Anwendung der Denkstandards kritischen Denkens darf nicht als Selbstzweck verstanden werden. Sie dürfen nicht zur instrumentellen Vernunft, zur technischen, schematischen und starren Abfolge von Denkprozessen führen, sondern sollen als Hilfsmittel zum Zweck dienen, nämlich wohlbegründete Urteile anstellen zu können, auf die konstruktive Handlungen folgen.

Nicht immer jedoch kann kritisches Denken konstruktiv sein. Auf gewisse Sachverhalte können Individuen keinen oder nur durch Gefährdung ihres eigenen Lebens bzw. Lebensentwurfes Einfluss nehmen. Deshalb zeichnet sich ein kritischer Denker durch ein hohes Maß an Widerspruchstoleranz aus. Obwohl das Individuum bestehende Zustände aufgrund von Einsichten gerne ändern würde und sich als selbstwirksam im Hinblick auf Wandel wahrnimmt, so ist es in bestimmten Fällen nicht oder nur sehr bedingt in der Lage, Wandel herbeizuführen.

Abschließend gilt es zu betonen, dass kritisches Denken sowohl soziale Interaktion als auch Phasen der (Selbst-)Reflexion benötigt, um verschiedenste Perspektiven identifizieren und verstehen zu können. In der sozialen Interaktion mit anderen Menschen kann der Einzelne neue Perspektiven auf einen Gegenstandsbereich in Erfahrung bringen. Er wird mit anderen Denk- und Erklärungsansätzen sowie Vorgehensweisen zu einem Thema konfrontiert und kann durch den Dialog sowohl seine eigenen Annahmen erkennen als auch weitere Perspektiven verstehen lernen, um zu einem umfassenderen Urteil bezüglich seiner Annahmen und die der anderen zu gelangen. Kritisches Denken knüpft immer an bestehende Erfahrungen mit der Außenwelt an. Kritisch zu denken heißt, externe Erfahrungen durch Analyse von Informationen (Beobachtungen, Texte, Unterhaltungen, Filme usw.), durch abwechselnde Reflexion und Interaktion mit der Außenwelt zu interpretieren und ein Verständnis und eine Erkenntnis zu konstruieren. Je mehr Erfahrungen mit der Außenwelt zu einem bestehenden Gegenstandsbereich geknüpft werden können, umso breiter und tiefer kann das Erfahrene interpretiert und mit Sinn versehen werden. Umso höher ist auch die Wahrscheinlichkeit, dass die eigenen Annahmen durch diese Erfahrungen besser erkannt und verstanden werden können, beispielsweise, wenn andere Menschen das von ihnen wahrgenommene Fremdbild mitteilen, das wiederum mit dem Selbstbild verglichen werden kann. Deshalb braucht kritisches Denken die soziale Interaktion, den mannigfaltigen Austausch mit der Umwelt. Dieser Austausch muss fair und unvoreingenommen sein, ganz im Sinne des kommunikativen Handelns nach Habermas (Interview #9, 2008; Interview #7, 2008). Neben der sozialen Interaktion braucht kritisches Denken auch wieder Phasen der Kontemplation, Reflexion und der Ruhe, in denen der kritische Denker innehält, um das Erfahrene zu interpretieren, zu bewerten und aufgrund des neuen Verständnisses neue Handlungsoptionen zu erproben.

Kritische Denker sind Menschen, die in der Lage sind, ihr Denken und Handeln an den Standards kritischen Denkens auszurichten, was letztendlich bedeutet, selbstkritische und kritische Fragen zu stellen, zu beantworten und danach handeln zu wollen. Kritisches Denken führt in Konsequenz zur Reflexion von Annahmen. Die Reflexion der Annahmen wiederum mündet in begründeten und legitimierbaren Urteilen und Handlungsweisen. Kritisches Denken ist somit als ein Weg zu mehr Mündigkeit zu beurteilen, bei dem der Weg das Ziel ist. Des Weiteren ist kritisches Denken auch ein Instrument, um ein tiefer gehendes Verständnis für bestimmte Sachverhalte zu entwickeln, wobei alle Entschlüsse und Urteile stets nur vorläufigen und relativen Richtigkeitsanspruch genießen und kontinuierlich weiter reflektiert und modifiziert werden.

5.1.2 Das „4-Phasenmodell" kritischen Denkens

Der Prozess des kritischen Denkens wird in der Literatur oft in Phasenmodellen dargestellt (siehe beispielsweise Wolcott, Lynch und Huber, 1998; Ennis, 1989; Garrison, 2000), wobei die einzelnen Phasen darüber Auskunft geben, welche Prozesse dabei durchlaufen werden müssen und welche Fähigkeiten hierbei jeweils gebraucht werden. Das vorliegende Modell orientiert sich an den Arbeiten von Garrison und Archer (2000), Brookfield (1987) und Dewey (2010) und den Erkenntnissen aus den Interviews (Interviews #4; #7, #8 #11), den dargelegten Reflexionsgesprächen und eigenen Überlegungen. Die hier aufgegriffenen Modelle in der Literatur weisen eine vierstufige oder fünfstufige lineare Struktur auf, die sich wie folgt darstellt:

In der ersten Phase kommt es zu einem Diskrepanz-Empfinden, welches durch ein bestimmtes relevantes Problem bzw. Ereignis verursacht wird. Dabei werden sowohl negative als auch positive Emotionen ausgelöst wie etwa Neugierde, Angst, Orientierungslosigkeit, Perplexität, Verwunderung usw. In dieser Situation reicht das bestehende Wissen des Individuums nicht zur Lösung des Problems aus (Garrison und Archer, 2000, S. 75). Folglich ist es Ziel, in der zweiten Phase erst einmal das Problem genau zu definieren, indem Beobachtungen angestellt, Quellen analysiert oder Befragungen durchgeführt werden (siehe Garrison und Archer, 2000, S. 75; Dewey, 2002, S. 56 ff.). In der dritten Phase wird nun das Problem, nachdem es hinreichend verstanden und expliziert wurde, exploriert, analysiert und bewertet. In der vierten und fünften Phase werden Lösungsansätze bzw. Alternativen zunächst erkundet, gemäß ihrer Realisierbarkeit und Erfolgsaussichten bewertet und schließlich erprobt.

Dabei ergänzen sich in den einzelnen Phasen Reflexion und Aktion gegenseitig, wobei sowohl deduktive als auch induktive Vorgehensweisen bei der Reflexion eine Rolle spielen (siehe Dewey, 2002, S. 62 ff.; Garrison und Archer, 2000, S. 80 ff.). Die Aktion ist gleichsam neben dem Testen von Hypothesen auch immer mit sozialer Interaktion verbunden, um beispielsweise so die Perspektiven zu erweitern oder um ein umfassenderes Verständnis für einen Gegenstandsbereich zu erreichen.

Innerhalb des eigenen Modells, das auf dem bereits dargestellten Verständnis kritischen Denkens fußt, wurden all diese genannten Aspekte berücksichtigt, verdichtet und teilweise erweitert. Dies ist auf folgende Erkenntnisse zurückzuführen:

1. Eine Trennung der Phasen der Definition und der Analyse mit Bewertung eines Gegenstandsbereiches ist als theoretische Annahme hilfreich, jedoch zeigt sich, dass es in der Praxis kaum möglich ist, ein Problem erst einmal näher zu definieren, dann zu analysieren und schließlich zu bewerten. Die Aktivitäten bei der Erschließung eines Gegenstandsbereiches verlaufen meist parallel. Experte #11 verdeutlichte dies im Interview (2008). Selbst die Klärung oder Definition eines Sachverhaltes sollte kritisch, unter Anwendung von Denkstandards, erfolgen und eine kritische Analyse von Anfang an bei der Sammlung von Informationen berücksichtigen.

2. Die meisten der angeführten Modelle wie das von Garrison (2000) veranschaulichen Problemlöseprozesse und beziehen sich auf Denkstandards der formalen und informellen Logik. Das hinter dem Modell der Arbeit stehende Verständnis ist traditionsübergreifend und bezieht sich explizit sowohl auf die Tradition der Ansätze der Logik, der kognitiven Psychologie und der Pädagogik als auch auf die Interpretation von kritischem Denken aus Sicht der Kritischen Theorie. Gerade die letztgenannte Tradition wird in den allermeisten Modellen vernachlässigt. Experte #7 sprach in diesem Zusammenhang auf der einen Seite von „instrumentellen Fähigkeiten" für kritisches Denken, wie Logik, die notwendig seien. Auf der anderen Seite aber, so der Interviewpartner, bedarf es noch einer weiteren und wertenden Perspektive: *„Natürlich impliziert kritisches Denken auch, Dimensionen wie Problemlösungsfähigkeit und mehrere Lösungswege zu reflektieren. Für mich umfasst kritisches Denken auch die Fähigkeit, einerseits die gesellschaftliche Totalität zu verstehen zu versuchen, als auch kritisch zu reflektieren. (...) Diese Dialektik im Sinne einer Reflektion der Defizite, der Missstände gesellschaftlicher Zusammenhänge ist für mich zentral"* (Interview #7, 2008). Dieser Forderung versucht das Konzept als auch das Phasenmodell kritischen Denkens gerecht zu werden.

3. Diese normative Zielorientierung geht einher mit dem Utopiehorizont des kritischen Denkers. Kritische Denker wollen laut Experte #7 die gesellschaftlichen Defizite beheben und zu einer freieren, solidarischeren und friedlicheren Gesellschaft beitragen. Deshalb muss kritisches Denken konstruktiv sein, nach konkreten und kreativen Lösungswegen suchen und darf nicht nur in der reinen Kritik verharren. Absichten sind dann als positiv zu bewerten, wenn sie gesellschaftliche Ideale verfolgen und für das Wohl aller dienlich sind. Deshalb muss das Modell auch die konkrete Handlungsebene des denkenden Individuums mit einschließen und bleibt nicht bei reinen kognitiven Prozessen stehen.

4. Das Modell beinhaltet Kritik am kritischen Denken selbst. Dieses Korrektiv wird in anderen, mir geläufigen Modellen nicht antizipiert.

5. In dem Phasenmodell wird auch die Theorie der kognitiven Dissonanz berücksichtigt, um ein besseres Verständnismodell für die Initiierung des kritischen Denkens an die Hand zu bekommen. Andere Modelle operieren zwar mit der Terminologie (Brookfield, 1987; Garrison und Archer, 2000) dieser Theorie, beziehen sich aber nicht explizit darauf.

Im Folgenden wird nun das Phasenmodell grafisch vorgestellt und es werden die einzelnen Phasen im Anschluss erläutert.

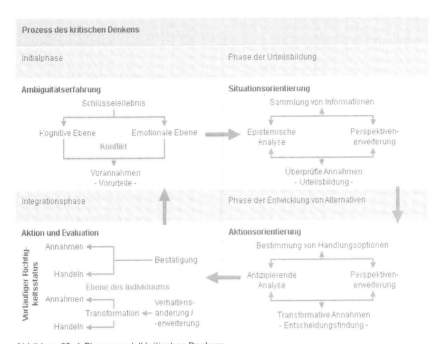

Abbildung 25: 4-Phasenmodell kritischen Denkens

Das Modell sieht vier idealtypische Phasen des Verlaufes kritischen Denkens vor, wobei sich Phasen kognitiver Aktivitäten immer auch mit Phasen der sozialen Interaktion abwechseln bzw. überschneiden, also Handeln und Denken ineinander übergreifen. Die Phasen sind des Weiteren idealtypisch für das Verständnis linear dargestellt. In der Realität dürfte sich der Prozess nur in seltenen Fällen in dieser Ausprägung zeigen. Vielmehr ist er hier durch Rücksprünge, Abbrüche von Phasen, Quereinstiege usw. gekennzeichnet. Das vorliegende Modell kann des Weiteren nur für einen begrenzten Kontext herangezogen werden, nämlich für Menschen der westlichen Kultur, die der Tradition der Rationalität angehören.

5.1.2.1 Die Initialphase im kritischen Denken

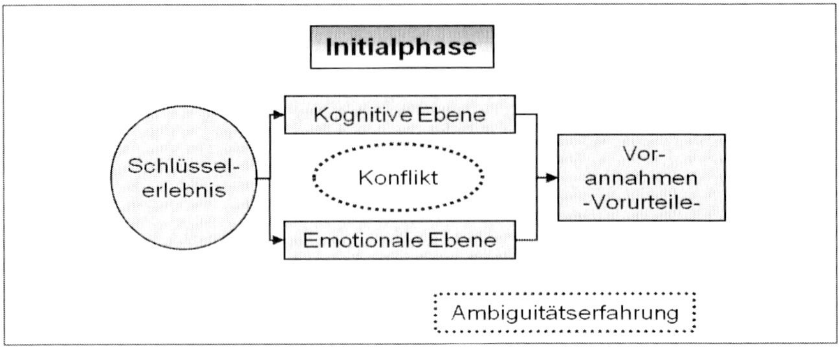

Abbildung 26: Initialphase im kritischen Denken

Als negativ oder auch als positiv empfundene, emotionale Erfahrungen im Sinne eines Schlüsselerlebnisses können Anstoß für kritisches Denken sein, indem ein Konflikt beim Individuum durch wahrgenommene Ambiguität erzeugt wird. Die Wirkung von Schlüsselereignissen als Anstoß für kritische Denkprozesse ist hochgradig subjektabhängig. Das Schlüsselereignis muss vom Individuum als relevant und bedeutsam für sein Leben und den lebenspraktischen Bereich wahrgenommen werden. Das Individuum muss sich selbst in dem Ereignis oder dessen weiteren Ausläufern wiederfinden können. Sowohl eine einschneidende Veränderung der Lebenssituation (z. B. Scheitern der Liebesbeziehung), aber auch eher „harmlose" und alltägliche Erfahrungen z. B. beim Sehen eines Filmes können die für kritisches Denken benötigte Ambiguitätserfahrung auslösen (Brookfield, 2008, S. 13).

Widersprüchliche, provozierende, schockierende, aufrüttelnde, verblüffende oder verwirrende, Selbstzweifel auslösende Reize führen dazu, dass das Individuum in einen Konflikt gerät, der sich sowohl auf kognitiver als auch auf emotionaler Ebene auswirkt, da Kognition und Emotion miteinander in enger Verbindung stehen und sich wechselseitig beeinflussen (Hänze, 1998). Dabei sind positive und negative Emotionen wie Vergnügen, Entschlossenheit, Verwunderung, Verwirrung, Neugierde, Entrüstung, Betroffenheit, Wut etc. denkbar, die sowohl einen negativen als auch positiv empfundenen Druck auf das Individuum ausüben, das bestehende kognitive bzw. emotionale Ungleichgewicht beheben zu wollen. Dadurch wird intrinsische Motivation erzeugt, die dazu anregt, das erlebte Schlüsselereignis näher analysieren, es verstehen und damit umgehen zu wollen.

Das Ambiguitätserlebnis entsteht aus einer Diskrepanz zwischen dem vom Individuum angenommenen „Soll" (präskriptive Annahmen) und dem in Erfahrung gebrachten „Ist-Zustand" (deskriptive Annahmen). Das im Schlüsselereignis Erlebte oder Erfahrene lässt sich nicht mit dem verinnerlichten Welt- und Selbstbild des Individuums in Einklang bringen. Es liegen dem Individuum mehrdeutige Interpretationen zu einem Sachverhalt vor, die es nicht hinreichend verstehen und einschätzen kann.

Diese durch Ambiguität erlebte Diskrepanz kann sich sehr verschiedenartig ausprägen. Die Diskrepanz kann sowohl erst auf emotionaler und dann auf kognitiver Ebene ansetzen als auch anders herum. Es ist auch beides zeitgleich denkbar. Beispielsweise kann es sein, dass die im Schlüsselreiz wahrgenommenen Informationen nicht mit den im Vorwissen des Individuums bestehenden Wissensstrukturen zusammenpassen und ein Widerspruch entsteht. Hier wird besonders erst die kognitive Ebene des Individuums angesprochen, was des Weiteren zu einer Auswirkung auf der emotionalen Ebene – durch Gefühle wie Unsicherheit, Verwirrung oder Zweifel – führen kann. Vorstellbar sind aber auch Konflikte, die nicht mit der Frage nach Richtigkeit sich widersprechender Annahmen zu Sachverhalten einhergehen, sondern sich auf der Ebene der Widersprüchlichkeit von Annahmen zum Selbstkonzept bewegen. Es kann sich zutragen, dass das Verhalten einer Person mit ihren selbst gesetzten normativen, moralischen Vorstellungen in Widerspruch steht. Denken und Handeln kann vertretenen präskriptiven Annahmen widersprechen oder widersprochen haben. Nach einer festgestellten Inkompatibilität von bestehenden Annahmen (z. B.: Mein Verhalten soll Leid vermeiden, denn aus dieser gelebten Tugend erwächst Glückseligkeit.) und den durch das Schlüsselereignis aufgeworfenen Annahmen (Durch den Kauf von Billig-Textilien unterstütze ich ein System der Inhumanität, Ungerechtigkeit und Ausbeutung.) folgen auf der kognitiven Ebene Emotionen wie Betroffenheit, Wut, Scham usw.

In der entstehenden Dissonanz liegt gleichsam neben dem als unangenehm wahrgenommenen Druck, dem Streben nach Konsonanz, die anspornende Kraft der Neugierde. Durch den kognitiven Konflikt ist der Mensch kurzfristig nicht in der Lage, die wahrgenommene Realität mit zufriedenstellendem Sinn kognitiv und emotional zu verarbeiten und zu bewältigen. Gleichzeitig wird so die benötigte Motivation erzeugt, einen Sachverhalt tiefgründig durchdringen und verstehen zu wollen, um neue Erkenntnis zu erlangen. Kritisches Denken bedeutet in dieser Phase, eigene Emotionen so weit zu steuern, dass sie nicht zu voreiligen Urteilen führen (Weil, 2004c, S. 402–406). Ein gewisses Ausmaß an Wertung sollte dennoch reflektiert zugelassen werden, gleichwohl diese nur als erster, vorläufiger, zu relativierender, nicht evidenter Eindruck bemessen werden. Am Ende der ersten Phase stehen im Idealfall anfängliche, nicht weiter überprüfte Vorannahmen, die dem Individuum eine erste Orientierung geben. Des Weiteren besteht durch das Wirken der Dissonanz ein großes Interesse daran, sich intensiv weiter mit dem Sachverhalt beschäftigen zu wollen, um das eigene emotionale und kognitive Gleichgewicht wiederherstellen zu können.

Wird das Schlüsselereignis aber als zu belastend von dem Individuum wahrgenommen, setzen Mechanismen der Dissonanzreduktion ein, wie etwa Verdrängung, Vermeidung von Informationen, die die Dissonanz verstärken. Diese irrationalen Bewältigungsstrategien können kritisches Denken im weiteren Verlauf hemmen oder gar ausschließen.

5.1.2.2 Phase der Urteilsbildung

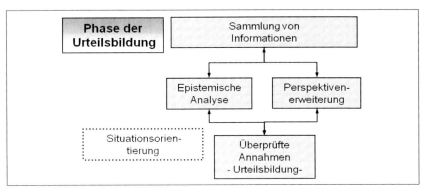

Abbildung 27: Phase der Urteilsbildung

Durch die in der ersten Phase ausgelöste Ambiguitätserfahrung findet nun ein Streben nach Konsonanz, nach Erkenntnis zur Beseitigung des kognitiven bzw. emotionalen Ungleichgewichts statt. Das Individuum hat den Wunsch, das bestehende Unbehagen zu beseitigen, indem es sich den betreffenden Sachverhalt anhand der Anwendung der Denkstandards erschließt und ihn dabei verstehen und beurteilen lernt. Dafür müssen auf vielfältige Weise relevante Informationen bezüglich des zu betrachtenden Sachverhalts gesammelt und damit zusammenhängende Annahmen analysiert und beurteilt werden. Bestehende Annahmen des Individuums, nämlich die Vorannahmen aus der ersten Phase, werden dabei durch einen analytischen und normenreflexiven Prozess erweitert, spezifiziert, ausdifferenziert, bestätigt oder komplett durch neue, adäquatere und überprüfte Annahmen ersetzt.

Es tritt eine Analyse der Situation ein, die in einem wohlbegründeten Urteil[51] endet. Dafür ist eine Situationsorientierung erforderlich, die durch soziale Interaktion, also zielgerichteten Austausch mit der relevanten Umwelt, gekennzeichnet ist. Situationsorientierung meint, sich dem zu untersuchenden Sachverhalt aus so verschiedenen Perspektiven wie möglich in einer Art Bestandsaufnahme anzunähern, indem unterschiedlichste Sichtweisen in Erfahrung gebracht und die damit verbundenen Informationen bzw. Annahmen gesammelt und auf ihre Glaubwürdigkeit und Aussagekraft als auch auf ihren ideologischen Gehalt geprüft werden.

Die Überprüfung und Beurteilung der Informationen geschieht in einer Perspektivenerweiterung im Zusammenspiel mit einer epistemischen Analyse. Die Perspektivenerweiterung und die epistemische Analyse dienen dazu, den wahrgenommenen Sachverhalt auf bestehende Annahmen dazu und deren Auswirkungen zu identifizieren, zu überprüfen und zu beurteilen.

---

51 Ein Urteil soll als eine "Fürwahrhaltung", eine wertende Entscheidung über einen Erkenntnisgegenstand verstanden sein. Das Urteil kann verschiedene normative Zuschreibungen enthalten. Beispielsweise kann der Sachverhalt positiv oder negativ bewertet werden, als subjektiv richtig oder falsch betrachtet werden.

Die Perspektivenerweiterung verschränkt die multiperspektivische und ideologiekritische Dimension des kritischen Denkens mit dem Ziel, einen umfassenderen Blick auf den zu untersuchenden Sachverhalt einnehmen zu können. Der kritische Denker ist bestrebt, in der Perspektivenerweiterung die verschiedenen Ansichten der jeweils mittelbar und unmittelbar beteiligten Akteure[52] zu erschließen und zu verstehen, indem er versucht, sich in die jeweilige Situation des Akteurs hineinzuversetzen. Interviewpartner #4 beschreibt diese gedankliche Perspektivenübernahme als *"looking at things from the widest possible view and the widest range of different viewpoints"* (Interview #4, 2008). Dafür muss sich das Individuum konstruktiv aus verschiedenen Quellen Informationen beschaffen, Wege zur Prüfung von Annahmen ausfindig machen, das eigene Vorwissen sowie die eigenen Vorannahmen erforschen usw. Das Vorgehen verläuft dabei unter Anwendung induktiver als auch deduktiver, qualitativer als auch quantitativer Methoden, unter Einbezug der Intuition. Dazu zählen unter anderem das Anstellen von Beobachtungen, die Analyse von Primär- und Sekundär-Quellen wie z. B. durch Interviews, wissenschaftlichen Studien, Schriften und Stellungnahmen von Autoritäten, Literatur- und Internetrecherchen, Befragungen von Betroffenen, Schlussfolgerungen anhand von Theorien, Quasi-Experimente, Gespräche, Selbstreflexion usw. Die jeweilige Sichtweise soll so verstanden und damit verbundene Annahmen erklärt werden können. Die konstruktive Sammlung relevanten Informationen (Fakten, Interpretationen) zur Erschließung eines Sachverhaltes durch Identifikation und Überprüfung von Annahmen spielt während der gesamten Phase der Urteilsfindung eine wichtige Rolle. Konstruktiv sucht der kritische Denker dabei auch nach Möglichkeiten, nicht überprüfte Annahmen zu prüfen oder weitere, bisher nicht berücksichtigte Perspektiven zu erschließen.

Die Analyse der Perspektiven der betroffenen Akteure geht auch einher mit dem Erschließen von Kausalität, also wie sich beispielsweise das Denken und Wirken des einen Akteurs auf die anderen, im System beteiligten Akteure auswirkt oder warum bestimmte Zustände eingetreten sind. Diese Analyse der Wirkbeziehungen ist auch der ideologiekritischen Dimension des kritischen Denkens zuzuordnen. Es gilt, abhängig von dem jeweiligen Kontext, unter anderem zu analysieren,

- ob und in welcher Form Herrschaft ausgeübt wird (offen, verdeckt),
- wie sich das Herrschaftsverhältnis bzw. der damit verbundene Zwang auf die beteiligten Akteure auswirkt,
- was der freien Selbstbestimmung der Akteure entgegensteht,
- wie das Herrschaftsverhältnis entstanden ist,
- wer oder was dabei hilft, das Herrschaftsverhältnis aufrecht zu erhalten (angelehnt an Wilbers, 2009c).

Ideologiekritisches Denken ist ein gewagtes und auch gefährliches Unterfangen: Die Geschichte lehrt, das Ideologiekritik selbst zur Ideologie werden kann, also zu fanatischen Bewusstseinsform führen kann, die den offenen Einsatz von Macht, z. B. in Form von Attentaten, legitimiert und das Denken totalitär werden lässt. Deshalb müssen ideologiekritische Denkaktivitäten mit aller Vorsicht auf den Prüfstand gebracht werden, um zu erkennen, wo das eigene Denken selbst ideologische

---

52 „Akteur" bezeichnet ein abstraktes Konzept, da der Begriff in seiner Bedeutung sowohl relevante Personen mit deren Interessen, Intentionen, Denkweisen und Handlungen als auch die belebte und unbelebte Natur umspannt.

Einflüsse aufweist und eindimensional wird. Diese gilt es bei der Bildung von Urteilen zu antizipieren. Dafür erkundet das Individuum sozusagen bei einer Reise in das eigene Ich seine gedankliche und emotionale Innenwelt, indem es versucht, seine Ansichten zu verstehen, die damit verbundenen expliziten und impliziten Annahmen zu identifizieren, Wurzeln und Einflüsse für die Konstruktion dieser Annahmen offenzulegen und zu beurteilen.

In der epistemischen Analyse, die mit der Perspektivenerweiterung verflochten ist, greift vor allem die analytische und konstruktive Dimension des kritischen Denkens. Die in den verschiedenen Perspektiven erschlossenen Aussagen werden dabei auf ihre Gültigkeit überprüft. Zu den Überlegungen, wie nicht-überprüfte Annahmen überprüft werden können, soll die epistemische Analyse Aussagen treffen, inwieweit die anzustellende Überprüfung glaubwürdige und aussagekräftige Ergebnisse erlauben würde.

Zur Überprüfung von Aussagen werden die analytischen Kriterien kritischen Denkens wie Klarheit, Richtigkeit, Logik usw. herangezogen. Außerdem fragt sich der kritische Denker in der epistemischen Analyse, wie die zu überprüfenden Informationen und Interpretationen entstanden sind oder entstehen werden, also welche Erkenntnisprozesse hinter den Aussagen stehen, durch welches Vorgehen Wissen erschlossen wurde oder wird, welche erkenntnistheoretischen Unzulänglichkeiten dabei bestehen usw. Den hinter den Aussagen liegenden Erkenntnisprozess (qualitative und quantitative Forschung im engeren Sinne, Alltagsbeobachtungen, logische Schlussfolgerungen, Intuitionen etc.) gilt es auch ideologiekritisch zu hinterfragen und zu beurteilen, welche Sichtweisen dabei nicht berücksichtigt wurden und wo die jeweils bestehende Sichtweise zu kurz greift bzw. manipuliert oder manipulierend ist.

In der Phase der Urteilsbildung wechselt das Individuum in mehreren Zyklen zwischen sozialer Interaktion und (Selbst-)Reflexion. Es liegt eine Art Wechselspiel zwischen Austausch bzw. Erfahren und Innehalten und Überdenken des Erfahrenen vor. In den Zyklen der sozialen Interaktion sammelt, prüft und beurteilt es, wie bereits dargelegt, über vielfältige Kanäle relevante Informationen bzw. damit verbundene Annahmen. Nach diesen Phasen der Sammlung von Informationen folgen Abschnitte der Reflexion und Selbstreflexion, in der das Einnehmen anderer Perspektiven vertieft, die gesammelten Informationen weiter beurteilt und elaboriert oder eigene Annahmen erkundet und gewürdigt werden. Können Annahmen auf bestehender Informationsbasis dabei nicht hinreichend anhand der Standards kritischen Denkens geprüft werden, so erarbeitet das Individuum konstruktive Ansätze, die weitere Überprüfungen ermöglichen, z. B. durch das Heranziehen zusätzlicher Quellen, weitere Befragungen usw. Idealerweise dauert diese Sammlung, Elaboration und Reflexion von Informationen so lange an, bis eine gewisse Sättigung an Evidenz für das Individuum eingetreten ist, wie der Sachverhalt zu beurteilen ist, indem eine Vielfalt an Perspektiven aufgegriffen und überprüft worden ist. Dies ist der Zeitpunkt, an dem eine bestimmte Faktenlage sich für das Individuum erhärtet hat und sich ein bestimmtes Geflecht an Annahmen, die sich als wohlbegründet erwiesen haben, abzeichnet. Weitere Gespräche und Analysen von Quellen, weitere Denkprozesse zu den bereits angestellten Überlegungen bringen keine weiteren Einsichten mit sich. Durch das Erschließen und Beurteilen mehrerer nebeneinander bestehender Wirklichkeitsformen kommt der kritische Denker zu einem wohlbegründeten Urteil, das er unter Berücksichtigung der Denkstandards kritischen Denkens und seiner eigenen Normen fällt. Es sei angemerkt, dass dieses Urteil eines von vielen möglichen, wohlbegründeten Urteilen darstellen kann, aber den spezifischen Kriterien kritischen Denkens, wie bisher besprochen, genügt. Des Weiteren sei darauf hingewiesen, dass ideologiekritisches Denken bereits Werte bzw. Normen impliziert, wie etwa Geschwisterlichkeit oder Freiheit. Diese Normen werden durch die des Individuums konkretisiert und ausgestaltet. Es ist möglich, dass durch die Bildung des Urteils eine weitere Dissonanz bei dem Individuum entstehen kann, weil es beispielsweise mit dem erschlossenen Zustand eines Sachverhaltes nicht einverstanden ist oder erkennen muss, dass sein bisheriges Verhalten gegen eigene normative Weltanschauungen verstoßen hat und sich seine Annahmen als falsch oder gar schädlich erwiesen haben.

Die folgende Abbildung vertieft noch einmal den hier vereinfacht linear dargestellten Prozess. In den einzelnen Schritten werden auch nochmals jene Dimensionen kritischen Denkens angeführt, die besonders jeweils eine Rolle spielen und weitere Teilprozesse mit sich ziehen, die jedoch nicht allgemein näher beschrieben werden können, da sie kontextgebunden, also von dem zu betrachtenden Sachverhalt abhängig sind. Durch den ganzen Prozess hindurch erfolgt des Weiteren, wie bereits dargelegt, die epistemische Prüfung von Aussagen bzw. Annahmen (analytische Dimension kritischen Denkens) als auch der Wechsel zwischen sozialer Interaktion und (Selbst-)Reflexion. Diese Aktivitäten wurden durch die beiden Säulen links und rechts am Rand der Abbildung angedeutet.

Abbildung 28: Teilphasen der Urteilsbildung

In der Realität ließe sich jedoch ein linearer, chronologischer Verlauf nur bedingt feststellen, da hier immer wieder Rücksprünge auf verschiedene Phasen oder Variationen des Ablaufs festzustellen sind, da kritisches Denken hochgradig subjekt- und kontextgebunden ist. In der Realität kann es auch so sein, dass bestimmte Schritte parallel durchlaufen werden, indem beispielsweise beim Erfassen verschiedener Perspektiven weitere relevante Sichtweisen und Akteure im Bezug auf den zu untersuchenden Sachverhalt deutlich werden. So kann es auch sein, dass das Urteil noch mehrmals überprüft werden muss und hierzu einzelne Teilphasen erneut durchlaufen werden müssen, weil sich gewisse Annahmen im Nachhinein als falsch oder unzureichend herausgestellt haben etc.

Die Phase der Urteilsbildung ist emotional äußerst schwierig zu bewerten, da eigene Annahmen und Urteile hinterfragt werden und Individuen aus Selbstschutz hier zwischen Selbstgefälligkeit, Verleumdung und Erkennen schwanken können, je nachdem, mit welchem Schlüsselereignis sie konfrontiert werden. Vielleicht muss erkannt werden, dass eigene Verhaltens- und Denkweisen als falsch zu bewerten sind. Dies bedeutet also auch, sich eigene Fehler eingestehen zu müssen, mit der eigenen Fehlbarkeit, der Interdependenz des Ich mit der Realität und mit der eigenen Unwissenheit konfrontiert zu werden. Durch die Perspektivenerweiterung wird oftmals die Komplexität eines Sachverhaltes und die kausale Verbindung des eigenen Ich mit der weiteren Welt bewusst (Interview #4, 2008). Es könnte sein, dass ein Individuum erkennen muss, dass sich sein Denken und Handeln direkt oder indirekt repressiv auf andere, an dem Sachverhalt beteiligte Akteure auswirkt. Eine weitere emotionale Bürde könnte dadurch entstehen, dass das Individuum realisiert, dass bestimmte Akteure unter Auswirkungen von offenen und/oder verdeckten Formen von Macht leiden und repressiven Zwängen ausgesetzt sind. Gleiches könnte aber auch für den kritischen Denker selbst zutreffen. Diese Erkenntnis kann zu Leid und Betroffenheit führen. Deshalb ist es wichtig, dass die Individuen über ein hohes Selbstwertgefühl verfügen, damit sie nicht an der erschlossenen Situation verzweifeln. Es könnte auch der Fall sein, dass eine eigene Positionierung dem Individuum schwerfällt, da es feststellt, dass verschiedene, gleichberechtigte Anschauungen zu einem Sachverhalt bestehen. Keine dieser Anschauungen ist dabei absolut in ihrem Wahrheitsgehalt.

Sowohl kognitive, metakognitive, soziale, emotionale als auch volitionale Kompetenzen werden in hohem Maße benötigt, um kritische Denkprozesse zu lenken, zu überwachen, zu steuern, Emotionen dabei zu regulieren und zu kontrollieren. Die Steuerung der eigenen Emotionen ist sehr wichtig, um nicht voreilige, durch Gefühle ausgelöste Urteile zu treffen.

Der kritische Denker zeichnet sich des Weiteren in dieser Phase dadurch aus, dass ihm die erkenntnisbezogenen Grenzen seines Denkens bewusst sind, beispielsweise bei der analytischen Beurteilung von Quellen, bei der Übernahme von Perspektiven und bei ideologiekritischen Betrachtungen, da er selbst Teil einer Kultur und der damit verbundenen Sozialisation ist, aus deren Denkstilen und Weltanschauungen er nicht ausbrechen kann. So sind ihm etwa die Grenzen der Logik bewusst und er weiß, dass logische Schlussfolgerungen nichts über die Welt aussagen, sondern die empirische Richtigkeit zu prüfen ist. Jene ist wiederum aber auch nur bis zu einem gewissen Grad überprüfbar, abhängig von Möglichkeiten der Überprüfbarkeit, von der Tradition, methodischem Vorgehen usw. Er antizipiert beim Denken auch, dass sein erkenntnistheoretischer Zugang, also seine Wahrnehmung und seine Kognitionen, durch biologische Grenzen eingeschränkt und sozusagen determiniert sind. Automatisch unterstellt menschliches Denken Kausalität und erkennt so zwangsweise Zusammenhänge in der Welt.

5.1.2.3 Phase der Entwicklung von Alternativen

```
┌─────────────────┐      ┌──────────────────────┐
│   Phase der     │      │    Bestimmung von    │
│   Entwicklung   │─────▶│  Handlungsoptionen   │
│      von        │      └──────────────────────┘
│   Alternativen  │              ↕      ↕
└─────────────────┘      ┌──────────┐ ┌──────────────┐
                         │Antizipie-│ │Perspektiven- │
                         │ rende    │ │erweiterung   │
                         │ Analyse  │ │              │
                         └──────────┘ └──────────────┘
                                  ↓
┌─────────────────────┐      ┌──────────────────────┐
│ Aktionsorientierung │      │    Transformative    │
│                     │      │      Annahmen        │
└─────────────────────┘      │ -Entscheidungsfindung-│
                             └──────────────────────┘
```

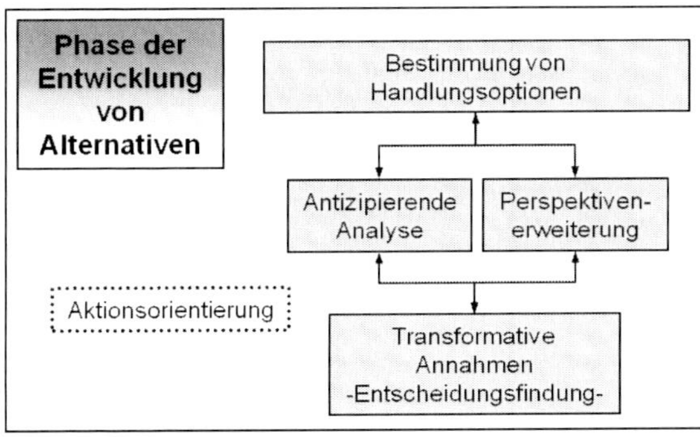

Abbildung 29: Phase der Entwicklung von Alternativen

Die Phase der Entwicklung von Alternativen knüpft an die wertende Zuschreibung aus der Phase der Urteilsbildung an. Fällt die Zuschreibung aus dem Urteil eher negativ in der Bewertung für das Individuum aus, so kann es für die Person notwendig sein, mögliche Handlungsoptionen und deren Konsequenzen aus dem Urteil und der damit verbundenen Einsicht abzuleiten. Die in der Phase der Urteilsbildung gewonnenen Erkenntnisse können eine neue Ambiguitätserfahrung bei dem Individuum hervorrufen. Das wohlbegründete Urteil könnte beispielsweise mit einer Verletzung von normativen Annahmen und Idealen auf der moralischen Ebene einhergehen. Soll-Vorstellungen über die Welt stehen im Widerspruch mit der erlangten Ist-Bewertung. Bisherige Annahmen und das mit ihnen verbundene Denken und Handeln können sich als Luftschlösser, als „schlechte Praxis" erweisen. Dieser Konflikt produziert im Weiteren eine Vielzahl an Fragen, wie das in der Welt Bestehende allgemein zum subjektiv Besseren durch relevante Akteure verändert werden könnte.

Kritische Denker sind bestrebt, nach konstruktiven und vernunftbetonten Lösungsansätzen für erkannte Probleme, die das negative Urteil bedingt haben, zu suchen und diese gedanklich vorwegzunehmen, bevor sie in der Praxis durch sie selbst oder durch andere Akteure umgesetzt werden können. Deshalb ist diese Phase in ihrer Intention aktionsorientiert, wenn auch nur auf gedanklicher Ebene. Der kritische Denker strebt aus Nächstenliebe gegenüber seinen Mitgeschöpfen nach einer Verbesserung der bestehenden Verhältnisse und zeitgleich nach einer vernunftgetriebenen Auflösung bzw. Linderung der wahrgenommenen Diskrepanz. Hierfür benötigt er einen Utopiehorizont, der auf Basis seiner Ideale und der normativen Sicht der Kritischen Theorie konstruiert wird (Interview #7, 2008). Dieser traditionsabhängige Utopiehorizont dient als Referenzrahmen für die Verbesserung des bestehenden Zustandes, welchen das Individuum in der Phase der Urteilsbildung erkundet hat. Jene Idee einer besseren, dem Menschsein gerechteren, praktischeren, nachhaltigeren, freieren, sichereren, von Liebe geprägten Welt, die aus der subjektiven Vernunft des Menschen erwächst, eröffnet Ausblicke auf den anzustrebenden Zustand, den es anzustreben gilt. Unterstellt ist hierbei das Streben des Individuums nach einer dem Menschen gerechteren Welt der Gleichheit, Freiheit und Nächstenliebe im Einklang mit der Natur, nach einem besseren Handeln in Beziehungen mit anderen Menschen, nach einer Verbesserung der eigenen beruflichen Praxis für das Wohl der daran Beteiligten usw. Je nach Utopiehorizont können natürlich unterschiedliche Vorstellungen und Werte betont werden. In der Tradition Kants und der Gesinnungsethik würden beispielsweise andere Fragen gestellt werden als in der Tradition von Mills Utilitarismus. Unabhängig von der Tradition hegt der kritische Denker die Vorstellung, dass die Zukunft nicht determiniert, sondern als offen einzuschätzen ist und durch gemeinsames, kommunikatives Handeln gestaltet werden kann. Hier zeigt sich nun die konstruktive Dimension des kritischen Denkens: Es ist darauf ausgerichtet, sowohl durch Reflexion als auch durch Praxis das Bestehende zu ändern und zu verbessern, sonst wäre es in seiner Zielsetzung nutzlos (Kincheloe, 2004, S. 31). Diese Zielsetzung kritischen Denkens teilten auch einige der Interviewpartner:

„Da bin ich ganz bei Habermas, zu sagen, so was wie einen herrschaftsfreien Diskurs wenigstens versuchen anzustreben, im Sinne eines Auslotens der Reichweiten und Grenzen. Und dann diskursiv die Frage zu stellen: Wo sind Veränderungsmöglichkeiten gegeben auf Basis dieser normativen Grundreflexion?" (Interview #7, 2008).

Der kritische Denker fragt sich unter anderem also, wie erkannte und dabei schädliche Herrschaftsverhältnisse aufgelöst, bzw. wie die Selbstreflexion der Beherrschten gefördert werden könnte, gesetzt sie seien menschlich. Das Individuum sucht nach Alternativen zu dem Bestehenden und lotet dazu Handlungsoptionen aus, wie die jeweilige Praxis verbessert werden könnte.

Innerhalb der konstruktiven Dimension des kritischen Denkens ersinnt und erforscht der kritische Denker auf Basis der bisher angestellten Erkenntnisse und Überlegungen vielfältige mögliche Handlungsoptionen, die geeignet sein könnten, den bestehenden Zustand zu verbessern. Dabei kann er sich an dem in der Phase der Urteilsbildung Erkundeten orientieren. Zur Findung und Bewertung bestehender Optionen bedarf es einer weiteren, in die Zukunft gerichteten und antizipierenden Perspektivenerweiterung und deren Analyse und Evaluation. Mögliche alternative Handlungsoptionen werden also, nachdem sie in Phasen der sozialen Interaktion durch Gespräche, Nachdenken, Beobachtungen, Recherchen usw. gesammelt worden sind, nun sukzessive analytisch, multiperspektivisch und ideologiekritisch untersucht.

Das bedeutet zum einen in Hinblick auf die analytische Dimension, gefundene mögliche Lösungsvorschläge bzw. Alternativen zu der bestehenden Situation im Hinblick auf deren Umsetzbarkeit, Effektivität, Aufwand, Zielerreichungsgrad, Eintrittswahrscheinlichkeit usw. anhand der Standards für analytisches Denken zu untersuchen. Es gilt hierbei zu beurteilen, ob und in welchem Umfang die gefundenen Denk- und Handlungsoptionen zu gewünschten Zuständen führen könnten. Handlungsoptionen können das eigene und/oder das Denken und Handeln von weiteren an dem Sachverhalt beteiligten Akteuren betreffen, die Einfluss auf den Sachverhalt nehmen können. Es gilt auch zu eruieren, wie sich mögliche Handlungsoptionen zur Erreichung gewünschter Zustände bei einer Umsetzung für betroffene Akteure auswirken würden. Diese Frage der Wirkweisen der Umsetzung von Handlungsoptionen geht also auch einher mit der multiperspektivischen und ideologiekritischen Betrachtung der Lösungsansätze und deren möglichen Auswirkungen. Durchaus ist es denkbar, dass bestimmte Maßnahmen zwar bestehende Probleme lösen könnten, aber gleichzeitig dadurch neue Formen der offenen oder verdeckten Repression geschaffen werden. Außerdem gilt es zu überlegen, wie das Umfeld strategisch auf die Änderungen reagieren könnte und wie diese Reaktionen geprüft werden können. Die Annahmen hinter den Lösungsansätzen müssen dabei hinsichtlich ihrer Wirkweisen in der Realität untersucht und reflektiert werden. Dafür müssen wieder verschiedene Perspektiven der beteiligten Akteure hypothetisch eingenommen werden. Auch wird in dieser Phase verstärkt die konstruktive Dimension des kritischen Denkens benötigt, um beispielsweise Wege und Möglichkeiten zu eruieren, wie die Umsetzung der Handlungsoptionen am besten und am praktikabelsten überprüft werden kann, z. B. in kleinen Experimenten, durch Analogien usw.

Soziale Interaktion und Reflexion gehen auch hier miteinander einher. Die Entwicklung alternativer Handlungsoptionen geschieht durch Phasen der erneuten Ideen- und Informationssammlung. Ganz wichtig sind wieder der Austausch und das Argumentieren mit Betroffenen, die ähnliche Konflikte zu überwinden hatten, die Sichtung von ähnlichen Fällen, Befragung von Experten usw., um passende, alternative Denk- und Handlungsperspektiven für eine andere Zukunft entwickeln zu können. Diese in Erfahrung gebrachten Informationen werden, wie bereits dargelegt, in Phasen der Reflexion auf analytische, multiperspektivische, konstruktive und ideologiekritische Kriterien hin untersucht und in Form von Aussagekraft und Zielerreichung bewertet. Die hier gefundenen Ergebnisse werden im Weiteren wieder in einer Phase der sozialen Interaktion ausgetauscht, überprüft und diskutiert, um in einer weiteren Phase der Reflexion die Validität der gefundenen kausalen Aussagen zu bewerten. Die folgende Abbildung verdeutlicht noch einmal die einzelnen, bisher besprochenen Teilschritte. Wieder werden die Dimensionen kritischen Denkens hervorgehoben, die besonders in den jeweiligen Schritten von Wichtigkeit sind:

Abbildung 30: Entwicklung von Alternativen

Um geeignete Alternativen und die hierfür benötigten Lösungsansätze bzw. Handlungsoptionen zu finden, bedarf es zum einen des Rückgriffs auf bereits bestehendes Wissen, das es zu finden und konstruktiv zu nutzen gilt. Es kann aber auch der Fall sein, dass das bestehende Wissen nicht ausreicht, um geeignete, alternative Handlungsoptionen zur Verbesserung der bestehenden Praxis finden zu können. In diesem Fall wäre es nötig, Forschung zu betreiben, um geeignete und noch nicht gefundene Handlungsoptionen empirisch herzuleiten und zu erkunden. Die hierzu nötigen Vorgehensweisen können im Rahmen des Modells jedoch nicht weiter erörtert werden.

Am Ende des Prozesses stehen jene subjektiv wohlbegründeten Annahmen in Form von Entscheidungen, durch welche Handlungen die bestehende Praxis im Sinne der Umsetzung der Normen des Individuums transformiert werden können. Dabei kann die Entscheidung mehrere Handlungsoptionen betreffen, die sich als brauchbar herausgestellt haben. Erweisen sich die hinter den gefundenen Handlungsoptionen stehenden Annahmen als mit einer hohen Wahrscheinlichkeit valide und geeignet für die Änderung der bestehenden Situation, so kann es dazu führen, dass alte Ansichten und Handlungsweisen revidiert werden und daraus die Absicht erwächst, neue Handlungsmuster auch in der Praxis umzusetzen. Diese neuen Annahmen sind transformativ, darauf ausgerichtet, das Bestehende verändern zu wollen. Durch Umsetzung der Handlungsoptionen kann – zumindest auf der Grundlage der angestellten Analyse und der Schlussfolgerungen in der Theorie – der untersuchte Sachverhalt „transformiert", also die bestehende Realität verwandelt werden in einen Zustand, der sich den Idealen, dem Utopiehorizont des kritischen Denkers annähert oder diesen gar erreicht. Diese transformativen Annahmen enthalten wohlbegründete Ideen, um einen Wandel des Bestehenden einzuleiten auf einer mehr oder weniger abstrakten Ebene. Sie bieten hypothetische Lösungen für die an dem Sachverhalt beteiligten Akteure, um die Praxis zu verbessern. Verbessern kann das Lösen von ganz pragmatischen Problemen, aber auch die Bekämpfung von ungerechten Praktiken bezeichnen.

Aufgrund dieser gefundenen Annahmen ist es möglich, konkrete, kontextsensitive Handlungsschritte für die beteiligten Akteure abzuleiten, um den bestehenden Sachverhalt zu verändern und zu verbessern. Diese gefundenen Annahmen geben dem kritischen Denker wieder Halt, da er zumindest auf einer Metaebene entweder Handlungsoptionen gefunden hat, um Zustände zu verändern, oder neue Einsichten erlangt hat, die es ihm erlauben, einen anderen, für ihn annehmbareren Blick als Interpretationsmuster auf den bestehenden Sachverhalt anzuwenden.

Neben der rationalen Analyse von kausalen Zusammenhängen werden vor allem in dieser Phase kreative Fähigkeiten des kritischen Denkers vorausgesetzt, um mögliche Handlungsoptionen für betroffene Akteure ableiten zu können. Hierbei ist es notwendig, auch eher abwegige und irrationale Ideen zu verfolgen und zu durchdenken.

Abschließend sei wieder angemerkt, dass der in Abbildung 30 veranschaulichte, schematische Verlauf des Denkens in der Realität nicht so technokratisch und linear abläuft. Vielmehr geschehen Dinge zeitgleich, es entstehen Rücksprünge und Vorgriffe in den einzelnen Phasen. Die Ausführungen dienen nur dazu, wichtige Merkmale und den Charakter dieser Phase kritischen Denkens besser verstehen und den dahinterliegenden Prozess besser fördern zu können.

5.1.2.4 Integrationsphase

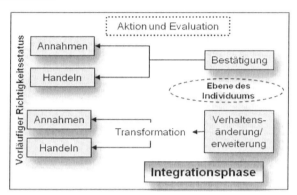

Abbildung 31: Integrationsphase des kritischen Denkens

Erkenntnis kann der erste Schritt zur Veränderung sein. Nachdem das Individuum in der Phase der Entwicklung von Alternativen generelle Annahmen zur Lösung von erkannten Missständen und/ oder zur Verbesserung der Praxis auf einer eher abstrakten Ebene entwickelt hat, sucht es nun auf Basis der gewonnenen Erkenntnisse nach konkreten Handlungsplänen auf individueller Ebene, wie es selbst dazu beitragen kann, durch eigenes Handeln die bestehende Praxis in seinem Lebensbereich zu verbessern und zu verändern. Diese Handlungsabsichten werden in einem weiteren Schritt vernunftbetont umgesetzt und die daraus gewonnenen Einsichten wiederum zur Abstimmung des Handelns konstruktiv genutzt. Außerdem erkennt das Individuum durch seine Denkaktivitäten und dem Handeln in der Praxis selbst, wie sehr sein eigenes Agieren in Interdependenz mit dem weiteren Umfeld steht. Interviewpartner #4 beschreibt dies wie folgt:

"I do think when you go into this process one of the very frequent things that happens is that you start to realize how interconnected your own life is to other people and social structures and the environment and so the decisions and actions you take on a daily basis. At that point maybe you have seen just your own individual experience separating from everybody else's. When you start to analyze it critically you realize how much your life is embedded and I do think that you have a different view of how the world works as a result. The separation of yourself and the rest of the world breaks down. You see how interconnected your own life is to so many other things" (Interview #4, 2008).

Die Integrationsphase stellt große Herausforderungen an das Individuum. Es gilt, die entwickelten alternativen konstruktiven Handlungsoptionen zur Verbesserung der bestehenden Praxis für den eigenen Lebensbereich zu operationalisieren, im realen Leben auszuprobieren. Alte Denk- und Handlungsweisen sind durch transformative zu ersetzen oder zu erweitern. Die Phase der Integration ist somit eine Phase des Experimentierens, des Auslotens und Ausprobierens. Je nach Gegenstand des kritischen Denkens kann es sich hier für das Individuum um eher harmlose bis hin zu existenziellen Entscheidungen handeln. Der kritische Denker entscheidet bei der Umsetzung der zielführenden Handlungsoptionen vernunftbetont. Er übernimmt sowohl Verantwortung für sein zielgerichtetes Handeln als auch für das Unterlassen von Handlungen und die damit jeweils verbundenen Konsequenzen. Bei seinen Handlungen berücksichtigt er die Belange der Mitgeschöpfe und sein Eigeninteresse gleichermaßen.

Veränderung und/oder Erweiterung von Denk- und Handlungsgewohnheiten können vielfältige Reaktionen des weiteren Umfeldes in sowohl positiver als auch negativer Auswirkung hervorrufen (Trager, 2008, S. 70 ff). Die Gefahren der Umsetzung und Verbalisierung kritischer Denkprozesse wie etwa Verlust des Arbeitsplatzes, Verzicht, soziale Ächtung, Gefühl der Unwürdigkeit, Verunsicherung und Verärgerung des Umfeldes oder Überforderung, die mit der Integration alternativer Denk- und Handlungsweisen einhergehen können, macht sich der kritische Denker bewusst und bezieht diese als mögliche Konsequenzen reflektiert in sein Kalkül mit ein (siehe hierzu Brookfield, 1987, S. 76–78; 2003, S. 150–154). Manche bedrohlichen Umstände mögen drastische und selbstaufopfernde Handlungen als einzige und effektivste Lösung mit sich bringen, um sozialen Wandel einzuleiten, wie z. B. bei extremer persönlicher und/oder politischer Unterdrückung. Das Individuum sollte in seinem Rahmen jedoch vernunftbetont handeln, ohne seine Existenz, sein Leben und seinen Platz in der Gesellschaft dadurch massiv zu gefährden. Dabei haben die Individuen je nach Status, Einkommen, Sicherheitsbedürfnis, Leidensfähigkeit usw. verschiedenartige Spielräume und Ressourcen, mit denen sie agieren können.[53]

Wichtig ist, dass der kritische Denker an seinen Überzeugungen festhält und versucht, diese in seinem gegebenen Rahmen umzusetzen. Wichtig ist auch, dass er in seinem Rahmen einen Beitrag leistet, der nicht selbstgefällig ist, sondern die Interessen der anderen gleichermaßen ehrlich berücksichtigt. Interviewpartner #9, der selbst in seiner Laufbahn durch das Festhalten und Verkünden seiner Standpunkte etliche Schwierigkeiten erfahren musste, beschreibt die benötigte Einstellung mit „Bereitschaft zur Konfrontation und zum eigenen Weg" (Interview #9, 2008). Unter bestimmten Umständen kann es notwendig sein, radikale Änderungen der Handlungen vorzunehmen. Oftmals reichen aber auch kleine, andauernde, gezielte und konsequente Handlungsschritte aus, um die bestehende Praxis von innen heraus ändern zu können, ohne gleich auf Konfrontation gehen zu müssen und ohne enormes Leid und Verzicht auf sich zu nehmen. Denken und handeln ausreichend viele Individuen auf Basis der erlangten Erkenntnisse im Sinne einer kritischen Masse, so ist der gesellschaftliche Wandel unumgänglich (Kincheloe, 2004, S. 17). Von Bedeutung ist folglich der Wille zur Veränderung, auch wenn die angestrebten Handlungen erst einmal sich nicht als zielführend erweisen. Deshalb benötigt der kritische Denker einen gewissen Weitblick, eine gewisse Gerissenheit und Frustrationstoleranz bei der Umsetzung seiner Handlungspläne. Je nach Verlauf der Umsetzung und den damit verbundenen Situationen und entstehenden Konsequenzen sollte das Individuum flexibel reagieren und vernunftbetont abwägen, ob die eingeleiteten Handlungen so weiter verfolgt werden, welche Korrekturen notwendig sind, ob und wie es sein Ziel weiter erreichen kann und welche Konsequenzen dafür noch in Kauf genommen werden müssen. Auch in dieser

---

53 Für manche Individuen kommen auch gesellschaftlich als radikal angesehene Veränderungen ihrer Handlungen und Sichtweisen, mit all den damit verbundenen Konsequenzen, infrage. Auch dies können für das jeweilige Individuum vernünftige Entscheidungen sein.

Phase wechseln sich wieder Phasen der Reflexion und der sozialen Interaktion ab, wobei vor allem Selbstreflexion von Wichtigkeit ist, um die eigene Position, den eigenen Standpunkt zu erkennen und diesen zu beurteilen.

Bei der Erprobung neuer Handlungsmuster ist es von Bedeutung, einem sozialen Netzwerk anzugehören, welches den Menschen in seinem Denken und Handeln und den damit gemachten Erfahrungen unterstützt. Dies können Freunde, Gleichgesinnte, die Familie usw. sein. Mit diesen Mitstreitern kann sich das Individuum vernetzen, Allianzen aufbauen, sich von ihnen beraten lassen, sich über Erfahrungen austauschen, im Kollektiv handeln und/oder einfach nur sein Leid teilen, welches der Wandel mit sich bringen kann.

Die Handlungen können, wie bereits dargelegt, dazu führen, dass ein bestimmter Wandel in der Lebenspraxis des Individuums und weiterer betroffener Akteure wie beabsichtigt eintritt. Die bestehende Diskrepanz aufgrund des erkannten Problems wird durch das aktive Handeln gemildert oder sogar aufgelöst. Damit wird die Richtigkeit des Denkens und Handelns des Individuums als vorläufig richtig bestätigt. Die Dissonanz wird abgemildert bzw. aufgelöst.

Es kann aber auch sein, dass der Mensch sich nach dem Durchlauf des Prozesses kritischen Denkens in seinen bereits intuitiv vertretenen Annahmen und in seinem Handeln bestätigt fühlt und nun ein neues Bewusstsein über sein Denken und Handeln erlangt. Nicht immer muss es also zu einer Veränderung der Handlungsweisen im Prozess kritischen Denkens kommen. Vertretene Annahmen und darauf ruhende Handlungen werden in ihrer vorläufigen Richtigkeit bestätigt.

Möglich ist es aber auch, dass bestimmte Handlungen neue Ambiguitätserfahrungen für das Individuum aufwerfen. Beispielsweise können neue wissenschaftliche Ergebnisse das bisherige Denken und Handeln in seiner Richtigkeit widerlegen, unternommene Handlungen sich in ihrer Effektivität als unzureichend herausstellen, die Handlungsweisen für das Individuum zu negativen Konsequenzen führen usw. Denkbar ist auch eine Situation, in der das Individuum aufgrund der Ergebnisse aus dem kritischen Denkprozess erkennen muss, dass trotz der Absicht, die bestehende Praxis zu verbessern, und trotz gefundener, genereller Lösungsansätze auf der Ebene des Individuums keine vernünftigen Möglichkeiten gegeben sind, einen Wandel anzustoßen. Gründe dafür können unter anderem ein Mangel an Einfluss des Individuums auf die Situation, Angst vor zu befürchtenden Konsequenzen bei der Durchführung der Handlungen, mangelnde Fertigkeiten, um einen Beitrag leisten zu können, sein.

Annahmen und/oder Handlungen werden in diesem Szenario nicht in ihrer Richtigkeit bestätigt bzw. versagen in ihrer Angemessenheit. Treten jene Fälle ein, so kann eine weitere Ambiguitätserfahrung entstehen. All diese beschriebenen sowie auch weitere Fälle sind deshalb Ausgangspunkt für neue Prozesse kritischen Denkens. Das Individuum muss nun Wege und Denkweisen entwickeln, um mit der als unzufrieden empfundenen Situation konstruktiv umgehen zu können. Dafür braucht es auch ein hohes Maß an Ambiguitätstoleranz. Neue Denk- und Handlungsansätze wollen entwickelt werden, um die Praxis doch zu verändern oder zumindest ein erträgliches Leben darin zu ermöglichen.

An dieser Stelle schließt sich also der Zyklus kritischen Denkens und zugleich ist der Abschluss der Phasen erneut Ausgangspunkt für neue Prozesse kritischen Denkens. Kritisches Denken und das damit angestrebte Ziel der Mündigkeit ist somit eine bis zum Tode nicht endende Anstrengung. Der Weg ist dabei das Ziel.

5.2 Die Didaktik kritischen Denkens

5.2.1 Didaktik der Initialphase

In der Initialphase des kritischen Denkens muss die Aufmerksamkeit der Lernenden aktiviert werden. Dafür müssen geeignete Themen als Gegenstand für kritisches Denken in Abhängigkeit der Lernenden gewählt werden. Die Themen müssen so aufbereitet werden, dass sie die Lernenden sowohl emotional als auch kognitiv in einen Zustand der Wachsamkeit durch eine wahrgenommene Herausforderung versetzen.

Experte #4 rät, Themen zu wählen, die mit der direkten Praxis der Lerner und deren täglich zu treffenden Entscheidungen, sei es im Beruf oder privat, verbunden sein sollten und diese Praxis zum Gegenstand des kritischen Denkens zu machen:

"I think one of the other things I'm trying to do is to work from very specific concrete experiences and actions that people are taking. I don't teach critical thinking as a disconnected foremost mental analysis. Instead I always try to ground it in very specific decisions that we have to take. I get people to use decisions based in their daily practices and their daily lives as the case-studies, as the focus of the critical thinking process. Any exercises that I set up or any kind of program or workshop I do or any class that I teach the content of the workshop or the class is usually the participants' own specific experiences and actions and decisions. (...) I'm always trying to teach it in the context of the specific decisions and actions that people are facing (Interview #4, 2008).

Für Experte #6 sind jene Themenbereiche geeignet für die Förderung von kritischem Denken, in denen „*es viele Vorurteile gibt, wo man oft verkehrt denkt. Und andere Probleme, wo man noch zu wenig darüber weiß*" (Interview #6; 2008).

Zwei der 13 Experten machten deutlich, dass das Individuum durch den Einsatz von herausforderndem Material ein Stück weit auf sich selbst zurückgeworfen werden sollte, um zum kritischen Nachdenken angeregt zu werden. Je mehr das Erfahrene dabei für den Lerner von Relevanz und Bedeutung ist, je stärker es ihn anspricht und er sich darin selbst wiederfindet, umso intensiver wird er sich damit auseinander setzen wollen. Der Experte aus Interview 13, ein Filmregisseur, arbeitet beispielsweise mit der Erzeugung von individueller Betroffenheit: „*Also wenn sich der Zuschauer dem stellt, was er hier sieht, dann wird er in den meisten Fällen sozusagen entweder über sich selber nachdenken, oder er wird erkennen müssen, dass es auch seine Welt ist, die er hier vorgeführt bekommt. Also in irgendeiner Form damit zu tun hat, ja. Sei es – er selber, sei es durch seine Herkunft, sei es durch Nachbarn, Freunde, Arbeitsplatz – wie auch immer. Er kann sich eigentlich nicht davonstehlen. Er müsste eigentlich wissen: Ich bin auch dafür verantwortlich, dass die Welt so ist, wie sie ist – wie hier dargestellt wird*" (Interview #13, 2009).

Kritisches Denken beleuchtet seiner Ansicht nach soziale Missstände, die im Alltag verborgen liegen und von den Menschen nicht richtig wahrgenommen werden. Durch eine abweichende, eindringliche Sichtweise, einen anderen Zugang zum Alltäglichen, können jene Sachverhalte aber verdeutlicht und „erspürbar" gemacht werden. Daher rät der Experte den Einsatz von multiperspektivischen, kontroversen und gesellschaftskritischen Filmen oder Filmausschnitten, deren Inhalte an die Lebenswelt anknüpfen und den Zuschauer sowohl auf emotionaler als auch auf kognitiver Ebene berühren können. Gerade im Wirtschaftsbereich findet sich hierzu eine große Auswahl an vielschichtigen Filmen. Ein Film kann durch Vermittlung ästhetischer Erfahrung den Zuschauer auf emotionaler Ebene berühren und ist deshalb auch für jene Zielgruppe von Schülern interessant, die schwer über die kognitive Ebene durch gesprochene oder schriftliche Argumente in Theorien und Modellen zu erreichen sind.

Ein kurzer Blick auf die didaktischen Möglichkeiten macht klar, dass die Potenziale des Mediums Film durch ein großes methodisches Spektrum nutzbar für den Unterricht gemacht werden können. Im Folgenden findet sich ein kurzer Ausschnitt an Möglichkeiten, durch Filme kritisches Denken in der Initialphase anzuregen.

Funktion	Methode	Didaktische Funktion
Komplementärsichtung	Zeigen eines Films im Ganzen im Anschluss an oder vor eine(r) Unterrichtseinheit	Veranschaulichung von Komplexität, Initiierung eines kognitiven Konflikts
Sequenzauftakt	Zeigen eines Films/einer Verfilmung oder Teilen davon als Auftakt zu einer Unterrichtseinheit ohne/mit medienspezifische(r) Diskussion	Motivation, Induktion von Emotion, Perspektivenerweiterung
Handlungsverlaufsübung	Zeigen eines Filmes bis zu bestimmten Schlüsselstellen, Schüler sollen dann mögliche Ausgangsszenarien dazu entwerfen mit Präsentation und Diskussion	Schulung der Perspektivenübernahme, Konstruktivität, analytische Fertigkeiten kritischen Denkens
Thematische Sequenzen-Kontrastierung	Sichtung einer/weniger Sequenz(en), die zu einem wichtigen Problembereich, z. B. auch mit widersprüchlichen Perspektiven, ausgewählt werden	Aufwerfen von Denkanstößen, Erzeugung von Widersprüchlichkeit
Fokussierte Inhaltsanalyse	Angeleitete Rezeption etwa mithilfe eines Beobachtungsbogens, der sowohl inhaltliche als auch filmsprachliche Aspekte beinhaltet (evtl. in Gruppen mit unterschiedlichen Beobachtungsaufgaben); anschließende Diskussion	Perspektivenerweiterung, Erfahrung der Mehrdeutigkeit von Film; Schulung analytischer Fertigkeiten
Einfrieren	Einfrieren wichtiger einzelner Einstellungen im Rahmen einer genauer analysierten Sequenz; gemeinsame Betrachtung des Einzelbildes ohne analytische Diskussion, evtl. spontane Wahrnehmungsäußerungen	Sensibilisierung; Schärfung des Sehens visueller Gestaltungsmittel

Tabelle 10: Typologie didaktische Filmanalyse zur Förderung kritischen Denkens in der Initialphase (angelehnt an Weißbach, 2002)

III. Konzeption des theoretischen Rahmens des didaktischen Designs

Experte #13, der selbst bekannte dokumentarische, thematisch kontroverse Werke zu verschiedenen gesellschaftlichen Phänomenen geschaffen hat, wies aber darauf hin, dass seiner Ansicht nach tiefer gehende Denkprozesse nur auf emotionaler Ebene angestoßen werden können und deshalb nur eine bestimmte Art von Filmen diesen Impuls, der für kritisches Denken benötigt wird, beim Betrachter auslösen kann. Kritisches Denken auf rein kognitiver Ebene erachtet er als nicht wirksam.

Der Experte wies aber darauf hin, dass kritisches Denken am besten durch „echte" Erfahrungen, die man im Leben macht, angeregt wird. An diese Qualität des Erlebens komme der Unterricht in der Schule nicht heran. Daher sollten Lernende auch die zu erkundende Realität selbst kennen lernen und erfahren. Nur so könne man Dinge „be-greifen." Ein weiterer Experte aus dem Kontext Schule pflichtet diesem Einwand bei und empfahl deshalb weitestgehend den Einsatz von authentischen Dokumenten, den Kontakt mit realen Schicksalen bzw. den Praxiskontakt von Schülern mit der zu untersuchenden Realität (Interview #10, 2008). Er nannte beispielsweise den Einbezug von externen, authentischen Partnern, wie etwa Betroffene eines Vorfalles (z. B. an Aids erkrankte Menschen, Langzeitarbeitslose etc.), die über ihr Schicksal mit den Schülern sprechen. Dafür werden Kontakte zur „Außenwelt", zu Experten, Betroffenen usw. benötigt.

Gerade im ökonomischen Unterricht können vielfältige relevante Probleme aus der Realität genutzt und im Schulunterricht auf interessante und herausfordernde Weise aufgeworfen werden. Experte #7, der selbst in der Forschung und Lehre im Wirtschaftsbereich tätig ist, nannte den Einsatz von kritischen Kurzgeschichten.[54] Außerdem nannte der Experte echte und erfundene Dilemmata aus dem Wirtschaftsbereich, wie beispielsweise die ausbeuterische Produktion von Textilien im Zusammenhang mit den von den Jugendlichen präferierten Kleidungsstücken, Kundenberatungsgespräche im Einzelhandelsbereich oder auch verschiedene Methoden des kooperativen Lernens, bei denen Lernende miteinander diskutieren und verschiedene Perspektiven einnehmen sollen. Dabei veranschaulichte er viele konkrete Beispiele aus seiner Lehrpraxis. Auch er vertritt die Ansicht, dass das genutzte Material im direkten oder indirekten Zusammenhang mit den Lernenden stehen sollte. Experte #1 machte folgenden Vorschlag zur Anregung des kritischen Denkens:

"Wie motiviere ich zum kritischen Denken – ja, vielleicht gebe es die Möglichkeit, das müsste man ausprobieren, dass man ihnen wirklich die Konsequenzen eines einzelnen Handelns vor Augen führt" (Interview #1, 2008).

Der Experte weist im weiteren Verlauf des Interviews darauf hin, dass das gewählte Beispiel sich an der Lebenswelt der Lernenden orientieren sollte, also Themen von Relevanz für die Jugendlichen aufgreift. Dabei sollte auch das Prinzip „vom Konkreten zum Abstrakten" berücksichtigt werden, also erst einmal ein Einzelfall beispielsweise durch den Einsatz von Fallbeispielen gezeigt werden, aus dem generelle Aussagen oder Phänomene abgeleitet werden können. Zwei weitere Experten

---

54 Anekdote zur Senkung der Arbeitsmoral von Heinrich Böll (1963): Sie handelt von einem Gespräch zwischen einem Fischer und einem Touristen. Bei dem Gespräch prallen zwei verschiedene Lebensauffassungen aufeinander, nämlich die auf materiellen Wachstum und Wettbewerb ausgerichtete Lebensweise mit einer postmateriellen, genügsamen und genießerischen Gesinnung. Die Geschichte eignet sich hervorragend als Anlass zur ideologiekritischen Reflexion von der Bedeutung von Arbeit.

nannten den Einsatz von sich widersprechenden Darstellungen von aktuellen Medienbeiträgen in Printmedien zu kontroversen Themen, um so die benötigte Relevanz zu schaffen und einen kognitiven Konflikt zu initiieren (Interview #1, 2008; Interview #3, 2008). Der vielfältige Einsatz polarisierender, herausfordernder und/oder ästhetischer Medien und Kunst zur Anregung des kritischen Denkens kann auch durch das Lehrgespräch ergänzt oder ersetzt werden. So könnte auch durch sokratisches Fragen allein die benötigte Ambiguität erzeugt werden.

Der hervorzurufende Schlüsselreiz sollte eine Herausforderung für den Lernenden darstellen, die zu intensiver Beschäftigung mit den Inhalten anregt. Ist der erzeugte Konflikt für den Lernenden aber nicht herausfordernd, sondern überfordernd, so greifen unter gewissen Bedingungen Vermeidungs- oder Verleumdungsmechanismen, die die weitere Auseinandersetzung mit der gemachten Erfahrung verhindern/verzerren können (Festinger, 1962). So gilt es, das richtige Maß des Einsatzes von kontroversem Material zu bedenken. Dabei bewahrheitet sich folgendes Sprichwort: „*What is joke to you could be death to me.*" Das Aufwerfen und gemeinsame Bearbeiten eines herausfordernden Problems kann jedoch einen Schüler anspornen und motivieren, während ein anderer damit sowohl emotional als auch kognitiv völlig überfordert ist und sich dadurch innerlich zurückzieht. Der Einsatz von kognitiven Konflikten durch Ambiguität muss also sehr überlegt und mit viel Feingefühl geschehen. Die Frage, wie weit man mit dem Einsatz von kognitiven Konflikten beim einzelnen Schüler gehen kann und sollte, ist eine große und durchaus auch risikoreiche Herausforderung für den Lehrer, die empirisch noch nicht hinreichend erforscht ist. Kognitive Konflikte bzw. Dissonanzen können auch zerstörerischer Natur sein und zu Stress, Angstzuständen, Schlafstörungen, Leistungseinschränkungen, Disziplinproblemen, Schulschwänzen, reduzierter Kollaboration usw. führen (Johnson und Johnson, 2009, S. 37–38). Darauf wies auch Interviewpartner #4 folgendermaßen hin:

"*I think that process of how you get students comfortable with ambiguity is one of the most difficult aspects of this work* " (Interview #4, 2008).

Es sollte an dieser Stelle noch auf die Ergebnisse aus der Emotionsforschung hingewiesen werden: Werden durch den Einsatz von Schlüsselreizen negative Gefühle wie Wut, Betroffenheit, Ärger, Trauer, Mitleid, Schuld, Angst usw. erzeugt, so werden verstärkt analytische Denkprozesse bei den Lernenden angeregt. Annahmen und Argumente werden dadurch verstärkt hinterfragt und kritisch beleuchtet. Positive Emotionen hingegen wie Freude, Neugier, Vertrauen usw. spornen das kreative und holistische Denken an (Hänze, 1998; Kassner, 2008). Beide Arten von Emotionen werden für kritisches Denken in adäquatem Maße benötigt. Der zu induzierende kognitive Konflikt sollte also neben positiven Emotionen wie Neugierde auch negative Gefühle wie Betroffenheit oder Unsicherheit anregen, die zur kritischen Prüfung von Annahmen herausfordern.

Manche der Experten wie Gesprächspartner #4 machten deutlich, dass auf der Ebene des pädagogischen Professionals sowohl die Modellierung kritischen Denkens als auch die Unterstützung der Lernenden in ihrem Konflikt dazu beitragen kann, besser mit der Dissonanzerfahrung, hier im Zusammenhang mit dem Einsatz von Ambiguität, die als negativ empfunden wird, zurechtzukommen.

"Here the modeling can be very helpful, because if the leader in an organization or community can talk about how they live with ambiguity and how they are able to handle it and deal with it and not let it stop them taking actions. Then the learner has a an example of what that looks like and one of the things that is interesting for me to read on students comments about how helpful it is for them to hear from a leader that the leader also is experiencing ambiguity because the students often assume that this leader is completely certain and has no doubt. It is quite dramatic when they understand that this is not the case" (Interview #4, 2008).

Außerdem riet der gleiche Experte, Lerner, die noch wenig Erfahrungen mit dieser Art des Lernens haben, erst sehr langsam an den Einsatz von kognitiven Konflikten heranzuführen, indem der Lehrer zwar offene Probleme aufwirft, aber klare Wege und Antworten zur Lösung bereithält. Erst nach der Gewöhnung soll der Grad der Arbeit mit kognitiven Konflikten inkrementell, in Abstimmung auf die Entwicklung der Lernenden, erhöht werden. Auch dieses Vorgehen deckt sich mit den Empfehlungen in der Literatur (siehe Lindt, 2003; Brookfield, 1987).

Da Lernende ganz individuell auf die Initiierung kognitiver Konflikte reagieren, gilt es gerade bei emotional sehr belastenden Themen, die richtige Balance beim Medien- und Methodeneinsatz zu finden. Ein Großteil der Interviewpartner (#4, 2008; #8, 2008; #9, 2008) machten deshalb deutlich, dass für die Förderung von kritischem Denken ein offenes, warmherziges und vertrauensvolles Lernklima wichtig ist, welches von Nächstenliebe (Interview #9, 2008) und für kritisches Denken notwendige Umgangs- und Diskussionsregeln getragen wird (Interview #12, 2008; #3, 2008), in dem Lerner Fehler machen dürfen, sich angenommen fühlen und ihren Erfahrungen Beachtung geschenkt wird (Interview #8, 2008). Ohne ein warmherziges, respektvolles, offenes und vor allem kooperatives Lernklima sollte kein kognitiver Konflikt eingesetzt werden. Dieses Klima ist die Ausgangsbasis für die Förderung von kritischem Denken. Erst wenn die Lernenden ein gewisses Maß an Selbstwertgefühl und Selbstvertrauen in der Gemeinschaft der Klasse und Vertrauen zur Lehrkraft aufgebaut haben, wenn sie sich angenommen, respektiert und wertgeschätzt fühlen, können sie sich für kritisches Denken richtig öffnen. Zwänge, Hierarchien, Ängste, Druck, Wettbewerb – Vieles in der Unterrichtsalltagskultur steht dem kritischen Denken entgegen und muss für dessen Entfaltung entkräftet werden. Die für kritisches Denken benötigte Offenheit macht den Lernenden verletzbar und leicht angreifbar, da er Risiken im Denken und Handeln übernehmen wird, Emotionen empfinden und zeigen wird usw. Lehrende müssen also Lernenden ihre Ängste nehmen, sie zur Offenheit motivieren, ihnen zeigen, dass es beim kritischen Denken keinen Zwang außer den zwanglosen Zwang des Argumentes gibt. Lehrkräfte sollten deshalb auch klar betonen, dass von den Lernenden keine vordefinierten Denkresultate erwartet werden. Außerdem sollten die Lernenden in der Gemeinschaft demokratisch für den gemeinsamen Umgang und für Diskussionen ein Regelwerk erarbeiten, durch das zum einen das angemessene Verhalten zur Stärkung des Selbstvertrauens der Lernenden realisiert werden kann und zum anderen Diskussionen kritisch, im Sinne des kommunikativen Handelns, geführt werden können (Interview #4, 2008). Diskussionen können auch den für kritisches Denken benötigten Konflikt induzieren, wenn eine entsprechende Gesprächskultur und Perspektivenvielfalt vorliegen. Neißer nennt hier in Anlehnung an Habermas und Apel als Anforderung für kritische Diskussionen folgenden Prinzipien, die für die Zielgruppe der Lerner und von den Lernern selbst konkretisiert werden müssten:

- Ausgehen von konkreten Situationen
- Persönliche Erfahrungen und Gefühle sollen, soweit sie sich auf das Thema beziehen, ins Gespräch eingebracht werden.
- Verzicht auf Definitionen von Begriffen, stattdessen exemplarische Klärung der Begriffe
- Selbstvertrauen in die eigene Vernunft und Vertrauen in die vernünftigen Fähigkeiten der anderen
- Interesse an der Wahrheit
- Ausdauer und Durchhaltevermögen während der Suche nach Wahrheit
- Offenheit für Argumente Andersdenkender
- Fähigkeit zur Selbstkritik
- Bemühen um klare, verständliche Ausdrucksweise

Abbildung 32: Diskussionsrichtlinien nach Neißer, zitiert nach Reese-Schäfer (1990, S. 133)

Experte #4 (Interview, 2008) und Experte #12 (Interview, 2008) sprachen sich für eine demokratische Findung von Umgangs- und Verhaltensregeln aus, die die Lernenden gemeinsam mit der Lehrkraft erarbeiten, niederschreiben und jeweils beglaubigen. Dabei sollten die Lernenden selbst die Regeln in Gruppenarbeiten ausarbeiten und konkrete Beispiele dazu veranschaulichen. Interviewpartner #4 schlug vor, die Lernenden im Vorfeld sich überlegen zu lassen, welche Verhaltensweisen sich sehr schlecht auf das individuelle Lernen und den Umgang miteinander auswirken und welche des Weiteren als hilfreich und gut angesehen werden. Daraus lassen sich im Anschluss die einzelnen Sätze in Umgangsregeln definieren. Diese Regeln sollen auch jederzeit öffentlich zugänglich für alle Lernenden einsehbar sein.

Neben einem vorgelebten und verwirklichten Verhaltens- und Kommunikationskodex zur Herstellung des benötigten Lernklimas kommt der Lehrkraft durch deren Handeln eine enorm wichtige Rolle zu, die von zentralen Prinzipien getragen wird. Interviewpartner #9 spricht in diesem Zusammenhang von der gelebten Nächstenliebe der Lehrkraft (Interview, 2008) – von einer durch Nächstenliebe getragenen Beziehung, die zu dem angestrebten Zustand der Offenheit und des Vertrauens führt. Auf diesem Boden erst kann kritisches Denken gedeihen.

Interviewpartner #2, der aus dem philosophischen Kontext stammt und unter anderem Logik unterrichtet, brachte den Zusammenhang zwischen kritischem Denken und dem Vertrauen bzw. dem Selbstwert der Lerner wie folgt zum Ausdruck:

„Es ist meiner Erfahrung nach vom Argumentationsunterricht vor allem das Problem, jetzt nicht so sehr, dass die Leute nicht argumentieren können, sondern vor allem, dass sie sich nicht trauen. Das heißt: Es geht einem guten Teil darum, dass man die Leut erst einmal irgendwie dazu bringt, sich zu trauen, überhaupt zu argumentieren" (Interview #2, 2008).

Eine weitere Interviewpartnerin betonte die Wichtigkeit des Lernklimas im Zusammenhang mit dem für kritisches Denken wichtigen Selbstwertgefühl der Lernenden wie folgt:

„Und durch dieses Selbst-Tätigsein und diesen respektvollen Umgang soll sich im Idealfall dann eben ein gesundes Selbstwertgefühl entwickeln, das wiederum, denke ich, natürlich neben sehr vielen kognitiven Variablen, dann auch die Grundlage ist für Kritikfähigkeit" (Interview #3, 2008).

Deshalb gilt es auch, Lernumgebungen und den gemeinsamen Umgang darin im Hinblick auf das benötigte Lernklima zu gestalten. Beispielsweise nannte einer der Befragten (Interview #8, 2008) das Bilden von Stuhlkreisen für gemeinsame Diskussionen, damit sich die Lernenden so aktiver kennen- und miteinander diskutieren lernen.

Erst wenn das vertrauliche, respektvolle, von Nächstenliebe getragene Miteinander besteht, erst wenn die Lernenden durch ein gewisses Maß an Selbstwertgefühl und Vertrauen zur Lehrkraft und zur Gemeinschaft sich zu öffnen vermögen, sollte die Initialphase kritischen Denkens behutsam eingeleitet werden. Das benötigte Niveau an Ambiguitätserleben für kritische Denkaktivitäten muss von der Lehrkraft durch hohe Kontextsensitivität und Experimente behutsam in mehreren Szenarien ausgelotet werden. Generell gilt, dass das Niveau anfangs sehr gering gehalten werden sollte, um niemanden zu überfordern und zu überlasten (Interview #4, 2008).

5.2.2 Didaktik der Phase der Urteilsbildung

In der Phase der Urteilsbildung sind all jene Methoden und didaktischen Handlungen zu subsumieren, die dazu anregen, Informationen zu sammeln bzw. zu strukturieren, Perspektiven zu übernehmen und die gesammelten Informationen zu elaborieren und dabei auf ihre Glaubwürdigkeit, ihren Ideologiegehalt und ihre Aussagekraft zu prüfen. Phasen des eigenständigen und ungestörten Reflektierens und der sozialen Interaktion sollten dabei im Wechsel stattfinden.

Zur Informationssammlung und Perspektivenerweiterung nannten beispielsweise fast alle Gesprächspartner Methoden des kooperativen Lernens und des handlungsorientierten Unterrichts. Ein Großteil der Experten empfahl dabei einen inkrementellen Wechsel von Phasen der selbstgesteuerten Alleinarbeit und Phasen von kooperativen Gruppenarbeiten, die didaktisch sinnvoll aufeinander abgestimmt werden. In den Phasen der Alleinarbeit sammeln Lerner eingangs Ideen, um das aufgeworfene Problem besser erfassen und verstehen zu können. In den Phasen des kooperativen Lernens nehmen die Lerner verschiedene Perspektiven ein und analysieren kritisch ihre Argumente im gemeinsamen Diskurs. In der anschließenden Phase der Alleinarbeit greifen die Lernenden dann die gemachten Erfahrungen wieder auf und reflektieren diese kritisch. Es folgen weitere Phasen des kooperativen Lernens usw. Für diese Art des Lernens müssen Lernumgebungen geschaffen werden, die einen reichhaltigen und vielfältigen Zugang zu relevanten Informationen ermöglichen. Experte #6 brachte beispielsweise das kooperative Brainstorming, welches nach dem Think-Pair-Share-Prinzip durchgeführt werden sollte, als Vorschlag ein, um vielfältige Informationen und Ideen zu sammeln. Auch Experte #12 verwies auf das dahinterstehende Think-Pair-Share-Prinzip. Lernende sollten zu offenen Fragen erst in Einzel- und dann in Gruppenarbeiten Ideen sammeln, austauschen und kontrovers diskutieren. Weiterhin wurde in den Interviews die Wichtigkeit des Einsatzes von Diskussionen genannt, in denen Lernende Ideen sammeln, verschiedene Perspektiven aufgreifen, austauschen und argumentativ erörtern können. Aufgeführt wurden hier Diskussionsformen wie die Pro-Kontra-Debatte, der Einsatz von Dilemmaanalysen, Forendiskussionen, Chats, Debattierklubs usw. Interviewpartner #7 gab folgende methodische Empfehlung ab:

„Meistens arbeite ich mit so Dilemmata-Situationen, sei es in literarischer Form, sei es in einer Sprache der Schüler, die auf ihre Berufswelt und/oder Lebenswelt Bezug nimmt. Und grad da beim Handel sind ja lauter Themen, wo man die Lebenswelt auch mit einbeziehen kann. (...) Wenn man mit dem Kaufverhalten über Menschrechte und über eigentliche Lebensschicksale entscheidet" (Interview #7, 2008).

Anhand der Empfehlung wird auch das bereits erwähnte Prinzip der inhaltlichen Orientierung an der Lebenswelt der Lernenden deutlich.

Des Weiteren wurden verschiedene Ausprägungen des Gruppeninterviews genannt, die auch in der Literatur zum kooperativen Lernen diskutiert werden (Interview #11, 2008; Wahl, 2006). In Gruppenarbeit versetzen sich die Lerner dabei in bestimmte Personen mit anderen Anschauungen hinein und werden dann in dieser Rolle zu den Annahmen der zu spielenden Person interviewt, z. B. in einem Zeitungsinterview. Es wird z. B. also nicht ein Interview über Kontrahenten geführt, sondern mit ihm. Der Lerner wird ganz bewusst mit dem Namen seiner Rolle angesprochen und antwortet auch in dessen Ich-Form. Wichtig dabei ist, dass die vermutete Innenansicht verbalisiert wird (Gedanken, Empfindungen, Annahmen, Gründe etc.). Wahl (2006) schlägt unter anderem das **Interview mit sich selbst** vor, um eigene Annahmen zu identifizieren und diese bewerten zu können. Lehrkräfte sollten dabei den Lernenden folgende Reflexionsfragen stellen:

- Welche Annahmen stecken hinter meiner Haltung, Einstellung, Argumentation zu einem bestimmten Sachverhalt?
- Welche Gründe und welche Schlussfolgerung stützen meine Annahmen?
- Bestehen diese Gründe einer kritischen Überprüfung?
- Woher habe ich diese Annahmen? Wo und wie wurde ich in dieser Denkrichtung beeinflusst?

Diese Fragen eignen sich besonders gut für die Phasen der Selbstreflexion, wenn es etwa darum geht, eigene Annahmen zu erforschen.

Generell lässt sich feststellen, dass die Experten einstimmig auch die Förderung kritischen Denkens durch schriftliche Arbeiten befürworteten, sei es nun, um einen Sachverhalt multiperspektivisch zu betrachten, eigene Annahmen zu identifizieren und zu beurteilen oder Vor- und Nachteile dialektisch zu einem komplexen Sachverhalt abzuwägen. Im Folgenden werden interessante Methoden auszugsweise vorgestellt, die in den Interviews zur Sprache kommen und sich auch in den diskutierten Workshopunterlagen wiederfinden.

Interviewpartner #4 arbeitet zur Identifikation und Beurteilung von Annahmen der Schüler in Phasen der Selbstreflexion mit der sogenannten **Critical-Practice-Audit**, welches er bei seinen Lernenden wöchentlich einsetzt (Kursmaterial # D, 2008, S. 70). Lernende reflektieren dabei schriftlich über ein kritisches Ereignis aus ihrer Praxis, welches sie nicht hinreichend verstehen und beurteilen können. Die Praxis kann dabei als der zu erlernende Beruf, das Leben als Student usw. verstanden werden, je nachdem, bei welcher Zielgruppe diese Methode zum Einsatz kommen soll:

III. Konzeption des theoretischen Rahmens des didaktischen Designs

> Please think back over the past 7 days. As you review your practice, think about the critical incidents that have happened during that time. A critical incident is an event that can be called to mind easily and quickly because it is remembered so vividly. Usually critical events are considered as significant by us because they are unexpected, they take us by surprise. Sometimes they are wonderful highs, sometimes demoralizing lows. Often they're a mix of both.
>
> Please choose the top two or three critical incidents in your practice over the last 7 days. For each incident, please do the following:
>
> 1. Write a brief description of the incident. This should include details of what happened, who was involved, where and when it took place, and what it was that made the incident ‚critical' for you.
> 2. List the assumptions you have as a practitioner that were confirmed by this incident. What was it about what happened that led you to think the assumptions you uncovered were accurate and valid?
> 3. List the assumptions you have as a practitioner that were challenged by this incident. What was it about what happened that led you to think the assumptions you uncovered might be inaccurate or invalid?
> 4. How did you try to check the accuracy of your assumptions that were challenged? If you weren't able to check these at the time, how could you check them in the future? What sources of evidence could you consult?
> 5. What different perspectives could be taken on the incident? As you think about it through the eyes of the other people involved, are there different ways the situation could be seen, or your behavior interpreted?
> 6. In retrospect, are there different responses you might have made to the incident? If so, what would these responses be, and why would you make them?

Abbildung 33: Critical-Practice-Audit (Brookfield, 2008, S.70)

Durch die Strukturierung der Fragestellung wird der Lernende durch einen kritischen Denkprozess geführt, indem er Annahmen identifizieren, deren Glaubwürdigkeit und Richtigkeit beurteilen muss, Möglichkeiten zur Überprüfung von nicht evidenten Annahmen herausfindet, verschiedene Perspektiven einnimmt oder alternative Denk- und Handlungsmuster entwickelt. Auf Basis der schriftlichen Beantwortung dieser Fragen findet dann eine Gruppendiskussion statt, in der die Lernenden ihre Ergebnisse austauschen und sich kritisches Feedback geben können, um so weitere Perspektiven zu erkunden und Annahmen zu überprüfen usw.

Des Weiteren nannten die Experten noch eine Vielzahl von Methoden zur schriftlichen Förderung von Aspekten kritischen Denkens, welche vor allem in der Phase der Urteilsbildung von Relevanz sind. Experte #5 riet, Texte zur Modellierung von kritischem Denken einzusetzen, indem Lernende mehrere Schriftstücke, die das gleiche Thema behandeln, aber aus verschiedenen Perspektiven bzw. in verschiedenen Niveaustufen im Hinblick auf kritisches Denken geschrieben sind, vergleichen. Zudem empfahlen einige Experten kurze dialektische Aufsätze, die zur Urteilsbildung beitragen können. Drei der Interviewpartner wiesen darauf hin, dass die schriftlichen Aufgaben nicht lang sein und immer durch Feedback von anderen Lernenden oder dem Lehrer beantwortet werden sollten (Interview #1, 2008; Interview #8, 2008; Interview #5, 2008). Außerdem betonte einer der Experten, dass auch schriftliche Aufgaben möglichst nahe an der Lebenswelt der Lernenden ausgerichtet werden sollten, damit die Schüler sie als interessant und lohnenswert empfinden (Interview #8, 2008). Schriftliche Arbeiten eignen sich vor allem gut in den Phasen der Reflexion und Selbstreflexion, in denen der Lernende über sein bisheriges Denken und Handeln oder auch über die in der Gruppe gemachten Erfahrungen und gesammelten Ideen und Perspektiven anhand von Denkstandards nachdenkt und dabei eigene Annahmen identifiziert, analytisch und ideologiekritisch bewertet oder eine Perspektivenerweiterung anstellt. Kooperative Arbeitsformen haben ihren Vorteil darin, Ideen zu sammeln, Perspektiven zu wechseln und verschiedene Perspektiven zu übernehmen, Annahmen analytisch im Diskurs zu beurteilen, das für kritisches Denken benötigte Dissonanzniveau aufrechtzuerhalten und gleichzeitig den Selbstwert der Lernenden zu steigern. Dabei können schriftliche Arbeiten auch für kooperative Aufgaben genutzt werden, beispielsweise durch Forendiskussionen, in denen Lernende Statements aus der Einzelarbeit publizieren und dann in einen kritischen, asynchronen Diskurs übergehen, in dem die Statements gemeinsam reflektiert und beurteilt werden.

Eine weitere Methode zur Unterstützung des kritischen Denkens in der Phase der Urteilsbildung, die sowohl schriftlich in Einzelarbeit als auch als kooperative Gruppenarbeit eingesetzt werden kann, ist die **Szenario-Analyse** (Kursmaterial # D, 2008, S. 21), die in ihrer Form an die Fallstudienmethode erinnert. Den Lernenden wir eingangs schriftlich ein für sie relevantes, fiktives Szenario präsentiert, das sich auch so in der Realität zutragen könnte. Je nach Schulfach, Lernzielen und Kontext sind hier verschiedenartige Szenarien denkbar. Der Kreativität sind dabei keine Grenzen gesetzt. Im Zentrum der Analyse steht eine Person, die ein bestimmtes Problem zu lösen hat. Die Beschreibung des Szenarios geschieht rein deskriptiv, ohne normative Würdigung, wobei der Fokus auf Denk- und Handlungsmuster der Hauptperson gerichtet ist, darauf, wie diese die Situation einschätzt und welche Lösungsansätze sie aufgrund dieser Annahmen verfolgt. Nachdem die Lernenden die Beschreibung des Szenarios sorgfältig gelesen haben, werden sie mit Fragen, die das kritische Denken anregen, konfrontiert. Das folgende Beispiel veranschaulicht die Aufgabenstellung.

III. Konzeption des theoretischen Rahmens des didaktischen Designs

---

"GOING BACK"

Karen, a wife and mother of two young children in her thirties, is considering going back to work. She has watched as her husband Jack, a busy professor, has taken on more and more work outside of his college to help provide his family a decent quality of life in the city. She sees how tired he is and hears his complaints of how he never has enough time with his family, how he's being pulled in so many different directions, and how he wished things would just slow down.

To ease the situation, Karen has interviewed for, and been offered, a full time job with a company in the suburbs. She intends to put the children into day care and commute back and forth each day to her work. She reckons that with the money her job brings into the home Jack will be able to give up many of his commitments outside of the college. This will give him more time with his family and reduce the pressures and tensions he feels. Overall, the family will be happier – their economic situation will be the same but the burden of producing income will be shared more fairly and Jack will be able to spend more time at home.

1. What assumptions – explicit and implicit – do you think Karen is operating under in this situation ? List as many as you can.

2. Of the assumptions you've listed, which ones could Karen check by simple research and inquiry ? How could she do this?

3. Give an alternate interpretation of this scenario. A version of what's happening that is consistent with the events described but that you think Karen would disagree with.

Abbildung 34: Scenario Analysis Exercise (Kursmaterial # D, 2008, S. 21)

Die Fragen zielen darauf ab, sowohl das analytische als auch das multiperspektivische, ideologiekritische und konstruktive Denken anzuregen. Beispielsweise sind die Lernenden aufgefordert, explizite und implizite Annahmen herauszufinden (analytisches Denken – Frage 1), Wege aufzuzeigen, wie nicht überprüfte Annahmen in ihrer Gültigkeit getestet werden könnten (konstruktives Denken – Frage 2), Interpretationen anzustellen, wie das Szenario aus weiteren Perspektiven gedeutet werden kann (multiperspektivisches Denken – Frage 3) oder Annahmen herauszufinden, die sich direkt oder indirekt negativ auf das Denken und Handeln der beteiligten Akteure auswirken. Der Dimension Macht und Hegemonie soll dabei besondere Aufmerksamkeit geschenkt werden.

Folgende mögliche Lösungen werden zu dieser Aufgabe vorgeschlagen (Kursmaterial # D, 2008, S. 35). Sie dienen als Grundlage für Diskussionen und zur Modellierung von kritischem Denken durch die Lehrkraft und veranschaulichen noch einmal die verschiedenen Dimensionen kritischen Denkens, die durch die Aufgabe gefördert werden können:

Frage 1: Annahmen

1. Jack's workaholism is due to externally imposed financial pressures (causal)
2. With more money coming in Jack will work less (causal)
3. Karen can take on these responsibilities without jeopardizing her relationships with Jack and the children (causal)
4. Family happiness is linked to Jack's state of mind (paradigmatic/causal)
5. Wives have a duty to help out husbands (prescriptive)
6. Jack is speaking the truth & voicing a genuine complaint (paradigmatic)
7. This economic situation has one response
8. Day care will benefit the children's emotional health (causal)

Frage 2: Überprüfung der Annahmen

1. Do a life history analysis of Jack's behavior, particularly before he was in demand. Did he spend more time at home, take things easier?
2. Try the job on a part-time or temporary basis. Or just drive out to the job location for a week to see how it feels.
3. Ask Jack to talk about his complaints
4. Do an economic audit of family finances. Is Karen working the only response? Could things be budgeted differently?
5. Speak to other couples in the same situation who made the change Karen is contemplating – experiential pioneers – and ask them what happened to them.
6. Hire a Private Detective to follow Jack
7. Go to marriage counselor/family therapy

Frage 3: Multiperspektivische Interpretation

1. Karen wants to take on the role of independent worker outside the family. For some reason she is unwilling to confront Jack, or herself, with her wishes. Jack's situation is a convenient rationalization of her desires.
2. Jack's workaholism is due to his personality. If Karen works Jack will not slow down. They will have less time together and the time they do spend together will be time when they're both tired.
3. Jack is having an affair.

Ideologiekritische Dimension:
Assumptions of Power

1. The problem is Karen's to solve (by her getting a job). Her taking a job will reduce familial tension, decrease the pressure Jack feels and will therefore help the situation
2. It's Karen's responsibility to find and fund day care and to find good paying work

Assumptions of Hegemony

1. Money is the cause of the family's stress
2. Money is the solution to the family's problems
3. The only way for this situation to be resolved is for Karen to find a job
4. Karen's job will provide more money, and therefore more family happiness

Tabelle 11: Lösungsvorschläge zur Szenarioanalyse "Going Back" (angelehnt an Kursmaterial #D, 2008, S. 35)

III. Konzeption des theoretischen Rahmens des didaktischen Designs

Basierend auf Vergleichen zwischen den Ergebnissen der Lernenden und der Musterlösung können nun weitere synchrone oder asynchrone Diskussionen geführt werden.

Der Lehrkraft kommen generell bei der Förderung kritischen Denkens zwei Hauptaufgaben zu, nämlich zum einen die Unterstützung und zum anderen die Herausforderung der Lernenden. Die Unterstützung ist dadurch gekennzeichnet, dass die Lehrkraft den Lernenden während des Einsatzes von kognitiven Konflikten beisteht, indem sie beispielsweise ein vertrauensvolles Lernklima schafft, eigene Unsicherheiten beim Umgang mit der Fragestellung,wie bereits beschreiben, modelliert, die Lernenden durch Lob, Anerkennung usw. motiviert, sensibel auf die Reaktionen der Lernenden reagiert und notfalls die Aufgabenstellung ändert. Dafür sollten verschiedenartige Beobachtungsstrategien wie Einzel- und Gruppengespräche, wöchentliche Umfragen, Blitzlichter und dergleichen eingesetzt werden, um das emotionale Befinden der Lernenden und ihre kritischen Denkaktivitäten einschätzen zu können und, wenn nötig, zu intervenieren (Interview #4, 2008). Ziel der Unterstützung ist es, den Lernenden beizustehen, ihnen Copingstrategien zum Umgang mit Ambiguität zu vermitteln, den Selbstwert der Lernenden zu fördern, damit sie mit ihren Emotionen besser umgehen können.

Zum anderen gilt es aber auch, die Lernenden weiterhin herauszufordern. Das Aufwerfen von kritischen Fragen durch die Lehrkraft ist für die Phase der Urteilsbildung sehr wichtig und trägt dazu bei, das benötigte kognitive Spannungsverhältnis weiter aufrechtzuerhalten. In der Einschätzung von Experte #7 ist das Modellieren von kritischem Denken durch die Lehrkraft sogar den anderen Methoden überlegen. Experte #8 betonte, dass die Lehrkraft jene Fragen beim kritischen Denken den Lernern veranschaulichen soll, die sie sich selbst stellt. Experte #6 nannte als Methode zur Förderung des multiperspektivischen und analytischen Denkens beispielsweise das Stellen von sokratischen Fragen, insbesondere den stufenweisen Einsatz von Fragen zur Überprüfung der Gültigkeit von Informationen:

"So, whenever I'm lecturing or leading a class I do it sokratically. I am definitely model good thinking. But at the same time I re-give students opportunity to explicate their thinking. Whether it's to me in front of the class or whether it's to each other. I also do it in the assignments. So they have to outline the reasoning behind their assignments. So they're always assessing and analysing each other and their own thinking" (Interview #6, 2008).

Der Experte leitet seine Lernenden schrittweise bei der Analyse von Annahmen an. Hierbei wird deutlich, wie die Elemente des analytischen Denkens bei den Lernenden verinnerlicht werden sollen, damit sie selbstständig diese in ihr Denken integrieren können.

„We are going to first analyse the logic. What did the author say? What did you say? What did your, ah, say your peer say? In other ways I might say: What is their purpose? What is their argument? What information did they use? What point of view are they coming from? Then we're gonna assess that: Was it clear? Was it accurate? (...)" (Interview #6, 2008).

Lernende sollen durch Fragen des Lehrers aufgefordert werden, ihre Antworten stets anhand der intellektuellen Denkstandards zu begründen und daran auszurichten. Dafür müssen gemeinsam mit den Lernenden entsprechende Diskussionsregeln aufgestellt worden sein, die kritische Denkaktivitäten in Wort und Schrift anregen (siehe Initialphase). Beispielsweise sollen Lernende in ihren Ausführungen die sogenannte **S** (State)-**E** (Elaborate)-**E** (Exemplify)-**I** (Illustrate)-Formel anwenden, die nichts anderes als das Einüben des Argumentierens mit sich bringt, da die Lernenden so ihre Aussagen begründen, konkretisieren, mit Beispielen und Evidenz belegen sowie den Sachverhalt veranschaulichen müssen, damit er für andere klar und verständlich wird (Interview #11, 2008).

Interviewpartner #7 ergänzte, dass die Lehrkraft niemals überlegen und belehrend („Zeigefinderdidaktik") pädagogisch agieren, sondern ihre Reflexionskultur in ihren Stärken und Schwächen explizieren und auf einer Augenhöhe mit den Lernenden in Kontakt treten sollte. Dies bestätigte auch Interviewpartner #3:

„Also, was auch noch sehr wichtig ist, den Schülern zu suggerieren, dass ihre Meinung natürlich genauso wichtig ist wie die des Lehrers. Also dass man eben nicht die All-, die alleinige Weisheit besitzt, sondern, wenn Sie, wenn Sie jetzt sagen: Für ihn ist das jetzt so, dann muss man vielleicht dies auch mal argumentieren und an einer anderen Stelle dann wieder aufnehmen. Und eben nicht zu oberlehrerhaft zu wirken. Ich glaub, dass Schüler dann da schnell einmal abblocken" (Interview #3, 2008).

5.2.3 Didaktik der Phase der Entwicklung von Alternativen

Die Entwicklung von alternativen und konstruktiven Handlungsoptionen zur Verbesserung des Bestehenden benötigt vor allem kreatives und konstruktives Denken. Neben der Ausrichtung des Denkens an den Denkstandards bedarf es auch kreativer, intuitiver und „unvernünftiger" Gedankenspielereien und -experimente, um mögliche neue Wege auszuloten und später auch beschreiten zu können. Garrison und Archer betonen die Wichtigkeit von Intuition im kritischen Denken wie folgt: *„Rational thought without intuition lacks inspiration. It is like taking a trip back and forth on the same road; while it is very predictable we never discover new roads and vistas"* (2000, S. 85). Die Förderung kritischen Denkens in der Phase der Entwicklung von Alternativen muss folglich darauf abzielen, die Schüler darin zu unterstützen, ihre kreativen und konstruktiven Potenziale entfalten zu können.

Kreatives und konstruktives Denken kann sich unter positiven Gefühlen wie Entschlossenheit, Neugierde, Vertrauen usw. am besten entfalten (Kassner, 2008). Folglich sollten sowohl das pädagogische Wirken der Lehrkraft als auch die eingesetzten Methoden darauf abzielen, den Lernenden Möglichkeiten einzuräumen, ihre kreativen und konstruktiven Fertigkeiten unter Anregung positiver Emotionen anwenden zu können. In der Phase der Entwicklung von Alternativen wird eher das Prinzip der Unterstützung als das der Herausforderung betont. Die Herausforderung ist in den ersten beiden Phasen stärker ausgeprägt.

Auf der methodischen Ebene lassen sich einige Formen des kooperativen Lernens finden, die die Entwicklung von Alternativen unterstützen. Interviewpartner #7 nannte beispielsweise die

Zukunftswerkstatt als eine Methode, um Lernende zum konstruktiven Umgang mit Problemen zu befähigen. Zukunftswerkstätten sind basisdemokratisch und integrativ. Sie versuchen eine Aufhebung des Gegensatzes von Experten/Laien, Herrschenden und Beherrschten. Durch die Zukunftswerkstatt wird versucht, eine Integration von Selbst- und Gesellschaftsveränderung, Rationalität und Intuition, Intellektualität und Spiritualität sowie Kognition und Emotion zu erreichen. Die Zukunftswerkstatt ist eine kreative Methode des Entwerfens, Planens, Entwickelns, die Kreativität und spielerisches Element benötigt. Außerdem spielt kommunikatives Handeln eine wichtige Rolle: Alle Stimmen äußern ihre Bedürfnisse, Sehnsüchte, Wünsche, Ängste und Befürchtungen. Des Weiteren sind Zukunftswerkstätten provokativ. Sie fordern die bestehenden politischen und gesellschaftlichen Ordnungen und Institutionen auf, Lösungsvorschläge und soziale Erfindungen der Bevölkerung ernst zu nehmen und aufzugreifen. Die Methode der Zukunftswerkstatt betont und fördert die Vervielfältigung, Wählbarkeit und Gestaltbarkeit von jener idealen Zukunft, die als gemeinschaftlich wünschenswert erarbeitet wird.

Der gesamte Prozess der Zukunftswerkstatt (siehe dazu Kaminski und Kaiser, 1999, S. 231–248) zielt darauf ab, mithilfe von verschiedenen Methoden und Techniken den Lernern behilflich zu sein, sich ihres Utopiehorizontes, ihrer Ideen, Probleme, Wünsche und damit verbundenen Annahmen bewusst zu werden und diese zu formulieren. Eine Zukunftswerkstatt kann so als Katalysator oder Hilfsmittel verstanden werden, um kreative Ideen für bestehende Probleme zu entwickeln. Die Gruppengröße für eine Zukunftswerkstatt sollte 25 Lerner nicht überschreiten. Wichtig ist des Weiteren, dass die genaue Themen- bzw. Problemformulierung von den Lernern vorgenommen bzw. präzisiert wird. Die Arbeitsweise vollzieht sich in einer Abfolge von Fantasie und Kritik, Intuitivität und Rationalität, Diskussion und Meditation. Alle diese Phasen sollen in ihrer Zielsetzung die Kreativität der Lernenden fördern. Pädagogische Professionals agieren in der Rolle des Lernbegleiters, d. h., sie organisieren, initiieren, regen an, vermitteln, helfen bei technischen Problemen usw.

Von der Interessenlage der Lerner ausgehend wird in der ersten Phase (*Kritik und Katharsis*) das gegebene Problem neu bzw. umdefiniert, präzisiert oder erweitert, nachdem die Lerner sich mit dem Thema beschäftigt und ein Urteil gebildet haben (siehe Phase der Urteilsbildung). Es erfolgt eine Kritiksammlung, in der alle Gruppenmitglieder ihren Unmut, ihre Kritikpunkte, Ängste, negativen Erfahrungen und kritischen Einschätzungen zu dem gewählten Thema sammeln, wobei einige auch stichpunktartig visualisiert werden können (z. B. mit einem Mind-Mapping-Programm). Versehen mit Kommentaren, Ergänzungen und weiteren Problemstellungen ist diese Sammlung von Kritiken, Problemen und Konflikten jetzt Gegenstand einer Diskussion, die auch den ganz persönlichen Bezug zu den Problemen mit einbezieht. Dies kann z. B. auch durch ein Rollenspiel oder eine Forumsdiskussion geschehen.

In einem weiteren Schritt erfolgt die Kritikverarbeitung, die die Sichtung, Ordnung, Zusammenfassung und Auswahl der geäußerten Kritikpunkte enthält. Dabei sollten die Kritikpunkte von den Lernern gemäß ihrer Wichtigkeit bewertet werden mit Klebepunkten, bei einer Abfrage im virtuellen Klassenzimmer etc. Diesen einzelnen Punkten können dann Oberbegriffe und Kritikthemenkreise zugeordnet werden. Die Punkte werden diskutiert und konkretisiert, damit eindeutig geklärt ist, was sie beinhalten. Abschließend wandeln die Teilnehmer die negativen Sätze in positive Aussagen um, z. B. der Satz „Der LKW-Verkehr schadet der Natur durch Lärm und Abgase" in die Aussage „Durch LKW-freie Straßen wird die Natur geschont". Hiermit wird ein Fundament für eine konstruktive Weiterarbeit gelegt. Damit ist die Fragestellung bzw. Zielsetzung für die Utopiephase gegeben.

Grundvoraussetzung für den Erfolg der *Fantasie- und Utopiephase* ist die Schaffung einer kreativen und fantasievollen Atmosphäre sowie eines gewissen Verfremdungseffektes zur Stimulierung ungewöhnlicher, unüblicher Ideen und Lösungen. Hierzu werden Spiele verwendet, die Spaß machen, die Fantasie anregen und ein Ausbrechen aus der eigenen Rolle ermöglichen, z. B. durch Kostüme, Schminke, – aber auch eine zweite Online-Identität in einem Forum usw. Die Gruppenmitglieder entwerfen mithilfe des Brainstormings nun möglichst viele Wunschziele/Szenarien für die Zukunft, die sie dann den jeweiligen Kritikpunkten zuordnen (Brainstorming). Bei der Entwicklung der Utopien im Brainstorming gilt:

1. Kritik daran findet erst später statt.
2. Je kühner die Ideen, desto besser
3. Möglichst viele Vorschläge sammeln
4. Auf geäußerte Ideen eingehen und weiterentwickeln

Dabei wird davon ausgegangen, dass die Lerner alle Macht, allen Einfluss und alles Geld der Welt haben, und es sei außerdem darauf hingewiesen, dass die Wunschziele nicht umsetzbar zu sein brauchen, sondern im Gegenteil so unrealistisch und utopisch wie möglich sein sollen. Bei der anschließenden Ideenverarbeitung werden die geäußerten Wünsche für die Weiterarbeit bewertet und geordnet.

Die bei der ersten Utopienrunde gefundenen Aspekte werden in Zusammenhänge gebracht und von Kleingruppen (3–5 Personen) weiterbearbeitet, ergänzt und verfeinert. Auch hier kann auf synchrone und asynchrone Kommunikationswerkzeuge zurückgegriffen werden.

Die in der Utopiephase gewonnenen Ideen und Konzepte werden in der *Phase der Strategie und Umsetzung/Nachbereitung* wieder in den Kontext des Alltags gestellt, d. h., eine nüchterne, kritische Betrachtung der Utopien soll vorgenommen werden (z. B. anhand der Denkstandards kritischen Denkens). Es müssen mögliche politische, wirtschaftliche, gesellschaftliche oder technische Schwierigkeiten antizipiert werden. Außerdem gilt es zu prüfen, ob durch die Verwirklichung der Utopien nicht neue Systeme der Ungerechtigkeit und des Zwangs geschaffen werden.

Nach der Vorstellung und Analyse aller Möglichkeiten treffen die Teilnehmer eine Auswahl bzw. eine Rangliste guter und schlechter Lösungen unter Abwägung aller zur Verfügung stehenden Kenntnisse bzw. mit Benennung aller Wissenslücken.

Der nächste Schritt besteht in der Realisation der ausgewählten Lösung. Eine klare Planungsarbeit beginnt. In arbeitsteiligen Kleingruppen werden verschiedene Stufen der ausgewählten Lösungskonzepte detailliert ausgearbeitet. Es gilt, Durchsetzungsstrategien für die erfolgversprechendsten Fantasien zu entwickeln.

Diese Planungsideen und Pläne werden vorgestellt und aufeinander abgestimmt, konkretisiert bzw. erweitert. Daraus ergeben sich Ablaufpläne und Arbeitsschritte, die dann im Einzelnen von der Gesamtgruppe diskutiert werden. Ein gemeinsam entworfener Stufenplan ist das Ergebnis dieser Phase.

Der gemeinsame und individuelle Ausgleich und direkte Einstieg in dieses Vorhaben ist Gegenstand der abschließenden Besprechung, in der jeder Einzelne darstellen soll, was er oder sie als Nächstes unternehmen wird, um die gemeinsam entwickelte Problemlösung zu realisieren. Eine kontinuierliche Weiterarbeit wird dabei angestrebt. In der Zukunftswerkstatt soll also konkret danach gefragt werden, was die Gemeinschaft unternehmen kann, um alternative Handlungsoptionen umzusetzen, wer dabei die Vorhaben unterstützen kann und wie der Beginn des Handelns konkret eingeleitet und gestaltet werden muss.

In einer Nachbereitungsphase sollte auch erhoben werden, wie die geplanten Vorhaben konkret von den einzelnen Lernern umgesetzt wurden, welche Erfahrungen sie dabei gemacht haben, welche Probleme dabei entstanden sind und wie die Strategien korrigiert werden sollten, um die angestrebten Ziele zu erreichen. Die Zukunftswerksatt sollte so zur permanenten Werkstatt werden, die zu Veränderungen oder Erweiterungen von Handlungen führen kann.

Eine weitere Methode, die auch dem kooperativen Lernen zugeordnet werden kann, ist das **Protokoll der kritischen Konversation** (Kursunterlage D, 2008, S. 49–51; Interview #4, 2008). Diese Methode war für Interviewpartner #4 eine der wichtigsten für die Praxis des kritischen Denkens. In diesem Rollenspiel stehen eine Person und deren Annahmen bezüglich eines kritischen und komplexen Vorfalles aus ihrer beruflichen Praxis im Zentrum, der sie berührt und den sie nicht hinreichend deuten konnte. Die Methode dient

1. zur Bewusstmachung und Überprüfung eigener Annahmen, besonders solcher, die mit Macht und Hegemonie verbunden sind;
2. zur Überprüfung, ob eigene Annahmen wohlbegründet sind;
3. zur Beleuchtung der eigenen Ausübung der beruflichen Praxis aus verschiedenen Perspektiven;
4. zur Ableitung von alternativen Denk- und Handlungsweisen für die Zukunft.

Sind der Ablauf und wichtige Elemente der Methode verinnerlicht, so kann sie dazu beitragen, dass Lerner durch kritisches Denken lernen, Annahmen zu identifizieren und anhand von Evidenz zu bewerten oder einsehen, dass das, was als wahr angesehen wird, auf falschen Annahmen fußen kann. Sie lernen dabei auch, ihre Ansichten und Interpretation der Kritik von anderen Teilnehmern auszusetzen und sich klar und exakt zu artikulieren und zu argumentieren (Brookfield und Preskill, 2005, S. 114). Außerdem, so Brookfield und Preskill, ist die Methode gut geeignet, um Vorurteile und Voreingenommenheit abzubauen (Brookfield und Preskill, 2005, S. 117).

Das Protokoll der kritischen Konversation sieht drei Rollenbilder mit genauen Zuschreibungen von Aufgaben und einen genau vorgegebenen Ablauf vor. Bei den Rollenbildern ist zum einen ist der Erzähler zu nennen. Er ist derjenige, der ein ihm wichtiges Erlebnis aus seiner beruflichen Praxis beschreibt, welches er nicht ganz einordnen und verstehen kann. Brookfield spricht dabei von „critical incidents" – kritischen Ereignissen, die nicht richtig gedeutet werden und der Person wichtig sind und sie beschäftigen (Kursmaterial # D, 2008, S. 54). Dabei kann es sich also um ein positives oder negatives Ereignis handeln, an welchem der Erzähler unmittelbar selbst beteiligt ist oder war. Der Erzähler ist derjenige, der im Fokus der Aufmerksamkeit bei dem Rollenspiel steht. Seine Annahmen aus der Erzählung werden Gegenstand der Analyse, Kritik und Interpretation.

Des Weiteren gibt es einen oder zwei Detektive. Deren Aufgabe ist es, dem Erzähler dabei zu helfen, seine eigenen Annahmen bezüglich des Ereignisses zu identifizieren und verstehen zu lernen, wie diese Annahmen sein Bild der Praxis und sein damit verbundenes Handeln und Denken beeinflussen. Sie hinterfragen die Darstellung des Ereignisses durch den Erzähler, indem sie nach nicht erkannten, nicht beleuchteten Annahmen Ausschau halten und diese dem Erzähler widerspiegeln. Besonders die Dimensionen Macht und Hegemonie werden dabei beachtet. Da diese Art der kritischen Diskussion mit Risiken verbunden ist, da beispielsweise Kritik verletzend, herablassend oder belehrend geäußert oder auch nur so aufgefasst werden kann, gibt es eine weitere Rolle, nämlich die des Schiedsrichters. Seine Aufgabe ist es, sicherzustellen, dass sich die Teilnehmer respektvoll begegnen und nicht urteilend miteinander umgehen. Deswegen überwacht er die Konversation im Hinblick auf verurteilende, belehrende oder verletzende Bemerkungen, gibt dazu Feedback oder ermahnt auch Teilnehmer bei Verstößen gegen die Regeln des respektvollen, urteilsfreien Umgangs. Die folgende Tabelle veranschaulicht den Ablauf der Methode:

Bezeichnung	Ablauf und Beschreibungen der Rollenaufgaben
Schilderung des kritischen Ereignisses	• Der Erzähler berichtet genau über ein ihn bewegendes positives oder negatives Ereignis aus seinem beruflichen Alltag, welches er nicht klar zu deuten weiß. Meist macht der Erzähler einige Andeutungen zu seinem Verständnis von guter Praxis, beschreibt kausale Zusammenhänge und dergleichen, legt also deskriptive, kausale und normative Annahmen dar. • Die Detektive hören genau zu und versuchen, die impliziten und expliziten Annahmen über die wahrgenommene Praxis des Erzählers herauszufinden. Besonders versuchen die Detektive, von Macht und Hegemonie gekennzeichnete Annahmen aufzuspüren. Die Detektive müssen sich während des Erzählens auch in verschiedene an dem berichteten Geschehen beteiligte Personen einfühlen und deren Perspektiven einnehmen, um alternative Sichtweisen auf das beschriebene Ereignis entwickeln zu können. Die Detektive sollten sich zudem Notizen machen, in denen sie die erkannten Annahmen und Fakten notieren, weitere Perspektiven, Verständnis- oder weiterführende Fragen festhalten. • Der Schiedsrichter beobachtet die Erzählsituation und macht sich dazu wie die Detektive Gedanken.

Fragerunde zu der Erzählung	• Die Detektive stellen Fragen, um weiter die möglichen Annahmen des Erzählers herauszufiltern, um sich besser in die an dem Ereignis beteiligten Personen einfühlen zu können und um Verständnisfragen zu klären. Hierbei dürfen sie keine wertenden oder verurteilenden Fragen formulieren, sondern sind aufgefordert, sich durch sachliche Fragen ein Bild zu machen. Es wird immer nur eine Frage an den Erzähler gerichtet und gewartet, bis diese beantwortet wurde. • Der Erzähler bemüht sich, die Fragen so wahrheitsgetreu wie möglich zu beantworten. • Der Schiedsrichter achtet auf den Fragestil der Detektive, da auch Fragen Urteile transportieren können. Auch auf eine wertende Körpersprache, Intonation und Wortwahl achtet der Schiedsrichter und greift entsprechend ein. Seine Aufgabe ist es, eine sachliche Frage-Antwort-Runde zu gewährleisten, damit sich der Erzähler nicht angegriffen fühlt und sich zurückzieht.
Widerspiegelung der Annahmen	• Die Detektive legen ihre erkannten Annahmen anhand der vorliegenden Fakten dar. Sie tun dies aber wieder wertfrei und nicht belehrend, sondern kommunizieren ihre Einschätzungen auch als Vermutungen. • Der Schiedsrichter überwacht das Feedback der Detektivarbeit wie gehabt und interveniert, falls nötig.
Entwicklung von alternativen Sichtweisen	• Die Detektive geben nun ihre Einschätzungen zu alternativen Sichtweisen aus ihrer Perspektivenerweiterung preis. Dabei müssen ihre Interpretationen mit den dargelegten Fakten im Einklang stehen. Besonders die Wirkung von Macht und Hegemonie sollte von den Detektiven thematisiert werden, falls sie hierzu Hypothesen treffen konnten. Sie beschreiben dabei ihre Interpretationen, aber geben keine Urteile ab. Sie müssen ihre alternativen Sichtweisen und die damit verbundenen Annahmen begründen. • Der Erzähler darf nun weitere Informationen bereitstellen oder dargestellte Interpretationen kommentieren. Außerdem darf der Erzähler auch zu den Interpretationen nachfragen und sich diese erklären lassen. Er muss nicht mit den angebotenen Sichtweisen einverstanden sein. • Der Schiedsrichter achtet wieder auf die Umgangsformen.
Audit: Reflexion und konstruktiver Blick in die Zukunft	• Erzähler und Detektive berichten über die gemachten Erfahrungen, gewonnene Einsichten und Absichten, über Annahmen, die bestätigt oder infrage gestellt wurden, und darüber, wie sie zukünftig in dergleichen Situationen handeln würden. • Der Schiedsrichter gibt Feedback zum beobachteten Kommunikationsverhalten und präsentiert seine Interpretation zu dem geschilderten Ereignis. • Nach dem ersten Durchlauf werden die Rollen gewechselt.

Tabelle 12: Ablauf des Protokolls der kritischen Konversation nach Brookfield (Kursmaterial # D, 2008, S. 54)

Die dargestellte Methode stellt hohe Anforderungen an die verschiedenen Teilnehmer in den jeweiligen Rollen. Besonders die Detektive müssen kritisch und kreativ denken und beobachten. Deshalb sollte die Methode gerade bei schwächeren Lernern durch das Bildungspersonal einmal in der Klasse vorgestellt und mit einem Lehrer vorgeführt werden, der die Rollen des Schiedsrichters und des Detektivs übernimmt.

Brookfield und Preskill (2005, S. 166) nennen auf methodischer Ebene noch weitere Imaginationsübungen, um alternative Handlungsoptionen in Diskussionen herzuleiten. Etwa nennen sie die "**Fünf-Minuten-Regel**", die besagt, dass fünf Minuten lang eine kontroverse, irrationale, befremdliche oder exotische Perspektive auf einen Sachverhalt von den Lernern gedanklich als gegeben angenommen wird. In den fünf Minuten erforschen die Lernenden diese Perspektive in der Diskussion. Danach dürfen sie die Perspektive kritisieren, wobei sie folgende Fragen beantworten sollen (2005, S. 134–135):

- Was ist interessant oder hilfreich an dieser Sicht?
- Was sind faszinierende Aspekte dabei, die bisher nicht gesichtet wurden?
- Was wäre anders, wenn diese These wahr wäre?
- Unter welchen Umständen wäre diese Idee wahr?

Die Methode eignet sich besonders für das Erkunden von alternativen Sichtweisen und alternativen und gewünschten Zuständen und deren Bedingungen. Die hier gefundenen Punkte können in weiteren Phasen der Reflexion und der sozialen Interaktion vertieft, analysiert und gewürdigt werden.

Soentgen (2007, S. 155–172) widmet sich in seinem Buch zu Praktiken des Philosophierens in einem Kapitel verschiedenen ähnlichen Gedankenexperimenten und Imaginationsübungen, die zum Teil auch für die Entwicklung von Alternativen genutzt werden können.

Eine weitere sinnvolle Methode zur Findung und Sondierung von Handlungsoptionen ist das **gerichtete Brainstorming** (Interview #6, 2008; Petri, 1998, S. 60), in dem die Lernenden erst in Einzelarbeit Ideen entwickeln und diese dann gemeinsam sammeln und bewerten. Auch online ist diese das kreative und konstruktive Denken unterstützende Methode denkbar.

Die Experten betonten des Weiteren auch Techniken, didaktische Voraussetzungen und Möglichkeiten auf Ebene der pädagogischen Professionals, die dazu beitragen können, dass Lernende die Phase der Entwicklung von Perspektiven durchlaufen. Sie empfahlen z. B. verschiedene Formen des Modellierens kritischen Denkens und Handelns. Gemäß den Einschätzungen der Experten liegt in der Wahrhaftigkeit des Lehrenden ein zentrales Element zur Förderung emanzipatorischer Denk- und Handlungsweisen (Interview #7; #9, #10, #12, #13). Besonders wichtig dabei ist das Vorleben jener Dispositionen kritischen Denkens, welche die konstruktiven und emanzipatorischen Eigenschaften und Haltungen zur Entwicklung von Alternativen widerspiegeln. Interviewpartner #9 spricht beispielsweise von einem „*oppositionellen Element*", welches es vorzuleben gilt (Interview #9, 2008). Ein anderer Interviewpartner spricht von Authentizität im Hinblick auf ethische Normen, um diese auch bei den Lernern anzuregen:

„*Authentisch muss er sein – ich mein, das gilt für alle natürlich, die Vorbildfunktion. Und überhaupt, dass man sagt, der hat ein gewisses Werteprofil, das er verkörpert, das er lebt, insbesondere im Umgang mit anderen Menschen.*" (Interview #12, 2008).

Lehrende müssen den Lernenden also ihre Bestrebungen zur Verwirklichung einer von Idealen gekennzeichneten, repressionsfreien und offenen Zukunft vorleben, indem sie z. B. ihre Ideale und ihre Normen den Schülern erklären, diese im Umgang mit den Schülern anwenden, zeigen, wie sie selbst danach leben und bestrebt sind. Missstände zu verbessern. Dafür wird wieder ein Lernklima des respektvollen und kooperativen Umgangs benötigt. Wichtig ist es, dass die Lernenden sich trauen, mit Gedanken und Ideen zu experimentieren, und dass ein Lernklima besteht, das gerade dazu einlädt, auch Denkfehler zu begehen (Interview #8, 2008). Spaß spielt dabei eine wichtige Rolle. Didaktische Möglichkeiten zur Unterstützung bei der Entwicklung von Alternativen sind beispielsweise Loben, beim Artikulieren von Ideen helfen, Argumente der Lernenden organisieren (Lindt, 2003, S. 77). Für die Lehrkraft gilt es, mit Offenheit an die Entwicklung von Alternativen heranzugehen, ganz im Sinne des kommunikativen Handelns (Interview #9, 2008). Bestehende Lösungen der Lehrenden können, nachdem die Lernenden erst einmal Lösungen entwickelt haben, mit eingebracht werden, stehen aber in ihrem Geltungsanspruch auf gleicher Stufe mit den Ideen der Lernenden (Interview #9, 2008). Wichtig ist es auch in dieser Phase des kritischen Denkens, dass die Lernenden selbstgesteuert und aktiv den Prozess durchlaufen. Die Lehrkräfte müssen dafür unterstützende Anlässe schaffen und die Lernenden zu den jeweiligen Schritten ermutigen.

5.2.4 Didaktik der Integrationsphase

Eine der wichtigsten Unterrichtsformen zur Integration von Erkenntnissen in das eigene Handeln ist im Projektunterricht zu sehen. Insbesondere ist hierbei das „Service-Learning" eine Variante des Projektunterrichtes, die das emanzipatorische Handeln von Schülern nachhaltig fördern kann. *Lernen durch Engagement* (Service-Learning) basiert auf dem Prinzip, einen sozialen Dienst in der Praxis zu leisten, der mit dem fachlichen Lernen im Klassenraum kombiniert wird. *Service* steht dabei für das gesellschaftliche Engagement, wobei dieser so gewählt wird, dass theoretische Inhalte aus dem Unterricht mit der Praxis verzahnt werden. *Learning* meint das damit verbundene, fachliche Lernen, welches durch Handlungsbezug und Verständnistiefe gekennzeichnet ist. Beide Ebenen stehen beim Service-Learning im Wechselspiel und befruchten sich gegenseitig. Durch Service-Learning kann der gesamte Prozess kritischen Denkens bei den Lernenden gefördert werden. Übergreifendes Ziel ist dabei, mit *Lernen durch Engagement* die Zivilgesellschaft und damit die Demokratie zu stärken, indem die Lernenden erfahren, welche Mitwirkungsmöglichkeiten sie besitzen und wie sie diese aktiv einbringen können. Deshalb eignet sich die Methode also besonders, um Erkenntnisse in die Praxis umzusetzen. Besonders wichtig für die Integrationsphase kritischen Denkens sind dabei das Handeln der Lernenden in der Praxis, die dabei gemachten Erfahrungen und deren Reflexion. Auch im deutschsprachigen Raum bekommt Service-Learning, welches Tradition an amerikanischen Hochschulen hat, zur Zeit des Verfassens der Dissertation mehr Aufmerksamkeit. Beispielsweise bot der Lehrstuhl für Wirtschaftspädagogik der Friedrich-Alexander-Universität in Nürnberg ein Service-Learning-Transferseminar für Studierende an, welches folgende Engagementfelder berücksichtigt:

- Gruppencoaching von Jugendlichen auf dem Weg in den Beruf
- Präsentationsfähigkeiten für Schülerinnen und Schüler
- Abschlussprüfungsvorbereitung von Berufsschülern (TS-Service-Learning, 2009)

Praxispartner waren unter anderem Hauptschulen und besondere Förderschulen, die sonderpädagogische Förderung für körperlich und geistig behinderte Schüler leisten.

Service-Learning kann dazu beitragen, dass Lernende die Erfahrung machen, sich aktiv für ihre Einsichten und Ideale einzusetzen, um damit der Gesellschaft zu dienen. Die Lehrkraft nimmt dabei eine unterstützende Rolle als Lernbegleiter ein. Neben Service-Learning nennt die Literatur noch weitere Unterrichtsformen, die den Kontakt mit der Außenwelt suchen, um insbesondere die Integration emanzipatorischer und transformativer Handlungen in der Praxis einzuüben (siehe Meyers, 1986, S. 81–86; Kaminski und Kaiser, 1998, S. 272–285).

Weitere interessante Ansätze zur Förderung des auf der Basis von kritischen Denkprozessen fußenden, emanzipierenden Handelns finden sich in dem weiten Feld der Theaterpädagogik. Beispielhaft wird an dieser Stelle Augusto Boals **Theater der Unterdrückten** und hier insbesondere das **Forumstheater** (1983) vorgestellt, eine Methode, die sich auch für den Kontext Schule anbietet. Das Theater der Unterdrückten von Augusto Boal bietet viele Möglichkeiten der Aktivierung von im Alltag oft unterdrückten oder vernachlässigten sozialen und kommunikativen Fähigkeiten in der spielerischen, ästhetischen und theatralen Begegnung von Menschen. Ursprünglich wurde das Theater der Unterdrückten mit seinen verschiedenen Ausprägungen wie dem „Zeitungs- oder dem „unsichtbaren Theater" entwickelt, um die Bevölkerung von politisch unterdrückten Ländern wie Brasilien zu neuem Handlungsbewusstsein zu ermutigen, indem die Zuschauer ihr Handlungspotenzial erkennen und sich trauen, dies aktiv einzubringen. Die Grenzen zwischen Schauspielern und Zuschauern verschwimmen beim Theater der Unterdrückten, da während des Theaters die Zuschauer in das Schauspiel eingreifen, selbst dabei bewusst oder unbewusst zu Schauspielern werden und aktiv auf den Verlauf der Handlung Einfluss nehmen. Befreiung aus Alltagszwängen, Einsicht in eigenes Handeln, Infragestellung von gesellschaftlichen Unterdrückungsformen usw. sind Lernziele bei der Arbeit und fließen in die Techniken und Formen dieses Theaters ein. Es geht darum, aus der eigenen Rolle als passives Gesellschaftsmitglied auszubrechen, sich davon zu befreien, indem die im Theater gemachten Erfahrungen auf den Alltag übertragen werden. Gerade bei der Einübung von Handlungsweisen ist diese Methode ideal zur Simulation geeignet. Das Theater der Unterdrückten eignet sich, um benötigte Ambiguität zu erzeugen, es schult die kommunikativen Fähigkeiten und fördert sowohl Mut und Courage als auch Konstruktivität bei der Umsetzung von Ideen (Brookfield und Preskill, 2005, S. 165–166; Newman, 2009, S. 210–215). Boal hat die befreiende und ermutigende Wirkung dieser Theaterform in verschiedenen Ländern mit unterschiedlichsten Menschen erprobt und ausführlich über die darin verborgene emanzipatorische Kraft berichtet (Boal, 1983). Das **Forumtheater** hat folgenden festgelegten Ablauf:

1. In „Modellszenen" werden durch die Darbietung eines Konfliktes/einer ungelösten Problemsituation oder eines moralischen Dilemmas (ausgesuchte Lerner als Schauspieler, die mit der Rolle und Szene vertraut gemacht worden sind) kritische Fragen aufgeworfen. Dabei wird einer der Protagonisten durch die Wirkung von offenem und/oder verdecktem Zwang in einen Konflikt gebracht, wobei er keinen Ausweg aus der Situation findet und sich dem Zwang unterordnet.

2. Diese Initialszene wird sequenziell mehrmals aufgeführt, bis die Lerner die Situation einschätzen können und das Problem erkannt haben.

3. Ab dem zweiten Durchlauf (jetzt wird alles ein wenig schneller gespielt) kann jeder der zuschauenden Lerner „Stopp" rufen und eingreifen, indem er sich einwechseln lässt, an die Stelle des Protagonisten. Die anderen Schauspieler reagieren auf den Widerstand entsprechend repressiv. Hier geht es um Antworten auf diese Fragen: Was würde ich in der dargestellten Situation tun? Wie können wir durch unsere Ideen und unser Handeln die Szenen verändern? Nach dem Spiel wird im Forum über den Verlauf und die Lösung diskutiert und evtl. eine weitere Runde durchgeführt.

4. Ein Lerner in der Rolle des Detektivs überwacht den Ablauf und Wechsel: Der Ablauf wird nun improvisiert. Lerner sehen dadurch Annahmen anders und lernen zu reagieren. Abschließend können die Zuschauer und Teilnehmer in einer Gruppendiskussion den Verlauf beurteilen, weitere Alternativen einbringen usw.

Beispiel für eine Vorlage für ein Forumtheater

„Das Kernkraftwerk" (Boal, 1983, S. 88–90)
Darsteller: Eva, ihr Chef, Kollegen, Freundin, Ehemann, Töchter

Szenen:
1. Eva an ihrem Arbeitsplatz: Chef und Kollegen machen sich Sorgen um die Zukunft der Firma.
2. Eva zu Hause: Ihr Ehemann ist arbeitslos, die Töchter verstehen nicht mit Geld umzugehen und sind verschuldet. Eine Freundin holt Eva ab zu einer Demonstration gegen den Bau eines Kernkraftwerkes.
3. Eva im Büro: Der Chef kommt freudestrahlend herein: ein neuer Auftrag! Alle freuen sich und es gibt Sekt. Der Chef erläutert das neue Projekt: Bau eines Kühlsystems für einen Reaktor. Evas Begeisterung verfliegt und ihr kommen Bedenken. Einerseits ist sie aus ökonomischen Gründen auf ihren Arbeitsplatz angewiesen, andererseits kann sie das Vorhaben aufgrund ihrer politischen Einstellung nicht vertreten. Die Kollegen reden Eva ihre Bedenken aus.
Forum: Eva lässt sich überzeugen und legitimiert ihre Entscheidung durch Sachzwänge.

Tabelle 13: Beispiel für eine Vorlage für ein Forumtheater (Boal, 1983, S. 88–90)

Das Forumtheater ist eine komplexe Methode, die eine gewisse Reife und kommunikative Kompetenzen der Lernenden voraussetzt. Lehrenden kommt bei der Durchführung und Überwachung des Ablaufes eine zentrale Rolle zu.

Eine weitere Methode zur Entwicklung von alternativen Denk- und Handlungsmustern und deren Integration in die Praxis ist die **Lernwerkstatt nach Stange** (1986; zitiert nach Kaiser und Kaminski, 1998, S. 246-248). Sie orientiert sich an der Methode der Zukunftswerkstatt, jedoch mit einem größeren Fokus auf dem individuellen Handeln der Teilnehmer. Sie geht in ihrem emanzipatorischen Interesse also noch weiter als die Zukunftswerkstatt. Hauptzielsetzung der Lernwerkstatt ist die Erziehung zum gesellschaftlichen Wandel durch das Handeln der jeweiligen Zielgruppe, mit der die Methode durchgeführt wird. Neben der Erarbeitung von konkreten Handlungsansätzen wird vor allem dem Expertenwissen des pädagogischen Professionals eine große Rolle beigemessen, welches er aktiv mit einfließen lässt. Folgender Ablauf liegt der Methode zugrunde:

Phase der Lernwerkstatt	Beschreibung des Ablaufs
1. Orientierungsphase	• Klären der Zielsetzung der Arbeit • Einführung in Methode
2. Problematisierungsphase durch Experten	• Eigene Einstellungen, Verhaltensweisen und Emotionen werden im Brainstorming gesammelt • Infragestellen der Zukunftsvorstellungen durch Gefahren
3. Fantasiephase	• Zeitreise mit päd. Professional – von der Gegenwart in verschiedene Zukunftsszenarien: Positive Zustände (z. B. Schonung der Umwelt) werden mit persönlichen, einschränkenden Zuständen auf Ebene des Individuums verbunden (z. B. individueller Energieverbrauch). Die Lerner sollen dabei erkennen, wie ihre eigenen Handlungen mit den wünschenswerten Zuständen verbunden sind (z. B. durch Kauf von Billigprodukten wird Ausbeutung von Arbeitskräften unterstützt usw.). • Die Lerner entwickeln konkrete Utopien und Gegenentwürfe zu den bestehenden problematischen Zuständen. Dadurch sollen Lernende ihre Vorstellungskraft für verschiedene Formen möglicher Zukunft erweitern und diese als gestaltbar erleben.
4. Umsetzungsphase	• Strategie- und Planungsphase: Erarbeitung von individuellen gegenwärtigen Handlungsmöglichkeiten. In Kleingruppen werden hinsichtlich der zu verhindernden Gefahren (vgl. Problematisierungsphase) und der Utopien der Abwehr der Gefahren (vgl. Fantasiephase) Maßnahmen zur aktiven Gestaltung der Zukunft erarbeitet. Dabei gilt es, konkrete Handlungsentwürfe zu sammeln, wobei auch ungewöhnliche und spektakuläre Handlungsideen willkommen sind. Schließlich werden einzelne Aktionen ausgewählt, die den Lernern praktisch erscheinen. • In der Erprobungs- und Übungsphase werden die Handlungen in Simulationen ausprobiert. Anschließend sind die Lernenden aufgefordert, diese auch in der Praxis umzusetzen.
5. Nachbereitungsphase	• Die gewonnenen Erfahrungen werden systematisch ausgewertet und diskutiert.

Tabelle 14: Ablauf der Lernwerkstatt nach Stange (1986), angelehnt an Kaiser und Kaminski, 1998, S. 246–248

Die Lernwerkstatt ist – wie die Zukunftswerkstatt – eine kreative Methode, die sehr anspruchsvoll und zeitintensiv ist. Dennoch plädieren Autoren wie Kaminski und Kaiser (1998, S. 250) für den Einsatz der Methode, da sie den Einzelnen für eine fantasievolle Gestaltung einer wünschbaren Zukunft und zur Verwirklichung von Demokratie politisiere.

Die Erprobung von alternativen Handlungsmustern kann eine Reihe positiver wie auch negativer Konsequenzen für die Lernenden mit sich bringen. Deshalb ist es wichtig, dass sich die Lernenden mit der Lehrkraft, aber auch untereinander austauschen und Gemeinschaften bilden. Es ist sehr wichtig, dass sich Lernende über ihre gemachten Erfahrungen austauschen, sich Ratschläge einholen, gemeinsam ihre Annahmen dabei überprüfen, das weitere Vorgehen beratschlagen usw. Allein das Wissen, dass man nicht alleine ist in seinem Denken, Fühlen und Handeln, gibt Menschen Halt und Mut, weiter an ihren Intentionen festzuhalten und besser mit ihren Erfahrungen umzugehen (Brookfield, 2003, S. 155). Daher ist es Aufgabe der Lehrkraft, Zugang zu bereits bestehenden Gemeinschaften herzustellen, Lerngemeinschaften in oder außerhalb der Schule zu gründen, zu betreuen und zu pflegen. Als Plattform eignen sich insbesondere Online-Communities mit Zugangsregelungen, E-Portfolios, die es erlauben, Ansichten (Seiten) zu erzeugen, die nur für bestimmte Personen zu sehen sind usw. Außerdem sollte die Lehrkraft den Lernenden – abhängig vom jeweiligen Kontext – Angebote von bereits bestehenden Gemeinschaften wie Vereinen, Online-Communities usw. zeigen, an die sie sich anschließen und von deren gesammeltem Wissen sie profitieren können. Auch in der Berufsbildung gibt es in etlichen Branchen, wie etwa im Einzelhandel, bestimmte Communities, in denen Lernende ihre Erfahrungen austauschen können.

Leider zeigt die Praxis, dass gerade dieser Schritt der emanzipatorischen Verhaltensänderung bzw. -erweiterung sehr schwerfällt, da es Mut und Anstrengung kostet, sich zu ändern, oder auch mit Ängsten verbunden ist, z. B. im Hinblick auf die Frage, wie das Umfeld darauf reagieren wird. Beispielsweise berichtete Interviewpartner #12, dass nach dem Einsatz einer Pro-Kontra-Debatte zum Thema „Organspende" mit Berufsschülern Konsens darüber erlangt wurde, dass das Führen eines Organspende-Ausweises gesellschaftlich vorteilhaft sei. Anschließend wurden den Schülern Spendenausweise zum Ausfüllen und Führen angeboten. Viele der „einsichtigen" Schüler lehnten nun aber das Führen eines eigenen Ausweises ab, obwohl sie die Spendenausweise davor als eine gute Handlungsoption beurteilt hatten. Dieses Beispiel zeigt, wie schwer es ist, kritische Denkaktivitäten in konkreten Handlungen zur Verbesserung der Praxis resultieren zu lassen.

Auf Erkenntnisse Taten folgen zu lassen ist aber nicht nur für Lernende, sondern auch für Lehrende eine besondere Herausforderung. Um überhaupt die Lernenden zum aktiven Sicheinbringen in die Gesellschaft bewegen zu können, muss der Lehrende selbst für Integrität und Authentizität einstehen und als Vorbild wirken. Sowohl der Modellierung von aktivem Engagement als auch dem Einnehmen und Vertreten von Standpunkten aus kritischer Denkaktivität kommen dabei eine zentrale Rolle zu. Lehrende sollten das von ihnen durch Denkleistungen erkannte, richtige Handeln für ihre Lernenden verkörpern (Interview #12, #10). Interviewpartner #10, ein erfahrener Lehrer, beschreibt dies aus der Perspektive der Schüler folgendermaßen:

„Von da her müssen die merken: Aha, der Lehrer, der sagt das. Aber ich merk ein Stück weit auch in seinem Tun, dass er danach handelt. Und das ist nicht unbedingt immer angenehm für die Schüler. Weil nach Prinzipien zu leben, versuchen zu leben ist zunächst mal, ja, eine eigene Selbstdisziplinierung. Das gelingt mir auch nicht immer (lachend). Und da bin ich auch zu viel Mensch. Aber es sollte den Schülern deutlich werden, dass der Lehrer sich zumindest anstrengt, dieses Prinzip „Ehrfurcht vor dem Leben" oder seine Sinnorientierung, die er uns deutlich gemacht hat, die begründet hat, auch im Alltag umzusetzen" (Interview #10, 2008).

Modellieren bedeutet auch, den Lernenden Mittel und Wege zu demonstrieren, wie sie sich jeweils aktiv in die Gesellschaft einbringen können. Dies kann etwa dadurch geschehen, dass Lehrkräfte von ihrem konkreten Engagement sprechen, auf weitere Netzwerke und Organisationen verweisen, die sich in ähnlichen Bereichen stark machen, von Vorbildern berichten, die hier bereits aktiv sind oder waren. Außerdem sollte die Lehrkraft als Berater und Coach für den Lernenden zu Seite stehen, z. B. durch das Angebot von Feedbackgesprächen, (Online-)Beratung usw. Gerade durch die Arbeit mit E-Portfolios können Veränderungsprozesse gut dokumentiert werden, die sowohl den Lernenden zur benötigten Selbstreflexion anregen können als auch eine wertvolle Grundlage für Feedbackgespräche zwischen Lernenden und Lehrkraft darstellen. Hierbei wird wieder deutlich, wie wichtig das Verhältnis zwischen Lehrer und Schülern ist, denn ohne Vertrauen und Offenheit werden die Lernenden sich nicht der Lehrkraft öffnen und ihre Ängste und Sorgen, die Änderungsprozesse mit sich bringen, offenbaren.

Die Übersetzung kritischer Denkaktivitäten in konkretes Handeln kann aktiv im Unterricht eingeübt und ausprobiert werden. Selbstverständlich ist es auch dabei Aufgabe der Lehrkraft, die Lernenden über mögliche Auswirkungen und Konsequenzen der Integration neuer Annahmen in ihren Handlungsweisen zu sensibilisieren: „*However, helpers are ethically bound to do their best to ensure that people realize the range of potential consequences (beneficial and harmful) of the actions they take as a result of critical thinking*" (Brookfield, 1987, S. 77). Brookfield weist auch darauf hin, dass das Unterlassen dieser Sensibilisierung für mögliche Gefahren und Konsequenzen die Wahrscheinlichkeit erhöht, dass Lernende bei der tatsächlichen Konfrontation mit diesen Auswirkungen die Lehrkraft dafür schuldig sprechen und anprangern werden (Brookfield, 2003, S. 156).

5.3 Zusammenfassung und Würdigung des theoretischen Rahmens

Das vorgestellte Konzept als auch die Didaktik kritischen Denkens dienen als theoretischer Rahmen für die Entwicklung eines Qualifizierungskonzeptes zur Förderung kritischen Denkens. Im Folgenden wird zusammenfassend der Prozess der Denkaktivität veranschaulicht und die einzelnen didaktischen Richtlinien werden, inklusive der didaktisch-methodischen Empfehlungen, den jeweiligen Phasen zugeordnet.

Phasen kritischen Denkens	Beschreibung der Phase	Didaktische Richtlinien	Empfohlene Methoden und Techniken
Initialphase	Ein erlebtes Schlüsselereignis führt auf kognitiver und emotionaler Ebene des Individuums zu einem Konflikt. Um wieder ein kognitives/ emotionales Gleichgewicht zu finden, entsteht intrinsische Motivation bei dem Individuum, den Sachverhalt intensiv gedanklich durchdringen und klären zu wollen. Am Ende der Phase stehen erste, nicht überprüfte (Vor-) Annahmen des Individuums.	Vertrauen und Selbstvertrauen • Fördere das Selbstvertrauen und den Selbstwert deiner Lernenden durch ein entsprechendes Lernklima, das aus einem respektvollen, motivierenden, verständnisvollen, toleranten Umgang der Lernenden untereinander bzw. mit dir entstehen kann. • Proklamiere und lebe eine Kultur der Offenheit, um Ängste bei Lernenden abzubauen. • Zeige auch die eigene Fehlbarkeit oder Betroffenheit im Denken und Fühlen. • Sprich Lob für offene und kritische Beiträge aus. Subjektiv wahrgenommene Wichtigkeit • Wähle den Zugang zum Thema so, dass es für die Lernenden als für sie wichtig und relevant wahrgenommen wird. • Gehe von der konkreten Erfahrung der Lerner aus und erhöhe dann das Niveau der Abstraktion. Ambiguitätserleben durch Herausforderung • Erzeuge emotionalen/kognitiven Konflikt (kognitive Dissonanz) durch eine herausfordernde Aufgabenstellung. • Setze „herausfordernde" Medien wie Filme, Zitate, Kurzgeschichten, Zeitungsberichte usw. vielseitig ein, um Achtsamkeit zu erzeugen. • Initiiere „echte" Erfahrungen mit der Realität jenseits des Klassenzimmers. Induktion benötigter Emotionen • Versuche bei der Ambiguitätsherstellung positive und/oder negative Emotionen hervorzurufen. Als negativ empfundene Emotionen spornen das analytische Denken an. Positive Emotionen regen eher das kreative und konstruktive Denken an. • Das Niveau des Ambiguitätserlebens darf die Schüler nicht ernsthaft überfordern oder beeinträchtigen. Wähle lieber anfangs ein niedriges Niveau der Konflikterzeugung und steigere inkrementell.	• Demokratische Erarbeitung von Umgangsregeln, die für kritisches Denken benötigt werden • Methoden zur Vertrauensbildung • WebQuests (im Zuge der Einführung) • Sokratisches Fragen • Erzeugung von Ambiguität durch Einsatz verschiedener Medien wie Zeitungsartikel, Kurzgeschichten usw. • Einsatz von Filmen • Dilemma-Analyse • Gastvorträge bzw. Exkursionen mit bzw. zu Menschen, die mit dem Thema in Verbindung stehen (Betroffene, Täter usw.). Möglich auch durch virtuelle Treffen.

| Urteils-bildung | Das Individuum erkundet konstruktiv im Rahmen einer epistemischen, perspektiven-erweiternden Analyse relevante Sichtweisen zu dem behandelten Thema. Auch die eigene Perspektive wird dabei erschlossen. Die Phase zeichnet sich durch eine hohe Situationsorientierung aus, da das Individuum aktiv und konstruktiv Informationen sammeln, anhand der Denkstandards bewerten und verstehen muss. Phasen der sozialen Interaktion und der sinnstiftenden (Selbst-) Reflexion laufen dabei zyklisch ab. Am Ende des zyklischen Prozesses steht ein wohlbegründetes Urteil. | Selbstreflexion zur Klärung und Beurteilung der eigenen Perspektive der Lernenden
• Rege die Lernenden zur Selbstreflexion an und lass sie ihre Annahmen kritisch beleuchten.

Wechselnde Phasen der multiperspektivischen Reflexion und sozialer Interaktion
• Definiere und etabliere gemeinsam mit den Lernenden Diskussionsregeln für kritisches Denken.
• Initiiere Phasen der Identifikation und des gemeinsamen Austausches zu verschiedenen möglichen Perspektiven auf den zu betrachtenden Sachverhalt.
• Lass die dabei gefundenen Annahmen von den Lernenden analytisch und ideologiekritisch bewerten.
• Sorge dafür, dass möglichst eine große Vielfalt an Perspektiven berücksichtigt und von den Lernenden diskutiert und beurteilt wird.
• Führe auch Phasen ein, in denen die Lernenden für sich alleine Zeit und Ruhe zum Denken erhalten, um Sichtweisen zu sortieren, die jeweiligen Annahmen und die dahinterliegenden Erkenntnisprozesse analytisch, ideologiekritisch und multiperspektivisch zu bewerten.
• Fordere die Lernenden auch dazu auf, konstruktiv nach Überprüfungsmöglichkeiten von Annahmen zu suchen, und gib ihnen den Rahmen, diese auch überprüfen zu können, z. B. in Form von interaktiven Lernumgebungen, Praxiskontakten usw.
• Räume deinen Schülern ausreichend Zeit für Kontemplation und für Diskussionen ein. Kritisches Denken entfaltet sich erst mit dem längeren, beharrlichen Nachdenken und Sprechen über einen Sachverhalt.

Emotionssteuerung
• Unterstütze die Lernenden im Umgang mit ihren Emotionen wie Überforderung, Angst, Betroffenheit usw., indem du weiterhin ein ermutigendes Lernklima schaffst, eigene Schwierigkeiten beim kritischen Denken einräumst usw.

Modellierung kritischen Denkens
• Veranschauliche auf vielfältige Weise (eigene) kritische Denkprozesse, wie du bei der epistemischen Analyse von Quellen vorgehst, wie du dich in andere Perspektiven hineinversetzt, wie du Ideologiekritik übst, wie du konstruktiv Annahmen überprüfst usw. | • Methoden der Selbstreflexion wie E-Portfolios, Lerntagebücher, Interview mit sich selbst usw.

• Methoden zur Anregung von Reflexion wie Essays, Szenario-Analyse Ideensammlung und Strukturierung wie Brainstorming, Mindmapping usw.
• Think-Pair-Share-Methoden wie Critical Practice Audit
• Methoden des kooperativen Lernens wie Pro-Kontra-Debatte, strukturierte Kontroverse, Web-Quests usw.
• Verschiedene Formen von Diskussionen (auch asynchron in Online-Foren)
• Sokratisches Fragen

• Feedbackgespräche

• Methoden der Veranschaulichung von kritischen Denkprozessen wie Ablaufdiagramme, Concept-Maps (auch computergestützt möglich), Leitfäden für kritisches Prüfen von Annahmen usw. |

| Ent-wicklung von Alternativen | Die Kraft der subjektiven Erkenntnis durch das wohlbegründete Urteil kann einen weiteren inneren Konflikt des Individuums auslösen. Das Individuum wird dann nach möglichen Wegen suchen, wie die bestehende Praxis im Sinne seiner normativen Tradition verändert und dabei verbessert werden könnte. Zur Findung und Bewertung von Handlungsoptionen wird eine weitere Perspektiven-erweiterung angestellt, in der mögliche Handlungsoptionen gefunden und in ihren Auswirkungen untersucht werden. In einer antizipierenden Analyse wird des Weiteren die prognostische Aussagekraft dieser Überlegungen anhand der analytischen Kriterien kritischen Denkens untersucht. Am Ende des zyklischen Prozesses stehen transformative Annahmen in Form von Entscheidungen. Diese Entscheidungen geben die subjektiv beste Auswahl an Aussagen wieder, wie die betroffenen Akteure die bestehende Praxis verbessern können. | Induktion positiver Emotionen
• Rege über verschiedene Wege positive Emotionen bei der Entwicklung von Alternativen an. Spaß und Ungezwungenheit spielen dabei eine ganz wichtige Rolle.

Selbstvertrauen der Lernenden
• Führe den Lernenden plastisch vor Augen, dass die Zukunft offen und durch sie selbst gestaltbar ist. Lobe die Lernenden für konstruktive Beiträge. Hilf ihnen, ihre Ideen zu artikulieren.

Wechselnde Phasen der multiperspektivischen Reflexion und sozialen Interaktion
• Sorge für Phasen, in denen die Lernenden konzentriert ihre eigenen Ideen zur Verbesserung der Praxis finden und beurteilen können.
• Initiiere aber auch Phasen, in denen sie sich über ihre Denkresultate austauschen können und gemeinsam multiperspektivische Handlungsalternativen ausarbeiten und bewerten.
• Räume deinen Schülern ausreichend Zeit für die Kontemplation und für Diskussionen ein. Kritisches Denken entfaltet sich erst mit dem längeren, beharrlichen Nachdenken und Sprechen über einen Sachverhalt.

Modellierung des emanzipatorischen Denkens und Handelns
• Veranschauliche emanzipatorisches Denken und Handeln, z. B. an Beispielen aus der Praxis. | • Methoden zur Förderung einer entspannten und heiteren Atmosphäre durch Nutzung von Bildern, Pflanzen, Musik, Verkleidungen, Witzen usw.
• Einsatz von Entspannungstechniken

• Emanzipatorische Methoden des kooperativen Lernens wie Zukunftswerkstatt, Protokoll der kritischen Diskussion usw.

• Brainstorming (auch online mit Programmen wie Mindmeister)

• Methoden der imaginativen und konstruktiven Kommunikation wie die „Fünf-Minuten-Regel"

• Nutzung von eindringlichen Praxisbeispielen |

| Integ-rationsphase | Das Individuum ist bestrebt, durch vernunftbetontes und konstruktives Handeln selbst einen Beitrag zur Verbesserung der bestehenden Bedingungen in seiner Lebenspraxis zu leisten. Als Basis für konkrete Handlungspläne dienen die erkannten transformativen Annahmen. Anhand dieser werden konkrete Vorgehensweisen operationalisiert, die konstruktiv und vernunftgeleitet in der Praxis erprobt werden. Bei der Operationalisierung von Handlungsplänen kann sich aber auch herausstellen, dass das Individuum bereits subjektiv richtig gedacht und gehandelt hat. Die Implementierung der Handlungsansätze kann in einen neuen Zyklus kritischen Denkens münden, beispielsweise, wenn die unternommenen Handlungen nicht zu gewünschten Resultaten geführt haben. | Sensibilisierung für die Konsequenzen kritischen Denkens
• Weise die Lernenden auf mögliche Gefahren hin, die kritisches Denken in Konsequenz mit sich bringen kann. Berichte beispielsweise aus eigener Erfahrung.

Modellierung emanzipatorischen Handelns
• Zeige auf, wo du in deinem Leben auf kritische Erkenntnisse konstruktive Taten folgen ließest. Weise auf Bündnisse und Netzwerke hin, die sich bestimmten Zielen zur Verbesserung der Lebenspraxis verschrieben haben.

Förderung des Selbstvertrauens der Lernenden
• Spiegle Erfolge bei Lernprozessen im kritischen Denken. Sei ein integeres Vorbild für die Lernenden. Ermutige die Lernenden beim Ausprobieren neuer Denk- und Handlungsweisen.

Selbstreflexion zur Beurteilung der Einflussmöglichkeiten
• Rege die Selbstreflexion der Lernenden dahingehend an, dass sie ihren konkreten Einflussbereich zur Verbesserung der bestehenden Bedingungen vernunftgeleitet erkennen.

Erprobung und Einübung ermächtigender, emanzipierender Verhaltensweisen
• Führe jene Methoden in den Unterricht ein, in denen die Lernenden ihre Erkenntnisse anhand konkreter Handlungen sowohl in der Praxis als auch in der Klassengemeinschaft ausprobieren können.

Wechselnde Phasen der multiperspektivischen Reflexion und sozialen Interaktion
• Sorge für Phasen, in denen die Lernenden konzentriert ihre eigenen Ideen und gemachten Erfahrungen zur Verbesserung der Praxis finden und reflektieren können.
• Initiiere aber auch Phasen, in denen sie sich über ihre Absichten und gemachten Erfahrungen austauschen können und gemeinsam multiperspektivisch weitere Handlungsalternativen ausarbeiten und bewerten.
• Räume deinen Schülern ausreichend Zeit für die Kontemplation und für Diskussionen ein.

Bereitung des Bodens für das Entstehen von Gemeinschaften:
• Hilf den Individuen, sich selbst in Gemeinschaften zu ermächtigen, damit sie sich sowohl im formalen als auch im informellen Rahmen unterstützen und einander helfen. | • Feedbackgespräche
• Einsatz von Fallbeispielen, z. B. auch anhand berühmter Persönlichkeiten

• E-Portfolio-Methoden

• Methoden des selbstmächtigenden Lernens wie Pro-Kontra-Debatte (mit Verknüpfung zur Praxis)
• Service-Learning, Projektunterricht
• Lernwerkstatt
• Theaterpädagogik („Theater der Unterdrückten" usw.)
• E-Portfolio-Methode

• Communities of Practice |

Tabelle 15: Rahmenmodell für die Entwicklung eines didaktischen Designs zur Förderung kritischen Denkens

III. Konzeption des theoretischen Rahmens des didaktischen Designs

Wie die obige Darstellung zeigt, muss für die Förderung kritischen Denkens das Rad der Pädagogik nicht neu erfunden werden (siehe dazu auch Dubs, 1992, S. 46–47). Vielmehr kann mit bestehenden und etablierten pädagogische Ansätzen gearbeitet werden, wenn die jeweiligen Methoden und das pädagogische Handeln der Lehrkraft gezielt, stimmig und ideenreich, unter Beachtung der aufgestellten Richtlinien, eingesetzt werden. Das dargestellte Konzept kritischen Denkens kann als ein eklektischer Melting-Pot aus Ansätzen verschiedener Denkschulungstraditionen verstanden werden. Darin verbirgt sich die Stärke, aber auch die Schwäche des Konzeptes. Stark ist es, da es traditionsübergreifend Denkstandards und Förderansätze vereint; schwach ist es in epistemischer Hinsicht. Das vorgestellte Konzept basiert nicht nur auf „empirischen" Daten, sondern ist ein Stück weit auch spontanen Einfällen und dem Bauchgefühl entsprungen und somit durch die eigene Tradition eingefärbt. Es kann auch nicht mehr ganz exakt im Nachhinein nachvollzogen werden, wie gewisse Sachverhalte im Modell entstanden sind. Sie waren manchmal auf einmal „da" und wurden klar vor den Augen. Auch die Auswertung der Daten hätte bei der Setzung anderer Schwerpunkte zu anderen Ergebnissen geführt, da ich beispielsweise auch nicht alle methodischen Empfehlungen mit in die Didaktik aufgenommen habe. Anderes Vorwissen, andere Präferenzen, andere Gesprächsverläufe mit anderen Gesprächspartnern, andere Literatur usw. hätten ganz klar ein anderes Konzept kritischen Denkens hervorgebracht. Das hier hypothetisch unterstellte Konzept kritischen Denkens ist folglich eine mögliche Form von mannigfaltigen Ausprägungen dieser westlichen Denktradition. Eine empirische Fundierung und Modellierung des kritischen Denkens ist generell jedoch höchst schwierig und unvernünftig. Kritisches Denken gehorcht keinen vordefinierten Abläufen und Schemata und richtet sich auch nicht nach bestimmten Definitionen. Es ist sehr viel komplexer, sperriger, sprunghafter, verzweigter, lebendiger und unberechenbarer, als in dem Modell angenommen. Fragen etwa, wie das Unterbewusstsein oder Emotionen kritisches Denken beeinflussen, können in dem Phasenmodell nicht beantwortet werden. Deshalb ist der vorliegende theoretische Rahmen erstens als Meta-Orientierungsrahmen zu verstehen, der jedoch nicht zu rigoros und verbindlich gehandhabt werden darf. Eine zu strenge Orientierung daran würde kritisches Denken und dessen Förderung beschneiden und eindimensional werden lassen. Zweitens ist er als ein unfertiges, unvollständiges Konstrukt zu verstehen, das – je nach Kontext – der Ergänzungen, Erweiterungen, Revisionen und Korrekturen bedarf. So stellen z. B. die in der Didaktik kritischen Denkens empfohlenen Richtlinien als auch die genannten Methoden und Techniken eine erste Sammlung dar, die unvollständig ist und sicher auch nicht für jede Zielgruppe als passend gewertet werden kann. Weitere Forschungs- und Recherchearbeiten sind notwendig, um einen vollständigeren und kontextsensitiveren Förderansatz für die einzelnen Phasen zu entwickeln und weiter auszudifferenzieren. Eine erfolgreiche Übertragbarkeit des Phasenmodells als auch der Didaktik kritischen Denkens auf jeden beliebigen Kontext kann nicht ohne Überprüfung angenommen werden. Im Rahmen dieser Arbeit wurde der erarbeitete theoretische Rahmen jedoch anhand der Entwicklung eines didaktischen Designs und dessen Erprobung in zwei verschiedenen Kontexten erforscht, nämlich bei erfahrenen pädagogischen Professionals in der Erwachsenenbildung und bei Studenten der Wirtschaftspädagogik. Auf Basis dieser Erfahrungen wurden dann Modifikationen dafür abgeleitet. Dadurch konnte er in seiner Aussagekraft im Hinblick auf zwei verschiedene Kontexte zumindest ein Stück weit konkretisiert werden.

IV. Konstruktion des Qualifizierungskonzeptes zur Befähigung für die Förderung kritischen Denkens

In diesem Kapitel wird beschrieben, wie anhand des entwickelten theoretischen Rahmens und erhobenen, konkreten Expertenempfehlungen für einen noch näher zu beschreibenden Kontext ein Blended-Learning-Qualifizierungskonzept erstellt wird. Die Entwicklung des Qualifizierungskonzeptes wird schrittweise dargestellt. Dabei wird in einem ersten Schritt die Auseinandersetzung mit der relevanten Fachliteratur und Dokumenten dargelegt. Bestehende Qualifizierungsmaßnahmen werden dabei im Hinblick auf verschiedene relevante Kategorien analysiert, um übergreifende Anforderungen an solch eine Qualifizierung ausfindig zu machen, die auch für an das eigene Unterfangen als Maßstab dienen sollen. In einem weiteren Schritt wird die Literatur zum Assessment kritischen Denkens beleuchtet, um für die Erprobung ein geeignetes Werkzeug zur Beurteilung von Denkaktivitäten gewinnen zu können. Im Kapitel zur Erprobung des Qualifizierungskonzeptes werden die gewonnenen Überlegungen wieder aufgegriffen und anhand derer wird ein Diagnoseinstrument zur Evaluation kritischen Denkens konstruiert und vorgestellt.

Durch die Analyse der angesprochenen „Bausteine", also der Sichtung relevanter Fachliteratur, wird wieder ein solides theoretisches Fundament für das weitere empirische Vorgehen bei der Ausgestaltung des Qualifizierungskonzeptes gelegt. Wieder werden die gewonnenen Ergebnisse in einem weiteren Schritt durch eigene empirische Forschung unterfüttert und für den eigenen Forschungskontext konkretisiert. Das methodische Vorgehen wird dafür klargelegt. Außerdem wird der Kontext für die Implementierung des Qualifizierungskonzeptes dargestellt, den es bei der Entwicklung des Designs sorgfältig zu beachten galt. Zusätzlich werden empirisch gewonnene Gestaltungsempfehlungen für diesen Kontext präsentiert und für die Umsetzung genutzt. Abschließend werden das Qualifizierungskonzept und relevante Auszüge daraus, wie etwa Lernobjekte, vorgestellt, um einen möglichst greifbaren Eindruck des Qualifizierungskonzeptes abzubilden. Diese Bausteine werden im Folgenden „Qualifizierungselemente" genannt.

In dem Kapitel werden zusammenfassend folgende Forschungsschwerpunkte und -fragen behandelt und die damit einhergehenden Forschungsartefakte vorgestellt:

Entwicklung eines exemplarischen Qualifizierungskonzeptes im Blended-Learning zur Befähigung pädagogischer Professionals für die Förderung kritischen Denkens	
Forschungsschwerpunkte und -fragen	Forschungsartefakte bzw. -ergebnisse
• Welche Ziele sollten in dem Qualifizierungskonzept zur Förderung kritischen Denkens angestrebt werden? • Wie können die Ziele didaktisch, unter kontextsensitiver Anwendung des entwickelten theoretischen Rahmens, in einem exemplarischen Blended-Learning-Qualifizierungs-konzept umgesetzt werden?	• Aufstellung von allgemeinen Anforderungen an eine Qualifizierung zur Förderung kritischen Denkens • Erhebung von kontextspezifischen Gestaltungsempfehlungen • Exemplarische Entwicklung eines „Prototypen" des Qualifizierungskonzeptes für einen bestimmten Kontext

1. Bausteine für ein Qualifizierungskonzept kritischen Denkens

Es gibt einige Anhaltspunkte, die darauf hinweisen, dass die Förderung und die Qualifizierung für die Förderung kritischen Denkens in der Aus- und Weiterbildung von pädagogischen Professionals in Deutschland nicht hinreichend stattfinden. Selbst in den USA, in denen die Förderung kritischen Denkens eines der primären Bildungsziele überhaupt ist, lässt sich anhand einer Studie zeigen, dass anscheinend Diskrepanzen zwischen dem vorherrschenden Bildungsanspruch und der Realität vorliegen. Dieser Sachverhalt wird in den folgenden Teilkapiteln innerhalb einer Bestandsaufnahme vertiefter dargestellt.

Des Weiteren werden auch einige Kursangebote zur Qualifizierung für die Schulung kritischen Denkens anhand von einer Literaturrecherche und Auswertung von Workshop-Unterlagen besprochen. Schwerpunkt sind dabei Workshops in der Aus- und Weiterbildung von Lehrkräften Universitätsdozenten in England und den USA. Aus deren Analyse können wichtige Anforderungskriterien und Gestaltungsempfehlungen für ein eigenes Qualifizierungskonzept gewonnen werden.

1.1 Zur Qualifikation von Lehrkräften für die Förderung kritischen Denkens in Österreich und Deutschland

In Lehrplänen vieler Schulformen finden sich zumindest auf einer Metaebene pädagogische Zielvorstellungen formuliert, die die Förderung kritischen Denkens benötigen (Astleitner, 1998, S. 19–23). Astleitner nennt hier als Auszug Begriffe wie „Mündigkeit", „Vermögen einer kritischen Selbsteinschätzung" oder „logisches und kritisches Denken" (ebd., 1998, S. 19). Die Förderung kritischen Denkens stellt jedoch hohe fachliche, methodische, didaktische und emotionale Ansprüchen an pädagogische Professionals[55]. Brookfield verdeutlicht beispielsweise, dass die Förderung von kritischem Denken Frustrationstoleranz sowohl bei den Lehrenden als auch bei den Lernenden voraussetzt. Erfolge im kritischen Denken sind erst nach längerer und anstrengender Auseinandersetzung mit Sachverhalten sichtbar und setzen einen langen Atem der Lerner und der Lehrkraft voraus (1987, S. 232). Unmittelbar können Lernende durch das Einüben von kritischem Denken sogar frustriert oder abweisend, ja sogar aggressiv, gegenüber pädagogischen Professionals, die sich in der Denkschulung bemühen, reagieren. Er weist deshalb darauf hin, dass Lehrkräfte sich durch die Schulung von kritischem Denken bei den Lernenden nicht beliebt machen. Pädagogische Profesionals müssen ein balanciertes Verhältnis zu den Lernern herstellen, welches durch das richtige Maß an Zu- und Widerspruch gekennzeichnet ist. Da kritisches Denken ein sehr emotionaler Prozess ist, kann es passieren, dass sie zur Projektionsfläche dieser Emotionen werden, was sich sowohl positiv

---

55 Pädagogische Professionals sind eine äußerst heterogene Gruppe an Bildungspersonal in Schulen, Hochschulen, Universitäten, Betrieben, überbetrieblichen Einrichtungen usw. Zu der Gruppe sind unter anderem Dozenten, Lehrer, Ausbilder, Trainer usw. zu subsumieren (Jahn, Trager & Wilbers, 2008). Der Begriff „Pädagogische Professionals" bezeichnet also ein großes Gruppe an Bildungspersonal aus allen Bereichen der beruflichen Aus-und Weiterbildung sowie Führungskräfte mit Personalverantwortung, die in der Ausübung ihrer beruflichen Tätigkeit Lernende mittelbar und/oder unmittelbar unterrichten, fördern, unterweisen, Lernmedien gestalten usw., also durch das Ausüben ihrer formalen beruflichen Tätigkeit die Kompetenzen von Lernenden wie Schüler, Auszubildende oder Studenten stärken.

als auch negativ auf die Atmosphäre in der Gruppe auswirken kann (1987, S. 234). Wenn Pädagogen dazu befähigt werden sollen, kritisches Denken explizit bei ihren künftigen Lernenden zu fördern, so benötigen sie zum einen dazu auch das entsprechende pädagogische Rüstzeug. Zum anderen müssen sie selbst kritisch Denken können. Wie steht es aber um diese Voraussetzungen in der Praxis? Dieser Frage wurde in einer explorativen Untersuchung im Jahr 2001 an österreichischen Schulen nachgegangen. Astleitner, Brünken und Zander bescheinigten sowohl den Schülern als auch den Lehrkräften mangelhaftes Abschneiden bei einem standardisierten Multiple-Choice-Test zur Beurteilung der Fertigkeiten kritischen Denkens. Der Test setzte sich aus ausgewählten Multiple-Choice-Fragen zu verschiedenen Teilfertigkeiten kritischen Denkens aus dem California Critical Thinking Skills Test (CCTST) und den Übungsaufgaben von Astleitner zusammen. Der CCTST ist einer der am meisten eingesetzten, standardisierten Tests, dem eine hohe Objektivität, Reliabilität und Validität bescheinigt wird. Astleitner et al. (2002) sahen durch die ausgewählten Fragen kritisches Denken inhaltlich abgedeckt. Die Fragen des standardisierten Tests konnten ohne ein bestimmtes Fachwissen, rein durch kritisches Nachdenken gelöst werden. Bei der Untersuchung wurden 296 österreichische Schüler und Schülerinnen, die verschiedene Schultypen, wie etwa Haupt-, Berufs- oder Allgemeinbildende Schule besuchten, getestet. Das Durchschnittsalter der Schüler und Schülerinnen betrug 16,3 Jahre, also ein Alter, in dem die epistemische Entwicklung laut Theorie noch auf niederen Stufen angesiedelt ist (siehe beispielsweise King & Kitchner, 1994). Neben den Schülerinnen und Schülern wurden auch 42 Lehrerinnen und 45 Lehrer für die Teilnahme an dem Test gewonnen. Die Lehrer unterrichteten zum Großteil an der Haupt- und der berufsbildenden höheren Schule. An der Berufsschule unterrichteten 5,2 Prozent der bewerteten Lehrkräfte (Astleitner et al., 2002, S. 53). Das Durchschnittsalter der Lehrkräfte betrug zum damaligen Zeitpunkt 40 Jahre. Dieser Durchschnitt kann als eher „jung" bezeichnet werden, vergleicht man diese Zahl mit dem Durchschnittsalter der Lehrerschaft an deutschen Schulen, das 2007 48,1 Jahre betrug (Berechnung des Bundesamtes für Statistik, 2007). Daher dürften zumindest einige diese Lehrer eine „moderne" Lehrerausbildung an der Universität genossen haben. Neben der Beantwortung der Multiple-Choice-Aufgaben waren sowohl Lehrer als auch Schüler dazu aufgefordert anzugeben, wie anspruchsvoll sie die jeweilige Aufgabe einschätzten. Wie sich anhand Abbildung 35 zeigen lässt, schnitten Schüler und Lehrer leistungsmäßig annähernd gleich ab. Lehrkräfte konnten nur etwas bessere Ergebnisse als deren Schüler erzielen. Beim Aufgabentyp „Definieren" erbrachten die Lernenden sogar bessere Leistungen als Lehrkräfte. Lehrer und Schüler waren quasi gleichermaßen erfolgreich bei der Lösung von einfachen Definitions-, Verallgemeinerungs-, Beweis- oder auf Wertaussagen bezogenen Aufgaben. Jedoch schnitten beide Zielgruppen bei komplexeren Aufgaben kritischen Denkens schlecht ab, wie die Ergebnisse zur Argumentfindungsaufgabe und Aufgaben zum induktiven Schlussfolgern zeigen. Interessanterweise haben sowohl Lehrer als auch Schüler den Schwierigkeitsgrad der Aufgaben sehr homogen bewertet. Kritisches Denken fällt den Lernenden annähernd genauso schwer wie den Lehrenden. In der Untersuchung konnte des Weiteren auch gezeigt werden, dass sowohl Lehrkräfte als auch Schüler in vielen Fällen nicht die notwendigen Fertigkeiten kritischen Denkens angewendet haben, da die Probanden Angaben zur Lösung der Aufgaben machen mussten. Einige Aufgaben wurden also zufällig, intuitiv oder mit nicht primär notwendigen Denkstrategien gelöst.

Die Untersuchung hat in den Augen von Astleitner et al. deutlich gemacht, dass Lehrkräfte erhebliche Defizite bei der Anwendung von Fertigkeiten kritischen Denkens haben und daher ein enormer Bedarf an Qualifikation der Lehrkräfte in der Lehrerausbildung besteht. Sie sollten sowohl in ihren eigenen Fertigkeiten kritischen Denkens geschult als auch in methodischer und didaktischer Hinsicht zur Förderung kritischen Denkens im Unterricht qualifiziert werden. Die plausible Annahme ist hierbei, dass Lehrkräfte, die den Denkstil des kritischen Denkens selbst nicht gut beherrschen, auch nicht bei Lernenden fördern können.

Aufgabentyp	Schüler (n=296)			Lehrer (n=87)		
	% korrekte Lösung	% hohe Schwierigkeit	φ-Koeffizient	% korrekte Lösung	% hohe Schwierigkeit	φ-Koeffizient
Definieren	79.7	50.2*	0.12*	77.0	27.9	0.29*
Finden von fehlenden Argumenten	25.0	72.4	0.14*	19.5	78.2	0.19
Induktives Schlussfolgern	19.3*	65.6	0.00	36.8	39.1	0.07
Verallgemeinerung	77.4	6.1	0.03	81.6	9.3	0.17
Beweis	91.6*	8.9	0.08	97.7	9.2	0.22*
Persönliche Bewertung	79.7	18.2	0.09	83.9	14.1	0.39*
Gruppenbewertung	88.5	13.5	0.10	90.8	21.2	0.05

Anmerkung. * $p<.05$

Abbildung 35: Ergebnisse der Studie zur Beurteilung kritischen Denkens bei Lehrern und Schülern (Astleitner et al., 2002, S. 56)

Zeigt diese Studie nur einen kleinen, nicht repräsentativen Abriss aus der Situation in Österreich, so können dennoch, wenngleich auch nicht zwingende, Schlussfolgerungen für die Situation in Deutschland angestellt werden. Zwar wird kritisches Denken als wichtiges Ziel von etlichen Experten in der Lehrerausbildung und -weiterbildung in Deutschland betont, jedoch gibt es keine bekannten Seminare oder Kurse oder Forschungsbemühungen, die der systematischen Förderung der Förderung von kritischem Denken gerecht werden. Grübel 2010 befragte in einer unveröffentlichten Bachelorarbeit in zwei Bundesländern Institute der Lehrerausbildung und -fortbildung (z. B. Landesakademie für Fortbildung und Personalentwicklung an Schulen) nach deren Bemühungen zur Förderung kritischen Denkens bei Lehrkräften. In beiden Einrichtungen betonten Vertreter die Wichtigkeit kritischen Denkens, konnten aber auf keine Lehrveranstaltungen verweisen, in denen kritisches Denken explizit gefördert wird. Die Sprecher der Institutionen konnten nur auf Veranstaltungen zu pädagogischen, historisch-gesellschaftlichen oder naturwissenschaftlichen Themen verweisen, in denen eine kritische Auseinandersetzung mit bestimmten Kontexten und Rahmenbedingungen geschieht. Der diskursive und dialektische Charakter der Veranstaltungen wurde dabei betont; z. B. würden viele Gruppendiskussionen in den Veranstaltungen stattfinden und dabei verschiedenste Meinungen gehört werden. Somit würde kritisches Denken anhand konkreter Beispiele bei den Lehrkräften geschult werden, so die Sprecher. Eine integrativ-indirekte Schulung kritischen Denkens bei den Lehrkräften, ohne Erläuterung von Konzepten und Vermittlung methodischer Verfahrensweisen der Förderung, trägt aber nicht effektiv dazu bei, die Lehrkräfte zur Förderung kritischen Denkens zu befähigen.

Die Förderung kritischen Denkens findet darüber hinaus explizit kaum Beachtung in der deutschsprachigen pädagogischen Forschung. So lässt sich beispielsweise als Beleg für diese Annahme eine Recherche im „Fachportal Pädagogik" anführen. In einer „erweiterten" Online-Suche nach Veröffentlichungen jeder Art zu dem Begriff „kritisches Denken" konnten dort gerade einmal sieben deutschsprachige Publikationen ausfindig gemacht werden.[56] Der aktuellste Beitrag war dabei ein Buch von Petri aus dem Jahr 2003. Ein Großteil der dort aufgeführten Publikationen stammt zudem nicht von Autoren aus Deutschland, sondern aus Österreich. In einer Standardsuche zu dem Begriff „selbstgesteuertes Lernen" hingegen fanden sich immerhin 915 deutschsprachige Quellen, die bedeutend höhere Aktualität aufwiesen.[57]

Zur Ausbildung an Universitäten bezüglich der Förderung und der Qualifizierung für die Förderung kritischen Denkens lassen sich folgende Anmerkungen treffen: Universitäten sind traditionell Lernorte, an denen die Schulung des Denkens eine lange Tradition besitzt. Auch in den Reformbemühungen im Bologna-Prozess wird die Förderung kritischen Denkens an Hochschulen betont. In einer Analyse des Lehrbetriebes in deutschen Universitäten, kommt Kruse zum dem Schluss, dass die Förderung kritischen Denkens als zentrales Ausbildungsziel der deutschen Hochschultradition entspricht. Kruse operationalisierte zuerst kritisches Denken in bestimmte Fertigkeiten und Denkaktivitäten und sieht diese durch wissenschaftliches Schreiben und seminaristische Lehre an Hochschulen indirekt gefördert. Gleichwohl betont er, dass die Didaktik kritischen Denkens noch weiter erschlossen werden muss (Kruse, 2009, S. 12). Durch seminaristisches Lernen und wissenschaftliches Schreiben wird zwar kritisches Denken im Verständnis von Kruse bei den Studierenden angeregt, jedoch reicht dies bei Weitem nicht dazu aus, angehende Pädagogen in der Denkschulung zu qualifizieren. Aufgrund der bisherigen Überlegungen und Ergebnisse aus Studien erhärtet sich der Verdacht, dass Lehrkräfte in der Praxis unzureichend für die Förderung kritischen Denkens ausgebildet sind. Zwar findet die Qualifizierung indirekt im Studium oder in der Weiterbildung, jedoch nicht explizit und zielgerichtet statt. Dubs bescheinigt Schulen in Bezug auf die Förderung kritischen Denkens *„wenig Erfahrung, was einer grossen Herausforderung für die Lehrerbildung gleichkommt"* (1992, S. 53).

1.2 Zur Qualifizierung pädagogischer Professionals für die Förderung von kritischem Denken in den USA

Der wissenschaftliche Diskurs und die Praxis in den USA haben einige Antworten auf die Frage anzubieten, wie pädagogische Professionals auf die Förderung kritischen Denkens vorbereitet werden sollten, da dort kritisches Denken eines der primären Bildungsziele ist, vor allem an Hochschulen und Universitäten. In Kalifornien verpflichteten sich, dies als Beispiel für die Wertschätzung kritischen Denkens als Bildungsziel, alle 23 *state universities* und 108 *community colleges* gesetzlich, die Förderung kritischen Denkens als Teil der allgemeinen Bildungsaufgaben in die Lehre mit aufzunehmen (Halpern, 2003, S. 355). Auch auf nationaler Ebene gibt es seit etlichen Jahren Bestrebungen, die

---

56   Online-Recherche vom 12.04.2010. Titel: KRITISCHES *und* DENKEN *und* Sprache: DEUTSCH. http://www.fachportal-paedagogik.de/metasuche/erweiterte_suche.html

57   Online-Recherche vom 12.04.2010. Titel im Freitext: selbstgesteuertes *und* lernen.

Förderung von kritischem Denken als ein allgemeines Bildungsziel zu integrieren. So lässt sich den im Jahr 2000 im Kongress gesetzlich verabschiedeten National Education Goals entnehmen, dass auf Ebene der Hochschulbildung Lernende zunehmend durch bildungspolitische Maßnahmen dazu befähigt werden sollen, fortgeschrittene Fertigkeiten kritischen Denkens unter Beweis stellen zu können, erfolgreich Probleme zu lösen usw. („SEC. 102. NATIONAL EDUCATION GOALS, (6) Adult Literacy And Lifelong Learning", 2000). Gerade an höheren Schulen und an Universitäten wird die Schulung kritischen Denkens in den USA forciert. Buskist und Irons sehen in der Förderung kritischen Denkens gar das Hauptlehrziel in höheren Bildungseinrichtungen in den Vereinigten Staaten: „If there is one thing that all college and university teachers want their students to learn, it is to think critically" (2008, S. 49). Die konkrete Verankerung der Förderung in Curricula und die Qualifizierung pädagogischer Professionals für diese Denkschulung scheint aus empirischer Sicht äußerst sinnvoll. In einer breit angelegten und umfassenden Metaanalyse von Albrami et al. konnte gezeigt werden, dass bei entsprechenden didaktischen Vorgehensweisen gute Ergebnisse bei der Denkschulung erreicht werden können, wenn die Förderung von kritischem Denken ein integraler Bestandteil eines Kurses ist und didaktisch und curricular verankert wird (2008, S. 1121). Außerdem belegt die Studie, dass die Pädagogik bei der Förderung eine entscheidende Rolle spielt. Wurde beispielsweise das Bildungspersonal speziell für die Förderung kritischen Denkens geschult oder das pädagogische Vorgehen der Lehrkräfte genau geplant und beobachtet, so hatten die Fördermaßnahmen die größte Wirkung (2008, S. 1121). Im Gegensatz dazu wurde in jenen Studien, in denen der Qualifizierung und Erfahrung der Lehrkräfte im Hinblick auf die Denkschulung keine Beachtung geschenkt wurde oder die Integration der Förderung von kritischem Denken nur eine untergeordnete und lose Rolle in der Kursplanung spielte, der schlechteste Lernerfolg im kritischen Denken festgestellt (ebd., 2008, S. 1121).

Es gib einige Belege, dass selbst in den Vereinigten Staaten, wo die Förderung kritischen Denkens seit vielen Jahren umfangreich erforscht und in der der pädagogischen Praxis etabliert wird, die Frage, wie Lehrkräfte im Hinblick auf die Denkschulung aus- und weitergebildet werden können, sowohl theoretisch als auch praktisch noch nicht zufriedenstellend gelöst ist. In einer umfangreichen Studie aus dem Jahr 1997 war es ein Ziel, eine Bestandsaufnahme anzufertigen, inwieweit Dozenten in der Lehrerausbildung befähigt sind, kritisches Denken professionell bei angehenden Lehrkräften fördern zu können. Zum anderen wollten die Autoren der Studie feststellen, wie die Universitäten angehende Lehrkräfte und Studenten aus anderen Studiengängen im kritischen Denken fördern und diese auf eine Förderung im Schulalltag vorbereiten. Neben qualitativen Telefoninterviews wurden auch Kurskonzepte von Colleges und Universitäten, die die Förderung kritischen Denkens integrieren, anhand einer Dokumentenanalyse untersucht (Paul, Elder und Bartell, 1997, S. 24). Im Fokus der Studie stand dabei die Ausbildung von Lehrkräften für *elementary* und *secondary schools,* also künftiges Lehrpersonal, dass Lernende im Alter zwischen sechs und siebzehn Jahren unterrichtet.

In den sowohl qualitativen als auch quantitativen Telefoninterviews wurden 140 Dozenten und Dozentinnen an Universitäten zu ihrem konzeptionellen Verständnis von kritischem Denken, der Bedeutung des Kontextes bei der Förderung, zu den wichtigsten Fertigkeiten kritischen Denkens, wie diese in der Lehre gefördert und beobachtet werden und zu theoretischen Konzepten kritischen Denkens befragt (Paul et al., 1997, S. 26). Im zweiten Teil der Studie stand die Identifikation und Analyse exemplarischer Ansätze zur Förderung von Fertigkeiten kritischen Denkens im Zentrum des Interesses. Dabei wurden Einrichtungen der Lehrerausbildung aufgefordert, bestehende Programme, inklusive Kursdesignbeschreibung, didaktisches Vorgehen, Assessment der Fördermaßnahme etc. schriftlich einzureichen. Des Weiteren wurden vertiefende Interviews mit Dozenten und Dozentinnen geführt, die in den eingangs geführten Interviews besonders gut abgeschnitten hatten. Der Themenfokus der qualitativen Interviews lag diesmal auf konkreten didaktischen und methodischen Verfahrensweisen bei der konkreten Denkschulung und den hierbei gemachten Erfahrungen.

Die Ergebnisse aus den ersten beiden Phasen lesen sich in Auszügen wie folgt (Paul et al., 1997, S. 28–29):

- Obwohl die überwiegende Mehrheit der Interviewteilnehmer (89 %) die Förderung kritischen Denkens als ein Hauptziel ihrer Lehrtätigkeit nannte, konnte nur eine Minderheit (19 %) das Konzept „kritisches Denken" klar beschreiben.

- Obwohl 78 % des befragten Lehrpersonals angab, dass es ihren Studenten an intellektuellen Denkstandards mangeln würde, konnten nur 8 % der Befragten diese Standards in Form von Kriterien nennen bzw. erläutern.

- Nur 19 % der Befragten wendeten kritisches Denken im Interview an.

- 77 % der Befragten konnten nur vage Aussagen treffen, wie die Förderung von kritischem Denken im jeweiligen fachlichen Kontext realisiert werden kann.

- Nur eine sehr kleine Minderheit konnte Begriffe wie Annahmen, Schlussfolgerungen usw. konzeptuell definieren und voneinander abgrenzen.

- Aussagen zu kritischem Denken waren vielfach unschlüssig. Es wurden Worthülsen wie *„active learning"* usw. mit kritischem Denken in Verbindung gebracht, ohne logische Verbindungen und Abgrenzungen dabei herstellen zu können.

Die Autoren der Studie kommen zu dem Schluss, dass die meisten der befragten Dozenten kritisches Denken nicht hinreichend konzeptionell verstanden haben, geschweige denn wissen, wie es effektiv gefördert werden kann (Paul et al., 1997, S. 41). Angehende Lehrer, die bei diesen Dozenten ausgebildet werden, werden somit kritisches Denken auch nicht konzeptuell umfassend verstehen können und auch nicht lernen, wie es unter Beachtung des jeweiligen fachlichen Kontextes gefördert werden kann. Vielmehr übernehmen die Lernenden die vagen, unzureichenden oder gar falschen Vorstellungen ihrer Professoren:

„If prospective teachers are learning from their professors, then many of them no doubt equate critical thinking with active involvement or cooperative learning. Other teachers probably believe that acquaintance with the terms of Bloom's taxonomy or Howard Gardener's theory of multiple intelligences is equivalent to understanding critical thinking" (Paul et al., 1997, S. 41).

Außerdem zeigte sich, dass jene der befragten Interviewpartner, die eine elaborierte Definition kritischen Denkens und ein breites Spektrum an Förderansätzen nannten und ausgearbeitete, stimmige Lernszenarien aus ihrer Praxis vorweisen konnten, meist selbst Seminare zur Förderung von kritischem Denken durchlaufen hatten (Paul et al., 1997, S. 52–82).

Die Autoren der Studie ziehen folgende Schlussfolgerungen aus den für sie sehr schlechten Ergebnissen. Wenn kritisches Denken effektiv gefördert werden soll, so müssen Dozenten in der Lehrerausbildung zielgerichtet darauf vorbereitet werden. Wenn Lehrkräfte selbst nicht kritisch denken können, nicht wissen, was kritisches Denken konstituiert, und keine konkreten Förderansätze kennen, so kann auch keine professionelle Denkschulung stattfinden, die den hohen Zielen des nationalen Bildungsauftrages gerecht wird.

Um die erkannten Probleme zu lösen, schlagen die Autoren ein umfassendes Maßnahmenpaket vor, um in der Lehrerausbildung der Idee der Förderung von kritischem Denken gerecht werden zu können. An dieser Stelle ist die Studie kritisch zu sehen, da Autoren wie Richard Paul selbst Gründer oder Mitglieder der Foundation for Critical Thinking sind, ein aus mehreren Non-Profit-Organisationen bestehender Zusammenschluss, der es sich zur Aufgabe gemacht hat, *„to promote essential change in education and society through the cultivation of fair-minded critical thinking"* („The Critical Thinking Community. Our Mission", o. D.). Das Spektrum der Dienstleistungen ist breit: Es wird eine Vielzahl an Workshops für Lehrpersonal zur spezifischen Schulung von verschiedensten Fähigkeiten zur Förderung von kritischem Denken angeboten, ferner eine Vielfalt an Lehrbücher und Online-Informationen offeriert, Konferenzen abgehalten usw. Die Umsetzung der vorgeschlagenen Maßnahmen würde zu einer Fülle von Aufträgen für die Organisation führen. Deshalb schwingt die Vermutung eines gewissen Eigeninteresses bei der Beurteilung der präsentierten Lösungsansätze mit. Kritisch ist auch zu sehen, dass die Autoren ihr Konzept des *„Fair-Minded-Critical-Thinking"* als Referenzrahmen bei der Befragung der Lehrkräfte und Analyse von Konzepten herangezogen haben. Die Autoren unterstellen so, dass ihre Definition eine allgemein gültige Version kritischen Denkens sei, die die Dozentenschaft zu verinnerlichen habe bzw. nicht kenne. Fraglich ist, ob die befragten Dozenten nicht vielleicht sehr wohl andere Teilbereiche kritischen Denkens, wie etwa Ideologiekritik, in ihrer Praxis kultiviert haben; diese Seite kritischen Denkens wurde aber nicht abgefragt. Außerdem lässt sich darüber argumentieren, ob ein Dozent, der fachliche Begriffe wie Annahmen und deduktive Argumente etc. begrifflich nicht kennt, aber sicher diese Konzepte anwendet, jedoch ohne es begrifflich zu wissen. Gleiches gilt auch für die Theorie der Förderung kritischen Denkens.

Dennoch ist die Studie sehr aufschlussreich für relevante Maßnahmen zur Befähigung von angehenden Lehrkräften zur Förderung von kritischem Denken. Sie macht deutlich, dass Lehrende über ein ausgeprägtes Verständnis von kritischem Denken verfügen müssen, um es überhaupt konkret fördern zu können. Des Weiteren werden spezielle didaktische und methodische Fähigkeiten der Instruktion und Wissen benötigt, wie die Förderung von kritischem Denken mit den jeweils vorliegenden fachlichen Inhalten verzahnt werden kann. Lehrende müssen selbst den zu fördernden Denkstil sicher beherrschen, um diesen bei anderen anleiten zu können. Deshalb benötigt Bildungspersonal eine direkte Schulung im kritischen Denken, gefolgt von kontinuierlichen praktischen Einübungsmöglichkeiten.

Des Weiteren müssen Lehrkräfte dabei unterstützt werden, zu definieren, was kritisches Denken in ihrem jeweiligen Fach bedeutet (Paul et. al, 1997, S. 103). Darüber hinaus müssen angehende Lehrkräfte darin ausgebildet werden, wie kritisches Denken gezielt und erfolgreich in Unterrichtssituationen gefördert werden kann, wobei hier natürlich auf die jeweilige Ausprägung im jeweiligen fachlichen Kontext eingegangen werden muss. Auch Meyers macht deutlich, dass die Förderung von kritischem Denken erst dann fruchtbar sein wird, wenn neben Fertigkeiten und Dispositionen der Förderung Lehrkräfte in ihren jeweiligen Disziplinen ein einschlägiges Verständnis von kritischem Denken entwickeln. Dazu gehört unter anderem ein eigenes, auf die fachlichen Inhalte bezogenes Modell kritischen Denkens, die Definition der jeweiligen Kriterien für kritische Denkaktivitäten oder kritische Fragen und die Festlegung geeigneter Methoden, um kritisches Denken kontextbezogen fördern zu können (Meyers, 1986). Außerdem müssen angehende Lehrkräfte den Wert kritischen Denkens erkennen und zur Förderung kritischen Denkens motiviert werden. Als letzten Punkt der Anforderungen für die Förderung nennen Paul et al. die Notwendigkeit von (Selbst-)Reflexion als Teil kritischen Denkens. Die Anwendung kritischen Denkens muss sich auch auf den eigenen Unterricht der Lehrpersonen, das eigene Handeln als Lehrer beziehen, um sich als pädagogischer Professional so kontinuierlich weiterentwickeln zu können (Paul et. al., 1997, S. 105). Auf den Umgang mit Emotionen und die mit der Förderung von kritischem Denken verbundenen Gefahren, wie sie Brookfield (2003, S, 149 ff.) diskutiert, gehen die Autoren in ihrem Konzept zur Förderung kritischen Denkens bei Hochschuldozenten und angehenden Lehrkräften nicht ein, da in deren definitorischem Verständnis Emotionen keine Rolle spielen.

Als Positivbeispiel verweisen die Autoren der Studie auf das Lehrervorbereitungsprogramm der Montclair Universität, an der ein eigenes Institut für die Förderung kritischen Denkens gegründet wurde. Die Schulung des Denkens ist in dem didaktischen Ansatz der Hochschule als feste Größe differenziert verankert. Nicht jede Schule und auch nicht jede Universität verfügen jedoch über die Kapazitäten, ein eigenes Institut zu gründen, welches die Integration von kritischem Denken in die Lehre bewerkstelligen kann. Gerade in Deutschland ist derzeit solch ein Institut undenkbar. Dennoch bestehen auch pragmatische Möglichkeiten – sowohl in der universitären Lehrerausbildung als auch in der Lehrerfortbildung, um die Förderung kritischen Denkens als Kompetenz bei (angehenden) Lehrkräften zu verankern. Manche Hochschulen erteilen z. B. erfahrenen Experten für kritisches Denken einen Lehrauftrag für ein- bis dreitägige Workshops, in denen angehende pädagogische Professionals für die Denkschulung qualifiziert werden sollen.

Im folgenden Unterkapitel werden nun einzelne ein bis zweitägige Seminarangebote aufgegriffen und auf ihre didaktische und methodische Struktur hin analysiert. Die behandelten Beispiele stammen von renommierten Autoren aus dem Bereich der Förderung kritischen Denkens. Einige der vorgestellten Konzepte sind im Internet oder über Fachbücher frei zugänglich. Die sonst nicht öffentlich zugänglichen Unterlagen zu Workshops von Stephen Brookfield und Jenny Moon wurden mir freundlicherweise auf Anfrage zur Verfügung gestellt.

1.3 Analyse ausgewählter Schulungsansätze zur Qualifizierung (angehender) pädagogischer Professionals für die Förderung kritischen Denkens

1.3.1 Ein Kursangebot für Lehr- und Führungskräfte der Foundation for Critical Thinking

1.3.1.1 Rahmenbedingungen

Die *Foundation for Critical Thinking* in Kalifornien bietet als Grundlagenqualifikation einen einführenden Workshop für kritisches Denken für Mitarbeiter der verschiedenen Bildungseinrichtungen an. Auch für Entscheidungsträger aus der Wirtschaft wird dieser einführende Workshop in leichter Abwandlung offeriert. Die spezielle Zielgruppe wird hierbei in einer anderen Sprache angesprochen, als dies bei Lehrern und Dozenten der Fall ist. Beispielsweise wird "critical thinking" mit Synonymen und Slogans wie *„making intelligent decisions", „ learning higher thinking", "learning how to recognize inappropriate emotions in your thinking"* etc. umschrieben. Der einführende Kurs zielt einführend darauf ab, den Teilnehmern das Konzept kritischen Denkens nach Paul (1993) zu vermitteln. Bei den Pädagogen liegt der Schwerpunkt des Weiteren bei der Förderung kritischen Denkens in Lehr-Lernsituationen, wohingegen bei den Führungskräften und Personalverantwortlichen die zielgerichtete Anwendung kritischen Denkens in relevanten Berufssituationen betont wird.

1.3.1.2 Inhalte und methodisches Vorgehen

Im ersten Teil des Seminars erhalten die Teilnehmer eine grundlegende Einführung in kritisches Denken. Darin werden Teilnehmern, wie etwa Bildungspersonal an Schulen und Hochschulen oder eben auch die Zielgruppe der Manager, die grundlegenden Komponenten kritischen Denkens in der Auffassung von Paul vermittelt. Pauls Konzept kritischen Denkens kann der Tradition der Logik zugeordnet werden. Die verwendeten Denkstandards beinhalten Kriterien wie Klarheit, Richtigkeit oder Logik. Außerdem werden die Teilnehmenden für die Wichtigkeit kritischen Denkens sensibilisiert und für die Förderung motiviert, indem ihnen aufgezeigt wird, dass kritisches Denken eine essentielle Lernkompetenz für das jeweilige Fach und Problemlösekompetenz für den Alltag der Lerner ist, sei es im Beruf, als Zivilbürger oder als Privatperson. Des Weiteren lernen die Teilnehmer, wie die Förderung kritischen Denkens in die jeweilige Lehre der Lehrkräfte integriert werden kann, und erkunden, wie effektive Lernszenarien geplant und umgesetzt werden können. Dafür wird in ihnen die von Paul vertretene Didaktik kritischen Denkens vermittelt, die vor allem auf die Anwendung von Denkstandards der Logik, z. B. durch Fragetechniken (sokratisches Fragen) oder durch den Einsatz von Checklisten, abzielt. Die Teilnehmer werden darüber hinaus in praktischen Übungen dazu angehalten, selbst kritisches Denken bei Alltagsproblemen anzuwenden. Zu den Übungen gehört auch, dass die Teilnehmer jeweils ein bestehendes Lernszenario aus ihrer Praxis analysieren und die Förderung von kritischem Denken anhand der vermittelten Didaktik integrieren. Didaktisch und methodisch wartet der Workshop mit Elementen des Frontal- und Gruppenunterrichts auf, wobei das praktische Anwenden von gelernten Methoden und Konzepten zur Sicherung und die Anregung der kritischen (Selbst-)Reflexion der Teilnehmer betont wird, beispielsweise durch die Erarbeitung des Förderansatzes. Die tägliche Praxis der Teilnehmer ist dabei konkreter Gegenstand von praktischen Reflexionsübungen.

Im zweiten und anwendungsbezogenen Teil des Workshops beschäftigen sich die Teilnehmer mit ihren eigenen Denkweisen und wenden kritisches Denken an. Ziel ist es, die Fähigkeit berufliche Probleme anhand von Denkstandards analysieren und intelligente Entscheidungen treffen zu können zu verbessern. Auch hier spielt die kritische Selbstreflexion der Teilnehmer über ihre tägliche Praxis eine wichtige Rolle. Die Anbieter empfehlen dringend, weitere aufbauende Kurse zu besuchen, um den „Handwerkskoffer" zur Förderung kritischen Denkens im Sinne der eigenen professionellen beruflichen Entwicklung mit weiteren „Werkzeugen" zu bestücken oder vorhandene Verfahrensweisen zu vertiefen. Didaktisch und methodisch entsprechen auch diese Kurse in etwa dem beschriebenen Muster. Auf der Homepage der *Foundation for Critical Thinking* findet sich eine ganze Palette an weiteren Angeboten, in denen eher methodische Ansätze, die Förderung von kritischem Denken in ganz speziellen fachlichen Kontexten, Assessment oder etwa Themen wie „Lernende zum kritischen Denken motivieren" behandelt werden.

1.3.1.3 Ergebnisse der Analyse

Bei der Analyse der Inhalte der Workshops der *Foundation for Critical Thinking* wird deutlich, dass die Zielgruppe, nämlich pädagogische Professionals an Universitäten, in Unternehmen, Schulen usw. ein Grundverständnis, was kritisches Denken konstituiert, ausprägen sollen. Bei Paul ist kritisches Denken als Denkstil durch die Anwendung intellektueller Standards wie Klarheit, Richtigkeit, Exaktheit, Logik oder Fairness gekennzeichnet. Das konzeptionelle Verständnis kommt aus der Tradition der formalen und informellen Logik, bezieht aber weitere Elemente aus der Psychologie, wie etwa das Konzept der Metakognition, mit ein (Paul, 1993, S. 136–139). Des Weiteren wenden die Dozenten selbst kritisches Denken nach diesem Verständnis in einigen Übungen an. Außerdem sind die Dozenten aufgefordert, eigene Förderansätze anhand bestehender Inhalte aus Lehraufträgen praktisch zu konstruieren. Durch diese Übungen wird die Selbstreflexion im Hinblick auf die Förderung kritischen Denkens angeregt und es werden Denkfertigkeiten bei den Dozenten geschult. Über genaues methodisches und didaktisches Vorgehen bei der Qualifizierung der Dozenten machen die Autoren leider keine Angaben auf der Homepage.

1.3.2 Ein Workshop für Lehrkräfte von Jenny Moon (2007)

1.3.2.1 Rahmenbedingungen

Zu einem Workshop der britischen Expertin Jenny Moon liegen ausführlichere Informationen in Form eines Handouts zum Workshop vor. Der für Lehrkräfte in der Hochschulbildung konzipierte Kurs zielt darauf ab, den Teilnehmern einen breiten Überblick über die Traditionen und Perspektiven kritischen Denkens aufzuzeigen und ein konzeptuelles Verständnis für den Hochschulkontext anzubieten, welches der Sichtweise von Jenny Moon entspricht. Schließlich soll auch die Förderung kritischen Denkens behandelt werden. Folgende Lernziele wurden für den Workshop formuliert:

- *be able to manage the confused thinking about critical thinking and its consequences for students*
- *be able to explain a coherent view of critical thinking as a basis for work with students*

- demonstrate understanding of the progression of learners' conceptions of knowledge and be able to apply that to student learning
- be have begun to be able to identify specific ways in which to enhance their work with students on critical thinking (Moon, 2007, S. 1).

Für Moon ist kritisches Denken mit der epistemologischen Entwicklung vom Lernenden verwurzelt. Kritisches Denken beschäftigt sich nach Moon mit der Analyse von Argumenten und enthält wissenschaftstheoretische Implikationen (Moon, 2007). Es kann als eine Art epistemische Reflexion von Wissen und Erkenntnisprozessen verstanden werden. Kritische Denker müssen beispielsweise erkennen, dass Wissen in einem bestimmten Kontext konstruiert wird. Mit ihrem Verständnis steht sie der Tradition der kognitiven- und der Entwicklungspsychologie sehr nahe.

1.3.2.2 Inhalte und methodisches Vorgehen

Innerhalb des Kurses werden verschiedene Modelle der epistemischen Entwicklungsstufen von Moon vorgestellt. Dennoch sind die Teilnehmer aufgefordert, bestimmte Begrifflichkeiten für sich selbst innerhalb ihres Faches zu klären und ein eigenes, dem jeweiligen Kontext geschuldetes Verständnis von kritischem Denken zu entwickeln. In einem weiteren Teil des Workshops bekommen die Teilnehmer wichtige Empfehlungen zur Förderung von kritischem Denken an die Hand und wenden diese in praktischen Übungen an. Als Beispiel sei eine Gruppenarbeit genannt, in der die Lehrkräfte sich in ihre Lernenden hineinversetzen sollen, um herauszufinden, welche Ressourcen diese für verschiedene Tätigkeiten kritischen Denkens, wie etwa die Analyse von Argumenten, die Evaluation eines Objektes, kritische Selbstreflexion usw. (siehe Tätigkeiten kritischen Denkens nach Moon, 2008, S. 30–34), benötigen und wie Lehrkräfte dabei die Lernenden unterstützen können. Die Palette an besprochenen Maßnahmen zur Förderung enthält viele Elemente, die bereits im Kapitel III besprochen wurden, wie beispielsweise die Herstellung einer lernförderlichen Atmosphäre, Aufbau von Vertrauen, Anregung von Dissonanz etc. Interessanterweise wird die Förderung kritischen Denkens durchaus auch selbst kritisch reflektiert. Moon stellt zum Beispiel klar, dass kritisches Denken nicht „vermittelt" werden, sondern nur durch Lehrkräfte angeregt werden kann. Außerdem diskutieren die Lernenden kritisches Denken als einen von der westlichen Zivilisation hervorgebrachten, wissenschaftlichen Denkstil, der auf andere Kulturen befremdlich wirken kann und auf Ablehnung stoßen könnte. Schwerpunkte sowohl bei den Inhalten als auch bei weiteren Übungen setzt Moon bei der Förderung kritischen Denkens im Bereich der schriftlichen Arbeiten. Diese methodische Betonung findet sich auch in ihren Büchern wieder (z. B. Moon, 2008). Lernende sollen anhand von Texten zu einem bestimmten Thema, die auf verschiedenen epistemologischen Stufen verfasst sind und deshalb verschiedene Niveaustufen kritischen Denkens beinhalten, selbst erkennen, was kritisches Denken ist und wie es sich schriftlich in Argumentationen und Reflexionen bemerkbar macht. Beispielsweise analysieren und beurteilen die Teilnehmer vier verschiedene Reflexionen auf unterschiedlichsten Niveaustufen kritischen Denkens zu einer schriftlichen Aufgabenstellung, in der eine komplexe Situation aus der pädagogischen Praxis zu dem Thema, was erfolgreiches Lernen bedingt und welche Rolle kritisches Denken dabei bestimmt, multiperspektivisch beschrieben wird.

Die zu analysierenden Arbeiten, die als Statements zu der Aufgabenstellung verfasst wurden, decken das Spektrum zwischen „unkritischem Denken" und kritischem Denken auf hohem Niveau nach dem Verständnis von Moon ab. Durch die Analyse der Texte sollen die Teilnehmer zum einen durch Selbsterfahrung erkennen, was kritisches Denken bedingt, zum anderen die Vor- und Nachteile der Methode erkennen. Die Textanalysemethode eignet sich auch für den Einsatz in der Hochschullehre laut Moon hervorragend zur Förderung von kritischem Denken, sei es beim Modellieren oder dem konkreten Anwenden von bestimmten Fertigkeiten in der Analyse.

1.3.2.3 Ergebnisse der Analyse

Wie schon bei dem Workshop der Foundation for Critical Thinking wird das Ziel verfolgt, dass die Teilnehmer ein Grundverständnis, was kritisches Denken konstituiert, ausprägen. Wieder wird ein spezifisches Verständnis angeboten, dass die Teilnehmer aber auf ihren Alltag anwenden sollen. Außerdem werden auch Übungen durchgeführt, in denen die Teilnehmer kritisches Denken anwenden, dessen Konzept dabei elaborieren und gleichzeitig dadurch auch für die Förderung und dem Asseessment von kritischem Denken Impulse erhalten. Zusätzlich wird das Konzept kritischen Denkens auf Einseitigkeit und Grenzen hin analysiert, also auch kritisch über kritisches Denken nachgedacht. Methodisch-Didaktisch hat sich Moon vor allem der schriftlichen Förderung von kritischem Denken verschrieben.

1.3.3 Ein Workshop für Pädagogikstudenten von Stephen Brookfield (2008)

1.3.3.1 Rahmenbedingungen

Ein weiteres Workshop-Konzept, dessen Analyse sehr ergiebig ist, stammt von einem der Experten aus den USA, nämlich Stephen Brookfield. Dieser bietet neben seiner Tätigkeit als Autor und Hochschuldozent auch Workshops sowohl für angehende und erfahrene Dozenten und Lehrer, als auch für Entscheidungsträger im wirtschaftlichen Kontext usw. an. Der im Folgenden vorgestellte Kurs fand an einer der renommiertesten erziehungswissenschaftlichen Bildungsstätten in den USA im Jahr 2008 statt. Die Teilnahme an dem Kurs konnte mit Leistungspunkten angerechnet werden und ist mit Transferseminaren an europäischen Hochschulen zu vergleichen. In dem Kurs stehen neben der Vermittlung eines konzeptuellen Verständnisses kritischen Denkens nach Brookfield vor allem praktische Übungen im Zentrum.

Diese von Brookfield eingesetzte Übungen dienen im Workshop zur

- Anwendung der gelernten Konzepte wie Annahmen, Ideologiekritik usw.
- Selbsterfahrung: Die Wirkung der Methode mit ihrer Reichweite, ihren Grenzen, Vorteilen und möglichen Problemen für den eigenen Einsatz in der Praxis wird deutlich.
- Kritische (Selbst-)Reflexion über eigene Annahmen in der Rolle als angehende Lehrkraft.

Brookfields Verständnis des kritischen Denkens lehnt an der Tradition der Kritischen Theorie bzw. der kritischen Pädagogik an. Der Kernprozess kritischen Denkens ist seiner Ansicht nach die Analyse und Evaluation von Annahmen bezüglich ihres ideologischen Gehaltes und der Auswirkungen, die das Festhalten an diesen Annahmen auf das Denken und Handeln mit sich bringen (Brookfield, 1987).

1.3.3.2 Inhalte und methodisches Vorgehen

Aus den Unterlagen zu der Kursbeschreibung geht hervor, dass folgende Inhalte in dem zweitägigen Seminar sowohl theoretisch als auch praktisch behandelt wurden:

1. Der Prozess kritischen Denkens
2. Methoden zur Förderung kritischen Denkens
3. Die Förderung von kritischem Denken durch Konversationen
4. Erforschung des Prozesses kritischen Denkens in der Klasse
5. Assessment von kritischem Denken (Brookfield, 2008).

Zu den verschiedenen Punkten findet sich eine Vielzahl theoretischer und methodischer Ansätze und Richtlinien in dem Kurshandout, die Brookfield auch in seinen Büchern ausführlich beschreibt und in Auszügen in dem Workshop zur Anwendung kommen. Die beschriebenen Methoden und didaktischen Richtlinien beinhalten immer auch die Förderung von Ideologiekritik als feste Größe, anknüpfend an seinem Konzept kritischen Denkens.

Der sehr an der pädagogischen Praxis orientierte und übungsreiche Workshop sieht folgenden Aufbau vor:

Day 1
In the morning we will get to know each other's understandings of critical thinking and examine some of the traditions that inform the process. We will try some beginning exercises such as Scenario Analysis and the Personal Reflection Exercise. In the afternoon we will shift the focus even more onto our own experiences as adult critical thinkers and explore the Newsprint Dialog approach.
Day 2
In the morning we will report out the CIQ of Day (1) and consider broad guidelines for developing critical thinkers. We will try to demonstrate two or three specific techniques. In the afternoon we will continue our experimentation with different approaches to developing critical thinking. The workshop will end with a review of the 1 credit assignment for those who need further clarification.

Tabelle 16: Ablaufbeschreibung des Kurses "Developing Critical Thinkers" von Stephen Brookfield (2008, S. 2)

Der Workshop zeigt sowohl didaktisch als auch methodisch einen ähnlichen Aufbau wie das beschriebene Konzept von Richard Paul. In einem ersten Schritt beschäftigen sich die Teilnehmer mit der konzeptuellen Auslegung und Definition von kritischem Denken nach Brookfield. Besonders wird dabei die ideologiekritische Dimension kritischen Denkens herausgearbeitet. Im Anschluss lernen die Studenten verschiedene, von Brookfield bevorzugte Methoden zur Förderung kritischen Denkens kennen und wenden ausgesuchte davon gleich selbst an. Die Methoden zielen darauf ab verschiedene Denkfertigkeiten zu fördern. Sowohl individuelle Reflexionen als auch Diskussionen in Gruppen werden in den Methoden miteinander verbunden. Brookfield selbst modelliert kritisches Denken innerhalb des Kurses bei der Vermittlung von Konzepten. Der Grad an Komplexität der Übungen nimmt während des Kurses zu. Beispielsweise ist die von ihm aufgeführte Szenario-Analyse eine Methode, die das Erkunden und Überprüfen von Annahmen, die Perspektivenerweiterung und die Entwicklung alternativer Perspektiven anhand eines Fallbeispiels fördert. Diese Übung lässt sich ohne große Belastungen der Teilnehmer durchführen. Später im Kurs angewandte Methoden wie die Personal Reflection Exercise, eine Übung zur Enthüllung eigener Annahmen im Hinblick auf die angestrebte Lehrtätigkeit, können dabei schon einen stärkeren Konflikt bei den Lernenden anregen. In dieser Partnerarbeit, die mit einem Selbstreflexionsauftrag beginnt, sind die beiden Partner jeweils aufgefordert, Annahmen aus Sätzen zur Vorstellung einer guten Lehrpraxis, die sie in der Reflexionsphase aufgeschrieben haben, wechselseitig zu identifizieren, zu analysieren und zu bewerten. Vor allem hegemoniale und ideologische Annahmen sollen gefunden und deren Auswirkungen besprochen werden. Der Prozess kritischen Denkens soll so bei den Studenten angestoßen werden. Dadurch kann die Entwicklung der angehenden Pädagogen im Hinblick auf eine reflexive Praxis gefördert werden, indem beispielsweise Diskurse über konformistische, ideologisierte und nicht hinterfragte Annahmen in der Rolle als angehender Lehrer im System „Schule" angeregt werden.

Auch am zweiten Tag des Workshops werden die Studenten erneut zur kritischen Selbstreflexion durch den Einsatz des Critical Incident Questionaire (CIQ) (siehe dazu Brookfield, 1995, S. 114–139) angeregt, um den initiierten Prozess kritischen Denkens zu verarbeiten und die gemachten Erfahrungen zu diskutieren. Brookfield geht dabei auf die Bedürfnisse der Teilnehmer ein und modelliert anhand der Ergebnisse der Befragung der Studenten durch den CIQ den in dem Workshop festgestellten kritischen Denkaktivitäten, indem er die gesammelten Gedanken und Annahmen widerspiegelt und darauf eingeht. Darüber hinaus lernen die Studenten weitere Methoden zur Förderung und zum Assessment von kritischem Denken kennen, die gleichzeitig, wie bereits beschrieben, durch Selbsterfahrung für die angehenden Pädagogen erlebbar gemacht werden. Nach der zweitägigen Schulung sind die Studenten dazu aufgefordert, eine praktische Abschlussarbeit einzureichen. Die hier vorgeschlagenen Arbeitsaufträge, aus denen die Studenten sich einen Auftrag aussuchen können, zielen darauf ab, kritisches Denken bei den Studenten als angehende Lehrkräfte im Sinne der Professionsentwicklung anzuregen, das vermittelte Wissen über die Denkschulung durch praktischen Transfer zu sichern, durch die Aufgabe eine weitere Methode zur Förderung zu erfahren und das konzeptionelle Verständnis kritischen Denkens zu festigen. Zur Auswahl stehen den Studenten unter anderem:

- **Eine autobiographische, exemplarische Analyse eigener Erfahrungen im Prozess kritischen Denkens (Autobiographical Analysis of Critical Thinking):** Studenten sind durch kritische Selbstreflexion aufgefordert, eine Episode aus ihrem Leben zu analysieren, in der sie Phasen kritischen Denkens durchlaufen haben. Als Beispiel führt Brookfield hier Zeiten an, in denen die Lernenden ihre für gegeben gehaltenen, habitualisierten Denk- und Handlungsmuster kritisch hinterfragt haben. Des Weiteren nennt er Momente im Leben, in denen die Lernenden dazu angeregt wurden, alternative Denk- und Handlungsmuster auszuprobieren. Die Lernenden sollen die gemachten Erfahrungen und die damit verbundenen Denkaktivitäten detailliert beschreiben, dabei Schlüsselereignisse, die kritisches Denken angestoßen haben, darlegen, hilfreiche Ressourcen (materiell und menschlich) zur Bewältigung der Episoden identifizieren und bewerten, den durchlaufenen, emotionalen Prozess mit den damit verbundenen Höhen und Tiefen beschreiben. Außerdem sollen die Lernenden darlegen, durch welche Handlungen sie die negativen Seiten kritischen Denkens und die damit verbundenen Probleme bewältigt haben. Auf Basis dieser gelenkt dargelegten Beschreibungen sind die Lerner aufgefordert, Konsequenzen und Implikationen für die Praxis der Förderung kritischen Denkens als Lehrer abzuleiten und mit den gelernten Ansätzen zu verbinden.

- **Entwicklung eines Programms zur Förderung von kritischem Denken:** Studenten sind dazu aufgefordert, ein Konzept zu entwickeln, um andere Menschen im kritischen Denken zu unterstützen. Der Kontext des Föderansatzes kann frei gestaltet werden, soll mit Szenarien des formalen oder informellen Lernens verbunden sein und sowohl eine Sequenz (z. B. eine Phase einer Unterrichtseinheit) als auch einen längeren Zeitraum, wie z. B. ein Schuljahr, betreffen. Anhand einer vorgegebenen Orientierungshilfe zur Gliederung des Konzeptes sind die Studenten aufgefordert, die Zielgruppe zu beschreiben, Lernziele des Konzeptes darzustellen, die Bedeutung und konzeptuelle Vorstellung kritischen Denkens innerhalb des Föderansatzes darzulegen, das genaue pädagogische Vorgehen, inklusive aller Methoden, Lehrmaterialien etc., zu beschreiben sowie einen Evaluationsplan mit konkreten Kriterien und Erhebungsmaßnahmen zur Prüfung der Effektivität des Föderansatzes zu entwickeln (Brookfield, 2008, S. 75–76).

Weitere Möglichkeiten zur Erbringung der Leistung sind unter anderem das Anfertigen einer schriftlichen kritischen Reflexion zu den gemachten Selbsterfahrungen bei der Anwendung der Methoden während des Seminars. Dabei hebt die Fragestellung vom Prinzip her wieder auf die bereits dargelegten Elemente wie etwa das Identifizieren, Überprüfen und Evaluieren von Annahmen oder die Konstruktion alternativer Sichtweisen ab. Eine weitere Variante lädt die Studenten ebenfalls dazu ein, eine kritische Reflexion über die gemachten Erfahrungen im Workshop zu verfassen. Dazu sollen die Studenten sich mit den Inhalten, Aktivitäten und gewonnenen Ideen rund um die Themen Macht, Hegemonie, Ideologiekritik etc. auseinandersetzen.

1.3.3.3 Ergebnisse der Analyse

Der Workshop von Brookfield zielt auch wie die anderen Qualifizierungsmaßnahmen darauf ab, dass die Teilnehmer ein konzeptuelles Verständnis kritischen Denkens ausprägen, selbst kritisches Denken anwenden und sich mit der Förderung als auch mit dem Assessment kritischen Denkens auseinandersetzen. Brookfields Workshop ist dabei sehr anwendungsorientiert. Die Selbsterfahrung bei der Anwendung der Methoden der Förderung kritischen Denkens nach Brookfield stellt den Schwerpunkt bei der Schulung. Diese zielt neben der Förderung kritischen Denkens bei den Studenten auch auf die professionelle Entwicklung der angehende pädagogische Professionals ab, da die meisten eingesetzten Methoden mit der Reflexion der eigenen zukünftigen professionellen Praxis einhergehen. Dabei werden z. B. Grundannahmen über gutes Lernen und Lehren reflektiert und das eigene Denken und Handeln dabei analysiert und zwar verstärkt aus einer ideologiekritischen Perspektive. Außerdem setzt Brookfield auf Transfer und Sicherung der vermittelten Fertigkeiten, indem die Studenten eine schriftliche Aufgabe einreichen müssen, die entweder sich auf kritische Selbstreflexion oder auf die Förderung kritischen Denkens bezieht.

1.3.4 Ein Workshop für Universitätsdozenten nach Meyers (1986)

1.3.4.1 Rahmenbedingungen

Meyers, der seit den frühen 1980er-Jahren an der Metropolitan State University Schulungen für das Lehrpersonal abgehalten hat, berichtet ausführlich in einem seiner Bücher über seine Erfahrungen und leitet daraus Empfehlungen für eine sinnvolle Gestaltung von Workshops für Lehrpersonal ab (1986, S. 103–114). Die Seminare fanden an sechs Terminen statt und dauerten jeweils drei Stunden. Folgende Ziele wurden durch das Seminar verfolgt (Meyers, 1986, S. 108):

1. Entwicklung eines fächerspezifischen Modells für kritisches Denken. Konkretisierung von Lehrzielen der Förderung kritischen Denkens anhand des am fachlichen Kontext ausgerichteten Modells.

2. Erstellung von Aufgaben zur Förderung des kritischen Denkens und dessen Überprüfung auf Validität bezüglich der eigenen Definition kritischen Denkens.

3. Etablierung einer kollegialen Lernkultur und Lernpartnerschaft unter den Teilnehmern zur gegenseitigen Unterstützung bei der Förderung kritischen Denkens.

Teilnehmer des Seminars waren Dozenten aus verschiedenen geisteswissenschaftlichen Fachbereichen der Universität, wie beispielsweise Historiker, Philosophen oder Literaturwissenschaftler.

1.3.4.2 Inhalte und methodisches Vorgehen

In einem ersten Treffen wurden theoretische Grundlagen des kritischen Denkens erarbeitet, mit dem Schwerpunkt „Probleme lösen und analysieren können". Im Anschluss diskutierten die Teilnehmer über Fertigkeiten kritischen Denkens, die sie zu fördern beabsichtigten, und über das Modell, dem diese Fördergedanken zugrunde liegen. Dabei wurde deutlich, dass es den Dozenten sehr schwer fiel, den Begriff „kritisches Denken" zu operationalisieren und auf ihren jeweiligen Fachbereich zu übertragen (1986, S. 109). Die Einheit endete mit einer Visualisierung des Prozesses kritischen

Denkens am Beispiel eines bestimmten Faches. Darin wurden Denkaktivitäten, damit in Verbindung stehende Kriterien, sowie die damit verbundenen Fragestellungen usw. dargelegt Dadurch konnten die Dozenten erkennen, was die Förderung kritischen Denkens konkret inhaltlich in einem fachlichen Kontext bedeuten kann.

Für den zweiten Termin mussten die Teilnehmer ein Konzept erstellen, in dem klar dargelegt wurde, welchen Prozess, welche Fertigkeiten kritischen Denkens die Dozenten bei ihren Lernenden im jeweiligen Kurs anhand von konkreten, inhaltlichen Lernzielen fördern wollten. Auch die didaktische Realisation sollte mit aufgenommen werden. Die Dozenten waren auch dazu aufgefordert, die beschriebenen Prozesse anhand eines Modells zu visualisieren. Das Modell sollte so gestaltet werden, dass es auch für die Lernenden als Modell für kritisches Denken in der jeweiligen Fragestellung hilfreich ist. Bei den zwei folgenden Treffen stellten die Teilnehmer jeweils ihr Konzept vor, diskutierten und klärten die Vorschläge durch Feedback sowohl von den anderen Dozenten als auch von Meyers. Für das vierte und fünfte Treffen arbeiteten die Dozenten jeweils eine schriftliche Aufgabenstellung aus, die darauf abzielen sollte, die jeweils beschriebenen Fertigkeiten und Prozesse kritischen Denkens, die sie in ihrem Modell definiert hatten, im fachlichen Kontext einzuüben. Die Dozenten mussten bei der Präsentation der Aufgaben, die von den anderen Teilnehmern auch erprobt wurden, feststellen, wie missverständlich und unklar diese Aufgaben bezogen auf die Lernziele kritischen Denkens waren. Durch Diskussionen und Expertenfeedback überarbeiteten die Teilnehmer ihre Aufgaben mehrmals. In der letzten Sitzung diskutierten die Teilnehmer noch einmal die überarbeiteten konzeptionellen, fachspezifischen Modelle, die die Teilnehmer eingangs im Seminar erstellt hatten.

Meyers bescheinigt den Erfolg des Seminarkonzeptes folgendermaßen: „*This teaching seminar model provides a simple yet effective means of improving the teaching of critical thinking*" (1986, S. 111). Die meisten der Teilnehmer setzten in der Regel die erarbeiteten Konzepte (fachspezifisches Modell kritischen Denkens, Aufgaben zur Förderung) auch in ihrer Lehre ein und waren von den Resultaten begeistert. Meyer sieht den Erfolg der Maßnahme neben dem Erarbeiten eines eigenen, auf die jeweiligen Inhalte und Ziele abgestimmten Förderkonzeptes vor allem der Tatsache geschuldet, dass es kaum Expertenvorträge gab, sondern die Teilnehmer selbstgesteuert Konzepte entwickeln konnten und sich dabei untereinander kollegial unterstützten und berieten. Durch die aktive Teilnahme und das kooperative Lernklima waren die Dozenten mehr dazu bereit, sich über ihre Praxis zu offenbaren und sich gegenseitig zu unterstützen. Dadurch wurde auch ein Dialog über die Förderung kritischen Denkens unter den Teilnehmern angeregt, der weit über die Dauer des Seminars anhielt. Dieser Dialog über Lernen und Lehrtechniken trägt zur Professionsentwicklung und beruflichen Entwicklung der Dozenten maßgebend bei, da beispielsweise dadurch Wissen über das Lehren und Lernen kritisch reflektiert und diskutiert werden kann oder sich die Dozenten gegenseitig als Ressourcen zur Verbesserung der Praxis zur Verfügung stehen (Meyers, 1986, S. 112).

Meyers berichtet noch von weiteren, von der Struktur her ähnlichen Seminaren, in denen Bildungspersonal zur Förderung kritischen Denkens qualifiziert wurde. Neben wenigen weiteren Elementen wie Microteaching, Miniunterrichtseinheiten, in denen die Dozenten an ihren Kollegen die Wirksamkeit von Denkschulungsbemühungen austesten, finden sich all jene Prinzipien wieder, die auch Meyers Kurs ausmachen, wie beispielsweise die kooperative Lernatmosphäre, die Ableitung eines eigenen, fachlich passenden Verständnisses kritischen Denkens, multiple Perspektiven aufgrund einer heterogenen Teilnehmergruppe, fachlicher Diskurs unter den Teilnehmern über die Praxis etc. (1986, S. 112–114).

1.3.4.3 Ergebnisse der Analyse

Auch das Seminar von Meyers zielt darauf ab, dass die Teilnehmer ein konzeptuelles Verständnis kritischen Denkens ausprägen, dieses selbst anwenden und sich mit der Förderung kritischen Denkens auseinandersetzen. Eine Besonderheit an dem Ansatz von Meyers ist die starke Zentrierung auf die Dozenten und deren Fachbereich. Meyers stellt kein Konzept kritischen Denkens in Aussicht, sondern lässt die Dozenten selbst für ihren Fachbereich ein Verständnis entwickeln und in einem laufenden Prozess klären und verbessern. Auch die Förderung geschieht dann individuell nach dem jeweiligen Verständnis. Weiterhin nimmt sich im Vergleich zu den anderen Angeboten der Kursleiter sehr zurück in Meyers Workshop. Es sind die Teilnehmer und deren Diskussionen, untereinander, die jeweils geübte Kritik und das gemeinsame Ringen nach einer geeigneten Praxis der Förderung kritischen Denkens, die von Meyers als motivierend und besonders erkenntnisreich eingestuft werden. Weiterhin ist es die Verzahnung von Praxis und Theorie, die als von den Teilnehmern als nützlich und motivierend eingeschätzt wurde, da die Förderung kritischen Denkens tatsächlich praktiziert und in den Workshops reflektiert und somit verbessert wurde.

1.4 Zusammenfassung und Schlussfolgerungen für die Konstruktion eines Qualifizierungskonzeptes

Die bisherige Beschreibung und Analyse der ausgesuchten Workshops lässt aufgrund von ungeklärten methodischen und didaktischen Detailfragen zu den Workshops sowie angesichts der sehr kleinen Stichprobe keine verlässlichen Verallgemeinerungen zur effektiven Konstruktion von Qualifizierungsmaßnahmen für Bildungspersonal zur Förderung von kritischem Denken zu. Dennoch wird schon durch die präsentierte kleine Auswahl deutlich, dass die Förderung von Bildungspersonal annähernd homogen im Vorgehen gestaltet wird. Folgende Tabelle fasst noch einmal für die Konzeption eines eigenen Qualifizierungskonzeptes relevante Aspekte zusammen:

IV. Konstruktion des Qualifizierungskonzeptes zur Befähigung für die Förderung kritischen Denkens

Qualifizierungskonzept / Relevante Aspekte	Foundation for Critical Thinking (2009)	Workshop von Jenny Moon (2007)	Seminar von Stephen Brookfield (2008)	Seminar von Chet Meyers (1986)
Zielgruppe	Pädagogisches Personal verschiedener Bildungseinrichtungen	Hochschul-Dozenten verschiedener Fachbereiche	Pädagogikstudenten	Hochschuldozenten verschiedener Fachbereiche
Konzeptionelles Verständnis kritischen Denkens	Analyse von Aussagen anhand von Denkstandards wie Logik, Klarheit, Richtigkeit	Epistemische Reflexion von Wissen und Erkenntnisprozessen	Ideologiekritische Identifikation, Analyse und Evaluation von Annahmen; Konstruktion alternativer Sichtweisen ab	Fachbezogene Probleme analysieren und lösen können
Verfolgte Ziele	- Teilnehmer sollen grundlegendes konzeptuelles Verständnis kritischen Denkens nach Paul ausprägen - Sensibilisierung für die Wichtigkeit kritischen Denkens - Vermittlung eines Methodenrepertoires zur Förderung kritischen Denkens - Integration der Förderung kritischen Denkens in die Lehre erlernen und zur Förderung motiviert werden	- Teilnehmer sollen grundlegendes Verständnis kritischen Denkens (und dessen Unzulänglichkeiten) nach Moon im pädagogischen Kontext ausprägen - Modelle der epistemischen Entwicklung anwenden können - Teilnehmer sollen spezifische Wege zur Förderung kritischen Denkens für ihren Kontext entdecken	- Teilnehmer sollen grundlegendes konzeptuelles Verständnis für den Prozess kritischen Denkens nach Brookfield (1987) ausprägen. - Kritisches Denken selbst erfahren und anwenden. - Kritisches Denken fördern und bewerten können.	- Entwicklung eines fächerspezifischen Modells für kritisches Denken. Konkretisierung von Lehrzielen der Förderung kritischen Denkens anhand des am fachlichen Kontext ausgerichteten Modells. - Erstellung von Aufgaben zur Förderung des kritischen Denkens und dessen Überprüfung auf Validität bezüglich der eigenen Definition kritischen Denkens. - Etablierung einer kollegialen Lernkultur und Lernpartnerschaft unter den Teilnehmern zur gegenseitigen Unterstützung bei der Förderung kritischen Denkens

Inhalte und methodisches Vorgehen				
- Vermittlung Konzeptes kritischen Denkens nach Paul - Anwendung des Konzeptes an Alltagsproblemen - Erarbeitung eines Lernszenarios zur Förderung kritischen Denkens - Selbstreflexionsübungen zur Anwendung kritischen Denkens in Alltagspraxis der pädagogischen Professionals	- Vermittlung des Konzeptes von Moon und Modelle epistemischer Entwicklung - Übertragung des Verständnisses auf Fachbereiche der Teilnehmer - Veranschaulichung der Förderung kritischen Denkens. Teilnehmer versetzen sich in Gruppenarbeiten in Situation von Lerner hinein und ergründen Anforderungen für die Förderung - Beurteilung schriftlicher Arbeiten von Lernern hinsichtlich epistemischer Argumentationsqualität	- Auseinandersetzung mit verschiedenen Auslegungen kritischen Denkens - Vermittlung und „Selbstversuch" von Methoden zur Förderung kritischen Denkens - Selbstreflexionsübungen zur professionellen Entwicklung als pädagogischer Professional - Teilnehmer erfahren Prozess kritischen Denkens selbst - Modellierung des Assessments kritischen Denkens anhand von Ergebnissen aus Kursverlauf - Erstellung praktischer Abschlussarbeit zur Förderung kritischen Denkens bzw. Bearbeitung eines schriftlichen Selbstreflexionsauftrages	- Erarbeitung von Grundlagen des kritischen Denkens. - Klärung von jeweiligen Fertigkeiten kritischen Denkens, die die Teilnehmer zu fördern beabsichtigten - Teilnehmer entwickeln jeweils ein Modell, dem diese Fördergedanken zugrundeliegen. - Teilnehmer erstellen schriftliche Aufgaben zur Denkschulung gemäß ihres Modells - Teilnehmer stellen ihre Arbeiten vor und lasen sich von Kollegen Feedback geben - Evaluation des Einsatzes der Aufgaben in Praxis	

Tabelle 17: Relevante Merkmalen der Qualifizierungskonzepte für die Konstruktion eines eigenen Konzeptes

IV. Konstruktion des Qualifizierungskonzeptes zur Befähigung für die Förderung kritischen Denkens

In manchen der Workshops wird den Teilnehmern ein konzeptuelles Verständnis von kritischem Denken gelehrt. Dabei legen die Kursdozenten ganz unterschiedliche Schwerpunkte. Bei Brookfield ist es etwa die Analyse von Annahmen und eine ideologiekritische Komponente, der er kritischem Denken als Hauptmerkmal zuordnet. Paul setzt dagegen auf bestimmte, intellektuelle Kriterien aus dem Bereich der Logik, die als Referenzrahmen für Denkaktivitäten fungieren sollen. Moon hingegen betont neben der Analyse und Evaluation von Argumenten eher eine vorangeschrittene epistemologische Entwicklung als Voraussetzung kritischen Denkens. Für Meyers dagegen gibt es keine allgemein umfassende konzeptuelle Annäherung an kritisches Denken, da es kontextgebunden ist. Vielmehr diktieren der jeweilige, spezifische fachliche Kontext und die damit verbundenen Lehrziele, was kritisches Denken konstituiert und wie es sich ausprägt. Die Lerner selbst entwickeln im Kurs jeweils das theoretische Verständnis.

In allen genannten Workshops spielen die Definition und die Vermittlung eines konzeptionellen Verständnisses kritischen Denkens eine wichtige und berechtigte Rolle. Erst wenn eine Lehrkraft selbst erkennt, was es bedeutet und welche Denkaktivitäten damit verbunden sind, ist sie auch in der Position, es anderen vorzuleben, es zu verbalisieren oder zu beobachten. Erst dann kann dieses Konzept auch durch dementsprechende Instruktion gefördert werden. Insofern ist dieses Lernziel eine Notwendigkeit in einem Förderkonzept für pädagogische Professionals. Die Vermittlung des konzeptuellen Verständnisses verläuft je nach Workshop unterschiedlich und reicht vom Selbststudium von Unterlagen über Frontalunterricht bis zum kooperativen Lernen bei Meyers. Lernende erarbeiten sich hier ihr spezifisches Verständnis selbst.

Auch die Inhalte zur Förderung kritischen Denkens sind sehr eng mit der konzeptuellen Ausrichtung verbunden. Brookfield lehrt beispielsweise solche Methoden, die darauf abzielen, Annahmen zu identifizieren und ideologiekritisch zu hinterfragen. Moon arbeitet mit Texten, in denen verschiedene epistemische Entwicklungsstufen vom Lernenden zum Gegenstand der Betrachtung werden usw. Die Vermittlung von Rüstzeug zur Denkschulung ist ein weiteres wichtiges Element. Dazu gehören neben einem gefüllten Methodenkoffer auch Handlungsempfehlungen zum pädagogischen Wirken. Der Transfer der vermittelten Didaktik wird dadurch hergestellt, dass die Teilnehmer selbst Lerneinheiten zur Förderung kritischen Denkens konzipieren müssen und im Falle der Schulung von Chet Meyers auch tatsächlich erproben

Die Schulung kritischen Denkens bei den Teilnehmern ist eine weitere, übergreifende Gemeinsamkeit der betrachteten Kurse. Dabei gestaltet sich die Förderung kritischen Denkens bei den Teilnehmern in den Kursen jedoch ganz unterschiedlich, anhängig von den vorliegenden theoretischen Modellen. Moon und Brookfield vermitteln Methoden und Prinzipien zur Förderung durch die jeweiligen Methoden unter Anwendung der Prinzipien selbst. Sie schaffen damit Erlebnisse der Selbsterfahrung für die Teilnehmer. Dadurch wird die Theorie zur Didaktik der Denkschulung für die Teilnehmer erlebbar. Dieses Vorgehen ist in mehrerlei Hinsicht zu befürworten, da die Teilnehmer die Vor- und Nachteile der jeweiligen Methodik kennenlernen oder selbst im kritischen Denken geschult werden. So lernen die Teilnehmer auch, ihre Denkaktivitäten zu erforschen und zu verbessern. Außerdem wird dadurch die Wahrscheinlichkeit erhöht, dass das Bildungspersonal bei seinen Lernenden kritisches Denken fördern und erkennen kann, da es ein besseres prozedurales Verständnis für Denkaktivitäten entwickelt.

Auch das Assessment von kritischem Denken spielt als Inhalt eine wichtige Rolle in den meisten der beschriebenen Workshops. Brookfield setzt dabei auch wieder auf Selbsterfahrung, indem er seine von ihm entwickelte Methode, den CIQ, mit den Teilnehmern selbst durchführt. Meyers hingegen lässt die Teilnehmer eigene Aufgaben erstellen, durch die kritisches Denken geprüft und bewertet werden kann. Auch in Pauls und Meyers Workshop-Konzepten befassen sich die Teilnehmer mit der Beobachtung von kritischem Denken, wobei bei dem Konzept von Paul den Teilnehmenden standardisierte Tests empfohlen werden. Bei Meyers hingegen überlegen die Dozenten selbst, was kritisches Denken in einem bestimmten Kontext ausmacht und was es meint bzw. wie es dort in Erscheinung tritt.

Des Weiteren wird in den Workshops von Brookfield und Meyers deutlich, dass auch die professionelle Entwicklung der teilnehmenden (angehenden) Lehrkräfte innerhalb der Qualifizierungsmaßnahme eine wichtige Rolle spielt, um eine längerfristige, fruchtbare Entwicklung anzustoßen. Die pädagogischen Professionals werden bei Brookfield durch bestimmte Methoden zur intensiven, kritischen Auseinandersetzung mit der Bedeutung einer guten Lehrpraxis, eigener Annahmen über den Lehrberuf und der Rolle von Bildungsinstitutionen aufgefordert. Bei Brookfield zielt diese kritische Reflexion auf das Erkennen von möglichen hegemonialen Machtstrukturen und der Rolle von Macht allgemein im Kontext von Bildung ab. Meyers hingegen fördert den gemeinsamen kollegialen Austausch, die Entwicklung einer an der Lehrpraxis zur Förderung von kritischem Denken und darüber hinaus interessierten Community, in der die bestehende Lehrpraxis gemeinsam reflektiert und verbessert wird. Beide Autoren bezwecken damit, dass pädagogische Professionals eine professionelle, reflexive Lehrpraxis entwickeln und kultivieren, die von einem kollegialen und wissenschaftlichen Diskurs und gegenseitiger Unterstützung und Reflexion von Handlungsproblemen geprägt ist.

Die bisher besprochenen inhaltlichen, als auch methodischen Anhaltspunkte, wie die Experten ihre Qualifizierungsmaßnahmen zur Förderung kritischen Denkens ausgestalten, dienen als Richtschnur für die Entwicklung eines eigenen Qualifizierungskonzeptes für pädagogische Professionals. Dafür muss aber in einem weiteren Schritt kritisches Denken genau definiert und eine geeignete Didaktik gemäß dem Verständnis gefunden oder entwickelt werden. Diesen Anforderungen wird im empirischen Teil in einem ersten Schritt nachgegangen.

2. Bausteine für ein Diagnoseinstrument: Assessment kritischen Denkens

„Intelligenz ist, was ein Intelligenztest misst." (EDWIN BORING)

In diesem Kapitel werden etablierte Verfahren des Assessements der Fähigkeiten, Fertigkeiten und Dispositionen kritischem Denkens beschrieben, deren Unzulänglichkeiten und Stärken im Hinblick auf die Eignung für das eigene Forschungsvorhaben herausgearbeitet und Vorgehensweisen zur Konstruktion eines kontextspezifischen Diagnoseinstrumentes diskutiert werden. Diese Schritte sind anzustellen, da es unter Berücksichtigung der Forschungsfragen notwendig ist, erzielte didaktische Effekte zu beschreiben oder den Fördererfolg des zu entwerfenden Qualifizierungskonzeptes einschätzen zu können. Für das Forschungsvorhaben soll ein geeignetes Instrument zur Beurteilung kritischer Denkaktivitäten gefunden bzw. entwickelt werden.

2.1 Zu den Zielen und Bedingungen des Assessments kritischen Denkens

Das Assessment der Fertigkeiten und Dispositionen kritischen Denkens anhand der gezeigten Performanz oder durch Selbsteinschätzung der Individuen kann verschiedene Ziele verfolgen. Ennis nennt beispielsweise als Ziel die Diagnose des Erfolges von Fördermaßnahmen, Leistungsbeurteilung im kritischen Denken, Tests als Feedbackinstrument für Lernende, als Motivationsinstrument, als Mittel zur Beantwortung von Forschungsfragen im Hinblick auf die Förderung von kritischem Denken, zur Erfassung der epistemischen Entwicklung von Lernenden usw. (2003, S. 296–297). Der Wunsch nach empirischer Beurteilung der Performanz im kritischen Denken hat je nach Absicht, Tradition und damit verbundenem konzeptuellem Verständnis eine Vielzahl an verschiedenen Argumentationslinien und darauf gründende Assessmentverfahren hervorgebracht. Der Diskurs zum Assessment geht beispielsweise mit der Frage einher, ob kritisches Denken nun eine allgemeine oder eine kontextabhängige Fähigkeit ist. Brookfield vertritt die Ansicht, dass kritisches Denken absolut kontextgebunden sei und daher auch in dem jeweiligen Kontext beobachtet werden müsse: „*The same person can be highly critical in one situation, or with regard to one set of ideas, but completely closed to critically reappraising another situation or idea*" (2003, S. 157). Halpern geht in ihrer Forderung sogar noch ein Stück weiter, indem sie das ideale Assessment kritischer Denkaktivitäten in multiplen realen Situationen des Alltages ansiedelt. Das Verhalten der Person in „echten" Situationen des Alltags soll ihrer Ansicht nach am besten Aufschluss darüber geben, wie es um die Dispositionen und Fertigkeiten kritischen Denkens bei dem jeweiligen Individuum stehe. Hier müssen nämlich Lernende den Transfer in verschiedene Kontexte leisten, wie etwa beim Lesen von Nachrichten, beim Treffen von beruflichen Entscheidungen usw. Halpern ist der Ansicht, dass der Erhebung der Denkperformanz in natürlichen Settings nicht mit standardisierten schriftlichen Tests entsprochen werden kann. Ennis, der selbst einige bekannte schriftliche kognitive Leistungstests z. T. zusammen mit anderen Autoren entwickelt hat, vertritt jedoch die Auffassung, dass die Fertigkeiten und Dispositionen für kritisches Denkens sehr wohl kontextunabhängig durch einen geeigneten schriftlichen Test umfassend beurteilt werden können, wenngleich die erzielten Ergebnisse im Lichte der Aussagekraft des Testes, unter Beachtung der Voraussetzungen durch den Untersuchungskontext, gewürdigt werden müssen (2003, S. 306). Des Weiteren besteht Unklarheit darüber, ob nun eher den Dispositionen oder eher den Fähigkeiten und Fertigkeiten kritischen Denkens oder beiden Komponenten durch das Diagnoseverfahren Aufmerksamkeit geschenkt werden sollte – und in welchem Ausmaß. Ein weiteres Problem ist mit der Art der Beurteilung von kritischen Denkleistungen verbunden. Kritisches Denken ist – wie auch alle weiteren Aspekte des Geistes – nicht Teil der unmittelbar beobachtbaren und somit messbaren physischen Welt. Kritisches Denken kann nur indirekt beobachtet werden, nämlich anhand von Sprache und Handlungen der Individuen. Es sind mögliche Produkte kritischen Denkens, die erforscht werden können. Genauer: beobachtbare Manifestationen kritischer Denkaktivitäten in Schrift, Wort, Handlung. Erst eine trennscharfe Definition und Operationalisierung des jeweiligen Verständnisses kritischen Denkens gibt Antwort darauf, wann und in welcher Form sich kritisches Denken mittelbar zeigt. Dadurch entstehen aber mannigfaltige Interpretationsprobleme, da die Assessment- und Interpretationsverfahren aus einer bestimmten Perspektive zugeschnitten worden sind. Dadurch werden jeweils manche Dimensionen kritischen Denkens betont, während andere hingegen vernachlässig werden. Es kann des Weiteren auch sein, dass die Definition kritischen Denkens zu weit gefasst ist oder sich als nicht griffig herausstellt. Dann kann fast jeder Gedankengang dem kritischen Denken zugerechnet werden usw. Das Problem der Definition und Operationalisierung des Konstrukts „Kritisches Denken" kann bildhaft anhand des Fischfangs mit Fischernetzen veranschaulicht werden. Je nach Maschengröße werden manche Fische gefangen, andere hingegen schlüpfen durch das Netz hindurch. Wieder andere sind zu groß, um mit dem Netz gefangen zu werden. Weiterhin werden durch das Netz auch unerwünschte Dinge eingesammelt, die mit Fischen nicht viel gemein.

Die standardisierten Verfahren im Bereich der schriftlichen kognitiven Leistungstests und Selbsteinschätzungsbögen heben, so werden die folgenden Abschnitte zeigen, alle mehr oder weniger auf Kriterien rationalen Denkens der Logik und der westlichen Wissenschaftstradition ab. Anderen, standardisierten, etablierten und flexibel einsetzbaren Instrumenten aus dem Bereich der Dokumentenanalyse bzw. des Performance Assessments liegt oftmals ein eher psychologisches Verständnis kritischen Denkens zu Grunde, welches aber jeweils durch Konzepte der Logik unterfüttert wird. In der konzeptionellen Ausrichtung der analysierten Diagnoseinstrumente werden andere Formen der Erkenntnisgewinnung anderer Traditionen, wie beispielsweise durch Intuition, vernachlässigt oder gar abgewertet. Außerdem antizipieren die untersuchten Verfahren nicht eigene erkenntnistheoretische Grenzen oder Ideologien. Diagnoseinstrumente, die ihren Impuls aus der Kritischen Theorie erlangt haben, konnten im Rahmen der Dissertation nicht ausfindig gemacht werden.

Des Weiteren liegen auch noch für einen ganz bestimmten Kontext zugeschnittene, individuell konzipierte Assessmentverfahren vor, die kaum standardisiert sind und nur in diesem ganz bestimmten fachlichen Kontext anzuwenden sind. Diese Verfahren sind durch unterschiedliche Traditionen beeinflusst. Je nach Fachbereich und Assessmentkontext werden unterschiedliche Schwerpunkte bei der Definition und Operationalsierung kritischen Denkens gelegt. Da diesen Verfahren in der Literatur nur am Rande Beachtung geschenkt wird, soll in Kapitel 2.3 erörtert werden, wie ein Assessmentverfahren im Ansatz für einen bestimmten Kontext entwickelt werden kann.

2.2 Eine Übersicht und Würdigung zu standardisierten etablierten Assessmentverfahren

Die Diagnose von Fertigkeiten, Fähigkeiten und Dispositionen eines Individuums im Hinblick auf bestimmte Kompetenzen lassen sich generell in der Lehr-Lernforschung durch drei verschiedene Modalitäten beschreiben, die jedoch nicht trennscharf voneinander abgegrenzt werden können (Wilbers, 2010a, S. 130–138).

Zum einen ist die *Befragung* anzuführen. Dazu zählen beispielsweise eher quantitative schriftliche Erhebungen mit Fragebogen oder kognitive Leistungstests wie z. B. Multiple Choice Tests. Des Weiteren zählen zur „Befragung" aber auch qualitative Methoden wie etwa leitfadengestützte Interviews, lautes Denken oder problembasierte Essay-Assessment-Aufgaben. Bezüglich der Diagnose der Fertigkeiten und Dispositionen kritischen Denkens durch Befragung sei im Feld der vorwiegend quantitativen, aber auch qualitativen Verfahren auf eine Auflistung und Beschreibung von schriftlichen Tests

(Mehrfachwahlaufgaben), Selbsteinschätzungsbögen und Aufgaben aus dem Bereich des Essay-Assessment verwiesen, die Robert Ennis zusammengetragen hat (2003, S. 299–304). Im Bereich der qualitativen Befragung in Interviewsituationen sei auf das „Critical-Thinking-Interview"-Verfahren von Gail Hughes (1998) verwiesen.[58]

Zum anderen ist die *Beobachtung* zu nennen. Auch hier steht eine Vielzahl qualitativer als auch quantitativer Verfahren der Diagnose zur Verfügung wie z. B. im Bereich des Performance Assessments. Beim Performance Assessment hat das zu beurteilende Individuum bzw. haben die zu beurteilenden Individuen eine bestimmte, komplexe Aufgabe zu bewältigen. Gegenstand der Diagnose ist dabei die Qualität der geleisteten Arbeit bzw. die gezeigte Performanz, die sich sowohl in den erstellten Artefakten zeigt, aber auch während der Bearbeitung der Aufgabe beobachtbar wird. Die Beobachtung geschieht anhand von bestimmten Beobachtungsbögen bzw. Bewertungsschemata, die in der Fremdbeobachtung durch geschulte Beobachter eingesetzt werden. Weiterhin können auch Portfolios eingesetzt werden, um die gezeigte Performanz mittelbar beobachten zu können (siehe Stefani, Mason, Pegler, 2007). Im Kontext des kritischen Denkens existieren einige in der Lehr-Lernforschung häufig eingesetzte Beurteilungsbögen wie z. B. der Facione-Rubric (Facione und Facione, 1994) oder aber auch das Kodiersystem von Newman, bekannt auch als Newman-Methode (Newman, Webb, Cochrane, 1995). Jene Instrumente kommen beispielsweise im Performance-Asessment bei realitätsnahen Settings oder aber auch beim Naturalistic Assessment (z. B. auch bei E-Portfolios oder in asynchronen Forumsdiskussionen) zum Einsatz. Dabei liegt der Fokus auf der Erfassung von Sprechakten, unter anderem auch in der sozialen Interaktion mit anderen Lernern oder Personen. Weitere Methoden aus dem Bereich des Performance Assessment und deren kritische Würdigung finden sich in Ennis (2003, S. 309–310). Halpern hingegen bespricht ein Beispiel für eine forschungsethisch fragliche Methode der teilnehmenden, verdeckten Beobachtung bzw. Befragung (2003, S. 360).

Als dritte und letzte Diagnosemodalität ist die *Nutzung vorhandener Daten* zu erwähnen, bei der bereits vorhandene Daten über die Individuen bzw. Artefakte von den Individuen anhand bestimmter Verfahren der Inhalts- bzw. Dokumentenanalyse ausgewertet werden. Im Kontext des kritischen Denkens kann hierfür wieder das Kodiersystem von Newman et al. (1995) angeführt werden, das für verschiedene schriftliche Artefakte, wie beispielsweise Aufsätze von Lernern angewandt werden kann.

Deutlich werden Überschneidungen in dieser Einteilung der Diagnosemodalitäten, anhand deren Systematiken die zu untersuchende Wirklichkeit „eingestuft", das einzuschätzende Individuum sowie dessen (Sprach-)Handlungen „begutachtet" werden: Befragung ist oftmals auch mit Beobachtung verbunden bzw. schwingt bei einigen Formen der Befragung auch die beobachtende Wahrnehmung über Sehen, Hören oder Fühlen stets mit. Ein persönlich geführtes qualitatives Interview ist beispielsweise nie nur eine reine Befragung. Neben der eigentlichen Befragung wird beispielsweise auch die

---

58 Critical Thinking Interview (1998), entwickelt von Gail Hughes and Associates. Zielgruppe sind Studenten und Erwachsene. In dem halbstündigen Einzelinterview liegt der Fokus auf der gezeigten Fähigkeit, logische Argumente zu einem Thema nach Wahl zu konstruieren oder zu bewerten, als auch diesbezüglich Annahmen identifizieren zu können. Erhältlich von Gail Hughes unter e-mail: hughe038@tc.umn.edu.

Gestik, die Mimik, die Intonation oder die Art und Weise des Sprechens des Interviewten beobachtet. Befragen ist letztlich auch eine Form des Beobachtens im weiteren Sinne. Auch die Dokumentenanalyse ist eine Art der Beobachtung, beispielsweise, wenn der Beobachter unmittelbar verborgene Handlungen, die sich als Resultat in dem Dokument niederschlagen, mittelbar „beobachtet" und einschätzt. Oftmals ist es auch sinnvoll, die Beobachtung mit der Befragung zu vereinen. Dies wird beispielsweise bei bestimmten Arten der verdeckten, teilnehmenden Beobachtung deutlich.

Zu den drei Diagnosemodalitäten lassen sich bezüglich der Diagnose von Fähigkeiten bzw. Fähigkeiten und Dispositionen für kritisches Denken eine ganze Reihe an mehr oder weniger standardisierten, Kontext ab- oder unabhängigen, quantitativen, qualitativen als auch gemischten Verfahren, die für unterschiedliche Zwecke eingesetzt werden, in der Literatur auffinden. Standardisierte Assessmentverfahren zeichnen sich dadurch aus, dass sie recht einfach vergleichbar und auswertbar sind und gleichzeitig im hohen Maße wissenschaftlichen Gütekriterien entsprechen. Deshalb wird in der Forschung oftmals auf diese Verfahren zurückgegriffen, auch deswegen, weil die erzielten Ergebnisse aus verschiedenen Forschungsvorhaben so besser untereinander verglichen werden können und weil die Studien dann auch glaubwürdiger erscheinen als beim Einsatz selbst konstruierter Erhebungsinstrumente, die noch nicht hinreichend auf ihre Verlässlichkeit geprüft worden sind. Standardisierte Verfahren sind vielfältig für die drei erörterten Diagnosemodalitäten einsetzbar (Wilbers, 2010a, S. 132). Die jeweils gestellten Fragen, deren Abfolge, Antwortmöglichkeiten, Beobachtungskriterien, Auswertungsprozedere usw. werden, in Abhängigkeit von dem eingesetzten Verfahren, konstant gehalten. Auch in der empirischen Lehr-Lernforschung im Kontext der Förderung kritischen Denkens werden standardisierte Assessmentverfahren sehr häufig eingesetzt und einige davon sind inzwischen etabliert in der Lehr-Lernforschung. Einige derer werden im Folgenden näher vorgestellt und gewürdigt.

Die in der der Literatur besprochenen Verfahren zur Beurteilung kritischer Denkaktivitäten lassen sich in verschiedene Kategorien einteilen. Die im Folgenden vorgenommene Systematisierung ist inspiriert von einer Einteilung bewährter, standardisierter, schriftlicher Tests der Befragung nach Ennis (2003, S. 299-303; siehe 1. und 2. in Abbildung 36), die sowohl kognitive Leistungstest aus dem Bereich der Mehrfachwahlaufgaben oder dem Essay-Assessment beinhaltet, als auch Selbsteinschätzungsbögen bezüglich der Diagnose der Dispositionen für kritisches Denken berücksichtigt. Die hier aufgeführten Tests wurden häufig zur Untersuchung didaktischer Interventionen bzw. zur Diagnose der Fähigkeiten, Fertigkeiten und Dispositionen kritischen Denkens eingesetzt. Die Systematisierung wurde um die Kategorie der etablierten, standardisierten Diagnoseinstrumente zu Bewertung von Performanz durch Beobachtung in verschiedenen Settings bzw. durch Dokumentenanalyse ergänzt (siehe 3. in der Abbildung).[59] Dies ist dem Grunde geschuldet, dass in einer Vielzahl an Studien, in denen das didaktische Design oder einzelne Methoden zur Förderung kritischen Denkens auf ihre Wirksamkeit untersucht wurden, die aufgeführten Instrumente als Standard eingesetzt werden, da sie zum einen im Hinblick auf testtheoretische Gütekriterien erprobt und akzeptiert sind und zum anderen aufgrund ihrer Einsatzmöglichkeiten auch für das eigene Vorhaben von Interesse sind.

---

59 Eine umfassendere Liste zu etablierten, standardisierten Tests zur Beurteilung kritischer Denkaktivitäten pflegt Robert Ennis unter http://www.criticalthinking.net/CTTestList1199.html [14.10.2010].

Neben den etablierten standardisierten Diagnoseinstrumenten lassen sich in der Literatur auch etliche, auf die jeweilige Fördermaßnahme abgestimmte, selbstkonstruierte Tests und Messinstrumente finden, die sowohl dem Bereich des schriftlichen Assessments mit Bewertungsbögen als auch der grafischen Visualisierung durch Mind-Maps usw. zugeordnet werden können (siehe dazu beispielsweise Lomask und Baron, 2003, S. 331–352). Auf jene wird jedoch in der folgenden Abbildung nicht eingegangen. In Kapitel 2.3 aber wird gezeigt, wie ein Diagnoseinstrument, dem ein spezifisches Verständnis kritischen Denkens zu Grunde liegt, für einen bestimmten Kontext im Ansatz entwickelt werden sollte.

1. Standardisierte, fächerunabhängige, schriftliche Assessmentverfahren der Befragung	2. Standardisierte, fächerspezifische, schriftliche Assessmentverfahren der Befragung	3. Standardisierte Diagnoseinstrumente der Beobachtung bzw. Dokumentenanalyse
Multiple Choice Essay Assessment und Selbsteinschätzungsbögen	Multiple Choice und Essay Assessment	Beurteilungsbögen & Kodiersystematiken

| Tests ,die eine Vielzahl an Fertigkeiten (bzw. Dispositionen) kritischen Denkens diagnostizieren
-California Critical Thinking Skills Test (1990)
- California Thinking Disposition Inventory (1992)
- Cornell Critical Thinking Test (1985)
- Ennis-Weir Critical Thinking Essay Test (1985) | Tests ,die eine oder mehrere Fertigkeiten kritischen Denkens diagnostizieren
-Science Reasoning (1989)
- Academic Profile (1998) | Instrumente, die eine oder mehrere Fertigkeiten (bzw. Dispositionen) kritischen Denkens diagnostizieren und im Rahm<en von Dokumentenanalyse n bzw. Beobachtungen in verschiedenen Settings eingesetzt werden können
- Newman Methode (1995)
- Holistic Critical Thinking Rubric von Facione und Facione (1994) |
| Tests, die bestimmte Teilfertigkeiten kritischen Denkens diagnostizieren
- Cornell Class Reasoning Test (1964)
- Logical reasoning Test (1955) | | |

Abbildung 36: Übersicht zu einigen etablierten, standardisierten Assessmentverfahren kritischer Denkaktivitäten

In der angebotenen Systematisierung (Abbildung 36), die standardisierte schriftliche Tests, Selbsteinschätzungsbögen und standardisierte Diagnoseinstrumente wie Beurteilungsbögen beinhaltet, werden die Verfahren dahingehend eingeteilt, ob kritisches Denken umfassend oder nur bestimmte Teilbereiche überprüft werden sollen. In anderen Worten zielen manche der Verfahren darauf ab, eine ganze Palette an Fertigkeiten und Dispositionen, die in ihrer Summe kritisches Denken konstituieren, zu überprüfen. Andere hingegen untersuchen ausschließlich nur die Ausprägung von Teilfertigkeiten kritischen Denkens wie z. B. die Analyse von Schlussfolgerungen, die dann zentraler Gegenstand des Assessments sind.

Weiterhin lässt sich unterscheiden, ob nur Fertigkeiten oder Dispositionen oder aber beides durch das Assessment beurteilt werden soll. Die Assessmentverfahren lassen sich auch dahingehend differenzieren, ob sie inhaltlich einem spezifischen Fach zugeordnet werden können, also kritisches Denken in einem ganz bestimmten fachlichen Kontext beurteilen wollen (siehe 2. in Abbildung 36) oder kritisches Denken allgemein, anhand verschiedener und beliebiger Inhalte prüfen (siehe 1. in Abbildung 36).

Ein weiterer Unterschied ist der, dass die unter 3. aufgeführten Diagnoseinstrumente im Gegensatz zu den anderen Verfahren keine konkrete Aufgabenstellung vorgeben, sondern in verschiedenen, problembasierten und authentischen Kontexten eingesetzt werden können, d. h. es dem Assessor erlauben, in einem bestimmten Rahmen Aufgabenstellungen selbst zu konstruieren, deren Bewältigung dann anhand des jeweiligen Instrumentes untersucht werden.

Ein weiteres Unterscheidungsmerkmal der Assessmentverfahren hängt mit dem konzeptionellen Verständnis kritischen Denkens zusammen. Ist das Verständnis primär von Maßstäben der Logik geprägt, so wird auf die Analyse und Konstruktion von formal korrekten Argumenten abgehoben. Mehrfachwahlaufgaben, aber auch das Essay-Assessment sind hier gängige Verfahren (siehe Assesmentverfahren unter 1. und 2.). Wird kritisches Denken eher als Problemlöseprozess im Sinne der Tradition der Psychologie verstanden, so werden handlungsorientierte, problembasierende Aufgabenstellungen aufgeworfen, die den jeweiligen Prozess kritischen Denkens zur Bewältigung voraussetzen und deutlich werden lassen. Die Artefakte aus schriftlichen Diskussionen, Produkten aus Gruppenarbeiten, E-Portfolios, Videomitschnitten usw. werden dann auf die gezeigte Performanz anhand standardisierter Diagnoseinstrumente untersucht, wie sie unter 3. aufgeführt sind.

Der Einfluss des Verständnisses kritischen Denkens macht sich folglich sowohl inhaltlich als auch methodisch bei der Ausgestaltung der Assessmentverfahren bemerkbar.

Im Folgenden werden nun die in der Abbildung systematisierten Assessmentverfahren auf ihre Aussagekraft und auf die Eignung für das eigene Forschungsvorhaben hin analysiert.

2.2.1 Etablierte, standardisierte, fächerunabhängige, schriftliche Assessmentverfahren der Befragung

Standardisierte Verfahren zur Beurteilung von kritischen Denkaktivitäten spielen sowohl in der Forschung als auch in der Diagnose der epistemischen Entwicklung von Lernenden eine wichtige Rolle. Es liegen sowohl schriftliche Tests für Lernende in höheren als auch in niedrigeren Bildungsstufen in den Vereinigten Staaten Amerikas vor. In Deutschland sind mir keine vergleichbaren Tests bekannt.

2.2.1.1 Mehrfachwahlaufgaben: California Critical Thinking Skills Test (1990)

Einer der bekanntesten Tests im Bereich der Mehrfachwahlaufgaben (Multiple Choice, kurz MC) ist der „California Critical Thinking Skills Test" von Facione (1990). Der Test wurde auf Basis der Konsens-Definition kritischen Denkens, die in einer Delphibefragung der APA (American Psychological Asociation) 1989/90 ausgearbeitet wurde, entwickelt. Anfang der 1990er Jahre wurde der Test intensiv auf die Eignung hinsichtlich wissenschaftlicher Gütekriterien wie Validität, Objektivität und Reliabilität untersucht und verbessert. Beispielsweise gab es eine Evaluationsreihe im Jahr 1989, in der 1169 Studenten den Test in mehreren unabhängigen Quasi-Experimenten in einem Pre-Post-Design innerhalb von fünf Kursen zur Förderung kritischen Denkens durchlaufen haben (Facione, 1991, S. 6–7). Einige Autoren bezeichnen diesen Test aufgrund des hervorragenden Abschneidens im Hinblick auf die Kriterien der Testtheorie als auch wegen des zu Grunde liegenden, anerkannten Verständnisses kritischen Denkens als den „goldenen Standard" zur Beurteilung von kritischem Denken. Sie sehen darin den besten kommerziellen, standardisierten Test, der erhältlich ist (Facione, 1991, S. 3). Häufig kam und kommt dieser Test zur Beurteilung der Fertigkeiten kritischen Denkens bei empirischen Untersuchungen zum Einsatz (siehe beispielsweise Adams, Leader, Jain und Lawrence, 2008). Der Test ist geeignet für Schüler am College (entspricht der Universität hierzulande) und fortgeschrittene Highschool-Schüler (Klasse 9 bis 12). Er beinhaltet 34 Multiple-Choice-Fragen, die sich auf die sechs Kernelemente kritischen Denkens beziehen, die in der APA-Definition enthalten sind. Dabei gibt es eine Gesamtpunktezahl zur kognitiven Performanz, die wiederum durch fünf Unterkategorien bestimmt wird. Diese Unterkategorien enthalten Fragen, die jeweils anhand der verschiedenen Elemente der APA-Definition operationalisiert wurden. Dabei wurden kognitive Fertigkeiten im Bereich der (1) Interpretation, (2) Analyse, (3) Beurteilung, (4) Schlussfolgerungen und (5) Begründung berücksichtigt (Facione, 1990, S. 4; Facione, 1991, S. 4). Neben dem California Critical Thinking Skills Test gibt es auch weitere kommerzielle, standardisierte MC-Verfahren, die Bekanntheit erlangt haben. Beispielsweise ist hier der „Cornell Critical Thinking Test" von Robert Ennis zu nennen, von dem auch seitens des Anbieters behauptet wird, es sei der beste (Cornell Critical Thinking Tests, 2010). Als weiteres Beispiel sei hier noch auf den Classroom Reasoning Test von Ennis (1964) verwiesen. Der Großteil aller standardisierten Tests zur generellen Diagnose von Fertigkeiten kritischen Denkens funktioniert nach den bisher geschilderten Mustern.

2.2.1.2 Essay-Assessment: Ennis-Weir Critical Thing Essay-Assessment (1985)

Neben den standardisierten, kontextunabhängigen und auf Multiple-Choice-Fragen basierenden Logiktests gibt es aber auch eher „subjektivere" Ansätze, die sich einen Namen in Forschung und Lehre gemacht haben. Ennis und Weir entwickelten beispielsweise 1985 einen anerkannten Test im Bereich des Essay-Assessments, der sich von den anderen bestehenden Tests im Format abhebt und auf der Homepage von Ennis kostenlos heruntergeladen werden kann.[60] Die Autoren empfehlen den Einsatz dieses Tests für die Überprüfung des Lernerfolges in kurzen Seminaren zur Förderung von kritischem Denken und sehen auch die Möglichkeit, diesen als Instrument zur Förderung von kritischem Denken einzusetzen (Ennis und Weir, 1985, S. 1). Ziel des Tests ist es, die argumentativen Fähigkeiten kritischen Denkens in schriftlicher Form bei Lernern zu beurteilen, sei es aus Forschungszwecken (zur Prüfung des Erfolges eines Lerndesigns) oder zur reinen Diagnose der Fertigkeiten der Lernenden (Leistungsbeurteilung). In dem Test wird vorgegeben, etliche Aspekte kritischen Denkens wie Identifikation von Annahmen und Gründen, das Anführen von guten Argumenten, die Betrachtung weiterer Perspektiven oder den Umgang mit Fallazien zu berücksichtigen. Der Test deckt einen breiten Bereich der formalen Logik ab, beinhaltet auch kreatives Denken und vernachlässigt inhaltlich bewusst Inhalte der klassischen Logik (deduktive Schlüsse etc.). In dem Test wird eine Problemstellung aus dem Alltag aufgeworfen, um somit die Transferfähigkeit der Fertigkeiten kritischen Denkens beurteilen zu können. Die Autoren selbst nennen diesen Essay-Test einen „real-world test" (Ennis und Weir, 1985, S. 1). Zielgruppe sind sowohl Studenten als auch High-School-Schüler. Die Bearbeitung des Tests nimmt 40 Minuten in Anspruch, zehn zum Lesen, den Rest zur Formulierung von Argumenten. Lernende sind dabei aufgefordert, zu einem Leserbrief, in dem ein generelles Parkverbot für Kraftfahrzeuge in einer Stadt zu gewissen Uhrzeiten argumentativ gefordert wird, Stellung zu nehmen. In dem Leserbrief stellt ein Autor das Problem aus seiner Sicht dar und schlägt dann verschiedene Lösungsansätze dazu vor, die er anhand von acht Argumenten präsentiert. Jedes der hier präsentierten Argumente weist dabei mindestens einen logischen Fehler auf, den die Lernenden entdecken und korrigieren sollen. Einige der hier präsentierten Argumente sind augenscheinlich stark in ihrer Gültigkeit, andere hingegen lassen logische Fehler schnell offenbar werden. Die Lernenden als kritische Leser sind nun aufgefordert, den Leserbrief kritisch zu würdigen, wobei sie auf jedes der acht Argumente eingehen und den Text als Ganzes beurteilen sollen. Sie sollen dabei selbst einen Leserantwortbrief erstellen. Darin sollen sie ebenfalls zu jedem Paragrafen des Leserbriefes einen Absatz schreiben, in dem sie darlegen, ob das Denken des Autors gut oder schlecht ist und warum dies jeweils der Fall ist. In einem letzten Absatz sind sie schließlich aufgefordert, den kompletten Brief anhand von Argumenten zu würdigen. Die folgende Abbildung zeigt den zu beurteilenden Leserbrief.

---

60 http://faculty.ed.uiuc.edu/rhennis/Assessment.html [14.10.2010].

THE MOORBURG LETTER

230 Sycamore Street
Moorburg
April 10

Dear Editor:

Overnight parking on all streets in Moorburg should be eliminated. To achieve this goal, parking should be prohibited from 2 a.m. to 6 a.m. There are a number of reasons why any intelligent citizen should agree.

1. For one thing, to park overnight is to have a garage in the streets. Now it is illegal for anyone to have a garage in the city streets. Clearly, then, it should be against the law to park overnight in the streets.

2. Three important streets, Lincoln Avenue, Marquand Avenue, and West Main Street, are very narrow. With cars parked on the streets, there really isn't room for the heavy traffic that passes over them in the afternoon rush hour. When driving home in the afternoon after work, it takes me thirty-five minutes to make a trip that takes ten minutes during the uncrowded time. If there were no cars parked on the side of these streets, they could handle considerably more traffic.

3. Traffic on some streets is also bad in the morning when factory workers are on their way to the 6 a.m. shift. If there were no cars parked on these streets between 2 a.m. and 6 a.m., then there would be more room for this traffic.

4. Furthermore, there can be no doubt that, in general, overnight parking on the streets is undesirable. It is definitely bad and should be opposed.

5. If parking is prohibited from 2 a.m. to 6 a.m., then accidents between parked and moving vehicles will be nearly eliminated during this period. All intelligent citizens would regard the near elimination of accidents in any period as highly desirable. So, we should be in favor of prohibiting parking from 2 a.m. to 6 a.m.

6. Last month, the Chief of Police, Burgess Jones, ran an experiment which proves that parking should be prohibited from 2 a.m. to 6 a.m. On one of our busiest streets, Marquand Avenue, he placed experimental signs for one day. The signs prohibited parking from 2 a.m. to 6 a.m. During the four-hour period, there was **not one accident** on Marquand. Everyone knows, of course, that there have been over four hundred accidents on Marquand during the past year.

7. The opponents of my suggestions have said that conditions are safe enough now. These people don't know what "safe" really means. **Conditions are not safe if there's even the slightest possible chance for an accident.** That's what "safe" means. So, conditions are not safe the way they are now.

8. Finally, let me point out that the Director of the National Traffic Safety Council, Kenneth O. Taylor, has strongly recommended that overnight street parking be prevented on busy streets in cities the size of Moorburg. The National Association of Police Chiefs has made the same recommendation. Both suggest that prohibiting parking from 2 a.m. to 6 a.m. is the best way to prevent overnight parking.

I invite those who disagree, as well as those who agree with me, to react to my letter through the editor of this paper. Let's get this issue out in the open.

Sincerely,

Robert R. Raywift

Abbildung 37: The Moorburg Letter: Ennis-Weir-Critical Thinking Essay Assessment (Ennis und Weir, 1985, S. 13)

Die Beurteilung des Tests geschieht anhand eines feststehenden Beurteilungsbogens, dem als Kriterien unter anderem das Erkennen von Fehlschlüssen in den acht Argumentationslinien, die Identifikation weiterer möglicher, wohlbegründeter Argumente, die die bestehenden entkräften, oder auch das Erkennen von Voreingenommenheit des Autors und dessen Absicht der Einflussnahme auf Leser zugrunde liegen. Pro Paragraph des Lerners kann die Lehrkraft von −1 bis + 3 Punkte geben. In Paragraph neun, der generellen Würdigung des Textes, können bis zu + 5 Punkte vergeben werden. Kriterium ist dabei die argumentative Qualität, die eben schlecht bis adäquat ausfallen kann. Ennis und Weir haben ihren Test und dessen Auswertungsverfahren mehrfach getestet. Sie bescheinigen ihm hohe Validität, insbesondere Inhaltsvalidität. Auch bezüglich der Reliabilität wird der Test als sehr zuverlässig eingestuft. Es konnte eine Inter-Rater-Reliabilität in Höhe zwischen .82 und .86 festgestellt werden (1985, S. 3–4).

2.2.1.3 Diagnose der Dispositionen kritischen Denkens: Critical Thinking Dispositions Inventory (1992)

Aufgrund der entstandenen Debatte über die Wichtigkeit der Dispositionen kritischen Denkens, die, wie die dargestellten Tests zeigen, bei vielen Verfahren vernachlässigt wurden, entwickelten Facione und Facione 1992 das *Critical Thinking Dispositions Inventory*, ein Instrument zur Bewertung der kontextunabhängigen Ausgeprägtheit von Dispositionen kritischen Denkens. Lernende sollen bei diesem schriftlichen Selbsteinschätzungsbogen ihre Einstellung, Werte, Meinungen und Annahmen zu verschiedenen Aussagen, die von den APA-Dispositionen für kritisches Denken abgeleitet wurden, einschätzen. Die sieben Dispositionen beinhalten unter anderem Wahrheitsstreben, Analytizität oder Wissbegierde. Der Test umfasst 75 Aussagen, die anhand einer Skala der Intensität sechs zwischen „strongly agree" bis „strongly disagree" einzuschätzen sind. Beispielsweise müssen Aussagen wie *"We can never really learn the truth about most things"* oder *"The best argument for an idea is how you feel about it at the moment"* anhand der Skala bewertet werden (Tishman und Andrade, 2000). Die Bearbeitungszeit des Testes ist mit 20 Minuten angegeben. Zielgruppe sind Lernende auf College-Level, jedoch gibt es auch Ausgaben für Lernende auf niedrigeren Bildungsstufen. Kognitive Fertigkeiten werden dabei explizit nicht getestet, sondern die reinen Einstellungen erhoben. Das in der Literatur häufig eingesetzte Instrument wurde bereits in einigen Studien auf seine Aussagekraft hin geprüft. Im Jahr 1994 beispielsweise erprobten Facione und Facione an 1019 Studenten die Aussagekraft des Testes, wobei er diesbezüglich hervorragend bewertet wurde (Facione und Facione, 1994).

2.2.2 Etablierte, standardisierte, fächerspezifische, schriftliche Assessmentverfahren der Befragung: MAPP (2006)

Etablierte, standardisierte, fachbezogene Assessmentverfahren sind analog zu den bisher aufgeführten Verfahren zu beschreiben und sind im Bereich der geschlossenen Fragen und des Essay-Assessments angesiedelt, wobei eben die Inhalte der Fragen und Aufgaben auf einzelne Fächer zugeschnitten sind. Kritisches Denken wird anhand fächerbezogener Inhalte geprüft.

Das „Academic-Profile" (1998, zitiert nach Ennis, 2003, S. 303) ist ein MC-Test, der unter anderem kritisches Denken im Kontext mathematischer Fähigkeiten bei Studenten beurteilen soll. Der Test wurde jedoch 2006 abgeschafft. Der derzeit in der Literatur diskutierte Nachfolger heißt „MAPP" (Measure of Academic Proficiency and Progress and the Academic Profile), ein Assessment, mit dem die akademischen Fähigkeiten von Studenten auf bestimmten Teilgebieten der Geisteswissenschaften, der Sozial- und der Naturwissenschaften im wissenschaftlichen Schreiben, hinsichtlich ihres mathematischen Verständnisses, des Leseverständnisses und in Bezug auf kritisches Denken getestet werden. Durch den Test sollen Lernende mit Fertigkeitsdefiziten ausfindig gemacht, das individuelle kognitive Wachstum von Studenten verfolgt, Trends bei niedrigeren und höheren Semestern erkannt und das jeweilige Curriculum verbessert werden. Außerdem soll das Assessment als ein zusätzlicher Baustein für eine ganzheitliche Einschätzung der Schlüsselkompetenzen im Bereich des kritischen Denkens und wissenschaftlichen Schreibens dienen (Bridgeman, 2005, S. 4). Die Gesamtbeurteilung im kritischen Denken setzt sich aus den verschiedenen Teilleistungen in den drei Fachgebieten zusammen, Lernende müssen hier fächerspezifische Multiple-Choice-Fragen beantworten. Meist gibt es einen kurzen Einführungstext oder eine Grafik oder Statistik bei den Fragen im jeweiligen Fachgebiet als Impuls, aufgrund dessen dann Antworten als falsch oder richtig bewertet werden müssen. Mehrfache Assessments haben ergeben, dass die Fähigkeiten im kritischen Denken positiv mit der Semesteranzahl korrelieren, wobei jedoch auch hier Störgrößen wie Studiumsabbrüche usw. das Ergebnis verwässern (Bridgeman, 2005, S. 20). Außerdem konnte ein Zusammenhang zwischen dem Abschneiden in dem Test und der gesamten Leistungen der Studenten gefunden wurden. Jene Studenten, die gut in MAPP abschnitten, hatten auch bessere Noten in den verschiedenen Studiengebieten (Bridgeman, 2005, S. 13).

2.2.3 Würdigung der etablierten, standardisierten, schriftlichen Assessmentverfahren der Befragung

Assessmentverfahren haben spezifische Vor- als auch Nachteile, die sich zum einen aus der Art und Weise des Assessments an sich, als auch aus der konkreten Umsetzung des jeweiligen Verfahrens heraus bedingen. Je nach Verfahren können gewisse Performanzdimensionen wie einzelne Fertigkeiten, Kompetenzen, vollständige Handlungen oder die Wiedergabe von Fachwissen besser oder schlechter abgeprüft werden. Mehrfachwahlaufgaben wie im California Critical Think Test eignen sich beispielsweise primär dafür, Fachwissen zu prüfen oder anhand kleinerer Fragestellungen anwenden zu lassen. Durch das Essay-Assessment (siehe Ennis-Weir-Essay-Critical-Thinkg-Essay-Test) hingegen können höhere Taxonomiestufen erreicht werden. Dafür gilt das Verfahren allgemein als eher subjektiv oder benachteiligend für Schüler, die nicht über notwendige Sprachkompetenzen verfügen. Selbsteinschätzungstests wie der Critical Thinking Dispositions Inventory hingegen laden Probanden zur Unehrlichkeit ein, können aber nützliches Feedback ermöglichen und lassen Tendenzen erkennen.

Allgemein müssen sich Assessmentverfahren an den Kriterien der Testtheorie messen lassen, um Aussagekräftigkeit, Zuverlässigkeit oder Praktikabilität in Anspruch nehmen zu können. Ein erstes Kriterium ist das der Objektivität. Objektivität fungiert in diesem Zusammenhang als Gradmesser, inwieweit die Ergebnisse eines Tests von den Untersuchern unabhängig sind. Kommen beispielsweise verschiedene Untersucher bei den gleichen Kandidaten zu dem gleichen Ergebnis, ist dies ein Beleg für einen hohen Grad an Objektivität. Dabei spielt die Standardisierung des Tests, also die vereinheitlichende Festlegung bei der Durchführung, Auswertung und Interpretation der Ergebnisse eine zentrale Rolle, um Objektivität sicherstellen zu können (Grotjahn, 1999, S. 5). In der Literatur unterscheidet man in der klassischen Testtheorie des Weiteren zwischen Durchführungs-, Auswertungs- und Interpretationsobjektivität (Ingenkamp, 1985, S. 34 ff). Erstere bezieht sich auf die Unabhängigkeit des Ergebnisses vom Verhalten der Untersucher während der Durchführung. Auswertungsobjektivität hingegen betrifft die Auswertung der beobachteten Performanz nach fest vorgegeben Regeln, wohingegen Interpretationsobjektivität mit dem Grad der Unabhängigkeit der Interpretation der ausgewerteten Ergebnisse von der Person des Untersuchers assoziiert wird. Dies kann beispielsweise durch numerische Werte, die in der Auswertung ermittelt und anschließend durch eine festgelegte Punkte/Notenskala anschließend interpretiert werden, gewährleistet sein. Gerade Mehrfachwahlaufgaben können eine hohe Objektivität ausweisen, wie dies auch beim California Critical Thinking Test der Fall ist. Beim Essay-Assessment kann durch gezielte Maßnahmen wie der Schulung der Bewerter und der Einsatz standardisierter und differenzierter Bewertungsleitfäden die Objektivität erhöht werden. Der Ennis-Weir-Test berücksichtigt einige dieser Maßnahmen.

Ein zweites Gütekriterium innerhalb der klassischen Testtheorie betrifft die Genauigkeit einer Messung, welche häufig ein Problem darstellen kann. Die so genannte Reliabilität oder Zuverlässigkeit gibt darüber Aufschluss, wie genau die Testergebnisse eine Eigenschaft erfassen, unabhängig davon, ob der Test auch wirklich das zu untersuchen beabsichtigte Merkmal erfasst (Grotjahn, 1999, S. 7). Die Reliabilität steht jedoch mit der vorher erläuterten Objektivität in einer einseitigen Interdependenzbeziehung: Liegt keine ausreichende Durchführungs- und Auswertungsobjektivität vor, so werden auch zwangsläufig die Ergebnisse bei Wiederholung der Tests variieren. Auch hier schneiden die besprochenen Tests gut ab. Das Essay-Assessment von Ennis und Weir weist beispielsweise eine sehr hohe Interrater-Realibilität auf.[61]

Das in der Literatur am stärksten betonte Kriterium der Testtheorie ist die Validität bzw. Gültigkeit eines Tests. Damit ist gemeint, inwieweit der Test auch wirklich die beabsichtigten Ausprägungen erfasst, die er erfassen soll (Grotjahn, 1999, S. 8). Es wird dabei zwischen einer Vielzahl von Validitätstypen unterschieden. Die folgenden Ausführungen sollen sich nur auf die wichtigsten Typen beziehen. Ein wichtiger Typ ist hierbei die Inhaltsvalidität. Sie gibt das Ausmaß an, in dem die Testaufgaben geeignet sind, den zu erfassen beabsichtigten Inhalt auch wirklich durch die Messung abzubilden. Bei der Konstruktvalidität wird gefragt, in welchem Grad die beobachtbaren Testergebnisse gültige Indikatoren von zugrundeliegenden theoretischen Konstrukten sind (ebd., 1999, S. 11). Augenscheinvalidität hingegen bestimmt, in welchem Ausmaß das Instrument bei den Testern und Testnehmern als gültig und aussagekräftig eingestuft wird (ebd., 1999, S. 11). Des Weiteren nimmt die bereits diskutierte Objektivität und Reliabilität Einfluss auf die Ausprägung der Validität: Ein wenig objektiver und wenig reliabler Test kann nicht gleichzeitig valide sein (ebd., 1999, S. 9). Wie bereits

---

61 In der Literatur auch unter dem Begriff „Interrater Agreement" zu finden. Bezeichnet das Maß der Übereinstimmungen der Einschätzungsergebnisse bei unterschiedlichen Beobachtern.

dargelegt, schneiden die besprochenen Test auch bezüglich der Validität gut ab, da das jeweilige Konzept kritischen Denkens, das den jeweiligen Tests zu Grunde gelegt wurde, in mehreren Phasen operationalisiert, erprobt und evaluiert wurde, so lange, bis die Bewältigung der jeweils gestellten Aufgabe auch die Anwendung der verfolgten Fertigkeit voraussetzt, wobei angemerkt sei, dass bei Mehrfachwahlaufgaben auch durch reines Raten ein gewisser Erfolg erzielt werden kann.

Ein letztes Kriterium ist das der Prüfungsökonomie. Assessmentverfahren sollten je nach Verwendungskontext praktikabel sein und die jeweiligen knappen zeitlichen, räumlichen, personellen oder materiellen Ressourcen schonen. Auch hier lässt sich anmerken, dass im Falle der Mehrfachwahlaufgaben nur ein sehr geringer Durchführungs- und Auswertungsaufwand entsteht. Das Essay Assessment von Ennis-Weir verursacht zwar mehr Aufwand bei der Auswertung, jedoch hält sich dies aufgrund der vorgegebenen Standardisierung der Auswertung auch in Grenzen.

Obwohl die besprochenen Verfahren gute Werte im Sinne der Testtheorie ausweisen, so üben dennoch einige Autoren wie Halpern (2003) oder Brookfield (2003) scharfe Kritik an den etablierten, standardisierten, schriftlichen Asssessmentverfahren der kognitiven Leistungsbeurteilung, vor allem an jenen, die ausschließlich MC-Fragen beinhalten. Diese Kritik leitet sich aus dem Verständnis ab, dass kritisches Denken kontextabhängig ist und in verschiedensten Situationen im Alltag verschiedenartig zur Anwendung kommt. Dieser Kontext- und Realitätsbezug kann aber in den Augen der beiden Autoren durch Mehrfachwahlaufgaben nur unzureichend abgebildet werden. Halpern ist der Meinung, dass die standardisierten Tests nur *„little more than inferior tests of reading"* (2003, S. 364) seien und nichts darüber aussagen können, ob, wie oder wann ein Individuum kritisches Denken in seiner Lebenspraxis anwendet. Diese Kritik kann durch Betrachtung des jeweils vertretenen Konzepts kritischen Denkens verstanden werden. Für Halpern und Brookfield stellt sich kritisches Denken als ein Prozess dar, in dem durch induktive als auch deduktive Vorgehensweise Annahmen identifiziert, analysiert und evaluiert werden, um Probleme zu lösen, Ziele umzusetzen, Erkenntnisse zu erlangen und im Falle von Brookfield auch Ideologien zu entschleiern. Die kritisierten Tests hingegen sind konzeptuell verstärkt in der Logik angesiedelt und prüfen hier Formalismen, Konzepte und dergleichen anhand beliebiger Beispiele ab, beinhalten konzeptionell also wenig davon, was für die beiden Autoren kritisches Denken bedingt. Es ist deshalb fraglich, ob logische Sprachspiele im Rahmen der Mehrfachwahlaufgaben wirklich darüber Auskunft geben können, ob ein Lernender in multiplen Situationen im Alltag kritisches Denken anwenden kann und wird. Halpern empfiehlt, gemäß ihres konzeptuellen Verständnisses kritischen Denkens, deshalb als Testinstrument problemorientierte Assessments mit offenen Fragestellungen, in denen *„fuzzy problems"* (2003, S. 363) aufgeworfen werden, die mehrere Antworten und Lösungswege zulassen. Nur diese Art von Tests sind laut Haplern valide, da sie sozusagen den Alltag simulieren, in dem kritisches Denken durch Fördermaßnahmen verstärkt zur Anwendung kommen soll.

Kritisch ist bei den populären Tests aus der „California" Reihe auch noch anzumerken, dass die umfangreichen Untersuchungen zur Stützung der Aussagekraft der Tests jeweils von den Autoren selbst und von dem großen Kreis der APA-Experten initiiert und unterstützt wurden. Nachdem die Vereinigung der Psychologen mit einer „endgültigen" Definition von kritischem Denken aufgewartet hatte, wurden die dazugehörigen Tests konzipiert, die eben genau die in der Definition aufgestellten Elemente kritischen Denkens erfassen sollen. Auch die Verbreitung des Testes und dessen Reputation wurde durch die Organisation massiv gestärkt. Das *Disposition Inventory* ist jedoch einer der wenigen Tests, die auch die Dispositionen für kritisches Denken in das Zentrum der Aufmerksamkeit gerückt haben. Anhand der hier gewählten Soll-Dispositionen zeigt sich, dass rationalen und wissenschaftlichen Maßstäben eine enorm hohe Bedeutung beigemessen wurde. Eine andere Definition kritischen Denkens, die beispielsweise der Intuition oder der Reflexion erkenntnisbezogener Grenzen wissenschaftlichen Vorgehens mehr Berücksichtigung, mehr Aufmerksamkeit zukommen ließe, würde jedoch nach anderen bzw. modifizierten Dispositionen verlangen, als sie der Test fordert. Fraglich bleibt auch bei dieser Diagnose der Dispositionen, ob durch die Selbsteinschätzung der Lernenden ein klares Bild gezeichnet werden kann, welche Haltungen ein Individuum innehat und in welchem Umfang diese Dispositionen dazu führen, dass das Individuum tatsächlich kritisch im Alltag denkt. Deswegen wird dieser Test von einigen Autoren (z. B. Ennis, 2003, S. 300; Halonen, 2008, S. 73) als „möglicherweise" nützlich für die Selbstbeurteilung der Lernenden und als zusätzliche, anonyme Informationsquelle bei Forschungsvorhaben angesehen. Ein alternatives Design sowohl zur Diagnose der Dispositionen als auch vor allem der Fertigkeiten, stammt von Nisbett und Lehmann. In einer Langzeitstudie zur Untersuchung der Wirksamkeit von Denkschulungen riefen die Autoren der Untersuchung Individuen zu bestimmten Zeitpunkten nach den Kursen an, wobei sie unter falschem Namen vorgaben, eine reine Haushaltsbefragung durchzuführen (1990, zitiert nach Halpern, 2003, S. 360). Dabei wurden die verbalen Schlussfolgerungsfähigkeiten der Lernenden anhand von Multiple-Choice-Fragen bewertet, die die gezielt angerufenen Personen beantworten mussten. Der Vorteil in solch einem Design ist, dass Individuen natürlich denken und handeln, da sie nicht bemerken, dass sie im kritischen Denken herausgefordert werden. Neben den Fertigkeiten können so auch Angaben über die Dispositionen kritischen Denkens gemacht werden, inwieweit beispielsweise die Individuen geneigt sind, in Situationen des Alltags kritisch zu denken. Allerdings wirft solch ein Vorgehen ethische Fragen auf, die an dieser Stelle jedoch nicht weiter vertieft werden können. Außerdem ist es mit einem Blick auf die psychische Verfassung und Zufriedenheit des Menschen höchst fraglich, ob kritisches Denken jederzeit im Alltag zu empfehlen ist.

Abschließend sei auch angemerkt, dass manche der standardisierten Tests aus dem Bereich des Essay-Assessments durchaus dazu geeignet sind, kritisches Denken in bestimmten Kontexten zu beurteilen. Beispielsweise ist der Ennis-Weir-Test eine gute Alternative zu den vorhandenen MC-Tests, da durchaus vielfältige Aspekte kritischen Denkens anhand einer an die Realität angelehnten Aufgabenstellung berücksichtigt werden. Eine Studie von Norris (2003) konnte jedoch zeigen, dass der Ennnis-Weir-Test nicht zuverlässig über die Fertigkeiten kritischen Denkens Auskunft gibt. In der Studie wurden mehrere Klassen mit jeweils verschiedenen Versionen des Tests versorgt. Einige der Klassen erhielten die originale Version des Tests. Des Weiteren gab es zwei weitere Ausführungen mit unterschiedlichen Prompts, die die Dispositionen kritischen Denkens anregen sollten, wie beispielsweise „Denk auch über andere Erklärungen für dieses Resultat nach" (Norris, 2003, S. 322). Dabei gab es zwei Niveaustufen. Eine Version enthielt nur generelle Ratschläge zur Bearbeitung des Textes, während in der anderen auch konkrete Prompts zu jedem der zu schreibenden Paragraphen bereitgestellt wurden, ohne den Lernenden dabei Ergebnisse zu liefern. Es handelte sich um reine

Hilfestellungen, die verschiedene Dispositionen kritischen Denkens anregen sollten. Die Lernenden mit der Version „Ein Tipp pro Paragraph" schnitten dabei durchschnittlich signifikant besser ab und erzielten durchschnittlich zwei Drittel mehr Punkte als Lernende ohne Prompts (Norris, 2003, S. 322–323). Dies zeigt, dass die Lernenden durchaus in der Lage sind, den Test besser zu bestehen und kritisches Denken anzuwenden, dies aufgrund mangelnder Impulse aber nicht tun.

Die bisherigen Ausführungen zeigen, dass die besprochenen, etablierten, standardisierten, schriftlichen Verfahren für bestimmte Zwecke des Assessments kritischen Denkens geeignet sind, wenn die jeweiligen testtheoretischen Vor- und Nachteile beim Einsatz bedacht werden. Der Einsatz dieser standardisierten Verfahren hingegen steht und fällt mit dem jeweils abgeprüften Verständnis kritischen Denkens. Vorwiegend wird in den standardisierten Tests ein von logischen Konzepten beeinflusstes Verständnis zu Grunde gelegt. Das eigens entwickelte Arbeitskonzept hingegen enthält weitaus mehr Dimensionen und Denkstandards, die sich in den untersuchten Tests nicht wiederfinden. Sämtliche Konzepte und Ideen der kritischen Theorie werden beispielsweise nicht berücksichtigt, die ideologiekritische Dimension somit ausgespart. Auch die multiperspektivische und konstruktive Dimension kritischen Denkens kommt zu kurz. Es wird nicht geprüft, inwieweit Individuen in der Lage sind, mannigfaltige Perspektiven zu einem Sachverhalt zu erschließen, Ideologien in Annahmen des Alltags zu erforschen oder konstruktiv Alternativen zu einem bestehenden Sachverhalt zu analysieren. Auch die soziale Interaktion, die eben auch Bestandteil des kritischen Denkens ist, wird nicht in den Verfahren berücksichtigt. Aufgrund dieser und noch weiterer Differenzen im Verständnis kritischen Denkens kann bei der Erprobung des Qualifizierungskonzeptes nicht auf einen standardisierten Test zurückgegriffen werden, da die Validität nicht hinreichend gegeben wäre.

2.2.4 Etablierte, standardisierte Diagnoseinstrumente der Beobachtung und Dokumentenanalyse

Die bisher besprochenen Verfahren zur Beurteilung der Ausprägung kritischer Denkaktivitäten und der damit verbundenen Haltungen haben vorrangig zum Ziel, Leistungsurteile auf individueller Ebene der Lerner zu geben. Zum einen sollen so die individuellen Leistungen und die kognitive Entwicklung in Bezug auf kritisches Denken zugänglich und beurteilbar gemacht werden. Zum anderen kann durch die dargelegten Verfahren in Prä- und Posttests glaubwürdig in (Quasi-)Experimenten festgestellt werden, welchen Fördererfolg bestimmte didaktische Interventionen bewirken.

Die nun hier vorzustellenden Verfahren kommen verstärkt aus dem Bereich der Forschung und dienen eher der Erkenntnisgewinnung, auf welche Art und Weise bestimmte Methoden und/oder Medien kritisches Denken fördern können. Standardisierte Instrumente zur Diagnose der Dispositionen und Fertigkeiten kritischen Denkens bezeichnen jene Ansätze, durch die in verschiedenen Zugängen kritisches Denken in realitätsnahen oder gar realen Settings beurteilt werden kann. Sie sollen dabei helfen, Dimensionen kritischen Denkens in (Sprach-)Handlungen zu identifizieren, zu quantifizieren, zu qualifizieren und dadurch auch von anderen Arten des Denkens zu differenzieren. Mögliche Instrumente sind dabei Beobachtungsbögen, Inhaltsanalyseverfahren, Leitfaden für Interviews usw. Die im Folgenden vorgestellten Beobachtungsverfahren verfügen im Gegensatz zu den bisher besprochenen schriftlichen Tests nicht über eine konkrete, bestehende Aufgabenstellung wie beispielsweise das Parkproblem im Ennis-Weir-Test. Außerdem ist es durch den Einsatz dieser Instrumente nicht notwendig, die Lernenden über das Assessment aufzuklären. Sie können in vielfältigen Situationen des Unterrichts eingesetzt werden, ohne dass Lernende merken, dass sie im kritischen Denken getestet werden. Durch die Abwesenheit einer Prüfungssituation können so eventuell aussagekräftigere Informationen zu den Fertigkeiten und Dispositionen der Lernenden bzw. zu dem Fördererfolg einer angewandten Methode getroffen werden. Durch verdeckte teilnehmende und nicht teilnehmende Beobachtung kann beispielsweise eruiert werden, wie Individuen unter bestimmten Bedingungen und Fragestellungen denken und sich in bestimmten Situationen verhalten. Beispielsweise sind Diskussionsforen einige der Orte, an denen kritisches Denken in Form von asynchronen Argumentationsverläufen plastisch wird, ohne dass die Diskutanten davon wissen müssen, dass sie bezüglich ihrer Fertigkeiten und Dispositionen kritischen Denkens beobachtet werden. Bei diesem verdeckten Vorgehen werden besonders die Dispositionen kritischen Denkens deutlich, ob nämlich ein Individuum fernab von formellen schriftlichen Tests geneigt ist, beispielsweise Fertigkeiten kritischen Denkens auch in anderen Situationen anzuwenden.

Die hier zu besprechenden Verfahren geben vor, in bestimmten Settings wie Diskussionen oder Bearbeitung bestimmter offener Aufgaben in schriftlicher und mündlicher Einzel- und Gruppenarbeit kritisches Denken einschätzen zu können. Eines der beiden Verfahren, welches direkt im Anschluss vorgestellt wird, bezieht sich dabei rein auf die Kommunikation in sozialen Interaktionen.

2.2.4.1 Ein Kodiersystem für schriftliche Diskussion: Die Newman Methode (1995)

Einige populäre Instrumente wie die Newman-Methode (1995) sind aus der Not heraus entstanden, da kein passendes, standardisiertes Erhebungsinstrumentarium im Bezug auf den Förderkontext kritischen Denkens zur Verfügung stand. Newman, Webb und Cochrane beschäftigten sich Anfang der 1990er Jahre mit der Frage, ob und wie sich kritisches Denken in asynchronen Online-Diskussionen zeigt und welche Unterschiede hierbei zu Diskussionen, die von Angesicht zu Angesicht stattfinden, bestehen (Newman, Webb, Cochrane, 1995). In einer Reihe von kontrollierten Experimenten verglichen sie die Diskussionsverläufe in Präsenzveranstaltungen und in einem Online-Forum innerhalb eines Seminars zum Thema „Informationsgesellschaft" miteinander. Die Autoren benötigten für die Untersuchung ein Instrument für eine Inhaltsanalyse, da Untersuchungsgegenstand die gesprochenen und schriftlichen Diskussionen waren, die sowohl online dokumentiert als auch in den Präsenzveranstaltungen mitgeschnitten wurden. In einem ersten Schritt mussten die Autoren der Studie zur Erstellung des Inhaltsanalyseinstrumentes eine Definition für kritisches Denken finden, die ihrem Verständnis von kritischem Denken und dem Forschungskontext entsprach. Aufgrund dieses Verständnisses und des vorliegenden Forschungskontextes (Diskussionen) galt es, Beurteilungskriterien für kritisches Denken zu entwickeln, die zur Analyse der Diskussionen dienten. Die Autoren nutzen dabei die Definition und den dazugehörigen Prozess von Garrison (1992) und die Kriterien kritischen Denkens nach Henri (1991). Garrison betont in ihrer Definition für kritisches Denken die Notwendigkeit der sozialen Interaktion. Daher eignet sich dieses Modell gut für das beschriebene Forschungsvorhaben, da die soziale Interaktion in Gruppen in Form von Diskussionen erforscht werden sollte. Auf Basis des Modells von Garrison und der Indikatoren von Henri entwickelten die Autoren schließlich eine eigene Liste mit Indikatoren, durch die kritisches und unkritisches Denken in Sprache verifiziert werden kann (Newman et al., 1995, S. 67–68).

Abbildung 38 führt diese und die dazugehörigen positiven sowie negativen Ausprägungen auf.

TABLE 1. Newman Team Indicators of Crucial (+) and Uncritical (–) Thinking

Indicator	Positive	Negative
Relevance	R+ relevant statements	R– irrelevant statements, diversions
Importance	I+ important points/issues	I– unimportant, trivial points/issues
Novelty: new information, ideas, solutions	NP+ new problem-related information NI+ new ideas for discussion NS+ new solutions to problems NQ+ welcoming new ideas NL+ learner (students) brings new things in	NP– repeating what has been said NI– false or trivial leads NS– accepting first offered solution NQ– squashing, putting down new ideas NL– dragged in by tutor
Bringing outside knowledge or experience	OE+ drawing on personal experience OC+ referring to course material OM+ using relevant outside material OK+ evidence of using previous knowledge OP+ course-related problems brought in (e.g., students identify problems from lectures and texts) OQ+ welcoming outside knowledge	OQ– squashing attempts to bring in outside knowledge O– sticking to prejudice or assumptions
Ambiguities: clarified or confused	AC+ clear, unambiguous statements A+ discussing ambiguities to clear them up	AC– confused statements A– continuing to ignore ambiguities
Linking ideas, interpretation	L+ linking facts, ideas, and notions L+ generating new data from information collected	L– repeating information without making inferences or offering an interpretation L– stating that one shares the ideas or opinions stated without taking these further or adding any personal comments
Justification	JP+ providing proof or examples JS+ justifying solutions or judgments JS+ setting out advantages and disadvantages of situation or solution	JP– irrelevant or obscuring questions or examples JS– offering judgments or solutions without explanations or justification JS– offering several solutions without suggesting which is the most appropriate
Critical assessment	C+ critical assessment/evaluation of own or others' contributions CT+ tutor prompts for critical evaluation	C– Uncritical acceptance or unreasoned rejection CT– tutor uncritically accepts
Practical utility (grounding)	P+ relating possible solutions to familiar situations P+ discussing practical utility of new ideas	P– discussing in a vacuum (treat as if on Mars) P– suggesting impractical solutions
Width of understanding (complete picture)	W+ widenning discussion (problem within a larger perspective; intervention strategies within a wider framework.)	W– narrowing discussion (address bits or fragments of situation; suggest glib, partial interventions)

Abbildung 38: Indikatoren zur Beurteilung kritischen Denkens in Diskussionen nach Newman, 1995 (Landis, Swain, Friehe und Coufal, 2007, S.137)

Die verschiedenen Ausprägungen kritischen und unkritischen Denkens innerhalb der einzelnen Indikatoren dienen als Kodierungsregeln bei der Untersuchung von Texten wie z. B. verschriftlichten Diskussionen usw. Jedes Mal, wenn ein Bewerter eine dieser Verhaltensausprägungen entdeckt, vergibt er entweder einen positiven oder negativen „Kode", z. B. wenn Lernende bestehende Fakten aus der gelernten Theorie miteinander inhaltlich in Verbindung bringen, neue Ideen oder Informationen in die Diskussion mit einbringen (L+) usw. Sind in einem Text alle Kodes gesetzt worden, beginnt deren

Auszählung je Indikator. Dabei werden sowohl die positiven als auch die negativen Kodes ausgezählt. Je Indikator kann nun die „Critical Thinking Ratio" mit folgender Formel berechnet werden (Newman et al., 1995, S. 70):

$$Depth\ of\ CT\ ratio = \frac{(x+ - x-)}{(x+ + x-)}$$

x+ und x- stehen jeweils für die einzelnen Kodes in den Kategorien. Der Bruch veranschaulicht als Resultat das Verhältnis zwischen positiven und negativen Kodierungen je Indikator. Die Ergebnisse bewegen sich in einem Intervall von −1 bis +1 von höchst unkritischen bis zu völlig kritischen Leistungen. Liefern die bisher besprochenen MC-Tests „objektive" Auswertungsergebnisse, so beinhaltet diese Methode eine subjektive Komponente bei der Einschätzung von Aussagen. Trotz dieser Kritik ist die Newman-Methode ein anerkanntes, häufig in Studien eingesetztes Instrument zur Bewertung von kritischem Denken in Diskussionen.[62]

2.2.4.2 Performanzbeobachtung: Holistic Critical Thinking Scoring Rubric (1994)

Ein weiteres, populäres und ganzheitliches Verfahren zur Beurteilung von kritischem Denken ist das „Holistic Critical Thinking Scoring Rubric"[63] von Peter Facione (1994), einem der Hauptautoren der California Critical Thinking Test-Reihe. Wie auch in den zuletzt genannten Tests stützt sich dieser Rubric auf die Definition kritischen Denkens aus der Delphi-Befragung der *American Psychological Association*. Anders als die Newman-Methode, die vor allem für kooperative Forschungsszenarien ausgerichtet ist, umfasst der Facione-Rubric ein weitaus umfangreicheres Verhaltensrepertoire, welches es zu erfassen und anhand des Rubrics zu bewerten gilt. Dabei werden sechs verschiedene Denkaktivitäten kritischen Denkens als Indikatoren bei der Konstruktion des Rubrics herangezogen (Landis et al., 2007, S. 138):

1. Analyse
2. Interpretation
3. Evaluation
4. Schlussfolgerungen
5. Erklärungen
6. Metakognitive Regulation

Kritisches Denken wird demnach durch ein bestimmtes Spektrum der hier genannten Denkaktivitäten beschrieben. Facione sieht bei der Anwendung dieser sechs Denkhandlungen auch die Dispositionen kritischen Denkens erfüllt, da beispielsweise bei dem Fällen eines wohlbegründetes Urteils Neigungen wie Unvoreingenommenheit vorhanden sein müssen, um überhaupt eine derartige Begründung dazu zu entwickeln (Facione und Facione, 1994, S. 2). Die Autoren fügen hinzu, dass

---

62 Eine der aktuellsten Studien während der Erstellung der Dissertation, bei der die Newman-Methode eingesetzt wurde, war die Arbeit von Woo und Wang (2009), in der die Förderpotenziale für kritisches Denken durch Weblogs bei Lernenden aus dem asiatischen Raum untersucht werden.

63 *Rubrics* können in Gestalt von Checklisten, Projektverträgen, Skalen oder Performanzkategorien oder –kriterien auftreten. Sie beinhalten zwei zentrale Komponenten, nämlich identifizieren und spezifizieren sie Performanzerwartungen/Kriterien und charakterisieren die möglichen Ausprägungsstufen der Performanz (z. B. "tritt häufig auf", „eher nicht" etc.).

diese Dispositionen dann vorhanden sein müssen, wenn Individuen die oben genannten Denkaktivitäten bei schlecht strukturierten, offenen und komplexen Problemen unter Beweis stellen. Als Ausgangsbasis für das Assessment empfehlen die Autoren deshalb den Einsatz der genannten Arten von Problemen, für die die Lernenden zu beurteilende Lösungen entwickeln sollen. Unter Berücksichtigung der genannten Elemente entwickelten Facione und Facione einen vierstufigen Beobachtungsbogen zur Einschätzung der Performanz von Individuen und Gruppen:

Name: _____	Date: _____
4	Consistently does almost all of the following: ☐ Accurately interprets evidence, statements, graphics, questions, etc ☐ Identifies the salient arguments (reasons and claims), pros and cons ☐ Thoughtfully analyzes and evaluates major alternative points of view ☐ Draws warranted, judicious, non-fallacious conclusions ☐ Justifies key results and procedures, explains assumptions and reasons ☐ Fair-mindedly follows where evidence and reasons lead
3	Does most or many of the following: ☐ Accurately interprets evidence, statements, graphics, questions, etc ☐ Identifies the salient arguments (reasons and claims), pros and cons ☐ Analyzes and evaluates major alternative points of view ☐ Draws warranted, judicious, non-fallacious conclusions ☐ Justifies some results and procedures, explains reasons ☐ Fair-mindedly follows where evidence and reasons lead
2	Does most or many of the following: ☐ Misinterprets evidence, statements, graphics, questions, etc. ☐ Fails to identify strong, relevant counter-arguments ☐ Ignores or superficially evaluates obvious alternative points of view ☐ Draws unwarranted or fallacious conclusions ☐ Justifies few results and procedures, seldom explains reasons ☐ Regardless of the evidence or reasons, maintains or defends views based on self-interest or preconceptions
1	Consistently does almost all of the following: ☐ Offers biased interpretations of evidence, statements, graphics, questions, or the points of view of others ☐ Fails to identify or hastily dismisses strong, relevant counter-arguments ☐ Ignores or superficially evaluates obvious alternative points of view ☐ Argues using fallacious or irrelevant reasons, and unwarranted claims ☐ Does not justify results and procedures, nor explains reasons ☐ Regardless of the evidence or reasons, maintains or defends views based on self-interest or preconceptions ☐ Exhibits closed-mindedness or hostility to reason

Abbildung 39: Holistic Critical Thinking Rubric nach Facione und Facione (1994)

Innerhalb der einzelnen vier Stufen finden sich die zu identifizierenden Fertigkeiten kritischen Denkens wieder. Unkritisches Denken wird in den ersten beiden Stufen von kritischem Denken unterschieden. Kritisches Denken liegt folglich erst ab Stufe drei vor.

Facione und Facione geben Bewertern auch eine genaue Anleitung an die Hand, wie der Bogen zu verwenden ist. Bevor der Bogen eingesetzt werden kann, sollen die Anwender des Bogens mustergültige Beispielanwendungen studieren, die erstellt worden sind, um Standards zu erkennen und später daran einheitlich bewerten zu können. Dabei soll den Anwendern je Stufe jeweils ein Beispiel zur Bewertung gegeben werden. Diese Beispiele (Videoaufnahmen, verschriftlichte Diskussionen usw.) sollen von den Anwendern anhand des Bogens bewertet werden. Im Anschluss klärt ein Trainer die Anwender über die einzelnen Stufen auf, ordnet die ausgegebenen Beispiele den einzelnen Stufen zu und vergleicht die Einschätzungen der Anwender mit den Musterstandards, um so den Anwendern mehr Sicherheit bei dem Einsatz des Bogens zu geben. Dadurch soll laut Facione und Facione die Bewertungs-Konsistenz in der Bewerter-Gruppe erhöht werden, welche die Autoren bei Übung und Beachtung der von den Autoren vorgeschlagenen Regeln als sehr gut einschätzen (Facione und Facione, 1994, S. 2). Des Weiteren sollen die Anwender üben, sich auf die Fertigkeiten kritischen Denkens zu fokussieren. Die Performanz von Individuen setzt sich in Präsentationen, in Essays oder Gesprächen nicht nur aus der Fertigkeit kritischen Denkens zusammen, sondern auch aus Fachwissen und Geschick. Defizite oder Stärken in den letztgenannten beiden Dimensionen können aber den Beurteiler bei der Analyse der Fertigkeiten kritischen Denkens sowohl positiv als auch negativ beeinflussen, da beispielsweise ein Überstrahlungseffekt oder ähnliche Phänomene entstehen, wenn ein Lerner mit profundem Fachwissen in Argumentationen glänzt (Facione und Facione, 1994, S. 2). Daher müssen Bewerter lernen, die Stärken oder Schwächen hinsichtlich Geschick und Fachwissen des jeweiligen Individuums auszublenden und sich nur auf die genannten Denkaktivitäten zu konzentrieren. Außerdem sollten mindestens zwei Bewerter den Rubric zur Beurteilung einer Quelle einsetzen, um ein konsistentes und aussagekräftiges Urteil zu erlangen. Stimmen die beiden Urteile nicht überein, schlagen die Autoren drei Möglichkeiten vor, die Differenz zu klären. Entweder durch ein klärendes Gespräch, durch das Hinzuziehen eines weiteren, dritten und unabhängigen Bewerters oder durch das arithmetische Mittel können die Differenzen zugunsten der Interrater-Reliabilität beseitigt werden.

2.2.5 Würdigung der etablierten, standardisierten Diagnoseinstrumente der Beobachtung und Dokumentenanalyse

An einer High-School wurde in einer Studie aus dem Jahr 2007 neben dem Facione-Rubric die Newman-Methode eingesetzt, um die Ausprägung von kritischem Denken in Präsenz- und Onlinediskussionen zu untersuchen. Anhand von 100 dokumentierten Äußerungen sollte in einem Bewerter-Team ein einheitliches Ergebnis erarbeitet werden, um wissenschaftlichen Kriterien wie der Inter-Rater-Reliabilität zu entsprechen. Bewerter hatten aber trotz einer kurzen Schulung zum Einsatz der Newman-Methode Probleme aufgrund der Komplexität des Kodiersystems, da beispielsweise in manchen schriftlichen Aussagen auch mehrere Kodes aus verschiedenen Indikatoren gleichzeitig auftauchten (Landis, Swain, Friehe & Coufal, 2007, S. 140). Somit waren die jeweiligen Bewertungen im Ergebnis inkonsistent. Trotz mehrerer Versuche, Inter-Coder-Reliabilität zu gewinnen, konnte diese zwar erhöht, aber keine Konsistenz erreicht werden. Außerdem hatten die Bewerter bei den umfangreichen Textmengen Schwierigkeiten, diese sinnvoll aufzuteilen. Werden beispielsweise Postings von Teilnehmern einzeln bewertet, gehen wichtige Informationen und Sinn der Beiträge verloren, da sich

Teilnehmer auf andere Beiträge beziehen, Ideen entwickeln usw. Der Diskussionsverlauf muss somit in der Bewertung berücksichtigt werden, was die Beurteilung noch anspruchsvoller macht. Des Weiteren werden durch die Unterscheidung zwischen kritischem und unkritischem Denken anders als kritisches Denken geartete Denkstile, beispielsweise aus der asiatischen Tradition, diskreditiert. Eine Reihe von Untersuchungen verschiedener Autoren konnte zeigen, dass der asiatische Denkstil kulturell dadurch gekennzeichnet ist, soziale Harmonie bewahren zu wollen, Autoritäten zu gehorchen, kompromisslose Loyalität zu geschätzten Personen zu zeigen oder Konflikte in der Öffentlichkeit vermeiden zu wollen usw. (Song und Chan, 2008, S. 1001). Dieser Art des Denkens und Agierens wird aber in dem Kode-System beispielsweise keine Wertschätzung entgegengebracht, obgleich dennoch kritisches Gedankengut bei den Lernenden vorliegen könnte, aber aufgrund bestimmter Normen nicht geäußert wird.

Zum Einsatz des Facione-Rubrics lässt sich sagen, dass in dem eingesetzten Interrater-Team in einem ersten Bewertungsdurchlauf der Quellen, bei dem alle genannten Empfehlungen beachtet und auch ein Training vorab praktiziert wurde, keine Übereinstimmung, sondern Varianzen festzustellen waren. Daraufhin richteten die Forscher übereinstimmend an jenen Postings, die für sie am stärksten kritisches Denken widerspiegelten, die höchste Bewertungsstufe des Bewertungsbogens aus. In einem weiteren Durchlauf konnten nun höhere Übereinstimmungen gefunden werden, die zwischen 75 und 100 Prozent lagen. Bei zwei Quellen (zwei verschiedene Klassendiskussionen) waren sich die Bewerter vollständig einig, bei zwei Online-Diskussionen jedoch wich einer der Rater mit einer eine Niveaustufe niedrigeren Bewertung von seinen drei Kollegen ab (Landis et al., 2007, S. 141). Die Rater schätzen den Facione-Rubric in einer Befragung als nicht verlässlich und somit als nicht reliabel ein. Zwei der Rater bevorzugten die Newman-Methode, die ebenfalls in der Anwendung untersucht worden war. Jedoch klagten alle Rater über die Komplexität und die schwierige Handhabbarkeit der Methode. Einer der Rater sprach sich für den Facione-Rubric aus (Landis et al., 2007, S. 141).

Generell lässt sich bei der Erhebung von Daten durch Verhaltensbeobachtung keine exakte Messung durchführen, da diese immer durch die Bezugsnormen der Beobachter (soziale, individuelle und sachliche Norm) beeinflusst werden (Stender, 2003, S. 346). Jedoch lässt sich die Exaktheit der Diagnose durch Beobachterschulung, exakte Formulierung von Indikatoren etc. verbessern. Die hier beschrieben Verfahren sind als sinnvolle Methoden einzustufen, um die Ausprägung kritischen Denkens in verschiedenen Settings zu beschreiben, jedoch ohne den Anspruch, eine objektive Einschätzung erreichen zu können. Durch die Breite des Einsatzspektrums (schriftliche Diskussionen, Essay-Assessment, Gruppenarbeiten etc.) würden sie für das eigene Forschungsvorhaben in Frage kommen, da die Analyse der Workshops zur Qualifizierung pädagogischer Professionals ergeben hat, dass die Teilnehmer selbst kritisches Denken in berufspraxisbezogenen, authentischen Kontexten anwenden und dabei eine gewisse Güte des Denkens unter Beweis stellen sollen. Bei der Erprobung bestehen vielfältige Anlässe, kritisches Denken, sei es online, in zu bearbeitenden Aufgaben oder mündlich in Präsenzveranstaltungen, zu untersuchen. Die Instrumente würden sich daher von dem Verfahren her gut eignen, jedoch liegt dem jeweiligen Instrument wieder ein ganz bestimmtes Verständnis kritischen Denkens zu Grunde. Wiederum werden dabei aber bestimmte Dimensionen und Denkstandards kritischen Denkens, wie sie in der Arbeit formuliert worden, nicht berücksichtigt. Keines der analysierten Instrumente beinhaltet die Dimension der Ideologiekritik. Keines bietet Ansätze zur Reflexion kritischen Denkens selbst an seinen epistemischen Grenzen und Unzulänglichkeiten usw. Kurzum: Die vorgefundenen Instrumente sind, wie schon die standardisierten Tests, für die Belange dieser Arbeit konzeptionell zu verschieden.

2.3 Konstruktion individueller Diagnoseinstrumente

Einige der bereits vorgestellten Verfahren wie die Newman-Methode wurden erst infolge des Mangels an vorhandenen, standardisierten Instrumenten populär, indem viele Autoren in ihren Untersuchungen darauf zurückgriffen. Jedoch gibt es auch etliche Autoren, die eigene Messinstrumente für ihre Belange, sei es im Bereich Forschung und/oder Leistungsfeedback für Lernende im kritischen Denken konstruiert haben, die „Unikate" geblieben und nicht oft zur Anwendung gekommen sind, da sie beispielsweise zu speziell, zu unbekannt oder zu aufwendig sind. Im Folgenden wird eine angemessene Vorgehensweise bei der Konstruktion eines Diagnoseinstrumentes für die Beobachtung bzw. zur Dokumentenanalyse besprochen.

2.3.1 Zur Vorgehensweise bei der Konstruktion eines Diagnoseinstrumentes

Einige Autoren wie Brookfield (2003) oder Halpern (2003) plädieren wie bereits dargelegt ausschließlich für die Erstellung eigener, kontextspezifischer Instrumente zur Beurteilung der Fördererfolge im kritischen Denken. Dabei weisen Autoren wie Ennis (2003, S. 296) oder Halpern (2003, S. 356 ff.) darauf hin, dass in einem ersten Schritt die zu untersuchenden Aspekte kritischen Denkens genau operationalisiert werden müssen. Die Konstruktion eines Diagnoseinstrumentes bedarf einer elaborierten und trennscharf operationalisierten Definition kritischen Denkens. Die Konzeption von Diagnoseinstrumenten ist also immer mit einer jeweils korrelierenden Definition von kritischem Denken verbunden, da kritisches Denken eben nicht als „Ding" in der Welt anzutreffen ist. Die Definition soll veranschaulichen, wie kritisches Denken sich zeigt, wenn es von Personen angewendet wird. Das bedeutet, dass eine Definition sowohl genaue Fertigkeiten als auch Dispositionen kritischen Denkens auflisten sollte. Im Anschluss gilt es, einen passenden Kontext zu finden, in dem sich diese Fertigkeiten und Dispositionen zeigen können. Da Denkaktivitäten in einem bestimmten Denkstil nur als (Sprach-)Handlungen für Dritte zugänglich werden, sollten offene Aufgaben konzipiert werden, deren erfolgreiche Bearbeitung die Anwendung dieser Denkaktivitäten mit sich bringt und den Prozess kritischen Denkens deutlich macht. Je nach Kontext muss vorab bei der Konstruktion des Instrumentes genau berücksichtigt werden, wie sich die Fertigkeiten und Dispositionen in „Produkten" wie geschriebenen Texten, Präsentationen, gemalten Bildern usw. oder in demonstrierten Handlungen selbst manifestieren können und wie sich diese Manifestationen von anderen Denkstilen unterscheiden. Es gilt herauszuarbeiten, wie kritisches Denken jeweils evident wird und sich in seiner Ausprägung zeigt. Außerdem müssen, in Abhängigkeit von dem jeweils zu entwerfenden Beobachtungs- bzw. Bewertungsschema, verschiedene Qualitätsstufen der Performanz, z. B. durch Deskriptoren bei einem Rubric, festgelegt und beschrieben werden. Nachdem die verschiedenen Aspekte kritischen Denkens definiert, operationalisiert als auch ein geeignetes Diagnoseinstrument entwickelt wurden, wird ein authentisches Problemszenario entwickelt, dessen erfolgreiche Bearbeitung die Anwendung der operationalisierten Ausprägungen kritischen Denkens voraussetzt. Wichtig dabei ist, dass es nicht nur eine mögliche Lösung bzw. Beurteilung zu der Fragestellung gibt, sondern zahlreiche Möglichkeiten und Perspektiven zur Lösung des Sachverhaltes bestehen. Über den Hintergrund des Problems müssen so viele und klare Informationen wie notwendig angegeben werden. Wie im Ennis-Weir-Essay-Assessment werden bestimmte Behauptungen zur Lösung des Problems in der Aufgabe offeriert, die teilweise logische Fehlschlüsse und auch einseitige Argumentationslinien anbieten. Dabei sollten sowohl starke als auch schwache Argumente aufgeführt werden. Neben relevanten können auch nicht relevante Hinweise gegeben werden. An dieser Stelle sei auf die Erfolgskriterien für offene Aufgaben und problemorientierte Lernumgebungen hingewiesen, die Halpern leider nicht in ihrem Aufsatz nennt (Reinmann-Rothmeier und Mandl, 1999, S. 39–41). Zum einen gilt es die offene Aufgabe so authentisch zu gestalten, dass das Szenario sozial verankert ist. Realitätsgehalt und Relevanz der Aufgabe sollen beim Lernenden intrinsische Motivation zur Bearbeitung der Aufgabe freisetzen. Zum anderen sollte ein gewisses Maß an Instruktion im Sinne der bereits beschriebenen Prompts für die Lernenden gegeben sein. Das Problem sollte des Weiteren so beschaffen sein, dass eine Anwendung von Fertigkeiten unter unterschiedlichen Perspektiven geschehen kann. Das Problem sollte aus verschiedenen Blickwinkeln von den Lernenden betrachtet werden. Verschiedene Aspekte bekommen so je nach gewählter Perspektive eine andere Bedeutung zugemessen. Diese Flexibilität sollten Lernende als Produkt kritischen Denkens leisten können. Außerdem nennen Reinmann-Rothmeier und Mandl noch als weitere Leitlinie, die es zu berücksichtigen gilt, das Lernen in sozialen Kontexten. Auch dieser Hinweis ist interessant für die Beurteilung von kritischem Denken, da die soziale Interaktion, z. B. in der Argumentation mit anderen Lernenden bei der Beschaffung weiterer Informationen, die Ausprägung der Dispositionen für kritisches Denken erkennen lässt.

Nachdem also das komplexe problembasierte Szenario entwickelt wurde, schlägt Halpern ein standardisiertes Paket mit verschiedenen Fragen und Aufgaben vor, die die Lernenden zu bewerkstelligen haben. Kritisches Denken soll sich hier in verschiedenen Formen zeigen können. Beispielsweise müssen die Lernenden nun ein Diagramm oder Mind-Map bzw. Concept-Map zeichnen, das die vorhandenen Informationen strukturiert wiedergibt und zueinander in Relation setzt (2003, S. 363). Des Weiteren sollen die getesteten Individuen nun angeben, welche weiteren Informationen sie benötigten, um eine richtige Antwort auf die Fragen geben zu können. Dann sollen die angebotenen Lösungsansätze hinsichtlich ihrer Plausibilität analysiert, beurteilt und in eine Rang-Reihenfolge gebracht werden, die Relevanz von Informationen eingeschätzt und dies begründet werden, falsche Behauptungen enttarnt, Überzeugungsstrategien aufgedeckt und eigene Lösungsansätze konstruiert werden usw. (Halpern, 2003, S. 363–364). Die demonstrierte Qualität kritischer Denkaktivitäten wird im Anschluss anhand des erstellten Diagnoseinstrumentes eingeschätzt. Abschließend sei zur Konstruktion eines Diagnoseinstrumentes noch angemerkt, dass es in mehreren Erprobungen im Hinblick auf seine Aussagekraft als auch auf seine Handhabbarkeit erprobt und gegebenenfalls mehrfach revidiert und verbessert werden muss.

Durch diese Art von Assessment, so Halpern, kann ein weitaus genaueres und umfassenderes Bild der kritischen Denkaktivitäten der Lernenden vermittelt werden, um Lernenden Feedback zu geben, wo sie noch Defizite aufweisen. Außerdem können aus dem Einsatz dieser Diagnoseverfahren besser Modelle abgeleitet werden, wie die kognitive Entwicklung bei Lernenden funktioniert oder wie bestimmte Fördermaßnahmen sich auf die Denkstile der Lernenden auswirken.

2.3.2 Konstruktion eines Diagnoseinstrumentes innerhalb des Forschungsvorhabens

Es sei darauf hingewiesen, dass trotz des hohen Aufwandes, den die Entwicklung und Anwendung eigener Diagnoseinstrumente mit sich bringt, klare Stärken dieser Instrumente vorhanden sind, wenn bestimmte Denkschulungsmaßnahmen, die immer in einem bestimmten Kontext stattfinden, evaluiert werden sollen. Sie untersuchen dann nämlich genau jene Fertigkeiten und Dispositionen kritischen Denkens in einem spezifischen Kontext, der mit der Intention der Fördermaßnahme in Verbindung steht. Jene geschulten Denkaktivitäten können so konkret in verschiedenen Kontexten unter Berücksichtigung der jeweils genauen Manifestation kritischen Denkens beurteilt werden.

Sind die erstellten Instrumente jedoch zu feingliedrig und zu komplex, haben Bewerter große Probleme damit, alle Kategorien und Kodes zu berücksichtigen. Jedoch wird so genauer definiert, auf was es bei der Beobachtung ankommt. Rubrics lassen sich einfach anwenden, jedoch ist hier der Spielraum viel größer bei der Bewertung von Inhalten, da nicht trennscharf festgelegt wird, was genau zu beurteilen ist. Oftmals erscheinen die sehr kurzen und kompakten Instrumente für die Bewerter schwammig, was auch in der Untersuchung von Landis et al. (2007) bestätigt wurde. Die Erstellung eines eigenen Diagnoseinstrumentes benötigt also neben einer konkreten, ganzheitlichen Definition von kritischem Denken und dessen exakter Operationalisierung einen Kompromiss zwischen Handhabbarkeit der Kategorien bzw. Deskriptoren und der plastischen Verdeutlichung der zu beurteilenden Aktivitäten. Außerdem sollte der Gedanke aufgenommen werden, dass kritisches Denken nur ein Denkstil unter weiteren ist und erkenntnistheoretische Grenzen hat. Das zu erstellende Instrument sollte außerdem nicht den Anspruch auf Objektivität erheben, da kritisches Denken ein theoretisches Konstrukt bleibt. Das Instrument kann nur das erfassen, was ihm zugrundegelegt wird. Dies ist jedoch nur eine mögliche Version kritischen Denkens. Die bisherigen Ausführungen haben gezeigt, dass je nach vertretenem Verständnis und Zugang zu kritischem Denken völlig unterschiedliche Assessmentverfahren konstruiert wurden. Die vorgestellten Verfahren eigenen sich im Lichte der der Testtheorie, kritisches Denken für ihre angedachten Zwecke unter Berücksichtigung des zugrundeliegenden Verständnisses zu evaluieren. Da in der Arbeit jedoch ein ganzheitliches Konzept kritischen Denkens entwickelt wurde, welches sich bei verschiedenen Traditionen anlehnt und versucht, die jeweiligen Maßstäbe zu vereinen, muss auch ein Diagnoseinstrument entwickelt werden, welches die verschiedenen Dimensionen und Denkstandards gut integriert. Erst dann kann in der Erprobung des Qualifizierungskonzeptes die vermittelte Variante kritischen Denkens beurteilt werden, welche die Schulung bei den Teilnehmern ausprägen soll. Da in der Erprobung auf eine Vielzahl an Lernartefakten als auch auf dokumentierte soziale Interaktionen zurückgegriffen werden kann, soll ein Rubric in Form eines Beurteilungsbogens zur Diagnose von Texten entwickelt werden. Das bereits skizzierte Vorgehen bei der Entwicklung eines solchen Instrumentes soll dabei berücksichtigt werden.

3. Zusammenfassung zu der Analyse der Bausteine für die Erstellung eines Qualifizierungskonzeptes

Die bisherigen Untersuchungen haben gezeigt, dass pädagogische Professionals selbst eine bestimmte Schulung im kritischen Denken für eine erfolgreiche Denkschulung benötigen, da sie vielfältige und komplexe Aufgaben bei der Förderung kritischen Denkens zu bewältigen haben. Aufgrund der umfassenden Studien von Paul et al. (1997) und den Untersuchungen von Astleitner et al. (2002) und weiteren Autoren kann daraus geschlossen werden, dass Lehrkräfte auf mehreren Ebenen vorbereitet werden sollten, da es in der bestehenden Lehrerausbildung an einer hinreichenden Vorbereitung für die Förderung kritischen Denkens fehlt. Zwar beachten sicher viele Lehrkräfte einige der Förderprinzipien kritischen Denkens unbewusst, jedoch ist dies für eine effektive und nachhaltige Denkschulung nicht ausreichend. Daher existieren, zumindest in den USA und in England, spezielle Angebote in der Aus- und Weiterbildung von Lehrkräften zur Qualifizierung in der Denkschulung. Einige in der Arbeit untersuchten Kursformate von Experten machen deutlich, dass Lehrkräfte ein eigenes Verständnis von kritischem Denken in ihrem fachlichen Kontext entwickeln, für die Förderung motiviert, selbst zum kritischen Denken angeregt werden oder selbst in den Kursen Förderansätze konzipieren sollten, um für die anspruchsvolle Aufgabe der Denkschulung befähigt zu werden. Diese Verfahrensweisen und Lernziele sollen bei der Konstruktion des Qualifizierungskonzeptes berücksichtigt werden.

Das Assessment kritischen Denkens geht einher mit dem zugrundeliegenden Konzept kritischen Denkens. Es gibt etliche standardisierte, etablierte, schriftliche Tests zur Diagnose von kritischem Denken, die vor allem der Tradition der analytischen Philosophie und hier insbesondere der formalen und informellen Logik zuzuordnen sind. In diesen schriftlichen Multiple-Choice-Tests, wie etwa dem California Critical Thinking Skills Test, werden anhand von verschiedenen fiktiven Beispielen Fertigkeiten kritischen Denkens aus dem Bereich der Logik kontextunabhängig abgeprüft. Einige Autoren wie Halpern (2003) oder Brookfield (2003) sprechen sich gegen solch starre und einseitige Assessmentverfahren aus und raten, für den jeweiligen Förderkontext eigene Diagnoseinstrumente in Form problembasierter Essay-Asessments, unter Einsatz von Beurteilungsbögen, zu entwickeln. Durch diese Vorgehensweise ist es möglich, spezielle Aspekte und die jeweilige Ausprägung von kritischem Denken je nach vorliegendem Kontext zu berücksichtigen. Des Weiteren wurde durch die Analyse deutlich, dass die vorliegenden standardisierten Assessmentverfahren jeweils ein zu begrenztes Verständnis von kritischem Denken umschließen und abprüfen. Es wurde klar, dass es der Entwicklung eines eigenen Diagnoseinstrumentes bedarf, das dem zu erstellenden Konzept gerecht wird und dessen Dimensionen und Denkstandards untersucht. Ein mögliches Vorgehen bei der Erstellung solch eines Instrumentes wurde des Weiteren im Ansatz beschrieben.

Die Analyse der bisherigen „Bausteine" hat das theoretische Fundament zur Ausgestaltung des theoretischen Rahmens des didaktischen Designs gelegt und auch wichtige Erkenntnisse zur Konzeption des Qualifizierungskonzeptes ermöglicht. In dem folgenden Kapitel werden die Ergebnisse aufgegriffen, durch empirische gewonnene Erkenntnisse ergänzt und kontrastiert als auch die erzielten Forschungsartefakte dargestellt.

4. Konstruktion des Qualifizierungskonzeptes: Empirische Fundierungen

4.1 Methodisches Vorgehen bei der Konstruktion des Qualifizierungskonzeptes

Zur Konstruktion des Qualifizierungskonzeptes wurden neben der Berücksichtigung des theoretischen Rahmens und der angestellten Literaturrecherche (siehe „Bausteine für ein Qualifizierungskonzept" – Kapitel IV) auch auf die Ergebnisse aus den bereits skizzierten Experteninterviews und aus einer Dokumentenanalyse zurückgegriffen. Im Folgenden wird das methodische Vorgehen bei der Konzeption des Qualifizierungskonzeptes näher dargestellt.

4.1.1 Qualitative Experteninterviews

In den geführten Experteninterviews wurden auch konkrete Gestaltungsempfehlungen für die Umsetzung des Qualifizierungskonzeptes erhoben, da mehrere der Experten selbst angehende und/oder erfahrene pädagogische Professionals für die Förderung kritischen Denkens ausbildeten und über reiches Erfahrungswissen verfügten. Die Experten wurden dazu befragt, wie pädagogische Professionals auf die Förderung von kritischem Denken vorbereitet werden sollten und welche Fertigkeiten und Dispositionen sie zur Denkschulung benötigen. Außerdem wurden allgemeine Anforderungen an eine Qualifizierung für die Förderung kritischen Denkens erhoben, in Form von Lernzielen und kritischen Erfolgsfaktoren. Des Weiteren wurde der genaue Kontext der Erprobung geschildert, sodass die Experten ganz konkrete Vorschläge zur Konzeption des Qualifizierungskonzeptes geben konnten. Die gestellten Fragen finden sich im dritten Fragenblock des Leitfadens (siehe dazu Anhang A1.). Experte #6 stand auch nach dem Interview als Berater für die Umsetzung des Qualifizierungskonzeptes zur Verfügung. Im mehreren E-Mails brachte er etliche Ideen und Anregungen ein.

4.1.2 Dokumentenanalyse

Einige der befragten Experten, die selbst pädagogische Professionals im kritischen Denken schulen, stellten auf Nachfrage verschiedene Dokumente aus ihrer Lehrpraxis zur Verfügung. Diese Dokumente wurden zum einen als weitere wichtige Quelle für Lehr- und Lernprinzipien für die Erstellung des didaktischen Modells analysiert. Sie gaben zum anderen vor allem aber Aufschluss über Anforderungen an die Qualifizierung pädagogischer Profesionals für die Förderung kritischen Denkens und die konkrete Umsetzung des jeweils vertretenen didaktischen Designs. Die Analyse der Materialien hatte folgendes Forschungsinteresse zum Ziel:

1. Welches Verständnis kritischen Denkens liegt dem Förderkonzept zugrunde?
2. Ermittlung von Förderprinzipien kritischen Denkens (Wie wird bei den Teilnehmern kritisches Denken gefördert? Welche Methoden werden dabei benutzt? Wie wird durch pädagogisches Handeln des Experten kritisches Denken unterstützt?)
3. Ermittlung von Lernzielen des Förderansatzes (Welche Lernziele werden in dem jeweiligen Kurs verfolgt?)
4. Realisation der Lernziele (Wie wird methodisch-didaktisch versucht, die Lernziele umzusetzen? Welche Inhalte sowie beispielsweise Methoden werden dabei vermittelt?)

IV. Konstruktion des Qualifizierungskonzeptes zur Befähigung für die Förderung kritischen Denkens

Folgende der erhaltenen Dokumente wurden als zusätzliche Informationsquelle für die Erarbeitung des didaktischen Designs herangezogen.

Nummer und Art des Dokumentes
A. Work-Shop Unterlagen zu Kurs „Critical Thinking: A Workshop – Handout für Lehrer, Bournemouth University, Centre for Excellence in Media Studies, UK. Oktober 2007, empfangen am 18.06.2008
B. Kursmaterial "Minnesota Fishes" – Erwachsenenbildung, Kursbeschreibung –Handout für Lerner, Metro State University, Minnesota. Fall Semester 2008, empfangen am 13.08.2008
C. Kursmaterial „Spirituality" – Erwachsenenbildung, Fall Semester 2006, Metro State University, Minnesota. Empfangen am 13.08.2008
D. Kursmaterial "Developing Critical Thinkers" (Schulung für angehende Lehrer) – Handout für Pädagogikstudenten, Teachers College Columbia, September 26th – 27th 2008, empfangen am 18.02.2009

Abbildung 40: Liste der ausgewerteten Dokumente

Dokumente A und D sind Handouts für die Teilnehmer von Kursen, die für die Qualifizierung von (angehenden) pädagogischen Professionals konzipiert wurden. In ihnen wird auch der Aufbau und Ablauf des jeweiligen Kurses dokumentiert. Dokumente B und C stammen aus der Erwachsenenbildung und sind Kursunterlagen für ein einsemestriges Seminar. Der Designer der Kurse, ein bekannter Experte in der Diskussion zur Förderung kritischen Denkens, hat die indirekte Förderung kritischen Denkens als Lernziel in die Umsetzung des Kurses integriert. Ein Großteil der mit den Dokumenten verbundenen Lehrkonzepte wurde bereits in Kapitel IV unter Punkt 1.3 vorgestellt.

Dokumente sind im Zusammenhang mit dieser Arbeit als schriftliche Texte zu verstehen, die als Belege oder Aufzeichnungen für bestimmte Sachverhalte, die sich in der Realität zugetragen haben, fungieren (angelehnt an Wolff, 2005, S. 502). Somit können Dokumente als „vorbildliche Mustergabe für Lern- und Lehrstücke" (Kraimer, 2009, S. 2) verstanden werden, da sie unmittelbar mit gelebter Realität in Verbindung stehen und darüber Auskunft geben können, wenn Authentizität und Glaubwürdigkeit der Inhalte des Dokumentes als erwiesen einzuschätzen sind. Wie Transkripte sind Dokumente „Repräsentationen für etwas anderes" (Wolff, 2005, S. 504), über das sie bedingt Rechenschaft ablegen. Gleichzeitig werden Dokumente in ihrer Aussagekraft von einigen Autoren aus mehreren Gründen als nur eingeschränkte Belege für zu untersuchende Sachverhalte betrachtet, da beispielsweise keine Nachfragen möglich sind, die Dokumente gefälscht sein können usw. (Wolff, 2005, S. 511; Kraimer, 2009, S. 2). Deshalb empfiehlt sich bei der Auswertung von Dokumenten eine sehr besonnene, hermeneutische Auslegung der Inhalte unter Rückgriff auf sämtliche weitere relevante Kontextinformationen, die neben dem eigentlichen Dokument verfügbar sind (Wolff, 2005, S. 512).

Da es sich bei den besagten Dokumenten und Kursmaterialien sowohl um Förderkonzepte im kritischen Denken als auch um Lernszenarien, in die die Förderung kritischen Denkens indirekt integriert wurde, handelt und jeweils zu den einzelnen Dokumenten etliche Veröffentlichungen der jeweiligen

Experten vorliegen, ließen sie sich gut in ihrer Bedeutung erschließen. Bei Verständnisproblemen z. B. in methodischen Fragen konnte die veröffentlichte Primärliteratur zur Klärung hinzugezogen werden. Die Dokumente wurden hermeneutisch dahingehend analysiert, indem ich Zusammenfassungen entlang der Analysefragen zu den einzelnen Kursen verfasste, die im theoretischen Teil für die Bausteine für ein Qualifizierungskonzept zur Befähigung für die Förderung kritischen Denkens (Kapitel IV – 1.3) genutzt wurden. Neben den zugesandten Dokumenten fanden sich auch einige Dokumentationen von durchgeführten Förderkonzepten, die ebenfalls in dem besagten Kapitel analysiert wurden.

4.2 Rahmenbedingungen der Entwicklung und Erprobung des Qualifizierungskonzeptes

Um die gewonnenen Expertenempfehlungen besser einordnen zu können, wird im Folgenden nun der Kontext der Ersterprobung des Qualifizierungskonzeptes innerhalb einer Weiterbildung im Bereich E-Learning näher dargestellt.

Der Prototyp des Qualifizierungskonzeptes zur Förderung kritischen Denkens sollte erstmalig in eine Blended-Learning-Weiterbildungsmaßnahme integriert werden, die in einem Forschungsprojekt für pädagogische Professionals im Einzelhandel konzipiert wurde. Schwerpunkt der Maßnahme war die Befähigung der Teilnehmergruppe der pädagogischen Professionals zur Förderung von flexiblem Lernen in der jeweiligen Praxis. Die berufliche Aus- und Weiterbildung im Einzelhandel vollzieht sich dabei an verschiedenen Lernorten, wie zum Beispiel den beruflichen Schulen, Unternehmen, überbetrieblichen Bildungsstätten, Weiterbildungsträgern. Die Konzeption und Umsetzung des Qualifizierungskonzeptes für pädagogische Professionals im Einzelhandel musste sich aufgrund der unterschiedlichen Ausgangsvoraussetzungen im Einzelhandel mehreren erschwerenden Bedingungen stellen. Zunächst ist hier die hohe Heterogenität der Personen zu nennen, d. h., in den erwähnten Lernorten des Einzelhandels wie Betrieb, Berufsschule, Hochschule oder in überbetrieblichen Einrichtungen sind Menschen tätig, die über ganz unterschiedliche Selbstkonzepte, formale Ausbildungen, Erfahrungen, sozialen Status, Theorien über Lehren und Lernen usw. verfügen. Weiterhin greifen in den verschiedenen Lernorten verschiedene Handlungsrationalitäten, die das Denken und Handeln der pädagogischen Professionals beeinflussen. Die öffentliche Verpflichtung von Lehrkräften bringt als Beispiel andere Zwänge und Handlungsspielräume im Hinblick auf das Lehren und Lernen mit sich als das betriebliche Ziel der langfristigen Gewinnerzielung, welches die pädagogischen Professionals durch ihre Berufsausübung verfolgen (Jahn, Trager & Wilbers, 2008a, S. 4).

Durch die angeschnittenen Ausgangsvoraussetzungen und die Anforderungen, die das flexible Lernen an pädagogische Professionals stellen, konnten folgende Ziele für das Qualifizierungskonzept abgeleitet werden:

IV. Konstruktion des Qualifizierungskonzeptes zur Befähigung für die Förderung kritischen Denkens

Abbildung 41: Ziele des Qualifizierungskonzeptes für die Förderung flexiblen Lernens

Im Qualifizierungskonzept wurden folgende Schwerpunkte gelegt: der Bereich Einsatz von E-Learning, Förderung der Selbstlernkompetenz der Lernenden und Reflexion des eigenen pädagogischen Denkens und Handelns mit dem Ziel einer entsprechenden Bewusstseinsbildung für die Förderung des flexiblen Lernens. Bezüglich des computergestützten Lernens sollten die Teilnehmer sowohl beim individuellen als auch beim kooperativen E-Learning verschiedene Formen und Methoden kennen- und selbst anwenden lernen. Hierbei waren beim kooperativen E-Learning Formen wie WebQuests, kooperatives Online-Mindmapping, virtuelles Klassenzimmer usw. angedacht, die die Teilnehmer des Qualifizierungskonzeptes kennen und aus der Sicht eines Anwenders erfahren lernen sollten. Für das individuelle E-Learning stand der Einsatz von Web-Based-Trainings (WBTs) im Mittelpunkt. Diese im Rahmen des Projektes entwickelten Lernarrangements zeichnen sich aus durch eine hohe Handlungs- und Problemlösungsorientierung. Sie wurden vertikal für etliche Bildungsstufen in den Themenfeldern Warenwirtschaft und Marketing entwickelt, angefangen von der Berufsgrundbildung bis hin zur Bachelorebene. Die pädagogischen Professionals waren im Rahmen einer Projektarbeit, die Pflichtbestandteil der Weiterbildung war, dazu aufgefordert, diese Lernmodule kreativ, eingebettet in ein zu entwerfendes, umfangreiches Lernszenario des flexiblen Lernens, an ihren jeweiligen Lernorten einzusetzen und zu erproben. Die einzusetzenden WBTs sollten dabei sinnvoll mit Formen des kooperativen E-Learnings didaktisch angereichert und verzahnt werden.

Fachliche Inhalte, die für die Qualifizierung der pädagogischen Professionals zu entwickeln waren, sollten auch in WBTs aufbereitet und in dem Blended-Learning-Konzept in Präsenzveranstaltungen vertieft werden. Für den Austausch der Teilnehmer und deren Betreuung stand die Lernplattform Ilias zur Verfügung.

Für den reflexiven Part des Qualifizierungskonzeptes im Hinblick auf die Auseinandersetzung mit dem eigenen Rollenverständnis wurde ein E-Portfolio eingesetzt, in welchem die Teilnehmer sich über eigene Arbeiten und Erfahrungen austauschen und reflektieren sollten.

Folgende Architektur des Qualifizierungskonzeptes für flexibles Lernens wurde zur Umsetzung der beschriebenen Ziele entwickelt:

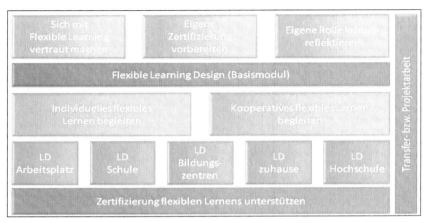

Abbildung 42: Architektur des Flexible-Learning-Qualifizierungskonzeptes (Jahn, Wilbers & Trager, 2008b)

In den ersten beiden Modulen („sich mit Flexible Learning vertraut machen" und „eigene Zertifizierung vorbereiten") sollten die Teilnehmer erst einmal auf die Qualifizierungsmaßnahme vorbereitet werden, indem ihnen ein Überblick über die Anforderungen des Kurses gegeben wird, die Lernenden mit dem umfangreichen Komplex E-Learning vertraut gemacht werden, in die Lernplattform Ilias und in das E-Portfolio-Werkzeug Mahara eingeführt werden usw. Nach dieser ersten Online- und der vertiefenden Präsenzphase wurde die Auseinandersetzung mit dem Rollenverständnis der pädagogischen Professionals angesetzt (Modul 3 – „eigene Rolle kritisch reflektieren") angesetzt. Die reflexive Auseinandersetzung sollte bereits so früh wie möglich geschehen, damit die Teilnehmenden im weiteren Verlauf Zeit erhalten, um ein passendes pädagogisches Profil für die Förderung des flexiblen Lernens auszuprägen, möglicherweise dabei hinderliche Präkonzepte abbauen und eine für flexibles Lernen benötigte Haltung entwickeln können.

Im vierten Modul (Basismodul „Flexible Learning") erhielten die Teilnehmenden einen umfassenden Überblick über die Förderung der Selbstlernkompetenz von Lernenden, zu einen direkt durch Förderung der Lernstrategien oder zum anderen indirekt durch eine entsprechende Ausgestaltung der Lernumgebungen. Pädagogische Professionals benötigen ein umfassendes Wissen darüber, wie man Lernumgebungen unter Einbindung von E-Learning so gestalten kann, dass daraus ein didaktischer Mehrwert entsteht im Sinne der Steigerung der Selbstlernkompetenz ihrer Lernenden. In dem Modul beschäftigte sich das Bildungspersonal deshalb intensiv mit der indirekten und direkten Förderung der Selbstlernkompetenz der Lerner im Bereich Flexible Learning – durch entsprechende Lernumgebungen und Förderansätze, beispielsweise durch die Vermittlung von Lernstrategien oder durch Empfehlungen zu der Förderung und Begleitung selbstgesteuerten Lernens. Als Ziel des Moduls war es angedacht, dass die pädagogischen Professionals in die Lage versetzt werden, – unter Berücksichtigung der Theorie – zum einen ein stimmiges und für die jeweilige Zielgruppe nachhaltiges Förderkonzept zur direkten Förderung von Selbstlernkompetenz zu entwickeln; zum anderen sollten die Teilnehmer zur indirekten Förderung von Selbstlernkompetenz durch die Erstellung von Lernumgebungen für flexibles Lernen befähigt werden, insbesondere hierbei für den Einsatz der Flexible-Learning-E-Learning-Module in Kombination mit offenen Aufgaben.

Die pädagogischen Professionals beschäftigten sich in Modul 5 mit Möglichkeiten zur Förderung des individuellen flexiblen Lernens („individuelles flexibles Lernen begleiten"). Voraussetzung dafür ist das Vorhandensein einer tragfähigen Beratungsbeziehung. Deshalb sollten die Teilnehmer hier verschiedene Einflussvariablen kennenlernen und sich – bezogen auf ihren jeweiligen Lernort – reflexiv damit auseinander setzen. Ein weiterer wichtiger Schwerpunkt des Moduls war sowohl die intensive Auseinandersetzung mit inneren Antreibern und Lernwiderständen als auch mit verschiedenen Formen und Tätigkeiten des Online-Tutoring.

In dem Modul „kooperatives flexibles Lernen begleiten" (Modul 6) stand die Gestaltung und Begleitung von kooperativem flexiblem Lernen im Fokus der Aufmerksamkeit. Pädagogische Professionals sollten die Wichtigkeit und die Vorteile des kooperativen flexiblen Lernens kennen- und verstehen lernen, einen Überblick über verschiedene Formen und Methoden des kooperativen Lernens erhalten und einige davon auch vertieft durch Anwendung erkunden, wie z. B. die Konstruktion von WebQuests oder auch den Einsatz von virtuellen Klassenzimmern. Ziel des Moduls war es, ein reflektiertes Bewusstsein bezüglich der Möglichkeiten und Bedingungen für kooperatives flexibles Lernen auszuprägen. Neben dem fachlichen Wissen sollten die pädagogischen Professionals insbesondere in die Lage versetzt werden, einzelne Methoden selbst in ihrer Berufspraxis anzuwenden und die Lerner dabei unterstützend zu begleiten.

Die Module 7 (Lerndesign („LD")) wurden speziell für die Gegebenheiten des jeweiligen Lernortes und die dort vorherrschenden Routinen entwickelt. Die Teilnehmer sollten das für sie geeignete Modul auswählen. Nur das Modul „Zu Hause" sollte von allen Teilnehmern bearbeitet werden, da es spezielles Wissen darüber vermittelt, wie Lernende, die auf eigene Initiative hin sich weiterbilden und qualifizieren möchten und keinem formalen Bildungsverhältnis angehören, dennoch in ihren Bemühungen beraten und betreut werden können. In den anderen Modulen der Kategorie 7 wurden vor allem Potenziale und Hemmnisse im Hinblick auf das Lernen und Lehren im jeweiligen Lernort herausgestellt und diskutiert.

Das abschließende Modul 8 („Zertifizierung flexiblen Lernens unterstützen") zielte darauf ab, die Teilnehmer darauf vorzubereiten, ihre Lernenden bei dem Erwerb von Bildungszertifikaten durch die im Projekt konzipierten E-Learning-Module zu unterstützen und die Zertifizierung umzusetzen.

Während der gesamten Weiterbildung sollten die pädagogischen Professionals damit beauftragt werden, die Projektarbeit parallel zu der Qualifizierung zu erstellen, um so eine Brücke zwischen zu vermittelnder Theorie und der konkreten Anwendung in der Praxis schlagen zu können. Anschließend sollten die pädagogischen Professionals ihre Förderkonzepte aus der Projektarbeit in ihrer Praxis erproben.

Insgesamt wurden für die Durchführung des Qualifizierungskonzeptes 12 Wochen veranschlagt, wobei die Module in vier Onlinephasen und Präsenzphasen aufgeteilt wurden. Phase eins umfasste die Module eins und zwei und eine eintägige Präsenzveranstaltung, in der der Umgang mit den Anwendungen Ilias und Mahara als Schwerpunkt gesetzt wurde. In der zweiten, zweiwöchigen Onlinephase war die Bearbeitung der Module 3 & 4 angedacht. Im Anschluss sollte eine zweitägige Präsenzveranstaltung folgen, in der vor allem die konzeptionelle, direkte Förderung von Lernstrategien und auch die Erarbeitung eines Rollenbildes für flexibles Lernen Schwerpunkt sein sollte. In der dritten, dreiwöchigen Onlinephase war die Bearbeitung der Module 5, 6 und 7 mit Anschluss eines zweitägigen Präsenztreffens angedacht. Hier sollten vor allem didaktische und technische Aspekte bei der individuellen und kooperativen Förderung des flexiblen Lernens im Mittelpunkt stehen, wie beispielsweise die Konstruktion von WebQuests mit WebQuestgeneratoren, die Durchführung von Gruppenpuzzles oder der Einsatz virtueller Klassenzimmer. Die letzte Onlinephase (Modul 7) schloss mit einem letzten, eintägig geplanten Präsenztreffen, bei dem die Teilnehmer ihre Projektarbeiten vorstellen und diskutieren sollten.

Die Erprobung des Qualifizierungskonzeptes fand im Zeitraum von Anfang September bis Anfang November 2009 statt. In Gesprächen mit den anderen Autoren der Qualifizierungsmaßnahme wurde die Integration der Denkschulung ausgehandelt. Teilweise brachte ich zu der Frage, an welcher Stelle die Qualifizierung im kritischen Denken didaktisch sinnvoll wäre, auch Argumente aus den Interviews ein. Außerdem wurde ersichtlich, dass die Weiterbildung sogar teilweise im Einklang mit den in meinem Projekt angestrebten Zielen stehen würde, beispielsweise bei der Auseinandersetzung mit dem Rollenverständnis der pädagogischen Professionals oder beim Ziel des reflexiven Medieneinsatzes. Dennoch war die Qualifizierung im kritischen Denken nur ein untergeordnetes Nebenziel, welches den anderen, oben aufgeführten Zielen klar den Vorrang geben musste. Deshalb konnte der Denkschulung nur ein gewisser, kleiner Anteil innerhalb der Module und der Präsenzveranstaltungen eingeräumt werden. Vorgesehen dafür wurden Modul 3 (Rollenverständnis), Modul 4 (Flexible Learning Basismodul) und Modul 5 (kooperatives, flexibles Lernen). In Modul 3, so war die Überlegung und Argumentation, könne kritisches Denken dabei helfen, Präkonzepte der pädagogischen Professionals durch geeignete Anwendung von Methoden des kritischen Denkens als Professional zu identifizieren und zu analysieren. Die Anregung des Prozesses kritischen Denkens schien zur Bewusstmachung des benötigten Rollenprofils geeignet. Kritisches Denken sollte so von den Teilnehmern aktiv angewandt werden. In Modul 4 („FL-Basismodul") sollte kritisches Denken als zu fördernde Lernstrategie präsentiert werden, die vor allem für das Tiefenlernen wichtig sei. Dies ist dem Lernziel der Ausprägung des benötigten konzeptuellen Verständnisses für kritisches Denken zuzuschreiben. Da kritisches Denken soziale Interaktion benötigt und zur Unterstützung sich dabei vor allem Formen des kooperativen Lernens eignen, sollte im Modul „kooperatives flexibles Lernen begleiten" die Förderung von kritischem Denken vermittelt werden. Neben der Integration der Denkschulung in die Module konnten auch kleine Einheiten der jeweiligen Präsenzveranstaltungen für die Qualifizierung im kritischen Denken genutzt werden. Außerdem durfte ein kleiner Teil der Arbeitsaufträge in der Projektarbeit auch auf das Fördervorhaben abgestimmt werden. Des Weiteren standen für die Förderung kritischer Diskussionen auch das Online-Forum auf der Lernplattform Ilias und die E-Portfolio-Anwendung Mahara als weitere Kanäle bereit.

5. Darstellung der Umsetzung des Qualifizierungskonzeptes

5.1 Anforderungen an eine Qualifizierung zur Förderung kritischen Denkens

Die Entwicklung und Implementierung eines Designs ist zweckrationaler Natur. Es wird eine ganz bestimmte, intendierte Funktion mit der Realisierung des Designs anhand einer Form bezweckt, die ein ganz bestimmtes Ergebnis, wie z. B. ein bestimmtes Verhalten der Nutzer, veranlassen soll. Steht das tatsächlich erzielte Ergebnis bei der Erprobung im Einklang mit der intendierten Funktion, so hat das Design seine Aufgabe erfüllt. Jedoch ist dies meist erst durch mehrere Annäherungen an die angestrebte Funktion durch Erprobungen und Modifikation des Designs möglich (Middleton et al., 2006, S. 2). Welche Funktion sollte aber nun ein Qualifizierungskonzept zur Förderung von kritischem Denken für pädagogische Professionals generell haben? Eine erste Antwort wurde durch die Analyse der „Bausteine" bestehender Qualifizierungskonzepte gefunden (siehe Kapitel IV – 1.3). Hier zeigte sich, dass in allen der untersuchten Kurse, trotz verschiedener definitorischer Verständnisse von kritischem Denken und damit einhergehenden Schwerpunkten, dennoch identische Lernziele vorlagen. Jene sind als Erfolgskriterien oder Anforderungen an Schulungsmaßnahmen zu verstehen, um pädagogische Professionals auf die Förderung von kritischem Denken vorzubereiten. Es wurde gezeigt, dass in allen der untersuchten Kurse über verschiedene didaktische Wege

- für die Wichtigkeit kritischen Denkens geworben wurde,
- kritisches Denken definitorisch und konzeptionell vermittelt bzw. erarbeitet wurde,
- ein Methodenspektrum zur Denkschulung vermittelt bzw. erarbeitet wurde,
- kritisches Denken z. B. durch Selbsterfahrung von Methoden eingeübt wurde,
- Wert darauf gelegt wurde, dass die Teilnehmer sich selbst Gedanken über die Förderung kritischen Denkens in ihrem jeweiligen Kontext machen.

Die Experten legten in den Interviews ähnliche Empfehlungen nahe, die bei der Qualifizierung von pädagogischen Professionals berücksichtigt werden sollten. Folgende drei miteinander in Verbindung stehende Anforderungsebenen ließen sich identifizieren und werden im Folgenden näher beschrieben:

Abbildung 43: Anforderungen an Qualifizierung pädagogischer Professionals

5.1.1 Konzeptuelles Verständnis für kritisches Denken ausprägen

Für die Förderung kritischen Denkens ist es notwendig, dass die pädagogischen Professionals selbst ein konzeptuelles Verständnis für kritisches Denken ausprägen. Aus dem Verständnis soll auch die für die Förderung benötigte Haltung und Motivation erwachsen. Um dieses abgestrebte Bewusstsein zu erlangen, sollten die pädagogischen Professionals ein genaues definitorisches Verständnis ausprägen, was kritisches Denken ist, erkennen, warum es so wichtig ist, und begreifen, was es im eigenen beruflichen Anwendungskontext bedeutet (Interview #5, 2008; #6, 2008; #7 2008, #8, 2008). Dafür benötigen die pädagogischen Professionals beispielsweise eine inhaltliche Einführung in kritisches Denken, in der zur Sensibilisierung für die Bedeutung von kritischem Denken Fälle irrationalen Denkens und dessen negative gesellschaftliche Auswirkungen eindringlich dargestellt werden (Interview #6, 2008). Interviewpartner #5 und #8 sprachen sich des Weiteren dafür aus, dass die Teilnehmer solcher Kurse selbst für ihren Kontext eine Definition von kritischem Denken entwickeln und darauf anwenden (Interview #5, 2008; #8, 2008). Dieser Schluss rührt von der Annahme her, dass kritisches Denken keine allgemeine Kompetenz ist, die sich in beliebigen Kontexten anwenden lässt, sondern sich nur kontextgebunden zeigt.

5.1.2 Kritisches Denken anwenden und den Prozess selbst erfahren

Die Experten betonten, dass pädagogische Professionals selbst dazu befähigt werden müssen, kritisch zu denken. Es wurde in den Interviews betont, dass nicht davon ausgegangen werden kann, dass die pädagogischen Professionals jeweils über die benötigten Fertigkeiten und Dispositionen verfügen. Deshalb schlagen die Experten vor, dass die Teilnehmer selbst kritische Denkprozesse in Selbsterfahrungen durchlaufen und gezielt im kritischen Denken, sowohl auf der Ebene der Fertigkeiten als auch auf der Ebene der Dispositionen, gefördert werden sollten. Experte #6 brachte dies wie folgt zum Ausdruck: *„Nur im Zusammenhang mit dem Inhaltlichen ergeben sich die nötigen Einstellungsänderungen, weil man eben handelt, bei so einer Sache. Man handelt problemlösend. Und handelt kritisch. Wenn man nur in, in abstrakten Begriffen redet, das nützt überhaupt nichts"* (Interview #6, 2008).

Sowohl Interviewpartner #4 als auch #6 sprach sich aus mehreren Gründen dafür aus, dass die pädagogischen Professionals die gleichen Erfahrungen im kritischen Denken wie ihre Lernenden machen sollten: *„Und man müsste dann eben vorgehen mit den Betreuern genauso wie man mit den Schülern umgehen möchte, wenn man ihnen Kritisches Denken beibringen möchte "*(Interview #6, 2008).

Durch diesen Ansatz, so die Annahme, lernen die pädagogischen Professionals zum einen die Methoden auch aus der Perspektive der Schüler kennen. Dabei entwickeln sie ein Gespür für die Reichweiten und Grenzen der jeweiligen Methoden. Zum anderen werden sie selbst zum kritischen Denken angeregt. Durchlaufen die pädagogischen Professionals einen Prozess kritischen Denkens über kritisches Denken selbst, so besteht die Chance, dass sie ein Bewusstsein für die Relevanz, für die Reichweiten und Grenzen und für die Art-und Weise der Anwendung dieses Denkstils ausprägen können. Die Fertigkeiten und Dispositionen kritischen Denkens könnten auf diese Weise gefördert werden. Die Selbsterfahrung kritischen Denkens steht also im Einklang mit den anderen aufgeworfenen Lernzielen innerhalb der Qualifizierung.

5.1.3 Kritisches Denken fördern können

Pädagogische Professionals benötigen ein breites methodisch-didaktisches Repertoire, um kritisches Denken gezielt fördern zu können. Die Elaboration eines konzeptuellen Verständnisses kritischen Denkens allein reicht für die Denkschulung von Lernenden nicht aus. Deshalb sollte ein gut bestückter Methodenkoffer an die Hand gegeben werden, der natürlich in Abhängigkeit von der Tradition des befragten Experten mit verschiedenen Werkzeugen ausgerüstet werden müsste. Die Experten nannten eine Vielzahl an Methoden, die sich zum Großteil im dargelegten Rahmenmodell wiederfinden. Jene Methoden sollten zum Großteil von den pädagogischen Professionals – wie bereits dargelegt– auch selbst aus der Sicht eines Lernenden angewandt werden. Die Förderung kritischen Denkens geht einher mit der Beurteilung des Lernerfolges bei der Fördermaßnahme. Deshalb spielt die Fähigkeit, kritische Denkaktivitäten beobachten und beurteilen zu können, im Zusammenhang mit Fördermaßnahmen auch eine wichtige Rolle, auf die die pädagogischen Professionals vorbereitet werden sollen. Dieser Aspekt wurde jedoch nur von Interviewpartner #4, sowohl in seinen eigenen Kursen als auch im Interview betont (Interview #4, 2008).

5.2 Kontextsensitive Gestaltungsempfehlungen

Durch die Experteninterviews konnten sehr konkrete, kontextsensitive und konstruktive Vorschläge zur konzeptionellen Ausgestaltung einzelner Qualifizierungselemente in Erfahrung gebracht werden. In der folgenden Abbildung werden diese Ideen der Experten vorgestellt und mit der jeweiligen Anforderung der Qualifizierung und dem damit konkret angestrebten Zweck verortet. Es sei darauf hingewiesen, dass die geäußerten Ratschläge im Einklang mit den bereits dargelegten Förderprinzipien kritischen Denkens stehen. Betont sollte an dieser Stelle noch einmal werden, dass den Experten als Hintergrund die Erstimplementierung des didaktischen Designs in einer Weiterbildungsmaßnahme im Einzelhandel vorlag. In einem Blended-Learning-Qualifizierungskonzept sollten pädagogische Professionals aus verschiedenen Lernorten des Einzelhandels für die Förderung des flexiblen Lernens (Konzept des selbstgesteuerten Lernens mit besonderem Fokus auf individuellem und kooperativem E-Learning) qualifiziert werden. Die Qualifizierung zur Förderung kritischen Denkens wurde hier angedockt und integriert.

Anforderung zur Förderung im kritischen Denken	Zielsetzung	Gestaltungsempfehlung
Konzeptuelles Verständnis für kritisches Denken ausprägen	– Motivation und Sensibilisierung für die gesellschaftliche Bedeutung kritischen Denkens – Bewusstmachung der theoretischen Grundlagen des kritischen Denkens – Findung eines eigenen Verständnisses für die Förderung kritischen Denkens für die jeweilige fachliche Tätigkeit des pädagogischen Professionals	– Aufzeigen von wirtschaftlichen und gesellschaftlichen Problemen, in denen kritisches Denken einen Beitrag leisten kann, bzw. Verdeutlichung der wirtschaftlichen und gesellschaftlichen Folgen unkritischen Denkens im Wirtschaftsbereich, z. B. anhand des Themas Globalisierung oder Marktwirtschaft (Interview #1; #6). – Aufzeigen des Nutzens der Förderung kritischen Denkens an den verschiedenen Lernorten im Einzelhandel: Ökonomischer Nutzen kritisch denkender Azubis im Betrieb (bessere Arbeitsabläufe, weniger Unfälle, bessere Kundengespräche usw.), mündige Schüler usw. (Interview #2; #6) – Vermittlung von Inhalten, wie Konzept der Annahmen, Kriterien für kritisches Denken etc., anhand von Beispielen ganz konkreter Erfahrung der pädagogischen Professionals (Interview #4) – Vermittlung von Konzepten wie Ideologiekritik anhand von bekannten Wirtschaftsbeispielen, wie z. B. Textilherstellung in China (Interview #7) – Gebrauch einer eher einfachen Sprache (Interview #4) – Pädagogische Professionals sollten ein Konzept und einen Förderansatz kritischen Denkens für ihre Praxis im Einzelhandel jeweils pro Lernort und passend zu den fachlichen Inhalten entwickeln (Interview #5). Darauf aufbauend sollte ein gemeinsames Verständnis von kritischem Denken im fachlichen Kontext des Einzelhandels von den pädagogischen Professionals erarbeitet werden (Interview #5).

Kritisches Denken anwenden und selbst erfahren	– Anwendung kritischen Denkens im eigenen Lebenskontext bzw. Berufskontext mit dem Ziel der professionellen Weiterentwicklung der pädagogischen Professionals – Beurteilung des Lernerfolges im kritischen Denken – Ermöglichung von Selbsterfahrung – Anwendung jener Methoden kritischen Denkens, die die pädagogischen Professionals zur Förderung an die Hand bekommen – Kritisches Denken durch schriftliche Arbeiten fördern – Ermöglichung von Ambiguitätserfahrung durch kontroverse Themen aus dem Wirtschaftsbereich	– Sämtliche kritische Denkaktivitäten sollten auf das Handeln und Denken in der (beruflichen) Praxis bezogen werden (Interview #4), z. B. normative Reflexion mehrerer Unterrichtsentwürfe zu einem Thema aus dem Einzelhandel (z. B. Ladenöffnung, Einkaufszentren usw.), die jeweils an verschiedenen, sich widersprechenden Lerntheorien ausgerichtet werden (Interview #7). – Kritische Denkaktivitäten der pädagogischen Professionals sollten beurteilt werden. Nur wer über einen längeren Zeitpunkt hinweg seinen Prozess kritischen Denkens ausweist, sollte die Qualifizierung für kritisches Denken anerkannt bekommen. – Durch Selbsterfahrung wenden die pädagogischen Professionals die Methoden zur Förderung kritischen Denkens selbst an (Interview #1; 6) – Neben E-Learning sollten die pädagogischen Professionals vor allem durch schriftliche Arbeiten und Diskussionen in den Präsenzveranstaltungen kritisches Denken einüben (Interview #5; 6). Pädagogische Professionals sollten Themen selbst wählen können (Interview #8). Einsatz von Ambiguität zur Anregung von kritischem Denken in der für die Zielgruppe richtigen Dosierung (Interview #7) – Kritische Reflexion schrittweise herbeiführen und steigern (Interview #7)
Kritisches Denken fördern können	– Vermittlung eines breiten Spektrums an Methoden zur Förderung kritischen Denkens	– Pädagogischen Professionals sollte ein reichhaltiges Methodenrepertoire zur Förderung kritischen Denkens aufgezeigt werden (alle Interviewpartner). Methoden sollen immer auch die Reflexion von Normen im Sinne von Ideologiekritik beinhalten (Interview #7). Die Methoden sollten anhand von ökonomischen Beispielen des Einzelhandels vermittelt werden. Die Teilnehmer sollten selbst Unterrichtsentwürfe zur Förderung von kritischem Denken erstellen (Interview #7).

Tabelle 18: Gestaltungsempfehlungen für das Qualifizierungskonzept

Neben diesen Gestaltungsempfehlungen verdeutlichten jene Experten, die viel mit E-Learning arbeiten, noch einige Möglichkeiten zur Förderung kritischen Denkens mit geeigneten Formen des E-Learning, die in der Erstimplementierung des Qualifizierungskonzeptes auch eingesetzt werden sollen und als Ausgangsbedingungen zur Verfügung standen. So betonte Interviewpartner #4 die Vorzüge eines E-Portfolios zur Beurteilung und Bewusstmachung des Lernerfolges im kritischen Denken und plädierte für den Einsatz der Nutzung von Peer-Feedback zu Reflexionsaufträgen. Diese Aussage deckt sich mit den bereits vorgestellten Ergebnissen aus Studien. Obwohl in den Interviews einige methodische Empfehlungen zur Förderung kritischen Denkens mit E-Learning gegeben wurden, zeigten sich die Experten jedoch eher skeptisch gegenüber einem reinen E-Learning-Föderansatz. E-Learning wurde, wenn überhaupt, als methodische Ergänzung betrachtet, die das für kritisches Denken so wichtige menschliche Miteinander nicht ersetzen kann. Interviewpartner #8, der mit E-Learning an seiner Fakultät bereits mehrere Erfahrungen gemacht hat, brachte diesen argumentativ schwer erklärbaren Zusammenhang wie folgt zum Ausdruck: *"I have bias, I think there is certain limitations to computerized or E-learning. I think something takes place when two human beings are next to each other that you can't quite measure, but I think it's very important in terms of the effective development of the learner in terms of their own ego-strength and growth"* (Interview #8, 2008).

Auch die Experten #5 und #6 stellten die Wirksamkeit von E-Learning zur Förderung von kritischem Denken stark infrage und betrachteten den Einsatz von E-Learning als rein ergänzende Maßnahme zu Phasen der sozialen Interaktion und individueller Reflexion (Interview #5, 2008; Interview #6, 2008). Allerdings scheint es mir, dass jene Experten ein überholtes Bild von E-Learning verinnerlicht haben, nämlich das des rein instruktionalen Lernens mit Computer-Based-Trainings. Neue, kooperative Möglichkeiten, die E-Learning zur Denkschulung beispielsweise im Bereich der sozialen Netzwerke ergänzend bieten kann, wurden von den Experten nicht rezipiert. Interviewpartner #4, der bereits selbst im Bereich der computerunterstützten Förderung kritischen Denkens geforscht und gearbeitet hatte, brachte einige methodische Empfehlungen beim Einsatz von E-Portfolios, Lernplattformen und WBTs ein, betonte jedoch auch die enorme Wichtigkeit des gemeinsamem sozialen Lernens (Interview #4, 2008).

Aufgrund der sehr heterogenen Zielgruppe der pädagogischen Professionals und deren Handlungsrationalitäten[64] in ihrem jeweiligen Arbeitsumfeld zeigten sich auch einige der befragten Experten skeptisch, inwieweit die Förderung kritischen Denkens überhaupt angenommen werde und zielführend sei. Einer der Experten stufte gerade für den betrieblichen Kontext die Denkschulung bei Ausbildern, Personalern usw. als problematisch ein: *"Es ist leichter kritisches Denken von einem Beamten zu verlangen, nach meiner Meinung, weil was kann dem schon passieren. Wenn ich mich beim Chef mal unbeliebt mache, steht vielleicht auch gleich der Arbeitsplatz auf dem Spiel, was hier eigentlich weniger der Fall ist. Kritik und Widerspruch wird draußen in der Wirtschaft halt häufig nicht als fruchtbares Element gesehen, mit dem man sich auseinandersetzen kann und soll, sondern häufig halt als persönlicher Angriff, von verschiedenen mächtigen Personen in dieser Einrichtung. Und dann haben die einzelnen sofort mit Konsequenzen zu rechnen, die die Existenz bedrohen"* (Interview #10, 2008).

---

64 Handlungsrationalitäten bezeichnen die Erfolgsmaßstäbe, denen pädagogische Professionals an verschiedenen Lernorten ausgesetzt sind, wie z. B. Gewinnmaximierung in Unternehmen oder die Erfüllung einer öffentlichen Verpflichtung in Schulen (Wilbers et al., 2008, S. 4).

Einige der Experten rieten aufgrund der bestehenden Handlungsrationalitäten, denen sich die pädagogischen Professionals aus dem Betrieb beugen müssen, deshalb dazu, die Denkschulung so zu gestalten, dass sie als nützlich und gewinnbringend im Rahmen der vorherrschenden Ordnung empfunden wird. Deshalb sollte beispielsweise die Sensibilisierung und Motivation für kritisches Denken an ganz konkreten Beispielen aus dem betrieblichen Kontext ausgerichtet werden (Interview #1; 4) und eine normative Reflexionskultur langsam und inkrementell etabliert werden (#7). Expertin #5 fügte außerdem hinzu, dass jene pädagogischen Professionals, die keinen Hochschulabschluss aufweisen, nicht über die Ausgangsvoraussetzungen verfügen, um kritisches Denken fördern zu können. Es mangele ihnen selbst an den Fähigkeiten kritischen Denkens. Deshalb könne die Förderung im kritischen Denken in diesem Kontext nur in sehr limitierter Form stattfinden (Interview #5, 2008). Auch Interviewpartner #1 konnte sich aufgrund seiner eigenen Erfahrung nicht vorstellen, dass Personen ohne Hochschulabschluss, wie z. B. Ausbilder, in einer kurzen Weiterbildungsmaßnahme zur Förderung kritischen Denkens qualifiziert werden können. Begründet sieht er diese Annahme darin, dass ein enormes Maß an fachlicher, sprachlicher und pädagogischer Kompetenz im Hinblick auf die Förderung kritischen Denkens benötigt wird und diese erst nach sehr langer Auseinandersetzung mit kritischem Denken entwickelt werden kann (Interview #1, 2008).

Experte #11 vertritt eine ähnliche Auffassung. Seiner Meinung nach sollte sich das Qualifizierungskonzept nur auf ganz bestimmte Aspekte des kritischen Denkens beziehen, die es zu vermitteln gilt. Er nennt hier beispielsweise Fragetechniken zu Kriterien der Logik. Außerdem mache die Qualifizierung zur Förderung kritischen Denkens nur Sinn, wenn es Nachfolgetreffen nach der eigentlichen Weiterbildung gebe, in denen sich die Teilnehmer gemeinsam mit den Dozenten über ihre Förderpraxis austauschen und sich gegenseitig bei ihren Vorhaben unterstützen würden (Interview #11, 2008).

5.3 Das Qualifizierungskonzept im Überblick

Die Erstellung und Implementierung der einzelnen Elemente der Qualifizierung im kritischen Denken erfolgte unter Beachtung des theoretischen Rahmens und der aufgestellten Anforderungen an solch eine Qualifikation. Außerdem wurden die konkreten Gestaltungsempfehlungen der Experten zu dem Implementierungskontext weitestgehend berücksichtigt, insofern dies unter den gegebenen Bedingungen umsetzbar und didaktisch stringent schien. Idealerweise sollten so auch alle Phasen des kritischen Denkens innerhalb der Maßnahme durchlaufen werden, um so zu wohlbegründeten Urteilen über kritisches Denken, das eigene Rollenbild als pädagogischer Professional oder den Einsatz von E-Learning zu gelangen. Diese Urteile sollten sich natürlich auch in konkreten Handlungsplänen für die jeweilige Praxis äußern.

Die folgende Tabelle gibt einen Überblick über einzelne, vor der Erprobung konzipierte Elemente des Qualifizierungskonzeptes und ordnet diesen die jeweiligen Ziele, die jeweiligen Förderprinzipien und deren Umsetzung sowie die jeweilige Phase kritischen Denkens zu. Die gewählte Reihenfolge ist chronologisch zu dem Ablauf der Qualifizierung angelegt. Im Anhang C werden die einzelnen

Elemente des Qualifizierungskonzeptes detailliert beschrieben und zwar in der Reihenfolge, wie sie auch in der Praxis erprobt wurden. Die rechte Spalte der Tabelle gibt Aufschluss zur Verortung der Beschreibung der Qualifizierungselemente im Anhang. Die bereits genannten additiven Elemente zur Unterstützung der Umsetzung finden sich in Anhang C9. beschrieben.

Elemente des Qualifizierungskonzeptes	Beschreibung der Zielsetzung	Didaktische Richtlinien und Umsetzung	Mögliche Phasen kritischen Denkens	Verortung im Anhang C
1. E-Learning-Modul „Eigene Rolle kritisch reflektieren" mit anschließendem Reflexionsauftrag und Gruppendiskussion (online und in Präsenzveranstaltung)	– Kritisches Denken anwenden: Annahmen durch Reflexion und Selbstreflexion entdecken und bewerten. Die pädagogischen Professionals analysieren Videostatements von drei Lehrpersönlichkeiten mit zugespitzten Auffassungen vom Lernen und Lehren. Außerdem untersuchen sie deren drei verschiedene Unterrichtsentwürfe zum Thema „Just in Time". Sie vergleichen des Weiteren die vorgestellten Konzepte mit ihren eigenen Annahmen zu Lehren und Lernen und jenen der anderen Teilnehmer im Kurs und tauschen sich darüber aus.	– Einsatz von Ambiguität durch zugespitzte, stark voneinander divergierende Rollenbilder und Unterrichtsentwürfe, die an die berufliche Lebenspraxis der pädagogischen Professionals und als Schüler gemachte Erfahrungen anknüpfen.. – Multiperspektivische Reflexion der verschiedenen Sichtweisen auf das Lehren und Lernen durch schriftliche Reflexion anhand von Leitfragen und der Identifikation und Bewertung von Annahmen – Soziale Interaktion und multiperspektivische Reflexion: Austausch zu den verschiedenen Auffassungen zum Lehren und Lernen durch Feedback im E-Portfolio, in der Präsenzveranstaltung und durch Diskussionen im Online-Forum – Anregung von Selbstreflexion zu eigenem Denken und Handeln als pädagogischer Professional anhand von Leitfragen	– Initialphase – Urteilsbildung – Entwicklung von Alternativen	C1.

2. E-Portfolio-Reflexionsauftrag „heimlicher Lehrplan"	– Kritisches Denken anwenden: Reflexion und soziale Interaktion zu einem einseitigen, aber vorgeblich „wissenschaftlichen" Text über subdidaktische Kräfte, die unbewusst die Gesellschaft formen und reproduzieren. Die pädagogischen Professionals werden dabei als Werkzeuge des kapitalistischen Systems enttarnt. – Konzeptuelles Verständnis für kritisches Denken ausprägen: Rolle von offenen und verdeckten Formen von Macht wird am Beispiel des heimlichen Lehrplanes veranschaulicht.	– Ermöglichung von Ambiguitätserfahrung: Die Darstellung der Rolle des pädagogischen Professionals kollidiert mit dem eigenen, wahrgenommenen Rollenbild der Teilnehmer. – Induktion negativer Emotionen – Multiperspektivische Reflexion anhand von Leitfragen und Feedback im E-Portfolio. Besonders ideologiekritisches Denken soll dadurch stimuliert werden.	– Initialphase – Urteilsbildung	C2.
3. E-Learning- Modul "Flexible Learning Basismodul": eine Einführung in kritisches Denken als Elaborationsstrategie	– Konzeptuelles Verständnis für kritisches Denken ausprägen: Sensibilisierung für die Wichtigkeit kritischen Denkens anhand mehrerer, praxisrelevanter Beispiele (unkritischer Umgang von Jugendlichen mit Internet usw.) Bewusstseinsbildung durch Heranführung an das Konzept kritischen Denkens. Nutzung von Praxisbeispielen aus dem Einzelhandel (ideologiekritische Dimension anhand des Beispiels Werbung usw.)	– Ermöglichung von Ambiguitätserfahrung durch Konflikt: Die Teilnehmer wenden die analytischen Kriterien für kritisches Denken an einer Rede von Adolf Hitler an und erkennen dabei, dass kritisches Denken auch eine normative und konstruktive Dimension benötigt.	– Initialphase – Urteilsbildung	C3.

4. E-Portfolio-Reflexionsauftrag: „Bewertung der Reflexion zu Rollenbildern anhand der Kriterien kritischen Denkens"	– Kritisches Denken anwenden und konzeptuelles Verständnis ausprägen: Beurteilung des Reflexionsauftrags aus Modul „Eigene Rolle kritisch reflektieren" anhand der Kriterien für kritisches Denken	– Anregung von Selbstreflexion: Die pädagogischen Professionals wenden die Kriterien kritischen Denkens an eigenem Text an. Dadurch soll Metakognition über den eigenen Denkstil angeregt werden.	– Initialphase – Urteilsbildung	C3.
5. Lehrgespräch und Gruppendiskussion „Kritisches Denken mit E-Learning fördern"	– Konzeptuelles Verständnis für kritisches Denken ausprägen: Sensibilisierung für die gesellschaftliche Wichtigkeit kritischen Denkens im Einzelhandel. – Kritisches Denken fördern können: Vermittlung von allgemeinen Möglichkeiten zur Förderung kritischen Denkens anhand von E-Learning. Präsentation einiger Praxisbeispiele aus dem Einzelhandel	– Induktion negativer und positiver Emotionen wie Betroffenheit und Entschlossenheit durch Verdeutlichung der Funktion des Einzelhandels und damit verbundenen Problemen wie auch Chancen anhand einer digitalen Bildercollage – Anregung einer kritischen und konstruktiven Diskussion	– Initialphase – Urteilsbildung – Entwicklung von Alternativen	C4.
6. Gruppenarbeit: Erarbeitung eines gemeinsamen Verständnisses zur Förderung kritischen Denkens	– Konzeptuelles Verständnis für kritisches Denken ausprägen, kritisches Denken fördern und beurteilen können: Erarbeitung eines Förderverständnisses kritischen Denkens in den jeweiligen Lernorten des Einzelhandels: In Kleingruppen erarbeiten die Teilnehmer ein Förderkonzept und stellen es grafisch dar. Dabei wird auch dargestellt, was kritisches Denken an dem jeweiligen Lernort bedeutet.	– Multiperspektivische Reflexion und soziale Interaktion: Durch den gemeinsamen Austausch in Präsenz und online erkennen die pädagogischen Professionals, dass kritisches Denken kontextgebunden ist und auf verschiedenen Wegen gefördert werden kann.	– Entwicklung von Alternativen	C4.

7. E-Learning Modul „Kooperatives, flexibles Lernen begleiten": „Kritisches Denken in Gruppen anleiten"	– Kritisches Denken fördern können und konzeptuelles Verständnis kritischen Denkens ausprägen: Die pädagogischen Professionals lernen im Rahmen des kooperativen Lernens die Förderprinzipien kritischen Denkens und die damit verbundenen Methoden kennen. Außerdem wird der Prozess kritischen Denkens erstmalig vorgestellt und die Förderansätze werden den jeweiligen Phasen zugeordnet.	– Anregung von kritischer Selbstreflexion bzw. Metakognition durch leitende Fragen	– Initialphase – Urteilsbildung	C5.
8. E-Portfolio-Reflexionsauftrag: „Reflexion zu einem kritischen Ereignis aus Ihrem beruflichen Alltag"	– Kritisches Denken anwenden: Einsatz der Methode „Critical Practice Audit". Die pädagogischen Professionals analysieren ein kritisches Ereignis aus ihrer eigenen beruflichen Praxis anhand von Leitfragen. Sie sind auch aufgefordert, konstruktive Ansätze zur Überprüfung nicht geprüfter Annahmen zu entwickeln und das Ereignis multiperspektivisch zu interpretieren.	– Anregung von kritischer Selbstreflexion durch leitende Fragen – Multiperspektivische Reflexion und soziale Interaktion durch Feedback in Portfolio	– Urteilsbildung – Entwicklung von Alternativen	C6.
9. Lehrvortrag: „Diskussionen anleiten und begleiten im kooperativen flexiblen Lernen"	– Kritisches Denken fördern können: Die pädagogischen Professionals erhalten eine vertiefende Einführung in die Förderung kritischen Denkens durch den Einsatz von Diskussionen	– Multiperspektivische Reflexion und soziale Interaktion durch Diskussion	– Initialphase – Urteilsbildung	C6.

10. Rollenspiel: „Protokoll der kritischen Konversation"	– Kritisches Denken anwenden: Die pädagogischen Professionals wenden die Methode des Protokolls der kritischen Konversation in Kleingruppen selbst an und reflektieren im Anschluss die pädagogische Handhabung der Methode	– Multiperspektivische Reflexion und soziale Interaktion: Durch die verschiedenen Rollenzuweisungen mit Rollenkarten und durch die verschiedenen Phasen der Methode sind die Teilnehmer mit der jeweiligen Anwendung verschiedener Elemente des kritischen Denkens konfrontiert.	– Initialphase – Urteilsbildung – Entwicklung von Alternativen – Integration	C7.
11. Integration der Förderung kritischen Denkens in das zu erstellende Lernszenario in der Projektarbeit	– Kritisches Denken fördern können: Als Teilelement des Lernszenarios integrieren die pädagogischen Professionals die Förderung kritischen Denkens in ihre Projektarbeit und erproben den Föderansatz	– Wechselseitige Reflexion und soziale Interaktion in Lerngruppen	– Integration – Urteilsbildung – Entwicklung von Alternativen – Integration	C8.

Tabelle 19: Darstellung zentraler Elemente des Erstentwurfes des didaktischen Designs

Die geplante Qualifizierung im kritischen Denken sollte zusammenfassend durch zwei Online-Learning-Module, vier damit verbundene, schriftliche Arbeitsaufträge, zwei Einheiten in Präsenzveranstaltungen und laufenden Austausch via Feedback und asynchrone Diskussionen gestaltet werden. Weiterhin wurden während des Verlaufes der Erprobung noch weitere Maßnahmen zur Umsetzung der Ziele eingesetzt, die sich teilweise auch spontan in den jeweiligen Situationen ergaben oder aber bereits im Vorfeld der Erprobung angedacht, aber nicht geplant wurden. Gemeint ist damit beispielsweise die Herstellung eines vertrauensvollen, respektvollen, offenen Lernklimas oder die Stärkung des Selbstvertrauens der Lerner.

5.4 Zur praktischen Umsetzung des Qualifizierungskonzeptes

Die Online-Module wurden mit dem Autorenwerkzeug der Lernplattform Ilias erstellt. Dieses Autorenwerkzeug kann zur Erstellung von Standard-WBTs herangezogen werden. Die WBTs zeichnen sich nicht durch einen hohen Grad an Adaptivität aus, jedoch lassen sich Grafiken, Hyperlinks, Videos, Bilder, Tabellen, Tests usw. grafisch ansprechend in die Seiten einfügen. Bei der Erstellung werden nur geringe HTML-Kenntnisse vorausgesetzt. Die meisten Inhalte lassen sich leicht über „Drag und Drop" und ähnlich komfortable Funktionen erstellen. Jedoch lässt sich das Werkzeug nicht sofort intuitiv bedienen. Deshalb erhielt ich im Rahmen des Projektes eine Schulung zur Erstellung von WBTs mit dem Autorentool. Die Module wurden gemäß den Qualitätsanforderungen bei der Erstellung von WBTs erst in einem Grobkonzept geplant, dann in einem Feinkonzept konkretisiert und schließlich anhand eines Drehbuches für die Erstellung vorbereitet. Auch die in die Module integrierten Videos wurden nach ähnlicher Vorgehensweise, auf Basis der Gestaltungsempfehlungen der Interviewpartner, erstellt. Die Laienschauspieler waren allesamt Freunde und Arbeitskollegen aus dem universitären, dem betrieblichen und dem schulischen Bereich. Es konnten von mir jene Personen für kurze Darstellungen gewonnen werden, die auch zu dem jeweils intendierten, zugespitzten Charakterbild, welches gezeigt werden sollte, passten, wenngleich diese verkörperten Eigenschaften in Wirklichkeit sehr viel moderater ausfallen, als sie in den Videos gezeigt werden. Dennoch tragen die ausgewählten Personen gewisse, für die Aufnahmen zu entfesselnden Züge und Anschauungen in sich, die filmerisch zugespitzt dargestellt wurden, sowohl durch die Sprache, den eigentlichen Text, als auch die Mimik und Gestik der Darsteller usw. Zur Vorbereitung erhielten die Laiendarsteller dafür kurze Rollenbeschreibungen. Außerdem wurden beim Dreh Karten mit zentralen Begriffen eingesetzt, an denen sich die Schauspieler orientieren konnten. Ansonsten improvisierten sie die jeweiligen Szenen, nachdem sie die Rollenbeschreibung jeweils verinnerlicht hatten. Die Videos wurden in verschiedenen Räumlichkeiten der Universität mit einer Digitalkamera gedreht. Dabei wurde auch mit visuellen Effekten und Kameraeinstellungen gearbeitet. Beispielsweise wurde einer der gezeigten Charaktere, ein Schulleiter, dessen pädagogisches Denken und Handeln hegemonial geprägt ist, in einer Totalen vor einer großen, weißen Wand platziert, vor der er klein und verloren auf den Zuschauer wirkt. Diese äußere dargestellte Wirklichkeit in ihren Proportionen soll auch auf das Innere der Person schließen lassen. Außerdem war der Darsteller angewiesen, keine Emotionen zu zeigen und mit einem strengen Blick in die Augen des Zuschauers zu sehen. Ein weiterer Charakter, ein Ausbilder, der unter betrieblichen Zwängen wie Erfolgsdruck steht, wurde für die Vorstellung beim hastigen Rauchen einer Zigarette gefilmt, wobei er permanent auf die Uhr blickt und die Anspannung auch durch seinen Gesichtsausdruck vermittelt wird. Er ist im wirklichen Leben Ausbilder und kennt daher die Rahmenbedingungen im Einzelhandel. Ähnliches kann auch zum Dreh mit der dritten Darstellerin erzählt werden. Die Videos wurden mit dem Windows-Mediaplayer geschnitten und bearbeitet. Außerdem wurde eine weitere Audiospur integriert, durch die die jeweilige Person von einem Sprecher kurz vorgestellt wird. Die Tonaufnahmen wurden mit dem Open-Source-Programm „Audacity"[65] durchgeführt. An einer Stelle wurde auch Musik zu den Sequenzen gemischt, um bestimmte Stimmungen zu betonen. Die Videoaufnahmen sind alle in Modul 5 „Eigene Rolle kritisch reflektieren" integriert worden. Weiterhin wurden Vorabtests zu Übungen vorgenommen. Um beispielsweise die Wirksamkeit der Methode „Protokoll der kritischen Konversation" (siehe Punkt 10 in der Tabelle) in Erfahrung zu bringen und den eher abstrakt beschriebenen Ablauf zu konkretisieren und gegebenenfalls zu modifizieren, wurde ein Vorabtest mit drei Probanden, allesamt Arbeitskollegen am Lehrstuhl, durchgeführt. Danach interviewte ich die Probanden kurz zu ihrer Einschätzung der Methode und fragte Verbesserungsvorschläge ab. Das Gruppeninterview wurde aufgezeichnet und anschließend mit Fokus auf konstruktive Verbesserungsvorschläge und Wirkung der Methode ausgewertet. Die Pädagogen empfanden die Methode als anspruchsvoll und wirkungsvoll, da sie hohe Konzentration in den einzelnen Rollen voraussetzt und verschiedene Fertigkeiten kritischen

---

65 Open-Source Recorder "Audacity": http://audacity.sourceforge.net/?lang=de

Denkens schult. Zu nennen sind beispielsweise die Identifikation von Annahmen und deren multiperspektivische Betrachtung und Beurteilung. Um den Ablauf der Methode auf das Wesentliche zu fokussieren und störende Faktoren zu verringern, konnten wichtige Gestaltungsempfehlungen von den Probanden eingeholt werden. Beispielsweise verwirrte der mehrstufige Ablauf die Probanden und sie mussten mehrmals nachfragen, in welcher Phase welche Aktivitäten umzusetzen sind. Dies lenkte sie von den eigentlichen kritischen Denk- und Sprechhandlungen ab. So wurde der Vorschlag geäußert, Rollenkarten für jeden der Teilnehmer und für jede einzelne Phase zu basteln, die den Teilnehmern ausgeteilt werden und die sie zum Nachsehen jederzeit benutzen können. Außerdem stellte sich heraus, dass der Erzähler im Vorfeld genügend Zeit benötigt, um eine geeignete Situation zu finden und sich die Narration dazu genau zu überlegen. So ist es sinnvoll, bereits mehrere Stunden vor der Durchführung der Methode die Erzähler auf ihre Rolle vorzubereiten. Die Erzähler sollten sich freiwillig melden, denn dann ist die Wahrscheinlichkeit höher, dass sie ein fruchtbares Ereignis mitzuteilen haben, welches sie wirklich beschäftigt.

V. Erprobung, Analyse und Modifikation des didaktischen Designs

Folgende verbleibenden Forschungsschwerpunkte werden in diesem Kapitel bearbeitet:

Erprobung, Evaluation und Modifikation eines exemplarischen Qualifizierungskonzeptes im Blended-Learning zur Befähigung pädagogischer Professionals für die Förderung kritischen Denkens	
Forschungsschwerpunkte und -fragen	Forschungsartefakte und -ergebnisse
• Welche kritischen Elemente bestimmen den Erfolg/Misserfolg des Förderansatzes in dem jeweiligen Kontext? • Welche Erkenntnisse lassen sich aus den Erprobungen für die Verbesserung und Spezifizierung des didaktischen Designs ableiten? • Wie sind die Wirksamkeit, der Nutzen und die Nachhaltigkeit des Designs in dem jeweiligen Kontext zu beurteilen?	• Entwicklung eines Diagnoseinstrumentes zur Beurteilung kritischer Denkaktivitäten gemäß dem erarbeiteten Konzept. • Präzisierungen des didaktischen Designs durch Ergebnisse aus Phasen der Erprobung und Modifikation des Qualifizierungskonzeptes in zwei verschiedenen Kontexten • Empirische Beurteilung des didaktischen Designs

Sukzessive werden im Folgenden die Erprobungszyklen beschrieben und die dabei gewonnenen Ergebnisse als auch deren gestalterische Konsequenzen für Theorie und Praxis dargelegt. Anschließend werden die Ergebnisse aus den verschiedenen Kontexten anhand der Kriterien der Design-Based-Forschung gewürdigt und verglichen. Das Kapitel endet mit einer Zusammenfassung aller Resultate, einer kritischen Würdigung und einem Ausblick.

Für die Erstellung des Diagnoseinstrumentes wurden bereits im vorherigen Kapitel die theoretischen Grundlagen gelegt. In diesem Kapitel wird die konkrete Umsetzung dargelegt und das Instrument vorgestellt.

1. Erprobung des Qualifizierungskonzeptes im Kontext einer Weiterbildung für pädagogische Professionals

In diesem Kapitel wird die Ersterprobung des didaktischen Designs im Kontext der Weiterbildung pädagogischer Professionals im Bereich E-Learning beschrieben und die daraus gewonnenen Ergebnisse dargelegt und diskutiert. Eingangs wird aber erst einmal das methodische Vorgehen besprochen und begründet. So konnten über verschiedene Kanäle, zu verschiedenen Zeitpunkten während der Erprobung verschiedene Arten von Daten erhoben werden. Durch dieses multiperspektivische Vorgehen ist es möglich, ein umfassendes Bild von der Wirkung des Förderansatzes zu zeichnen.

1.1 Methodisches Vorgehen bei der Erprobung, Analyse und Evaluation der Wirkweisen des didaktischen Designs

Für das angestrebte Verstehenwollen der Funktionalität des didaktischen Designs ist ein eher qualitativer, multiperspektivischer Zugang zielführend. Die verschiedenen eingesetzten Methoden zielten darauf ab, eine empirische Basis zu gewinnen, durch die das Qualifizierungskonzept und dessen einzelne Elemente in ihrer Funktion verbessert und ebenso der theoretische Rahmen dabei differenziert und korrigiert werden konnte.

Im Folgenden sollen nun kurz und knapp die einzelnen methodischen Instrumente kurz vorgestellt und deren Einsatz beschrieben und begründet werden.

1.1.1 Forschungstagebuch

Forschungstagebücher sind Instrumente der Dokumentation und Reflexion des Forschungshandelns. Sie sind in ihrer Funktion bei entsprechender Führung prozessbegleitend

und -unterstützend. Trotz bestehender Regelwerke zum Führen der Tagebücher zeichnen sie sich durch freie Gestaltbarkeit und das bewusste Wahrnehmen und Verarbeiten des Forschungshandelns aus (siehe beispielsweise das Regelwerk von Holly, 1997; Fischer 2003; zitiert nach Altrichter und Posch, 2007, S. 33–36). Ziel des Einsatzes ist sowohl die Unterstützung und Steuerung des Forschungsprozesses als auch die aussagekräftige Bewertung des Forschungshandelns. Die Führung eines Forschungstagebuches birgt dadurch etliche Vorzüge für Forschende, die einen Forschungsprozess planen, durchführen und evaluieren möchten. Beispielsweise können Gedanken durch die kontinuierliche schriftliche Auseinandersetzung mit dem Forschungsgegenstand geklärt, Ergebnisse spontaner Beobachtungen oder Gespräche als Feldnotizen vermerkt werden, Gedächtnisprotokolle zur Analyse von Abläufen und Gedankengängen angefertigt werden usw. Deutlich wird dabei, dass Forschungstagebücher auf vielfältige Weise erkenntnisstiftend oder für die Erkenntnisgewinnung unterstützend genutzt werden können. Schriftliches Nachdenken, die Formulierung von Plänen und Zielen, methodische und theoretische Notizen zur Erforschung der eigenen Forschung und eigener Forschungsergebnisse, Interpretationen zu empirischen Befunden – all diese Arten des schriftlichen Nachdenkens oder Dokumentierens tragen dazu bei, die eigene Forschung und eigene Forschungsergebnisse zu klären, zu hinterfragen, zu verstehen, zu konservieren usw. Durch schriftliches Denken soll so die Reflexivität des Forschers gefördert werden.

Altrichter und Posch betonen, dass das Forschungstagebuch aufgrund dieser Vorzüge mehr und mehr Bedeutung in der Aktionsforschung aus den genannten Gründen gewonnen hat (2007, S. 30). Jedoch sollte auch deutlich gemacht werden, dass sämtliche Forschungsüberlegungen nicht unbedingt verschriftlicht und in einem Dokument zwingend katalogisiert werden müssen, jedoch das Forschungstagebuch bei vollständiger Dokumentation als hervorragende Quelle zur Würdigung des eigenen Forschungsprozesses herangezogen werden kann.

In der Literatur findet sich ein breiter Kanon unterschiedlicher Empfehlungen, wie Forschungstagebücher zu gestalten und zu verfassen sind (siehe Altrichter und Posch, 2007, S. 33–51). Einige der Regeln zur Führung eines Forschungstagebuches waren für den vorliegenden Forschungskontext angebracht und nützlich (wie z. B. die Vernachlässigung von Schreibstil, Grammatik usw.), andere hingegen stellten sich als hemmend und technokratisch für die eigenen Belange dar (z. B. das akribische Vergeben von Kategorien zu Eintragungen wie z. B. „eher Beobachtung" oder „eher Interpretation" (Altrichter und Posch, 2007, S. 35)). Ich arbeitete mit einer privaten Ansicht in dem Mahara-E-Portfolio. Hier konnten chronologische Blogpostings verfasst werden, an die auch digitale Dokumente als Anhang angeheftet werden konnten. Das digitale Forschungstagebuch wurde im Hinblick auf Beobachtungen des Verlaufs sehr zeitnah an dem jeweiligen Geschehen geführt, um die unmittelbaren Eindrücke gedanklich nicht zu verlieren. Es enthält etwa ein Dutzend Einträge, die zwischen September 2009 und Juni 2010 verfasst wurden. Einige der Beiträge sind nicht länger als eine halbe Seite, andere hingegen erstrecken sich über zwei oder mehr Seiten. Zur Strukturierung wurden aussagekräftige Überschriften (z. B. Kategorien wie „Ablauf" oder „Beobachtung") gebildet, die die Auswertung erleichtern sollten. Wichtige Punkte wurden außerdem in aufzählender Form mit Spiegelstrichen wiedergegeben.

Das Forschungstagebuch erfüllte in den verschiedenen Phasen des Forschungsprozesses jeweils verschiedene Aufgaben. In der Phase der Erstellung des theoretischen Rahmens diente es zur Dokumentation zentraler Erkenntnisse aus den Reflexionsgesprächen. Während der Erprobung des Designs wurde es als Protokoll des Verlaufes genutzt, wobei der Ablauf einzelner Elemente des Designs skizziert, unerwartete Verhaltensweisen beschrieben und Schlussfolgerungen und Konsequenzen zur Modifikation des Designs und zur Findung des weiteren Vorgehens festgehalten wurden. Das Forschungstagebuch hatte einerseits die Funktion einer Gedächtnisstütze und wurde zur Dokumentation von Beobachtungen herangezogen, beispielsweise wurden Zusammenfassungen von Reflexionsgesprächen hier dokumentiert, die kurz nach den Gesprächen angefertigt wurden, im Sinne eines Memos. Dazu zählen auch relevante Aussagen, die in informellen Gesprächen, z. B. bei einem zufälligen Treffen mit dem Teilnehmer im Treppenhaus, in Erfahrung gebracht werden konnten. Auch Konversationsprotokolle, etwa Mailaustauschverläufe über Facebook, die interessante Aussagen enthielten, wurden so chronologisch gesammelt. Weiterhin zählen zur der Kategorie der dokumentierten Beobachtungen kurze Reflexionen zu den einzelnen Verläufen der Erprobung der jeweiligen Elemente des Designs im kritischen Denken. Vor allem kritische Faktoren, die für das Funktionieren oder Scheitern eines Elementes entscheidend waren, sollten so dokumentiert werden. Neben der Beschreibung des Ablaufs wurden zum anderen vor allem unerwartete Ereignisse notiert, wie beispielsweise Verhaltensweisen von Teilnehmern, die auf Denkprozesse hinweisen können. Eine weitere Funktion des Forschungstagebuches erwuchs auch den Beobachtungen, die als Schussfolgerungen und Konsequenzen bezeichnet werden können. So wurden anhand der Beobachtungen gedanklich mögliche Maßnahmen abgeleitet, wie bestimmte Elemente des Designs verbessert werden können oder welche weiteren Arbeits- und Planungsschritte umzusetzen waren. Auch zum methodischen Vorgehen wurden kurze Würdigungen verfasst und Schlussfolgerungen gezogen, beispielsweise etwa zu der Frage, welche Forschungsinteressen über Fragebögen oder Interviews abgedeckt werden sollten. Diese gedanklichen Protokolle wurden aber nicht laufend geführt, sondern nur dann, wenn bestimmte Klärungsprozesse nicht mit anderen Kollegen erfolgen konnten und auch nicht durch bloßes Nachdenken unmittelbar augenscheinlich waren.

Die Auswertung des Tagebuches geschah ohne Datenanalyseprogramm, da der Datensatz bereits relativ gut vorstrukturiert (Kategorien) und von der Quantität gut handhabbar war. Wichtige Passagen wurden kopiert und in die vorliegende Dissertation zur Verarbeitung an den relevanten Stellen eingefügt.

1.1.2 Teilnehmende, verdeckte Beobachtungen

Beobachten bedeutet aufmerksam und zielgerichtet mit den menschlichen Sinnen, insbesondere über den visuellen und auditiven Kanal, wahrzunehmen. Streng genommen ist jede empirische Methode eine Form von Beobachtung, beispielsweise werden in der Sozialforschung Sprachhandlungen oder Verhaltensweisen in Interviews oder in Experimenten „beobachtet". Unter dem Begriff der „Beobachtung" werden jedoch in der empirischen Sozialforschung ganz bestimmte Forschungshandlungen zur Erschließung fremder, also nicht eigener, Verhaltensweisen beschrieben. Beobachtung bezieht sich in diesem Kontext auf menschliche Handlungen, nonverbale Reaktionen wie Gestik, Mimik und Körpersprache. Aber auch weitere soziale Ausprägungen wie Kleidung, Gebräuche, Ausstattungen von Wohnungen und Wohnformen können – je nach Forschungskontext – als Dimensionen der Beobachtung relevant sein (Diekmann, 2006, S. 456). Je nach Forschungskontext und Forschungszielen kann auch nach verschiedenen Beobachtungsverfahren unterschieden werden, die sich jeweils mehr oder weniger eignen können. So kann zwischen teilnehmender und nicht teilnehmender Beobachtung unterschieden werden. Teilnehmend ist eine Beobachtung dann, wenn der Beobachter eine *„definierte Rolle im sozialen Feld"* (Diekmann, 2006, S. 469) übernimmt, beispielsweise als Dozent bei der Erforschung der Wirkweisen eines Qualifizierungskonzeptes. Weiterhin kann die Beobachtung verdeckt oder offen geschehen, also von den zu beobachtenden Subjekten unbemerkt oder sichtbar stattfinden. Weitere Kriterien zur Abgrenzung von Beobachtungsverfahren sind beispielsweise der Grad der Strukturierung des Beobachtungsaktes (Diekmann, 2006, S. 469).

Wahrnehmung und somit auch Beobachtung ist ein selektiver Akt der Rekonstruktion von Realität, der von der Warte einer bestimmten, subjektiven Tradition aus geschieht. Die Beobachtung zielt darauf ab, einen Ausschnitt von erlebter Realität genau zu erfassen und auf eine bestimmte Fragestellung hin zu analysieren, beispielsweise um eine Hypothese zu überprüfen. Dass die Beobachtung durch die Tradition des Beobachtenden beeinflusst wird, die seine Denk-, Sprech- und Interpretationsfilter bedingt, stellt innerhalb der Tradition kein Problem dar. Problematisch wird es jedoch dann, wenn selektive Beobachtungen in einer Tradition durch Selektionsverzerrungen limitiert werden, beispielsweise wenn der Beobachter nur jene Merkmalsausprägungen registriert, die seine Hypothese stützen, unter gleichzeitiger Ausblendung von jenen Merkmalen, die gegen die Richtigkeit der Hypothese sprechen. Um dieser Problematik zu begegnen, haben sich mehrere methodische Verfahrensweisen innerhalb verschiedener Formen der Beobachtung als geeignet erwiesen, Selektionsverzerrungen zu vermindern. Zu nennen sind hier beispielsweise der Einsatz mehrerer Beobachter, die Instruktion der Beobachter, Verwendung strukturierter Beobachtungsbögen, Schulung von Beobachtern usw. (Diekmann, 2006, S. 473).

Beobachtungen bieten neben der geschilderten Problematik der Selektionsverzerrung aber etliche Vorteile, die andere Methoden nur bedingt leisten können. Durch teilnehmende Beobachtung können beispielsweise dem Forscher relevante, ihm bis dato nicht bewusste Phänomene deutlich werden, die sich im konkreten Verhalten der Individuen zeigen und beispielsweise in Interviews nicht zur Sprache kommen würden. Außerdem gewinnt der Beobachter ein „Gefühl" für den Beobachtungsgegenstand, der ihm möglicherweise unter Laborbedingungen oder durch reine Dokumentenanalyse verwehrt bleiben könnte. Die intensive Feldarbeit schafft auch einen besseren Zugang zu der Zielgruppe. Es kann dadurch ein Verhältnis entstehen, das durch Offenheit und Nähe gekennzeichnet ist und Einblicke ermöglicht, die sonst nicht möglich wären.

Innerhalb der Erprobung des Designs zur Förderung von kritischem Denken bot sich die Beobachtung als Methode speziell für die Erforschung jener Qualifizierungselemente an, die in den Präsenzveranstaltungen erprobt wurden. Erkenntnistheoretisch lässt sich dies mit der Unmittelbarkeit legitimieren, mit der die Wirkweise des didaktischen Designs durch Beobachtung untersucht werden kann. Gerade tatsächlich von den Teilnehmern gezeigte Merkmale wie (Sprech-) Handlungen während der Intervention können eine andere Perspektive eröffnen als Sprechhandlungen von den Teilnehmern über ihre Erfahrungen während der Intervention. Auf technische Hilfsmittel, wie verdeckte Videoaufnahmen usw., wurde bei der Beobachtung aus Gründen der Forschungsangemessenheit verzichtet.

Es kamen bei der Durchführung der Präsenztermine verschiedene Formen der verdeckten, teilnehmenden Beobachtung zum Einsatz. So verfasste ich etliche Gedächtnisprotokolle zu verschiedenen Abläufen einzelner Elemente des Designs, die in Präsenzveranstaltungen abgehalten wurden, um kritische Erfolgsfaktoren zu evaluieren, die Wirkweisen des jeweiligen Elementes zu identifizieren usw. Die dahinterliegenden Beobachtungsaktivitäten zielten darauf ab, mit großer Offenheit erwartete und unerwartete Verhaltensweisen der Teilnehmer und damit in Verbindung stehende Wirkweisen der jeweiligen Intervention bei der Umsetzung zu identifizieren und zu sammeln. Diese Beobachtungen wurden zeitnah (meist circa 4 – 6 Stunden nach der Beobachtung) und ohne größere Konzentration auf die Form im Forschungstagebuch dargelegt. Sie erfolgten großteils ohne Beobachtungsschema, um bestehende Erkenntnischancen nicht durch ein starres System der Beobachtung einzuengen.

Zur Erforschung der Funktionalität von zwei bestimmten Elementen des didaktischen Designs wurden jeweils eine teilnehmende und eine nicht-teilnehmende, verdeckte Beobachtung mit jeweils einem geschulten Beobachter durchgeführt. Beide Beobachter waren Kollegen, die den Teilnehmern im Projekt bekannt waren, nämlich als Dozent und als Hilfskraft. Die Beobachter konnten so jeweils ebenso eine verdeckte, nicht-teilnehmende wie auch teilnehmende Beobachtung durchführen. Bei einer der Beobachtungen wurde auch ein entsprechend strukturierter Beobachtungsbogen eingesetzt, der genau für die zu beobachtende Situation im Hinblick auf das Forschungsinteresse konzipiert worden war. Die Beobachter wurden außerdem im Vorfeld im Hinblick auf die jeweilige Situation für den Einsatz des Beobachtungsbogens geschult.

Für die Beobachtung von Element #5 und sechs wurde, wie dargelegt, ein Beobachtungsbogen erstellt. Der Beobachtungsbogen ist im Anhang B2. einzusehen. Bei der Erprobung des Qualifizierungselementes #5 galt es herauszufinden, ob die emotional belegten, konfrontierenden Bilder zur

Rolle von (un-)kritischem Denken im Einzelhandel und die daraus entstehende Diskussion geeignet sind, um einen kritischen Denkprozess bei den pädagogischen Professionals zu initiieren. Dieser kritische Denkprozess sollte noch während der Dauer der Erprobung zu einer Sensibilisierung für die Wichtigkeit kritischen Denkens führen. Durch die Beobachtung sollte eingeschätzt werden können, ob das gewählte Niveau der Konfrontation und Herausforderung als wirksam und funktional im Hinblick auf den Anstoß zu kritischem Denken eingestuft werden kann. Der Beobachtungsbogen zielt deshalb auf Merkmale ab, die das Vorhandensein eines kognitiven/emotionalen Konflikts andeuten können.

Die Beobachtung erfolgte durch die zwei weiteren Beobachter verdeckt und nicht-teilnehmend. Nach der Beobachtung tauschten wir uns zu den beobachteten Effekten im Sinne einer Inter-Rater-Übereinstimmung aus und diskutierten verschiedene Interpretationen der Beobachtung. Außerdem wurden die Bögen schriftlich komplettiert und zur Auswertung zur Verfügung gestellt. Ich ergänzte weitere Anmerkungen zu den Bögen, die sich aus den Diskussionen ergaben. Ausgewertet wurde der vom Umfang her gut handhabbare Datensatz durch Integration in das Forschungstagebuch.

Die zweite didaktische Intervention, die Übung zum Protokoll der kritischen Diskussion (Element #10), die mit einem weiteren Beobachter untersucht wurde, erfolgte teilnehmend verdeckt, ohne Beobachtungsbogen. Auch hier stand wieder die konkrete Wirkweise der Methode auf die einzelnen Teilnehmer in den Gruppen im Mittelpunkt des Forschungsinteresses. Ich beobachtete die Übung von der Warte des Dozenten, sozusagen nicht-teilnehmend. Der weitere Beobachter wirkte aktiv in der Rolle des Detektivs in einer der Gruppen mit und schilderte mir im Nachgang seine Einsichten zur Funktionalität der Methode und zu den gemachten Erfahrungen.

1.1.3 Dokumentenanalyse anhand eines Bewertungsbogens für kritisches Denken

Innerhalb des Design-Based-Forschung wird auf eine Fülle verschiedenartiger Daten zugegriffen, die multiperspektivisch Aufschluss über die Funktion des Designs, das Zusammenspiel von Klima-, Lern- und systemischen Variablen oder aber den Einfluss von unabhängigen Variablen geben können. Diese Daten können in der Lehr-Lernforschung sowohl schriftliche als auch kreative Produkte von Schülern sein, die in schulischen oder außerschulischen Arbeiten entstanden sind. Weiterhin können auch schriftliche und kreative Arbeiten von Lehrern dazu zählen. Selbst Graffiti an den Wänden der Schülertoilette oder der Zustand von Klassenzimmern können im jeweiligen Forschungskontext Indizien für die Design-Forschung, etwa bei der Erkundung der unabhängigen Variablen wie Erprobungskontext, Wesen der Lerner usw., darstellen. Gerade das computerunterstützte Lernen bietet bei vielen Anwendungen die Möglichkeit, Diskussions- und Interaktionsverläufe zu dokumentieren, sei es beispielsweise in Form eines Chatprotokolls, der Verlauf einer Forumsdiskussion oder ein Überblick zu verschiedenen Stadien bei der Erstellung von Wiki-Seiten. Diese beiläufig gesammelten Daten können, wenn sie als eigenständige, situativ eingebettete Leistungen ihrer Verfasser verstanden werden, auch als primäre Daten bei Untersuchungen herangezogen werden.

V. Erprobung, Analyse und Modifikation des didaktischen Designs

Diese genannten Daten sollen im Weiteren als Dokumente verstanden werden; Dokumente, in denen beispielsweise Spuren manifestierter Denkaktivitäten gespeichert wurden, in denen Indizien für das Miteinander in der Gruppe oder Belege zum Lernklima deutlich werden.

Folgende Dokumente konnten für verschiedene Analysen herangezogen werden: Zum einen lässt sich die Anwendung kritischen Denkens in den extra dafür konzipierten, schriftlichen Reflexionsaufträgen in seiner Intensität erfassen (Qualifizierungselement #1, #2, #4, #8). Zum anderen gaben Forumsbeiträge über relevante Faktoren wie das Lernklima Auskunft. Des Weiteren wurden auch die Produkte der Gruppenarbeiten digital dokumentiert. Zu nennen sind hier die Plakate, auf denen das jeweils ausgearbeitete Förderkonzept zur Denkschulung in den verschiedenen Lernorten dargestellt wurde (Qualifizierungselement #6). Außerdem haben die Teilnehmer auch online die verschiedenen Förderkonzepte kommentiert. Weiterhin gaben private Blogpostings der Teilnehmer im E-Portfolio einen Einblick in relevante Merkmale des Bereichs der Klima-, der Lern- und der systemischen Variablen und deren Zusammenspiel. Die dort auffindbaren Kommentare geben auch Aufschluss über die verschiedenen Verständnisausprägungen kritischen Denkens und halten Ergebnisse für das Lernziel „ein Verständnis für kritisches Denken ausprägen" bereit.

Ob und wie die Teilnehmer in der Lage sind, kritisches Denken zu fördern, lässt sich durch die Analyse der Projektarbeit zumindest im Ansatz beurteilen. Außerdem kann daraus eine Interpretation zur Motivation bezüglich kritischen Denkens angestellt werden.

Zur Beurteilung des Grades der Intensität der Anwendung kritischen Denkens in den schriftlichen Reflexionsaufgaben wurde ein eigens Konzept kritischen Denkens orientierter Beurteilungsbogen erstellt. Die Vorgehensweise orientierte sich an den Empfehlungen aus der Analyse der Bausteine zur Entwicklung eines eigenen Diagnoseinstrumentes (siehe Kapitel IV – 2.3). In einem ersten Schritt wurde die zu beobachtende Performanz anhand des Konzeptes kritischen Denkens definiert und an den verwendeten Denkstandards wie Kriterien oder Denkverfahren operationalisiert. Für die Skalierung zeigte sich eine fünfstufige Intensitätsskala angemessen, um die verschiedenen Leistungsstufen zu kategorisieren.

Im Anschluss an die Erstellung des Beobachtungsbogens erfolgte ein Vorab-Test des Instrumentes, für den drei Probanden gewonnen werden konnten. Zwei davon waren als Hilfskräfte in dem E-Learning-Projekt tätig, der dritte als Dozent. Die Probanden erhielten eine kurze Erklärung zu den Dimensionen und Kriterien des Bogens. Dann wurden sie aufgefordert, einen beliebig gewählten Reflexionstext eines Studenten anhand des Bogens zu bewerten. Die zu untersuchende Reflexion beschäftigte sich mit der kritischen Analyse der Wahl des Lehrberufes. Diese gewählte Textsorte ist von der Art und der damit verbundenen Aufgabenstellung her den Reflexionsaufträgen im didaktischen Design ähnlich. Die Resultate der Bewertung des Bogens fielen in zwei der vier Dimensionen sehr positiv aus, da es keine Abweichungen bei der Beurteilung der Leistungsstufen gab. Jedoch bewerteten zwei Probanden jeweils einmalig in der Dimension der Konstruktivität (Proband eins) und einmal in der Ideologiekritik (Proband zwei) mit sehr hohen Performanzpunkten (vier von fünf), während die anderen zwei Probanden um zwei oder drei Punkte niedrigere Wertungen vergaben. Die Bewertungen wie auch Bewertungsbegründungen wurden von den Probanden online in einem geschützten Forum ausgetauscht. Die Probanden diskutierten im Abschluss die Abweichungen. Die beiden Extrembewerter reduzierten nach kurzem Diskurs, bei dem ich nur moderierend wirkte, in der jeweiligen Dimension nun ihre Bewertungen um einen Performanzpunkt bzw. eine Stufe des kritischen Denkens. Somit konnte insgesamt eine angemessene Inter-Rater-Übereinstimmung erzielt werden. Die so gewonnenen Anregungen führten zu etlichen Überarbeitungen des Bogens. Die Endversion des Bogens ist unter Anhang B4. einzusehen.

Der Bogen stellt aus testtheoretischer Sicht kein sehr exaktes und reliables Messinstrument dar. Als valide ist der Bogen anzusehen, da er kritische Denkaktivitäten in schriftlicher Form nach einem ganz bestimmten Verständnis in Performanz beobachtbar macht. Er eignet er sich als solides Rüstzeug, als Grundlage, um kritische Denkaktivitäten im Sinne des in dieser Arbeit entwickelten Modells bewerten zu können. Dabei besteht bei dem flexibel zu handhabenden Instrument nicht der Anspruch auf Vollständigkeit. Der Bogen soll eher als Hilfestellung für die Beurteilung kritischer Denkaktivitäten verstanden werden. Je nach Aufgabenstellung können natürlich weitere Kriterien ergänzt, anders gewichtet, konkretisiert usw. werden. Der Bogen umfasst die Dispositionsebene kritischen Denkens nur indirekt, da er auf die Anwendung von Denkstandards ausgerichtet ist. Dennoch impliziert ein Großteil der Kriterien, wenn sie zur Anwendung kommen, die Dispositionen, z. B. kann, wenn das Individuum bei dem Kriterium „Konstruktivität" zielgerichtete und konkrete Handlungspläne formuliert oder mit epistemischer Sensibilität die Richtigkeit einer Studie einschätzt. Der Bewertungsbogen wurde, um qualitative Vergleiche bei der Ausprägung der Anwendung kritischen Denkens zu ermöglichen, als Bewertungsbasis bei Qualifizierungselement #2 (Reflexion zum heimlichen Lehrplan) in allen drei Erprobungszyklen in den beiden Erprobungskontexten verwendet, um neben der Ausprägung kritischer Denkaktivitäten auch die verschiedenen Wirk- und Denkweisen der unterschiedlichen Teilnehmer jeweils charakterisieren und vergleichen zu können. Außerdem wurde der Bogen als Basis der Betrachtung bei den Projektarbeiten der pädagogischen Professionals bzw. bei den Hausarbeiten der Studenten zur Erstellung des Lernszenarios zur Förderung von kritischem Denken benutzt. So lassen sich vor allem im Erprobungskontext der Studenten Aussagen über die Wirksamkeit der Modifikation des Designs treffen, wenn in beiden Erprobungskontexten die Arbeiten miteinander in Vergleich gesetzt werden.

Die Beurteilung kritischer Denkaktivitäten anhand des Bogens sollte einzeln entlang der Kriterien geschehen, d. h., ein Text sollte erst im Lichte der Dimension der analytischen Kriterien beurteilt werden, dann unter Betrachtung des Kriteriums der Multiperspektivität usw. Dadurch wird der Bewerter kognitiv nicht überlastet und kann seine Aufmerksamkeit voll und ganz auf die Kriterien einer Dimension richten, was der Bewertungsgenauigkeit zugutekommt. Insgesamt können maximal 16 Punkte erreicht werden. Die einzelnen Performanzstufen bewegen sich in einem Intervall von 4 Punkten aufsteigend.

1.1.4 Onlinebefragung und Einsatz eines Fragebogens

Befragungen mit Befragungsbogen sind vielseitig einsetzbare Instrumente der Erkenntnisgewinnung. Das Forschungsinteresse beim Einsatz von Fragebögen reicht von der Überprüfung einer im Vorfeld vermuteten Relation bis hin zum Verstehenwollen innerer Gefühls- und Denkrealitäten von Individuen

(Johnson und Christensen, 2007, S. 170). Fragebögen, in denen fast nur offene Fragen gestellt werden, können als qualitative Fragebögen bezeichnet werden. Die gestellten Fragen haben explorativen Charakter. Sie werden eingesetzt, um Individuen schriftlich mitteilen zu lassen, wie sie über einen Sachverhalt denken, wie sie ihn wahrnehmen usw. Im Gegensatz zum mündlichen Interview können schriftliche Fragen exaktere und vollständigere Antworten hervorbringen. Gleichzeitig führt das Nicht-Vorhandensein eines Gesprächspartners dazu, dass bestimmte Aspekte nicht vertieft werden oder unverständlich bleiben. Quantitative Fragebögen zielen im Gegensatz dazu darauf ab, Hypothesen durch erwartete Antworten zu bestimmten Items zu testen, ganz im Sinne der Falsifikation und Verifikation des Paradigmas des kritischen Rationalismus. Durch Mischformen können die Vorteile der beiden Ansätze in Umfragen fruchtbar gemacht werden.

Zur Evaluation im Kontext der Ersterprobung des didaktischen Designs wurde während und zum Ende der Veranstaltung jeweils eine Befragung mit Fragebogen im Rahmen der formativen Evaluation der E-Learning-Weiterbildungsmaßnahme durchgeführt. Die erste Umfrage geschah mit einem Online-Umfrage-Werkzeug der Ilias-Lernplattform. Online-Fragebögen sind internetbasiert und werden von den Probanden mit dem Webbrowser ausgefüllt, wobei sich der Fragebogen selbst auf einem Webserver befindet. Es gibt eine enorme Anzahl Open-Source-Onlinebefragungstools, die eine Vielzahl von Funktionen anbieten.[66] Online-Werkzeuge wie diese haben sich aufgrund ihrer vielen Vorteile und Praktikabilität bewährt, da die Umfragen beispielsweise flexibel ausgefüllt werden können, bestehende Auswertungstools die Datenanalyse vereinfachen usw. (Rey, 2009, S. 150–151). So entsprechen der Aufbau und das Layout der Befragung oftmals automatisch den Güteprinzipien professioneller Umfragen. Beispielsweise wird der Ersteller der Umfrage dazu aufgefordert, einen kurzen Begrüßungstext zu verfassen, in dem die Probanden in die Umfrage eingeführt werden, Angaben zu Bearbeitungszeit, Forschungszweck usw. enthalten sind. Auch das Erstellen der Fragen wird durch die Anwendung erleichtert, da für viele Arten von Fragen bereits Orientierungsbeispiele bestehen. Dennoch braucht es ein gewisses Wissen zur Erstellung von guten und relevanten Fragen. Im Rahmen dieser Arbeit wurden die 15 Prinzipien zur Gestaltung von Fragebögen nach Johnson und Christensen (2007, S. 170–191) berücksichtigt. Diese Prinzipien geben wichtige Impulse dazu, was bei der Erstellung eines Fragebogens alles bedacht werden sollte, angefangen beim Layout und der Struktur des Fragebogens bis hin zu Empfehlungen zur Sprachwahl, zur Wahl der Art der Frage im Zusammenhang mit dem Forschungsinteresse, zur konkreten Formulierung von Fragen, zur Ausarbeitung von Antwortkategorien bei geschlossenen Fragen, zum Einsatz von Ratingskalen usw. Allen geforderten Prinzipien konnte allerdings bei der Umsetzung nicht ausreichend Rechnung getragen werden. Beispielsweise erfolgte kein Vorabtest der Onlineumfrage, jedoch überprüfte ein Kollege die Fragen im Hinblick auf Verständlichkeit.

Die zweite Befragung wurde am Ende der Veranstaltung in der letzten Präsenzveranstaltung via schriftlichen Papierfragebogen durchgeführt. Beide Befragungen wurden in Kooperation mit einem unabhängigen, wissenschaftlichen Evaluationsexperten innerhalb des Projektes durchgeführt und dienten primär zur Untersuchung von Projektzielen im Bereich E-Learning. Dabei erhielt ich die Möglichkeit, bei der ersten Befragung mehrere Frageblöcke und bei der letzten einige wenige Fragen zur Einschätzung der Qualifizierung im kritischen Denken unterzubringen. Die erste Befragung wurde

---

66 Ein kostenloses Werkzeug für den wissenschaftlichen Kontext und eine Übersicht zur Online-Forschung finden sich unter http://ofb.msd-media.de und www.online-forschung.de.

aus erkenntnistheoretischen Erwägungen heraus dahingehend ausgelegt, die einzelnen, bis dahin bearbeiteten Online-Qualifizierungselemente von den Teilnehmern evaluieren zu lassen (Modul 3 – eigene Rolle kritisch reflektieren). Die Evaluation umfasste zum einen die subjektive Einschätzung der technischen und inhaltlichen Umsetzung des Moduls, die persönliche, globale Bewertung des Modules, Stärken- und Schwächenanalyse aus Sicht der Probanden, zum anderen die Beurteilung der der erlebten Reflexionsintensität. Dabei wurden neben einigen offenen Fragen auch geschlossene, ordinale Fragen eingesetzt, um die erlebte Intensität der Anregung des Denkens wie auch den Eignungsgrad des jeweiligen Subelementes des Designs im Hinblick auf kritische Denkaktivitäten zu bewerten. Der gewählte Fragenschwerpunkt ist durch die zeitnahe Evaluation nach Anwendung des ersten Designmodules begründet. Die Teilnehmer sollten so einen unmittelbaren, unverfälschten Eindruck von ihren Erfahrungen mit dem Modul liefern. Außerdem sollten durch den Fragebogen auch jene Elemente identifiziert werden, die die Probanden besonders zum Nachdenken angeregt haben. Des Weiteren war der Einsatz des Fragebogens essenziell, um wichtige anthropogene und soziodemografische Daten zu den Teilnehmern und deren Verständnis von kritischem Denken zu gewinnen. Relevante Auszüge aus dem Onlinefragebogen sind in Anhang B3. abgebildet.

Der Fragebogen, der in der letzten Präsenzveranstaltung ausgefüllt wurde, verfolgte ein globaleres Ziel, nämlich die Einschätzung des Nutzens und der Wirksamkeit im Sinne des Ausmaßes der subjektiv erlebten Befähigung der Teilnehmer zur Förderung kritischen Denkens. Außerdem wurden noch einmal zu den einzelnen Qualifizierungselementen Einschätzungen abgefragt, was den jeweiligen Teilnehmern besonders gefallen oder missfallen hat und welche Anregungen zur Verbesserung des Qualifizierungskonzeptes sich daraus ergeben. Auch hier wurden wieder sowohl offene Fragen als auch geschlossene, ordinale Fragen verwendet, deren Ratingskala mithilfe des Schulnotensystems gestaltet wurde. Relevante Auszüge aus dem sehr umfassenden Fragebogen, der dazu diente, den generellen Kurs zu evaluieren, finden sich im Anhang ebenfalls unter B3. Der Fragebogen zur globalen Bewertung der Veranstaltung wurde von allen Teilnehmern ausgefüllt. An der Onlineumfrage beteiligten sich sechs der acht Teilnehmer.

1.1.5 Qualitative Einzel-Interviews und Gruppendiskussion

Interviews können innere Welten des Denkens und Fühlens erschließen und der Außenwelt in Form von sprachlichen und verhaltensbezogenen Antworten, durch Sprache, Gestik, Mimik, Tonfall usw., zugänglich machen. Da kritisches Denken sich nun einmal in der inneren, subjektiven Realität des Menschen abspielt, die gleichsam mit der äußeren Realität korrespondiert, ist das durch Selbstreflexion ergründete, gesprochene Wort aus dem subjektiven Bewusstsein heraus einer der besten Zugänge zu Denkaktivitäten und deren Bewertung durch das Subjekt selbst. Können in Beobachtungen Produkte des kritischen Denkens wie beispielsweise Sprechhandlungen, geschriebene Texte usw. erfasst und analysiert werden, bietet das Interview den Vorteil, dass der befragte Mensch selbst direkt Auskunft über sein Denken geben kann. Anders als bei der Beurteilung von gefundenen Spuren kritischer Denkaktivitäten können Individuen ihre eigenen Denkaktivitäten und deren Veränderungen qualitativ beurteilen. Dies ermöglicht eine andere Perspektive als die Beurteilung von Denkaktivitäten durch Dritte anhand einer "Spurenanalyse".

Leitfadengestützte, qualitative Interviews wurden deshalb als zentrale Befragungsinstrumente eingesetzt, um metakognitive Denkaktivitäten über die gemachten Erfahrungen mit kritischem Denken innerhalb der Erprobung des didaktischen Designs in lautes Sprechen und anschließend in Text zu transformieren. Außerdem sollten so Handlungsmotive, Motivation, vielseitige subjektive Perspektiven im Hinblick auf die Wirkweisen und die Verbesserung des Designs offen und im gemeinsamen Gespräch für Forschungszwecke zugänglich gemacht werden.

Innerhalb der formativen Evaluation der E-Learning-Weiterbildungsmaßnahme wurden auch einige Interviews geführt. In diesen Interviews wurden die gemachten Erfahrungen und die Zufriedenheit mit der Maßnahme durch drei Interviewer abgefragt. Ich konnte nach Verhandlung mit dem Evaluationsbeauftragten des Projektes vereinbaren, dass ich einen Teil der Interviews durchführen und auch kurz die Teilnehmer zur Denkschulung befragen durfte. Auch ein weiterer Kollege führte diese Interviews durch und stellte die von mir angedachten Fragen, die in den bestehenden Interviewleitfaden integriert wurden. Es handelte sich um die Frage, ob – und wenn ja, bei welchem Qualifizierungselement – die Teilnehmenden zum kritischen Denken angeregt wurden. Die Interviews fanden von Anfang bis Mitte Oktober 2009 statt, also zu einem Zeitpunkt, zu dem die Teilnehmer bereits Qualifizierungselement eins bis sechs durchlaufen hatten. Drei Teilnehmer konnten so telefonisch interviewt werden.

Weiterhin wurden nach Ablauf der Weiterbildungsmaßnahme weitere vier Teilnehmer in leitfadengestützten Interviews zu jenen forschungsrelevanten Merkmalen befragt, für deren Erhebung sich die anderen Instrumente nicht besonders eigneten. Dazu gehörten die Wirkweise des Designs als Ganzes, konstruktive Verbesserungsvorschläge für die jeweiligen Qualifizierungselemente oder das ausgeprägte Verständnis von kritischem Denken und dessen subjektiv zugeschriebene Wichtigkeit für die Praxis. Der Leitfaden für die Gespräche ist im Anhang unter B1. zu finden. Von dem Leitfaden wurde in den einzelnen Interviews vielmals auch abgewichen, und zwar in jenen Interviews, in denen kritische Elemente des Designs erkundet werden sollten. Es handelt sich hier insbesondere um die Gespräche mit den pädagogischen Professionals aus den Betrieben, da diese, wie später noch gezeigt wird, nur sehr wenig mit der Denkschulung anfangen konnten und auf gewisse Qualifizierungselemente so reagierten, dass es Konflikte in der Gruppe gab.

Die genannten Interviews wurden größtenteils in entspannter Atmosphäre telefonisch geführt und unter Einwilligung der Teilnehmer aufgezeichnet. Die Durchführung der Interviews dauerten circa 25 bis 35 Minuten. Durchführung und Auswertung erfolgten analog zu den in Kapitel III – 4.2.1 erörterten methodischen Verfahrensweisen.

Des Weiteren ist eine einstündige Gruppendiskussion mit den pädagogischen Professionals zu nennen, welche zum Abschluss der Weiterbildung geführt wurde. Einige Teilnehmer äußerten hier, ohne einen Impuls vom Interviewenden bekommen zu haben, spontan noch einmal ihre Einschätzungen zum Nutzen und zu den gemachten Erfahrungen bei der Denkschulung. Die Gruppendiskussion wird von manchen Vertretern der empirischen Sozialforschung aus erkenntnistheoretischer Sicht und unter Rückgriff auf diskurstheoretische Überlegungen als dem Einzelinterview überlegen eingestuft, da tiefer liegende Meinungen und Einstellungen erst dann offenbart werden, wenn das befragte Individuum im Diskurs mit der Gruppe seine Ansichten vertreten und behaupten muss

(Bohnsack, 2005, S. 370). Die Gruppendiskussion wurde von einem Kollegen und mir nach kurzer Absprache und ohne Leitfaden geführt. Größtenteils wurden die reflexiven Prinzipien bei der Leitung von Gruppendiskussionen nach Bohnensack gewahrt (2005, S. 380–382). So wurde die gesamte Gruppe als Adressat angesprochen, nur demonstrativ und generell Themen angerissen, damit die Teilnehmenden konkreter dazu Bezug nehmen konnten. Außerdem wurde weitestgehend auf eine Verteilung von Redebeiträgen verzichtet und nur interveniert, wenn beispielsweise eher zurückhaltende Teilnehmer nicht zu Wort kamen. Fragen wurden wie auch in klassischen Interviewsituationen innerhalb eines Themenkomplexes immanent gestellt, bis sich die Diskussion erschöpfte und in ein weiteres Themenfeld übergeleitet wurde. Des Weiteren wurden auch erkannte Widersprüche, die durch die einzelnen Beiträge evident wurden, gegenübergestellt, sodass die Teilnehmer sich positionieren mussten durch Argumente. Kritisches Denken wurde als Thema von den Teilnehmern selbst eingebracht und diskutiert.

Die Verschriftlichung und Auswertung der aufgezeichneten Gruppendiskussion erfolgte auch unter der bereits beschriebenen methodischen Vorgehensweise, die sich bei der Erstellung des Rahmenmodells bereits bewährt hatte (siehe Kapitel III – 4.2.1).

Bei der Auswertung des genannten Interviewmaterials konnte ein umfassendes Kategoriensystem entwickelt werden, welches 162 Kodierungen innerhalb einer Vielzahl von Codes erfasst. Die Codes lassen sich in drei Teilbereiche aufteilen. Der erste Teilbereich beinhaltet jene Codes, die sich auf die Heranführung der Teilnehmer an das Konzept des kritischen Denkens beziehen und beinhalten Aussagen zum Lernklima, zur Motivation für kritisches Denken, zu Rahmenbedingungen und Motiven der Teilnehmer, zu den Onlinemodulen und Präsenzveranstaltungen zur Theorie von kritischem Denken usw. Außerdem wurden hierzu auch Kritik und Verbesserungsvorschläge systematisch gesammelt. Des Weiteren erfasst die folgende Ebene das bei den Teilnehmern jeweils ausgebildete Verständnis kritischen Denkens und die Relevanz, die die Individuen jeweils unter Betrachtung der Qualifizierungsmaßnahme dem Konzept des kritischen Denkens beimessen. Die nächste Ebene behandelt die jeweilig geäußerten Wirkweisen der einzelnen Elemente des Designs. Wiederum wurden hierzu auch Kritik und Vorschläge zur Verbesserung des Designs gesammelt. Abschließend wurden jene Aussagen gesammelt und systematisiert, die die Wirkung des Designs an sich in Geschlossenheit entfalteten. Das vollständige Kategoriensystem befindet sich im Anhang B6.

Die ausgearbeiteten Kategorien beinhalten die geäußerten relevanten Aussagen bezüglich der Umsetzung der drei verfolgten Ziele des Qualifizierungskonzeptes und geben Auskunft über die Wirksamkeit und Funktionalität des Designs und dessen einzelner Elemente.

1.2 Profil der pädagogischen Professionals

Für die Erprobung des Qualifizierungskonzeptes im flexiblen Lernen konnten über die Projektpartner des Forschungsprojektes einige Probanden gewonnen werden, die aus verschiedenen Bundesländern stammten. Die Teilnehmer wurden über ein Informations- und ein Motivationsschreiben angeworben, in denen die Inhalte und Ziele der Weiterbildungsmaßnahme dargestellt wurden. Die

Qualifizierung zur Förderung im kritischen Denken wurde in einem Satz als untergeordnetes Ziel dabei auch genannt, wobei die Qualifizierungsmaßnahme klar als innovatives pädagogisches Konzept im Bereich E-Learning bzw. E-Tutoring/E-Teaching ausgewiesen wurde. Die Projektpartner waren durch die Bestimmungen innerhalb des Projektvertrages dazu verpflichtet, Teilnehmer aus ihren Institutionen für die Erprobung des Qualifizierungskonzeptes zur Verfügung zu stellen. Die Rückmeldungen zum Motivationsschreiben fielen eher verhalten aus. Einige der gewonnenen Teilnehmer meldeten sich ziemlich schnell für die Maßnahme an und schienen mit großem Interesse dabei zu sein. Ein weiterer scheinbarer „Interessent" aus dem schulischen Kontext war mit hoher Wahrscheinlichkeit für die Maßnahme von Projektpartnern innerhalb des E-Learning-Projektes abgestellt worden. Die Vermutung, dass bestimmte Teilnehmer für die Erprobung des Qualifizierungskonzeptes von Projektpartnern zur Teilnahme verpflichtet wurden, kann nicht ausgeschlossen werden, wobei für diese These keine stichhaltigen Belege vorliegen.

Insgesamt, nach Abzug einiger „Ausscheider", konnten für die Maßnahme acht Teilnehmer gewonnen werden, die aus verschiedenen Lernorten des Einzelhandels stammten. Drei Teilnehmer kamen aus dem betrieblichen Kontext und arbeiteten in einer großen Elektrofachmarktkette als Ausbilder und Personalentwickler. Die drei Teilnehmerinnen kannten sich bereits persönlich gut. Zwei der Teilnehmerinnen arbeiteten beruflich intensiv miteinander. Aus dem schulischen Kontext konnte nur ein Teilnehmer gewonnen werden, der an einer großen Berufsschule tätig war. Auch aus der Hochschule des Einzelhandels war es nur ein Teilnehmer, der letztendlich zur Erprobung des Qualifizierungskonzeptes erschien. Aus dem überbetrieblichen Bereich stammten die restlichen drei Teilnehmer, wobei zwei davon befreundete Arbeitskollegen waren. Sechs der Teilnehmer waren weiblich und zwei männlich. Die folgende Tabelle gibt Aufschluss über Bildungshintergrund und Tätigkeitsprofil. Die Daten konnten durch eine Online-Umfrage und Kennenlern-Spiele gewonnen werden.

Nummer des Teilnehmers	Bildungshintergrund	Arbeitsort und Tätigkeitsbeschreibung
#1	Mittlere Reife, Ausbildung, Ausbildereignung	Überbetriebliche Aus- und Weiterbildung Langjährige Tätigkeit als Ausbilder in der Berufsvorbereitung, als auch für Verkäufer und Kaufleute im Einzelhandel. Dozent, E-Tutor und Trainer für verschiedene weitere berufliche Bereiche.
#2	Allgemeines Abitur, abgeschlossenes Hochschulstudium	Überbetriebliche Aus- und Weiterbildung Mehrjährige Tätigkeit als Dozent und Redakteur für Lernmedien.
#3	Allgemeines Abitur, abgeschlossenes Hochschulstudium	Überbetriebliche Aus- und Weiterbildung Redakteur für Lernmedien.
#4	Mittlere Reife, Ausbildung, Ausbildereignung	**Betrieb** Langjährige Tätigkeit als Ausbilder und Personalentwickler.

#5	Allgemeines Abitur, abgeschlossenes Hochschulstudium	**Betrieb** Tätig als Personalentwickler. Verantwortlich für die betriebliche Ausbildung.
#6	Allgemeines Abitur, Studium	**Betrieb** Personalentwickler, verantwortlich für Ausbildung und Auszubildende.
#7	Abitur, abgeschlossenes Hochschulstudium	**Berufsschule** Lehrt in verschiedenen wirtschaftlichen Bildungsgängen u. a. die Fächer Marketing, Kommunikationsprozesse, Wirtschafts- und Sozialprozesse.
#8	Allgemeines Abitur, abgeschlossenes Hochschulstudium, mehrere psychologische Zusatzausbildungen	**Hochschule** Tätig als wissenschaftlicher Mitarbeiter in einer leitenden Position bei einer Beratungsstelle für Mediendidaktik und E-Learning.

Abbildung 44: Tätigkeitsprofil der pädagogischen Professionals

Durch die Tabelle wird deutlich, dass die Gruppe der an der Weiterbildungsmaßnahme teilnehmenden pädagogischen Professionals („PP") als äußerst heterogen eingestuft werden kann im Hinblick auf mehrere Dimensionen, wie etwa Bildungsabschluss, berufliche Tätigkeiten, Berufserfahrung, alltägliche Handlungsrationalitäten usw. Die Vorkenntnisse zu kritischem Denken im Kontext der pädagogischen Praxis waren auch ungleich verteilt: Einige wenige der Teilnehmer hatten bereits innerhalb ihres Studiums gewisse theoretische Hintergründe wie beispielsweise die Kritische Theorie kennengelernt. Der Teilnehmer aus der Hochschule (PP #8) hatte sich seit dem Studium mit der Kritischen Theorie und weiteren „kritischen" Werken aus dem Bereich Psychologie und Philosophie auseinandergesetzt. Er beschäftigte sich viel mit ideologiekritischem Denken in Bezug auf seine eigene Praxis, aber auch auf weitere gesellschaftliche Trends und Ereignisse. Beispielsweise teilte er mit, dass er in einem kritischen, essayistischen Online-Journal gesellschaftskritische Aufsätze verfasste. Er bekundete auch als einziger für die Förderung von kritischem Denken im Vorfeld der Durchführung der Weiterbildungsmaßnahme sein Interesse. Teilnehmer #7 konnte hingegen auf ein tief gehendes Wissen über Lern- und Bildungstheorien zurückgreifen, da er sich intensiv mit Lernkompetenzmessung und Bildungstheoretikern wie Klafki beschäftigt hatte. Außerdem hatte er hervorragende Kenntnisse und Erfahrungswissen zu kooperativen Lernmethoden, die zur Förderung kritischen Denkens empfohlen werden.

Des Weiteren hatten sechs der acht Teilnehmer ein Hochschulstudium abgeschlossen. Es kann unterstellt werden, dass die Absolvierung eines Studiums die kritische Denkfähigkeit auf mehreren Ebenen fördert, insbesondere die analytischen Fähigkeiten, beispielsweise beim Schreiben einer wissenschaftlichen Hausarbeit oder Diplomarbeit. Dieser Bildungshintergrund kann als Indiz dafür gewertet werden, dass bei jenen Teilnehmern mit universitärem Hintergrund bessere Vorkenntnisse zu kritischem Denken vorliegen, was aber nicht zwingend bedeutet, dass die Teilnehmer ohne wissenschaftlichen Background nicht über ausgeprägte Fertigkeiten und Dispositionen kritischen

Denkens verfügen. Das konzeptuelle Verständnis war jedoch bei den Teilnehmern mit Studium als höher einzustufen. Es wurde im Vorfeld der Erprobung die Annahme getroffen, dass jene Teilnehmer, die über entsprechende Vorkenntnisse verfügten, auch dementsprechend bei der Anwendung kritischen Denkens abschneiden würden. Außerdem wurde angenommen, dass die Förderung kritischen Denkens eher nicht zu einer qualitativen Verbesserung kritischer Denkaktivitäten bei jenen beiden Teilnehmern führen würde, da sie bereits kritisches Denken, im Sinne des Arbeitsverständnisses, bewusst bzw. unbewusst anwendeten. Die Bedürfnislage im Hinblick auf das Lernen der verschiedenen Teilnehmer lässt sich aufgrund der gemachten Erfahrungen und der empirischen Datenlage in folgende Kategorisierung bringen:

Gruppe 1 - Betriebe	Gruppe 2 – (Nicht-Betrieb)
• Mehr Struktur • Stärkere Zielorientiertheit • Stärkere Ausrichtung auf E-Learning-Tools • Wunsch nach Erlebbarkeit von Inhalten (z. B. durch Simulation von Methoden etc.)	• Mehr Freiheit und Offenheit • Ergebnisoffenes Denken • Stärkere Ausrichtung auf Förderung von Selbstlernkompetenzen und Selbstreflexion

Abbildung 45: Kategorisierung der pädagogischen Professionals nach Bedürfnislage

1.3 Multiperspektivische Analyse der Erprobung der Elemente des Qualifizierungskonzeptes

Eine Analyse zu Wirkweisen der einzelnen Qualifizierungselemente war vor allem dazu notwendig, um Anhaltspunkte zur Verbesserung des Qualifizierungskonzeptes zu erhalten und Wirkmerkmale in Erfahrung zu bringen. Es galt außerdem, kritische Erfolgsfaktoren ausfindig zu machen, die als maßgebend für die Zielerreichung bzw. das Scheitern der einzelnen Qualifizierungselemente betrachtet werden können. Dies sollte vor allem durch die Analyse von erwünschten und unerwünschten Resultaten innerhalb der Erprobung geschehen. Auf Basis dieser Resultate sollten in einem weiteren Schritt notwendige Modifikationen für das Qualifizierungskonzept abgeleitet werden. Last but not least sollte durch die multiperspektivische Analyse auch der Bogen zum theoretischen Rahmen des didaktischen Designs geschlagen werden. Durch sie sollte deutlich werden, welche Annahmen des Modells sich in dem gegebenen Kontext zu welchem Grad bewahrheiten, welche Rolle diese für die Wirksamkeit des Designs spielen und welche dieser Annahmen in dem Kontext der pädagogischen Professionals unter Umständen modifiziert oder revidiert werden müssen, da sie sich nicht oder nur teilweise als gültig erwiesen haben. Dadurch wurde auch der Versuch unternommen, die Reichweiten und Grenzen der Gültigkeit des theoretischen Rahmens kontextbezogen zu spezifizieren und diesen in den entsprechenden Bereichen an den gegebenen Kontext anzupassen. Im Folgenden werden nun relevante Resultate zu der Funktionalität der einzelnen Qualifizierungselemente des Qualifizierungskonzeptes chronologisch dargestellt und diskutiert. Die Analyse und Diskussion der Wirkweisen der einzelnen Qualifizierungselemente geschieht unter Rückgriff auf eine Vielzahl empirischer Belege, die durch die verschiedenen beschriebenen Erhebungsverfahren gewonnen werden konnten. Liegt eine hohe Konsistenz bezüglich der gefundenen Aussagen in den Belegen vor, so wird darauf verzichtet, diese sich mehrfach erhärtende Evidenz anhand aller Quellen darzulegen. Anders soll bei Inkonsistenzen verfahren werden. Widersprüche werden – soweit diese bei einzelnen Teilnehmern in den Datensätzen ersichtlich sind – explizit dargestellt. Gleiches gilt auch für kritische Befunde, die Probleme im Zusammenhang mit der Funktionalität des Designs aufwerfen.

1.3.1 Eigene Rolle kritisch reflektieren

Das Modul „Eigene Rolle kritisch reflektieren" (siehe Anhang C1.) wurde von den pädagogischen Professionals als anregender und unterhaltsamer Anlass, sich mit ihrem professionellen Rollenverständnis auseinanderzusetzen, eingestuft. Sie hatten Spaß an der Auseinandersetzung mit den überzeichneten Videos mit den markanten Bildungsprofis. Durch die Sichtung der Videos und den anschließenden Reflexionsauftrag fühlten sich fünf von sechs Teilnehmern zur (Selbst-) Reflexion angeregt, wie aus der Befragung entnommen werden konnte. Auf qualitativer Ebene lässt sich unterstreichen, dass die sich widersprechenden Unterrichtsentwürfe und Statements zum Lernen und Lehren bei einigen Teilnehmern zu dem für kritisches Denken benötigten Impuls führten. Dies kann durch Auszüge aus den qualitativen Antworten aus der Online-Befragung (2009) belegt werden. Dazu einige exemplarische Beispiele:

- *Die zugespitzten Rollenbilder finde ich sehr geeignet, da sie bei mir einen inneren Widerstand auslösen. die zugespitzten Rollenbilder verleiten mich dazu, mich in Ausflüchte zu retten. Das gibt es in dieser Form sowieso nicht"* (#4).

- *Das Modul hat mich sehr zum kritischen Nachdenken angeregt. Besonders die Rollenbilder in ihren Extremen haben bei mir einen inneren Widerstand ausgelöst und mich zum Reflektieren gebracht. Ich wurde mir meiner Rolle dadurch sehr bewusst* (#5).

- *Ich denke, dass mich die Reflexion zum Rollenbild und heimlicher Lehrplan auf Ilias in etwa gleich stark bewegt haben. Den heimlichen Lehrplan sind wir später im Seminar kaum durchgegangen und so hat mich insgesamt das Rollenbild am meisten zum Nachdenken inspiriert* (#3).

- *Seit Beginn der Qualifikation setze ich mich mit dem eigenen Lernen und „Anderen was beibringen" noch intensiver auseinander. Die vorgestellten Rollenbilder haben mich auf jeden Fall angeregt, um über meine eigene Wissensvermittlung nachzudenken. Für meine weitere Tätigkeit als Ausbilder habe ich gemerkt, dass ich mich noch mehr in die Lage der Lerner hineinversetzen muss!* (#1).

Abbildung 46: Einschätzungen zu Modul „Eigene Rolle kritisch reflektieren" (Onlineumfrage, 2009)

Der Reflexionsanstoß, die eigene Lehrpraxis kritisch zu hinterfragen, scheint unabhängig von Zugehörigkeit und Vorkenntnissen der Teilnehmer stattgefunden zu haben, da die Zuordnung der Teilnehmer zeigt, dass sowohl welche aus dem Betrieb, aus der Hochschule und aus der überbetrieblichen Ausbildung sich durch die Präsentation der Rollenbilder zum kritischen Denken angeregt fühlten. Über den Berufsschullehrer kann leider keine Aussage getroffen werden, da er sich nicht an der Umfrage beteiligt hatte.

Auf die Frage, ob die Rollenbilder sich dazu eignen, kritisches Denken bei pädagogischen Professionals anzuregen, stuften fünf von sechs Teilnehmern die Eignung des Reflexionsanlasses als „sehr geeignet" in der Onlineumfrage ein. Ein weiterer Teilnehmer hingegen bewertete mit „kaum geeignet" (Onlineumfrage, 2009).

Teilnehmer #4 antwortete inkonsistent bei der Befragung. Der Ausbilder gab an, dass sich die Rollenbilder nicht dazu eignen würden, kritisches Denken anzuregen. In den qualitativen Fragen hingegen räumt er ein, zum Nachdenken angeregt worden zu sein. Dies geht auch aus der Analyse seiner schriftlichen Reflexion hervor, in der er darlegte, dass vor allem das Rollenbild des emanzipatorischen Lernens, verkörpert durch Frau Kowalzky, ihm sehr fremd war. Durch die Auseinandersetzung damit wurde er angeregt, über dieses Verständnis des Lehrens und Lernens nachzudenken. Auch die Aussagen aus einem Interview mit ihm bestätigen den Impuls zur Reflexion. Teilnehmer #2 äußerte, dass die Auseinandersetzung mit den Rollenbildern dazu geführt hätte, eigene Lehr-Routinen und Annahmen zum Lehren und Lernen wieder zu überprüfen. Der Berufsschullehrer (#7) teilte im Interview mit, dass er zum kritischen Nachdenken über eigene Handlungsroutinen angeregt wurde, obwohl er kurze Zeit davor in einem Seminar sich intensiv mit Lern- und Didaktiktheorien auseinandergesetzt hatte. Insbesondere dachte er darüber nach, wie er sich gegenüber den Schülern in seiner Rolle als Lehrer positionieren sollte. Dieses Thema brachte er weitere Male während der Präsenztreffen ein, da er Schwierigkeiten damit hatte, die für ihn richtige Balance zwischen der Rolle des Freundes und des Gleichgesinnten und der als Lehrer gegenüber den Schülern zu finden. Auch in seiner Lehrpraxis sprach er mit Kollegen über ein für ihn angemessenes Rollenbild und hinterfragte gängige Lehreralltagstheorien zum Umgang mit den Schülern.

Zwei der Teilnehmer aus den Betrieben stuften die Rollenbilder als zwar zum kritischen Nachdenken anregend ein, jedoch eher dahingehend, ob diese gezeigten Charaktere überhaupt in der Praxis vorkommen würden und inwieweit es überhaupt sinnvoll sei, sich mit überspitzten Vorstellungen zum Lehren und Lernen auseinanderzusetzen. Der Personalentwickler #6 bezeichnete die Rollenbilder und Unterrichtsentwürfe als „aus der Luft gegriffen" und sah einen Denkanstoß darin, „drüber nachzudenken, welche verschiedenen Stile gibt's eigentlich und für was sind die gut?" (Interview mit PP #6, 2009). Außerdem interpretierte er die Rollenbilder als Negativ-Beispiele, durch die er gezeigt bekommen habe, wie er es in seiner Praxis nicht halten möchte. Auch Teilnehmer #5, ein Personalentwickler, wünschte sich eine bessere Feinzeichnung der Rollenbilder, da sich durch die Überspitzung andere Teilnehmer seiner Ansicht nach davon distanziert hätten. Wahrscheinlich meinte er damit Personaler #6, der keine Arbeitsaufträge bearbeitete und in der Lerngruppe der Personaler Mitglied war.

Neben der Kritik der Praxisferne seitens der beiden Teilnehmer aus den Betrieben konnten noch weitere Verbesserungsvorschläge eingebracht werden. Einige der Teilnehmer beklagten sich über Zeitmangel bei der Bearbeitung der Reflexionsaufgaben. Gerade Teilnehmer #1, der Dozent aus der Berufsvorbereitung, hatte Probleme mit der schriftlichen Bearbeitung von Reflexionsaufträgen, da er es einfach nicht gewohnt war, Denkaktivitäten klar und exakt zu Papier zu bringen. Das Schreiben von Reflexionen gestaltete sich für ihn sehr zeitaufwendig und anstrengend (Interview mit PP #1, 2009). Auch der Ausbilder #4 teilte mit, Probleme mit der Formalität des Schreibens zu haben, die zu einem erhöhten Zeitaufwand bei der Bearbeitung führten. Beide Teilnehmer hatten nicht studiert, sondern sich anderweitig für ihre Tätigkeit qualifiziert.

Teilnehmer #2, Medienredakteur und Dozent, hatte ebenfalls Probleme mit dem schriftlichen Reflektieren, wenngleich nur mit dem Behalten von Ideen: *„Seit dem Beginn dieser Qualifizierung und der aktiven Aufforderung zur Selbstreflexion schwirren in meinem Kopf tausend Gedanken herum. Ich weiß schon gar nicht mehr, wo ich zuerst anfangen soll „hinzuhören". Es fällt mir auch schwer, das alles in Texte zu fassen und hier zu posten. Wenn ich unterwegs bin, z. B. in der S-Bahn fallen mir tolle Sachen ein, wenn ich dann hier am Rechner sitze, kann ich sie nicht mehr wiedergeben"* (E-Portfolioposting von PP #2, 2009).

Dieses Zitat und der beschriebene Konflikt des Berufsschullehrers zeigen, dass das Reflektieren nicht nur auf die Bearbeitung der Aufgabe beschränkt war, sondern die Weiterbildung die Teilnehmer auch zu weiteren Zeitpunkten zum Nachdenken angeregt hat, wenngleich dies nicht bei allen Teilnehmern belegt werden kann. Dies spricht für die Indikation des Prozesses kritischen Denkens.

Obwohl die pädagogischen Professionals angaben, durch die Rollenbilder zum kritischen Denken angeregt worden zu sein, zeigt sich die konkrete Ausprägung kritischen Denkens in den schriftlichen Reflexionen im Durchschnitt auf einer eher niedrigen Intensitätsstufe („Beginner"), wenn man den Beurteilungsbogen als Maßstab zugrunde legt, obwohl durch die aufgeworfenen Leitfragen implizit kritisches Denken angeregt und gelenkt werden sollte. Beispielsweise ließen Teilnehmer #1 und #2 jene Fragen, die Prompts zu den analytischen Kriterien für kritisches Denken enthielten (z. B. Annahmen belegen) einfach aus. Der Ausbilder und Personalentwickler #4 führte als Belege ausschließlich eigene Erfahrungen und seinen wahrgenommenen Erfolg für richtiges Lehren und Lernen an. Er bezog in seine Überlegungen auch nicht Aspekte der konstruktiven und ideologiekritischen Dimension kritischen Denkens mit ein. Für ihn ist es wichtig, einen so hohen Lerntransfer wie möglich in der Unternehmenspraxis durch sein Wirken zu generieren.

Ideologiekritisches Denken zeigte sich insgesamt nur bei einem Teilnehmer im schriftlichen Arbeitsauftrag stärker ausgeprägt. Der wissenschaftliche Mitarbeiter (#8) analysierte die Rolle von Machtstrukturen beim Lehren und Lernen, versuchte die Denk- und Handlungsweisen der gezeigten Charaktere anhand von Sozialisationsmechanismen zu erklären usw. Es gilt erneut anzumerken, dass der Teilnehmer sich bereits intensiv mit der Kritischen Theorie auseinandergesetzt hatte und beispielsweise ideologiekritische Essays in einer kritischen Onlinezeitung veröffentlichte.

Multiperspektivische Überlegungen (z. B. Übernahme der Perspektive der Schüler, Rückgriff auf Lerntheorien, Wirkweisen von Theorien auf das Handeln usw.) wurden auch nur von den wenigsten Teilnehmern angestellt. Teilnehmer #7, der Berufsschullehrer, aber bezog sich in seiner Reflexion explizit auf Lern- und Bildungstheorien und diskutierte Ergebnisse der kognitiven Psychologie und der Neurowissenschaften. Der Lehrer interessierte sich sowohl theoretisch als auch praktisch, wie bereits dargelegt, sehr für das Lernen und Lehren und hatte sich auch privat intensiv mit Lernstrategieförderung und Kompetenzmessung auseinandergesetzt. Sein Vorwissen verschaffte ihm klare Vorteile bei der Argumentation.

Die meisten der Teilnehmer berichteten des Weiteren reichhaltig und ausschließlich von ihren eigenen Erfahrungen als Lerner, die sie als Basis für Argumentationen benutzten. Sie reflektierten dabei aber nicht den Zusammenhang zwischen ihrer eigenen Lehrpraxis mit Vorbildern oder Negativbeispielen, die sie prägten. Einigkeit bestand meist darin, dass keines der drei Rollenbilder in Reinform als die ideale Variante für das Lehren und Lernen gesehen werden kann. Etliche Teilnehmer sahen die beste Kombination in Mischformen der drei Ansätze (#4; #5; #3). Der Rolle des Kontextes, in dem Lehren und Lernen jeweils stattfindet, wurde dabei argumentativ kaum Beachtung geschenkt.

Diese dargelegten Ergebnisse bedeuten nicht, dass die Teilnehmer nicht kritisch denken können. Vielmehr kann es sein, dass kritisches Denken viel Arbeit macht, die die Teilnehmer anscheinend vermeiden wollten. Außerdem ist mangelndes Wissen über Lern- und Bildungstheorien eine weitere Erklärung. Ideologiekritisches Denken wird anscheinend im Alltag der Teilnehmer nicht im Zusammenhang mit ihren Unterrichtserfahrungen angestellt, da es vielleicht auch hier an Wissen über die Rolle und Wirkweisen von Macht und Hegemonie fehlen könnte oder diese Konzepte von den meisten der Teilnehmer nicht anerkannt werden.

Kritische Diskussionen kamen sowohl in den Lernpartnerschaften als auch in der Präsenzveranstaltung bezüglich der Rollenbilder leider nicht auf. Feedback bestand nur darin, jeweils gegenseitig zu bestätigen, dass eine Mischform der drei Charaktere wohl einen guten pädagogischen Professional ausmachen würde, ohne aber dabei den Faktor „Kontext" oder weitere Gesichtspunkte zu beachten. Ausbilder #4 äußerte im Interview, große Schwierigkeiten beim Geben von Feedback gehabt zu haben, da er nur dann kritische Anmerkungen machen könnte, wenn er den Stoff verstanden habe (Interview PP #4, 2009). Ihm war es nicht klar, was es bedeutet, kritisches Feedback zu geben. Erst in der Präsenzveranstaltung konnte dies verdeutlicht werden, obwohl bei der ersten Präsenzveranstaltung erklärt wurde, was gutes Feedback ausmacht. Zur Gewinnung des Vertrauens der Teilnehmer und zur Modellierung kritischen Denkens verfassten ein weiterer Dozent und ich auch Reflexionen zu den Arbeitsaufträgen. Die Auseinandersetzung mit den Rollenbildern erfolgte dabei auf einem mittleren bis guten Niveau kritischen Denkens (Könnerschaft). Multiperspektivische und ideologiekritische Betrachtungen wurden in den Reflexionen auch berücksichtigt. Das Feedback der Teilnehmer zu den Texten fiel sehr verhalten und stets affirmativ aus. Es könnte sein, dass diese Muster-Reflexionen die Teilnehmer mit schwächerem Vorwissen abschreckten.

Zu der Annahmen-Entdeckungsübung innerhalb des Modules konnten leider keine Angaben über die Wirksamkeit gemacht werden, da die Bearbeitung technisch nicht nachvollzogen werden konnte.

Insgesamt konnte das Modul „Eigene Rolle kritisch reflektieren" die angedachte Funktion der Anregung kritischen Denkens gut erfüllen. Die Teilnehmer fanden sich durch die Inhalte und Arbeitsaufträge zum kritischen Nachdenken, insbesondere zur Selbstreflexion, angeregt. Die Teilnehmer hatten auch Spaß, sich mit den Charakteren und Unterrichtsentwürfen auseinanderzusetzen. Bei der globalen Bewertung wurde dem Modul (inklusive Reflexionsauftrag „heimlicher Lehrplan" – siehe folgendes Unterkapitel) folgende Notenverteilung zugeschrieben: Drei der sechs Teilnehmer verliehen die Note „sehr gut". Drei beurteilten mit „gut" (Onlineumfrage, 2009).

Die eingesetzte Ambiguität und die Identifikation mit der Lebenswelt der Lernenden scheinen dazu geführt zu haben, sich intensiv selbst in seinem Denken und Handeln als pädagogischer Professional zu erforschen. Die Tiefe des kritischen Denkens ist dabei insgesamt unerwartet niedrig ausgefallen. Dies ist als Beleg für die Richtigkeit des Zieles der Schulung im kritischen Denken zu werten, da die Teilnehmer zu diesem Zeitpunkt noch nicht im kritischen Denken geschult worden waren. Die Möglichkeiten individuellen E-Learnings, in Form von Videos zu den fiktiven Persönlichkeiten, wie auch das multimediale Erforschen von deren Unterrichtskonzepten innerhalb des WBTs eignen sich gut für die Zielgruppe der pädagogischen Professionals, um Denkanstöße zur Selbstreflexion zu geben, wobei im Anschluss an die Reflexion eine Vertiefung der Denkaktivitäten durch gelenkte Phasen der sozialen Interaktion gegeben sein muss, damit verschiedene Perspektiven ausgetauscht werden können. Die Lernpartnerschaften innerhalb des E-Portfolios haben sich dabei nicht bewährt. Erst in der Präsenzveranstaltung konnten tiefer gehende, kritische Elemente wie die Rolle des Kontextes, Kritik an den Reichweiten und Grenzen von Lerntheorien usw. in die Diskussion durch sokratisches Fragen eingebracht werden.

Verbesserungswürdig ist die Heranführung an die Bearbeitung des Modules. Dies bezieht sich vor allem auf das Schreiben von Reflexionen. Jenen Teilnehmern, die Probleme mit der Schriftlichkeit haben, sollte die Angst vor dem Schreiben genommen werden, indem klar gemacht wird, dass die Form keine große Rolle spielt. Außerdem sollte noch stärker verdeutlicht werden, was ein kritisches Feedback ausmacht, obwohl – einführend in den Kurs – Beispielreflexionen verteilt wurden, die aber anscheinend vom sprachlichen Niveau zu anspruchsvoll gestaltet wurden. Der Verdacht liegt nahe, dass die kritischen Reflexionen der Dozenten, die als Beispiel für kritisches und reflexives Schreiben dienen sollten, gerade die schriftlich schwächeren Teilnehmer (#1; #4) verunsichert, eingeschüchtert und dadurch das Problem mit der Schriftlichkeit letztendlich erhöht haben. Des Weiteren könnte die Aufgabe für die Teilnehmer erkenntnisreicher sein, wenn sie bereits das Konzept des kritischen Denkens kennengelernt und verinnerlicht haben.

1.3.2 Reflexionsauftrag „heimlicher Lehrplan"

Der provokative und eindimensionale Text zum heimlichen Lehrplan (siehe Anhang C2.) zielt sowohl darauf ab, kritisches Denken bei den Teilnehmern anzustoßen als auch ein Vorverständnis für die ideologiekritische Perspektive kritischen Denkens auszuprägen. Die Bearbeitung des Reflexionsauftrages geschah wieder durch Fragen, die als Prompts für kritisches Denken dienen sollten. Dabei wurden Fragen aus allen Dimensionen kritischen Denkens als Orientierung für den Arbeitsauftrag vorgegeben und des Weiteren der Begriff „Ideologiekritik" definiert. Die Reaktionen der Teilnehmer auf den Arbeitsauftrag fielen verschiedenartig aus, wobei die Aufgabenstellung bei allen der befragten Teilnehmer eine Wirkung entfaltete. Hier ein kurzer Ausschnitt von qualitativen Aussagen aus der Onlineumfrage (2009), die ziemlich zeitnah nach der Bearbeitung der Aufgabe durchgeführt wurde:

- *Der heimliche Lehrplan löste eine Betroffenheit aus, da ich mir darüber noch nie Gedanken gemacht habe (#4).*
- *Den heimlichen Lehrplan habe ich mir durchgelesen, muss sich erst setzten (#1).*
- *Es ist sehr geschickt über Texte, die von extern wirken, die internen Denk- und Handlungsmuster zu entdecken. Mir erging es so, dass ich das, was ich lese und sehe, mit meinen eigenen Mustern abgleiche oder vergleiche, das regt die Selbstreflexion an. Quasi von hinten durch die Brust geschossen! (#8).*

Abbildung 47: Einschätzungen zur Wirkung der Aufgabe „Heimlicher Lehrplan" (Onlineumfrage, 2009)

Zum kritischen Denken angeregt fühlten sich besonders Teilnehmer #1, #4, #7, und #8. Der erfahrene Ausbilder (#4) hatte sich beispielsweise nach eigenen Angaben noch nie Gedanken über verdeckte Machtstrukturen und deren Wirkweisen in der pädagogischen Praxis in dieser Form gemacht. Für ihn war diese ideologiekritische Betrachtung von Bildung und Lehren/Lernen neu und löste eine Betroffenheit aus, die ihn dazu veranlasste, im Internet zu der Thematik zu recherchieren:

„Das war so 'ne Sache, wo ich – wo ich erst mal so durchgelesen hab und dacht: aha! Und dann aber auch so komisch. In dem ganzen Artikel gibt es keinen einzigen Aspekt, der dagegen spricht. Das kann doch jetzt nicht sein, dass das irgendwann einer mal in Umlauf gebracht hat und alle nicken es ab. Aber erst so im zweiten Durchgang. Im ersten Durchgang hab ich das gelesen und dacht so: Mhm, was es alles gibt! Und dann hab ich's nochmal gelesen und denk ich, äh, da werden jetzt angeblich so viele Belege dafür angeführt, aber wo es Belege dafür gibt, gibt es auch immer Belege dagegen. Und dann hab ich im Internet mal recherchiert und hab mir gedacht: Das gibt es doch nicht!?" (Interview PP #4, 2009).

Im weiteren Verlauf merkte der Teilnehmer auch an, dass der Gender-Aspekt in dem Text fehle. Gemeint ist damit die Auseinandersetzung mit der diskriminierenden Erziehung der Schüler zu den jeweils in der Gesellschaft verinnerlichten Rollenbildern von Mann und Frau. Dies ist ein Beleg dafür, dass sich der Teilnehmer tief gehend mit dem Konzept des heimlichen Lehrplans beschäftigt hatte. Von theoretischer Warte aus bedeutet dies, dass er die erste Phase des Prozesses kritischen Denkens komplett und die zweite im Ansatz durchlaufen hat, also von einem kognitiven und emotionalen Konflikt dazu bewegt wurde, ein fundiertes Urteil zu dem Konzept anzustreben, wobei unklar blieb, wie dieses Urteil ausgefallen ist. In der zweiten Präsenzveranstaltung äußerte der Ausbilder, er sehe, seit er den Text verinnerlicht habe, nun fast überall einen heimlichen Lehrplan wirken. Jedoch ist die beobachtete Wirkung nicht stringent mit den Äußerungen des Teilnehmers. Wieder liegen von ihm nicht konsistente Aussagen vor. In der Online-Umfrage gab er nämlich vor dem Interview auch an, dass die Reflexion den Schüler in ihm wachgerufen habe, „*der mehr damit beschäftigt war, wie er mit wenig 1,5 Seiten füllt, anstatt kritisch zu reflektieren*" (PP #4, Onlineumfrage, 2009). Vielleicht hatte der Teilnehmer auch Schwierigkeiten mit der schriftlichen Transformation seiner Gedanken. Indizien dafür lassen sich an der Form seiner Reflexion finden. In seiner schriftlichen Reflexion zweifelte er die unbewusste Einflussnahme durch subdidaktische Kräfte an, konnte aber kein eindeutiges Urteil dazu fällen. Dem Konzept des heimlichen Lehrplanes stand er skeptisch gegenüber, da seiner Ansicht nach Erziehung als überliefertes Wissen von einer Generation an die nächste zu verstehen wäre, die notwendig sei, um das Überleben der Menschen zu sichern (#4, Reflexionsauftrag *Heimlicher Lehrplan*). Unbewusste Effekte des Lehrens und Lernens sind seiner Ansicht nach für die Individuen als förderlich anzusehen. Dennoch sind deutliche Zweifel in dem Text zu erkennen, die klar machen, dass der Teilnehmer verunsichert in seinem Urteil war, denn er findet keinen richtigen Ansatz, wie er das Konzept des heimlichen Lehrplanes letztendlich bewerten soll. Er gibt auch konstruktive Anregungen, wie die Wirkweisen des heimlichen Lehrplanes entschärft werden können, und bezeugt dadurch sein Bestehen. Einige Tage nach dem Schreiben der Reflexion bekräftigte er online, dass er mit der Ausbildung sehr unzufrieden sei: „*Ich bin mit der Erwartung in diese Ausbildung gegangen eine berufliche Weiterbildung zu besuchen, die mir Wissen vermittelt, wie ich mir E-Learning Tools zu eigen mache, um meine Zielgruppe, Jugendliche, in ihrem Medium Internet besser zu erreichen. Doch das bekomme ich nur oberflächlich angerissen bzw. gar nicht, dafür muss ich mich mit Themen beschäftigen, die für mich unnütz sind (Klafki, ideologiekritisches Denken usw.)* (#4, Forumsposting, 2009). Er lehnte ideologiekritisches Denken, mit dem er durch den heimlichen Lehrplan erstmals in Berührung kann, als „nutzlos" für ihn ab. Aufgrund vielfältiger Belege (Umfrageantworten, Interviewaussagen, Reflexion, Feldnotizen) ist jedoch, wie bereits dargelegt, anzunehmen, dass der Teilnehmer dennoch zu kritischem Denken angeregt wurde.

Teilnehmer #1, ein erfahrener Dozent in der überbetrieblichen Ausbildung, der keine universitäre Ausbildung absolviert hatte, wurde auch durch den provokanten Text zum Nachdenken über seine Praxis angeregt. Obwohl er aus Zeitgründen keine schriftliche Reflexion anfertigte, da er – wie bereits dargelegt – sehr lange für das Niederschreiben von Gedanken brauchte, beeinflussten die kritischen Überlegungen sein Handeln in der Praxis in einem konkreten Fall:

„*Bei diesem heimlichen Lehrplan, da war, wenn ich mich richtig erinnere, eine Passage drin – diese belohnende Verhaltensweise, wer gut ist, kriegt 'ne Eins, wer gut ist, ja, der kriegt 'ne Eins, und das halt die dann eben schon in die Richtung dahingehend erziehen und was ist mit denen aber, die jetzt keine Eins kriegen, zu was sind die abgestempelt? Und ich hab das jetzt hier auch in der BVB gehabt die Woche, bei einer Aufgabe, da waren halt welche ziemlich schnell fertig. Und dann stellte sich die Frage, weil die auch unruhig wurden, schick ich sie jetzt raus, dass sie Pause machen können? Aber was ist mit denen, die jetzt noch sitzen, die sich vielleicht mehr Mühe geben, oder die halt einfach länger brauchen, wie fühlen die sich dann? Und dann hab ich gesagt, ok, ich werde die nicht dafür belohnen, dass sie das schnell gemacht haben und dass sie mehr Pause haben, sondern ich hab gesagt, ok, wir bleiben alle hier und warten, bis sie fertig sind – bis alle fertig sind, ja*" (Interview mit PP #1, 2009).

Auch in der Interviewsituation gab er an, dass der Text ihn sehr zum Nachdenken angeregt habe, dass er ihn mehrmals gelesen habe, jedoch die Inhalte sich noch bei ihm setzen müssten. Auch er schien in der Phase der Urteilsbildung zu keiner klaren Position zu dem Konzept des heimlichen Lehrplans gedanklich vorgedrungen zu sein. Jedoch wurde er für das Wirken von offener und verdeckter Macht in Unterrichtssituationen sensibilisiert.

Auch für den Berufsschullehrer war das Konzept des heimlichen Lehrplans neu, obwohl er sich bereits viel mit Bildungstheorien und Didaktik auseinandergesetzt hatte. Er wurde durch die Bearbeitung der Aufgabe auf sein eigenes professionelles Handeln in der Praxis zurückgeworfen:

„Was nochmal neu dazu gekommen ist und ganz spannend war, dieser Gedanke mit dem heimlichen Lehrplan, und da nochmal auch selber sich kritisch zu hinterfragen als Pädagoge. Inwieweit sind vielleicht Inhalte, die für einen selbstverständlich sind, weil sie in allen Lehrbüchern auftauchen, im Lehrplan drin stehen, usw., ideologisch eingefärbt. Und sich da auch selber wieder zu hinterfragen. Wo übernimmst du vielleicht Inhalte unkritisch und unreflektiert und musst da nochmal selber zu hinterfragen. Wo es da Ansatzpunkte gibt, selber kritisch zu denken. Und da eben auch die Schüler da anzuregen" (Interview mit PP #7, 2009).

Der wissenschaftliche Mitarbeiter stufte die Bearbeitung des Reflexionsauftrages als intensivstes Erlebnis im Hinblick auf kritisches Denken im Kurs ein. Er äußerte im Interview auch, dass der Reflexionsauftrag *„initial"* für ihn und gedanklich am intensivsten gewesen sei (Interview mit PP #8, 2010). Nach der Bearbeitung des Reflexionsauftrages publizierte er freiwillig sogar ein Blogposting, in dem er die Funktionalität von Bildung im Sinne von Erziehung zum Funktionieren in der Wirtschaft kritisierte. Die Auseinandersetzung mit dem Text scheint auch bei ihm Phasen des Prozesses kritischen Denkens angestoßen zu haben, da er sich intensiv mit dem Konzept auseinandersetzte, was sowohl aus seiner Reflexion als auch aus dem Blogposting hervorgeht.

Die restlichen Teilnehmer, die die Aufgabe bearbeiteten, wurden weniger stark zum kritischen Denken angeregt. Teilnehmer #2 teilte mit, dass er die Aufgabe in Anbetracht der Arbeitsbelastung lieber auslassen würde. Er gab auch an, dass er den Text nicht spannend fand und es nicht möge, zu philosophieren (E-Portfolioblogposting zum heimlichen Lehrplan von PP #2, 2009). Der Personaler #5 gab an, sich bereits im Studium mit dem Konzept auseinandergesetzt zu haben, obwohl er in der Reflexion selbst schrieb, dass er durch den Text Bewusstheit darüber erlangt hat, selbst auch mit einem heimlichen Lehrplan zu arbeiten (E-Portfolioposting zum heimlichen Lehrplan von PP #5, 2009).

Die schriftlichen Reflexionen wurden von mir gesichtet und anhand des Beurteilungsbogens für kritisches Denken beurteilt, ohne Vergabe von Performanzpunkten, da aufgrund der vielen Orientierungsfragen die Teilnehmer Schwerpunkte in der Argumentation setzten. Dadurch wurden in manchen Fällen manche Dimensionen des kritischen Denkens nicht berücksichtigt, da die damit in Verbindung stehenden Fragen ausgelassen wurden.

Die Reflexionen waren insgesamt im Vergleich kritischer als die Arbeiten zu den Rollenbildern. Beispielsweise bestach die Reflexion von Teilnehmer #3 durch ihren analytischen Charakter, der sich in der Widerlegung von im Text angestellten Argumenten zeigte. Andere Arbeiten, wie die von Teilnehmer #5, waren jedoch in manchen Aspekten eher unkritisch, da der Text als ausgewogen und neutral kategorisiert wurde. Generell wurden in den Argumentationen wenige Belege angeführt und es wurde hauptsächlich aus eigenen Erfahrungen heraus argumentiert. Auch wurden wenig konstruktive Vorschläge zum Umgang mit dem heimlichen Lehrplan aufgezeigt. Die gemachten Vorschläge hingegen wurden auf einer sehr allgemeinen Ebene formuliert, ohne konkrete Beispiele zu geben. Insgesamt sind die Reflexionen auf einer mittleren Niveaustufe kritischen Denkens („Beginner" bis „Könnerschaft") anzusiedeln, wobei manche der Arbeiten sich auf hohem (z. B. #7, 8), andere hingegen eher auf niedrigem Niveau (#5) bewegen.

Der Feedbackdiskurs im E-Portfolio lief wie bei der Reflexionsaufgabe schleppend. Es wurden keine tiefer greifenden Diskurse zu der Thematik geführt, auch wenn der wissenschaftliche Mitarbeiter mit seinem Blogposting dazu ein Angebot gemacht hatte.

Es wurden verschiedene Kategorien von Kritikpunkten zu der Bearbeitung der Aufgabe von den Teilnehmern geäußert. Jene, die sich mit dem Schreiben von Reflexionen schwertaten, bemängelten den Umfang der Reflexionsaufträge. Einer dieser Teilnehmer appellierte für ein Wahlmodell, bei dem in Modul 3 nur eine Reflexion von beiden bearbeitet werden muss, die frei gewählt werden kann (Rollenbilder oder heimlicher Lehrplan). Weiterhin fand es einer der Teilnehmer schade, dass die Thematik „Heimlicher Lehrplan" nicht weiter in der Präsenzveranstaltung vertieft wurde. Zwei Personen gaben an, dass zu viele Fragen als Orientierungshilfe zur Bearbeitung der Aufgabe angeboten wurden und dies zu Verwirrung führte. Diese Kritik zeigt sich auch in der Bearbeitung der Aufgabe, da hier ganz unterschiedliche Schwerpunkte gesetzt wurden und manche Fragen außen vor blieben.

Insgesamt liegen einige empirische Belege vor, die zeigen, dass einige der Teilnehmer tief gehend zum kritischen Denken angeregt wurden durch Gefühle der Betroffenheit, die durch die Auseinandersetzung mit dem Text induziert wurden. Einige wenige der Teilnehmer machten sich dabei erstmalig Gedanken über verdeckte Machtstrukturen und deren Wirkweisen in der pädagogischen Praxis. Der Dozent aus der Berufsvorbereitung wurde dadurch sogar in seinem konkreten Handeln beeinflusst. Daher hat das Qualifizierungselement seine Funktion für die heterogene Gruppe weitestgehend erfüllt und kann in diesem Kontext als bewährt angesehen werden. Ein Großteil der Teilnehmer durchlief die Initialphase und die Phase der Urteilsbildung kritischen Denkens.

1.3.3 Flexible Learning Basismodul – "Eine Einführung in kritisches Denken als Elaborationsstrategie"

Die theoretische Einführung in das Konzept des kritischen Denkens lässt eine tendenzielle Aufteilung der Wirkweise in der Gruppendifferenzierung „Betrieb" und „Nicht-Betrieb" zu. Die Gruppe „Nicht-Betrieb" war größtenteils mit der Einführung in kritisches Denken via WBT zufrieden. Bei der Abschlussbefragung mit Fragebogen gab ein Teilnehmer bei der Frage, was er an dem „Flexible Learning Basismodul" (siehe Anhang C3.) besonders gut fand, die Darstellung kritischen Denkens an, obwohl kritisches Denken in diesem umfangreichen Modul inhaltlich nur einen Bruchteil ausmachte. Ein weiterer Teilnehmer wertete die Tiefe der Darstellung kritischen Denkens als positiv. Er äußerte in der Gruppendiskussion, dass er es für richtig und notwendig halte, kritisches Denken vertieft und ausführlich darzustellen, da sonst kritisches Denken konzeptuell nicht verinnerlicht und dementsprechend gefördert werden könne (Gruppendiskussion, PP #3, 2009). Ausbilder #4 hingegen widersprach ihm und meinte, dass kritisches Denken viel zu tief gehend behandelt wurde, wodurch andere, für ihn wichtigere Inhalte zu kurz kamen (Gruppendiskussion, 2009). Hier zeigt sich bereits die unterschiedliche Bewertung der beiden Gruppen. In der globalen Bewertung des Modules anhand von Schulnoten gaben vier Teilnehmer die Note Eins, einer eine Zwei und ein weiterer eine Vier (Abschlussumfrage, 2009). Die Vermutung liegt nahe, dass die schlechte Zensur von einem der Teilnehmer aus den Betrieben gegeben wurde und die anderen zwei Teilnehmer dieses Lernortes keine Bewertung abgegeben hatten. In anderen empirischen Quellen wurde nämlich seitens dieser pädagogischen Professionals Kritik an der Vermittlung des Konzeptes kritischen Denkens geübt. Trotz einiger Praxisbeispiele mit betrieblichem Bezug empfand der Ausbilder #4 die Inhalte als „verkopft" und „theoretisch" (Onlinebefragung, PP #4, 2009). Er räumte im Interview ein, dass er Schwierigkeiten hatte, die Inhalte des Moduls zu verstehen. Dies hing seiner Ansicht nach mit seinem Vorwissen zusammen, da er oftmals Begriffe nachschlagen und für sich klären musste. Dadurch verging ihm auch die Lust an der Bearbeitung des Moduls. Desweiteren schätzte er die Ausführungen als zu umfangreich und zu praxisfern ein. Die Aussage trifft jedoch nicht nur für die Einführung in kritisches Denken, sondern generell für alle Module zu. In den Interviews betonten zwei betriebliche Teilnehmer (PP #4, #5), dass sie das Konzept des kritischen Denkens besser verinnerlichen hätten können, wenn es für sie konkret praktisch erlebbar aufbereitet gewesen wäre. Ausbilder #4 gestand, dass er als theoretisch empfundenen Lernstoff meide, mit dem Vorwand, er sei nicht praxistauglich (PP #4, Onlinebefragung, 2009). Auch der Dozent, der über keinen universitären Abschluss verfügte (#1), äußerte, dass er Probleme damit hatte, das Konzept kritischen Denken zu verstehen, obwohl neben dem Einführungsmodul noch weitere Inputs dazu erfolgten und die Teilnehmer selbst jeweils ein eigenes Verständnis für ihre Praxis in einer Übung aufstellten (siehe dazu Qualifizierungselement #5).

Inwieweit durch die Analyseaufgabe innerhalb des Moduls (Bewertung einer Hitlerrede anhand der analytischen Kriterien kritischen Denkens) kritisches Denken über das Konzept des kritischen Denkens angeregt wurde, kann nicht beurteilt werden. Fakt jedoch ist, dass die Teilnehmer zeitliche Probleme hatten, die Arbeitsaufträge innerhalb der Weiterbildungsmaßnahme zu erledigen, da sie sich nicht die Lernzeit verschaffen konnten, die sie für die Bearbeitung der Aufgaben benötigten. Da kritisches Denken einen untergeordneten Rang in der Weiterbildung einnahm und die Teilnehmer sich mit einer Vielzahl von weiteren, für die anzustellende Qualifizierungsarbeit relevanteren Dingen beschäftigen mussten, liegt der Verdacht vor, dass einige der Teilnehmer, die bereits im Vorfeld andere Erwartungen an die Inhalte des Kurses gehabt hatten, sich nicht gründlich mit der Thematik befassten. Weiterhin gaben die Teilnehmer aus den Betrieben bekannt, dass sie die WBTs aufgrund der Arbeitssituation nicht online bearbeiten konnten (kein Internetzugang etc.) und deshalb die WBT-Seiten ausdruckten und in Papierform durcharbeiteten. Dadurch war es z. B. nicht möglich, interessante Praxisbeispiele zu kritischem und unkritischem Denken im Einzelhandel zu sichten oder die

Analyseaufgabe zu bearbeiten, da diese nur per Hyperlink zugänglich waren. Wahrscheinlich haben die Teilnehmer aus den Betrieben deshalb auch die Beispiele zur Sensibilisierung für die Wichtigkeit für kritisches Denken nur teilweise gesichtet.

Insgesamt hat sich das Qualifizierungselement in seiner Funktion der Bewusstseinsbildung und Vermittlung des Konzeptes kritischen Denkens nicht für alle Teilnehmer etabliert. Zwei Teilnehmer (#1; #4), jene ohne Abitur und Hochschulabschluss, hatten Schwierigkeiten, ein Bewusstsein dafür zu entwickeln, was kritisches Denken bedeutet und warum es auch für ihre Praxis von hoher Relevanz ist. Des Weiteren lehnte die Gruppe der Betriebe den Zugang zu dem Konzept ab, da sie nicht die Praxisrelevanz erkennen konnte und die Darstellung als theoretisch empfand. Dabei muss darauf hingewiesen werden, dass die Teilnehmer aus den Betrieben von vornherein kritisches Denken als eher unwichtiges Thema auffassten und nur wegen des konkreten Einsatzes von E-Learning-Anwendungen an der Weiterbildung teilnahmen.

1.3.4 E-Portfolio-Reflexionsauftrag "Bewertung der Reflexion zu den Rollenbildern"

Die Bewertung der Rollenbilder-Reflexionen aus Modul 3, anhand der Kriterien kritischen Denkens hatte zur Aufgabe, Metakognition anzuregen, damit die Teilnehmer ihr eigenes kritisches Denken besser einschätzen lernen (siehe Anhang C3.). Gleichzeitig sollte dadurch auch das Verständnis für das Konzept geschärft werden. Aufgrund der nicht vorhergesehenen Arbeitsbelastung der Teilnehmer und einer damit einhergehenden Fehlkalkulation des Workloads innerhalb der Weiterbildungsmaßnahme waren die Teilnehmer jedoch nicht bereit, die anstehenden Arbeitsaufträge zu bewältigen, und konzentrierten sich auf die wesentlichen Arbeitsaufträge der Weiterbildung. Deswegen bearbeiteten nur Teilnehmer #2 und #5 die Aufgabenstellung. Teilnehmer #2 (Redakteur für Lernmedien) arbeitete die Beurteilung seiner Reflexionen anhand einer Tabelle ab, in der er den einzelnen Kriterien anhand einer Bewertungsskala Performanzpunkte zuordnete (siehe Abbildung 48).

Meine Texte und Redebeiträge sind daher oft kurz, impulsiv und logischerweise wenig elaboriert und exakt.

Das alles klingt irgendwie deprimierend. Aber so bin ich halt, eher praktisch veranlagt. Bevor ich mir zig Eventualitäten im Kopf herumgehen lass, um eine Entscheidung zu treffen, probiere ich lieber nach meinem auf Praxiserfahrung und Sensibilität beruhenden Empfinden aus.

Hier meine Einschätzung zu meinen Reflexionen bzgl. der Rolle der päd. Profs.

Kriterien	--	-	o	+	++
Klarheit			X		
Richtigkeit			X		
Exaktheit	X				
Relevanz			X		
Elaboriertheit	X				
Logik		X			
Multiperspektivität			X		
Ideologieeinfärbung				X	

Abbildung 48: Bewertung der Rollenbilder-Reflexionen anhand der Kriterien kritischen Denkens (Auszug aus Blogposting im E-Portfolio von Teilnehmer #2, 2009)

Neben dem schlechten Abschneiden bei der Anwendung kritischen Denkens räumte Teilnehmer #2 auch ein, dass kritisches Denken eine bewusste Schwäche von ihm sei und er sich lieber auf seine Erfahrung und Sensibilität beim Treffen von Urteilen verlasse. Diese dem kritischen Denken entgegenstehende Tradition muss jedoch nicht zu schlechteren Urteilen führen.

Der Personaler #5 analysierte in seiner Reflexion auch entlang der einzelnen Kriterien, jedoch in Fließtext. Dabei ging er sehr analytisch und selbstkritisch vor. Die dabei verfasste Reflexion geschah auf hohem Niveau kritischen Denkens. Der Teilnehmer entdeckte etliche Mängel an seiner eher unkritischen Reflexion. Beispielsweise nannte er weitere Perspektiven wie die Sicht seiner Auszubildenden oder die des Arbeitgebers, die er nicht in seine Überlegungen einbezogen hatte (Blogposting im E-Portfolio von Teilnehmer #5, 2009).

Insgesamt kann nicht belegt werden, ob die Auseinandersetzung mit den Reflexionen zum einen das konzeptuelle Verständnis kritischen Denkens verbessert hatte und zum anderen dazu beitrug, eigene Fertigkeitslücken im kritischen Denken aufzufinden und dadurch dazu motiviert zu werden, kritisches Denken einzuüben. Jedoch ist bei beiden Teilnehmern ersichtlich, dass durch die Verinnerlichung der konzeptionellen Basis eine kritische Analyse ihrer Arbeiten und somit kritische Metakognition stattgefunden hatte.

1.3.5 Lehrgespräch „Kritisches Denken mit E-Learning fördern" und Gruppenarbeit „Erarbeitung eines gemeinsamen Verständnisses zur Förderung kritischen Denkens"

Beide in der Überschrift genannten Qualifizierungselemente (5. und 6.) zielen darauf ab, das Bewusstsein für kritisches Denken zu schärfen und dazu anzuregen, ein eigenes, individuell auf den jeweiligen Kontext abgestimmtes Verständnis kritischen Denkens zu entwickeln. Außerdem sollten durch die Verbindung der Förderung kritischen Denkens unter Nutzung der Potenziale von E-Learning weitere Impulse gegeben werden, die zur Anregung der Förderung in der Lehrpraxis dienen sollten. Da beide Qualifizierungselemente zeitlich hintereinander in der Präsenzveranstaltung erprobt wurden und die durch Qualifizierungselement 5 (Lehrgespräch) hergestellte Stimmung sich auch auf die Erarbeitung des gemeinsamen Verständnisses auswirkte, werden die gemachten Erfahrungen zusammen beschrieben.

Zu Beginn der Vertiefung der Förderung kritischen Denkens mit E-Learning, für die in der Präsenzveranstaltung 60 Minuten zur Verfügung standen, wurden die Teilnehmer dazu aufgefordert, sich über die Wichtigkeit der Förderung kritischen Denkens im Einzelhandel auszutauschen. Angeregt wurde die Diskussion durch eine Bildcollage, die soziale Missstände, die in direkten oder indirekten Zusammenhang mit dem Einzelhandel gebracht werden können, drastisch vor Augen führt (siehe Anhang C4.). Durch das Material sollte bei den Teilnehmern Betroffenheit erzeugt werden, um darüber nachzudenken, wie wichtig die Förderung kritischen Denkens auf allen Ebenen des Einzelhandels sein kann, um Wandel anzustoßen. Ich ging davon aus, dass die Darstellung der gezeigten Missstände keinen größeren Effekt auf die Diskussion haben würde, da ich unterstellte, dass sich die betrieblichen Teilnehmer bereits intensiv Gedanken über Phänomene wie z. B. die

Auswirkung des Preiswettbewerbs auf die Produktion von Lebensmitteln gemacht und diese als „unbequeme" Wirklichkeit angenommen hatten. Die Diskussion wurde von mir gleichzeitig moderiert und beobachtet. Eine Assistentin beobachtete den Verlauf verdeckt mit dem bereits beschriebenen Beobachtungsbogen (siehe Anhang B2.).

Die Teilnehmer aus den Betrieben reagierten empört, sowohl auf die gezeigten Bilder als auch auf die kritischen Internetseiten wie *foodwatch*, die Skandale rund um die Produktion und den Verkauf von Lebensmitteln aufdecken und publik machen. Die gezeigten Medien polarisierten die Teilnehmer. Die Diskussion verlief sehr emotional, was sich an Gestik, Mimik, Intonation und Direktheit der Redebeiträge der Teilnehmer zeigte. Eine der beiden Projektverantwortlichen, die an diesem Tag zur Beobachtung an der Präsenzveranstaltung teilnahm, ermahnte mich mit dem Hinweis, diese Diskussion habe nicht mit den Inhalten des Kurses zu tun und solle unterlassen werden. Der Berufsschullehrer (#8) nahm mich vor weiterer heftiger Kritik seitens der Gruppe der Betriebe in Schutz, indem er klar darlegte, dass die Förderung kritischen Denkens im Einzelhandel dem Bildungsauftrag entspreche und daher ein zentrales Lernziel aller an der Aus- und Weiterbildung Mitwirkenden sein sollte. Seiner Ansicht nach gehöre die Förderung von kritischem Denken zu den Pflichten eines jeden pädagogischen Professionals. Einer der betrieblichen pädagogischen Professionals entgegnete, dass die Förderung von kritischem Denken als aktive Gefährdung des eigenen Arbeitsplatzes zu werten sei. Außerdem, beteuerte er, werde immer nur auf dem Einzelhandel „rumgehackt", ohne die „wirklich" Verantwortlichen zur Rechenschaft zu ziehen. Die Gruppe „Betrieb" wurde durch die dargebotenen Inhalte so sehr provoziert, dass sie argumentativ eine Abwehrhaltung einnahm, die kein kommunikatives Handeln mehr ermöglichte. Beispielsweise argumentierten die Teilnehmer aus dieser Gruppe, dass es nicht ihre Verantwortung sei, auf das Kaufverhalten der Kunden aufklärerisch einzuwirken. Die Nachfrage generiere das Angebot. Der Kunde sei „mündig". Diese Argumentation griff der Personaler #5 auch wieder in einem späteren Interview auf.

Erst nach einiger Zeit und etlichen guten Gegenargumenten fand eine Wende in der Diskussion statt, dahingehend, dass die Förderung kritischen Denkens nicht eine Gefährdung der Gewinnerzielung mit sich bringen dürfe und zu Nachhaltigkeit führen solle. Der Handel könne sehr wohl dazu beitragen, kritisches Denken bei mehreren Akteuren des Einzelhandels anzuregen, wenn auch dies im Einklang mit Maximierungsabsichten stehen müsse. Man solle, so die Argumentation der Teilnehmer aus den Betrieben, es Entscheidungsträgern im Handel schmackhaft machen, dass durch umweltfreundlichere Produkte auch Gewinn zu machen sei, usw. Dies könne aber nicht durch Akteure der Personalentwicklung angestoßen werden.

Nicht alle Teilnehmer beteiligten sich aktiv an der emotionalen Diskussion. Teilnehmer #1 enthielt sich weitestgehend. Er wirkte so, als müsse er sich selbst noch ein Urteil bilden, um an der Diskussion teilhaben zu können. Er wirkte interessiert und machte sich viele Notizen während der Diskussion. Im Interview teilte er mit, dass er es schade fand, dass die Förderung kritischen Denkens im Einzelhandel *„zerredet wurde. Also, aus meiner Sicht zerredet wurde, dass man – diese Grundablehnung gleich, und man das nicht im Einzelhandel machen kann"* (Interview mit PP #1, 2009).

Anstatt einen kritischen und fruchtbaren Diskurs zur Förderung kritischen Denkens anzustoßen, wurden durch die Auseinandersetzung die Reichweiten und Grenzen der pädagogischen Freiräume zur Förderung kritischen Denkens offengelegt, die jeweils von den beiden Parteien wechselseitig negativ und vorwurfsvoll interpretiert wurden.

Die gegenseitige Ablehnung nahm durch die im Anschluss durchgeführte *Übung zur Erarbeitung eines eigenen Verständnisses zur Förderung kritischen Denkens* noch weiter zu (siehe Anhang C4.). Die Teilnehmer bildeten zwei Gruppen bei der Bearbeitung der Aufgabe. Die Gruppe "Betrieb" und der wissenschaftliche Mitarbeiter #7 bildeten eine Gruppe. Die restlichen Teilnehmer formten eine weitere. Durch diese Gruppenbildung wurde es für die Teilnehmer aus den Betrieben möglich, zu dritt ihr Verständnis und den damit einhergehenden Förderansatz kritischen Denkens im Kontext eines spezifischen Unternehmens darzustellen, dem sie angehörten. Der wissenschaftliche Mitarbeiter machte während der Gruppenarbeit keinen größeren inhaltlichen Einfluss argumentativ geltend. Somit ist das hier formulierte Verständnis als die Förderung kritischen Denkens aus Sicht von betrieblichen pädagogischen Professionals zu verstehen. Diese Gruppe formulierte ein eher funktionales Verständnis kritischen Denkens. Diese Art des kritischen Denkens hat Gewinnmaximierung und Prozessoptimierung als Ziele und berücksichtigt somit nicht ideologiekritisches und multiperspektivisches Denken. Die Förderung kritischen Denkens zielt beispielsweise darauf ab, dass die Azubis Vorurteile gegenüber Kunden ablegen oder mit Ressourcen des Unternehmens so sparsam wie möglich verfahren. Die Ausbilder und Personalentwickler leben diese Art des kritischen Denkens vor, auch im Kleinen (z. B. *"Cola auf Kosten des Hauses auch austrinken"*). Außerdem lehnten die Teilnehmer aus den Betrieben den Begriff „kritisches Denken" vehement ab. Kritik bezeichne im Sprachgebrauch etwas Negatives und sei daher nicht lösungsorientiert oder zielführend genug für den betrieblichen Kontext. Auch die Azubis würden den Begriff falsch verstehen und negativ interpretieren, was zur Ablehnung führen würde. Besonders Personaler #6 empfand den Begriff „Kritik" als sehr negativ und verwahrte sich davor. Im Interview nahm er folgendermaßen diesbezüglich Stellung: *„Mit dem kritischen Nachdenken, das ist halt so was, wo ich mir einfach denk, dann nennt es doch anders, dann ist es halt einfach positiver formuliert und dann kann (....) ist halt auch eine persönliche Sache von mir, das find ich, da würd ich einfach meine Sprache schon so ein bisschen... ja, positiver halten und dann eher über Lösungsansätze nachdenken als über Kritik, weil da find ich, ist man immer schnell dabei. Und dann kommt das in so einem Gelaber, was die Fassung sprengt"* (Interview mit PP #6, 2009).

Abbildung 49: Konzept der Förderung kritischen Denkens am Lernort Betrieb (Foto von erstelltem Flipchart, 2009)

Die Ablehnung des Begriffes jedoch stieß auf Unverständnis bei den meisten anderen Teilnehmern. Teilnehmer #3 entgegnete beispielsweise, dass jemand, der mit Kritik nicht umgehen könne und diese stets negativ werte, auch nicht kritikfähig sei. Kritikfähigkeit sei aber eine zentrale Kompetenz, die es bei jungen Menschen zu fördern gelte. Abbildung 49 zeigt das Arbeitsergebnis der Gruppe der betrieblichen pädagogischen Professionals, das auf massive Ablehnung bei der Gruppe „Nicht-Betrieb" stieß.

Kritisches Denken ist in dieser Auffassung bei etwas überspitzter Sicht zweckrational. Aus „kritisch" wird „lösungsorientiert" und „kundenorientiert", wobei diese Orientierung rein darauf abzielt, unternehmerisch effektiv und effizient zu handeln. Aus „Denken" wird gleichzeitig „Handeln". Es liegt die Vermutung nahe, dass auch dem Begriff "Denken" im betrieblichen Kontext eine eher negative Konnotation beigemessen wird, denn Denken kann auch als zielloses *Grübeln, als ein* "Verlorengehen" in Gedanken verstanden werden. Denken mag zielgerichtet seinen Wert haben, zielgerichtetes Handeln ist jedoch aus unternehmerischer Perspektive wichtiger. Es braucht nicht den kritisch Denkenden, sondern den lösungsorientiert und kundenorientiert handelnden Auszubildenden, um das System „Unternehmen" im Fokus der Gewinnmaximierung zu verbessern. Leider werden in dieser Definition dadurch multiperspektivische und ideologiekritische Aspekte vernachlässigt, die eventuell für den Betrieb kurzfristig nicht von Interesse sind, jedoch für andere beteiligte Akteure eine enorm wichtige Rolle spielen könnten. Auch methodisch sind die Möglichkeiten am Lernort Betrieb zur Förderung von kritischem Denken eher begrenzt: Genannt werden als zentrale Methoden das Vorleben und Modellieren kritischen Denkens und Handelns.

Die andere Gruppe stellte ein Konzept vor, das die Förderung kritischen Denkens an den Lernorten Schule und überbetriebliche Einrichtung als Konsens widerspiegelt (siehe Abbildung 50). Dort sind die Rahmenbedingungen und Möglichkeiten einer ganzheitlichen Denkschulung als weitaus besser einzustufen als in dem für kritisches Denken als eher restriktiv anzusehendem Lernort Betrieb.

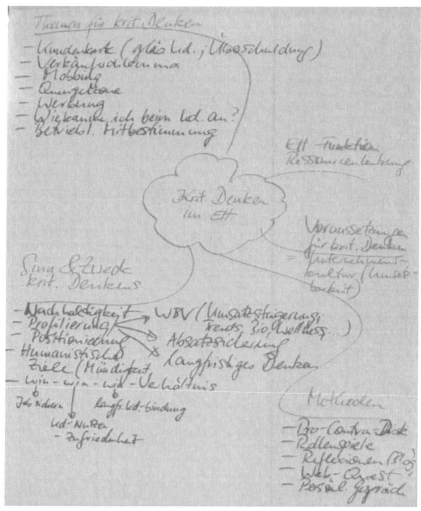

Abbildung 50: Konzept der Förderung kritischen Denkens am Lernort Berufsschule und überbetriebliche Einrichtung (Foto von erstelltem Flipchart, 2009)

In dieser Gruppe formulierten die Teilnehmer ein weiteres und konkreteres Verständnis von kritischem Denken und dessen Förderung, wobei explizit auf das emanzipatorische Ziel der Mündigkeit abgehoben wurde, unter gleichzeitiger Beachtung unternehmerischer Interessen. Die Gruppe machte die Förderung kritischen Denkens anhand von verschiedenen Themen des Einzelhandels fest, wie etwa dem Kundengespräch (Verkäuferdilemma), der Wirkweise von Werbung usw. Dieser Entwurf kritischen Denkens ist eher emanzipatorisch und verfolgt einen Wandel der bestehenden Praxis. Anders als bei der Gruppe „Betrieb" stehen bei der Förderung von kritischem Denken auch Inhalte auf dem Chart, die für die Veränderung von unfairen und repressiven Zusammenhängen wie etwa Ausbeutung stehen. Der Azubi vertritt hier nicht nur die Ziele des Unternehmers, sondern verfolgt auch gesellschaftliche Ideale. Die Grenzen durch die Unternehmenskultur stecken dabei aber den Freiraum für kritisches Denken ab. Auch methodisch wurden etliche Methoden, die in dieser Arbeit bereits besprochen wurden, als geeignete Förderansätze von den Teilnehmern genannt.

Als die Teilnehmer der beiden Gruppen ihre Arbeiten präsentierten, machte die Gruppe „Nicht-Betrieb" den betrieblichen Teilnehmern den Vorwurf, ein verkürztes Verständnis kritischen Denkens verinnerlicht zu haben. Es entstand eine lebhafte Diskussion, wobei zu den Grenzen und Gemeinsamkeiten der Förderung kein Konsens gefunden wurde, d. h., im Betrieb sei kritisches Denken nur so weit erwünscht, wie es der Firmenphilosophie entspreche. Die Diskussion ebbte nicht ab und ich musste sie leider abbrechen, um nicht den weiteren Verlauf der Veranstaltung zu verspäten. Die Teilnehmer aus den Betrieben fühlten sich in der Diskussion nicht verstanden und marginalisiert. Obwohl auf argumentativer Ebene kein tiefer gehender Austausch erfolgte, wurde das betriebliche Konzept von der Gruppe "Nicht-Betrieb" aus Unverständnis heraus abgelehnt. Diese Ablehnung führte dazu, dass die Gruppen sich weiter voneinander distanzierten und an einen Punkt kamen, an dem keine kritische Auseinandersetzung mehr möglich war. Später distanzierte sich auch die wissenschaftliche Mitarbeiterin, die in der Gruppe "Betrieb" mitgearbeitet hatte, von dem hier erzielten Ergebnis. In der Forumsdiskussion zur Förderung kritischen Denkens, die nach dem Präsenztreffen durch die dortige Veröffentlichung der Plakate angestoßen wurde, teilte er mit:

> *Wenn ich heute das Konzept betrachte, so haben wir da nur den Azubi als Firmenwesen betrachtet und nicht als ganzen Menschen mit seinen Facetten. Damit haben wir aber ganz vitale Bereiche des Menschen komplett ausgeklammert, d. h. z. B. auch, dass ich nicht glaube, dass man kritisches Denken umgehen kann, in dem man es umbenennt. Eine Firmenkultur vorzuleben, die wie eine heile Welt in der Welt wirken muss, kann nicht den Menschen als ganzes Wesen berücksichtigen, bzw. fördern, sie kann nur manipulativ einwirken, bzw. versuchen, bewusst kritisches Verhalten auszublenden, um auch im eigenen Entwurf nicht hinterfragt zu werden. Dies muss zu gewisser Engstirnigkeit führen, was meiner Meinung nach einfach nicht gesund sein kann. Es ist sicherlich einfacher und für das ganze Team sicherlich bequemer, denn Konformität zu leben entschuldet das Individuum vor sich selbst, man kann die Dinge „der Führung", „dem Chef", „der Firmenkultur" zuschreiben, nur die Selbstverantwortung wird so nicht entwickelt. Viel wichtiger ist es doch, dass man mit dem „ganzen" Menschen lernt fair umzugehen. Also ihn auch in seiner Kritikfähigkeit zu fördern, um ihn fit zu machen, für ein konfrontatives Leben außerhalb der Ausbildungsrealität.*

Abbildung 51: Kritisches Forumsposting zu Ergebnis der Gruppenarbeit „Betrieb" (PP #8, 2009)

Dieser Ausschnitt allein macht die Ablehnung des Rollenverständnisses der betrieblichen Teilnehmer deutlich und ist als Vorwurf zu werten.

Des Weiteren teilte der wissenschaftliche Mitarbeiter in einer E-Portfolioansicht seine Gedanken und Gefühle den anderen nicht-betrieblichen Teilnehmern mit und reflektierte hier die gemachte Erfahrung „unüberwindbarer Anschauung". Teilnehmer #2 aus der Gruppe „Nicht-Betrieb", dem die die Disharmonie in der Gruppe belastete, beschrieb die Situation wie folgt:

„Es war schon beim letzten Mal abzusehen, dass es sich diesmal aber so verhärten würde, hatte ich nicht gedacht. Ich finde es schade, dass sich zwischen den „Idealisten" und den „Betrieblern" Fronten gebildet haben, die ein gegenseitiges Inspirieren nicht mehr zu ermöglichen scheinen" (PP #2, E-Portfolio-Blogposting, 2009).

Die aufgeführten Belege zeigen, wie emotional sich die Übung auf einzelne Teilnehmer auswirkte. Außerdem dokumentieren sie den wachsenden Zusammenhalt der pädagogischen Professionals in beiden Gruppen bei gleichzeitig zunehmender Entfremdung der Gruppen voneinander. Die funktionale Ausrichtung kritischen Denkens auf Seiten der betrieblichen Teilnehmer führte zur Verteidigung und Befürwortung eines emanzipatorischen Verständnisses kritischen Denkens bei der anderen Gruppe. Beide Gruppen wurden durch das jeweilige Unverständnis in ihrer Zugehörigkeit und in der Ablehnung gegenüber der Meinung der anderen Gruppe bestärkt, wobei dieser entstehende Konflikt nicht mehr sachlich, sondern auch auf persönlicher Ebene ausgetragen wurde. Trotz etlicher Bemühungen während der Präsenzveranstaltung und auch über den Kanal des Online-Forums, die beiden Gruppen für Offenheit, Toleranz und gegenseitiges Verständnis zu ermutigen, um den gemeinsamen Diskurs fortführen zu können und Konsens zu finden , verhärteten sich die Fronten zwischen den beiden Gruppen so stark, dass kein kommunikatives Handeln bis zum Ende der Weiterbildung mehr stattfinden konnte.

Die Erprobung der beiden Qualifizierungselemente führte zu mehreren Effekten. Bezüglich des Gruppenklimas lässt sich feststellen, dass die Teilnehmer aus den Betrieben durch ihr Desinteresse an kritischem Denken und ihr verkürztes Verständnis von den anderen Mitgliedern verurteilt wurden. Das Gruppenklima verschlechterte sich durch die Übung stark und konnte bis zum Ende des Kurses nicht mehr in dem benötigten Maße hergestellt werden. Die Teilnehmer, die nicht aus dem Betrieb stammten, wurden hingegen in ihrer Empfindung der Wichtigkeit kritischen Denkens bestärkt. Außerdem wuchs durch den Konflikt der Zusammenhalt in dieser Gruppe. Weiterhin führte die Übung dazu, dass zwei Teilnehmer aus den Betrieben (PP #4 #5) immer wieder in Gesprächen, Präsentationen oder in der Projektarbeit betonten, dass kritisches Denken für sie als Personen selbst schon wichtig sei, beispielsweise als Konsumenten, jedoch in ihrer Rolle im Betrieb nicht so umgesetzt werden könne. Ein gemeinsames, konzeptuelles Verständnis kritischen Denkens konnte nicht geschaffen werden, jedoch setzten sich die Teilnehmer intensiv mit kritischem Denken auseinander. Gleichzeitig dürfte die Motivation, kritisches Denken zu fördern, bei der Gruppe „Nicht-Betrieb" erhöht und bei den anderen Teilnehmern gesenkt worden sein. Die Förderung kritischen Denkens selbst hatte das für kritisches Denken benötigte Lernklima durch Erzeugung eines Konfliktes zerstört, welches aufgrund der Verschiedenheit der Teilnehmer, deren verschiedenen Weltsichten, der hohen Emotionalität, des Zeitmangels usw. nicht mehr korrigiert werden konnte.

Bei den Teilnehmern aus dem Betrieb führte die eingesetzte Bildercollage in Qualifizierungselement #5 anstatt zu einem kritischen Denkprozess zu Rationalisierungen. Diese Reaktion wiederum wurde von den anderen Teilnehmern verurteilt und trug zu dem Konflikt und zur gegenseitigen Ablehnung im Vorfeld der Erprobung von Qualifizierungselement #6, der Gruppenarbeit, bei.

1.3.6 „E-Learningmodul "Kooperatives flexibles Lernen begleiten" und Lehrvortrag „Diskussionen anleiten und begleiten"

Sowohl das E-Learningmodul "Kooperatives flexibles Lernen begleiten" (Qualifizierungselement #7; siehe Anhang C5.) als auch der Lehrvortrag "Diskussionen anleiten und begleiten im kooperativen, flexiblen Lernen" (Qualifizierungselement #9; siehe Anhang C6.) sind neben der WBT-basierten Einführung in kritisches Denken (Qualifizierungselement #3; siehe Anhang C3.) und der Präsentation zur Förderung kritischen Denkens unter Berücksichtigung der Potenziale von E-Learning (Qualifizierungselement #5; siehe Anhang C4.) die zentralen Einheiten, in denen ein breites Methodenspektrum zur Förderung kritischen Denkens theoretisch vermittelt werden sollte. Die Erprobung dieser beiden Qualifizierungselemente, die sich hinsichtlich der Inhalte, Lernziele und der Art der Vermittlung sehr ähneln, wird deshalb gemeinsam in diesem Kapitel besprochen.

Die Teilnehmer zeigten an computerunterstützten Methoden des kooperativen Lernens Interesse. Gerade die computergestützten Förderansätze durch Methoden wie WebQuests oder Mindmaps wurden von den Teilnehmern als Bereicherung ihrer Lehrpraxis empfunden (Qualifizierungselement #7), da diese für sie größtenteils didaktisches Neuland darstellten, welches sie in den Projektarbeiten in der konkreten Umsetzung erkundeten. Beispielsweise nannte einer der befragten Teilnehmer in der Abschlussbefragung, dass er besonders die WebQuest-Methode als interessanten methodischen Handwerkskasten empfunden habe. Ein weiteres Indiz für die erfolgreiche Vermittlung von Förderansätzen ist darin zu sehen, dass einige der Teilnehmer die vorgestellten Methoden aus dem Kontext E-Learning auch in ihre Projektarbeiten übernahmen und hier ein konkreter Transfer der Theorie in den jeweiligen Kontext stattfand. Teilweise wurden die Ansätze zur Denkschulung auch in der Praxis umgesetzt, wobei zu der Erprobung leider keine Daten vorliegen. Auffällig ist, dass die Teilnehmer an den computergestützten Methoden zur Förderung kritischen Denkens Interesse zeigten, traditionelle methodische Ansätze jedoch eher uninteressant auf sie wirkten (Qualifizierungselement #9) und daher diese Ansätze höchstwahrscheinlich auch nicht zur Anwendung kommen werden. Dies belegt den klaren E-Learning-Fokus der Teilnehmer.

Insgesamt beurteilten in dem papierbasiertem Abschlussfragebogen drei Teilnehmer das E-Learning-Modul „Kooperatives, flexibles Lernen begleiten", in dem die Förderung von kritischem Denken in Gruppen ein wichtiges Unterthema war, anhand von Schulnoten mit der Zensur „sehr gut". Der vierte der vier Teilnehmer, die die gestellte Frage beantworteten, benotete das Modul mit „gut". Leider wurden keine Kommentare oder Einschätzungen von den anderen Teilnehmern angezeigt, wobei davon ausgegangen werden kann, dass dieses gute Abschneiden nur deshalb zu verzeichnen ist, weil höchstwahrscheinlich die Gruppe „Betrieb" sich nicht zu den Fragen geäußert hat aufgrund des Umfanges des Fragebogens. Er enthielt neben wenigen Fragen zu kritischem Denken eine Vielzahl von weiterführenden Fragen zur Einschätzung des Qualifizierungskonzeptes.

Zur Wirkweise des Lehrvortrages zu Qualifizierungselement #9 in einer der Präsenzveranstaltungen (Diskussionen anleiten und begleiten im kooperativen, flexiblen Lernen) lässt sich anmerken, dass die Teilnehmer aus den Betrieben den Input zur Förderung kritischen Denkens durch Diskussionen belächelten und mit Augenrollen quittierten. Sie gaben an, die angesprochenen Inhalte bereits aus anderen Kommunikationstrainings zu kennen, wobei es fraglich ist, ob die Gruppe „Betriebe" tatsächlich beispielsweise die Konzepte der Kritischen Theorie wie kommunikatives Handeln oder repressive Toleranz in Kommunikationsseminaren bereits kennengelernt hatte.

Im Plenumgespräch kritisierten die Teilnehmer aus dem Betrieb später den fehlenden Praxisbezug jener Konzepte. Es schien so, als würde der Nutzen dieser eher abstrakten Gedanken, die jedoch auf konkreter Ebene als praktischer Reflexionsrahmen zur Überprüfung von Kommunikationssituationen dienen, nicht erkannt werden, da aus den dargelegten Theorien keine allgemeinen Handlungsempfehlungen im Sinne von Merksätzen abgleitet wurden und manche der Ideen ideale Zustände (z. B. die ideale Sprechsituation nach Habermas) beschreiben, an die die Sprechhandlungen in der Realität nur angenähert werden können. Die Vermittlung der theoretischen und methodischen Aspekte zur Förderung kritischen Denkens durch Diskussionen erfolgte diesmal, ohne einen Bezug zum Konzept kritischen Denkens herzustellen, da die Gruppe „Betrieb" aufgrund der vorliegenden Spannungen empfindlich hätte auf weitere, explizite Vertiefungen reagieren können. So wurden die Methoden im Kontext des kooperativen Lernens besprochen, jedoch ohne Verweise auf "kritisches Denken".

Die Gruppe „Betrieb" war mit dieser Vermittlung von methodischen Aspekten nicht zufrieden. Neben der Kritik an dem zu hohen und nicht praxisrelevanten Theoriegehalt und dem Bedürfnis, Theorien erfahrbar zu machen, beides Punkte, welche vor allem von den Teilnehmern aus den Betrieben geäußert wurden, wünschte sich ein Großteil dieser Teilnehmer, dass mehr der besprochenen Methoden innerhalb des Kurses konkret ausprobiert und dadurch erfahren werden sollten. Der Kritikpunkt der mangelnden Erlebbarkeit der Methoden konnte auch nicht durch die konkrete Anwendung der Methode des Protokolls der kritischen Konversation (Qualifizierungselement #10) ausgeräumt werden.

1.3.7 Rollenspiel "Protokoll der kritischen Konversation"

Die Anwendung der Methode des Protokolls der kritischen Konversation (Qualifizierungselement #10; siehe Anhang C7.) nach Brookfield (Brookfield und Preskill, 2005), die an den Lehrvortrag "Diskussionen anleiten und begleiten" (Qualifizierungselement 9.) in der Präsenzveranstaltung anschloss, diente der Selbsterfahrung der Methode durch die Teilnehmer. Diesmal wurde auf eine Durchmischung bei der Gruppenbildung geachtet. In den so entstandenen heterogenen Gruppen wurde angeregt diskutiert. Ein Kollege nahm als Beobachter in einer der drei Gruppen teil. In zwei von drei Gruppen wurde intensiv diskutiert. In diesen Gruppen hatten die Erzähler ein negatives persönliches Ereignis gewählt. In diesen zwei Gruppen führte die durch die Detektive und den Schiedsrichter unternommene Perspektivenerweiterung zu neuen Einsichten für den jeweiligen Erzähler. Die dritte Gruppe, in der Teilnehmer #5 Erzähler war, konnte nicht den gleichen Nutzen aus der Übung ziehen, da von dem Erzähler ein positives und eher unkritisches Ereignis gewählt wurde, da laut Aussage von Teilnehmer

#2, der Detektiv in der Gruppe war, die Erzählung nicht viel Anknüpfungspunkte für eine kritische Perspektivenerweiterung bot. In der Beobachtung konnte in dieser Gruppe auch nicht die gleiche lebendige Intensität beobachtet werden (Gestik, Mimik, Anzahl und Intensität der Redebeiträge, Gruppe als Erste fertig) wie bei den beiden anderen Gruppen. Diese Eindrücke decken sich auch mit den Aussagen des Beobachters, der sich aktiv als Detektiv in einer anderen Gruppe einbrachte. Die Methode scheint dann für die Förderung kritischen Denkens geeignet, wenn die Erzähler über vielschichtige und komplexe Ereignisse aus ihrer Praxis berichten, die sie nicht hinreichend zu deuten wissen. Andere, eher unkritische und aus der Luft gegriffene Beispiele können dazu führen, dass keine kritischen Diskussionen entstehen. Ein weitere interessante Nebenbeobachtung ist die, dass zwei der Teilnehmer aus den Betrieben (#6 und #4), die in den Gruppen als Detektive agierten, mit der anspruchsvollen Aufgabe keine Schwierigkeiten hatten, Annahmen zu identifizieren und widerzuspiegeln, obgleich andere Teilnehmer sich schwer damit taten (Forschungstagebucheintrag, 2009; Beobachtungsmemo, 2009). Anscheinend konnten sie tatsächlich auf in Kommunikationstrainings erworbene Fertigkeiten zurückgreifen. Auffallend bei Ausbilder #4 war die starke Lösungsorientierung in seiner Rolle als Detektiv. Anstatt gemäß den Phasen der Methode erst einmal Annahmen widerzuspiegeln, offerierte der Teilnehmer ziemlich schnell Lösungsansätze, was aber nicht Ziel der Übung darstellte. Dieses Verhalten ist passend zu der artikulierten Ablehnung von Kritik und der betonten „Lösungsorientierung". Das Verhalten kann aber auch dahingehend erklärt werden, dass die Teilnehmerin ihre Rollenaufgabe bzw. den Ablauf der Methode verinnerlicht hatte, denn in allen Gruppen entstanden leichte Schwierigkeiten bei der Umsetzung der einzelnen Phasen, trotz Erläuterung der Methode und Visualisierung der einzelnen Phasen an der Leinwand. Diesem Problem kann durch die Ausgabe von Rollenbeschreibungs- und Ablaufkarten entgegengewirkt werden.

Abschließend betrachtet ist das Protokoll der kritischen Konversation eine geeignete Methode, um zentrale Fertigkeiten des kritischen Denkens zu üben. Mit der Erprobung der Methode des Protokolls der kritischen Konversation assoziierten die Teilnehmer in den Interviews positive Erfahrungen. Auch für die jeweilige Lehrpraxis wurde das Rollenspiel von den meisten Teilnehmern als sinnvoll eingestuft. Durch das eigene Erleben konnten sie die Wirkung der Methode selbst erkennen und die Anwendung für ihren eigenen Kontext reflektieren. Die Kritik an der mangelnden Erlebbarkeit von Methoden zur Förderung kritischen Denkens ist somit eine wichtige, denn neben dem Verstehen des Einsatzes der Methode wird auch das kritische Denken geschult und die Motivation erhöht, dass die Teilnehmer diese Methoden auch selbst für ihre Arbeitspraxis adaptieren.

1.3.8 E-Portfolio-Reflexionsauftrag "Reflexion zu einem kritischen Ereignis aus dem beruflichen Alltag"

Nach der Bearbeitung von Modul 4 (Flexible Learning Basismodul) zeichnete sich bei den meisten Teilnehmern ab, dass sie die für die Weiterbildung veranschlagte Arbeitsbelastung zusätzlich zum Arbeitsalltag nicht in dem angedachten Zeitraum bewerkstelligen konnten. Daher baten die Teilnehmer um die Reduktion von Arbeitsaufträgen. Durch die Umsetzung des Wunsches wurde die Reflexion zu einem kritischen Ereignis aus dem professionellen Alltag als freiwillige Aufgabe angeboten (siehe Anhang C6.), die nur der engagierte Berufschullehrer (#7) bearbeitete. Obwohl er nicht alle gelenkten, reflexiven Fragen beantwortete, versuchte er in seiner Reflexion seine Annahmen bezüglich des Themas Lerncoaching offenzulegen und zu hinterfragen. Auch dachte er tiefer gehend über die Auswirkung von Macht im Kontext der Lernberatung nach und brachte konstruktive Ideen ein, wie die Machstrukturen der Lehrer-Schülerbeziehung für das Lerncoaching durchbrochen und aufgelöst werden können. Im Interview teilte er mit, dass er gerade von dem gezielten Hinterfragen von Annahmen der (eigenen) Lehr-und Lernpraxis in seinem Denken profitiert habe. Daher kann die Übung für diesen Einzelfall als positiv gewertet werden, da die gezielte Identifikation und Betrachtung von Annahmen aus verschiedenen Perspektiven durch die reflexiven Fragen angeregt wurde.

1.3.9 Integration der Förderung kritischen Denkens in das zu erstellende Lernszenario

Im spezifischen Kontext einiger Projektarbeiten (siehe Anhang C8.) konnte die Denkschulung inhaltlich nicht angedockt werden. Beispielsweise erstellte der wissenschaftliche Mitarbeiter ein Konzept zur Integration von E-Learning in die Hochschullehre. Kritisches Denken spielte nur am Rande dahingehend eine Rolle, dass die Dozenten die Möglichkeiten von E-Learning kritisch reflektieren und für ihre Belange das geeignetste Werkzeug erkennen lernen sollen. Den größten Stellenwert räumten wider Erwarten die betrieblichen pädagogischen Professionals der Förderung kritischen Denkens in ihrer gemeinsam erstellten Projektarbeit. In verschiedenen Modulen der betrieblichen Ausbildung von Verkäufern sollten unter anderem folgende Fertigkeiten kritischen Denkens gefördert werden:

– unternehmerisches Denken und Entscheidungen treffen

– sich in unterschiedliche Situationen/Zielgruppen einfühlen können

– Arbeitsabläufe aus verschiedenen Perspektiven betrachten können

– Interneteinträge kritisch hinterfragen und bewerten können

– sich durch Selbstreflexion weiterbilden (Projektarbeit Gruppe Betrieb, 2009)

Zur Erreichung dieser Lernziele setzten die Teilnehmer aus den Betrieben zur Denkschulung ein Webquest und Mindmapping zum Thema „Inventurverfahren", ein Mind-Mapping zum Thema „Serviceleistungen" und ein Webquest zum Thema „Reklamation" in ihrer Projektarbeit ein. Didaktisch richteten sie die geplante Durchführung der Lernszenarien an der Theorie zur Förderung von kritischem Denken aus, indem sie eingangs zum Beispiel einige Maßnahmen vorschlugen, um Vertrauen bei den Lernenden zu gewinnen und ein förderliches Lernklima entstehen zu lassen. Außerdem arbeiteten sie mit den verschiedenen, oben aufgezählten Methoden mit Leitfaden, die kritisches Denken – oder besser – Aspekte des kritischen Denkens anregen sollen. Terminologisch nutzten sie in der Arbeit das ihnen in der Qualifizierung vermittelte Vokabular, wie etwa „multiple Perspektiven einnehmen". Die Theorie des kritischen Denkens und deren Fachsprache wurden dabei von den Teilnehmern sicher beherrscht, jedoch wurden einige der Methoden falsch eingesetzt im Hinblick auf die Absichten im kritischen Denken. Beispielsweise wollte Teilnehmerin #6 ein Online-Brainstorming zu dem Thema „Serviceleistung" dafür einsetzen, "Betroffenheit" bei den Teilnehmern zu erzeugen. Dies ist jedoch als fraglich zu werten, da die Sammlung von Informationen zu Serviceleistungen von

Unternehmen aus verschiedenen Branchen zwar an der Lebenswelt der Lerner anknüpfen mag, aber sicher nicht dazu ausreicht, eine emotionale Ambiguitätserfahrung zu erzeugen. Neben dem sonst plausiblen und geeigneten Vorgehen bei der Denkschulung fällt auf, dass die ideologiekritische Dimension kritischen Denkens komplett ausgespart bleibt. Kritisches Denken wird eingesetzt, um bestimmte ökonomische Sachverhalte und Verfahren tiefgehend verstehen zu lernen. Jedoch werden Auszubildende nicht dazu angehalten, bestehende Verfahren ideologiekritisch zu hinterfragen. Die Förderung kritischen Denken orientiert sich an dem dahinterliegendem konzeptuellen Verständnis der pädagogischen Professionals, welches stark lösungsorientiert im unternehmerischen Sinne ausgerichtet ist.

Der Lernmedienredakteur #3 nutzt für die Förderung von kritischem Denken in seiner Projektarbeit die WebQuestmethode zum Fachinhalt „Logistik" – Just-in-Time-Beschaffung in der Weiterbildung zum Handelsfachwirt. Ein spezieller Fokus wird dabei auf die analytischen Fähigkeiten kritischen Denkens gerichtet, damit Schüler darin gefördert werden, Informationen auszuwerten und zielgerichtet hinsichtlich ihrer Glaubwürdigkeit bewerten zu können. Kritisches Denken ist als strategisches Instrument zu verstehen, um relevante Quellen für eine bestimmte Fragestellung zu erkennen und die Informationen „richtig" im Hinblick auf die Fragestellung auswerten zu können. Kritisches Denken ist damit einseitig zweckrational:

„Der Fokus aller zukünftigen Bemühungen liegt demnach auf einer möglichst vollständigen Prüfungsvorbereitung. Kritisches Denken und Selbstreflexion sind dann von Bedeutung, wenn sie dazu beitragen, dieses Ziel zu erreichen" (PP #3, Projektarbeit, 2009).

Da die Prüfungsanforderungen sich auf fachliche Inhalte der taxonomischen Ebene des Wissens und Anwendens beziehen, wird auch keine multiperspektivische und dabei ideologiekritische Betrachtung von Inhalten bei der Vorbereitung vorgenommen. Folglich werden den Lernenden in der Arbeit auch keine kritischen Internetseiten als Quellen zum Thema „Just in Time" zur Verfügung gestellt, wobei sich dazu schnell sehr kontroverse Inhalte finden lassen.[67]

---

[67] Z. B. Greenpeace-Online-Magazin: http://www.greenpeace-magazin.de/index.php?id=2811 [20.03.2010].

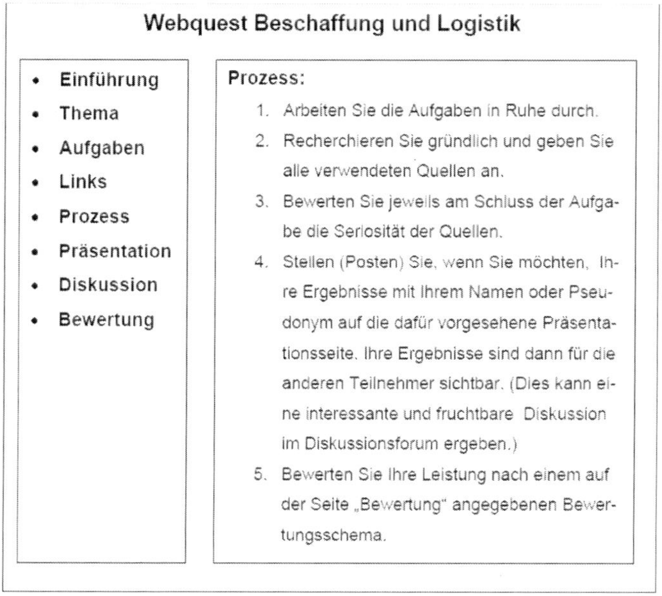

Webquest Beschaffung und Logistik	
• Einführung • Thema • Aufgaben • Links • Prozess • Präsentation • Diskussion • Bewertung	Prozess: 1. Arbeiten Sie die Aufgaben in Ruhe durch. 2. Recherchieren Sie gründlich und geben Sie alle verwendeten Quellen an. 3. Bewerten Sie jeweils am Schluss der Aufgabe die Seriosität der Quellen. 4. Stellen (Posten) Sie, wenn Sie möchten, Ihre Ergebnisse mit Ihrem Namen oder Pseudonym auf die dafür vorgesehene Präsentationsseite. Ihre Ergebnisse sind dann für die anderen Teilnehmer sichtbar. (Dies kann eine interessante und fruchtbare Diskussion im Diskussionsforum ergeben.) 5. Bewerten Sie Ihre Leistung nach einem auf der Seite „Bewertung" angegebenen Bewertungsschema.

Abbildung 52: Auszug aus WebQuest zur Beschaffung und Logistik – Handelsfachwirt (PP #3, Projektarbeit, 2009)

In der Projektarbeit des Berufsschullehrers (#7) wird deutlich, dass der schulische Kontext Freiräume lässt, um die Förderung kritischen Denkens ganzheitlich zu realisieren. In einem komplexen E-Portfolio-Lehr-Lernansatz integriert der Berufsschullehrer durch verschiedenartige Reflexionsaufträge die Aspekte kritischen Denkens in den Zusatzqualifikationsunterricht einer Klasse aus einer höheren Handelsschule. Dabei nutzt er auch die Möglichkeiten zur Unterstützung der sozialen Interaktion durch den Einsatz der Lernplattform „Moodle", die mit dem E-Portfolio korrespondiert. Gemäß seinem Verständnis kritischen Denkens ist das Hauptziel der Denkschulung die Förderung der Mündigkeit der Schüler:

„Die Nutzung eines E-Portfolios als Reflexionsinstrument unterstützt den Bildungsauftrag des Berufskollegs, die Schüler zu „mündigen Bürgern" zu erziehen, die Verantwortung in unserer Gesellschaft übernehmen und Entscheidungen bewusst treffen. In diesem Zusammenhang können zahlreiche Unterrichtsinhalte mit nicht nur selbst-, sondern auch sozialkritischen Reflexionsaufträgen kombiniert und somit inhaltlich aufgewertet werden. Ansatzpunkte hierfür gibt es beispielsweise im Zusammenhang mit Manipulation der Kunden durch den Einsatz marketingpolitischer Instrumente oder bei der Erarbeitung von win-win-win Verhältnissen im Zusammenhang mit dem professionellen Führen von Verkaufsgesprächen, um nur zwei klassische Beispiele zu nennen" (PP #7, Projektarbeit, 2009).

Neben den Reflexionsaufträgen und weiteren eingesetzten Methoden wie der Zukunftswerkstatt stellt er auch ein ausgefeiltes Konzept zur Herstellung eines für Selbstreflexion und kritisches Denken benötigten Lernklimas durch vielfältige Bonding-Methoden und Strategien auf (z. B. Einsatz einer Postkarten-Reflexionsübung, Vier-Felder-Übung usw). Kritisches Denken nimmt in der Arbeit einen kleineren Raum als in der Arbeit der Personaler ein, jedoch findet sich in den Aufgaben die ideologiekritische Dimension des kritischen Denkens berücksichtigt.

Es kann festgestellt werden, dass im betrieblichen und im überbetrieblichen Kontext Methoden wie das WebQuest eingesetzt wurden. Diese Methode eignet sich hervorragend, um kritische Denkaktivitäten anzuregen, da kontroverses, authentisches, multiperspektivisches Material zum Einsatz kommen kann, durch das die Lernenden zur tiefer gehenden Auseinandersetzung mit den Inhalten herausgefordert werden. Jedoch wurde dieser Vorteil nicht genutzt. Die Aufgabenstellung wie auch die Ressourcen wurden so angelegt, dass zwar Informationen geprüft und bewertet werden, mit dem Zweck, handlungsorientiert Fachwissen tief gehend zu vermitteln. Der emanzipatorische Gedanke hingegen wurde in der Ausgestaltung der Aufgaben vernachlässigt, indem gesellschaftlich „unangenehme" Perspektiven und Fragestellungen nicht aufgeworfen wurden und keine Kontroverse-induzierenden Materialien zum Einsatz kamen. Anscheinend ließen die Rahmenbedingungen (Zeitdruck, curriculare Vorgaben usw.) die kritische Auseinandersetzung mit Inhalten in diesem Kontext nicht zu. In der Tatsache, dass die Projektarbeiten auch veröffentlicht und Vorgesetzten der Teilnehmer zur Verfügung gestellt werden sollten, liegt eventuell eine weitere Erklärung für dieses Ergebnis der Förderung domestizierten kritischen Denkens.

Abschließend kann festgehalten werden, dass die Förderung kritischen Denkens in drei der fünf Arbeiten auf verschiedenen Niveaustufen und unter Betonung verschiedener Dimensionen kritischen Denkens umgesetzt wurde. Die didaktische Umsetzung erfolgte meist unter eher oberflächlichem Bezug auf den theoretischen Rahmen kritischen Denkens. Manche der Förderprinzipien, wie die Wichtigkeit der Herstellung eines förderlichen Lernklimas, wurde von den Teilnehmern aber tief gehend beherzigt. Dazu muss aber auch angemerkt werden, dass die Denkschulung nur wenig Raum in der Projektarbeit einnahm und die eigentliche Planung des Lernszenarios andere Lernziele verfolgte, nämlich die Förderung des selbstorganisierten Lernens durch den Einsatz von WBT-gestützten Lernszenarien, die durch die Verzahnung mit didaktischen Bausteinen des kooperativen Lernens, unter Rückgriff auf weitere E-Learning-Anwendungen, realisiert werden sollten.

Drei Projektarbeiten wurden unter Ausschluss der Förderung kritischen Denkens konzipiert. Die Teilnehmer gaben an, dass dies durch die zu vermittelnden Inhalte und verfolgten Lernziele begründet sei, wobei dies nur bei der Arbeit des wissenschaftlichen Mitarbeiters zutrifft. Die bisher angestellten Überlegungen zu den Rahmenbedingungen geben eine mögliche Erklärung für das Aussparen der Denkschulung wieder. Weitere Gründe sind darin zu sehen, dass es auch mit dem Desinteresse des jeweiligen Teilnehmers begründet werden kann. Im Fall des Dozenten #1 kann als wichtige Erklärung Überforderung angeführt werden. Denn im Interview gab er an, damit überfordert gewesen zu sein, für seinen konkreten Kontext ein geeignetes Förderkonzept anhand eines Lerninhaltes zu entwickeln. Er gab an, konzeptionell nicht richtig verstanden zu haben, was kritisches Denken ausmache und wie es anhand konkreter fachlicher Inhalte gefördert werden könne. Außerdem merkte er an, dass er für kritisches Denken den Kopf nicht frei habe (Gruppendiskussion, PP #1, 2009).

Die Arbeiten, in die die Förderung kritischen Denkens integriert wurde, können als Beleg dafür gewertet werden, dass jene pädagogischen Professionals, zumindest theoretisch, in der Lage sind, kritisches Denken in ihrer pädagogischen Praxis an den verschiedenen Lernorten umzusetzen, wenngleich das dahinterliegende Verständnis kritischen Denkens stark bei den Individuen variiert und demnach auch die Förderung eine jeweils andere Note bekommt. Zumindest dominiert bei den vorliegenden Projektarbeiten die Förderung analytischer Fähigkeiten, und zwar dahingehend, dass Lerner für Probleme relevante Daten identifizieren und auf ihre Glaubwürdigkeit beurteilen können. Ideologiekritisches Denken als Förderziel wurde nur am Lernort Berufsschule in der Projektarbeit berücksichtigt.

1.4 Einschätzungen zur Funktionalität des Designs

„Das Ganze ist mehr als die Summe seiner Teile." (ARISTOTELES)

Die Betrachtung der Wirkweisen einzelner, isolierter Qualifizierungselemente ist für die Revision und Modifikation des Designs von hoher Wichtigkeit. Die entfaltete Wirkung des Designs als Ganzes aber gibt Auskunft darüber, welchen Einfluss es auf die Nutzer hat und ob es seine intendierte Funktion erfüllen konnte. Sie beinhaltet mehr als die beobachteten, kumulierten Wirkweisen einzelner Elemente in dem jeweiligen Kontext.[68] Durch das Zusammenspiel der Wirkweisen entsteht Emergenz. Emergenz bedeutet, *„dass ein Ganzes über Eigenschaften verfügt, die erst aus der Interaktion und Verbindung seiner Teile hervorgehen"* (Christakis und Fowler, 2009, S. 45). Die Wirkweisen einzelner Bausteine sind interdependent. Sie können sich potenzieren, limitieren, eliminieren usw., je nachdem, wie das Zusammenspiel von Variablen sich in einem bestimmten Kontext entfaltet.

Deshalb wurde auch nach Belegen zur generellen Wirkung des Designs auf die Teilnehmer gesucht und diese in der Analyse verdichtet. Anhand dieser Daten und der Kenntnisse zu den Wirkweisen einzelner Qualifizierungselemente soll im Folgenden eine Einschätzung erfolgen, inwieweit das Design seine Funktion erfüllen konnte und welchen Nutzen es für die Praxis bieten kann. Die Einschätzung erfolgt zum einen entlang der primär aufgestellten Ziele zur Funktion des Designs, zum anderen sowohl anhand der insgesamt wahrgenommenen Auswirkung auf kognitiver und persönlicher, interpersoneller und Gruppenebene als auch im Hinblick auf den aus dem Qualifizierungskonzept gezogenen Nutzen für die jeweilige Praxis des Teilnehmers.

1.4.1 Beurteilung der Funktionalität des Designs anhand der verfolgten Ziele

1.4.1.1 Verständnis für kritisches Denken ausprägen

Ein Großteil der pädagogischen Professionals (#2, #3, #5, #7, #8) gab im Interview an, dass die Qualifizierung für die Förderung kritischen Denkens dazu beigetragen habe, dass ihr Bewusstsein für kritisches Denken geschärft wurde, und/oder dass sie für die Wichtigkeit kritischen Denkens

---

68 So kann beispielsweise die Summe der einzelnen Wirkweisen von Qualifizierungselementen auf kognitiver Ebene nicht wiedergeben, wie sich die Maßnahme insgesamt auf das Denken der Teilnehmer ausgewirkt hat.

sensibilisiert worden seien. Dazu gilt es aber anzumerken, dass alle jene Teilnehmer angaben, bereits vor der Maßnahme ein, wenngleich auch eher vages, Verständnis von kritischem Denken ausgeprägt gehabt zu haben, das aber durch den Kurs spezifiziert und klarer wurde.

Die Erarbeitung eines Verständnisses kritischen Denkens hat auch dazu beigetragen, dass sich die Teilnehmer Gedanken über den Transfer des theoretischen Konzeptes in ihre jeweilige Praxis machten. Dabei wurde deutlich, dass bei der Gruppe "Betrieb" sowohl der Begriff als auch Elemente kritischen Denkens (Ideologiekritik) abgelehnt werden und kritisches Denken eher als funktionales, unternehmerisches, problemlösendes Denken verstanden wurde. Leider konnte dieses eher enge Verständnis nicht im Rahmen der Qualifizierungsmaßnahme erweitert werden.

Der wissenschaftliche Mitarbeiter (#8) gab an, durch den Kurs weiterhin in seiner Haltung, kritisch zu denken, bestärkt worden zu sein (PP #8, Interview, 2009).

Ein Großteil der Teilnehmer aus der Gruppe „Nicht-Betrieb" (#2, #3, #7) betonten, dass sie durch die Qualifizierung zu der Absicht motiviert wurden, in ihrer Praxis verstärkt kritisches Denken in geeigneten Dosen in der Zukunft zu fördern. Der Berufsschullehrer (#7) teilte mit, dass er die ein oder andere der für ihn neuen Methoden bald ausprobieren wolle. Die Motivation, kritisches Denken fördern zu wollen, liest sich auch daran ab, dass er mir im Interview eine weitere Methode zur Förderung kritischer Diskussionen vorstellte („Doppelkreis"), die er ausprobieren wolle.

Jedoch wurde die Bewusstseinsbildung für kritisches Denken nicht bei allen Teilnehmern erreicht. Der Dozent aus der Berufsvorbereitung (#1) gab im Interview an, nicht richtig verstanden zu haben, was kritisches Denken für seinen Kontext bedeutet und wie es dort gefördert werden könnte, obwohl er auch betonte, dass er es gerne verstanden hätte (PP #1, Gruppendiskussion, 2009). Auch der Ausbilder und Personalentwickler (Interview #4, 2009) gab an, Probleme bei der Aufarbeitung der Inhalte zu haben. Er stufte die Inhalte als zu theoretisch und „verkopft" ein. Der betriebliche Teilnehmer #6 lehnte kritisches Denken bis in die Begrifflichkeit hinein ab, was verdeutlicht, dass er kein eigenes konzeptuelles Verständnis ausprägen konnte.

Abschließend lässt sich feststellen, dass das Design bei einigen Teilnehmern zur Bewusstseinsbildung für kritisches Denken und dessen Förderung geführt hat. Auf individueller Ebene konnten einige Teilnehmer auch ein bewussteres Verständnis des Konzeptes kritischen Denkens für ihre Praxis entwickeln und wurden für die Denkschulung bei ihren Lehrenden motiviert. Jedoch wird, wie die bisherigen Ergebnisse gezeigt haben, diese Förderung auf der Basis der jeweiligen Rahmenbedingungen geschehen, die je nach Kontext ein weitere (Berufsschule, Hochschule, überbetriebliche Einrichtungen) oder nur eine verkürzte Ausprägung kritischen Denkens (Betrieb) gestatten.

1.4.1.2 Kritisches Denken anwenden und Prozess selbst erfahren

Durch die bisherige Diskussion der Wirkweisen der einzelnen Qualifizierungselemente wurde deutlich, dass die eingesetzten Methoden, besonders die Reflexion zum heimlichen Lehrplan, kritische Denkaktivitäten bei den Teilnehmern angeregt haben. Das gezeigte Niveau kritischen Denkens variierte im

Durchschnitt dabei zwischen Beginner-Stufe (Reflexion zu Rollenbildern) und Könnerschaft (heimlicher Lehrplan). Die Anregungen zum kritischen Denken in Verbindung mit der Vermittlung zentraler theoretischer Konzepte kritischen Denkens scheint bei einigen Teilnehmern dazu geführt zu haben, in deren Berufspraxis oder privat verstärkt Sachverhalte kritisch durchzudenken (#2; #3). Teilnehmer #3 merkte im Interview beispielsweise an, dass in der Weiterbildungsmaßnahme „*Anregungen des Nachdenkens, Durchdenkens perfekt geschaffen worden sind*" (PP #3, Gruppendiskussion, 2009).

Interessante Ergebnisse konnten im Zusammenhang mit den vermittelten Denkstandards und deren Transfer in die Praxis der pädagogischen Professionals gewonnen werden. Der Berufsschullehrer teilte beiläufig mit, dass er mit einem Kollegen über Machtstrukturen und der Rolle des Lehrers diskutiert und die dabei gefundenen Annahmen kritisch analysiert habe. Das Konzept der Annahmen fand er dabei sehr hilfreich (Interview mit #7, 2009). Des Weiteren stellte der Dozent aus der Berufsvorbereitung, der kritisches Denken theoretisch nicht recht verstanden hatte, dar, wie er in einer konkreten Unterrichtssituation ideologiekritisches und multiperspektivisches Denken anwendete und auf Basis der Denkaktivitäten auch pädagogisch handelte, angeregt durch die Auseinandersetzung mit dem Konzept des heimlichen Lehrplans (Interview mit PP #1, 2009).

Die innerhalb des Designs konzipierten Elemente eignen sich gut, um kritische Denkaktivitäten anzustoßen. Jedoch konnte das Förderprinzip der wechselnden Phasen der Reflexion und der sozialen Interaktion nicht hinreichend umgesetzt werden. Die Feedbackdiskussionen in den Lernpartnerschaften wurden nur halbherzig erledigt. In den wenigen Forumsdiskussionen zu dem Verständnis kritischen Denkens beteiligten sich nur Teilnehmer #8 und #2. Die Förderung kritischen Denkens durch asynchrone Online-Kommunikation hat sich in der entwickelten Designstruktur nicht bewährt. Außerdem hatten die Teilnehmer aus den Betrieben den Wunsch, kritisches Denken noch viel stärker zu erfahren und in der Anwendung konkreter Methoden selbst zu erleben. Auch Teilnehmer #7 und #8 aus der Gruppe „Nicht-Betrieb" vertraten die Ansicht, dass mehr aktive Übungen zu kritischem Denken sinnvoll für das Design wären.

Als problematisch gilt es auch zu erwähnen, dass ideologiekritisches Denken nur von wenigen Teilnehmern in den Arbeitsaufträgen und Übungen gezeigt wurde. Die Rolle von offenen und verdeckten Formen von Macht scheint im pädagogischen Alltag keine allzu große Rolle im Denken und Handeln der pädagogischen Professionals zu spielen. Ein pädagogischer Professional aus dem betrieblichen Kontext lehnte sogar ideologiekritisches Denken als unnütz ab.

1.4.1.3 Kritisches Denken fördern können

Inwieweit die pädagogischen Professionals durch die Qualifizierungsmaßnahme darauf vorbereitet wurden, kritisches Denken in der Praxis fördern und beurteilen zu können, lässt sich schwer einschätzen bzw. messen. Die teilweise in den Projektarbeiten konzipierten Förderansätze, in Verbindung mit den pädagogischen Erfahrungen der Teilnehmer, können als Belege dafür gewertet werden, dass die pädagogischen Professionals in der Lage sind, wirksam kritisches Denken fördern zu können. Jedoch stellt sich die Frage, ob die Teilnehmer kritisches Denken tatsächlich überhaupt fördern wollen und ob sie dafür über die benötigte Freiheit in ihrer Praxis verfügen. Wer als pädagogischer

Professional kritisches Denken fördern möchte, geht damit Risiken und zusätzliche Anstrengungen ein. Wie an den Projektarbeiten abzulesen ist, können oder wollen nicht alle der Teilnehmer diese Risiken und Anstrengungen in vollem Umfang auf sich nehmen. Jedoch kann auch die artikulierte Motivation einiger Teilnehmer, kritisches Denken in Zukunft stärker in die Praxis integrieren (z. B. #2) und Methoden der Denkschulung ausprobieren zu wollen (z. B. #8), als Willensbekundung zur Förderung kritischen Denkens in den verschiedenen Lernkontexten gewertet werden. Weitere Evidenz für die Befähigung zur Förderung ist darin zu sehen, dass einige Teilnehmer (#8, #7) sich positiv über die methodischen Anregungen innerhalb des Qualifizierungskonzeptes geäußert haben. Die Fertigkeiten und Dispositionen zur Förderung kritischen Denkens scheinen zumindest bei einem Großteil der pädagogischen Professionals gefördert worden sein.

1.4.2 Wirkweisen auf kognitiver und persönlicher Ebene

Unter Rückgriff auf Modelle der epistemologischen Entwicklung bei Individuen wurde davon ausgegangen, dass die pädagogischen Professionals in hohem Maße über die für kritisches Denken benötigten Fähigkeiten und Dispositionen verfügen. Die Mehrzahl der Teilnehmer gab an, bereits vor der Denkschulung kritisch gedacht zu haben (#3, #4, #8). Die Förderung im kritischen Denken bewirkte dennoch bei einigen Teilnehmern eine Bewusstmachung und Sensibilisierung für die Aspekte kritischen Denkens. Denkprozesse, die sonst ohne Zuordnung ablaufen, wurden durch den vermittelten theoretischen Unterbau kategorisiert. Qualitativ jedoch gaben die Teilnehmer in den Interviews an, dass keine nennenswerte Erweiterung oder maßgebliche Verbesserung des Denkens durch die Qualifizierung bewirkt wurde. Vielmehr wurde das kritische Denken über die eigene Praxis wie über private Angelegenheiten angeregt und "systematisiert". Der Personaler #5 beispielsweise sagte, dass er durch die theoretische Verinnerlichung der Standards kritischen Denkens diese bei Denkaktivitäten besser metakognitiv „abhaken" könne (PP #5, Interview, 2009). Inwieweit diese Bewusstmachung und Systematisierung kritischen Denkens sich qualitativ förderlich auf das Denken auswirkt, kann nur vermutet werden. Wenn jedoch ein metakognitives „Abhaken" von Dimensionen bzw. Denkstandards kritischen Denkens möglich ist, z. B. bei der Beurteilung von Annahmen, dann kann der Schluss gezogen werden, dass die Denkaktivitäten im Hinblick auf kritisches Denken gründlicher und vollständiger ablaufen könnten. Dies könnte also doch eine qualitative Verbesserung im kritischen Denken implizieren. Diese Bereicherung der metakognitiven Sprache wurde beispielsweise von dem Berufsschullehrer (#7) als förderlich eingeschätzt, als er berichtete, mit einem Kollegen über die Rolle von Macht beim Umgang mit den Schülern gesprochen zu haben. Dabei habe er gezielt „Annahmen" identifiziert und analysiert. Das Konzept der Annahmen habe er dabei als hilfreich empfunden (PP #7, Interview, 2009).

Diese Ergebnisse sprechen für die Wirksamkeit des integrativ-direkten Förderansatzes der Denkschulung, der eine Systematisierung des Denkens im Sinne von Metakognition verfolgt.

Die Resultate gelten aber nicht für alle Teilnehmer. Bei Teilnehmer #1 und #6 wurde keiner der beschriebenen Effekte erzielt. Der Dozent #1 wurde zwar zum kritischen Denken angeregt, etwa bei der Übung zum heimlichen Lehrplan, jedoch konnte er kein theoretisches und für seine Praxis relevantes Verständnis von kritischem Denken ausprägen. Er gab auch an, dass es ihm an Zeit und

Muße zum Durchdenken der Inhalte kritischen Denkens gefehlt habe. Personaler #6 verweigerte von Anfang an die Inhalte und Übungen in der Qualifizierung für kritisches Denken. Die für ihn negative Konnotation des Begriffs kritisches Denken konnte nicht verändert werden, obgleich dies mehrmals sowohl online durch Forenbeiträge als auch in den Präsenzveranstaltungen beabsichtigt wurde.

In den Interviews stellte sich heraus, das Personaler #4 aus dem Betrieb, der nicht studiert hatte, große kognitive Energien zum Lernen der Inhalte aufbringen musste und die Art des Lernens, mit Hypertext, wissenschaftlichen Artikeln, Reflexionen usw. auf ihn zu theoretisch wirkte: *"Als ein Mensch, der in der Praxis gelernt hat, und nicht studiert hat, erschließt sich mir das nicht per se. Weil ich diese Art zu denken oder Dinge aufzubereiten, so in meiner praktischen Ausbildung nie gelernt habe. Und dann wirkt das auf mich sehr verkopft"* (Interview mit PP #4, 2009).

Seine Auseinandersetzung mit der ideologiekritischen Dimension kritischen Denkens führte anfänglich zu Neugierde, dann aber im weiteren Verlauf zur Ablehnung ideologiekritischen Denkens.

1.4.3 Wirkweisen auf interpersoneller und Gruppenebene

Um die Wirkweisen des Designs auf interpersoneller und Gruppenebene beschreiben und interpretieren zu können, soll zunächst nochmals der Verlauf der Weiterbildung beschrieben werden, damit die inhärente Dynamik deutlich wird und maßgebende Faktoren für die jeweilige Entwicklung auf diesen Ebenen identifiziert werden können.

In der ersten Onlinephase führten technische Schwierigkeiten im Umgang mit den E-Learning-Anwendungen dazu, dass erstmals eine angespannte Stimmung zwischen Teilnehmern der Betriebe und Dozenten entstand. Trotz umfangreichem Service- und Supportangebot bei der Einführung in die Lernplattform Ilias und in das E-Portfolio Mahara rief ein Teilnehmer (#4) wütend an und beklagte sich über die schlechte Handhabung des E-Portfolios, an dem er Stunden vergeudet habe. Später stellte sich heraus, dass er mit Basisfunktionen wie dem Schreiben eines Forumsbeitrages Probleme hatte. Technische Schwierigkeiten mit der betriebsinternen Firewall führten des Weiteren zu Frustration bei den betrieblichen Teilnehmern. Zwei der drei betrieblichen Teilnehmer enthielten sich von Anfang an bei der Online-Sozialisation. Sie stellten trotz Aufforderung keine Bilder von sich ein, nahmen nicht am Kennen-Lern-Spiel teil, gestalteten ihr E-Portfolio nicht aus usw.

Auf interpersoneller Ebene zwischen Teilnehmern und Dozenten konnte dennoch das Vertrauen der Gruppe in die Dozenten als auch das der Teilnehmer untereinander während des ersten Präsenztreffens hergestellt werden. Um das für kritisches Denken benötigte Lernklima zu gestalten, wurde auf eine Vielzahl an Maßnahmen der Vetrauensbildung gesetzt, sowohl in den Präsenzveranstaltungen als auch in der Online-Präsenz. Auf Seite der Online-Präsenz lassen sich beispielsweise gezielte Maßnahmen wie ein Mahara-Begrüßungsvideo, ein Kennen-Lern-Spiel, der technische und inhaltliche Support via Forum, Mail und Telefon, in die Technik einführende Übungsmodule oder die Ausschöpfung weiterer Sozialisationsmöglichkeiten über das E-Portfolio und über Angebote zum Austausch auf der Lernplattform nennen. Im Falle der Präsenzveranstaltung können beispielsweise

V. Erprobung, Analyse und Modifikation des didaktischen Designs

eine einladende Gestaltung des Seminarraumes und vertrauensbildende Maßnahmen der Dozenten – wie etwa die Proklamation von Offenheit und Gemeinsamkeit, das sich Aussprechen für gegenseitige Unterstützung oder auch der Einsatz regelmäßiger Stimmungsabfragen – genannt werden.

Beim ersten Präsenztreffen wurde jedoch den Teilnehmenden untereinander und den Dozenten das nicht erwartete Ausmaß der Heterogenität der Gruppe bewusst, beispielsweise durch die Vorstellungen aus dem Kennen-Lern-Spiel oder auch bei der technischen Schulung mit dem E-Portfolio. Die wahrgenommene Heterogenität führte erst einmal zu einem angenehmen Lernklima des gegenseitigen Interesses und der Akzeptanz von Verschiedenheit. Die Teilnehmer waren neugierig aufeinander, beäugten sich, wollten die verschiedenen Persönlichkeiten, deren Denkweisen und beruflichen Handlungsrationalitäten entdecken und verstehen lernen. Von Beginn an wurde seitens der Dozenten ein offenes und hierarchiefreies Miteinander angestrebt, um sich dem kommunikativen Handeln annähern zu können. Als Beleg für den anfänglichen Erfolg kann genannt werden, dass die Teilnehmer den Vorschlag machten, sich sowohl untereinander als auch mit den Dozenten zu „duzen". Ein Teilnehmer aus dem Betrieb (#4) jedoch schien Probleme mit dem lockeren Umgang gehabt zu haben. Er beschwerte sich bei den Dozenten, als eine der Hilfskräfte ihm das Du anbot. Er monierte dabei auch, warum Hilfskräfte nicht darauf vorbereitet werden, den nötigen Respekt und den richtigen Umgang mit höhergestellten Persönlichkeiten zu wahren.

Die Gruppe „Betrieb" stellte von Anfang an eine geschlossene Einheit dar, da sich die Teilnehmer untereinander bereits kannten und miteinander auch arbeiteten. Zwischen den Teilnehmern der Gruppe „Nicht-Betrieb" entwickelte sich schnell eine sehr freundschaftliche, hierarchiefreie Beziehung, die während des Schreibens dieses Kapitel noch immer anhält. Ein Jahr nach der Weiterbildungsmaßnahme tauschten sich die Teilnehmer noch immer über private und berufliche Themen aus. Indizien für die Offenheit und die gegenseitig gezeigte Wertschätzung sind die selbst initiierten Zusatztreffen der Teilnehmer, die im Rahmen des Projektes nicht angedacht waren, und etliche entsprechende Aussagen innerhalb der Erhebungen.

Jedoch konnte im weiteren Verlauf keine Brücke zwischen den beiden sehr verschiedenen Gruppen geschlagen werden. Das anfangs gewonnene Vertrauen der Teilnehmer aus den Betrieben konnte sowohl innerhalb der Gruppe und auch in der Dozenten-Teilnehmer-Beziehung nicht aufrechterhalten werden. Das schlechte Lernklima, das ab Mitte der Qualifizierungsmaßnahme seinen Tiefpunkt erreichte, führte zu einer nicht geeigneten Lernatmosphäre für die Qualifizierung im kritischen Denken. Beispielsweise fanden kaum mehr kritische Diskussionen unter den Teilnehmern statt. Es wurde kein kritisches Feedback zu Arbeitsaufträgen mehr gegeben und teilweise wurden Arbeitsaufträge nicht erledigt, außer die Projektarbeit, die für das Bestehen des Kurses obligatorisch war.

Nach dem zweiten Präsenztreffen verfassten die drei Teilnehmer aus dem Betrieb gemeinsam einen Forumsbeitrag, in dem sie sich über die Weiterbildung massiv beschwerten, da diese nicht ihren Erwartungen entspreche und Selbstreflexion und kritisches Denken zugunsten von wichtigen anderen Inhalten inhaltlich überbewertet werde. Da sie von meinem Forschungsvorhaben und dem meines Kollegen wussten, sprachen sie uns ihr Vertrauen ab, da wir die Weiterbildung aus ihrer Sicht nur für unsere Zwecke nutzen würden. Die anderen Teilnehmer reagierten verärgert auf diesen

Beitrag und kritisierten die Argumentation. Folgender Auszug aus einer der Antworten darauf zeigt, wie verschieden die Erwartungen und Einstellungen der Teilnehmer bezüglich kritischen Denkens waren:

> „(...) das ist sehr interessant, was da so zu lesen ist, weil es mir deutlich macht, wie anders schon für uns die Einstiegsbedingungen zu diesem Seminar waren und wie unterschiedlich die Kommunikationsstrukturen unserer Institute und Arbeitsumgebungen sind.
> Mal ein Perspektivwechsel zur Erhellung von Teilnahmehintergründen und Erwartungen:
> (...)
> Ich holte mir Infos aus dem Internet, da gibt es ein längeres Papier zur Beschreibung dieser Weiterbildungsmaßnahme. Und gerade weil da viel von selbstkritischem Denken und Selbstreflexionsprozessen stand, freute ich mich riesig auf die Veranstaltung.
> Für mich ist die Seite der Selbstreflexion und des kritischen Denkens eine höchst attraktive Geschichte, quasi ein Thema, welches vor alle Lehrtätigkeit vorgeschaltet werden sollte. Ich glaube, mir gefällt diese Qualifizierungsmaßnahme so gut, weil sie meiner Meinung nach genau die Themen bearbeitet, die von jedem (Lehrende/r und Personalentwickler/in) bearbeitet werden sollten und die im Alltag aber nicht wirklich vorkommen (dürfen).
> (...)
> Hätte sich mir im Vorfeld erschlossen, dass ich auf eine reine E-Learning-Schulungsveranstaltung gehen muss, ich weiß nicht, ob ich teilgenommen hätte.
> (...)ich bin irritiert über die Beiträge von PP #3, PP #4 und PP #5, denn ich fand der Abschluss unseres letzten Treffens wies in eine andere Richtung, aber da habe ich mich scheinbar gewaltig getäuscht.
> (...)
> Wird das alles bei euch im Dreierteam besprochen und entschieden?
> Müsst ihr diese Fortbildung gemeinsam machen?
> Habt ihr Lust zu erklären, wie ihr zu dieser Fortbildung gekommen seid, wie das bei euch kommuniziert wurde?
> Ist das für euch eine Pflichtveranstaltung und somit eher unfreiwillig?

Tabelle 20: Forumposting von PP #8 (19.10. 2009)

An anderer Stelle des Postings schreibt der wissenschaftliche Mitarbeiter über sein Empfinden und über seine Wahrnehmung bezüglich der betrieblichen pädagogischen Professionals: „Ihr als kleines Team im Team habt mich anfangs eingeschüchtert, ihr wirktet so unnahbar und eingeschworen, was übrigens vielleicht auch meinen Unmut erklärte, warum ich anfangs die gesamte Restveranstaltung gerne online abgefackelt hätte (...)" (PP #8, Ilias-Forumsposting, 19.10.2009).

Hieraus lässt sich die drastisch empfundene Distanz zwischen den beiden Gruppen erspüren, die auch auf das autoritäre Auftreten einzelner Teilnehmer aus der Gruppe „Betrieb" zurückzuführen ist. Nachdem das Gruppenklima während der ersten Hälfte der Erprobung den dargestellten Tiefstand erreichte, versuchten die Teilnehmer im weiteren Verlauf sich wieder gegenseitig anzunähern. Jedoch blieben sich beide Gruppen dennoch fremd und misstrauten sich, wenngleich nun in friedlicher Koexistenz. Der Dozent aus der Berufsvorbereitung (#1) teilte beispielsweise im Interview mit, dass er den Teilnehmern aus der Gruppe „Betrieb" misstraue. Deshalb habe er auch seine Ansichten im Portfolio, unter anderem auch Reflexionsaufträge zum kritischen Denken, nur für den Rest der

Teilnehmer, aber nicht für jene aus den Betrieben freigeschalten. Ein Teilnehmer (#3) sprach im Interview von „unüberwindbaren Fronten" zwischen den beiden Gruppen, die zunehmend sich verhärtet hätten. Einer der Teilnehmer aus der Gruppe „Nicht-Betrieb" teilte in den Abschlussfragebögen diesbezüglich als abschließende Bemerkung mit: *„Man hätte kontraproduktiven Teilnehmern eventuell schon früher vehementer gegenübertreten können. Ich meine damit, klar zu machen, dass die Veranstaltung zwar flexibel ist, aber sich nicht zu 100 % an den Erwartungen ausrichten kann"* (Abschlussumfrage, 2009).

Trotz vielfältiger Vermittlungsversuche in Telefonaten, Gruppendiskussionen sowohl in Präsenz als auch online konnte das Lernklima nicht maßgeblich verbessert werden. Die Dozenten versuchten die einzelnen strittigen Punkte zu den Erwartungen, Inhalten usw. klarzustellen. Beispielsweise verwiesen sie nach der dargestellten Beschwerde auf den noch folgenden E-Learning-Bezug, da zum Zeitpunkt des Postings noch nicht einmal die Hälfte der Ausbildung durchlaufen war und noch viele Inhalte bezüglich E-Learning auf die Teilnehmer warteten. Weitere Maßnahmen zur Entspannung des Miteinanders waren persönliche Gespräche, Gruppendiskussionen und die damit verbundene Umsetzung der Wünsche der Teilnehmer. Auf interpersoneller Ebene lässt sich anmerken, dass die Teilnehmer aus den Betrieben die beiden Dozenten, von denen ich einer war, als „Akademiker", also belehrende Theoretiker empfanden, die außerdem ihr Handwerk aufgrund des Alters und der damit verbundenen Lebens- und Berufserfahrung noch nicht recht verstehen. Als Beleg für diese überspitzt formulierte Sichtweise kann unter anderem genannt werden, dass einer der Teilnehmer aus dem Lernort Betrieb (PP #4) den beiden Dozenten jeweils ein pädagogisches Handbuch aus dem Bereich „Training" und ein Werk zum Umgang mit Gruppen zum Abschluss der Veranstaltung schenkte, mit dem Hinweis, dass sie durch das Lesen dieser Bücher viel für ihre Tätigkeit lernen könnten und diese Werke ihm auch sehr geholfen hatte, als er noch Anfänger war. Die Dozenten konnten somit der Vorbildfunktion für kritisches Denken nicht gerecht werden und wurden von den Teilnehmern aus den Betrieben als praxisferne, verkopfte Theoretiker abgelehnt.

Die Gründe für diesen, einer Denkschulung abträglichen, Umgang sind vielschichtig. Sie sind größtenteils in der Heterogenität der beiden Gruppen zu sehen – im Hinblick auf Erwartungen an die Weiterbildung, Medienkompetenz, Lernverhalten, pädagogisches Vorwissen, schriftsprachliche Fähigkeiten, professionelles Selbstbild, jeweils vorliegende Handlungsrationalitäten, Zwänge usw. Die Nichtbefriedigung von Erwartungshaltungen auf Seiten der Gruppe der Betriebe bei gleichzeitigem Interesse der Gruppe der Nicht-Betriebe an den Inhalten trug in vielfacher Hinsicht auch zu dem angespannten Umgang bei. Die Teilnehmer aus den Betrieben erwarteten einen reinen, pragmatischen E-Learningfokus innerhalb der Weiterbildung. Diese Erwartung kann aus unzureichender Informierung im Vorfeld stammen. Vielleicht haben die Teilnehmer das Motivationsschreiben nicht ausgehändigt bekommen, es nicht gelesen oder wurden gar zu der Teilnahme an der Erprobung abgestellt. Es ist aber auch möglich, dass die Teilnehmergruppe „Betrieb" trotz zur Kenntnis genommener Informationen eine andere, praxisnähere, funktionaler Art der Ausbildung gewöhnt ist und diese zumindest im Ansatz vorausgesetzt hat.

Interessanterweise hat die Auseinandersetzung mit kritischem Denken selbst auf der Gruppenebene dazu geführt, dass starke Unterschiede im pädagogischen Denken und Handeln der einzelnen pädagogischen Professionals offengelegt wurden. Die Offenlegung trug unter anderem massiv dazu bei, dass sich die Gruppe in zwei einander feindlich gesinnte Lager aufspaltete, die in Idealisten (Nicht-Betrieb) und Funktionalisten (Betrieb) unterschieden werden können. Anstatt dass kritische Diskussionen zu einem besseren Verstehen beitrugen, verschärfte sich durch den Austausch das Gruppenklima. Die von den Teilnehmern aus den Betrieben geäußerten Argumente zu ihrem eher funktionalen Verständnis kritischen Denkens und das damit einhergehende Rollenbild trafen auf Unverständnis bei den anderen Teilnehmern, die sich über die Aussagen echauffierten. Viele der vorgebrachten Argumente der betrieblichen Teilnehmer, wie etwa, dass der Einzelhandel keine emanzipatorische Funktion habe, dass alle Kunden mündig seien, dass ideologiekritisches Denken unnütz sei, dass der Begriff „kritisches Denken" abzulehnen sei usw., trafen auf Unverständnis bei den restlichen pädagogischen Professionals. Es hat sich gezeigt, dass die Auseinandersetzung mit kritischem Denken zu Konflikten führen kann, unter anderem dann, wenn nicht keine adäquate Umgangskultur etabliert werden kann.

Neben diesem problematischen Verlauf des strategischen Handelns auf beiden Seiten ist aber anzumerken, dass die Denkschulung bis Qualifizierungselement #4 in einem guten, vertrauensvollen Lernklima geschah und sich auf einem Scheideweg des Annäherns oder des gegenseitigen Ablehnens befand. Bis zu diesem Zeitpunkt konnten Phasen der Reflexion und der sozialen Interaktion in einem förderlichen Lernklima der Offenheit gewährleistet werden. Spätestens jedoch mit der Erprobung von Qualifizierungselement #5 und einer anschließenden Selbstreflexionsübung kristallisierte sich die Verschiedenheit der Interessen der beiden Gruppen vollends heraus. Vorurteile wurden dadurch bestärkt und die jeweils negativ ausgelegte Verschiedenheit auch in der beruflichen Praxis deutlich.

1.4.4 Subjektiv wahrgenommener Nutzen und Nachhaltigkeit

Anhand der vielfältig gesammelten Daten lassen sich einige Spuren ablesen, die darauf hinweisen, dass die Qualifizierung für kritisches Denken im Hinblick auf die professionelle Entwicklung der Teilnehmer als förderlich wahrgenommen wurde. Jedoch gilt diese Einschätzung nur für manche der Teilnehmer, die nicht der Gruppe der Betriebe angehören.

In der Abschlussbefragung wurden beispielsweise folgende Angaben im Zusammenhang mit der Qualifizierung im kritischen Denken gemacht:

> - *Ich wurde darin bestätigt, weiter kritisches Denken zu praktizieren.*
> - *Kritisches Denken ist mittlerweile ein fester Bestandteil in meiner pädagogischen Praxis.*
> - *Ich bin persönlich gewachsen und konnte für meine Berufspraxis wertvolle Impulse mitnehmen* (Auszug aus der Abschlussbefragung, 2009).

Die Qualifizierung für kritisches Denken hat sich fruchtbar auf die professionelle Entwicklung einzelner Teilnehmer ausgewirkt, sowohl im Hinblick auf ihr methodisches Repertoire als auch ihr Rollenbewusstsein. Aber auch auf privater Ebene konnten manche Teilnehmer Nutzen ziehen. Beispielsweise gab Teilnehmer #3 im Interview an, von der Qualifizierung im kritischen Denken profitiert zu haben, da ihm die Wichtigkeit kritischen Denkens bewusst geworden sei. Sowohl in beruflicher Hinsicht als aber vor allem auch im Privaten habe er wichtige Impulse durch die Qualifizierung erhalten. Im Privaten, betonte er, sogar noch stärker, da er hier freier im Denken und Handeln sei. Als Beispiel nannte er die Anwendung kritischen Denkens in der Kindererziehung. Diese Aussage bestätigt die Hypothese, dass die Freiräume zur Anwendung und Förderung kritischen Denkens stark durch die Rahmenbedingungen des Umfeldes (z. B. curriculare Vorgaben, Lehren und Lernen nur für die Prüfung, Vorgesetzte usw.) beeinflusst werden.

1.5 Lessons learned: Erkenntnisse aus der Erprobung und deren Implikationen für Theorie und Praxis der Förderung kritischen Denkens

Die Erprobung des Designs brachte etliche erwartete und auch einige unerwartete Ergebnisse und Einsichten mit sich. Erwartet problematisch verlief die Denkschulung im Hinblick darauf, dass die Qualifizierung im kritischen Denken in ein Weiterbildungskonzept als untergeordnetes Lernziel integriert wurde. Dadurch entstanden einige Nachteile, da beispielsweise nicht so viel zeitliche und inhaltliche Freiräume zur Gestaltung und Integration des Designs bestanden, wie dies in einem eigenständigen Seminar zu Schulung kritischen Denkens möglich wäre. Weiterhin hatten einige der Teilnehmer andere Erwartungen bezüglich solch einer Weiterbildung im Bereich didaktischer Konzepte beim E-Learning. Vorrangig wollten sie, die betrieblichen pädagogischen Professionals, handlungsorientiertes Wissen und Fertigkeiten beim Einsatz von E-Learning anhand ganz konkreter Tools für ihre jeweilige Praxis erlernen. Kritisches Denken wurde dadurch als nebensächliche Angelegenheit betrachtet. Für eine erfolgreiche Qualifizierung, so die Annahme, sollten die Teilnehmer Interesse an der Denkschulung haben. Kritisches Denken kann nicht verordnet werden. Um sich auf kritisches Denken einlassen zu können braucht es Offenheit, Interesse, Kontemplation, Muße und Freiheit.

Des Weiteren führte die hohe Heterogenität der Gruppe, die sich vor allem durch den Bildungshintergrund und die verinnerlichten Rollenbilder als pädagogischer Professional bemerkbar machte, zu weiteren Schwierigkeiten, die nur teilweise im Vorfeld antizipiert worden waren. Die variierenden Vorkenntnisse führten auf der einen Seite zu hoher Belastung bei Teilnehmern mit einem nicht hochschulischen Bildungshintergrund, da sie zum einen das selbstorganisierte Lernen mit Texten und Modulen nicht gewöhnt waren und klare Strukturen vermissten. Zum anderen mussten jene Teilnehmer (#4, #1) viel mehr Zeit und Aufwand betreiben, um sich die Inhalte zu erarbeiten. Außerdem bereitete das schriftliche Reflektieren den beiden Teilnehmern Schwierigkeiten. Sie hatten Probleme damit, ihre Gedanken in eine entsprechende schriftliche Form zu bringen. Das Denken und Lernen in theoretischen Modellen mit einer theoretischen Fachsprache fiel ihnen des Weiteren sehr schwer. Obwohl eine eher einfache Sprache zur Vermittlung des theoretischen Rahmens für kritisches Denken genutzt wurde, haben sich die gewählten Begrifflichkeiten nicht als eingängig und verständlich bei den beiden Teilnehmern gezeigt. Lerner, die selbstorganisiertes, computerunterstütztes Lernen nicht gewöhnt sind und Probleme damit haben, eher abstrakt und in Modellen zu denken oder Gedanken niederzuschreiben, können große Schwierigkeiten mit dem erstellen Qualifizierungskonzept haben. Das Design erfüllt seine Funktion für diese Zielgruppe nicht.

Unerwartete Ergebnisse liegen durch den Verlauf der Erprobung mit den betrieblichen Teilnehmern und der daraus entstandenen Gruppendynamik vor, die bei der Qualifizierung in kritischem Denken starke Impulse erhalten hatte. Die Ablehnung des Begriffs „kritisches Denken", die Vorbehalte gegenüber ideologiekritischem Denken und die dazu angeführte Argumentation der Nicht-Relevanz, das vertretene, funktionale Konzept, der damit einhergehende, eher begrenzte Förderansatz sowie die harsche Kritik der betrieblichen pädagogischen Professionals an der gesamten Weiterbildung mündeten im Unverständnis seitens der weiteren Teilnehmer. Das Thema „kritisches Denken" hatte dazu geführt, dass die Verschiedenheit in der Gruppe klar herausgeschält wurde, sei es auf der Ebene der verschiedenen Rollenbilder als pädagogische Professionals und – damit einhergehend – auf der Ebene der jeweils vertretenen pädagogischen Ideale, sei es auf der Ebene des Bildungshintergrundes oder auf einer gesellschaftlichen Ebene. Die teilweise starken Unterschiede, die durch kritisches Denken verstärkt zutage gebracht wurden, da die Teilnehmer dazu aufgefordert waren, sich über ihr professionelles Denken und Handeln Gedanken zu machen, erwiesen sich als sozialer Sprengstoff, durch den Vorurteile bedient und die gegenseitige Ablehnung geschürt wurde.

Die Herstellung eines Lernklimas, in dem kommunikatives Handeln im Ansatz durch verschiedene Methoden wie die Einführung von Regeln usw. etabliert wird, konnte bei der Erprobung trotz Rückgriff auf etliche Methoden zur Vertrauensbildung und zu Verbesserung des Lernklimas nicht erreicht werden. In der Praxis kann die für kritisches Denken so wichtige Vielfalt sich widersprechender Perspektiven auch zu schwer zu überwindenden Konflikten führen, wie es bei der Erprobung der Fall war. Es bedarf in dem Kontext der pädagogischen Professionals eines Klimas der nachhaltigen Akzeptanz, um das Konfliktpotenzial zu mildern. Trotz erheblicher Bemühungen konnte dies jedoch nicht in der Erprobung hergestellt werden. Fraglich bleibt, ob und wie sich bei heterogenen Gruppen, in denen die Verschiedenartigkeit hohes Konfliktpotential in sich birgt, gegenseitiges Vertrauen und ein Miteinander im Sinne des kommunikativen Handelns herstellen lässt.

Um das Verhalten und den augenscheinlichen Standpunkt der betrieblichen pädagogischen Professionals besser verstehen zu können, ist es lohnenswert, deren beruflichen Rahmenbedingungen und den damit verbundenen Handlungsrationalitäten auf die Spur zu gehen. Hier ist eine Analyse des Personalwesens, dem die Personalentwickler und Ausbilder angehören, lohnenswert. Das Personalwesen sieht sich vor allem in wirtschaftlich schwierigen Zeiten innerhalb der Unternehmung einem hohen Legitimationsdruck ausgesetzt (Stender, 2009, S. 75). Der Legitimationsdruck ist darin begründet, dass die Personalentwicklung in den Augen etlicher betrieblicher Stakeholder nur schwer qualifizierbar und quantifizierbar mit der eigentlichen Wertschöpfung des Unternehmens in Verbindung gebracht werden kann. Obwohl die Erfüllung dieser Aufgabe für das Umsetzen der Unternehmensstrategien sehr bedeutsam ist, werden Einsparungen in angespannten Zeiten vor allem im Bereich der Weiterbildung getätigt (Stender, 2009, S. 231). Dies ist auch darauf zurückzuführen, dass die Personalentwicklung hohe Kosten für die Unternehmung verursacht (siehe Stender, 2009, S. 96–98). Personaler sehen sich einem Erfolgsdruck ausgesetzt, die Nützlichkeit ihrer Arbeit zu rechtfertigen. Dafür wurden stringte Messinstrumente innerhalb des Bildungscontrollings konzipiert. Durch quantitative Nutzenmessung soll ermittelt werden, welche konkreten wirtschaftlichen Erfolge beispielsweise Qualifikationsmaßnahmen bei der Belegschaft hervorgebracht haben (Stender,

2009, S. 231). Diese eher kurzfristige Erfolgsmessung soll am besten durch genau quantifizierbare Dimensionen wie Ertragssteigerung usw. erfolgen, um Maßnahmen leicht vergleichen und in ihrer Kosten-Nutzen-Relation beurteilen zu können. Die Förderung von kritischem Denken kann jedoch unter Umständen erst nach längerer Zeit, also auch erst lange nach Weiterbildungsmaßnahmen, Früchte tragen. Außerdem lassen sich die Resultate kritischen Denkens nur schwer quantifiziert erfassen und müssen sich nicht zwangsweise in ökonomischem Erfolg niederschlagen, sondern können unter Umständen auch das Gegenteil mit sich ziehen. Kritisches Denken ist in seiner Anwendung problemlösungsorientiert. Es kann aber erst auch dazu führen, dass bestehende Probleme erkannt werden, die davor für das Individuum nicht greifbar waren. In diesem Fall führt kritisches Denken zum Erkennen von Problemen, die das Individuum vor der Denkaktivität gar nicht realisiert hat. Man könnte sagen, dass kritisches Denken auch Probleme generieren kann. Daher kann es sich sogar kurzfristig negativ im Hinblick auf eine unternehmerische Nutzenfunktion auswirken, z. B. wenn bestimmte Unternehmenspraktiken als problematisch und nicht richtig eingestuft werden. Diese Erkenntnis kann dazu führen, dass Mitarbeiter ihre Aufgaben schlechter im Sinne der unternehmerischen Performanz ausführen, als sie es davor getan haben, beispielsweise, weil sie in moralische Konflikte geraten sind oder nach Verbesserungsmöglichkeiten zwar suchen und in ihrem Vorgehen experimentieren, aber zeitnah noch nicht die richtige Handlungsweisen gefunden haben, oder aber das Umfeld dynamisch auf die Verhaltensänderung reagiert.

Auch für Personalentwickler selbst stellt kritisches Denken ein zweischneidiges Schwert dar. Einerseits kann es konstruktiv zur Verbesserung der eigenen Praxis dienen, um beispielsweise die Probleme des Spannungsfeldes der Personalentwicklung konstruktiv anzugehen. Andererseits kann kritisches Denken über die eigene berufliche Praxis auch zu Bewusstmachungsprozessen führen, die für das Individuum zwar erkenntnisreich, dabei aber auch belastend sein können. Das Erkennen von Missständen und Ideologien kann zu großer und rational kaum zu behebender Dissonanz führen. Dies tritt ein, wenn ein pädagogischer Professional in einer nicht menschengerechten Unternehmens- bzw. Institutionskultur und -praxis arbeitet und nur unter großen Risiken bestehende Einflussmöglichkeiten nutzen kann, um diese Situation zu verbessern oder gar durch sein berufliches Handeln selbst gezwungenermaßen zur Stabilisierung dieses repressiven Systems beiträgt. Dieser Effekt wurde bereits von anderen Autoren belegt: Reynolds fand heraus, dass sich Management-Studenten gegen kritisches Reflektieren verwahrten, *„because to do so would be to question their profession and challenge the status quo"* (Reynolds, 1998, S. 16; zitiert nach Rigg und Trehan, 2006, S. 378). Reynolds warnt des Weiteren vor psychologischen und sozialen Konsequenzen, die kritisches Denken gerade im Kontext der Manager hervorrufen kann, und spricht von emotionaler und mentaler Verwirrung und Beunruhigung als Ursache, die Zerrüttung der Verhältnisse am Arbeitsplatz oder im Privatleben mit sich ziehen kann. Rigg und Trehan stellen in einer Studie fest, dass die Förderung kritischen Denkens im Kontext von Bildungseinrichtungen wie Universitäten anders von den Lernenden angenommen wird als die Förderung kritischen Denkens am Arbeitsplatz. In einer auf Handlungsforschung basierenden Studie zeigen die Autoren, dass ein integratives Kurskonzept zur Förderung kritischen Denkens als Teil von Studiengängen im Kontext der hochschulischen Wirtschaftsausbildung (MBA und MA Human Ressource Development etc.) wirksam eingesetzt werden konnte und von den Teilnehmern als für ihre professionelle Entwicklung nützlich eingeschätzt wurde. Die Studenten waren dazu angehalten, schriftliche Reflexionsaufträge zu verfassen, in denen sie Kernannahmen ihres beruflichen Handelns identifizierten, eigene, durch Sozialisation bedingte Verhaltensmuster erforschten und den durch institutionelle, politische und soziale Kräfte entfalteten kontextuellen Einfluss auf ihr Denken und Handeln analysierten. Die Studenten wurden auch an theoretische Konzepte herangeführt, die sich inhaltlich an Gedanken des Feminismus, des Marxismus, der kritischen Pädagogik usw. orientierten und eine ideologiekritische Perspektive kritischen Denkens widerspiegelten. Über die Jahre hinweg wurde deutlich, dass diese Art der kritischen Reflexion hohes Potenzial für die professionelle Entwicklung von Managern bietet und gleichzeitig aber auch die bereits geschilderten Gefahren in sich birgt. Als die Autoren jedoch ihr Förderkonzept, in dem kritisches Denken eine wichtige Rolle spielt, in Unternehmen für Manager in der Praxis anboten, stellten sich deutlich größere Schwierigkeiten und Barrieren in der Förderung des ideologiekritischen Denkens bei den Praktikern ein, als dies im hochschulischen Kontext der Fall gewesen war. Einige Teilnehmer bewerteten diese Art des Reflektierens als unnütz. Sie schätzten die Reflexionen als „zu persönlich" ein, empfanden die investierte Zeit als Verschwendung, denn sie hätten längst diese Zeit sinnvoll für Arbeitsaktivitäten nutzen können usw. (Rigg und Trehan, 2006, S. 378–379). Ähnliche Vorwürfe wurden von den Teilnehmern aus den Betrieben bei der Erprobung des Qualifizierungskonzeptes laut. Gerade das ideologiekritische Denken wurde auch von diesen pädagogischen Professionals abgelehnt. Rigg und Trehan erklären sich diese Resultate durch die Dissonanz, die durch die die ideologieKritischen Theorien und die ideologiekritischen Fragen initiiert worden ist:

"If critical reflection heightens awareness of deep flaws in the system and values of their organization, this in itself is unsettling, particularly if the individual is powerless to make changes, either to the organization or to the individual situation (Rigg und Trehan, 2006, S. 378). Eine Dissonanz, ausgelöst durch Bedingungen eines Umfeldes, die in keiner Weise von dem Individuum selbst verändert werden können, von denen das Individuum abhängig ist und zu dessen unerwünschter Reproduktion und Stabilisierung es selbst auch noch aktiv beiträgt, führt zur einer massiven, emotional belastenden Ausweglosigkeit. Diese kann aber im Vorfeld durch Rationalisierungen durch das Individuum abgewendet und ausgeblendet werden, um sich dem kritischen Reflektieren und dessen negativen Konsequenzen zu entziehen, beispielsweise indem ideologiekritisches Denken als nutzlos abgetan oder die Schulung im kritischen Denken als ziellos abgestempelt wird. Zusätzlich zu diesem, kritisches Denken hemmenden Zusammenhang ist zu erwähnen, dass der Versuch, ein solches Konzept im betrieblichen Kontext zu implementieren, im Gegensatz zum universitären Kontext auf ein weitaus differenzierteres und dynamischeres Zusammenspiel von Kräften stößt, wie beispielsweise die verschiedenen Stakeholder mit ihren Interessen innerhalb einer Unternehmung (Rigg und Trehan, 2006, S. 378). Die Interpretationen zu den Ergebnissen der Studie von Rigg und Trehan können auch als Erklärung für das Verhalten der Personaler innerhalb des Erprobungskontextes herangezogen werden. Auch hier wurde der Nutzen kritischen Denkens, zumindest im Bereich der Ideologiekritik, infrage gestellt, auch hier wurden Inhalte und Ablauf als nicht zielführend, unstrukturiert usw. bezeichnet.

Das eindimensionale Konzept kritischen Denkens, das die Teilnehmer aus den Betrieben entwickelt hatten, und die Klarstellung, dass sie Missstände im Kontext des Einzelhandels nicht ändern müssten und könnten, da beispielsweise die Kunden „mündig" in ihrem Konsumverhalten wären, sind weitere Belege für die Theorie von Rigg und Trehan. Anscheinend führte die initiierte kognitive Dissonanz dazu, dass die betrieblichen Teilnehmer ihre Situation und Position rationalisierten, indem sie bestehende Missstände abwiesen und herunterspielten, da sie keinen Einfluss durch das ihnen angelegte Korsett der Unternehmensphilosophie und -praxis geltend machen können. Dies ist ein Erklärungsansatz, der postuliert, dass kritisches Denken nur dann angenommen werden kann, wenn das Subjekt über genügend Freiheit in dem Bereich verfügt, mit dem es sich kritisch auseinandersetzen soll. Ein gewisser Spielraum an Handlungsfreiheit in einem bestimmten Bereich ist evtl. eine wichtige Voraussetzung, um kritisches Denken darüber zuzulassen. Die Annahmebereitschaft für kritisches Denken korreliert dann positiv mit der bestehenden Handlungsfreiheit. Liegen jedoch Zwänge vor, die das Individuum in Abhängigkeiten halten, so sind bewusste oder unbewusste Rationalisierungen ein Ausweg, um eine Dissonanz zu reduzieren und zu umgehen. In anderen Worten: Wird das berufliche Selbstbild als pädagogischer Professional durch kritisches Denken bedroht, gefährdet kritisches Denken gar die erfolgreiche Ausführung der Tätigkeit oder führt es des Weiteren unter Umständen zu massiven beruflichen und/oder privaten Schwierigkeiten, die unter anderem den Verlust des Arbeitsplatzes nach sich ziehen würden, kann es in seinem emanzipatorischen Kern nicht angenommen werden. Treffen diese Überlegungen zu, so müsste das „Ambiguitätsprinzip" zur Herstellung der für kritisches Denken benötigten Herausforderung, im Zusammenhang mit dem Andocken an der Lebenswelt der Lernenden, für den Kontext der (betrieblichen) pädagogischen Professionals modifiziert werden.[69] Das Locken aus der Komfortzone verstärkte die Ablehnung (ideologie-)kritischen Denkens bei den pädagogischen Professionals aus den Betrieben. Jedoch kann es auch ein Trugschluss sein, dass nur die richtige Dosis an Konfrontation für die Zielgruppe gefunden werden muss, denn die eingesetzten Bilder können nicht als radikale Provokation gewertet werden. Ein kritischer Film beispielsweise kann die gemachten Aussagen in einer ganz anderen Intensität vermitteln. Möglicherweise muss deshalb das didaktische Förderprinzip „Ambiguitätserleben" für bestimmte Zielgruppen gänzlich verworfen werden, zumindest beim Einsatz in den Bereichen der vorliegenden Zwänge. Auch die Induktion positiver Emotionen zur Anregung kritischen Denkens im Einzelhandel stellt eine weitere Variante dar, die forschungswürdig ist.

Neben dieser psychologischen Erklärung sind die Ablehnung und das Scheitern des Designs als Ganzes für die Zielgruppe der betrieblichen pädagogischen Professionals durch weitere Perspektiven zu interpretieren. Eine weitere plausible Erklärung ist darin zu sehen, da sich bestimmte Menschen nicht für kritisches Denken interessieren, da sie sich und ihre Energie schon genug zur Erfüllung der beruflichen Anforderungen verausgaben müssen, sodass sie schlichtweg für intellektuelle Tätigkeiten wie kritisches Denken keine Kraft und Lust neben der Arbeit mehr aufbringen. Sie können des Weiteren auch keinen Nutzen im kritischen Denken erkennen und sind mit den bestehenden Verhältnissen zufrieden, die sie unter den gegebenen Umständen als beste Ordnung

---

[69] Es sei an dieser Stelle angemerkt, dass natürlich auch pädagogische Professionals aus anderen Arbeitsbereichen jenen beschriebenen Zwängen ausgesetzt sein können, die dazu führen, dass kritisches Denken im Kern vereitelt wird. Die besondere Konstellation von Herrschaftsverhältnissen lässt sich jedoch in Unternehmen aufgrund des beschriebenen Spannungsfeldes der Personalentwicklung besonders deutlich anzeigen.

akzeptieren. Ideologiekritisches Denken kann nur von jenen realisiert werden, die Zeit und Muße dafür aufbringen können und die gleichzeitig die Utopie einer besseren Welt in sich fühlen bzw. sich in der bestehenden Ordnung als entfremdet erfahren. Ideologiekritisches Denken ist deshalb auch eine Einstellungssache. Wer ideologiekritisch denken will, muss sich auf die teilweise komplexen Annahmen und Konzepte der Kritischen Theorie einlassen können. Durchaus ist es eine legitime Sichtweise, diese Annahmen abzulehnen und die Konzepte selbst als Ideologie zu begreifen. Experte #6 äußerte sich im Interview dazu wie folgt:

„Die Unternehmen sind nur an Rationalisierung interessiert. Und da haben sie wahrscheinlich auch Recht. Ich halt das für möglich, dass das kritische Denken für einen Großteil der Beschäftigten nicht von besonders großer Bedeutung ist, sondern mehr für die Leute im Management, im mittleren und höheren Management. Und vor allem dann für die Politik. Das halte ich für möglich. Und da, drum darf man das nicht überziehen, weil die sonst sagen: Was versuchst du uns da einzureden, das ist ja lauter Käse" (Experteninterview #6, 2008).

Trotz des partiellen Scheiterns bei der Qualifizierung der pädagogischen Professionals im kritischen Denken sollten weitere Versuche unternommen werden, wie sowohl die kritischen Erfolgsfaktoren der Herstellung von Akzeptanz und Offenheit als auch die Heranführung an ideologiekritisches Denken vollzogen werden können. Im folgenden Abschnitt werden einige Vorschläge diesbezüglich unterbreitet und eine Modifikation des Designs aufgrund der gemachten Erfahrungen und der empirischen Daten vorgestellt.

1.6 Vorschläge zur Modifikation des Qualifizierungskonzeptes

Aufgrund der hohen Heterogenität der Zielgruppe der pädagogischen Professionals fällt es schwer, sinnvolle Modifikationen des Designs vorzunehmen. Dreht man an den Stellschrauben des Designs an der einen Stelle, um die intendierte Funktion für diese Sub-Zielgruppe zu realisieren, können durch diese Korrektur weitere Effekte hervorgerufen werden, die die Funktionalität des Designs für eine andere Sub-Zielgruppe einschränken. Beispielsweise monierten die Teilnehmer aus den Betrieben die benutzte Fachsprache, die sie als zu verkopft und belehrend auffassten. All diese Anmerkungen sprechen für eine weitere Vereinfachung der verwendeten Begriffe. Anderen Teilnehmern, wie etwa dem wissenschaftlichen Mitarbeiter (PP #8), könnte eine zu starke Vereinfachung der Begrifflichkeiten jedoch missfallen, da sie im Gegensatz zu den Teilnehmern aus den Betrieben einen gewissen theoretischen Tiefgang im kritischen Denken erwarten, der durch eine Simplifizierung der Sprache nicht erfüllt werden kann.

Die in den Modulen und in den Präsentationen gewählten Beispiele zur Verdeutlichung des Konzeptes kritischen Denkens und dessen Förderung haben außerdem nicht ausgereicht, um a) die betrieblichen Teilnehmer für die Thematik des kritischen Denkens zu motivieren und b) die Förderung kritischen Denkens exemplarisch zu verdeutlichen. Punkt a) ließe sich verbessern, indem konkrete Praxisbeispiele für den Einzelhandel gegeben werden, die zeigen, wie durch kritisches Denken die Auszubildenden– und dadurch der gesamte Betrieb – profitieren könnten, beispielsweise weil die

Lernenden weniger Fehler machen, besser verkaufen, Prozesse im Unternehmen besser verstehen, weniger stehlen usw. Um Punkt b) zu genügen, könnten je Ausbildungsstufe im Einzelhandel an einem konkreten Thema, das die ganzheitliche Anwendung kritischen Denkens ermöglicht, exemplarische Förderkonzepte entwickelt werden, die die Lehr-Lernprinzipien kritischen Denkens anschaulich demonstrieren und auf die Theorie hinweisen, sozusagen induktives Vorgehen bei der Darbietung der Konzepte.

Insgesamt sollte eine Reduktion der Theorie zu kritischem Denken zugunsten von mehr Elementen mit Erfahrungscharakter erfolgen. So können die Qualifizierungselemente #5 und #9 (beides Präsentationen zum Konzept und zur Förderung von kritischem Denken) gekürzt und dafür Übungen durchgeführt werden, die kritisches Denken und dessen Förderung erlebbar machen. Außerdem wäre es sinnvoll, wenn die Teilnehmer selbst aus Sicht der Schüler eines der zu entwickelnden exemplarischen Lernszenarien aus dem Einzelhandel durchlaufen und anschließend bewerten. Als Übung zu kritischem Denken für den Kontext der pädagogischen Professionals eignet sich des Weiteren besonders die Szenario-Analyse von Brookfield (1987). Für die Zielgruppe eignen sich authentische Fallbeispiele aus der jeweiligen Praxis der pädagogischen Professionals, in denen kritische berufliche Ereignisse an verschiedenen Lernorten aus Sicht eines fiktiven pädagogischen Professionals, der die Situation erlebt hat, dargelegt werden. Die Interpretationen dieser kritischen Ereignisse sind gekennzeichnet durch pädagogische, nicht hinterfragte Alltagstheorien und durch das Ziehen von einseitigen Schlüssen. Die pädagogischen Professionals werden bei der Übung aufgefordert, die vorliegenden Annahmen zu identifizieren, zu analysieren und zu bewerten, alternative Perspektiven anhand der Datenlage zu konstruieren, konstruktive Wege zur Überprüfung von nicht überprüften Annahmen zu entwickeln usw. Durch diese Übung wird das kritische Denken innerhalb der Praxis als pädagogischer Professional geschult, ohne dass die Teilnehmer direkt mit sich selbst in ihrer Tätigkeit konfrontiert werden.

Weiterhin sollte die soziale Interaktion verbessert werden. Das kann medientechnisch bezogen geschehen, indem beispielsweise die Lernpartnerschaften im E-Portfolio aufgelöst werden und stattdessen ein offener Austausch im Online-Forum vollzogen wird (z. B. zum heimlichen Lehrplan, Qualifizierungselement #2), in den jeder Teilnehmer sich zwei- oder dreimal während der Maßnahme einbringen sollte. Weiterhin kann dies auch dadurch geschehen, dass in den Präsenzveranstaltungen mehr Diskussionen abgehalten werden, die mit verschiedenen Rollenzuweisungen geführt werden (des Teufels Advokat, Schiedsrichter, Detektiv usw.).

Um dem kritischen Erfolgsfaktor des geeigneten Lernklimas und auch der Problematik des geeigneten Ausmaßes der Ambiguitätserfahrung entsprechen zu können, sollte auf die Qualifizierungselemente #5 und #6 verzichtet werden, da diese zu schwierigen Resultaten auf der Gruppenebene geführt haben. Die Erarbeitung eines Verständnisses kritischen Denkens sollte beibehalten werden, jedoch dahingehend, dass von den Lernorten und den dort bestehenden Handlungsrationalitäten ausgehend gedacht wird. Die Erarbeitung des Verständnisses sollte eher abstrakt, orientiert an den Reichweiten und Grenzen des jeweiligen Lernortes zur Denkschulung und nicht an die Alltagspraxis der pädagogischen Professionals angelehnt, geschehen. Dadurch könnte die persönliche Ebene umgangen und ein besseres gegenseitiges Verständnis geschaffen werden. Die pädagogischen Professionals sollen in Gruppen jeweils erarbeiten, welche Reichweiten und Grenzen, Zwänge und Freiheiten in den einzelnen Lernorten generell bestehen, um kritisches Denken zu fördern. Weiterhin kann dann in der Gruppendiskussion erarbeitet werden, an welchem Lernort welche Prioritäten bei der Denkschulung gesetzt werden sollten und wie die Lernorte untereinander zur Förderung kritischen Denkens kooperieren könnten.

All die aufgeführten Vorschläge sind jedoch kein Garant dafür, dass das Qualifizierungskonzept sich für alle heterogenen Teilnehmer als funktional bestätigen wird. Vielleicht ist die Idee eines integrativen Designs zur Qualifizierung im kritischen Denken bei der heterogenen Gruppe der pädagogischen Professionals auch ein Trugschluss, der sich allgemein nicht einlösen lässt, besonders unter der Prämisse der Zwangsverordnung der Teilnahme. Es könnte sich als durchaus wirksamer und effizienter herausstellen, für die jeweilige Zielgruppe jeweils ein eigenständiges Modul zu schnüren, das genau auf die Bedürfnisse und den Kontext abhebt.

2. Erprobung des Qualifizierungskonzeptes im Kontext der universitären Ausbildung pädagogischer Professionals im Studium der Wirtschafts- und Berufspädagogik

2.1 Beschreibung des Erprobungskontextes

Der zweite Erprobungszyklus einer Adaption des entworfenen Qualifizierungskonzeptes war in der universitären Ausbildung pädagogischer Professionals innerhalb des Studiums der Wirtschafts- und Betriebspädagogik am Lehrstuhl für Wirtschaftspädagogik und Personalentwicklung an der Friedrich-Alexander-Universität in Nürnberg angesiedelt. Das adaptierte Qualifizierungskonzept wurde sowohl im Wintersemester 2009/2010 als auch im Sommersemester 2010 erprobt und stetig verbessert. Im Wintersemester wurde es als zusätzliche und freiwillige Qualifizierungsmaßnahme im Rahmen einer Grundlagenveranstaltung für Bachelorstudenten angeboten. Zielgruppe der in die Wirtschafts- und Berufspädagogik einführenden Lehrveranstaltung sind Studenten der Wirtschaftswissenschaften mit Schwerpunkt Wirtschafts- und Betriebspädagogik sowie Betriebswirtschaftslehre, die als betriebswirtschaftliche Vertiefung „Betriebspädagogik" gewählt haben (Wilbers, 2010b, S. 128). Die Studenten der Einführungsveranstaltung befanden sich mehrheitlich in der Mitte ihres Bachelorstudiums und verfügten bereits über ein gutes fachliches Fundament in der Betriebs- und Volkswirtschaftslehre, da in den ersten beiden Semestern hier ein Schwerpunkt gelegt wurde. Mit Pädagogik jedoch kamen die Studenten in dieser einführenden Veranstaltung zum ersten Mal in Berührung, was es bei der Schulung von kritischem Denken und dessen Förderung zu beachten galt. Aus dem gut besuchten Blended-Learning-Zusatzangebot entwickelte sich aufgrund des Fleißes der Studenten bereits während der Erprobung ein anrechnungsfähiges Seminar mit 2,5 ECTS-Punkten (European Credit Transfer and Accumulation System). Die Arbeitsbelastung je ECTS-Creditpunkt beträgt etwa 25 bis 30 Stunden. Im Sommersemester 2010 wurde das Blended-Learning-Seminar als reguläre Lehrveranstaltung für den Vertiefungsbereich der Wirtschafts- und Berufspädagogik als sogenanntes Transferseminar angeboten, das nur von Studenten der Wirtschafts- und Personalentwicklung für den Vertiefungsbereich besucht werden durfte. Die Studenten waren Bachelor- oder Diplomstudenten höherer Semester.

2.2 Eine Übersicht zur Modifikation und Adaption des didaktischen Designs

2.2.1 Zur Adaption und Modifikation des Qualifizierungskonzeptes

Die angehenden pädagogischen Professionals waren, verglichen mit der sehr heterogenen, erfahrenen Zielgruppe aus Erprobungskontext 1, sehr viel homogener in ihren anthropogenen und soziokulturellen Voraussetzungen. Diese Zielgruppe der Studenten, im Alter von Anfang bis Mitte 20, ist laut den Modellen epistemischer Entwicklung noch in einigen Bereichen im dualistischen Denken verhaftet (siehe Moon, 2008, S. 100–107; Meyers, 1986, S. 95–99). In dieser Stufe ist der junge Mensch besonders der Versuchung einer Wissenschaftsallmächtigkeit und -hörigkeit ausgesetzt. Daher machte es Sinn, die Qualifizierung der Denkschulung so auszurichten, dass neben den bereits aufgestellten Zielen, denen solch eine Qualifizierung für die Förderung kritischen Denkens genügen sollte, Studenten in ihrer epistemischen und professionellen Entwicklung angeregt werden. Dadurch sollten sie auch in ihrer Rolle als Student profitieren, wie beispielsweise bei der Erstellung wissenschaftlicher Arbeiten, der Ausprägung einer vernünftigen Einstellung gegenüber der Wissenschaft usw. Aufgrund dieser Ausgangssituation musste eine Adaption inklusive Erweiterung des bestehenden Qualifizierungskonzeptes vorgenommen werden, um den Anforderungen der Zielgruppe genügen zu können und einen sinnvollen Beitrag für die professionelle Entwicklung als angehende pädagogische Professionals, aber auch auf Ebene der Rolle als Student leisten zu können. Diese ergänzten Ziele wurden jedoch nicht primär bei der Erprobung des Designs evaluiert. Vielmehr stellte ihre Verfolgung eine zusätzliche Anstrengung dar, die nicht vollständig innerhalb dieser Arbeit verfolgt werden konnte. Sämtliche Aussagen, die sich anhand der Erprobung treffen ließen, werden aber dargelegt und diskutiert.

Die Adaption des Designs für den neuen Kontext erfolgte unter Rückgriff auf die in der Ersterprobung gesammelten Verbesserungsvorschläge und -notwendigkeiten, die empirisch erhoben worden waren oder sich aufgrund des Verlaufes logisch ergeben hatten. Neben einigen eher formalen Änderungen innerhalb der Qualifizierungselemente ist hier vor allem die Forderung, kritisches Denken persönlich erleb- und erfahrbar zu machen, berücksichtigt worden. Dafür wurden ausgewählte Übungen aus dem vorgestellten Rahmenmodell zur Förderung kritischen Denkens adaptiert, die die Studenten selbst anwenden und danach in der Reflexion mit dem Konzept kritischen Denkens und dessen einzelnen Elementen verknüpfen sollten. Dadurch sollten die Lernenden auch besser kognitiv verinnerlichen, was kritisches Denken ist und worauf es bei der Förderung ankommt.

2.2.2 Das modifizierte Qualifizierungskonzept im Überblick

Die folgende Tabelle gibt einen Überblick zu den Komponenten des Designs. In der rechten Spalte finden sich Anmerkungen zu den Qualifizierungselementen, die Aufschluss über die Zugehörigkeit bei der Erprobung geben und die unternommene Modifikation bestehender Elemente darlegen. Erprobung 2 steht für die erste Erprobung mit den Studenten, 3 für die zweite. Im Anhang D werden nun die neu dazugekommenen Elemente des Qualifizierungskonzeptes tiefergehend erläutert und maßgebliche Adaptionen und Modifikationen der ursprünglichen Qualifizierungselemente für die intendierte Funktion in dem neuen Implementierungskontext besprochen (zur Verortung siehe rechte Spalte der Tabelle). Die eingesetzten unterstützenden Maßnahmen zur Umsetzung der Qualifizierungsmaßnahme finden sich unter Anhang D8. besprochen.

Elemente des Qualifizierungskonzeptes	Erläuterung der verfolgten Ziele	Didaktische Richtlinien und Umsetzung	Phasen kritischen Denkens	Adaption bzw. Modifikation	Verortung im Anhang D
1. Einführung in kritisches Denken: Texte zum Selbststudium, Präsentation, Lehrgespräch und Filmeinsatz in Präsenzveranstaltung	– Konzeptuelles Verständnis für kritisches Denken ausprägen: Sensibilisierung für unkritisches Denken und dessen negative Auswirkungen anhand von relevanten Beispielen aus der professionellen Lebenswelt der Lernenden. Einführung in das Konzept kritischen Denkens anhand Darstellung und Erläuterung der einzelnen Dimensionen und der damit verbundenen Traditionen. Vermittlung des Konzeptes der Annahmen. Sensibilisierung und Förderung ideologiekritischen Denkens anhand Filmanalyse – Kritisches Denken anwenden: Verdeutlichung zentraler Annahmen der Kritischen Theorie durch einen Filmausschnitt aus einem Science-Fiction-Film.	– Einsatz von Ambiguität durch Filmsequenzanalyse („Sie Leben") zur Darstellung zentraler Annahmen der Kritischen Theorie. Die Studenten sollen durch die Filmsequenzanalyse auf sich selbst und ihre Lebenswelt (die Bedeutung von Geld, Urlaub, Konsum, Mensch-Sein usw.) gedanklich zurückgeworfen werden. – Anknüpfung an Lebenswelt der Studenten	– Initialphase – Urteilsbildung	– Filmeinsatz nur in Erprobung 3	D1.

2. Gruppenarbeit: Szenario-analyse	– Kritisches Denken anwenden und Prozess selbst erfahren: Annahmen identifizieren und multiperspektivisch beurteilen lernen. Strategien zur Überprüfung von Annahmen entwickeln.	– Einsatz von Ambiguität/Förderung von Selbstreflexion/ wechselnde Phasen der Introspektion und sozialen Interaktion: Die Lernenden wählen eines der beiden konstruierten Szenarien aus. In den Szenarien wird aus Sicht eines Studenten oder aus Sicht eines jungen Lehrers ein kritisches Ereignis aus der jeweiligen Praxis beschrieben. Die Lernenden sind aufgefordert, die Annahmen der Person zu identifizieren, multiperspektivisch zu bewerten, Wege zur Überprüfung von Annahmen zu entwickeln und alternative Sichtweisen der Situation wiederzugeben. Beide Fälle sind so konstruiert, dass die Lernenden sich selbst in den Szenarien wiederfinden können und selbst durch den beschriebenen Sachverhalt direkt oder indirekt betroffen sein können.	– Initialphase – Urteilsbildung – Entwicklung von Alternativen	– Neues Qualifizierungselement	**D2.**

					D3.
3. E-Learning-Modul „Eigene Rolle kritisch reflektieren" mit anschließendem Reflexionsauftrag und Gruppendiskussion (online und in Präsenzveranstaltung)	– Kritisches Denken anwenden und Prozess selbst erfahren: Annahmen durch Reflexion und Selbstreflexion entdecken und bewerten. Die Studenten analysieren zugespitzte Videostatements von drei Lehrpersönlichkeiten und deren Auffassungen von Lernen und Lehren. Außerdem untersuchen sie deren drei verschiedene Unterrichtsentwürfe zum Thema „Just in Time". Sie vergleichen des Weiteren die vorgestellten Konzepte mit ihren eigenen Annahmen zu Lehren und Lernen und jenen der anderen Teilnehmer im Kurs und tauschen sich darüber aus.	– Einsatz von Ambiguität durch zugespitzte, stark voneinander divergierende Rollenbilder und Unterrichtsentwürfe, die an die zukünftige berufliche Lebenspraxis der pädagogischen Professionals und an als Schüler gemachte Erfahrungen anknüpfen – Identifikation von Annahmen unter Einsatz der Notiz-Funktion innerhalb des Lernmodules – Multiperspektivische Reflexion zu verschiedenen Sichtweisen auf das Lehren und Lernen durch schriftliche Reflexion anhand von Leitfragen – Soziale Interaktion und multiperspektivische Reflexion: Kritische Reflexion der verschiedenen Auffassungen zum Lehren und Lernen durch Feedbakkinstruktion und durch Diskussionen in der Präsenzveranstaltung und im Online-Forum	– Initialphase – Urteilsbildung – Entwicklung von Alternativen	– Entspricht Element #1 aus Erprobung 1 – Gezieltere Nutzung der Notiz-Funktion – Reflexionsfragen wurden quantitativ gekürzt – Gruppendiskussion in Online-Forum (nur Erprobung 3) – Kleingruppendiskussion in Online-Lernpartnerschaften (nur Erprobung 2)	

					D3.
4. Reflexionsauftrag „Heimlicher Lehrplan" und Feed-back zu Ar-beitsauftrag durch den Dozenten	– Kritisches Denken anwenden und Prozess selbst erfahren: Reflexion und soziale Interaktion zu einem einseitigen, aber vorgeblich „wissenschaftlichen" Text über subdidaktische Kräfte, die die Gesellschaft verdeckt formen und reproduzieren. Die pädagogischen Professionals werden dabei als Werkzeuge des kapitalistischen Systems enttarnt. – Verständnis für kritisches Denken ausprägen: Rolle von offenen und verdeckten Formen von Macht wird am Beispiel des heimlichen Lehrplanes veranschaulicht.	– Einsatz von Ambiguität: Die Darstellung der Rolle des pädagogischen Professionals kollidiert mit dem wahrgenommenen eigenen Rollenbild der Teilnehmer. – Induktion negativer Emotionen – Multiperspektivische Reflexion anhand von Leitfragen und Feedback durch Lernpartner in Kleingruppenforen. Besonders ideologiekritisches Denken soll dadurch stimuliert werden. – Anregung von Metakognition über eigenes kritisches Denken durch Dozentenfeedback: Die Arbeiten wurden anhand des Beurteilungsbogens für kritisches Denken bewertet und die Ergebnisse mit den Studenten diskutiert.	– Initialphase – Urteilsbildung	– Bewährtes Element aus Erprobung 1 – Quantitative und qualitative Kürzung der Leitfragen -Kleingruppendiskussion in Onlineforum Bei Erprobung 2: schriftliches Feedback für alle Teilnehmer Bei Erprobung 3: mündliches Feedback in Einzelgespräch auf Anfrage	

					D4.
5. „Kritisch denken als Student der Wirtschafts- und Berufspädagogik": Präsenzeinheit mit Lehrgespräch und Gruppenar-beit zur Erarbeitung eines Ver-ständnisses kritischen Denkens als Student bzw. Partnerarbeit zur Perspek-tivenerwei-terung. Selbststudium von Literatur zu Konzepten der Kritischen Theorie	– Verständnis kritischen Denkens ausprägen: Erarbeitung eines Modells kritischen Denkens für pädagogische Professionals. – Kritisches Denken anwenden/ Verständnis für kritisches Denken ausprägen: kritische Reflexion der Rollenbilder aus dem E-Learning-Modul anhand der Perspektive „Theorie" und „Macht". – Kritisches Denken anwenden: ideologiekritische Betrachtung von Wissenschaft und dem universitären Betrieb – Kritisches Denken anwenden/ Verständnis für kritisches Denken ausprägen: Erarbeitung eines Modells für kritisches Denken als Student der Wirtschafts- und Betriebspädagogik – Kritisches Denken anwenden: Übung zur Perspektivenerweiterung zu Eigenschaften als pädagogischer Professional	– Anknüpfung an Lebenswelt der Studenten – Einsatz von Ambiguität durch Analyse eines wissenschaftskritischen Artikels im Bereich Neurowissenschaft – Einsatz von Ambiguität durch Filmszenenanalyse (Paul Feyerabend spricht über Wahrheit) – Reflexion und soziale Interaktion: Erstellung eines Modells für kritisches Denken als Student der Wirtschafts- und Berufspädagogik anhand von Leitfragen in Gruppenarbeit – Reflexion und soziale Interaktion: Re-Framing-Übung in Partnerarbeit zu eigenen Schwächen der Lernenden	– Initialphase – Urteilsbildung	Konsequenz aus empirisch eruierten Bedürfnissen aus Erprobung 1(Erarbeitung von gemeinsamem Förderverständnis – Element #6) – Nur in Erprobung 3 – Nur in Erprobung 2 durchgeführt – Nur in Erprobung 3 durchgeführt	

V. Erprobung, Analyse und Modifikation des didaktischen Designs

6. E-Learning-Modul „Kritisches Denken im Unterricht anleiten"	Kritisches Denken fördern und beurteilen können und konzeptuelles Verständnis ausprägen: Die Studenten lernen im Rahmen des kooperativen Lernens die Förderprinzipien kritischen Denkens und die damit verbundenen Methoden, unter Berücksichtigung der Potenziale von E-Learning, kennen. Außerdem wird der Prozess kritischen Denkens erstmalig vorgestellt und die Förderansätze den jeweiligen Phasen zugeordnet. Präsentation einiger Praxisbeispiele aus dem Einzelhandel	– Anknüpfung an Lebenswelt der Studenten	– Urteilsbildung	– Abwandlung von Qualifizierungselement #3 und #7 aus der Ersterprobung	
7. Reflexionsauftrag: „Reflexion zu einem kritischen Ereignis aus dem Alltag als Student"	– Kritisches Denken anwenden und selbst erfahren: Critical Practice Audit. Die angehenden pädagogischen Professionals analysieren ein kritisches Ereignis aus ihrem Alltag als Student anhand von Leitfragen. Sie sind auch aufgefordert, konstruktive Ansätze zur Überprüfung nicht geprüfter Annahmen zu entwickeln und das Ereignis multiperspektivisch zu interpretieren.	– Anregung von kritischer Selbstreflexion durch leitende Fragen – Multiperspektivische Reflexion und soziale Interaktion durch Feedback in Diskussionsforen	– Urteilsbildung – Entwicklung von Alternativen		D5.

8. Lehrgespräch: Vertiefung zur Förderung kritischen Denkens: „Diskussionen anleiten und begleiten im kooperativen flexiblen Lernen" und „Kritisches Denken durch das Medium Film anregen" Filmsequenzanalyse "Baraka"	– Kritisches Denken fördern und bewerten können (kritisches Denken selbst anwenden und erfahren: Die Studenten erhalten eine vertiefende Einführung in die Förderung kritischen Denkens durch den Einsatz von Diskussionen und Filmen. Weiterhin analysieren sie die Wirkung eines Filmausschnittes und überlegen, wie sie den Film im Unterricht selbst anwenden könnten.	– Einsatz von Ambiguität: Filmsequenzanalyse zu dem Film „Baraka" durch Gruppendiskussion. Verdeutlichung verdeckter Herrschaftsverhältnisse und Machtmechanismen durch Wissenschaft und Technik im urbanen Raum.	– Initialphase – Urteilsbildung	– Abwandlung von Qualifizierungselement #9 – Vertiefung zu Film nur in Erprobung 3	D6.
9. Rollenspiel: „Protokoll der kritischen Konversation"	– Kritisches Denken anwenden und selbst erfahren: Die angehenden pädagogischen Professionals wenden die Methode des Protokolls der kritischen Konversation in Kleingruppen selbst an und reflektieren im Anschluss die pädagogische Handhabung der Methode.	– Multiperspektivische Reflexion und soziale Interaktion: Durch die verschiedenen Rollenzuweisungen mit Rollenkarten und durch die verschiedenen Phasen der Methode sind die Teilnehmer mit der jeweiligen Anwendung verschiedener Elemente des kritischen Denkens konfrontiert.	– Initialphase – Urteilsbildung – Entwicklung von Alternativen – Integration	– Überarbeitung der Methode anhand der empirischen Daten aus Erprobung 1	

10. Seminararbeit: „Erstellung eines Lernszenarios zur Förderung kritischen Denkens" und Präsentation von Erstentwurf durch Studenten	– Kritisches Denken fördern und beurteilen können: Die Studenten erstellen in Kleingruppen oder alleine ein schulisches Lernszenario zur Förderung kritischen Denkens. In einer Präsenzveranstaltung präsentieren sie einen Erstentwurf und diskutieren diesen gemeinsam in der Gruppe. Außerdem werden sie in die Bewertung kritischen Denkens anhand des Beurteilungsbogens eingeführt. – Kritisches Denken anwenden und erfahren: Die Seminararbeit selbst muss den Standards kritischen Denkens als Bewertungskriterium genügen. – Konzeptuelles Verständnis für kritisches Denken ausprägen: Transfer der Theorie kritischen Denkens auf konkrete Unterrichtssituation	– Wechselnde Phasen der Reflexion und der sozialen Interaktion: Die Lernenden tauschen sich sowohl online als auch in der Präsenzveranstaltung zu ihren Entwürfen des Lernszenarios kritisch aus und geben sich untereinander Feedback.	– Integration	– Abwandlung und Erweiterung Qualifizierungselement 11 aus der Ersterprobung	**D7.**

Tabelle 21: Übersicht zu den Qualifizierungselementen aus der Erprobung zwei und drei bei Studenten der Wirtschaftspädagogik

2.3 Methodisches Vorgehen bei der Untersuchung der Wirkweisen des didaktischen Designs

Die Erforschung der Wirkweisen der Qualifizierungselemente verlief methodisch analog zu der Ersterprobung, um die Vergleichbarkeit der gewonnenen Daten zu gewährleisten, wenngleich durch den Erprobungskontext größere Freiheiten beim Forschungshandeln bestanden, der dementsprechend auch ausgenutzt wurde. Im Folgenden werden die einzelnen eingesetzten methodischen Verfahrensweisen kurz in ihrer Intention beschrieben. Die bisher in der Arbeit aufgestellten Standards und

Verfahrensweisen beim methodischen Vorgehen als Rahmen für das Forschungshandeln wurden auch bei diesen beiden Erprobungsphasen beachtet und werden zur Vermeidung von Redundanz nicht wiederholt.[70]

2.3.1 Forschungstagebuch

Das Forschungstagebuch wurde weiterhin als Dokumentations-, Interpretations- und Konklusionsinstrument genutzt, um beobachtete kritische Ereignisse festzuhalten, Gedanken zur Modifikation des Designs zu entwickeln, Daten zu konservieren usw. Außerdem wurde so das methodische Vorgehen geplant und überwacht, um einen *Helicopter View* auf den Forschungsablauf zu bewahren und dadurch weitere (methodische) Schritte zu planen oder um Beobachtungen rekonstruieren zu können.

2.3.2 Teilnehmende, verdeckte Beobachtungen

An Erprobung zwei nahm eine Hilfskraft teil, die bereits bei den Beobachtungen in der Ersterprobung mitgewirkt hatte und auch bei den Vorabtests der Methode des Protokolls der kritischen Konversation beteiligt war. Die in der Beobachtung geschulte Hilfskraft erklärte sich bereit, mir in regelmäßigen Gesprächen nach den Präsenzveranstaltungen ihre gewonnenen Eindrücke mitzuteilen. Die Gespräche fanden informell statt. Ihre Beobachtungen wurden dazu genutzt, um eigene Beobachtungen zu präzisieren oder gegebenenfalls zu modifizieren. Besonders wertvoll waren ihre Beobachtungen, da sie aus der Perspektive der aktiven Teilnahme in der Teilnehmerrolle geschahen.

Weiterhin stellte ich auch eigene Beobachtungen zu der Durchführung der Präsenzveranstaltungen an, um kritische Erfolgsfaktoren des Designs und deren Zusammenspiel und Wirkweisen ausfindig zu machen, die Funktionalität der Qualifizierungselemente zu beurteilen und aufgrund des Verlaufes nach Anhaltspunkten zur Verbesserung der Elemente zu suchen.

Die Beobachtungen wurden teilweise zeitnah im Forschungstagebuch als Notizeintrag festgehalten.

2.3.3 Dokumentenanalyse

Der im Rahmen dieser Arbeit präsentierte Beurteilungsbogen zur Abschätzung des Niveaus kritischer Denkaktivitäten bei schriftlichen Arbeiten wurde einerseits eingesetzt, um festzustellen, welche Ausprägungen kritischen Denkens bei den schriftlichen Reflexionsaufträgen von den Studenten gezeigt wurden. Der Bogen kam auch bei der Benotung der Seminararbeiten zur Anwendung, wenngleich die Anwendung kritischen Denkens nur die Hälfte der Leistungsausprägung ausmachte. Die Anwendung des zweiten Teils des Bogens, der den Transfer der Theorie kritischen Denkens umfasst, sollte Aufschluss darüber geben, inwieweit die angehenden pädagogischen Professionals in der Lage

---

70 Es sei auf die methodischen Ausführungen zur Anwendung der Design-Based-Forschung (Kapitel II) und auf das methodische Verfahren sowohl bei der Entwicklung des theoretischen Rahmens (Kapitel III – 4.) als auch bei der Ersterprobung verwiesen (Kapitel V – 1.1). In den beiden letztgenannten Kapiteln werden das konkrete Vorgehen und die angewandten Standards beschrieben.

waren, ein Lernszenario zur Förderung kritischen Denkens für den Alltagsunterricht zu planen. Weiterhin wird durch die Anwendung des Bogens auch deutlich, inwieweit die Studenten ein theoretisch fundiertes Verständnis kritischen Denkens durch den Kurs ausgeprägt hatten.

Der Beurteilungsbogen für kritische Denkaktivitäten wurde in Erprobung zwei auf die Reflexion zum heimlichen Lehrplan und auf die Seminararbeit angewandt und jeweils ein Gutachten verfasst, in dem die Bewertung begründet wird. Die Bewertung zur Reflexion des „heimlichen Lehrplans" wurde außerdem als Basis für das Dozentenfeedback herangezogen, welches in Erprobung zwei schriftlich und in Erprobung drei mündlich erfolgte. Die Beurteilung der Aufgabe zum heimlichen Lehrplan erfolgte jedoch ohne Vergabe von Performanzpunkten, sondern durch qualitative Urteile zu den einzelnen Bewertungskriterien, da die Studenten davon mehr lernen würden als nur von der Vergabe einer Zahl.

Die Bewertung der Seminararbeiten anhand beider Teile des Beurteilungsbogens (sie Anhang B4. & B5.) wurde außerdem durch einen weiteren, qualifizierten Rater legitimiert, der auch die Arbeiten mit dem Instrument kontrollierte. Im Falle der Seminararbeiten wurden die Bewertungen in Form von Performanzpunkten durchgeführt und in eine Notenskala überführt.

Weiterhin wurden die in den Kursen angefallenen Forumsdiskussionsprotokolle und die Arbeitsprodukte aus der Szenarioanalyse (Qualifizierungselement #2, abfotografierte Flipcharts), aus der Erstellung eines Modells kritischen Denkens für Studenten (Qualifizierungselement #5, abfotografierte Flipcharts) wie auch alle weiteren, schriftlichen Artefakte aus den Reflexionsaufträgen berücksichtigt, jedoch nicht systematisch und strukturiert ausgewertet. Anhand dieser Artefakte ließen sich weitere Aussagen zur Ausprägung eines Verständnisses kritischen Denkens und zu dessen Anwendung treffen.

Des Weiteren dienten die Daten des Online-Kennenlernspiels als detaillierte Quelle zu anthropogenen und soziokulturellen Merkmalen der Teilnehmer, da sich ein Großteil der Studenten sehr ausführlich in der Kurzbeschreibung vorstellte.

2.3.4 Onlinebefragung

Da auch die Zweit- und Dritterprobung des Qualifizierungskonzeptes über die Lernplattform Ilias abgewickelt wurde, bot es sich an, auf die zuverlässige und bequeme Onlineevaluation zurückzugreifen, mit der Onlineumfragen erstellt, durchgeführt und ausgewertet werden können. In beiden Erprobungen wurde am Ende des Kurses eine Onlineumfrage durchgeführt, die vom Großteil der Teilnehmer auch vollständig ausgefüllt wurde. In Erprobung zwei wurden einmalig auch etliche relevante Merkmale wie Alter, absolvierte Aus- und Weiterbildungen oder Geschlecht erhoben, um die Zielgruppe des Kurses genauer beschreiben zu können. In Erprobung drei wurden diese Merkmale nicht mehr erneut erhoben, da die Zielgruppen (Bachelorstudenten der Wirtschaftspädagogik, zwischen Semester 3 und 5) in beiden Erprobungen bei vielen Merkmalen sehr ähnliche Ausprägungen aufwiesen.

Generell wurden in der Onlinebefragung jene Fragen gestellt, die sich nicht bzw. nur bedingt für qualitative Interviews eigneten. Zu nennen sind hier beispielsweise die bereits genannten Fragen zu soziodemografischen Merkmalen oder aber auch die Einschätzung der Module und der Präsenzveranstaltung anhand von Schulnoten. Weiterhin wurden auch geschlossene Fragen dazu gestellt, ob der Kurs als Lehrveranstaltung in die Ausbildung der Wirtschaftspädagogen aufgenommen werden sollte und ob die Studenten ihn an andere Kommilitonen weiterempfehlen würden. Dadurch sollten weitere Aussagen dazu erhalten werden, welchen privaten sowie professionellen Nutzen die Studenten der Veranstaltung zuschreiben.

Insgesamt wurden in beiden Umfragen jeweils Fragencluster mit verschiedenen Schwerpunkten gebildet. In Umfrage eins bildet das erste Cluster Fragen zu den genannten Eingangsvoraussetzungen der Teilnehmer ab, die jedoch nicht in Umfrage zwei berücksichtigt wurden. Anschließend folgten Fragen zur Motivation der Teilnahme an dem Kurs, der Erwartungsbefriedigung, der Anregung und Förderung kritischen Denkens, der Bewertung einzelner Elemente des Designs und zu dem empfundenen Nutzen. Der gesamte Bogen ist im Anhang unter B7. einzusehen.

In der ersten Erprobung wurden weitere Fragen zum Verständnis kritischen Denkens formuliert, um zu sehen, inwieweit die Teilnehmer durch den Kurs ein konzeptuelles Verständnis kritischen Denkens ausprägen konnten. Da die Analyse der Seminararbeiten aber hierzu genug Datenmaterial lieferte, wurde bei der zweiten Befragung auf diese Fragen verzichtet, da zwei Studenten rückmeldeten, dass sie die Umfrage als ziemlich lang und anstrengend empfunden hatten.

An der ersten Umfrage („Zusatzangebot") nahmen 10 der 13 Studenten teil, wobei 9 alle Fragen beantworteten. Bei Umfrage zwei („Transferseminar") füllten 11 von 17 Teilnehmern die Umfrage ganz aus, ein Teilnehmer übersprang die zweite Hälfte der Fragen.

2.3.5 Qualitative Interviews und Gruppendiskussion

In beiden Erprobungen wurden neben der Onlineumfrage auch vertiefende, leitfadengestützte Interviews mit den Studenten geführt. Zielte die Onlineumfrage eher darauf ab, die Funktionalität einzelner Qualifizierungselemente zu evaluieren und Verbesserungsvorschläge dazu zu sammeln, so hatten die Interviews den Schwerpunkt, die generelle, subjektiv wahrgenommene Wirkweise des didaktischen Designs und dessen Nachhaltigkeit auf die Teilnehmer zu erkunden. Nach mehreren Interviews und Überarbeitungen des Leitfadens konnte eine Version mit drei thematischen Schwerpunkten entwickelt werden, die im Anhang B8. zu finden ist.

Die Interviews in Erprobung zwei wurden im Zeitraum zwischen Anfang Dezember 2009 und Mitte Januar 2010 in entspannter Atmosphäre geführt und aufgezeichnet. Neun der Teilnehmer wurden so in etwa 35–45-minütigen Interviews befragt. In einem der Interviews waren zwei Teilnehmer anwesend und diskutierten gemeinsam über die Antworten zu den Fragen.

Im Juni 2010 wurden nach der dritten Erprobung acht Einzelinterviews geführt und aufgezeichnet. Die Transkription der Interviews wurde durch Hilfskräfte realisiert, die von mir dafür geschult wurden.

Bei der Auswertung der Interviews mit Atlas.ti konnte ein umfassendes Kategoriensystem entwickelt werden, in dem das Grundgerüst der Kategorien der Ersterprobung aufgegriffen und erweitert wurde. Aufgrund neu identifizierter Phänomene, wie beispielsweise bei den Wirkweisen des Designs, mussten neue Kategorien entwickelt werden, die als empirische Entsprechung und Ordnung der festgestellten Zusammenhänge zu verstehen sind. Insgesamt wurden 515 Textstellen aus den Interviews kodiert, wobei 355 den Interviews aus dem Zusatzangebot und 160 den Interviews aus dem Transferseminar zugeordnet wurden. Der letztere Wert ist deshalb geringer, weil zum einen weniger Fragen bei den Interviews in Erprobung drei gestellt wurden und weil verstärkt nur noch jene Aussagen kodiert wurden, die einen Erkenntniszugewinn beinhalten konnten. Das gesamte Kategoriensystem ist im Anhang unter B9. einzusehen.

Bei Atlas.ti wurden zur genaueren Vergleichbarkeit der Wirkweisen beider Kurse drei Transkript-Familien angelegt, die jeweils einmal die Daten aus den beiden Erprobungen und eine Fusion beider Datensätze enthielten. So konnten die Daten miteinander verglichen und gleichzeitig auch gemeinsam analysiert werden.

2.4 Rahmenbedingungen der Erprobungen

2.4.1 Erprobung zwei: Zusatzangebot zur einer Lehrveranstaltung

Die Qualifizierungsmaßnahme wurde im Vorfeld des Wintersemesters 2009/2010 als exklusive und nützliche Veranstaltung angekündigt, die sowohl im Hinblick auf die professionelle Entwicklung als Wirtschaftspädagoge als auch zur Bewältigung des Studiums empfohlen wurde. Sie wurde als Zusatzangebot auf der Lernplattform Ilias der Universität als Gruppe in die bestehende Kursstruktur aufgenommen. Der Kurszugang wurde auf 15 Teilnehmer beschränkt, um so die Wirkung des Designs intensiver untersuchen zu können. Außerdem wurde vermutet, dass sich das für kritisches Denken benötigte Lernklima der Offenheit und des Vertrauens nur in kleineren Gruppen herstellen ließe. Von den 15 Studenten erkrankte einer am Anfang der Lehrveranstaltung schwerwiegend, sodass er nicht mehr teilnehmen konnte, jedoch im folgenden Semester die Veranstaltung nachholte. Ein weiterer sprang aufgrund der hohen Arbeitsbelastung nach der ersten Präsenzveranstaltung ab. Somit nahmen insgesamt 13 Teilnehmer an dem Zusatzangebot teil. Etliche Interessenten mussten leider zu Beginn des Kurses abgewiesen werden, da die aufgestellte Kapazitätsgrenze sonst überschritten worden wäre.

Der Blended-Learning-Kurs wurde in drei aufeinander abgestimmte Präsenztermine und zwei Onlinephasen aufgeteilt. Die Struktur des Qualifizierungskonzeptes wurde analog zur Übersichtsdarstellung (siehe Tabelle 21) erprobt. Für die Präsenztreffen wurden jeweils drei Stunden Programm angesetzt. Beim ersten Präsenztermin wurden Qualifizierungselement #1 und #2 erprobt. Präsenztermin zwei diente zur Umsetzung der Qualifizierungselemente #5 und #6. Beim dritten Präsenztermin konnten Qualifizierungselement #8 und die Präsentation zur Erstellung der Seminararbeit umgesetzt werden. In den beiden Onlinephasen kam jeweils eines der beiden Lernmodule zur Anwendung

(Qualifizierungselement #3; #4 – Onlinephase 1; #6 und #7 – Onlinephase 2). Die Präsenzveranstaltungen wurden in einem kleinen Seminarraum abgehalten, der auch über eine Leinwand und ein Lautsprechersystem verfügte.

Vor der ersten Präsenzveranstaltung wurde, wie bei der Ersterprobung, wieder das Kennen-Lernspiel online vorgeschaltet, damit auch online ein Gefühl des Zusammenhaltes frühzeitig gefördert werden konnte. Weiterhin wurden im Online-Forum mehrere Threads angelegt, um Raum für kritische Diskussionen, Informationen zu Belangen des Kurses oder aber zum gegenseitigen Kennenlernen zu schaffen. Beispielsweise richtete ich die Rubrik „Augenöffner Kunst" ein, in der die Studenten sich über Kunst (Filme, Musik, Malerei usw.) austauschen konnten, die sie zum Nachdenken angeregt hatten. Die benutzte Lernplattform, in der auch das Forum beheimatet war, war wieder "Ilias", diesmal jedoch die Installation der Universität. Dadurch konnten die Lernmodule ohne großen Aufwand von der Plattform aus der Ersterprobung in die Plattform der Universität überführt und dort adaptiert und modifiziert werden (Qualifizierungselement #3, #4, #6, #7). In der für das Zusatzangebot angelegten Gruppe befanden sich die Lernmodule, das bereits erwähnte Forum, Ordner, in denen Präsentationen, Texte zum Selbststudium usw. angeboten wurden, sowie die Diskussionspartnerschaften, die nach der ersten Präsenzveranstaltung online in Gruppen gegründet wurden. Dabei wurden sechs Zweiergruppen und eine Dreiergruppe gebildet. In den Gruppen zur Diskussionspartnerschaft befand sich wiederum jeweils ein Forum, das nur von den jeweiligen Gruppenteilnehmern und von mir eingesehen werden konnte. Diese Zugriffsrechte wurden den Studenten mitgeteilt. In den Diskussionspartnerschaften sollten sich die Studenten zu ihren Arbeitsaufträgen austauschen und anhand der Standards kritischen Denkens Feedback geben (siehe Qualifizierungselement #3, #4, #7, #10).

Da die Teilnahme an dem Kurs auf freiwilliger Basis erfolgen sollte und die erbrachten Leistungen anfangs nicht für das Studium angerechnet werden konnten, wurde den Teilnehmern ein Zertifikat bei der erfolgreichen Teilnahme in Aussicht gestellt. Obwohl manche, erfahrene Kollegen am Lehrstuhl eher skeptisch waren, was die freiwillige Teilnahme von Studenten an dem Seminar betrifft, war es jedoch innerhalb weniger Tagen über die Online-Anmeldung belegt.

Nachdem die kalkulierten Arbeitszeiten sich als nicht realistisch herausgestellt hatten und die Studenten mit großem Engagement sich in die Lehrveranstaltung eingebracht hatten, wurde seitens des Lehrstuhls das Angebot unterbreitet, das Seminar doch anrechnen lassen zu können, in Höhe von 2,5 ECTS. Dies ermöglichte auch, Qualifizierungselement #11 (Erstellung einer Unterrichtseinheit zur Förderung kritischen Denkens) realisieren zu können.

2.4.2 Erprobung drei: Transferseminar "kritisches Denken"

Im Sommersemester 2010 wurde das Qualifizierungskonzept, nach kleineren, noch zu beschreibenden Korrekturen, als vollwertiges Seminar im Vertiefungsbereich Wirtschaftspädagogik angeboten. Die Teilnahme wurde diesmal auf 18 Studenten begrenzt. Angekündigt wurde das so erstmalig stattfindende Seminar sowohl auf der Homepage des Lehrstuhls als auch wieder am Schwarzen Brett in der Fakultät. Innerhalb weniger Tage erfolgte eine Vielzahl an Anmeldungen und viele der Bewerber mussten wieder abgewiesen werden. Insgesamt nahmen an dem Seminar anfangs 18 Studenten teil, wobei ein Student nach der ersten Veranstaltung aufgrund einer zu hohen Arbeitsbelastung wieder ausschied. Einer der Teilnehmer besuchte das Seminar freiwillig. Da er alle Leistungen im Vertiefungsbereich schon erbracht hatte, konnte er sich das Seminar nicht mehr anrechnen lassen.

Neben den zwei Online-Phasen wurden diesmal vier Präsenztermine angesetzt, da sich die Präsenzzeit aus Erprobung zwei als nicht ausreichend herausgestellt hatte. Die geforderten 2,5 ECTS (circa 75 Arbeitsstunden) schienen für das Qualifizierungskonzept als Richtmarke angemessen.

In der dritten Erprobung wurden die gleichen Interventionen wie in Erprobung zwei zur Förderung des benötigten Lernklimas vorgenommen. Diesmal wurden für die soziale Online-Interaktion vier Diskussionspartnerschaften mit jeweils vier und eine mit drei Studenten als Gruppen in Ilias angelegt. Für eine dieser Vierergruppen ließen sich diesmal erweiterte Funktionen wie Chat oder Gruppenadministrationsrechte einrichten, da sie die Erstellung der Seminararbeit kooperativ über die Lernplattform durchführten. Technische und räumliche Organisation waren sonst identisch zu Erprobung zwei.

2.5 Profil der studentischen Teilnehmer

Die an beiden Erprobungen teilnehmenden Studenten ähnelten sich in etlichen anthropogenen und soziokulturellen Merkmalen sehr stark, weshalb auch beide Erprobungen als ein Erprobungskontext verstanden werden können. In beiden Erprobungen gab es ein starkes Ungleichgewicht im Hinblick auf das Geschlecht. In Erprobung zwei besuchten 10 Damen und 3 Herren, in Erprobung drei 11 Damen und 6 Vertreter des männlichen Geschlechts die Veranstaltung. Anscheinend ist eine Veranstaltung über kritisches Denken eine Angelegenheit, die, aus welchen Gründen auch immer, verstärkt Damen anzieht.

Neben der ungleichen Geschlechterrelation ähnelten sich die Teilnehmergruppen auch bezüglich des Alters. In Erprobung zwei betrug das Durchschnittsalter von 10 der 13 Teilnehmer 23,2 Jahre, wobei der (oder die) älteste Teilnehmer(in) 26 und der Jüngste (die Jüngste) 20 Jahre zur Zeit der Erprobung waren (Online-Umfrage, 2009). In Erprobung drei bezifferte sich das Durchschnittsalter auf 23,71 Jahre, wobei die Spitze bei 28 und das Minimum bei 21 Jahren lagen. In Anbetracht des Alters war davon auszugehen, dass die Teilnehmer sich in ihrer epistemischen Entwicklung noch nicht auf einer fortgeschrittenen Niveaustufe befinden, sondern in etlichen Bereichen noch dem dualistischen Denken zugewandt sein können (siehe Meyers, S. 27–26). Daher wurde davon ausgegangen, dass die Denkschulung sich besonders wirksam auf das Denken der Teilnehmer auswirken könnte.

In beiden Kursen nahmen zum Großteil Studenten der Wirtschaftspädagogik (Bachelor) statt, die im vierten oder fünften Semester studierten. In beiden Erprobungen gab es jedoch auch wenige Ausnahmen. So nahmen in der dritten Erprobung zwei Teilnehmer mit Diplomstudium der Wirtschaftspädagogik teil, die sich am Ende ihres Studiums befanden. Einer davon war der bereits angesprochene Teilnehmer, der sich die Veranstaltung nicht mehr anrechnen lassen konnte. In Erprobung zwei nahm ein Student teil, der Sozialökonomie anstatt Wirtschaftspädagogik studierte.

Ein Großteil der Teilnehmer hatte bereits eine abgeschlossene Ausbildung (Bankkauffrau, Kauffrau für Bürokommunikation usw.) absolviert. Auffallend war auch, dass viele der Teilnehmer über reiche Auslandserfahrungen verfügten und zum Teil über einen längeren Zeitraum in einem anderen Land gelebt hatten (USA, Australien, Bali usw.). Weiterhin fiel auf, dass einige der Teilnehmer sich im Freizeitbereich mit Kunst beschäftigten, viel lasen (Kafka, Hesse, Marx usw.), sich kritische Filme ansahen (Kubrick etc.), sich für Musik interessierten oder Musik selber machten oder Theater spielten. Außerdem engagierten sich viele der Studenten ehrenamtlich, z. B. in der Politik, Jugendarbeit, Kirche, Wasserwacht oder in studentischen Organisationen der Universität. Außerdem arbeitete ein Großteil der Studenten nebenbei. Gerade in Erprobung zwei (Zusatzangebot), aber auch in Erprobung drei wurden die genannten Merkmale besonders deutlich durch informelle Gespräche, das Online-Kennen-Lern-Spiel, die Ergebnisse der Onlineumfrage usw. Ein Großteil der Teilnehmer (besonders in Erprobung zwei) konnte als sehr engagiert, offen und weltinteressiert eingestuft werden. Auch die Beschreibung „bunte Vögel" und „postmaterielle Idealisten" oder das Adjektiv „alternativ" ließe sich für manche der Teilnehmer aussprechen, da diese Studenten schon viel für ihr Alter ausprobiert und erlebt hatten. Bei einigen der Teilnehmer machte sich ihre alternative Haltung auch im Kleidungs- und Lebensstil bemerkbar. Ein Auszug aus dem Kennen-Lern-Spiel eines Postings einer Teilnehmerin soll anschaulich dazu dienen, die beschriebenen, festgestellten Tendenzen zu veranschaulichen:

> „(...) Mit zunehmendem Alter wurde ich jedoch immer friedlicher, so wurde ich Ministrant in unserer Pfarrgemeinde (einem kleinen Dorf mit ca. 800 Einwohnern) und schließlich auch Oberministrant. Hier war ich für die Jugendarbeit in der Gemeinde zuständig. Im Bereich Jugendarbeit bin ich heute noch tätig, so organisiere ich die „Tage der Orientierung" der elften Klassen meines Heimatgymnasiums mit.
> Um meinem bereits in jungen Jahren ausgebildeten Temperament Rechnung zu tragen, habe ich mich von meinem Musikgeschmack her in die Richtung Heavy Metal, Hardcore und Gothic orientiert. Wobei ich auch für Sanfteres durchaus offen bin. So habe ich schon diverse Festivals besucht, hierzu zählen: Wacken, Dynamo, Summer Breeze, Partysan ...
> Nach meinem Abitur 2006 habe ich zunächst Physik studiert, dies stellte sich jedoch als Fehlentscheidung heraus.
> Nach einem Praktikum an einer beruflichen Schule habe ich mich dann dazu entschlossen, Wirtschaftspädagogik mit Nebenfach Mathematik zu studieren. Momentan sieht es ganz gut aus, da ich bereits im fünften Semester bin.
> Neben meinem Studium habe ich ein Fernstudium zur Heilpraktikerin aufgenommen, medizinisches Fachwissen interessiert mich sehr, außerdem ist Wirtschaft und Mathe auf Dauer etwas langweilig. Wann immer mir Zeit dazu bleibt, fröne ich meinem Hobby dem Klettern. So habe ich schon so einige Berge bestiegen, neben einigen kleineren auch die Drei Zinnen (2999 m) in den Dolomiten.
> Was noch über mich zu sagen bleibt, ist, dass ich vegetarischer schokoladensüchtiger Pazifist sowie ganz schlecht im Witze erzählen bin und oft zur Selbstunterschätzung neige (...)".

Tabelle 22: Beispielvorstellung aus dem Online-Kennenlernspiel (Erprobung zwei, Onlineforum, 2009)

Im Hinblick auf das pädagogische Vorwissen der Teilnehmer lässt sich sagen, dass ein Großteil der Teilnehmenden sich noch nicht viel mit Pädagogik – weder theoretisch noch praktisch – auseinandergesetzt hatte und für viele die GWB-Veranstaltung die erste besuchte Wirtschaftspädagogikveranstaltung überhaupt war.

In Erprobung zwei war davon auszugehen, dass nur Studenten an dem Zusatzangebot teilnehmen würden, die großes Interesse daran hatten, da ein zusätzlicher Kurs ohne Leistungsanrechnungsmöglichkeit eine zusätzliche Belastung zu dem anstrengenden und straff organisierten Bachelorstudium der Wirtschaftspädagogik darstellt. Bei der Onlineumfrage und auch in den Interviews stellte sich heraus, dass dem Interesse an der Teilnahme verschiedene Ausprägungen zugeordnet werden können.

Zunächst bekundeten die Studenten größtenteils Interesse an kritischem Denken als Konzept. In der Online-Umfrage fanden sich folgende exemplarische Aussagen zur Motivation an der Teilnahme:

- *Zunächst einmal fand ich das Thema sehr spannend. Ich wollte auch gerne mal an einer universitären Veranstaltung teilnehmen, nicht weil es im Musterstudienplan vorgesehen ist, sondern einfach nur, weil es mich interessiert. Außerdem waren BWL und kritisches Denken für mich bis jetzt Gegensätze; ich wollte sehen, wie kritisches Denken in diesem Kontext gesehen wird.*

- *Da ich mich in der Jugendarbeit engagiere, ist es für mich immer interessant, neue Methoden kennenzulernen. Außerdem diskutiere ich gerne.*

- *Ich finde das Thema interessant und habe gedacht, diese Zusatzqualifikation könnte für den späteren angestrebten Lehrerberuf nur von Vorteil sein. Sowohl für mich als auch für die Schüler.*

- *Interesse an dem Thema „kritisches Denken", da ich nicht genau wusste, was sich dahinter genau verbirgt.*

- *Ich habe an dem Kurs in der Erwartung teilgenommen, dass mir gezeigt wird, wie man kritisches Denken in den Unterricht einbaut und wie man selbst dazu angeregt wird, kritischer zu denken.*

- *Da ich viele Inhalte schon kannte, wusste ich, was auf mich zukommen würde.*

- *Das kritische Denken zu lernen und eine Abwechslung im Uni-Alltag zu bekommen, interessanten Input zu bekommen, Denkanstöße zu sammeln*

Tabelle 23: Auszüge zur Beschreibung der Teilnahmemotivation am Kurs „kritisches Denken" (Online-Umfrage, Erprobung zwei und drei, 2009)

Etwa ein Viertel der Teilnehmer nahm aus Neugierde an der Veranstaltung teil, ohne jedoch näher zu wissen, was ihn erwarten wird. Mehrere Teilnehmer nahmen an der Veranstaltung aus einem pädagogischen Impetus teil. Sie wollten mehr über die Förderung kritischen Denkens erfahren. Außerdem sahen einige Teilnehmer in dem Kurs eine sowohl von der pädagogischen Ausgestaltung her als auch inhaltlich willkommene Abwechslung zu den herkömmlichen Lehrveranstaltungen, da gerade in den ersten Semestern Kleingruppenarbeit und Diskussionen im kleinen Kreis kaum vorkommen und die Inhalte sehr stark auf die jeweilige Studiengangausrichtung zugeschnitten sind.

Weitere Teilnehmer nahmen aus Gründen der „Erkenntnissuche" und mit dem Ziel der Horizonterweiterung an dem Seminar teil. Weitere Teilnehmer kamen mit der Absicht, ihre Denkfertigkeiten weiter zu verbessern. Etwa ein Drittel der Studenten schätzte sich selbst als kritische Denker ein. Diese Studenten hatten deswegen auch konkrete Erwartungen und Vorstellungen von dem Seminar und verfügten teilweise auch über ein hohes Vorwissen bezüglich der Theorie kritischen Denkens. Beispielsweise hatten zwei Studentinnen sich bei Erprobung zwei bereits mit Konzepten wie Ideologiekritik, Macht usw. intensiv auseinandergesetzt. Einer der Studenten in Erprobung drei bezeichnete kritisches Denken beispielsweise als eigenen „Urinstinkt" (Interview, Erprobung drei, 2010). Andere Studenten nahmen an der Veranstaltung ohne große Erwartungen teil, waren aber neugierig auf das Thema und sahen in der Veranstaltung eine willkommene Abwechslung zum normalen Lehrbetrieb. Ein weiterer Anlass zur Teilnahme war sozial begründet. Manche Teilnehmer waren gut miteinander befreundet oder in einer Liebesbeziehung. Insgesamt lässt sich feststellen, dass bei beiden Erprobungen hohe bzw. im Falle des Zusatzangebotes sehr hohe Teilnahmemotivation bestand.

2.6 Multiperspektivische Analyse der Erprobung der Elemente des Qualifizierungskonzeptes

Im Folgenden werden die einzelnen Qualifizierungselemente kurz in ihrer Wirkweise analysiert. Besonders werden jene Effekte betont, die von der Ersterprobung mit den pädagogischen Professionals abweichen (bei der Erprobung der modifizierten Qualifizierungselemente) oder solche, die sich bei den bei den Erprobungen im universitären Kontext voneinander unterschieden haben.

2.6.1 Einführung in kritisches Denken

Die Einführung in kritisches Denken (siehe Anhang D1.) überforderte zunächst in beiden Erprobungen einen Großteil der Teilnehmer kognitiv, sei es in der Präsenzlehrveranstaltung als auch im Selbststudium. Studenten teilten in den Interviews mit, dass sie die Vermittlung des Konzeptes kritischen Denkens als sehr intensiv erlebt hatten und sich erst in der Nachbereitung die Theorie erschließen konnten. Ein exemplarisches Zitat eines Studenten zu der ersten Präsenzveranstaltung in Erprobung drei bringt den Sachverhalt wie folgt auf den Punkt:

„Also nach der ersten Stunde war ich noch ein wenig verwirrt, muss ich gestehen. Also da hat's noch nicht so gschnaggelt gehabt. Aber dann, wenn man sich halt immer mehr damit auseinandersetzt, dann kam's halt auch auf die Zeit gesehen. Also nach dem ersten Mal hab ich's noch nicht so ganz verstanden, was mach ich jetzt eigentlich, wie läuft das überhaupt. Und dann irgendwie so nach dem dritten Mal hat man gemerkt, ach jetzt passiert's auch irgendwie so automatisch, weil man automatisch in der Gruppe diskutiert hat oder dann diese Modulaufgaben gehabt hat. Wo es dann so ein wenig in einen übergeht" (Interview, Erprobung drei, 2010).

Dies gilt jedoch nicht für alle Teilnehmer. In Erprobung zwei etwa zeigte ein Student der Sozialökonomik, der sich bereits mit der Kritischen Theorie und Werken von Max Weber beschäftigt hatte, reges Interesse an der Theorie zu kritischem Denken, fragte kritisch zu einigen Konzepten nach, ließ sich Literaturempfehlungen geben usw. Er hatte keine Probleme, sich das Konzept kritischen Denkens schnell zu erschließen. Diejenigen Studenten, die sich jedoch im Vorfeld noch nicht mit Philosophie beschäftigt hatten, schienen aber zum Großteil Probleme bei der Verinnerlichung der Inhalte zu haben. Auch die ausgeteilten Texte zu den Traditionen und Maßstäben kritischen Denkens aus dieser Dissertation wurden von den meisten Studenten als sehr anspruchsvoll bewertet. Da aber zentrale Begriffe während der Veranstaltung immer wieder gebraucht wurden und von den Studenten verlangt wurde, diese auch anzuwenden, ist die Überforderung am Anfang als unproblematisch anzusehen. Dies konnte auch mit dem angeführten Interview und weiteren Aussagen aus anderen Interviews in beiden Erprobungen belegt werden. Die leichte Überforderung führte auch dazu, dass sich die Lernenden verstärkt mit den Inhalten auseinandersetzten. Dabei sei aber auf die wichtige Rolle des Lernklimas hingewiesen, durch das die erzeugte Überforderung abgefedert wurde und ein Verschließen des Zugangs zu kritischem Denken verhindert werden konnte. Die anfängliche Überforderung der Teilnehmer ist zum einen darauf zurückzuführen, dass die Lernenden mit Sachverhalten konfrontiert werden, über die sie für gewöhnlich nicht nachdenken (Wahrheitsbegriff, Erschließung und Interpretation von Realität, Ideologiekritik usw.), und dass sie es auch nicht gewöhnt sind, theoriegeleitet über diese Zusammenhänge nachzudenken. Zum anderen sind es die Fülle und die Komplexität der Inhalte, die die Überforderung bedingen.

Interessiert reagierten die Studenten auf Beispiele aus dem pädagogischen Bereich zu den theoretischen Hintergründen und Hemmnissen kritischen Denkens. Sowohl der besprochene Rosenthal-Effekt als auch die Kevin-Studie regten Diskussionen und etliche Nachfragen an (siehe dazu Kapitel III – 1.1.3.4.2). In Erprobung drei war es vor allem die Filmsequenzanalyse, die einige der Studenten besonders zum Nachdenken anregte. Ein Student teilte im Interview mit, dass die Filmsequenz aus "Sie Leben" ihn stark zum Nachdenken über den dominanten „Way of Life" angeregt habe. Ein weiterer Student schrieb mir, lange nach dem Ende des Kurses, eine E-Mail, in der er sich für die Veranstaltung bedankte und mitteilte, dass ihm der Filmausschnitt dazu veranlasst hatte, eine seiner Bands "John Nada" zu nennen. Nada ist der Hauptprotagonist in dem Film, der durch einen Blick durch die gefundene Brille die falschen Bewusstseinsformen des kapitalistischen Systems erkennt und bekämpft (Forschungstagebuch, Mail vom 29.10.2010). Nach der Vorführung der Filmsequenz herrschte kurzzeitig eine ruhige, dabei aber angespannte Stimmung. Die Studenten waren für einige Sekunden still und bedrückt. Dann diskutierten sie die Aussagen der Filmsequenz, wohlwissend oder erahnend, dass in dem Gezeigten weitaus mehr als reine Kritik an einzelnen Ausprägungen menschlicher Lebensweise in modernen Demokratien steckt, sondern dass diese Gestaltung des Lebens ganzheitlich kritisch hinterfragbar und anders deutbar ist.

2.6.2 Gruppenarbeit: Szenarioanalyse

In beiden Erprobungen wählten die Studenten einstimmig das Szenario „Der fleißige Student" (siehe Anhang D2.). Dies weist auf das hohe Interesse der Studenten an Inhalten zu kritischem Denken hin, die mit ihrem Alltag und den damit einhergehenden Schwierigkeiten im Studium in Verbindung gebracht werden können. Das Prinzip des Anknüpfens an der Lebenswelt wurde durch die jeweilige Wahl belegt. Bei der Bearbeitung in beiden Erprobungen arbeiteten die Gruppen intensiv und diskutierten dabei viel. Bei der Durchführung innerhalb des Zusatzangebotes wurde die Zeitdauer des Seminares (Freitagnachmittag) überschritten und dennoch arbeiteten die Studenten bis zu zwanzig Minuten weiter, ohne sich zu beschweren. Hier scheint eine Art "Flowerlebnis" bei manchen Studenten während der Arbeit eingesetzt zu haben. Bei der Präsentation der Ergebnisse wurde deutlich, dass die Gruppen zwar gemeinsam ziemlich schnell den Großteil der Annahmen aufspürten, es den Studenten aber schwerfiel, dabei ideologiekritische Annahmen zu identifizieren. Erst im gemeinsamen Gespräch hinterfragten die Teilnehmer auch Annahmen, wie etwa

- *Wer trotz hoher Anstrengung keine gute Leistung erbringt, ist ein Versager.*
- *Berufliche und gesellschaftliche Anerkennung führt zu Glück.*
- *Wer im Leben im Studium hart arbeitet und verzichtet, wird später dafür im Beruf belohnt werden. Dann kann er auch den Verzicht wieder aufholen.*

Abbildung 53: Plakat aus Gruppenarbeit zur Szenarioanalyse (Erprobung drei, 2010

Bei der Überprüfung der Annahmen zeigten die Studierenden gemeinsam gute Lösungsansätze, hatten aber Schwierigkeiten bei Vorschlägen, wie Dirk, der fiktive Student, seine ideologisch gefärbten Annahmen überprüfen könnte. Abbildung 53 zeigt eine der präsentierten Gruppenarbeiten. Bei der Entwicklung alternativer Interpretationen stellten die Studenten in den meisten Gruppen eine Version heraus, in der Dirk überarbeitet und von falschem Ehrgeiz geblendet erscheint, wobei letzteres nicht von allen Gruppen so gesehen wurde. Bei der anschließenden Diskussion zu dem adaptierten Einsatz der Methode fielen den Studenten einige kreative Anwendungsszenarien ein, wo und wie die Methode auch im Unterricht eingesetzt werden könnte (z. B. ein Szenario zu einem Verkaufsgespräch aus der Warte eines Auszubildenden). Bei der Präsentation der Ergebnisse der Gruppenarbeiten stellte ich auch meine Lösung in Plakatform vor. Die Lerner zeigten großes Interesse an meinem Entwurf, was ein Indiz dafür sein kann, dass meine Rolle als Vorbild im kritischen Denken auch so wahrgenommen wurde. Die Modellierung kritischen Denkens wurde als hilfreich eingestuft.

Deutlich wird an den Ergebnissen der Übung, dass die Studenten gute Fertigkeiten darin besaßen, Annahmen zu identifizieren und kreative Wege zur Überprüfung derer zu entwickeln. Ideologiekritisches Denken hingegen wurde nur von einem Teil der Studenten gezeigt, was verschiedene Ursachen haben könnte, die in der Aufgabenstellung, aber auch bei den Denkroutinen der Studenten liegen könnten.

In den Interviews wurde deutlich, dass viele Studenten durch die Übung auch zur kritischen Selbstreflexion in beiden Erprobungen angeregt wurden, weil sie sich selbst oder Bekannte in der Hauptfigur wiedererkannten. Ein Nebeneffekt neben der eigentlichen Förderung wichtiger Fertigkeiten kritischen Denkens war also der Impuls zur kritischen Selbstreflexion, eigene Einstellungen und Arbeitsweisen zu erforschen.

Die Übung wurde von dem in den Interviews befragten Teilnehmer als eher leicht und gleichzeitig als sehr guter Einstieg für kritisches Denken gewertet. Zwei der Teilnehmer gaben an, dass sie durch die Übung erst richtig das Konzept der Annahmen verstanden hatten. Ein Teilnehmer teilte mit, dass ihm das Identifizieren impliziter Annahmen schwergefallen sei und er erkannt habe, dass Annahmen nicht immer offensichtlich, sondern verdeckt sein können (Interview, Erprobung drei, 2010).

2.6.3 E-Learning Modul: „Eigene Rolle kritisch reflektieren"

Die Einschätzung der Wirkung des Moduls (siehe Anhang D3.) erfolgte ähnlich positiv wie bei der Ersterprobung der pädagogischen Professionals, mit dem Unterschied, dass letztere dazu angeregt wurden, über ihre Praxis nachzudenken, während die Studenten eher Impulse erhielten, ihre angestrebte Lehrerpersönlichkeit, zumindest als Sollvorstellung, weiter auszuprägen. Außerdem wurden einige der Studenten dafür sensibilisiert, wie pädagogisches Handeln auf Schüler wirken kann, vor allem auch im Hinblick auf den Gebrauch von Macht. Folgende ausgewählte Kommentare der Studenten aus beiden Erprobungen spiegeln einen guten Querschnitt der Wirkweisen wider:

> - Die verschiedenen Lehrertypen kennenzulernen war sehr interessant. Es war vor allem eine gute Reflexion darüber, was man selbst für Erwartungen an die Schüler hat oder auch an sich selbst. Es war alles sehr schlüssig und sehr gut vorbereitet.
> - Die überspitzten Rollenbilder veranschaulichten sehr gut, welche Extrema vorstellbar sind. Aus diesen kann ein eigenes Rollenverständnis entwickelt werden.
> - Ich fand die Darstellung von Macher, Dreyer und Kowalzky einfach fabelhaft und wunderbar provozierend.
> - Die Videos waren toll! Somit hatte das Ganze mehr Bezug und man konnte sich auch eher in die Personen hineinversetzen als bei Fließtext.

Abbildung 54: Auszug aus den Onlineumfragen zum Modul „Eigene Rolle kritisch reflektieren" (Erprobung zwei und drei, 2009/2010)

Zu den Inhalten wurden keine kritisierenden Aussagen getroffen, jedoch beklagten sich einige der Studenten innerhalb des Zusatzangebotes über den hohen Arbeitsaufwand, den sie freiwillig erbrachten. Weiterhin hatten wenige Studenten Probleme mit der Navigation innerhalb des WBTs. Eine Studentin konnte nicht ganz mit der Offenheit der Aufgaben umgehen und hätte sich eine präzisere Fragestellung gewünscht.

Bei der Bearbeitung der Reflexionsaufträge zeigte sich die Ausprägung kritischer Denkaktivitäten meist auf einem nur geringeren Niveau. Argumentativ gelangten viele Studenten zu schnell zu dem Schluss, eine Mischform aus den drei Rollenbildern wäre der Schlüssel zu gutem Lernen und Lehren. Genau aber das, was eigentlich gutes Lernen und Lehren ist, wurde nicht hinreichend von den Studenten beleuchtet. Gleiches gilt für die Bedeutung des Kontextes des Lernens und Lehrens, der oftmals nicht hinreichend diskutiert wurde. Wie auch bei den pädagogischen Professionals kamen ideologiekritische Betrachtungen der Wirkweisen von Lehren und Lernen zu kurz bei den Ausführungen. Jedoch waren einige Arbeiten dabei, die sich durch ein enorm hohes Niveau der Ausprägung kritischen Denkens auszeichneten, welches höher ausfällt, als bei den besten Reflexionen der pädagogischen Professionals. Ein Auszug zur Verdeutlichung:

„Auch unterliegt Herr Macher einem Trugschluss, wenn er behauptet, dass Lernstoff stets über Sprache vermittelbar ist. Schließlich gibt es neben explizitem Wissen auch implizites Wissen, das man sich nur durch Ausprobieren und eigene Erfahrungen aneignen kann, was einen handlungsorientierten Unterricht teilweise unumgänglich macht. Ein Beispiel dafür wäre das Fahrradfahrenlernen. Hier kann man einem Kind noch so viel theoretisch erklären, wie er dies anzustellen hat. Das wird nicht viel nützen. Das Kind wird sich trotzdem nicht aufs Fahrrad setzen können und losradeln. Es muss das Gleichgewicht selbst halten lernen, das Gefühl dafür bekommen, durch eigene Erfahrungen" (Auszug aus Reflexion zu Rollenbildern aus Modul drei, Erprobung drei, 2010).

In dem Reflexionsauftrag betrachtete der Autor alle drei Rollenbilder sehr analytisch aus einer ideologiekritischen, multiperspektivischen und konstruktiven Perspektive. Beispielsweise verdeutlichte er auch mögliche Folgen eines allzu emanzipatorischen Unterrichts sowohl für Schüler als auch für den Lehrer selbst. Er war einer der wenigen, der die kritische Pädagogik von Rollenbild Kowalzky argumentativ hinterfragte und nicht nur dadurch abtat, dass für diese Art der Pädagogik keine Zeit und kein Raum durch den Lehrplan gegeben seien. Jenes schwache Argument wurde sowohl von einigen Studenten als auch von pädagogischen Professionals bei der Ersterprobung zur Analyse des Rollenbildes aufgegriffen.

Die Diskussionen in den Onlineforen gestalteten sich sowohl in den Lernpartnerschaften (Erprobung zwei) als auch in der Gruppendiskussion (Erprobung drei) eher unkritisch. Die meisten Studenten bekundeten kurz die Wichtigkeit der Mischung aller drei Rollenbilder und verurteilten meist den Frontalunterricht des Horst Macher (behavioristische Didaktik). Durch aktivierende Fragen konnte teilweise fruchtbarer Austausch initiiert werden. Die Fragen bezogen sich auf einzelne Postings von Teilnehmern und enthielten herausfordernde Statements. Ein Auszug:

> (...) Ich habe ein paar Fragen, die Sie nicht jetzt beantworten müssen, sondern einfach mal im Hinterkopf behalten können.
> Sie alle plädieren mehr oder weniger für eine Mischform der drei Rollenbilder. Welche Rolle spielt dabei der jeweilige Kontext?
> Herr XY: Was ist, wenn Familie und Freunde nicht dazu beitragen, die „Charakterbildung" zu fördern, weil beispielsweise zerrüttete Familienverhältnisse vorliegen etc.
> Frau XY: Was ist der Unterschied von Praxis und Theorie? Warum sind praktische Erfahrungen immer vorzuziehen? Sind nicht alle vermittelten Inhalte „politisch" eingefärbt, einer bestimmten politischen Denkweise entstammend?
> Frau YZ: Warum sollte die „Charakterentwicklung" gerade an der BOS/Fos vorangetrieben werden, weil es hier mehr Zeit gibt, aber wo doch nur ein Bruchteil der Schüler diese Schulformen aufsucht? Für welche Schüler in welchem Alten ist „Charakterentwicklung" wichtig?
> Wenn guten Unterricht die praktische Erfahrung auszeichnet, wäre es dann nicht besser, die Berufsbildung gänzlich über Betriebe abzuwickeln, denn hier kann durch praktische Erfahrung gelernt werden? Herrn Dreyer würde das freuen!

Abbildung 55: Fragen zur Stimulierung der Rollenbilder-Diskussion (Beitrag in Online-Forum, Erprobung drei, 09.05.2010)

Dennoch verliefen die Diskussionen insgesamt eher stockend und nicht sehr erkenntnisreich. Etliche Teilnehmer antworteten auch nicht mehr auf meine Rückmeldung. Jedoch gab es auch Ausnahmen. In Erprobung zwei gab es beispielsweise eine Lernpartnerschaft mit drei Studenten, die sich sehr intensiv mit den Themen auseinandersetzten und sich kritisches Feedback gaben, was teilweise zu interessanten Diskussionen und Einsichten führte. Jene Teilnehmer zeigten auch in allen anderen Anlässen ein hohes Niveau an kritischer Denkaktivität (z. B. in der Hausarbeit, Rollenspiel usw.). Die Teilnehmer der Gruppe waren miteinander befreundet und diskutierten auch in den Präsenzveranstaltungen und privat gern und viel.

Die Diskussionen in der Präsenzveranstaltung verliefen kritischer als in der Onlinevariante. Argumentationsstränge wurden hier erneut aufgegriffen und vertieft, was einigen Studenten zu neuen Einsichten verhalf, wie z. B., dass die Sozialisation und auch der bildungspolitische Diskurs nachhaltig die Lehrerausbildung und damit indirekt auch die Praxis beeinflusst oder dass die gezeigten Rollenbilder so auch historisch, anhand von Lerntheorieparadigmen begründet werden können.

Deutlich wird, dass die Auseinandersetzung mit den überspitzten Rollenbilder und den damit einhergehenden Unterrichtsentwürfen zur kritischen Selbstreflexion anregten, dass die filmisch inszenierten, fiktiven Charaktere einen guten Zugang zu diesen Gedanken ermöglichten. Neben der Einübung kritischen Denkens konnte so ein Beitrag zur Konstruktion eines Lehreridealbildes geleistet werden. Außerdem zeigt die Analyse der Reflexionsaufträge, dass viele Lernende bei ihren Denkaktivitäten im Bereich der Multiperspektivität und des ideologiekritischen Denkens nicht weit genug, nicht konsequent genug denken, wenige andere hingegen dies auf sehr hohem Niveau leisten. Abschließend lässt sich sagen, dass die Lernenden auch Spaß hatten, das Modul zu bearbeiten. Zwei der neun an der Befragung teilnehmenden Studenten bewerteten das Modul in Erprobung zwei mit der Schulnote Eins, sieben mit Zwei. In Erprobung drei vergaben jeweils fünf Teilnehmer die Note Eins und Zwei. Ein Teilnehmer bewertete das Modul mit einer Drei.

2.6.4 Reflexionsauftrag: „Heimlicher Lehrplan"

Der Text zum heimlichen Lehrplan (siehe Anhang D3.) verunsicherte die Studenten, ließ Zweifel und Betroffenheit, Ablehnung und Empörung aufkeimen und sorgte für viel Gesprächsbedarf. Bei beiden Erprobungen schätzte ein Großteil der Studenten exemplarisch die Wirkung der Reflexion wie folgt ein (Onlineumfrage 2009 & 2010):

> - *Mir wurde insbesondere durch die Übung zum heimlichen Lehrplan bewusst, dass sich viele Schüler über die ständig stattfindende Sozialisation nicht bewusst sind. Das Grundkonzept hinter dem Heimlichen Lehrplan war mir zwar schon länger bekannt, doch möchte ich in meiner späteren Berufstätigkeit auch auf solche verdeckten Einflüsse hinweisen.*
> - *Heimlicher Lehrplan: Über diese Thematik bzw. dieses Problem hatte ich mir vorher noch überhaupt keine Gedanken gemacht. Daher traf mich das Ganze doch ziemlich überraschend und hat mich zum Nachdenken angeregt.*
> - *Der Text war zwar einseitig geschrieben, aber so erschreckend, dass ich mir ernsthafte Gedanken über meine gesamte Schulausbildung gemacht habe und Überlegungen angestellt habe, wo ich während meiner Schulzeit manipuliert worden bin.*
> - *Und an dem heimlichen Lehrplan habe ich mich selbst sehr abgearbeitet (gerade in der nachfolgenden Diskussion in der Diskussionspartnerschaft).*
> - *Der heimliche Lehrplan war für mich persönlich genial, da ich damit noch nie in Berührung kam und er viele kritische Gedanken in mir geweckt hat.*

Abbildung 56: Aussagen zur Wirkweise der Übung „Heimlicher Lehrplan" (Onlineumfrage, Erprobung zwei und drei, 2009/2010)

Der Großteil der Studenten machte sich zum ersten Mal über offene und verdeckte Machtstrukturen im Kontext Schule und deren sozialisierende Wirkung Gedanken. Nur einzelne Studenten (beispielsweise nur einer im Zusatzangebot) hatten sich bereits im Vorfeld mit der Hidden Agenda bzw. unausgesprochenen Lernzielen bzw. ungewollten Lerneffekten in verschiedenen Institutionen beschäftigt. Die erzielte Intensität durch die manipulative Auseinandersetzung mit dem Konzept war sehr stark, sodass viele Studenten mich im Gespräch oder über Mail fragten, ob es den heimlichen Lehrplan wirklich gebe, ob dieser gewollt, geplant oder unbeabsichtigt sei und ob darüber in der

Veranstaltung gesprochen werden könne. Diese und weitere Fakten sind Indikatoren dafür, dass bei den meisten Lernenden eine Ambiguitätserfahrung ausgelöst wurde, die sie wieder ausgleichen und auflösen wollten. In den Interviews beschrieb dies ein Student wie folgt:

„Das hat mich wirklich – richtig Dissonanz erzeugt. Das war mir vorher überhaupt nicht bewusst, was für eine Wirkung man als Lehrer haben kann (...) wir mussten ja ein Arbeit über diesen Text schreiben und das ist mir sehr schwergefallen, weil ich intuitiv irgendwie sagen konnte, also der Text, der war ja sehr eindimensional. Aber das konnte ich in dem Moment einfach nicht sagen. Also, ich hatte im Gefühl, der ist nicht richtig, das kann man nicht so sagen, das ist nicht wissenschaftlich, ich konnte aber nicht sagen, warum (...)" (Interview, Erprobung zwei, 2009).

Ein weiterer Student ließ mich im Interview wissen, dass er zu diesem Zeitpunkt noch immer nicht das Bestehen des heimlichen Lehrplanes verarbeitet habe und ihm dies immer noch belaste. Jener Student war sehr irritiert und betroffen durch die Auseinandersetzung mit dem heimlichen Lehrplan. In seinem Reflexionsauftrag stellte er die These auf, dass mächtige Organisationen sich miteinander konspirativ verbunden haben könnten und die eigentlichen Lenker der Gesellschaft seien, in Anlehnung an Verschwörungstheorien zu den Freimaurern. Jener heimliche Bund könnte auch für den (heimlichen) Lehrplan verantwortlich sein. Ein weiterer Student bestritt in seiner Reflexion die Existenz eines heimlichen Lehrplanes hartnäckig und ließ sich nicht auf die Gedanken des Textes ein. Beide Reaktionen zeigen, wie stark der Text die Lernenden berührt hatte und wie sehr sie nach einem für sie plausiblen Urteil suchten, um die Thematik zu verarbeiten. Trotz Diskussion im Forum und in der Präsenzveranstaltung gelang dies nicht vollständig. In den Interviews gaben einige Studenten an, dass sie den heimlichen Lehrplan noch „verdauen" müssten. Theoretisch ließe sich schlussfolgern, dass der Prozess kritischen Denkens bei den meisten Studenten während des Kurses noch nicht abgeschlossen wurde. Sie bewegten sich noch in der Phase der Urteilsbildung. Trotz etlicher Gespräche gaben mehrere Studenten in den Interviews an, dass sie gerne noch mehr über den heimlichen Lehrplan in den Veranstaltungen gesprochen hätten.

Zumindest gelang es mir durch das (persönliche) Gespräch jedoch extreme und irrationale Verarbeitungen abzufangen, indem ich versuchte, aufgetretene gedankliche Irrwege wie im Falle der Verschwörungstheorie zu begradigen, z. B. indem ich das Konzept und verschiedene Perspektiven dazu diskutierte.

Die inhaltliche Auseinandersetzung mit dem heimlichen Lehrplan führte bei mehreren Studenten zu dem Ziel, die Problematik der verdeckten Sozialisation offensiv in ihrer zukünftigen Lehrpraxis angehen zu wollen. In Erprobung zwei diskutierten die Teilnehmer teilweise sehr intensiv über die pädagogischen Konsequenzen, die sie aus der Reflexion zogen.

Die inhaltliche Auseinandersetzung mit dem Reflexionsauftrag geschah größtenteils sehr kritisch. Im Gegensatz zu den pädagogischen Professionals zeigten die Studenten vor allem in

Bereichen des konstruktiven Denkens eine breite und teilweise konkrete Palette an Maßnahmen, wie mit der Problematik verfahren werden könnte, wobei ein anderes Fragendesign zum Einsatz kam und die Ergebnisse alleine deswegen schon nicht verglichen werden können. Nicht alle Studenten erkannten die Eindimensionalität des Textes, da die wissenschaftliche Sprache und Form anscheinend über Einseitigkeiten bei den Argumenten hinwegtäuschte. Interessant ist auch, dass etliche Studenten die Theorie des heimlichen Lehrplans als widerlegt ansahen, wenn sie auch nur ein Gegenbeispiel zu den im Text getroffenen Annahmen finden konnten, durch welches der Grad der Gültigkeit der Theorie infrage gestellt wurde – ganz in der Logik der Falsifikation/Verifikation des kritischen Rationalismus. Das epistemische Denken jener Studenten zeigte eine extreme Ausprägung der Logik des kritischen Rationalismus. Wird eine Annahme scheinbar durch ein Gegenbeispiel widerlegt, so ist die ganze dahinterliegende Theorie falsifiziert.

In Erprobung zwei arbeitete ich für jeden Studenten ein schriftliches Feedback aus, welches durch die Anwendung des Beurteilungsbogens für kritisches Denken geleitet wurde. Performanzpunkte wurden keine vergeben. Als Ergänzung erhielt jeder Student auch ein qualitatives Feedback als Fließtext, in dem eine Zusammenfassung der Bewertung erfolgte und auf spezielle Inhalte eingegangen wurde. Folgende Tabelle zeigt ein Originalfeedback exemplarisch:

Kriterium	Ausprägung
Analytische Kriterien *Klarheit* *Exaktheit* *Richtigkeit* *Logik* *Elaboriertheit*	Sehr klarer und exakter Sprachstil + Richtigkeit: Beispiele/Belege für Aussagen vorhanden, sogar durch Angabe einer Quelle+ Eigene Argumentation ist weitestgehend logisch + Unzulänglichkeiten im HL-Text bezüglich analytischer Kriterien werden erkannt + Elaboriertheit +
Multiperspektivität	Alternative Sichtweisen werden aufgegriffen und diskutiert (beispielsweise Notwendigkeit von „positiven" Herrschaftsstrukturen) + Eigene Annahmen und Erfahrungen werden diskutiert und analysiert (Geschichtsunterricht) + Interessanter Ansatz der „Verschwörungstheorie", jedoch keine Elaboration und vor allem keine Analyse (Indizien, Belege etc.)
Ideologiekritik	Kaum Herausarbeitung von Widersprüchen in Argumentationslinie des Textes - Ideologiekritische Betrachtung des bestehenden Systems (selektive Auswahl von Inhalten für Geschichtsstunden, eindimensionale Betrachtungen von Geschichte)+ Ideologiekritische Betrachtung der Quelle (aus Militärzeitung) +
Konstruktivität	Vorschläge zur Gestaltung von Unterricht + Antizipation der Vorschläge (Voraussetzungen für Pädagogen) + Keine eigenen Handlungskonsequenzen -

V. Erprobung, Analyse und Modifikation des didaktischen Designs

Qualitative Beurteilung	Lieber Herr XY, anhand Ihres vorliegenden Arbeitsauftrages haben Sie kritisches Denken gut demonstrieren können. Besonders differenziert ist Ihre Quellenkritik (Sekundärliteratur, Militärzeitung). Außerdem ist Ihre Perspektivenerweiterung sehr interessant, da Sie stark durch Selbst-reflexion eigene Erfahrungen diskutieren und mit dem Text in Zusammenhang bringen. Auch die Schlussfolgerungen zur „Verschwörungstheorie" sind gut, jedoch fehlt es hier an Substanz bezüglich von Belegen, Beispielen etc. Wichtig ist es aber, sich auch auf solche eher „abstrusen" Gedanken einzulassen. Sie sollten für sich die Angelegenheit bezüglich der Existenz des heimlichen Lehrplanes noch klären. Anscheinend haben Sie noch kein vorläufiges Urteil entwickelt. Forschen Sie kritisch nach. Anbei auch noch ein Bewertungsbogen zu kritischem Denken. Hier können Sie Ihren Text noch einmal selbst einschätzen.

Tabelle 24: Exemplarisches schriftliches Dozentenfeedback zum heimlichen Lehrplan (Erprobung zwei, 2009)

Zusätzlich teilte ich den Beurteilungsbogen an die Studenten aus, damit sie ihre Leistung selbst noch einmal einschätzen und mit meinen Ergebnissen abgleichen konnten. Der Bogen überforderte jedoch die meisten Teilnehmer und wurde darauf noch einmal vereinfacht.

In den Interviews äußerten sich die befragten Studenten sehr positiv zu dem Feedback. Das Feedback regte die Lernenden zum metakognitiven Denken und zur Revision ihrer Arbeit an, motivierte sie in ihrem Lernprozess des kritischen Denkens, gab ihnen Sicherheit für weitere Arbeitsaufträge innerhalb des Kurses und spornte sie auch an, einen gehaltvollen Text zu produzieren. Deutlich wurde, dass das Dozentenfeedback viel ernster genommen wurde als das der Teilnehmer untereinander. Dies funktioniert aber auch nur dann, wenn der Dozent als Vorbild im kritischen Denken wahrgenommen wird. Aufgrund des enormen Arbeitsaufwandes bei der Erstellung des Feedbacks wurde in Erprobung drei Feedback auf Anfrage angeboten. Außerdem erfolgte die Ausarbeitung schriftlich nur noch skizzenhaft. Dafür vereinbarte ich mit den drei Interessenten, die sich meldeten, einen Termin, an dem der Arbeitsauftrag anhand der Kriterien kritischen Denkens gemeinsam besprochen wurde. Das Gespräch dauerte etwa jeweils 15 Minuten und fand in entspannter Atmosphäre bei einem Getränk statt. Eingangs forderte ich den Gesprächspartner auf, seine Leistung selbst kritisch zu beurteilen. Dann teilte ich meine Einschätzung anhand des Bogens mit und gab Ratschläge zur Verbesserung. Für eine Studentin war das mündliche Feedback sehr wichtig, da sie bis dahin nicht richtig verstanden hatte, was kritisches Denken ausmacht. Durch das klärende Gespräch konnte sie ihr konzeptuelles Verständnis kritischen Denkens verbessern und eigene Schwachstellen identifizieren. Abschließend lässt sich sagen, dass der Reflexionsauftrag auf viele Teilnehmer die stärkste Wirkung in Form von Betroffenheit hatte und einen kognitiven und emotionalen Konflikt erzeugte. Dabei zeigte sich, dass der Dozent wachsam und einfühlsam die Studenten bei kritischen Denkaktivitäten begleiten sollte, da die Gefahr unkritischen Denkens als Gefühle wie Frustration oder Desillusionierung die Lerner in ihrer Weltanschauung beeinträchtigen können. Die erwartete Funktion des Designs wurde erfüllt.

2.6.5 Kritisch denken als Student der Wirtschafts- und Berufspädagogik

Die kritische Auseinandersetzung mit Wissenschaft in der Präsenzveranstaltung (siehe Anhang D4.) stieß bei den Studenten auf großes Interesse. Ein Teilnehmer gab in der Onlineumfrage an, dass ihn das Beispiel zu den Voodoo-Korrelationen bei der Gehirnforschung sehr nachdenklich gestimmt hatte. Jedoch wurde mir während der Veranstaltung klar, dass die kritische Betrachtung von Wissenschaft erst dann Sinn macht, wenn die Studenten zumindest im Ansatz sich mit Wissenschaftstheorie befasst haben. So kannte fast keiner der Studenten die Tradition des kritischen Rationalismus oder der Hermeneutik, wenngleich einige Studenten in ihrem Denken der Logik einer strengen Auslegung des kritischen Rationalismus folgten. Daher verfehlte insbesondere die Vermittlung von Feyerabends Kritik am Wissenschaftsbetrieb ihr Ziel, dominante Forschungstraditionen und Methodenzwang kritisch zu analysieren. Deutlich wurde dies auch an der geringen Quantität der Diskussionsbeiträge der Teilnehmer, die zu diesem Zeitpunkt sonst viel und gerne diskutierten. Dennoch wurden einige Studenten für Unzulänglichkeiten der Wissenschaft und für eine kritische Perspektive auf Forschung und Lehre in der Universität sensibilisiert. Mehrere Monate nach der zweiten Erprobung des Designs suchte mich beispielsweise ein Teilnehmer auf, weil er ein Zertifikat für die Veranstaltung benötigte. Er arbeitete zu dem Zeitpunkt in einem renommierten Marktforschungsunternehmen und beschäftigte sich viel mit Statistik. Er erzählte mir unaufgefordert, dass er bei seiner Arbeit dort sehr durch die im Kurs angestellte, kritische Betrachtung von Wissenschaft profitiere, da er viel über getroffene Annahmen, Methodenzwang und -routinen nachdenke und dies auch seinen Kollegen schon positiv aufgefallen wäre (Eintrag Forschungstagebuch, 2010). Die Übung zur Erarbeitung eines Modells kritischen Denkens für Studenten fiel den Teilnehmern aus mehreren Gründen schwer. Sie orientierten sich bei der Ausarbeitung an dem vorgestellten Modell kritischen Denkens für pädagogische Professionals, was aber Verwirrung bei der Bearbeitung der Aufgabe stiftete. Viele Studenten gaben an, sie hätten noch mehr Zeit benötigt, um das Modell verinnerlichen zu können. Weiterhin hatten die Lernenden auch Probleme, kritische Perspektiven, die als Student beleuchtet werden können, abzuleiten, was sich in vielen Nachfragen und Rückfragen bemerkbar machte. Zudem konnte die Übung aus Zeitmangel nicht in der Präsenzveranstaltung beendet werden. Beim Aufgreifen der Übung in der folgenden Präsenzveranstaltung hatten die Studenten bereits ihre Präsentationen zu den Förderkonzepten kritischen Denkens vorzustellen und konnten sich nicht mehr in die Aufgabe hineinversetzen, auch deswegen, weil wiederum nicht mehr viel Zeit für die Fertigstellung zur Verfügung stand. Die Arbeitsergebnisse fielen deswegen auch entsprechend begrenzt und unausgegoren aus. In Erprobung drei wurden deshalb sowohl die Wissensvermittlung zu Paradigmen in der Forschung als auch die Bedeutung von Forschung an der Universität und die damit verbundenen, möglichen Auswirkungen auf die Lehre erweitert und vertieft, auf die Übung hingegen verzichtet. Dafür wurde als Ersatz die Übung zur Selbstreflexion und Perspektivenerweiterung durchgeführt, die die Studenten mit Freude und vielen Diskussionsbeiträgen gestalteten. Gerade das Umdeuten von Eigenschaften durch die gedankliche Veränderung des jeweiligen Kontextes, in dem die Eigenschaft zum Tragen kommt, regte die Studenten zum kritischen Denken an. In der Evaluation des Kurses wurde weder Positives noch Negatives zu der Übung angemerkt, was darauf schließen lässt, dass sie keine größere Bedeutung für die Studenten des Kurses hatte. Abschließend lässt sich anmerken, dass sowohl die Präsenzeinheit als auch die Gruppenübung dazu führten, dass sich die Studenten kritisch mit Wissenschaft und dem Universitätsbetrieb auseinandersetzen, wenngleich nicht mit der erwünschten Intensität, da es an Vorkenntnissen der Teilnehmer in Wissenschaftstheorie mangelte.

2.6.6 E-Learningmodul „Kritisches Denken im Unterricht anleiten"

Die Inhalte des Moduls, insbesondere die Ausführungen zu dem Prozess kritischen Denkens, führten bei einigen Studenten zur Klärung, was kritisches Denken ist. Die vielfältigen methodischen Anregungen wurden von den Studenten als nützliche Impulse zur Förderung kritischen Denkens befunden. Dies lässt sich durch die Aussagen in den Interviews, die erstellten Seminararbeiten oder auch anhand der Aussagen in der Onlinebefragung belegen. Die Aussagen lesen sich in den Onlineumfragen in beiden Erprobungen wie folgt:

- *Ich denke, dass ich aus diesem Modul einiges für meine spätere Tätigkeit als Lehrer mitnehmen konnte – ich bin hier auf Dinge gestoßen, die ich in meinen späteren Unterricht einbauen möchte.*
- *Die verschiedenen Methoden, die uns vorgestellt wurden, bilden einen Impuls, aber auch der theoretische Input über die Merkmale von kritischem Denken brachten mich sofort dazu, darüber nachzudenken, wie man so etwas vermitteln kann.*
- *Theoretische Impulse bekam ich vor allem durch die Darstellung des Prozesses kritischen Denkens, aber auch durch die Merkmale kritischen Denkens, was für mich den Begriff „kritisches Denken" greifbar gemacht hat.*
- *Die vorgestellten und teilweise auch angewendeten Methoden gaben mir einen praktischen Impuls zur Förderung von kritischem Denken, weil so hautnah erfahren werden konnte, wie die jeweilige Methode wirkt und funktioniert. So kann ich voll hinter einer Methode stehen, die ich später einmal anwenden werde.*

Abbildung 57: Einschätzung zu E-Learning-Modul „Kritisches Denken im Unterricht anleiten" (Onlineumfrage, Erprobung zwei und drei, 2009/2010)

Diese Kommentare machen deutlich, dass die Studenten auch dazu motiviert sind und es beabsichtigen, kritisches Denken in ihrer Lehrpraxis fördern zu wollen. Die Begeisterung im Hinblick auf die Methodenvielfalt zur Denkschulung war aber auch deswegen so groß, da die Studenten zu diesem Zeitpunkt im Studium noch nicht mit vielen Methoden in Berührung gekommen waren. Der Zugang zu den Methoden mittels WBTs wurde von den Studenten gut angenommen.

Neben vielen positiven Einschätzungen zur Nützlichkeit gab es auch einige Kritikpunkte, die geäußert wurden. Die Teilnehmer, die freiwillig in der Zweiterprobung teilgenommen hatten, beklagten sich über den hohen Arbeitsaufwand. Eine Studentin aus Erprobung drei hätte sich gewünscht, dass das Modul multimedialer aufbereitet worden wäre.

Insgesamt bewerteten die Studenten das Modul in der zweiten Erprobung („GWB-Zusatzangebot") und der dritten Erprobung jeweils mit dem Notendurchschnitt "gut". In Erprobung zwei vergaben beispielsweise drei von zwölf Befragten die Note eins – „sehr gut". Der Rest beurteilte mit Note zwei

– „gut" (Erprobung zwei, Onlineumfrage, 2009). In Erprobung drei war der Schnitt noch ein wenig besser. Schlechtere Zensuren als „gut" wurden in beiden Umfragen nicht vergeben.

2.6.7 Reflexionsauftrag „Reflexion zu einem kritischen Ereignis" und Rollenspiel „Protokoll der kritischen Konversation"

Sowohl in der schriftlichen Reflexion (siehe Anhang D5.) als auch im Rollenspiel (siehe Anhang C7.) ging es darum, ein kritisches Ereignis aus dem Alltag eines Studenten kritisch zu analysieren und sowohl multiperspektivisch als auch konstruktiv zu beurteilen. Schriftlich geschah dies anhand von Leitfragen, die kritische Denkaktivitäten anregen sollen. Im Rollenspiel hingegen wurde dies durch die verschiedenen Rollenaufträge gewährleistet, wobei verschiedene Personen verschiedene Aufgaben kritischen Denkens wahrnehmen. Soziale Interaktion zur Erweiterung der eigenen Perspektive geschieht in der schriftlichen Übung via asynchrones, schriftliches Feedback von den Diskussionspartnern im Diskussionsforum. Im Rollenspiel hingegen findet die multiperspektivische Betrachtung des Erlebnisses synchron innerhalb des gelenkten Ablaufs statt. Eine kritische und multiperspektivische Betrachtung des Erlebnisses soll so bei beiden Varianten gewährleistet werden und in Konsequenz sowohl zu einem überprüften Urteil als auch zur Entwicklung von alternativen Denk- und Handlungsweisen bei dem Lerner führen. Im Rollenspiel trifft dies jedoch nur auf den Lernenden in der Rolle des Erzählers zu. Dafür schulen die anderen Teilnehmer in den anderen Rollen verschiedene spezifische Fertigkeiten kritischen Denkens, wie beispielsweise die Identifikation und die analytische, multiperspektivische und ideologiekritische Betrachtung von Annahmen.

In beiden Varianten zeigte sich, dass die Wahl des Themas mit der Emotionalität und Tiefe der gewonnenen Erkenntnisse korreliert. Auch der subjektiv wahrgenommene Nutzen hängt davon ab. Gewählte "Scheinprobleme" führten dazu, dass die Lernenden emotional nicht ergriffen wurden und kritisches Denken eher oberflächlich zur Anwendung kam, da der behandelte Sachverhalt meist kaum Raum für tiefer gehende kritische Überlegungen bot. Die gewählte Themenbreite bei beiden Übungen in beiden Erprobungen reichte von eher unpersönlichen, nicht relevanten Ereignissen, wie etwa nicht erhaltene Bezugsscheine für Lehrmaterialien, bis hin zur Wahl sehr persönlicher, kritischer Ereignisse, wie einem eskalierenden Kundengespräch in einer Bank, welches massive Konsequenzen für die Studentin in ihrem Beruf mit sich brachte. Auch das Durchlaufen und Scheitern in einem Assessment-Center war eines der tiefer greifenden gewählten Ereignisse, welches einen Studenten stark belastete. Die Beobachtungen wie auch die Interviews ergaben, dass jene Übungen von Bedeutung waren und als hilfreich eingestuft wurden, in denen die Lernenden sich öffneten und ein relevantes Erlebnis analysierten, das sie wirklich beschäftigt hatte oder hat. Jene Themen, die den Lernenden nicht nahegingen erzielten in der Übung auch weniger kritische Auseinandersetzung und weniger Emotionalität. Dies wurde auch in der Ersterprobung mit den pädagogischen Professionals deutlich. Der Nutzen bzw. die Wirkung der Übung wurde dann auch als gering eingestuft. Bei beiden Übungen sind folglich das Lernklima und das Selbstvertrauen der Lernenden in Gestalt von der Bereitschaft, ein erlebtes, kritisches Ereignis darlegen und analysieren zu wollen, Hauptfaktoren dafür, inwieweit kritisches Denken angeregt werden kann. Das bedeutet auch, dass die Lernenden ein Risiko übernehmen wollen und ihre Emotionen steuern können.

Beide Übungen wurden von den Studenten ganz unterschiedlich in ihrer Kraft, kritisches Denken anzuregen, eingestuft. Der schriftliche Reflexionsauftrag stellte sich bei manchen Lernenden als die wirksamere Methode zur Förderung kritischer Selbstreflexion heraus, wenn das Thema von subjektiver Bedeutung war und die Leitfragen mit Anstrengung beantwortet wurden. Dies kann sowohl inhaltlich anhand der schriftlichen Arbeitsaufträge als auch durch die Einschätzung der Lernenden belegt werden. In beiden Onlineumfragen äußerten sich einige Studenten exemplarisch wie folgt zu der Reflexionsaufgabe:

- *Gerade durch die Analyse des kritischen Vorfalls wurde ich gezwungen, mich mit mir (und meiner Weltsicht) auseinanderzusetzen und wirklich mich selbst mal kritisch zu sehen; mal zu sehen, wie habe ich einen Vorfall empfunden, wie habe ich mich verhalten (und warum) und was könnte eigentlich wirklich passiert sein.*
- *Bei der Analyse eines kritischen Vorfalls war über sich selbst kritisch Denken angesagt. Das war eine neue Erfahrung, die auch viele Möglichkeiten für den Alltag aufgezeigt hat.*
- *Durch die Analyse eines kritischen Vorfalles wurde ich bereits bei der Suche eines solchen Vorfalles zum kritischen Denken angeregt, da ich normalerweise kaum über die Ereignisse, die mir passieren, nachdenke und daher solche Vorfälle einfach unreflektiert hinnehme.*
- *Dadurch habe ich den Vorfall nochmal genau durchdacht und konnte Verbesserungsvorschläge für mich finden*

Abbildung 58: Einschätzungen zur Aufgabe „Reflexion eines kritischen Ereignisses" (Onlineumfrage, Erprobung zwei und drei, 2009/2010)

Auch in den geführten Interviews berichteten einige Studenten, dass die Übung sie sehr zur Selbstreflexion angeregt habe, dass sie ihre Perspektive auf den Sachverhalt erweitern und dadurch einen konstruktiven Umgang finden konnten. Die Konstruktion der Leitfragen scheint für die Förderung kritischen Denkens geeignet zu sein. Zwei Interviewteilnehmer stuften die Beantwortung der Fragen als herausfordernd und anstrengend ein:

„Ja, also, an sich war es ja relativ einfach, weil das war ja eine Aufgabe, die einen nur selber betrifft, jedoch fand ich es schwerer, auf die einzelnen Fragen einzugehen. Weil die waren schon ziemlich genau und sich darüber dann Gedanken zu machen, das fand ich schwierig, weil das hab ich in dem Maße auch noch nicht gemacht" (Interview, Erprobung zwei, 2009).

Ein weiterer Teilnehmer gab im Interview an, durch die Fragen in Erklärungsnot geraten zu sein, was in eine intensive Auseinandersetzung mit eigenen, egozentrischen Annahmen mündete und seine Perspektive erweiterte. Weiterhin gab eine Teilnehmerin an, dass sie sich sonst in ihrem Denken nicht mit der Rolle von Macht in Alltagssituationen auseinandergesetzt habe und dies für sie eine neue Erfahrung gewesen sei (Interview Erprobung zwei, 2009).

Neben den Fragen, die als positiv für die Lenkung kritischer Denkaktivitäten bestätigt wurden, zeigte sich auch, dass besonders jene Studenten von der Übung profitierten, die es bevorzugten, Gedankengänge zu verschriftlichen. Schreiben wurde von diesen Teilnehmern als Instrument sowohl der Introspektive und Bewusstmachung unbewusster Annahmen und Denkvorgänge als auch der

Veranschaulichung von Denkvorgängen geschätzt und dem mündlichen Diskurs gegenüber bevorzugt. Weitergin zeigte sich, dass gerade schüchterne Teilnehmer sich nur in der schriftlichen Reflexion trauten, sich zu öffnen und ein kritisches Ereignis preiszugeben. In dem Rollenspiel hingegen hätten sie ein anderes, für sie „ungefährlicheres" Thema ausgewählt, um persönliche Risiken zu vermeiden. Dies bestätigte zumindest ein Interviewpartnerin (Interview, Erprobung zwei, 2009).

Nicht bei allen Studenten führte die Übung jedoch zu einer kritischen Auseinandersetzung, was durch viele Ursachen begründet werden kann, wie beispielsweise die Themenwahl, mangelndes Feedback usw. Genauso wie einige Studenten die schriftliche Reflexion als nützlich und erkenntnisreich einstuften, empfanden andere hingegen das Rollenspiel als viel förderlicher und effektiver im Hinblick auf kritisches Denken. Ein Teilnehmer begründete dies in der Diskussion damit, dass die Übung für den Lehralltag mehr bringe, da in dem Rollenspiel dynamisch und unmittelbar kritisches Denken angewandt werden müsse. Dies komme den Anforderungen an Lehrkräfte viel näher als die schriftliche Auseinandersetzung. Lehrkräfte müssen in ihrer Lehrpraxis innerhalb kürzester Zeit Entscheidungen treffen. Die unmittelbare Identifikation und Analyse von Annahmen werde aber nur durch das Rollenspiel geschult, da hier kritisches Denken in „Echtzeit" angewandt werden muss (Interview, Erprobung zwei, 2009). Auch im Kontext des Rollenspiels äußerten einige Teilnehmer, dass sie die Ausführung der Funktionen als schwer und anstrengend empfanden, z. B. Lösungsvorschläge und Urteile zurückzustellen und erst einmal Annahmen zu sammeln und zu prüfen. Dieses Ergebnis ist deckungsgleich mit den Beobachtungen aus der Ersterprobung. In der Beobachtung wurde auch deutlich, dass gerade Studenten in der Erzählerrolle herausgefordert werden, wenn sie eine ihnen nahegehende Erzählung einbringen und die Detektive gute Arbeit bei der Sammlung und Spiegelung von Annahmen leisten. Zwei "Erzähler" reagierten sichtlich erregt, was sie auch in den Interviews bestätigten:

„Also für mich war das wirklich auch körperlich anstrengend. Also ich war da wirklich, nachdem ich das erzählt hab, ich weiß gar nicht, wie lang ich erzählt hab, es ist mir ewig vorgekommen, und ich war danach wirklich fertig. Also ich hatte das Gefühl, ich hab jetzt grad Sport gemacht und bin da jetzt kilometerweit gerannt und war dann auch ... also körperlich am Ende und psychisch auch am Ende. Und ich fand es aber gut, wie die anderen reagiert haben, also grad dadurch, dass das ja eine Übung ist, in der man sehr strikt in den Rollen bleibt, war das eigentlich eine schöne Art und Weise, wie das Ereignis aufgegriffen worden ist, sachlich aufgegriffen worden ist, seziert worden ist, also, hat mir eigentlich gut getan, der Umgang damit" (Interview, Erprobung zwei, 2009).

Auch in der Onlineumfrage äußersten sich einige Teilnehmer über die kritischen Denkanstöße, die sie durch die Übung bekommen hatten. Gerade für Studenten in der Rolle des Erzählers kann die Übung als ein Augenöffner für das Erkennen eigener Annahmen wirken:

„Das Rollenspiel am letzten Präsenztermin regte für mich besonders das kritische Denken an. Ich war Erzähler und mir wurden später meine eigenen Annahmen von den Detektiven erzählt. Es war für mich wirklich überraschend, wie viele Annahmen sich in meiner Erzählung über die Prüfungsvorbereitung stecken. Das sollte ich wirklich mal kritisch überdenken (Online-Umfrage, 2009).

Deutlich wird dabei, das sowohl für diese als auch für die andere Methode ein hohes Maß an Vertrauen, Offenheit und Empathie sowie auch Sprachfähigkeit benötigt wird, also das Lernklima kritischen Denkens Ausgangsbasis für den Erfolg und für die Sicherheit des Einsatzes des Rollenspiels ist. Besonders der Erzähler nimmt in seiner Rolle ein hohes Risiko in Kauf, wenn er ein für ihn sensibles und berührendes Ereignis schildert.

Beide Übungen eignen sich, um kritisches Denken zu fördern, wenn entsprechende Offenheit und Vertrauen in der Gruppe vorhanden sind. Dann werden auch Themen ausgewählt, die Substanz für kritische Analysen bieten und dem jeweiligen Erzähler dabei helfen können, die eigene Perspektive zu erweitern. Beide Übungen sollten in einem Förderansatz berücksichtigt werden, da sie die Lernenden, je nach Präferenzen und Mut, verschiedenartig ansprechen. In beiden Erprobungen wurde bestätigt, dass unter den erörterten Bedingungen die ersten drei Phasen kritischen Denkens von den Lernenden durchlaufen werden können. Das Protokoll der kritischen Diskussion sollte im Idealfall mehrmals eingesetzt und die Rollen dabei getauscht werden, da mit jeder Rolle verschiedene Fertigkeiten kritischen Denkens gefördert werden.

2.6.8 Lehrgespräch zur Vertiefung der Förderung kritischen Denkens und Filmsequenzanalyse "Baraka"

Zu den Lehrgesprächen lässt sich anmerken, dass viele Studenten besonders aufmerksam bei der Einheit „Diskussionen anleiten und begleiten" waren und vielfach über eigene Erfahrungen mit Diskussionen berichteten. Diskussionen wurden auch häufig als Methode der Denkschulung in den Seminararbeiten benutzt. Sie scheinen zur Komplettierung des methodischen, theoretischen Werkzeugkastens der Förderung kritischen Denkens beigetragen haben. Des Weiteren wurde besonders der Einsatz von Filmen zur Förderung kritischen Denkens in Erprobung drei von den Lernenden mit großem Interesse aufgenommen. Studenten bedankten sich für die Übersicht zu kritischen Filmen und fragten nach, wie sie die Filme als Lehrer bekommen könnten. Dabei fiel im Lehrgespräch auf, dass die wenigsten Studenten sich mit Filmen und mit Filmgeschichte auskannten.

Zur exemplarischen Verdeutlichung des Einsatzes einer Filmsequenzanalyse wurde eine Filmsequenz aus dem Film „Baraka" gezeigt (siehe Anhang D6.). Die erzeugte Intensität der Sequenz fiel viel stärker als erwartet aus. Die Studenten waren nach der Audition erst einmal still und in sich gekehrt, als würden sie eine Zeit lang um Luft ringen. Dann erfolgte eine interessante und vielfältige Diskussion zu den Inhalten des Films, der Machart und zu pädagogischen Möglichkeiten, wie und wo diese Sequenz im Wirtschaftsunterricht eingesetzt werden könnte. Die Sichtung des Filmmaterials in ihrer ästhetischen Kraft führte dazu, dass einige Studenten durch die Wucht der Bilder tief greifend zum kritischen Nachdenken über die urbane und kapitalistische Lebensweise angeregt wurden. In der Online-Umfrage gaben drei Studenten an, dass der Filmausschnitt die intensivste Erfahrung während des Kurses war. Einer berichtete dazu Folgendes im Interview:

„Aber allein, allein diese Geräusche und das alles, das war schon ein irres Feeling, sag ich mal. Und man sitzt dann da und wie gesagt, mir kam auch noch, bevor diese Legebatterie dann wirklich gezeigt war, kam mir der Gedanke, das ist, wie in der Legebatterie. Und ich hab mir in dem Moment wirklich

gedacht, es ist eigentlich krank, wie wir uns verhalten. Und das war was, was ich vorher eigentlich nicht so hingenommen hab, auch wenn ich so Filme geguckt hab oder so, da hab ich, klar man hat gewisse Sachen schon hinterfragt, aber jetzt diese, diese Einstellung oder diese Perspektive und die Musik, die im Hintergrund ist, die hat man zwar wahrgenommen und auch festgestellt, ja, das passt jetzt zur Stimmung und so weiter, das untermalt das irgendwie. Aber, dass man das Ganze auch kritisch beleuchten kann oder sowas, das kam mir eigentlich nicht und das war für mich wirklich, äh, ja, wahnsinnig neu, find ich in dem Moment" (Interview, Erprobung drei, 2010).

Es zeigte sich, dass das Medium Film große Potenziale zur Herausforderung des Denkens der Lerner bieten kann, da Realität aus ungewohnten, ekstatischen Perspektiven beleuchtet wird, die Aspekte der Realität erst sichtbar und begreifbar machen können.

2.6.9 Erstellung eines Lernszenarios zur Förderung kritischen Denkens

Die Erstellung der Seminararbeiten geschah meist in Zweier-, Dreier- oder Vierergruppen. Nur wenige Studenten (zwei insgesamt) bevorzugten die Einzelarbeit. Die Studenten nutzten die Möglichkeiten innerhalb der Lernplattform, um sich organisatorisch und inhaltlich zu der Seminararbeit bzw. zu der Präsentation abzustimmen. Nur in einer Gruppe wurde auf weitere Werkzeuge wie Chat, Up- und Download von Dateien usw. zugegriffen, was auch daran lag, dass viele Teilnehmer sich kannten, miteinander befreundet waren und sich in anderen Vorlesungen oft sahen. Dadurch wurde das computerunterstützte Arbeiten über die Plattform hinfällig. Außerdem bevorzugte ein Großteil der Studenten den Austausch in Präsenztreffen anstelle des virtuellen, synchronen und asynchronen Treffens auf der Plattform. Einige Studenten stellten mir ihr Konzept bereits vor der Veranstaltung vor und holten sich dazu Rat ein. Dafür richtete ich eine regelmäßige Sprechstunde ein, die von vielen Teilnehmern wahrgenommen wurde. Bei der Präsentation der einzelnen Konzepte gaben sich die Studenten gegenseitig viele Ratschläge zur Verbesserung der Konzepte, übten Kritik oder lobten die dargestellten Unterrichtsentwürfe. Besonders die Präsentation eigener Übungen und Arbeitsmaterialien sorgte für regen Austausch über deren Angemessenheit oder Wirksamkeit.

Bei der Beurteilung der Seminararbeiten wurde deutlich, dass die Studenten auf hohem Niveau kritisches Denken demonstrierten. In Erprobung zwei lag beispielsweise der niedrigste Wert bei der Beurteilung der schriftlichen Denkleistung bei 12, der höchste bei 15 von 16 möglichen Punkten. Die analytischen Kriterien und Multiperspektivität wurden in sehr hohem Maße in den Arbeiten beachtet. So beleuchteten die Studenten ihre Unterrichtsentwürfe aus verschiedenen Perspektiven, wie die der Schüler usw., wobei die dazu entwickelten Argumentationslinien durch viele Belege gestützt wurden. Lediglich im ideologiekritischen und konstruktiven Denken wurde im Vergleich mit den beiden anderen Dimensionen kritischen Denkens nicht ganz das gleiche Niveau erreicht. Der Durchschnitt lag beispielsweise bei Erprobung drei im Falle des ideologiekritischen Denkens bei 3,375 von 4 möglichen Punkten, was dennoch ein gutes Ergebnis ist und zeigt, dass ideologiekritisches Denken im Durchschnitt gut angewendet wurde. Der Transfer der Theorie kritischen Denkens und dessen Förderung gelang den Studierenden gut bis sehr gut. Sehr differenziert wurde die Terminologie kritischen Denkens angewandt. Die Förderkonzepte stellen insgesamt betrachtet kreative und stimmige Eigenleistungen dar, in denen die Studenten zeigen, dass sie zumindest im Hinblick auf die Planung von Unterricht kritisches Denken als Förderziel reflektiert und methodisch sicher und kreativ integrieren können. Inhaltlich wurde durch die Förderansätze ein breites thematisches Spektrum abgedeckt. Viele der Arbeiten wurden im Kontext eher „weicher" Fächer angesiedelt, wie beispielsweise in Ethik oder im Deutschunterricht, und behandelten Themen wie Sterbehilfe oder die Wirkung sozialer Netzwerke im Web 2.0. Andere Arbeiten hingegen wurden für den Einsatz im Wirtschaftsunterricht an BOS/FOS oder Berufsschule konzipiert. Als Beispiel sind hier Themen wie Staatshilfe an Griechenland, Wertpapierberatung bei Bankkaufleuten oder das Thema Agrarsubventionen in einer Klasse von Groß- und Außenhandelskaufleuten zu nennen. Manche von diesen Unterrichtskonzepten sind so reichhaltig an eigens erstelltem Material, wie z. B. Arbeitsblättern, und dabei so durchdacht konzipiert, dass sie wirklich auch so im Alltagsunterricht ohne großen weiteren Aufwand umgesetzt werden könnten. Die Arbeiten aus dem Wirtschaftskontext erzielten in der Bewertung die besten Ergebnisse, obwohl es schwieriger im Wirtschaftsunterricht als in Fächern wie Ethik oder Deutsch ist, die Förderung kritischen Denkens zu integrieren. Methodisch-didaktisch griffen die Studenten auf verschiedenste Ansätze zur Förderung kritischen Denkens zurück. Manche setzten kurze Filmsequenzen mit sich widersprechenden Argumenten zur Initiierung kritischen Denkens ein, die sie aus mehreren Berichterstattungen oder anderen Bildquellen mit der entsprechenden Software herausschnitten und didaktisch aufbereiteten. Andere konzipierten eigene WebQuests oder setzten verschiedene Formen von Diskussionen ein. Einige bestehende Methoden wurden dabei für den Förderkontext abgeändert oder ergänzt. In einer Gruppe wurde beispielsweise ein sogenanntes „Freeze-Spiel" entwickelt, dass sich an Elementen des Theaters der Unterdrückten orientiert und verschiedene Rollenbeschreibungen zur Förderung kritischer Diskussionen (Schiedsrichter, Detektiv etc.) einsetzt (Seminararbeit, Erprobung drei, 2010). Die Bewertung der Seminararbeiten erfolgte durch zwei Rater, wobei nach kurzen Absprachen schnell Übereinstimmung gefunden werden konnte. Sowohl die Ausprägung kritischen Denkens als auch die Anwendung der Theorie kritischen Denkens und dessen Umsetzung für den ausgesuchten Förderkontext wurden ausführlich untersucht und sowohl qualitativ als auch quantitativ festgehalten. Folgende Tabelle zeigt exemplarisch eine Bewertungsnotiz, die für jede Arbeit als Diskussionsgrundlage für den zweiten Rater angefertigt wurde:

Qualitative Anmerkungen zur Arbeit:

- Arbeit besticht durch eigenständig erstellte und hochwertige Unterrichtsmaterialien wie beispielsweise ein umfangreiches Web-Quest.
- Auch das Assessment kritischen Denkens wurde in Form eines selbst erstellen Rubrics in das Szenario integriert.
- Es werden anspruchsvolle Lernziele kritischen Denkens reflektiert und konstruktiv verfolgt.
- Der Entstehungsprozess der Arbeit wurde auf einer Lernplattform transparent von den Autoren dokumentiert.

Bewertungskriterium	Punktezahl	Kumulierte Punktezahl	Begründung
Analytische Kriterien des kritischen Denkens	3	3	Analytische Beschreibung und Begründung des Szenarios. Aufbau und Vorgehen werden ausführlich erläutert. Die Autoren nutzen vielfältige Belege zur Stützung der Richtigkeit ihrer Aussagen. Logische Schlussfolgerungen sind verständlich und nachvollziehbar.
Multiperspektivität	4	7	Die Autoren zeigen ein hohes Maß an Multiperspektivität bezüglich ihres Szenarios, sowohl auf Ebene der Thematik als auch auf Ebene der Unterrichtssituation. Sie denken sich in die Perspektive der Schüler ein und antizipieren mögliche Schwierigkeiten bei der Durchführung des Szenarios.
Ideologiekritik	3	10	Die Autorinnen bringen Ideologiekritik als Fördergröße in ihr Szenario mit ein (z. B. Manipulationsjagd, S. 8). Das eigene didaktische Vorgehen hätte jedoch noch stärker unter diesem Fokus beleuchtet werden können.
Konstruktivität	4	14	Die Arbeit zeichnet sich durch ein sehr hohes Niveau an Reflexion konstruktiver Handlungsansätze in den verschiedenen Phasen des Unterrichts aus.
Anwendung der Theorie zur Förderung kritischen Denkens	4	18	Zentrale Methoden und Prinzipien zur Förderung kritischen Denkens werden von den Autoren aufgegriffen und sprachlich sicher und reflektiert verwendet.
Anwendung der Theorie des Konzeptes kritischen Denkens	4	22	Umfassend, reflektiert und sicher bringen die Autoren den theoretischen Rahmen kritischen Denkens in das Szenario ein.
Eignung des Szenarios zur Förderung von kritischem Denken	4	26	Sowohl die gewählten Inhalte, Unterrichtsform und didaktisches Handeln eignen sich hervorragend zur Förderung von kritischem Denken. Lobenswert ist die auch die Nutzung eines Unterrichtsgegenstandes aus dem Wirtschaftsbereich.
Didaktische Umsetzung	4	30	Die didaktische Umsetzung des Szenarios ist sehr gelungen und anschaulich dargestellt. Besonders hervorzuheben sind die eigens erstellten Materialien und Medien.

Abbildung 59: Exemplarische Beurteilungsnotiz zu Seminararbeiten (Erprobung drei, 2010)

Die Ergebnisse aus der Beobachtung der Performanz der Studenten entsprechen auch den subjektiven Ansichten der Studenten selbst. In beiden Online-Umfragen wurden unter anderem folgende Aussagen zu dem Arbeitsauftrag geäußert:

> - Vor allem durch die Modulaufgaben und die Hausarbeit setzte man sich tiefer mit dem Thema auseinander und förderte damit gleichzeitig seine Fähigkeiten zum kritischen Denken.
> - Allein schon die Hausarbeit bietet mir die Möglichkeit zu überlegen, wie man kritisches Denken fördern kann. Aber ich denke, ich werde es auch im Alltag immer mal wieder bei mir und Freunden fördern können, wenn Diskussionen über Themen entstehen.
> - Bei der Erstellung des Szenarios wurde ich durch meine Teampartnerin zu kritischem Denken angeregt. Ich hatte eigentlich schon eine Meinung zu unserem Thema, aber nach dem Diskurs mit ihr sehe ich einige Dinge doch etwas anders.

Abbildung 60: Einschätzungen zu der Erstellung der Seminararbeit (Onlineumfrage, Erprobung zwei und drei, 2009/2010)

Deutlich wird, dass die Erstellung der Seminararbeit die Auseinandersetzung mit kritischem Denken bestärkt und dadurch eine konzeptuelle Klärung bei den Lernern stattfinden kann. Außerdem wird die Wahrscheinlichkeit erhöht, dass die Studenten kritisches Denken wirklich auch einmal in ihrer Lehrpraxis fördern werden, da sie zumindest in der Planung sich intensiv mit der Förderung auseinandersetzen und eigene Förderansätze entwerfen. Des Weiteren gaben sowohl in der Onlineumfrage als auch in den Interviews Studenten an, dass der Lernerfolg durch die Anwendung der Theorie hoch ist und gewisse, in der Arbeit angewandte Methoden langfristiger behalten werden. Außerdem werden die Vor- und Nachteile, Reichweiten und Grenzen, Stolpersteine und Bedingungen zu einzelnen Förderansätzen klarer, wenn die Studenten sie selbst im Konkreten anwenden müssen (Interview, Erprobung zwei, 2009).

Viele der Teilnehmer betonten, dass sie Schwierigkeiten bei der Erstellung der Förderkonzepte hatten und die Aufgabe als sehr schwer empfanden. Probleme gab es nicht nur bei der Themenfindung, sondern auch beim Transfer der Theorie kritischen Denkens. Vor allem in Erprobung zwei hatten die Teilnehmer Schwierigkeiten damit, Unterricht zu planen, da sie davor noch keine Unterrichtsplanungen entwickelt hatten und kaum über Wissen zur Bedingungsanalyse, zur Entwicklung von Ideen, zur Grob- und Feinplanung, zur Erstellung eines Unterrichtsablaufplans usw. verfügten. Jenes Wissen erlernten sie parallel in der Grundlagenveranstaltung. In Erprobung drei verlief die Erstellung mit weniger Schwierigkeiten und Verunsicherung, da die Studenten über mehr pädagogisches Wissen verfügten und teilweise auch schon einzelne Lehrerfahrungen sammeln konnten. Die Arbeiten waren deshalb unter anderem auch marginal besser und kreativer im Hinblick auf die didaktische Gestaltung, was aber auch daran liegt, dass die Förderung kritischen Denkens in Erprobung drei intensiver behandelt wurde, da eine Präsenzveranstaltung mehr dafür herangezogen wurde. Neben der Anstrengung und den Schwierigkeiten betonten viele Teilnehmer im Interview aber auch, Freude und Spaß bei der Erstellung gehabt zu haben. Außerdem berichteten Studenten aus drei Gruppen, dass sie viel miteinander über die Förderung kritischen Denkens diskutierten und dabei das zu erstellende Konzept mehrmals revidierten. Dieses in Folge kritische Nachdenken über kritisches Denken wurde auch in der Onlineumfrage belegt. Ein Indiz dafür, dass die Auseinandersetzung in der Gruppe zu kritischem Denken führte, ist darin zu sehen, dass die Gruppenarbeiten mit mehreren Studenten in beiden Erprobungen besonders kritisch ausfielen, die Einzelarbeiten, in denen kein intensiver Austausch mit anderen stattgefunden hatte, im Vergleich eher schwächere Ausprägungen kritischen Denkens aufwiesen, was jedoch kein hinreichender Beweis für diese These ist. Einige der Studenten äußerten des Weiteren den Wunsch, in der Veranstaltung die Möglichkeit zu bekommen, die Konzepte zu erproben.

Abschließend lässt sich sagen, dass sowohl die Seminararbeit als auch die Präsentation der Konzepte zu einer intensiven Auseinandersetzung mit kritischem Denken führte, was jedoch auch dem Notendruck und dem Gebrauch von Macht geschuldet ist. Die Motivation, kritisches Denken in der Praxis fördern zu wollen, wurde durch das Erstellen der Arbeit erhöht. Außerdem erfolgte durch die intensive Auseinandersetzung eine tiefere Durchdringung des Konzeptes kritischen Denkens und dessen Förderung, was zur Ausprägung eines Verständnisses kritischen Denkens und auch zur Förderkompetenz im kritischen Denken beitrug. Jedoch muss auch betont werden, dass dadurch nicht sichergestellt wird, dass die Lernenden tatsächlich für die Praxis befähigt wurden, kritisches Denken fördern zu können. Trotzdem sind die Ergebnisse in den Seminararbeiten ein guter Beleg dafür, dass die Lernenden methodisch in der Lage sind, eine konkrete Unterrichtssituation zur Förderung kritischen Denkens zu konstruieren.

2.7 Einschätzungen zur Funktionalität des Designs

2.7.1 Beurteilung der Funktionalität des Designs anhand der verfolgten Ziele

Die Betrachtung der Erprobung des Designs aus einer „olympischen" Perspektive, unter Beachtung der Ergebnisse zu den Wirkweisen einzelner Qualifizierungselemente, lässt Aussagen über die generelle Realsierung der angestrebten Lernziele zu. Diese Aussagen werden im Folgenden auch noch mit weiteren empirischen Belegen unterstützt, die in verschiedenen Zugängen erhoben oder gefunden werden konnten.

2.7.1.1 Verständnis für kritisches Denken ausprägen

Durch das Zusammenspiel der Elemente des Kurses konnten die Studenten ein differenziertes Verständnis kritischen Denkens ausprägen, sowohl theoretisch-konzeptuell als auch im Hinblick auf den Nutzen und die Notwendigkeit kritischen Denkens. Dies lässt sich beispielsweise aufgrund der Analyse von Artefakten aus den Kursen, wie der Seminararbeit oder aber den Plakaten aus Erprobung zwei (Erstellung eines Modells kritischen Denkens als Student), belegen. Deutlich wird dies auch aus der subjektiven Sichtweise der Studenten. In den Onlineumfragen finden sich vielfältige Aussagen, die die Ergebnisse aus der Dokumentenanalyse bestätigen. Beispielsweise wurde auch in den Interviews an der benutzten Fachsprache kritischen Denkens deutlich, dass sich die Studenten tief gehend mit dem Konzept beschäftigt hatten. Hierfür wurde deshalb bei der Analyse der Interviews extra eine Kategorie gebildet (siehe Anhang B9.). Aber auch die subjektive Einschätzung der Studenten bestätigt die Ergebnisse. Ein exemplarischer Auszug aus beiden Onlineumfragen soll relevante, gefundene Aussagen zeigen:

> - *Mein Verständnis von kritischem Denken hat sich insofern verändert, dass ich vor dem Seminar mir keine großen Gedanken über die Hintergründe oder die Theorie des kritischen Denkens an sich gemacht habe. Kritisches Denken war für mich einfach immer, wenn ich mit Freunden kritisch über diverse Themen diskutiert habe oder mir selber Gedanken über Themen gemacht habe. Das ist für mich zwar immer noch kritisches Denken, aber ich denke, dass ich nun über „kritisches Denken" an sich viel mehr weiß und mir auch bewusster bin, wie dieser Denkvorgang abläuft etc.*
>
> - *Konkrete Gedanken zum kritischen Denken hatte ich mir bis dahin nicht gemacht, manche der Elemente wurden eher implizit angewandt. Die strukturierte Herangehensweise hat mir geholfen, bewusst darüber zu reflektieren und das Verständnis von KD weiter zu schärfen.*
>
> - *Oftmals wird mit kritischem Denken so was wie Kritik oder Dickköpfigkeit in Verbindung gebracht. In dem Seminar habe ich aber gelernt, dass es vielmehr damit zu tun hat, sich zu öffnen, sich auf andere Meinungen einzulassen (nicht dickköpfig zu sein), bevor man sie infrage stellt und kritisch beleuchtet bzw. hinterfragt.*
>
> - *Vorher hatte ich keine wirkliche Definition von kritischem Denken, von daher wurde es auf jeden Fall erstmals geschaffen. Mein eigentliches Denken jedoch auch erweitert.*
>
> - *Meine Definition von kritischem Denken wurde durch den Kurs konkretisiert. Mir war immer bewusst, dass die Welt nicht einfach so ist, wie sie ist, sondern so gemacht wird. Dies analytisch und multiperspektivisch zu hinterfragen, Annahmen zu identifizieren etc. sind Schritte, die mir dabei helfen, die Dinge, wie sie gemacht wurden, zu verstehen und zu durchschauen. Insofern hat mir der Kurs geholfen, den Prozess des kritischen Denkens bis zum Ende durchzuführen und nicht an einem bestimmten Punkt stecken zu bleiben. Außerdem hat der Kurs meinem Denken mehr System verliehen.*

Abbildung 61: Einschätzungen zur Ausprägung eine konzeptuellen Verständnisses kritischen Denkens (Onlineumfrage, Erprobung zwei und drei, 2009/2010)

Anhand dieser Auswahl zeigt sich, dass wenige Teilnehmer bereits über ein gutes theoretisches Verständnis zu kritischem Denken verfügten und dieses durch das Design weiter angereichert werden konnte. Ein Großteil der Studenten hingegen konnte erst durch das Design eine differenzierte Vorstellung von dem, was kritisches Denken bedingt, entwickeln. Davor hatten sich die Studenten darüber keine Gedanken gemacht, was nicht heißt, dass sie nicht kritisch denken konnten. Jedoch gaben einige Studenten an, dass durch die Ausprägung eines theoretischen Verständnisses kritischen Denkens gleichzeitig ihr Denken dadurch bereichert bzw. erweitert wurde. Dieses Ergebnis bestärkt die in der Ersterprobung aufgestellte Hypothese, dass die Ausprägung eines theoretischen Konzeptes kritischen Denkens sich steuernd auf das Denken auswirkt, da gewissen gedanklichen Aktivitäten nun Begriffe zugeordnet und durch diese gesteuert und reguliert werden können.

Ein weiterer beobachteter Effekt ist darin zu sehen, dass zwei Studenten durch die Auseinandersetzung mit kritischem Denken eine positivere Einstellung entwickelten. Vor dem Kurs war für sie der Begriff in seiner Konnotation negativ belegt. Kritisches Denken bedeutete für sie Bemängeln,

Angreifen, Bloßstellen usw. Dieses Verständnis lag auch bei den pädagogischen Professionals aus dem Betrieb vor, konnte bei dieser Zielgruppe jedoch nicht revidiert werden. Vielmehr substituierten die pädagogischen Professionals den Begriff durch „lösungsorientiertes und kundenorientiertes Denken".

Diese Bewusstseinsbildung bezüglich kritischen Denkens führte bei einem Großteil der Studenten dazu, dass auch die wahrgenommene Relevanz des kritischen Denkens, sei es für das Individuum selbst oder auch im Hinblick auf die Förderung, gesteigert wurde:

- *Ich maß dem kritischen Denken bislang einen hohen Stellenwert zu, der jedoch nach dem Kurs noch intensiviert wurde, nachdem ich nun bewusst öfters daran denke, gewisse Dinge kritisch zu hinterfragen.*
- *Der Stellenwert ist gestiegen. Ich habe schon immer kritisch gedacht und viele Dinge hinterfragt, aber durch den Kurs bin ich noch auf einige Bereiche aufmerksam geworden, die mehr hinterfragt werden sollten.*
- *Ich wäre vor der Veranstaltung ehrlich gesagt nicht auf die Idee gekommen, dass ich kritisches Denken in meiner (hoffentlich) zukünftigen Tätigkeit als Lehrer integrieren könnte. Ich dachte, dass das eher etwas wäre, was ich in meinen Privatbereich anwenden könnte – dass ich Schüler dazu anleiten könnte, kritisch zu denken, ist mir nie in den Sinn gekommen.*

Abbildung 62: Einschätzungen zur Bewusstseinsbildung kritischen Denkens (Auszug aus den Onlineumfragen, Erprobung zwei, 2009; Erprobung drei, 2010)

Zwei Studenten gaben an, dass die wahrgenommene Relevanz kritischen Denkens nicht gesteigert wurde, da sie bereits vor dem Kurs kritisches Denken als eine enorm wichtige Angelegenheit einschätzten. In den Interviews gaben einige Studenten an, zur Förderung kritischen Denkens in der Lehrpraxis motiviert worden zu sein, insbesondere durch die Erstellung der Seminararbeit, da den Lernenden hier deutlich wurde, dass die Integration der Denkschulung auch im Alltagsunterricht ohne größeren Aufwand möglich ist. Wenige Teilnehmer hatten aber bereits vor dem Kurs die Intention, kritisches Denken fördern zu wollen, und besuchten mitunter deshalb die Veranstaltung. Wenige andere Teilnehmer hatten sich vor der Teilnahme an dem Kurs noch nie Gedanken darüber gemacht, ob und wie kritisches Denken im Unterricht gefördert werden kann. Die Motivation für die Denkschulung wurde erst im Kurs geweckt. Ein Teilnehmer gab jedoch an, dass er kritischem Denken als zu fördernder Fertigkeit auch weiterhin nur einen mittleren Stellenwert beimesse, da dies nicht zu den Hauptaufgaben eines Lehrers gehöre.

Die Untersuchungen zeigten, dass die Förderung kritischen Denkens eine wichtige Rolle für die zukünftige Tätigkeit der Studenten einnahm. Fraglich bleibt, ob sie diese Motivation bis zum Ende des Studiums aufrechterhalten können und inwieweit sie trotz Restriktionen in der Praxis an diesem Ideal weiter festhalten und es umsetzen werden.

2.7.1.2 Kritisches Denken anwenden und Prozess selbst erfahren

Eine weitere Funktion des didaktischen Designs war es, dass die Studenten selbst zum kritischen Denken gebracht werden und den Prozess kritischen Denkens selbst erfahren sollten, unabhängig davon, ob sie bereits auf hohem Niveau kritisch denken können oder nicht. Bei der Dokumentenanalyse konnte gezeigt werden, dass die Studenten kritisches Denken auf mittlerem bis hohem Niveau in den Arbeitsaufträgen und Übungen zeigten. In der Aufgabe zum heimlichen Lehrplan und in der Seminararbeit wurde dies unter Anwendung des konzipierten Beurteilungsbogens belegt, wobei bei der Aufgabe zum heimlichen Lehrplan die Streuung der gezeigten Performanz besonders hoch ausfällt. Einige wenige der Reflexionen waren mit der Stufe "Beginner" oder gar "Vorkritisches Denken" zu werten, was aber auch mit der erzeugten Dissonanz in Verbindung gebracht werden kann, die aufgrund ihrer Intensität zur Vereitelung kritischer Gedanken bei manchen Studenten beigetragen haben könnte. Viele Reflexionen bewegten sich andererseits auf der Stufe der "Könnerschaft". Bei der Seminararbeit war die Niveaustufe in der Ausprägung kritischen Denkens homogener und auf einem fortgeschrittenen Niveau. Allgemein lässt sich jedoch sagen, dass einige der Studenten in den Arbeitsaufträgen Schwierigkeiten bei ideologiekritischem Denken zeigten. Trotz einem ungefähren Durchschnittsalter von 23 Jahren demonstrierten einige wenige Studenten „Schwarz-Weiß-Denken" und naiven Szientismus. Dies gilt aber nur für eine Minderheit der Teilnehmer und wird durch die ausgezeichneten Leistungen anderer Teilnehmer relativiert.

Neben der Dokumentenanalyse bestätigte ein Großteil der befragten Studenten, dass sie durch Inhalte des Kurses zum kritischen Denken angeregt wurden. Auf die Frage, bei welchem Inhalt dies am intensivsten geschah, nannten die meisten die Reflexion zum heimlichen Lehrplan. Die zweitmeiste Zuschreibung bekam die Filmsequenzanalyse zum Ausschnitt aus dem Film „Baraka". Des Weiteren zählten einzelne Studenten weitere Inhalte wie etwa den Artikel zu Voodoo-Korrelationen in der Neuroforschung, die Analyse der drei Rollenbilder oder das Rollenspiel auf, wobei in den einzelnen Erprobungen keine weiteren Mehrfachnennungen zu diesen Qualifizierungselementen aufgeführt wurden. Somit lässt sich sagen, dass besonders die Reflexion des heimlichen Lehrplanes und die Filmsequenzanalyse zu dem Filmausschnitt aus „Baraka" kritisches Denken in diesem ganz spezifischen Kontext der Zielgruppe angesponnt haben. Beide Elemente setzen besonders auf die Initiierung eines kognitiven/emotionalen Konflikts, wobei der Zugang jeweils ein anderer ist. Im Text zum heimlichen Lehrplan ist es das verführerische, mitreißende, ansprechende, schlüssige und dabei auch einseitige Argument in Schriftform, gekleidet im Stil des wissenschaftlichen Essays. In „Baraka" ist es das wortlose ästhetische Erleben, welches den Zuschauer auf sich selbst zurückwirft.

Des Weiteren konnte gezeigt werden, dass die Studenten in ihrem Denken ganz unterschiedlich auf die verschiedenen Qualifizierungselemente reagierten, wenngleich gewisse Tendenzen in der Einschätzung der Intensität der Erfahrung bei einzelnen Elementen erkennbar waren. Es zeigte sich auch, dass für die meisten befragten Studenten sich die Einübung kritischen Denkens als förderlich für ihre Denkfertigkeiten auswirkte. Exemplarisch äußerten sich die Studenten wie folgt zu ihren Erfahrungen mit kritischem Denken auf die Frage, ob und wie ihre Fertigkeiten und Dispositionen kritischen Denkens durch den Kurs gefördert wurden:

> - Ich glaube, dass meine Fähigkeiten zum kritischen Denken definitiv durch den Kurs gefördert worden sind – einmal durch die systematische Darstellung, was kritisches Denken überhaupt ist, zum anderen durch die Bearbeitung der Lernaufträge und die anschließenden Diskussionen. Wenn man den Verstand lange nicht benutzt (und im Bachelor musste ich bis jetzt leider nicht viel denken, sondern eher auswendig lernen. Und wenn, dann war das immer Denken in Modellen), dann wird diese Waffe stumpf.
> - Meine Fähigkeiten zum kritischen Denken wurden auf jeden Fall gefördert. Dies geschah zum einen durch die vermittelte Theorie und die Erklärungen, wie und warum kritisches Denken wichtig ist, aber auch durch die praktische Anwendung der verschiedenen Methoden und das Durcharbeiten der Arbeitsaufträge.
> - Allein durch die Selbstreflexion als Student erhielt ich Einsichten und Erkenntnisse über von mir getroffene Annahmen, die mir vorher nicht so deutlich waren.
> - Durch mehr Wissen über die Methoden kritischen Denkens und die Anwendung in kleinen Übungen wurden auch meine eigenen Fähigkeiten gefördert.

Abbildung 63: Einschätzungen zur Förderung kritischen Denkens (Onlineumfrage, Erprobung zwei, 2009; Erprobung drei, 2010)

Die Anwendung kritischen Denkens führte also bei den meisten Studenten während der Zeit des Kurses zu einer gleichzeitigen Schulung der eigenen Fertigkeiten und Dispositionen für kritisches Denken. Dieser Effekt wird im Kapitel zur Wirkung auf kognitiver Ebene detaillierter betrachtet (2.7.2).

2.7.1.3 Kritisches Denken fördern können

Durch die Analyse der Qualifizierungselemente, die auf die Qualifizierung zur Förderung kritischen Denkens abzielen, konnte gezeigt werden, dass die Studenten ein breites didaktisches Repertoire theoretisch vermittelt bekamen und dieses bei der Erstellung eines konkreten und praxisnahen Lernszenarios in der Seminararbeit anwendeten. In den Interviews und in den Onlineumfragen bekräftigten einige Studenten, kritisches Denken in ihrer Lehrpraxis fördern zu wollen. Dabei wurden verschiedene Schwerpunkte von den Studenten gesetzt. Eine Teilnehmerin teilte im Interview mit, dass sie in ihrer zukünftigen Lehrpraxis vor allem gegen negative Auswirkungen des heimlichen Lehrplanes vorgehen möchte, indem sie die Schüler zur Reflexion über das System Schule und Ziele im Leben anregen möchte. Die Vorbereitung auf die facettenreiche Förderung kritischen Denkens in dem Kurs wurde von vielen Studenten als hilf- und erkenntnisreich gewertet. Studenten betonten, methodisch viel für die Förderung kritischen Denkens gelernt zu haben. Ein Student äußerte dies wie folgt:

„Ja, was jetzt in Hinblick auf die Schule interessant ist, ist natürlich, dass es auch relativ einfach ist, sag ich jetzt mal, ist, so kleine Föderansätze oder Möglichkeiten kritisches Denken bei den Schülern voranzutreiben, auch im alltäglichen Unterricht einzuplanen. Also, dass das eben nicht immer so eine besondere Einheit sein muss: Wir behandeln jetzt kritisches Denken. Sondern, dass man das auch indirekt fördern kann, indem man halt den Schülern kleine Anreize gibt. Also bestimmte Aspekte von kritischem Denken fördern. Und das find ich schon eine interessante Erkenntnis aus dem Seminar" (Interview, Erprobung drei, 2010).

Weiterhin verwies die Studentin darauf, dass sie sich zumindest theoretisch auf die Förderung kritischen Denkens vorbereitet fühle. Über das tatsächliche Abschneiden in der Praxis lässt sich jedoch keine verlässliche Aussage treffen, nur diese, dass die Unterrichtsplanungen zur Förderung kritischen Denkens sehr praxisnah und relevant aufbereitet wurden. Jedoch gehört neben der Planung der Elemente der Lernumgebung auch das spontane Lehrhandeln, die Interaktion mit den Schülern, das Lernklima und eine Fülle weiterer Bedingungen dazu, die den Erfolg der Denkschulung bedingen. Über diese Faktoren können jedoch nur sehr begrenzt Aussagen getroffen werden – und deshalb auch darüber, wie die Studenten diese Lehr-Lernprinzipien kritischen Denkens in der Praxis umsetzen werden. Dennoch sei abschließend darauf hingewiesen, dass zwei Studenten bei einer Präsentation in einer Veranstaltung zur Personalentwicklung bereits freiwillig mit der Förderung kritischen Denkens experimentierten und dadurch zu weiteren Versuchen motiviert wurden (Interview, Erprobung drei, 2010). Durch die Anwendung von Methoden, weitere Inputs zur Förderung kritischen Denkens in der Präsenzveranstaltung wie auch durch den zu leistenden Transfer in der Seminararbeit konnte den Lernenden ein gut gefüllter Werkzeugkasten zur Denkschulung mitgegeben werden.

2.7.2 Wirkweisen auf kognitiver und persönlicher Ebene

Das Zusammenspiel der verschiedenen Elemente des Designs äußerte sich in ganz unterschiedlicher Wirkweise auf die Lernenden. Rein äußerlich konnte nur anhand von Beobachtungen auf innere Denkvorgänge geschlossen werden, jedoch liefert dies nur Vermutungen. Hingegen lieferte der qualitative Zugang durch Anregung der Metakognition der Studenten Einschätzungen zum eigenen Denken, die aussagekräftiger sind als Beobachtungen innerhalb des Kurses. Die Studenten wurden explizit zu ihren Denkvorgängen befragt, ob und inwieweit sich ihr Denken durch die Teilnahme an dem Kurs verändert, erweitert, vertieft hatte. In der qualitativen Onlineumfrage wurde erst einmal allgemein danach gefragt, ob die Studenten sich in ihren Fertigkeiten und Dispositionen kritischen Denkens gefördert fühlten und wenn ja, wie dies zu begründen sei. 19 der 20 befragten Studenten gaben an, dass sie sich im kritischen Denken gefördert fühlten. Ein Student jedoch merkte an, dass er zu dem Zeitpunkt der Befragung noch keine verlässliche Aussage darüber treffen könne, ob und wie sich die Teilnahme auf sein Denken ausgewirkt habe. Erst in Zukunft werde sich herausstellen, ob und wie er kritisches Denken in sein Leben aufnehmen werde (Online-Umfrage, Erprobung drei, 2010). In den siebzehn qualitativen Interviews wurden dann die möglichen Veränderungen im Denken weiter beleuchtet und durch die Befragten verbalisiert, um die Effekte genauer zu verstehen und kategorisieren zu können und um die eingeschätzte Nachhaltigkeit zu erfragen.

Die Aussagen zu der Art und Weise der Förderung kritischen Denkens wurden in verschiedene Intensitätsgrade eingeteilt. Zum einen wurde die Anwendung kritischen Denkens auf Sachverhalte im Alltag der Studenten erhöht. Manche Studenten gaben an, dass ihre kritischen Denkfertigkeiten aufgefrischt und dabei geschärft wurden, indem beispielsweise nun eine ordnende Systematik kognitiv zur Verfügung stehe, auf die aber vor dem Kurs implizit zugegriffen wurde. Zum anderen sagten manche Studenten aus, dass ihr kritisches Denken grundlegend in gewissen Bereichen durch den Kurs qualitativ erweitert und bereichert wurde. Eine Minderheit der Befragten konnte keine konkrete Abschätzung der Wirkweisen vornehmen. Die vier gefundenen Hauptkategorien wurden sowohl in den Interviews als auch in der Onlineumfrage jeweils identifiziert. Die genauen Ausprägungen hingegen konnten erst in den Interviews zugänglich gemacht werden, wobei einige der Unterkategorien bereits in den Onlineumfragen angerissen wurden.

Die folgende Tabelle veranschaulicht die gefundenen interdependenten Kategorien, die die subjektiven Wirkweisen kurz nach dem jeweiligen Kurs verdichten.

Wirkweisen der Denkschulung auf kognitiver und persönlicher Ebene			
Anregung und Bestärkung des kritischen Denkens	**Bewusstmachung, Koordinierung und Systematisierung des kritischen Denkens**	**Qualitative Erweiterung des kritischen Denkens**	**Verarbeitung benötigt**
• Tiefgehende Auseinandersetzung mit Institution Schule und deren Auswirkung auf Individuen • Anregung von Selbstreflexion über eigene Entscheidungen und Handlungen • Ideologiekritisches Denken im „Alltag" (Religion, Berichterstattung in den Medien usw.) und als Student (z. B. über hidden agenda in Uni, Annahmen bei Modellen in der Volkswirtschaftslehre) • Anregung von multiperspektivischem Denken im Alltag • Annahmen-Überprüfung im lebenspraktischen Bereich, insbesondere im Umgang in Partnerschaften • Konstruktives Denken und Handeln • Ausprägung einer positiven Einstellung gegenüber kritischem Denken	• Legung einer theoretischen Basis für kritische Denkaktivitäten • Anregung von Metakognition anhand der Theorie kritischen Denkens • Logisches Denken, insbesondere Achtung des Kriteriums „Richtigkeit" • Bewusstmachung von Kriterien kritischen Denkens • Schärfung des analytischen Denkens im Bezug auf Quellenanalyse • Konzept der Annahmen: Identifikation und Bewertung von Annahmen in alltäglichen Situationen	• Ideologiekritisches Denken, insbesondere die Wirkweisen von Macht und Hegemonie • Hinterfragung eigener Annahmen vor der Einlösung von Geltungsansprüchen in Diskussionen • Multiperspektivisches, „unvoreingenommenes" Denken beim Austausch mit Freunden • Identifikation und Überprüfung von Annahmen • Konstruktiver Umgang mit Urteilen auf individueller Ebene durch Analyse konkreter Handlungspläne	• Transfer der Theorie • Keine Aussage zur Wirkweise möglich. • Zeit zur Verarbeitung benötigt

Tabelle 25: Wirkweisen der Denkschulung auf kognitiver Ebene (Erprobung zwei, 2009; Erprobung drei, 20010)

Die Anregung und Bestärkung im kritischen Denken zeigte sich bei den meisten befragten Studenten sowohl auf Seite der Dispositionen als auch bei den Fertigkeiten kritischen Denkens. Etliche Studenten sagten, sie seien durch den Kurs angespornt worden, verstärkt über verschiedene relevante Themen ihres Alltages grundlegend nachzudenken, wie beispielsweise die vertretenen Paradigmen in der Lehre, die Funktion und Rolle von Schule, Medienberichterstattung usw.

Unabhängig davon, ob nun die Studenten zu kritischem Denken über verschiedene Themen angeregt wurden oder nicht, bekräftigte ein Großteil der im Interview Befragten, dass sie bei kritischen Denkaktivitäten nun verstärkt die Denkstandards, die sie im Kurse eingeübt hatten, nutzen würden. Fast alle der interviewten Studenten betonten, dass ihr Denken durch die Verinnerlichung der Theorie kritischen Denkens systematisiert und koordiniert wurde – unter einer gleichzeitigen Bewusstmachung von Denkvorgängen wie Annahmen-Überprüfung. Diese Internalisierung der Denkstandards wurde jedoch als anstrengend von den Studenten bewertet und stellte sich nur durch eine intensive und kontinuierliche Auseinandersetzung mit dem Konzept kritischen Denkens über einen längeren Zeitraum ein. Anfänglich hatten die meisten Studenten große Schwierigkeiten damit, zu erfassen, was kritisch denken meint, und ihr Denken an den Denkstandards auszurichten. Die Anwendung der Denkstandards wird als Bereicherung des Denkens eingestuft, da sie Struktur bietet und ein strategisches Vorgehen ermöglicht. Ein Student beschrieb zusammenfassend den Effekt des Designs so, dass sein Denken nun verstärkt in Bahnen gelenkt sei, bewusster, systematischer, gründlicher und dadurch wirksamer erfolge (Interview, Erprobung drei, 2010).

Acht der siebzehn interviewten Studenten gaben an, dass ihr Denken nicht nur geschärft, sondern qualitativ erweitert wurde. Dies geschah bei den jeweiligen Personen jedoch in verschiedenen Fertigkeitsbereichen kritischen Denkens. Drei der befragten Teilnehmer hatten sich vor dem Kurs nicht bewusst Gedanken über Herrschafts- und Machtstrukturen im Kontext des Alltags gemacht. Ideologiekritisches Denken war ihnen vor dem Kurs fremd. Eine Student hatte davor in Diskussionen nie bewusst eigene Annahmen überprüft, sondern „aus dem Bauch heraus" Geltungsansprüche eingelöst. Das Infragestellen eigener Annahmen ist eine Fertigkeit, die er sich durch die Teilnahme an dem Kurs aneignete. Eine weiterer Student berichtete, dass er seit der Teilnahme an dem Kurs versuchen würde, voreilige Urteile zurückzustellen und Sachverhalte gründlich und „neutral", also ohne gleich einen Standpunkt für eine Meinung einzunehmen, zu prüfen. Er erzählte, dass er sonst immer seinen Freunden im Gespräch Recht gab, wenn diese sich über etwas oder jemandem beschwerten. Nun aber versuche er erst einmal die Annahmen der Freunde herauszufiltern und andere Perspektiven einzunehmen, bevor er sich ein Urteil bilde. Voreingenommenheit durch Freundschaft im Hinblick auf die Urteilsbildung sei ihm nun bewusster (Interview, Erprobung drei, 2010). Ein weiterer Student ließ mich wissen, dass die Überprüfung von Annahmen eine zentrale Fertigkeit sei, die er sich durch das Design angeeignet habe und in verschiedenen Lebensbereichen wie in seiner Liebesbeziehung anzuwenden versuche und gelegentlich bereits anwende (Interview, Erprobung drei, 2010). Auch das konstruktive Denken wurde in den Augen eines Studenten besonders durch den Kurs gefördert. Er denke nun Dinge weiter und konsequenter durch als zuvor. Am Ende seiner Gedanken stehe er als Individuum, das mit allen anderen Objekten und Subjekten in der Welt mittelbar und unmittelbar in Verbindung stehe. Dies bringe für ihn verstärkt die Frage mit sich, wie er mit seinen Denkresultaten als handelndes Individuum umgehen solle. Sein Denken sei deswegen „produktiver" geworden (Interview, Erprobung drei, 2010).

Ein Teilnehmer gab an, dass der Kurs kaum zu einer Bereicherung seines Denkens geführt habe, lediglich brachte ihm der Kurs ein wenig mehr Systematik. Er habe bereits zuvor kritisch gedacht und konnte deshalb kaum etwas dazu lernen. Der Student fehlte jedoch aufgrund einer längeren

Krankheit bei den ersten beiden Präsenztreffen, in denen das konzeptuelle Verständnis kritischen Denkens aufgebaut und eingeübt wurde. Somit setzte er sich auch nicht tiefer gehend mit dem Konzept und dessen Bedeutung für ihn als Student oder als pädagogischer Professional auseinander. In seinen eingereichten Reflexionsaufträgen wurde kritisches Denken auf der Stufe "Beginner" demonstriert. Die durch das Design erzielten Effekte scheinen nur dann wirksam zu sein, wenn eine intensive Auseinandersetzung mit den Elementen kritischen Denkens erfolgt. Dies steht im Einklang mit der belegbaren Hypothese, dass ein konzeptuelles Verständnis kritischen Denkens das Denken systematisieren und strategischer ausrichten kann. Erst durch das Vorliegen und dem Gebrauch von Begrifflichkeiten können Sachverhalte begriffen, besser kontrollierbar und begreifbar werden.

Zwei Teilnehmer gaben im Interview bzw. in der Onlineumfrage des Weiteren an, dass sie durch die Teilnahme an dem Kurs aufgewühlt worden seien und noch nicht richtig einordnen könnten, wie sie die Inhalte des Kurses verinnerlichen und im lebenspraktischen Bereich anwenden würden. Einer der beiden Teilnehmer, dessen Denken durch die Werkzeuge der Ideologiekritik geschärft wurde, teilte zum einen mit, dass sich die Inhalte bei ihm erst einmal setzen müssen. Zum anderen stufte er sich als gefährdet für „Verschwörungstheorien" ein. Er hatte auch in der Reflexion zum heimlichen Lehrplan bereits solch ein Denken demonstriert. Durch individuelle Gespräche und durch das Feedback versuchte ich seine Verschwörungsgedanken abzubauen. Im Interview ging er reflektiert mit dieser Art von Gedanken um. Dennoch sollte nicht verschwiegen werden, dass für manche Individuen (der Autor der Arbeit inklusive) sich die Weltsicht durch die intensive Auseinandersetzung mit Konzepten der Kritischen Theorie verdunkelte. Hinter jeder Beobachtung wird eine verdeckte, manipulierende Ideologie vermutet, hinter jeder Handlung eine *„hidden agenda"* erkannt. Die dominante, manipulierende Ideologie ist omnipräsent, durchdringt den gesamten Lebensbereich und lässt keine freie Entfaltung, kein freies Handeln mehr zu. Einen Ausweg gibt es nicht. Gedanken wie diese können beim intensiven Erstkontakt mit der Kritischen Theorie entstehen. Die intensive Auseinandersetzung mit der Kritischen Theorie kann wie ein schlechter LSD-Trip wirken, der eine andere, dunklere Seite der Realität offenbar werden lässt, deren Spiel der Kräfte man hilflos ausgesetzt scheint. Erst der konstruktive und multiperspektivische Umgang damit führt zu Gelassenheit und einer differenzierten Sichtweise. Diese konnte innerhalb des Kurses im Ansatz gemeinsam mit dem Studenten aufgebaut werden. Jedoch wurden an dieser Stelle auch Gefahren der Denkschulung für besonders sensible und zugängliche Studenten deutlich.

Weiterhin wurde in den Interviews deutlich, dass die Wirksamkeit des Designs auf kognitiver Ebene auch mit Variablen auf Seiten der Studenten korreliert, auf die nur teilweise oder gar nicht Einfluss genommen werden kann. Ein Teilnehmer, der anfangs große Schwierigkeiten dabei hatte, sich auf kritisches Denken einzulassen und ein konzeptionelles Verständnis auszuprägen, beschrieb dies im Interview wie folgt:

„Aber bei mir war es halt auch immer so, dass ich das halt grad, also zu dem Zeitpunkt auch viele andere Sachen zusammenkamen, und ich glaub, für kritisches Denken allgemein braucht man auch einfach Zeit. Also einen freien Kopf" (Interview, Erprobung drei, 2010).

V. Erprobung, Analyse und Modifikation des didaktischen Designs

Kritisches Denken benötigt, wie bereits bei der Ersterprobung deutlich wurde, Zeit und Muße, damit es sich gedanklich entfalten und dabei gedeihen kann. Viele Studenten haben gerade in den ersten Semestern viele Herausforderungen, die das Leben als Student stellt, zu bewerkstelligen. Dies wirkt sich hemmend auf den Raum und die Freiheit für Kontemplation aus.

Des Weiteren wirkte der Kurs bei einigen Studenten auf der Ebene der persönlichen Entwicklung, zumindest in deren Zuschreibung. Studenten, die angaben, sich schon lange sehr kritisch mit der Welt und dem Leben in der Welt auseinanderzusetzen, wurden in ihrem kritischen Dasein als hinterfragende Menschen bestärkt. Dazu ein Auszug aus der Onlineumfrage aus Erprobung drei (2010):

„Außerdem hat der Kurs in meinem Fall zu einer Steigerung meines Selbstwertgefühls beigetragen, da mir das Gefühl gegeben wurde, dass kritisches Denken, um die Ecke vielleicht, auch manchmal ein wenig quer denken und hinterfragen manchmal nützlich und von Vorteil sein kann und zumindest in diesem Kurs wertgeschätzt wird. Danke!"

Ein Teilnehmer äußerte im Interview, dass er sich selbst durch kritisches Denken als Sonderling im Alltag erfahren habe und dass der Kurs ihm gezeigt habe, dass kritisch zu denken auch von großem Vorteil sein kann (Interview, Erprobung drei, 2010). Dieses Statement zeigt, dass zumindest einige der Studenten in ihrem Selbstvertrauen, kritisch zu denken gestärkt wurden. Es zeigt auch, dass einige Studenten bereits schlechte Erfahrungen mit kritischem Denken in der Vergangenheit gesammelt hatten. Ein weiterer Student betonte, dass er im Kurs dazu angeregt worden war, konstruktiv und emanzipatorisch handeln zu wollen, vor allem auch in seinem künftigen Wirken als Lehrer. Durch einen Kollegen wurde ich des Weiteren auf Aussagen von drei Studenten innerhalb der Evaluation der GWB-Lehrveranstaltung aufmerksam gemacht, in denen einige Studenten auf die Frage, was bisher an der Universität zur Persönlichkeitsentwicklung beigetragen habe, auf die Teilnahme an dem Seminar verwiesen. Ein exemplarischer Auszug als Beleg:

„Meine Persönlichkeitsentwicklung wurde in diesem Semester auch vor allem durch die Teilnahme an dem Zusatzangebot „Kritisches Denken" vorangetrieben. Schon vor der Teilnahme an diesem Kurs habe ich häufig kritisch über diverse Themen sowie über mich selbst nachgedacht. Durch diesen Kurs wurde meine kritische Denkweise bestätigt und ich lernte auch Möglichkeiten kennen, andere zu kritischem Denken anzuregen (insbesondere Schüler im Unterricht)" (Forschungstagebuch, Auszug aus Evaluation der GWB-Veranstaltung, 2009).

Die Bestärkung im kritischen Denken resultierte bei einzelnen Teilnehmern in einem wahrgenommenen persönlichen Wachstum, wobei natürlich die (epistemische) Entwicklung der Studenten in einem weiteren Kontext zu analysieren wäre, möchte man ein relevantes Geflecht von Gründen für den verspürten Zuwachs in der Entwicklung erklären.

Der bisher dargestellte Fördererfolg muss aber auch im Kontext der Studenten eingeordnet werden, um überhöhte Bewertungen zu mildern. Ein Großteil der Teilnehmer befand sich zur Zeit des Kurses im dritten oder vierten Semester des Bachelorstudiums. In diesen ersten Semestern durchlaufen die Studenten unpersönliche Massenveranstaltungen, in denen meist nur Fachwissen abgeprüft wird und kritisches Denken nicht gefragt ist:

"Ich glaube, dass meine Fähigkeiten zum kritischen Denken definitiv durch den Kurs gefördert worden sind – einmal durch die systematische Darstellung, was kritisches Denken überhaupt ist, zum anderen durch die Bearbeitung der Lernaufträge und die anschließenden Diskussionen. Wenn man den Verstand lange nicht benutzt (und im Bachelor musste ich bis jetzt leider nicht viel denken, sondern eher auswendig lernen. Und wenn, dann war das immer Denken in Modellen) dann wird diese Waffe stumpf" (Online-Umfrage, Erprobung zwei, 2009).

Mit hoher Wahrscheinlichkeit machten viele der Studenten die gleiche Erfahrung bezüglich des Studiums, wie sie in dem angeführten Zitat beschrieben wird. Ein Kurs, der zum Freidenken einlädt, könnte aufgrund der Ausgangssituation der Studenten übersteigert in seiner Kraft wahrgenommen und beurteilt werden.

Dennoch lässt sich durch den ausgeführten Diskurs belegen, dass das Design einen Beitrag zur Förderung des kritischen Denkens und der persönlichen Entwicklung bei den Studenten aus jener beschriebenen Zielgruppe zu leisten vermag. Zwei Teilnehmer schrieben in ihrer Seminararbeit folgenden Satz, der die subjektiv wahrgenommene Kraft der Denkschulung veranschaulicht:

"Vorsicht: Kritisches Denken kann Ihr Denken und Ihre Wahrnehmung nachhaltig ändern" – war der Schlusssatz des Informationstextes für das angebotene Zusatzseminar Kritisches Denken. Jetzt, nachdem die Präsensveranstaltungen abgeschlossen sind, können wir eindeutig feststellen, dass sich dieser letzte Satz bewahrheitet hat. Nicht nur unser Verständnis des Begriffspaars "kritisches Denken" hat sich erweitert, sondern auch die Sichtweise auf unsere Umwelt wurde intensiviert"(Seminararbeit, Erprobung zwei, 2009).

2.7.3 Wirkweisen auf interpersoneller und Gruppenebene

Hinsichtlich der Ebene der sozialen Interaktion zwischen Dozenten und Studenten bzw. unter den Studenten zeigte sich, dass durch den offenen und entspannten Umgang mit den Studenten ziemlich schnell ein konstruktives und respektvolles Miteinander geschaffen werden konnte, in dem die Studenten sich öffneten und ihre Meinungen frei äußerten, ohne dabei "gefallen zu wollen" oder Sanktionen in jeglicher Form fürchten zu müssen. Es zeigte sich, dass die Studenten sehr sachlich und mit Freude in den Präsenzveranstaltungen diskutierten, ohne die Absicht zu verfolgen, Geltungsansprüche durchsetzen zu wollen. In den Interviews betonte eine Reihe von Studenten in beiden Erprobungen die positiv wahrgenommene Atmosphäre. Besonders der lockere Umgang und das „Du" wurde von den Studenten sehr geschätzt. In den Interviews wie auch in den Onlineumfragen bekräftigten etliche Teilnehmer, dass das Lernklima für sie besonders einladend dazu war, sich zu öffnen und sich vertieft auf Gedanken einzulassen und zu partizipieren. Exemplarisch lesen sich die Statements wie folgt:

"Also, besonders gut fand ich jetzt, dass wir uns alle geduzt haben. Das war mal wirklich was komplett anderes. Man kennt es ja hier von der Wiso eigentlich nicht so. So diese persönliche Nähe auch. Es ist ja hier alles eher auf Abstand und war was ganz anderes, war ein ganz anderes Klima für mich jetzt. Also ich bin ja schon in anderen Transferseminaren dringesessen, wo auch weniger Teilnehmer da waren, aber es ist einfach was ganz anderes, wenn man einfach so locker miteinander sprechen kann, ohne dass man sich jetzt überlegen muss, was sag ich als nächstes, wie versteht er es jetzt, wie fasst er es auf? Es ist was ganz anderes (Interview, Erprobung zwei, 2009).

Auch die Proklamation einer Politik des kommunikativen Handelns, mit der ich die Teilnehmer aufforderte, den kritischen Diskurs im Seminar zu kultivieren, z. B. durch Aussagen, dass ich von ihren Perspektiven lernen möchte usw., hatte dazu beigetragen haben, dass sich die Studenten in den Diskussionen mehr als gewöhnlich öffneten, da so Angst vor Leistungsbeurteilung genommen wurde. Weiterhin sorgten auch die Gruppen, in denen Teilnehmer befreundet oder sich bereits bekannt waren, für ein förderliches Lernklima, da der Umgang untereinander hier humorvoll und direkt war. Die Teilnehmer brachten sich untereinander hohe Wertschätzung und Respekt entgegen, was der Förderung kritischen Denkens sehr entgegenkam. Sowohl in den Onlineumfragen als auch in den Interviews wurde das fast freundschaftliche Verhältnis untereinander betont. Dies ist aber auch zum Großteil auf die gleiche idealistische Gesinnung und den ähnlichen Hintergrund der Teilnehmer zurückzuführen. Die hohe Homogenität der Teilnehmer im Hinblick auf Interessen, politische Einstellung, Herkunft und Erfahrungen führte dazu, dass schnell ein freundschaftliches und kommunikatives Miteinander entstehen konnten, da die Studenten sich füreinander interessierten und sich über ihre Interessen und Erfahrungen gerne austauschten.

Weiterhin muss für das fruchtbare Arbeitsklima auch der weitere Rahmen der Studierenden beleuchtet werden, denn die meisten Lehrveranstaltungen sind Massenveranstaltungen, in denen die Lernenden sich nicht als Individuen einbringen können und in denen eine angespannte Atmosphäre herrscht, da Hunderte Studenten bei mündlichen Beiträgen zuhören oder auch die Lehrkräfte eine wissenschaftlich kühle Aura ausstrahlen, die dazu anregt, lieber keine Risiken auf sich zu nehmen. So bat das Seminar einen Rahmen, in dem die Studenten als Individuen wahrgenommen wurden. Die Möglichkeit, eigene Ideen und Ratschläge einzubringen, wurde von den Studenten häufig genützt. So posteten die Studenten in dem freiwilligen Online-Thread zu kritischer Kunst in beiden Erprobungen eine Vielzahl an Filmen, Musik- oder Literaturempfehlungen. Daran zeigt sich auch wieder das gemeinsame Interesse der Lernenden, was das förderliche Lernklima bedingte.

Zu der Gruppenbildung lässt sich anmerken, dass jene Studenten, die sich bereits kannten oder miteinander befreundet bzw. in einer Liebesbeziehung waren, in beiden Erprobungen danach strebten, alle Partner- bzw. Gruppenarbeiten gemeinsam zu bestreiten. Nur durch Interventionen von meiner Seite aus gelang es, die Gruppen zu mischen. Gleichzeitig wurde es durch die Beachtung der Lehr-Lernprinzipien kritischen Denkens vermieden, dass die Atmosphäre im Kurs zum reinen "Wohlfühlen" und "Entspannen" einlud. Auf der interpersonellen Ebene des pädagogischen Handelns zeigten sich sokratisches Fragen und die Modellierung kritischen Denkens als erfolgreich zur Initiierung von kritischen Diskussionen in den Präsenzveranstaltungen. Die Lehrgespräche und Diskussionen in den Präsenzveranstaltungen gaben einigen Studenten Impulse, die ihr kritisches Denken im Sinne der Perspektivenerweiterung anregte (Onlineumfrage, Erprobung zwei, 2009; Onlineumfrage, Erprobung drei, 2010). Studenten äußerten ihre Meinungen, widerlegten gegenseitig vorgetragene Annahmen und versuchten gemeinsam, einen Konsens zu entwickeln. Die Sprechsituationen näherten sich dem kommunikativen Handeln an, da innerhalb der Gruppen in den beiden Erprobungen nur sehr schwache Hierarchiestrukturen bestanden. Die Kommunikationssituationen waren meist symmetrischer Natur, da selten einzelne Studenten über einen Vorsprung an Expertenwissen verfügten. Oftmals mussten Diskussionen abgebrochen werden, da sie sehr lange andauerten und die zeitliche Organisation des Designs aus den Fugen geraten ließ. Der Sprechanteil der einzelnen Teilnehmer fiel ziemlich ausgewogen aus, d. h., dass sich relativ viele Studenten an den Diskussionen beteiligten.

In den Online-Diskussionen hingegen zeichnet sich ein anderes Bild ab. Manche der gebildeten Diskussionsgruppen diskutierten sehr viel und in hohem Maße kritisch. In den Interviews gaben die an den Gruppen beteiligten Studenten an, sich auch jenseits des Forums viel über die Inhalte des Kurses ausgetauscht zu haben. Es gilt anzumerken, dass in jenen Gruppen die Studenten sich sehr gut kannten bzw. miteinander befreundet oder in einer Liebesbeziehung waren. In anderen, eher anonymeren Gruppen hingegen arbeiteten die Studenten ihr Soll in Form eines Feedbacks ab, was oftmals sehr oberflächlich passierte. Auch das Aufwerfen von sokratischen Fragen konnte die Diskussionen nur teilweise wieder in Gang setzen. Die meisten der befragten Studenten schätzten die direkte Begegnung im Gespräch mehr als den asynchronen Austausch im Online-Forum.

Es stellte sich sowohl in der Online- als auch in der Präsenzvariante heraus, dass vor allem die Zuspitzung von Perspektiven dazu anregen kann, kritisches Denken und damit einhergehende Diskussionen bei den Teilnehmern zu aktivieren, wobei damit kein Übertreiben gemeint ist, sondern der Einsatz einer Nuance an Provokation und Herausforderung gängiger Sichtweisen, die jedoch mit einem Augenzwinkern präsentiert werden sollte. Dieses Prinzip der humorvollen Provokation konnte erfolgreich umgesetzt werden aufgrund des Rollenbildes, das ich als Dozent verkörperte: Ein gleichgesinnter, kumpelhafter, empathischer, aber erfahrener Typ, ein älterer Bruder, der zwar viele Erfahrungen und Sorgen mit den Studenten teilte, ihnen aber in manchen Bereichen voraus war. Der geringe Altersunterschied, ein legeres Äußeres, ähnliche Interessen (Musik, Filme usw.) und Expertise auf diesen Gebieten trugen dazu bei, einen engen und brüderlichen Kontakt mit den Studenten herzustellen und Vertrauen aufzubauen. Die Begegnung mit den Studenten auf Augenhöhe, als „Gleichgesinnter mit mehr Lebenserfahrung", als kritischer Denker mit Augenzwinkern, als Suchender und wissentlich Unwissender scheint die benötigte Haltung für kritisches Denken bei einigen Studenten angespornt zu haben. Der persönliche, offenbarende, lockere, kumpelhafte, sympathisierende und auf die Bedürfnisse der Studenten eingehende, aber dabei dennoch herausfordernde Umgang mit den Studenten trug maßgeblich dazu bei, dass sich die meisten der Studenten als Menschen angenommen fühlten und in Folge sich für kritisches Denken öffneten. In der Onlineumfrage zeigt sich dies beispielsweise an Aussagen wie: *„Der Dozent konnte durch seine eigenen Lebenserfahrungen und Einstellungen gut rüberbringen, was kritisches Denken bedeutet"* (Onlineumfrage, Erprobung drei, 2010). Diese Rolle kann jedoch nur teilweise geplant werden, sondern wird durch den eigenen Charakter bedingt. In einem nur leicht anderen Kontext wie bei der Ersterprobung wiederum kann dieses Rollenbild nicht zielführend sein und gar auf Ablehnung stoßen. In dem vorliegenden Kontext hingegen führte das verkörperte Rollenbild zu Vertrauen und Selbstvertrauen bei den Studenten. Die Verkörperung der Dispositionen kritischen Denkens und die Demonstration der Fertigkeiten kritischen Denkens wurden so von den Lernenden angenommen, das Problem einer Fingerzeig-Pädagogik dadurch umgangen.

Die Modellierung und das Vorleben kritischen Denkens anhand eigener Lebenserfahrungen, wie z. B. die Verdeutlichung des Prozesses kritischen Denkens anhand meiner Entscheidung, mich vegetarisch zu ernähren, führte dazu, dass einige der Studenten durch das „Lernen am Vorbild" zum kritischen Denken angeregt und motiviert wurden.

2.7.4 Subjektiv wahrgenommener Nutzen und Nachhaltigkeit

Sowohl in der Onlineumfrage als auch in den Interviews wurde dem Design bei beiden Erprobungen ein hoher bis sehr hoher Nutzen auf verschiedenen Ebenen von den Befragten zugesprochen. Kritische Anmerkungen erfolgten bezüglich der Nachhaltigkeit der Denkschulung, was gleichzeitig auch den individuellen Nutzen durch das Design betrifft. So nannten einige Studenten die Erweiterung ihres (theoretischen) Methodenrepertoires als einen Nutzenaspekt der Schulung. Andere betonten die Förderung ihres kritischen Denkens und die Bestärkung, sich kritisch mit der Welt auseinanderzusetzen, als für sie nützlich. Daher profitierten einige der Studenten sowohl für ihre Arbeit als Student als auch als zukünftiger pädagogischer Professional von dem Kurs. Auch für den privaten Bereich erachteten einige Studenten den Kurs als nützlich. Der empfundene Nutzen erwuchs den dargelegten Wirkweisen des Designs auf kognitiver und persönlicher Ebene der Studenten. Die Schärfung des eigenen Denkens, die Stärkung der Dispositionen kritischen Denkens wie etwa Selbstvertrauen oder Gelassenheit und auch die Fähigkeit, kritisches Denken fördern zu können, wurden beispielsweise als nützlich eingestuft. Ein kurzer Auszug aus den gegebenen Antworten beider Onlineumfragen gibt beispielshaft die wahrgenommene Nützlichkeit in den verschiedenen Kategorien Studium, Lehrberuf und Privatleben wieder:

- *Ich denke, sowohl im privaten als auch im beruflichen Bereich als Lehrer kann ich hieraus Nutzen ziehen. Es scheint eine Fähigkeit zu sein, die in vielen Lebenslagen weiterhilft.*
- *Ich war sehr froh, nach der ganzen – ich bezeichne es mal platt als – „BWL-Indoktrination" mal wieder die Scheuklappen abzunehmen und Dinge zu hinterfragen, statt sie für die nächste MC-Klausur einfach nur auswendig zu lernen. Ich denke auch, dass ich inzwischen selbstkritischer geworden bin und allgemein Dinge mehr hinterfrage.*
- *Da ich meine Fähigkeiten zum kritischen Denken durch den Kurs erweitert habe und diese sowohl im beruflichen als auch im privaten Bereich eine wichtige Rolle spielen, habe ich hier in jedem Fall einen Nutzen ziehen können, insbesondere für mein Verständnis als Lehrer und Student. Welchen Nutzen? Das ist schwerer zu beschreiben. Ich denke, wenn man reflektierter über sich und andere nachdenken kann, hilft es einem oft, die besseren Entscheidungen zu treffen oder Ereignisse besser zu bewerten. Damit schafft man für sich eine erhöhte Selbstkompetenz. Ich denke, man kann „kritisches Denken" durchaus auch als eine Schlüsselqualifikation bezeichnen.*
- *Sowohl im Studium als auch im privaten Bereich hat mir der Kurs Impulse gegeben, Dinge zu hinterfragen. Das ist zwar nicht immer ganz angenehm und einfach, bringt mich aber insofern weiter, als ich das Gefühl habe, den Dingen nicht ausgeliefert zu sein, sondern durch das Wissen, das ich dadurch erlange, selbst entscheiden kann, was gut oder schlecht, richtig oder falsch ist.*

Abbildung 64: Wahrgenommener Nutzen der Denkschulung (Onlineumfrage, Erprobung zwei 2009; Onlineumfrage, Erprobung drei, 2010)

Neben diesen kategorisierten Antworten gaben einzelne Studenten auch noch Nutzenaspekte an, die nur entfernt mit der Schulung im kritischen Denken zusammenhängen, jedoch durch die methodischdidaktische Organisation des Kurses bedingt wurden. Zu diesen Nebeneffekten gehört unter anderem die Verbesserung der Präsentationsfähigkeit oder die Erhöhung der Motivation, Lehrer werden zu wollen.

In beiden Erprobungen gaben die befragten Studenten bis auf eine Ausnahme an, dass das Seminar dauerhaft in die Lehrerausbildung integriert werden sollte. Die Ausnahme ist dadurch begründet, dass der Student anmerkte, dass das Seminar seinen Nutzen nur in einer kleinen Gruppe entfalten könne. Ein Angebot für alle Studenten der Wirtschaftspädagogik würde seiner Meinung nach zu größeren Gruppen und dadurch zu erheblicher Minderung des Nutzens führen. Weiterhin würden alle der in Erprobung zwei befragten Studenten den Kurs an Kommilitonen empfehlen. In Erprobung drei wurde diese Frage nicht mehr in der Onlinebefragung gestellt. Zwei Studenten teilten in den Interviews mit, dass sie viel über den Kurs mit anderen Kommilitonen und Freunden gesprochen hatten und sonst sich sehr selten bzw. gar nicht über Inhalte aus universitären Veranstaltungen privat austauschen würden. Dies spricht von der Wahrnehmung einer hohen Relevanz der Inhalte und des Designs des Kurses. In der Onlineumfrage wünschten sich mehrere Teilnehmer in der letzten und offenen Frage des Fragebogens („Abschließende Anmerkungen, Wünsche, Kritik"), dass der Kurs weiterhin angeboten und erweitert werden sollte. Eine Teilnehmerin machte den Vorschlag, ein weiteres vertiefendes Seminar „kritisches Denken" für Fortgeschrittene anzubieten, wiederum eine anderer Student schloss seine Umfrage mit folgender Bemerkung:

„Mir hat der Kurs gut gefallen und ich wünsche Ihnen dass dies an der Universität anerkannt und weiter ausgebaut wird. Sie leisten meiner Meinung nach sehr wichtige und gute Arbeit" (Erprobung drei, Online-Umfrage 2010).

Ein Student vertrat die Ansicht, dass der Kurs für Wirtschaftspädagogen eine Art Pflichtveranstaltung sein sollte. Zwei weitere Studenten stuften den Kurs auch als sehr nützlich ein für weitere Zielgruppen, wie z. B. BWL-Studenten, also Personen, die einmal Führungspositionen einnehmen werden, da diese Studenten oftmals sehr geradlinig denken würden, sich zu stark der Karriere und dem Kapital verschrieben hätten und durch die in dem Kurs gebotene Perspektivenvielfalt ihr Denken erweitern könnten.

Im Hinblick auf die Nachhaltigkeit der Denkschulung merkten die meisten Studenten in den Interviews in beiden Erprobungen an, dass sie sicher einige theoretische Inhalte, sei es zu dem Konzept kritischen Denkens oder aber im methodischen Bereich, wie z. B. Fachausdrücke, sicher wieder in nicht zu ferner Zukunft vergessen würden. Gleichzeitig betonten jene Studenten aber auch, dass sie davon überzeugt wären, dass die Qualität ihres Denkens davon unberührt bleiben würde. Sind dem Individuum die Kernaktivitäten kritischen Denkens bewusst, so werden sie ihm als Denkraster auch auf Dauer erhalten bleiben, ähnlich wie beim Fahrradfahren, das, einmal verinnerlicht, nicht so schnell wieder verlernt werden kann, so die Annahme einiger Studenten. Ein Student betonte in Einklang mit dieser Argumentationslinie, dass ihm das Konzept der Annahmen und deren Überprüfung als Denkfertigkeit bleiben werden, wenngleich die Theorie kritischen Denkens sicher schnell verblassen werde (Interview, Erprobung zwei, 2009). Jener Student besuchte mich etwa ein halbes Jahr nach dem Kurs wieder und erzählte davon, dass er sehr in seinem derzeitigen Beruf in der Marktforschung, insbesondere im Bereich Statistik, von der Teilnahme an dem Kurs profitiere (Forschungstagebuch, 2010). Ein weiterer Teilnehmer teilte mir mehrere Monate nach Erprobung zwei in einer Mail über Facebook mit, dass er sehr von der Denkschulung profitiere und nun viele Dinge kritischer hinterfrage (Forschungstagebuch, 2010). Wie es scheint, war die Schärfung des Denkens beider Teilnehmer nicht nur eine Kurzzeit-Wirkung. Dies spricht für die von einigen Studenten aufgestellte These.

Einzelne Studenten vertraten jedoch eine andere Meinung und zweifelten an, dass die Förderung des Denkens ohne weitere Übung langfristig erhalten bleiben könne. Ein Student aus Erprobung zwei beispielsweise führte an, dass kritisches Denken andauernde Praxis benötige, um wirklich fest im Alltagsdenken verankert werden zu können:

„Also grad jetzt am Anfang muss ich natürlich drauf schauen, was sind jetzt eigentlich die Kriterien vom kritischen Denken, wie geh ich vor? Und ich denk, dass man das wirklich nur auch komplett in seinen Alltag übertragen kann, wenn man sich dessen ständig bewusst ist und das einfach so lang übt, bis man das intus hat. Und ich denk, das dauert einfach länger als so ein Seminar dauert" (Interview, Erprobung zwei, 2009).

Zur Förderung kritischen Denkens lässt sich sagen, dass einige Studenten schätzen, dass die eine oder andere Methode bei ihnen langfristig verankert worden sei. Andere hingegen äußerten zwar die Hoffnung, waren aber unsicher, ob das methodische Wissen wirklich bis in das Referendariat hinein bestehen und abrufbar bleibe. Jedoch beteuerten einige dieser Studenten auch, dass sich das Wissen schnell wieder auffrischen lasse.

Der Langzeitnutzen des Kurses kann nur schwer eingeschätzt werden, da die Aussagen der Studenten auch nur „Schätzungen" sind. Fakt ist, dass kritisches Denken nur in andauernder Einübung weiter wachsen und zu weiteren Erkenntnissen führen kann. Jedoch ist kritisches Denken anstrengend und emotional belastend. Die Frage ist also, inwieweit die Studierenden dazu in Zukunft bereit sein werden und welche Freiheiten ihnen ihr Umfeld dazu gestattet.

2.8 Lessons learned: Erkenntnisse aus der Erprobung und deren Implikationen für Theorie und Praxis der Förderung kritischen Denkens

In den beiden Erprobungen konnten einige Ergebnisse gewonnen werden, die Konkretisierungen zu der aufgestellten Theorie kritischen Denkens und dessen Förderung in dem begrenzten Kontext der Bachelorstudenten der Wirtschafts- und Berufspädagogik zulassen. Jene Ergebnisse haben zumindest Gültigkeit für diese ganz spezielle Zielgruppe, unter Beachtung der erkenntnistheoretischen Einschränkungen, die jedes methodische Vorgehen mehr oder weniger mit sich bringt.

Viele der aufgestellten Lehr-Lernprinzipien zur Förderung kritischen Denkens bestätigten sich bei den beiden Erprobungen, wobei jedoch positiv überraschende Ergebnisse bei der festgestellten

Intensität einzelner Qualifizierungselemente gefunden werden konnten, die teilweise unerwartet hoch ausfiel. Besonders durch das Medium Film (Filmausschnitt aus „Baraka" und „Sie Leben") wurden mehrere Studenten, aufgrund der Eindringlichkeit und Unmittelbarkeit der ästhetischen Erfahrung, intensiv zum kritischen Denken angeregt. Die Analyse von Filmsequenzen kann unter bestimmten Bedingungen (Zielgruppeneignung, Filmsprache, Rezeption, aufgeworfene Fragen usw.) eine starke emotionale Wirkung entfalten, Betroffenheit erzeugen und somit kritische Denkprozesse anstoßen. Im Kontext der Studenten der Wirtschaftspädagogik wurden künstlerische, ästhetische Filmausschnitte benutzt, die den Zuschauer dazu einladen, alternative Sichtweisen auf die menschgemachte Ausgestaltung der Welt einzunehmen. Das Alltägliche wird dabei aus einer ungewohnten Perspektive beleuchtet, in der das Gewöhnliche zum Ungewöhnlichen, das Bekannte und Vertraute zum Unbekannten und Befremdlichen wird. Argumente werden in Bildsprache vorgetragen, die es zu identifizieren und zu bewerten gilt. Für die meisten der Studenten, die sich sonst größtenteils mit (wissenschaftlicher) Sprache und Modellen Sachverhalte erschließen, entfaltete die unkonventionelle Darstellung der Inhalte eine sehr eindringliche Wirkung.

Wie bereits in der Ersterprobung forderte die Aufgabe zum heimlichen Lehrplan die Studenten zum kritischen Nachdenken heraus, indem die Auseinandersetzung mit dem Text bei einigen Studenten zu Zweifeln, zu Betroffenheit, zu Ablehnung, zum Ringen nach Klärung, in einem Einzelfall sogar zu Verschwörungstheorien – kurzum: zu einem kognitiven und emotionalen Ungleichgewicht führte, das in einer intensiven, ideologiekritischen Auseinandersetzung mit dem System Schule und dessen Sozialisationswirkung resultierte. Einige Studenten zogen aus diesen Überlegungen auch Konsequenzen für emanzipatorisches Handeln in ihrer Zukunft als Lehrer. Die ersten drei Phasen kritischen Denkens wurden so durchlaufen.

Der Prozess kritischen Denkens konnte im Zusammenhang mit der Wirkung einiger Qualifizierungselemente wie dem "Heimlichen Lehrplan" während des Kurses beobachtet und in den Interviews bestätigt werden. Dies spricht für die getroffenen Annahmen des skizzierten Verlaufs im Modell.

Dem Design in seiner Wirkweise als Ganzes kann für einen Teil der Zielgruppe eine Augenöffner-Funktion zugeschrieben werden. Fast alle Studenten gaben an, dass sie ihr Denken als durch den Kurs bereichert einschätzen. Weiterhin bestärkte der Kurs die Studenten im kritischen Denken, spornte sie dazu an, in verschiedenen Bereichen des Alltags kritisch Dinge zu hinterfragen. Einige Studenten, die sich bereits als sehr kritisch im Denken einschätzten, fühlten sich durch den Kurs aus einer Art Isolation befreit und in ihrer kritischen Haltung bestärkt. Einige Studenten gaben an, dass ihr Denken durch den Kurs nicht nur stimuliert und geschärft, sondern qualitativ erweitert worden ist, wobei besonders ideologiekritisches Denken für diese Studenten ein neue Sichtweise darstellte, für gegeben angenommene Dinge zu betrachten. Dieser Blick hinter die Fassade des Alltäglichen wurde aber auch als belastend erfahren. Außerdem wurde am Beispiel eines Teilnehmers deutlich, dass ideologiekritisches Denken auch auf gefährliche gedankliche Abwege führen kann, wie z. B. Verschwörungstheorien. Wenige Teilnehmer konnten für sich während des Kurses nicht klären, wie sie mit dieser neuen Sicht der Dinge umgehen sollten. Hieran zeigt sich wieder der angenommene Prozess kritischen Denkens.

Kritischem Denken wurde außerdem von den Teilnehmern ein hoher Nutzen bescheinigt, da dieser Denkstil als universell einsetzbar erfahren wurde. Weiterhin fühlten sich einige der Studenten durch die Veranstaltung in ihrer persönlichen Entwicklung vorangebracht, sei es auf epistemologischer, pädagogischer oder kognitiver Ebene. Auch die Intention, kritisches Denken in der zukünftigen Lehrpraxis fördern zu wollen, wurde bei mehreren Studenten verstärkt. Zwei der Studenten probierten beispielsweise gemeinsam unaufgefordert in einer Lehrveranstaltung die Förderung kritischen Denkens aus und berichteten davon (Interview, Erprobung drei, 2010). Die Motivation und der Wunsch, Schüler in ihrer Mündigkeit zu fördern, geht einher mit der Festigung des eigenen Lehrerbildes, des eigenen Lehrerideals, welches bei einigen Studenten aufgrund kritischen Denkens genauere Konturen bekommen hatte.

Unklar bleibt, wie lange dieser Förderfolg der Fertigkeiten und Dispositionen kritischen Denkens nachhalten wird. Obwohl die meisten Studenten betonten, dass sie gewisse Konzepte langfristig in ihr Denken integriert hätten, handelt es sich hier nur um eine Einschätzung, die nicht weiter gestützt werden kann. Lediglich können Aussagen von zwei Studenten als Beleg der Nachhaltigkeit angeführt werden, die sich zufällig und unaufgefordert circa ein halbes Jahr nach der Teilnahme an dem Kurs darüber äußerten, dass sie sehr in ihrem Denken durch die Teilnahme profitiert haben (Forschungstagebuch, 2010). Deutlich wurde jedoch, dass derartig positive Resultate durch eine intensive praktische als auch theoretische Auseinandersetzung mit kritischem Denken erzielt werden können.

Aus dem empirischen Material geht des Weiteren hervor, dass einer der wichtigsten Erfolgsfaktoren für die Qualifizierung im kritischen Denken ein offenes, respektvolles, humorvolles, herausforderndes und einladendes Lernklima sowohl zwischen Dozenten und Studenten als auch im Umgang der Studenten untereinander war. Durch dieses Klima konnten die Studenten Selbstvertrauen in ihr eigenes Denken schöpfen, um Risiken auf sich zu nehmen, beispielsweise um in der Gruppe eine eigene Meinung zu vertreten, eigene Annahmen zur Disposition zu stellen, beim Umgang mit Ambiguität, bei der Emotionssteuerung usw. Dieses offene und persönliche Lernklima trug auch dazu bei, dass unerwünschte und gefährliche Wirkweisen bei der Herausforderung der Lernenden abgemildert oder auch besser identifiziert wurden.

Die verschiedenen Elemente des Designs zur Herstellung dieses Lernklimas funktionierten in der vorliegenden Verbindung, um dieses Miteinander im Sinne des kommunikativen Handelns zu garantieren. Geplante Qualifizierungselemente wie das Online-Kennen-Lernspiel, die Diskussions- und Feedbackpartnerschaften wie auch nicht geplante Interventionen auf der Ebene des pädagogischen Handelns als Dozent, die sich in den jeweiligen Situationen ergaben, führten zu einem lockeren und achtsamen Umgang. Besondere Bedeutung kam aber dem Dozenten bei der Herstellung des Lernklimas zu. Der Kontakt mit den Studenten auf Augenhöhe, die Modellierung und das Vorleben kritischen Denkens und der herausfordernde und gleichzeitig humorvolle und verständliche Umgang mit den Studenten führten zu einem Lernklima, das die Studenten sehr schätzten. Einige der Studenten gaben an, dass sie sich ohne diese Atmosphäre höchstwahrscheinlich nicht geöffnet und auf kritisches Denken eingelassen hätten, wie sie es in dem Seminar taten. Neben den Dozenten und den Qualifizierungselementen spielte aber Sympathie unter den Teilnehmern eine wichtige Rolle bei der

Entstehung des Lernklimas. Aufgrund der hohen Homogenität der Studenten im Hinblick auf Alter, Interessen, politische Einstellungen usw. konnten die Studenten schnell einen sehr freundschaftlichen, vertrauensvollen Umgang miteinander entwickeln.

2.9 Modifikation des Qualifizierungskonzeptes

Die Vorschläge zur Verbesserung des Qualifizierungskonzeptes stützen sich zum einen auf Anregungen der Studenten, zum anderen auch auf Beobachtungen und Erfahrungen zur Funktionalität der einzelnen Qualifizierungselemente, die während der Erprobung gemacht wurden. Einige der Vorschläge der Studenten waren äußerst sinnvoll, hilfreich und gut begründet. Andere hingegen wurzeln in einzelnen Lernpräferenzen oder dem individuellen Zeitmanagement der Studenten. Etliche dieser Vorschläge sind widersprüchlich und tragen nicht allgemein zur Verbesserung des Designs bei. Sie wurden im Weiteren auch nicht berücksichtigt. Im Folgenden werden nur jene Empfehlungen diskutiert, die zu einer qualitativen Verbesserung des Kurses beitragen würden oder bereits beigetragen haben.

Nach Erprobung zwei wurden bereits einige Änderungen bzw. Erweiterungen des Qualifizierungskonzeptes vorgenommen. Bei Erprobung zwei wurde deutlich, dass die Zeit für die einzelnen Elemente zu knapp bemessen war und kaum zeitliche Spielräume, z. B. für Diskussionen, bestanden. Folglich wurde die erste Präsenzveranstaltung um 90 Minuten verlängert und ein weiterer Präsenztermin hinzugenommen, bei dem vor allem die Förderung kritischen Denkens vertieft und im Vergleich zu Erprobung zwei um Komponenten wie den Einsatz von Filmen erweitert wurde. Einige Studenten aus Erprobung zwei teilten außerdem mit, dass sie gerne noch mehr zur Förderung kritischen Denkens in der Präsenzveranstaltung erfahren hätten. Da in Erprobung zwei deutlich wurde, dass der Einsatz von Filmen bei der Zielgruppe äußerst gut geeignet ist, um kritisches Denken anzuregen, wurde hier ein Schwerpunkt bei der Übung gesetzt. Dies stellte sich als lohnenswerte Entscheidung da, weil durch den Filmeinsatz kritisches Denken gut gefördert werden konnte und die Studenten auch methodisch von dem Zusatztermin profitierten, was sich in der didaktischen Qualität der Seminararbeiten zeigte.

Auch nach Erprobung drei konnten noch einige relevante Verbesserungsvorschläge gesammelt werden, die zur Optimierung des Qualifizierungskonzeptes unbedingt beachtet werden sollten. So gab es erstmals vereinzelte Studenten in Erprobung drei, die nicht den Lehrberuf ergreifen, sondern in der Wirtschaft Fuß fassen wollen. Diese Studenten gaben an, dass sie gerne etwas über kritisches Denken im Kontext der Personalentwicklung erfahren hätten. Hier sollte ein Qualifizierungselement zum kritischen Denken für den Bereich Personalentwicklung konzipiert werden. Dies meint zum einen die Anwendung kritischen Denkens im Kontext der Personalentwicklung auf Themen wie Menschenbilder der Personalentwicklung, dem Spannungsfeld der Personalarbeit, Einseitigkeiten bei Leistungseinschätzungen der Mitarbeiter und beim Bildungscontrolling etc. Zum anderen sollten die Studenten auch verstehen lernen, was kritisches Denken konzeptionell im Bereich Personalentwicklung bedeutet. Außerdem sollte ein Ansatz entwickelt werden, wie die Förderung kritischen Denkens in diesem Kontext aussehen kann und mit welchen Hemmnissen dabei zu rechnen ist. Die Ergebnisse aus der vorliegenden Arbeit zur Förderung kritischen Denkens bei pädagogischen Professionals sollten dabei berücksichtigt werden.

V. Erprobung, Analyse und Modifikation des didaktischen Designs

Verbesserungswürdig in Erprobung zwei war vor allem die Übung zum Aufbau eines Verständnisses kritischen Denkens als Student (Qualifizierungselement #5). Die Studenten hatten Probleme, das theoretische Modell auf ihre Lebenswelt als Student zu übertragen. Folglich sollte das Modell bei der Bearbeitung der Aufgabe außen vor gelassen werden. Die Studenten sollten mehr Freiheit bei der Bearbeitung der Aufgabe durch die gestellten Fragen erhalten. Sie sollten aufgefordert werden, allgemein, ohne den Gebrauch von Fachsprache und bestehenden Modellen, zu skizzieren, was kritisches Denken als Student bedeutet, auf welche Bereiche im Studium es sich bezieht und wie es sich konkret in (Denk-)Handlungen der Studenten zeigt. Als Hilfestellung sollten sie das Arbeitskonzept kritischen Denkens heranziehen können. Dadurch kann vermieden werden, dass sie sich in der Komplexität des Modells verirren, wie es bei vielen Arbeiten der Fall war. Im Anschluss an die Gruppenarbeit sollte der Dozent ein Modell für kritisches Denken als Student vorstellen, welches das bestehende Modell auf den Lebensbereich der Studenten anwendet. Dadurch kann dazu beigetragen werden, ein besseres Verständnis von kritischem Denken bei den Studenten auszuprägen.

Zu der Förderung kritischen Denkens durch Forumsdiskussionen wurde bisher keine geeignete Lösung gefunden, die sicherstellt, dass sich alle Studenten aktiv einbringen. Die arbeitsintensive Moderation der Diskussionen konnte einen Zugewinn an inhaltlicher Tiefe der Postings bewirken. Folglich sollte der Dozent verstärkt sokratische Fragen stellen, Inhalte zusammenfassen, gefundene Widersprüche einander gegenüber stellen usw. Ein Student merkte im Interview an, dass es sinnvoll wäre, mehr Zeit (circa eine Woche für ein Posting) zum Geben von Feedback in den Foren einzuräumen (Erprobung drei, 2010). Ein anderer schlug vor, eine gewisse Anzahl von Beiträgen pro Teilnehmer als Leistungsnachweis für das Bestehen des Kurses zu fordern (Interview, Erprobung drei, 2010). Weiterhin könnten einzelne Teilnehmer verschiedene Rollen wie des Teufels Advokat oder Detektiv zugewiesen bekommen, um die Diskussionen spannender und kritisch zu halten. Dadurch wäre auch der Moderationsaufwand für den Dozenten nicht so hoch. Die Vorschläge in Kombination mit der Betreuung der Forumsdiskussionen durch den Dozenten könnten sich fruchtbar auf das asynchrone Diskussionsverhalten der Teilnehmer auswirken.

Zur Erhöhung der Multiperspektivität sollten außerdem die Diskussionspartnerschaften mindestens einmal zur Hälfte des zeitlichen Verlaufs des Kurses gewechselt und in der Zusammensetzung geändert werden. Damit die Möglichkeit zur Selbstselektion nicht wieder zu gleichen Konstellationen führt, sollte die Einteilung durch den Dozenten vorgenommen werden. Unklar ist jedoch, ob diese Maßnahmen wirklich zu multiperspektivischen Diskussionen führen oder ob Teilnehmer sich nicht vielmehr verschlossener als mit bekannten und vertrauten Kommilitonen geben würden. Jedoch ist die Neumischung der Gruppen sicher für das Gruppenklima ein guter Ansatz.

Mehrere Studenten äußerten den Wunsch, ihre Lernszenarien zur Förderung kritischen Denkens (Qualifizierungselement #10) zu erproben. Hier könnte gegebenenfalls mit Schulen kooperiert werden oder in einer weiteren Präsenzveranstaltung die Erprobung von Ansätzen in der Gruppe ermöglicht werden. Da die ausgearbeiteten Lernszenarien sich an den bestehenden Lehrplänen orientieren, wäre die Erprobung in der Praxis durchaus denkbar und begrüßenswert.

Zwei weitere Studenten hätten gerne eine Liste mit vertiefender Literatur zu kritischem Denken erhalten. Diese kann leicht anhand des Literaturverzeichnisses dieser Arbeit erstellt werden.

Eine sinnvolle Ergänzung des Designs wäre in einer weiteren, resümierenden Präsenzveranstaltung zu sehen, einer Art „De-Briefing", in dem die Studenten sich über ihre gemachten Erfahrungen austauschen und einen Blick auf die berufliche Zukunft und die Bedeutung von kritischem Denken werfen. Dadurch kann ein letztes Mal dazu beigetragen werden, den Prozess kritischen Denkens in verschiedenen, in dem Seminar angestoßenen Bereichen zu unterstützen, z. B. um bestehende Betroffenheit bzw. „Verwirrung" – wie etwa durch den heimlichen Lehrplan verursacht – zu reduzieren, für die jeweils nächste Phase zu kanalisieren und bei einseitiger und emotional belastender Interpretation zu relativieren. Die Studenten können so auch für die Förderung von kritischem Denken motiviert werden, wenn sie konkrete Pläne entwerfen, wie sie kritisches Denken in ihrer Zukunft als pädagogische Professionals nutzen wollen. Dafür sollten die Studenten konkrete Handlungsintentionen und -pläne entwerfen, auch wenn es ungewiss und unwahrscheinlich bleibt, ob die geplante Umsetzung tatsächlich ein relevantes Ziel für die Studenten bleiben wird. Der Prozess kritischen Denkens über kritisches Denken schließt sich an dieser Stelle in der Phase der Entwicklung von Alternativen.

3. Vergleich der Ergebnisse aus den beiden Erprobungskontexten

Die Erprobung des didaktischen Designs hat in den beiden, einander sehr unterschiedlichen Kontexten unterschiedliche Ergebnisse geliefert, die in diesem Kapitel verglichen und diskutiert werden sollen. Daraus lassen sich für die weitere Praxis der Qualifizierung (angehender) pädagogischer Professionals Rückschlüsse ziehen, sei es in theoretischer oder auch in praktischer Hinsicht.

Im Kontext der pädagogischen Professionals zeigte sich, dass die Personalentwickler kritisches Denken bis in die Begrifflichkeit hinein ablehnten. Insbesondere ideologiekritisches Denken stieß auf vehemente Ablehnung. Für diese Reaktion wurde eine Reihe von Argumenten gefunden, die teilweise anhand des empirischen Materials begründet werden können und teilweise auf Interpretationen mit unsicheren Annahmen fußen. Fakt ist, dass die Personaler kein Interesse an dem Thema kritisches Denken hatten, sondern den Kurs wegen seines E-Learning-Gehalts besuchten, wobei Zwang zur Teilnahme durch Projektpartner nicht ausgeschlossen werden kann. Des Weiteren stellte sich heraus, dass das ganzheitliche Konzept kritischen Denkens für die Personaler kaum einen Wert an sich darstellte, da es für das Unternehmen nur bedingt einen ökonomischen Nutzen schaffen kann. Deshalb erarbeiteten die Personaler auch ein konzeptuelles Verständnis, das kritisches Denken als Begriff abschaffte und durch „kundenorientiertes, lösungsorientiertes Denken" ersetzte, ein Denkstil, der einen operationalisierbaren ökonomischen Nutzen für das Unternehmen darstellen kann. Kritische und emanzipatorische, utopische Elemente des kritischen Denkens, die das eigene System bzw. die eigene Firmenpraxis infrage stellen würden, wurden in dieser Anschauung getilgt. Durch die Verkörperung dieses einseitigen Verständnisses kritischen Denkens wurde in der Gruppe ein schleichender Konflikt zur Eruption gebracht. Das Aufeinanderprallen des idealistischen und emanzipatorischen Verständnisses kritischen Denkens und des damit einhergehenden Selbstverständnisses als pädagogischer

V. Erprobung, Analyse und Modifikation des didaktischen Designs

Professional in der Gruppe „Nicht-Betrieb" mit der funktionalen, unternehmerischen Ausrichtung und dem damit verbundenen Rollenverständnis der Gruppe „Betrieb" spitzte den bestehenden Konflikt der beiden Gruppen zu. Eine Annäherung konnte auf beiden Seiten nicht mehr erfolgen. Kommunikatives Handeln wurde durch strategisches substituiert, Vorurteile wurden bestätigt und resultierten in gegenseitiger Ablehnung. Zu verschieden beurteilten die pädagogischen Professionals ihre Auffassungen von Bildungszielen und zum Rollenverständnis. Folglich herrschte ein für die weitere Förderung kritischen Denkens sehr ungeeignetes Lernklima der Verschlossenheit. Auch die Dozenten wurden von der Gruppe "Betrieb" als Theoretiker, Hörsaalrevolutionäre, unerfahrene Anfänger und als Idealisten abgelehnt, auch deswegen, weil ich als Dozent die Sichtweise der Gruppe "Nicht-Betrieb" teilte und die Gruppe „Betrieb" durch kritische Fragen und Darstellungen herausforderte.

Die Auseinandersetzung mit kritischem Denken verstärkte sowohl das Auseinanderdriften der Gruppe als auch die Ablehnung kritischen Denkens seitens der Gruppe „Betrieb. Jene Qualifizierungselemente, die dazu anregten, die eigene Praxis, das eigene System, in dem sich die pädagogischen Professionals bewegten, kritisch zu hinterfragen, indem die pädagogischen Professionals mit Missständen, die durch das System entstehen, konfrontiert wurden, führten zu Ablehnung, zu einer Abwehrhaltung, zur strategischen Verteidigung des Systems (Einzelhandel) bei den pädagogischen Professionals aus dem Betrieb. Diese Abwehrhaltung, dieses Verteidigen und Zuweisen von Schuld anhand irrationaler Argumente wiederum verärgerte die Teilnehmer aus den anderen Tätigkeitsfeldern.

Kritisches Denken über die betriebliche Praxis im Einzelhandel wurde somit insgesamt von den Personalentwicklern nicht zugelassen und als unnütz oder gar schädlich beurteilt, was anhand der Situation und Stellung der Personalentwickler im Unternehmen allgemein begründet wurde. Interessanterweise war das Material, mit dem die Personaler konfrontiert wurden, nicht sehr provokant oder eindringlich, verglichen mit den bei den Studenten eingesetzten Methoden und Medien. Eine Bildcollage zu Missständen im Einzelhandel reichte aus, um eine hohe Emotionalität in der Gruppe der Personaler zu erzeugen, die das Einlassen auf kritisches Denken vereitelte. Folglich wurde abstrahiert, dass ganzheitliches kritisches Denken nur in den Bereichen angenommen wird, wo es kein massives moralisches Dilemma auslöst, welches sich rational nur unter Bedrohung des eigenen Seins ausräumen lassen würde. Kritisches Denken über die eigene Praxis des Einzelhandels löste einen inneren Konflikt bei den pädagogischen Professionals aus, der sich nur schwer und unter Bedrohung der eigenen, materiellen Existenz ausräumen ließe. Daher lehnten diese pädagogischen Professionals kritisches Denken über Missstände in ihrer Branche ab, um sich weiterhin ein gutes Selbstwertgefühl zu bewahren. Die Bereitschaft, in einem bestimmten Kontext kritisch zu denken, scheint mit der gefühlten Freiheit der Individuen in diesem zu korrelieren. Bestehende Sachzwänge oder materielle Rahmenbedingungen können kritisches Denken vereiteln. Man beißt nicht in die Hand, die einen füttert. Auf didaktischer Ebene bedeutet dies, dass die Förderung kritischen Denkens nicht mit einer Konfrontation der Teilnehmer mit einem Sachverhalt einhergehen darf, der die Teilnehmer in moralische Erklärungsnot und in eine Verteidigungsposition bringt. Folge kann dann unkritisches Denken sein, dessen Funktion im Selbstschutz liegt. Dies zeigte sich bei der Erprobung beispielsweise in Argumenten wie solchen, dass die Kunden mündige, aufgeklärte Konsumenten seien, dem Handel keine ethischen Pflichten zukämen, die Produzenten für die bestehenden gesellschaftlichen Probleme verantwortlich seien usw.

Aufgrund der erheblichen Schwierigkeiten bei der Denkschulung konnten so nur moderate Effekte erzielt und die Lernziele des Designs nur teilweise umgesetzt werden. Die Wirkweisen auf kognitiver Ebene bei einem Teil der pädagogischen Professionals liegen in einer Systematisierung und Bestärkung im kritischen Denken. Im methodisch-didaktischen Bereich gaben die Teilnehmer an, von dem Kurs profitiert zu haben. In den Projektarbeiten wurde die Förderung kritischen Denkens jedoch sehr oberflächlich umgesetzt. Einige der Teilnehmer, die nicht über eine universitäre Ausbildung verfügten, empfanden das Qualifizierungskonzept als verkopft und abgehoben und waren auch damit überfordert, was dazu führte, dass die Ausprägung eines Bewusstseins für kritisches Denken erschwert wurde.

Bei der Erprobung des weiterentwickelten und adaptierten Designs bei den Studenten der Wirtschaftspädagogik hingegen konnte aufgrund der hohen Homogenität der Gruppe, der Identifikation mit dem Dozenten, einer hohen Teilnahmemotivation und einem hohen Bildungsstand ein für kritisches Denken sehr förderliches Lernklima geschaffen werden. Alle Teilnehmer interessierten sich, aus unterschiedlichen Gründen, sehr für kritisches Denken und waren offen, sich darauf einzulassen. In Erprobung zwei erfolgte die Teilnahme sogar, ohne den Kurs als studentische Leistung anrechnen lassen zu können. In Erprobung drei nahm auch eine Studentin freiwillig teil, ohne Leistungspunkte dafür zu erhalten. Der Großteil der Studenten konnte als sehr offen, idealistisch und „alternativ" beschrieben werden, junge Studenten, die bereits Auslandserfahrungen gesammelt hatten, sich politisch und gesellschaftlich engagierten und im Ansatz postmateriell und postmodern dachten. Einige Studenten waren bereits geübt im kritischen Denken und erhofften sich weitere Impulse. Wenige andere schätzten sich als eher unkritisch ein und nahmen an dem Kurs teil, um ihr Denken zu verbessern. Dennoch gilt es zu betonen, dass alle Teilnehmer bereits vor dem Kurs zumindest rudimentär kritisches Denken angewandt hatten. Viele der Studenten waren schon vor dem Kurs in der Lage, auf gutem Niveau kritisch zu denken. Dennoch profitierten die Studenten hinsichtlich ihrer Fertigkeiten und Dispositionen kritischen Denkens, und zwar unabhängig davon, ob sie vor dem Kurs bereits gut im kritischen Denken waren oder über eher rudimentäre Fertigkeiten verfügten. Das Kriterium, inwieweit sich ein Fördererfolg einstellte, ist unabhängig von den bestehenden Fähigkeiten. Vielmehr korreliert die aktive Teilnahme an dem Kurs mit dem Lernerfolg im kritischen Denken. Folglich war der aus dem Design gezogene Nutzen ein viel größerer bei den Studenten. Einige Teilnehmer gaben an, dass das Design sie nachhaltig im Denken verändert habe. Vor allem ideologiekritisches Denken stellte für einige Teilnehmer einen Denkstil dar, den sie zuvor nicht kannten und nicht pflegten. Insofern wurde das Denken mancher Teilnehmer qualitativ um bestimmte Aspekte wie Ideologiekritik oder Multiperspektivität erweitert. Im Gegensatz zu den Studenten lehnten die pädagogischen Professionals aus den Betrieben gerade jenen Denkstil als nutzlos ab. Die Studenten erkannten für sich die Wichtigkeit und den Nutzen ideologiekritischen Denkens. Die meisten Studenten fühlten sich in ihrer persönlichen und beruflichen Entwicklung durch die Teilnahme an dem Kurs vorangebracht. Die Intensität der Denkschulung ist ein nicht erwartetes, positives Ergebnis. Die Studenten profitierten insgesamt viel stärker als die pädagogischen Professionals von der Denkschulung, was unter anderem auch mit dem epistemischen Entwicklungsstand und der geringeren Lebenserfahrung der Studenten begründet werden kann. In Erprobung eins wurde ich nicht als Rollenmodell für kritisches Denken von den betrieblichen Teilnehmern anerkannt, sondern eher als Theoretiker, als Feind der Marktwirtschaft und als unerfahrener Pädagoge wahrgenommen. Dadurch gelang es mir auch nicht, die bestehenden Diskrepanzen zwischen den beiden Gruppen aufzulösen und zu vermitteln. Bei der Erprobung im Kontext mit den Studenten hingegen wurde ich in meiner Rolle als Dozent angenommen und als Vorbild bezüglich kritischen Denkens anerkannt. Es lässt sich abstrahieren, dass die Akzeptanz des Dozenten eine wichtige Rolle bei der Förderung kritischen Denkens spielt. Dozenten und deren Rolle sollten sorgfältig für die jeweilige Zielgruppe ausgesucht werden. Die folgende Tabelle veranschaulicht zusammenfassend und ergänzend noch einmal die zentralen Unterscheidungsmerkmale der Ergebnisse aus beiden Erprobungskontexten im Hinblick auf die beschriebenen Analysedimensionen und bietet Interpretationen dazu an:

Wirkweisen des Designs	Ergebnisse Kontext 1: Pädagogische Professionals	Ergebnisse Kontext 2: Studenten der Wirtschaftspädagogik	Interpretation
Erreichung der Ziele der Qualifizierung im kritischen Denken – Konzeptuelles Verständnis und Bewusstsein für kritisches Denken ausprägen	Ablehnung des Konzeptes/ Begriffs „Kritisches Denken" bei Personalentwicklern, insbesondere der Ideologiekritik. Verständnisschwierigkeiten bei pädagogischen Professionals ohne hochschulischen Hintergrund. Bei Großteil der pädagogischen Professionals der Gruppe "Nicht-Betrieb" erfolgt eine Bewusstseinsschärfung für kritisches Denken. Die Erarbeitung von konzeptuellen Verständnissen von kritischem Denken je Lernort (funktionales vs. emanzipatorisches Verständnis) führte zu Unverständnis und Ablehnung aufgrund bestehender Spannungen. Motivation zur Förderung kritischen Denkens durch die Ausprägung des Verständnisses wurde bei manchen pädagogischen Professionals dieser Gruppe gesteigert. Ein Teilnehmer ohne Hochschulstudium konnte jedoch für sich verständlich machen, was kritisches Denken in seiner Praxis ist. Er berichtete über fehlende Zeit und Muße.	Nach anfänglicher Überforderung prägen die Studenten im Verlauf des Kurses ein differenziertes und elaboriertes Verständnis für kritisches Denken aus. Konzeptualisierung ging einher mit wahrgenommener Systematisierung und Schärfung des Denkens. Konzeptu-alisierung regte Metakognition über eigenes kritisches Denken bei einem Großteil der Studenten an. Wahrgenommene Relevanz kritischen Denkens wird bei Großteil der Studenten erhöht. Kritisches Denken wurde als universell einsetzbare Fähigkeit wahrgenommen. Motivation zur Förderung in zukünftiger Lehrtätigkeit wird gesteigert.	Design zu anspruchsvoll für Teilnehmer, die Lernen von Theorie und Denken in Modellen nicht gewöhnt sind. Design zu praxisfern für Zielgruppe "Betrieb". Verschiedene Auffassungen von kritischem Denken können bei nicht erfolgender Annäherung zu Konflikt in Gruppen führen. Ausprägung eines Bewusstseins für kritisches Denken benötigt Zeit und Muße. Ausprägung eines konzeptuellen Verständnisses fördert Dispositionen und Fertigkeiten kritischen Denkens. Nutzen der Konzeptualisierung aufgrund epistemischer Entwicklung bei Studenten höher als bei pädagogischen Professionals.

– Kritisches Denken anwenden und Prozess selbst erfahren	Teilnehmer durchliefen nur teilweise den Prozess kritischen Denkens. Gruppe „Betrieb" reagierte sehr emotional auf Herausforderung. Abbruch des Prozesses kritischen Denkens in Phase der Urteilsbildung. Ausprägung kritischen Denkens in Reflexionsaufträgen durchschnittlich auf mittlerem bis hohem Niveau (Beginner -Könnerschaft).	Teilnehmer durchliefen Prozess kritischen Denkens. Einzelne Teilnehmer hatten Schwierigkeiten, mit erzeugter Dissonanz emotional und rational umzugehen. Insbesondere ideologiekritisches Denken führte zu Belastung bei einzelnen Teilnehmern. Ausprägung kritischen Denkens in Arbeitsaufträgen durchschnittlich auf mittlerem bis hohem Niveau (Beginner – Könnerschaft). Einzelne Arbeiten auf höherem Niveau als Reflexionen bei pädagogischen Professionals.	Annahmebereitschaft für kritisches Denken von Freiheit abhängig. Prinzip der „Ambiguität" muss evtl. bei der Zielgruppe der Personaler verworfen werden. Ideologiekritisches Denken kann für manche Studenten sehr belastend sein und zu unkritischen Gedanken führen. Kritisches Denken kann nicht verordnet werden, sondern muss freiwillig geschehen.
– Kritisches Denken fördern können	Teilnehmer gaben an, vielfältige Impulse zur Förderung kritischen Denkens erhalten zu haben. Erstellte Förderansätze in Projektarbeit fielen sehr oberflächlich aus, unter anderem deswegen, weil kritisches Denken nur untergeordnetes Teilziel der Arbeit war. Besonders die Gruppe „Betrieb" hob in ihrer Arbeit auf kritisches Denken ab, jedoch funktionale Ausrichtung (unternehmerisches Denken).	Teilnehmer gaben an, zumindest theoretisch auf die Förderung kritischen Denkens vorbereitet worden zu sein. Vor allem der Transfer bei den sehr gelungenen Seminararbeiten wurde als Grund dafür genannt. Die Erstellung der Arbeit führte des Weiteren zur Anwendung kritischen Denkens und zur Verbesserung des konzeptuellen Verständnisses. Die erstellten Förderansätze waren differenziert und ganzheitlich im Ansatz.	Transfer der Theorie kritischen Denkens sehr wichtig für die Qualifizierung zur Förderung. Förderung kritischen Denkens nur dann möglich, wenn Spielräume in der Praxis dafür vorhanden sind (zeitlich, aber auch in Bezug auf Freiheiten).

Kognitive und persönliche Ebene	Anregung, Bestärkung und Systematisierung des kritischen Denkens bei einem Großteil der Teilnehmer aus der Gruppe "Nicht-Betrieb".	Anregung, Bestärkung, Bewusstmachung und Systematisierung kritischen Denkens. Qualitative Erweiterung des kritischen Denkens bei einzelnen Teilnehmern (ideologiekritisches, multiperspektivisches und konstruktives Denken). Beitrag zur persönlichen, professionellen und epistemischen Entwicklung der Studenten.	Studenten profitieren stärker von der Denkschulung als ältere, erfahrene Praktiker. Ursachen unter anderem auch entwicklungsbedingt.
Wahrgenommener Nutzen	Teilaspekte kritischen Denkens (Ideologiekritik) nutzlos und schädlich für Gruppe „Betrieb". Denkschulung nützlich für manche Teilnehmer, besonders für Bereiche des Alltages.	Sehr hoher wahrgenommener Nutzen auf individueller Ebene der Studenten. Design sollte im Studium verankert und auch für andere Zielgruppen angeboten werden. Hohe Nachhaltigkeit der Denkschulung wird prognostiziert.	Sachzwänge/Rahmenbedingungen der Personaler bedingen deren negative Einschätzung von ideologiekritischem Denken. „Freiheit" der Studenten lässt kritisches Denken als nützliche und universell einsetzbare Fähigkeit erscheinen.

| Interpersonelle und Gruppenebene | Ablehnung des Dozenten als Rollenmodell kritischen Denkens seitens der Gruppe „Betrieb" aufgrund Alters, mangelnder Erfahrung, aufgeworfener Kritik an bestehender Praxis usw. Angespannter Umgang zwischen den beiden Gruppen „Betrieb" und „Nicht-Betrieb" aufgrund von Interessen, Erwartungen, Idealen, Rollenverständnis, Vorurteilen. Keine Annäherung an kommunikatives Handeln. Strategisches Handeln. Frontenverhärtung durch Auseinandersetzung mit kritischem Denken.

Benötigtes Lernklima konnte aufgrund der Diskrepanzen zwischen den beiden Gruppen „Betrieb" und „Nicht-Betrieb" nicht etabliert werden. Lehr-Lernprinzipien kritischen Denkens wie „Ambiguitätserfahrung" und „Multiperspektivität" führten zu massiven Spannungen zwischen den Gruppen. | Identifikation mit Dozenten aufgrund Nähe zum Lebensbereich der Studenten. Modellierung kritischen Denkens wird angenommen. Aufgrund des harmonischen Miteinanders Annäherung an kommunikatives Handeln.

Etablierung eines offenen, ungezwungenen und förderlichen Lernklimas durch Einbringung meiner Persönlichkeit. Studenten ließen sich auf kritisches Denken ein, öffneten sich und übernahmen dabei auch Risiken. Lernklima führte zur Steigerung des Selbstwertgefühls und des Vertrauens untereinander und in den Dozenten. | Vertrauensarbeit ist Grundpfeiler für die Förderung kritischen Denkens. Dozent muss für Zielgruppe stimmig sein, um für die Förderung im kritischen Denken akzeptiert zu werden. In sehr heterogenen Gruppen führt die Auseinandersetzung mit kritischem Denken zu Spannungen und strategischem Handeln, wenn Zwänge das Denken und Handeln zuungunsten von Offenheit bei einigen Teilnehmern dominieren.

Rolle und Persönlichkeit des Dozenten maßgebend für die Schaffung eines förderlichen Lernklimas. |

Tabelle 26: Vergleich der Wirkweisen des Designs in beiden Erprobungskontexten

Abschließend kann gesagt werden, dass die Förderung kritischen Denkens nicht verordnet und verabreicht werden kann, sondern nur angenommen wird, wenn die Teilnehmer sich dafür interessieren und durch die entsprechenden Rahmenbedingungen frei von Zwängen im Denken und Handeln sind, zumindest in der Domäne, die durch kritisches Denken beleuchtet wird. Unter diesen Bedingungen stellt das entwickelte Design ein nützliches und wirksames Konzept dar, um angehende pädagogische Professionals in der universitären Ausbildung für die Förderung kritischen Denkens zu qualifizieren. Jedoch muss das Design für den Einsatz bei Personalentwicklern grundlegend überarbeitet werden, um für diese Zielgruppe nützlich zu werden. Dafür bedarf es weiterer Forschungsbemühungen, die hoffentlich in der nahen Zukunft unternommen werden.

4. Zusammenfassung und Würdigung der Forschungsergebnisse

4.1 Zusammenfassung der Forschungsergebnisse

In der vorliegenden Arbeit wurde der Versuch unternommen, einen Beitrag zur Theorie und Praxis der Förderung kritischen Denkens in der Wirtschaftspädagogik zu leisten. Es sollte ein innovatives, nützliches und nachhaltiges didaktisches Design zur Qualifizierung angehender und erfahrener pädagogischer Professionals entwickelt werden. Folgende Forschungsfragen bzw. -artefakte ergaben sich aus dieser Zielsetzung:

Entwicklung eines theoretischen Rahmens als gestalterische Grundlage des didaktischen Designs	
Forschungsfragen	Forschungsartefakte und -ergebnisse

• Welches Konzept und welche Didaktik kritischen Denkens sollte der Entwicklung eines Qualifizierungskonzeptes für die Förderung kritischen Denkens zugrunde gelegt werden?
  o Welche Maßstäbe weist ein ganzheitliches Verständnis kritischen Denkens auf?
  o Wie gestaltet sich demnach der idealtypische Prozess kritischen Denkens theoretisch?
  o Welche Didaktik zur Förderung kritischen Denkens eignet sich für das Konzept kritischen Denkens?
	• Konzept kritischen Denkens, inklusive Begriffsverständnis und Phasenmodell kritischen Denkens
	• Auf das Konzept abgestimmte Didaktik kritischen Denkens in Form von didaktischen Richtlinien und dazugehörigen Methoden & Techniken

Entwicklung, Erprobung und Modifikation eines exemplarischen Qualifizierungskonzeptes im Blended-Learning zur Befähigung pädagogischer Professionals für die Förderung kritischen Denkens	
Forschungsschwerpunkte und -fragen	Forschungsartefakte und -ergebnisse

• Welche Ziele sollten in dem Qualifizierungskonzept zur Förderung kritischen Denkens angestrebt werden?
• Wie können die Ziele didaktisch, unter kontextsensitiver Anwendung des entwickelten theoretischen Rahmens, in einem exemplarischen Blended-Learning-Qualifizierungs-konzept umgesetzt werden?
  o Welche kritischen Elemente bestimmen den Erfolg/Misserfolg des Förderansatzes in dem jeweiligen Kontext?
  o Welche Erkenntnisse lassen sich aus den Erprobungen für die Verbesserung und Spezifizierung des didaktischen Designs ableiten?
  o Wie sind die Wirksamkeit, der Nutzen und die Nachhaltigkeit des Designs in dem jeweiligen Kontext zu beurteilen?
	• Aufstellung von allgemeinen Anforderungen an eine Qualifizierung zur Förderung kritischen Denkens
	• Erhebung von kontextspezifischen Gestaltungsempfehlungen
	• Exemplarische Entwicklung eines „Prototypen" des Qualifizierungskonzeptes für einen bestimmten Kontext
	• Entwicklung eines Diagnoseinstrumentes zur Evaluation kritischer Denkaktivitäten gemäß dem erarbeiteten Konzept.
	• Präzisierungen des didaktischen Designs durch Ergebnisse aus Phasen der Erprobung und Modifikation des Qualifizierungskonzeptes in zwei verschiedenen Kontexten
	• Empirische Beurteilung des didaktischen Designs

Tabelle 27: Forschungsschwerpunkte und -fragen

In einem ersten Schritt wurde ein ganzheitliches Begriffsverständnis kritischen Denkens abgeleitet, da sich durch die Literaturrecherche herausgestellt hatte, dass viele der gesichteten Konzepte traditionsabhängig und dadurch einseitig in ihrer Ausrichtung sind. Das erstellte traditionsübergreifende und ganzheitliche Verständnis und dessen Maßstäbe des Denkens orientieren sich an den untersuchten Traditionen kritischen Denkens und stellen eine Integration der dort herausgearbeiteten Schwerpunkte dar (siehe dazu auch Kapitel III – Bausteine für ein Konzept kritischen Denkens). Die Erarbeitung erfolgte aufgrund von Experteninterviews, Reflexionsgesprächen, eigenen Ideen und der genannten Literaturrecherche. Im vorgelegten Verständnis wird ein ganzheitlicher Ansatz kritischen Denkens verfolgt, indem relevante „Denkdimensionen" und „Denkstandards" aus den jeweiligen Traditionen kritischen Denkens miteinander vereint werden. Denkstandards umfassen Kriterien, Verfahrensweisen oder Konzepte, an denen das Denken ausgerichtet bzw. die beim Denken angewendet werden sollen. Sie dienen als Urteils- und Entscheidungsmaßstäbe. Denkdimensionen hingegen geben den normativen Rahmen und die Zielsetzung bei der Ausrichtung des Denkens an.

Kritisches Denken ist ein emanzipierender Prozess analytischer, ideologiekritischer, multiperspektivischer und konstruktiver Reflexion und sozialer Interaktion, in dem Annahmen und deren Wirkweisen offengelegt, analysiert und bewertet werden, um unabhängiger und bewusster urteilen, entscheiden und handeln zu können.

Zur epistemisch-analytischen Dimension kritischen Denkens zählen Kriterien wie Richtigkeit, Klarheit, Exaktheit, Logik usw., die zur Beurteilung der Gültigkeit und Aussagekraft von Annahmen herangezogen werden können.

Ideologiekritisches Denken analysiert hingegen Annahmen mit dem Fokus auf verdeckte und offene Machtmechanismen und Herrschaftsstrukturen und deren Auswirkungen auf die unbelebte und belebte Natur, wobei der Mensch als ein Teil davon verstanden wird. Beim ideologiekritischen Denken wird ein Sachverhalt anhand von Konzepten wie repressiver Toleranz, Hegemonie, instrumenteller Vernunft usw. dahingehend untersucht, ob und inwieweit diese Konzepte der Realität empirisch entsprechen. Ein Denkwerkzeug dazu ist in der immanenten Kritik zu finden.

Kritisches Denken bedeutet in der Dimension der Multiperspektivität, verschiedene voneinander abweichende Perspektiven auf einen Sachverhalt, der Gegenstand des Denkens ist, einzunehmen, sich in die jeweiligen Sichtweisen einzufühlen, diese verstehen zu versuchen und schließlich anhand der Denkstandards zu bewerten.

In der Dimension des konstruktiven Denkens geht es darum, für erkannte bestehende Probleme Lösungsansätze zu entwickeln und unter Beachtung der aufgestellten Denkstandards deren Eignung zu beurteilen. Außerdem meint konstruktives Denken auch, nach Wegen zu suchen, um nicht-geprüfte Annahmen zu überprüfen. Die Sichtung und die Würdigung der dabei erzielten Ergebnisse finden auch unter Anwendung der Denkstandards statt.

V. Erprobung, Analyse und Modifikation des didaktischen Designs

Die aufgeführten Dimensionen kritischen Denkens stehen in Interdependenz und bedingen sich gegenseitig bei der Beurteilung von Annahmen. Die Anwendung der jeweils zugehörigen Denkstandards setzt voraus, dass kritisches Denken einher geht mit wechselnden Phasen der Reflexion und Phasen der sozialen Interaktion. Kritisches Denken ist prozedural, kontemplativ und sozial. Es mündet in emanzipatorischen Handlungen, deren Ergebnisse wiederum Ausgangsbasis für kritisches Denken sind.

Auf der Basis dieses Verständnisses wurde in einem weiteren Schritt, unter Anlehnung an bestehende Modelle und unter Rückgriff auf die Ergebnisse eine Literaturrecherche und eigenen empirischen Daten, ein Phasenmodell konstruiert, welches vier Phasen unterscheidet. Dieses 4-Phasenmodell zeigt einen konstruierten Verlauf kritischer Denkaktivitäten. Es ist von einem emanzipatorischen Verständnis im Sinne der Kritischen Theorie geprägt. Das Modell nimmt nicht in Anspruch, kritisches Denken vollständig und archetypisch abzubilden. Kritisches Denken ist komplex. Es lässt sich nicht in einem Modell einfangen oder trennscharf operationalisieren. Daher veranschaulicht das Modell ein mögliches und begrenztes Verständnis, welches auf bestimmten Annahmen fußt, was kritisches Denken ausmacht und wie es sich zeigt. Folgende Abbildung gibt den Ablauf kritischen Denkens gemäß dem Arbeitsverständnis wieder:

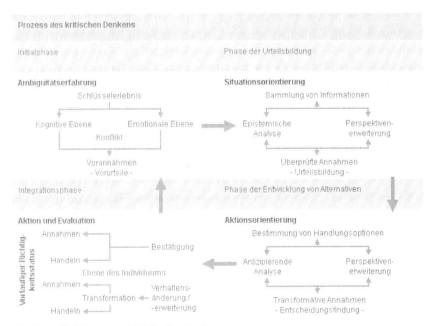

Abbildung 65: 4-Phasenmodell kritischen Denkens

In der **Initialphase** führt ein Schlüsselerlebnis auf kognitiver und emotionaler Ebene im Rahmen einer Ambiguitätserfahrung des Individuums zu einem Konflikt. Um wieder ein kognitives/emotionales

Gleichgewicht zu finden, entsteht eine intrinsische Motivation bei dem Individuum, den Sachverhalt intensiv gedanklich durchdringen und klären zu wollen. Am Ende der Phase stehen erste, nicht überprüfte (Vor-)Annahmen des Individuums.

Das Individuum erkundet in der **Phase der Urteilsbildung** im Rahmen einer epistemischen, perspektivenerweiternden Analyse relevante Sichtweisen zu dem behandelten Sachverhalt. Dabei werden sukzessive Informationen gesammelt und anhand der Denkstandards kritischen Denkens beurteilt. Neben einer ideologiekritischen und multiperspektivischen Betrachtung der Informationen werden die Quellen auch hinsichtlich ihres epistemischen Gehalts analysiert. Auch eigene Annahmen werden dabei erschlossen und anhand der Denkstandards bewertet. Diese Phase zeichnet sich durch eine hohe Situationsorientierung aus, da das Individuum aktiv und konstruktiv Informationen sammeln, verstehen und bewerten muss, nach Wegen sucht, nicht überprüfte Annahmen zu prüfen usw. Phasen der sozialen Interaktion und der sinnstiftenden (Selbst-)Reflexion laufen dabei zyklisch ab. Am Ende des zyklischen Prozesses steht ein wohlbegründetes Urteil.

Die Kraft der subjektiven Erkenntnis durch das wohlbegründete Urteil kann das Individuum dazu bewegen, die bestehende Praxis ändern zu wollen. Das Individuum wird dann nach möglichen Wegen innerhalb der **Phase der Entwicklung von Alternativen** suchen, wie die bestehende Praxis im Sinne der normativen Tradition des Individuums von den betroffenen Akteuren verändert und dabei verbessert werden könnte. Zur Findung und Bewertung von Handlungsoptionen wird eine erneute Perspektivenerweiterung angestellt, in der mögliche Handlungsoptionen gefunden und in ihren Auswirkungen untersucht werden. In einer antizipierenden Analyse wird nun die prognostische Aussagekraft dieser Überlegungen anhand der analytischen Kriterien kritischen Denkens untersucht. Am Ende des zyklischen Prozesses stehen transformative Annahmen in Form von Entscheidungen. Diese geben die subjektiv beste Auswahl an Aussagen wieder, wie die bestehende Praxis allgemein verbessert werden könnte.

Das Individuum ist nun in der **Integrationsphase** bestrebt, durch vernunftbetontes und konstruktives Handeln selbst einen Beitrag zur Verbesserung der bestehenden Bedingungen in seiner Lebenspraxis zu leisten. Als Basis für konkrete Handlungspläne dienen die erzielten transformativen Annahmen. Anhand dieser gefundenen Entscheidungen werden konkrete Vorgehensweisen operationalisiert, die konstruktiv und vernunftgeleitet in der Praxis erprobt werden. Mit hoher Wahrscheinlichkeit wird auch das Umfeld auf diesen Wandel sowohl in für das Individuum positiver als auch negativer Hinsicht reagieren. Bei der Operationalisierung von Handlungsplänen kann sich aber auch herausstellen, dass das Individuum bereits subjektiv richtig gedacht und gehandelt hat. Die Implementierung der Handlungsansätze kann in einen neuen Zyklus kritischen Denkens münden, beispielsweise wenn die erstrebten Resultate nicht eintreten.

Für das bisher vorgestellte Konzept wurde in einem weiteren Schritt eine darauf zugeschnittene Didaktik kritischen Denkens entwickelt, wobei dies methodisch auch anhand einer Literaturanalyse und weiteren empirischen Fundierungen umgesetzt wurde. Den einzelnen, hier in verkürzter Form dargelegten Phasen kritischen Denkens wurden so didaktische Richtlinien zur Förderung als auch damit einhergehende Methoden und Techniken zugeordnet. Das erstellte Förderkonzept erhebt keinen Anspruch auf Vollständigkeit und lässt sich sicher noch mit anderen Methoden und Techniken erweitern und bereichern. Jeder Anwendungskontext verlangt eine kontextsensitive Umsetzung der Förderprinzipien. Es zeigt sich aber auch, dass die Didaktik kritischen Denkens keine neuen und aufwendigen Methoden benötigt, sondern mit einer *konsequenten* Ausrichtung bestehender Lehransätze des Alltagsunterrichts funktionieren kann.

Zeitgleich zur Entwicklung des theoretischen Rahmens (Begriffsverständnis, 4-Phasenmodell, Didaktik kritischen Denkens) wurden anhand einer Literatur- und Dokumentenanalyse als auch durch die bereits genannte Expertenbefragung Anforderungen abgeleitet, die bei der Qualifizierung pädagogischer Professionals für die Förderung kritischen Denkens verfolgt werden sollten. Die gefundenen Anforderungen lassen sich grob in die drei Kategorien „Konzeptuelles Verständnis für kritisches Denken ausprägen", „Kritisches Denken anwenden und den Prozess selbst erfahren" und „Kritisches Denken fördern können" gliedern. Neben bewusstseinsbildenden Maßnahmen bezüglich kritischen Denkens sollen die Teilnehmer selbst ihre Fertigkeiten für kritisches Denken trainieren und für die Förderung pädagogisch befähigt werden. Für die didaktische Umsetzung dieser Lernziele bei der Ersterprobung wurden zudem Gestaltungsempfehlungen von unterschiedlichen Experten aufgenommen, die von ihnen speziell für den gegebenen Kontext getroffen wurden. Bei der Umsetzung des Designs in ein konkretes Qualifizierungskonzept wurden des Weiteren der theoretische Rahmen kritischen Denkens beachtet.

Das so entwickelte Blended-Learning-Qualifizierungskonzept besteht aus Web-Based-Trainings und Präsenzveranstaltungen. Die Web-Based-Trainings dienen zum einen dazu, das kritische Denken der Teilnehmer anzuregen. Dafür wurde ein Modul entwickelt, in dem verschiedene fiktive Lehrerpersönlichkeiten zugespitzte Statements zum Lernen und Lehren abgeben und Unterrichts- bzw. Unterweisungsentwürfe zu dem Thema „Just in Time" präsentieren. Die Charaktere repräsentieren verschiedene Paradigmen bezüglich des Lehrens und Lernens. Aufgabe in dem Modul ist es, die jeweils vertretenen Annahmen zu identifizieren und zu beurteilen sowie selbstkritisch eigene Annahmen bezüglich der eingenommenen Rolle und guten Unterrichts zu prüfen. Darüber hinaus beschäftigen sich die Teilnehmer intensiv mit den Wirkweisen von offenen und verdeckten Formen von Macht innerhalb des Systems Schule. Dafür werden die Teilnehmer mit dem Konzept des heimlichen Lehrplans und einer radikalen Sichtweise darauf konfrontiert. Die Lernmodule dienen aber auch dazu, die pädagogischen Professionals mit dem entwickelten Rahmenmodell kritischen Denkens vertraut zu machen. In den Präsenzveranstaltungen stehen meist Übungen zur Schulung des Denkens der Teilnehmer und die Förderung eines kontextsensitiven Bewusstseins für kritisches Denken im Mittelpunkt. Dabei wird mit verschiedenen Methoden des kooperativen Lernens und unter Einsatz von aufwühlenden Filmsequenzen vorgegangen. Außerdem geschieht die Förderung kritischen Denkens auch online, durch asynchrone Diskussionen in Foren, durch Tandem-Feedbackpartnerschaften innerhalb eines E-Portfolios usw. Zum Abschluss der Qualifizierungsmaßnahme erstellen die Teilnehmer ein eigenes Unterrichts- bzw. Unterweisungsszenario zur Förderung kritischen Denkens.

Die Ersterprobung des Designs geschah integrativ bei einem Blended-Learning-Kurs zur Qualifizierung für die Förderung flexiblen Lernens, einer besonderen Form des computergestützten, selbstgesteuerten Lernens. Das erstellte Blended-Learning-Qualifizierungskonzept für kritisches Denken wurde in das umfangreiche Weiterbildungskonzept mit dem Schwerpunkt E-Learning und selbstgesteuertes Lernen integriert. Die Förderung im kritischen Denken erfolgte teilweise im integrativ-direkten und teilweise auch im integrativ-indirekten Ansatz. Die Zielgruppe war sowohl bezüglich anthropogener Kategorien wie Alter, Fertigkeiten, Erfahrung, Motivation, Vorkenntnissen als auch im Hinblick auf sozio-kulturelle Kategorien wie etwa sozialen Status, Rolle, Sprachstil, Schulbildung, soziale Bindungen usw. sehr heterogen. Es handelte sich um pädagogische Professionals aus verschiedenen Lernorten des Einzelhandels (Betrieb, Berufsschule, Hochschule, überbetriebliche Einrichtung), die mit verschiedensten Interessen und Erwartungen an dem Kurs teilnahmen, über verschiedene Bildungsabschlüsse verfügten, beruflich in unterschiedlichen Handlungsrationalitäten und Zwängen standen usw. Für kritisches Denken interessierte sich im Vorfeld nur eine Minderheit der Teilnehmer. Die Zweit- und Dritterprobung geschah nach Modifikation und Adaption des Designs innerhalb der universitären Ausbildung von Bachelorstudenten der Wirtschaftspädagogik. Dafür wurde ein eigener Blended-Learning-Kurs auf Basis des didaktischen Designs konzipiert, der eine Erweiterung und Vertiefung des ursprünglichen Qualifizierungskonzeptes darstellt. Die Bedingungsanalyse ergab, dass die Zielgruppe als sehr homogen zu bewerten war, sowohl im Hinblick auf anthropogene als auch auf sozio-kulturelle Bedingungen. Die Teilnehmer brachten eine hohe Teilnahmemotivation und Interesse an kritischem Denken in den Kurs ein. Einige der Teilnehmer kamen, da sie ihre Fertigkeiten, kritisch zu denken, verbessern wollten und diese eher mangelhaft einschätzten. Andere Studenten hingegen hatten sich bereits intensiv mit kritischem Denken auseinandergesetzt und wollten ihren Horizont diesbezüglich erweitern.

Tabelle 28 veranschaulicht zusammenfassend die geplanten und entwickelten Qualifizierungselemente, die angestrebte Funktion für die Erprobung bei den Studenten als auch die didaktische Umsetzung.

Element des Qualifizierungs-konzeptes	Erläuterung der verfolgten Ziele	Didaktische Richtlinien und Umsetzung	Phasen kritischen Denkens
1. Einführung in kritisches Denken: Texte zum Selbststudium, Präsentation, Lehrgespräch und Filmein-satz in Prä-senzveranstaltung	– Konzeptuelles Verständnis für kritisches Denken ausprägen: Sensibilisierung für unkritisches Denken und dessen negative Auswirkungen anhand von relevanten Beispielen aus der professionellen Lebenswelt der Lernenden. Einführung in das Konzept kritischen Denkens anhand Darstellung und Erläuterung der einzelnen Dimensionen und der damit verbundenen Traditionen. Vermittlung des Konzeptes der Annahmen. Sensibilisierung und Förderung ideologiekritischen Denkens anhand Filmanalyse. – Kritisches Denken anwenden: Verdeutlichung zentraler Annahmen der Kritischen Theorie durch einen Filmausschnitt aus einem Science-Fiction-Film.	– Einsatz von Ambiguität durch Filmsequenzanalyse („Sie Leben") zur Darstellung zentraler Annahmen der Kritischen Theorie. Die Studenten sollen durch die Filmsequenzanalyse auf sich selbst und ihre Lebenswelt (die Bedeutung von Geld, Urlaub, Konsum, Mensch-Sein usw.) gedanklich zurückgeworfen werden. – Anknüpfung an Lebenswelt der Studenten	– Initialphase – Phase der Urteilsbildung

2. Gruppenarbeit: **Szenarioanalyse**	– Kritisches Denken anwenden und Prozess selbst erfahren: Annahmen identifizieren und multiperspektivisch beurteilen lernen. Strategien zur Überprüfung von Annahmen entwickeln.	– Einsatz von Ambiguität/Förderung von Selbstreflexion/wechselnde Phasen der Introspektion und sozialen Interaktion: Die Lernenden wählen eines der beiden konstruierten Szenarien aus. In den Szenarien wird aus Sicht eines Studenten oder aus Sicht eines jungen Lehrers ein kritisches Ereignis aus der jeweiligen Praxis beschrieben. Die Lernenden sind aufgefordert, die Annahmen der Person zu identifizieren, multiperspektivisch zu bewerten, Wege zur Überprüfung von Annahmen zu entwickeln und alternative Sichtweisen der Situation wiederzugeben. Beide Fälle sind so konstruiert, dass die Lernenden sich selbst in den Szenarien wiederfinden können und selbst durch den beschriebenen Sachverhalt direkt oder indirekt betroffen sein können.	– Initialphase – Phase der Urteilsbildung – Phase der Entwicklung von Alternativen

3. E-Learning-Modul „Eigene Rolle kritisch reflektieren" mit anschließendem Reflexionsauftrag und Gruppendiskussion (online und in Präsenzveranstaltung)	– Kritisches Denken anwenden: Annahmen durch Reflexion und Selbstreflexion entdecken und bewerten. Die Studenten analysieren zugespitzte Videostatements von drei Lehrpersönlichkeiten und deren Auffassungen von Lernen und Lehren. Außerdem untersuchen sie deren drei verschiedene Unterrichtsentwürfe zum Thema „Just in Time". Sie vergleichen des Weiteren die vorgestellten Konzepte mit ihren eigenen Annahmen zu Lehren und Lernen und jenen der anderen Teilnehmer im Kurs und tauschen sich darüber aus.	– Einsatz von Ambiguität durch zugespitzte, stark voneinander divergierende Rollenbilder und Unterrichtsentwürfe, die an die zukünftige berufliche Lebenspraxis der pädagogischen Professionals und an als Schüler gemachte Erfahrungen anknüpfen – Identifikation von Annahmen unter Einsatz der Notiz-Funktion innerhalb des Lernmodules – Multiperspektivische Reflexion zu verschiedenen Sichtweisen auf das Lehren und Lernen durch schriftliche Reflexion anhand von Leitfragen – Soziale Interaktion und multiperspektivische Reflexion: Kritische Reflexion der verschiedenen Auffassungen zum Lehren und Lernen durch Feedbackinstruktion und durch Diskussionen in der Präsenzveranstaltung und im Online-Forum	– Initialphase – Urteilsbildung – Entwicklung von Alternativen

4. Reflexionsauftrag „Heimlicher Lehrplan" und Feedback zu Arbeitsauftrag durch den Dozenten	– Kritisches Denken anwenden und Prozess selbst erfahren: Reflexion und soziale Interaktion zu einem einseitigen, aber vorgeblich „wissenschaftlichen" Text über subdidaktische Kräfte, die die Gesellschaft verdeckt formen und reproduzieren. Die pädagogischen Professionals werden dabei als Werkzeuge des kapitalistischen Systems enttarnt. – Verständnis für kritisches Denken ausprägen: Rolle von offenen und verdeckten Formen von Macht wird am Beispiel des heimlichen Lehrplanes veranschaulicht.	– Einsatz von Ambiguität: Die Darstellung der Rolle des pädagogischen Professionals kollidiert mit dem wahrgenommenen eigenen Rollenbild der Teilnehmer. – Induktion negativer Emotionen – Multiperspektivische Reflexion anhand von Leitfragen und Feedback durch Lernpartner in Kleingruppenforen. Besonders ideologiekritisches Denken soll dadurch stimuliert werden. – Anregung von Metakognition über eigenes kritisches Denken durch Dozentenfeedback: Die Arbeiten wurden anhand des Beurteilungsbogens für kritisches Denken bewertet und die Ergebnisse mit den Studenten diskutiert.	– Initialphase – Urteilsbildung

5. „Kritisch denken als Student der Wirtschafts- und Berufspädagogik": Präsenzeinheit mit Lehrgespräch und Gruppenarbeit zur Erarbeitung eines Verständnisses kritischen Denkens als Student bzw. Partnerarbeit zur Perspektiverweiterung. Selbststudium von Literatur zu Konzepten der Kritischen Theorie	– Verständnis kritischen Denkens ausprägen: Erarbeitung eines Modells kritischen Denkens für pädagogische Professionals – Kritisches Denken anwenden/ Verständnis für kritisches Denken ausprägen: kritische Reflexion der Rollenbilder aus dem E-Learning-Modul anhand der Perspektive „Theorie" und „Macht" – Kritisches Denken anwenden: ideologiekritische Betrachtung von Wissenschaft und dem universitären Betrieb – Kritisches Denken anwenden/ Verständnis für kritisches Denken ausprägen: Erarbeitung eines Modells für kritisches Denken als Student der Wirtschafts- und Betriebspädagogik – Kritisches Denken anwenden: Übung zur Perspektivenerweiterung zu Eigenschaften als pädagogischer Professional	– Anknüpfung an Lebenswelt der Studenten – Einsatz von Ambiguität durch Analyse eines wissenschaftskritischen Artikels im Bereich Neurowissenschaft – Einsatz von Ambiguität durch Filmszenenanalyse (Paul Feyerabend spricht über Wahrheit) – Reflexion und soziale Interaktion: Erstellung eines Modells für kritisches Denken als Student der Wirtschafts- und Berufspädagogik anhand von Leitfragen in Gruppenarbeit – Reflexion und soziale Interaktion: Re-Framing-Übung in Partnerarbeit zu eigenen Schwächen der Lernenden	– Initialphase – Phase der Urteilsbildung
6. E-Learning-Modul „Kritisches Denken im Unterricht anleiten"	Kritisches Denken fördern und beurteilen können und konzeptuelles Verständnis ausprägen: Die Studenten lernen im Rahmen des kooperativen Lernens die Förderprinzipien kritischen Denkens und die damit verbundenen Methoden, unter Berücksichtigung der Potenziale von E-Learning, kennen. Außerdem wird der Prozess kritischen Denkens erstmalig vorgestellt und die Förderansätze den jeweiligen Phasen zugeordnet. Präsentation einiger Praxisbeispiele aus dem Einzelhandel	– Anknüpfung an Lebenswelt der Studenten	– Phase der Urteilsbildung

7. Reflexionsauftrag: „Reflexion zu einem kritischen Ereignis aus dem Alltag als Student"	Kritisches Denken anwenden und selbst erfahren: Critical Practice Audit. Die angehenden pädagogischen Professionals analysieren ein kritisches Ereignis aus ihrem Alltag als Student anhand von Leitfragen. Sie sind auch aufgefordert, konstruktive Ansätze zur Überprüfung nicht geprüfter Annahmen zu entwickeln und das Ereignis multiperspektivisch zu interpretieren.	– Anregung von kritischer Selbstreflexion durch leitende Fragen – Multiperspektivische Reflexion und soziale Interaktion durch Feedback in Diskussionsforen	– Phase der Urteilsbildung – Phase der Entwicklung von Alternativen
8. Lehrgespräch: „Diskussionen anleiten und begleiten im kooperativen flexiblen Lernen" und „Kritisches Denken durch das Medium Film anregen" Filmsequenzanalyse "Baraka"	Kritisches Denken fördern und bewerten können (kritisches Denken selbst anwenden und erfahren: Die Studenten erhalten eine vertiefende Einführung in die Förderung kritischen Denkens durch den Einsatz von Diskussionen und Filmen. Weiterhin analysieren sie die Wirkung eines Filmausschnittes und überlegen, wie sie den Film im Unterricht selbst anwenden könnten.	– Einsatz von Ambiguität: Filmsequenzanalyse zu dem Film „Baraka" durch Gruppendiskussion	– Initialphase – Phase der Urteilsbildung
9. Rollenspiel: „Protokoll der kritischen Konversation"	Kritisches Denken anwenden und selbst erfahren: Die angehenden pädagogischen Professionals wenden die Methode des Protokolls der kritischen Konversation in Kleingruppen selbst an und reflektieren im Anschluss die pädagogische Handhabung der Methode	– Multiperspektivische Reflexion und soziale Interaktion: Durch die verschiedenen Rollenzuweisungen mit Rollenkarten und durch die verschiedenen Phasen der Methode sind die Teilnehmer mit der jeweiligen Anwendung verschiedener Elemente des kritischen Denkens konfrontiert.	– Initialphase – Phase der Urteilsbildung – Phase der Entwicklung von Alternativen – Integrationsphase

V. Erprobung, Analyse und Modifikation des didaktischen Designs

10. Seminararbeit: „Erstellung eines Lernszenarios zur Förderung kritischen Denkens" und Präsentation von Erstentwurf durch Studenten	Kritisches Denken fördern und beurteilen können: Die Studenten erstellen in Kleingruppen oder alleine ein schulisches Lernszenario zur Förderung kritischen Denkens. In einer Präsenzveranstaltung präsentieren sie einen Erstentwurf und diskutieren diesen gemeinsam in der Gruppe. Außerdem werden sie in die Bewertung kritischen Denkens anhand des Beurteilungsbogens eingeführt. – Kritisches Denken anwenden und erfahren: Die Seminararbeit selbst muss den Standards kritischen Denkens als Bewertungskriterium genügen. – Konzeptuelles Verständnis für kritisches Denken ausprägen: Transfer der Theorie kritischen Denkens auf konkrete Unterrichtssituation	– Wechselnde Phasen der Reflexion und der sozialen Interaktion: Die Lernenden tauschen sich sowohl online als auch in der Präsenzveranstaltung zu ihren Entwürfen des Lernszenarios kritisch aus und geben sich untereinander Feedback.	– Integrationsphase

Tabelle 28: Geplante Elemente des didaktischen Designs (Erprobung zwei und drei)

Während der Erprobungen wurden auch andere und in der Situation spontan ergriffene Maßnahmen eingesetzt, um das Erreichen der Lernziele zu bestärken. Diese Vorgehensweisen waren nur bedingt geplant und ergaben sich aus dem tatsächlichen Verlauf der Interaktion mit den Teilnehmern. Dennoch sind sie als wichtige, variable Bestandteile des Designs zu werten. Sie sind wie musikalische Variationen, die der Interpret seinen bestehenden Liedern bei jeder Interpretation verleiht. Sie schöpfen sich aus dem Spielraum möglicher Variationen, ohne dabei jedoch das zu interpretierende Stück zu entfremden. Zu nennen sind hier etwa vertrauensbildende Maßnahmen wie das „Duzen" und die Durchführung von Blitzlichtern, aber auch die Modellierung von kritischem Denken durch sokratisches Fragen, sei es in asynchronen Diskussionen oder in den Präsenzveranstaltungen, die in den konkreten Situationen des Miteinanders ergriffen wurden. Die Maßnahmen waren außerdem sehr abhängig von der Persönlichkeit des Dozenten und dessen Wirkung auf die Teilnehmer.

Die multiperspektivische Erforschung der Wirkweisen der einzelnen Qualifizierungselemente und des Designs als Ganzem erfolgte sowohl im Kontext der pädagogischen Professionals als auch bei den Studenten anhand von teilnehmender Beobachtung, qualitativen Einzel- und Gruppeninterviews, Onlineumfragen und Dokumentenanalysen. Für Letzteres wurde ein Beurteilungsbogen anhand des Konzeptes kritischen Denkens entwickelt. Die Entwicklung erfolgte als Ergebnis aus einer angestellten Literaturanalyse zum Assessment kritischen Denkens. Hier wurde auch das empfohlene Vorgehen bei der Entwicklung dargelegt. Der Beurteilungsbogen ist im Anhang B4. ersichtlich.

Die Teilnehmer reagierten in den beiden jeweiligen Erprobungskontexten sehr unterschiedlich auf das didaktische Design. Während die Studenten persönlich stark von der Denkschulung profitieren konnten, lehnte eine Teilgruppe der pädagogischen Professionals, die Personalentwickler, bestimmte Aspekte kritischen Denkens vehement ab.

Neben der Verbesserung des Qualifizierungskonzeptes konnten auch wichtige Modifikationen bzw. Spezifizierungen für den theoretischen Rahmen des didaktischen Designs gefunden werden. Die folgende Tabelle fasst diese Ergebnisse zusammen und nennt ermittelte kritische Erfolgsfaktoren.

Phase kritischen Denkens	Didaktische Richtlinien	Spezifikation anhand empirischer Ergebnisse	Methoden und Techniken
Initialphase	Vertrauen und Selbstvertrauen • Fördere das Selbstvertrauen und den Selbstwert deiner Lernenden durch ein entsprechendes Lernklima, das aus einem respektvollen, motivierenden, verständnisvollen, toleranten Umgang der Lernenden untereinander bzw. mit dir entstehen kann. • Proklamiere eine Kultur der Offenheit, um Ängste bei Lernenden abzubauen.. • Zeige auch die eigene Fehlbarkeit oder Betroffenheit im Denken und Fühlen. • Spricht Lob für offene und kritische Beiträge aus.	• Kritischer Erfolgsfaktor: Gewonnenes Selbstvertrauen und Vertrauen innerhalb der Gruppe und zum Dozenten entscheiden darüber, inwieweit die Teilnehmer sich auf kritisches Denken einlassen, d. h. sich öffnen, eigene Annahmen infrage stellen, Risiken dabei aufnehmen usw. Vertrauensarbeit gilt es kontinuierlich fortzusetzen. Bei den Studenten eignete sich dazu die geschwisterliche Begegnung auf Augenhöhe. Bei den pädagogischen Professionals wurde das von dem Dozenten verkörperte Rollenmodell kritischen Denkens abgelehnt.	• Methoden zur Vertrauensbildung • Methoden zur Motivation der Schüler • Demokratische Erarbeitung von Umgangsregeln, die für kritisches Denken benötigt werden
	Subjektiv wahrgenommene Wichtigkeit • Wähle den Zugang zum Thema so, dass es für die Lernenden als für sie wichtig und relevant wahrgenommen wird. • Gehe von der konkreten Erfahrung der Lerner aus und erhöhe dann das Niveau der Abstraktion.	• Kritischer Erfolgsfaktor: Die Lernenden sprachen am meisten auf Themen an, die ihrer Lebenswelt sehr nahe standen (siehe Übung „Fleißiger Student"). • Scheitern des Abstraktionsprinzips bei betrieblichen pädagogischen Professionals im Einzelhandel: Teilnehmer reagierten sehr emotional auf Konfrontation mit Missständen in ihrer "beruflichen Lebenswelt".	

Ambiguitätserleben durch Herausforderung • Erzeuge emotionalen/ kognitiven Konflikt (kognitive Dissonanz) durch eine herausfordernde Aufgabenstellung. • Setze „kontroverse " Medien wie Filme, Zitate, Kurzgeschichten, Zeitungsberichte usw. vielseitig ein, um Achtsamkeit zu erzeugen. • Initiiere „echte" Erfahrungen mit der herausfordernden Realität jenseits des Klassenzimmers.	• Kritischer Erfolgsfaktor: Ambiguitätserleben ist zentral für die Anregung kritischer Denkaktivität. Belege: „Heimlicher Lehrplan" oder Filmausschnitt „Baraka". • Film eignet sich sehr gut, um ästhetisches Erleben und Emotionen zu erzeugen, die kritisches Denken anregen. • Gefahr der irrationalen Verarbeitung des Erlebten gegeben: Hohe Wachsamkeit des Dozenten und Vertrauen notwendig • Annahmebereitschaft für kritisches Denken in einem bestimmten Kontext ist von Freiheit im Denken und Handeln in diesem abhängig	• Methoden der Filmanalyse zum Filmeinsatz • Einsatz ideologischer, eindimensionaler Texte in suggestiver, wissenschaftlicher Sprache und Form • WebQuests (im Zuge der Einführung) • Sokratisches Fragen

	Induktion benötigter Emotionen • Versuche bei der Ambiguitätsherstellung positive und/oder negative Emotionen hervorzurufen. Als negativ empfundene Emotionen spornen das analytische Denken an. Positive Emotionen regen eher das kreative und konstruktive Denken an. • Das Niveau des Ambiguitätserlebens darf die Schüler nicht ernsthaft überfordern oder beeinträchtigen. Wähle lieber anfangs ein niedriges Niveau der Konflikterzeugung und steigere inkrementell.	• Wichtigkeit der materiellen Rahmenbedingungen, in denen Zielgruppe agiert. Ambiguität, die moralischen Konflikt mit sich bringt, der nicht ohne Weiteres gelöst werden kann, hemmt kritisches Denken (Erprobung 1): Wer mit kritischem Denken „am eigenen Ast sägt" (beruflich oder privat massive Probleme dadurch verursachen würde), der kann es mit hoher Wahrscheinlichkeit nicht zulassen und verschließt sich. • Modifizierung des Provokationsprinzips (aus Komfort-Zone locken): Dies verstärkte in diesem Falle noch die Ablehnung bei betrieblichen pädagogischen Professionals. • Möglicherweise muss das didaktische Förderprinzip „Ambiguitätserleben" für bestimmte Zielgruppen sogar ganz verworfen werden, denn es reichte eine Bildcollage aus, um sehr starke, negative Emotionen bei der Zielgruppe zu wecken, die zu Verteidigungshaltung und unkritischem Denken führten.	• Erzeugung von Ambiguität durch Einsatz verschiedener Medien wie Zeitungsartikel, Kurzgeschichten usw. • Dilemma-Analyse • Gastvorträge bzw. Exkursionen mit bzw. zu Menschen, die mit dem Thema in Verbindung stehen (Betroffene, Täter usw.); möglich auch durch virtuelle Treffen
Urteils- bildung	Selbstreflexion zur Klärung und Beurteilung der eigenen Perspektive der Lernenden • Rege die Lernenden zur Selbstreflexion an und lass sie ihre Annahmen kritisch beleuchten.	• Nur möglich bei Vertrauen und Freiheit im Denken und Handeln (Personaler lehnten ideologiekritisches Denken über eigene Zwänge und Handlungsrationalitäten ab.	• Methoden der Selbstreflexion wie E-Portfolios, Lerntagebücher, Interview mit sich selbst usw. • Methoden zur Anregung von Reflexion wie Essays, Szenario-Analyse

Wechselnde Phasen der multi-perspektivischen Reflexion und sozialen Interaktion • Definiere und etabliere gemeinsam mit den Lernenden Diskussionsregeln für kritisches Denken. • Initiiere Phasen der Identifikation und des gemeinsamen Austausches über verschiedene mögliche Perspektiven auf den zu betrachtenden Sachverhalt. • Lasse die dabei gefundenen Annahmen von den Lernenden analytisch und ideologiekritisch bewerten. • Sorge dafür, dass möglichst eine große Vielfalt an Perspektiven berücksichtigt und von den Lernenden diskutiert und beurteilt wird. • Führe auch Phasen ein, in denen die Lernenden für sich alleine Zeit und Ruhe zum Denken erhalten, um Sichtweisen zu sortieren, die jeweiligen Annahmen und die dahinterliegenden Erkenntnisprozesse analytisch, ideologiekritisch und multiperspektivisch zu bewerten. • Fordere die Lernenden auch dazu auf, konstruktiv nach Überprüfungsmöglichkeiten von Annahmen zu suchen und gib ihnen den Rahmen, diese auch überprüfen zu können, z. B. in Form von interaktiven Lernumgebungen, Praxiskontakten usw. • Räume deinen Lernenden ausreichend Zeit für die Kontemplation und für Diskussionen ein. Kritisches Denken entfaltet sich erst mit dem längeren, beharrlichen Nachdenken und Sprechen über einen Sachverhalt.	• Kommunikatives Handeln nur möglich, wenn gegenseitiges Vertrauen, Wertschätzung und Offenheit gegeben sind. Ist Lerngruppe sehr heterogen in deskriptiven und präskriptiven Anschauungen und kann kein förderliches Lernklima etabliert werden, so können Teilnehmer mit offenem und verdecktem strategischen Handeln reagieren (Erprobung eins). • Die Offenlegung der unterschiedlichen und sich widersprechenden Anschauungen zu kritischem Denken führte beim gegenseitigen Austausch zu einer Verstärkung der „Fraktionsbildung" und damit auch zur gegenseitigen Ablehnung (Erprobung eins). • Kritischer Erfolgsfaktor: Kritisches Denken benötigt viel Zeit, aber auch Muße, also Entspannung, Kontemplation. Die für das eigene Denken sehr nützliche Ausprägung eines konzeptuellen Verständnisses kritischen Denkens erfolgte sehr langsam und unter intensiver Auseinandersetzung mit dem Denkstil. • Teilnehmer, die privat oder beruflich sehr bzw. im Studium stark eingespannt und beschäftigt waren, konnten nur erschwert Zugang zu kritischem Denken finden.	• Methoden der Ideensammlung und Strukturierung wie Brainstorming, Mindmapping usw. • Think-Pair-Share- Methoden wie Critical Practice Audit • Methoden des kooperativen Lernens wie Pro-Kontra-Debatte, strukturierte Kontroverse, WebQuests usw. • Verschiedene Formen von Diskussionen (auch asynchron in Online-Foren)

	Emotionssteuerung • Unterstütze die Lernenden im Umgang mit ihren Emotionen wie Überforderung, Angst, Betroffenheit usw., indem du weiterhin ein ermutigendes Lernklima schaffst, eigene Schwierigkeiten beim kritischen Denken einräumst usw.	• Wenige studentische Teilnehmer verarbeiteten die erzeugte Dissonanz irrational (Verschwörungstendenzen, Erprobung zwei). Erst durch Gruppen- und Einzelgespräche konnten diese Vorstellungen abgebaut werden. Folge: Evaluation des Fühlens und des Denkens der Teilnehmer sehr wichtig.	• Methoden wie Blitzlicht, persönliche Gespräche, Aufgaben, in denen das Fühlen und Denken evaluiert werden kann, haben sich als förderlich bei den Erprobungen erwiesen, um emotionale Befindlichkeit der Lerner herauszufinden.
	Modellierung kritischen Denkens • Veranschauliche auf vielfältige Weise (eigene) kritische Denkprozesse, wie du bei der epistemischen Analyse von Quellen vorgehst, wie du dich in andere Perspektiven hineinversetzt, wie du Ideologiekritik übst, wie du konstruktiv Annahmen überprüfst usw.	• Kritischer Erfolgsfaktor: Akzeptanz des Dozenten als kritischer Denker • Rollenmodell des Dozenten wurde als nützlich von den studentischen Teilnehmern empfunden. In Erprobung eins jedoch Ablehnung von betrieblichen pädagogischen Professionals. • Modellierung nur dann wirksam, wenn Dozent als Vorbild im kritischen Denken wahrgenommen wird.	• Methoden der Veranschaulichung von kritischen Denkprozessen wie Ablaufdiagramme, Concept-Maps (auch computergestützt möglich), Leitfäden für kritisches Prüfen von Annahmen usw. • Sokratisches Fragen
Entwicklung von Iternativen	Induktion positiver Emotionen • Rege über verschiedene Wege positive Emotionen bei der Entwicklung von Alternativen an. Spaß und Ungezwungenheit spielen dabei eine ganz wichtige Rolle.		• Methoden zur Förderung einer entspannten und heiteren Atmosphäre durch Nutzung von Bildern, Pflanzen, Musik, Verkleidungen, Witzen usw.

	Selbstvertrauen der Lernenden • Führe den Lernenden plastisch vor Augen, dass die Zukunft offen und durch sie selbst gestaltbar ist. Lobe die Lernenden für konstruktive Beiträge. Hilf ihnen, ihre Ideen zu artikulieren. Wechselnde Phasen der multiperspektivischen Reflexion und sozialen Interaktion • Sorge für Phasen, in denen die Lernenden konzentriert ihre eigenen Ideen zur Verbesserung der Praxis finden und beurteilen können. • Initiiere aber auch Phasen, in denen sie sich über ihre Denkresultate austauschen können und gemeinsam multiperspektivisch Handlungsalternativen ausarbeiten und bewerten. • Räume deinen Schülern ausreichend Zeit für die Kontemplation und für Diskussionen ein. Kritisches Denken entfaltet sich erst mit dem längeren, beharrlichen Nachdenken und Sprechen über einen Sachverhalt.	• Einige Teilnehmer wurden durch die kritische Auseinandersetzung mit Inhalten, wie z. B. dem Konzept des heimlichen Lehrplans, dazu ermutigt, in der zukünftigen Lehrpraxis bzw. im Alltag aktiv die damit verbundene Problematik anzugehen. Dazu entwickelten die Teilnehmer konkrete Lösungsansätze. • Entwicklung von alternativen Handlungsweisen und Resolution zur Umsetzung geht einher mit der Bestärkung von Absichten, die aus Erkenntnis erwachsen sind. Jene Erkenntnisse müssen von individueller Relevanz sein und es müssen Mittel und Wege erkannt werden, die eine Umsetzung der Alternativen möglich machen.	• Einsatz von Entspannungstechniken • Emanzipatorische Methoden des kooperativen Lernens wie Zukunftswerkstatt, Protokoll der kritischen Diskussion usw. • Brainstorming (auch online mit Programmen wie Mindmeister) • Methoden der imaginativen und konstruktiven Kommunikation wie die „Fünf-Minuten-Regel"
	Modellierung des emanzipatorischen Denkens und Handelns • Veranschauliche emanzipatorisches Denken und Handeln, z. B. an Beispielen aus der Praxis.		• Nutzung von eindringlichen Praxisbeispielen.
Integrationsphase	Sensibilisierung für die Konsequenzen kritischen Denkens • Weise die Lernenden auf mögliche Gefahren hin, die kritisches Denken als Folge mit sich bringen kann. Berichte beispielsweise aus eigener Erfahrung.		• Feedbackgespräche • Einsatz von Fallbeispielen z. B. auch anhand berühmter Persönlichkeiten

	Modellierung emanzipatorischen Handelns • Zeige auf, wo du in deinem Leben oder andere Personen auf kritische Erkenntnisse konstruktive Taten folgen ließest. Weise auf Bündnisse und Netzwerke hin, die sich bestimmten Zielen zur Verbesserung der Lebenspraxis verschrieben haben.	• Schilderung eigener emanzipatorischer Verhaltensweisen (z. B. becoming a vegetarian) regte Studenten zum Nachdenken über eigenes Handeln an. Voraussetzungen: Dozent muss als authentisches Vorbild anerkannt werden. • Dozentenfeedback zu kritischen Denkaktivitäten im Reflexionsauftrag „Heimlicher Lehrplan" wurde als sehr hilfreich von den Studenten empfunden. Voraussetzungen: Dozent muss als authentisches Vorbild anerkannt werden.	• Erfahrungsberichte • Dozentenfeedback
	Förderung des Selbstvertrauens der Lernenden • Spiegle gemachte Erfolge bei Lernprozessen im kritischen Denken. Sei ein integeres Vorbild für die Lernenden. Ermutige die Lernenden beim Ausprobieren neuer Denk- und Handlungsweisen. Selbstreflexion zur Beurteilung der Einflussmöglichkeiten • Rege die Selbstreflexion der Lernenden dahingehend an, dass sie ihren konkreten Einflussbereich zur Verbesserung der bestehenden Bedingungen vernunftgeleitet erkennen.		

	Erprobung und Einübung ermächtigender, emanzipierender Verhaltensweisen • Führe jene Methoden in den Unterricht ein, in denen die Lernenden ihre Erkenntnisse anhand konkreter Handlungen sowohl in der Praxis als auch in der Klassengemeinschaft ausprobieren können. Wechselnde Phasen der multiperspektivischen Reflexion und sozialen Interaktion • Sorge für Phasen, in denen die Lernenden konzentriert ihre eigenen Ideen und gemachten Erfahrungen zur Verbesserung der Praxis finden und reflektieren können. • Initiiere aber auch Phasen, in denen sie sich über ihre Absichten und gemachten Erfahrungen austauschen können und gemeinsam multiperspektivisch weitere Handlungsalternativen ausarbeiten und bewerten. • Räume deinen Schülern ausreichend Zeit für die Kontemplation und für Diskussionen ein. Bereitung des Bodens für das Entstehen von Gemeinschaften: • Hilf den Individuen, sich selbst in Gemeinschaften zu ermächtigen, damit sie sich sowohl im formalen als auch im informellen Rahmen unterstützen und einander helfen.		• Methoden des selbstermächtigenden Lernens wie Pro-Kontra-Debatte (mit Verknüpfung zur Praxis) • Service Learning, Projektunterricht • Lernwerkstatt • Theaterpädagogik (Theater der Unterdrückten usw.) • Communities of Practice • E-Portfolio-Methode

Tabelle 29: Zusammenfassung der Ergebnisse zur Spezifikation der Förderprinzipien kritischen Denkens

Vor allem die Herstellung von Vertrauen und Offenheit im Umgang miteinander kann als ein zentrales Element der Denkschulung gewertet werden. Erst durch ein förderliches Lernklima wird der Boden für das Zulassen kritischen Denkens bereitet. Das Lernklima korreliert auch mit der Akzeptanz des Dozenten. Wird der Dozent nicht als Person und als kritischer Denker akzeptiert, so kann auch nur erschwert ein förderliches Lernklima etabliert werden.

Weiterhin gilt es, äußerst sensibel mit dem Einsatz von Ambiguität zu verfahren. Bei der Ersterprobung verstärkte die Herausforderung des Denkens über die Handlungsrationalitäten der eigenen Praxis die Ablehnung kritischen Denkens. Irrationale Argumente zur Verteidigung der Praxis im Einzelhandel hemmten kritisches Denken in der Gruppendiskussion. Als Auslöser reichte bereits eine Bildcollage aus, um massive Emotionalität bei den Teilnehmern aus den Betrieben zu erzeugen. Als Schlussfolgerung lässt sich die Hypothese aufstellen, dass kritisches Denken nur erschwert in Bereichen stattfinden kann, die das Individuum in einen moralischen Konflikt führen, dessen rationale Auflösung zu massiven Problemen für das Individuum führen könnte, bzw. nicht von dem Individuum selbst realisiert werden kann. Gerade bei der Zielgruppe der Personalentwickler und deren schwierigen beruflichen Rahmenbedingungen muss das Herausforderungsprinzip verworfen und nach anderen Wegen der Stimulierung kritischer Denkaktivität gesucht werden. Hingegen entfaltete es bei den Studenten eine eindringliche Wirkung, die kritische Denkaktivitäten mit sich brachte. Dabei wurde ein hohes Maß an Ambiguität eingesetzt, jedoch ging die Herausforderung auch einher mit einem humor- und respektvollen Umgang in einem Lernklima der Geborgenheit.

Zu den verfolgten Lernzielen lässt sich sagen, dass diese nur teilweise in der Ersterprobung mit den pädagogischen Professionals erreicht wurden. Das lag unter anderem an organisatorischen Gründen, wie z. B. daran, dass kritisches Denken nur als ein untergeordnetes Teilziel verfolgt wurde, die Arbeitsbelastung der Teilnehmer dazu führte, dass sie Übungen nicht mehr durchführen konnten etc. Darüber hinaus führte ein durch die Denkschulung selbst verstärkter Konflikt zwischen den Gruppen „Nicht-Betrieb" und „Betrieb" zu einem kritisches Denken hemmenden Arbeitsklima. Die Personalentwickler lehnten kritisches Denken, insbesondere die Dimension der Ideologiekritik, als nutzlos und gefährlich ab und führten den Begriff des lösungs- und kundenorientierten Denkens als vorgeschlagenes Substitut ein. Dieses Verständnis ist unternehmerischem Denken gleichzusetzen, wobei kritische und utopische Elemente zugunsten der ökonomischen Verwertbarkeit getilgt wurden. Dieses eher funktionale, auf unternehmerischen Nutzen getrimmte Verständnis erregte Unverständnis bei den anderen Teilnehmern und ließ die nicht überwindbare Verschiedenheit in Denkweisen und verinnerlichten Rollenbildern deutlich werden.

Bei der Erprobung bei den Studenten hingegen wurden die aufgestellten Lernziele sehr zufriedenstellend erreicht. Außerdem wurden weitere, nicht vorhergesehene Effekte beobachtet. Zum einen wurden die Fertigkeiten und Dispositionen für kritisches Denken in unterschiedlicher Ausprägung gefördert. Fast alle der befragten Studenten gaben an, dass ihr kritisches Denken durch die Teilnahme am Kurs systematisiert wurde und ein Bewusstsein für kritische Denkaktivitäten geschaffen wurde. Diese Wirkweise wurde zum Teil auch bei der Ersterprobung in Erfahrung gebracht. Anscheinend führt die Auseinandersetzung mit kritischem Denken zur Verbesserung der Metakognition im Bereich des kritischen Denkens, da beispielsweise für einzelne Denkaktivitäten nun Begrifflichkeiten benutzt werden können oder Kriterien für das Denken vorhanden sind. Durch die verbesserte Metakognition wiederum lassen sich Denkaktivitäten kontrollierter steuern, was zu einer Verbesserung des kritischen Denkens führen kann. Dieser Effekt wurde bei Teilnehmern beobachtet, die sich über eine längere Zeit intensiv mit den Konzepten kritischen Denkens beschäftigt hatten.

Neben der Bewusstmachung und Systematisierung wurde bei einigen Studenten das kritische Denken qualitativ erweitert, indem neue Denkstandards eingeführt wurden, die die Studenten davor nicht angewandt hatten. Hierbei ist insbesondere ideologiekritisches Denken zu nennen, das für einige Studenten eine gänzlich neue Erfahrung darstellte. Des Weiteren wurde ein Großteil der Teilnehmer in den Erprobungen zur Anwendung kritischen Denkens im Alltag angeregt. Einige Studenten gaben auch an, durch die Teilnahme an dem Kurs in ihrer persönlichen Entwicklung vorangebracht worden zu sein.

4.2 Würdigung der Forschungsergebnisse

Die präsentierten zentralen Ergebnisse wurden anhand von empirischen Belegen getroffen, die mit verschiedenen methodischen Vorgehensweisen erschlossen wurden. Jedes methodische Vorgehen hat dabei Vor- und Nachteile, erkenntnistheoretische Reichweiten und Grenzen. Jedes wissenschaftliche Vorgehen verhält sich wie ein subjektiver Blick durch ein Objektiv, mit dem ein ganz bestimmter Ausschnitt der Realität von einer ganz bestimmten Warte und einem ganz bestimmten Winkel aus zu einem bestimmten Zeitpunkt beobachtet und interpretiert wird. Tauscht man die verwendeten Linsen des Objektivs gegen andere aus, ändert man den Winkel, die Warte oder den Zeitpunkt des Betrachtens, so zeigt sich ein anderes Bild, welches sich von der originären Betrachtung bereits schon unterscheiden kann. In der vorliegenden Arbeit geschah der Blick durch das Objektiv in einem verstärkt qualitativen Ansatz. Verstehen zu wollen, warum und wie ein zu entwickelndes, kontextsensitives Design zur Qualifizierung im kritischen Denken funktionieren kann, war ein Teilziel der Arbeit. Daraus sollten Rückschlüsse für eine bestimmte pädagogische Praxis gezogen und theoretische Implikationen für die Förderung kritischen Denkens abstrahiert werden.

Es galt insgesamt, für einen bestimmten Kontext der pädagogischen Praxis ein nützliches, innovatives und nachhaltiges Design in Form eines Qualifizierungskonzeptes zu entwickeln. Die empirischen Belege und die gemachten Erfahrungen bestätigen, diese Ziele zumindest bei der Erprobung des Designs im Kontext der Studenten der Wirtschaftspädagogik erreicht zu haben. Dafür lassen sich viele gute Argumente finden. Andererseits ließen sich auch eine ganze Reihe von guten Argumenten finden, die die Ergebnisse der Arbeit und deren Nutzen schwerwiegend belasten und einschränken können. Der Blick durch das Objektiv kann als verschwommen und selektiv interpretiert werden. Das Explizieren innerer Denkwelten der Studierenden durch Ausdeutung, der persönliche und freundschaftliche Umgang mit den Studierenden, die eigene, selektive Wahrnehmung, die aus der eigenen Denktradition als Forscher erwächst, die Unfähigkeit der Subjekte, objektive Aussagen über ihr Denken zu treffen, soziale Erwünschtheit in den Interviewsituationen und noch viele andere Gesichtspunkte ließen sich für den "verschwommenen" Blick anführen. Als weiteres Manko in der vorliegenden Design-Based-Forschung kann der Mangel an Men- und damit auch Brainpower genannt werden. Design-Based-Forschung sollte mit einer Vielzahl unterschiedlicher Experten aus verschiedenen Denktraditionen gestaltet werden. Trotz regen Austausches mit Experten geschah die Realisation der Forschung jedoch letztlich durch einen Ein-Mann-Betrieb, was durch die formellen Anforderungen der Dissertation bedingt war. Zudem bräuchte es zusätzliche Erprobungen des Designs, um weitere Problemlagen und Erkenntnisse identifizieren zu können, um schließlich verlässlichere Aussagen zu dem Geltungsbereich des theoretischen Rahmens bzw. der Wirksamkeit des Qualifizierungskonzeptes zu treffen.

Die begonnene Liste an Kritikpunkten ließe sich noch problemlos erweitern. Sie ist voll von teilweise nur schwer zu widerlegenden Argumenten, die die methodische Vorgehensweise und die dabei gefundenen Erkenntnisse scharf kritisieren und in ihrer Aussagekraft schwächen. Diese Kritikpunkte ließen sich nicht ohne Weiteres ausräumen, jedoch können gute Erklärungen gefunden werden, die wiederum die Kritikpunkte zumindest im Ansatz schwächen und in ein anderes Licht rücken können. Aber auch jene guten Erklärungen erklären nicht alles. Sie bleiben in ihrer Bestimmtheit zu einem gewissen Grade unbestimmt, jedoch werden vorerst keine weiteren Fragen mehr gestellt, da sie den Sachverhalt gerechtfertigt erscheinen lassen. In wissenschaftlichen Arbeiten wird oftmals eine seltsame Art der dialektischen Auseinandersetzung mit den gewonnenen Erkenntnissen und dem Forschungshandeln vorgenommen, mit dem Ziel, die eigene Arbeit zu legitimieren und deren Wichtigkeit und Einzigartigkeit herauszustellen. Dies gelingt dem Forschenden stets, da das unternommene Forschungshandeln – sei es auch noch so chaotisch im Entstehungszusammenhang der Ergebnisse gewesen – so dargestellt wird, dass es höchst durchdacht, schlüssig, stimmig oder gar unumgänglich scheint, wenngleich auch einige leichte Kritikpunkte zugelassen werden, um die eigene Kritikfähigkeit zu demonstrieren. Eine Dissertation wird geschrieben, um theoretische Erkenntnisse zu gewinnen und Probleme in der Praxis zu lösen. Gleichzeitig dient sie auch als soziale Aufstiegsfunktion für Forschende, z. B. im Wissenschaftsbetrieb. Dadurch entsteht ein Spannungsfeld, was zu einer Glättung und Aufwertung von tatsächlichen Ergebnissen und dem Prozess des Forschungshandelns in der Arbeit führen kann, um der Aufstiegsfunktion gerecht zu werden. Schließlich wird die Arbeit von zwei Professoren im Hinblick auf ihre Wissenschaftlichkeit und ihren Erkenntnisgewinn bewertet. Ich erspare mir aufgrund dieser Problematik diese scheinbare dialektische Auseinandersetzung, in der die Synthese bereits vor der Diskussion feststeht. Vielmehr räume ich einige Schwächen und Unvollständigkeiten beim methodischen Vorgehen ein, von denen einige, in Abhängigkeit von der Betrachtung, jedoch auch als Stärken gewertet werden können. Ein kritischer Rationalist, der sich der pädagogischen Experimentalforschung verschrieben hat, wird anders über das methodische Vorgehen urteilen als jemand, der für die pädagogische Aktionsforschung eintritt oder Hermeneutiker ist. Dennoch gibt es einige Punkte innerhalb des skizzierten Vorgehens, die traditionsübergreifend als problematisch gesehen werden können. Sie wurden größtenteils in diesem Kapitel und an anderen Stellen bei der Konstruktion des Modells dargelegt.

In der vorliegenden Arbeit wurde nicht der Anspruch erhoben, objektives Wissen zu produzieren. Vielmehr zielte die Arbeit darauf, einen nützlichen und innovativen Beitrag für die Praxis in einem spezifischen Kontext zu leisten. Die primären Gütekriterien im Sinne der Design-Forschung, die in der Tradition des Pragmatismus steht, sind *Neuheit, Nützlichkeit und nachhaltige Innovation* (Reinmann, 2005, S. 63). Gemessen an diesen Kriterien konnte dem erhobenen Anspruch zum Großteil gerecht werden.

Es wurde gezeigt, dass sich das Design für den Kontext der Studierenden als wirksam und nützlich erwiesen hat. Neben der Qualifizierung für die Förderung kritischen Denkens wurde auch die persönliche Weiterentwicklung einiger Studenten als Privatpersonen oder als Zivilbürger angestoßen. Das Design ist somit nicht nur für die einzelnen Teilnehmer, die den subjektiv wahrgenommenen Nutzen über verschiedene empirische Kanäle bestätigten, sondern auch für die Gesellschaft als Ganze nützlich, wenn die eingangs in der Arbeit aufgestellte Annahme richtig ist, dass kritisches Denken der Schlüssel zu gesellschaftlichem Wandel sein kann. Gerade in Zeiten, in denen lebenslanges Lernen propagiert wird, gewinnt die Fähigkeit, eigenständig denken zu können, enorm an Bedeutung. Weiterhin kann der erarbeitete theoretische Rahmen kritischen Denkens sowohl für die Entwicklung eines Verständnisses für die Thematik als auch für die konkrete Praxis bei Pädagogen nützlich sein, wenn eine zielgruppengerechte Nutzung der didaktischen Richtlinien kritischen Denkens kontextsensitiv erfolgt. Im Kontext der betrieblichen pädagogischen Professionals und jener Praktiker ohne universitären Bildungsabschluss hat sich das Design jedoch nicht bewährt. Für diese Zielgruppen wurden auf Grundlage der gemachten Erfahrungen Vorschläge für eine angemessene Qualifikation abgeleitet, die jedoch weiter auf ihre Eignung untersucht werden müssen.

Auf der Ebene der Neuheit lässt sich sagen, dass ein derartiges Seminarangebot im Bereich der Aus- und Weiterbildung in Deutschland ein Novum darstellt. Auch das entwickelte Modell kritischen Denkens kann im deutschen Bildungsdiskurs als Innovation bewertet werden, da die wenigen in deutscher Sprache erhältlichen pädagogischen Modelle einer bestimmten Tradition, wie z. B. der analytischen Philosophie, zugeordnet werden können und keinen ganzheitlichen, pädagogischen Ansatz bieten, wie er in dem vorgestellten Modell erarbeitet wurde.

Die Nachhaltigkeit des Designs wurde auf der Ebene der Studenten als positiv eingeschätzt, wenngleich keine zuverlässigen Aussagen zu der Nachhaltigkeit des Fördererfolges getroffen werden konnten. Jedoch konnte zufällig in Erfahrung gebracht werden, dass zwei Teilnehmer ein halbes Jahr nach Beendigung des Kurses angaben, sehr von der Teilnahme in ihren jeweiligen Kontexten zu profitieren.

5. Ausblick

Die erzielte Wirksamkeit bei der Qualifizierung im kritischen Denken, wie sie exemplarisch in dieser Arbeit demonstriert wurde, kann nicht durch Integration einzelner Qualifizierungselemente in verschiedene bestehende Lehrveranstaltungen realisiert werden. Es konnte gezeigt werden, dass erst durch eine intensive Auseinandersetzung mit kritischem Denken und durch die Ausprägung eines konzeptuellen Verständnisses die Denkschulung nachhaltig kognitiv wirksam wurde.

Es bleibt zu hoffen, dass die vorliegende Arbeit einen Beitrag dazu leisten kann, für die Förderung kritischen Denkens in der Pädagogik Aufmerksamkeit zu erregen. Kritisches Denken ist eine Fähigkeit, die allzu oft in der immer funktionaler werdenden Lehre nicht berücksichtigt wird. Es gibt Indizien dafür, dass gerade an wirtschaftswissenschaftlichen Fakultäten ganzheitliches kritisches Denken zu kurz kommt – zugunsten eines egoistischen und den Eigennutzen maximierenden Denkstils der Effizienz, welcher durch die Lehre transportiert und von den Studenten übernommen wird. Beispielsweise konnten Frank, Gilovich und Regan 1993 durch die Durchführung des "Ultimatum-Spiels"[71] und

---

71 Das Ultimatum-Spiel ist ein klassisches Laborexperiment zur Erforschung von egoistischem bzw. altruistischem Verhalten. Dabei wird untersucht, in welchem Maß der Mensch unter bestimmten Bedingungen monetären Nutzen maximiert und zu welchem Grad er bei seinen Entscheidungen auch die Interessen anderer mit einbezieht.

weiterer Experimente zeigen, dass Studierende der Wirtschaftswissenschaften in den Vereinigten Staaten sich wesentlich unkooperativer und egoistischer verhielten als Studenten anderer Fächer, die sich den gleichen Untersuchungen unterzogen hatten. Ihr Verhalten wurde durch einen Denkstil beeinflusst, der auf der unvernünftigen Annahme basierte, dass das Streben nach Eigennutzen „rational" und deshalb zu verfolgen sei. Die Autoren der Studie führen die Ausprägung dieses Denkstils auf die universitäre Ausbildung zurück (Frank, Gilovich und Regan, 1993 S. 167). Die Auseinandersetzung mit kritischem Denken hingegen kann als Korrektiv zu solchen Tendenzen gewertet werden.

Lernen ist unmittelbar mit Denken verknüpft. Wer kritisch denken kann, kann sich selbstständig Inhalte erschließen und diese entsprechend wohlbegründet beurteilen. Fachwissen wird schnell wieder vergessen oder wird von ganz allein in schnelllebigen Zeiten des Fortschritts obsolet. Kritisches Denken hingegen ist eine bleibende Fähigkeit, die nicht nur für das Lernen dienlich ist, sondern zur Emanzipation des Menschen verhelfen kann. Ich hoffe, dass in Zukunft mehr Bildungsinstitutionen, vor allem im wirtschaftswissenschaftlichen Bereich, vermehrt auf die Förderung kritischen Denkens Wert legen. Die vorliegende Arbeit zeigt Mittel, Wege und Mindestanforderungen auf, wie dies geschehen kann. Ich hoffe auch, dass in der Zukunft die Qualifizierung für die Förderung kritischen Denkens viel stärker in die Aus- und Weiterbildung von pädagogischen Professionals Einzug halten wird und dass das in der Arbeit erkannte Scheitern bei der Qualifizierung betrieblicher pädagogischer Professionals in weiteren Forschungsbemühungen aufgegriffen und gelöst wird.

Meiner Ansicht nach hängt das menschliche Vorankommen heutzutage nicht mehr vom technischen Fortschritt und Wettbewerb ab. Der menschliche Fortschritt ist bedingt durch die „richtige", also menschgerechte Ausgestaltung der Welt durch den Menschen für den Menschen. Dies bedeutet auch eine „humanere" Nutzung von Wissenschaft und Technik zur Reduktion des Leidens der Welt und somit auch jenes der Menschen. Der heutige „Fortschritt" jedoch bedroht diese Idee einer menschgerechteren Welt. Die instrumentelle Vernunft durch-tränkt das menschliche Denken und Handeln. Sie führt zwar zu enormen technischen und wirtschaftlichen Errungenschaften, lässt dabei aber die Seele vieler Menschen erkalten und unbarmherzig werden. Es scheint so, als sei bei vielen die Fähigkeit zu lieben und Mitleid zu empfinden verkümmert. Gleichzeitig sehnen sich viele Menschen nach mehr Liebe, trotz aller gegebenen Möglichkeiten der modernen Leistungsgesellschaft. Das von mir vorgestellte Konzept kritischen Denkens ist ein Denkstil einer des Mensch-Seins gerechten Rationalität. Letztlich ist es ein bescheidener und utopischer Beitrag für mehr verwirklichte Liebe zu allem Seienden. Mögen noch viele, größere und wichtigere Beiträge mit dieser Zielsetzung folgen, sowohl in der Wirtschaftspädagogik als auch in allen anderen Disziplinen der Wissenschaft.

VI. Literaturverzeichnis

A

Abfalterer, E. (2007). *Foren, Wikis, Weblogs und Chats im Unterricht*. Berlin: vwh.

Abrami, P. C., Bernard, R. M., Borokhovski, E., Wade, A., Surkes, M. A., Tamim, R., Zhang, D. (2008). Instructional Interventions Affecting Critical Thinking Skills and Dispositions: A Stage 1 Meta-Analysis. In *Review of Educational Research December 2008 Vol. 78 Nr. 4* (S. 1102–1134). Kalifornien: Sage.

Adams, D., Hamm, M. (1996). *Cooperative Learning. Critical Thinking and Collaboration Across the Curriculum* (2. Ausg.). Springfield: Thomas Books.

Adams, D. M., Hamm, M. E. (1990). *Cooperative Learning. Critical Thinking and Collaboration Across the Curriculum*. Springfield: Charles Thomas.

Adams, E. H., Leader, W., Jain, G. & Lawrence, L. W. (2008). Predictive Value of California Critical Thinking Skills Test as to First Year and Cumulative GPA. *Paper presented at the annual meeting of the American Association of Colleges of Pharmacy*. Verfügbar unter: http://www.allacademic.com/meta/p_mla_apa_research_citation/2/6/1/1/6/p261168_index.html [05.03.2010].

Adorno, T. W. (1970). *Traditionelle und kritische Theorie*. Frankfurt am Main: Fischerei Bücherei.

Albert, H. (1971). Der Mythos der totalen Vernunft. In H. Maus, F. Fürstenberg, H. Maus, & F. Fürstenberg (Hrsg.), *Der Positivismusstreit in der deutschen Soziologie* (3. Ausg., S. 193–234). Berlin: Luchterhand.

Altrichter, H. & Posch, P. (2007). *Lehrerinnen und Lehrer erforschen ihren Unterricht* (4. Ausg.). Bad Heilbrunn: Klinkhardt.

Anderson, T. D. & Garrison, D. R. (1995). Critical Thinking in distance education: Developing critical communities in an audio teleconference context. *Higher Education II*, 29, 183–199.

Armstrong, A., Morris, M. R., Solomita, D. & Bloom, L. (2007). Leveraging Expert faculty Presence: One Cource, Two Unique Learning Environments, Simultaneous Delivery. In T. Bastiaens & S. Carliner (Hrsg.), *Proceedings of World Conference on E-Learning in Corporate, Government, Healthcare, and Higher Education* (S. 609–614). Chesapeake, VA: AACE.

Aronson, E., Wilson, T. D. & Akert, R. M. (2008). *Sozialpsychologie* (6. Ausg.). München: Pearson Studium.

Astleitner, H. (o.J.). *Argumentieren lernen online. Zur Qualitätsentwicklung einer virtuellen Denkschule*. Verfügbar unter: http://www.sbg.ac.at/erz/kritnet4/bericht.pdf [13.02.2009].

Astleitner, H. (2002a). *Kritisches Denken und Web-basierte Lernumgebungen (WBL)*. Verfügbar unter: http://www.fachdidaktik-einecke.de/2_Lernen_in_Deutsch/kritisches_denken_und_web.htm [21.10.2008].

Astleitner, H. (2002b). *Qualität des Lernens im Internet*. Frankfurt am Main: Peter Lang.

Astleitner, H. (1998). *Kritisches Denken. Basisqualifikation für Lehrer und Ausbildner*. Innsbruck: Studien-Verlag.

Astleitner, H., Brünken, R. & Zander, S. (2002). *Können Schüler und Lehrer kritisch Denken? Lösungserfolg und Strategien bei typischen Aufgaben*. Verfügbar unter: http://www.sbg.ac.at/erz/salzburger_beitraege/herbst%202002/astl_202.pdf [31.01.2009].

Aufenanger, S. (2006). *Einführung in die Erziehungswissenschaft*. Verfügbar unter: http://www.medienpaed.fb02.uni-mainz.de/stefan2005//Einfuehrung_Erziehungswissenschaft_250106.pdf [07.03.2009].

B

Ballstaedt, S. P. (1997). *Wissensvermittlung. Die Gestaltung von Lernmaterial*. Weinheim: Beltz Psychologische Verlags Union.

Bassham, G., Irwin, W., Nardone, H. & Wallace, J. (2007). *Critical Thinking: A Student's Introduction*. New Jersey: McGraw-Hill.

Baxter, M. (1992). *Knowing and reasoning in college: Gender-related patterns in students' intellectual development*. San Francisco: Jossey Bass.

Becker, T. (2004). Vorlesung *"Logisches und nicht-logisches Schließen"*. Verfügbar unter: http://www.phf. uni-rostock.de/institut/igerman/personal/becker/scripte/Skript-VL-Logisches-und-nicht-logisches-Schlie%DFen.pdf [01.11.2008].

Beckmann, J. (1984). *Kognitive Dissonanz. Eine handlungstheoretische Perspektive*. Berlin: Springer-Verlag.

Bellis, M. (o.J.). *Benjamin Bloom – Critical Thinking Skills*. Verfügbar unter: http://inventors.about.com/library/lessons/bl_benjamin_bloom.htm [07.03.2009].

Bereiter, C. (2002). Design Research for Sustained Inovation. Cognitive Studies. *Bulletin of the Japanese Cognitive Science Society, 9,* 321–327.

Berlyne, D. E. (1974). *Konflikt, Erregung, Neugier. Zur Psychologie der kognitiven Motivation*. Stuttgart: Hans Klett Verlag.

Bierhoff, H.-W. (2002). *Organisation und Kommunikation in Nonprofit-Einrichtungen. Sozialpsychologische Perspektiven*. Verfügbar unter: http://www.soc.psy.ruhr-uni-bochum.de/publikationen_und_berichte/Non_Profit_text2-1.pdf [09.11.2008].

Bierman, A. K. & Assali, R. N. (1995). *The Critical Thinking Handbook*. New Jersey: Prentice Hall.

Blankertz, H. (1985). *Berufsbildung und Utilitarismus. Problemgeschichtliche Untersuchungen*. Weinheim: Juventa.

Blawat, K. (2009). *Ein Fisch schaut in die Röhre*. Verfügbar unter: http://www.sueddeutsche.de/wissen/neuronenforschung-ein-fisch-schaut-in-die-roehre-1.36460 [19.10.2010].

Boal, A. (1983). *Theater der Unterdrückten*. Frankfurt am Main: Suhrkamp Verlag.

Boghossian, P. (2004). *Socratic Pedagogy, Critical Thinking, Moral Reasoning and Inmate Education: An Exploratory Study*. Portland: Umi Microform.

Bogner, A. & Menz, W. (2005). Das theoriegenerierende Experteninterview. Erkenntnisse, Wissensformen, Interaktion. In Bogner, Alexander, W. Menz, B. Littig, Bogner, Alexander, W. Menz, & B. Littig (Hrsg.), *Das Experteninterview. Theorie, Methode, Anwendung* (2. Ausg., S. 33–70). Wiesbaden: Vs-Verlag.

Bohnsack, R. (2005). Gruppendiskussionen. In: U. Flick, E. v. Kradoff & I. Steinke (Hrsg.), *Qualitative Forschung. Ein Handbuch* (4. Ausg., S. 369–384). Hamburg: Rowohlt Taschenbuch Verlag.

Böll, H. (2006). *Anekdote zur Senkung der Arbeitsmoral*.Verfügbar unter: http://www.jorde.de/deutsch/anek01.html [01.02.2010].

Boos, M., Müller, A. & Cornelius, C. (2009). *Online-Moderation und Tele-Tutoring. Medienkompetenz für Lehrende*. Stuttgart: Kohlhammer.

Breuer, J. (2006). *E-Tutoring-Lernende beim E-Learning betreuen. Wirtschaftspädagogische Präzisierung, berufsspezifische Aufgabenfelder, notwendige Kompetenzen und wirtschaftsdidaktische curriculare Gestaltung*. Hamburg: Verlag Dr. Kovac.

Bridgeman, B. (2005). *MAPP as an Accountability Assessment*. Verfügbar unter: http://ies.ed.gov/director/conferences/08ies_conference/slides.asp?ppt=bridgeman [15.03.2010].

Brookfield, S. D. (o.J.). *Accountability. Challenging Dominant Conceptions*. Verfügbar unter: http://www.stephenbrookfield.com/Dr._Stephen_D._Brookfield/Workshop_Materials.html [13.04.2010].

Brookfield, S. (2008). Kursmaterial. *Developing Critical Thinkers*. Erhalten am 18.02.2009.

Brookfield, S. (2005). *The Power of Critical Theory. Liberating Adult Learning and teaching*. San Francisko: Jossey Bass.

Brookfield, S. (2003). Critical Thinking in Adulthood. In D. J. Fasko (Hrsg.), *Critical Thinking and Reasoning. Current research, Theory, and Practice* (S. 143–163). New Jersey: Hampton Press.

Brookfield, S. (1995). *Becoming a Critically Reflective Teacher*. San Francisco: Jossey-Bass.

Brookfield, S. D. (1987). *Developing Critical Thinkers. Challenging Adults to Explore Alternative Ways of Thinking and Acting*. San Francisco: Jossey-Bass.

VI. Literaturverzeichnis

Brookfield, S. & Preskill, S. (2005). *Discussion as a way of teaching. Tools and Techniques for Democratic Classrooms*. San Francisco: Jossey Bass.

Brown, K. (1998). *Education, Culture and Critical Thinking*. Vermont: Ashgate Publishing.

Browne, N. M. & Keeley, S. M. (1986). *Asking the Right Questions. A Guide to Critical Thinking*. New Jersey: Prentice Hall.

Bruner, J. (1997). *Sinn, Kultur und Ich-Identität. Zur Kulturpsychologie des Sinns*. (K. W. Köck, Übers.) Heidelberg: Carl-Auer-Systeme.

Burbules, N. C. & Berk, R. (1999). Critical Thinking and Critical Pedagogy: Relations, Differences, and Limits. In T. S. Popkewitz & L. Fendler, *Critical Theories in Education* (S. 45–66). New York: Routledge.

Buskist, W. & Irons, J. G. (2008). Simple Strategies for Teaching Your Students to Think Critically. In D. S. Dunn, J. S. Halonen & R. A. Smith (Hrsg.), *Teaching Critical Thinking in Psychology. A Handbook of Best Practice* (S. 49–58). London: Wiley-Blackwell.

C

Carroll, D. W., Keniston, A. H., & Peden, B. (2008). Integrating Critical Thinking with Course Content. In D. S. Dunn, J. S. Halonen, & R. A. Smith, *Teaching Critical Thinking in Psychology. A Handbook of Best Practices* (S. 101–115). Oxford: Blackwell Publishing Ltd.

Carpenter, J. (Regisseur). (1988). *Sie Leben* [Kinofilm].

Cheak, M., Douglas, N. & Erickson, R. (2001). *Three Perspectives on Critical Thinking: Theory, Research, and Teaching*. Verfügbar unter: http://www.americanreadingforum.org/Yearbooks/01_yearbook/html/02_Cheak.htm [18.01.2010].

Christakis, N. A., & Fowler, J. H. (2009). *Connected! Die Macht sozialer Netzwerke und warum Glück ansteckend ist*. (J. Neubauer, Trans.) Frankfurt am Main: Fischer Verlag.

Cobb, N. B. (2004). Critical Cooperative Learning. In J. L. Kincheloe, D. Weil, J. L. Kincheloe & D. Weil (Hrsg.), *Critical Thinking and Learning. An Encyclopedia for Parents and Teachers* (S. 399–401). London: Greenwood Press.

Collins, A. (1999). The Changing Infrastructure of Education Research. In E. Condliffe Lagemann & L. S. Shulman (Hrsg.), *Issues in education research: problems and possibilities* (S. 289–298). San Franciso: Jossey-Bass.

Collins, A., Joseph, D., & Bielaczyc, K. (2004). *Design Research: Theoretical and Methodological Issues*. Abgerufen am 2. Juli 2010 von Inkido: inkido.indiana.edu/design/collins.doc

Copeland, M. (2005). *Socratic Circles: Fostering Critical and Creative Thinking in Middle and High Schools*. Portland: Stenhouse Publishers.

Costa, A. L. (2003). Communities for Developing Minds. In D. J. Fasko (Hrsg.), *Critical Thinking And Reasoning. Current Research, Theory, And Practice* (S. 47–66). New Jersey: Hampton Press.

Costa, A. L. (Hrsg.). (1985). *Developing Minds. A Resource Book for Teaching Thinking*. Virginia: ASCD.

Creswell, J. W. (2004). *Educational Research. Planning, Conducting, and Evaluating Quantitative and Qualitative Research*. New Jersey: Pearson.

Crowley, K. (2003). Learning New Problem-Solving Strategies by Observing and Explaining. In D. J. Fasko, *Critical Thinking And Reasoning. Current Research, Theory, And Practice* (S. 99–120). New Jersey: Hampton Press.

Cursio, M. (2006). *Intentionalität als kulturelle Realität. Wittgensteins Philosophie der Psychologie im Kontext von analytischer Philosophie des Geistes und empirischer Psychologie*. Frankfurt am Main: Peter Lang.

D

Das Erste (2005). *Abstimmung der Ahnungslosen – Die EU-Verfassung im Bundestag*. Verfügbar unter: http://daserste.ndr.de/panorama/media/euverfassung100.html [31.10.2008].

Deutsche Enzyklopädie. *Denken.* Verfügbar unter: http://lexikon.calsky.com/de/txt/d/de/denken.php [11.12.2008].

Dewey, J. (2010). *HOW WE THINK.* Cambridge: Cambridge Scholars Publishing.

Dewey, J. (Hrsg.). (2002). *Wie wir denken.* Zürich: Pestalozzi Verlag.

Die Presse (2008). *„Generation Google" leidet an Informations-Mangel.* Verfügbar unter: http://diepresse.com/home/techscience/internet/378982/index.do?from=simarchiv [21. Oktober 2008].

Diekmann, A. (2006). *Empirische Sozialforschung. Grundlagen, Methoden, Anwendungen* (16. Ausg.). Hamburg: Rowohlt Taschenbuch Verlag.

Douglas, M., Zaentz, S. (Produzenten) & Forman, M. (Regisseur) (1975). *Einer Flog über das Kuckucksnest* [Kinofilm]. USA.

Draschoff, S. (2000). *Lernen am Computer durch Konfliktinduzierung. Gestaltungsempfehlungen und Evaluationsstudie zum interaktiven computerunterstützten Lernen.* Münster: Waxmann.

Dubs, R. (1992). Die Förderung des kritischen Denkens in Unterricht. *Bildungsforschung und Bildungspraxis, 14* (1), 28–56.

Duden. Das Fremdwörterbuch. (2009). Verfügbar unter: http://www.duden.de/duden-suche/werke/fx/000/151/sophistisch.151816.html [22.01.2009].

Dudenredaktion (2002). *Duden. Das Fremdwörterbuch* (Bd. 5). Mannheim: Dudenverlag.

Duit, R., Treagust, D. F. & Widodo, A. (2008). Teaching Science for Conceptual Change: Theory an Practice. In S. Vosniadou (Hrsg.), *International Handbook of research on Conceptual Change* (S. 629–646). New York: Routledge.

Dunn, D. S.; Halonen, J. S.; Randolph, A. S. *Teaching Critical Thinking in Psychology. A Handbook of Best Practice.* London: Wiley-Blackwell.

Dürr, H.-P. (2007). Wissenschaft und die Zukunft des Menschen. Vorträge aus den Jahren 2001/2002 [Audio-CD]. Müllheim: Auditorium Netzwerk.

E

Ennis, R. H. (2003). Critical Thinking Assessment. In D. Fasko (Hrsg.), *Critical Thinking And Reasoning. Current Research, Theory, And Practice* (S. 293–314). New Jersey: Hampton Press.

Ennis, R. H. (2000). *An Outline of Goals for a Critical Thinking Curriculum and Its Assessment.* Verfügbar unter: http://www.criticalthinking.net/goals.html [25.11.2008].

Ennis, R. H. (1996). *Critical Thinking.* New Jersey: Prentice-Hall.

Ennis, R. H. (1989). Critical thinking and subject specificity: clarification and needed research. *Educational Researcher, 13,* 13–16.

Ennis, R. H. (1987). A Taxonomy of Critical Thinking Dispositions and Abilities. In J. B. Baron & R. J. Sternberg (Hrsg.), *Teaching Thinking Skills: Theorie and Practice* (S. 9–26). New York: W. H. freeman and Company.

Erdmann, J. (2008). *Hegemonie.* Verfügbar unter: http://www.leuphana.de/medienkulturwiki/medienkulturwiki2/index.php/Hegemonie [12.03.2009].

Ernst, H. (2008). *Mobiles Lernen in der Praxis: Handys als Lernmedium im Unterricht.* Berlin: vwh.

Ernst, H. (2000). Bereit für die Zukunft? Was wir morgen können müssen. *Psychologie heute – compact, 182,* 14–16.

E-Teaching.org (2010). *Blended-Learning.* Verfügbar unter: http://www.e-teaching.org/lehrszenarien/blendedlearning [25.04.2010].

F

Fachportal Pädagogik. *Wir über uns.* (o.J.). Verfügbar unter: //www.fachportal-paedagogik.de/wir_ueber_uns.html [12.04.2010].

VI. Literaturverzeichnis

Facione, P. A. (1991). *Using the California Critical Thinking Test in Reseacrh, Evaluation, and Assessment.* Verfügbar unter: http://www.eric.ed.gov/ERICDocs/data/ericdocs2sql/content_storage_01/0000019b/80/23/33/ab.pdf [05.03.2010].

Facione, P. A. (1990). *Critical Thinking: A Statement of Expert Consensus for Purposes of Educational Assessment and Instruction. Executive Summary. "The Delphi Report".* Verfügbar unter: http://www.insightassessment.com/pdf_files/DEXadobe.PDF [07.04.2009].

Facione, P. A. & Facione, N. C. (1994). *Holistic Critical Thinking Scoring Rubric.* Verfügbar unter:http://www.temple.edu/tlc/resources/handouts/grading/Holistic%20Critical%20Thinking%20Scoring%20Rubric.v2.pdf [14.03.2010].

Facione, P. A., Facione, N. C. & Sanchez, C. (1994). *Critical thinking disposition as a measure of competent clinical judgment: the development of the California Critical Thinking Disposition Inventory.* Verfügbar unter: http://www.ncbi.nlm.nih.gov/pubmed/7799093 [07.03.2010].

Fasko, D. J. (2003). Critical Thinking: Origins, Historical Development, Future Directions. In D. Fasko (Hrsg.), *Critical Thinking And Reasoning. Current Research, Theory, And Practice* (S. 1–17). New Jersey: Hampton Press.

Festinger, L. (1964). *Conflict, Decision, and Disonance.* Kalifornien: Stanford University Press.

Festinger, L. (1957). *A Theory of Cognitive Dissonanz.* Stanford: Stanford University Press.

Feyerabend, P. (1993). *Philosophie Heute:* Paul Feyerabend – Lieber Himmel, was ist ein Mensch? [VHS].

Feyerabend, P. K. (1981). *Probleme des Empirismus. Schriften zur Theorie der Erklärung, der Quantentheorie und der Wissenschaftsgeschichte.* Braunschweig: Friedr. Vieweg & Sohn.

Feyerabend, P. (1980). *Erkenntnis für freie Menschen* (Ausg. 11). Frankfurt am Main: Suhrkamp.

Fischer, A. (2003). Der Strukturgitter-Ansatz: Kritische Theorie der ökonomischen Bildung – Perspektiven vor den Herausforderungen der Neuen Ökonomie – Ein virtuelles Gespräch in drei Abschnitten. In: A. Fischer (Hrsg.), Im *Spiegel der Zeit. Sieben berufs- und wirtschaftspädagogische Protagonisten des zwanzigsten Jahrhunderts.* Frankfurt am Main: Verlag der Gesellschaft zur Förderung der arbeitsorientierten Forschung und Bildung.

Fisher, A. (2001). *Critical Thinking. An Introduction.* Cambridge: Cambridge Press.

Fisher, A. & Scriven, M. (1997). *CRITICAL THINKING. ITS DEFINITION AND ASSESSMENT.* Kalifornien: Edgepress.

Fleischer, R. (Regisseur). (1973). *Soylent Green* [Kinofilm].

Flick, U. (2005). Triangulation in der qualitativen Forschung. In U. Flick (Hrsg.), E. v. Kardoff & I. Steinke, *Qualitative Forschung. Ein Handbuch* (4. Ausg., S. 309–318). Hamburg: Rowohlt Taschenbuchverlag.

Flick, U., Kardoff, E. v. & Steinke, I. (2005). Was ist qualitative Forschung? Einleitung und Überblick. In U. Flick (Hrsg.), E. v. Kardoff & I. Steinke, *Qualitative Forschung. Ein Handbuch* (4. Ausg., S. 13–29). Hamburg: Rowohlt Taschenbuchverlag.

Foucault, M. (1978). *Dispositive der Macht: Über Sexualität, Wissen und Wahrheit.* Berlin: Merve.

Foundations for Critical Thinking. The Critical Thinking Community (2009). About Us: Our Mission. Verfügbar unter: http://www.criticalthinking.org/ABOUT/index.cfm [10.04.2010].

Frank, R. H., Gilovich, T., & Regan, D. T. (1993). Does Studying Economics Inhibit Cooperation? *Journal of Economic Perspectivs, 7*, S. 159–171.

Freeley, A. J. & Steinberg, D. L. (2005). *Argumentation and Debate. Critical Thinking for Reasoned Decision Making* (11. Ausg.). London: Wadsworth.

Freire, P. (1970). *Pedagogy of the oppressed.* New York: Herder and Herder.

Freud, S. (1992). *Das Ich und das Es. Metapsychologische Schriften.* Frankfurt am Main: Fischer.

Fricke, R. (Regisseur). (1992). *Baraka* [Kinofilm].

Friesenhahn, G. J. (1985). *Kritische Theorie und Pädagogik. Horkheimer, Adorno, Fromm, Marcuse*. Berlin: EXpress Edition.

Froese, N. (2007). *Aristoteles: Logik und Methodik in der Antike*. Verfügbar unter: http://www.antike-griechische.de/Aristoteles.pdf [01.11.2008].

G

Garrison, R. D. & Archer, W. (2000). *A Transactional Perspective on teaching and Learning. A Framework for Adult and Higher Education*. Oxford: Pergamon.

Gess, H. (2005). *Horkheimer: Kritik der instrumentellen Vernunft*. Verfügbar unter: http://www.kritiknetz.de/instrumentelle_vernunft.pdf [23.03.2009].

Gigerenzer, G. (2008). *Bauchentscheidungen. Die Intelligenz des Unbewussten und die Macht der Intuition*. München: Goldmann.

Giroux, H. (2001). *Theory and Resistance in Education. Towards a Pedagogy for the Opposition*. Westport, Connecticut: Bergin & Garvey.

Giroux, H. A. (1981). *Ideology culture & the process of schooling*. New York: Routledge.

Globaler Raubbau immer dramatischer (2008). Verfügbar unter: http://www.wwf.de/presse/details/news/living_planet_report_2008/ [31.10.2008].

Grant, G. E. (1988). *Teaching Critical Thinking*. New York: Praeger Publishers.

Greenlaw, S. A. & DeLoach, S. B. (2003). Teaching Critical Thinking with Electronic Discussions. *JOURNAL OF ECONOMIC EDUCATION* (Winter 2003), 36-52.

Groarke, L. (1996). *Informal Logic*. Verfügbar unter: http://plato.stanford.edu/entries/logic-informal/ [01.11.2008].

Groeben, N., & Erb, E. (1997). Menschenbilder. In J. Straub, & W. W. Kempf (Hrsg.), *Psychologie. Eine Einführung. Grundlagen, Methoden, Perspektiven* (S. 17-41). München: Deutscher Taschenbuch Verlag.

Grotjahn, R. (1999). *Testtheorie: Grundzüge und Anwendung in der Praxis*. URL: http://www.testdaf.de/html/publikationen/pdffiles/regensburg99.pdf#search=%22testtheorie%22 [28.07.2006].

Groupthink. (o.J.). Verfügbar unter: http://www.psysr.org/about/pubs_resources/groupthink%20overview.htm [28.10.2008].

Grübel, M. (2010). *Unveröffentlichte Bachelorarbeit: Förderung kritischen Denkens in derAusbildung von pädagogischen Professionals. Ein Konzept zur Integration kritischen Denkens für eine Lehrveranstaltung im Studium der Wirtschaftspädagogik*. Nürnberg: Friedrich-Alexander-Universität. Lehrstuhl für Wirtschaftspädagogik und Personalentwicklung

Guiller, J., Durndell, A. & Ross, A. (2008). Peer interaction and critical thinking: Face-to-face or online discussion? *Learning and Instruction, 18*, 187-200.

Günther, S. (2007). Wer die Macht hat. Debatten um internationale Herrschaft und Hegemonie. *Informationszentrum 3. Welt, 299*, 28-31.

Gürses, H. (2006). *Zur Topographie der Kritik*. Verfügbar unter: http://eipcp.net/transversal/0806/guerses/de [28.07.2009].

H

Habermas, J. (2001). *Kommunikatives Handeln und detranszendentalisierte Vernunft*. Stuttgart: Reclam.

Habermas, J. (1992). *Faktizität und Geltung. Beiträge zur Diskurstheorie des Rechts und des demokratischen Rechtsstaates*. Frankfurt am Main: Suhrkamp.

Habermas, J. (1985). *Theorie des kommunikativen Handelns. Band 1. Handlungsrationalität und gesellschaftliche Rationalisierung*. Frankfurt am Main: Suhrkamp.

Habermas, J. (1973). *Legitimationsprobleme im Spätkapitalismus*. Frankfurt am Main: Suhrkamp.

Habermas, J. (1968). *Technik und Wissenschaft als Ideologie*. Frankfurt am Main: Suhrkamp.

VI. Literaturverzeichnis

Halonen, J. S. (2008). Measure for Measure: The Challenge of Assessing Critical Thinking. In D. S. Dunn, J. S. Halonen & R. A. Smith, *Teaching Critical Thinking in Psychologie* (S. 63–75). Oxford: Blackwell Publishing Ltd.

Halpern, D. F. (2007). The Nature and Nurture of Critical Thinking. In R. J. Sternberg, H. L. Roediger & D. F. Halpern, *Critical Thinking in Psychology* (S. 1–14). Cambridge: Cambridge University Press.

Hänze, M. (1998). *Denken und Gefühl. Wechselwirkung von Emotion und Kognition im Unterricht.* Berlin: Luchterhand.

Hardmann, D. & Harries, C. (2002). *How rational are we? Do we need lessons in rational decision making?* Verfügbar unter: http://www.fortunecity.com/emachines/e11/86/decision.html [02.11.2008].

Harris, R. (2001). *Introduction to Creative Thinking.* Verfügbar unter: http://www.virtualsalt.com/crebook1.htm/ [27.02.2009].

Hartmann, U., Sauer, M. & Hasselhorn, M. (2009). Perspektivenübernahme als Kompetenz für den geschichtsunterricht. Theoretische und empirische Zusammenhänge zwischen fachspezifischen und sozial-kognitiven Schülermerkmalen. *Zeitschrift für Erziehungswissenschaft. Schwerpunkt: Bildungsgerechtigkeit und sozioökonomischer Status, 2*, 321–342.

Hashi, H. (2005). *Zen und Philosophie. Philosophische Anthropologie im Zeitalter der Globalisierung.* Wien: Edition Doppelpunkt.

Hawel, M. (2008). *Das ideologiekritische Verfahren der immanenten Kritik.* Verfügbar unter: http://www.goethe.de/ges/phi/thm/deb/de3352666.htm [21.03.2009].

Heidenreich, S. (2009). *Pädagogische Anforderungen an das Lernhandeln im E-Learning. Dimensionen von Selbstlernkompetenz.* Hamburg: Verlag Dr. Kovac.

Helfferich, C. (2005). *Die Qualität qualitativer Daten. Manual für die Durchführung qualitativer Interviews* (2. Ausg.). Wiesbaden: VS-Verlag Für Sozialwissenschaften.

Helm, M. & Theis, F. (2009). Serious Games als Instrument in der Führungskräfteentwicklung. In K. Wilbers & A. Hohenstein (Hrsg.), *Handbuch E-Learning. Expertenwissen aus Wissenschaft und Praxis* (29. Ausg., S. 2077–2088). Köln: Wolters-Kluwe.

Herrigel, E. (2009). *ZEN in der Kunst des Bogenschießens* (4. Ausg.). Frankfurt am Main: Fischer Taschenbuch.

Herrmanns, H. (2005). Interviewen als Tätigkeit. In U. Flick (Hrsg.), E. v. Kardoff & I. Steinke, *Qaulitative Forschung. Ein Handbuch* (4. Ausg., S. 360–368). Hamburg: Rowohlt.

Hopkins, J., Gibson, W., Sole, C. R., Savvides, N. & Starkley, H. (2008). Interaction and critical inquiry in asynchrous computer-mediated conferencing: a research agenda. *Opel Learning: The Journal of Open and Distance Learning, 23*, 29–42.

Horkheimer, M. (1967). *Zur Kritik der instrumentellen Vernunft.* Frankfurt am Main: Fischerverlag.

Horkheimer, M., & Adorno, T. W. (1969). *Dialektik der Aufklärung* (17. Ausg.). Frankfurt am Main: Ficher

Horst, F.-W., Schmitter, J. & Tölle, J. (Hrsg.). (2007). *Lernsituationen unter dem Fokus selbst gesteuerten und kooperarativen Lernens* (Bd. 2). Paderborn: Eusl Verlagsgesellschaft mbH.

Hunter, D. A. (2009). *A Practical Guide to Critical Thinking. Deciding What to Do And Believe.* New Jersey: Wiley.

I

Ikpeze, C. (2007). WebQuests: Using multiple tasks and strategies to facilitate critical thinking. *The Reading Teacher, 60*, 644–654.

Improving Critical Thinking Skills in the United States Survey Course: An Activity for Teaching the Vietnam War (2004). *The History Teacher, 37*(2), 193–210.

Ingenkamp, K. (1985). *Lehrbuch der Pädagogischen Diagnostik.* Weinheim & Basel: Beltz Verlag.

Insight-Assessment (2009). *California Critical Thinking Disposition Inventory.* Verfügbar unter: http://www.insightassessment.com/Scales%20CCTDI.html [07.03.2010].

Institutions Using Our Approach to Critical Thinking. (2009). Verfügbar unter: http://www.criticalthinking.org/professionaldev/Institutional_Models.cfm [13.04.2010].

J

Jahn, D., Trager, B. & Wilbers, K. (2010). Einsatz von E-Portfolios bei der Qualifizierung pädagogischer Professionals in restriktiven Settings. *Zeitschrift für Medienpädagogik, 18*, Verfügbar unter: http://www.medienpaed.com/18/jahn1005.pdf [10.07.2010].

Jahn, D., Trager, B. & Wilbers, K. (2008a): Qualifizierung pädagogischer Professionals für flexibles Lernen: Probleme und Lösungsansätze. (*Berichte zur Wirtschaftspädagogik und Personalentwicklung*. 2008-1). Nürnberg: Universität Erlangen-Nürnberg, Lehrstuhl für Wirtschaftspädagogik und Personalentwicklung.

Jahn, D., Wilbers, K. & Trager, B. (2008b). Präsentation: *Qualifizierungskonzept Bildungspersonal „Flexible Learning"* – Übersicht zum Curriculum des Flexible-Learning-Qualifizierungskonzeptes-. Berlin [12.09.2008].

Janich, P. (2000) *Was ist Erkenntnis? Eine philosophische Einführung*. München: Beck.

Janis, I. (1982). *Groupthink. Psychological studies of policy decisions and fiascoes*. Boston: Houghton Mifflin.

Johnson, B. & Christensen, L. (2007). *Educational Research. Quantitative, Qualitative, and Mixed Approaches* (3. Ausg.). London: Sage Publishers.

Johnson, D. W. & Johnson, R. T. (2009). Energizing Learning: The Instructional Power of Conflict. *Educational Researcher, 38 (1)*, 37–51.

Johnson, H. & Freedman, L. (2005). *Developing Crtival Awareness at the Middle Level. Using Texts as Tools for Critique and Pleasure*. Newark: International Reading Association.

Joyce, C. H. (2006). *Re-examining the "Gaze"*. Verfügbar unter: http://www.usp.nus.edu.sg/writing/uwc2101h/Joyce.pdf [16.06.2009].

K

Kaminski, H. & Kaiser, F.-J. (1999). *Methodik des Ökonomie-Unterrichts. Grundlagen eines handlungsorientierten Lernkonzepts mit Beispielen* (3. Ausg.). Bad Heilbrunn: Klinkhardt.

Kaplan, L. D. (1994). Teaching Intellectual Autonomy. In K. S. Walters (Hrsg.), *RE-THINKING REASON. New Perspectives in Critical Thinking* (S. 205–220). New York: State University Press New York.

Kassner, D. (2008). Emotionen beim wirtschaftswissenschaftlichen Lehren und Lernen. *Erziehungswissenschaft und Beruf, 56*, 14–46.

Keller, R. (2009). *Live E-Learning im Virtuellen Klassenzimmer. eine qualitative Studie zu den Besonderheiten beim Lehren und Lernen*. Hamburg: Verlag Dr. Kovac.

Kessler, V. (2006). *Macht macht was – Chance und Missbrauch*. Verfügbar unter: http://www.acf.de/fileadmin/pdf/Macht_macht_was_2007.pdf [09.07.2009].

Kincheloe, J. (2008a). *Knowledge and Critical Pedagogy. An Introduction* (Bd. 1). Montreal: Springer.

Kincheloe, J. (2008b). Interview mit Joe Kincheloe. Verfügbar unter: http://freire.mcgill.ca/ [07.03.2009].

Kincheloe, J. L. (2005). *Classroom Teaching. An Introduction*. New York: Peter Lang.

Kincheloe, J. L. (2004). Into the Great Wide Open: Introducing Critical Thinking. In J. L. Kincheloe & D. Weil, *Critical Thinking and Learning. An Encyclopedia For Parents And Teachers* (S. 1–52). Westport: Greenwood Press.

Kincheloe, J. L. (2000). Making Critical Thinking Critical. In D. K. Weil & H. K. Anderson, *Perspectives in Critical Thinking: Essays by Teachers in Theory and Practice*. New York: Peter Lang.

Kincheloe, J. L. (1993). *Toward a Critical Politics of Teacher Thinking. Mapping the Postmodern*. Connecticut: Bergin & Garvey.

King, P. M. & Kitchener, K. S. (1994). *Developing Reflective Judgment: Understanding and Promoting Intellectual Growth and Critical Thinking in Adolescents and Adults*. San Francisko: Jossey Bass.

VI. Literaturverzeichnis

Klafki, W. (2007). *Neue Studien zur Bildungstheorie und Didaktik. Zeitgemäße Allgemeinbildung und kritisch-konstruktive Didaktik* (6. Ausg.). Weinheim: Beltz Verlag.

Kong, S. L. (o.J.). *Critical Thinking Dispositions of Pre-service Teachers in Singapore. A preliminary Investigation*. Verfügbar unter: http://www.aare.edu.au/01pap/kon01173.htm [18.01.2009].

Kraemer, W., Sprenger, P. & Scheer, A. W. (2009). E-Learning-Innovationspotenziale erkennen und umsetzen. In K. Wilbers & A. Hohenstein (Hrsg.), *Handbuch E-Learning. Expertenwissen aus Wissenschaft und Praxis* (29. Ausg., S. 271–291). Köln: Wolters-Kluwe.

Kraimer, K. (2009). *Dokumentenanalyse. Studienbrief 8*. Verfügbar unter: http://www.klauskraimer.de/studienbrief_8_dokumentenanalyse.pdf [28.07.2010].

Kreisky, E. (12002). *Ideologie-Ideologiekritik*. Verfügbar unter: http://evakreisky.at/onlinetexte/nachlese_ideologie_ideologiekritik.php [18.03.2009].

Kruse, O. (2009). Kritisches Denken im Zeichen Bolognas. *4. Jahrestagung der Gesellschaft für Hochschulforschung. Speyer, 21.-22. April 2009*. Verfügbar unter: http://www.hfv-speyer.de/kruecken/pdf-Dateien/Kruse_Kritisches%20Denken_Vortrag%20Speyer.pdf [15.04.2010].

Kuckartz, U., Dresing, T., Rädiker, S. & Stefer, C. (2008). *Qualitative Evaluation: Der Einstieg in die Praxis* (2. Ausg.). Wiesbaden: VS-Verlag für Sozialwissenschaften.

Kuhn, T. S. (1988). *Die Struktur wissenschaftlicher Revolutionen*. Frankfurt am Main: Suhrkamp.

Kühne, A. (2006). *Plaudertaschen-Pädagogik. Neue Leistungsstudie „Desi": Ein Lehrer redet doppelt so viel wie alle Schüler zusammen*. Verfügbar unter: http://www.geb-pforzheim.de/gebhome/sonder/desi/Der%20Tagesspiegel%20-%20Plaudertaschen-Paedagogik%2002-03-06.pdf [17.02.2009].

KultusministerKonferenz (2004). *Rahmenlehrplan für den Ausbildungsberuf Kaufmann im Einzelhandel/Kauffrau im Einzelhandel – Verkäufer/Verkäuferin*. Verfügbar unter: http://www.kmk.org/beruf/rlpl/rlpKfmEinzelhandel.pdf [20.06.2008].

Kurth, W. (2002). Schule und politische Sozialisation: Der heimliche Lehrplan. In: *Jahrbuch für Psychohistorische Forschung* (Bd. 3, S. 183–214). Heidelberg: Mattes Verlag.

Kutscha, G. (2008). *Vortrag im Rahmen des Expertenworkshops zum Forschungsprojekt „Gemeinsamkeiten und Unterschiede kaufmännisch-betriebswirtschaftlicher Aus- und Fortbildungsregelungen" im Bundesinstitut für Berufsbildung"* am 30. Oktober 2008. Verfügbar unter: http://www.bibb.de/dokumente/pdf/a42_veranstaltung_guk_30102008_kutscha.pdf [23.09.2010].

L

Labossiere, M. C. (2008). *Fallacies*. Verfügbar unter: http://www.nizkor.org/features/fallacies/ [01.11.2008].

Lamb, A. & Johnson, L. (2007). *Critical and Creative Thinking – Bloom's Taxonomy*. Verfügbar unter: http://eduscapes.com/tap/topic69.htm [07.03.2009].

Lamnek, S. (2002). Qualitative Interviews. In E. König & P. Zedler (Hrsg.), *Qualitative Forschung* (S. 157–194). Weinheim und Basel: Beltz.

Landis, M., Swain, K. D., Friehe, M. J. & Coufal, K. L. (2007). Evaluating Critical Thinking in Class and Online: Comparison of the Newman Method and the Facione Rubric. *Teacher Education Quarterly, 34* (4), 121–136. Verfügbar unter: http://www.sagepub.com/cgi/content/abstract/28/3/135 [03.03.2009].

Lang, M. & Pätzold, G. (2006). Selbstgesteuertes Lernen – theoretische Perspektiven und didaktische Zugänge. In Euler, M. Lang & G. Pätzold (Hrsg.), *Selbstgesteuertes Lernen in der beruflichen Bildung* (S. 9–37). Stuttgart: Franz Steiner Verlag.

Langenscheidt Online Wörterbuch. (o.J.). Verfügbar unter: http://services.langenscheidt.de/fremdwb/fremdwb.html [23.03.2009].

Lawrence, N. K., Serdikoff, S. L., Zinn, T. E. & Baker, S. C. (2008). Have We Demistified Critical Thinking? In D. S. Dunn, J. S. Halonen & R. A. Smith, *Teaching Critical Thinking in Psychologie* (S. 23–34). Oxford: Blackwell Publishing Ltd.

Lempert, W. (1975). *Leistungsprinzip und Emanzipation. Studien zur Realität, Reform und Erforschung des beruflichen Bildungswesens*. Frankfurt am Main: Suhrkamp.

Lindt, G. (2003). *Moral ist lehrbar. Handbuch zur Theorie und Praxis moralischer und demokartischer Bildung.* München: Oldenbourg Verlag.

Liessmann, P. K. (2006). *Theorie der Unbildung.* Wien: Paul Zsolnay.

Loescher, C (2002). *Kursthemen Sozialwissenschaft. Globalisierung.* Berlin: Cornelsen.

Lukesch, H. (o.J.). *Sozialpsychologie der Schule und Familie. Gruppen-Definition.* Verfügbar unter: http://www-cgi.uni-regensburg.de/Fakultaeten/Psychologie/Lukesch/downloads/Lehre/Lukesch/08ssVortrag-6_Gruppe_Definition.pdf?RZSessID=d86fe335bedee4a6022f12b1d845c657&RZSessID=d86fe335bedee4a6022f12b1d845c657 [11.11.2008].

M

MacKnight, C. B. (2000). Teaching Critical Thinking through Online Discussions. Faculty can play a key role in fostering critical thinking among students using Web communication tools. *EDUCAUSE QUATERLY, 4,* 38–41.

Mandernach, J. (2006). *Thinking Critically about Critical Thinking: Integrating Online Tools to Promote Critical Thinking.* Verfügbar unter: http://www.insightjournal.net/Volume1/Thinking%20Critically%20about%20Critical%20Thinking-%20Integrating%20Online%20Tools%20to%20Promote%20Critical%20Thinking.pdf [30.05.2010].

Marcuse, H. (2008). *Der eindimensionale Mensch. Studien zur Ideologie der fortgeschrittenen Industriegesellschaft.* München: Deutscher Taschenbuch Verlag.

Marcuse, H. (2005). *Repressive Toleranz.* Verfügbar unter: http://www.marcuse.org/herbert/pubs/60spubs/65reprtoleranzdt.htm [23.03.2009].

Marx, K. (2004). *Das Kapital.* Paderborn: Voltmedia.

Maynes, N. (2007). *Developmental Psychology, Cognitive Psychology, Constructivist Theories and Brain Research: What is a Teacher to Think About the Teaching of Thinking?* Verfügbar unter: http://www.nipissingu.ca/faculty/nancym/Publications/index.htm [12.01.2010].

Mayring, P. (2008). *Qualitative Inhaltsanalyse. Grundlagen und Techniken* (10. Ausg.). Weinheim: BELTZ.

McDaniel, C. A. (2006). CounterPoints. *Studies in the Postmodern Theory of Education Vol. 296: Critical Literacy. A Way of Thinking, a Way of Life.* New York: Peter Lang.

McKown, L. K. (1997). *IMPROVING LEADERSHIP THROUGH BETTER DECISION MAKING: FOSTERING CRITICAL THINKING.* Verfügbar unter: http://www.au.af.mil/au/awc/awcgate/acsc/97-0506.pdf [06.02.2009].

McPeck, J. E. (1990). *Teaching Critical Thinking.* New York: Routledge.

McPeck, J. E. (1981). *Critical Thinking and Education.* Oxford: Martin Robertson.

Merz, S. (2001). *Kooperationen beim synchronen audivisuellen Tele-Lernen. Interaktionsprozesse, kritisches Denken und Lernerfolg.* Hamburg: Verlag Dr. Kovac.

Messmann, G. & Mulder, R. H. (2009). Zusammenhänge zwischen Lernmotivation und Lernungebungsmerkmalen an beruflichen Schulen. *Zeitschrift für Berufs- und Wirtschaftspädagogik, 105,* 341–357.

Meuser, M. & Nagel, U. (2005). ExpertInneninterviews – vielfach erprobt, wenig bedacht. Ein Beitrag zur qualitativen Methodendiskussion. In Bogner, Alexander, B. Littig, & W. Menz (Hrsg.), *Das Experteninterview. Theorie, Methode, Anwendung* (2. Ausg., S. 71–94). Wiesbaden: VS-Verlag Für Sozialwissenschaften.

Meyer, H. (2007). *Heimlicher Lehrplan und Schulwirksamkeitsforschung. SECHSTE LEKTION.* Ergänzung zu Abschnitt 5, S. 168–173. Verfügbar unter: http://www.member.uni-oldenburg.de/hilbert.meyer/download/14.Ergaenzung__Heimlicher_Lehrplan_und_Schulwirksamkeitsforschung.pdf [14.01.2009].

Meyers, C. (1986). *Teaching Students to Think Critically.* San Francisco: Jossey-Bass Publishers.

Meyers, C. & Jones, T. B. (1993). *Promoting Active Learning.* San Francisco: Jossey Bass.

VI. Literaturverzeichnis

Mezirow, J. (1997). *Transformative Erwachsenenbildung* (Grundlagen der Berufs- und Erwachsenenbildung 10. Ausg.). Baltmannsweiler: Schneider Verlag.

Mezirow, J. (1991). *Transformative Dimensions of Adult Learning*. San Francisco: Jossey-Bass.

Mezirow, J. (1990). Conclusions: Toward Transformative learning and Emancipatory Education. In J. Meziro & J. Mezirow (Hrsg.), *Fostering Critical Reflection in Adulthood. A Guide to Transformative and Emancipatory Learning* (S. 354–376). San Franciso: Jossey Bass.

Mezirow, J. (1985). A Critical Theory of Self-Directed Learning. In S. Brookfield, *Self-Directed Learning. From Theory to Practice* (S. 17–30). San Francisko: Jossey-Bass Inc.

Middleton, J., Gorard, S., Taylor, C. & Bannan-Ritland, B. (2006). The *'Compleat' Design Experiment: from soup to nuts*. Verfügbar unter: http://www.york.ac.uk/depts/educ/research/ResearchPaperSeries/Paper18Thecompleatdesignexperiment.pdf [13.07.2010].

Miller, M. A. & Babcock, D. E. (2000). *Kritisches Denken in der Pflege*. Bern: Verlag Hans Huber.

Monchinski, T. (2008). *Critical Pedagogy and the Everyday Classroom*. New York: Springer.

Moon, J. (2008). *Critical Thinking. An exploration of theory and practice*. London: Routledge.

Moon, J. (2007). Kursmaterial. *Critical thinking: a Workshop Handout*. Erhalten am 18.06.2008

Murbach, G. (2008). *Mit Web 2.0 das Internet aktiv mitgestalten. Ein Arbeitsbuch für das Erstellen vonLernumgebungen mit Web Quests, Weblos, Wikis, Homepages und webbasierten Übungen*. Bern: hep verlag.

Murphy, E. (2004). An instrument to support thinking critically about critical thinking in online asynchronous discussions. *Australasian Journal of Educational Technology, 20*, 295–315. National Education Goals. (2000). Verfügbar unter: http://www2.ed.gov/legislation/GOALS2000/TheAct/sec102.html [09.04.2010].

N

Newman, D. R., Johnson, C., Cochrane, C. & Webb, B. (1996). *An experiment in group learning technology: evaluating critical thinking in face-to-face and computer-supported seminars*. Verfügbar unter: http://emoderators.com/ipct-j/1996/n1/newman/contents.html [12.04.2009].

Newman, D. R., Webb, B. & Cochrane, C. (1995). A Content Analysis Method To Measure Critical Thinking in Face-To-Face And Computer Supported Group Learning. *Interpersonal Computing and Technology: An Electronic Journal for the 21st Century, 2*, 56–77.

Newman, M. (2006). *Teaching Defiance. Stories and Strategies for Activist Educators*. San Francisko: Jossey-Bass.

Norris, S. P. (2003). The Meaning of Critical Thinking Test Performance: The Effects of Abilities and Dispositions on Scores. In D. Fasko, *Critical Thinking And Reasoning. Current Research, Theory, And Practice* (S. 315–330). New Jersey: Hampton Press.

Norris, S. P. (1992). Introduction: The Generalizability Question. In S. P. Norris, *The Generalizability of Critical Thinking. Multiple Perspectives on an Educational Ideal* (S. 1–37). New York: Teachers Collge Press.

Norris, S. P. & Ennis, R. H. (1989). *Evaluating Critical Thinking*. Kalifornien: Critical Thinking Press & Software.

O

Ojstersek, N. & Kerres, M. (2009). Lernen in Second Life betreuen. In K. Wilbers & A. Hohenstein (Hrsg.), *Handbuch E-learning. Expertenwissen aus Forschung und Praxis. Strategien, Instrumente, Fallstudien* (29. Ausg., S. 1425–1436). Köln.

O'Rilley, T. & Milstein, S. (2010). *Das Twitter-Buch*. Köln: O'Rilley.

P

Pailer, U. (2005). *Verstehen versus Erklären – Die Geschichte einer unglücklichen Gegenüberstellung*. Verfügbar unter: http://sammelpunkt.philo.at:8080/1100/1/se05arbpailer.pdf [26.07.2010].

Panke, S. (2009). *Informationsdesign von Bildungsportalen. Struktur und Aufbau netzbasierter Bildungsressourcen.* Boizenburg: vwh-verlag.

Paul, R. W. (1993). *Critical Thinking. What every person needs to survive in a rapidly changing world.* (3. Ausg.). Kalifornien: Foundation for Critical Thinking.

Paul, R. W. & Elder, L. (2005). *Critical & Creative Thinking.* Kalifornien: Foundation for Critical Thinking.

Paul, R. W., Elder, L. (2003). *Kritisches Denken. Begriffe und Instrumente.* Verfügbar unter: www.criticalthinking.org/files/german_concepts_tools.doc [26.10.2008].

Paul, R. W., Elder, L. & Ted, B. (1997). *California Teacher Preperation for Instruction in Critical Thinking: Research Findings and Policy Recommendations.* Verfügbar unter: http://www.eric.ed.gov/ERICWebPortal/custom/portlets/recordDetails/detailmini.jsp?_nfpb=true&_&ERICExtSearch_SearchValue_0=ED437379&ERICExtSearch_SearchType_0=no&accno=ED437379 [09.04.2010].

Perry, W. G. (1970). *Forms of Intellectual and Ethical Develeopment in the College Years: A Scheme.* New York: Holt, Rinehart & Winston.

Peters, M. A. (2008). Kinds of Thinking, Styles of Reasoning. In M. Mason, *Critical Thinking an Learning* (S. 12-24). Hong Kong: Blackwell Publishing.

Peters, O. (2009). Wie der Computer der Zukunft das Lernen und Lehren verändern könnte. In K. Wilbers & A. Hohenstein (Hrsg.), *Handbuch E-learning. Expertenwissen und Wissenschaft und Praxis. Strategien, Instrumente, Fallstudien* (29. Ausg., S. 1399-1424). Wolters Kluwer.

Petri, G. (2003). *Kritisches Denken als Bildungsaufgabe und Instrument der Schulentwicklung.* Innsbruck: Studienverlag.

Petri, G. (2000). *Wie kann kritisches Denken wirksam geschult werden? Ein Modellprojekt praxisorientiertwissenschaftlicher Schulentwicklung* (Bd. 30). Innsbruck: Studienverlag.

Petri, G. (1998). *Schulung kritischen Denkens. Der Forschungsgegenstand im Überblick und neue Entwicklungsansätze* (Bd. 27). Graz: Bundesministerium für Unterricht und kulturelle Angelegenheiten.

Prawat, R. S. (1990). *The Value of Ideas: The Immersion Approach to the Development of Thinking.* Verfügbar unter: http://www.eric.ed.gov/ERICWebPortal/custom/portlets/recordDetails/detailmini.jsp?_nfpb=true&_&ERICExtSearch_SearchValue_0=ED319506&ERICExtSearch_SearchType_0=no&accno=ED319506 [12.01.2010].

Presseisen, B. Z. (1988). Thinking Skills: Meanings and Models. In A. L. Costa (Hrsg.), *Developing Minds. A Resource Book for Teaching Thinking* (S. 43-48). Virginia: ASCD.

Prill, M. & Schneider, K. (Regisseure). (2003). *Der Bürger als Revolutionär* [Kinofilm].

Professional Development Workshops for Business & Professional Groups. (2009). Verfügbar unter: http://www.criticalthinking.org/professionalDev/business.cfm [13.04.2010].

Professional Workshop Descriptions. (2009). Verfügbar unter: http://www.criticalthinking.org/professionalDev/seminar-strand-think-tank.cfm#foundational [12.04.2010].

R

R & V Studie. *Die Ängset der Deutschen 2009.* Verfügbar unter http://www.ruv.de/de/presse/download/pdf/aengste-der-deutschen-2009/20090903-aengste-der-deutschen-2009-grafik.pdf [10.07.2009].

Räpple, B. (2008). *Gemeinsam lernen im Netz. Computerunterstütztes kollaboratives Lernen in der Berufsbildung. Eine Praxisanleitung mit Checklisten.* Bern: hep.

Ravensburger Jugend-Medienstudien Forschungsprojekt. *Lustlesen besser als Feshalten an „Bildungskanon".* (2004). Verfügbar unter: /www.otto-hahn-schule-frankfurt.de/lesen/lesen_ravensburger_studie.html [10.01.2009].

Reese-Schäfer, W. (1990). *Karl-Otto Apel zur Einführung.* Hamburg: Junius Verlag.

Reglin, T. (2009). Blended-Learning-Angebote richtig vermarkten – Ergebnisse einer qualitativen Analyse von Leistungsversprechnungen. In K. Wilbers & A. Hohenstein (Hrsg.), *Handbuch E-Learning. Expertenwissen aus Forschung und Praxis.* (29. Ausg., S. 490-520). Wolters Kluwe.

VI. Literaturverzeichnis

Reinmann, G. (2005). Innovation ohne Forschung? Ein Plädoyer für den Design-Based Research Ansatz in der Lehr-Lernforschung. *Unterrichtswissenschaft, 1*, 33-69.

Reinmann-Rothmeier, G. & Mandl, H. (1999). Unterrichten und Lernumgebungen gestalten (überarbeitete Fassung). *Forschungsbericht Nr. 60*. München: Ludwig-Maximilans-Universität München Institut für Pädagogische Psychologie und Empirische Pädagogik.

Reinmann-Rothmeier, G. & Mandl, H. (1998). *Wissensmanagement. Eine Delphi-Studie*. München: Ludwig-Maximilan-Universität.

Resch, C. (2008). *The Emergence of the Thinking Skills Movement*. Wien: LIT-Verlag.

Rey, G. D. (2009). *E-Learning. Theorien, Gestaltungsempfehlungen und Forschung*. Bern: Verlag Hans Huber.

Ricketts, J. C., Irani, T. & Jones, L. (2003). The Effect of Instructional Delivery Methods on the Critical Thinking Dispositions of Distance Learners and Traditional On-Campus Learners. *Journal of Southern Agricultural Education Research, 53*, 59-71.

Riegel, J. (o.J.). *Der Effekt von Bezugsgruppen, Meinungsumfragen und Einstellungspolarisierung auf Meinungsbildung und Meinungsveränderung*. Verfügbar unter: http://homepage.univie.ac.at/Andreas.Olbrich/hallvacrafisher.htm [09.11.2008].

Rigg, C. & Trehan, K. (2008). Critical reflection in the workplace: is it just too difficult? *Journal of European Industrial Training, 32*, 374-384.

S

Safranski, R. (2010). *Wieviel Wahrheit braucht der Mensch? Über das Denkbare und das Lebbare* (11. Ausg.). Frankfurt am Main: Ficher.

Saville, B. K., Zinn, T. E., Lawrence, N. K., Barron, K. E. & Andre, J. (2008). Teaching Critical Thinking in Statistics and Research Methods. In D. S. Dunn, J. S. Halonen & R. A. Smith, *Teaching Critical Thinking In Psychology* (S. 149-160). Oxford: Wiley-Blackwell.

Schäfer, K. H. (2005). *Kommunikation und Interaktion: Grundbegriffe einer Pädagogik des Pragmatismus*. Wiesbaden: VS-Verlag.

Schirren, T. (2009). Topik im Rahmen der klassischen Rhetorik. In U. Fix, A. Gardt, & J. Knape (Hrsg.), *Rhetorik und Stilistik. Ein internationales Handbuch historischer und systematischer Forschung* (Bd. 2, S. 1444-1459). Berlin: MOUTON DE GRUYTER.

Schopenhauer, A. (2007). *Eristische Dialektik. Die Kunst, Recht zu behalten*. Frankfurt am Main: Zweitausendeins.

Schreblowski, S. & Hesselhorn, M. (2006). Selbstkontrollstrategien: Planen, Überwachen, Bewerten. In H. Mandl & H. F. Friedrich (Hrsg.), *Handbuch Lernstrategien* (S. 151-161). Göttingen: Hogrefe.

Schwarz, S. & Lape, H. (2000). *Thinking Socratically: Critical Thinking About Everyday Issues* (2. Ausg.). New Jersey: Prentice Hall.

Scriven, M. (2003). The Philosophy of Critical Thinking and Informal Logic. In D. J. Fasko (Hrsg.), *Critical Thinking and Reasoning. Current Research, Theory, And Practice* (S. 21-45). New Jersey: Hampton Press INC.

Seufert, S. (2009). Hard- und Software für E-Learning auswählen. In K. Wilbers & A. Hohenstein (Hrsg.), *Handbuch E-learning. Expertenwissen aus Wissenschaft und Praxis – Strategien, Instrumente, Fallstudien* (29. Ausg., S. 1515-1538). Köln: Wolters Kluwe.

Sharan, S. (1994). *Handbook of Cooperative Learning Methods*. London: Greenwood Press.

Siegel, H. (1997). *Rationality redeemed?: further dialogues on an educational ideal*. New York: Routledge.

Siegel, H. (1988). *Educating Reason: Rationality, Critical Thinking and Education*. New York: Routledge Chapman & Hall.

Soentgen, J. (2006). *Selbstdenken! 20 Praktiken der Philosophie*. Weinheim Basel: Gulliver.

Song, H. S. & Chan, Y. M. (2009). *Exploring online spaces to support multi-ethnic Asian undergraduates' critical thinking*. Verfügbar unter: http://www.ascilite.org.au/conferences/auckland09/procs/song.pdf [15.03.2010].

Sponsel, R. (2008). *Denken. Eine wichtige psychologische Grundfunktion. Einführung in die Denkpsychologie aus Sicht der Allgemeinen und Integrativen Psychotherapie*. Verfügbar unter: http://www.sgipt.org/gipt/allpsy/denk/denk0.htm#Definition%20Denken [14.12.2008].

Stefani, L., Mason, R. & Pegler, C. (2007). *The educational potential of e-portfolios. supporting personal development and reflective learning*. New York: Routledge.

Steinke, I. (2005). Gütekriterien qualitativer Forschung. In U. Flick, E. v. Kardoff, I. Steinke, B. König (Hrsg.), *Qualitative Forschung. Ein Handbuch* (4. Ausg., S. 319–331). Hamburg: Rowohlts Taschenbuchverlag.

Stender, J. (2009). *Betriebliches Weiterbildungsmanagement: Ein Lehrbuch*. Stuttgart: Hirzel Verlag.

Stender, J. (2003). *Grund- und Erstausbildung*. Nürnberg: Friedrich-Alexander Universität Erlangen-Nürnberg.

Stotsky, S. (1991). *On Developing Independent Critical Thinking: What We Can Learn From Studies of the Research Process*. Verfügbar unter: http://wcx.sagepub.com/cgi/content/abstract/8/2/193 [03.03.2009].

Strauss, A. & Corbin, J. (2010). *Grounded Theory. Grundlagen qualitativer Sozialforschung*. Weinheim: Beltz Psychologie Verl.-Union.

Swartz, R. (2003). Infusing Critical and Creative Thinking into Instruction in High School Classrooms. In D. J. Fasko, *Critical Thinking And Reasoning. Current research, Theory, And Practice* (S. 207–252). New Jersey: Hampton Press.

T

The Critical Thinking Corporation (2010). *Cornell Critical Thinking Tests. Level X & Level Z*. Verfügbar unter: http://www.criticalthinking.com/series/055/index_c.jsp [08.03.2010].

Thurn, A. & Weber, S. (2005). *Angewandte Fachdidaktik II. Alltagsvorstellungen und Präkonzepte*. Verfügbar unter: http://www.physikdidaktik.uni-bayreuth.de/lehre/fachdidii/ws2005/thurn.pdf [31.10.2008].

Tishman, S. & Andrade, A. (2000). *Thinking Dispositions: A review of current theories, practices, and issues*. Verfügbar unter: http://learnweb.harvard.edu/alps/thinking/docs/dispositions.htm [08.03.2010].

Trager, B. (2008). *Selbstreflexionsprozesse im Coaching. Die Auswirkungen auf Klienten und deren Umfeld als Einflussfaktoren auf den Coaching-Erfolg*. Saarbrücken: VDM-Verlag Dr. Müller.

Traub, S. (2006). *Gespräche führen – leicht gemacht. Gesprächserziehung in der Schule*. Baltmannsweiler: Schneider Verlag.

Traub, S. (2004). *Unterricht kooperativ gestalten. Hinweise und Anregungen zum kooperativen Lernen in Schule, Hochschule und Lehrerbildung*. Bad Heilbrunn: Julius Klinkhardt.

Treibel, A. (1993). *Einführung in die soziologische Theorie der Gegenwart*. Wiesbaden: Opladen VS-Verlag.

Trenkamp, O. (2009). *Ungerechte Grundschullehrer: „Kevin ist kein Name, sondern eine Diagnose"*. Verfügbar unter: http://www.spiegel.de/schulspiegel/wissen/0,1518,649421,00.html [13.12.2009].

Truglio-Londrigan, M. & Lewenson, S. B. (o.J.). *Know Yourself. Reflective Decision Making*. Verfügbar unter: http://www.jbpub.com/samples/0763744352/44352_CH01_Pass1.pdf [14.12.2008].

Tsunetomo, Y. (1979). *Hagakure. The Book of the Samurai*. Japan: Kodansha International.

V

Van Eimeren, B. & Frees, B. (2008). *Ergebnisse der ARD/ZDF Online-Studie.Internetverbreitung: GrößterZuwachs bei Silver-Surfern*. Verfügbar unter: http://www.daserste.de/service/studie08_1.pdf [21.10.2008].

Van Gelder, T. (2003). *TEACHING CRITICAL THINKING. LESSONS FROM COGNITIVE SCIENCE*. Verfügbar unter: http://www.philosophy.unimelb.edu.au/reason/papers/Teaching_CT_Lessons.pdf [11.11.2008].

Van Gelder, T. (2001). *How To Improve Critical Thinking using Educational Technology*. Verfügbar unter: http://www.ascilite.org.au/conferences/melbourne01/pdf/papers/vangeldert.pdf [20.05.2010].

VI. Literaturverzeichnis

Van Gelder, T. (2000). *The Efficacy of Undergradute Critical Thinking Courses.* Verfügbar unter: info.pue.udlap. mx/.../TheEfficacyofUndergraduateCriticalThinkingCourses.doc [18.12.2009].

Vandermensbrugghe, J. (2004). The Unbearable Vagueness of Critical Thinking in the Context of the Anglo-Saxonisation of Education. *International Education Journal , 3* (5), 417–422.

Varaki, B. S. (2006). A Reflection on Three Web-Based Teaching Critical Thinking: Toward a Compromise Approach. Ankara University. *Journal of Faculty of Educational Sciences, 39,* 177–191.

Vosniadou, S. (2008). *International Handbook of Research on Conceptual Change.* London: Routledge.

Vul, E., Harris, C., Winkielman, P. & Pashler, H. (2008). *Voodoo Correlations in Social Neuroscience.* Verfügbar unter: https://gate.nmr.mgh.harvard.edu/wiki/whynhow/images/e/ef/Vul_et_al_orig_paper.pdf [19.10.2010].

W

Wagner, W. (2007). *Uni-Angst und Uni-Bluff heute. Wie studieren und sich nicht verlieren* (2. Ausg.). Berlin: Rotbuch.

Wahl, D. (2006). *Lernumgebungen erfolgreich gestalten. Vom trägen Wissen zum kompetenten Handeln* (2. Ausg.). Bad heilbrunn: Verlag Julius Klinkhardt.

Walters, K. S. (1994). Introduction: Beyond Logicism in Critical Thinking. In K. S. Walters (Hrsg.), *Re-Thinking Reasosn. New Perspectives in Critical Thinking* (S. 1–22). New York: State University Press.

Wang, Q., Woo, H. L. & Zhao, J. (2009). Investigating critical thinking and knowledge construction in an interactive learning environment. *Interactive Learning Environments , 1* (17), 95–104.

Weber, M. (1990). *Wirtschaft und Gesellschaft* (5. Ausg.). Tübingen: Mohr Siebeck.

Weil, D. (2004a). Assumptions. Believing and Knowing. In J. L. Kincheloe & D. Weil (Hrsg.), *Critical Thinking and Learning. An Encyclopedia For Parents and Teachers* (S. 63–67). London: Greenwood Press.

Weil, D. (2004b). Socratic Questioning: Helping Students Figure Out What They Don`t know. In J. L. Kincheloe & D. Weil (Hrsg.), *Critical Thinking and Learning. An Encyclopedia For Parents and Teachers* (S. 414–419). London: Greenwood Press.

Weil, D. (2004c). Critical Dialogue: The Learning Conversation and Learning to Suspend Judgment. In J. L. Kincheloe & D. Weil (Hrsg.), *Critical Thinking and Learning. An Encyclopedia For Parents and Teachers* (S. 402–406). London: Greenwood Press.

Weinz, R. (2003). *Wie Schule erzieht. Der geheime Lehrplan.* Verfügbar unter: http://www.weinzweb.de/rw/Der_Geheime_Lehrplan.pdf [14.01.2009].

Weißbach, D. (2002). Seminar „Film-und Bild-Analyse". Verfügbar unter: http://www.studienseminar-ffm.de/medien/filmdidaktik.pdf [30.07.2010].

Weixlbaumer, C. (2008). Thinking Skills Programs. Instrumental Enrichment und Analytical Reasoning. In G. Kreuzbauer, N. Gratzl & E. Hiebl (Hrsg.), *Rhetorische Wissenschaft: Rede und Argumentation in Theorie und Praxis* (S. 255–269). Wien: LIT-Verlag.

Weixlbaumer, C. (2007). *Unveröffentlichte Version einer Doktorarbeit: The Emergence of the Thinking Skills Movement.* Universität Salzburg. Kultur und Gesellschaftswissenschaftliche Fakultät.

Weizenbaum, J. (2007). *Tag der Informatik. „Rebel at Work" – Joseph Weizenbaum im Gespräch.* Verfügbar unter: http://www.video.uni-erlangen.de/cgi-bin/index.pl/Clip/475 [24.09.2010].

Weizenbaum, J. (1978). *Die Macht der Computer und die Ohnmacht der Vernunft.* Frankfurt am Main: Suhrkamp.

Whitehead, A. N. (1967). *The Aims of Education and other Essays.* NewYork: Free Press.

Wilbers, K. (2010a). *Berufs- und Wirtschaftspädagogische Didaktik: Teil I.* Nürnberg: Friedrich-Alexander-Universität Erlangen-Nürnberg.

Wilbers, K. (2010b). *Modulhandbuch für die Bachelorstudiengänge Wirtschaftswissenschaften, Sozialökonomik, International Business Studies und Wirtschaftsinformatik des Fachbereichs Wirtschaftswissenschaften. Sommersemester 2010.* Nürnberg.

Wilbers, K. (2009a). *Einführung in E-Learning*. Präsentation. Gehalten am 04.09.2009. Friedrich-Alexander Universität. Nürnberg

Wilbers, K. (2009b). *Transferseminar "Service Learning"*. Verfügbar unter: http://www.wipaed.wiso.uni-erlangen.de/Studium-und-Lehre/Infos-zum-Studium/TS-Service-Learning.html [28.02.2010].

Wilbers, K. (2009c). *Wissenschaftstheorie Sommersemester 2009. Powerpointpräsentation*. [28.07.2009].

Willi, J. (2005). *Ökologische Psychotherapie. Wie persönliche Entwicklung und Lebenssituation sich wechselseitig beeinflussen*. Hamburg: Rowohlt.

Williams, B. (2003). *High Order Thinking Skills. Challenging All Students to Achieve*. Kalifornien: Corwin Press.

Wink, J. (2005). *Critical Pedagogy. Notes from the real world*. Boston: Pearson Education.

Winona State University (o.J.). *Critical Thinking Rubric*. Verfügbar unter: http://www.winona.edu/AIR/resourcelinks/critical%20thinking%203.pdf [23.03.2010].

Winter, S. (2000). *Quantitative vs. Qualitative Methoden*. Verfügbar unter: http://imihome.imi.uni-karlsruhe.de/nquantitative_vs_qualitative_methoden_b.html [24.06.2010].

Wittgenstein, L. (2003). *Tractatus logico-philosophicus. Logisch-philosophische Abhandlung* (12. Ausg.). Frankfurt am Main: Suhrkamp.

Wohlrapp, H. (2008). *Der Begriff Des Argumentes. Über die Beziehung zwischen Wisen, Forschen, Glauben, Subjektivität und Vernunft*. Würzburg: Königshausen & Neumann.

Wolcott, S. K., Lynch, C. & Huber, G. E. (1998). *A DEVELOPMENTAL GUIDE TO ASSESSING AND OPTIMIZING PROFESSIONAL PROBLEM SOLVING*. Verfügbar unter: http://www.wolcottlynch.com/Downloadable_Files/DEVG9810.pdf [15.11.2008].

Wolff, S. (2005). Dokumenten- und Aktenanalyse. In U. Flick, E. v. Kardoff, I. Steinke (Hrsg.), *Qualitative Forschung. Ein Handbuch* (4. Ausg., S. 502–513). Hamburg: Rowohlt.

Woo, H. L., Wang, Q. (2009). *Using Weblog to Promote Critical thinking – An Exploratory Study*. World Academy of Science, Enineering and Technology Journal N. 49. Verfügbar unter: http://www.waset.org/journals/waset/v49/v49-81.pdf [15.03.2010].

Worsfold, A. (o.J.). *The Hidden Curriculum. AS Sociology*. Verfügbar unter: http://images.google.de/imgres?imgurl=http://www.change.freeuk.com/learning/socthink/societyinus.gif&imgrefurl=http://www.change.freeuk.com/learning/socthink/hidcurric.html&usg=__Swz5G4y1lIul3CggVQncWeBs9hU=&h=450&w=540&sz=13&hl=de&start=1&sig2=brSs-rEJfv [14.01.2009].

Wrigley, A. (2003). *Report on Critical Thinking Innovation Project*. Verfügbar unter: http://www.docstoc.com/docs/2915869/REPORT-ON-CRITICAL-THINKING-INNOVATION-PROJECT [27.02.2009].

Y

Yang, Y.-T. C. (2007). A catalyst for teaching critical thinking in a large university class in Taiwan: asynchrous online discussions with the facilitation of teaching assistants. *Educational Technology Research and Development*, 3 (56), S. 241–264.

Yang, Y.-T. C. & Chou, H.-A. (2008). Beyond critical thinking skills: investigating the relationship between critical thinking skills and dispositions through different online instructional strategies. *British Journal of Educational technology*, 39, 666–684.

Young, J. W. (2007). *Validity of the Measure of Academic Proficiency and Progress (MAPP)*. Verfügbar unter: http://www.ets.org/Media/Tests/MAPP/pdf/5018_mapp.pdf [15.03.2010].

Z

Zeger, H. G. (2009). *PARALLELUNIVERSUM WEB 2.0. Wie Online-Netzwerke unsere Gesellschaft verändern*. Wien: K & S

VII. Verzeichnis zum Anhang

Anhang A: **500**
Dokumente zum methodischen Vorgehen aus der Entwicklungsphase des Designs 500

A1. Leitfaden für qualitative Experteninterviews 500

A2. Kategoriensystem aus strukturierter Inhaltsanalyse 501

Anhang B: **502**
Dokumente zum methodischen Vorgehen aus der Eprobungsphase des Designs 502

B1. Leitfaden für Interviews mit pädagogischen Professionals 502

B2. Beobachtungsbogen 502

B3. Auszug relevanter Fragen aus Online- und Präsenzumfrage bei pädagogischen Professionals.... 503

B4. Beurteilungsbogen für schriftliche Denkaktivitäten 506

B5. Erweiterung des Beurteilungsbogens zur Bewertung der Seminararbeit 515

B6. Kategoriensystem aus Auswertung der Interviews mit pädagogischen Professionals 517

B7. Fragen aus Onlineumfrage bei den Studenten 518

B8. Struktur des Leitfadens für Interviews mit Studenten 521

B9. Kategoriensystem aus Auswertung der Interviews mit den Studenten 522

Anhang C: **524**
Artefakte aus dem Qualifizierungskonzept der Ersterprobung 524

C1. E-Learning-Modul „Eigene Rolle kritisch reflektieren" 524

C2. Reflexionsauftrag zum heimlichen Lehrplan... 531

C3. E-Learning-Modul „Flexible-Learning-Basis-Modul" und Bewertung der Rollenbilder-Reflexion 536

C4. Lehrgespräch „Kritisches Denken mit E-Learning fördern" und Gruppenarbeit „Erarbeitung eines Verständnisses von kritischem Denken" 538

C5. E-Learning Modul „kooperatives flexibles Lernen begleiten" 541

C6. Reflexionsauftrag „Reflexion zu einem kritischen Ereignis aus dem beruflichen Alltag" – „kooperatives flexibles Lernen begleiten" 545

C7. Lehrvortrag „Diskussionen anleiten und begleiten im kooperativen Lernen" und Rollenspiel „Protokoll der kritischen Konversation" 546

C8. Integration der Förderung kritischen Denkens in das zu erstellende Lernszenario in der Projektarbeit 546

C9. Unterstützende Maßnahmen zur Umsetzung des Qualifizierungskonzeptes 547

Anhang D: **548**
Modifizierte Artefakte aus dem Qualifizierungskonzept der Zweit- und Dritterprobung 548

D1. Einführung in kritisches Denken 548

D2. Szenarioanalyse: Übung zur Entdeckung von Annahmen und Perspektivenerweiterung 551

D3. E-Learningmodul „Eigene Rolle kritisch reflektieren" und Reflexionsauftrag "Heimlicher Lehrplan" 553

D4. Lehrgespräch und Gruppenarbeit „Kritisch Denken als Wirtschafts- und Berufspädagoge" . 555

D5. Reflexionsauftrag: Reflexion zu einem kritischen Ereignis aus dem Alltag der Studenten 558

D6. Lehrgespräch: Vertiefung zur Förderung kritischen Denkens 558

D7. Erstellung eines Lernszenarios zur Förderung kritischen Denkens 561

D8. Unterstützende Maßnahmen zur Umsetzung des Qualifizierungskonzeptes 562

VIII. Anhang

Anhang A:

Dokumente zum methodischen Vorgehen aus der Entwicklungsphase des Designs

A1. Leitfaden für qualitative Experteninterviews

Introduction to "Flexible Learning"

<u>Relevant Terminology and content</u>

Retail Industry	Promote self-regulated learning in different
Employee Association	learning environments
Employer's Association	Teachers, Training Supervisors, Instructors
Modules – Certification	Blended Learning
Penetrability of the education system	Concept – CBT with prompts, Community,
Commercial assistant	e-portfolio, in-class-lecture
Shop assistant	Self-directed cooperative Learning, experience
Bachelor	CT
Qualification Concept	Tackle pre-concepts
pe-də-ˈgä-ji-kəl- Pedagogical Professionals	Chair of business education and pedagogics
Foster critical thinking	
Able to teach CT	

Comprehension/Understanding of Critical Thinking

- What does "Critical Thinking" imply in your point of view?
- What does it stand for? What is critical in critical thinking?

Advancement of Critical Thinking

- How can critical thinking suitably be facilitated? What is your experience? Which Methods and strategies operate well?

Requirements for the pedagogical professionals

- How should a Teacher be qualified in order to teach critical thinking? How would your curriculum look like?
- What would you suggest are the main curriculum-points in the case of flexible learning?

A2. Kategoriensystem aus strukturierter Inhaltsanalyse

0. Verständnis „kritisches Denken"
1.0 Tätigkeiten des kritischen Denkens
2.0 Anforderungen an Lernbegleiter
2.1 Dispositionen und Fähigkeiten für KD
2.2 Wissen über KD
2.4 Fachwissen
2.5 Weitere Kompetenzen
2.6 Umgang mit Lernern
3.0 Didaktik zur Förderung kritischen Denkens
3.1 Umgang mit Zeit
3.2 Einsatz von Ambiguität/multiplen Perspektiven
3.4 Benötigtes Lernklima
3.5 Methoden zur Förderung von KD
   3.5.1 Diskussionen zur Förderung von KD
      3.5.1.1 Diskussionsregeln
   3.5.2 Gestaltung schriftlicher Aufgaben
   3.5.3 Gestaltung von Unterricht/Methoden
3.6 Modellierung von KD
3.7 Motivation für KD
4. Messung von KD
5. Lernziele bei der Förderung von KD
6.0 Qualifizierungskonzept KD
6.1 Gestaltung des Konzeptes
6.2 Lernziele
6.3 Themen zur Förderung KD
6.4 Motivation der Lernbegleiter
6.5 Zertifizierung
6.6 Lerninhalte
7. KD in den jeweiligen Lernumgebungen
   7.1 Unternehmen
   7.2 Schulen
8.0 E-learning und KD
8.1 E-Portfolios
8.2 Chat
8.3 Foren
8.4 Blogs
8.5 CBT/WBT-Prompts
9. SGL und KD

VIII. Anhang

Anhang B:

Dokumente zum methodischen Vorgehen aus der Eprobungsphase des Designs

B1. Leitfaden für Interviews mit pädagogischen Professionals

1. Bedeutung von kritischem Denken

Was bedeutet für Sie kritisches Denken? Inwieweit wurde ihr konzeptuelles Verständnis für kritisches Denken durch das Qualifizierungskonzept konkretisiert?

Welchen Stellenwert messen Sie kritischem Denken als pädagogischer Professional bei?

2. Praxis kritischen Denkens

Welche Anregungen haben Sie für Ihre Praxis im Hinblick auf die Förderung von kritischem Denken durch das Qualifizierungskonzept bekommen können?

Welche Impulse haben Sie für kritisches Denken als pädagogischer Professional erhalten?

3. Schulung kritischen Denkens

Durch welche Inhalte wurden Sie besonders zum kritischen nachdenken angeregt? Warum?

Welche Inhalte/Übungen zum kritischen Denken könnte man noch verbessern?

B2. Beobachtungsbogen

Beobachtungs-dimensionen	Beobachtung	Zeitlicher Verlauf
Wie reagieren die pädagogischen Professionals auf die gezeigten Bilder?		
Gezeigte Emotionen		
Mimik/Gestik		
Äußerungen		
Anzahl der Redebeiträge		
Sonstiges		
Wie reagieren die pädagogischen Professionals im weiteren Vortrag?		
Gezeigte Emotionen		
Mimik/Gestik		

Äußerungen		
Anzahl der Redebeiträge		
Sonstiges		
Wie Verhalten sich die PP in der Gruppenarbeit?		
Diskussions-verhalten		
Emotionalität		
Äußerungen		
Anzahl der Redebeiträge		
Arbeitstempo		
Arbeitsintensität		
Sonstiges		

B3. Auszug relevanter Fragen aus Online- und Präsenzumfrage bei pädagogischen Professionals

Fragen zu Ihrer Person und Tätigkeit

- Ich bin

○	○	
Weiblich	Männlich	

- Wie alt sind Sie?

Antwort:	(0 bis 99)

- Welchen Bildungsabschluss haben Sie?

○		○		○		○	
Hauptschulabschluss		Mittlere Reife		Fachabitur		Allgemeines Abitur	

- Welche pädagogische oder dazu verwandte Zusatzqualifikationen (z. B. therapeutische Aus- und Weiterbildungen, Qualifikationen mit E-Learning) besitzen Sie?

- Bitte beschreiben Sie kurz Ihre derzeitige berufliche Tätigkeit und Ihre Aufgaben als pädagogischer Professional.Wie lange führen Sie diese Tätigkeit schon aus?

Fragen zu Modul 3 – Eigene Rolle kritisch reflektieren

- Was hat Ihnen besonders gefallen an Modul 3 (Eigene Rolle kritisch reflektieren)?

VIII. Anhang

- Was hat Ihnen an Modul 3 (Eigene Rolle kritisch reflektieren) nicht gut gefallen? Welche Anregungen oder Verbesserungsvorschläge haben Sie?

- In wie weit wurden Sie durch die Inhalte in Modul 3 (Eigene Rolle kritisch reflektieren) zum kritischen Nachdenken und zur Selbstreflexion angeregt? Was war der Auslöser?

- In wie weit wurden Sie durch die Reflexionsaufträge in Modul 3 (Reflexion zum Rollenbild als pädagogischer Professional, Reflexion zum heimlichen Lehrplan, Reflexion zum Wissens- und Kompetenzzuwachs) zum kritischen Nachdenken und zur Selbstreflexion angeregt? Welcher der drei Aufträge hat Sie am meisten zum kritischen Reflektieren bewegt und warum?

- Wie geeignet finden Sie die zugespitzten Rollenbildern und Unterrichtsentwürfe, um kritisches Denken bei pädagogischen Professionals anzuregen?

○		○		○		○	
Sehr geeignet		Geeignet		Kaum geeignet		Ungeeignet	

- Wie geeignet finden Sie den Text zum "heimlichen Lehrplan", um kritisches Denken bei pädagogischen Professionals anzuregen?

○		○		○		○	
Sehr geeignet		Geeignet		Kaum geeignet		Ungeeignet	

- Warum finden Sie die zugespitzten Unterrichtsentwürfe und Rollenbilder bzw. den Text zum "heimlichen Lehrplan" sehr geeignet bis ungeeignet als Anlass für kritisches Denken bei pädagogischen Professionals?

- Bitte bewerten Sie Modul 3 mit Hilfe von Schulnoten!

○		○		○		○		○		○	
Sehr gut		Gut		Befriedigend		Ausreichend		Mangelhaft		Ungenügend	

Fragen zur Selbstreflexion und kritischem Denken

- Was bedeutet für Sie kritisches Denken als pädagogischer Professional?

- Wie wichtig ist Ihnen die Förderung von kritischem Denken als Ziel Ihrer pädagogischen Tätigkeit?

○		○		○		○	
Sehr wichtig		Wichtig		eher unwichtig		unwichtig	

- Wie wichtig finden Sie die Bereitschaft und Fähigkeit zur Selbstreflexion bei pädagogischen Professionals?

○		○		○		○		○	
Sehr wichtig		Eher wichtig		Neutral		Eher unwichtig		Unwichtig	

Fragen zum 1. Präsenztreffen

- Was war besonders gut an der ersten Präsenzveranstaltung?
- Was hat Ihnen an der Veranstaltung nicht gut gefallen? Welche Anregungen oder Verbesserungsvorschläge haben Sie?
- **Bitte bewerten Sie das erste Präsenztreffen mit Hilfe von Schulnoten!**

○		○		○		○		○		○	
Sehr gut		Gut		Befriedigend		Ausreichend		Mangelhaft		Ungenügend	

Nutzen und Anregungen

- Konnten Sie bisher aus den Inhalten und Aufgaben einen praktischen Nutzen für Ihren Berufsalltag oder im privaten Bereich ziehen? Wenn ja, welchen?
- Möchten Sie uns irgendetwas mitteilen? Egal was, tun Sie es! Wir freuen uns auf Ihre Nachricht :-)

Relevante Fragen aus Umfrage in Präsenzveranstaltung
2.2 Wie beurteilen Sie die Umsetzung der folgenden Module im Lehrgang?
Was hat Ihnen an Modul 4 besonders gefallen?
Was hat Ihnen an Modul 4 nicht gefallen?
Welche Anregungen oder Verbesserungsvorschläge haben Sie?
Bitte bewerten sie das Modul mit Hilfe von Schulnoten
Was hat Ihnen besonders gefallen an Modul 6?
Was hat Ihnen an Modul 6 nicht gefallen?
Welche Anregungen oder Verbesserungsvorschläge haben Sie?
Bitte bewerten Sie das Modul mit Hilfe von Schulnoten
3.3 Wie beurteilen Sie die Förderung von kritischem Denken im Lehrgang?
Inwieweit wurden Sie durch das Qualifizierungskonzept angeregt, pädagogisches Handeln kritisch zu hinterfragen?
Konnten Sie Anregungen zur Förderung von kritischem Denken in ihrer Praxis gewinnen?
Welche Ansätze zur Förderung von kritischem Denken fanden sie gut?
Welche Ansätze zur Förderung von kritischem Denken fanden sie verbesserungswürdig?

B4. Beurteilungsbogen für schriftliche Denkaktivitäten

Dimensionen kritischen Denkens/ Denkstandards	Vorkritische Stufe Keine bzw. negative Ausprägung von kritischem Denken (1)	Beginner-Stufe Leichte Ausprägung von kritischem Denken (2)	Könnerschaft Starke Ausprägung von kritischem Denken (3)	Meisterschaft Sehr starke Ausprägung von kritischem Denken (4)
Analytische Dimension – Klarheit – Exaktheit	Verwendete Ausdrucksweise: – Unklar – Nicht exakt Aussagen werden: – nicht hinreichend erklärt und spezifiziert Keine Verwendung von: – Beispielen – Definitionen – Analogien – Metaphern – Umschreibungen – Erläuterungen usw.	Verwendete Ausdrucksweise: – Teilweise klar – Teilweise exakt Aussagen werden: – teilweise erklärt und spezifiziert Teilweise Verwendung von: – Beispielen – Definitionen – Analogien – Metaphern – Umschreibungen – Erläuterungen usw.	Verwendete Ausdrucksweise: – Klar – Exakt Aussagen werden: – erklärt und spezifiziert Verwendung von: – Beispielen – Definitionen – Analogien – Metaphern – Umschreibungen – Erläuterungen usw.	Verwendete Ausdrucksweise: – Sehr klar – Sehr exakt Aussagen werden: – präzise erklärt und spezifiziert Vielfältige Verwendung von: – Beispielen – Definitionen – Analogien – Metaphern – Umschreibungen – Erläuterungen usw.

Dimensionen kritischen Denkens/ Denkstandards	Vorkritische Stufe Keine bzw. negative Ausprägung von kritischem Denken (1)	Beginner-Stufe Leichte Ausprägung von kritischem Denken (2)	Könnerschaft Starke Ausprägung von kritischem Denken (3)	Meisterschaft Sehr starke Ausprägung von kritischem Denken (4)
– Richtigkeit	Überprüfbarkeit von Aussagen nicht gegeben – Keine Nutzung von Belegen wie wissenschaftliche Quellen, Erfahrungen, Beobachtungen – Keine Verwendung logischer Beweise – Keine Differenzierung von Fakten und Annahmen – Keine Beurteilung der Erklärungskraft der Belege	Überprüfbarkeit von Aussagen teilweise gegeben: – Nutzung von eigener Erfahrungen und Beobachtungen von Bekanntem – Wissenschaftliche Belege werden nur teilweise berücksichtigt – Teilweise Differenzierung der Fakten und Annahmen – Belege und Aussagen werden kaum in ihrer Erklärungskraft beurteilt	Überprüfbarkeit von Aussagen gegeben: – Nutzung von verschiedenartiger und reichhaltiger Quellen als Belege – Differenzierung der Fakten und Annahmen – Belege und Aussagen werden in ihrer Erklärungskraft beurteilt – Hoher Differenzierungsgrad von Fakten und Annahmen	Überprüfbarkeit von Aussagen gegeben & Reflexion der Richtigkeit – Ausprägung wie Könnerschaft plus Reflexion des eigenen analytischen Denkens: – Diese angestellte epistemische Analyse selbst wird kritisch auf ihre Aussagekraft überprüft
– Logik	Schlussfolgerungen: – Nicht nachvollziehbar bzw. unschlüssig – Verwendung falscher Konklusion und/oder falscher Prämissen – Schlüsse werden nicht auf Richtigkeit gewürdigt – Mangelnde Ko-härenz in Argumentation	Schlussfolgerungen: – Teilweise nachvollziehbar und schlüssig – Teilweise Würdigung der Prämissen bzw. Konklusionen auf Richtigkeit – Argumentation teilweise widersprüchlich	Schlussfolgerungen: – Relevant, logisch, schlüssig, nachvollziehbar, reflexiv – Von gedanklicher Tiefe – Differenzierung in der vorliegenden Perspektive – Kohärente Argumentation	Schlussfolgerungen: – Ausprägung wie bei Könnerschaft plus kritische Reflexion der Logik: – Erkenntnisbezogene Grenzen der Logik werden reflektiert

VIII. Anhang

Dimensionen kritischen Denkens/ Denkstandards	Vorkritische Stufe Keine bzw. negative Ausprägung von kritischem Denken (1)	Beginner-Stufe Leichte Ausprägung von kritischem Denken (2)	Könnerschaft Starke Ausprägung von kritischem Denken (3)	Meisterschaft Sehr starke Ausprägung von kritischem Denken (4)
– Relevanz	Aussagen: – Nicht relevant – Schweifen vom eigentlichen Thema ab – Verlieren sich in Nebensächlichkeiten	Aussagen: – Teilweise relevant	Aussagen: – Relevant	Aussagen: – Relevant
– Elaboriertheit	Erfassung der Perspektive: – Nicht mit Tiefgang und Differenziertheit	Erfassung der Perspektive: – Teilweise von gedanklicher Tiefe	Erfassung der Perspektive: – Differenzierte und tiefe Durchdringung einer Perspektive	Erfassung der Perspektive: – Differenzierte und tiefe Durchdringung einer Perspektive – Reflexion der erkenntnisbezogenen Grenzen der Perspektive

Dimensionen kritischen Denkens/ Denkstandards	Vorkritische Stufe Keine bzw. negative Ausprägung von kritischem Denken (1)	Beginner-Stufe Leichte Ausprägung von kritischem Denken (2)	Könnerschaft Starke Ausprägung von kritischem Denken (3)	Meisterschaft Sehr starke Ausprägung von kritischem Denken (4)
Dimension der Multiperspektivität – Identifikation und Übernahme von Perspektiven	Analyse des Sachverhalts: – Eindimensional – keine Betrachtung von eigenen abweichenden Blickwinkeln – Gezielte Einnahme von verschiedenen Perspektiven zur Untermauerung eigener Geltungsansprüche – Übernahme von Perspektiven erfolgt nur zur Bestätigung und Rechtfertigung eigener Denk- und Handelsweisen – Keine Ergründung eigener und fremder Annahmen	Analyse des Sachverhalts: – Perspektivenübernahme geschieht oberflächlich – Identifikation nur naheliegender Perspektiven – Keine tiefgehende Reflexion der Annahmen der eigenen und anderen Perspektiven	Analyse des Sachverhalts: – Einnahme von relevanten, von der eigenen Anschauung stark abweichenden Perspektiven – Einfühlung in andere, von seinem Standpunkt abweichende Perspektiven und Annahmen – Versuch diese zu differenzieren, zu verstehen und zu ergründen – Offenlegung und Begründung eigner und fremder An-nahmen	Analyse des Sachverhalts: – Ausprägung wie Könnerschaft & Reflexion von Denktraditionen: – Vergegenwärtigung der Unzulänglichkeiten des eigenen Denkens bei der angestellten Perspektivenübernahme – Offenheit und Toleranz gegenüber anderen Sichtweisen und Denktraditionen – Anerkennung anderer Denktraditionen als weitere Wahrheitsformen

VIII. Anhang

Dimensionen kritischen Denkens/ Denkstandards	Vorkritische Stufe Keine bzw. negative Ausprägung von kritischem Denken (1)	Beginner-Stufe Leichte Ausprägung von kritischem Denken (2)	Könnerschaft Starke Ausprägung von kritischem Denken (3)	Meisterschaft Sehr starke Ausprägung von kritischem Denken (4)
Ideologiekritische Dimension – Offene und verdeckte Herrschaftsverhältnisse	Ideologiekritische Analyse von Annahmen: – Unkritische und unreflektierte Übernahme von dominanten gesellschaftlichen Werten, Normen, Konzepten, Praktiken usw. – Ideologisches Denken	Ideologiekritische Analyse von Annahmen: – Nur leicht erkennbare Formen von Machtausübung und Herrschaftsverhältnissen werden identifiziert – Ansatzweise Untersuchung von dominanten gesellschaftlichen Werten, Normen, Konzepten, Praktiken usw.	Ideologiekritische Analyse von Annahmen: – Auch subtile Formen von Machtausübung und Herrschaftsverhältnissen werden identifiziert – Systematische Untersuchung von dominanten gesellschaftlichen Werten, Normen, Konzepten, Praktiken usw.	Ideologiekritische Analyse von Annahmen: – Gleiche Ausprägung wie Könnerschaft – Gleiche Ausprägung wie Könnerschaft
– Auswirkungen der Herrschaftsformen	– Keine Reflexion von Mechanismen wie Manipulation, Selbstentfremdung, Zwang, Verblendung, Verdinglichung usw.	– Teilweise Reflexion von Mechanismen wie Manipulation, Selbstentfremdung, Zwang, Verblendung, Verdinglichung usw.	– Systematische Reflexion von Mechanismen wie Manipulation, Selbstentfremdung, Zwang, Verblendung, Verdinglichung usw.	– Gleiche Ausprägung wie Könnerschaft

Dimensionen kritischen Denkens/ Denkstandards	Vorkritische Stufe Keine bzw. negative Ausprägung von kritischem Denken (1)	Beginner-Stufe Leichte Ausprägung von kritischem Denken (2)	Könnerschaft Starke Ausprägung von kritischem Denken (3)	Meisterschaft Sehr starke Ausprägung von kritischem Denken (4)
-Ideologiekritische Selbstreflexion	– Keine Reflexion des eigenen offenen und/oder verdeckten Machtgebrauchs oder eigener offener bzw. verdeckter Zwänge	– Keine Reflexion der eigenen Beeinflussung durch dominante Ideologien – keine Reflexion des eigenen Gebrauchs von Macht	– Ansatzweise kritische Reflexion der eigenen Beeinflussung durch Ideologien und den eigenen Gebrauch von Macht	– Ausgeprägte ideologiekritische Reflexion: – Explikation und Analyse eigener ideologischer Einflüsse – Explikation und Analyse des eigenen Machtgebrauchs – Untersuchung der eigenen Ideologiekritik, des eigenen Denkstil auf leitende Ideologien – Antizipation von Grenzen und Unzulänglichkeiten des kritischen Denkens

Dimensionen kritischen Denkens/ Denkstandards	Vorkritische Stufe Keine bzw. negative Ausprägung von kritischem Denken (1)	Beginner-Stufe Leichte Ausprägung von kritischem Denken (2)	Könnerschaft Starke Ausprägung von kritischem Denken (3)	Meisterschaft Sehr starke Ausprägung von kritischem Denken (4)
Dimension der Konstruktivität Lösung von Problemen zur Verbesserung der Praxis	Alternativen und Lösungen: – Keine Suche zu identifizierten Problemen im Hinblick auf die Ver-besserung der Praxis – Akzeptanz einer starren und unveränderbaren Zukunft	Alternativen und Lösungen: – Abstrakte Diskussion von Lösungen und Alternativen zu bestehenden Pro-blemen – kein Analyse und Beurteilung der Lösungen bzw. Alternativen auf analytische Kriterien wie Umsetzbarkeit, Eintrittswahrscheinlichkeit, Zielerreichungsgrad, Schlüssigkeit etc. – Keine Analyse der Lösungen bzw. Alternativen auf deren Auswirkungen bei Realisation – Lösungen werden nicht in Form von konkreten Handlungsplänen operationalisiert – Zukunft wird als eher starr und unveränderbar interpretiert	Alternativen und Lösungen: – Konkrete Diskussion von Lösungen und Problemen zu er-kannten Problemen -Antizipation der Umsetzbarkeit und Angemessenheit anhand der Kriterien für kritisches Denken – Untersuchung, ob durch die kon-struktiven Vorschläge neue unerwünschte Zustände entstehen könnten. – Streben zur Verbesserung der Praxis wird dabei auf individueller Ebene deutlich – Die Zukunft wird als durch die Individuen form- und wandelbar empfunden und eingeschätzt	Alternativen und Lösungen: – Ausprägung wie Könnerschaft – Suche nach konkreten Handlungsplänen zur Verbesserung / Veränderung der Praxis – Vernunftbetonte Würdigung der Konsequenzen bei der Umsetzung der konkreten Handlungspläne – hohe Bereitschaft, Pläne vernunft-begleitet in der Lebenspraxis umzusetzen – Die Zukunft soll aktiv gestaltet und verbessert werden

Dimensionen kritischen Denkens/ Denkstandards	Vorkritische Stufe Keine bzw. negative Ausprägung von kritischem Denken (1)	Beginner-Stufe Leichte Ausprägung von kritischem Denken (2)	Könnerschaft Starke Ausprägung von kritischem Denken (3)	Meisterschaft Sehr starke Ausprägung von kritischem Denken (4)
Überprüfung von Annahmen	Überprüfung von Annahmen: – keine Anstellung von Gedanken, wie sich nicht überprüfte Annahmen beurteilen lassen können	Überprüfung von Annahmen: – teilweise Suche nach Vorgehensweisen, wie nicht überprüfte Annahmen in der Praxis überprüft werden können	Überprüfung von Annahmen: – Ideenreiche Suche nach vielfältigen Möglichkeiten, wie nicht überprüfte Annahmen in der Praxis beurteilt werden können – Ausarbeitung konkreter Handlungsvorschläge, wie diese Annahmen überprüft werden sollen	Überprüfung von Annahmen: – Ausprägung wie Könnerschaft und epistemologische Reflexion: – Methodisches Vorgehens und zu erwartende Ergebnisse werden anhand der Kriterien des kritischen Denkens reflektiert

VIII. Anhang

Dimensionen kritischen Denkens/ Denkstandards	Vorkritische Stufe Keine bzw. negative Ausprägung von kritischem Denken (1)	Beginner-Stufe Leichte Ausprägung von kritischem Denken (2)	Könnerschaft Starke Ausprägung von kritischem Denken (3)	Meisterschaft Sehr starke Ausprägung von kritischem Denken (4)
Steckbrief Vorkritisches Denken Beginnerschaft Könnerschaft Meister-Schaft	Vorkritisches Denken -Denken wird kaum an den Kriterien kritischen Denkens ausgerichtet – Perspektivenerweiterung findet nicht statt – Keine Diskussion konstruktiver Alternativen – Keine kritische Betrachtung von eigenen Annahmen – Benutzung von undifferenzierten Ausführungen, um eigene Ansichten zu untermauern – Egozentrisches, eindimensionales, strategisches, durch Vorurteile und Ideologie geprägtes Denken	Beginner -Denken wird teilweise an den Kriterien kritischen Denkens ausgerichtet – Oberflächliche und undifferenzierte Einnahme verschiedener Perspektiven – Ideologiekritik findet oberflächlich statt – Eigene Annahmen werden kaum expliziert und kritisch hinterfragt – Abstrakte und unreflektierte Diskussion konstruktiver Ansätze – Kritisches Denken wird als funktionales Instrument verstanden und in seiner Funktionalität selbst nicht analysiert	Könnerschaft – Denken wird an den Kriterien kritischen Denkens ausgerichtet – Einnahme verschiedenartiger Perspektiven zu einem Thema – Hinterfragen von Ideologien anhand immanenter Kritik – Kritische Über-prüfung eigener Annahmen bzw. dargelegter Überlegungen – Erörterung konstruktiver Lösungen und Alternativen zu gefundenen Problemen – Antizipation der Umsetzung der Lösungen für erkannte Probleme – Suche nach konstruktiven Wegen zur Annahmenüberprüfung	Meisterschaft – Ausprägung wie Könnerschaft und zusätzlich – Sehr hohes (Selbst)-reflexionsniveau bei der Analyse eigener Annahmen und des eigenen kritischen Denkens – Bewusstsein, dass kritisches Danken und dessen Maßstäbe nicht per se als besser oder schlechter als die Denkstile und Maßstäbe anderer Denktraditionen zu werten ist – Hohe Bereitschaft, entwickelte Handlungspläne zur Verbesserung der Praxis vernunftgeleitet im eigenen Lebensbereich umzusetzen

B5. Erweiterung des Beurteilungsbogens zur Bewertung der Seminararbeit

Dimension/ Kriterium	Keine bzw. negative Ausprägung	Leichte Ausprägung	Starke Ausprägung	Sehr starke Ausprägung
Anwendung der Theorie zur Förderung von kritischem Denken • Fachsprachliche Sicherheit • Taxonomische Qualität der Konzepte • Transfergrad • Ideenreichtum	• keine Berücksichtigung der Theorie zur Förderung von kritischem Denken bei der Planung der Unterrichtssequenz • fehlerhafte Darstellung der Konzepte aus der Theorie • gar keine bzw. falsche Verwendung der Fachbegriffe			• Bedachter, differenzierter und kreativer Einsatz von Methoden zur Förderung von kritischem Denken bei der Planung der Unterrichtssequenz • Anwendung von Methoden auf der Ebene des Lernbegleiters wie auch entsprechende Unterrichtsformen • Differenzierte und richtige Verwendung von Begriffen und Konzepten auf fachsprachlicher Ebene • Neuartige und kreative Zusammenstellung von Konzepten zu einem kohärenten Föderansatz
Anwendung der Theorie kritischen Denkens • Fachsprachliche Sicherheit • Taxonomische Qualität der Konzepte • Ideenreichtum	• keine oder falsche Anwendung der Theorie des Phasenmodells kritischen Denkens • Unzureichende und falsche Verwendung von Fachbegriffen und Konzepten			• Begründung und Verknüpfung von sämtlichen Schritten zur Förderung von kritischem Denken mit der Theorie zum Prozess des kritischen Denkens • differenzierte, richtige und ideenreiche Anwendung von Begriffen und Konzepten des Modells unter Nutzung der Fachsprachliche

VIII. Anhang

Dimension/ Kriterium	Keine bzw. negative Ausprägung	Leichte Ausprägung	Starke Ausprägung	Sehr starke Ausprägung
Eignung des Konzeptes zur Förderung von kritischem Denken • **Zielgruppeneignung** • **Ideenreichtum**	• keine Eignung des vorliegenden Konzeptes unter Berücksichtigung der Rahmenbedingungen (Ziel-gruppe, fachlicher Kontext, gewählte Methoden, pädagogisches Handeln) zur Förderung von kritischem Denken			• hervorragende Eignung des vorliegenden Konzeptes unter Berücksichtigung der Rahmenbedingung zur Förderung von kritischem Denken • sehr gute Abstimmung des Konzeptes auf die vorliegende Zielgruppe und des fachlichen Kontextes • kreative Leistung mit originellen Bezügen zu kritischen, aktuellen Themen
Didaktische Planung der Lernsituation • **Bedingungsanalyse** • **Lehrplanbezug** • **Lernziele** • **Unterrichtsablaufplan**	• stark unvollständige und lückenhafte Unterrichtsplanung • Kein Lehrplanbezug • keine Angabe von Lernzielen • kein stattfinden einer Bedingungs-analyse • kein vorliegen eines Unterrichts- • Ablaufplanes			• durchdachte und anschauliche Darstellung der Unterrichtsplanung • Differenzierte Bedingungsanalyse • Differenzierte Beschreibung von Lernzielen, • Lehrplanbezug

B6. Kategoriensystem aus Auswertung der Interviews mit pädagogischen Professionals

0. Rahmenbedingungen für die Qualifizierung im kritischen Denken
0.1 Herstellung von Vertrauen
0.2 Heranführung an KD
   0.2.1 Wirkung der Heranführung
   0.2.2 Kritik an der Heranführung an KD
   0.2.3 Verbesserungsvorschläge Heranführung an KD
0.3 Arbeitsbelastung und Umfang
0.4 Gruppenklima
0.5 Vorwissen
0.6 Probleme mit Schriftlichkeit
0.7 Motivation zur Teilnahme

1. Verständnis zu kritischem Denken
1.1 Eigene konzeptuelle Definition von KD
1.2 Stellenwert des kritischen Denkens

2. Kritisches Denken anwenden
2.1 Modul 3 Rollenbilder
   2.1.1 Wirkung Modul 3 – Rollenbilder
   2.1.2 Kritik an Aufgabe zu Rollenbildern
   2.1.3 Verbesserungsvorschläge Rollenbilder
2.2 Modul KD-Fördern
   2.2.1 Wirkung Modul KD-Fördern
   2.2.2 Kritik an Modul KD Fördern
   2.2.3 Verbesserungsvorschläge
2.3 Reflexionsauftrag heimlicher Lehrplan
   2.3.1 Wirkung heimlicher Lehrplan
   2.3.2 Kritik an Aufgabe HLP
   2.3.3 Verbesserungsvorschläge HLP
2.4 Herleitung Verständniss KD EH
   2.4.1 Wirkung der Herleitung Verständnis KD EH
   2.4.2 Kritik Herleitung Verständnis KD
   2.4.3 Verbesserungsvorschläge Herleitung Verständnis
2.5 Rollenspiel Protokoll der kritischen Diskussion
   2.5.1 Wirkung des Rollenspiels „Protokoll der kritischen Diskussion"
   2.5.2 Kritik PKD
   2.5.3 Verbesserungsvorschläge PKD
2.6 Analyse eines eigenen kritischen Ereignisses
   2.6.1 Wirkung der schriftlichen Reflexion
   2.6.2 Kritik an der Reflexionsaufgabe
   2.6.3 Verbesserungsvorschläge zur Reflexionsaufgabe

VIII. Anhang

3. Wirkung des KD-Förderansatzes

3.1 Anregung und Bestärkung des eigenen kritischen Denkens

3.2 Bewusstmachung und Systematisierung des kritischen Denkens

3.3 Impulse zur Anwendung und Förderung von KD

B7. Fragen aus Onlineumfrage bei den Studenten

Erhebung soziographischer Daten

- Ich bin

○		○	
Weiblich		Männlich	

- Wie alt sind Sie?

Antwort:	(0 bis 99)

- Welche Aus- und Weiterbildungen haben Sie bisher abgeschlossen? (dazu zählen u. a. auch persönlichkeitsbildende Bereiche)

Auffassung kritisches Denken

- Was bedeutet für Sie kritisches Denken?

- Inwieweit wurde Ihr konzeptuelles Verständnis/Ihre Definition von kritischem Denken durch den Kurs verändert, erweitert, ergänzt etc?

- Welchen Stellenwert messen Sie kritischem Denken bei? Hat sich diese Einstellung durch den Kurs verändert?

Förderung von kritischem Denken

- Für wie wichtig halten Sie die Förderung von kritischem Denken in Ihrer zukünftigen Praxis als Bildungsprofi?

○		○		○		○	
Sehr wichtig		Wichtig		eher unwichtig		Unwichtig	

- Inwieweit haben Sie theoretische und praktische Impulse zur Förderung von kritischem Denken durch die Veranstaltung bekommen können?

Selbst kritisch denken

- Wurden Ihre eigenen Fähigkeiten zum kritischen Denken durch den Kurs gefördert? Wenn ja, wie?

- An welcher Stelle des Kurses sind Sie besonders zum kritischen Denken angeregt worden? Warum?

Evaluation Modul 1

- Was hat Ihnen an dem Modul "Eigene Rolle als angehender pädagogischer Professional reflektieren" nicht gut gefallen? Welche Anregungen oder Verbesserungsvorschläge haben Sie?

- Was hat Ihnen besonders gefallen an Modul 1 (Eigene Rolle als angehender pädagogischer Professional reflektieren)?

- Bitte bewerten Sie das Modul "Eigene Rolle als angehender pädagogischer Professional reflektieren" mit Hilfe von Schulnoten.

○	○	○	○	○	○
Sehr gut	Gut	Befriedigend	Ausreichend	Mangelhaft	Ungenügend

Evaluation Modul 2

- Was hat Ihnen besonders gefallen an Modul 2 (Kritisches Denken im Unterricht anleiten)?

- Was hat Ihnen an dem Modul "Kritisches Denken im Unterricht anleiten" nicht gut gefallen? Welche Anregungen oder Verbesserungsvorschläge haben Sie?

- Inwieweit wurden Sie durch die Arbeitsaufträge in Modul 2 (Erstellung eines Szenarios zur Förderung von KD, Analyse eines kritischen Vorfalles) zum kritischen Denken angeregt?

- Bitte bewerten Sie das Modul 2 (Kritisches Denken im Unterricht anleiten) mit Hilfe von Schulnoten.

○	○	○	○	○	○
Sehr gut	Gut	Befriedigend	Ausreichend	Mangelhaft	Ungenügend

Evaluation Präsenzveranstaltungen

- Was hat Ihnen an den Präsenzveranstaltungen nicht gut gefallen? Welche Anregungen oder Verbesserungsvorschläge haben Sie?

VIII. Anhang

- Was war besonders gut an den Präsenzveranstaltungen?

- Bitte bewerten Sie die Präsenztreffen mit Hilfe von Schulnoten!

○	○	○	○	○	○	
Sehr gut	Gut	Befriedigend	Ausreichend	Mangelhaft	Ungenügend	

Gesamtbeurteilung

- Was hat Ihnen an der Veranstaltung nicht gut gefallen? Welche Anregungen oder Verbesserungsvorschläge haben Sie?

- Was ist besonders gut an der Veranstaltung?

- Bitte bewerten Sie die Veranstaltung mit Hilfe von Schulnoten!

○	Sehr gut
○	Gut
○	Befriedigend
○	Ausreichend
○	Mangelhaft
○	Ungenügend

Nutzen und Empfehlung

- Konnten Sie aus den Inhalten und Aufgaben des Seminares einen praktischen Nutzen für Ihr Studium oder im privaten Bereich ziehen? Wenn ja, welchen?

- Würden Sie diesen Kurs Ihren Kommilitonen empfehlen?

○	Nein
○	Teilweise
○	Voll und ganz

- Sollte dieser Kurs in das Lehrangebot innerhalb Wirtschaftspädagogik aufgenommen werden?

○	Nein
○	Teilweise
○	Voll und ganz

Motivation und Erwartungen

- Aus welchen Gründen heraus haben Sie am Zusatzangebot kritischen Denkens teilgenommen?
- Mit welchen Erwartungen haben Sie am Kurs teilgenommen?
- Wurden Ihre Erwartungen erfüllt? Bitte begründen Sie Ihre Antwort kurz.
- Möchten Sie mir abschließend noch irgendetwas mitteilen? Egal was, tun Sie es! Ich freue mich auf Ihre Nachricht ☺

B8. Struktur des Leitfadens für Interviews mit Studenten

Schulung kritischen Denkens

- Welche Gedanken und Assoziationen haben Sie derzeit zum kritischen Denken?
- Welche Phasen des kritischen Denkens haben Sie selbst während des Kurses durchlaufen bzw. durchlaufen Sie gerade noch?
- Inwieweit wurde Ihr kritisches Denken durch den Kurs geschult?
- Welche der im Kurs eingesetzten Methoden zur Förderung kritischen Denkens fanden Sie anregend? Warum?
- Inwieweit hat das Dozentenverhalten zu kritischem Denken angeregt? (Feedback zu heimlichen Lehrplan, kritische Perspektiven zu Wissenschaft, Schule als Institution etc.)?
- Wie lange wird die Fördermaßnahme bei Ihnen vorhalten?

Die Förderung kritischen Denkens

- Inwieweit fühlen Sie sich auf die Förderung kritischen Denkens vorbereitet?

VIII. Anhang

Verbesserung des Kursangebotes

- Was könnte man an dem bestehenden Programm noch verbessern?
- Welche konkreten Gestaltungsempfehlungen haben Sie?
- Abschließende Beiträge – etwas vergessen?

B9. Kategoriensystem aus Auswertung der Interviews mit den Studenten

0. Rahmenbedingungen für kritisches Denken
  0.1 Herstellung von Vertrauen
  0.2 Heranführung an KD
  0.2.1 Wirkung der Heranführung
  0.2.2 Kritik an der Heranführung an KD
  0.2.3 Verbesserungsvorschläge Heranführung an KD
  0.3 Arbeitsbelastung und Umfang
  0.4 Gruppenklima
  0.5 Vorwissen
  0.6 Motivation zur Teilnahme
1. Verständnis zu kritischem Denken
  1.1 Eigene konzeptuelle Definition von KD
  1.2 Stellenwert des kritischen Denkens
2. Kritisches Denken anwenden
  2.1 Wirkung Modul 3 – Rollenbilder
  2.1.1 Kritik an Aufgabe zu Rollenbildern
  2.1.2 Verbesserungsvorschläge Rollenbilder
  2.2 Wirkung heimlicher Lehrplan
    2.2.1 Kritik an Aufgabe HLP
    2.2.2 Verbesserungsvorschläge HLP
    2.2.3 Beurteilung des Feedbacks zur Aufgabe
  2.4 Wirkung des Rollenspiels „Protokoll der kritischen Diskussion"
    2.4.1 Kritik PKD
    2.4.2 Verbesserungsvorschläge PKD
  2.5 KD über Reflexionen
    2.5.1 Kritik
    2.5.2 Verbesserungsvorschläge
  2.6 Übungen zu Annahmen – Szenarioanalyse
    2.6.1 Wirkung und Beurteilung der Szenarioanalyse
    2.6.2 Kritik an der Szenarioanalyse
  2.7 Herleitung eines KD-Verständnisses für Studenten
    2.7.1 Wirkung und Beurteilung der KD-Verständnisaufgabe

2.7.2 Kritik an der KD-Verständnisaufgabe
2.7.3 Verbesserungsvorschläge zur KD-Verständnisaufgabe
2.8 Analyse eines eigenen kritischen Ereignisses
2.8.1 Wirkung der schriftlichen Reflexion
2.8.2 Kritik an der Reflexionsaufgabe
2.8.3 Verbesserungsvorschläge zur Reflexionsaufgabe
2.9 Erarbeitung eines Szenarios zur Förderung von KD
2.9.1 Wirkung der Erstellung des Szenarios
2.9.2 Kritik an der Aufgabenstellung
2.9.3 Verbesserungsvorschläge
2.10 Modul KD-Fördern
2.10.1 Wirkung Modul KD-Fördern
2.10.2 Kritik an Modul KD Fördern
2.10.3 Verbesserungsvorschläge
2.11 Wirkung Filmeinsatz

3. Wirkung des KD-Förderansatzes
3.1 Anregung und Bestärkung des eigenen kritischen Denkens
3.2 Bewusstmachung und Systematisierung des kritischen Denkens
3.3 Impulse zur Anwendung und Förderung von KD
3.4 Verarbeitung benötigt
3.5 Erweiterung des eigenen Denkens
3.6 Beurteilung des eigenen Lernerfolges

4. Einschätzungen zum eigenen Prozess kritischen Denkens
4.1 Initialphase
4.2 Urteilsbildung
4.3 Entwicklung von Alternativen
4.4 Integrationsphase

5. Risiken durch Inhalte des Kurses
6. Wahrgenomme Relevanz der Denkschulung
7. Wünsche/Verbesserungsvorschläge zu KD-Kurs
8. Anwendung von KD-Konzepten
9. Hinweise zu Diskussionverhalten-präferenzen
10. Anmerkungen zu E-Learning
13. Gründe für Kursaustritt

VIII. Anhang

Anhang C:

Artefakte aus dem Qualifizierungskonzept der Ersterprobung

C1. E-Learning-Modul „Eigene Rolle kritisch reflektieren"

Im E-Learning-Modul „Eigene Rolle kritisch reflektieren" sollten sich die pädagogischen Professionals mit ihren eigenen Rollenbildern, ihrem Selbstverständnis als Lehrer, Ausbilder, Dozent usw. auseinandersetzen. Dazu wurden sie sowohl mit unterschiedlichen, sich widersprechenden Lerntheorien als auch mit der dazugehörigen Didaktik konfrontiert. Drei verschiedene fiktive Lehrpersönlichkeiten, die den Teilnehmern in Form von Videobotschaften vorgestellt wurden, verkörpern auf zugespitzte Weise jeweils eine dieser Traditionen. Ein Unterrichtsinhalt wurde anhand von den drei verschiedenen Auffassungen, was guter Unterricht sei, durch Unterrichtsentwürfe und Aussagen von fiktiven pädagogischen Professionals dargestellt, die kritisch von den Teilnehmern reflektiert werden sollten.

Ziel des Modules war es, ein kritisches und reflektiertes Bewusstsein bezüglich der Implikationen der jeweiligen Ausrichtung von Unterricht auszuprägen, sich auch kritisch mit eigenen Annahmen bezüglich der Auffassung des Berufes auseinanderzusetzen, diese zu hinterfragen und gegebenenfalls einen Konzeptwandel herbeizuführen. Dabei sollten die pädagogischen Professionals angehalten werden, später im Verlauf der Qualifizierungsmaßnahme gemeinsam ein Rollenbild für flexibles Lernen zu entwickeln, aufgrund dessen sie handeln möchten. Um diese Ziele zu erreichen, sollten Teilprozesse des kritischen Denkens durchlaufen werden. Beispielsweise sollten die Teilnehmer durch die Auseinandersetzung mit dem konfrontierenden Lernmaterial und durch den Austausch darüber in der Gruppe ihre Perspektive auf das Lernen und Lehren identifizieren und eigene sowie fremde Annahmen im Hinblick auf pädagogisches Handeln hinterfragen.

Einleitend wurden die Teilnehmer in dem Modul dazu aufgefordert, sich den Bildungsauftrag der Berufsschule zu vergegenwärtigen und die hier vertretenen Annahmen zu identifizieren. Beispielsweise war in einem präsentierten Dokument der Kultusministerkonferenz zu entnehmen, dass der Berufsschulunterricht auf der Ebene der Personalkompetenz dazu beitragen soll, *„die Bereitschaft und Fähigkeit, als individuelle Persönlichkeit die Entwicklungschancen, Anforderungen und Einschränkungen in Familie, Beruf und öffentlichem Leben zu klären, zu durchdenken und zu beurteilen, eigene Begabungen zu entfalten sowie Lebenspläne zu fassen und fortzuentwickeln"* (KMK, 2004). Anhand dieser formalen Forderung sollte später in der Präsenzveranstaltung die Wichtigkeit der Förderung kritischen Denkens betont werden. Durch die Sammlung von Annahmen sollte der Bildungsauftrag verinnerlicht und mit eigenen Annahmen über das Ziel von Bildung abgeglichen werden. Außerdem sollte in dieser Aufgabenstellung erstmalig die Identifikation von Annahmen eingeübt werden, obwohl noch keine Theorie bis zu diesem Zeitpunkt dazu vermittelt werden sollte. Innerhalb des Lernprogrammes stand zur besseren Handhabbarkeit und Dokumentation der Denkprozesse bei diesem Auftrag und folgenden eine Notizfunktion zur Verfügung, anhand derer die Teilnehmer sich jederzeit Stichpunkte machen konnten, beispielsweise um Annahmen zu notieren. Diese Notizen konnten gespeichert und beliebig wieder aufgerufen werden. Die Teilnehmer sollten mit dieser Funktion die Annahmen-Suche durchführen.

Inhaltlich wurden die pädagogischen Professionals im Anschluss mit den drei verschiedenen, zugespitzten, provokanten Rollenbildern (Lehrer als Experte und Wissensvermittler etc.) in Form von Lehrpersönlichkeiten, die sich via Videobotschaft vorstellen und ihre Auffassung zum Lehren und Lernen mitteilen, konfrontiert. Die hier vertretenen expliziten und impliziten Annahmen der fiktiven Bildungsprofis sollten von den Teilnehmern identifiziert und mit den im Bildungsauftrag gefundenen abgeglichen werden. Das Identifizieren und Beurteilen von Annahmen ist ein Kernprozess kritischen Denkens und sollte deshalb in dem Modul auf vielfältige Weise eingeübt werden.

Abbildung 66: „Der Didaktor" Horst P. Macher (E-Learning-Modul „Eigene Rolle kritisch reflektieren")

Herr Macher ist der erste der drei Charaktere. Er ist Schulleiter an einer beruflichen Schule des Einzelhandels. Zu seiner Sozialisation erfährt der Betrachter, dass Macher in einem katholischen Internat streng erzogen wurde und bei der Bundeswehr als Reserveoffizier tätig war, bevor er Lehrer an der Schule wurde. Macher vertritt das Lern- und Lehrparadigma des Behaviorismus und eine streng lernzielorientierte Didaktik. Schüler sind seiner Ansicht nach Rohlinge, die für ihre Rolle in der Arbeitswelt durch Lehrer erst geschliffen werden müssen. Sie sind eine formbare Masse, unsicher, unselbstständig, nicht fähig zum freien Denken und Handeln. Aufgabe des Lehrers ist es also, den Schüler im Sinne der Erwerbsfähigkeit und der Anforderungen der kapitalistischen Gesellschaft zu formen. Die Köpfe der Schüler sollen dazu mit den dazu benötigten Inhalten gefüllt werden, damit sie die jeweilige Abschlussprüfung gut bestehen können. Diese Inhalte schreibt der Rahmenlehrplan vor, der von der Lehrkraft unbedingt einzuhalten ist. Bestehende Institutionen, Regeln und Konventionen werden dabei von Macher nicht angetastet. Hier zeigt sich auch die Rolle von Macht und Hegemonie. Macher hinterfragt die Inhalte des Rahmenlehrplanes oder seine Anschauung vom Auftrag der Schule nicht, sondern vertraut auf die Entscheidungen der Entscheidungsträger, die ihm von dem Bildungssystem auferlegt werden, in vollem Umfang. Er ist ein Untertan, der sich jedoch gleichzeitig durch sein Wissen und Können als mächtiger Experte erfährt, als Bildungsprofi, der die Schüler auf den Arbeitsmarkt vorbereitet, indem er deren Lernprozesse plant, initiiert, kontrolliert und evaluiert. Nach dem Video wird Machers didaktisches Vorgehen und Planen von Unterricht an dem Thema „Just in Time" (JiT) veranschaulicht. Macher geht dabei strikt nach der lernzielorientierten Didaktik vor, wobei die Inhalte aus dem Rahmenlehrplan so weit wie möglich übernommen werden. Im folgenden Auszug aus dem Modul wird das Vorgehen beschrieben:

VIII. Anhang

Abbildung 67: Horst Machers Konzept der Unterrichtsplanung, (E-Learning-Modul „Eigene Rolle kritisch reflektieren")

Im weiteren Verlauf des Moduls wurden nun auf mehreren Seiten Machers Unterrichtsverlaufsplanung, der konkrete Unterrichtsentwurf, eingesetzte Aufgabenblätter, der Tafelanschrieb usw. dargestellt. Wieder waren die pädagogischen Professionals aufgefordert, die hinter den von Macher erstellten Materialien und Übungsaufgaben liegenden, impliziten Annahmen zu Prinzipien des Lehrens und Lernens zu entdecken. Der Unterrichtsablauf und auch die erstellten Materialien und Übungen wie Lückentexte wurden streng an dem behavioristischen Lernparadigma ausgerichtet. Wissensvermittlung geschieht frontal in kleinen Teilmengen, jeweils gefolgt von geschlossenen Tests der Wissensabfrage. Am Ende der Macher-Sequenz bekamen die pädagogischen Professionals eine mögliche Lösung zur Annahmensuche präsentiert, die sie mit ihren Notizen abgleichen konnten (siehe Abbildung 68).

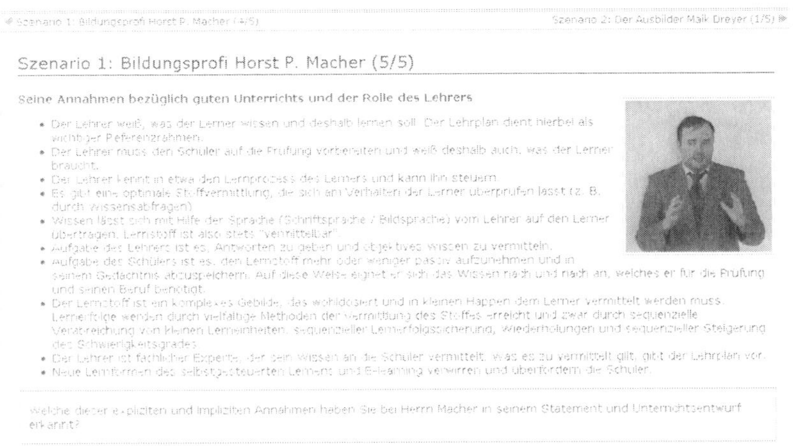

Abbildung 68: Annahmen zum Lehren und Lernen von Bildungsprofi Horst Macher

Kritisches Denken fördern können

Abbildung 69: Der Ausbilder Maik Dreyer (E-Learning-Modul „Eigene Rolle kritisch reflektieren")

Als weiterer fiktiver Charakter wurde im Folgenden Maik Dreyer eingeführt. Maik erscheint dem Betrachter als ein von seinen Azubis geschätzter, lockerer und jugendlicher Ausbilder, wobei er eingangs in seiner Sequenz auf einem geteerten Platz sichtlich genervt eine Zigarette unter Zeitdruck raucht und hastig ausdrückt. Diese Szene spiegelt seinen anstrengenden und stressigen Arbeitsalltag wider, dem er im Handel täglich ausgesetzt ist. Nach einer Überblendung präsentiert sich Dreyer in seinem Büro und beginnt, wie die anderen Bildungsprofis, laut über das Lernen und Lehren zu denken.

Wirkliches Lernen sieht Dreyer nur durch die konkrete berufliche Erfahrung im Betrieb erfüllt. Deshalb übergibt er seinen Azubis viel Verantwortung im Betrieb und lässt sie Zusammenhänge dort vor Ort handelnd erkunden. Didaktisch vertritt Dreyer –ohne es selbst zu wissen – eine ökonomisch funktionale Ausrichtung des Konstruktivismus als Referenzrahmen seines pädagogischen Handelns. Ausbildung muss rein zu betrieblicher Handlungskompetenz im Sinne der Optimierung von Arbeitsabläufen und zur bestmöglichen Steigerung des Gewinns beitragen. Diese Maxime zeigt sich auch in der Planung und Durchführung von Unterweisungen, die anhand von authentischen Materialien wie originalen Betriebsabrechnungsbögen usw. am Thema „Just in Time" dargestellt werden. Folgende Planung lag dabei den einzelnen Schritten zugrunde:

Stufe	Bezeichnung	Beispiel „Just in Time"
1	Praktische Tätigkeit und primäre Erfahrung, emotionale Einbindung der Lerner	Die Azubis arbeiten im Lager und lernen die dortigen Gegebenheiten kennen. Sie beschäftigen sich mit der Bestellpolitik und der Lagerhaltung des Unternehmens.
2	Entwicklung eines herausfordernden Problems und Anregung zum reflektierenden Denken	Die Lerner werden mit der hohen Kostenstruktur, verursacht durch das Lager und die Verderblichkeit der Waren, vertraut gemacht durch den Ausbilder. Durch welche Maßnahmen wurden und können diese Kostenstrukturen im Betrieb reduziert werden? Welche Rolle spielt dabei die Beschaffungspolitik? Nach welchen Gesichtspunkten funktioniert die Beschaffung? etc.

VIII. Anhang

3	Tatsachen-Material entdecken	Die Lerner analysieren ältere und neue Betriebsabrechnungsbögen (Vorratslagerung und „Just in Time"-Lagerung), sprechen mit Lagerpersonal, untersuchen, telefonieren mit Zuliefern, interviewen LKW-Fahrer, analysieren das Kaufverhalten der Kunden, ermitteln die bestehende Bestellpolitik etc.
4	Hypothesenbildung und die vorgeschlagene Lösung des Problems	Die Lerner entwickeln gemeinsam selbst eine optimale Bestellpolitik für Artikel in der Süßwarenabteilung, die Kosten reduziert und Verderb minimiert.
5	Die Erprobung und Überprüfung durch praktische Handlungen.	Die Lerner erstellen eine Präsentation zur optimalen Bestellpolitik oder probieren gegebenenfalls diese auch in der Praxis aus.

Tabelle 30: Maik Dreyers betriebliche Unterweisung zum Thema „JiT"

Vom Lernen von Theorien hält Dreyer nichts, deswegen sieht er die Ausbildung auf berufsschulischer Seite auch als überflüssig an. Lernen geschieht individuell durch Handeln, durch Ausprobieren in der Praxis. Dreyers Prozess der Unterweisung orientiert sich deshalb dabei am problem- und erfahrungszentrierten Lernen nach John Dewey (Dewey, 2002). Didaktisch hat sich Dreyer einer rein handlungsorientierten Pädagogik verschrieben. Er sieht sich selbst in der Rolle eines Lernbegleiters. Folgende explizite und implizite Annahmen ließen sich bei Maik Dreyer unter anderem in seinem Videostatement und in den Materialien und dem Vorgehen bei der Unterweisung herausfinden:

Abbildung 70: Annahmen zum Lehren und Lernen von Bildungsprofi Mike Dreyer (E-Learning-Modul „Eigene Rolle kritisch reflektieren")

Abbildung 71: Frau Dr. Nicole Kowalzky (E-Learning-Modul „Eigene Rolle kritisch reflektieren")

Als dritter und letzter fiktiver Bildungsprofi präsentierte sich die promovierte Lehrerin Frau Dr. Nicole Kowalzky in einer Videobotschaft. Sie verkörpert die kritische Pädagogik, was sich auch in ihrem Äußeren und der Raumausstattung ihres Büros durch einen alternativen und eher spirituellen Einfluss bemerkbar macht. In ihrem pädagogischen Denken und Handeln hat sie Klafkis Kritisch-Konstruktive Didaktik (2007) verinnerlicht, dessen Denke viele der artikulierten Aussagen von Frau Kowalzky und auch ihre Unterrichtsplanung durchdringt. Emanzipation, Mündigkeit, Gleichheit, oder Geschwisterlichkeit sind für sie höhere Bildungsziele, die sie primär durch ihren Unterricht verwirklicht sehen möchte. Außerdem soll ihrer Ansicht nach Unterricht immer auch gesellschaftliche Schlüsselprobleme thematisieren und zum emanzipatorischen Handeln erziehen, um so diese Probleme der Gegenwart in der Zukunft durch das Bewusstsein einer neuen Generation lösen zu können. Dementsprechend fällt auch die Wahl der Lernziele für den Inhalt „JiT" aus. Ausgehend von Klafkis kritisch-konstruktiver Didaktik, die näher im Modul erläutert wird, ohne dabei auf Klafki selbst zu verweisen, leitet Kowalzky folgende Lernziele ab:

---

a) Permanente Lernziele
1. Kritikbereitschaft und -fähigkeit
2. Argumentationsbereitschaft und -fähigkeit
3. Multiple Perspektiven einnehmen und bewerten können
4. (Ideologie-) Kritische Fragen stellen können
5. Erkennen von gesellschaftlichen Schlüsselproblemen und Sensibilisierung für Problemlösemöglichkeiten

b) Weitere Lernziele zum Thema JiT
6. Der Schüler soll in der Lage sein, eine begründete Entscheidung hinsichtlich der individuellen wirtschaftlichen Vorzüge, die auch mit Risiken behaftet sind, sowie auch der gesellschaftlichen Probleme durch JiT fällen zu können.
7. Dabei gilt es auch, die verschiedenen Perspektiven der an JiT gebundenen Akteure zu verstehen (Unternehmen, Autofahrer, Umwelt, LKW-Fahrer) und den allgemeinen Problemcharakter des (wirtschaftlich-) instrumentellen Denkens zu erfahren.
8. Außerdem sollen die Schüler konstruktiv Problemlöseansätze für eine sozial verträglichere Beschaffungspolitik und -struktur (Unternehmen, Kunden, Politik, Forschung, die Schüler als Konsumenten selbst) entwerfen und bewerten können (z. B. durch die Alternative der Schiene, Kargo-Lifter, Änderung des Konsumverhaltens etc.).

Abbildung 72: Lernziele von Frau Kowalzky zum Thema „JiT" (Modul „Eigene Rolle kritisch reflektieren")

VIII. Anhang

Wie anhand der Lernziele deutlich wird, sollten auch viele Aspekte kritischen Denkens konkret gefördert werden. Methodisch-didaktisch wendet Kowalzky in ihrer Unterrichtsplanung etliche Methoden und Handlungsweisen zur Förderung kritischen Denkens an. So erkunden die Schüler das Thema „Just in Time" anhand eines WebQuests, welches tatsächlich für die pädagogischen Professionals mit einem WebQuest-Generator[72] erstellt wurde. In diesem WebQuest sind die Lerner zuerst in Einzelarbeit und dann in Gruppen dazu aufgefordert, verschiedene, relevante Perspektiven auf den Sachverhalt anhand sich widersprechender und grundverschiedener Standpunkte, die entweder über Videos oder aus Online-Artikeln bezogen werden, zu untersuchen. Die Quellen umschließen dabei „Jit" aus wirtschaftlicher Perspektive eines Unternehmens, aus einer umweltbezogenen Betrachtung (Greenpeace) usw. Dafür werden den Schülern Leitfragen für die Einzelarbeit an die Hand gegeben, um kritisches Denken anzuregen und zu leiten. In einer anschließenden Gruppenarbeit, die Teil des WebQuests ist, wird die Multiperspektivität der Lernenden gefördert, indem bei einem Treffen verschiedene, relevante Akteure in einem Rollenspiel (Vertreter des deutschen Einzelhandelsverbandes, des Bundes deutscher Autofahrer, Vertreter der Gewerkschaft der LKW-Fahrer, Unternehmensvorstände und Anwohner an einer Autobahn als auch ein sprechender Baum) das Beschaffungskonzept „Just in Time" kritisch diskutieren und ihren jeweiligen Standpunkt dazu darlegen. Im Anschluss sind die Schüler aufgefordert, in dem Reflexionsteil ihres E-Portfolios eine kritische Reflexion zu den in Erfahrung gebrachten Einsichten zu verfassen und diese untereinander auszutauschen. Wieder werden dazu Leitfragen aufgeworfen, die sich an den Kriterien und Förderprinzipien kritischen Denkens orientieren. Anschließend an die Darstellung des Unterrichtsentwurfes wurden wieder die zu entdeckenden Annahmen präsentiert, die die pädagogischen Professionals herausarbeiten sollten.

Abbildung 73: Frau Dr. Kowalzkys Annahmen zum Lehren und Lernen (E-Learning-Modul „Eigene Rolle kritisch reflektieren")

---

72 Open-Source-WebQuest-Generator „Easy-WebQuest": http://easyWebQuest.ch/

Das E-Learning-Modul endete mit einer Aufgabenstellung, die schriftlich im E-Portfolio bearbeitet und mit dem jeweiligen Lernpartner ausgetauscht und diskutiert werden sollte. Die Aufgabe diente der Anregung der Selbstreflexion und Hinterfragung eigener Konzepte und Theorien des Lehrens und Lernens der pädagogischen Professionals. Die aufgeworfenen Fragen zielten darauf ab, (eigene) Annahmen zum Lehren und Lernen multiperspektivisch zu identifizieren und anhand von Belegen zu beurteilen (siehe Abbildung 74).

> Bitte analysieren Sie die 3 Rollenbilder und Unterrichtsentwürfe anhand folgender Fragen schriftlich (Umfang cirka 1-1,5 Seiten):
> - Mit welchen der Rollenbilder haben Sie bereits selber in der Praxis Bekanntschaft gemacht? Beschreiben Sie diese Erfahrung kurz.
> - Welches der gezeigten Rollenbilder lehnen Sie ab und warum lehnen Sie es ab? Welche Belege sprechen für Ihre Gründe, welche dagegen?
> - Welches der Rollenbilder und Unterrichtsentwürfe finden Sie am geeignetsten?
> - Warum sind Sie von diesem Rollenbild überzeugt? Begründen und belegen Sie Ihre Annahmen.
> - Welche Vorstellungen haben Sie von gutem Unterricht und der Rolle als Lehrkraft? Welche Annahmen bestimmen hier Ihr pädagogisches Handeln?
> - Welche Belege für die Richtigkeit Ihrer Annahmen können Sie anführen? Welche Belege widersprechen Ihrer Ansicht? Gibt es alternative Sichtweisen hierzu?
> - Inwieweit wurden Sie durch Ihre eigene Erfahrungen als Schüler im Hinblick auf das von Ihnen skizzierte Rollenbild geprägt?

Abbildung 74: Reflexion der Rollenbilder (E-Learning-Modul „Eigene Rolle kritisch reflektieren")

Darüber hinaus sollten sich die pädagogischen Professionals auch mit dem Sozialisierungscharakter von Bildungseinrichtungen in dem Modul auseinandersetzen und waren hierbei gefordert, eine kritische Sichtweise einzunehmen. Hierbei sollten sie mit dem Konzept des heimlichen Lehrplanes in Berührung kommen.

C2. Reflexionsauftrag zum heimlichen Lehrplan

Zu dem Reflexionsauftrag sollten die pädagogischen Professionals einen in die Thematik einführenden Text erhalten, den sie lesen und analysieren sollen. Der präsentierte Text beschreibt das Modell des heimlichen Lehrplanes auf provokante und radikale Weise. Die unter dem Deckmantel des wissenschaftlichen Essays versteckte Sichtweise ist eine eindimensionale und strikte Interpretation der Effekte subdidaktischer Kräfte. Die Argumente waren einer radikalen Perspektive auf den heimlichen Lehrplan entnommen, wurden jedoch dazu noch weiter ausgebaut und zugespitzt, wobei eine Vielzahl Quellen und Belege angeführt wurde. Der heimliche Lehrplan wird als Mechanismus eines sich selbst erneuernden und fortsetzenden Systems dargestellt, in dem Schüler für das Funktionieren auf dem Arbeitsmarkt systematisch entfremdet und manipuliert werden, ohne dass sie es bewusst merken. Schule, so die These, erziehe zu schädlichem Leistungsdenken und Konformismus. Schüler werden so zu emotional verarmten, eindimensional materiell denkenden und handelnden Werkzeugen der Wirtschaft ausgebildet – und zwar nicht nur durch die Inhalte, die der Lehrplan vorgibt, sondern auch durch die Art und Weise, wie Unterricht organisiert und durchgeführt wird. Lehrkräfte dienen hierbei als verlängerte Hand eines dem Menschen nicht gerechten

VIII. Anhang

Systems der sozialen Reproduktion des dominanten, kapitalistischen Status quo. Dies wird dem Leser beispielhaft und drastisch in sachlicher, logischer und beispielreicher Sprache vor Augen geführt, wobei auch einige rhetorische Mittel strategisch eingesetzt werden, um ein Wir-Gefühl zu erzeugen oder Argumente durch Suggestivfragen in ihrer Glaubwürdigkeit zu bestärken. Einige der präsentierten Argumente werden einseitig dargestellt und sind kontrovers. Der Text negiert beispielsweise jegliche Chancen auf Abschaffung des heimlichen Lehrplanes oder verleugnet die dem Menschen dienlichen Aspekte, die durch den heimlichen Lehrplan entfaltet werden oder darin schlummern.

Die sachliche und nüchterne Sprache, die vielen aufgeführten wissenschaftlichen Quellen, die gewählten Belege wie Beispiele, die unter anderem auch Ergebnisse eine Studie aufführen, sowie auch ein Literaturverzeichnis weisen den Text als „wissenschaftlichen Essay" aus. Von der Gestaltung her wurde ein Logo einer Universität in die Kopfzeile des Dokumentes integriert, das ebenfalls den wissenschaftlichen Charakter des Textes betonen und den Geltungsanspruch der Aussagen legitimieren sollte. Im Anschluss an den Text und das aufgeführte Literaturverzeichnis wird ein Bündel kritischer Leitfragen aufgeworfen, zu denen die pädagogischen Professionals im E-Portfolio Stellung nehmen und ihre Antworten austauschen sollten. Die Fragen orientierten sich an den Maßstäben und Elementen kritischen Denkens gemäß des theoretischen Modells, welches im folgenden Modul und in einer Präsenzveranstaltung den pädagogischen Professionals vorgestellt werden sollte. Besonders aber die Dimension des ideologiekritischen Denkens sollte durch die Aufgabe angeregt werden, indem die pädagogischen Professionals über offene und verdeckte Formen von Macht im Kontext nachdenken und gleichzeitig einen scheinbar „wissenschaftlichen" Text ideologiehinterfragend analysieren. Folgende Fragen sollten die pädagogischen Professionals dabei als Orientierungsleitfaden für die Bearbeitung erhalten:

Fragen für analytisches Denken
Absicht: Welche Absicht verfolgt der Autor? Ist die Absicht offen deklariert bzw. klar erkennbar? Welche Interessen werden durch diesen Text verfolgt? Wer profitiert davon?
Fragestellung: Ist das Problem/Thema gut formuliert? Eindeutig und ohne Parteinahme? Wird die Beschreibung der Komplexität des behandelten Sachverhalts gerecht? Stehen Absicht und Fragestellung miteinander in einem direkten Zusammenhang?
Information: Führt der Autor relevante Tatsachen, Erfahrungen und Informationen an? Sind die Aussagen überprüfbar, exakt und belegbar?
Interpretation: Entwickelt der Autor eine nachvollziehbare Argumentationslinie, die gut erkennen lässt, auf welchem Weg er zu seiner zentralen Schlussfolgerung gelangt?
Konzepte: Klärt und erläutert der Autor Konzepte, Schlüsselbegriffe und zentrale Ideen ausführlich? Sind diese vertretbar?
Annahmen: Welche Annahmen vertritt der Autor? Erachtet er Dinge als vorgegeben/selbstverständlich, die man mit Recht hinterfragen könnte? Basiert der Artikel auf fragwürdigen Annahmen, ohne deren Problematik anzusprechen bzw. abzuhandeln?

Fragen für ideologiekritisches, multiperspektivisches und konstruktives Denken
Ideologiekritik: Ist der Text (die Annahmen innerhalb des Textes) ideologisch eingefärbt oder manipulativ? Inwieweit sind die Aussagen des Textes kulturell beeinflusst? In welchen Maß hinterfragt oder bestätigt der Text bestehende Ideologien, Strukturen oder Werte?
Eigene Erfahrungen: Welche Erfahrungen haben Sie selbst bezüglich der Aussagen des Textes sammeln können? In wie weit sehen sie sich als Werkzeug des heimlichen Lehrplanes? Wo stammen Ihre Annahmen/Einstellung her? Können Sie Ihre Annahmen durch Fakten stützen? Sind Sie in Ihrer Einstellung vielleicht ideologisch beeinflusst worden? (ideologisch bedeutet
Perspektivenerweiterung: Welche wichtigen Standpunkte/Fakten werden in dem Text nicht berücksichtigt? Welche weiteren Perspektiven sollten erkundet werden (z. B. die von Lehrlingen in Betrieben, Erziehung in der Familie..)
Ideale: Welchen Beitrag leistet der Text für die Förderung von Demokratie, Nächstenliebe, Solidarität, Gerechtigkeit etc.?
Problemlösung: Wie könnte man die zentralen aufgeworfenen Probleme lösen? Was kann ich dazu jeweils beitragen? Wie realistisch ist mein Lösungsvorschlag? Können durch diese Lösung neue Probleme entstehen? Was würde die Lösung für alle anderen daran Beteiligten mit sich bringen?

Sie müssen selbstverständlich nicht auf alle Fragen antworten. Nutzen Sie die Fragen nur als gedanklichen Leitfaden. Lesen Sie mindestens 3 weitere Beiträge Ihrer Kollegen und geben Sie jeweils Feedback. Auch hier sollten Sie sich bitte an den vorgegebenen Kriterien orientieren.

Abbildung 75: Führende Reflexionsfragen zum Text „Heimlicher Lehrplan" (E-Learning-Modul „Eigene Rolle kritisch reflektieren")

Um auch Phasen der sozialen Interaktion zu gewährleisten, sollten die pädagogischen Professionals sich gegenseitig Feedback zu ihren Einschätzungen geben und diese diskutieren. Im Folgenden wird nun der Original-Aufgabentext vorgestellt:

VIII. Anhang

„Man muss an die Konsequenzen der Kultur glauben, und wenn man in einer Schulklasse unterrichtet, muss man wissen, dass das, was man den Schülern vermittelt und kulturell antut, Folgen haben wird, später, gegenüber den Kameraden, den Freunden, den Familienmitgliedern, gegenüber Leben und Tod, in der Trauer und in der Fremde. Die mitgegebene Kultur wird menschliche und politische Konsequenzen ganz konkreter Art haben." Jeanne Hersch, 1973

Kennen Sie das Konzept des heimlichen Lehrplanes? Gibt es vielleicht auch an ihrem zukünftigen Arbeitsplatz oder in ihrem Studium einen heimlichen Lehrplan bzw. eine „hidden Agenda"?

Der heimliche Lehrplan wurde sowohl inhaltlich als auch begrifflich von dem sozialistischen Pädagogen Siegfried Bernfeld 1925 geprägt. Bernfeld sah in ihm eine subdidaktische Kraft, die unterhalb des eigentlichen Lehrplans wirksam ist und zu Verhaltenskonformität und leistungsbezogener Konkurrenz bei den Schülern führt (Weinz, 200, S. 2).

Der „heimliche Lehrplan" wird durch die Rahmenbedingungen der Institutionen und der gewählten curricularen Inhalte vermittelt. Die Inhalte dieses Lehrplanes sind bestimmte Werte, Ansichten, Normen oder Ideologien (Worsfold, o. D.) – kurzum, die „Einübung in die Mechanismen der Klassengesellschaft" (Meyer, 2007) und somit das Erlernen von hierarchischem, konformistischem und konkurrenzbetontem, strategischem Denken. Bowles und Gintis sehen die Reproduktion von Arbeitskraft für den kapitalistischen Arbeitsmarkt als zentralen Auftrag des heimlichen Lehrplans (Bowles und Gintis, 1976; zitiert nach Worsford, o. D.). Diese These wird seit Marx von verschiedenen Autoren kultiviert. Bereits Hoernle vertrat die Ansicht, dass Schulerziehung dazu führen soll, „die arbeitenden Massen im dienstwilligen Gehorsam zu erhalten und die bestehenden Produktionsverhältnisse zu konservieren, bzw. im Interesse der Besitzer weiter auszubauen." (Hoernle, 1929; zitiert nach Weinz, 2003)

Verdeutlicht wird dieser Zusammenhang durch die Rahmenbedingungen des Schulbetriebes im Bezug zur kapitalistischen Gesellschaft. Sehen wir uns hierbei als erstes Ihre Rolle, nämlich die des künftigen Bildungspersonals an: Sie als kommende Lehrer, Dozenten und Ausbilder verfügen, wie Vorgesetzte im Berufsalltag, über Autorität (Bowles und Gintis, 1976; zitiert nach Worsfold). Dabei liegt es in der Natur ihres Berufes, die faulen Lerner zu sanktionieren und die Fleißigen zu honorieren, beispielsweise durch externe Anreize wie Noten (im Berufsleben später auch Banknoten) und Ansehen oder auch Bevorzugungen/Freiheiten im Betrieb. Das hier aufgezeigte Leistungsprinzip ist später der Schlüssel zum Erfolg am Arbeitsplatz und Voraussetzung für das Funktionieren einer kompetitiven Marktwirtschaft.

Des Weiteren wird durch den heimlichen Lehrplan eine „Maskierung" der Lerner anerzogen, denn Lehrer oder Ausbilder erwarten permanente intrinsische Motivation und Begeisterung der Lerner für ihre jeweiligen Lerninhalte. Dies führt zu einem gespielten oder eingebildeten Interesse der Lerner, um den Anforderungen des Bildungspersonals zu genügen (Meyer, 2007, S. 2) und sich somit auch später im Arbeitsleben zumindest scheinbar für alle angetragenen Aufgaben begeistern zu können.

Lehrer hatten außerdem im traditionellen Unterricht laut Desi-Studie aus dem Jahr 2006 immer noch einen mindestens doppelt so hohen Redeanteil wie alle Schüler zusammen – und dies sogar im Fremdsprachenunterricht (Kühne, 2006). Aus der Sichtweise des heimlichen Lehrplanes kann dies als Indiz dafür genommen werden, dass die Schüler lernen, Autorität zu achten und sich selbst unterzuordnen. Es ist auch der Lehrer oder Ausbilder, der wie eine Art Arbeitgeber darüber bestimmt, wann und in welchem Zeitraum welche Aufgaben bearbeitet werden. Somit gibt er den Lernern mit auf den Weg, sich im Kollektiv in Geduld zu üben und das ihm Auferlegte auszuführen. Dabei lernen die Schüler auch, mit Störungen und Unterbrechungen umzugehen, weil andere Schüler stören oder der Lehrer um etwas bittet. Auch diese Fähigkeit wird heutzutage im hektischen Arbeitsleben verstärkt gefordert (Weinz, 2003, S. 8).

Weitere Beispiele für den Zusammenhang von kapitalistischer Gesellschaftsordnung und Erziehung zur Erhaltung der bestehenden gesellschaftlichen Ordnung sind in der Organisation der Schule, des Schulsystems und des Lehrplanes zu sehen: Schüler müssen lernen, dass manche ihrer Mitschüler scheitern und auf der Strecke bleiben, andere hingegen Erfolg haben und die Möglichkeit haben in eine andere, chancenreichere Schulform wechseln, in der sie eine andere, am Arbeitsmarkt höherwertige Bildung erhalten. Auch dies sind Merkmale des kapitalistischen Systems, bei dem der Wettbewerb einige Marktteilnehmer ökonomisch wachsen lässt, andere hingegen zum Scheitern zwingt. Darüber hinaus spiegeln oftmals die angedachten konkreten Lehrinhalte die dominante Ideologie wieder. Beispielsweise fristen marxistische Wirtschaftsparadigmen ein Schattendasein an Schulen oder in der Lehre an wirtschaftswissenschaftlichen Universitäten wie dieser. Kincheloe unterstreicht diese Auffassung, denn er vertritt die Meinung, dass Curricula in der formalen Bildung niemals neutral, sondern immer ideologiegeleitet sind, sei es von den Autoren beabsichtigt oder nicht (2004, S.34).

Des Weiteren diktiert der Stundenplan den Schülern, wann Sie sich auf Kommando mit bestimmten Inhalten auseinandersetzen müssen. Auch diese erlernte Tugend wird im dynamischen Arbeitsgeschehen mehr als benötigt, genau wie die Erkenntnis, dass es Gelegenheiten gibt, bei denen man sich frei mitteilen kann, aber eben auch solche, wie in Business-Meetings, wo man erst das Wort auf eine karriereförderliche Weise ergreifen sollte, wenn es einem durch eine Autorität erteilt wird. Dieses Verhalten wird bereits in der Schule durch die vermittelte Regel des Aufzeigens eingeübt und später im Beruf manifestiert. Falls dies durch den heimlichen Lehrplan nicht vermittelt wurde, da sich Schüler Ihre Ehrlichkeit und Spontanität aufrecht erhalten konnten, so kann man heute die Tricks der karrierdienlichen Interaktion bei sogenannten Business-Knigge Schulungen nachholen. Zurück zur Organisation Schule: Es läßt sich des Weiteren anmerken, dass die interne Organisationsstruktur von Unterricht sehr den Gegebenheiten auf dem kapitalistischen Markt ähnelt. Zu nennen sind hier etwa das Abschluss- und Notensystem, welches externe Anreize schafft, wie später dann Gehaltssteigerungen oder berufliche Beförderungen. Betrug bei der Leistungserbringung, wie „Spicken", wird geahndet, wie auch in der Gesellschaft Betrug sanktioniert wird. Schüler lernen ihre Individualität zu betonen, ganz wie das ökonomische System auf Individualität setzt, beispielsweise durch Branding. Das Arbeitsleben wird heute immer mehr durch Teamarbeit geprägt. Deshalb nimmt auch das kooperative Lernen eine große Rolle in den reformpädagogischen Bestrebungen ein.

> Die Sitzordnung in der Klasse, Druck durch Abfragen und Benotungen und andere Rituale wie Klassenarbeiten sollen ein Bild von Sachlichkeit und leistungsgerechter Fairness vermitteln, wobei Emotionalität der Lerner nicht gerne gesehen wird und zu Belastungen bei Lehrern führen. Lerner als auch Lehrer, die ihre Emotionen und Affekte zu sehr ausleben bzw. ausdrücken, werden sanktioniert und zwar durch Maßnahmen aus einem sachlich nüchternen Sanktionskatalog, der auf sachlich-bürokratischem Kalkül fußt, oder durch Verachtung von Mitschülern und Kollegen. Emotionalität wird unterdrückt und von den Lernern abgewehrt, da sie Sanktionen fürchten und sich nicht vor anderen Mitschülern blamieren möchten. Das Zulassen von Emotionen wird weiterhin im Unterricht als kulturell primitives und minderwertiges Verhalten dargestellt. Dies zeigt sich dadurch, dass wenn Lerner laut werden oder wenn sie Scham zeigen, sie sanktioniert werden oder bloßgestellt. Genau diese Unterdrückung der Emotionen, der Triebbefriedigung und die Zügelung des Dranges nach Lustgewinn verbunden mit der Unterordnung der Gefühle unter Sachzwänge bergen hohes Potential für die spätere Manipulierbarkeit des Menschen und sind eine Garantie für karriereförderliches „professionelles" Handeln (Kurth, 2002, S. 196). Die Kontrolle über die Emotionen und Triebe ist – wenn man den Faden im Sinne des heimlichen Lehrplanes weiterspinnt – eine wichtige Anforderung für das Funktionieren von reibungslosen und effizienten Arbeitsabläufen in Unternehmen, z. B. bei Teamarbeit, aber auch ein wichtiges Rezept für die eigene Karriere, z. B. Erziehung zur Disziplin, zum Schweigen, zum konformen Sprachgebrauch, zur Teamfähigkeit – die Liste und das Ausmaß des heimlichen Lehrplanes ließe sich noch lange weiterführen. Jules Henry spricht hier im Zusammenhang mit der Intention des heimlichen Lehrplanes vom „Lernziel Entfremdung" (Henry, o. D.; zitiert nach Weinz, 2003, S. 10). Meyer betont, dass die Sozialisation durch den heimlichen Lehrplan niemals grundsätzlich beendet und abgeschafft werden kann (Meyer, 2007, S. 2), auch wenn Unterricht demokratischer geworden ist und einige Mechanismen des heimlichen Lehrplans, wie etwa die Prügelstrafe, durchbrochen wurden. Der heimliche Lehrplan beeinflusst, geleitet durch die dominante Ideologie des bestehenden Systems, unser Denken, Fühlen und Handeln, um unsere gesellschaftliche Ordnung auch weiterhin aufrecht zu erhalten. Sie, das zukünftige Bildungspersonal wird dazu als ausführendes Organ, als Instrument des heimlichen Lehrplanes, benötigt.

C3. E-Learning-Modul „Flexible-Learning-Basis-Modul" und Bewertung der Rollenbilder-Reflexion

Im Flexible-Learning-Basis-Modul sollten die pädagogischen Professionals erstmals das entwickelte ganzheitliche Konzept kritischen Denkens als Unterkategorie der Förderung der Lernkompetenzen kennenlernen. Kritisches Denken wurde als Kompetenz des Tiefenlernens vorgestellt, als Elaborationsstrategie, deren Anwendung primär zu einem besseren Durchdringen und Behalten von Wissensstrukturen führt. Die pädagogischen Professionals sollten eingangs für die Wichtigkeit der Förderung kritischen Denkens durch Beispiele unkritischen Denkens auf Ebene ihrer Lernenden sensibilisiert werden. Auch auf der Ebene der pädagogischen Professionals wurden Beispiele angeführt, wie unkritisches Denken zur ungerechten Beurteilung und Behandlung von Schülern führen kann. Beispielsweise wurde der Pygmalion-Effekt besprochen. Darauf folgend wurde das Konzept der Annahmen näher veranschaulicht und in Zusammenhang mit kritischem Denken gebracht. Interessierte Leser wurden mit einem tiefer gehenden Text als PDF-Datei, einem Exzerpt aus dieser

Dissertation zu Arten von Annahmen, versorgt. Zur Verdeutlichung des Konzeptes wurden den pädagogischen Professionals etliche Annahmen aus Alltagstheorien zum Lernen und Lehren dargelegt, beispielsweise das Rezept, beim ersten Kontakt mit den Lernenden sogleich etwaige Lerner mit Disziplinproblemen hart und vor allen anderen zu bestrafen, um so seinen Machtanspruch einzulösen und weitere Disziplinschwierigkeiten zu minimieren.

Im weiteren Verlauf des Moduls wurde den pädagogischen Professionals die Definition kritischen Denkens des theoretischen Rahmenmodells dieser Dissertation angeboten, deren einzelne Elemente durch Links zu Seiten des Modules hinterlegt wurden, auf denen die Bestandteile jeweils erklärt und veranschaulicht wurden. Die analytischen Kriterien kritischen Denkens wurden in einfacher Sprache gemäß der Theorie dieser Arbeit verdeutlicht und mit den Dimensionen des Denkens jeweils in Verbindung gebracht. Außerdem wurden die einzelnen Aspekte an Fragen verdeutlicht, die den pädagogischen Professionals auch erste Hinweise geben sollten, wie sie kritisches Denken fördern können.

In einer Übungseinheit waren die pädagogischen Professionals dann aufgefordert, einen Text anhand der analytischen Kriterien des kritischen Denkens zu bewerten. Es handelte sich um eine Hitlerrede aus dem Jahr 1937, die voller ausgearbeiteter Argumente steckt und die analytischen Kriterien des kritischen Denkens zum Großteil wahrt. Durch die Analyse wurde in einem weiteren Schritt auf die Notwendigkeit einer normativen und ideologiekritischen Dimension des kritischen Denkens hingewiesen, die anhand weiterer Beispiele aus dem Wirtschaftsbereich erklärt wurde. Dies geschah auch durch externe Links auf kritische Seiten, wie Pundo3000.com.[73] In einem Projekt, über das auf der Seite berichtet wird, wurde der Frage nachgegangen, inwieweit die Darstellung von Lebensmittel-Produkten in der Werbung oder auf Produktverpackungen tatsächlich mit dem realen Erscheinungsbild der Nahrung übereinstimmt. Die untersuchten 100 Produkte decken eindringlich den Schwindel und die Verblendungstaktik der Werbung auf, indem die ausgepackten Produkte den Hochglanzwerbebildern gegenübergestellt werden.

Zur weiteren Verdeutlichung kritischen Denkens wurden auch weitere Grafiken eingesetzt, die die komplexen Zusammenhänge leichter verständlich machen und zeigen, was kritisches Denken in der Anwendung als pädagogischer Professional oder Lerner bedeutet.

Nachdem alle Dimensionen des kritischen Denkens theoretisch und auch durch für die pädagogischen Professionals relevante Beispiele verdeutlicht wurden und jeweils ein kurzer und sehr allgemeiner Ausblick auf die Förderung kritischen Denkens gegeben wurde, endet die Online-Einheit zur Ausprägung eines Verständnisses von kritischem Denken mit einer Transferaufgabe. Die pädagogischen Professionals waren aufgefordert, ihre Ausführungen zu dem Arbeitsauftrag (Rollenbilder) aus Modul 3 anhand der Kriterien kritischen Denkens zu beurteilen. Die folgende Abbildung gibt die Aufgabenstellung wieder.

---

73 Zu finden unter http://www.pundo3000.com/htms/56.htm

VIII. Anhang

Abbildung 76: Aufgabe zu den Standards kritischen Denkens (FL-Basismodul)

Durch das aktive Anwenden der Kriterien sollte kritisches Denken eingeübt und die Metakognition über kritisches Denken angeregt werden, damit die Kriterien (Standards) zu tatsächlichen Denkwerkzeugen werden können.

C4. Lehrgespräch „Kritisches Denken mit E-Learning fördern" und Gruppenarbeit „Erarbeitung eines Verständnisses von kritischem Denken"

In der ersten Präsenzveranstaltung, in der die Denkschulung vertieft werden sollte, werden primär drei Lernziele verfolgt. Zum einen sollten die pädagogischen Professionals die bisher vermittelte Theorie kritischen Denkens vertiefen und weiterhin für die gesellschaftliche Wichtigkeit kritischen Denkens in ihrem Kontext des Einzelhandels sensibilisiert werden. Zum anderen sollte die Förderung kritischen Denkens im Kontext E-Learning erstmals diskutiert werden; dabei sollten die Förderprinzipien aus dem Rahmenmodell vermittelt werden. Drittes Ziel war es, dass die pädagogischen Professionals selbst ein eigenes, lernortspezifisches Verständnis kritischen Denkens ableiten würden und durch einen Vergleich die Gemeinsamkeiten und Verschiedenheiten zu anderen Kontexten erkennen. Die ersten beiden Lernziele sollten durch ein Lehrgespräch und eine Kontroverse erreicht werden. Mit einer Bildcollage wurden die pädagogischen Professionals mit gesellschaftlichen Missständen konfrontiert, die im direkten oder indirekten Zusammenhang mit dem Einzelhandel stehen, wie z. B. die ausbeuterische Fließbandproduktion von Gütern in China, die industrielle Umweltverschmutzung durch die Produktion, die Entsorgung von Gütern, die gerade bei Elektroschrott sich in Entwicklungsländern wie Afrika im großen Stile abspielt, die Überproduktion von Lebensmitteln, mit Bergen von Nahrungsmitteln, die in der Wohlstandsgesellschaft entsorgt werden, der ausbeuterische Umgang mit der Arbeiterschaft im Einzelhandel usw. Abbildung 77 zeigt diese Collage.

Die Bilder sollten unterstreichen, wie wichtig kritisches Denken im Einzelhandel sein könnte, um bestehende Probleme zu erkennen und aktiv angehen zu können, und zwar auf allen Ebenen des Einzelhandels – angefangen bei den Auszubildenden bis hin zu Ausbildern und Personalentwicklern, Berufsschullehrern usw.

„Handel ist Wandel" – Wie wichtig ist kritisches Denken im Einzelhandel?

Abbildung 77: Diskussion der Wichtigkeit kritischen Denkens im Einzelhandel (Powerpoint-Folie)

Bei der Vertiefung des Konzeptes kritischen Denkens und dessen einzelnen Dimensionen kamen auch aussagekräftige und emotionale Bilder zum Einsatz, die die jeweilige Komponente des kritischen Denkens unterstreichen und bildhaft erklären sollten. Bei der ideologiekritischen Dimension wurde beispielsweise ein Screenshot aus dem Film „Sie Leben" von John Carpenter gewählt (siehe Abbildung 78). Auf dem Bild sieht man die entschleierten, tatsächlichen Kernbotschaften der Werbeindustrie auf allgegenwärtigen Werbeanzeigen in einer Großstadt. Eine Vielzahl Antennen, die auf vielen Häusern installiert sind, deutet darauf hin, dass weitere Frequenzen, wie etwa Radio- oder Fernsehfrequenzen ausgesendet werden, um die Menschen für bestimmte Zwecke zu beeinflussen.

Abbildung 78: Screenshot aus „Sie Leben" (Carpenter, 1988)

VIII. Anhang

Die Förderprinzipien des Rahmenmodells kritischen Denkens sollten in der Präsentation mit generellen Möglichkeiten der Förderung durch E-Learning in Verbindung gebracht werden. Beispielsweise sollten die pädagogischen Professionals kritische Internetquellen wie „foodwatch"[74] kennenlernen, die sie für die Initiierung kritischen Denkens einsetzen können. Außerdem sollten sie einen Überblick über die Förderung kritischen Denkens via E-Learning erhalten, der die in dieser Arbeit aufgegriffene Systematisierung beispielhaft wiedergibt. Dabei wurden vor allem jenen Möglichkeiten in Form von Anwendungen dargestellt, mit denen die pädagogischen Professionals auch während der Weiterbildung arbeiten würden, wie z. B. das E-Portfolio Mahara, Forumsdiskussionen bei der Lernplattform Ilias usw.

Anschließend an die Diskussion zur Rolle kritischen Denkens im Einzelhandel und die Vertiefung zu dem Konzept kritischen Denkens sowie dessen Förderung mit E-Learning sollten die pädagogischen Professionals dazu angehalten werden, in möglichst homogenen Gruppen in einer Gruppenarbeit ein lernortspezifisches Konzept zur Förderung kritischen Denkens zu entwickeln, um dem eingangs aufgestellten dritten Lernziel der konzeptuellen Ausprägung eines Verständnisses kritischen Denkens zu genügen. Folgende Aufgabenstellung wurde den pädagogischen Professionals dabei vorgegeben:

Kritisches Denken bei pädagogischen Professionals im Einzelhandel

- Was bedeutet es, kritischen Denken bei Ihren Lernern im Einzelhandel zu fördern? Was gehört hier zum „kritischen Denken" bei Ihren Schülern? Welche „kritischen Linsen" benötigen Ihre Lerner?
- Wie fördern (oder wurden) Sie kritisches Denken konkret in Ihrer Praxis (fördern)? Welche Rolle spielt E-Learning dabei?
- Mit welchen Grenzen müssen Sie bei der Förderung des kritischen Denkens zurechtkommen?

Bitte bilden Sie drei 3er-Gruppen. Versuchen Sie gemeinsam ein Verständnis für die Förderung von kritischem Denken im Einzelhandel zu diskutieren. Halten Sie Ihren Konsens auf einem Flipchart fest. Notieren Sie auch Ihre Methoden zur Förderung. Die Grenzen aus Frage drei können Sie auch künstlerisch Visualisieren. Tragen Sie dann bitte Ihre Ergebnisse im Plenum vor.

Bearbeitungszeit: 25 Minuten!

Lehrstuhl für Wirtschaftspädagogik und Personalentwicklung
Prof. Dr. Karl Wilbers

Abbildung 79: Gruppenarbeit: Erarbeitung eines Konzeptes zur Förderung kritischen Denkens (Powerpoint-Folie)

Im Anschluss sollte eine Vorstellung und Diskussion zu den zu erwartenden, verschiedenen Förderkonzepten stattfinden. Die Kontextabhängigkeit des Verständnisses kritischen Denkens und dessen

---

74 Foodwatch ist ein gemeinnütziger Verein, dessen Mitglieder es sich zum Ziel gesetzt haben, die verbraucherfeindlichen Praktiken der Lebensmittelindustrie zu bekämpfen für das Recht auf qualitativ gute, gesundheitlich unbedenkliche und ehrliche Lebensmittel. Foodwatch ist unabhängig von Staat und Lebensmittelwirtschaft und finanziert sich aus Förderbeiträgen und Spenden. Internetseite mit vielen Informationen zu Etikettenschwindel, schlechter Qualität von Produkten usw. zu finden unter http://foodwatch.de/index_ger.html.

Förderung sollte dadurch verständlich werden. Kritisches Denken sollte in seiner Ausprägung an den jeweiligen Kontext angepasst werden. Außerdem war es angedacht, dass die Ergebnisse festgehalten, in ein Online-Forum überführt und im weiteren Verlauf des Kurses weiter ausgearbeitet und konstruktiv diskutiert werden.

C5. E-Learning Modul „kooperatives flexibles Lernen begleiten"

In der anschließenden Online-Phase sollten die pädagogischen Professionals das Modul „kooperatives flexibles Lernen begleiten" bearbeiten. Ein Teilabschnitt des Modules behandelte dabei die Anleitung kritischen Denkens in Gruppen. Zur weiteren Vertiefung der Ausprägung eines Verständnisses kritischen Denkens und dessen Förderung wurde das didaktische Modell kritischen Denkens vorgestellt und es wurden zu der jeweiligen Phase vielfältige methodische Fördermöglichkeiten aufgezeigt. Besonders ausführlich wurden dabei Methoden kooperativen Lernens wie etwa die Pro-Kontra-Debatte oder aber auch die Zukunftswerkstatt behandelt. Außerdem wurden etliche Empfehlungen je Phase abgegeben, wie die Förderung durch E-Learning unterstützt werden kann, wie beispielsweise mit kooperativem Online-Mindmapping mit „Mindmeister" in der Phase der Urteilsbildung. Auch grundlegende Methoden und Techniken zur Förderung, wie etwa das Stellen von sokratischen Fragen oder das Modellieren des kritischen Denkens wurden noch einmal aufgegriffen und vertieft. Viele der methodischen Empfehlungen wurden mit bestehenden Praxisbeispielen oder Medien verknüpft, um nicht nur das Methodenrepertoire der pädagogischen Professionals zu erweitern, sondern auch eine reichhaltige Sammlung von Medienmaterial zur Verfügung zu stellen. Beispielsweise war hier auch eine Liste mit Filmen inbegriffen, die ich mit dem Filmkenner Ingo Rudolph gemeinsam für den Wirtschaftsbereich erstellt habe:

Filmtitel, Jahr, Regisseur	Beschreibung und Relevanz
Bankkrach in Amerika **(USA 1932, Regie: Frank Capra)**	Amerika zur Depressionszeit: Der Aufsichtsrat will Bankdirektor Tom Dickson zum Rücktritt bewegen, weil er angeblich zu großzügig Kredite vergibt. Dickson weigert sich, gerät aber in Bedrängnis, als aus dem Tresor 100.000 Dollar gestohlen werden. Der Verdacht fällt auf den von Dickson protegierten Kassierer Matt, der eine kriminelle Vergangenheit hat und sich weigert, sein Alibi preiszugeben, um Dicksons Familienleben zu schützen. Nachdem sich der Überfall herumgesprochen hat, haben die Kunden Angst um ihre Einlagen und ein Ansturm auf die Bank beginnt, der ihren Ruin bedeuten könnte. Konventionelles Kino der Zeit mit interessantem Blick auf die damalige Krise.

Das Rollover-Komplott (USA 1981, Regie: Alan J. Pakula)	Lee Winters, ein ehemaliger Filmstar, setzt alle Hebel in Bewegung, das in Schwierigkeiten geratene petrochemische Imperium ihres ermordeten Mannes zu retten. Der Finanz-Experte Hub Smith, nicht minder ehrgeizig, bietet ihr seine Hilfe an. Die Verbindung der beiden Geschäftspartner wird zunehmend persönlicher – und gefährlicher. Macht verbindet sich mit Macht. Den wahren Herrschern über das Großkapital ist es im Hintergrund jedoch längst gelungen, die beiden zum Spielball ihrer Interessen zu machen: arabische Ölmultis. Ein in der Reagan-Ära gedrehter Wirtschafts-Krimi der in einem apokalyptischen Ende mündet – Zusammenbruch der Weltwirtschaft
Enron – The smartest Guys in the Room (USA 2005, Regie: Alex Gibney)	Ask why! lautete der Firmenslogan des einstigen US-Energiekonzerns Enron. Schön und gut; nur in den eigenen Reihen, da fragte niemand. Und so kam es Anfang des Jahrtausends zur größten Firmenpleite der amerikanischen Geschichte. Die Bilanzen und Gewinne des Unternehmens waren frei erfunden, und als die Seifenblase platzte, verloren 20 000 Beschäftige ihren Job, Tausende ihre Renten, Aktionäre ihr Vermögen. Dazu häufte sich ein Schuldenberg in Milliardenhöhe. Alex Gibney rekonstruiert in seiner Dokumentation „Enron – The smartest Guys in the Room" den Aufstieg und Fall des Energieriesen. Zu Wort kommen Ex-Angestellte, Journalisten und Staatsanwälte, außerdem zeigt Gibney Auszüge aus Gerichtsverhandlungen und Fernsehbeiträgen. Die Berliner Zeitung schrieb über diese Dokumentation: „Der Fall Enron erzählt davon, was der Kapitalismus anrichtet, wenn er zu einer Ideologie der Euphorie wird." Enron, eines der größten Wirtschaftsunternehmen der USA.Mit Firmensitz in Texas von allerhöchster Ebene hofiert und innerhalb eines Jahres durch raffgierige Manager systematisch in den Bankrott gewirtschaftet."
The Corporation (USA 2004, Regie: Mark Achbar, Jennifer Abbott, J. Bakan)	THE CORPORATION stellt die Frage nach der geistigen Gesundheit einer Institution, die im Geschäftsverkehr die Rechte eines Menschen genießt, ohne sich um menschliche Werte zu kümmern. Der Film führt den psychopathischen Charakter der Institution anhand von haarsträubenden Fallstudien vor. Sie zeigen, wie Unternehmen uns beeinflussen, unsere Umwelt, unsere Kinder, unsere Gesundheit und wie sie Medien und Demokratie manipulieren. Unter den 40 Interviewten sind Konzernchefs und leitende Manager aus allen Wirtschaftsbereichen: Öl- und Pharmaindustrie, Reifenherstellung, Schwerindustrie, PR, Branding, Werbung, verdecktes Marketing usw. Sachlich im Tonfall lässt der Film Insider zur Sprache kommen und enthüllt so den Wahnsinn des Systems in deren eigenen Worten. Interessante Dokumentation, die sowohl das Machtpotential und Machtmissbrauch von globalen Riesenkonzernen offenbart. Besonders im Bereich Marketing ist sie äußerst erhellend, da manipulative Strategien in der Werbung enttarnt werden. Ein gewisses BWL-Grundwissen ist Voraussetzung für das Verständnis der Botschaften bei einigen Inhalten.

Chronik einer Plünderung (Argentinien 2004, Regie: Fernando E. Solanas)	Dokumentarfilm von Fernando Solanas, der die politische und soziale Lage in seiner Heimat Argentinien und die Auswirkungen der Globalisierung untersucht. In Argentinien zeigt sich ausgesprochen brutal, was hier in Deutschland nach der Wende im Osten und in den letzten Jahren auch im Westteil des Landes in bislang leicht abgeschwächter Form ebenfalls geschieht: Die Zerstörung des Mittelstandes und Erzeugung einer neuen Unterschicht von armen und sehr armen Menschen als Folge einer haltlosen Privatisierungen, die einzig den Käufern und den korrupten Politikern nützen. Auf den Regisseur wurde übrigens während der Dreharbeiten ein Attentat verübt, das er überlebte. Der Film eignet sich besonders, um die Auswüchse von völligem Marktliberalismus und Privatisierung zu veranschaulichen, jedoch muss der wirtschaftliche und historische Hintergrund Argentiniens erklärt werden, da der Film mehr berichtet als erklärt. Der Film überzeugt durch verstörende Bilder einer Realität, die nur selten im Fernsehen zu sehen ist.
Die Methode (Argentinien 2005, Regie: Marcelo Pineyro)	Ein spannender Psychothriller basierend auf dem Theaterstück von Jordi Galceran. Regisseur Pineyro zeigt mit seinem Kammerspiel ein erschreckendes Bild der globalisierten postindustriellen Arbeitswelt.
Die rote Wüste (Italien 1964, Regie: Michelangelo Antonioni)	„Nach einem Autounfall leidet die Frau eines Fabrikbesitzers unter neurotischen Angstvorstellungen. Ihre Familie wird ihr fremd. Sie fühlt sich von der industriellen Umwelt in ihrer Heimat bedroht und hat sogar apokalyptische Visionen einer von Rottönen dominierten Welt. Neben den psychischen Problemen der Frau zeigt Antonioni eine Studie über die moderne Industriegesellschaft." Anspruchsvoller und kunstvoller Film, der nicht für jüngere Schüler geeignet ist, aber bei älteren und reiferen Schülern durchaus zu empfehlen ist.
Die Axt (Belgien/ Frankreich 2005, Regie: Costa-Gavras)	Wie weit würde man gehen, um wieder ein „vollwertiges" Mitglied der menschlichen Gesellschaft zu sein? Costa-Gavras beschäftigt sich mit Erwartungen und Klischees und zeichnet dabei ein Bild vom Menschen, dessen Abhängigkeit von gesellschaftlichem Ruhm und Anerkennung keine Grenzen mehr kennt. Dabei geht es gleichermaßen um Konformismus wie Anderssein. Interessante schwarze Komödie, die sich mit dem Thema Arbeitslosigkeit, Identität und Ideologie beschäftigt.
Der Geist des Geldes (Deutsch 2009, Regie: Yorrik Niess)	Dokumentation über Geld, Verteilung des Wohlstandes, das Maximierungskalkül der Wirtschaft usw.

VIII. Anhang

We Feed the World (Österreich 2006, Regie: Erwin Wagenhöfer)	Ein Dokumentarfilm über die Folgen der Globalisierung der Nahrungsmittelproduktion. Unter Verzicht auf einen übergreifenden Kommentar kommen Landwirte, Fischer, Transporteure und Fabrikinhaber aus Europa und Südamerika zu Wort, die die Folgen der industriellen Massenherstellung ebenso anklagen wie die Unvernunft der Verbraucher, Preise über Qualität zu stellen. Aus den einzelnen Statistiken und Standpunkten fügt sich das Bild eines Systems zusammen, in dem viele hungern müssen, damit manche im Überfluss leben können. Interessanter und vielschichtiger Blick auf die Nahrungserzeugung in Europa und die Auswirkungen eines globalen Preiswettbewerbes auf Erzeugermärkte. Eher narrativer Stil, hohes Maß an Konzentration ist gefordert.
Darwins Alptraum (Österreich 2005, Regie: Hubert Sauper)	Kommentarlos berichtet der Film von vielschichtigen Problemen und Auswüchsen bei der Erzeugung von Nil-Barsch im Viktoriasee in Ostafrika und lässt vor allem Betroffene in den Fabriken usw. zu Wort kommen Eindringlicher und auch schockierender Film über eine unmenschliche Realität in Ostafrika, die zu tiefst mit dem Wohlstand in Europa und anderen Industrieländern gekoppelt ist. Für sanfte Gemüter nicht geeignet.
Der große Ausverkauf (Deutschland 2007, Regie: Florian Opitz)	Engagierte Doku über den Widerstand von Menschen in vier Kontinenten gegen Privatisierung von Grundversorgung als fehlgeschlagenen Versuch zur Steigerung des Wirtschaftswachstums.
Working Men's Death (Österreich 2005, Regie: Michael Glawogger)	Der österreichische Regisseur Michael Glawogger kommentiert seinen Film folgendermaßen: "Schwere körperliche Arbeit ist sichtbar, erklärbar, darstellbar. Daher denke ich oft: Sie ist die einzig wirkliche Arbeit. Ich will hauptsächlich den Akt der Arbeit zeigen, insbesondere den sinnlichen Akt....." Und so hat er sich auf der Welt nach "Arbeitsplätzen" umgesehen, die diese Bedingungen bis aufs Äußerste gewährleisten. Eindringlicher Film über Arbeit, insbesondere körperliche Schwerstarbeit. Schockierende und provozierende Portraits von Arbeitern, die ihre Spuren hinterlassen werden.
Import-Export (Österreich 2006, Regie: Ulrich Seidl)	Vielschichtiger Spielfilm über Armut und wirtschaftliche Zwänge in reichen und in armen Ländern. Authentisches und sehr vielschichtiges Werk (Armut, wirtschaftliche Zwänge, „Versklavung" für Geld, Stigmatisierung, Ausbeutung von Billiglöhnern, Altern und Sterben in industriellen Ländern usw.) mit fast hypnotischer Wirkung.
Koyaanisqatsi (USA 1978, Regie: Godfried Reggio)	Sehr kunstvoll gestaltete Technik- und Zivilisationskritik, die ohne Worte auskommt und geniale Bilder und Kontraste zu bieten hat. Gerade für jüngere Lerner durchaus geeignet.

Außerdem erhielten die pädagogischen Professionals eine Checkliste für ihre Lernenden, auf der zentrale Fragen zu den einzelnen Dimensionen kritischen Denkens formuliert sind. Diese Liste sollte als hilfreicher Leitfaden für die Analyse von Sachverhalten herangezogen werden.

C6. Reflexionsauftrag „Reflexion zu einem kritischen Ereignis aus dem beruflichen Alltag" – „kooperatives flexibles Lernen begleiten"

Das Modul endete mit einem weiteren schriftlichen E-Portfolio-Arbeitsauftrag im kritischen Denken, nämlich mit der Reflexion zu einem kritischen Ereignis aus dem Alltag der pädagogischen Professionals. Die Übung wurde an Brookfields Critical Practice Audit (1987) angelehnt. Die pädagogischen Professionals sollten ein aktuelles, kritisches Ereignis aus ihrem beruflichen Alltag beschreiben, in das sie verwickelt waren und welches sie nicht hinreichend deuten und erklären konnten. Jenes Ereignis sollten sie nun noch einmal gedanklich rekapitulieren und anhand kritischer Leitfragen reflektieren, die die Anwendung der Kriterien kritischen Denkens anregen sollten. Ziel der Methode war es, neue Erkenntnisse als Basis für alternative Denk- und Handlungsweisen gewinnen zu können, indem bestehende Annahmen noch einmal sukzessive geprüft und bewertet werden. Zur Auswahl standen dabei zwei verschiedene Alternativen. Es konnte sowohl ein als negativ als auch ein als positiv erlebtes Ereignis gewählt werden. Unabhängig davon, welche der beiden Varianten gewählt wird, sollte das Ereignis dadurch charakterisiert sein, dass es bei den pädagogischen Professionals als stark emotional eingestuft wird und Emotionen wie Verwunderung, Erstaunen, Wut oder Betroffenheit ausgelöst hat und des Weiteren von der jeweiligen Person subjektiv noch nicht sicher gedeutet werden kann. Die pädagogischen Professionals sollten des Weiteren auch ihren Reflexionspartnern Feedback zu den jeweiligen Reflexionen geben. Sie sollten dabei besonders auf die Sichtweisen und Annahmen des jeweiligen Partners eingehen und den vorliegenden Fakten entsprechende, alternative Sichtweisen und Interpretationen des Ereignisses zur Diskussion anbieten. Folgende Abbildung veranschaulicht die Aufgabenstellung.

1. Wann haben Sie zuletzt richtig gute Arbeit als pädagogischer Professional geleistet?
   - Wie stellt sich die Situation dar? Wer war daran beteiligt? Welche Handlungen haben stattgefunden?
   - Warum wählen Sie gerade dieses Ereignis?
   - Welche Annahmen stehen hier hinter Ihren Handlungen bzw. der vorliegenden guten Praxis?
   - Welche Ihrer Annahmen wurden bei dem Ereignis bestätigt oder widerlegt?
   - Warum glauben Sie, dass Ihre Annahmen widerlegt bzw. bestätigt wurden?
   - Wie haben Sie versucht, die Richtigkeit der Annahmen zu prüfen?
   - Wie konnten Sie die Richtigkeit der nicht bestätigten Annahmen überprüfen?
   - Welche Bedeutung haben offene oder verdeckte Formen von Macht in dieser Situation?
   - Wie stellt sich die Situation aus Perspektiven anderer Beteiligter dar?
   - Welche alternativen Sichtweisen könnten Sie aus der Situation ableiten?
   - Wie würden Sie nun im Nachhinein in dieser Situation reagieren, wenn sie sich wiederholen würde?

2. In welchem Moment haben Sie sich in Ihrem Arbeitsalltag zum letzten Mal hilflos, überfordert, demoralisiert, ungerecht behandelt oder verärgert gefühlt?
   - Wie stellt sich die Situation dar? Wer war daran beteiligt? Welche Handlungen haben stattgefunden?
   - Warum wählen Sie gerade dieses Ereignis?
   - Welche Annahmen stehen hier hinter Ihren Interpretationen und Überlegungen?
   - Welche Ihrer Annahmen wurden bei dem Ereignis bestätigt oder widerlegt?
   - Warum glauben Sie, dass Ihre Annahmen widerlegt bzw. bestätigt wurden?
   - Wie haben Sie versucht, die Richtigkeit der Annahmen zu prüfen?
   - Wie konnten Sie die Richtigkeit der nicht bestätigten Annahmen überprüfen?
   - Welche Bedeutung haben offene oder verdeckte Formen von Macht in dieser Situation?
   - Wie stellt sich die Situation aus Perspektiven anderer Beteiligter dar?
   - Welche alternativen Sichtweisen könnten Sie aus der Situation ableiten?
   - Wie würden Sie nun im Nachhinein in dieser Situation reagieren, wenn sie sich wiederholen würde?

Abbildung 80: Reflexionsaufgabe: Analyse eines kritischen Ereignisses

C7. Lehrvortrag „Diskussionen anleiten und begleiten im kooperativen Lernen" und Rollenspiel „Protokoll der kritischen Konversation"

Im zweiten und für die Förderung im kritischen Denken letzten Präsenztreffen sollten die im Modul davor aufgegriffenen Inhalte zur Denkschulung im kooperativen Lernen weiter vertieft werden. Neben vielfältigen methodisch-didaktischen und organisatorischen Anregungen, um kritische Diskussionen vorzubereiten, durchzuführen, in Gang zu halten oder mit möglichen Schwierigkeiten umzugehen, sollten Sprechakte auch aus ideologiekritischer Perspektive betrachtet werden, indem die Theorie des kommunikativen Handelns nach Habermas (1985) im Ansatz und Marcuses Konzept der Repressiven Toleranz (2005) vorgestellt und diskutiert wurden. Die didaktischen Ausführungen bezogen sich neben methodischen Aspekten vor allem auch auf die Erarbeitung von Diskussionsregeln, die für kritisches Sprechhandeln nötig sind. Nach dem 60-minütigen Lehrvortrag sollte eine der empfohlenen Methoden von den pädagogischen Professionals selbst erprobt werden. Es handelte sich um die Gruppenübung „Methode des Protokolls der kritischen Konversation" nach Brookfield (Brookfield und Preskill, 2005, S. 114–117). Das Rollenspiel ist thematisch im Ansatz ähnlich wie die Reflexion des kritischen Ereignisses, nur dass diesmal mehrere Akteure in verschiedenen Rollen ein geschildertes, kritisches Ereignis beleuchten und gemeinsam in der Gruppe darüber kritisch nachdenken, unter Zuweisung verschiedener kritischer Denk- und Diskussionsaktivitäten in den jeweiligen Rollen. Der konkrete Ablauf des Rollenspiels wurde so konzipiert, dass erst die einzelnen Rollen und die damit verbundenen Aufgaben anhand von Rollenbeschreibungen durch den Dozenten dargelegt werden. Danach sollte der konkrete Ablauf in den einzelnen Phasen der Methode beschrieben werden. Dann sollten die Teilnehmer aufgefordert werden, Fragen zum Ablauf zu stellen. Waren die Fragen geklärt, so sollte für jede Rolle gebastelte Rollenkarten in den Kleingruppen an die Teilnehmer ausgegeben werden. Außerdem sollte jeder Teilnehmer für die erste Phase eine Ablaufbeschreibung erhalten, auch in Form von einer Karte. Sukzessive wurden so im weiteren Verlauf sowohl Karten der Ablaufbeschreibung ausgeteilt als auch via Beamer die Phasen an der Leinwand visualisiert. Der Dozent musste dafür auf die Verläufe in den einzelnen Gruppen achten und den Fortschritt einschätzen. Nach dem Beenden des Rollenspiels sollten die Teilnehmer von ihrer Erfahrung berichten und überlegen, wie sie die Methode in ihrem Kontext einsetzen könnten, unter Berücksichtigung der Potenziale und Grenzen der Methode im Hinblick auf die Förderung kritischen Denkens.

C8. Integration der Förderung kritischen Denkens in das zu erstellende Lernszenario in der Projektarbeit

Um einen Transfer zwischen der vermittelten Theorie und der Anwendung kritischen Denkens zu gewährleisten, waren die pädagogischen Professionals dazu aufgefordert, die Förderung kritischen Denkens in das zu erstellende Lernszenario in ihrer Projektarbeit aufzunehmen. Das Lernszenario sollte später auch in ihrer Praxis erprobt werden, was auch zur Erhöhung des Transfers beitragen sollte. Folgende Aufgabenstellung wurde diesem Vorhaben zugrunde gelegt:

Kritisches Denken fördern können

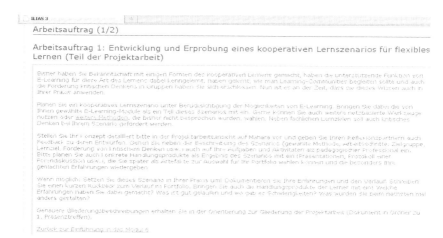

Abbildung 81: Arbeitsauftrag zur Entwicklung und Erprobung eines kooperativen Lernszenarios (E-Learning-Modul „Kooperatives flexibles Lernen anleiten")

C9. Unterstützende Maßnahmen zur Umsetzung des Qualifizierungskonzeptes

Im Folgenden werden die wichtigsten unterstützenden Maßnahmen zur Förderung kritischen Denkens beschrieben, die vor und während der Durchführung des Qualifizierungskonzeptes ergriffen wurden.

Zur Schaffung eines lernförderlichen Klimas wurden beispielsweise Maßnahmen getroffen, die in einem Blended-Learning-Szenario anders zu gestalten sind als in einem Präsenzkurs. Ein Kollege und ich erstellten beispielsweise gemeinsam ein Vorstellungsvideo, welches wir online in das E-Portfolio auf der Startseite einbetteten. So kommen die Teilnehmer beim ersten Aufrufen der Anwendung mit dem Video in Kontakt und können sich ein erstes Bild von den Dozenten machen, die sich hier kurz aus privater und beruflicher Perspektive vorstellen. Das Video wurde sowohl unterhaltsam als auch informativ gestaltet und sollte die Motivation für die Teilnahme am Kurs steigern. Des Weiteren wurden die Teilnehmer vor Beginn des Kurses bereits aufgefordert, bei einem Online-Kennenlern-Spiel mitzuwirken, bei dem sie sich kurz vorstellen und dabei jedoch eine Lüge in ihre Vorstellung einbauen, die die anderen Teilnehmer enttarnen sollen. Beim ersten Präsenztreffen sollte dann der Schwindel aufgedeckt werden. Dieses Online-Spiel soll dazu beitragen, dass sich die Teilnehmer bereits vor dem eigentlichen Beginn ein erstes Bild ihrer Kollegen machen können. So sollte das Spiel auf humorvolle Weise dazu beitragen, eine offene und entspannte Lernatmosphäre zu fördern. Auch sollte durch dieses Spiel auf die Wichtigkeit kritischen Denkens hingewiesen werden, da beispielsweise Menschen verschiedene Dinge tun, die man ihnen nicht zutraut oder aber auch stimmige Dinge behaupten, die jedoch gelogen sind. Neben der beschriebenen, geplanten Intervention kamen jedoch auch Maßnahmen zur Unterstützung der Umsetzung der Ziele des Qualifizierungskonzepts zum Einsatz, die spontan ergriffen wurden, wobei jedoch stets das didaktische Modell kritischen Denkens als Regelwerk für die jeweiligen Schritte beachtet wurde. Die Modellierung kritischen Denkens wurde so auf verschiedenen Wegen durchgeführt. Bei den Präsenzveranstaltungen sie durch zwei verschiedene Strategien statt. Einerseits versuchte ich, durch vielfältige Beispiele kritischen und unkritischen Denkens die Wichtigkeit kritischen Denkens für die berufliche Praxis der pädagogischen Professionals zu verdeutlichen. Dabei nutzte ich etliche Beispiele unkritischen Denkens im pädagogischen Kontext, wie etwa die Ergebnisse der Kevin-Studie, und stellte in diesem Zusammenhang auch die Wirkweisen des Rosenbergeffektes dar. Andere Beispiele ergaben sich durch die Diskussionen mit den Teilnehmern oder fielen mir spontan ein. Kritische Denkaktivitäten versuchte ich klar und logisch zu formulieren und nachvollziehbar zu machen. Dabei benutzte ich relevante Begriffe wie Annahmen, Ideologie, Richtigkeit, Hegemonie usw. Die Modellierung kritischer Denkaktivitäten geschah vor allem in jenen Qualifizierungselementen, in denen Wissen über kritisches Denken durch das Lehrgespräch mit Unterstützung durch Power-Point-Folien vermittelt wurde (Qualifizierungselement #5, 9). Zusätzliches, herausforderndes Material wurde in Form von Videos per Hyperlink in die Forumsdiskussionen eingebunden, wenn es sich inhaltlich eignete. Zu nennen ist hier beispielsweise ein Interview mit Joseph Weizenbaum (2007), der im Gespräch die eindimensionale Interpretation menschlichen Lernens in der Psychologie anprangerte, und zwar dahingehend, dass etwa der Aufbau und das Funktionieren des Universums oder aber des menschlichen Denkens und Lernens anhand von informatikbasierten Konzepten wie Speicher, Prozess, Ausgabe usw. erklärt werden. Durch diese einseitigen Interpretationsmuster werden jedoch wichtige Aspekte vernachlässigt, verzerrt, fehlgedeutet und simplifiziert. Durch dieses während der Durchführung zufällig gefundene Material, das thematisch gut in den E-Learning-Kontext platziert werden konnte, sollte zum einen das kritische Denken der Teilnehmer weiter angeregt werden, zum anderen die Wichtigkeit kritischen Denkens verdeutlicht werden, indem den Teilnehmern bekannte Phänomene wie Schemata in einem weiteren Kontext diskutiert wurden. Dadurch sollte die universelle Relevanz kritischen Denkens untermauert und verdeutlicht werden.

Anhang D:

Modifizierte Artefakte aus dem Qualifizierungskonzept der Zweit- und Dritterprobung

D1. Einführung in kritisches Denken

Um ein fundiertes konzeptuelles Verständnis kritischen Denkens ausprägen zu können, sollten die Studenten sich bereits vor Beginn des Kurses intensiv über das Selbststudium Gedanken über kritisches Denken machen. Anders als in der Ersterprobung sollten die Studenten erst auf theoretischer Ebene verinnerlichen, was kritisches Denken bedingt und welche Kernaktivitäten damit verbunden sind. Erhofft wurde sich dadurch, dass die Anwendung kritischen Denkens in dem Lernmodul „Eigene Rolle kritisch reflektieren" so tiefer greifend und strukturierter stattfinden würde als bei den pädagogischen Professionals, da die Studenten bereits mit Kernkonzepten vertraut sein würden.

Als Material zum Selbststudium waren zwei umgeschriebene Exzerpte aus der vorliegenden Dissertation als PDF-Dateien angedacht, die bereits vor Beginn der Veranstaltung als Pflichtlektüre zur Verfügung gestellt wurden: Eine Einführung in die verschiedenen Traditionen kritischen Denkens und ein Text zu dem Konzept der Annahmen und deren Rolle für das Denken und Handeln im Alltag. Die beiden Texte erlauben in Summe einen guten Überblick zu den Traditionen kritischen Denkens und den verfolgten Zwecken der Bewusstseinsbildung. Außerdem wird darin das Konzept der Annahmen verdeutlicht, welches die Studenten in der ersten Präsenzveranstaltung auf einen konkreten Praxisfall aus ihrer Lebenswelt (siehe Qualifizierungselement #2) anwenden sollen.

Warum eigentlich kritisches Denken?
Conjunction Fallacy - Test

Linda ist 31 Jahre alt, Single, selbstgewusst und intelligent. Sie hat ein abgeschlossenes Philosophie-Studium.
In ihrem Studium beschäftigte sie sich sehr mit Themen der sozialen Gerechtigkeit, Diskriminierung von Minderheiten und sie nahm auch aktiv an Demonstrationen gegen den Einsatz von der Atomtechnologie teil.
- Welche der beiden Konklusionen (Schlussfolgerungen) ist wahrscheinlicher?

- A) Linda arbeitet als Kassiererin.
- B) Linda arbeitet als Kassiererin und ist eine engagierte Feministin.

Lehrstuhl für Wirtschaftspädagogik und Personalentwicklung
Prof. Dr. Karl Wilbers

Abbildung 82: Auszug aus Aufgabe zur Einführung in kritisches Denken – analytische Ebene (Powerpoint-Folie)

Das in der ersten Präsenzveranstaltung angebotene Lehrgespräch zu dem Konzept des kritischen Denkens wurde ähnlich wie bei der Einführung in der Ersterprobung gestaltet, jedoch sollte diesmal auf mehr Interaktion Wert gelegt werden. So waren die Lernenden bei der Erarbeitung der Theorie zu kritischem Denken aufgefordert, kleine Aufgaben zu lösen und sich die Inhalte in Diskussionen selbst zu erschließen. Bei der Erarbeitung der einzelnen Dimensionen kritischen Denkens sollten die Lernenden etwa Logikaufgaben bearbeiten, die deduktives und induktives Schlussfolgern forderten (siehe Abbildung 82) oder einen Wortsalat übersetzt vorlesen, um die Wirkweise von Schemata zu verstehen.

VIII. Anhang

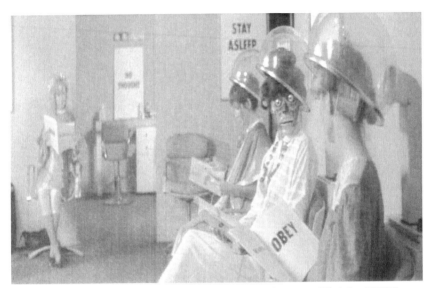

Abbildung 83: Schlafe, gehorche, konsumiere (Screenshot aus Carpenters "Sie Leben" (1988))

Zur Verdeutlichung des ideologiekritischen Denkens sollte ein kurzer Filmausschnitt aus John Carpenters *"Sie leben"* (1988) gezeigt werden, den die Lernenden auf Inhalt, Intention und Rezeption analysieren sollen. Gezeigt wird die Szene, in der ein Arbeiter in einer Großstadt durch eine gefundene Brille blickt und die "wahre" Realität zu Gesicht bekommt, wie sie sich ohne Verschleierung der Sinne und des Denkens zeigt: Eine Welt, die vom Geld und vom Streben nach Konsum regiert wird, in der Menschen zu Automaten für den Arbeitsmarkt verkommen sind, eine Welt, in der die Gedanken und Bedürfnisse der Menschen durch das kapitalistische System gelenkt werden, eine Welt, in der dem Menschen als Individuum in der Herde keine eigenständigen Gedanken mehr möglich sind. In dieser Szene werden zentrale Aussagen der Kritischen Theorie zum Leben in dem kapitalistischen System und der verwalteten Welt eindringlich dargestellt. Durch die eindringliche Bildsprache sollten die Lernenden zum einen zur Reflexion über die dort beschriebene Realität angeregt werden, zum anderen sollten sie so das Anliegen kritischen Denkens im Sinne der Kritischen Theorie, verkörpert durch die Brille, die es ermöglicht, falsche Bewusstseinsformen zu durchschauen, erkennen und verstehen lernen.

Im Lehrgespräch sollten die Dimensionen kritischen Denkens einzeln hergeleitet und anhand von relevanten Beispielen verdeutlicht werden. Dadurch sollte auch die Bewusstseinsbildung und Motivation für kritisches Denken bei den Lernenden angespornt werden. Bestenfalls durchlaufen die Lernenden bei der dargelegten Intervention die ersten beiden Phasen des Prozesses kritischen Denkens und bilden sich ein erstes Urteil darüber, was kritisches Denken ist und warum es von universeller Relevanz ist für sie als Individuen, als pädagogische Professionals, aber auch für die Lernenden, die sie später einmal unterweisen werden.

D2. Szenarioanalyse: Übung zur Entdeckung von Annahmen und Perspektivenerweiterung

Die Szenarioanalyse ist eine Übung, die mehrere Fertigkeiten kritischen Denkens fördert. Neben der Identifikation und Analyse von Annahmen wird auch das multiperspektivische, ideologiekritische und konstruktive Denken durch Leitfragen angespornt. Außerdem sind die Szenarien so beschaffen, dass sie zur kritischen Selbstreflexion anregen können, da der Betrachter sich mehr oder weniger mittelbar oder unmittelbar in der Rolle des Protagonisten wiederfinden kann und dazu eingeladen wird, eigene Denk- und Handlungsmuster mit den offenbarten und vorgefundenen abzugleichen. Das wirft im Idealfall Fragen nach der Legitimation eigener Annahmen auf.

Um dem Kriterium des inhaltlichen Zugangs durch Anknüpfung an die Lebenswelt der Lernenden zu genügen, konzipierte ich zwei verschiedene Fallbeispiele, aus denen die Studenten jenes auswählen konnten, welches für sie höhere Relevanz besaß. So kreierte ich ein Szenario, das sich thematisch mit dem Thema Prüfungsvorbereitung und hegemonialem Leistungsdruck aus der Perspektive eines Studenten befasst. Ich verfasste ein weiteres Szenario, welches sich mit dem Thema Lehrerautorität und Einsatz von Macht aus Sicht eines jungen Referendars beschäftigt. Dabei geht es um die Überprüfung einer Lehrer-Alltagstheorie, die ein junger Referendar aufschnappt und erfolgreich am ersten Schultag bei einer angeblich schwierigen Klientel erfolgreich anwendet. Es handelt sich um den Ratschlag, beim ersten Kontakt mit der Klasse sich nachhaltige Autorität dadurch zu verschaffen, den aufmüpfigsten und frechsten Schüler bei Störungen massiv und konsequent vor den Augen der anderen Schüler demonstrativ zu sanktionieren. Die gezeigte Härte soll dann in Folge zu Respekt bei den Schülern führen, da sie erkennen, dass man sich mit diesem Lehrer lieber nicht anlegen sollte.

Der Aufbau der Leitfragen ist bei beiden Szenarien der gleiche und orientiert sich an den Unterlagen von Experten #4, der diese Übung in seinen Schulungen einsetzt. Im Folgenden wird zur Illustration der Übung exemplarisch Szenario eins dargestellt:

VIII. Anhang

> **Der fleißige Student**
> Dirk, 25 Jahre alt, studiert Wirtschaftspädagogik im dritten Semester. Er investiert einen Großteil seiner Lebenszeit bewusst in sein Studium, damit er es erfolgreich abschließen wird und eines Tages einen gut bezahlten Beruf als Lehrer oder in der Personalentwicklung erlangen kann. Beispielsweise wiederholt er jeden Tag zwei bis drei Stunden die in den Vorlesungen vermittelten Inhalte und lernt sie auswendig. Auch an den Wochenenden setzt sich Dirk tagsüber hin, um die Inhalte aus den Vorlesungen zu wiederholen und zu vertiefen. Vor Prüfungen investiert er jede freie Minute zur Wiederholung des Gelernten, teilweise bis zu acht Stunden am Stück. Dabei liest er wieder und wieder die Skripte alleine durch und macht sich Anmerkungen dazu. Auch vor und am Tag der Prüfung verfährt er so, um bis zum letzten Augenblick sein Wissen zu festigen. Bisher hat er so gute bis sehr gute Leistungen erzielen können und hat dadurch von seinen Eltern Anerkennung in Form von Geld und Lob bekommen. Es ärgert ihn aber sehr, dass es Studenten gibt, die besser sind als er, trotz seiner Anstrengungen. Seine Freundin und sein kleiner Freundeskreis leiden des Öfteren durch seinen Ehrgeiz, da er in Prüfungsphasen gestresst und unentspannt wirkt und keine Zeit außer für das Lernen hat. Dies nimmt Dirk gerne in Kauf, da er – wenn er erst einmal das Studium gemacht und sich im Job etabliert hat – wieder Zeit für diese Dinge finden wird. Es ist ihm wichtig, einen gut bezahlten Job in der Personalabteilung zu erlangen. Das Lehramt kommt für ihn nicht in Frage. Der Lehrberuf genießt zu wenig Status in der Gesellschaft und die Bezahlung ist zu schlecht. Deshalb muss sich Dirk besonders anstrengen, um einmal einen guten Posten in der Wirtschaft zu erlangen.
> Als Dirk eines Tages in einer VWL-Klausur trotz dreiwöchiger, intensiver Vorbereitung und obwohl er selbst die Tage zuvor noch bis spät in die Nacht für die Klausur gelernt hat, nur die Note 3,3 erzielt, ist er extrem frustriert und niedergeschlagen. Er fühlt sich gedemütigt und als Versager. Er will nun härter an sich arbeiten, um die Klausur erfolgreich zu wiederholen.
> Welche Annahmen beeinflussen Dirks Denken und Handeln? Führen Sie so viele wie möglich auf.
> Welche der Annahmen sind ideologisch geprägt?
> Wie könnte Dirk seine Annahmen auf ihre Richtigkeit hin überprüfen? Was müsste er dabei tun?
> Geben Sie eine alternative Interpretation des Szenarios wieder, eine Version, die mit den beschriebenen Fakten konsistent ist, aber einen anderen Blick auf Dirks Perspektive wirft.

Abbildung 84: Szenarioanalyse: Dirk, der fleißige Student

In der Gruppenarbeit waren die Lernenden dazu aufgefordert, erst in Einzelarbeit, dann gemeinsam, die Fragestellung zu bearbeiten und ein Plakat auf dem Flipchart anzufertigen, auf dem die Ergebnisse dokumentiert werden. Dabei war es den Lernenden freigestellt, wie sie die Visualisierung gestalten möchten. In der anschließenden Präsentation sollten jeweils eine oder zwei Gruppen ihre Ergebnisse zu einer der Fragen vorstellen. Die Ausführungen sollten durch die anderen Teilnehmer kommentiert und ergänzt werden. Außerdem war es beabsichtigt, eine Art Musterlösung zur Verfügung zu stellen, falls die Lernenden nicht den Großteil der Annahmen und Interpretationen dazu ausfindig machen würden. Ausgegangen wurde davon, dass gerade jene – durch dominante Ideologien behafteten – Annahmen mit einer niedrigeren Wahrscheinlichkeit gefunden und kritisiert werden als jene zu offensichtlichen Sachverhalten, wie z. B. dem ineffektiven Lernverhalten des Protagonisten Dirk.

Bestenfalls sollten die Lernenden durch die Übung die ersten drei Phasen kritischen Denkens durchlaufen und bei alternativen Perspektiven zu ihrem eigenen Denken und Handeln angelangen.

Die Chance jedoch, dass durch diese kritische Prüfung eigener Annahmen neue Handlungsweisen anhand der Realität überprüft werden, ist schwindend gering. Zu gering ist die vermittelte Dissonanz, dass daraus Handlungsschritte unternommen werden, da die Analyse und Beurteilung nur stellvertretend am Beispiel einer fiktiven Person stattfindet.

D3. E-Learningmodul „Eigene Rolle kritisch reflektieren" und Reflexionsauftrag "Heimlicher Lehrplan"

An dem E-Learningmodul „Eigene Rolle kritisch reflektieren", das auch die Aufgabenstellung "heimlicher Lehrplan" beherbergt, wurden nur wenige Modifikationen vorgenommen. Zu nennen ist hier eine Verbesserung der Einführung in die Nutzung der Notizfunktion innerhalb des Lernmodules, damit die Lernenden gefundene Annahmen zeitnah auf einem Online-Notizzettel festhalten und diese Stichpunkte für die anschließende Reflexion verwenden können. Beabsichtigt wurde dadurch eine vertiefte Auseinandersetzung mit den Rollenbildern. Außerdem wurden die Fragen bei beiden schriftlichen Reflexionsaufträgen (Rollenbilder und heimlicher Lehrplan) gekürzt. Bei der Reflexion zu den Rollenbildern wurden die Fragen zur Erfüllung des Bildungsauftrages gekürzt. Außerdem wurde die Frage zu hinderlichen Rahmenbedingungen bei der Umsetzung des Bildungsauftrages weggelassen, da die Studenten noch kaum über Praxiserfahrungen verfügten und somit auch nur erschwert Hindernisse identifizieren würden. Des Weiteren wurde als Konsequenz aus der Ersterprobung in den Fragen der Fokus auf die Identifikation, Begründung und Belegung von Annahmen gelegt, da in der Ersterprobung kaum Belege von den Teilnehmern dargelegt wurden:

Arbeitsaufträge 1 & 2 (1/2)

Bitte analysieren Sie die 3 Rollenbilder und Unterrichtsentwürfe anhand folgender Fragen schriftlich (Umfang cirka 1-1,5 Seiten):

- Mit welchen der Rollenbilder haben Sie bereits selber in der Praxis Bekanntschaft gemacht? Beschreiben Sie diese Erfahrung kurz.
- Welches der gezeigten Rollenbilder lehnen Sie ab und warum lehnen Sie es ab? Welche Belege sprechen für Ihre Gründe, welche dagegen?
- Welches der Rollenbilder und Unterrichtsentwürfe finden Sie am geeignetsten?
- Warum sind Sie von diesem Rollenbild überzeugt? Begründen und belegen Sie Ihre Annahmen.
- Welche Vorstellungen haben Sie von gutem Unterricht und der Rolle als Lehrkraft? Welche Annahmen bestimmen hier Ihr pädagogisches Handeln?
- Welche Belege für die Richtigkeit Ihrer Annahmen können Sie anführen? Welche Belege widersprechen Ihrer Ansicht? Gibt es alternative Sichtweisen hierzu?
- Inwieweit wurden Sie durch Ihre eigene Erfahrungen als Schüler im Hinblick auf das von Ihnen skizzierte Rollenbild geprägt?

Bitte reichen Sie das Dokument bei mir bis Freitag, 05.11.2010 per Mail ein. Bitte stellen Sie die Kernaussagen aus Ihrer Analyse im Forum kurz und knapp dar. Zum Austausch wurde ein extra Thread angelegt. Hier können Sie Ihre Gedanken, Ideen und Perspektiven diskutieren.

Beteiligen Sie sich an der Diskussion im Forum, indem Sie bis 12.11.2010 Feedback zu den vorhandenen Interpretationen und Schlussfolgerungen geben. Achten Sie in Ihrem Feedback auf die Verwendung der Denkstandards kritischen Denkens.

Hinweis:

Abbildung 85: Überarbeitete Fragen zu Reflexionsauftrag „Rollenbilder" (E-Learning-Modul „Eigene Rolle kritisch reflektieren)

Auch bei der Reflexion zum heimlichen Lehrplan wurden die Fragen gekürzt, da sie als zu umfangreich eingestuft wurden. Dennoch wurde darauf geachtet, die Fragen so zu formulieren, dass möglichst alle Dimensionen kritischen Denkens bei der Bearbeitung angeregt werden:

VIII. Anhang

> **Aufgabenstellung zur Reflexion des heimlichen Lehrplans:**
> Bitte schreiben Sie eine ein- bis zweiseitige Beurteilung des Textes.
> · Geben Sie dabei einführend die zentralen Annahmen des Autors wieder. Analysieren und beurteilen Sie diese unter Beachtung der Denkstandards kritischen Denkens.
> · Welche anderen Perspektiven zu der Sichtweise des Autors sind anhand vorliegender Fakten möglich?
> · Versuchen Sie auch konstruktive Lösungsvorschläge für die thematisierte Problematik des heimlichen Lehrplans aufzustellen.
> · Welche Ihrer eigenen Annahmen wurden durch den Text bestätigt, herausgefordert oder widerlegt und warum?

Abbildung 86: Überarbeitete Leitfragen zur Übung „heimlicher Lehrplan"

Als weitere Neuerung wurde für das Feedback und für die kritische Diskussion bei beiden Reflexionsaufträgen nun nicht mehr auf das E-Portfolio zugegriffen, sondern der Diskurs in extra dafür angelegten Online-Foren auf der Plattform Ilias angedacht. In Erprobung zwei sollten die Ergebnisse des Arbeitsauftrages zu den Rollenbildern in jeweils kleineren Lerngruppen und in Erprobung drei in einem Gruppenthread diskutiert werden. Der Reflexionsauftrag zum heimlichen Lehrplan sollte auch in kleineren Lerngruppen mit etwa vier bis fünf Studenten besprochen werden. Bei beiden Arbeitsaufträgen wurde der Hinweis gegeben, bei der Diskussion die Standards kritischen Denkens als Referenzrahmen zu beachten. Die Studenten hatten in der Regel vier Tage Zeit, auf die Postings ihrer Kommilitonen zu antworten. Durch diese Regelung wurde erhofft, dass durch das Mehr an Offenheit sowohl quantitativ als auch im kritischen Denken qualitativ bessere Diskussionen zustande kommen würden. Weiterhin nahm ich mir vor, in den Gruppendiskussionen die Moderation und Modellierung von kritischem Denken zu übernehmen und die Diskussionen unter Einsatz sokratischen Fragens dadurch zu befruchten.

Des Weiteren wurde beabsichtigt, bei beiden Erprobungen Dozentenfeedback zum Arbeitsauftrag „heimlicher Lehrplan" zu geben und zwar nur auf die im Schriftlichen festgestellten Ausprägungen kritischen Denkens. Das Feedback sollte anhand des eigens erstellten Beurteilungsbogens erstellt werden. Das Feedback-Angebot sollte deshalb realisiert werden, weil es zur Metakognition über kritisches Denken anregen kann. Gleichzeitig trägt es dem Prinzip der Modellierung kritischen Denkens Rechnung. In der Evaluation der Ersterprobung gab ein Teilnehmer (#5) an, dass er gerne professionelle Rückmeldungen zu seinen Texten bekommen hätte.

D4. Lehrgespräch und Gruppenarbeit „Kritisch Denken als Wirtschafts- und Berufspädagoge"

Bei der Erprobung von Qualifizierungselement #5 wurden in beiden Erprobungszyklen verschiedenartige Schwerpunkte im Hinblick auf die Übungselemente gesetzt. In Erprobung zwei wurde vor allem angestrebt, ein Verständnis kritischen Denkens für studentische Belange gemeinsam mit den Studenten zu erarbeiten und zu festigen. In Erprobung drei hingegen wurde die Anwendung kritischen Denkens betont im Hinblick auf die professionelle Entwicklung der angehenden pädagogischen Professionals.

In beiden Erprobungsabläufen waren, wie bei der Ersterprobung angedacht, eingangs die Reflexionen zu den Rollenbildern und zum heimlichen Lehrplan aufzugreifen und anhand mehrerer Dimensionen kritischen Denkens fragend-entwickelnd mit den Studenten zu analysieren. Die präsentierten Aussagen sollten so gewählt werden, dass Widersprüche entstehen, welches Rollenbild zu bevorzugen oder wie der heimliche Lehrplan einzuschätzen ist. Im Anschluss sollten zu den einzelnen Rollenbildern die dahinterstehenden Lern- und Lehrparadigmen theoretisch dargelegt werden. Die Studenten sollten dabei erkennen, dass es nicht die universelle Lehr-Lerntheorie gibt und dass in allen präsentierten Theorien grundsätzlich Richtiges steckt, jedoch diese verschiedenen Traditionen jeweils voneinander sich abgrenzende und doch verwandte Wahrheitsformen sind. Außerdem sollte dadurch die Rolle des Kontextes, in dem gelehrt und gelernt wird, in das Denken der Lernenden aufgenommen werden, da die Teilnehmer in der Ersterprobung darüber sich kaum Gedanken bei der Reflexion gemacht hatten. In einem weiteren Schluss sollten die Studenten auch erkennen, dass Theorien die Realität von einer bestimmten Warte aus erklären, verinnerlichte Theorien beim Individuum aber auch zu Wahrnehmungs- und Interpretationsrastern werden können, die das Denken und Wahrnehmen beschneiden und eindimensional werden lassen können.

Ausgehend von den Lerntheorien und den Rollenbildern war es beabsichtigt, weiterhin die Rolle von offenen und verdeckten Formen von Macht und Machteinsatz im Unterricht zu besprechen. Die Studenten sollten im Vorfeld der Präsenzveranstaltung dazu aufgefordert werden, einen Auszug aus der vorliegenden Dissertation zu lesen, in dem die zentralen Konzepte und Annahmen der Kritischen Theorie dargelegt werden. Die Theorie sollte im Anschluss aufgegriffen und mit dem Arbeitsauftrag zum heimlichen Lehrplan in Verbindung gebracht werden. Die Konzepte Macht und Hegemonie sollten dabei definiert, kategorisiert und auf die konkrete Lehrpraxis pädagogischer Professionals übertragen werden. Die Studenten sollten erkennen, dass die Ausübung von Macht sämtliche Interaktionen an den Lernorten durchdringt, sei es in der Lehrer-Schüler-Interaktion oder aber auch bei den Lernenden untereinander. Wichtig war dabei, dass die Lernenden verstehen, dass es weitere, auch konstruktive Perspektiven auf das Phänomen des heimlichen Lehrplanes gibt und dass die Reflexion von Macht auch zur Emanzipation führen kann, indem Machtstrukturen offengelegt und in ihrer Wirkung gehemmt werden können.

Weiterhin sollte – von den Rollenbildern ausgehend – das jeweils zu vermittelnde Wissen unter die Lupe genommen werden. Dabei sollte auch gezeigt werden, dass Wissen traditionsabhängig ist und je nach vorliegender Tradition Sachverhalte anders gedeutet werden können. Exemplarisch sollte den Studenten anhand eines kritischen Textes aus der „Süddeutschen Online" vom 23.09.2009 zu einem neuronalwissenschaftlichen Experiment verdeutlicht werden, wie sehr Wissenschaft auch traditionsabhängig „Wahrheiten" produziert und wie schnell sich auch bei scheinbar „objektiven" Forschungsmethoden Fehler einschleichen können. In dem Text wird ein Magnetresonanztomografie-Experiment an der University of California in Santa Barbara vorgestellt, in dem einem Probanden für je zehn Sekunden Fotos von Menschen in unterschiedlichen sozialen Situationen präsentiert wurden. Der freiwillige Proband, der sich einer Untersuchung mithilfe eines Gehirnscanners unterzog, war dabei aufgefordert, die Emotionen zu benennen, die die abgebildete Person jeweils seiner Meinung nach empfand. Dabei wurden seine Gehirnaktivitäten gemessen. Diese Forschungsmethode ist eine gängige in der Neuroforschung, um kognitive Aktivitäten zu erklären. Wie die Auswertung der Daten ergab, traten im Gehirn des Betreffenden tatsächlich vereinzelt höhere Aktivierungen bei Sichtung der Fotos auf. Bei dem Probanden handelte es sich aber um einen tiefgefrorenen Seelachs. Der Experimentaufbau wäre bei Menschen jedoch der gleiche gewesen. Der Fisch bekam sogar eingangs Instruktionen zum Ablauf des Experiments.

Durch das Experiment wird ein kritischer Blick auf die Neurowissenschaft gelenkt, die endgültig zu erklären versucht, was Lernen ist und wie es sich zuträgt. Lernen wird durch diesen so populären Forschungszweig nun medizinisch mess- und bestimmbar. Jedoch offenbart der Artikel eine andere Sichtweise auf die Neurowissenschaft: In Experimenten werde nur zu oft das gemessen, was gemessen werden soll. So werden Gehirnregionen nach Funktionen kartiert, die unter Umständen nichts mit den gemessenen Aktivitäten gemein haben (Blawat, 2009). Des Weiteren sollte durch den Text auch kritisches Denken im Hinblick auf wissenschaftliche Methodik ausgelöst werden, da das Experiment ein falsch-positives Ergebnis aufgrund eines Statistik-Programms lieferte. Bei jedem einzelnen Durchgang legen Forscher meist eine Irrtumswahrscheinlichkeit fest, da Messungen erhöhte Aktivitäten in bestimmten Arealen des Gehirns ausweisen können, sich jedoch gar nichts an der bestimmten Stelle zuträgt. Durch diese Wahrscheinlichkeit sollen Fehler ausgemerzt werden, jedoch braucht es dafür ausgeklügelte Statistikprogramme, die aber hoch komplex und schwer zu erlernen sind (Blawat, 2009). Die Studie verdeutlicht, dass multiple statistische Vergleiche ohne entsprechende Korrektur zu völlig abstrusen Schlüssen verleiten können. Vul, Harris, Winkielman & Pashler sprachen in diesem Zusammenhang gar von *„Voodoo Correlations in Social Neuroscience"* (2008). Durch die Auseinandersetzung mit dem Beispiel sollten die Studenten angeregt werden, kritisch über Wissenschaft und deren Maßstäbe nachzudenken, und erkennen, dass auch Ergebnisse der Wissenschaft fehlbar sein können bzw. die Realität aus einer bestimmten paradigmatischen Perspektive interpretieren. Nach diesem induktiven Vorgehen werden sie mit der Lehre des Wissenschaftstheoretikers Paul Feyerabend anhand eines Interviewausschnitts vertraut gemacht, in dem Feyerabend über den Zusammenhang von Wahrheit und Wissenschaft spricht (1993). Durch den Filmausschnitt wie auch durch den besprochenen Text zu den Voodoo-Korrelationen sollte die epistemische Sensibilität der Studenten geschärft werden, indem kritische Denkaktivitäten über Wissenschaft und Erkenntnis angestoßen werden. So sollten die Lernenden verstehen, dass es wichtig ist, auch zu vermittelnde Lerninhalte kritisch auf ihren Wahrheitsgehalt hin zu untersuchen oder in der Rolle als Student zu sehen, dass es verschiedene Betrachtungen, je nach wissenschaftlicher oder nichtwissenschaftlicher Tradition, zu bestimmten Sachverhalten gibt und keine davon von vornherein als die Bessere gewertet werden kann. Außerdem sollte deutlich werden, dass auch Wissenschaft nicht in der Lage ist, Wirklichkeit umfassend zu erklären oder gar zu verstehen. Letzte Fragen bleiben von den Wissenschaften unbeantwortet.

All die angestellten Überlegungen sollten veranschaulichen, dass kritisches Denken als Student und als angehender pädagogischer Professional sich auf vielschichtige Dimensionen beziehen kann und muss. Kritisches Denken in Bezug auf den Alltag als pädagogischer Professional hat als möglichen Fokus die Perspektive der Schüler, das zu vermittelnde Wissen, das der Lehrplan vorschreibt, Theorien, die Verhalten und Lernen/Lehren erklären, die eigene Sozialisation, durch die ein Bild des Lehrens und Lernens geprägt wurde, Perspektiven von Kollegen zu einen Sachverhalt usw. Ein Modell sollte den Studenten als Hilfestellung zur Analyse von Situationen in der pädagogischen Praxis dienen. Das abgebildete Modell lehnt sich am Prozess kritischen Denkens an und veranschaulicht kritisches Denken in der Phase der Urteilsbildung aus der Warte eines pädagogischen Professionals. Weitere Perspektiven wie institutionale Bedingungen usw. sind natürlich denkbar. Durch die Visualisierung sollte den Studenten dabei geholfen werden zu verstehen, was die Anwendung kritischen Denkens in der Lehrpraxis beinhalten kann und sollte.

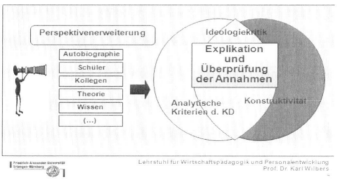

Abbildung 87: Ein Modell für kritisches Denken als pädagogischer Professional (Powerpoint-Folie)

In der anschließenden Gruppenarbeit sollten zwei verschiedene Varianten je Erprobung ausprobiert werden. In der ersten Erprobung wurde beabsichtigt, die Lernenden in Kleingruppen ein Modell für kritisches Denken als Student entwickeln zu lassen. Im folgenden Erprobungsverlauf hingegen wurde eine Übung zum multiperspektivischen Denken im Kontext der Praxis angehender pädagogischer Professionals eingesetzt. In dieser Partnerarbeit sollten die Studenten nach kurzer Bedenkzeit jeweils zwei Eigenschaften aufschreiben, von denen sie annehmen, dass sie bei ihrer künftigen Tätigkeit als pädagogische Professionals entweder hilfreich oder hemmend wirken könnten. In der anschließenden Perspektivenerweiterung sollten sie jeweils versuchen, die Argumentation zu der jeweiligen Eigenschaft des jeweiligen Partners umzudeuten. Sie sollten dabei herausarbeiten, in welchem Kontext bzw. unter welchen Bedingungen sich eine Eigenschaft unterstützend oder eben hemmend auswirken kann. Mögliche Erkenntnisse, die dabei gefunden werden, sollten die Studenten schriftlich festhalten. In beiden Übungen sollten die einzelnen Gruppen ihre Ergebnisse anschließend im Plenum präsentieren. Bei der Erarbeitung eines Modells für kritisches Denken als Student der Wirtschaftspädagogik sollten die Lernenden eine Visualisierung konzipieren, die das zu erarbeitende Modell bzw. die Überlegungen veranschaulicht.

Beide Übungen wurden angedacht, um kritisches Denken bei den Studenten zu fördern. Mit Übung eins wurde jedoch auch bezweckt, dass die Studenten ein besseres Verständnis von dem Konzept kritischen Denkens ausprägen und dies auf den Alltag als Student übertragen. Übung zwei hingegen sollte neben der Förderung von Selbstreflexion und multiperspektivischem Denken auch der professionellen Entwicklung als angehende pädagogische Professionals dienen, da die Studenten sich mit ihren Stärken und Schwächen in Bezug auf ihre zukünftige Tätigkeit auseinandersetzen würden.

D5. Reflexionsauftrag: Reflexion zu einem kritischen Ereignis aus dem Alltag der Studenten

Der Reflexionsauftrag zu dem kritischen Ereignis wurde anhand der Aufgabenstellung aus Qualifizierungselement #8 auf den Kontext der Studenten übertragen. Die Fragen wurden in ihrer Intention und Reihenfolge belassen. Die Studenten sollten in ihren Diskussionspartnerschaften ihre Reflexion den anderen Mitgliedern zur Verfügung stellen und sich gegenseitig kritisches Feedback zu den getroffenen Annahmen geben.

D6. Lehrgespräch: Vertiefung zur Förderung kritischen Denkens

Im Lehrgespräch, das sich an dem Lehrvortrag „Diskussionen anleiten und begleiten im kooperativen, flexiblen Lernen" aus der Ersterprobung orientierte, wurden methodisch-didaktisch, aber auch inhaltlich Änderungen bzw. Ergänzungen vorgenommen. Inhaltlich sollten die Studenten auch das Thema „Filmeinsatz zur Förderung kritischen Denkens" näher behandeln, wobei didaktische Möglichkeiten dargestellt und auch einige relevante Filme für den Wirtschaftskontext genannt werden sollten. Methodisch-didaktisch sollte der exemplarische Filmeinsatz demonstriert werden, wobei dies erst in Erprobung drei geplant wurde:

Die Studenten sollten sich eine etwa 10-minütige Sequenz aus dem Film „Baraka" (1992) ansehen und im Anschluss eine Filmsequenzanalyse durchführen. „Baraka" ist ein ästhetischer, experimenteller Dokumentarfilm, der anders als gängige Dokumentationen ohne Worte auskommt. Die Sprache des Films wird durch den Rhythmus der Einstellungen, den Schnitt und die verwendete Musik gefunden. Die dabei gefundene Sprache ist rein ästhetisch und unmittelbar in ihrer Wirkung auf den Zuschauer. „Baraka" gewährt Einblicke in fremde Kulturen und Traditionen, zeigt kulturelle Parallelen und reflektiert die eigene Kultur des Kapitalismus und der Wissenschaft. Der Zuschauer sieht erhabene Landschaften, religiöse Stätten und Zeremonien sowie pulsierende Städte, die allesamt durch verschiedene Aufnahmetechniken wie Zeitraffer und ungewöhnliche Einstellungswinkel bzw. Kamerafahrten erschlossen werden. Dabei wird das Spannungsfeld zwischen Natur, Mensch und Technik beleuchtet, instrumentelle Vernunft anhand von ungewöhnlichen Perspektiven auf den urbanen Alltag deutlich gemacht. In dem 10-minütigen Ausschnitt werden die Studenten unter anderem mit der Hektik und dem „Herdentrieb" der Menschen in amerikanischen und asiatischen Großstädte konfrontiert. Die Szene bringt zum Ausdruck, was die technisierte Welt der Moderne mit den Menschen in den Städten macht. Menschenströme ziehen aufgezogen wie Ameisen bei nahendem Unwetter in einem künstlichen, durch Technik geprägten Umfeld umher, Autokolonnen fließen wie Lichtstrahlen, selbst bei Nacht pulsiert das Leben in den Städten unaufhörlich. Schattenseiten des Kapitalismus wie harte und menschenunwürdige Fließbandarbeit in Asien, Schlafkabinenhotels, die Massenproduktion von Geflügel, Angst vor Arbeitslosigkeit usw. werden in konfrontierenden Einstellungen und Schnitten dargestellt. Am Schluss der Sequenz sieht man einen japanischen Butoh-Tänzer, der den kulturellen Verfall eindringlich durch Gestik und Mimik ausdrückt.

Nach der Sichtung der Sequenz sollten die Studenten in einem ersten Schritt eine Filmsequenzanalyse anstellen, in der sowohl medienbezogene Merkmale als auch der gezeigte Inhalt besprochen werden sollten. Darauf folgend sollten die Studenten darüber diskutieren, in welchem Unterrichtskontext und mit welcher Fragestellung der Film eingesetzt werden könnte. Durch die Auseinandersetzung sollte kritisches Denken über die Macht der Bilder und über die gezeigten Missstände durch ästhetisches Erfahren angeregt werden.

Neben der bereits bestehenden Vertiefung zur Förderung kritischen Denkens mittels Diskussionen wurde auch die Beurteilung kritischen Denkens als weiteres Thema in die Präsenzveranstaltung aufgenommen. In einem Lehrgespräch sollte die Gruppe Möglichkeiten zur Beurteilung kritischer Denkaktivitäten erschließen. Anschließend sollten sich Studenten mit dem von mir erstellten Beurteilungsbogens auseinandersetzen und dessen Nützlichkeit und Aussagekraft würdigen. Des Weiteren sollten auch Risiken bei der Förderung kritischen Denkens und einzelne Strategien zum Umgang damit besprochen werden, sowohl auf der Ebene der Lernenden als auch für die Lehrenden. Die Reichweiten und Grenzen kritischen Denkens im Hinblick auf Erkenntnisgewinnung und gesellschaftliche Transformation sollten dabei auch diskutiert werden.

VIII. Anhang

Abbildung 88: Screenshots aus den Film „Baraka" (1992)

D7. Erstellung eines Lernszenarios zur Förderung kritischen Denkens

Zur vertieften Anwendung des Wissens zur Förderung kritischen Denkens sollten die Studenten ein Lernszenario für den schulischen Kontext planen, in dem der Prozess kritischen Denkens oder einzelne Phasen davon angeregt werden. Möglich war es auch, dass nicht alle Dimensionen kritischen Denkens durch das Szenario gefördert werden, sondern nur verschiedene Schwerpunkte im Hinblick auf Fertigkeiten und den Prozess kritischen Denkens, die durch das Lernszenario eingeübt werden. Auch sollten die Studenten die Wahl haben, einen integrativ-direkten oder indirekten Förderansatz zu verfolgen. Die Wahl des Faches und des Förderkontextes sollte ihnen auch überlassen bleiben. Jedoch sollte das Lernszenario realistisch sein und wirklich so im Alltagsunterricht umgesetzt werden können. Deshalb sollten die Studenten auch einen konkreten Verweis zu dem Lehrplan belegen, der die Inhalte und Lernziele des Lernszenarios legitimiert. Da die Studenten zumindest durch die Veranstaltung GWB die Grobplanung von Unterricht kennengelernt hatten, wurde auch ein Unterrichtsablaufplan verlangt, in dem die einzelnen Schritte, eingesetzte Medien, methodisch-didaktische Überlegungen, verfolgte Teilziele und dergleichen dargelegt werden. Folgende Leitfragen standen den Studenten bei der Planung zur Verfügung:

> Arbeitsauftrag (1/2)
>
> Arbeitsauftrag 1: Entwicklung eines Unterrichtsszenarios zur Förderung von kritischem Denken
>
> Entwerfen Sie in Ihrer Gruppe ein Lernszenario zur Förderung von kritischem Denken im Alltagsunterricht als Wirtschafts- und Berufspädagoge.
> - Beschreiben Sie die von Ihnen gewählten Inhalte und Lernziele. Welche davon bieten sich zur Förderung von kritischem Denken an und warum?
> - Belegen Sie die Inhalte anhand des jeweiligen Rahmenlehrplanes.
> - Legen Sie Ihre Vorüberlegungen zur Ihrer Zielgruppe dar. Welche Ebenen (Fertigkeiten und Dispositionen) des kritischen Denkens sollten bei dieser Zielgruppe besonders gefördert werden?
> - Stellen Sie das von Ihnen gewählte Szenario zur Förderung von kritischem Denken vor.
> - Stellen Sie dar, wie Sie kritisches Denken innerhalb der Unterrichtssequenz methodisch-didaktisch fördern wollen und welche Elemente des kritischen Denkens dabei besonders betont werden.
> - Begründen Sie den genauen geplanten Ablaufplan des Szenarios.
> - Erklären Sie, welche Phase des kritischen Denkens durch Ihr Vorgehen besonders angeregt werden könnten.
> - Beschreiben und begründen Sie bitte Ihr pädagogisches Handeln zur Förderung von kritischem Denken.
> - Erläutern Sie, mit welchen Schwierigkeiten bei der Umsetzung des Lernszenarios zu rechnen ist und wie Sie damit umgehen werden.

Abbildung 89: Arbeitsauftrag zur Entwicklung eines Lernszenarios kritischen Denkens (E-Learning-Modul „Kritisches Denken anleiten")

Wie an der Aufgabenstellung offensichtlich wird, wurde sie so gehalten, dass die Studenten bei der Erstellung des Lernszenarios auch ihre Fertigkeiten kritischen Denkens demonstrieren würden. Zur Lösung der Aufgabenstellung werden analytische, multiperspektivische, ideologiekritische, aber auch konstruktive Denkaktivitäten benötigt. Beispielsweise sollten mögliche Probleme bei der Durchführung identifiziert und Lösungswege dafür aufgezeigt werden.

Die Erstellung des Lernszenarios sollte in Einzel-, aber auch in Gruppenarbeit geschehen, wobei die Gruppenarbeit mit bis zu vier Personen präferiert werden sollte, da die Studenten sich so sich im Diskurs zu einer höheren Wahrscheinlichkeit multiperspektivisch mit der Förderthematik auseinandersetzen würden, so die Annahme. Je teilnehmende Person sollte der Umfang 8 bis 10 Seiten betragen. Gruppenarbeit wird jedoch präferiert Zur Bearbeitung der Aufgabenstellung sollten die Studenten auch Zugang zu Online-Arbeitsgruppen mit Foren, Chat, der Möglichkeit von Daten-Up- und

Download usw. bekommen. Die Vorteile des computergestützten, kooperativen Arbeitens können so nach Wunsch genutzt werden. Weiterhin sollten die Studenten den Auftrag erhalten, nach zwei Wochen Bearbeitungszeit im Plenum ihren Roh-Entwurf zu präsentieren. Bei der Vorstellung sollten sich die Studenten auch an den Leitfragen orientieren. Die Präsentation sollte vor allem dazu dienen, in der Gruppe Diskussionen zur angemessenen Förderung kritischen Denkens anzustoßen und sich gegenseitig Feedback zu geben.

Im Rahmen der Erstellung des Lernszenarios sollte auch das Thema der Erfassung und Beurteilung kritischer Denkaktivitäten besprochen werden. Die Studenten sollten sich selbst Verfahren, wie sie in ihrem Lernszenario den Fördererfolg evaluieren könnten, überlegen, wobei diese Überlegungen nur in der Präsentation besprochen werden sollten und nicht Bestandteil der schriftlichen Arbeit waren. Dann sollten die Studenten den von mir konzipierten Beurteilungsbogen an die Hand bekommen, mit dem ich die Arbeiten benoten würde. Dies ist der Tatsache geschuldet, dass in beiden Erprobungen ein Leistungsnachweis erforderlich war.

Für die Beurteilung des Lernszenarios wurde der entwickelte Beurteilungsbogen für kritische Denkaktivitäten erweitert. Neben der Beurteilung kritischer Denkaktivitäten sollte auch der vorliegende Grad der Anwendung der Theorie kritischen Denken in einem konkreten Anwendungsbeispiel beurteilt werden. Durch den Bogen wird überprüft, inwieweit die Studenten differenziert kritisches Denken konzeptuell erfasst haben, sie sich mit der Förderung kritischen Denkens auseinandergesetzt haben und in der Lage sind, das Wissen auf konkrete Unterrichtseinheiten passend zu übertragen. Weiterhin wird jedoch neben dem kritischen Denken auch die didaktische Planung im Hinblick auf ihre Vollständigkeit bewertet. Wie auch der Bogen zur Beurteilung kritischen Denkens geht das Instrument von einer vierstufigen Performanzausprägung aus. Dadurch wird die Beurteilung der Leistung erleichtert. Die Erweiterung des Bogens ist im Anhang unter B5 einsehbar.

Die Intention der Aufgabenstellung bestand darin, feststellen zu können, ob die Studenten a) die Theorie kritischen Denkens verstanden haben und anwenden können und b) als angehender pädagogischer Professional kritisches Denken bei der Planung von Unterrichtseinheiten demonstrieren können. Folglich diente sie aber auch als Anlass, sich noch einmal vertieft mit den Inhalten der Lehrveranstaltung auseinanderzusetzen.

D8. Unterstützende Maßnahmen zur Umsetzung des Qualifizierungskonzeptes

Neben den dargelegten geplanten Qualifizierungselementen wurde eine Vielzahl von weiteren unterstützenden Maßnahmen vor und während des Kurses ergriffen, um die Erreichung der aufgestellten Ziele der Qualifizierung in der Förderung kritischen Denkens zu unterstützen. Konkret können hier mehrere Aktivitäten zur Gewährleistung eines offenen und von Respekt getragenen Lernklimas, die sowohl online als auch in den Präsenzveranstaltungen realisiert wurden, genannt werden. Dazu zählen etwa das bereits dargelegte Online-Kennen-Lernspiel, das „Duzen", ein Ständchen auf dem Didgeridoo, Off-Topic-Threads im Forum, ein Forum-Thread zu kritischer Kunst usw. Die Idee und Umsetzung einiger dieser Maßnahmen entstand erst während der Erprobung, als ich die Zielgruppe besser einschätzen lernte. Weiterhin modellierte ich kritisches Denken, stellte sokratische Fragen in den Diskussionen in den Präsenzveranstaltungen und auch online. Dies geschah in der konkreten Interaktion mit den Studenten und gelang teilweise gut, teilweise weniger gut, bedingt durch den Improvisationscharakter, der mit dieser Art der Förderung kritischen Denkens einhergeht.